Enzyklopädie Erziehungswissenschaft

Handbuch und Lexikon der Erziehung
in 11 Bänden und einem Registerband

Herausgegeben von
Dieter Lenzen

unter Mitarbeit von
Agi Schründer

Klett-Cotta

Enzyklopädie
Erziehungswissenschaft

Band 1: Theorien und Grundbegriffe der Erziehung und Bildung
hg. von Dieter Lenzen und Klaus Mollenhauer

Band 2: Methoden der Erziehungs- und Bildungsforschung
hg. von Henning Haft und Hagen Kordes

Band 3: Ziele und Inhalte der Erziehung und des Unterrichts
hg. von Hans-Dieter Haller und Hilbert Meyer unter Mitarbeit von Thomas Hanisch

Band 4: Methoden und Medien der Erziehung und des Unterrichts
hg. von Gunter Otto und Wolfgang Schulz

Band 5: Organisation, Recht und Ökonomie des Bildungswesens
hg. von Martin Baethge und Knut Nevermann

Band 6: Erziehung in früher Kindheit
hg. von Jürgen Zimmer unter Mitarbeit von Angelika Krüger

Band 7: Erziehung im Primarschulalter
hg. von Klaus-Peter Hemmer und Hubert Wudtke

Band 8: Erziehung im Jugendalter – Sekundarstufe I
hg. von Ernst-Günther Skiba, Christoph Wulf und Konrad Wünsche

Band 9: Teil 1 und 2: Sekundarstufe II – Jugendbildung zwischen Schule und Beruf
hg. von Herwig Blankertz †, Josef Derbolav, Adolf Kell und Günter Kutscha

Band 10: Ausbildung und Sozialisation in der Hochschule
hg. von Ludwig Huber

Band 11: Erwachsenenbildung
hg. von Enno Schmitz und Hans Tietgens

Band 12: Gesamtregister

Enzyklopädie Erziehungswissenschaft

Band 5

Organisation, Recht und Ökonomie des Bildungswesens

Herausgegeben von
Martin Baethge
Knut Nevermann

Klett-Cotta

CIP-Kurztitelaufnahme der Deutschen Bibliothek

Enzyklopädie Erziehungswissenschaft: Handbuch u. Lexikon
d. Erziehung in 11 Bd. u. e. Reg.-Bd. / hrsg. von Dieter Lenzen.
Unter Mitarb. von Agi Schründer. – Stuttgart: Klett-Cotta

NE: Lenzen, Dieter [Hrsg.]

Bd. 5. Organisation, Recht und Ökonomie des Bildungswesens. – 1984

Organisation, Recht und Ökonomie des Bildungswesens / hrsg. von Martin Baethge;
Knut Nevermann. – Stuttgart: Klett-Cotta, 1984.

(Enzyklopädie Erziehungswissenschaft ; Bd. 5)
ISBN 3-12-932250-7

NE: Baethge, Martin [Hrsg.]

Alle Rechte vorbehalten
Fotomechanische Wiedergabe nur mit Genehmigung des Verlages
Verlagsgemeinschaft Ernst Klett Verlage KG/J. G. Cotta'sche Buchhandlung
Nachf. GmbH. Stuttgart
© Ernst Klett Verlage GmbH u. Co. KG, Stuttgart 1984 · Printed in Germany
Umschlag: Heinz Edelmann
Satz: Ernst Klett, Stuttgart
Druck: Gutmann + Co., Heilbronn

Inhalt

Benutzungshinweise 10

Vorwort des Herausgebers der
Enzyklopädie Erziehungswissenschaft 11

Vorwort der Herausgeber von Band 5 13

Handbuch 17

A Gesellschaftstheoretische Aspekte institutionalisierter
    Bildung

    Materielle Produktion, gesellschaftliche Arbeitsteilung und die
    Institutionalisierung von Bildung 21
    Martin Baethge

B Geschichte institutionalisierter Bildung

    Institutionalisierung des öffentlichen Schulsystems 55
    Hans-Georg Herrlitz/Wulf Hopf/Hartmut Titze
    Institutionalisierung des Volksschulwesens 72
    Marion Klewitz/Achim Leschinsky
    Institutionalisierung des höheren Schulwesens 98
    Peter Lundgreen
    Institutionalisierung der Berufsbildung 114
    Karlwilhelm Stratmann/Günter Pätzold
    Institutionalisierung der Jugendhilfe 135
    Johannes Münder
    Professionalisierung der Lehrertätigkeit 153
    Sebastian F. Müller/Heinz-Elmar Tenorth
    Ausdifferenzierung der Schulverfassung am Beispiel Preußens 172
    Knut Nevermann

C Gesellschaftliche Bedingungen und Funktionen institutionalisierter Bildung

Bildung und Reproduktion der Sozialstruktur 189
Wulf Hopf

Bildungssystem und Beschäftigungssystem 206
Martin Baethge/Ulrich Teichler

Verfassungsrechtliche Grundlagen des Bildungswesens 226
Ingo Richter

Staatliche Bildungsplanung 244
Ludwig v. Friedeburg/Christoph Oehler

Finanzierung des Bildungswesens 259
Heinrich Mäding

Schule im kommunalen Kontext 280
Klaus Klemm/Klaus-Jürgen Tillmann

Soziale Lage und Berufsbewußtsein von Lehrern 298
Wilfried Breyvogel

Alternativen institutionalisierter Bildung und Erziehung in ausgewählten Industrieländern... 320
Bruno Nieser/Bodo Willmann

D Binnenstruktur institutionalisierter Bildung

Schule und Sozialisation 337
Friedrich Specht

Schule und Arbeitssituation des Lehrers.............................. 355
Michael v. Engelhardt

Schule und Schülerleben 373
Manfred Liebel

Schule und Schulverfassung in der Bundesrepublik Deutschland 393
Knut Nevermann

Alternative Schulverfassungen in ausgewählten Industrieländern 405
Viktor v. Blumenthal/Annemarie Buttlar

Lexikon 425

Abkürzungsverzeichnis der zitierten Zeitschriften 621
Namenregister 627
Sachregister 642
Autorenverzeichnis 651

Benutzungshinweise

Aufbau
Jeder Band der Enzyklopädie Erziehungswissenschaft umfaßt zwei Teile, das *Handbuch* und das *Lexikon*.
- Die Beiträge des *Handbuchteils* stellen in ihrer *systematischen* Anordnung eine Gesamtdarstellung des Bereiches dar, dem der ganze Band gewidmet ist. Einzelne Beiträge des Handbuchteils können als umfassende Einführung in das jeweilige Gebiet gelesen werden, dem sich der Beitrag zuwendet. Die Zusammenfassung in drei Sprachen und die Gliederung am Anfang des Beitrags ermöglichen eine schnelle Orientierung über den Inhalt des Textes.
- Der *Lexikonteil* ist *alphabetisch* geordnet. Er enthält kürzere Artikel, die Informationen über ausgewählte Sachverhalte des in dem Band behandelten Bereichs geben.

Informationssuche
- Der *Zugang zum Handbuchteil* kann über das Inhaltsverzeichnis (S. 7) oder über das Sachregister (S. 642) erfolgen.
- Die Suche nach einem bestimmten *Stichwort* beginnt in der Regel im *Sachregister*. Es enthält Verweise auf die Titel im Lexikon und auf alle Textstellen des Handbuch- *und* des Lexikonteils, die Auskünfte über das betreffende Stichwort geben.
- Alle Namen von *Personen* und *Institutionen,* die in den Texten oder Literaturverzeichnissen vorkommen, sind im *Namenregister* (S. 627) mit entsprechenden Verweisen zu finden.

Nur die Benutzung beider Register erschließt alle Informationen des Bandes.

Bei der alphabetischen Anordnung der lexikalischen Artikel, des Sach- und des Personenregisters, des Abkürzungsverzeichnisses der zitierten Zeitschriften, des Autorenverzeichnisses und aller Literaturverzeichnisse werden Umlaute wie Selbstlaute behandelt und die Buchstaben „I" und „J" getrennt aufgeführt.

Literaturverzeichnisse
Jedem Artikel ist ein Literaturverzeichnis beigegeben, das die zitierte und weiterführende Literatur enthält. Die mit KAPITÄLCHEN gedruckten Namen (MEYER 1913, S. 24 ff.) verweisen grundsätzlich auf das Literaturverzeichnis. Die Angaben im Literaturverzeichnis sind alphabetisch geordnet. Publikationen, die keinen Verfasser nennen, werden nach dem ersten Wort ihres Titels zugeordnet. Gesetze von Bund und Ländern sind in der Regel nicht gesondert im Literaturverzeichnis der Einzelbeiträge ausgewiesen. Sie werden bei Inkrafttreten im Bundesgesetzblatt oder in den Gesetz- und Verordnungsblättern der Bundesländer veröffentlicht und sind dort zu finden.

Abkürzungen
Aus Umfangsgründen werden deutsch-, englisch- und französischsprachige Zeitschriftentitel abgekürzt. Um identische Abkürzungen für verschiedene Zeitschriften auszuschließen, wurde ein an der DIN-Vorschrift für Zeitschriftenabkürzungen orientiertes System entwickelt, das die Rekonstruktion des vollständigen Titels in der Regel mühelos ermöglicht. Dabei konnten eingeführte Abkürzungen für Zeitschriften nicht berücksichtigt werden. Die Groß- und Kleinschreibung in den Abkürzungen folgt den Titeln der Zeitschriften. Alle Zeitschriftenabkürzungen sind in einem Abkürzungsverzeichnis enthalten (S. 621).

Vorwort des Herausgebers der Enzyklopädie Erziehungswissenschaft*

Die Enzyklopädie Erziehungswissenschaft, ist ein auf insgesamt 12 Bände mit etwa 6 000 Druckseiten angelegtes Nachschlagewerk der Erziehungswissenschaft.
Der Band „Organisation, Recht und Ökonomie des Bildungswesens" gehört zur *ersten Abteilung,* innerhalb derer Probleme dargestellt werden, die *die Erziehungswissenschaft und den Prozeß der Erziehung insgesamt* betreffen (Band 1: Theorien und Grundbegriffe der Erziehung und Bildung, Band 2: Methoden der Erziehungs- und Bildungsforschung, Band 3: Ziele und Inhalte der Erziehung und des Unterrichts, Band 4: Methoden und Medien der Erziehung und des Unterrichts, Band 5: Organisation, Recht und Ökonomie des Bildungswesens). Die *zweite Abteilung* bezieht sich demgegenüber in ihren einzelnen Bänden jeweils auf eine *bestimmte Phase des Erziehungs- und Bildungsprozesses* (Band 6: Erziehung in früher Kindheit, Band 7: Erziehung im Primarschulalter, Band 8: Erziehung im Jugendalter – Sekundarstufe I, Band 9, Teil 1 und 2: Sekundarstufe II – Jugendbildung zwischen Schule und Beruf, Band 10: Ausbildung und Sozialisation in der Hochschule, Band 11: Erwachsenenbildung).
Mit diesem Aufbau erweist sich die Enzyklopädie Erziehungswissenschaft als *problemorientiert.* Auf eine Gliederung, die einer Struktur der Disziplin „Erziehungswissenschaft" folgt, wurde bewußt verzichtet, zum einen, weil unter den Vertretern der Erziehungswissenschaft eine verbürgte Auffassung über *die* Struktur einer so jungen Disziplin nicht existiert, und zum anderen deshalb, weil ein problemorientierter Aufbau dem Leser das Auffinden *seiner* Probleme erleichtert. Um die volle Informationskapazität der Enzyklopädie Erziehungswissenschaft auszuschöpfen, genügt nicht die Suche in einem einzelnen Band. Zu diesen Zweck ist vielmehr der *Registerband* heranzuziehen, in dem die Begriffe aufgenommen sind, die in der Enzyklopädie Erziehungswissenschaft erfaßt werden.
Beiträge und Ergebnisse der *Nachbarwissenschaften* zu erziehungswissenschaftlichen Problemen, etwa der Psychologie, Soziologie, Ökonomie oder Philosophie, werden in die einzelnen Beiträge integriert, ebenso *historische Sachverhalte* und *internationale Entwicklungen,* die besonders dann Berücksichtigung erfahren, wenn Strukturen und Entwicklungen des Bildungswesens im Ausland Perspektiven vermitteln, die aus der Sicht der Herausgeber als Alternativen zur Diskussion über das Bildungssystem in der Bundesrepublik Deutschland anregen können.
Die Enzyklopädie Erziehungswissenschaft ist ein *integriertes Handbuch und Lexikon*: Jeder Band enthält einen Handbuchteil mit systematischen Beiträgen, die Auskünfte über den Gegenstand eines größeren Bereichs geben, und einen Lexikonteil mit alphabetisch geordneten Artikeln zu einzelnen Stichwörtern.
Ohne Unterstützung der Freien Universität Berlin wäre das Erscheinen des Bandes 5 nicht möglich gewesen. Ihr schuldet der Herausgeber ebenso Dank wie den verantwortlichen Redakteuren von Rundfunk und Presse, die durch ihre freundliche Berichterstattung die ersten Erfolge der Enzyklopädie Erziehungswissenschaft mitbegründet haben. Besonderer Dank gilt wieder der Leiterin der Arbeitsstelle, Agi Schründer, sowie Sigmar Stopinski und Barbara Sommerhoff für die redaktionelle Bearbeitung dieses Bandes.

Berlin, im März 1984   Dieter Lenzen

---

* Eine ausführliche Einleitung in die Enzyklopädie Erziehungswissenschaft enthält Band 1.

Vorwort der Herausgeber von Band 5

Was Institutionalisierung von Bildung, um die es in dem hier vorgelegten Band der Enzyklopädie Erziehungswissenschaft über Organisation, Recht und Ökonomie des Bildungswesens geht, gegenwärtig als sozialer Sachverhalt bedeutet, mag ein Blick auf die aktuelle Bildungsstatistik veranschaulichen. 1982 gab in der Bundesrepublik Deutschland die öffentliche Hand insgesamt 81,8 Milliarden DM für Bildungsaufgaben aus, dies sind gut 5% des Sozialprodukts und annähernd 15% des öffentlichen Gesamthaushalts. Allein für das Schulwesen wurden von Bund, Ländern und Gemeinden 50 Milliarden aufgewandt und damit der Unterricht von 8,4 Millionen Schülern durch über eine halbe Million Lehrer finanziert. Eine andere Zahl verdeutliche den Stellenwert, den der Besuch von Bildungseinrichtungen im Zeithaushalt eines Jugendlichen einnimmt. Je nach dem, ob er zur Hauptschule oder auf das Gymnasium und die Universität geht, hält sich ein Jugendlicher heute in 12 bis über 20 Jahren zwischen zehn- und zwanzigtausend Stunden in Schulen und Hochschulen auf. Die Zahlen geben einen ersten Eindruck davon, welches gesellschaftliche und auf den individuellen Entwicklungsprozeß bezogene Gewicht Bildungsinstitutionen erlangt haben.

Wer glaubt, angesichts dieser Größenordnungen, deren zufälliges Zustandekommen bei der weltweiten Verbreitung komplexer Bildungssysteme schwerlich behauptet werden kann, ernsthaft auf institutionalisierte Bildung, also auf jene *auf Dauer gestellten, mit Regeln ausgestatteten* und *gesellschaftlich kontrollierten Formen der Kulturvermittlung*, die die Gestalt der Schulen prägen, verzichten und zu elementaren und spontanen Wegen der Tradierung und Aneignung von Kultur zurückkehren zu können? Und dennoch haben diejenigen, die im Laufe der Geschichte immer wieder einmal und im letzten Jahrzehnt verstärkt die Abschaffung der Schule gefordert haben, auch Recht, zumindest in der kritischen Substanz ihrer radikalen Forderung, in der Artikulation von Mängeln, Zwang, Inhumanität und Versagen, die sich mit Institutionalisierung von Bildungsprozessen auch und – mit ihrer zunehmenden Ausdehnung – verstärkt verbinden. Wer wollte umgekehrt angesichts der Etablierung von Zwang, von Verhaltensritualen, von Konkurrenz und Selektion, die sich allerwärts in den Schulen und Hochschulen breit machen, unbefangen der Institutionalisierung im Sinne eines weiteren Ausbaus von bürokratischen Apparaten und normierten und kontrollierten Sozialverhaltens das Wort reden?

An dem hier aufscheinenden fundamentalen Widerspruch von Notwendigkeit und Bedrohlichkeit der Institutionalisierung von Bildung, an der sie historisch von ihrem Beginn an begleitenden Dialektik von Befreiung und Unterdrückung – von der keineswegs ausgemacht ist, daß sie sich in einer Synthese von humaner und freier Persönlichkeitsbildung auflöst – setzt unser Konzept für den hier vorgelegten Band der Enzyklopädie Erziehungswissenschaft an. Wenn auf der einen Seite nichts an dem zwiespältigen und immer auch ärgerlichen *Faktum der Institutionalisierung* vorbeiführt, wenn aber auf der anderen Seite die *Formen der Institutionalisierung* nicht vom Schicksal vorgegeben, sondern von menschlichem Handeln und gesellschaftlichen Interessen abhängig sind und dementsprechend sich auch nach Kriterien gestalten lassen, die den in den Bildungsinstitutionen Handelnden ein Mehr an Bedürfnisartikulation, an Spontaneität, an Freiheit, an gleichberechtigter Kommu-

Vorwort

nikation ermöglichen, – dann ist es Aufgabe der Wissenschaft, über die Bedingungen von Genese und Veränderbarkeit von Institutionen aufzuklären und darin Handlungsperspektiven und Gestaltungsmöglichkeiten und -hemmnisse aufzudecken.
Eine derartige wissenschaftliche Aufklärung wird im vorliegenden Enzyklopädieband in zwei Richtungen angestrebt:
– in Richtung auf den *historischen Prozeß*, der die gegenwärtig vorfindlichen Formen institutionalisierter Bildung hervorgebracht hat, und
– in Richtung auf den *aktuellen institutionellen Handlungsrahmen* in seinen vielfältigen *rechtlichen, ökonomischen, sozialen* und *politischen* Ausprägungen und *Bedingungen.*

Nicht weil er für die weiteren Beiträge das theoretische Fundament abgäbe – alle Handbuchbeiträge sind eigenständige und voneinander unabhängig entstandene Artikel zum jeweiligen Thema und insofern gleichgeordnet –, sondern weil er den weitesten Abstraktionsgrad im Zugang zum Thema „Institutionalisierung von Bildung" repräsentiert, steht am Anfang des Handbuchteils ein Artikel, der Bildungstheorie als Gesellschaftstheorie konzeptualisiert. Unter Rückgriff auf die gesellschaftstheoretisch orientierte Diskussion über das Bildungswesen, die in den bürgerlichen Gesellschaften in den letzten beiden Jahrzehnten geführt worden ist, geht es dem Beitrag um die Formulierung von Perspektiven einer historisch-materialistischen Entwicklungstheorie von Bildung, das heißt um die Aufdeckung des Zusammenhangs zwischen der materiellen Produktion in der Form der Kapitalakkumulation und institutionalisierter Bildung. Wie es auf der Grundlage privatwirtschaftlicher Produktion zur zunehmenden *strukturellen Dissoziation von Arbeit und Bildung* kommt, wie gleichwohl in dieser *dissoziativen Vergesellschaftung* von Bildung der Schlüssel zum Verständnis der Funktionsfähigkeit des Bildungssystems für die Reproduktion von Gesellschaftsstruktur und Produktionsverhältnis liegt, aber auch mit welchen sich verschärfenden Widersprüchen diese Funktionsfähigkeit belastet ist, wird in diesem ersten Teil erörtert.

Als historischer Prozeß bedeutet Institutionalisierung von Bildung zunehmende *Formalisierung* und *Verselbständigung*, zunehmende *Verrechtlichung* und *Bürokratisierung*, zunehmende *Professionalisierung* und *Binnendifferenzierung* von Lernprozessen. Mit diesen Stichworten sind die jeweiligen Teilprozesse in der Entwicklung des Bildungswesens benannt, deren historische Ausprägungen und Entwicklungslinien am Beispiel der Herausbildung und Entfaltung des deutschen Bildungssystems im Teil B „Geschichte institutionalisierter Bildung" nachgezeichnet werden. Die Darstellung folgt dabei dem Prinzip der Differenzierung des Bildungswesens in unterschiedliche Schul- und Ausbildungstypen. Die ihnen gewidmeten Beiträge werden ergänzt durch alle Schultypen – wenn auch in unterschiedlicher Weise – betreffende Institutionalisierungsprozesse des öffentlichen Schulwesens: der Professionalisierung der Lehrertätigkeit und der Ausdifferenzierung der Schulverfassung. An der historischen Rekonstruktion der Institutionalisierung einzelner Schul- und Ausbildungsformen werden auch gesellschaftliche Entwicklungen sichtbar, wird auch deutlich, welche gesellschaftlichen Interessen sich in Form schulischer Regelungen durchgesetzt und die weitere Entwicklung geprägt haben. Erkennbar werden freilich nicht nur gesellschaftliche Triebkräfte für Schulentwicklung, sondern auch die Schaffung neuer gesellschaftlicher Interessenlagen in Gestalt des Eigeninteresses der Lehrer als soziale Gruppe. Die Beiträge dieses Handbuchteils dokumentieren zugleich eine beeindruckende Fülle großer schul- und bildungsgeschichtlicher Studien, die vor allem im letzten Jahrzehnt in der Bundesrepublik entstanden sind, nicht zuletzt auch unter Beteiligung der hier versammelten Autoren.

Vorwort

Zunehmende Institutionalisierung von Bildung beinhaltet immer auch ihre *fortschreitende formelle Verselbständigung* gegenüber anderen Lebensbereichen in der Gesellschaft. Formelle Verselbständigung heißt Ausprägung und Ausdifferenzierung schulischer Eigenwelt, Entwicklung eigener Formen und Logiken interner und externer Kommunikation, die das Sich-Zurechtfinden in Schule und das Umgehen mit ihr erschwert und zu einem hochkomplexen eigenem Lernprozeß macht. Verständnis und Beherrschung schulischer Handlungsbedingungen sind Voraussetzung sowohl für eine selbstbewußte und erfolgreiche Nutzung der Institution Schule durch Eltern und Schüler als auch für ein interessenbewußtes und kritisches Handeln von Lehrern, Eltern und Schülern gegenüber der Schulbürokratie und den Trägern der Schulpolitik.

Für die Klärung der schulischen Handlungsbedingungen ist schon seit langem nicht mehr nur eine Wissenschaft - etwa Pädagogik oder Philosophie, die Jahrzehnte lang das Begleitstudium der Lehramtskandidaten ausmachte - zuständig. In dem Maße, in dem die schulische Institutionalisierung von Bildung voranschritt, gewannen zum Verständnis schulischer Arbeitsprozesse und Konflikte neue Fachdisziplinen an Gewicht, allen voran die *Rechtswissenschaft,* die *Bildungs-* und die *Organisationssoziologie,* die *Ökonomie* und die *Psychologie.* Da deren methodische Zugriffe auf den Gegenstand jeweils unterschiedlich sind, hätte sich unter Umständen eine nach Fachdisziplinen und ihrem jeweiligen Beitrag zur Erkenntnis der Schulwirklichkeit vorgehende Systematik angeboten. Wir sind diesen Weg bewußt nicht gegangen, sondern haben eine Integration disziplinärer Zugangsweisen auf Bildung in zentralen Problemkomplexen angestrebt. Daß dabei die einzelnen Beiträge durchaus stark von den Denkweisen der Fachwissenschaft und der spezifischen Theorietradition in ihr, der sich der jeweilige Autor zurechnet, geprägt sind, ist nicht zu übersehen.

Wir haben die aktuellen Problemstellungen institutionalisierter Bildung unter zwei zentralen Gesichtspunkten geordnet: den Außenbedingungen institutionalisierter Bildung (Teil C) und den Problemen ihrer Binnenstruktur (Teil D).

Im Teil C „Gesellschaftliche Bedingungen und Funktionen institutionalisierter Bildung" werden die widerstreitenden gesellschaftlichen Anforderungen an die Institution Schule und die aus diesem Widerstreit hervorgebrachten internen wie externen Problemkonstellationen abgehandelt. Es wird niemanden überraschen, daß bei den mit fortschreitender Institutionalisierung verbundenen erhöhten Anforderungen an *Planbarkeit, Regulierbarkeit* und *Finanzierbarkeit* von Bildung ein wesentlicher Schwerpunkt dieses Teils die Darstellung des rechtlichen und politischen Handlungsrahmens in der Verfassung, der gesamtstaatlichen, föderalen und kommunalen Bildungspolitik und -planung einnimmt. In diesen Beiträgen wird deutlich, wie sehr Schule von äußeren Bedingungen abhängig wird und wie wenig sie als soziale Einheit auf ihre Existenz- und Entwicklungsbedingungen Einfluß nehmen kann. Angesichts der dargestellten Entwicklungen stellt sich mit neuer Dringlichkeit die alte Frage, ob eine Neufassung des Verhältnisses von Zentralisierung und Dezentralisierung in der Schulorganisation nicht überfällig ist. - In weiteren Beiträgen werden die Wechselwirkungen zwischen Bildungssystem und Beschäftigungssystem und zwischen Schule und Sozialstruktur abgehandelt.

Im letzten Abschnitt des Handbuchteils (D) stehen unter dem Titel „Binnenstruktur institutionalisierter Bildung" die Sozialisations-, Kommunikations- und Arbeitsprobleme im Vordergrund, die institutionalisierte Handlungsstrukturen und -normen bei denen auslösen, die ihnen - mit nur einer bescheidenen Chance, sie selbst ändern zu können - unterworfen sind. Ausweich- und Umgehungsstrategien von

Vorwort

Schülern gegenüber schulischen Handlungsnormen wie unterschiedliche Umgangsformen von Lehrern mit ihrer Institution zeigen in gleicher Weise machtvolle Starrheit wie erstarrende Ohnmacht der Institution.

Die hier vorgelegte Bestandsaufnahme zur Institutionalisierung von Bildung kann, so umfangreich sie ist, offene Stellen nicht leugnen. Die Begrenzung im wesentlichen auf nationale Entwicklungsprozesse gehört hierher. Wir hätten uns von einer stärkeren Betonung kulturvergleichender Analyse von Bildungsinstitutionen viel an Aufschluß über identische und alternative, allgemeine und je besondere Institutionalisierungsprozesse versprochen. Der notwendige Verzicht der Gesamtenzyklopädie auf den ursprünglich einmal anvisierten europäischen Zuschnitt reduzierte auch für diesen Band die Internationalität auf zwei Artikel (in Teil C und D), sofern nicht in einzelnen Beiträgen internationale Entwicklungen und Diskussionen mit aufgenommen sind.

Selbst für die Bundesrepublik gibt es heute neue Probleme, deren Behandlung in diesen Band hineingehörte. Zu nennen sind etwa die Probleme ansteigender Lehrerarbeitslosigkeit, drastisch zurückgehender Schülerzahlen aufgrund der demographischen Entwicklung, der zunehmenden Vergreisung von Lehrerkollegien wegen fehlender Neueinstellung junger Lehrer, der Neustrukturierung von Arbeitszeiten bei Lehrern. Die Wissenschaft beginnt diese Probleme zu entdecken, kann aber noch nicht mit Analysen aufwarten.

Zum Abschluß noch zwei Hinweise zur Lektüre:

Die Beiträge im Handbuchteil sind von der Machart durchaus verschiedenartig. Ein Teil der Autoren interpretiert den lexikalischen Anspruch in Richtung auf Bestandsaufnahme über den Forschungsstand zum thematisierten Gegenstand. Ein anderer Teil hat unsere Aufforderung, die Gelegenheit zur Bilanzierung der eigenen Arbeit zu nutzen, sich in der aktuellen wissenschaftlichen Diskussion zu verorten und einen eigenständigen Konzeptualisierungsentwurf für das Thema zu präsentieren, ernst genommen und die Entfaltung eines eigenen Zugangs zum Gegenstand in das Zentrum des Beitrags gerückt. Wir halten beide Bearbeitungsvarianten für sinnvoll und denken, daß gerade durch die zweite ein höheres Maß an Lebendigkeit in die Darstellung kommt. Die ausführlichen Literaturverzeichnisse am Ende der Beiträge lassen kein Interesse an enzyklopädischem Überblick zu kurz kommen.

Der zweite Hinweis betrifft die Aufteilung des Bandes in einen umfangreichen Handbuchteil und einen weniger ausgedehnten Lexikonteil. Die Fülle der Gegenstände und die Heterogenität ihrer Betrachtungsaspekte ließ uns dieses Vorgehen, mehr auf zusammenhängende Darstellung größerer Komplexe als auf möglichst detaillierte Ausdifferenzierung von Stichworten zu setzen, sinnvoll erscheinen. Wer also bestimmte Stichworte wie etwa „Partizipation", „Mitbestimmung", „Professionalisierung", „Lehrerbesoldung" oder „Lehrerorganisationen" sucht, sollte sich nicht davon irritieren lassen, daß er sie nicht im Lexikonteil als eigenes Stichwort findet, sondern im Sachregister nachschauen. Die von ihm gesuchten Sachverhalte sind in verschiedenen Handbuch- und Lexikonartikeln unter unterschiedlichen Aspekten abgehandelt.

Göttingen/Berlin im Martin Baethge
März 1984 Knut Nevermann

Handbuch

A Gesellschaftstheoretische Aspekte institutionalisierter Bildung

Martin Baethge

Materielle Produktion, gesellschaftliche Arbeitsteilung und die Institutionalisierung von Bildung

1 Einleitung: Zur Aktualität und zur politischen und theoretischen Bedeutung des Themas
2 Zur Perspektive einer historisch-materialistischen Theorie von Bildung
3 Ansätze materialistischer Analyse von Bildung
3.1 Zum akkumulationstheoretischen Ansatz
3.2 Ideologische Strukturkorrespondenzen zwischen Produktion und Bildung
3.3 Bildung als Kapital und gesellschaftliche Ressource
4 Zum Zusammenhang von materieller Produktion und Bildung: Die Dialektik von zunehmender Vergesellschaftung und steigender Dissoziation

Zusammenfassung: Dem Beitrag geht es um eine gesellschaftstheoretische Betrachtung von Bildung. Ihr Kern ist die Klärung des Verhältnisses von materieller Produktion und Institutionalisierung von Bildung, bei der es nicht nur um eine theoretische Frage der Entwicklung von Gesellschaftsstrukturen geht, sondern um die durch die politischen Bewegungen im Hochschulbereich neu aktualisierte Frage, welchen Beitrag das Bildungswesen einer Gesellschaft zu deren praktischer Veränderung zu mehr Freiheit und Humanität leisten kann. Gesellschaftstheorie – in der Tradition des historischen Materialismus – wird zunächst in ihrem Selbstanspruch und ihrem Verhältnis zu anderen Bildungswissenschaften bestimmt (vgl. 2). Mit den Ansätzen der orthodoxen Akkumulationstheorie (Altvater/Huisken), der Theorie ideologischer Strukturkorrespondenz (Bowles/Gintis) und der Theorie der Reproduktion der Gesellschaftsstruktur (Bourdieu) werden dann zentrale Zugangsweisen zum Thema dargestellt und kritisch erörtert (vgl. 3). Ausgehend von der allen drei Ansätzen gemeinsamen Schwäche, die Genese der vorfindlichen gesellschaftlichen Formen von Bildung in ihrem Bezug zur materiellen Produktion und die prozessualen Vermittlungszusammenhänge zwischen den formell getrennten Bereichen nicht zu erklären, wird im letzten Kapitel unter Rückgriff auf die Theorie der doppelten Konstitution des bürgerlichen Individuums als Theorie der Entwicklung der Subjektivität (der Arbeitskraft) die durch das privatwirtschaftliche Produktionsverhältnis gesetzte Notwendigkeit der Dissoziation von Arbeit und Bildung ausgewiesen. Auf ihrem Hintergrund werden abschließend sechs vorläufige Thesen zur Erklärung der gegenwärtigen und erwartbaren Entwicklung des Bildungswesens formuliert.

Summary: The aim of this contribution is to take a look at education from a socialtheory point of view. It centres around the clarification of the relationship between material production and the institutionalisation of education. This is not only a theoretical question of the development of structures of society but a question, rendered topical once more by the political currents in the further education sector, of the contribution which education can make towards a society, how it can make practical changes to the society leading to increased freedom and humanity. Social theory, in the tradition of historical materialism, is first determined from the point of view of the claims it makes for itself and in terms of its relations to other educational sciences (see 2). Taking the approaches offered by the orthodox accumulation theory (Altvater/Huisken), the theory of the ideological correspondence of structures (Bowles/Gintis) and the theory of the reproduction of the social structure (Bourdieu), central attitudes to the subject are presented and critically discussed (see 3). Taking as its starting point the weakness shared by all three approaches, namely the failure to explain the genesis of existing social forms of education in their relationship to material production and the mediatory connections between the formally separate sectors, the final chapter returns to the theory of the dual constitution of the bourgeois individual as a theory of the development of the subjectivity of the workers in order to demonstrate the necessity of disassociating work from education enforced by the production processes of the private economy. Against this background the article concludes with six provisional theses explaining the present development of the educational system and what may be expected to happen in the future.

Résumé: Dans cet article, on se livre à un examen de la formation dans un cadre socio-théorique. Le point central de cet examen est l'éclaircissement des rapports entre la production matérielle et l'institutionnalisation de la formation. Il n'en va pas seulement d'une question théorique concernant l'évolution de structures sociales, mais de la question, récemment revenue à l'ordre du jour par les mouvements politiques dans le domaine de l'enseignement supérieur, question de savoir quelle contribution peuvent avoir les institutions de formation d'une société à l'acquisition par cette dernière de plus de liberté et d'humanité. La théorie sociale – dans la tradition du matérialisme historique – est d'abord définie dans son exigence propre et ses relations avec d'autres sciences de l'éducation. A l'aide des hypothèses de la théorie orthodoxe de l'accumulation (Altvater/Huisken), de la théorie de correspondance idéologique de structure (Bowles/Gintis) et de la théorie de la reproduction de la structure sociale (Bourdieu), on présente et discute de manière critique les accès centraux vers le thème. A partir du point faible des hypothèses de ces trois théories, à savoir de ne pas expliquer la genèse des formes sociales de la formation dans leur rapport à la production matérielle et les relations de transmission de processus entre les domaines séparés du point de vue formel, on montre, dans le dernier chapitre, en recourant à la théorie de la double constitution de l'individu en tant que citoyen, comme théorie du développement de la subjectivité (élément de la main-d'œuvre) la nécessité, amenée par les relations de production de l'économie privée, de la dissociation du travail et de l'éducation. A l'arrière-plan, on formule, en conclusion, six thèses provisoires pour expliquer l'évolution actuelle et éventuelle des institutions de formation.

1 Einleitung: Zur Aktualität und zur politischen und theoretischen Bedeutung des Themas

Das Verhältnis von materieller Produktion und institutionalisierter Bildung war in den letzten beiden Jahrzehnten, vor allem in den frühen 70er Jahren, nicht allein in der Bundesrepublik Deutschland das beherrschende Thema der theoretischen Auseinandersetzung über Bildungspolitik und Bildungsreform, über die Entwicklung des Bildungssystems insgesamt. Es erscheint nicht zufällig, daß die theoretisch gehaltvollsten Beiträge zur Erklärung von Entwicklungen im Bildungsbereich in verschiedenen westlichen Gesellschaften um dieses Thema kreisen, sei es mit stärkerer Betonung der unmittelbar ökonomischen Aspekte, sei es unter Hervorhebung sozialstruktureller Ausdrucksformen ökonomisch bedingter gesellschaftlicher Ungleichheit. Dies gilt in den USA etwa für die Arbeiten von BERG (vgl. 1971), BOWLES/GINTIS (vgl. 1978), GINTIS (vgl. 1971), JENCKS (vgl. 1973), in Frankreich für die Werke von BOURDIEU (vgl. 1973, 1976, 1983) und BOURDIEU/PASSERON (vgl. 1971) sowie BAUDELOT/ESTABLET (vgl. 1971) und in der Bundesrepublik für die Studien der Altvater-Gruppe, von OFFE (vgl. 1975), LUTZ (vgl. 1976, 1983) oder auch die im Rahmen des Soziologischen Forschungsinstituts Göttingen (SOFI) erstellten Studien (vgl. BAETHGE u. a. 1974, MICKLER u. a. 1977). Selbst dort, wo die Entwicklung von Bildungsstrukturen nicht wie in der Mehrheit der vorgenannten Beiträge mit Rekurs auf die kapitalistische Wirtschaftsverfassung, sondern unter funktionalistischer oder systemtheoretischer Perspektive angegangen wird, behält ihre Betrachtung einen unaufhebbaren Bezug *zur Produktionsweise* und *zur Gesellschaftsstruktur* in den bürgerlichen Gesellschaften (vgl. FEND 1974, LESCHINSKY/ROEDER 1981).

Über den Beitrag nachzudenken, den institutionalisierte Bildung zur Aufhebung, Abmilderung oder Stabilisierung von wie immer durch Natur oder Gesellschaft verursachter Ungleichheit leisten könne, hatten Sozialwissenschaftler in den meisten bürgerlichen Gesellschaften der Nachkriegszeit Anlaß genug. Waren sie doch Zeugen einer rasanten Expansion institutionalisierter gymnasialer und universitärer Bildung, die – zeitlich in den einzelnen Ländern verschoben – ab Mitte des Jahrhunderts einsetzte und von ihren politischen Geburtshelfern zumeist mit Argumenten einer liberalen Sozialpolitik (Erhöhung von Chancengleichheit) und/oder wirtschaftspolitischen Begründungen (infrastruktureller Beitrag zur Wachstumsförderung) legitimiert wurde (vgl. JENCKS u. a. 1973, LUTZ 1983). Auch für die politische Linke, die über die Studentenbewegungen in Frankreich, USA und der Bundesrepublik nicht unwesentliche Impulse aus dem Bildungsbereich bezog, stellten Bildungsreform und -expansion eine theoretische Herausforderung dar: Sollte es eine Überwindung von Klassenstrukturen durch Bildung geben, ausgerechnet durch jenes Symbol bürgerlicher Privilegierung, an dem zu partizipieren der Arbeiterklasse so lange vorenthalten war? Sollte Wissen tatsächlich zu Macht werden, weil es endlich in die Hand der vielen gelegt wurde, und eine unblutige Transformation der gesellschaftlichen Verhältnisse in die Wege leiten?

Wir wissen heute, wie die Geschichte weiter- und vorläufig ausgegangen ist. In beinahe allen hochentwickelten bürgerlichen Industriegesellschaften hält die Bildungsexpansion bis weit in die 70er Jahre an, und es bleibt auch in den frühen 80er Jahren eine hohe individuelle Nachfrage nach höherer Bildung bestehen, ohne daß die bestehenden Strukturen sozialer Ungleichheit dadurch wesentlich korrigiert worden wären und ohne daß kontinuierliches Wirtschaftswachstum und individuelle Wohlstandsmehrung dadurch hätten sichergestellt werden können. Im Gegenteil, die kapitalistische Weltwirtschaft geriet in ihre nachhaltigste Krise nach der Weltwirtschaftskrise der 30er Jahre, und in deren Gefolge verschärften sich auch wieder die sozialen Gegensätze zwischen Arm und Reich und vertiefte sich gesellschaftliche Ungleichheit auf einem neuen Niveau. Die Expansion von Bildung und Wissenschaft hat hieran nichts ändern können, und die Annahmen der neoklassischen Bildungsökonomie über positive Zusammenhänge zwischen Bildungsinvestitionen und wirtschaftlichem Wachstum scheinen zumindest für hochentwickelte kapitalistische Gesellschaften sowohl auf gesamtwirtschaftlicher als auch auf einzelwirtschaftlicher Ebene von der Realität hochgradig problematisiert, da sich – unabhängig von der Krise – hinsichtlich des Individualeinkommens herausstellt, daß mit der Bildungsexpansion die Einkommensvorsprünge von Absolventen höherer Bildungseinrichtungen gegenüber Beschäftigten mit kürzerer Vorbildungsdauer sinken. (TEICHLER – vgl. 1983 – zeigt dies für Hochschulabsolventen in den USA und Japan, v. BLUMENTHAL – vgl. 1980 – für Italien.) Darüber hinaus wandelt sich im Verlauf der Bildungsexpansion auch die Angebot-Nachfrage-Relation für hochqualifizierte Arbeitskräfte auf dem Arbeitsmarkt recht grundlegend. Hatte am Beginn der Bildungsexpansion eine relativ hohe Nachfrage vor allem der öffentlichen Hand nach hochqualifizierten Arbeitskräften gestanden, so ist die gegenwärtige Situation in vielen fortgeschrittenen Industriegesellschaften dadurch gekennzeichnet, daß zunehmend auch die Absolventen von Hochschulen Schwierigkeiten haben, einen ihrer Qualifikation entsprechenden Arbeitsplatz zu finden und häufig lange Zeit arbeitslos sind. Der Widerspruch zwischen durch Bildungsinstitutionen qualifizierter Arbeitskraft und ihrer gesellschaftlich produktiven Nutzung verschärft sich in allen bürgerlichen Gesellschaften im letzten Jahrzehnt ungemein stark.

Angesichts der skizzierten Probleme und angesichts vieler mit der Bildungsreform einst verbundener und jetzt zerplatzter Hoffnungen stellt sich heute, wo die nicht bewältigten Problem der Bildungsexpansion in Form sowohl von Resignation als auch von steigender Konkurrenz nicht allein auf die Bildungsinstitutionen zurückschlagen, die *gesellschaftstheoretische Grundfrage nach dem Verhältnis von materieller Produktion, gesellschaftlicher Arbeitsteilung und Bildung* mit neu akzentuierter Dringlichkeit. Durch die Resultate der jüngsten Entwicklung schockiert, hat sich bei vielen, die im Bildungs- und Wissenschaftsbereich arbeiten, Ernüchterung gegenüber ihren Hoffnungen auf eine gesellschaftsverändernde Kraft ihrer eigenen Tätigkeit breit gemacht.

In der Bundesrepublik läßt sich nicht nur ein geradezu gelangweiltes Desinteresse bei Politik und öffentlicher Meinung gegenüber bildungspolitischen Themen konstatieren; auch in der kritischen Sozialwissenschaft, die zu Beginn der 70er Jahre Bildung zu einem ihrer zentralen Gegenstände gemacht hatte, ist es um bildungssoziologische Fragen, zumal um solche einer grundlegenden Klärung des Verhältnisses von Bildung und Arbeit, merkwürdig still geworden. Die Wirklichkeit scheint einen in doppelter Weise einschüchternden Effekt auf eine Weiterführung der theoretischen Diskussion auszuüben: Diejenigen, die der Bildung eine hohe eigenständige Steuerungsfunktion für die gesellschaftlichen Verhältnisse zugesprochen hatten, mögen sich wegen ihrer irrtümlichen Annahmen zum Schweigen verurteilt fühlen. Diejenigen, die Bildung immer als Magd der kapitalistischen Ökonomie betrachtet hatten, dürfen sich vielleicht endgültig in ihrer theoretischen Position von der Realität bestätigt sehen und eine weitere Diskussion für überflüssig halten. Aber bleibt tatsächlich nur die Resignation vor der Übermächtigkeit einer den menschlichen Bedürfnissen entfremdeten Ökonomie? Von den beiden angedeuteten Positionen her lassen sich Wege aus der Ratlosigkeit nicht finden. Da aber in der gegenwärtigen Krise von Bildung und Wissenschaft für alle, die in diesem Bereich arbeiten und mit ihrer Arbeit nicht nur individuelle Reproduktionsinteressen verbinden, eine Neuorientierung wichtig ist, sollten wir die Frage nach den gesellschaftsstrukturellen Bedingungen und Bedeutungen von Bildung wieder aufnehmen.

2 Zur Perspektive einer historisch-materialistischen Theorie von Bildung

Wie aber ist die Frage nach dem Verhältnis von materieller Produktion (im ökonomischen Sinne der Schaffung von materiellen Gütern und Dienstleistungen zur Reproduktion menschlichen Lebens) und Bildung überhaupt zu entfalten? Ihre Beantwortung zum Kern einer allgemeinen Theorie von Bildung als Gesellschaftstheorie zu machen, ist keine naive Setzung, sondern impliziert bereits Gesellschaftstheorie und verlangt eine Klärung des Status der angezielten Aussagen in ihrem Verhältnis zu den auf Bildung gerichteten Fachdisziplinen. Berührt ist damit jene lange Kontroverse in den Sozialwissenschaften zwischen dialektischer und positivistischer Wissenschaftstradition (vgl. ADORNO u. a. 1969), bei der die eine Seite darauf beharrt, man könne oder müsse sogar bei der Analyse gesellschaftlicher Zusammenhänge auf Gesellschaftstheorie verzichten und habe sich voraussetzungslos an die je historischen oder aktuellen Erscheinungsweisen zu halten, und bei der die andere Seite, die dialektische oder historisch-materialistische Wissenschaftstheorie, gerade diese vermeintliche *Unvoreingenommenheit* als folgenreiche *Unbewußtheit* über die historische und gesellschaftliche Vorgeformtheit sowohl des Gegenstandes als auch der Betrachtungskategorien und als eine damit verbundene methodisch legitimierte Einschwörung auf jeweilige Faktizität als heimliche Gesellschaftstheorie kritisiert und auf einen Begriff von *Gesellschaft als Ganzheit und gesellschaftlicher Entwicklung* insistiert.

Für diese wissenschaftstheoretische Kontroverse bietet sich gerade wegen der jeweils implizierten Gesellschaftsauffassung keine billige Versöhnung an, sie reflektiert auf der Ebene der (Sozial-)Wissenschaft gesellschaftliche Widersprüche, die nicht theoretisch lösbar sind, und wird die Sozialwissenschaften vermutlich begleiten, solange diese Widersprüche bestehen. Sie soll auch hier nicht umgangen werden. Aber ein Wort zum Verhältnis von *gesellschaftstheoretischer Betrachtung von Bildung* und der *einzelwissenschaftlichen Behandlung* von Bildungsproblemen mag vielleicht doch eine Reihe von unfruchtbaren Mißverständnissen vermeiden helfen, die die Diskussion der praktischen Probleme erschweren. Gesellschaftstheorie oder gesellschaftstheoretische Betrachtung von Bildung im hier zugrundegelegten Sinn einer historisch-materialistischen Analyse ist weder Ersatz noch Konkurrenz noch methodisches Korrektiv für die unterschiedlichen wissenschaftlichen Disziplinen, die auf Bildung gerichtet sind, wie beispielsweise Bildungsrecht, Bildungsökonomie, Bildungssoziologie oder Organisationssoziologie, Psychologie, Pädagogik oder Sozialisationsforschung und Sozialgeschichte der Bildung. Sie ist für diese Einzelwissenschaften auch *nicht die integrative Klammer*, kann dies nicht sein, da die disziplinären Zugriffe auf den Gegenstand Bildung den Systematiken ihrer jeweiligen Einzelwissenschaften verpflichtet sind. Sie kann allenfalls ein *integrativ wirkender theoretischer Bezugspunkt* für die Fachdisziplinen bei der Interpretation ihrer Ergebnisse und der Verständigung über Problemlagen sein, der die Fachdisziplinen vor Vereinseitigung und disziplinärem Absolutismus bewahren helfen könnte. Umgekehrt bleibt eine gesellschaftstheoretische Betrachtung von Bildung auf die Einzelwissenschaften in Wahrnehmung von Forschungsergebnissen und Auseinandersetzung mit ihnen angewiesen, wenn sie nicht in einem ins Leere laufenden Dogmatismus landen will.

Das inhaltliche Ziel einer Gesellschaftstheorie von Bildung liegt in dem Aufweis von Entwicklungsgesetzlichkeiten, die den Zusammenhang von Bildung und materieller Produktion bestimmen und den Institutionalisierungsprozeß von Bildung steuern. Bei einer derartigen Zielbestimmung erhebt sich sofort die Frage, auf welchem *Niveau der Integration der einzelnen Sachverhalte* und Teilprozesse und in welchen *Zeitdimensionen* ein derartiger dynamischer Zusammenhang zu formulieren wäre. Das Problem von *Zeithorizont* und *Integrationsniveau* gesellschaftstheoretischer Erklärung von Bildungsentwicklungsprozessen ist ein Hauptstreitpunkt zwischen traditionellen Historikern und Marxisten, da letztere bisweilen leicht dazu tendieren, historische Besonderheiten zu übergehen und vorschnell auch singuläre Erscheinungen als Ausdruck allgemeiner Entwicklungsgesetzlichkeiten zu interpretieren. Das Problem muß deswegen in der Gesellschaftstheorie selbst ständig reflektiert werden. Denn auf die Dauer ist es unbefriedigend und praktisch auch wirkungslos, immer vor dem Kopfschütteln von Historikern und dem methodischen Achselzucken von Empirikern auf abstrakte „Wesens"-Kategorien zu verweisen.

Für eine Theorie des Verhältnisses von Bildung und materieller Produktion bieten sich aus dem Fundus der Sozialwissenschaften im Grunde genommen nur die *funktionalistische Systemtheorie* oder eine auf der Theorie von *Marx basierende materialistische Theorie* an. Zwischen diesen beiden Antipoden spielt sich die theoretische Diskussion ab. Es ist gewiß unbefriedigend, an dieser Stelle nicht über eine ausführliche Kritik am systemtheoretischen Funktionalismus die Option für die materialistische Theorie von Bildung zu begründen. Andererseits ist diese Kritik substantiell gerade im Zusammenhang von Theoriekonzepten für gesellschaftliche Entwicklung (vgl. HABERMAS 1976) und für Bildungspolitik (vgl. DEUTSCHMANN 1974) bereits ausführlich geführt worden. Es soll statt dessen begründet werden, worin die Leistungsfähigkeit der historisch-materialistischen Theorie für das Thema gesehen werden kann, auch hierin zeigt sich implizit Kritik am Funktionalismus.

Historischer Materialismus ist die Theorie der Entwicklung von Gesellschaft als fortschreitender Auseinandersetzung des Menschen mit der Natur; insofern ist er eine Theorie menschlichen Handelns und nicht Theorie mechanischer Abläufe in Natur und Gesellschaft, in die der Mensch nur eingepaßt wird. Bezogen auf das Verhältnis von Bildung und materieller Produktion bietet er vier zentrale Aspekte, von denen eine Analyse der entwickelten Formen in der bürgerlichen Gesellschaft auszugehen hat: vom *institutionellen Charakter,* vom *historischen Prozeß* der Herausbildung, von der *gesellschaftsformationsspezifischen Ausprägung* dieses Verhältnisses von Arbeit und Bildung und von seiner *Veränderbarkeit* durch menschliches Handeln.

Institutioneller Charakter meint dabei, daß es sich bei Arbeit und Bildung nicht um zufällig entstandene Aggregate gesellschaftlichen Handelns, sondern um komplexe, mit Regeln ausgestattete und auf Dauer gestellte Formen gesellschaftlichen Handelns dreht, die den Charakter von Basisinstitutionen haben. Daß sich ihr Verhältnis zueinander *historisch herausgebildet* hat, zielt auf die Abwehr einer funktionalistischen Verkürzung der Betrachtungsperspektive, die meint, aus den je aktuellen Erscheinungsformen die inneren Abhängigkeiten beider erschließen zu können, und dabei übersieht, daß die „gesellschaftliche Welt" nicht „auf eine Aneinanderreihung von kurzlebigen und mechanischen Gleichgewichtszuständen reduziert werden" darf (BOURDIEU 1983, S. 183). Um aktuelle Ausprägungen von Abhängigkeiten beider Institutionen voneinander überhaupt verstehen zu können, bedarf es in der Regel eines Blicks auf die Genese ihres strukturellen Zusammenhangs. Der Verweis schließlich auf die *gesellschaftsformationsspezifische Ausprägung* des Zusammenhangs soll deutlich machen, daß seine historische Entwicklung und seine aktuellen Muster nicht beliebig – mal so, mal anders – verlaufen, sondern eingebettet sind in ein Steuerungsprinzip für gesellschaftliche Prozesse, das in unserem Fall *Kapitalakkumulation* heißt und das selbst historisch geschaffen und ver-

änderbar ist, also keine überzeitliche Gültigkeit hat. Ohne den vierten Aspekt, die *handlungstheoretische Komponente,* würden die anderen drei Theoreme sehr schnell zu jenem blutleeren materialistischen Strukturalismus verkommen, den THOMPSON (vgl. 1980) in seiner Auseinandersetzung mit Althusser als Verlust der historischen Perspektive und Verrat am emanzipatorischen Gehalt der Marxschen Theorie gebrandmarkt hat. Ohne ihre Perspektive auf Veränderung würde man in der Tat der Theorie ihre politische Substanz, ihren Sinn nehmen, in dem sie sich fundamental von szientifischen Gesellschaftstheorien unterscheidet.
Materialistische Theorie ist ihrem Selbstverständnis nach nicht akademische Disziplin, sondern Selbstaufklärung der unter den gesellschaftlichen Verhältnissen leidenden Massen zur Veränderung ihrer Situation. (Grotesk deswegen die wohlmeinenden Versuche wissenschaftsgläubiger Pädagogen, die materialistische Theorie positivistisch mit mehr fachwissenschaftlicher Fundierung aufbessern zu wollen, da „allein deren [der Fachwissenschaften – M. B.] Erfahrungen [...], kritisch gewendet, darüber belehren [können], was wir – in fortgesetzten Bildungsprozessen *aufgeklärt – wollen können*" – TITZE 1983, S. 51 –. Unversehens wird der materialistischen Theorie ein fachwissenschaftliches Wahrheitskriterium transplantiert und die ganze Sache auf den Kopf gestellt: Nicht die den menschlichen Bedürfnissen folgende Praxis ist der Maßstab für die Theorie, sondern umgekehrt werden die Wissenschaften zum obersten Richter darüber, was Menschen noch wollen dürfen und können.) Das nimmt ihr nichts an Wissenschaftlichkeit im Sinne des Anspruchs auf methodische Exaktheit der Gesellschaftsanalyse. Es hebt nur einen in unserem Zusammenhang besonders wichtigen Punkt, der in der akademischen Behandlung der Marxschen Theorie oft unterbelichtet bleibt, als unverzichtbaren Bestand materialistischer Gesellschaftstheorie hervor: die wissenschaftliche Aufdeckung dessen, was in der Realität eine den Veränderungswillen der Betroffenen blockierende Verkehrung der Verhältnisse, eine Mystifizierung oder Ideologisierung des Bewußtseins bewirkt und worin sich diese äußert. Da gesellschaftliche Bildungsinstitutionen selbst das Bewußtsein der Subjekte prägen, Teil des ideologischen Apparates sind, kommt der richtigen Analyse von Ideologisierungen in und durch Bildungsinstitutionen ein so hoher Stellenwert zu. (Und diese ist sicherlich nicht mit Hilfe vulgärmarxistischer Basis-Überbau-Vorstellungen zu leisten, denen alles menschliche Handeln, Wahrnehmen und Wollen abbildungstheoretisch zum unmittelbaren Ausfluß ökonomischer Vorgänge gerinnt; Gramscis bereits vor 50 Jahren geübte Kritik am Ökonomismus der II. Internationale als „wissenschaftlich unhaltbarer" „primitiver Infantilismus" – GRAMSCI 1983, S. 98 ff. – hat auch heute nichts an Stichhaltigkeit verloren.)
Nach der Skizze zentraler Aspekte einer materialistischen Bildungstheorie läßt sich auch etwas Genaueres sagen über die Fragestellungen, die in einer derartigen Theorie zur Debatte stehen:
- Wie hängen Entstehung und Entwicklung der gesellschaftlichen Struktur des Bildungswesens mit Form und Verlauf der materiellen Produktion in bürgerlichen Gesellschaften zusammen?
- Wieweit und in welcher Weise sind aktuelle bildungspolitische Entscheidungen und Probleme des Bildungssystems durch Entwicklungstendenzen der Produktion und von ihnen geprägte Marktstrukturen beeinflußt?
- In welcher Weise leistet das Bildungssystem einen Beitrag zur Reproduktion der Gesellschaftsstruktur, in der sich die Formen der Arbeitsteilung niederschlagen? Spielt es einen eigenständigen und aktiven Part in der Aufhebung oder Abmilderung sozialer Ungleichheit?

Martin Baethge

- Wie und wodurch leistet das Bildungssystem einen Beitrag zur ideologischen Stabilisierung bürgerlicher Gesellschaften? Und wie erklären sich die professionellen Ideologien derjenigen, die im Bildungssektor arbeiten? Wie kommt es zur Veränderung von Bildungsbegriff und institutionalisierten Bildungskanones?

Materialistischer Theorie von Bildung ist nicht nur die je isolierte Beantwortung dieser Fragenkomplexe aufgegeben, sondern sie hat deren inneren Zusammenhang theoretisch zu begründen und in seiner Bedeutung für die gesellschaftliche Entwicklung auszuweisen. Ihre Insistenz auf gesellschaftsformationsspezifische Betrachtung bedeutet keine Geringschätzung der vorbürgerlichen Geschichtsepochen, sondern folgt der methodischen Annahme, über die Analyse der am weitesten entwickelten Formen, also über die Anatomie der bürgerlichen Gesellschaft, auch den Schlüssel zum Verständnis vorhergehender Epochen zu finden. HABERMAS (vgl. 1976, S. 38 ff.) hat mit dieser Annahme seine Entscheidung für das Festhalten am historischen Materialismus für eine Theorie sozialer Evolution begründet.

3 Ansätze materialistischer Analyse von Bildung

In der Bundesrepublik Deutschland, Italien, Frankreich und den angelsächsischen Ländern hat es seit über einem Jahrzehnt, insbesondere in der ersten Hälfte der 70er Jahre im Zusammenhang mit den politischen Bewegungen an den Hochschulen, eine Fülle von Ansätzen und Versuchen zu einer materialistischen Erklärung von Bildungsentwicklung gegeben, aus denen auch viele anregende Analysen aktueller Bildungs- und Wissenschaftspolitik hervorgegangen sind. Ihr Hauptverdienst liegt darin, für die wissenschaftliche Betrachtung von Bildung und Wissenschaft überhaupt eine grundsätzliche gesellschaftstheoretische Perspektive zurückgewonnen zu haben, die zumindest für den deutschsprachigen Raum lange Zeit verschüttet war (zu früheren Ansätzen materialistischer Bildungstheorie in Deutschland vgl. BERNFELD 1967, HOERNLE 1970, KANITZ 1974).

Zunächst ist ein folgenreiches Mißverständnis zurückzuweisen, das sich in der Bundesrepublik mit frühen Ansätzen kritischer Bildungspolitikanalyse verband und bis heute immer wieder auftaucht. Es ist die Verwechslung einer – sich unter Umständen marxistischer Termini bedienenden – *Interessensoziologie* der Bildung mit materialistischer Theorie. So sehr Interessensoziologie mit Hilfe von *einflußtheoretischen Analysekonzepten* wichtige Informationen über bildungspolitische Positionen gesellschaftlicher Interessengruppen, also auch der Vertretungsorganisationen der Kapitaleigner und deren Einflußnahme auf Bildungspolitik und -institutionen zutage fördern kann, so wenig ist sie schon materialistische Theorie von Bildung. Dazu fehlt ihr in der Regel zumeist sowohl ein Rekurs auf die grundlegenden Kategorien der Gesellschaftsform als auch der historische Atem. Sie ist im besten Falle ideologiekritische Analyse (als frühe Arbeiten eines derartigen Typs interessensoziologischer und/oder ideologiekritischer Untersuchungen vgl. BAETHGE 1970, NYSSEN 1970; neuerdings vgl. FAULSTICH 1977).

Im folgenden sollen drei Ansätze materialistischer Analyse von Bildung erörtert werden, die bis heute in der bundesrepublikanischen und westeuropäischen Diskussion eine mehr oder weniger große Rolle gespielt haben. Sie markieren über die jeweils behandelten Autoren hinaus grundlegende Bezugsaspekte von materieller Produktion auf Bildung. Sie lassen sich bezeichnen als
- akkumulationstheoretischer Ansatz,
- Ansatz ideologisch-struktureller Korrespondenz von Produktion und Bildungsbereich („Fabrik und Schule") und

- eine an der Reproduktion von Gesellschaftsstruktur ansetzende Theorie gesellschaftlicher Ressourcen.

Es handelt sich hierbei nicht um konkurrierende und sich wechselseitig völlig ausschließende marxistische Theoriekonzepte, sondern mehr um Akzentsetzungen im dominanten theoretischen Aspekt des Zugriffs auf den Gegenstand Bildung.

3.1 Zum akkumulationstheoretischen Ansatz

Akkumulationstheoretische (genauer wäre *kapitalverwertungstheoretische,* da auf die ökonomische Seite beschränkte) Erklärungsversuche für die Entwicklung institutionalisierter Bildung und Wissenschaft markieren den Anfang einer längeren neuen Diskussion über eine marxistische beziehungsweise an der Theorie von Marx orientierten Betrachtung von Bildungs- und Wissenschaftsentwicklung am Ende der 60er Jahre in der Bundesrepublik, die im folgenden Jahrzehnt nicht ohne Wirkung auf die Bildungs- und Wissenschaftsdiskussion in anderen westeuropäischen Ländern geblieben ist.

Anders als frühere Versuche einer gesellschaftskritischen Bildungs- und Wissenschaftsanalyse, die stärker am Ideologiebegriff orientiert sind, gehen die hier zu behandelnden theoretischen Ansätze mehr von den grundlegenden Bestimmungen der Kapitalverwertungs- und Akkumulationstheorie aus, wie Marx sie im ersten Band seines Hauptwerkes formuliert hat (vgl. MARX 1967). Bildung derart vom Kapitalverwertungsinteresse her zu betrachten, bedeutet, sie vor allem unter zwei Aspekten theoretisch zu beleuchten: unter dem *Qualifikationsaspekt* und unter dem *Kostengesichtspunkt.* „Das Ausbildungssystem ist Produzent gesellschaftlicher Ressourcen der Arbeit, die als Qualifikation bezeichnet werden, das heißt, es modifiziert das naturwüchsige Potential an Arbeitsvermögen. Das ist die eine Seite. Es ist zugleich Reproduktionsmoment der Arbeitskräfte, die unter kapitalistischen Bedingungen notwendig Warencharakter annehmen, das heißt, es geht als Kostenfaktor in die Wertbestimmung der Arbeitskräfte mit ein. Das ist die andere Seite" (MASUCH 1972, S. 31). Wie für alle gesellschaftlichen Verhältnisse, so ist auch für die Bildungsentwicklung das *Verwertungsinteresse des Kapitals letztendlich* Motor und Begrenzung zugleich; die als kapitalistische Lohnarbeit organisierte Arbeit wirkt als eherne Fessel für die Bildungsentwicklung.

In einer Analyse aktueller bildungspolitischer Mißstände zu Beginn der 70er Jahre hat Huisken das theoretisch-methodische Konzept dieser Art „Ableitungstheorie" in fünf Schritten zusammengefaßt:

- Auf der Basis kapitalistischer Produktion schaffe nur die *produktive Arbeit* Wert und Mehrwert und bilde jenen Wertfonds, aus dem auch die *unproduktiven,* wenngleich für die Kapitalreproduktion und -akkumulation notwendigen Arbeiten bezahlt werden müßten. Zu diesen *unproduktiven Kosten* zählen alle Bildungsausgaben, die somit Abzüge von dem Teil des geschaffenen Wertfonds darstellten, der akkumuliert werden könnte. Auf der einen Seite sieht sich das Kapital der Notwendigkeit ausgesetzt, zur Qualifizierung des Arbeitsvermögens Bildungsausgaben zu tätigen, auf der anderen Seite will es diese im Interesse der Akkumulation so niedrig wie möglich halten. Aus diesem Widerspruch resultiere eine konstitutive „Ressourcenknappheit" für das Bildungswesen.
- Für die Höhe der Bildungskosten sei im Grundwiderspruch zwischen Lohnarbeit und Kapital „sowohl die untere als auch die obere Grenze der Verausgabung von Mitteln im Qualifizierungsprozeß" gesetzt. „Die untere Grenze wird bestimmt durch das Bedürfnis des Kapitals nach verwertbarer Arbeitskraft, die obere Gren-

ze durch das Interesse des Kapitals, ‚ökonomische Hörigkeit' zu erhalten. Jede über diese obere Grenze hinausgehende Verausgabung von faux frais im Bildungssektor muß vom Kapital als unproduktive Konsumtion von Lehrerdiensten bekämpft werden" (HUISKEN 1972, S. 337).
- Der *einzelne Kapitalist* müsse Bildungsausgaben nicht zuletzt deswegen skeptisch und als tendenziell dysfunktional betrachten, weil die Resultate der Bildungsprozesse nicht unmittelbar ihm zugute kämen, sondern immaterieller Besitz des Lohnarbeiters seien und über den Tauschprozeß auf dem Markt vielleicht seinem *Konkurrenten* zufallen könnten.
- Auch wenn die politische Ebene, auf der Bildungsprozesse veranstaltet und kontrolliert würden, staatlich organisiert sei, könne der Staat nicht als autonome Verteilerinstanz fungieren, „sondern unterliegt sowohl im Hinblick auf die Masse des Umzuverteilenden als auch im Hinblick auf die Kriterien, nach denen er umverteilt, Bedingungen, die ihm durch die Verwertungsbedingungen des Kapitals – direkt oder indirekt – gesetzt werden" (HUISKEN 1972, S. 338).
- Durch seinen krisenhaften Verlauf bringe der Akkumulationsprozeß die staatliche Bildungspolitik zusätzlich in Schwierigkeiten, da der Staat die ihm zur Verfügung stehenden Mittel nach den Bedingungen des zyklischen Verlaufs der Wirtschaft verausgaben solle (vgl. HUISKEN 1972, S. 336 ff.).

Wert- und akkumulationstheoretische Ansätze präsentieren gleichsam ein Zwei-Faktoren-Modell – Kosten und Qualifikationsanforderungen – für die Bildungsentwicklung, bei dem der Kostenfaktor immer wieder eine dominante Bedeutung gewinnt und der Qualifikationsaspekt als notwendiges, aber nicht spezifizierungsbedürftiges Substrat für Bildungsprozesse erscheint. Trotz der starken Betonung der Kostenseite sehen die Verfechter dieses Konzepts durchaus die Möglichkeit, daß es auch Phasen der Entwicklung des Bildungswesens gibt, in denen der Kostendruck nicht erdrückend wirkt und in denen die Angleichung der Qualifikationsstruktur an die (gestiegene) ökonomische Nachfrage im Vordergrund der staatlichen Bildungspolitik steht. Eine solche Phase stellt etwa die Reformphase ab Mitte der 60er Jahre in der Bundesrepublik dar, die auf die Notwendigkeit einer Verbesserung des durchschnittlichen Ausbildungsstandes und der wissenschaftlichen Leistungsfähigkeit im Übergang von extensivem zu intensivem Wirtschaftswachstum und unter den Bedingungen verschärfter Weltmarktkonkurrenz zurückgeführt wird (vgl. ALTVATER/ HUISKEN 1971, HUISKEN 1972, MARXISTISCHE GRUPPE ERLANGEN-NÜRNBERG 1972, MASUCH 1972).

Anwendung hat der skizzierte akkumulationstheoretische Ansatz nicht allein zur Erklärung der aktuellen Entwicklung in Wissenschaft und Bildung gefunden. Es existieren eine Reihe historischer Studien zur Frühzeit des bürgerlichen Bildungswesens und zur Analyse von Entstehungsbedingungen einzelner seiner Institutionen wie zum Beispiel der Volksschulen und des Industrieschulwesens, die mehr oder weniger diesem Konzept folgen und etwa die Entstehung *allgemeiner Schulpflicht* auf das vom Kapitalismus gesetzte Erfordernis einer Mindestqualifikation der Arbeitskraft zwecks Abbau von Mobilitätshemmnissen und Disziplinproblemen zurückführen, die in der desolaten Sozialisation der nichtbürgerlichen Bevölkerungsgruppen lagen (vgl. AUMÜLLER 1974, ALTVATER/HUISKEN 1971).

Angesichts der chronischen Engpässe in den öffentlichen Bildungs- und Wissenschaftshaushalten während der letzten Jahre einer allgemeinen Wirtschaftskrise scheint ein theoretisches Konzept, das den Zusammenhang von Bildung und wirtschaftlicher Entwicklung wesentlich unter Kostenaspekten betrachtet, zumindest an empirischer Evidenz gewonnen zu haben im Vergleich zu einer Zeit, in der in bei-

Materielle Produktion...

nahe allen bürgerlichen Gesellschaften hohe Zuwachsraten in den öffentlichen Bildungshaushalten zu registrieren waren. Und kaum jemand, der gegenwärtig im Bildungs- oder Wissenschaftsbereich arbeitet, wird, selbst wenn er persönlich sich noch eines guten Einkommens und privilegierter Berufsperspektiven erfreut, vor der Erfahrung die Augen verschließen können, daß die Arbeitsbedingungen in Schulen und Hochschulen sich im Sog der Krise verschlechtert haben. Dennoch gibt es eine Reihe von Einwänden gegenüber dem referierten Konzept, die den Vorwurf eines „‚polit-ökonomischen' Reduktionismus" (OFFE 1975a, S.13) nicht ganz unberechtigt erscheinen lasssen.

Denn bei der akkumulationstheoretischen Begründung von Bildungsentwicklungen kann es ja nicht gut nur um den trivialen Sachverhalt gehen, daß Kosten eine wichtige Rolle in der Bildungspolitik spielen und daß das Bildungssystem grundlegende Qualifikationen zu vermitteln habe, die (auch) im Arbeitsproźeß Anwendung finden; dies wäre ohne Bemühung Marxscher Theorie leicht einsehbar. Vielmehr geht es darum, ob über das Kostenargument die *langfristige Bildungsstrukturentwicklung* in ihren *externen Bestandsbedingungen und Funktionen* und in ihrer *internen Ausdifferenzierung und Prozeßhaftigkeit* hinreichend erklärbar wird, ob – in der Sprache der Akkumulationstheorie – Bildung und gesellschaftliche Bildungsstruktur im wesentlichen als Funktion unproduktiver Kosten für das Kapital abhandelbar sind. Und hier setzen die empirischen und systematischen Zweifel an, deren wichtigste im Rahmen dieses Artikels nur benannt, aber nicht systematisch begründet werden können:

- Zunächst fällt auf, daß Qualifikations- und Kostenaspekt in keine präzise Beziehung zueinander gebracht werden, da beide Funktionen – theoretisch als zentrale Erklärungsvariablen gedacht – in ihrem Verhältnis zueinander nicht geklärt werden. Qualifikation bleibt eine sehr abstrakte Voraussetzung für Kapitalverwertung, wird aber nirgends als stofflicher und gesellschaftlicher Sachverhalt thematisiert, der sich in seiner Stofflichkeit mit der Entwicklung der Produktivkräfte und in seiner Gesellschaftlichkeit mit der Entwicklung der Produktionsverhältnisse wandelt. Erst nach einer solchen Thematisierung könnte man entscheiden, welches strukturelle Gewicht Qualifizierung und Kosten für die Entwicklung institutionalisierter Bildung haben. Hier erschient Qualifizierung nur abstrakt als Kostenfaktor.
- Es spricht sehr vieles dafür, daß die in allen bürgerlichen Gesellschaften konstatierbare Tendenz zu fortschreitender Vergesellschaftung von Bildung weniger mit einer günstigeren Kostengestaltung für das Kapital zu tun hat, als vielmehr auf die gesellschaftlichen Folgen der spezifisch kapitalistischen Produktivkraftentwicklung zurückzuführen ist, der zufolge Qualifizierung immer weniger in Haus und Familie gleichsam en passant und kostengünstig vollzogen werden konnte. Die mit der kapitalistischen Produktivkraftentfaltung und -anwendung einhergehende Trennung von Leben und Arbeiten setzte die Familie zunehmend weniger in die Lage, auf der Basis der in ihr vereinigten Erfahrungen der nachfolgenden Generation die für sie als Arbeitskraft und Gesellschaftsmitglied erforderlichen Qualifikationen zu vermitteln. Wir hätten hier also auch eine Begründung der Bildungsstrukturentwicklung, die auf die besondere Form der Produktion als Kapitalverwertung bezogen ist, aber sich nicht im Kostenargument erschöpft, sondern auf eine Geschichte der Sozialisation des Individuums in der bürgerlichen Gesellschaft abstellt (vgl. 4).
- Wenn das Kostenargument für die Bildungsstrukturentwicklung entscheidende Bedeutung haben sollte, müßte es so etwas wie Optimierungsmodelle für die Bil-

dungssysteme geben, die sich über kurz oder lang über die Konkurrenz auf dem Weltmarkt in allen größeren bürgerlichen Gesellschaften durchsetzten. Hiervon kann aber keine Rede sein. Bei der Prüfung *allgemeiner* und je *besonderer Bildungsstrukturentwicklungen* in vergleichbaren kapitalistischen Gesellschaften finden wir unterhalb einer Ebene allgemeiner Entwicklungstendenzen, die mit zunehmender Vergesellschaftung und zeitlicher Ausdehnung von Bildungsprozessen gekennzeichnet werden können, sehr beträchtliche Unterschiede sowohl in der Dauer der Bildungszeit als auch in der Institutionalisierungsform von Bildung und Wissenschaft: beispielsweise höhere Anteile privater Organisation von Wissenschaft in den USA oder von Berufsbildung im deutschsprachigen Raum, Unterschiede in der Bezahlung und im gesellschaftlichen Status von Lehrern sowie in der sozialen Selektion durch die Schule. Es muß also für die Bildungsstrukturentwicklung noch andere, mit jeweiligen nationalen Besonderheiten zusammenhängende Steuerungsmechanismen über das in Kostengrößen gefaßte Kapitalverwertungsinteresse hinaus geben.
- Der akkumulationstheoretische Ansatz interpretiert die Bildungsentwicklung unter einem zu eng betrieblich definierten Konzept von Arbeitskraft und vernachlässigt die ganze gesellschaftliche Seite von nicht betrieblicher Reproduktion der Arbeitskraft, von Ideologie und gesellschaftlicher Herrschaft. Damit wird der Begriff der Qualifikation zu einseitig technisch und ökonomisch gefaßt und der wichtige Aspekt vernachlässigt, daß es unabdingbar zur menschlichen Arbeitskraft gehört, daß sie nicht mechanisch funktioniert, sondern ein Bewußtsein davon hat beziehungsweise entwickeln kann, daß sie unter bestimmten Formen und Bedingungen arbeitet, gegen die sie sich auch zur Wehr setzen kann.
- Schließlich bleibt die akkumulationstheoretische Argumentation eine befriedigende Antwort auf die Frage schuldig, wie sich das Verwertungsinteresse des Kapitals außerhalb des Betriebes in gesellschaftlichen Bereichen durchsetzt. Marx hat den Tauschakt und Arbeitsvertrag als Voraussetzung der betrieblichen Durchsetzbarkeit des Verwertungsinteresses beschrieben. Wie aber setzt sich dieses in Bereichen durch, die ihm nicht unmittelbar subsumiert sind, aus dem Kontrakt zwischen Kapital und Arbeiter herausfallen und die es nicht unmittelbar kontrolliert wie das öffentliche Bildungswesen? Ohne eine theoretische Antwort auf diese Frage bleiben die häufig angeführten Hinweise auf politische Programme und Interventionen des Kapitals unbefriedigend, da sie auf das Niveau empirischer Einflußforschung zurückfallen. Wo selbst auf solche Hinweise verzichtet wird, entsteht schnell der Eindruck tautologischer Erklärung, indem jedwedes Resultat bildungspolitischer Entscheidung als „letztlich" der Logik des Kapitals folgend hingestellt wird; hier ist Theorie dann zur Leerformel geworden und hat auch ihren politischen Sinn verspielt.

Begründet sind die dargelegten Schwächen des akkumulationstheoretischen Konzepts in einem problematischen Verständnis der Marxschen Theorie, das für historische Analysen von gesellschaftlichen Prozessen folgenreich ist und in einem Mißverständnis des logischen Status der Werttheorie innerhalb des Marxschen Werkes wurzelt. Marx hatte in der Werttheorie des ersten Bandes des „Kapitals" die allgemeinen Bewegungsgesetze kapitalistischer Produktion aufdecken, also die aller kapitalistischen Produktion, unabhängig vom jeweiligen Entwicklungsstand der Produktionskräfte, zugrunde liegenden *Wesensmerkmale* angeben, nicht aber bereits konkrete *Erscheinungsformen* kapitalistischer Produktionsverhältnisse analysieren wollen. Man mag darüber streiten, wie logisch überzeugend und stichhaltig die Differenzierung in allgemeine Wesensbestimmungen und Analyse von Erscheinungsformen ist. Auf jeden Fall begründet sie für Marx, daß die Werttheorie nicht die *unmittelbare Erklärung* für historisch konkrete Erscheinungsformen von politischen Auseinandersetzungen weder zwischen Kapital und Arbeit noch (weniger) zwischen Kapital und anderen gesellschaftlichen Gruppen abgibt, auch wenn sie diesen Auseinandersetzungen letztlich zugrunde liegt. Anders verfahren die Verfechter eines akkumulationstheoretischen Konzepts der Bildungsökonomie. Sie hypostasieren das Wertgesetz als *unmittelbare gesellschaftliche Steuerungsinstanz,* in diesem Fall für das Bildungswesen. Die hypostasierte Unmittelbarkeit der Wirksamkeit des Wertgesetzes verwischt unversehens jenen wichtigen Unterschied von Wesen und Erscheinung, aus dem Marx die Notwendigkeit von Wissenschaft und Forschung überhaupt ableitet. Mit einer solchen werttheoretischen Verkürzung der Marxschen Theorie droht diese insgesamt ihre Tauglichkeit als Instrument für konkrete Analyse gesellschaftlicher Verhältnisse einzubüßen, verkümmert wissenschaftliche Arbeit leicht zum Sammeln von illustrativen Belegen und wird die Möglichkeit versperrt, durch Forschung noch Neues und dem Interesse an Veränderung dieser Gesellschaft Dienliches zu finden. Bezogen auf die Ausgangsfrage, kann ein solcher werttheoretischer Reduktionismus gerade die Erkenntnis dessen verhindern, wie sich die gesellschaftlich besondere Organisationsform von Arbeit als Lohnarbeit in gesellschaftlichen Verhältnissen außerhalb der Arbeit, beispielsweise im Bildungswesen, durchsetzt.

Ungeachtet aller Kritik am werttheoretischen Reduktionismus bleibt unübersehbar, daß Prinzipien des Kostendenkens und kapitalistischen Rationalitätskalküls ebenso in das Bildungswesen bürgerlicher Gesellschaften eindringen wie es auch über den Güter- und Arbeitsmarkt von den Formen kapitalistischer Produktion und betrieblichen Arbeitsmarktverhaltens beeinflußt wird. Aber sie geben nicht den theoretischen Generalschlüssel zur Erklärung von Bildungsstrukturentwicklung ab.

3.2 Ideologische Strukturkorrespondenzen zwischen Produktion und Bildung

„In dem Allgemeinheitsgrad der Qualifikationserfordernisse der kapitalistischen Produktionsweise [...] haben wir den stofflichen Grund für die Verschulung von Erziehung und Ausbildung in der bürgerlichen Gesellschaft. Diese geschieht mit einem ungeheuren Disziplinierungsaufwand einerseits, getrennt vom unmittelbaren Produktionsprozeß andererseits, doch nach dem Vorbild der Fabrik und ihrer streng geregelten Arbeitsabläufe" (GILGENMANN 1972, S.292). *Ideologische Strukturkorrespondenz zwischen Fabrik und Schule,* für deren Zustandekommen beziehungsweise deren Notwendigkeit Gilgenmann hier den entwicklungsgeschichtlichen Grund gerade in der formellen Trennung beider Bereiche hervorhebt, wird zum zentralen Ansatzpunkt eines Konzepts zur Analyse des Verhältnisses von materieller Produktion und Bildung, das am ausführlichsten von GINTIS (vgl. 1971, 1974) und BOWLES/GINTIS (vgl. 1978) entwickelt worden ist (für den besonderen Fall der technischen Schulen vgl. GORZ 1972a) und das sich gerade in der Pädagogik großer Beliebtheit erfreut.

BOWLES/GINTIS (1978, S.20) gehen bei ihrer Gesellschaftstheorie der Schule von der fundamentalen Tatsache aus, „daß die Schulen Arbeiter hervorbringen". Da Arbeiter nicht als intelligente Maschinen, sondern als aktive menschliche Wesen zu betrachten sind, die mit ihrer Beteiligung an der Produktion persönliche und gesellschaftliche Interessen und Bedürfnisse befriedigen wollen, hiermit aber auf das Profitinteresse des Kapitals als antagonistischer und dominanter Gegenkraft stoßen, ist die kapitalistische Produktion ein potentiell explosiver sozialer Prozeß, den es im

Martin Baethge

Interesse der Kapitalverwertung vor seiner eigenen Sprengkraft und Destruktivität zu bewahren gilt. Bei diesem Unterfangen kommt den Schulen und Universitäten als wichtigen Ausdrucksformen institutionalisierter Bildung eine zentrale Bedeutung zu. Man begreife sie am besten – so BOWLES/GINTIS (1978, S. 21) – als „Institution, die der Fortschreibung der Sozialbeziehungen im Wirtschaftssystem dient, durch die jene Denk- und Verhaltensmuster geformt werden, die eine relativ problemlose Integration der Jugendlichen in die Gruppe der Arbeitnehmer erlauben." Schulen haben demgemäß in erster Linie eine *Funktion ideologischer Zurichtung* künftiger Arbeitskräfte.

Diese Funktion können die Schulen nach Bowles/Gintis im wesentlichen durch die *strukturelle Gleichheit ihrer Sozialbeziehungen mit denen der Fabrik* erfüllen, die sich vor allem in den schulischen Autoritäts- und Kontrollbeziehungen, ihren hierarchischen Formen der Arbeitsteilung, den leistungsbezogenen Verfahren der Beurteilung und Förderung von Schülerverhalten ausdrücken, sowie durch die Schaffung eines Überschusses an qualifizierter Arbeitskraft, die den Arbeitgebern Selektion als Diziplinierungsinstrument an die Hand gibt. Die Schaffung eines derartigen Bildungsmilieus, das „vorzüglich dazu geeignet [ist], Einstellungen und Verhaltensweisen zu stützen, die einer Eingliederung als Arbeitskraft nicht im Wege stehen" (BOWLES/GINTIS 1978, S. 19), vollzieht sich nicht über bewußte Absichten von Lehrern und Schuladministratoren in ihrer jeweiligen alltäglichen Arbeit, sondern durch die enge Korrespondenz der Sozialbeziehungen in den beiden Institutionen: Die Einflußlosigkeit der Schüler auf ihr Curriculum entspricht danach derjenigen der Arbeiter auf den Inhalt ihrer Tätigkeit, das stark extrinsisch definierte Motivationssystem der Schule der Rolle von Löhnen und Arbeitsplatzgefährdung (vgl. GINTIS 1974, S. 300 f.); selbst die Differenzen im Grad der Kontrolle zwischen unterschiedlichen Schulformen sind aus solcher Korrespondenz zur Betriebsstruktur erklärt, wenn die strengere Disziplin in den High Schools als Spiegelung der Überwachungsformen von einfachen Arbeitern und die lockeren Kontrollformen in Elite-Colleges als Entsprechung der Sozialbeziehungen bei qualifizierter geistiger Arbeit begriffen werden. Ähnlich begründet im übrigen auch GORZ (vgl. 1972b) für Frankreich die Differenzen im Unterrichtsstil zwischen „para-militärischen" Techniker- und Ingenieurschulen auf der einen und „liberalen" Universitäten auf der anderen Seite mit unterschiedlichen Funktionen von technischen Kadern und freien Intelligenzberufen.

Die ideologischen Strukturkorrespondenzen werden von Bowles/Gintis nicht allein auf die innere Organisation des gegenwärtigen Schulsystems beschränkt, sondern konsequenterweise auch auf die Geschichte der Schulentwicklung, also auf den Prozeß der äußeren Differenzierung des Schulsystems, bezogen. Dem früheren Unternehmerkapitalismus entsprach die Stärkung der Idee der allgemeinbildenden Schule im 19. Jahrhundert, die die Primarerziehung der breiten Massen formte, während das Entstehen dessen, was sie „korporativen Kapitalismus" nennen, im 20. Jahrhundert die moderne Sekundarschulerziehung geprägt habe (vgl. BOWLES/GINTIS 1978, S. 83 ff.).

Das Muster der Strukturkorrespondenzen verfolgen Bowles/Gintis auch in der Dynamik der gesellschaftlichen Auseinandersetzung und Konflikte um die Schule, in denen sie ein Gegenstück des Kampfes zwischen Kapital und Arbeit in der Wirtschaft sehen: Arbeitgeber und andere gesellschaftliche Eliten hätten versucht – und versuchten dies immer noch –, sich die Schule für die Legitimation von Ungleichheit durch deren meritokratische und scheinbar rationale Zuordnungsmechanismen zu sozialen Positionen zunutze zu machen. Auf der anderen Seite hätten Eltern,

Lernende, Arbeiterorganisationen und andere unterprivilegierte Gruppen die Schule für ihre Ziele einer höheren materiellen Sicherheit, gerechterer Verteilung von Einkommen und Partizipation an der Kultur einzusetzen versucht (vgl. BOWLES/ GINTIS 1978, S. 71 ff.).

Da ihre Analysen im Zusammenhang der Erklärung amerikanischer Bildungsreform und deren Scheitern stehen, sehen die Autoren in ihrem Strukturkorrespondenzprinzip auch die Ursache für die vergeblichen Bildungsreformbemühungen und ziehen eine politische Konsequenz: Die Bildungsreformbewegungen sind nicht an sich selbst und der Schule, sondern daran gescheitert, daß „sie sich weigerten, die Grundstrukturen von Eigentum und Macht im Wirtschaftsleben in Frage zu stellen" (BOWLES/GINTIS 1978, S. 25). Dementsprechend liegt der Schlüssel für eine Reform des Bildungswesens, die eine freie Persönlichkeitsentfaltung ermöglichen kann, in einer grundlegenden Veränderung der Strukturen der Wirtschaft; ohne Umgestaltung der Arbeitsprozesse in Richtung auf autonome Dispositionsmöglichkeiten für die Arbeiter, ohne Demokratisierung der Wirtschaftsbeziehungen keine durchschlagende Bildungsreform, die als „Teil der Transformation des Wirtschaftslebens" (BOWLES/GINTIS 1978, S. 25) begriffen werden muß. Als erster Schritt einer solchen Entwicklungsstrategie wäre „eine erzieherische Umwelt zu schaffen, in der die Jugendlichen die Fähigkeiten und die Bereitschaft entwickeln können, ihr Leben gemeinsam zu kontrollieren und ihre soziale Interaktion mit Sinn für Gleichheit, Wechselseitigkeit und Gemeinschaftlichkeit zu regeln" (BOWLES/GINTIS 1978, S. 26). Die Autoren formulieren hier noch einmal die Grundlage antiautoritärer Erziehungs- und Bildungskonzeption als gesellschaftliche Veränderungsstrategie, indem sie auf die *Entwicklung ideologischer Gegenstrukturen in den gesellschaftlichen Sozialisationsinstitutionen* setzen, über die ein neues Bewußtsein geschaffen werden könne.

Das Konzept ideologischer Strukturkorrespondenz zwischen materieller Produktion und Bildungsinstitutionen hat auf den ersten Blick eine geradezu verführerische Plausibilität zur Erklärung von Bildungsentwicklung und Bildungsstrukturen. Wer wollte bezweifeln, daß die Schulen Kinder und Jugendliche auf spätere Arbeit vorbereiten müssen, daß sie ihnen möglichst auch normative Verhaltensweisen nahebringen sollten, mit denen sie in den Betrieben und Verwaltungen, in denen sie später arbeiten müssen, bestehen können. Aber erklären sich aus solchen funktionalen Imperativen bereits auch die Möglichkeiten der Bildungseinrichtungen, ihnen fern der betrieblichen Arbeitssphäre nachkommen zu können? Und sind die Erziehungs- und Bildungsaufträge kapitalistisch organisierter Arbeit eigentlich so einheitlich, präzise und eng gefaßt, wie es im referierten Konzept von Bowles/ Gintis vorausgesetzt wird? Die Einwände liegen auf der Hand.

Das Konzept ideologischer Strukturkorrespondenzen zwischen Fabrik und Schule gerinnt dann schnell zu einer tautologischen Trivialität, wenn man nicht den *Übertragungsmechanismus von fabrikmäßigen in schulische Normen* beschreiben kann. Erst die Aufdeckung dessen, wodurch solche ideologischen Strukturkorrespondenzen hervorgebracht werden, würde aus einer blassen Analogie eine gehaltvolle Aussage machen. Nach einer derartigen Erklärung sucht man bei Bowles/ Gintis aber vergebens, sie setzen die existierende Korrespondenz immer voraus, ohne im einzelnen auf historische, politische oder gesellschaftsstrukturelle Ebenen und Aspekte der Vermittlung, genauer der Unterwerfung schulischer unter betriebliche Normen einzugehen. Eine mögliche Erklärungsvariante weisen sie explizit zurück, indem sie sich – meines Erachtens sehr zu Recht – von der Vorstellung der Schule als unmittelbares Manipulationsinstrument des Kapitals und der Lehrer als seinen bewußt handelnden Agenten distanzieren (vgl. BOWLES/GINTIS 1978, S. 22f.). Die Nichtthematisierung des Vermittlungsproblems, die als Erklärung den Verweis auf den allgemeinen Geist des Kapitalismus nahelegt, der irgendwie alle Bereiche der bürgerlichen Gesellschaft erfasse, befriedigt gerade in diesem Fall aus zwei Gründen so besonders wenig: zum einen, weil die Schulen von ihnen selbst als eine der zentralen Normierungs- und Ideologievermittlungsinstanzen angesehen werden, also gleichsam selbst als Wind fungieren, der kapitalistischen Geist in die Welt bläst; es wäre also zu erklären, wie dieser Wind erst einmal in die Schulen hineinkommt; zum anderen, weil Lehrer und Hochschullehrer nicht blind sind, sondern ein Bewußtsein ihrer Situation entwickeln und ihre ideologische Indienstnahme durch das Kapital durchaus erkennen könnten – zumal bei einer progressiven Erziehungstheorie, die Bowles/Gintis in den USA als durchaus dominant ansehen. Da Lehrer keine bewußten Agenten des Kapitals sind, muß es etwas in der Struktur ihrer Arbeit geben, das ihnen ihre tatsächliche Abhängigkeit verschleiert. Dieses Etwas wäre wohl nur im Rahmen einer historischen Theorie der Formen schulischer Organisation aufzudecken.

Das Zustandekommen der betrieblichen Sozialbeziehungen und Autoritätsverhältnisse beruht in erster Linie auf der am Privateigentum über die Produktionsmittel basierenden Verfügungsgewalt der Kapitaleigner. Schulen aber gehören in den selteneren Fällen Unternehmern. Wenn die ideologischen Strukturkorrespondenzen zwischen Schule und Fabrik, die die Leistungsfähigkeit der Schule zur Herrschaftssicherung des Kapitals sicherstellen, an der Organisationsstruktur und den Formen schulischer Sozialbeziehungen hängen, bedarf es also einer theoretischen Erklärung für die Entstehung dieser Formen, die außerhalb der ideologischen Funktionsbestimmung liegen muß. Diese fehlt bei Bowles/Gintis. Zudem kann man wohl auch bezweifeln, ob schulische und betriebliche Autoritätsbeziehungen so identisch sind, wie die Autoren unterstellen.

Der zweite gravierende Einwand gegenüber dem Konzept von Bowles/Gintis richtet sich gegen ihre Festlegung der Schule vordringlich auf ideologische Disziplinierung, auf Einübung der Jugendlichen in den Lohnarbeiterstatus. Mit Disziplin und Autorität allein aber ist wohl weder zu Zeiten des frühen Kapitalismus noch viel weniger heute auf dem Niveau hochtechnisierter Arbeitsvollzüge eine florierende Warenproduktion zu starten und aufrechtzuerhalten, es bedarf dazu auch intellektueller Fähigkeiten und manueller Fertigkeiten. Die ganze *Seite der Gebrauchswerte,* der materiellen Produktivkräfte und der in sie eingehenden Wissenschaft und Technologie fallen bei dieser Betrachtungsweise von Bildung weitgehend unter den Tisch, werden allenfalls als störender Widerspruch kurz erwähnt (vgl. BOWLES/ GINTIS 1978, S. 23), nicht aber zu einem systematischen Bezugspunkt der Bildungsstruktur- und -entwicklungstheorie gemacht. Ähnlich wie bei KELLERMANN/ LENHARDT (vgl. 1980, S. 104) scheint die Schule wegen ihrer engen ideologischen Bindung an die Fabrikdisziplin in erster Linie dazu zu dienen, menschliche Potentiale und Kreativität rechtzeitig zu unterdrücken statt sie zu entfalten. Es läßt sich nicht bestreiten, daß Schule für viele Kinder und Jugendliche einen derartigen Unterdrückungscharakter annimmt, zu bezweifeln ist allerdings, daß diese Unterdrückung die dominante und entwicklungsbestimmende Funktion der Schule in der bürgerlichen Gesellschaft darstellt. Leisteten die Schulen nur dies, die kapitalistische Produktion müßte heute noch mit einer dumpfen, unwissenden Helotenmasse arbeiten, und die enorme Entfaltung der Produktivkräfte (wie auch technologisch hochentwickelter Destruktivkräfte) im Kapitalismus wäre nicht erklärbar, wenn die Schulen nicht auch Entfaltung menschlicher Kreativitätspotentiale besorgten. Er-

Materielle Produktion...

klärungsbedürftig scheint deshalb gerade das *Nebeneinander von Entfaltung und Unterdrückung menschlicher Fähigkeiten* in unseren heutigen Schulen zu sein. Dieses ist nicht hinreichend mit der Differenzierung in allgemeines und höheres Schulwesen erklärt, verweist vielmehr auf die Einbettung der Schule in komplexe Gesellschaftsverhältnisse, die unterschiedliche Wirkungen von Schulen auf Kinder aus sozial unterschiedlichen Gruppen (Familien, Berufsgruppen) begründet.

In diesem Zusammenhang muß auch die Frage gestellt werden, ob die Vorstellung einer so engen ideologischen Strukturkorrespondenz zwischen Schule und Betrieb nicht die außerbetrieblichen Reproduktions- und Integrationsfunktionen, deren Anwachsen ein Resultat des langfristigen Akkumulationsprozesses ist, vernachlässigt oder als zu gering einschätzt.

Praktisch folgenreich könnte sich schließlich ein theoretisch nicht aufgelöster, sondern voluntaristisch übersprungener Widerspruch im Konzept von Bowles/Gintis erweisen. Ihre eigene Handlungs- und Veränderungsperspektive, die sie mit vielen progressiven Lehrern, Erziehungswissenschaftlern und Pädagogen verbindet, liegt in der Schaffung neuer bedürfnisgerechter, Kreativität und Kritik fördernder Lernumwelten. Wie und wo sollen diese aber entstehen können, wenn die ideologischen Strukturkorrespondenzen zwischen Schule und Fabrik zwingend sind? Die Handlungsperspektive hat nur eine Realisierungschance, wenn man Widersprüche in der bestehenden Gesellschaft annimmt, an die politisch anzuknüpfen wäre. An anderer Stelle geht GINTIS (vgl. 1974) in Begründung einer politischen Handlungsperspektive auch sehr viel stärker von solchen immanenten Widersprüchen im Kapitalismus aus, ohne hieraus allerdings auch die Notwendigkeit einer Revision des analytischen Konzepts zu folgern.

3.3 Bildung als Kapital und gesellschaftliche Ressource

Anders als die beiden bisher behandelten Konzepte, die von einem sehr engen – entweder ökonomischen oder ideologischen – Zusammenhang zwischen Bildung und kapitalistischer Produktion unter weitgehender Ausblendung der Gesellschaftsstruktur ausgehen, setzt Bourdieu gerade an der *relativen formalen Eigenständigkeit institutionalisierter gesellschaftlicher Handlungsbereiche* an und richtet sein Untersuchungsinteresse darauf, innere Zusammenhänge, die sich im materialen gesellschaftlichen Prozeß, also im Handeln der gesellschaftlichen Individuen und Gruppen ergeben, aufzuspüren und in ihrer Bedeutung für Dynamik und *Reproduktion der Gesellschaftsstruktur sichtbar zu machen*. Seine Analysen haben damit einen weiteren Rahmen als nur die Reproduktion des ökonomischen Kapitals. Die Einbettung dieser Betrachtungsweise in die umfassende Gesellschaftstheorie und ihre Begründung in der Methode Bourdieus kann an dieser Stelle nicht vorgenommen werden (vgl. dazu BOURDIEU 1976, BOURDIEU/PASSERON 1973, BOURDIEU u. a. 1981; zur Kritik vgl. KRAIS 1981, 1983). Hier muß eine Beschränkung auf die spezielle Betrachtung von Bildung und ihres Verhältnisses zum ökonomischen Kapital in der Theorie Bourdieus erfolgen.

Bildung ist für Bourdieu eine von drei prinzipiell gleichwertigen *Ressourcen* zur Erreichung und Reproduktion gesellschaftlicher Macht und Position, neben Geld-/Sachkapital und sozialen Beziehungen. Alle drei bezeichnet Bourdieu absichtsvoll und beziehungsreich mit Kapital: Den Begriff des *ökonomischen Kapitals* benutzt Bourdieu im traditionellen Wortsinn und sieht es institutionalisiert in rechtlich geschützten Eigentumstiteln, das *kulturelle Kapital* oder *Bildungskapital* umfaßt *symbolische Güter* ebenso wie *erlernte dauerhafte Handlungsdispositionen und -kompe-

tenzen und ist vorrangig in Form *schulischer Titel* institutionalisiert, das *soziale Kapital* schließlich besteht in mehr oder weniger *institutionalisierten sozialen Verpflichtungen und Beziehungen,* die jemand besitzt und zur Erlangung gesellschaftlicher Macht einsetzen kann. Alle Kapitalarten werden wesentlich durch die Familie tradiert („vererbt"). Als *Kapital* bezeichnet Bourdieu jede dieser gesellschaftlichen Ressourcen, um zum einen den Zusammenhang zum grundlegenden Organisationsprinzip in bürgerlichen Gesellschaften anzudeuten, sich andererseits aber gleichzeitig gegen die Verengung des Kapitalbegriffs nur auf die ökonomische Sphäre in der klassischen – auch der Marxschen – Theorie abzugrenzen (vgl. BOURDIEU 1983). Kapital ist für Bourdieu in materialisierter oder – hier liegt ein wichtiger Unterschied zu Marx – „inkorporierter" Form akkumulierte Arbeit. *Kapital* ist zum einen eine „Kraft, die den objektiven und subjektiven Strukturen innewohnt", und zugleich ist es „grundlegendes Prinzip der inneren Regelmäßigkeiten der sozialen Welt" (BOURDIEU 1983, S.183), ausgestattet mit einem *Beharrungsvermögen,* das es den *Institutionen und Dispositionen* verdankt, die es geschaffen hat und in denen es sich zugleich reproduziert. So wird der Kapitalbegriff zum zentralen Code, von dem her sich die objektiven Bedingungen wie die subjektiven Verhaltensdispositionen, die in soziale Prozesse eingehen, dechiffrieren lassen.

Dies genau hat Bourdieu im Sinn und tut er mit seinem Konzept von den drei Kapitalarten (ökonomisches, kulturelles, soziales), indem er deren inneren Zusammenhang und ihr prozessuales Zusammenwirken in der Reproduktion der Gesellschaftsstruktur in empirischen Analysen, die auf das Handeln und die Alltagspraxis von Individuen und gesellschaftlichen Gruppen auf dem Hintergrund ihrer Klassenzugehörigkeit bezogen sind, herauszuarbeiten versucht. Für die Konstituierung der gesellschaftlichen Verhältnisse durch Kapital bietet Bourdieu keine historische, sondern eine sozusagen handlungstheoretische Erklärung, die eine Verbindung von Subjektivität (Handeln) und objektiven Strukturen und Institutionen (Handlungsrahmen) beinhaltet und damit jede Form sowohl von Strukturalismus, auch den materialistischen, als auch von subjektivistischem Empirismus überwindet. Die Individuen in der bürgerlichen Gesellschaft handeln als Kapitalbesitzer oder Nicht-Besitzer, und die Gesellschaft ist ein Zusammenhang von Tauschverhältnissen, die das Kapital in seinen unterschiedlichen Ausprägungen im Interesse seiner Reproduktion und Akkumulation vermöge seiner Eigenschaft der *Konvertierbarkeit* steuert. Die *Konvertibilität,* die Umwandlung einer Art von Kapital in eine andere, ist grundsätzlich allen Kapitalarten gegeben, allerdings mit einem Mehr oder Weniger an Transformierungsarbeit (vgl. BOURDIEU 1983). Bourdieu scheint davon auszugehen, daß mit der Entwicklung der bürgerlichen Gesellschaft der Zwang zur Legitimation sozialer Ungleichheit zunimmt und damit der Aufwand für die Verschleierung der Reproduktion der Gesellschaftsstruktur über den Weg der Kapitalübertragung (-vererbung) wächst.

Hier liegt die besondere Rolle institutionalisierter Bildung. Das Bildungssystem eignet sich wie kaum eine andere gesellschaftliche Institution zur Verschleierung und Legitimation von gesellschaftlichen Machtpositionen und Klassenstrukturen, weil es eine besondere Fähigkeit zur Verschleierung seiner gesellschaftlichen Funktion in der Wahrnehmung seiner Eigenfunktion des Lehrens besitzt (vgl. hierzu die ausführliche Begründung in BOURDIEU/PASSERON 1971, S.209ff.). Legitimationsdruck und – möglicherweise auch – Erfordernisse des Arbeitsmarktes verstärken die gesellschaftliche Bedeutung des Bildungssystems, da die Übertragung des kulturellen Kapitals zunehmend der Bestätigung durch schulische Titel bedarf, der Familie da-

mit immer mehr ihre Monopolstellung in der Übertragung von Macht und Privilegien entzogen wird (vgl. BOURDIEU 1983, S. 198). Die Verschärfung der politischen Auseinandersetzungen um Schulstrukturen im letzten Jahrzehnt – deutlich noch einmal im aktuellen (1984) Streit um die französische Privatschulgesetzgebung – scheinen diese zunehmende doppelte Bedeutung der Bildungsinstitutionen (Bereitstellung von Bildungskapital und Verschleierung) für die Reproduktion der Gesellschaftsstruktur zu bestätigen.
Hilft uns die Bourdieusche Theorie der Kapitalarten, den Zusammenhang besser zu verstehen, der zwischen der ökonomischen Kapitalakkumulation als dem Zentrum der materiellen Produktion und der Entwicklung der Bildung besteht? Auf den ersten Blick scheint sie uns einen Zugang zur Erklärung zentraler Phänomene in der Entwicklung der Bildung zu eröffnen: so zur sozialen Selektivität in der Schulwahl wie im schulischen Leistungsvermögen, die mit Bourdieu als Resultat der ungleichen Verteilung des familial gehorteten kulturellen Kapitals zwischen den Klassen und Klassenfraktionen begriffen werden kann. So die zunehmende Verdinglichung und Veräußerlichung schulischer Lernprozesse, die sich in der Zunahme von schulischen Zertifikaten und Titeln äußert und intrinsische Motivationen, ein ursprüngliches Interesse für die Gegenstände, so gefährlich bedroht; nach Bourdieu liegt ihnen ein über den Arbeitsmarkt vermittelter zunehmender Zwang zur Legitimation der Gesellschaftsstruktur über Zertifikate und Titel und zur Verschleierung ihrer letztlich ökonomischen Ursachen zugrunde. So nicht zuletzt die besondere Eignung der Schulen zur Wahrnehmung ihrer ideologischen Funktion der Legitimation, die Bourdieu zufolge auf die *relative Autonomie der Bildungsinstitutionen* zurückgeführt werden muß, die ihrerseits durch die Eigenfunktion der Schulen bedingt ist und die sich zugleich so wirksam dazu eignet, vor den Pädagogen selbst ihre eigene Funktion der Stabilisierung der Gesellschaftsstruktur zu verschleiern. Die pädagogischen Illusionen (vgl. BAUDELOT/ESTABLET 1971) wären hiermit ebenso geklärt wie der geheime oder offene Konservativismus vieler Lehrer und Eltern in schulischen Fragen. Die detaillierten und sensiblen Analysen Bourdieus zu den benannten Sachverhalten überzeugen.
Da Bourdieu theoretisch, ohne sich explizit auf die Marxsche Theorie zu berufen, dem ökonomischen Kapital einen Sonderstatus als letztendliche Basis aller anderen Kapitale zuspricht („daß das ökonomische Kapital [...] allen anderen Kapitalen zugrundeliegt" – BOURDIEU 1983, S. 196) und da im *Habitus,* den man als Produkt und Äußerungsform klassenspezifischer Sozialisationserfahrungen begreifen kann, auch ein Vermittlungsmechanismus von Sozialstrukturen in wiederum strukturbildendes Handeln beschrieben ist, könnte man seine radikale „Ökonomisierung" aller gesellschaftlichen Verhältnisse durchaus in die Nähe der Verdinglichungstheoreme des frühen Lukacz und der Frankfurter Schule rücken und als eine Weiterentwicklung der Marxschen Theorie interpretieren. Allein hier scheint Vorsicht geboten. Die Radikalisierung und Universalisierung des Kapitalbegriffs bei Bourdieu in der Übertragung auf kulturelle und soziale Prozesse scheint die Tendenz zu einer Gleichsetzung von Ungleichem zu beinhalten, die Kausalitäten und Fundierungsverhältnisse zwischen den einzelnen Kapitalarten eher auflöst als klärt. Die einzelnen Kapitalarten werden bei Bourdieu nur über das *Handeln* der Individuen vermittelt, nicht institutionell.
Auch wenn das Handeln der Individuen in Klassenbeziehungen eingebunden bleibt, wird weder klar, wo eigentlich der gesellschaftliche Ursprung für Klassenbildung und -differenzierung bei Bourdieu liegt (hierauf hat vor allem KRAIS 1983 hingewiesen), noch wird erkennbar, kraft welcher Eigenschaften und bis zu wel-

chem Grade die verschiedenartigen Kapitale gegeneinander austauschbar sind. Gilt die Konvertibilität nur für die Erreichung und Reproduktion individueller gesellschaftlicher Machtposition, für die sie begrenzt vorstellbar ist, oder auch für gesellschaftliche Kollektive oder gar Klassen, für die sie nicht vorstellbar erscheint, da die Gemeinsamkeit für ihre Klassenlage unzureichend erklärt ist? Unversehens schlägt sich in der theoretischen Gleichsetzung der Ressourcen Besitz materieller Güter, Besitz symbolischer Güter (Kultur, Bildung), Besitz sozialer Beziehungen als Kapitalarten eine *Marktanthropologie* nieder, die nicht mehr erklärt, wie es aus der Auseinandersetzung des Menschen mit der Natur, also aus der materiellen Reproduktion des Lebens, zu diesen Marktverhältnissen gekommen ist und in welchem überindividuellen funktionalen Bezug die Tauschaggregate zueinander stehen; sie werden als immer schon vorhandene und weitgehend voneinander losgelöste vorausgesetzt. Das Erklärungsmuster für die gesellschaftsstrukturellen Differenzen erinnert an die sogenannten „Aufschlagtheorien" der frühen politischen Ökonomie, denenzufolge der wesentliche Unterschied zwischen Arbeiter und Kapitaleigner darin besteht, daß die Arbeiter als einzige gesellschaftliche Gruppe den fatalen Nachteil haben, im Tauschprozeß keine Ware zu besitzen, auf die sie beim Verkauf einen Aufschlag erheben können; ihre Ware, die Arbeitskraft, wird im Gegensatz zu allen anderen zu ihren Entstehungskosten weiter veräußert (vgl. GLOMBOWSKI 1977, S. 28 f.).
Markttheoretische Erklärungen gesellschaftlicher Vorgänge neigen grundsätzlich zur Verkürzung der Betrachtungsperspektive auf die je aktuelle Funktionalität von Tauschprozessen. Diese Schwäche finden wir auch bei Bourdieu. Sie drückt sich darin aus, daß nur sehr wenig über den historischen Prozeß der *Entstehung der sozialen Formen,* in denen die Menschen ihre gesellschaftliche Praxis entfalten, gesagt wird und die Entwicklungslogik im Dunkeln bleibt, die ihrem Verhältnis zueinander zugrundeliegt. Ob und wie die spezifischen Formen beispielsweise schulischen Lehrens und Lernens mit dem Akkumulationsprozeß des ökonomischen Kapitals zusammenhängen, taucht bei Bourdieu nicht als systematische Fragestellung auf. So detailliert, nuancenreich und in sich schlüssig die Beschreibungen und Deutungen von Verhaltensweisen von Lehrern, Professoren und Eltern innerhalb des Bildungssystems auch sind, warum die Akteure sich so verhalten *können,* wie sie sich in Wahrnehmung ihrer Status- und Machtinteressen tatsächlich verhalten, ohne daß es zu systemgefährdenden Störungen kommt, wird nicht deutlich und wäre wohl auch nur über eine historisch gerichtete Analyse der Entwicklung des Zusammenhangs der gesellschaftlichen Formen herauszufinden.
Wo der Prozeß des historischen Gewordenseins sozialer Formen unbestimmt bleibt, muß die Perspektive ihrer Veränderung fast zwangsläufig vage sein. Krais attestiert dem Bourdieuschen Werk einen resignativen Grundzug, eine ständige Reproduktion bestehender Macht- und Herrschaftsverhältnisse, und sieht diesen darin begründet, daß Bourdieus Bemühungen um Aufklärung und Entschleierung der gesellschaftlichen Verhältnisse keinen anderen Adresssaten habe als das Individuum als Marktteilnehmer und so lange auch nicht haben könne, wie Ungleichheits- und Herrschaftsverhältnisse, die die Marktstrukturen bestimmen, nicht erklärt seien (vgl. KRAIS 1983). In der Tat nimmt sich der von Bourdieu beschriebene Zusammenhang von Gesellschaftsstruktur, Verhaltensweisen (Habitus) und Kapitalformen sehr statisch und hermetisch abgeschlossen aus. Hierzu trägt auch seine Vorstellung von der allgemein gültigen Wirksamkeit eines „Prinzips der Erhaltung sozialer Energie" bei, dem gemäß „Gewinne auf einem Gebiet notwendigerweise mit Kosten auf einem anderen Gebiet bezahlt werden" (BOURDIEU 1983, S. 196 – ein

Materielle Produktion...

solches statisches Prinzip wird in früheren Arbeiten mit ähnlicher Klarheit nicht formuliert). Hier fände nur Umverteilung, keine Entwicklung mehr statt.

4   Zum Zusammenhang von materieller Produktion und Bildung: Die Dialektik von zunehmender Vergesellschaftung und steigender Dissoziation

Um ein mögliches Mißverständnis von vornherein am Entstehen zu hindern: Die bisherige Auseinandersetzung mit marxistisch orientierten Ansätzen zur Analyse des Verhältnisses von materieller Produktion und Bildung bedeutet in ihrem kritischen Resultat nicht, daß es keine Verbindung zwischen materieller Produktion und Bildung gäbe und daß die in den unterschiedlichen Konzepten jeweils als zentral thematisierten Verbindungslinien irrelevant wären. Das Gegenteil ist der Fall. Einige Beispiele mögen das untermauern. Das Bestreben, *unproduktive Kosten* niedrig zu halten, kann vorhandenes Bildungsinteresse administrativ ebenso bremsen, wie *dequalifikatorische Formen der Arbeitsteilung* oder *rationalisierungsbedingte Arbeitsplatzvernichtung* Bildungsmotivation als aussichtslos zerstören können. Wie nackte *ideologische Pression* als Steuerungsmittel im Bildungssystem eingesetzt wird, bezeugt in der Geschichte der Bundesrepublik zuletzt die immer noch nicht überwundene Berufsverbotspraxis gegenüber systemkritischen, politisch engagierten Lehrern. Schließlich zeigt auch der Kampf um die Erhaltung von Bildungsprivilegien, den Teile der bürgerlichen Mittelschichten in der Bundesrepublik gegen die Einführung der Gesamtschule – recht erfolgreich – geführt haben, wie sehr *gesellschaftsstrukturelle Bedingungen* Schulentwicklung beeinflussen können. Und wenn man die Gesellschaftsstruktur in groben Zügen als sozialen Ausdruck ökonomisch bestimmter Arbeitsteilung begreift, wird deutlich, wie sehr bis heute auf allen drei vorher angesprochenen Analyseebenen – der akkumulationstheoretischen, der ideologiekritischen und der gesellschaftsstrukturellen – die kapitalistische Ökonomie Einfluß auf das Bildungswesen nimmt.

Dennoch widerlegen die angeführten Beispiele die *Einwände gegen die Erklärungsfähigkeit von Bildungsstrukturentwicklung und materieller Produktion durch die Konzepte* nicht, und zwar nicht nur, weil sich überall auch Gegenbeispiele finden ließen – bürgerliche Mittelständler als Vorkämpfer für Gesamtschulen, Zeiten ökonomisch nicht funktionaler Bildungsausgabenerhöhung und Qualifizierungsschübe, die Etablierung kritischer Wissenschaft und Bildung trotz aller Hindernisse –, sondern vor allem deswegen nicht, weil in den erörterten Ansätzen zwei zentrale Probleme ungelöst geblieben sind, durch deren Lösung überhaupt erst verständlich würde, warum das Bildungssystem die ihm in dem jeweiligen Konzept unterstellte Funktion erfüllen kann: die *Genese der vorfindlichen gesellschaftlichen Formen von Bildung in ihrem Bezug zur materiellen Produktion* und *die prozessualen Vermittlungszusammenhänge zwischen Produktion und Bildung* als zwei institutionell voneinander getrennten Bereichen. Beide Probleme lassen sich nicht durch Addition oder Kombination der erörterten Konzepte lösen, sie verweisen vielmehr auf die Notwendigkeit einer historischen und systematischen Erklärung der *Formstruktur institutionalisierter Bildung.*

Gehen wir von entwickelten institutionalisierten Bildungssystemen in bürgerlichen Gesellschaften aus, so lassen sich mit mehr oder weniger starker Ausprägung drei *Formstrukturprinzipien* identifizieren:
- *die institutionelle Trennung* (und im Entwicklungsprozeß zunehmende Trennung) *von Bildung und materieller Produktion;*
- die *Staatlichkeit* der dominierenden Bildungs- und Wissenschaftsinstitutionen;

das heißt ihre staatliche *Normierung und Kontrolle und ihre Einbeziehung* in eine *bürokratische Organisation* (formelle Regeln);
- ihr *hierarchischer Aufbau* und ihre *Selektivität,* die in Gestalt von Schulstufen und Übergangsregeln ihren nach außen dokumentierbaren Ausdruck finden.

Diese Formstruktur allerdings ist nicht mehr umstandslos aus der Marxschen Theorie zu extrahieren, da es hier nicht um die Bedingungen des unmittelbaren Austauschs von Kapital und Arbeit, sondern um den gesellschaftlichen Prozeß der Schaffung und Reproduktion des Arbeitsvermögens geht. MEILLASSOUX (vgl. 1978, S. 7f.) weist mit guten Argumenten auf das theoretische Paradoxon hin, daß der historische Materialismus, von dem man erwarten könnte, daß er der Reproduktion der Arbeitskraft als Basis aller Akkumulation und gesellschaftlicher Entwicklung eine vorrangige Bedeutung beimesse, das Problem zwar gestellt, die Reproduktion der Arbeitskraft aber nur unvollständig in seine Analysen einbezogen habe; unvollständig deswegen, weil er es nur als ökonomisches Problem der Kapitalverwertung, nicht aber als stoffliches der Schaffung und Reproduktion von Arbeitsvermögen thematisiert habe und somit eine wesentliche Dimension der Entwicklung bürgerlicher Gesellschaft, nämlich die *Geschichte der Formen der Sozialisation und Reproduktion der Arbeitskraft,* die die soziale Basis des Akkumulationsprozesses abgebe, vernachlässige. Meillassoux holt dieses Versäumnis insofern nach, als er auf die Bedeutung von Familie und Hauswirtschaft hinweist: „Die kapitalistische Produktionsweise hängt also für ihre Reproduktion von einer Institution ab, die ihr fremd ist, die sie jedoch bislang aufrechterhalten hat, da sie dieser Aufgabe am besten gerecht wird und, bisher, die wirtschaftlichste ist, aufgrund der kostenlosen Mobilisierung der Arbeit – insbesondere der weiblichen Arbeit – sowie durch die Ausbeutung der affektiven Gefühle, welche die Eltern-Kind-Beziehungen noch immer beherrschen" (MEILLASSOUX 1978, S. 161f.).

Meillassoux' Überlegung gibt nur Sinn, wenn man anerkennt, daß die *Geschichte der Kapitalakkumulation* und die *Geschichte der Subjektivität der Arbeitskraft* zwar zusammengehören, aber nicht identisch sind und nicht der gleichen Entwicklungslogik folgen. Man muß die Differenz nicht unbedingt in zwei Bereiche ontologisieren, einen des *zweckrationalen* und einen des *kommunikativen Handelns,* oder der *Arbeit* und der *Interaktion,* wie HABERMAS (vgl. 1968, 1976, 1981a, 1981b) es zu tun scheint. Es läßt sich ein Weg wohl auch auf der Basis einer Historisierung des Problems formulieren. In jedem Fall bedarf es der *Anerkennung der Ungleichzeitigkeit und potentiellen und partiellen Widersprüchlichkeit der Entwicklung von Prozessen der Anwendung der Arbeitskraft im kapitalistischen Betrieb* und *ihrer Schaffung und Reproduktion außerhalb desselben in einem vom Kapital nicht direkt beherrschten Raum gesellschaftlicher Institutionen.* Dies verweist auf die doppelte (wahrscheinlich genauer sogar dreifache) Konstitution der bürgerlichen Gesellschaft als ökonomische und politische (und soziale) Form und des bürgerlichen Individuums als Warenbesitzer und Staatsbürger. Diese doppelte Konstitution, die die Trennung der Entwicklungslinien von materieller Produktion und Reproduktion von Subjektivität (Arbeitskraft) und deren partielle Widersprüchlichkeit impliziert, ist selbst entwicklungsgeschichtlich als eine neue Form der gesellschaftlichen Arbeitsteilung zu begreifen, deren Durchsetzung mit der Entstehung des Kapitalismus verbunden ist und die in ihrer Verfestigung und Ausdifferenzierung an seine Entwicklung gekoppelt bleibt. Marx hat ihren historischen Ursprung und ihren systematischen Grund mit dem Hinweis auf den doppelt freien Lohnarbeiter als Voraussetzung und Bedingung kapitalistischer Produktion klar gestellt: „frei in dem Doppelsinn, daß er als freie Person über seine Arbeitskraft als seine Ware verfügt, daß er andrerseits

andre Waren nicht zu verkaufen hat, los und ledig, frei ist von allen zur Verwirklichung seiner Arbeitskraft nötigen Sachen" (MARX 1967, S. 183). Der als doppelte Freiheit des Lohnarbeiter bestimmte Charakter der Arbeitskraft innerhalb der kapitalistischen Produktion begründet historisch und systematisch die *Dissoziation von Arbeit und Bildung,* von Anwendung und Reproduktion der Arbeitskraft.
Historisch liegt ihr der mit der Trennung der Produzenten von den Produktionsmitteln einhergehende Prozeß der Auslagerung der Erwerbsarbeit aus dem Verbund der häuslichen und familialen Gemeinschaft zugrunde, in dessen Gefolge zunehmend mehr die Sozialisation des Individuums und die Reproduktion der Arbeitskraft aus dem Zusammenhang der Arbeit gelöst und der Familie und eigens dafür geschaffenen Institutionen der Bildung überlassen beziehungsweise übertragen wird. Der Preis dafür ist die Zerstörung traditionaler ganzheitlicher Lebenswelten der Produzenten (vgl. HABERMAS 1981 b, S. 474 f., S. 500 f.), das gesellschaftsstrukturelle Resultat ein neues Arrangement zwischen materieller Produktion im Betrieb und Reproduktion der Arbeitskraft außerhalb des Betriebes in gegenüber der Produktion verselbständigten Einrichtungen, die der Kapitalismus selbst in der Regel nicht geschaffen hat (Familie, staatliche Schulen, Kirchen), die ihm insofern „fremd" sind, deren Fremdheit er aber adaptieren kann, weil er sie in einen neuen basalen Funktionszusammenhang stellt und sie gleichzeitig staatlich zu normieren beginnt.
Der zwingende Zusammenhang von Staat als politischer Integrationsform und kapitalistischer Produktionsweise ist oft genug erörtert worden: Die Sicherung des allen in ihrer einzigen identischen Bestimmung, Warenbesitzer zu sein, gemeinsamen Interesses am Schutz ihres Eigentums und an der Wahrung ihrer freien Verfügung über dessen Veräußerung gegenüber der Bedrohung durch die Übermächtigkeit eines je spezifischen individuellen Interesses, die aus der stofflichen Eigenart der Waren herrührt, erfordert eine außerhalb von Warenproduktion und -tausch liegende Instanz, die jeweils nach allgemein anerkannten Normen entscheidet, welche individuellen Interessen auch als *allgemeine* Anerkennung finden (vgl. MARX o. J., S. 911 f.; vgl. PREUSS 1975, SAUER 1978). Für den hier zu behandelnden Bereich der Bildung läßt sich die Staatlichkeit der Bildungsorganisation demgemäß begründen aus dem Interesse von Kapital- wie Arbeitskraftbesitzern an der Transferierbarkeit der Arbeitskraft von einer Anlagesphäre in die andere, welches Interesse ein gewisses Maß an allgemeiner gesellschaftlicher Qualifikation erforderlich macht, dessen Herstellung nicht an die stoffliche Begrenztheit einzelner Betriebe und auch nicht einzelner Familien als Sozialisationsinstanzen gebunden sein kann und dessen Herstellungskosten auch nur schwerlich das Interesse des Einzelkapitals treffen.
Unabhängig von den historisch je konkreten Anlässen der Einführung allgemeiner Schulpflicht ist deswegen auf lange Sicht keine kapitalistische Produktion vorstellbar, die den Widerspruch zwischen einzelbetrieblichem Verwertungsinteresse und Mobilität der Arbeitskraft anders als durch allgemeine, das heißt staatliche Institutionalisierung und Normierung von allgemeiner Bildung aufzulösen trachtete. Daß deren Durchsetzung und Ausweitung harte Auseinandersetzungen zwischen Kapital und Staat, Staat und Teilen der Arbeiterklasse, im weiteren Verlauf auch zwischen Kapital und Arbeit mit sich brachte, sagt etwas über den historischen Prozeß der Realisierung allgemeiner Schulpflicht aus, widerlegt aber nicht deren systematische Begründung.
Historisch betrachtet, läßt nun fortschreitende Rationalisierung der Produktion in Form von zunehmender Vergesellschaftung, Verwissenschaftlichung, Technisierung und Automatisierung ihrer Arbeitsvollzüge, die die zunehmende Differenzierung der Lebensbereiche nach sich zieht, die Familie als zentrale Institution der

Wissensvermittlung und der Enkulturation an Gewicht verlieren und erzwingt zur breiten Sicherstellung von erforderlichem Wissensniveau und notwendiger Handlungskompetenz den Ausbau institutionalisierter Bildung. Diese *kompensiert familiale Schwächen in der Reproduktion von Arbeitskraft,* erfüllt *nicht unmittelbar betriebliche Anforderungen;* das heißt auch, sie muß zur Bewältigung ökonomisch verursachter partieller Defizite in der Familie Sozialisation substituieren, nicht schlicht nur Wissen technisch vermitteln.

Systematisch spricht für die Beibehaltung der formalen Trennung von materieller Produktion und institutionalisierter Bildung sowohl der Charakter des Kapitals als auch die Besonderheit der Ware Arbeitskraft. Bei der Fülle und der stofflichen und technischen Verschiedenartigkeit von Kapitalanlagesphären und der zunehmenden Differenzierung von Lebensbereichen wäre über eine direkte Subsumtion der Allgemeinbildungsprozesse unter das Kapital jene erforderliche Mobilität der Arbeitskräfte, die das Kapital selbst zum friktionslosen Transfer von einem Wirtschaftsbereich in den anderen bedarf, immer weniger garantierbar gewesen.

Neben der Arbeitskraftmobilität scheint als zweiter Aspekt der besondere gesellschaftliche Charakter der Arbeitskraft hier anzuführen zu sein. Die Besonderheit der menschlichen Arbeitskraft bedeutet für ihre Herstellung und Reproduktion nicht Schaffung eines auf die technischen Anforderungen der Produktion hin „dressierten Affen", sondern eines das Kapitalverhältnis in seinem Arbeitsverhalten anerkennenden Arbeiters. Unter politischem Aspekt ist dieses zentrale Problem der Reproduktion bürgerlicher Gesellschaften als Verhältnis von Sozial- und Systemintegration in den Sozialwissenschaften diskutiert worden (hierzu resümierend vgl. HABERMAS 1981 b, S. 507 ff.). Soll die Basisideologie von der freien Verfügung über die Arbeitskraft mehr als nur das Rechtsverhältnis beim Kontraktabschluß zwischen Arbeiter und Kapitaleigner zum Verkauf und Kauf der Arbeitskraft bezeichnen und durch Akte der sozialen Verfügung außerhalb der Arbeit fundiert werden, in denen der Arbeiter seine Freiheit in Familie, Konsum, Nutzung gesellschaftlicher Einrichtungen beweisen und erfahren kann, dann verbietet sich geradezu eine unmittelbare Subsumtion der Bildungseinrichtungen unter das Kapital, da durch sie überall der beherrschende Arm des Kapitals spürbar, die Freiheitsillusion zerplatzen oder gar nicht erst aufkommen würde. Das klingt wie Absicht und bewußtes Handeln, was es nicht ist; vielmehr ist es ideologisches Strukturprinzip bürgerlicher Vergesellschaftung und erklärt, warum der Kapitalismus zu unterschiedlichen Zeiten und in unterschiedlichen Ländern mit höchst divergierenden Formen institutionalisierter Bildung paktieren konnte: vom Analphabetismus über konfessionelle Schulsysteme bis zu sozialdemokratischen Gesamtschulsystemen. Solange die Grundvoraussetzung für Kapitalverwertung, eine fungible Arbeitskraft, sichergestellt ist, kann der Kapitalismus mit beinahe jeder Reproduktionsinstitution koexistieren und kooperieren. Das macht seine hohe Adaptionsfähigkeit gegenüber unterschiedlichen Formen und Gestaltungsprinzipien gesellschaftlichen Lebens außerhalb der betrieblichen Arbeit aus; sie ist durch ein Negatives bestimmt: daß der Kapitalismus ein eigenes, inhaltlich positiv bestimmtes *Lebens*gestaltungskonzept nicht anzubieten hat.

Die Trennung von Anwendung und Reproduktion der Arbeitskraft ermöglicht einerseits erst im Betrieb die volle Durchsetzung von Zweckrationalität, da sie die Produktion von den affektiven Ansprüchen, deren Erfüllung für die Reproduktion der menschlichen Arbeitskraft unabdingbar ist, entlastet und den Betriebsablauf immer mehr ökonomischer und technischer Logik unterstellen läßt und so die immense Entfaltung der Produktivkräfte der materiellen Produktion ermöglicht, in der Marx die fortschrittliche Rolle des Kapitalismus sah. Andererseits stärkt diese formelle Trennung die Vorstellung von der Bewahrung von Freiheit und Menschlichkeit gerade in den Reproduktionssphären der Familie, der Bildung und der physischen und psychischen Regeneration. In ihnen haben die produktionsbeherrschenden Kalküls, die Rechenhaftigkeit und das Gewicht der Leistung eine nachgeordnete Bedeutung. Insofern sind sie nicht nur nicht *formell,* sondern auch *substantiell* in bezug auf ihre regulativen Verhaltensnormen nicht dem Kapital subsumiert und erfüllen gerade darin ihre wesentliche Funktion für die Reproduktion des Kapitalverhältnisses. Der gesellschaftspolitische Konservativismus vieler Unternehmer und ihnen nahestehender Parteien belegt das anschaulich: ihr Eintreten für die traditionelle Familie, für die Kirche, ein verläßliches Dienstethos und eine gute Allgemeinbildung. Man kann sich in der Tat fragen, wie die Mutter in einer Arbeiterfamilie, die statt mit Fürsorglichkeit mit dem Geist der Rechenhaftigkeit an ihre familiären Aufgaben heranginge, ihre Reproduktionsfunktion noch erfüllen könnte. Desgleichen der Pfarrer, Arzt oder Lehrer, der seinen Schutzbefohlenen klar machte, daß sie für ihn in erster Linie ein Mittel, nämlich zum Broterwerb, und nicht ein eigenständiger Zweck sind, dem seine innere Zuwendung gilt. Indem gerade den großen Institutionen der immateriellen Dienste ihre relative Eigenständigkeit und ihre Abgehobenheit von Produktion und Markt verbleibt, repräsentieren sie vor sich selbst wie vor der Gesellschaft Bereiche, die frei von kapitalistischer Zweckbestimmung zu sein scheinen und deswegen gesellschaftlicher Fluchtpunkt sein können. Hier liegt der Grund für das, was Bourdieu zu Recht die „Eigenfunktion des Bildungssystems" genannt hatte, in der alle Ideologeme von Unabhängigkeit, Autonomie und Eigenständigkeit aufgehoben sind.

Aber auch für die pädagogischen Ideologien (vgl. BAUDELOT/ESTABLET 1971, BOURDIEU/PASSERON 1971) gilt, was Adorno über den Charakter ideologischen Scheins in der bürgerlichen Gesellschaft konstatiert, daß er ein Doppeltes und Widersprüchliches beinhalte: Trug und Versprechen zugleich. Und aus der Erkennbarkeit des Trugs, zu der Pädagogen und Arbeiter der Wissenschaft besonders befähigt sein müßten, weil man sie „nicht daran hindern kann, sich mit anderen als den ihnen gestellten Problemen auseinanderzusetzen und Antworten auf Fragen zu finden, die die Bourgeoisie ihnen (und sich) nicht stellt" (GORZ 1972b, S.23), mag verstärkt Widerspruchsgeist und ein Einklagen des Versprechens auf Unabhängigkeit hervorgehen. Daß Intellektuelle, Lehrer, Wissenschaftler und Studenten an den politischen Protestbewegungen der jüngsten Zeit allerwärts – auch in den staatssozialistischen Ländern – einen tragenden Anteil hatten, mag hierauf zurückgehen.

Allerdings wird das Erkennen, daß subjektiv wahres Engagement an der eigenen Tätigkeit durch die funktionale Eingebundenheit ihrer Resultate, den vermittelten Fähigkeiten der Subjekte, in die entfernten Produktionszusammenhänge schnell ins Unwahre umschlagen kann, durch einen zweiten Aspekt der Ideologiebildung, der mit der Trennung von Bildung und Produktion zusammenhängt, erschwert. Die eigenständige staatliche Organisierung von Bildungsprozessen begünstigt eine falsche Zuschreibung von Strukturproblemen der Schule. Fiskalische Engpässe, Personalknappheit, qualitative und quantitative Disproportionalität zwischen Schulabschlüssen und Arbeitsmarktanfoderungen, deren Ursache in der einseitigen Verfügung über den materiellen Reichtum und den Einsatz der Arbeitskraft liegt, werden unversehens zu falschen Entscheidungen von Bildungspolitik und -administration.

Die *formale Trennung* von Produktion und Bildung besagt natürlich nicht, daß es keine *materiale Beeinflussung* der Bildungs- und Sozialisationseinrichtungen durch die Entwicklung der materiellen Produktion gibt. Sie besagt lediglich, daß diese

nicht den Charakter einer unmittelbaren Bestimmung und Steuerung institutionalisierter Lernprozesse hat. Dadurch werden zum einen die tatsächlich wirkenden Abhängigkeiten institutionalisierter Bildung von der Produktion schwerer durchschaubar und analysierbar, gewinnt zum anderen bei Ausdehnung der Bildungszeit und mit ihr zunehmender Dissoziation von Arbeit und Bildung das *Problem der Vermittlung* eine zunehmende Bedeutung. Wie setzen sich bei zunehmender Dissoziation materialiter dennoch bei allen Widersprüchlichkeiten und Umwegen die Systemanforderungen der Kapitalverwertung als dominant im Bildungssystem durch, nicht im Sinne von dessen totaler Indienstnahme, aber doch so weit, daß die Funktionsfähigkeit der Kapitalakkumulation nicht grundlegend gestört wird? Die Antwort lautet: in erster Linie über den *Markt* und über das individuelle, nach Stellung in der Gesellschaftsstruktur differierende und sich im Bildungsverhalten niederschlagende *Interesse an intergenerativer Statusreproduktion und -erweiterung.* In beide aufeinander bezogene Vermittlungsmomente gehen die Anforderungen und Entwicklungstendenzen der gesellschaftlichen Arbeit ein; der inhaltliche Wandel von Produktionsformen über die auf dem Markt nachgefragten Qualifikationen, die Veränderungen der gesellschaftlichen Arbeitsteilung über Umschichtungen und Differenzierungen in der Gesellschaftsstruktur. Da beide Momente, über das individuelle Bildungsverhalten gebrochen, in die Bildungsinstitutionen vermittelt werden, erscheinen diese als Resultat individuellen Willens und Interesses. Der Staat als Träger der Bildungsinstitutionen vermittelt seinerseits noch einmal die möglicherweise auseinanderstrebenden Ansprüche der beiden Vermittlungsebenen und muß deren Mängel und Schwächen durch antizipatives und korrigierendes bildungspolitisches Handeln ausgleichen. Daß auf dem Niveau eines hochentwickelten und stark ausdifferenzierten öffentlichen Bildungssystems die staatliche Steuerungsseite eine zunehmende Verselbständigung erfährt und eine Eigendynamik entfaltet, versteht sich von selbst, ändert aber an der grundlegenden Abhängigkeit nichts, die dann auch in den Legitimationen bildungspolitischer Entscheidungen mit Anrufung von Markterfordernissen und/oder Bürgerwillen regelmäßig durchscheinen.
Daß die Vermittlung von Produktionsanforderungen und Bildungsinstitutionen nicht über eindeutig geregelte und kalkulierbare Handlungsanweisungen, sondern über ein solch diffuses Feld von Erwartungen, Ansprüchen und Handlungen – zu denen nicht zuletzt auch die familien-, markt- und konsumgeprägten Verhaltensweisen von Kindern zu rechnen sind, die schulische Arrangements beträchtlich stören und zur Wirkungslosigkeit verurteilen können – vonstatten geht, hat die Entstehung und Verschärfung von Widersprüchen im Bildungsbereich zum Preis.
Abschließend soll versucht werden, die aktuelle und erwartbare Problemlage, in die institutionalisierte Bildung aufgrund einer sich verschärfenden Dissoziation hineinzugeraten droht, und ihre politische Bedeutung zu skizzieren.
Wie die Entwicklung der materiellen Produktion in allen kapitalistischen – wie auch sozialistischen – Industriegesellschaften von ihrer zunehmenden Vergesellschaftung, Verwissenschaftlichung und Technisierung bestimmt ist, so ist die sie begleitende und von ihr hervorgerufene Dynamik der gesellschaftlichen Arbeitsteilung von einer sich verschärfenden *Dissoziation* der gesellschaftlichen Bereiche geprägt. Der Begriff der Dissoziation meint hier mehr als ein bloßes sich Auseinanderentwickeln oder Auseinanderklaffen von gesellschaftlichen Teilbereichen. Er meint, daß mit der irreversiblen Verselbständigung der gesellschaftlichen Teile und ihrer zunehmenden institutionellen Verfestigung die immer bedrohte widersprüchliche Einheit des gesellschaftlichen Zusammenhangs in bürgerlichen Klassengesellschaften zunehmend gefährdet und zerstört wird, ohne daß dies noch zu einer Trans-

formation in eine neue klassenlose Einheit führen müßte, die Sinn und Hoffnung des historischen Materialismus ist. Die Dissoziation reicht bis in die individuellen Verhaltensweisen und -zumutungen hinein, da mit institutioneller Verselbständigung nicht nur gesellschaftliche Handlungsbereiche wie das Bildungswesen entstehen, sondern eigenständige Interessenlagen, Verhaltensformen, -repertoires und -ansprüche sich entwickeln und gesellschaftlich wirksam werden. Ihre gesellschaftliche Steuerung und ihre individuelle Integration – selbst im Sinne des Widerspruchs – wird umso schwieriger, je mehr ein gemeinsames normatives Zentrum (etwa Wohlstand oder klassenlose Gesellschaft), auf das angebbare Teile oder die Gesamtheit der Gesellschaft verpflichtet werden können, verloren geht. Dies genau scheint aber das Resultat des Prozesses zunehmender gesellschaftlicher Differenzierung und Dissoziation zu sein, da für ihn typisch ist, daß ein Großteil von Erfahrungen nicht mehr klassenspezifisch gemacht werden. Auf diesen Punkt hat nachdrücklich HABERMAS (vgl. 1981 b, S. 513 ff.) hingewiesen.

Im Zentrum der ausgreifenden Dissoziation steht das Verhältnis von gesellschaftlicher Arbeit und Bildung, auf das bezogen eine Reihe von Widersprüchen entstehen und sich verschärfen, die abschließend in sechs Punkten gleichsam nur noch als Interpretationshypothesen für laufende Entwicklungen angedeutet werden können:

Erstens: *Unabhängig von der realen Verwertbarkeit von erworbenen Bildungstiteln auf dem Arbeitsmarkt wird das Bildungsinteresse und die Bildungsnachfrage unvermindert anhalten und vermutlich weiter ansteigen.* In dem Maße, in dem der Akkumulationsprozeß des Kapitals von steigender Vergesellschaftung und Verwissenschaftlichung begleitet ist, erhöht sich, gesellschaftsstrukturell gesehen, der Anteil wie immer gearteter geistiger Arbeit und verselbständigt sich das Bildungsinteresse gegenüber dem unmittelbaren ökonomischen Bedarf. Es sind also, worauf v. FRIEDEBURG (vgl. 1979) bei der Erklärung der Bildungsexpansion in der Bundesrepublik hingewiesen hat, die gesellschaftsstrukturellen Resultate des Akkumulationsprozesses, nicht seine unmittelbaren Ansprüche, die zumindest kurz- und mittelfristig die Bildungsnachfrage bestimmen.

Zweitens: Hohe Bildungsnachfrage ohne entsprechenden unmittelbaren ökonomischen Bedarf wird den Kostendruck auf die staatlichen Bildungsausgaben zumal dann erheblich steigern, wenn Wirtschaftswachstum ausbleibt und alternativ unproduktive Kosten zur Behebung von gesellschaftlichen Negativwirkungen des Akkumulationsprozesses (Umweltzerstörung, Ausschaltung immer größer werdender Bevölkerungsanteile aus dem Arbeitsprozeß) ansteigen. (Offensichtlich ist ja bisher entgegen der Marxschen Annahme nicht die Fesselung der materiellen Produktivkräfte das zentrale Strukturproblem kapitalistischer Akkumulation, sondern deren hemmungslose Entfaltung und die damit verbundene zunehmende Zerstörung der Reproduktivkräfte der inneren und äußeren Natur.) *Die verschärfte Einbeziehung der Bildungsinstitutionen in den gesellschaftlichen Verteilungskampf* bedroht die materiellen Lernbedingungen und die Funktionsfähigkeit der Schulen und stellt die privilegierten Berufssituationen der Lehrer und Hochschullehrer zur Disposition. Dies kann politisch unterschiedliche Konsequenzen zeitigen. Soweit ein Bewußtsein darüber, daß die Ursache der vorfindlichen Verteilungsrelationen des gesellschaftlichen Reichtums in der privaten Verfügung über das Kapital liegt, herstellbar ist, wäre ein erhöhter politischer Druck auf Veränderung des Verteilungsmusters über eine Koalition von an erträglichen Arbeitsbedingungen interessierten Lehrern, an der Entwicklung ihrer Kinder interessierten Eltern und den in ihrer Zukunftsperspektive bedrohten Jugendlichen selbst provozierbar. Auf dem Hintergrund von Vergangenheitserfahrungen ist das wahrscheinlichere Verarbeitungsmuster freilich eine Kombination von Strategien einerseits zur Sicherung von Privilegien der im Bildungsbereich Beschäftigten und andererseits zur Reprivatisierung von Bildungskosten und Bildungsleistungen vor allem im Bereich höherer Bildung, von der sich das traditionelle Bürgertum eine bessere Chance zur Wiederherstellung der Vererbbarkeit seiner Privilegien, die durch die Demokratisierung der Bildungsteilhabe bedroht war und ist, versprechen mag (vgl. BOURDIEU 1983).

Drittens: Hohes Niveau des individuellen Bildungsinteresses bei begrenzter Marktnachfrage nach hohen Qualifikationen und bei erschwerten Chancen für angemessene Verwendung von erworbenen Qualifikationen *senkt nicht, sondern erhöht den Marktwert von Bildungszertifikaten.* Vor ein großes Angebot von formal hochqualifizierten Bewerbern gestellt, heben die Unternehmen bei der Vergabe von Ausbildungs- und Arbeitsplätzen das Niveau ihrer Selektionskriterien an und bevorzugen selbst bei der Besetzung von einfachen Positionen die Inhaber höherwertiger Zertifikate (von Extremen einmal abgesehen). Sie erhöhen damit zusätzlich eine von den konkreten Arbeitsplatzanforderungen unabhängige Bildungsnachfrage, was sich in den Bildungsinstitutionen in zweifacher Weise niederschlägt: Zum einen *wechselt das schulische Selektionsprinzip radikal von positiver zu negativer Selektion,* nehmen die Schulen und Universitäten immer mehr meritokratische Züge an. Zum anderen verstärkt sich die Tendenz zu einem formalen Bildungsinteresse im Sinne des Strebens nach guten Noten und Zertifikaten gegenüber einem inhaltlichen Interesse an Gegenständen. *Negative Selektion und formales Bildungsinteresse* stärken sozialdesintegrative und intrinsische Lernmotivationen blockierende Momente in den Bildungsinstitutionen, veräußerlichen Lernprozesse und können breite Demotivationskrisen bei Lehrenden und Lernenden hervorrufen. Die Gefahr der inneren Kolonialisierung von Bildung durch das Produktionssystem wächst.

Viertens: Trotz Ausweitung von institutionalisierter Bildung nimmt deren *politisch-legitimatorischer Nutzen für das System ab,* da sie unter Beibehaltung der obwaltenden Produktions- und Sozialverhältnisse aus den genannten Gründen immer weniger in der Lage ist, systemisch bedingte Mängel in der Sozialstruktur und der Verfügung über Ressourcen zu kompensieren. Im Gegenteil könnte sie sogar delegitimatorisch wirken, da bei relativ weiter Verbreitung von Bildung (wieder) andere familiale Herkunftsmerkmale für die Reproduktion der Sozialstruktur an Gewicht gewinnen (vgl. BOURDIEU 1983, JENCKS u. a. 1973). Hier mag auch einer der Gründe dafür liegen, daß sich Bildungspolitik bei den professionellen Parteipolitikern einer immer geringeren Beliebtheit erfreut und Bildungsfragen im parlamentarischen Bereich heute viel schwerer thematisierbar sind als vor 10 oder 15 Jahren.

Fünftens: Die zunehmende Entkoppelung von institutionalisierter Bildung und materieller Produktion *erhöht die Abstimmungs- und Steuerungsprobleme zwischen quantitativen und qualitativen Anforderungen aus dem Bereich der gesellschaftlichen Arbeit und deren Realisierung im Bildungssystem,* da das Bildungssystem mit seiner Eingebundenheit im staatlichen Organisationsrahmen anderen, nämlich politischen Steuerungsregeln folgt als denen von Betrieb und Arbeitsmarkt. Der Aufbau großer Stäbe von Bildungsexperten in den großen Interessenorganisationen der Unternehmen und in den Gewerkschaften hat längst eine zweite politische Ebene des Kampfes um die Bildungsinstitutionen geschaffen, von der aus sowohl die parlamentarischen Entscheidungsträger der Bildungspolitik als auch die Bildungsinstitutionen selbst bearbeitet werden. Mit ihrer Ausdehnung wird die Interessendurchsetzung im Bildungssystem offener, gewinnt die politische gegenüber der marktmäßigen Vermittlung an Bedeutung, und könnte auch verstärkt Demaskierung von Abhängigkeitsverhältnissen Platz greifen.

Sechstens: Es mag aber auch sein, daß die mit zunehmender Vergesellschaftung und Expansion von Bildung verbundenen Widersprüche und Effekte so umstandslos, wie es nach den vorhergehenden Punkten erscheinen könnte, über den Markt nicht kanalisiert und vom privatwirtschaftlichen Produktionssystem nicht eingeholt und aufgefangen werden können. Denn die Tendenz, daß sich über die Steigerung der Produktivität der Bereich der nicht betrieblich gebundenen Lebensgestaltung immer weiter ausdehnt, dürfte auch dessen eher expressiven und kommunikativen Normen gegenüber denen der Zweckrationalität der Arbeit ein höheres Gewicht in der Gesellschaft verleihen und auf der normativen Ebene den Widerspruch zwischen Markt (Konsum) und Produktion erhöhen. Die längere Verweildauer in Bildungsinstitutionen beispielsweise, die gleichbedeutend ist mit der im Entwicklungsprozeß des Jugendlichen späteren Unterstellung unter die Normen der betrieblichen Arbeit, kann trotz schulischer Konkurrenz und Disziplin durchaus dazu führen, daß die Jugendlichen mit erhöhten Ansprüchen gegenüber der Qualifiziertheit der Arbeit und gegenüber betrieblichen Kommunikations- und Organisationsformen in die Produktion eintreten. Ihr Kritikpotential wird umso größer sein, je mehr sie in Schulen die Erfahrung selbstbestimmter und wenig herrschaftlicher Kommunikation machen und ein inneres Interesse an den Gegenständen entwickeln können. Insofern hat der Kampf um freiere und humanere Schulen, auf den BOWLES/GINTIS (vgl. 1978) setzen, seinen Sinn und bleibt die Aufklärung der Lehrer und Wissenschaftler über Ursachen und Formen ihrer Abhängigkeit von der Produktionsweise ein wichtiges Moment der Hoffnung auf gesellschaftliche Veränderung.

ADORNO, Th. W./HORKHEIMER, M.: Dialektik der Aufklärung, Amsterdam 1947. ADORNO, Th. W. u. a.: Der Positivismusstreit in der deutschen Soziologie, Neuwied/Berlin 1969. ALTVATER, E./HUISKEN, F. (Hg.): Materialien zur Politischen Ökonomie des Ausbildungssektors, Erlangen 1971. AUMÜLLER, U.: Industrieschule und ursprüngliche Akkumulation in Deutschland. In: HARTMANN, K. u. a. (Hg.): Schule und Staat im 18. und 19. Jahrhundert, Frankfurt/M. 1974, S. 9 ff. BAETHGE, M.: Ausbildung und Herrschaft, Frankfurt/M. 1970. BAETHGE, M.: Abschied von Reformillusionen. Einige politisch-ökonomische Aspekte zum Ende der Bildungsreform in der BRD. In: betr. e. 5 (1972), 11, S. 19 ff. BAETHGE, M. u. a.: Produktion und Qualifikation. Eine Vorstudie zur Untersuchung von Planungsprozessen im System der beruflichen Bildung. Hannover 1974. BAMMÉ, A. u. a.: Thesen zum Zusammenhang von beruflicher Hierarchie, Qualifikation und Sozialisation. In: BAETHGE, M. u. a.: Bildungs- und Qualifikationsforschung. IAB-Kompaktseminar an der Universität Regensburg, September 1976. Institut für Arbeitsmarkt- und Berufsforschung der Bundesanstalt für Arbeit: Beiträge zur Arbeitsmarkt- und Berufsforschung 15, Nürnberg 1977, S. 82 ff. BAUDELOT, Ch./ESTABLET, R.: L'école capitaliste en France, Paris 1971. BECKER, E./JUNGBLUT, G.: Strategien der Bildungsproduktion, Frankfurt/M. 1972. BERG, I.: Education and Jobs: The Great Training Robbery, Boston 1971. BERNFELD, S.: Sisyphos oder die Grenzen der Erziehung (1925), Frankfurt/M. 1967. BLUMENTHAL, V. v.: Die Reform der Sekundarstufe II in Italien, München 1980. BOURDIEU, P.: Kulturelle Reproduktion und soziale Reproduktion. In: BOURDIEU, P./PASSERON, J.-C.: Grundlagen einer Theorie der symbolischen Gewalt, Frankfurt/M. 1973, S. 89 ff. BOURDIEU, P.: Entwurf einer Theorie der Praxis, Frankfurt/M. 1976. BOURDIEU, P.: Ökonomisches Kapital, kulturelles Kapital, soziales Kapital. In: KRECKEL, R. (Hg.): Soziale Ungleichheiten. Soz. W., Sonderband 2, Göttingen 1983, S. 183 ff. BOURDIEU, P.: Kulturelle Reproduktion und soziale Reproduktion. In: BOURDIEU, P./PASSERON, J.-C.: Die Illusion der Chancengleichheit, Stuttgart 1971. BOURDIEU, P. u. a.: Titel und Stelle. Über die Reproduktion sozialer Macht, Frankfurt/M. 1981. BOWLES, S./GINTIS, H.: Pädagogik und die Widersprüche der Ökonomie. Das Beispiel USA, Frankfurt/M. 1978. DEUTSCHMANN, M.: Qualifikation und Arbeit. Zur Kritik funktionalistischer Ansätze der Bildungsplanung, Westberlin 1974. FAULSTICH, P.: Interessenkonflikte um die Berufsbildung, Weinheim/Basel 1977. FEND, H.: Gesellschaftliche Bedingungen schulischer Sozialisation, Weinheim/Basel 1974. FRIEDEBURG, L., v.: Der Strukturwandel des Schulbesuchs als Herausforderung der Bildungspolitik. In: RAITH, W. (Hg.): Wohin steuert die Bildungspolitik, Frankfurt/New York 1979, S. 9 ff. FRÖHLICH, D.: Arbeitserfahrung und Bildungsverhalten. Frankfurt/New York 1978. GAMM, H.J. (Hg.): Erziehung in der Klassengesellschaft, München 1970. GILGENMANN, K.: Zur gesellschaftlichen Formbestimmtheit von Erziehung und Ausbildung. In: SZÉLL, G. (Hg.): Privilegierung und Nichtprivilegierung im Bildungssystem, München 1972, S. 9 ff. GINTIS, H.: Education, Technology and the Characteristics of Worker Productivity. In: The Am. Ec. Rev. 61 (1.2.) (1971), S. 266 ff. GINTIS, H.: Zu einer politischen Ökonomie der Erziehung. In: TOHIDIPUR, M. (Hg.): Politische Ökonomie des Bildungswesens, Weinheim/Basel 1974, S. 280 ff. GLOMBOWSKI, J.: Eine elementare Einführung in das „Transformationsproblem". In: mehrwert (1977), 13, S. 3 ff. GORZ, A. (Hg.): Schule und Fabrik, Berlin 1972 a. GORZ, A.: Technologie, Techniker und Klassenkampf. In: GORZ, A. (Hg.): Schule und Fabrik, Berlin 1972, S. 14 ff. (1972 b). GRÖLL, J.: Erziehung im gesellschaftlichen Reproduktionsprozeß, Frankfurt/M. 1975. GRAMSCI, A.: Marxismus und Literatur. Ideologie, Alltag, Literatur, Hamburg 1983. HABERMAS, J.: Technik und Wissenschaft als „Ideologie", Frankfurt/M. 1968. HABERMAS, J.: Zur Rekonstruktion des Historischen Materialismus, Frankfurt/M. 1976. HABERMAS, J.: Theorie des kommunikativen Handelns, 2 Bde., Frankfurt/M. 1981 (Bd. 1: 1981 a; Bd. 2: 1981 b). HOERNLE, E.: Grundfragen proletarischer Erziehung, Frankfurt/M. 1970. HURRELMANN, K.: Erziehungssystem und Gesellschaft, Reinbek 1975. HUISKEN, F.: Anmerkungen zur Klassenlage der pädagogischen Intelligenz. In: ALTVATER, E./HUISKEN, F.. (Hg.): Materialien zur politischen Ökonomie des Ausbildungssektors, Erlangen 1971, S. 405 ff. HUISKEN, F.: Zur Kritik bürgerlicher Didaktik und Bildungsökonomie, München 1972. JANOSSY, F.: Das Ende der Wirtschaftswunder. Wesen und Erscheinung der wirtschaftlichen Entwicklung, Frankfurt/M. 1966. JENCKS, Ch. u. a.: Chancengleichheit, Reinbek 1973. KANITZ, O. F.: Das proletarische Kind in der bürgerlichen Gesellschaft (1929), Frankfurt/M. 1974. KARRAS, H.: Die Grundgedanken der sozialistischen Pädagogik in Marx' Hauptwerk ‚Das Kapital', Berlin (DDR) 1958. KELLERMANN, P./LENHARDT, G.: Erfahrung, Schule, Lohnarbeit: Zusammenhänge zwischen Arbeitsmarkt und Bildungssystem. In: BECK, U. u. a. (Hg.): Bildungsexpansion und betriebliche Beschäftigungspolitik, Frankfurt/New York 1980, S. 98 ff. KOB, J.: Soziologische Theorie der Erziehung, Stuttgart 1976. KOFLER, L.: Zur Dialektik der Kultur, Frankfurt/M. 1972. KRAIS, B.: Einleitung. In: BOURDIEU, P. u. a.: Titel und Stelle. Über die Reproduktion sozialer Macht, Frankfurt/M. 1981, S. 7 ff. KRAIS, B.: Bildung als Kapital - Neue Perspektiven für die Analyse der Sozialstruktur. In: KRECKEL, R. (Hg.): Soziale Ungleichheiten. Soz. Welt, Sonderband 2, Göttingen/Münster 1983, S. 199 ff. LESCHINSKY, A./ROEDER, P. M.: Gesellschaftliche Funktionen der Schule. In: TWELLMANN, W. (Hg.): Handbuch Schule und Unterricht, Bd. 3, Düsseldorf 1981, S. 107 ff. LETTIERI, A.: Fabrik und Schule. In: GORZ, A. (Hg.): Schule und Fabrik, Berlin 1972, S. 59 ff. LUKACZ, G.: Geschichte und Klassenbewußtsein, Neuwied/Berlin 1968. LUTZ, B.: Bildungssystem und Beschäftigungsstruktur in Deutschland und Frankreich. In: MENDIUS, H.-G. u. a.: Betrieb - Arbeitsmarkt - Qualifikation I. Arbeiten des Instituts für Sozialwissenschaftliche Forschung (ISF) München, Frankfurt/M. 1976, S. 83 ff. LUTZ, B.: Die Interdependenz von Bildung und Beschäftigung und das Problem der Erklärung der Bildungsexpansion. In: MATTHES, J. (Hg.): Sozialer Wandel in Westeuropa, Frankfurt/M. 1979, S. 634 ff. LUTZ, B.: Bildungsexpansion und soziale Ungleichheit. Eine historische und soziologische Skizze. In: KRECKEL, R. (Hg.): Soziale Ungleichheiten. Soz. W., Sonderband 2, Göttingen 1983, S. 220 ff. MARX, K.: Grundrisse der Kritik der Politischen Ökonomie. Frankfurt/Wien o. J. MARX, K.: Das Kapital, Bd. 1, Marx-Engels Werke (MEW), Bd. 23, Berlin (DDR) 1967. MARXISTISCHE GRUPPE ERLANGEN-NÜRNBERG: Kapitalistische Hochschulreform, Erlangen 1972. MASUCH, M.: Politische Ökonomie der Ausbildung. Lernarbeit und Lohnarbeit im Kapitalismus, Reinbek 1972. MEILLASSOUX, C.: Die wilden Früchte der Frau, Frankfurt/M. 1978. MICKLER, O. u. a.: Produktion und Qualifikation, 2 Bde., Göttingen 1977. NYSSEN, F.: Schule im Kapitalismus, Köln 1970. OFFE, C.: Berufsbildungsreform. Eine Fallstudie über Reformpolitik, Frankfurt/M. 1975. OFFE, C.: Bildungssystem, Beschäftigungssystem und Bildungspolitik. In: ROTH, H./FRIEDRICH, D. (Hg.): Bildungsforschung. Probleme — Perspektiven — Prioritäten, Teil 1. Deutscher Bildungsrat: Gutachten und Studien der Bildungskommission, Bd. 50, Stuttgart 1975, S. 217 ff. PREUSS, U. K.: Bildung und Herrschaft, Frankfurt/M. 1975. ROTH, H./FRIEDRICH, D. (Hg.): Bildungsforschung. Probleme – Perspektiven – Prioritäten, 2 Teile. Deutscher Bildungsrat: Gutachten und Studien der Bildungskommission, Bd. 50, 51, Stuttgart 1975. SAUER, D.: Staat und Staatsapparat, Frankfurt/M. 1978. TEICHLER, U.: „Öffnung der Hochschulen" – auch eine Politik für die 80er Jahre? Expertise im Auftrag des Senators für Wissenschaft und Kunst, Freie Hansestadt Bremen, Bremen 1983. THOMPSON, E. P.: Das Elend der Theorie. Zur Produktion geschichtlicher Erfahrung, Frankfurt/New York 1980. TITZE, H.: Erziehung und Bildung in der historisch-materialistischen Position. In: Enzyklopädie Erziehungswissenschaft, Bd. 1, Stuttgart 1983, S. 42 ff. TOHIDIPUR, M. (Hg.): Politische Ökonomie des Bildungswesens, Weinheim/Basel 1974. VOGEL, M. R.: Erziehung im Gesellschaftssystem, München 1970.

B Geschichte institutionalisierter Bildung

Hans-Georg Herrlitz/Wulf Hopf/Hartmut Titze

Institutionalisierung des öffentlichen Schulsystems

1 Einleitung
2 Strukturelle Merkmale des Lernens im Schulsystem
2.1 Die raumzeitliche Verselbständigung des Lernens
2.2 Die symbolische Vermittlung des Lernens
2.3 Die Zeitbindung des Lernens
2.4 Die professionelle Anleitung des Lernens
2.5 Die formale soziale Organisation des Lernens
2.6 Die öffentlich-rechtliche Verpflichtung des Lernens
3 Grundlinien des Institutionalisierungsprozesses
3.1 Der strukturelle Primat der „höheren Bildung"
3.2 Die verspätete Institutionalisierung des Elementarschulwesens
3.3 Ansätze zu einem integrierten Schulsystem
4 Folgeprobleme der Institutionalisierung und Lösungsversuche
4.1 Systembeziehungen der Schule und Folgeprobleme
4.2 Bearbeitungs- und Lösungsversuche der Folgeprobleme
4.2.1 Motivationsproblem: die „Entfremdungsanfälligkeit" funktional differenzierten Lernens
4.2.2 Legitimationsproblem: die „Veraltungsanfälligkeit" funktional differenzierten Lernens
4.2.3 Statuskonkurrenz als Folgeproblem und Entkoppelungsmaßnahmen
4.2.4 „Entschulung der Gesellschaft"
4.2.5 Ausblick

Zusammenfassung: Was der Prozeß der Institutionalisierung des öffentlichen Schulsystems pädagogisch bedeutet, läßt sich durch eine idealtypische Analyse von sechs Strukturmerkmalen institutionalisierten Lernens hinreichend präzisieren: raumzeitliche Verselbständigung, symbolische Vermittlung, Zeitbindung, professionelle Anleitung, formale Organisation und öffentlich-rechtliche Verpflichtung des Lernens. Betrachtet man diese Merkmale unter historischen Gesichtspunkten, so wird deutlich, daß und warum der Institutionalisierungsprozeß durch einen strukturellen Primat der „höheren Bildung" gekennzeichnet ist, der erst in den neueren Ansätzen zu einem integrierten Schulsystem aufgehoben zu werden scheint. Zur Lösung der Folgeprobleme institutionalisierten Lernens werden unterschiedlich radikale Vorschläge diskutiert, doch sollten dabei die besonderen Entwicklungsvorteile eines funktional ausdifferenzierten Massenbildungssystems nicht übersehen werden.

Summary: The educational importance of the process of institutionalisation in the state school system can be adequately defined by means of an analysis of six structural characteristics of institutionalised learning: independence in space and time, symbolic mediation, tying up time, professional guidance, formal organisation, and the public-law obligations of teaching. If we consider these characteristics from the historical point of view it becomes plain how, and why, the process of institutionalisation is characterised by a structural priority of "higher education" which only recent approaches have begun to replace by an integrated school system. Various radical suggestions on how to solve the problems resulting from institutionalised learning are discussed without, however, losing sight of the particular development advantages of a mass education system that is differentiated according to functions.

Résumé: Ce que le processus d'institutionnalisation du système scolaire public signifie pédagogiquement, parlant peut être suffisamment précisé par l'analyse d'un idéal typique constitué de six caractéristiques structurelles de l'apprentissage institutionnalisé: émancipation spatio-temporelle, transmission symbolique, lien temporel, direction professionnelle, organisation formelle et obligation publique et juridique de l'apprentissage. Si l'on considère ces caractéristiques en se plaçant à des points de vue historiques, il apparaît que et pourquoi le processus d'institutionnalisation est caractérisé par une primauté structurelle de la «formation supérieure», primauté qui ne paraît être abolie que dans les récents points de départ d'un système scolaire intégré. On discute, pour résoudre les problèmes de conséquences de l'apprentissage institutionnallisé, différentes propositions radicales; mais il faut se garder de négliger les avantages particuliers de développement d'un système de formation de masse différencié de façon fonctionnelle.

1 Einleitung

In der historischen Entwicklung der letzten 200 Jahre hat sich die Schule als öffentliche Einrichtung für Massenlernprozesse weltweit durchgesetzt. Diese Entwicklung legt den Schluß nahe, daß sie eine erfolgreiche gesellschaftliche Problemlösung für fundamentale Funktionsbedürfnisse moderner Gesellschaften darstellt. Die Entwicklung scheint unumkehrbar, da komplexe Gesellschaften die Lernprozesse der heranwachsenden Generation funktional verselbständigt und durch die Ausdifferenzierung eines in seinen Grenzen und Funktionen identifizierbaren Bildungssystems auf Dauer gestellt haben. Wenn das schulische Lernen in diesem Sinne als evolutionäre Errungenschaft entwickelter Gesellschaften wahrgenommen wird, hinter die nicht zurückgegangen werden kann, dann müssen alle Forderungen nach Abschaffung der Schule als historisch überholt und praktisch illusionär gelten. Sie sind deshalb freilich nicht uninteressant, weil sie die theoretische Neugier auf den Prozeß der *Institutionalisierung* des Bildungssystems lenken.

Aus der Zeit vor der Institutionalisierung sind zahlreiche Dokumente überliefert, die zeigen, daß mit der flächendeckenden, gesellschaftsweiten Einrichtung eben dieser Institution Schule große Hoffnungen auf gesellschaftlichen Fortschritt verbunden waren. Nach der Verwüstung durch den Dreißigjährigen Krieg erwartete der an der Jakobikirche in Hamburg wirkende Hauptpastor J. B. Schupp vom Schulwesen eine Reformation des verderbten menschlichen Geschlechts. „Wahr ist es, daß die gute Education der Jugend und wohlbestälte Schulen das Fundament ist, darauff die Wohlfahrt des gemeinen Wesens muß gebauet werden" (Schupp 1891, S.59). Pädagogisch optimistisch malte er sich 1660 die segensreichen Wirkungen einer staatlichen Schulerneuerung aus: „Wann wir aller Orthen wohlbestälte Schulen hätten, darinn die Jugend recht unterwiesen würde, hätten wir innerhalb zwantzig Jahren eine neue Welt, und bedörfften keiner Büttel oder Scharffrichter" (Schupp 1891, S.59). Knapp 150 Jahre später, als der Prozeß der Institutionalisierung des staatlichen Bildungssystems weiter vorangeschritten war, teilten noch viele Zeitgenossen diesen pädagogischen Optimismus. Durch eine grundlegend veränderte öffentliche Erziehung, verkündete der preußische Bildungsreformer und Staatsphilosoph J. G. Fichte 1808, könne das menschliche Geschlecht „eine ganz neue Ordnung der Dinge und eine neue Schöpfung beginnen" (FICHTE 1962, S. 416f.). Über das staatliche Bildungssystem, so schwebte es Fichte vor, könne ein heilsamer Zwang zur Vernunft in der Generationsfolge institutionalisiert werden.

Im letzten Drittel des 20. Jahrhunderts ist vom pädagogischen Optimismus des 17. und 18. Jahrhunderts nicht mehr viel übriggeblieben. Die Ernüchterung geht so tief, daß vorschnell vielleicht sogar wichtige Einsichten und Intentionen mit preisgegeben werden, an denen mit guten Gründen festgehalten werden kann. Eine Analyse der strukturellen Merkmale des Lernens im ausdifferenzierten Bildungssystem, wie sie im ersten Teil dieses Beitrags idealtypisch versucht wird, kann die Hoffnungen verständlich machen, die mit der Einrichtung von Schulen in der Regel verbunden wurden. Die realgeschichtliche Analyse der Systementwicklung wird demgegenüber die Grenzen sichtbar machen, die das schulische Lernen unter konkreten historischgesellschaftlichen Bedingungen einschränken. Mit Folgeproblemen der Institutionalisierung befaßt sich der vierte Teil.

2 Strukturelle Merkmale des Lernens im Schulsystem

Die spezifischen Merkmale des schulischen Lernens werden erst sichtbar, wenn man die Lernprozesse der Kinder und Jugendlichen in komplexen Gesellschaften mit denen in einfachen Gesellschaften vergleicht, die noch keine Schulen kennen (vgl. ALT 1956).

2.1 Die raumzeitliche Verselbständigung des Lernens

In einfachen Gesellschaften lernen die Heranwachsenden durch Teilnahme am gemeinsamen Leben, in das sie von der Erwachsenengeneration je nach Reife selbstverständlich einbezogen werden. Beim unmittelbaren Lernen durch Teilnahme an der gesellschaftlichen Praxis geht es immer um Hier-und-Jetzt-Erfahrungen; die Heranwachsenden lernen durch Mitahmung und Nachahmung, was sie aktuell brauchen, um teilnehmen zu können. Das schulische Lernen besitzt demgegenüber eine ganz andere Struktur: Es ist ein von den unmittelbaren Hier-und-Jetzt-Erfahrungen abgekoppeltes Lernen in raumzeitlicher Distanz zur gesellschaftlichen Praxis. Die Kinder „gehen in die Schule", das heißt an einen abgesonderten speziellen Lernort. Und ähnlich strukturell distanziert ist das schulische Lernen in der zeitlichen Dimension: Die Kinder lernen das meiste nicht für „jetzt", sondern für „später", für das Leben nach dem Austritt aus der Schule.

2.2 Die symbolische Vermittlung des Lernens

Mit der raumzeitlichen Verselbständigung des Lernens gegenüber der konkreten gesellschaftlichen Praxis ist ein weiteres strukturelles Merkmal notwendig verbunden: In den abgesonderten speziellen Lernräumen der Schule ist eine Berührung mit den „Dingen" nicht mehr möglich. Die konkrete Wirklichkeit ist nicht mehr anzugreifen und kann auch nicht mehr über die Beteiligung aller Sinnesorgane aufgenommen werden. Die Wirklichkeit wird in der Schule durch stellvertretende Zeichensysteme (Schrift und Zahl) vorgestellt und symbolisch vermittelt. In der soziokulturellen Entwicklung setzt die Institutionalisierung des Lernens die Entwicklung von Zeichensystemen voraus; in schriftlosen Kulturen sind Schulen undenkbar. Über den Gebrauch von Symbolen, die es erlauben, daß die Wirklichkeit stellvertretend in den abgesonderten Schulraum hineingeholt und beliebig oft vergegenwärtigt werden kann, lassen sich die aus der gesellschaftlichen Praxis herausgelösten Lernprozesse didaktisch unerschöpflich handhaben und steuern. Während das Lernen durch Mitvollzug bloß gelegentlich und empirisch zufällig stattfindet, können die Lernprozesse in der Schule planmäßig organisiert und systematisiert werden. Durch die raumzeitlich verselbständigte symbolische Vermittlung des Lernens wird dieses nicht nur als systematisch organisierte Daueraktivität möglich, sondern der Charakter des Lernens selbst und der in ihm repräsentierte Ausschnitt von Wirklichkeit ändert sich gegenüber dem Lernen durch Mitvollzug: Das in der Praxis eingelassene beiläufige Lernen setzt an jeweiligen praktischen Lernhindernissen ein, die durch ein Lernen überwunden werden, das die Wirklichkeit unter dem praktischen Interesse selegiert; der Lernerfolg ist unmittelbar in der nachfolgenden Praxis ablesbar, und er begrenzt zugleich das Weiterlernen bis zum nächsten Lernhindernis. Das systematisierte, symbolisch vermittelte Dauerlernen dagegen kennt die Selektion der Wirklichkeitsdarstellung nach praktischen Interessen nicht mehr; andere Kriterien der Repräsentation von „Welt" werden möglich, die mehr unter dem Aspekt der Kontemplation (des Verstehens, der Analyse) angeeignet wird. Dieses „unpraktische Lernen" ist nicht nur von der Erweiterung der Lerngegenstände her prinzipiell grenzenlos, sondern auch von der ausbleibenden Begrenzung durch Hindernisse und Hemmungen der gesellschaftlichen Praxis als Auslöser für Weiterlernen. Das symbolisch vermittelte Lernen produziert seine eigenen Hindernisse und zugleich die Möglichkeit zu seiner wiederum nur symbolisch vermittelten Überwindung. Damit wird es – losgelöst von der gesellschaftlichen Praxis, auf die es sich symbolisch bezieht – ein eigenständiger, abgeleiteter Bereich gesellschaftlicher Praxis. Das Lernen als symbolisch vermittelte Aneignung von Wirklichkeit setzt praktische Befähigungen zum Leben in Lerninstitutionen voraus, die mehr oder weniger bewußt durch den „heimlichen Lehrplan" der Institution vermittelt werden und im Unterschied zu den eher kognitiven manifesten Lernprozessen soziales Lernen zum Inhalt haben.

2.3 Die Zeitbindung des Lernens

Die räumliche Herauslösung des Lernens aus der Praxis setzt die Entwicklung von Zeichensystemen voraus. Interessant erscheint die systematische Frage: Was setzt die zeitliche Herauslösung aus dem praktischen Umgang der Generationen voraus? Das gelegentliche Lernen im praktischen Mitvollzug ist durch Kurzmotivierung charakterisiert und dient der Erreichung von Nahzielen. Dieses Lernen läßt der heranwachsenden Generation strukturell keinen Freiraum zur „Besinnung". Die Kinder und Jugendlichen leben sich distanzlos in die vorgegebene Tradition ein und setzen sie mit ihrer Generation selbstverständlich fort. Das begrenzte Rationalisierungspotential dieser Lernstruktur liegt auf der Hand: Angesichts der komplexen Aufgabenstrukturen in hoch arbeitsteilig organisierten Gesellschaften kann niemand aus dem Fortgang des gemeinsamen Lebens gleichsam heraus- und beiseitetreten, um an Ort und Stelle langwierige Lehr-Lern-Prozesse zu veranstalten. In den „verschulten" Gesellschaften hat jedes Lernen seine eigene Zeit. Das schulische Lernen ist als Aufbauprozeß konzipiert und wird über Zeitbindung realisiert. Heute wird „dieses" gelernt, und morgen ist „das dran". Im Vergleich zum unmittelbaren oder nachahmenden Lernen setzt das schulische Lernen ein hohes Maß an *„Fernmoti-*

vierung" voraus. Kinder lernen im Alter von zwölf Jahren teilweise zwei Fremdsprachen, um im Alter von 25 Jahren vielleicht einmal die Auslandsgeschäfte eines Industriebetriebes abzuwickeln. Das Kind muß bereits heute erste Lernschritte vollziehen, die im Hinblick auf Fernziele erst sinnvoll erscheinen und zumindest bei den Eltern einen langfristigen Planungs- und Erwartungshorizont voraussetzen. Das fernmotivierte Lernen setzt grundlegend umgearbeitete Zeitstrukturen voraus, in denen die Wirklichkeit wahrgenommen und konstruiert wird. Es ist überhaupt nur denkbar, wenn das gesellschaftliche Zeitbewußtsein zwischen *Erfahrung* und *Erwartung* zu unterscheiden in der Lage ist, aus deren Differenz sich ein „Fortschrittsbewußtsein" herausbilden kann. Seit der Aufklärung gehen die Kinder zur Schule, weil sie es einmal besser haben sollen. Solange das Zeitbewußtsein vom natürlichen Zeitrhythmus des Hineinwachsens der Generationen geprägt ist, bleibt die Zeitstruktur der Lernprozesse der Kinder und Jugendlichen in einem traditionsbestimmten Erfahrungshorizont eingeschlossen. Mit der Entstehung von Schulen und der fernmotivierten Zeitbindung des Lernens wird eine als „Fortschritt" gedachte Geschichte in die Generationenfolge hineinprojiziert.

2.4 Die professionelle Anleitung des Lernens

Mit der funktionalen Verselbständigung des Lernens hat sich strukturell notwendig eine zweite Klasse von Handlungen funktional ausdifferenziert, die an eine *institutionalisierte Lehrerrolle* geknüpft sind. Die schulischen Lernprozesse finden unter der Anleitung und Kontrolle eines eigens dafür ausgebildeten und hauptberuflich tätigen Lehrpersonals statt. Diese professionellen Pädagogen handeln nicht aus eigenem Antrieb; die berufsmäßige Lehrerrolle ist ihnen von jenen gesellschaftlichen „Herkunftsbereichen" übertragen worden, in denen die notwendigen Lernprozesse nicht mehr „nebenher" geleistet werden können. Die berufsmäßigen Lehrer erfüllen ihre Funktion deshalb immer in einer doppelten Orientierung: Sie sind nicht nur ihren primären Klienten, den Schülern, sondern einem sekundären Klienten (dem Träger der Institution, beim öffentlichen Bildungssystem dem Staat) verpflichtet, in dessen Auftrag sie handeln.

2.5 Die formale soziale Organisation des Lernens

Das Handlungssystem, in dem die funktional verselbständigten Lehr-Lernprozesse realisiert werden, ist konkret in einer formalen sozialen Organisation verkörpert. Die Bildungsanstalten teilen in dieser Hinsicht das Rationalisierungsschicksal fast aller anderen sozialen Einrichtungen in komplexen Gesellschaften, die sich ebenfalls „bürokratisieren": Sie sind auf ein spezialisiertes Ziel hin orientiert, in ihrer Binnendifferenzierung *arbeitsteilig* und *hierarchisch* gegliedert und in ihrer Funktionsweise unabhängig vom wechselnden Personal auf längere Dauer eingerichtet. Es müssen beispielsweise Schulräume bereitgestellt und unterhalten, Schüler nach Lernvoraussetzungen in Lerngruppen angemessen zusammengefaßt und unterrichtet, globale Lehrpläne nach spezifischen Zielen und Inhalten auf differenzierte Lernzeiten (Wochen, Monate, Jahre) angemessen verteilt und die Unterrichtsprozesse auf ihre Wirkungen kontrolliert werden; der gesamte Apparat muß schließlich verwaltet, die Funktionserfüllung beaufsichtigt werden. Diese formale Organisation der internen Prozesse ergibt sich zwangsläufig aus dem Ziel, Massenlernprozesse unter konkreten raumzeitlichen Bedingungen in die Wirklichkeit umzusetzen.

Hans-Georg Herrlitz/Wulf Hopf/Hartmut Titze

2.6 Die öffentlich-rechtliche Verpflichtung des Lernens

In modernen Gesellschaften ist das schulische Lernen schließlich durch ein letztes Merkmal definiert, dessen spezifische Bedeutung erst hervortritt, wenn man die Analyse in einer historischen Perspektive ausweitet. Für die öffentlichen Bildungseinrichtungen besteht *Teilnahmezwang*. Alle Heranwachsenden sind zum Lernen in der Schule verpflichtet. Mit der Einführung und Durchsetzung dieser Schulpflicht hat der moderne Staat hinsichtlich der Beeinflussung der heranwachsenden Generation ein Monopol übernommen. Auf dem historischen Hintergrund des Entstehungszusammenhangs liegt es nahe und eröffnet vielleicht neue, fruchtbare Einsichten, das öffentliche Bildungssystem nicht nur unter dem Aspekt der Institutionalisierung von Lernprozessen, sondern auch unter dem Aspekt der Institutionalisierung sozialer Kontrolle wahrzunehmen (vgl. SACHS 1976).

3 Grundlinien des Institutionalisierungsprozesses

Betrachtet man den aufgeführten Merkmalskatalog unter historischen Gesichtspunkten, so ist unverkennbar, daß die einzelnen Strukturelemente des Lernens, wie sie insgesamt den fortgeschrittenen Zustand komplexer Lerngesellschaften kennzeichnen, auf unterschiedlichen Stufen des realgeschichtlichen Prozesses angesiedelt sind.
Während von einer öffentlich-rechtlichen Verpflichtung des Lernens im Sinne der faktischen Durchsetzung eines staatlichen Schulzwangs in Deutschland erst seit der Mitte des 19. Jahrhunderts die Rede sein kann, ist doch andererseits unbestreitbar, daß bereits die spätmittelalterlich-frühneuzeitlichen Gründungen von deutschen Stadt- und lateinischen Gelehrtenschulen, von feudalen Ritterakademien und akademischen Fakultäten als Ausdruck einer beginnenen raumzeitlichen Verselbständigung des Lernens verstanden werden müssen. Diese Einrichtungen weisen auf frühe Formen berufsständischer Arbeitsteilung hin und verraten durch ihre geringe Zahl und ihre Exklusivität, daß Schulbildung jahrhundertelang ein Privileg war und es bis zur Verwirklichung der allgemeinen Schulpflicht in der zweiten Hälfte des 19. Jahrhunderts auch bleiben konnte, weil erst jetzt der Fortschritt der Industrialisierung in Deutschland von *allen* Heranwachsenden neue Qualifikations- und Sozialisationsleistungen verlangte. Was „Kindheit" und „Jugend" heißt, ist seither nicht zuletzt auch durch das grundlegende Merkmal der raumzeitlichen Verselbständigung des Lernens *universell* bestimmt.
Läßt sich demnach der Prozeß der Institutionalisierung eines öffentlichen Schulsystems als ein Vorgang begreifen, in dem sich schulisches Lernen allmählich „von oben nach unten", von einem Privileg zu einem Massenphänomen, verallgemeinert hat, so ist darin bereits die These von einem strukturellen Primat der „höheren Bildung", von ihrem Vorlauf- und Vorbildcharakter für den gesamten Institutionalisierungsprozeß, impliziert. Dabei handelt es sich nicht nur um eine zeitliche Priorität, sondern um eine qualitative Differenz, die realgeschichtlich dazu geführt hat, daß sich das „höhere" und das „niedere" Schulwesen im 19. Jahrhundert als voneinander abgesonderte Subsysteme gegenüberstanden, während Ansätze zu einer strukturellen Vereinheitlichung des Lernens in *einem* Schulsystem erst im 20. Jahrhundert verwirklicht werden konnten.

Institutionalisierung des öffentlichen Schulsystems

3.1 Der strukturelle Primat der „höheren Bildung"

Um den Beginn der Institutionalisierung eines höheren Schulsystems in Deutschland mit seinen Folgewirkungen für das gesamte Bildungswesen realgeschichtlich zu exemplifizieren, ist auf ein Ereignis hinzuweisen, dessen weitreichende strategische Bedeutung kaum zu überschätzen ist: der Einführung des Abiturientenexamens in Preußen 1788 (vgl. HERRLITZ 1973, LUNDGREEN 1984). Die Ursachen und Motive dieses staatlichen Normierungsversuchs werden deutlich, wenn man ihn in den Zusammenhang der neuzeitlichen Entwicklung zum bürgerlichen Verwaltungsstaat hineinstellt und vor diesem Hintergrund die zunehmende öffentliche Bedeutung des gelehrten Wissens beachtet, die in den schon ins 17. Jahrhundert zurückreichenden Ansätzen zu einer reglementierten und kontrollierten Ausbildung für den staatlich-kirchlichen Verwaltungsdienst zum Ausdruck kommt. Der Zugang zum akademischen Studium konnte nur solange mit selbstverständlicher Freizügigkeit, ohne verbindliche Vorschriften für die Studienpropädeutik und ohne strenge Prüfungsverfahren gestattet werden, wie das schulisch und akademisch erworbene Wissen primär den Charakter privater Gelehrsamkeit besaß. In dem Maße aber,
- wie sich das Interesse des absolutistischen Staates an einer funktionsfähigen, qualifizierten Beamtenschaft herausbildete,
- wie deshalb das Kriterium der persönlichen Tüchtigkeit (und nicht mehr allein das der geburtsständischen Herkunft) für die Ämtervergabe maßgebend wurde,
- wie dadurch die Universität, zumal durch die Ausbildungsfunktion ihrer drei höheren Fakultäten, an öffentlicher Bedeutung gewann (vgl. WUNDER 1978),

in eben dem Maße wurde auch das gymnasiale „Vorbildungswesen" (L. v. Stein) zu einem bildungspolitischen und didaktischen Problem: Der Begriff der „Studierfähigkeit" konnte nicht länger undefiniert, die dorthin führende Schullaufbahn nicht länger unreglementiert bleiben, wenn hinfort die akademischen Studien unmittelbar an der „necessitas ecclesiae et reipublicae" (J. A. Comenius) orientiert sein sollten. Was dieser administrative Eingriff im Hinblick auf die Institutionalisierung des Gymnasiums bedeutete, läßt sich anhand der oben skizzierten Strukturmerkmale (symbolische Vermittlung, Zeitbindung, professionelle Anleitung und formale Organisation des Lernens) hinreichend erläutern.

Wenn es wesentlich zum symbolisch vermittelten Charakter des Lernens in der Schule gehört, daß solche Lernprozesse - im Unterschied zum unmittelbaren, nachahmenden Lernen - *planmäßig organisiert* und *systematisiert* werden können, so ist dieses Strukturmerkmal durch die eindeutige, wenn nicht ausschließliche Fixierung des gymnasialen „Vorbildungswesens" auf das Ziel der Hochschulreife geradezu prototypisch verwirklicht worden. Die enge Verkoppelung von Abiturientenreglement und gymnasialem „Normallehrplan" (seit der Prüfungsordnung von 1812) ist dafür ebenso symptomatisch wie die bis heute landläufige, im 19. Jahrhundert entstandene Vorstellung von der institutionellen Einheit des Gymnasiums, die sich von der Unterstufe bis zur Oberstufe erstreckt. „Diese Einheit hat ihren Grund in der Kontinuität des gymnasialen Bildungsweges, die sich selbst wiederum aus der Orientierung der gesamten gymnasialen Bildungsarbeit auf den Abschluß der Hochschulreife hin ergibt" (PHILOLOGENVERBAND NRW 1977, S. 28). Die besondere Form symbolischer Vermittlung des Lernens im Gymnasium besteht also auch darin, daß der Aspekt der Bildung (der selbstzwecklichen Aneignung kultureller Überlieferung) untrennbar an den Aspekt der Berechtigung (der karrierewirksamen Funktionalisierung von Bildung in der verdinglichten Form des Abiturzeugnisses) gebunden ist.
Es liegt auf der Hand, daß ein derart berechtigungsorientiertes Lernen im Gym-

nasium ein extrem hohes Maß an *Fernmotivierung* voraussetzt, wie es für die „Zeitbindung" institutionalisierter Lernprozesse typisch ist. Zwar werden auch hier, der curricularen Planung entsprechend, Nahziele angesteuert und erreicht (die lateinischen Vokabeln müssen bis morgen gelernt werden), aber der „Sinn" solcher Bemühungen erfüllt sich erst dann, wenn der gesamte Lehrkursus bis hin zum Fernziel des Abiturs erfolgreich durchlaufen ist. Ein vorzeitiger Abgang ist erlaubt, aber er ist – schon in der zweiten Hälfte des 19. Jahrhunderts – mit dem Makel der „abgebrochenen Bildung" behaftet (vgl. MÜLLER 1977).

Der strukturelle Primat der „höheren Bildung" läßt sich realgeschichtlich besonders einleuchtend an der frühen und vorbildhaften *Ausdifferenzierung eines eigenständigen höheren Lehramts* studieren, die unmittelbar mit der Institutionalisierung eines privilegierten höheren Bildungswesens zusammenhängt. Nachdem schon das preußische Allgemeine Landrecht die Lehrer an höheren Schulen in den „höheren Bürgerstand" eingestuft und ihnen die Privilegien der Staatsunmittelbarkeit verliehen hatte, erhielt dieser soziale Status durch die Prüfungsordnung „pro facultate docendi" vom 12.7.1810 erstmals eine wissenschaftlich fundierte, durch ein Staatsexamen sanktionierte Grundlage. Das statusdifferenzierende Kriterium, das den „Oberlehrer" auszeichnete, ergab sich daraus, daß er allein das spezifische „Sonderwissen" der oberen Gymnasialklassen zu vermitteln imstande und berechtigt war. Je mehr sich im Laufe des 19. Jahrhunderts die Tendenz zur „Grundständigkeit" der höheren Schulen durchsetzte, desto stärker konnte sich der ursprüngliche Sonderstatus des „Ober(stufen)lehrers" auf das *gesamte* Lehrpersonal der vollberechtigten Anstalten ausweiten und desto eindeutiger grenzte sich infolgedessen der gesamte Oberlehrerstand von den „niederen" Lehrergruppen ab. Durch die staatliche Normierung der Ausbildungs-, Anstellungs- und Dienstverhältnisse ist aus dem „gelehrten Schulmann" des frühen 19. Jahrhunderts nach und nach ein „Philologe" geworden, der sein professionelles Selbstbewußtsein nicht nur aus seiner speziellen „Fachwissenschaft", sondern immer auch aus der sorgfältig kultivierten Statusdifferenz zum bloßen „Volksschullehrer" bezieht (vgl. HERRLITZ u.a. 1981, S. 39ff.).

Aber erst die *formale Organisation* des am Ziel der Hochschulreife orientierten Lernens hat das preußische Gymnasium im Laufe des 19. Jahrhunderts „zum systemprägenden Kernbereich des modernen deutschen Schulwesens" (MÜLLER 1981, S. 251) werden lassen. Nachdem die Unterrichtsverwaltung die Maturitätsprüfung durch das Abiturientenreglement vom 4.6.1834 für alle Studienanfänger obligatorisch gemacht und dadurch dem humanistisch-altsprachlichen Gymnasium das Berechtigungsmonopol des Studieneintritts verliehen hatte, konnte sie sich nun vollends auf die Reglementierung der Binnenstruktur des gymnasialen Vorbildungswesens konzentrieren. Kennzeichnend ist, daß damals das „Jahrgangsklassensystem" als formaler Rahmen der gymnasialen Lernorganisation verbindlich eingeführt wurde, wodurch nicht nur das studienpropädeutische Gesamtcurriculum in Jahrgangspensen differenziert werden konnte, sondern auch die bürokratische Möglichkeit geschaffen war, durch die Verschärfung oder Abschwächung einheitlicher Versetzungsbestimmungen den Studentennachwuchs schon auf der Mittel- und Oberstufe des Gymnasiums bedarfsgerecht zu steuern (vgl. die Erlasse in v. RÖNNE 1855, S. 196ff.). Es dürfte vor allem dieses Organisationsmerkmal gewesen sein, das dem preußischen Gymnasium schon im Vormärz den Charakter einer ziemlich rigiden Selektionsinstanz verliehen hat.

Die enge Verkoppelung von gymnasialer Bildung, Berechtigungsmonopol und höherem Beamtentum konnte freilich nur unter „vorindustriellen" Voraussetzungen relativ problemlos funktionieren. Als in der zweiten Hälfte des 19. Jahrhunderts der humanistisch gebildeten Beamtenelite ein „modernes" Wirtschaftsbürgertum gegenübertrat und mit zunehmendem Selbstbewußtsein die Gleichberechtigung „realistischer" Bildungsanstalten (Realgymnasium, Oberrealschulen) forderte, geriet die Bildungsverwaltung – nicht nur in Preußen – sehr rasch an die Grenzen ihrer Steuerungsmöglichkeiten, wie sich an ihrer hilflosen Reaktion auf die „Berechtigungskämpfe" des ausgehenden 19. Jahrhunderts exemplarisch zeigen läßt (vgl. HERRLITZ u. a. 1981, S. 63 ff.). Eben weil und in dem Maße wie auch die nichthumanistischen Anstalten die formalen Kriterien der institutionalisierten „höheren Bildung" erfüllten, war die Ausweitung des gymnasialen Berechtigungsmonopols auf eine Vielfalt konkurrierender Bildungs- und Berechtigungstypen dauerhaft nicht zu verhindern.

3.2 Die verspätete Institutionalisierung des Elementarschulwesens

Faßt man das preußische Gymnasium als diejenige historische Institution auf, in der die spezifischen Merkmale des schulischen Lernens prototypisch verwirklicht worden sind, so läßt sich, daran gemessen, die Unterschiedlichkeit des Institutionalisierungsprozesses im „niederen" Schulbereich kontrastierend verdeutlichen (vgl. LESCHINSKY/ROEDER 1976). Schon auf der Ebene der Motive und Ziele einer staatlichen „Volksschulpolitik", wie sie in den landesherrlichen Schuledikten des 18. Jahrhunderts zum Ausdruck kommt, tritt dieser Unterschied deutlich zutage. Handelt es sich, wie gezeigt, bei der Institutionalisierung der „höheren Bildung" um die Aussonderung eines Spezialwissens, das primär der intellektuellen Qualifizierung und sozialen Privilegierung des höheren Beamtentums diente, so war das landesherrliche Interesse an einem öffentlichen Elementarschulwesen und an der Durchsetzung der allgemeinen Schulpflicht von vornherein primär auf das Ziel einer *herrschaftskonformen Glaubenserziehung christlicher Untertanen* gerichtet. Die institutionellen Voraussetzungen und Folgen dieses „Sozialisationskonzepts" (vgl. NYSSEN 1974) sind noch in den Stiehlschen Regulativen von 1854 zumindest in zweierlei Hinsicht exemplarisch nachweisbar:
Im Hinblick auf das Merkmal der *professionellen Anleitung* des Lernens wird in den Regulativen ein Berufsbild des Volksschullehrers festgeschrieben, das eindeutig am Modell der handwerklich-zünftischen Berufsausbildung orientiert war und durch ein enges Korsett massiver Denk- und Lernverbote strikt von dem Stand des akademisch gebildeten Oberlehrers abgegrenzt blieb (vgl. MEYER 1976). Erst vor diesem Hintergrund kann man ermessen, welchen verfassungsrechtlichen Fortschritt die Volksschullehrerschaft erkämpft hatte, als ihr die Weimarer Reichsverfassung in Art. 143, Abs. 2 zwei Generationen später versprach, die Lehrerbildung nach Grundsätzen zu regeln, „die für die höhere Bildung allgemein gelten".
Im Hinblick auf das Merkmal der *formalen sozialen Organisation* des Lernens ging die preußische „Regulativ-Pädagogik" – durchaus realistisch – von dem Normalfall der einklassigen, ungegliederten Landschule aus und typisierte damit eine Organisationsform, die dem intellektuell bescheidenen Anspruch einer affirmativen Glaubens- und Gemütserziehung vollauf genügte. Eben weil dieses Lernen nicht auf kognitive Leistungen oder gar auf karrierewirksame Berechtigungen angelegt war, hätte eine Hierarchisierung der Lernstufen (Jahrgangsprinzip) und eine strikte Regelung der Lernzeiten (Stundenplan) dem staatlich definierten Organisationszweck deutlich widersprochen. Erst durch den Modernisierungszwang der industriellen Entwicklung mit ihren sozialen Folgewirkungen wurde jenes Organisationsmodell und das dahinterstehende Sozialisationskonzept allmählich obsolet (vgl. HERRLITZ u. a. 1981, S. 88 ff.). In dem Maße, wie sich das Elementarschulwesen urbanisierte,

nahm auch hier die schulinterne Differenzierung und der Ausbau zu einem System unterschiedlicher Typen zu. Beachtet man schließlich, daß sich im letzten Drittel des 19. Jahrhunderts ein Mittel- und Fachschulwesen herausbildete, mit dem die ausgebauten Formen der Elementarschule durch Berechtigungsregelungen partiell verbunden wurden, so kann man mit aller Vorsicht von einer gewissen Annäherung der öffentlichen Elementarerziehung an die Strukturmerkmale des Lernens im privilegierten System der „höheren Bildung" sprechen.

3.3 Ansätze zu einem integrierten Schulsystem

Wenn es richtig ist, die Institutionalisierung des öffentlichen Schulwesens in Deutschland als einen Prozeß zu deuten, der – bildlich gesprochen und in langfristiger Perspektive betrachtet – „von unten nach oben" verlaufen ist und der im Ergebnis dazu führte, daß sich am Ausgang des 19. Jahrhunderts eine dichotomische Schulorganisationsstruktur herausgebildet hat, in der sich die gesellschaftliche Klassenspaltung unübersehbar widerspiegelte (vgl. TITZE 1973, S. 197 ff.), dann scheint es möglich, im Hinblick auf das 20. Jahrhundert von einer gewissen Umkehrung dieses Prozesses zu sprechen: Die dichotomische Organisationsstruktur wird schrittweise „von unten nach oben" aufgelöst, und es entwickelt sich ein Schulsystem, in dem das Stufen- und das Säulenprinzip der Schulorganisation konflikthaft miteinander verbunden sind. Dieser Prozeß hat nach der Novemberrevolution mit der Einführung der obligatorischen Grundschule durch das Reichsgrundschulgesetz vom 28.4.1920 begonnen (vgl. NAVE 1961), er setzt sich heute im Streit um die Orientierungsstufe und die integrierte Gesamtschule im Bereich der Sekundarstufe I fort (vgl. DEUTSCHER BILDUNGSRAT 1969). Daß dieser Streit um so heftiger werden muß, je weiter sich die Integrationsanstrengungen „nach oben" auszudehnen drohen, leuchtet unmittelbar ein, wenn man sich die historisch tief verankerte Privilegierung der „höheren Bildung" mit ihrer Dominanz des Berechtigungsaspekts vor Augen hält: Auch unter sich verändernden organisatorischen Voraussetzungen geht es darum, die Selektions- und Allokationsfunktion des Schulsystems zumindest auf seinen höheren Stufen uneingeschränkt aufrechtzuerhalten.

Wie sich dieser bildungspolitische Konflikt auf die Strukturmerkmale institutionalisierten Lernens auswirkt, läßt sich beim gegenwärtigen Stand des Integrationsprozesses als ambivalent beschreiben. Die *soziale Organisation* des Lernens im integrierten Schulsystem eröffnet weitreichende Chancen einer pädagogisch begründeten Autonomisierung der Schule (vgl. BRANDT/LIEBAU 1978), kann aber auch zu einem hochselektiven Lernkorsett verkommen. Die *institutionalisierte Lehrerrolle* muß dringend um neue professionelle Aufgaben erweitert werden (vgl. DEUTSCHER BILDUNGSRAT 1970, S. 217 ff.), findet dafür aber in der unveränderten Routine der akademischen Lehrerausbildung keine Grundlage. Die *raumzeitliche Verselbständigung* des Lernens, verstanden als strukturelle Distanz zur gesellschaftlichen Praxis, könnte – insbesondere in Ganztagsschulen – sowohl durch integrierte Lern- und Freizeitangebote wie auch durch die projektorientierte Einbeziehung der außerschulischen Lebens- und Arbeitswelt relativiert werden, doch birgt ein Ganztagsschulkonzept auch die Gefahr in sich, die „Verschulung" des jugendlichen Alltags nur noch weiter voranzutreiben. Angesichts solcher Risiken liegt es nahe, von einem „mißratenen Fortschritt" zu sprechen (vgl. FLITNER 1977). Er könnte vollends mißraten, wenn die notwendige Kritik der Schulreform in Resignation umschlägt, die immer schon ein guter Nährboden für den Rückfall in längst überholt geglaubte Formen institutionalisierten Lernens gewesen ist.

4 Folgeprobleme der Institutionalisierung und Lösungsversuche

Das funktional ausdifferenzierte, bürokratisch organisierte und über das Berechtigungswesen mit dem Beschäftigungssystem verbundene Schulsystem mag gegenüber beiläufigen Formen des Lernens die gesellschaftlich effektivere Organisation des kognitiven Lernens (Qualifikationsaspekt), der normativen Kontrolle (Integrationsaspekt) und der als leistungsgerecht akzeptierten Zuweisung zu ungleichen beruflichen Positionen (Selektionsaspekt) sein – indes erzeugt ein solches System jenseits bestimmter Schwellen der Ausdifferenzierung, der Expansion und der nur symbolischen Vermittlung von Wirklichkeit negative Folgeprobleme, die in Zeiten akuter Krisen schulischer Institutionen immer wieder zu Versuchen geführt haben, mit institutionellen Mitteln die Belastungen durch die Institution Schule zurückzunehmen. Um derartige Folgeprobleme und Bearbeitungsversuche systematisch zu beschreiben, ist es sinnvoll, *drei Beziehungsdimensionen* zu unterscheiden, die Institution und Gesellschaft verknüpfen („Systemreferenzen" – vgl. LUHMANN/SCHORR 1979, S. 34 ff.): die Beziehung der Schule als System auf sich selbst, auf andere Teilsysteme der Gesellschaft und auf das gesellschaftliche Gesamtsystem. Die mit jeder „Systemreferenz" verbundenen Folgeprobleme der Institutionalisierung von Lernen sollen zunächst geschildert werden, bevor auf die je besonderen Bearbeitungs- und Lösungsversuche einzugehen ist.

4.1 Systembeziehungen der Schule und Folgeprobleme

Die Institution Schule erzeugt vor allem das Problem der *Leistungs-* und *Lernmotivierung der Schüler:* Schulisch verselbständigtes Lernen setzt die Fähigkeit zur Abstraktion von den je besonderen Erfahrungen und Bedürfnissen ebenso voraus wie die Fernmotivation zum Erreichen langfristiger Lernziele und die Fähigkeit zur Organisation der nicht mehr durch gesellschaftliche Praxis „naturwüchsig" gegebenen Welterfahrung. Die historische Verlängerung der Pflichtschulzeit, die zunehmende Systembildung der vormals voneinander getrennten Bildungsinstitutionen und das Zurücktreten partikularer, an zugeschriebene Rollen geknüpfter Lernumwelten (Entkonfessionalisierung der Bildung, Aufhebung der geschlechterspezifischen Bildung, Angleichung von Stadt-Land-Unterschieden) zugunsten einer universalistischen, einheitlichen und im Prinzip austauschbaren Erziehung – all diese Entwicklungen, die sich der Politisierung der Erziehung verdanken, sind zwar „fortschrittlich", insofern sie traditionelle Bildungsbegrenzungen und Diskriminierungen abbauen. Sie erhöhen aber die Belastungen vor allem der Lernenden: Den wachsenden Schwierigkeiten, Sinn im institutionalisierten Lernen zu sehen und zu erfahren, steht die wachsende zwangsweise Ausdehnung der Lernzeit gegenüber.

Jede entwickelte Bildungsinstitution enthält nun ihrerseits Mechanismen, um die besonderen Risiken zu reduzieren, die die historische Erhöhung der Anforderungen an Abstraktionsvermögen, Dauer- und Fernmotivierung sowie Organisation von Lerninhalten nach sich zieht. So wird etwa den einzelnen Schülern das Organisationsproblem durch die Struktur von Curricula, eventuell ergänzt durch Schullaufbahnberatung, teilweise abgenommen. Die Kombination aus kontinuierlichen Prüfungen und schließlicher Berechtigung stabilisiert die Fernmotivation schrittweise. Derartige Mechanismen können die Risiken, die aus den Anforderungen verselbständigter Bildungsprozesse entspringen, jedoch nicht langfristig reduzieren, weil sie selbst neue Folgeprobleme aufwerfen. Das Berechtigungs- und Prüfungswesen beispielsweise ermöglicht die Aufrechterhaltung von Fernmotivation nur um den Preis des Ersetzens inhaltlicher durch formale Lernziele und um den Preis der hohen Selbstwertbelastung durch Beurteilung, Konkurrenz und Selektion. Es ist damit wahrscheinlich, daß die systeminternen Anforderungen die Ressourcen vieler Schüler übersteigen und daß so Folgeprobleme der Motivation erzeugt werden. Die funktional ausdifferenzierten Bildungsprozesse sind in hohem Maße *entfremdungsanfällig*; Desinteresse am schulischen Lernen, Disziplinprobleme, aggressives Verhalten sind die Symptome, die nach Alternativen zu herkömmlichen Schulen suchen lassen.

In bezug auf andere Teilsysteme der Gesellschaft ist der Tatbestand bedeutsam, daß institutionalisierte Lernprozesse vorrangig als nach- und nebenfamiliäre, vorberufliche und vorpolitische *Erstausbildung von Kindern und Jugendlichen* organisiert werden. Die ausdifferenzierte Ausbildung zwischen der Kindheit in der Herkunftsfamilie und den verschiedenen Erwachsenenrollen in Beruf, Politik und Familie ist einerseits zu unspezifisch für die Vorbereitung auf Erwachsenenrollen und wird durch eine besondere berufliche und politische Erwachsenensozialisation ergänzt; andererseits definiert das unterschiedlich hohe Niveau der Erstausbildung ganz entscheidend die gesellschaftliche Lage als Erwachsener, die aus der Dominanz der Berufsarbeit als Reproduktionsgrundlage folgt. Aus der qualifikatorischen *Unter*bestimmtheit der institutionalisierten Erstausbildung (vgl. OFFE 1975) und der statusdistributiven *Über*bestimmtheit (im Vergleich zum Statuserwerb und -wechsel während des Erwachsenenlebens) können an den Grenzen des Bildungssystems zu anderen Teilsystemen der Gesellschaft zwei Arten von Folgeproblemen entstehen, die nach institutionellen Alternativen suchen lassen: Auf der einen Seite droht das System der schulischen Erstausbildung hinter den sich wandelnden Anforderungen der verschiedenen Institutionen der Erwachsenenwelt zurückzubleiben; die Bildungsinstitutionen sind strukturell „veraltungsanfällig" und stehen periodisch unter Modernisierungsdruck, vor allem hinsichtlich der Bildungsinhalte. Aus der Sicht des Bildungssystems stellt sich dieses Problem als drohendes Legitimationsdefizit tradierter Inhalte oder als Dauerzwang zur Neudefinition herkömmlicher und zur Aufnahme neuer kultureller Inhalte dar. Dieses Legitimationsproblem verschärft sich in dem Maße, in dem die Institutionalisierung von Lernprozessen in schulischer Form voranschreitet und der Schule übertragen wird, zu bestimmen, welches die in einer Gesellschaft dominante, an alle zu vermittelnde Kultur sei.

Auf der anderen Seite erzeugt das hierarchisch gegliederte Bildungssystem mit seiner Staffelung ungleicher Abschlüsse, die zum Eintritt in die ungleiche Berufs- und Schichtungsstruktur berechtigen, den weit verbreiteten Erwartungsdruck, die vorhandene Sozialstruktur über das Bildungssystem zu konservieren oder zu verändern – je nach Interessenlage. Dieser Erwartungsdruck äußert sich innerhalb des Bildungswesens als „Aufstiegsstreben" oder Abstiegsvermeiden der Schüler und Eltern. Politisch drückt er sich als Versuch aus, allgemeine Rahmenbedingungen der Schule (beispielsweise Aufbau, Finanzierung, Curricula) nach jeweiligem Interesse zu erhalten oder zu verändern. In bezug auf das System der sozialen Ungleichheit ist das funktional ausdifferenzierte Bildungssystem damit besonders anfällig für Statuskonkurrenz und Interessenkonflikte, die die inhaltliche Seite der Lernprozesse zu instrumentalisieren und die Entwicklung der Persönlichkeit der Schüler zu behindern drohen.

Im Hinblick auf das gesellschaftliche Gesamtsystem liegt ein wesentlicher Beitrag schulischen Lernens darin, daß die Schule – als Institution – *erzieht* (vgl. BERNFELD 1967, DREEBEN 1980): Über die Vermittlung von Qualifikationen, Orientierungen und Motivationen hinaus, die inhaltlich gesellschaftlichen Teilsystemen zugeordnet werden können, bereitet die Schule ganz allgemein auf das Leben in und den Umgang mit Institutionen vor. In schulischen Institutionen erfahren Heranwachsende zum ersten Mal die Partialisierung ihrer Person auf eine „Rolle" und die Anforderung einer spezifischen Dauerleistung als Kriterium der Institutionszugehörigkeit; die Ausübung formaler, nicht so sehr personaler Herrschaft; die Orientierung an offiziellen, nicht stets neu auszuhandelnden Regeln und die Probleme der Balance von personaler und sozialer Identität. Die Gefahr eines solchen gesellschaftlichen „Musters von Ordnung" liegt darin, daß sich das Erlernen institutionsadäquater Verhaltensweisen gegenüber dem manifesten, inhaltsbezogenen Lernen verselbständigt: Die Vermittlung von Konformität gegenüber institutionellen Anforderungen und die Ausübung sozialer Kontrolle erscheinen dann als der wahre Inhalt der funktional ausdifferenzierten Lernprozesse. Diese Gefahr ist gerade bei schulischen Institutionen wegen der oben geschilderten übrigen Folgeprobleme der Institutionalisierung besonders hoch. Man könnte dieses Folgeproblem in bezug auf das gesellschaftliche Gesamtsystem als Gefahr der „institutionellen Entmündigung" kennzeichnen, die sich als generelle Abhängigkeit von institutionellen Angeboten, Passivität, Diffusion von Interessen äußert.

4.2 Bearbeitungs- und Lösungsversuche der Folgeprobleme

Die hier getroffene Unterscheidung von einzelnen Systemreferenzen schulischer Institutionen hat vier Folgeprobleme der Institutionalisierung von Lernprozessen ergeben, die es gestatten, die unterschiedlichen Bearbeitungs- und Lösungsversuche zu ordnen. Wir beanspruchen damit nicht, die Reaktionen auf Folgeprobleme erschöpfend zu erfassen und in eine historische Abfolge zu stellen. Vielmehr wählen wir besonders prägnante und vieldiskutierte Lösungsversuche aus, um sie innerhalb des theoretischen Rahmens zu interpretieren.

4.2.1 Motivationsproblem: die „Entfremdungsanfälligkeit" funktional differenzierten Lernens

Der überwiegende Teil der Versuche, Folgeprobleme der Institutionalisierung des Lernens abzuschwächen, konzentriert sich auf das Motivationsproblem als eines besonders sensiblen Indikators; auch ist hier die Spannbreite der Lösungsversuche – von nur immanenten Korrekturen bis zu grundlegenden Systemeingriffen – am größten. Die ganz unterschiedlichen Schulexperimente, Reformansätze und -pläne seit der „reformpädagogischen Bewegung" zu Beginn des 20. Jahrhunderts lassen bestimmte wiederkehrende Muster erkennen, wie der Entmotivierung durch institutionalisiertes Lernen zu begegnen ist:
Die zwanghafte Verengung des symbolisch vermittelten Lernens auf den ausschließlichen Erwerb kognitiver, intellektueller Fähigkeiten („Buchschule" nannte Kerschensteiner das) hat immer wieder zu Versuchen geführt, ganzheitlichere Modelle des Lernens zur Erfüllung vielfältiger Lern- und Tätigkeitsbedürfnisse zu verwirklichen. Historisch bedeutsam wurde dies in zwei Bereichen: bei der Förderung ästhetischer Bedürfnisse und Fähigkeiten (Waldorf-Pädagogik, Musik-, Kunst- und Leibeserziehungsbewegung innerhalb der Reformpädagogik) und bei der Förderung manueller, handwerklicher Fähigkeiten. Die Vorschläge besonders innerhalb dieses zweiten Bereichs reichen von der bürgerlichen Arbeitserziehungskonzeption bis zur marxistischen Programmatik der polytechnischen Erziehung als Einheit von Lernen und Arbeiten. Als Korrektiv zur vereinseitigenden intellektuellen „Unter-

richtung" über – den Schülern äußerliche – „Stoffe" ist auch schon frühzeitig die Selbstthematisierung der Schule als eines sozialen Lernraums getreten. Von der „Charaktererziehung" als eigentlichem Gegenstand schulischen Lernens bis zum „sozialen Lernen", das heißt Einüben von Solidarität, Toleranz, Fremdverstehen, zieht sich eine historische Kontinuitätslinie, die inhaltlich freilich jeweils unterschiedlich definiert wurde. Neben diesen Versuchen, schulisches Lernen subjektiv dadurch bedeutsamer zu gestalten, daß die „Schulkultur" die Vielfältigkeit der Bedürfnisse von Kindern und Jugendlichen besser berücksichtigt, haben vor allem methodische und unterrrichts-organisatorische Experimente das Ziel gehabt, die Fernmotivation zum Weiterlernen nicht durch formale Abschlüsse zu „erkaufen", sondern durch ein „produktbezogenes", kürzerfristig angelegtes Lernen zu wecken und zu festigen. Die gängigste Umsetzung dieser Zielsetzungen ist der *Projektunterricht*. Diese Lernform stellt gewissermaßen den Versuch dar, das aus der gesellschaftlichen Praxis strukturell ausgeklinkte, nur symbolische Lernen zu einer eigenständigen Praxis umzugestalten, deren Ergebnisse einer größeren Öffentlichkeit (Schule, Elternschaft, Gemeinde) zugänglich gemacht werden.

Die Verselbständigung schulischen Lernens zurückzunehmen, ist schließlich die Grundlage für das Prinzip, an die außerschulischen Erfahrungen der Kinder und Jugendlichen „anzuknüpfen". Häufig ist damit der Versuch verbunden, gerade die räumliche Trennung des institutionalisierten Lernens zu durchbrechen („Schule ohne Mauern", „In-die-Stadt-hinein-Schule" – vgl. HEIDENREICH 1977, S. 16 ff.). Das setzt in der Regel eine Neudefinition der sozialen Beziehungen von Schule, Elternschaft und „Öffentlichkeit" voraus und ist weniger ein bloßes Problem räumlicher Trennung. In den „Lebensgemeinschaftsschulen" der Weimarer Republik tritt dieser soziale Aspekt besonders klar hervor: „Die Gemeinschaftsschule dagegen will mehr! Sie will vom Kinde aus und durch das Kind zur Erziehung der Familie kommen, will Schule und Eltern zu einer Lebensgemeinschaft zusammenschweißen ..." (Scharrelmann, zitiert nach SCHEIBE 1971, S. 298 f.).

Verbleiben diese – häufig nur auf einzelne Experimentalschulen beschränkten – Versuche noch im Rahmen des bestehenden Schulsystems, so beziehen die weiter unten dargestellten Lösungsvorschläge (auch zur Belebung des Motivationsproblems) zunehmend die gesamte Struktur der Bildungsinstitutionen ein.

4.2.2 Legitimationsproblem: die „Veraltungsanfälligkeit" funktional differenzierten Lernens

Die Möglichkeit des zeitweiligen „Zurückbleibens" schulischen Lernens gegenüber „gesellschaftlichen Anforderungen", die aus der qualifikatorischen Unterdetermination der Erstausbildung folgt, hat vor allem auf bildungspolitischer und -administrativer Ebene Lösungsversuche und -vorschläge hervorgerufen. Die „Veraltungsgefahr" verselbständigten Lernens stellt sich zunächst als ein *inhaltliches* Problem:
- Entsprechen die Inhalte des funktional differenzierten Lernens noch dem entwickelten Stand des Wissens über Natur, Mensch, Gesellschaft (Legitimationsinstanz der Wissenschaft)?
- Entsprechen die an die Schüler vermittelten Qualifikationen den in späteren Lebenssituationen erforderlichen Fähigkeiten (Legitimationsinstanz künftiger Praxis)?

Auf beide Fragen versuchen *Curriculumreform und -planung* eine Antwort zu geben (vgl. ROBINSOHN 1967). Das „Zurückbleiben" funktional ausdifferenzierten Lernens gegenüber außerschulischen Anforderungen stellt sich auch als quantitatives Pro-

blem: Ist das Bildungssystem in der Lage, früh genug die künftig benötigten Mengen von verschiedenen qualifizierten Absolventen abzuschätzen und entsprechende Ausbildungskapazitäten bereitzustellen?
Die Antwort hierauf sind die Versuche einer längerfristigen Bildungsplanung, die bisher zu keinen befriedigenden Ergebnissen geführt haben (ARBEITSGRUPPEN DES ... 1976). Curriculum- und Bildungsplanung als Lösungsversuche der qualifikatorischen Unbestimmtheit der Erstausbildung stellen unreflektierte Traditionen kultureller Vermittlung in Frage, indem sie Projektionen künftiger Entwicklungen formulieren; sie sind damit in hohem Maße normativ bestimmt und politisch umstritten.
Einen radikaleren Versuch zur Lösung des „Veraltungsproblems" – sowie weiterer Folgeprobleme der Institutionalisierung – stellen die seit etwa 1970 entwickelten Pläne zur Einführung von *recurrent education* (vgl. OECD 1973) dar. Durch recurrent education („Wechsel-"/„Phasenausbildung") soll eine andere Verteilung von Bildungsprozessen während der Lebenszeit erreicht werden: der sich zunehmend verlängernde „Block" der vorberuflichen, einmaligen Schul- und Hochschulausbildung soll verkürzt und das Arbeitsleben als Erwachsener durch längere Phasen der Weiterbildung unterbrochen werden. Dadurch erhofft man sich nicht nur eine flexiblere Anpassung von Lernprozessen an geänderte gesellschaftliche Anforderungen, sondern auch einen Beitrag zur Lösung des Lernmotivationsproblems – die Bildungsabschnitte werden kürzer und überschaubarer als die lange Erstausbildung – und des Arbeitsmotivationsproblems – das Erwachsenenalter ist nicht mehr durch Nur-Arbeit gekennzeichnet, sondern ermöglicht längere Phasen des Lernens. Ein solches Modell würde einen tiefgreifenden Eingriff in die naturwüchsig entstandene Institutionalisierung von Lernprozessen bedeuten, die Weiterbildung erheblich aufwerten und das ausdifferenzierte Lernen zum ersten Mal unter dem Aspekt der optimalen Verteilung innerhalb der gesamten Lebenszeit betrachten.

4.2.3 Statuskonkurrenz als Folgeproblem und Entkoppelungsmaßnahmen

Ähnlich wie bei der „Phasenausbildung" liegen auch im Zusammenhang mit dem dritten Folgeproblem der Institutionalisierung – der Anfälligkeit für Statuskonkurrenz und Interessenkonflikte – nur Pläne und Modelle, keine in größerem Umfang praktizierten institutionellen Alternativen vor. Die begrenzte Wirksamkeit einer an Chancengleichheit orientierten Bildungspolitik, verstanden als Angleichung von Berufs- und Einkommensunterschieden (vgl. JENCKS u.a. 1973), und die negativen Folgen des nur an Zertifikaten und Zensuren orientierten Lernens innerhalb der Bildungsinstitutionen haben zu der weitreichenden, historisch allerdings kaum reflektierten Forderung geführt, das Berechtigungswesen, das schulischen Abschluß und Berufseintritt hierarchisch verbindet, abzuschaffen. Erst unter dieser Bedingung könne sich ein von Statusinteressen befreites, inhaltlich bestimmtes und konkurrenzarmes Lernen entwickeln. In diesem Zusammenhang wird die These vertreten, das Bildungssystem solle auf Langzeitziele ganz verzichten und nur die Bedingungen dafür schaffen, daß innerhalb der Schulen ein unbelastetes, interessantes Lernen möglich wird (vgl. JENCKS u.a. 1973, S. 272 ff.).

4.2.4 „Entschulung der Gesellschaft"

Würde die „Entkoppelung" von Bildungs- und Beschäftigungssystem den institutionellen Aufbau des Bildungswesens noch unberührt lassen, so gehen die Vorschläge zur „Entschulung der Gesellschaft" (ILLICH 1972) über sämtliche bisher skizzierten Lösungsversuche von Folgeproblemen der Institutionalisierung weit hinaus. Für Illich ist die Institutionalisierung selbst das Hauptproblem: Institutionen verhindern, gerade wenn sie „erfolgreich" sind und von den in ihnen Lebenden akzeptiert werden, die Artikulation eigener Interessen. Als Instrumente der sozialen Kontrolle entmündigen sie die Institutionsangehörigen zu Konsumenten der von der Institution und ihren Experten gelieferten Leistungen. Das Programm der Entschulung ist konsequenterweise eines der Entstaatlichung, der Enthierarchisierung, der Befreiung von Experten und den vorgegebenen Bildungsprogrammen. Stattdessen soll eine Bildungsorganisation aufgebaut werden, die in stärkerem Maße als das zentralisierte, bürokratisierte Bildungssystem *Markt*elemente und neue Formen einer dezentralen, lokal verankerten Organisation („Netzwerke") enthält und die damit selbstbestimmtes Lernen ermöglicht.

4.2.5 Ausblick

Es ist unverkennbar, daß die skizzierten Folgeprobleme um so gravierender werden, je weiter der Prozeß der Institutionalisierung vorangeschritten ist. Nicht zufällig häufen sich radikale Vorschläge zur Lösung von Folgeproblemen institutionalisierten Lernens in einer Phase, in der die Einführung eines Massenschulsystems in entwickelten Gesellschaften fast abgeschlossen ist und die Errichtung eines Massen*hoch*schulsystems möglich erscheint. Die besonderen Entwicklungsvorteile einer funktional ausdifferenzierten, spezialisierten Ausbildung drohen darüber aber in Vergessenheit zu geraten; sie zeigen sich gegenwärtig vor allem in sich entwickelnden Gesellschaften, die mit Hilfe eines Massenbildungssystems den Schritt von traditionellen Lebensverhältnissen zur „Beteiligungsgesellschaft" tun (vgl. LERNER 1971). Aufgrund immer noch vorhandener Entwicklungsvorteile institutionalisierten Lernens, das allen Gesellschaftsmitgliedern zugänglich ist, haben grundlegende Alternativen zum institutionalisierten Lernen kaum Realisierungschancen. Sie würden darüber hinaus Veränderungen in anderen gesellschaftlichen Bereichen (vor allem in der Wirtschaft und in der staatlichen Verwaltung) erfordern, die nur über den vollständigen Umbau der Gesellschaftsverfassung zu erreichen sind. Wahrscheinlicher sind daher Entwicklungen, die unterhalb von grundlegenden Strukturwandlungen schulischer Institutionen liegen und zumindest partielle Entlastung, weniger jedoch eine Aufhebung von Problemen institutionalisierten Lernens bringen können.

ALT, R.: Vorlesungen über die Erziehung auf frühen Stufen der Menschheitsentwicklung, Berlin (DDR) 1956. ARBEITSGRUPPEN DES INSTITUTS FÜR ARBEITSMARKT- UND BERUFSFORSCHUNG UND DES MAX-PLANCK-INSTITUTS FÜR BILDUNGSFORSCHUNG (Hg.): Bedarfsprognostische Forschung in der Diskussion, Frankfurt/M. 1976. BERNFELD, S.: Sisyphos oder Die Grenzen der Erziehung, Frankfurt/M. 1967. BRANDT, H./LIEBAU, E.: Das Team-Kleingruppen-Modell. Ein Ansatz zur Pädagogisierung der Schule, München 1978. DEUTSCHER BILDUNGSRAT: Einrichtung von Schulversuchen mit Gesamtschulen. Empfehlungen der Bildungskommission, Bonn 1969. DEUTSCHER BILDUNGSRAT: Strukturplan für das Bildungswesen. Empfehlungen der Bildungskommission, Stuttgart 1970. DREEBEN, R.: Was wir in der Schule lernen, Frankfurt/M. 1980. FEND, H.: Theorie der Schule, München 1980. FICHTE, J. G.: Reden an die deutsche Nation (1808). Werke. Auswahl in sechs Bänden, hg. v. F. Medicus, Bd. 5, Darmstadt 1962, S. 365 ff. FLITNER, A.: Mißratener Fortschritt. Pädagogische Anmerkungen zur Bildungspolitik, München 1977. FLORA, P.: Die Bildungsentwicklung im Prozeß der Staaten- und Nationenbildung. In: LUDZ, P. Ch. (Hg.): Soziologie und Sozialgeschichte. Köln. Z. f. Soziol. u.

Sozpsych., Sonderheft 16, Opladen 1972, S. 294 ff. HEIDENREICH, K.: Die Laborschule in Stichworten. In: LEHRERGRUPPE LABORSCHULE (G. v. Alten u. a.): Laborschule Bielefeld: Modell im Praxistest, Reinbek 1977, S. 12 ff. HERRLITZ, H.-G.: Studium als Standesprivileg. Die Entstehung des Maturitätsproblems im 18. Jahrhundert. Lehrplan- und gesellschaftsgeschichtliche Untersuchungen, Frankfurt/M. 1973. HERRLITZ, H.-G. u. a.: Deutsche Schulgeschichte von 1800 bis zur Gegenwart. Eine Einführung, Königstein 1981. HURRELMANN, K.: Erziehungssystem und Gesellschaft, Reinbek 1975. ILLICH, I.: Entschulung der Gesellschaft, München 1972. JENCKS, Ch. u. a.: Chancengleichheit, Reinbek 1973. KOB, J.: Die Interdependenz von Gesellschafts- und Erziehungssystemen. In: KIPPERT, K. (Hg.): Einführung in die Soziologie der Erziehung, Freiburg 1970, S. 117 ff. LEHRERGRUPPE LABORSCHULE (G. v. Alten u. a.): Laborschule Bielefeld: Modell im Praxistest, Reinbek 1977. LERNER, D.: Die Modernisierung des Lebensstils: eine Theorie. In: ZAPF, W. (Hg.): Theorien des sozialen Wandels, Köln/Berlin ³1971, S. 362 ff. LESCHINSKY, A./ROEDER, P. M.: Schule im historischen Prozeß. Zum Wechselverhältnis von institutioneller Erziehung und gesellschaftlicher Entwicklung, Stuttgart 1976. LUHMANN, N./SCHORR, K.-E.: Reflexionsprobleme im Erziehungssystem, Stuttgart 1979. LUNDGREEN, P.: Institutionalisierung des höheren Schulwesens. In: Enzyklopädische Erziehungswissenschaft, Bd. 5, Stuttgart 1984, S. 98. MEYER, F.: Schule der Untertanen. Lehrer und Politik in Preußen 1848–1900, Hamburg 1976. MÜLLER, D. K.: Sozialstruktur und Schulsystem. Aspekte zum Strukturwandel des Schulwesens im 19. Jahrhundert, Göttingen 1977. MÜLLER, D. K.: Der Prozeß der Systembildung im Schulwesen Preußens während der zweiten Hälfte des 19. Jahrhunderts. In: Z. f. P. 27 (1981), S. 245 ff. NAVE, K.-H.: Die allgemeine deutsche Grundschule. Ihre Entstehung aus der Novemberrevolution von 1918, Weinheim 1961. NYSSEN, F.: Das Sozialisationskonzept der Stiehlschen Regulative und sein historischer Hintergrund. In: HARTMANN, K. u. a. (Hg.): Schule und Staat im 18. und 19. Jahrhundert, Frankfurt/M. 1974, S. 292 ff. OECD (Hg.): Recurrent Education – A Strategy for Lifelong Learning, Paris 1973. OFFE, C.: Bildungssystem, Beschäftigungssystem und Bildungspolitik – Ansätze zu einer gesamtwirtschaftlichen Funktionsbestimmung des Bildungswesens. In: ROTH, H./FRIEDRICH, D. (Hg.): Bildungsforschung. Probleme – Perspektiven – Prioritäten, Teil 1. Deutscher Bildungsrat: Gutachten und Studien der Bildungskommission, Bd. 50, Stuttgart 1975, S. 217 ff. PHILOLOGENVERBAND NRW: Plädoyer für das gegliederte Schulwesen, Düsseldorf 1977. ROBINSOHN, S. B.: Bildungsreform als Revision des Curriculum, Neuwied/Berlin 1967. RÖNNE, L. v.: Die Verfassung und Verwaltung des Preußischen Staates, Theil 8: Die kirchlichen und Unterrichts-Verhältnisse, Bd. 2: Das Unterrichts-Wesen, Bd. 2: Höhere Schulen. Universitäten. Sonstige Kultur-Anstalten, Berlin 1855. SACHS, W.: Schulzwang und soziale Kontrolle. Argumente für eine Entschulung des Lernens, Frankfurt/M. 1976. SCHEIBE, W. Die Reformpädagogische Bewegung, Weinheim ²1971. SCHUPP, J. B.: Vom Schulwesen (1660), Leipzig 1891. TITZE, H.: Die Politisierung der Erziehung. Untersuchungen über die soziale und politische Funktion der Erziehung von der Aufklärung bis zum Hochkapitalismus, Frankfurt/M. 1973. WUNDER, B.: Privilegierung und Disziplinierung, München/Wien 1978.

Marion Klewitz/Achim Leschinsky

Institutionalisierung des Volksschulwesens

1 Einleitung
2 Konstituierung des öffentlichen Elementarschulwesens (bis 1820)
3 Schulpflicht und Schulausbau (1820-1870)
4 Konsolidierung (1870-1918)
5 Zwischen Ausbau und Abwertung (1918-1970)
6 Perspektiven: prekäre Selbstbehauptung und neue Äquivalente

Zusammenfassung: In dem Beitrag sind langfristige Entwicklungen des institutionellen Ausbaus und des Schulbesuchs in den Mittelpunkt gerückt, die im Rahmen sozialer, ökonomischer und allgemein politischer Bedingungen diskutiert werden. Ziel ist die Darstellung der charakteristischen Spannungen, die die Geschichte der Volksschule mit zunehmender Tendenz zur Gegenwart hin durchziehen: Die relative Konsolidierung der Volksschule zum Ende des 19. Jahrhunderts, die ihren Anspruch auf Anerkennung als vollgültige und niveauvolle Schulform sowie die Vorstellungen eines nationalen Einheitsschulsystems stützte, hatte paradoxerweise unter anderem gerade ihre soziale und organisatorische Abschottung von den weiterführenden Schulen zur Bedingung. Umgekehrt brachte dann eben die Beseitigung dieser Schranken in der Folgezeit für die Volksschuloberstufe das Problem einer zermürbenden Konkurrenz und deutlichen Abwertung mit sich; nur die unteren Jahrgangsstufen der Volksschule erhielten und behaupteten in diesem Prozeß als allgemeine Grundschule eine unangefochtene und feste Position.

Summary: This contribution concentrates on long-term developments in the extension of educational institutions and school attendance, and discusses them within the framework of social, economic, and general political conditions. The aim is to present the characteristic tensions running through the history of compulsory basic education (the German "Volksschule") up to the present day, tensions that have been steadily increasing of late: the relative consolidation of the "Volksschule" by the end of the 19th century, which supported its claim to recognition as a fully valid school system offering a certain level of education as well as the ideas of a unified national school system, presupposed among other things, paradoxically, the social and organisational segregation of the "Volksschule" from schools offering education on a higher level. The removal of these barriers at subsequent periods, naturally, confronted the secondary level of the "Volksschule" with the problem of fierce competition, resulting in a declassification that was all too plain. Only the lower forms of the "Volksschule", as comprehensive primary schools, have managed to maintain an unassailed, firm status.

Résumé: Dans cette contribution, on a mis l'accent sur des développements à long terme de l'élargissement institutionnel et de la fréquentation scolaire, développement dont on discute dans le cadre de conditions sociales, économiques et de politique générale. Le but, c'est la présentation des tensions caractéristiques qui traversent l'histoire de l'école primaire avec une tendance à l'accentuation dans la période contemporaine: la relative consolidation de l'école primaire à la fin du XIXe siècle, qui appuyait l'exigence de cette école à être reconnue comme un type d'établissement d'une totale validité et d'un niveau suffisamment élevé, de même que les idées d'un système scolaire national unique, avait comme condition paradoxalement, entre autres choses, précisément sa séparation absolument totale, du point de vue social et de l'organisation, des établissements la continuant. Inversement, l'abolition de ces barrières, justement, amena, dans la période qui suivit, pour le dernier cycle de l'école primaire le problème d'une concurrence épuisante et d'une dévaluation très nette; seul le premier cycle de l'école primaire atteignit, dans ce processus, en tant qu'école élémentaire générale, une position solide et incontestée, et sut s'imposer en tant que tel.

1 Einleitung

Erst in den letzten drei Jahrzehnten wurde der Ausbau der Volksschule zu einem leistungsfähigen, organisatorisch ausdifferenzierten und inhaltlich qualifizierenden Schulsystem abgeschlossen, obwohl obrigkeitliche Regelungsversuche für den Bereich der „niederen", „deutschen", „Trivial-" oder „Elementarschulen" bis in das 17. und 18. Jahrhundert, teilweise bis in die Epoche der Reformation zurückreichen. Im Gegensatz zum höheren oder gelehrten Schulwesen, dessen sich der Staat – abgesehen von gesellschaftlich einflußreichen Kreisen – mit ganz anderer Tatkraft annahm, war die Entwicklung der Volksschule über lange Zeit hin von der Sorge um die bloße Existenz beherrscht. Nur sehr allmählich konnte ihre Absicherung fortschreiten.

Die Ergebnisse des Wandels in den letzten drei Jahrzehnten sind für die Volksschule allerdings sehr zwiespältig gewesen. Dies gilt schon deswegen, weil Grundschule und Volksschuloberstufe – seit 1964/1969 Hauptschule – davon ganz gegensätzlich betroffen sind. Insbesondere trägt aber das Schicksal dieser oberen Jahrgänge der Volksschule beziehungsweise der Hauptschule paradoxe Züge: Ihr organisatorischer und inhaltlicher Ausbau sowie ihre bildungspolitische Aufwertung vollzogen sich gleichsam im Wettlauf mit einem zunehmenden Bedeutungsverlust dieser Schulform gegenüber der Konkurrenz der ehemals sogenannten weiterführenden Schulen. So ist aus der einstigen Schule für die „deprivilegierte" Masse der Bevölkerung allen Reformanstrengungen zum Trotz nicht wirklich eine Volks- oder Hauptschule im emphatischen Sinne des Wortes, sondern tendenziell die Schule für eine im Bildungswettlauf zurückbleibende Minderheit geworden.

Schon diese aktuelle Erfahrung eines sichtlich nur begrenzten Erfolgs bildungspolitischer Maßnahmen legt es nahe, eine Überblicksskizze zur Volksschulgeschichte nicht zu eng am Konjunkturverlauf bildungs- und schulpolitischen Handelns auszurichten. Ihm gegenüber verlangen die faktischen Veränderungen und stillen Anpassungsbewegungen des Bildungswesens eine gesteigerte Aufmerksamkeit. Sie gehen aus dem ungesteuerten Zusammenspiel der Einflüsse von demographischen Schwankungen, Arbeitsmarktkonjunkturen, technologischen Entwicklungen, Veränderungen der sozialen Lebensweise, innerinstitutionellen Mechanismen – und eben auch aus bildungspolitischen Eingriffen hervor.

Die Gliederung des folgenden Abrisses mag darum verschiedentlich vertraute Vorstellungsmuster verletzen. Die Themen der Lehrinhalte und -ziele, des Schulbesuchs, der inneren Differenzierung sowie des strukturellen Ausbaus und schließlich Fragen der Schulunterhaltung und -aufsicht finden nicht durchgängig gleiche Beachtung. Nicht nur aus Raumgründen sind hinsichtlich der regionalen Darstellungsbreite ebenfalls Einschränkungen erforderlich. Immerhin ist der Versuch gemacht, mit der Berücksichtigung der bayerischen und der preußischen Volksschulgeschichte (vgl. DIETRICH/KLINK 1972, HERRLITZ u. a. 1981, LUNDGREEN 1980/1981, MAIER 1967, REBLE 1975, SCHEIBE 1974) Auskunft über die Entwicklung in Gebieten zu geben, die den Großteil der Bundesrepublik ausmachen. Bei näherer Betrachtung verlieren die anfangs so prägnant erscheinenden Unterschiede zwischen diesen beiden Regionen im übrigen durchaus an Bedeutung – wobei insgesamt stärker als politische Vorgänge strukturelle Momente ins Gewicht fallen.

2 Konstituierung des öffentlichen Elementarschulwesens (bis 1820)

Die Anfänge der deutschen Volksschule wurden traditionell vielfach auf die Reformation, teilweise noch weiter bis zu den spätmittelalterlichen „Schreib- und Rechenschulen" in den größeren Reichsstädten zurückgeführt (vgl. FLITNER 1954, SPRANGER 1949, THIELE 1938b). In der Tat belegen die zahlreichen (fürstlichen und städtischen) Schulbestimmungen, die seit dem 16. Jahrhundert überwiegend im Rahmen von umfänglicheren Kirchenordnungen erschienen, daß die Sorge um die reine Lehre und den rechten Glauben ein wesentliches Motiv der Entwicklung bildet (vgl. DIETRICH/KLINK 1972, VORMBAUM 1860/1864). Allerdings beweist allein die häufige Wiederholung entsprechender Ordnungen, die in der Regel im Anschluß an umfangreiche Kirchenvisitationen mit der Feststellung desolater Verhältnisse begannen, zur Genüge, wie wenig die obrigkeitlichen Erlasse die Existenz deutscher Schulen und ihren Besuch auf Dauer zu stellen vermochten.
Sicherlich gab es frühe Höhepunkte der Volksschulentwicklung, wie sie seit je mit der weimarischen und gothaischen Schulordnung des 17. Jahrhunderts verbunden werden (vgl. FERTIG 1971). Aber derartige Erfolge gingen oft relativ rasch, allgemein insbesondere in der Folge des Dreißigjährigen Krieges, wieder verloren. Darüber hinaus differierten die Schulverhältnisse aufgrund der traditionell kleinräumigen Abgeschlossenheit der Gebiete gegeneinander stark regional. Großen Landstrichen mit extrem schlechten Bedingungen (durch Kriege und Seuchen), insbesondere im Osten Deutschlands (vgl. LESCHINSKY/ROEDER 1983, S. 81 ff., S. 100 ff.; vgl. NOTBOHM 1959; vgl. VOLLMER 1909, 1918) standen offenbar andere mit einer frühen, überraschend dichten Schulversorgung und einem hohen Alphabetisierungsgrad der Bevölkerung gegenüber, wie dies jüngst etwa für die oldenburgische Wesermarsch im späten 17. und frühen 18. Jahrhundert festgestellt worden ist (vgl. NORDEN 1980). Im Grunde streuen die Bedingungen sogar von Ort zu Ort – je nach der Initiativkraft des lokalen (Schul-)Patrons oder eines einzelnen Geistlichen. Insgesamt bleibt aber bei aller Heterogenität der meist klägliche Zustand schulischer Einrichtungen und die dauerhafte Stagnation der Entwicklung bis weit ins 18. Jahrhundert kennzeichnend.
Noch um 1800 lautete das Urteil sachkundiger Zeitgenossen über den Zustand der niederen Schulen äußerst negativ: Ein bayerischer Staatsbeamter traf auf seinen ausgedehnten Inspektionsreisen nur in Ausnahmefällen auf Schulen, die diesen Namen überhaupt verdienen; fast durchgängig ruhte „dicke Finsternis [...] über dem Lande" (Hazzi, zitiert nach SCHREMMER 1970, S. 463). Dem kurmärkischen Schulwesen, von dem sich in Preußen allenfalls die Situation in den neu hinzugekommenen, sozial und ökonomisch besser strukturierten westlichen Gebieten positiv abhob, wurde zum gleichen Zeitpunkt ein Zustand „gemeinster Trivialität" bescheinigt (Natorp, zitiert nach LICHTENSTEIN 1955, S. 99). „Überall entweihten ver-

dorbene Schneider, Garnweber, Tischler und abgedankte Soldaten das heilige Geschäft der Erziehung; die Bildung des Volkes war in den Händen unwissender, roher, kraftloser, unsittlicher, halb verhungerter Menschen" (zitiert nach THIELE 1912, S. 123; vgl. auch BEER 1957). Das, was man Unterricht nannte – die ausgedehnte Einübung des Buchstabierens, Lesens anhand von Bibel und Katechismus und kaum noch des Schreibens oder gar des Rechnens –, beherrschte ein „geist- und herztötender handwerksmäßiger Mechanismus" (zitiert nach THIELE 1912, S. 89).
Trotz der negativen Bestandsaufnahmen wird man spätestens in der zweiten Hälfte des 18. Jahrhunderts einen bedeutsamen Einschnitt setzen müssen. Maßgeblich sind dafür nicht nur die immer zahlreicher werdenden Reformvorschläge und -projekte, die sich insbesondere der niederen (vorwiegend ländlichen) Schulen annahmen (vgl. HEINEMANN 1974, HEINEMANN/RÜTER 1975; vgl. PETRAT 1979, insbesondere S. 187). Sondern die Zunahme von Schulregelungen, die inzwischen aus dem Kontext der Kirchenordnungen herausgetreten waren, verdeutlicht allgemein, daß sich das obrigkeitliche Interesse an diesen Einrichtungen teilweise schon früher intensiviert hatte. In diesem Rahmen wurde etwa – in Preußen 1717 (vgl. FROESE/KRAWIETZ 1968, S. 91; vgl. LESCHINSKY/ROEDER 1983, S. 43 ff.), in Bayern 1770/1771 und dann insbesondere 1802 (vgl. HEPPE 1859 b, S. 29 ff.; vgl. MAIER 1967, S. 50; vgl. REBLE 1975, S. 952) – die Schul- beziehungsweise Unterrichtspflicht verfügt (und seitdem fortlaufend in Erinnerung gebracht). Auch wenn praktische Folgen gewissermaßen vor Ort offensichtlich erst sehr allmählich sichtbar wurden, bildeten sich damals die organisatorischen Voraussetzungen und inhaltlich-methodischen Leitlinien der Elementarschule in der – sich erst ankündigenden – industriellen Gesellschaft heraus. In diesem Sinne kann für den Zeitraum um die Wende vom 18. zum 19. Jahrhundert von der eigentlichen Konstituierung der Volksschule die Rede sein (vgl. HERRMANN 1981 b, S. 382 ff.).
Die wichtigsten Momente, die diese Phase bestimmten, lassen sich – obwohl vielfältig und nicht spannungsfrei miteinander verwoben – wenigstens analytisch unterscheiden: In Stichworten sind es der Prozeß der Staatsbildung, die Institutionalisierung der Staatskirche, die ökonomische Übergangskrise und die geistigen Strömungen der Modernisierung. An erster Stelle steht dabei vom Gewicht her die *Rolle des sich formierenden modernen Territorialstaates.* Die Schule für die breite Masse der Bevölkerung war in ihrer Etablierung nicht nur abhängig von der fortschreitenden Durchsetzung einer zentralen Sanktionsgewalt, effektiver Verwaltungsorganisation und territorialen Vereinheitlichung; sie wird offenbar – wie begrenzt auch immer – zu einem Instrument in diesem Prozeß. Schon die frühen Schul- und Kirchenordnungen des 16. und 17. Jahrhunderts lassen sich als Teil umfassender Anstrengungen verstehen, die landesherrliche Zentralgewalt gegenüber den Privilegien und Herrschaftsrechten ständischer Gruppen zur Geltung zu bringen. Gerade auch die Einrichtung der Schule scheint ein Mittel, in die Vielzahl lokaler Herrschaftsbereiche soweit durchzugreifen, daß die bisherigen guts- oder grundherrschaftlichen Einbindungen der dort lebenden abhängigen Bevölkerung einer direkten Beziehung zum Landesherren und entsprechenden Verpflichtung Raum gaben. Auf eine kurze Formel gebracht, ist danach die Konstituierung der Schule Teil jenes langwierigen historischen Prozesses, in dem aus der Feudalgesellschaft der frühen Neuzeit in allmählicher Überformung ständischer Vorrechte der absolutistische (Zentral-)Staat entsteht, und mit ihm als sein notwendiges Gegenüber die moderne Gesellschaft (vgl. LESCHINSKY/ROEDER 1983).
Es ist von daher kein Zufall, daß Preußen mit seinen schulpolitischen Aktivitäten – wie bescheiden sie im Endeffekt auch immer anmuten – im Vergleich zu anderen

deutschen Staaten während des 18. Jahrhunderts relativ gut dasteht. Heterogenität und Zerstreutheit der Herrschaftssphären fordern in dem rasch wachsenden Staat besondere Gegenanstrengungen; vor allem Grenzregionen, zum Teil (Re-)Kolonialisierungsgebiete mit größeren Einwanderungsströmen (Litauen und Ostpreußen 1736) oder Annektionen mit fremdsprachigen Bevölkerungsteilen (Schlesien 1765, Westpreußen 1772), rücken dabei in den Mittelpunkt des staatlichen Interesses (vgl. GRÜNER 1904; vgl. LESCHINSKY/ROEDER 1983, S. 80 ff.; vgl. PETRAT 1979, S. 86). Für Bayern schufen dann die großen territorialen Veränderungen, die zu Beginn des 19. Jahrhunderts durch die napoleonischen Kriege und die Säkularisierung ausgelöst wurden, eine Konstellation für entschiedenere schulpolitische Maßnahmen: Schulpflichtverordnung 1802; Grundsätze „für die inhaltliche Arbeit" 1804 und 1811; Lehrerbildungsverordnung 1809 (vgl. ABELS 1971, MAIER 1967; vgl. REBLE 1975, S. 954 ff.; vgl. WEIS 1971). Dem Geist der Zeit entsprechend richtete sich das Bemühen dabei nicht (mehr) nur darauf, die Bevölkerung aus den jeweiligen lokalen Herrschaftswelten in den zentralstaatlichen Einflußbereich zu heben, sondern auch auf die bewußtseinsmäßige „nationale" Integration zum modernen „Staatsbayern" (vgl. BLESSING 1974, 1978, 1982). Ebenso wie politisch-ideologische Schranken wurden dabei jedesmal schnell ökonomische Grenzen der staatlichen Initiativkraft deutlich: Auch wenn schon relativ frühzeitig Mindestsätze für die Versorgung der Lehrkräfte festgelegt wurden, blieb letztlich die Gemeinde beziehungsweise die Schulbevölkerung für die anfallenden Lasten verantwortlich (vgl. LESCHINSKY/ROEDER 1983, S. 112 ff.).

Die *Kirchen* sind als *Instanzen der Aufsicht und inhaltlichen Gestaltung* im Konstituierungsprozeß der Volksschule von zentraler Relevanz. Dies hat (zusammen mit den kirchlichen Anfängen der Elementarbildung) früher zu der Fehleinschätzung beigetragen, die Schulordnungen und -aktivitäten seien anfangs gewissermaßen politisch unschuldiger Bestandteil kirchlichen Lebens, in das ein christlicher Herrscher in religiösem Verantwortungsgefühl lenkend eingegriffen hätte (vgl. auch PAULSEN 1912a, S. 85, S. 149). Aber die Kirchen fungierten vielmehr als unentbehrliches Medium der landesherrlichen Schulaufsicht und -politik, auch wenn sie freilich bei verschiedenen Gelegenheiten von den Zeitgenossen zugleich als deutliches Hemmnis empfunden wurden (vgl. FOOKEN 1967; vgl. LESCHINSKY/ROEDER 1983, S. 45 ff.; vgl. SCHMITT 1979). Als einzige gesamtstaatliche Institution, die geistig und praktisch tief in die ständischen Einrichtungen und unmittelbar in das Leben der Bevölkerung hineinwirkte, besaß die Kirche Bedeutung für den Landesherren nicht nur in Schulangelegenheiten, sondern unter anderem auch bei der Promulgation wichtiger Gesetze und Verordnungen. Bei den evangelischen Landeskirchen verfügte der Fürst dabei aufgrund seiner Stellung als oberster Bischof (seit der Reformation) unangefochten über den kirchlichen Apparat: als geistlichen Arm seiner Staatsgewalt (vgl. HINTZE 1967; vgl. NEVERMANN 1982, S. 15 ff.). Was die Elementarschule anging, wurde den Geistlichen und in nächster Instanz den Superintendenten die regelmäßige Beaufsichtigung der Einrichtungen und ihrer Lehrer, die zudem in der Regel als Küster mit kirchlichen Nebendiensten betraut waren, zur Pflicht gemacht; die Regelung der äußeren (zum Beispiel baulichen und anderen) Angelegenheiten mußte gegebenenfalls freilich den lokalen Herrschaften überlassen bleiben.

Wie sowohl die preußischen Anordnungen für das katholische Schlesien, die von I. v. Felbiger 1765 in Anlehnung an das General-Landschul-Reglement (GLR) von 1763 (für die evangelischen Schulen) formuliert wurden (vgl. FROESE/KRAWIETZ 1968, S. 105 ff.; vgl. STANZEL 1976), als auch die Regelungen für Österreich (1774) und Bayern (1778, 1808) zeigen, wurde die katholische Kirche im Sinne des territorialistischen Staatskirchenrechts ganz analog in Anspruch genommen (vgl. BLESSING 1982, S. 36; vgl. HEPPE 1859b, S. 12ff.; vgl. GEBELE 1901; vgl. MAIER 1967, S. 35 ff.; vgl. PFAHLS 1971, S. 151 ff.). Allerdings wahrte sie anders als die protestantischen Kirchen als Institution eine prinzipielle Unabhängigkeit (vgl. STANZEL 1976, S. 198): Die bischöflichen Organe blieben bei Verpflichtung und Rückmeldung der unteren katholischen Aufsichtsinstanzen gewissermaßen zwischengeschaltet (zu den preußischen Schulreglements für Schlesien von 1765 und 1801 vgl. SCHNEIDER/BREMEN 1886a, S. 694ff., S. 703, S. 713f. sowie die entsprechenden bayerischen Bestimmungen). Statt direkten Einfluß auf die inhaltliche Gestaltung des zentralen Schulfaches der Christenlehre nehmen zu können, mußte sich der Landesherr in diesem Fall mit dem allgemeinen Verlangen begnügen, daß den Kindern ihre Untertanenpflicht mit Hilfe der Religion eingehend verdeutlicht würde (zu den die Bestimmungen im katholischen Reglement für Schlesien von 1765 vgl. SCHNEIDER/BREMEN 1886a, S. 701). Es läßt sich von daher wohl mit erklären, daß in den katholischen Ländern schulpolitische Initiativen insgesamt später einsetzten, dann aber wiederum bald Versuche unternommen wurden, dem Laienelement in der Schule eine stärkere Geltung zu verschaffen beziehungsweise die Volksschule überhaupt von der konfessionellen Grundlage zu lösen (zu den bayerischen Bestimmungen von 1804 und 1810 vgl. ABELS 1971, S. 159ff.; vgl. SONNENBERGER 1980, S. 8ff.). Konflikte, wie sie dann das späte 19. Jahrhundert in fast allen deutschen Ländern kennzeichneten, waren jedenfalls an dieser Stelle vorgezeichnet.

Die schulischen Entwicklungen vollzogen sich in der zweiten Hälfte des 18. Jahrhunderts vor dem Hintergrund einer tiefgreifenden *sozialen und ökonomischen Krise*. Seit je war die Agrargesellschaft von endemischen Teuerungs- und Hungerkrisen heimgesucht worden; nun schien sie aufgrund anhaltenden Bevölkerungswachstums, zunehmender Verarmung und Beschäftigungsnot (in den breiter werdenden unterbäuerlichen Schichten) an die Grenze ihres wirtschaftlichen und sozialen Leistungsspielraums zu stoßen (vgl. ABEL 1972, 1974, 1981; vgl. STÜRMER 1981). Auch die größeren regionalen Verdichtungen eines intensiven (ländlichen) Heimgewerbes, in denen tendenziell die alten gewaltbedingten Abhängigkeiten und Sozialformen durch Marktgesetzlichkeiten verändert wurden, trugen neben den Chancen, die sie eröffneten, zugleich die Gefahr einer weiteren Destabilisierung in sich (vgl. KRIEDTE u. a. 1977). Von dieser Situation sind auf die Elementarschule und die pädagogische Debatte der Zeit intensive, freilich sehr gemischte Wirkungen ausgegangen: Denn eben die wirtschaftliche Not breiter Bevölkerungsschichten, die vielfach zu einer Verstärkung pädagogischer Bemühungen um die Anpassungs- und Leistungsfähigkeit des „gemeinen" Mannes beitrugen, mußte zugleich entscheidend ihre Realisierung behindern. Wie etwa schon die Verordnungen zur verkürzten, auf frühe Vormittagsstunden verlegten Sommerschule erkennen ließen (so im GLR - vgl. FROESE/KRAWIETZ 1968, S. 116 - und in der bayerischen Schulpflichtverordnung von 1802 - vgl. Heppe 1859b, S. 30), rangierte die praktische Mithilfe der Kinder anerkanntermaßen immer vor schulischen Belangen. Inhaltlich verbanden sich in den zeitgenössischen Reformprogrammen auf spezifische Weise die Orientierung am gegebenen (politischen und ökonomischen) Zustand mit Vorstellungen, in denen bereits Konturen eines Neuen sichtbar wurden.

Das bekannteste Konzept, das dementsprechend geradezu gegensätzliche Interpretationen in der Forschung gefunden hat (vgl. HERRMANN 1981a, KONEFFKE 1982, LESCHINSKY 1978, RANG/RANG-DUDZIK 1977), bildet wohl die Industrieschulpädagogik vom Ende des 18. und Beginn des 19. Jahrhunderts; sie ist auch in Bayern

(1804) und Preußen (1793 und 1814) von, wenngleich im Vergleich zu anderen Ländern beschränktem Einfluß gewesen (vgl. HEPPE 1859b, S. 39; vgl. REBLE 1975, S. 956f.; vgl. SCHLEIERMACHER 1957, S. 262f.; vgl. THIELE 1912, S. 70f.). Dabei richtete sich die Intention darauf, den Kindern eine moderne dynamisch-rationale Lebens- und Arbeitshaltung im Zusammenhang mit der Einbeziehung praktischer Arbeiten in den täglichen Unterricht zu vermitteln, die gleichzeitig unmittelbar die (agrarische) Existenzform gewerblicher Nebenbeschäftigung einüben sollten. Faktisch scheiterte das Programm an der Fehleinschätzung – oder dem Fehlen – der ökonomischen Strukturbedingungen, die die Industrieschule (mit)stimulieren sollte. Die Schulpraxis geriet überdies bald genug in einen tiefen Gegensatz zu den weitgespannten Zielen (vgl. LESCHINSKY/ROEDER 1983, S. 399ff.; vgl. LESCHINSKY 1981b).

Die inhaltlichen Entwicklungen im Elementarschulbereich sind schließlich insgesamt nicht ohne Rücksicht auf die *geistigen Strömungen der Zeit* zu verstehen (vgl. KOPITZSCH 1976, ROESSLER 1961). Große Bedeutung für den Aufbau nicht nur des preußischen Elementarschulwesens haben der hallesche Pietismus unter A. H. Francke und in seiner Nachfolge die Tätigkeit J. J. Heckers in Berlin gehabt. Wie etwa die Beteiligung Heckers am preußischen Generallandschulreglement von 1763 verdeutlicht (vgl. STANZEL 1976, S. 165f.; vgl. VOLLMER 1918, S. 26ff.), wirkten sie in sichtlicher Übereinstimmung mit den staatspolitischen Bestrebungen der preußischen Landesherren (vgl. BLOTH 1968a, b, 1970). Für den schulpolitischen Vorsprung Preußens im 18. Jahrhundert schuf eigentlich erst dies „Bündnis" die Grundlage; durch die Vermittlung von I. v. Felbiger, der sich in seiner Arbeit unmittelbar auf Hecker bezog (vgl. STANZEL 1976, S. 126ff., S. 175f.), reichten die praktischen Ausstrahlungen aber nachweislich bis tief in den katholischen Raum und damit auch nach Bayern (vgl. STANZEL 1976, S. 297ff.; vgl. MAIER 1967, S. 43; vgl. REBLE 1975, S. 951; vgl. SUCHAN 1972). Den Erfolg der Anstalten in Halle und Berlin machte insbesondere aus, daß mit den methodischen Innovationen (systematischer „Zusammenunterricht" – vgl. PETRAT 1979, S. 193ff.) inhaltliche Erweiterungen (über Katechismus und Bibel hinaus zu den Realien) und schließlich organisatorische Maßnahmen (seminaristische Lehrerausbildung – vgl. THIELE 1938a) zukunftsweisend verbunden wurden.

Von der Aufklärung, die sich zu Ende des 18. Jahrhunderts noch in ganz anderer Weise auf den Boden der diesseitigen Welt gestellt und entsprechend den praktischen Bedürfnissen weiter geöffnet hat, sind diese im Rückblick sehr bescheiden anmutenden Ansätze aufgenommen und weiterentwickelt worden. In v. Rochows Konzept, das insbesondere durch seine weitverbreiteten Lesebücher große Wirkung entfaltete, ist der Versuch erkennbar, die Elementarschule auf das Postulat einer allgemeinen rationalen Grundhaltung auszurichten (vgl. LESCHINSKY/ROEDER 1983, S. 344ff.; vgl. LESCHINSKY 1981a). Soweit es in dieser Zeit, wie etwa in Bayern im Jahre 1804, zu allgemeinen formellen Lehrplänen kommt, zeigen sie die Tendenz zu einer geradezu enzyklopädischen Breite und einem hohen Anspruchsniveau, das weit über den real gegebenen Möglichkeiten gelegen haben dürfte (vgl. HEPPE 1859b, S. 37ff.; vgl. SUCHAN 1972). Der eigentliche Schritt aus der Standeserziehung (mit ihren sozial unterschiedlichen Bildungszielen) wurde real erst unter dem Einfluß des Neuhumanismus zu Beginn des 19. Jahrhunderts vollzogen, als – in Preußen mit der Aufhebung der Erbuntertänigkeit 1807, in Bayern nach 1808 – die formellen Voraussetzungen der traditionellen Herrschaft beseitigt wurden. Für die Volksschule erlangte dabei das Konzept einer universalen und formalen Bildung aller Kräfte, wie es sich mit dem Namen Pestalozzis verband, größeren Einfluß (vgl. GEBHARDT 1896, THIELE 1912). Aber während auf diese Weise in Preußen im Zuge der Humboldt-Süvernschen Reformen (zwischen 1810 und 1819) der utopische Aufriß eines einheitlich strukturierten stufenförmigen Bildungssystems mit hochgesteckten Unterrichtszielen auch für die Elementarschule entstand, unterwarf in Bayern Niethammer (1811) – in ähnlichem Geist, aber mit anderer Stoßrichtung – bereits die Lehrpläne der Aufklärungszeit einer einschneidenden Revision. Die Abstriche, die hier gegenüber Wismayrs Plan von 1804 im Namen der formalen Bildung insbesondere an den Realien vorgenommen wurden, brachten zugleich eine stärkere Anpassung an die – miserable – schulische Realität (vgl. GEBELE 1896, S. 176f., S. 180ff.; vgl. HEPPE 1859b, S. 65ff.; vgl. SUCHAN 1972); sie ist von der Restauration der folgenden Jahrzehnte dann mit ganz anderen Absichten weiter betrieben worden.

3 Schulpflicht und Schulausbau (1820–1870)

Stellen die Ansätze einer allgemeinen Bildungsförderung in der Reformära im wesentlichen eine Konzipierung in erheblicher Distanz zur Schulwirklichkeit dar, so ergibt sich als maßgeblich neuer Gesichtspunkt für die anschließende Epoche (1820 bis 1870) die *Realisierung des Schulbesuchs und kontinuierlichen Unterrichtens*. Zum einen kamen Gemeindeverwaltungen, Grund- und Gutsherren und Kirchen zunehmend angemessener für Schulen und Lehrerbesoldung auf, und die Eltern schickten ihre Kinder zur Schule; zum anderen brachte der Staat eine Lehrerausbildung in Gang, die bewirkte, daß Unterricht auch in institutionell geregelten, die Schüler immer mehr ansprechenden Formen stattzufinden begann.
Dieser epochale Prozeß des Beschulens wurde von teilweise gegenläufigen Kräften getragen, für die in der Regel das Begriffspaar liberal-restaurativ steht, die aber, über die schulpolitischen Absichten hinausgehend, zutreffender als Gleichzeitigkeit von „Aufbau und Restriktion", „Aktivierung der Kräfte für das Gemeinwesen und Entpolitisierung" (NIPPERDEY 1983, S. 453) bezeichnet werden.
Eine Betrachtung der Volksschulverhältnisse in den 20er bis 60er Jahren des 19. Jahrhunderts wird erst einmal *nach Voraussetzungen und nach der realen Bereitschaft* fragen müssen, Schulen zu finanzieren, unterrichtliches Lernen kompetent zu gestalten und den Schulbesuch ernst zu nehmen. Erst unter dem Druck der Bevölkerungsentwicklung und der sozialen Probleme des Pauperismus (vgl. KÖLLMANN 1976, S. 9ff.; vgl. FISCHER 1982, FISCHER u.a. 1982) wurde seit 1820 die von Aufklärungspädagogen und politischen Reformern proklamierte *Unterrichtspflicht* als grundsätzliche Aufgabe des Staates verfolgt. Während immer mehr Kinder nicht nur, wie früher, in Landwirtschaft und Heimgewerbe, sondern in Werkstätten und Fabriken arbeiteten, ohne auch später zu einer Ausbildung zu kommen, blieb die Nachfrage nach Fabrikarbeitern noch in den 1840er Jahren gering (vgl. BORCHARDT 1976, S. 198ff.; vgl. CONZE 1976, S. 436ff.). Die steigende Zahl Ungelernter war – wie im Preußischen Kultusministerium bereits 1817 zutreffend beobachtet – technischen Neuerungen, Konjunkturabschwüngen und Wirtschaftskrisen besonders ausgeliefert (vgl. KUCZYNSKI 1960; vgl. TITZE 1973, S. 159ff.). Zahlreiche zeitgenössische Prognosen werteten die Folgen des Hungers, die Verwahrlosung und Zunahme der Kriminalität als eine die gesamte Gesellschaft betreffende Krise und forderten staatliche Interventionen (vgl. BLASIUS 1976, S. 81; vgl. JANTKE/HILGER 1965). Schon damals tauchte auch das Argument der militärischen Tauglichkeit auf, das im Laufe des 19. Jahrhunderts immer wieder in Verbindung mit vernachlässigter Schulpflicht und gegen Kinderarbeit angeführt wurde.

Für die Gemeinden stellte sich die Schulpflicht in erster Linie als Finanzfrage, die von der Armenfürsorge nicht zu trennen war (vgl. SACHßE/TENNSTEDT 1980). In großen Kommunen, sei es in Berlin, Städten des Rheinlandes, München oder Nürnberg, bezogen sich die einschneidenden Neuordnungen auf die Erfassung Unterrichtspflichtiger der sozialen Unterschichten, auf das Angebot von Schulplätzen für Arme in privaten und öffentlichen Elementarschulen, auf Freischulen und auf Schulfonds für Armenkinder (vgl. GENEHMIGTER PLAN ... 1827; vgl. GEBELE 1903, S. 35 ff.; vgl. BARTHEL o. J., S. 24 ff.; vgl. KRIENKE 1969; vgl. MEYER 1971, S. 220 ff.). Bei der Kontrolle des Schulbesuchs arbeiteten geistliche Schulaufsicht und Polizei zusammen, unterstützt von Schulvorständen oder Schulkommissionen (zum Prozeß der Bürokratisierung in Preußen vgl. die Flut von Bestimmungen in NEIGEBAUR 1834 und v. RÖNNE 1855a). Der vollständige und kontinuierliche Schulbesuch blieb aber noch lange die Ausnahme, vor allem für die zunehmende Zahl derer, die zu den bedürftigen und armen Volksklassen rechneten; und darunter fielen 1849 in Berlin schätzungsweise 70% der Einwohner. Für viele von ihnen dürfte die Schulpflicht erst nach den Notwendigkeiten des Broterwerbs rangiert haben. Von den offiziellen Druckmitteln gegen unentschuldigtes Fehlen (Geldstrafen, ersatzweise Haft) machten Behörden zurückhaltend Gebrauch, um den Armenetat nicht noch mehr zu belasten. Der in Bayern seit 1803 geforderte vollständige Schulbesuch bei Erteilen des Heiratsdispenses und bei der Übernahme eines Anwesens wurde offenbar kaum für Restriktionen herangezogen. Selbst in der Hauptstadt klafften Gesetz und Wirklichkeit weit auseinander. Obwohl die bayerische Regierung 1856 bereits das 7. Schuljahr dekretiert hatte, war in München in den 1860er Jahren noch das 6. Schuljahr nicht üblich. In demselben Jahrzehnt verdoppelte die Stadtverwaltung indes den Volksschuletat, um Schulplätze zu schaffen und Lehrkräfte besser zu besolden (vgl. GEBELE 1896, S. 201).
Nicht einmal die preußische Verwaltung ging von einem einheitlichen Begriff der Schulpflicht aus. So mußten nach dem Kinderschutzgesetz von 1839 die bei Eintritt in die Fabrik mindestens neunjährigen Kinder allein drei Jahre die Schule regelmäßig besucht haben; ihre weitere Unterrichtspflicht wurde auf wenige Wochenstunden reduziert (vgl. QUANDT 1978, S. 45 f.). Die Gewerbeordnung in Preußen (1845) sah einen nur dreijährigen vollen Unterricht bei Aufnahme der mindestens Elfjährigen in eine Lehre vor. Die *Stiehlschen Regulative* (1854) legitimierten erneut die 1848 in der Lehrerschaft scharf abgelehnten Halbtagsschulen, in denen ein Lehrer jeweils der Hälfte der Kinder entweder vormittags oder nachmittags die halbe der üblichen Stundenzahl erteilte (vgl. LEWIN 1910, S. 256, S. 284 f.). Die Erfolge der pragmatischen Schulpflichtpolitik konnten die preußischen Behörden mit einem beeindruckenden Rückgang der Analphabeten belegen (DIE ERGEBNISSE... 1875, S. 113 ff.; vgl. LESCHINSKY/ROEDER 1983, S. 154 ff.; vgl. FISCHER u. a. 1982, S. 233 ff.; vgl. NIPPERDEY 1983, S. 463). Die Erhebungen der ersten Jahrhunderthälfte (vgl. HEPPE 1858a, S. 128 ff.) verschleiern jedoch verspätete Einschulungen, außerordentlich hohe Fehlzeiten, vorzeitiges Abbrechen des Schulbesuchs und sogar Schullosigkeit. Nach einer ersten kritischen Aufarbeitung preußischer Materialien durch HOFFMANN (vgl. 1843, S. 155) besuchten 1840 in der Provinz Sachsen gut neun Zehntel aller „Schulfähigen" den „Volksunterricht", in Elementar- und Mittelschulen. Für Berlin schätzte er, daß von den Knaben rund zwei Drittel „Schulen" besuchten (vgl. HOFFMANN 1843, S. 157); darin enthalten waren Gymnasien, Stadtschulen, private und kommunale Elementarschulen (einschließlich der verschiedensten Kurzformen wie Nachhilfe-, Sonntags-, Fabrik-, Abend- und Nähschulen). In den 1860er Jahren dürften in Berlin 10 bis 20% der Sechs- bis Vierzehnjährigen

Institutionalisierung des Volksschulwesens

der Unterrichtspflicht nicht nachgekommen sein. – Eine Bildungsstatistik für Bayern kam für das Jahr 1871 zu etwa 4% Werktagsschulpflichtiger ohne Schulbesuch, davon in unmittelbaren Städten 13,2%, und in Bezirksämtern 2,7% (vgl. MAYR 1875, S. CXXXVII ff.).

Die Schwierigkeiten bei der Durchführung des *kontinuierlichen Schulbesuchs* lassen sich drei Faktorenbündeln zuordnen, die in regional und lokal variierender Gestalt wirksam wurden: das branchenspezifisch und konjunkturell unterschiedliche Interesse an der kindlichen Arbeitskraft, die Distanz breiter Bevölkerungskreise gegenüber staatlichen Bildungseinrichtungen und schließlich unzureichende Volksschulinvestitionen. Als Ergebnis des allmählich eingetretenen Wandels verdient jedoch festgehalten zu werden, daß im Vergleich zu den 1820er Jahren in den 1860er Jahren der Schulbesuch allgemein akzeptiert und in das Familienleben integriert wurde, daß für die meisten Kinder ein Schulplatz zur Verfügung stand und daß die Gemeindevertretungen bedeutend mehr Lehrerstellen bewilligten. Die jedoch höchst unterschiedliche Bereitschaft selbst liberal geführter Gemeinden, auskömmliche Lehrergehälter zu zahlen, Schulbauten zu finanzieren, Lehrmittel anzuschaffen und trotz ständig steigender Schülerzahlen die Klassenfrequenzen zu senken (vgl. ROEDER 1966), macht es nicht sinnvoll, die Entwicklung mit landesweiten Durchschnittswerten zu belegen, sondern sie erfordert örtliche Angaben.

	Berlin Kommunalarmenschulen (1830, 1850), Gemeindeschulen (1870)			München Werktagsschulen		
	1830	1850	1870	1830	1850	1870
Schulkinder	3 272	10 691	37 663	6 049	7 906	11 357
Klassenfrequenz	117	83	61	64	87	68

(Quellen: BERICHT ... 1842, S. 315; BERICHT ... 1853, S. 348; BERICHT ... 1880, S. 270; GEBELE 1896, S. XXXIf.)

Die in der Regel günstig ausgestatteten städtischen Volksschulen boten am ehesten die Möglichkeit, über den Unterricht in elementaren Kulturtechniken und in Religion hinaus die Realien einzubeziehen. Bereits 1819 bestimmte der Münchener Lehrplan praxisnah, daß im abschließenden Schuljahr im Rahmen des Leseunterrichts auf die Vermittlung „moralischer, historischer, geographischer und anderer nützlicher Kenntnisse" zu achten sei (GEBELE 1903, S. 107). Der Berliner Lehrplan von 1826 begründete den bescheidenen Anteil von Realienstunden vor dem Magistrat unter der Formel „nur das für jeden Menschen Nothwendigste", dies aber gründlich betreiben zu wollen (BERICHT... 1842, S. 317). Der „Normal-Lehrplan" für die Berliner Volksschulen von 1855 enthielt bereits einen ausdifferenzierten, allerdings stofflich überfrachteten Realienkatalog und macht damit zugleich darauf aufmerksam, daß die restaurativen Bestrebungen des Kultusministeriums, von denen noch zu sprechen sein wird, hier nicht griffen und wohl überhaupt städtischen Schulen unausgesprochen einen Sonderstatus zubilligten.
Im Zuge der organisatorischen Ausgestaltung der Volksschule in der sozialen Rea-

lität der Gemeinde vollzog sich ein inhaltlicher Wandel des Unterrichts, der sich maßgeblich auf der Grundlage der *Lehrerausbildung* vollzog. Damit ist ein Movens insbesondere der Volksschulentwicklung in Preußen angesprochen, das langfristig gesehen, trotz immer erneuter Versuche der Bildungsbeschränkung, im Sinne einer „Bedürfnissteigerung" wirkte (KOSELLECK 1975, S. 441) und das die interne Volksschuldynamik grundlegend mittrug. Anders als bei der Durchsetzung des Schulbesuchs war die preußische Bürokratie bei der Einrichtung von Lehrerseminaren – 1840 waren es 46 mit 2721 Seminaristen (vgl. LEWIN 1910, S. 190) – selbständig aktiv; seit der grundlegenden Konzeption durch L. Natorp in der Reformära (vgl. THIELE 1912) betrachtete sie das Ausbilden und Prüfen der Lehrer als ihre ureigentliche Domäne und als nachhaltig wirksames Instrument der Schulaufsicht und der Bildungsförderung (vgl. SCHNEIDER/BREMEN 1886a, S. 361 ff.; für Bayern vgl. HEPPE 1859b, S. 88 ff.). Wie die anspruchsvollen Forderungen Diesterwegs als Leiter des Berliner Stadtschullehrerseminars und selbst die Erfolge der Ausbildung an kleineren Seminaren zeigen (vgl. GOEBEL 1978, WACKER 1921), enthielt die systematische Beschäftigung, und sei es nur mit potentiellem Volksschulstoff und seiner Methodik, eine mobilisierende Chance, die auch die gesellschaftliche Stellung der Lehrer förderte und ihre politischen Haltungen prägte (vgl. BÖLLING 1983, S. 80 ff.).

Die Stiehlschen Regulative (1854) suchten demgegenüber die zirkuläre Bindung von Ausbildungsniveau und durchschnittlichen Lehrplanansprüchen ungegliederter Elementarschulen wieder herzustellen, „wissenschaftliche" Reflexionen auszuschließen und jegliches Lehren und Lernen erneut religiös zu untermauern (vgl. LEWIN 1910, S. 258 ff.; vgl. JEISMANN 1977, KRUEGER 1970; vgl. LESCHINSKY/ ROEDER 1983, S. 74 f.; vgl. MEYER 1976, S. 35 ff.; vgl. FERTIG 1979, S. 19 ff.). Damit galten die Regulative von 1854 als Programm der Restauration schlechthin und als Grundlage der Disziplinierung liberaler, demokratischer und experimentell gesonnener Lehrer, wie Diesterweg und Harkort im Preußischen Abgeordnetenhaus immer wieder anprangerten.

Die Regulative wurden aber auch als einheitliches realitätsorientiertes Schul- und Lehrerbildungsprogramm aufgefaßt, das die Lücke eines Unterrichtsgesetzes ausfüllte (vgl. CLAUSNITZER/ROSIN 1912, HILDEBRANDT 1898) – zu dem es in Preußen nie kommen sollte –, und sie erfuhren, wie bei Dörpfeld (vgl. GOEBEL 1978, S. 9), eine gewisse Wertschätzung aufgrund ihrer durchdachten, praxisnahen und durchaus in Einzelaspekten modernen Methodik für Schulunterricht und Seminarausbildung. Die Regulative wandten sich beispielsweise gegen das übliche Katechisieren und mechanische Üben. Sie empfahlen, dem zentralen Lese- und Sprachunterricht ein Lehrbuch zugrundezulegen und forderten, daß der Lehrer in der Lage sein solle, die Lesebuchinhalte zu erklären, zu befestigen, sprachliche Sicherheit zu vermitteln und, gegebenenfalls weiterführend, anschaulich in die unmittelbare Natur- und Lebensumwelt einzuführen. So nahm dieser gesamtunterrichtliche Ansatz unter dem Diktum einer allgemein menschlichen und volkstümlichen Bildung eine Vielzahl unterrichtlicher Elemente der Pestalozzianer auf. Er lehnte jedoch jede formale Kräfteschulung ab und damit das damals maßgebliche Konzept einer aufklärerischen Unterrichtslehre.

Die Entwicklung in Bayern ist durch einen ähnlichen Konnex zwischen Schulausbau und ständischen Maximen der Bildungsbeschränkung gekennzeichnet. Nach 1848/1849 verfügte die bayerische Regierung die Überprüfung der obligatorischen Fortbildung examinierter Lehrer und erließ (wie unter den preußischen Regulativen) Sanktionen von Lektüreverboten bis zu Versetzungen und Entlassungen (vgl. SACHER 1974, S. 75 f.; vgl. SACHER 1977). Andererseits wurde die Schulzeit um ein

Jahr verlängert (1856) und erfuhr die Lehrerbildung eine institutionelle Absicherung (1857), wenn auch auf einem bescheidenen Niveau, so doch ohne die von den Kirchen geforderten Einflußmöglichkeiten (vgl. BLESSING 1982, S. 123 f.; vgl. MAIER 1967, S. 77 ff.; vgl. REBLE 1975, S. 965).

4 Konsolidierung (1870-1918)

Die Entwicklung der Volksschule seit der zweiten Hälfte des 19. Jahrhunderts kann in zunehmendem Maße als ein Prozeß innerer Ausgestaltung mit nun beachtlicher Eigendynamik gekennzeichnet werden. Gegen Ende des 19. Jahrhunderts läßt sich von einer Konsolidierung sprechen, erkennbar insbesondere an der Verbesserung der äußeren Unterrichtsbedingungen (Schulräume, Lehrer-Schüler-Relationen, Klassenfrequenzen, Lehrmittel), an der Stufengliederung und dem Lehrplanausbau, an einer zunehmend kommunikativ aufgefaßten Unterrichtsarbeit (vgl. PETRAT 1979, S. 358) und, nicht zuletzt, an der Professionalisierung des Lehrberufs.
Staatlich bürokratische Leitlinie der Lehrplanentwicklung und der Lehrerausbildung waren in Preußen seit 1872 - bis 1921/1922 - die „Allgemeinen Bestimmungen" für das „Volksschul-, Präparanden- und Seminarwesen" (vgl. ZENTRALBLATT ... 1872, S. 585 ff.; vgl. SCHNEIDER/BREMEN 1886 b, S. 403 ff.). Abweichend von den ersten vereinheitlichenden Ansätzen der Stiehlschen Regulative gaben die Allgemeinen Bestimmungen einen politisch liberalen und konfessionell relativ offenen Bezugsrahmen ab, der für das städtische Schulwesen und für die Landschulen gleichermaßen anspruchsfördernd wirken konnte. Sie stellten die mehrklassige Volksschule als Normalform neben die einklassige und gingen für jede Volksschule von der Gliederung in Unter-, Mittel- und Oberstufe und von stufenspezifischer Unterrichtsarbeit aus. Für die Mittel- und Oberstufe wurde auf Kosten des Religions-, Deutsch- und des Handarbeitsunterrichts der Mädchen ein eigenständiger Realienunterricht ausgegliedert (Geschichte, Geographie, Naturkunde) und als Anschauungsunterricht konzipiert, wie er gleichzeitig für die Lehrerausbildung an Seminaren verpflichtend gemacht wurde. Obwohl die Allgemeinen Bestimmungen den Religionsunterricht etwas in den Hintergrund treten ließen, verblieben jedoch auch sie in der für die Volksschulentwicklung zentralen Tradition der Erziehung durch Unterricht, die grundsätzlich die intellektuelle Erkenntnis der religiös-sittlichen Grundlegung nachordnete (vgl. BERG 1973; vgl. LESCHINSKY/ROEDER 1983, S. 76; vgl. SCHNEIDER/BREMEN 1886 b, S. 443 ff.).
Wie das Schulaufsichtsgesetz von 1872 (vgl. ZENTRALBLATT ... 1872, S. 129 f.) bestätigt, handelte es sich im Zuge der Säkularisierung dabei mehr um ein gesellschaftspolitisches als ein konfessionelles oder religiöses Erziehungsdenken. Im Kulturkampf als Instrument der Trennung von Staat und Kirche zustande gekommen, sollte das Schulaufsichtsgesetz den Grundsatz des preußischen Allgemeinen Landrechts bekräftigen, daß der Staat die Geistlichen zur Auftragsverwaltung der Kreis- und Lokalschulaufsicht „in dem Maße berufe", wie solches in jedem einzelnen Falle „dem Gedeihen der Schule und dem Interesse des Staates förderlich" sei (PETERSILIE 1897, S. 303). So verwundert es nicht, daß das Schulaufsichtsgesetz zunächst im Kampf gegen die katholische Kirche und gegen die polnische Minderheit angewandt wurde. Seit den 1890er Jahren diente es auch als gesetzliche Grundlage dafür, daß Rektoren vollausgebauter Volksschulen zugleich die Lokalschulaufsicht übernahmen (vgl. NEVERMANN 1982, S. 95 ff.). Die von der organisierten Lehrerschaft einhellig geforderte Fachaufsicht wurde mit dem Gesetz nur sehr zögernd angegangen (vgl. BERG 1973, S. 49 ff., S. 193). Daß es aber eine Weichenstel-

lung darstellte, zeigt der rückläufige Einfluß Geistlicher, bevor die Kirchen – im Jahre 1919 – endgültig aus der Aufsicht verdrängt wurden.

Die Normsetzungen der Ära Falk haben sicher zur Volksschulförderung beigetragen, indem sie Defizite aufdeckten, Lehrplanansprüche stärkten, Investitionen vor allem im Landschulwesen legitimierten und eine Umverteilung im staatlichen Bildungsetat zugunsten des niederen Schulwesens in Gang brachten. Als ein bildungspolitisches Steuerungsinstrument gar für „die" Volksschule (vgl. HEINEMANN 1980, S. 152) sind sie hingegen nicht zu betrachten, wie auch der Vergleich mit Bayern zeigt. Hier ließen es parteipolitische Gegensätze und der Kulturkampf unter dem liberalen Kultusminister Lutz (1869–1890) nicht einmal, wie in Preußen, zu einheitlichen Volksschulbestimmungen kommen. Die Lehrpläne der einzelnen Regierungsbezirke – weniger die der großen Städte und die in der Pfalz (vgl. KERN 1975) – hatten weitgehend den Charakter von Stoffsammlungen und wirkten eher reglementierend als innovativ, zumal sie sich formell an das Niethammer-Regulativ des Jahres 1811 zu halten hatten (vgl. SUCHAN 1972, S. 230; vgl. REBLE 1975, S. 968). Trotzdem kann man im Vergleich mit Preußen vereinfachend behaupten, daß der Volksschulausbau in Bayern durch Siedlungsweise, agrarische Wirtschaftsverfassung und zögernde Industrialisierung stärker gehemmt wurde als durch bildungspolitische Aktivitäten. Im Hinblick auf das Problem der ungegliederten Landschule sei hier allein erwähnt, daß im Jahr 1910 in Bayern 55% der Bevölkerung in Gemeinden mit weniger als 2000 Einwohnern lebten, in Preußen hingegen nur 38% (vgl. HOHORST u. a. 1975, S. 42 f.).

Die Unterhaltung der Volksschulen folgte in Preußen und in Bayern dem Trend zu höheren Staatszuschüssen, die vorrangig den kleinen Gemeinden zugute kommen sollten. Bürokratisch ausgebaut wurde diese Tendenz wiederum zuerst in Preußen durch das Volksschulunterhaltungsgesetz von 1906 (vgl. ZENTRALBLATT ... 1906, S. 622 ff.; vgl. KLEWITZ 1981), während in Bayern erst das Schulbedarfsgesetz von 1919 eine nun allerdings gegenüber Preußen weitergehende Kostenbeteiligung des Staates brachte, nachdem das Finanzierungsgesetz von 1902 noch einen breiteren Ermessensspielraum des Staates belassen hatte (vgl. OSTHELDER 1930). Im Durchschnitt beider Länder jedoch bestritten die Gemeinden 1911 nur noch zwei Drittel der Volksschulkosten. Ebenfalls ähnlich lagen die Steigerungen beim Gesamtaufwand pro Volksschüler; ein gewisses Gefälle blieb bestehen, so daß in Preußen die Klassenfrequenz 1911 durchschnittlich 51 betrug und in Bayern 56 (vgl. PREUSSISCHES STATISTISCHES LANDESAMT 1913 a, S. 93; vgl. KÖNIGLICHES STATISTISCHES BUREAU 1913, S. 313, S. 315).

Die Volksschullehrerausbildung trug zunehmend sowohl der *Professionalisierung* als auch den Maßstäben des Bildungsbürgertums Rechnung (vgl. BÖLLING 1983, S. 59 ff.; vgl. LEWIN 1910, S. 433 ff.; vgl. LEXIS 1904, S. 245 ff.; vgl. MÜLLER 1914, S. 446 ff.; vgl. TEWS 1914, S. 201 ff.). Mit dem Zeugnis von einem der derzeit 114 Lehrerseminare im Deutschen Reich über die „wissenschaftliche Befähigung zum einjährig-freiwilligen Dienst" wurde 1896 allen Absolventen die Mittlere Reife zuerkannt, also die Unteroffizierslaufbahn eröffnet, und auch damit die Integration in die Gesellschaft des Kaiserreichs gefördert, zumal Sozialdemokraten vom Seminarbesuch – wie von der Mitarbeit in lokalen Schulvorständen – praktisch ausgeschlossen waren. In den preußischen Seminarbestimmungen von 1901 rangierte Pädagogik als Berufswissenschaft erstmals vor Religion und den übrigen Schulfächern (vgl. ZENTRALBLATT ... 1901, S. 600 ff.). Der seit 1901 dreijährige Präparandenunterricht und das dreijährige Lehrerseminar wiederholten und vertieften nicht mehr nur Volksschulstoff, sondern paßten sich in den allgemeinbildenden Fächern den

Mittel-, teilweise den Oberrealschulplänen an. In Bayern ist eine vergleichbare Tendenz an der Seminarlehrordnung von 1912 abzulesen (vgl. REBLE 1975, S. 969). Der Ausbau der Volksschule zu mehrstufigen Systemen und die immer häufigere Einrichtung von Jahrgangsklassen (vgl. LUNDGREEN 1980, S. 98; vgl. SILBERGLEIT 1908, S. 210 ff.; vgl. TEWS 1906) förderte eine *altersspezifische und sachbezogene Didaktik,* die mit dem Prinzip der Anschauung und der individuellen Förderung „vom Kinde aus" (vgl. DIETRICH 1963) ernst zu machen suchte. Der „Grundlehrplan der Berliner Gemeindeschulen" aus dem Jahr 1902 (vgl. FISCHER 1912) und der „Lehrplan für die Werktagsvolksschulen" Münchens von 1911 enthielten Konzepte für den Erstleseunterricht, in dem nicht mehr die Fibel zentrales Medium war, sondern Beobachtung, Erfahrung und Sprachvermögen des Kindes in den Vordergrund rückten. Der Münchner Lehrplan (im wesentlichen von dem Stadtschulrat Kerschensteiner verantwortet) bezeichnete folgerecht die systematische Sprachlehre nurmehr als Hilfsmittel, um Sprachverständnis und Ausdrucksfähigkeit zu entwickeln und damit Zugänge zur Sachwelt zu erschließen. Der Berliner Plan hingegen wollte – in unvereinbarem Konflikt mit dem Prinzip der Anschauung – die sprachlichen „Belehrungen" bereits im ersten Schuljahr beginnen lassen, wie in gymnasialen Vorschulen und grundständigen Mittelschulen üblich.

Eine Widersprüchlichkeit, die über die institutionelle Binnenstruktur schulischen Unterrichts hinauswies, zeigte sich bei den Realien, denen in der bildungspolitischen Diskussion um die Hebung der Volksschule gemeinhin mehr Bedeutung zugemessen wurde als der Vermittlung der Kulturtechniken (vgl. BERG 1974). Die Lehrpläne von Berlin und München, denen nicht mehr eine solche Vorreiterfunktion einzuräumen ist wie noch einige Jahrzehnte zuvor, setzten programmatisch als Grundlage der Inhaltsauswahl: die Lebenswelt des Kindes, die Fachsystematik sowie Verwendungsmöglichkeiten beziehungsweise Entsprechungen im Arbeitsleben, in der Öffentlichkeit und im Haushalt; in der Unterrichtspraxis sollten das Motivieren und das Anleiten zum Lernen des Lernens als weitere Intentionen neben die Faktenvermittlung treten.

Ein hohes Lehrplanniveau und der Optimismus der Einheitsschuldiskussion in Kreisen des Deutschen Lehrervereins und in der Sozialdemokratie konnten nicht verdecken, daß die Eigendynamik in Volksschule, Lehrerausbildung und Fachverbänden gesellschaftspolitische Erwartungen nähren half, die die offensive Kraft der weiterführenden Schulen unterschätzten (vgl. BENDELE 1979, CLOER 1977, SIENKNECHT 1968). Ihnen gegenüber blieben die Bemühungen um einen anspruchsvollen Ausbau der Volksschule und um hohe Schülerleistungen im Jahrgangsklassensystem ohne angemessenes Äquivalent außerhalb der Schule. Sozialgeschichtliche Untersuchungen von Betrieben der Hochindustrialisierungsepoche lassen nicht erkennen, daß das anspruchsvolle Programm der ausgebauten Volksschule und ein hoher individueller Lerneinsatz die Chancen auf dem Arbeitsmarkt beeinflußt haben. Vielmehr hingen die Erfolgsaussichten von Volksschülern (wie auch von Mittelschülern) dort, wo sie mit Absolventen höherer Lehranstalten konkurrierten, das heißt vor allem im unteren Angestelltenbereich und beim Aufstieg in Vorarbeiterpositionen, offenbar von individuell erwiesenen Fähigkeiten und berufsspezifischer Fortbildung ab (vgl. BORSCHEID 1978, S. 343 ff.; vgl. KOCKA 1969, SCHOMERUS 1976; vgl. SCHULZ 1979, S. 211 ff., S. 307 f., vgl. TENFELDE 1978).

Die breiten Diskussionen in der Öffentlichkeit um Leistungsanforderungen in der Volksschule und um die hohen Sitzenbleiberquoten (vgl. LEXIS 1904, S. 208 ff.; vgl. MÜLLER 1977, S. 268; vgl. TEWS 1906) bezogen sich in der Regel nicht auf schulische Inhalte, ihren Bildungswert oder ihre ökonomischen Verwendungsformen, die Diskussion vollzog auch nicht die Überbürdungsthematik der höheren Schulen nach, sondern sie richtete sich auf unmittelbare Abhilfen in Gestalt besonderer Einrichtungen für „Schwachbegabte" (vgl. KLINK 1966) und im Kern auf die gesellschaftspolitische Funktion der Volksschule. In den Kontroversen wurden einerseits die Sozialisationsbedingungen der Arbeiterkinder hervorgehoben, die rund zwei Drittel der Volksschülerschaft ausmachten. Andererseits zielte die Debatte darauf, die *politischen und sozialpädagogischen Erziehungsfunktionen* im Sinne der bürgerlichen Familie, des kapitalistischen Wirtschaftssystems und des nationalen Staates zu verstärken (vgl. v. BREMEN 1905, HEINEMANN 1976, HILDEBRANDT/QUEHL 1908, KERSCHENSTEINER 1910, MÜLLER 1914). Im Vergleich zu den weiterführenden Schulen galten Volksschulkinder nach wie vor als besonders erziehungsbedürftig, wenn auch die Defizite der Familie nicht mehr als so gravierend angesehen wurden wie in der Industrialisierungsepoche. Versittlichung und Hebung des Volkswohlstandes waren die leitenden Motive einer Vielzahl sozialer Interventionsmaßnahmen, für die die Volksschule in die Pflicht genommen wurde (vgl. LEXIS 1904, Anhang: „Wohlfahrtseinrichtungen"). Diese politisch-sozialen Erziehungsaufgaben und die Bemühungen um Pünktlichkeit, Schulhygiene und eine für regelmäßiges Arbeiten unerläßliche Ordnung haben vermutlich im Schulalltag eine bedeutende Rolle gespielt und das Bild von der Volksschule gegenüber weiterführenden Schulen mehr geprägt, als es Lehrplanvergleiche erkennen lassen.

Die Abgrenzung zwischen den Schularten beeinflußte wohl am meisten die Volksschulen in großen Kommunen. Die überdurchschnittlich ausgestatteten und differenziert ausgebauten Volksschulen – in ihren Ansprüchen nicht zuletzt durch benachbarte weiterführende Schulen angeregt und herausgefordert – mußte somit stärker als Landschulen die gesellschaftliche Diskriminierung und die verbreitete Abwertung ihrer Unterrichtsleistungen treffen. Anerkannt wurde die Volksschularbeit am ehesten mit der Vermittlung grundlegender Arbeitshaltungen und der Kulturtechniken Lesen, Schreiben und Rechnen in den ersten drei oder vier Klassen. Für diesen Bereich vertraten selbst Anhänger des sich verfestigenden dreigliedrigen Schulwesens (vgl. REIN 1909, S. 802f.; vgl. PAULSEN 1912b, S. 248) einen Einheitsschulansatz.

5 Zwischen Ausbau und Abwertung (1918–1970)

Die Jahre nach dem Ersten Weltkrieg brachten der Volksschule zunächst die Anerkennung, die ihr bei aller Steigerung ihrer Leistungsfähigkeit auch die voraufgegangene Periode nicht gebracht hatte. Im Zeichen des demokratischen Neubeginns nach 1918 wurde die Volksschule nun endgültig aus dem ehemaligen obrigkeitlichen „Instrument der Staatsräson" (FISCHER 1961, S. 223) zu einer Einrichtung, die sich dem Anspruch nach den Lernbedürfnissen und Interessen ihrer Klientel öffnete. An die Stelle der alten Elementarschule mit eingeschränktem Kanon trat auf diese Weise eine moderne Bildungs- und Erziehungsstätte von größerer Vielseitigkeit und Beweglichkeit mit umfassenden Zielen. Ihre traditionelle Isolierung gegen die „weiterführenden" Mittel- und Oberschulen tauschte sie gegen die Position eines förmlichen und festen Bestandteils im einheitlich aufgestuften Schulsystem. Auf dem Wege, die *Lehrerbildung* nach den für die höhere Bildung allgemein geltenden Grundsätzen zu gestalten (vgl. § 143 der Weimarer Reichsverfassung), wurden schließlich in den meisten Ländern während der 20er Jahre hochschulmäßige Einrichtungen für die Ausbildung der Volksschullehrer geschaffen (vgl. ECKARDT 1934). Neben Württemberg blieb es nur in Bayern bei den herkömmlichen Lehrer-

seminaren, da die Einführung von Akademien 1928/1929 an finanziellen Engpässen und grundsätzlichen Einwänden scheiterte (vgl. DENKSCHRIFT ... 1928; vgl. MORO 1977, S. 363 ff.). Auch die – konfessionell gebundenen – pädagogischen Akademien in Preußen brachten mit dem spezifischen Bildungsziel des „Lehrerbildners" den Volksschullehrern zunächst nicht die angestrebte volle Gleichberechtigung (vgl. KITTEL 1957, 1965). Aber mittelbar setzten sie über den damit einhergehenden Ausbau erziehungs- und sozialwissenschaftlicher Disziplinen und die langfristigen Veränderungen im Verhältnis von pädagogischer Theorie und Praxis eine Entwicklungsdynamik in Gang, die an Intensität die Wirkung der Seminargründungen zu Beginn des 19. Jahrhunderts noch weit übertraf. Für den stufenweisen Ausbau der Volksschule in den folgenden Jahrzehnten lag in diesen Einrichtungen eine wesentliche Voraussetzung (vgl. ROEDER 1984).
Dennoch machten sich in der Entwicklung der Volksschule zunehmend Widersprüche geltend, die ihr Bild insbesondere in der Gegenwart bestimmen. Schon in den 20er Jahren äußerten sich viele Zeitgenossen besorgt über den quantitativen Bedeutungsverlust und die abnehmende Anziehungskraft der Volksschule, speziell ihrer Oberklassen (vgl. BÄUMER 1930, HARTNACKE 1930, HYLLA/KONETZKY 1931, KOHLBACH 1931a). Eben die Anerkennung und Absicherung, die die Volksschule mit dem Reichsgrundschulgesetz von 1920 für einen – den unteren – Teil in der „Einheitsschule" erfuhr, schien für den anderen – oberen – Teil auf die Dauer in einen Existenzkampf mit den Sekundarschulen zu münden. Vielen Bildungsüberlegungen unterlag darum seitdem das Bestreben, die Volksschule didaktisch-pädagogisch aus der zweischneidigen Nähe zu diesen anderen Schulformen wieder herauszunehmen. Widerspruchsvolle Tendenzen dieser Art lassen sich geradezu als Signum dieses Entwicklungsabschnitts bezeichnen.
Uneindeutig lesen sich im Rückblick auch schon die reichsrechtlichen *Grundschulbestimmungen,* die den unteren vier Jahrgängen der Volksschule rechtlich – faktisch waren sie es in Bayern und den westlichen Gebieten Preußens schon zu Ende des 19. Jahrhunderts (vgl. FISCHER 1924, S. 11; vgl. TEWS 1919, S. 156 ff.) – die Funktion eines allgemeinen Unterbaus für das allgemeinbildende Schulsystem gaben (vgl. FÜHR 1970, S. 282 ff.). Die gemeinsame Grundschule ließ man ausdrücklich nicht als besondere Schulgattung, sondern nur als Teil der Volksschule gelten, weil sie zunächst einmal unzweifelhaft als Schule der Allgemeinheit zu etablieren war. Auch nicht in Teilen sollte sie wieder für eine privilegierte Minderheit zur gesonderten Vorschule zum anschließenden Besuch mittlerer und höherer Schulen werden. Aber die Betonung einer vertikalen Bildungseinheit der Volksschule spiegelte je länger, je mehr den Versuch, die Oberklassen vor dem Schicksal der „Auszehrung" beziehungsweise vor dem schonungslosen Leistungsvergleich mit den weiterführenden Schulen zu bewahren. Gemäß den nationalsozialistischen Lehrplanrichtlinien von 1939 sollte dann bezeichnenderweise von der „Grundschule" als einer Vorstufe auch für andere Schulformen als die Volksschule gar nicht mehr die Rede sein (vgl. OTTWEILER 1979, S. 160 f.) – obwohl doch offenbar gerade damals wieder in verstärktem Maße Kinder aus der Grundschule auf weiterführende Schulen übergingen (vgl. LESCHINSKY 1982, S. 78 ff.; vgl. SCHOLTZ 1981, S. 52 ff.). Erst in den 60er Jahren ist, nachdem die Stadtstaaten nach dem Zweiten Weltkrieg vorausgegangen waren, allgemein eine konsequente horizontale Stufengliederung erfolgt.
Unausgewogenheiten und strukturelle Widersprüche lassen sich auch bei den Bemühungen um *Lehrplan und Unterricht* der „neuen" Volksschule nach dem Ersten Weltkrieg ausmachen. In allen deutschen Ländern wurden während der 20er Jahre – in Preußen 1921/1922, in Bayern 1926 – im Geist der Reformpädagogik neue Richt-

linien beziehungsweise Rahmenlehrpläne erlassen (vgl. RICHTLINIEN ... 1923; STAATSMINISTERIUM FÜR UNTERRICHT UND KULTUS 1926, S. 127 ff.; vgl. KURFESS 1932/33). Sie fußten im Anspruchsniveau auf den pädagogischen und institutionellen Entwicklungen der voraufgegangenen Konsolidierungsphase, zu denen sie gleichzeitig aber einen scharfen Gegensatz markierten. Denn gegen stoffliche Überbreite und Disparatheit, gegen intellektuelle Einseitigkeit und Abstraktheit, die man an den bisherigen Lehrplanentwicklungen mit dem Wort vom „didaktischen Materialismus" kritisch zusammenfaßte, wurden nun die Ideen vertiefender Konzentration und lebensvoller Gesamterziehung gesetzt. Nicht so sehr eine zusätzliche Erweiterung des Fächerkanons (um Werk- und Hauswirtschaftsunterricht), als vielmehr seine Umakzentuierung zugunsten deutschkundlicher und musischer Inhalte sowie die entsprechende innere Neugestaltung der herkömmlichen Fächer gehörten darum in das reformpädagogische Programm. Für den naturkundlichen Bereich konnte dies bisweilen – etwa gegenüber dem Münchner Lehrplan von 1911 – eine nicht unbeträchtliche Stundenreduktion (von sechs auf drei bis vier Wochenstunden) bedeuten (vgl. STREHLER 1927, S. 34). Generell sollte der Anspruch sachbezogener Vollständigkeit und Systematik durch lernpsychologische Gesichtspunkte eines kindgemäßen und überhaupt flexiblen Unterrichtsaufbaus abgelöst werden, dem der strenge Schematismus der Herbartschen Stufenlehre eher hinderlich im Wege zu stehen schien. Schließlich wurde mit der stärkeren Gewichtung kindlicher Spontaneität und Eigentätigkeit ein mehr kameradschaftliches Verhältnis zwischen Lehrer und Schülern angestrebt (vgl. FLITNER 1961; vgl. MORO 1977, S. 271 ff.; vgl. PRETZEL/HYLLA 1927; vgl. SUCHAN 1972).
Wie insbesondere die letzten Punkte verdeutlichen, vollzog man mit dieser Umorientierung einerseits eine deutliche Abkehr vom Obrigkeitsstaat und seiner Schule; auch der „Schulmonarch", wie Zeitgenossen den wilhelminischen Volksschullehrer, insbesondere den Rektor, kritisch bezeichnet hatten (vgl. ZEIDLER 1975, S. 7 ff.), mußte mit seinem System eines strengen, die Kinder eher passiv haltenden Lernreglements stürzen. In besonderem Maße galt dies für den Anfangsunterricht in der Grundschule als Übergang vom kindlichen Spiel zu schulischem Ernst. Auf der andern Seite kamen in der Reformpädagogik Vorstellungen zur Geltung, die die Volksschule zur modernen Industriegesellschaft mit ihren Tendenzen eines fortschreitenden Traditionsabbaus sowie einer zunehmenden Rationalisierung der Lebensweise in einen tiefen Gegensatz bringen mußten. Der Volksschule wurde mit dem Konzept der volkstümlichen Bildung geradezu die „konservative" Aufgabe eines Horts ganzheitlicher, vorrationaler Volkskultur zugewiesen (vgl. KOHLBACH 1931 b, SEYFERT 1931, SPRANGER 1932). Während anfangs die rasche und entschiedene Öffnung für die Reformpädagogik der Volksschule gewissermaßen eine allgemeine Vorreiterrolle in der Schulreform zu geben schien, entdeckte man darin zunehmend ihren „Eigengeist", der sie von den weiterführenden Schulen positiv abgrenzte (vgl. SPRANGER 1955). Mit ihren Prinzipien der Lebensnähe, der Anschaulichkeit, des praktischen Tuns und der sozialen Gemeinschaft sollte die Volksschule den Schülern nicht so sehr den Weg in eine universale Lebenskultur bahnen, als vielmehr zum Erhalt regionaler und sozialer Eigenwelten beitragen.
Die *schulische Realität* wies über den gesamten Zeitraum hin eine außerordentliche Spannweite auf, in der noch immer die überkommene Heterogenität der Lebens- und Schulverhältnisse fortwirkte. Länderunterschiede und strukturelle Differenzen, die einen nur sehr allmählich aufzuhebenden Gegensatz zwischen Stadt und Land bedingten, wurden in der Verschiedenartigkeit des äußeren Aufbaus der Volksschule markiert und verstärkt. Für die Weimarer Zeit scheint paradoxerweise ge-

rade der anfänglich forcierte politische Versuch, über eine Reichsrahmengesetzgebung eine stärkere Angleichung wenigstens zwischen den Ländern zu erwirken, die Vereinheitlichung politisch behindert zu haben (vgl. FÜHR 1970). Gewisse bleibende Ergebnisse hatte der Nationalsozialismus wohl mehr noch als auf dem Wege der gewaltsamen politischen Zentralisierung mittelbar durch den Verschleiß lokaler Traditionen im Gefolge von Kriegsmobilisierung und Zusammenbruch. Es hing auch mit den regionalen Strukturunterschieden zusammen, daß die inhaltlichen Vorgaben in den 20er Jahren – formell auch im Nationalsozialismus – als Rahmenlehrpläne oder Richtlinien publiziert wurden, die für die Berücksichtigung der jeweiligen Gegebenheiten Raum ließen. Erforderlich war dies schon deswegen, weil diese Vorgaben damals – in Bayern wie in Preußen –, was den äußeren Klassenaufbau anging, bereits auf die leistungsfähigste Form der Volksschule: mit acht Jahrgangsklassen, abgestellt waren (vgl. BOELITZ 1925, S. 46; vgl. STREHLER 1927, S. 37). Mitte der 20er Jahre besuchte aber noch nicht ein Viertel der Schüler (in Bayern 23,9%, in Preußen 23,2%) derartige Einrichtungen, während ein- und zweiklassige Schulen in Preußen noch 23,3%, in Bayern sogar 41,5% aller Volksschüler aufnahmen (errechnet nach: STATISTISCHES REICHSAMT 1931). Diese großen Entwicklungsunterschiede, die – wie die folgende Tabelle ausweist – nur sehr allmählich abgebaut wurden, waren ein anderes typisches Spannungselement, das dieser Entwicklungsphase ihr Gepräge gab.

Schüler an Volksschulen nach Stufigkeit der Schulen – Vergleich der Situation in Bayern und Nordrhein-Westfalen, 1926, 1939, 1952 und 1965 (heutige Grenzen) – in %

Gebietseinheiten	Von den Schülern besuchte ..-stufige Schulen							
	1	2	3	4	5	6	7	8 und mehr
Bayern								
1926	15,5	26,0	12,8	7,4	3,8	4,2	6,4	23,9
1939	14,1	22,9	11,7	8,0	3,6	3,4	5,2	31,2
1952	5,2	14,6	11,8	11,6	7,2	5,3	9,9	34,6
1965	4,6	11,5	9,1	9,8	7,9	7,2	17,8	32,2
Nordrhein-Westfalen								
1926	4,2	7,3	9,3	7,3	5,1	11,9	38,6	16,1
1939	3,6	6,1	7,2	7,0	4,1	8,6	26,1	37,2
1952	2,1	5,3	6,4	6,9	4,8	5,4	15,3	53,8
1965	1,3	3,7	4,7	4,7	4,7	14,1	25,7	41,2

(1952 einschließlich der Aufbauzüge, aber im Gegensatz zu 1939 ohne die Sonderschulen. Die zahlenmäßigen Verschiebungen, die sich dadurch ergeben, sind zu geringfügig, um für die in der Tabelle ausgewiesenen Veränderungen von Einfluß zu sein.)

(Quellen: STATISTISCHES REICHSAMT 1931, 1941; STATISTISCHES BUNDESAMT 1954, 1965)

Die Differenzen waren vor allem Ausdruck eines massiven Stadt-Land-Gefälles, das für den Volksschulbereich selbst nur schwer die Vorstellung einheitlicher Geschlossenheit erlaubte. Der fortschreitende Ausbau der städtischen Volksschulen schuf einen Zugzwang, dem die ländliche Volksschule nur sehr allmählich nachkommen konnte. Nur das Gros der Schüler in den Großstädten besaß während der 20er und 30er Jahre – 1926 in Preußen nämlich 61,1%, in Bayern 85,6% – die Chance, auf ein wirklich ausgebautes Volksschulsystem zu treffen; in den Landgemeinden war die Mehrheit dagegen auf die kleinen, wenig gegliederten Schulen verwiesen: in Preußen 52,9% und in Bayern 70,7% auf die ein- und zweiklassige Volksschule (errechnet nach STATISTISCHES REICHSAMT 1931). Sie vermittelte Schülern und Lehrern spezifische Sozialerfahrungen und – aufgrund des erforderlichen Abteilungsunterrichts mit längerer Stillarbeit – nur begrenzte Instruktionsmöglichkeiten, die die generelle Distanz der Volksschule zu den höheren Lehranstalten besonders einschneidend machten. Für Bayern kam noch hinzu, daß im Gegensatz zum Art. 145 der Weimarer Reichsverfassung die Schulpflicht auf dem Lande überhaupt nur sieben Jahre dauerte (vgl. KERN 1975, LÖFFLER 1929; vgl. REBLE 1975, S. 980) und das Unterrichtsaufkommen durch den verkürzten Sommerbetrieb, die sogenannte Halbtagsschule, im Interesse der Mithilfe der Kinder dann meist noch einmal – praktisch bis um ein weiteres Schuljahr – reduziert wurde (vgl. DER AUSBAU ... 1926, S. 3). Die ausschließliche, „ungeteilte" Verlegung des Unterrichts auf den Vormittag, für die sich die preußischen Gemeinden bereits seit 1920 frei entscheiden konnten (vgl. ZENTRALBLATT ... 1920, S. 605), machte gegen derartige Störungen unempfindlicher. Die allgemeine Angleichung der Schulpflichtzeit auf acht Jahre brachte erst das Reichsschulpflichtgesetz von 1938 (vgl. Reichsgesetzblatt 1938, Teil I, S. 799; vgl. SCHEIBE 1974, S. 81), dessen volle Durchsetzung freilich im Zusammenhang mit dem Kriege auf Schwierigkeiten gestoßen sein dürfte (vgl. KERN 1975, S. 144 ff.).

Für den äußerst langsam vorankommenden Abbau der großen Stadt-Land-Differenzen, die erst in den 60er und 70er Jahren vollends beseitigt wurden, sind eine ganze Reihe von *Strukturproblemen* verantwortlich zu machen: Noch vor finanziellen Fragen rangieren Folgen der Siedlungsweise (Schulwege), Effekte der konfessionellen Gliederung der Volksschule und demographische Einflüsse (vgl. LESCHINSKY 1982). Sie verloren insgesamt erst in den 60er Jahren, und zwar sehr rasch, ihren hemmenden Einfluß auf die Schulentwicklung. Dafür war freilich – lange Zeit ohne daß man es wahrhaben wollte – durch Nationalsozialismus und Kriegsfolgen bereits der Grund gelegt worden. So konnten die Nachkriegsjahrzehnte zu einer Phase bis dahin undenkbarer Veränderungen werden, auch wenn sie im Endeffekt die Volksschule nicht von den zuvor bereits sichtbaren Widersprüchen befreiten. Im Gegenteil: Die Zäsur, die sich mit der gewaltigen Expansion weiterführender Bildungsgänge insbesondere seit den 60er Jahren in der Bundesrepublik dann vollzog, sollte für die Volksschul(oberstufe) letztlich gerade eine immer stärker werdende Akzentrierung bestimmter Problemkontinuitäten bringen. Die folgenreichen Nebenwirkungen des Krieges lassen sich anhand der demographischen Veränderungen besonders plastisch verdeutlichen; denn auf die Möglichkeiten zum Ausbau der ländlichen Volksschule übten die großen Flüchtlingsströme nach 1945 einen erheblichen Einfluß aus. Der dadurch erreichte „Strukturgewinn" der Volksschule, das heißt die Verminderung des Anteils wenig gegliederter Schulen zugunsten desjenigen vollausgebauter Volksschulsysteme, übertraf, wie die Tabelle (S. 89) zeigt, den der voraufgegangenen und der folgenden Jahre. In dieser Zeit behinderten zudem sinkende Schülerzahlen die weitere Ausdifferenzierung. Die eigentliche Landschulreform, die einen gewaltigen Konzentrationsprozeß zugunsten voll ausgebauter, das

heißt in Jahrgangsklassen gegliedeter, mehrzügiger Volksschulsysteme darstellte, vollzog sich dann unter den Bedingungen des massiven Anwachsens der Schülerzahlen. In Bayern wurden innerhalb von drei Jahren die ehemals 7000 zu etwa 3000 Volksschulen zusammengefaßt, in Nordrhein-Westfalen die vorhandenen 6000 Volksschulen zu zirka 3500 Grundschulen und etwa 1300 Hauptschulen umgewandelt (vgl. BAUMERT 1980, S. 598; vgl. LESCHINSKY/ROEDER 1980, S. 330).
Diese Jahre waren zugleich eine Phase umfangreicher Reforminitiativen, die Volksschule gerade in ihren Oberklassen (noch einmal) entschieden zur „Hauptschule" aufzuwerten. Aus den Widersprüchen haben allerdings auch diese Bemühungen die Volksschule nicht herauszuführen vermocht. Bei den Motiven überschnitt sich die Erfahrung, daß die Volksschule im Bildungswettlauf gegenüber den Realschulen und Gymnasien als unattraktiv immer weiter zurückzubleiben drohte, mit dem Ziel einer längst überfälligen Anpassung der Volksschule an die gestiegenen Anforderungen in der demokratischen Industriegesellschaft. Die Hauptschule sollte sich, wie der Deutsche Ausschuß 1959 zunächst noch vorsichtig, mit größerer Entschiedenheit 1964 empfahl (vgl. DEUTSCHER AUSSCHUSS ... 1965, S. 59 ff., S. 366 ff.), von den kulturkritischen, überalterten Bildungsidealen lösen und insbesondere der modernen Technik und Arbeitswelt öffnen: nicht bloß im Sinn inhaltlicher Erweiterungen (zum Beispiel um eine Fremdsprache), sondern darüber hinaus mit dem Anspruch begrifflicher Analyse und kritischer Verarbeitung dieser Entwicklungen (vgl. HEIMANN 1963; vgl. ROTH 1965, S. 36f., 1967, S. 238f.). Auch in der Hauptschule sollte sich der Unterricht nun vorwiegend als Fachunterricht an sachlich differenzierten Inhalten wie in den Oberschulen vollziehen, an die man auch durch die Verlängerung der Schulpflicht auf wenigstens neun Jahre (1966/1967) und mit höherwertigen Zertifikaten (mittlere Reife) Anschluß zu gewinnen bestrebt war. Der Umsetzung dieses Programms liefen die Expansion der Hochschulen und der damit gegebene Niveauanstieg in der Lehrerbildung parallel, die den Reformbestrebungen eine zusätzliche Durchschlagskraft und Eigendynamik verliehen (vgl. LESCHINSKY/ROEDER 1980, S. 287 ff.). Historische Ansätze dieser Art lassen sich bis an das Ende der Weimarer Zeit zurückverfolgen (vgl. LESCHINSKY 1978, 1982). Der Grundwiderspruch, der der entsprechenden Politik zugrunde liegt, konnte sich freilich erst unter der Bedingung ihrer umfassenden Realisierung vollständig ausprägen: Der Volksschuloberstufe wurde auf diese Weise weniger ein eigenständiges und attraktives Profil gegenüber den beiden anderen Sekundarschulformen gegeben; vielmehr kam mit der Erhöhung der Ansprüche und der generellen Verfachlichung eine weitere Angleichung im Rahmen der Sekundarstufe I zustande. Gleichzeitig erwies sich auch die Hoffnung als trügerisch, die rapide Expansion von Realschule und Gymnasium durch die Reform der Volksschule wirklich zum Halten zu bringen.

6 Perspektiven: prekäre Selbstbehauptung und neue Äquivalente

Die gegenwärtige Situation wird maßgeblich von der Schwierigkeit bestimmt, daß die weitgesteckten Zielperspektiven der Hauptschulreform nicht wirklich erreicht wurden. Die Tatsache, daß die Hauptschule weiterhin von Jahr zu Jahr mehr Schüler an Realschulen und Gymnasien verliert, erschwert inzwischen sichtlich die angestrebte inhaltliche Niveauanhebung; dies muß aber wiederum den Prozeß des Verlustes an Attraktivität und den fortlaufenden Schülerschwund noch begünstigen. Anfang der 50er Jahre (vgl. KÖHLER 1978) hatten in Bayern noch mehr als 80%, in Nordrhein-Westfalen 78,3% der Dreizehnjährigen die Volksschule besucht

– der Bundesdurchschnitt lag damals mit 79,3% leicht über dem Vorkriegsstand im Reiche (vgl. REICHSSTELLE FÜR SCHULWESEN 1941, S.XXIIIf.) –, aber 1980 war der entsprechende Prozentsatz auf 46,7% beziehungsweise 42,6% gefallen. Mindestens in den Städten mit ihrem breiteren, leichter zugänglichen Bildungsangebot zeichnet sich die Gefahr ab, daß die *Hauptschule* auf diese Weise zum Sammelbecken sozial benachteiligter und leistungsschwacher Kinder wird. Daß überdies die Kinder der eingewanderten ausländischen Arbeitskräfte vornehmlich die Hauptschule besuchen, hat ihre Probleme noch erhöht. Allerdings deutet sich inzwischen auch an, daß dies längerfristig zugleich zur – nicht nur quantitativen – Stabilisierung der Hauptschule beitragen könnte.

Insgesamt hat die Entwicklung bei vielen politischen Instanzen und in Lehrerkreisen zu dem Verdacht beigetragen, daß die Steigerung der Ansprüche und überhaupt die wachsende kognitive Orientierung der (Volks-)Schule nicht nur wichtige frühere – musische und erzieherische – Traditionen abgeschnitten habe, sondern durch den damit bewirkten Profilverlust die Krise der Hauptschule noch vertiefe (vgl. BECKMANN u.a. 1977, FLITNER 1977). Aber die daraus abgeleiteten Vorschläge, die von der Intensivierung handlungs- und praxisorientierten Unterrichts (und der Verzahnung mit der Berufsschule) bis hin zur Stärkung des sozialpädagogischen Elements reichen, müssen sich ihrerseits gegen die Gefahr wappnen, die Hauptschule damit vollends ins Abseits zu manövrieren und den quantitativen „Erosionsprozeß" zusätzlich zu fördern.

Um die Vorstellungen, die frühere Volksschuloberstufe in einer integrierten Sekundarstufe I aufgehen zu lassen, ist es inzwischen stiller geworden. Die Grundschule hat auf diesem Wege: als untere allgemeine Stufe im Schulsystem – zum Teil ergänzt um die zweijährige Orientierungsstufe –, ja einen unangefochtenen Platz gefunden. Statt dessen zeichnet sich ab, daß die Gesamtschulen mindestens teilweise für eine Population mit gehobenen Aspirationen gewissermaßen an die Stelle der einfachen Hauptschule rücken. Ähnliches läßt sich auch für die – so rasch expandierende – Realschule feststellen, deren Abschluß inzwischen als gesellschaftlich anerkannte Norm schulischer Grundqualifikationen gilt.

ABEL, W.: Massenarmut und Hungerkrisen im vorindustriellen Deutschland, Göttingen 1972. ABEL, W.: Massenarmut und Hungerkrisen im vorindustriellen Europa. Versuch einer Synopsis, Hamburg/Berlin 1974. ABEL, W.: Massenarmut und Hungerkrisen in Deutschland im letzten Drittel des 18.Jahrhunderts. In: HERRMANN, U. (Hg.): Das pädagogische Jahrhundert. Volksaufklärung und Erziehung zur Armut im 18.Jahrhundert in Deutschland, Weinheim/Basel 1981, S.29ff. ABELS, H.: Aufklärung und Erziehung zur Mündigkeit. Ein Beitrag zur Geschichte der bayerischen Volksbildung, Kettwig 1971. AUBIN, H./ZORN, W. (Hg.): Handbuch der deutschen Wirtschafts- und Sozialgeschichte, Bd.2, Stuttgart 1976. BARTHEL, O. (Bearb.): Die Schulen in Nürnberg 1905–1960, Nürnberg o.J. BÄUMER, G.: Schulaufbau, Berufsauslese, Berechtigungswesen, Berlin²1930. BAUMERT, J.: Aspekte der Schulorganisation und Schulverwaltung. In: MAX-PLANCK-INSTITUT FÜR BILDUNGSFORSCHUNG, PROJEKTGRUPPE BILDUNGSBERICHT (Hg.): Bildung in der Bundesrepublik Deutschland. Daten und Analysen, Bd.1, Reinbek 1980, S.589ff. BECKMANN, H.-K. u.a. (Hg.): Hauptschule in der Diskussion, Braunschweig 1977. BEER, B.: Ein Bericht aus früheren Zeiten. In: D. Dt. S. 49 (1957), S.418ff. BENDELE, U.: Sozialdemokratische Schulpolitik und Pädagogik im Wilhelminischen Deutschland (1890–1914). Eine sozialhistorisch-empirische Analyse, Frankfurt/M. 1979. BERG, CH.: Die Okkupation der Schule. Eine Studie zur Aufhellung gegenwärtiger Schulprobleme an der Volksschule Preußens (1872–1900), Heidelberg 1973. BERG, CH.: Volksschule im Abseits von „Industrialisierung" und Fortschritt. In: P. Rsch. 28 (1974), S.385ff. BERICHT ÜBER DIE VERWALTUNG DER STADT BERLIN IN DEN JAHREN 1829 BIS INCL. 1840, Berlin 1842. BERICHT ÜBER

DIE VERWALTUNG DER STADT BERLIN IN DEN JAHREN 1841 BIS INCL. 1850, Berlin 1853. BERICHT ÜBER DIE GEMEINDE-VERWALTUNG DER STADT BERLIN IN DEN JAHREN 1861 bis 1876, Heft 2, Berlin 1880. BLASIUS, D.: Bürgerliche Gesellschaft und Kriminalität, Göttingen 1976. BLESSING, W. K.: Allgemeine Volksbildung und politische Indoktrination im bayerischen Vormärz. Das Leitbild des Volksschullehrers als mentales Herrschaftsinstrument. In: Z. f. bayer. Ldgesch. 37 (1974), S. 479 ff. BLESSING, W. K.: Staatsintegration als soziale Integration. Zur Entstehung einer bayerische Gesellschaft im frühen 19. Jahrhundert. In: Z. f. bayer. Ldgesch. 41 (1978), S. 633 ff. BLESSING, W. K.: Staat und Kirche in der Gesellschaft. Institutionelle Autorität und mentaler Wandel in Bayern während des 19. Jahrhunderts, Göttingen 1982. BLOTH, H. G.: Johann Julius Hecker (†1707-1768). Seine „Universalschule" und seine Stellung zum Pietismus und Absolutismus. In: STUPPERICH, R. (Hg.): Jahrbuch des Vereins für Westfälische Kirchengeschichte, Bd. 61, Bethel 1968, S. 63 ff. (1968 a). BLOTH, H. G.: Johann Julius Hecker (†1768) und seine „Allgemeine Schule". In: Z. f. P. 14 (1968), S. 253 ff. (1968 b). BLOTH, H. G.: Johann Julius Hecker. In: STUPPERICH, R. (Hg.): Westfälische Lebensbilder, Bd. 10, Münster 1970, S. 58 ff. BOELITZ, O.: Der Aufbau des preußischen Bildungswesens nach der Staatsumwälzung, Leipzig 1925. BÖLLING, R.: Sozialgeschichte der deutschen Lehrer, Göttingen 1983. BORCHARDT, K.: Wirtschaftswachstum und Wechsellagen 1800-1914. In: AUBIN, H./ZORN, W. (Hg.): Handbuch der deutschen Wirtschafts- und Sozialgeschichte, Bd. 2, Stuttgart 1976, S. 198 ff. BORSCHEID, P.: Textilarbeiterschaft in der Industrialisierung. Stuttgart 1978. BREMEN, E. v.: Die Preußische Volksschule. Gesetze und Verordnungen, Stuttgart/Berlin 1905. CLAUSNITZER, L./ROSIN, H.: Geschichte des Preußischen Unterrichtsgesetzes, Spandau 1912. CLOER, E.: Sozialgeschichtliche Aspekte der Solidarisierung der preußischen Volksschullehrerschaft im Kaiserreich und in der Weimarer Republik. In: HEINEMANN, M. (Hg.): Der Lehrer und seine Organisation, Stuttgart 1977, S. 59 ff. CONZE, W.: Sozialgeschichte 1800-1850. In: AUBIN, H./ZORN, W. (Hg.): Handbuch..., Stuttgart 1976, S. 426 ff. DENKSCHRIFT ÜBER DIE NEUORDNUNG DER LEHRERBILDUNG IN BAYERN. In: Bayer. Bwes. 2 (1928), 2, S. 65 ff. DER AUSBAU DER BAYERISCHEN VOLKSSCHULE. Denkschrift des Bayerischen Lehrervereins, München 1926. DEUTSCHER AUSSCHUSS FÜR DAS ERZIEHUNGS- UND BILDUNGSWESEN: Empfehlungen und Gutachten. Folge 9: Empfehlungen für die Neuordnung der Höheren Schule, Stuttgart 1965. DIE ERGEBNISSE DER VOLKSZÄHLUNG UND VOLKSBESCHREIBUNG IM PREUSSISCHEN STAATE VOM 1. DECEMBER 1871. Preußische Statistik, Bd. 30, Berlin 1875. DIETRICH, Th. (Hg.): Die Pädagogische Bewegung „vom Kinde aus", Bad Heilbrunn 1963. DIETRICH, Th./KLINK, J.-G. (Hg.): Zur Geschichte der Volksschule, Bd. 1, Bad Heilbrunn 1972. ECKARDT, A.: Die akademische Lehrerbildung. Eine zusammenfassende Darstellung ihrer Probleme wie ihres gegenwärtigen Standes im In- und Ausland, Weimar 1934. FERTIG, L.: Obrigkeit und Schule. Die Schulreform unter Herzog Ernst dem Frommen (1601-1675) und die Erziehung zur Brauchbarkeit im Zeitalter des Absolutismus, Neuburgweier/Karlsruhe 1971. FERTIG, L. (Hg.): Die Volksschule des Obrigkeitsstaates und ihre Kritiker, Darmstadt 1979. FISCHER, A.: Fingerzeige aus der Lehrplangeschichte für die Lehrplangebung. In: Bayer. Lrztg. 58 (1924), 3, S. 9 ff; 4, S. 17 ff. FISCHER, A.: Wandlungen der deutschen Schule im 20. Jahrhundert. In: FLITNER, W./KUDRITZKI, G. (Hg.): Die deutsche Reformpädagogik, Bd. 2, Düsseldorf/München 1961, S. 210 ff. FISCHER, L. H. (Hg.): Sammlung aller für die Berliner Gemeindeschulen und Hilfsschulen gültigen allgemeinen Verfügungen des Magistrats und der Städtischen Schuldeputation, Berlin 1912. FISCHER, W. u.a.: Armut in der Geschichte, Göttingen 1982. FISCHER, W.: Sozialgeschichtliches Arbeitsbuch I. Materialien zur Statistik des Deutschen Bundes 1815-1870, München 1982. FLITNER, W.: Die vier Quellen des Volksschulgedankens, Stuttgart ³1954. FLITNER, W.: Zur Einführung. In: FLITNER, W./KUDRITZKI, G. (Hg.): Die Deutsche Reformpädagogik, Bd. 1, Düsseldorf/München 1961, S. 9 ff. FLITNER, W.: Verwissenschaftlichung der Schule? In: Z. f. P. 23 (1977), S. 947 ff. FOOKEN, E.: Die geistliche Schulaufsicht und ihre Kritiker im 18. Jahrhundert, Wiesbaden 1967. FROESE, L./KRAWIETZ, W. (Bearb.): Deutsche Schulgesetzgebung, Bd. 1, Weinheim/Berlin/Basel 1968. FÜHR, Ch.: Zur Schulpolitik der Weimarer Republik. Die Zusammenarbeit von Reich und Ländern im Reichsschulausschuß (1919-1923) und im Ausschuß für das Unterrichtswesen (1924-1933). Darstellung und Quellen, Weinheim/Basel 1970. GEBELE, J.: Das Schulwesen der königl. bayer. Haupt- und Residenzstadt München in seiner geschichtlichen Entwicklung und unter Berücksichtigung der älteren bayerischen

Schulzustände aus archivalischen Quellen, München 1896. GEBELE, J.: Die Ausbildung der Aufsicht über die Volksschule in Bayern im Übergange vom 18. zum 19. Jahrhundert, Berlin 1901. GEBELE, J.: 100 Jahre der Münchener Volksschule, München 1903. GEBHARDT, B.: Die Einführung der Pestalozzischen Methode in Preußen. Ein urkundliches Kapitel preußischer Schulgeschichte, Berlin 1896. GENEHMIGTER PLAN FÜR DIE EINRICHTUNG DES STÄDTISCHEN ARMEN-SCHULWESENS IN BERLIN. In: BECKEDORFF, L. (Hg.): Jahrbücher des Preußischen Volksschulwesens, Bd. 6, Berlin 1827, S. 169 ff. GOEBEL, K.: Schule im Schatten. Die Volksschule in den Industriestädten des Wuppertals und seiner niederbergischen Umgebung um 1850, Wuppertal 1978. GRÜNER, J.: Das Schulwesen des Netzedistrikts zur Zeit Friedrichs des Großen (1772-1786). Ein Beitrag zur Schul- und Kulturgeschichte des 18. Jahrhunderts, Breslau 1904. GRUNDLEHRPLAN DER BERLINER GEMEINDESCHULEN, Breslau 1902. HARTNACKE, W.: Naturgrenzen geistiger Bildung. Inflation der Bildung, schwindendes Führertum, Herrschaft der Urteilslosen. Leipzig 1930. HEIMANN, P.: Zur Bildungssituation der Volksschuloberstufe in der Kultur und Gesellschaft der Gegenwart, Hannover 1963. HEINEMANN, M.: Schule im Vorfeld der Verwaltung. Die Entwicklung der preußischen Unterrichtsverwaltung von 1771-1800, Göttingen 1974. HEINEMANN, M.: Normprobleme in der Fürsorgeerziehung. In: HEINEMANN, M. (Hg.): Sozialisation und Bildungswesen in der Weimarer Republik, Stuttgart 1976, S. 131 ff. HEINEMANN, M.: „Bildung" in Staatshand. Zur Zielsetzung und Legitimationsproblematik der „niederen" Schulen in Preußen, unter besonderer Berücksichtigung des Unterrichtsgesetzentwurfs des Ministeriums Falk (1877). In: BAUMGART, P. (Hg.): Bildungspolitik in Preußen zur Zeit des Kaiserreichs, Stuttgart 1980, S. 150 ff. HEINEMANN, M./RÜTER, W.: Landschulreform als Gesellschaftsinitiative. Philip von der Reck, Johann Friedrich Wilberg und die Tätigkeit der „Gesellschaft der Freunde der Lehrer und Kinder in der Grafschaft Mark" (1789-1815), Göttingen 1975. HEPPE, H.: Geschichte des deutschen Volksschulwesens, 5 Bde., Gotha 1858-1860 (Bd. 3: 1858 a; Bd. 4: 1858 b). HERRLITZ, H.-G. u. a.: Deutsche Schulgeschichte von 1800 bis zur Gegenwart. Eine Einführung, Königstein 1981. HERRMANN, U.: Armut, Armenversorgung, Armenerziehung an der Wende zum 19. Jahrhundert. In: HERRMANN, U. (Hg.): Das pädagogische Jahrhundert. Volksaufklärung und Erziehung zur Armut im 18. Jahrhundert in Deutschland, Weinheim/Basel 1981, S. 194 ff. (1981 a). HERRMANN, U. (Hg.): Das pädagogische Jahrhundert. Volksaufklärung und Erziehung zur Armut im 18. Jahrhundert in Deutschland, Weinheim/Basel 1981 b. HILDEBRANDT, L. (Hg.): Verordnungen betreffend das Volksschulwesen sowie die Mittel- und die höhere Mädchenschule in Preußen, Düsseldorf 1898. HILDEBRANDT, L./Quehl, W. (Hg.): Verordnungen betreffend das Volksschulwesen in Preußen, Düsseldorf 1908. HINTZE, O.: Die Epochen des evangelischen Kirchenregiments in Preußen. In: HINTZE, O.: Regierung und Verwaltung. Gesammelte Abhandlungen zur Staats-, Rechts- und Sozialgeschichte Preußens, Göttingen ²1967, S. 56 ff. HOFFMANN, J. G.: Übersicht des Zahlenverhältnisses der schulfähigen Kinder zu denjenigen, welche wirklich Unterricht in öffentlichen Schulen erhalten. In: HOFFMANN, J. G.: Sammlung Kleiner Schriften staatswirthschaftlichen Inhalts, Berlin 1843, S. 144 ff. HOHORST, G. u. a.: Sozialgeschichtliches Arbeitsbuch. Materialien zur Statistik des Kaiserreichs 1870-1914, München 1975. HYLLA, E./KONETZKY, S. (Hg.): Die Oberstufe der Volksschule, Berlin/Leipzig/Langensalza 1931. JANTKE, C./HILGER, D. (Hg.): Die Eigentumslosen. Der deutsche Pauperismus und die Emanzipationskrise in Darstellung und Deutungen der zeitgenössischen Literatur, Freiburg/München 1965. JEISMANN, K.-E.: Die „Stiehlschen Regulative". In: HERRMANN, U. (Hg.): Schule und Gesellschaft im 19. Jahrhundert, Weinheim 1977, S. 137 ff. KERN, P.: Die Einführung des achten Schuljahres in der Pfalz. Ein Beitrag zu Werden und Gestalt der Volksschuloberstufe, 1816-1940. Diss., Mainz 1975. KERSCHENSTEINER, G.: Der Begriff der staatsbürgerlichen Erziehung, Leipzig 1910. KITTEL, H.: Vom Religionsunterricht zur Evangelischen Unterweisung, Hannover ³1957. KITTEL, H. (Hg.): Die Pädagogischen Hochschulen. Dokumente ihrer Entwicklung (I) 1920 bis 1932, Darmstadt 1965. KLEWITZ, M.: Preußische Volksschule vor 1914. In: Z. f. P. 27 (1981), S. 551 ff. KLINK, J.-G. (Hg.): Zur Geschichte der Sonderschule, Bad Heilbrunn 1966. KOCKA, J.: Unternehmensverwaltung und Angestelltenschaft am Beispiel Siemens 1847-1914. Zum Verhältnis von Kapitalismus und Bürokratie in der deutschen Industrialisierung, Stuttgart 1969. KÖHLER, H.: Der relative Schul- und Hochschulbesuch in der Bundesrepublik Deutschland 1952 bis 1975. Ein Indikator für die Entwick-

Institutionalisierung des Volksschulwesens

lung des Bildungswesens. Max-Planck-Institut für Bildungsforschung: Materialien aus der Bildungsforschung, Nr. 13, Berlin 1978. KOHLBACH, G.: Die Stellung der Volksschule im preußischen Bildungswesen, Leipzig 1931 a. KOHLBACH, G.: Zum Kampf um die Landschule. In: ECKHARDT, K./KONETZKY, S. (Hg.): Um die Landschule, Langensalza/Berlin/Leipzig 1931, S. 1 ff. (1931 b). KÖLLMANN, W.: Bevölkerungsgeschichte 1800–1870. In: AUBIN, H./ZORN, W. (Hg.): Handbuch..., Stuttgart 1976, S. 9 ff. KONEFFKE, G.: Einleitung. In: KONEFFKE, G. (Hg.): Zur Erforschung der Industrieschule des 17. und 18. Jahrhunderts, Vaduz 1982, S. IX ff. KÖNIGLICHES STATISTISCHES BUREAU (Hg.): Statistisches Jahrbuch für das Königreich Bayern, Bd. 17 (1913), München 1913. KOPITZSCH, F.: Zur Sozialgeschichte der deutschen Aufklärung als Forschungsaufgabe. In: KOPITZSCH, F. (Hg.): Aufklärung, Absolutismus und Bürgertum in Deutschland, München 1976, S. 11 ff. KOSELLECK, R.: Preußen zwischen Reform und Revolution, Stuttgart ²1975. KRIEDTE, P. u. a.: Industrialisierung vor der Industrialisierung, Göttingen 1977. KRIENKE, G.: Der schulische Aspekt der Kinderarbeit in Berlin 1825–1848. In: Der Bär von Berlin, 18. Folge, Berlin 1969, S. 94 ff. KRUEGER, B.: Stiehl und seine Regulative. Ein Beitrag zur preußischen Schulgeschichte, Weinheim 1970. KUCZYNSKI, J. (Hg.): Hardenbergs Umfrage über die Lage der Kinder in den Fabriken, Berlin 1960. KURFESS, F.: Die Reform der Volksschullehrpläne in den deutschen Ländern. In: Int. Z. f. Ew. 2 (1932/1933), S. 605 ff. LEHRPLAN FÜR DIE WERKTAGSVOLKSSCHULEN DER K. HAUPT- UND RESIDENZSTADT MÜNCHEN, MÜNCHEN 1911. LESCHINSKY, A.: Sekundarstufe I oder Volksschuloberstufe? Zur Diskussion um den Mittelbau des Schulwesens am Ende der Weimarer Zeit. In: N. Samml. 18 (1978), S. 404 ff. LESCHINSKY, A.: Das Konzept einer rationalen Elementarerziehung. Die Pädagogik Rochows. In: HERRMANN, U. (Hg.): Das pädagogische Jahrhundert. Volksaufklärung und Erziehung zur Armut im 18. Jahrhundert in Deutschland, Weinheim/Basel 1981, S. 169 ff. (1981 a). LESCHINSKY, A.: Die realen Grenzen einer Pädagogik der Armut. In: HERRMANN, U. (Hg.): Das pädagogische Jahrhundert. Volksaufklärung und Erziehung zur Armut im 18. Jahrhundert in Deutschland, Weinheim/Basel 1981, S. 283 ff. (1981 b). LESCHINSKY, A.: Volksschule zwischen Ausbau und Auszehrung. Schwierigkeiten bei der Steuerung der Schulentwicklung seit den zwanziger Jahren. In: Vjhefte f. Zeitgesch. 30 (1982), S. 27 ff. LESCHINSKY, A./ROEDER, P. M.: Didaktik und Unterricht in der Sekundarstufe I seit 1950. Entwicklung der Rahmenbedingungen. In: MAX-PLANCK-INSTITUT FÜR BILDUNGSFORSCHUNG, PROJEKTGRUPPE BILDUNGSBERICHT (Hg.): Bildung in der Bundesrepublik Deutschland. Daten und Analysen, Bd. 1, Reinbek/Stuttgart 1980, S. 283 ff. LESCHINSKY, A./ROEDER, P. M.: Schule im historischen Prozeß. Zum Wechselverhältnis von institutioneller Erziehung und gesellschaftlicher Entwicklung Frankfurt/Berlin/Wien ²1983. LEWIN, H.: Geschichte der Entwicklung der preußischen Volksschule und die Förderung der Volksbildung durch die Hohenzollern, Leipzig 1910. LEXIS, W. (Hg.): Das Unterrichtswesen im Deutschen Reich, Bd. 3: Das Volksschulwesen und das Lehrerbildungswesen, Berlin 1904. LICHTENSTEIN, E.: Aus dem Krisenjahr der Pestalozzischulreform in Preußen. Ein unveröffentlichter Bericht von Bernh. Chr. Ludwig Natorp. In: Z. f. P. 1 (1955), S. 83 ff. LÖFFLER, E.: Die Schulpflicht in Deutschland. In: KERSCHENSTEINER, G. u. a.: Das neunte Schuljahr. Gutachten über eine Erweiterung der Schulpflicht, Jena 1929, S. 1 ff. LUNDGREEN, P.: Sozialgeschichte der deutschen Schule im Überblick, 2 Teile, Göttingen 1980/1981 (Teil 1: 1980; Teil 2: 1981). MAIER, K. E.: Das Werden der allgemeinbildenden Pflichtschule in Bayern und Österreich. Eine vergleichende Untersuchung von den Anfängen bis zur Gegenwart, Ansbach 1967. MAYR, G.: Statistik des Unterrichts und der Erziehung im Königreiche Bayern für die Jahre 1869/70, 1870/71, 1871/72, Teil 2, München 1875. MEYER, A. H. G.: Schule und Kinderarbeit. Das Verhältnis von Schul- und Sozialpolitik in der Entwicklung der preußischen Volksschule zu Beginn des 19. Jahrhunderts, Diss., Hamburg 1971. MEYER, F.: Schule der Untertanen. Lehrer und Politik in Preußen 1848–1900, Hamburg 1976. MORO, G.: Bayerische Volksschulpolitik zwischen 1918 und 1933, Diss., Würzburg 1977. MÜLLER, C.: Grundriß der Geschichte des preußischen Volksschulwesens, Osterwieck ⁵1914. MÜLLER, D. K.: Sozialstruktur und Schulsystem. Aspekte zum Strukturwandel des Schulwesens im 19. Jahrhundert, Göttingen 1977. NEIGEBAUR, J. F.: Das Volksschulwesen in den Preußischen Staaten, Berlin/Posen/Bromberg 1834. NEVERMANN, K.: Der Schulleiter. Juristische und historische Aspekte zum Verhältnis von Bürokratie und Pädagogik, Stuttgart 1982. NIPPERDEY, Th.: Deutsche Geschichte 1800–1866, München 1983. NOR-

DEN, W.: Die Alphabetisierung der oldenburgischen Küstenmarsch im 17. und 18. Jahrhundert. In: HINRICHS, E./NORDEN, W.: Regionalgeschichte. Probleme und Beispiele, Hildesheim 1980, S. 103 ff. NORMAL-LEHRPLAN FÜR DIE UNTER DER AUFSICHT DER HIESIGEN STÄDTISCHEN SCHUL-DEPUTATION STEHENDEN KOMMUNAL-, PAROCHIAL- UND PRIVATSCHULEN, Berlin 1855. NOTBOHM, H.: Das evangelische Kirchen- und Schulwesen in Ostpreußen während der Regierung Friedrich des Großen, Heidelberg 1959. OSTHELDER, L.: Das bayerische Schulbedarfsgesetz vom 14. August 1919 nebst den sonstigen schulrechtlichen Bestimmungen, München 1930. OTTWEILER, O.: Die Volksschule im Nationalsozialismus, Weinheim/Basel 1979. PAULSEN, F.: Das deutsche Bildungswesen in seiner geschichtlichen Entwicklung, Leipzig ³1912a. PAULSEN, F.: Zum Schulprogramm des 20. Jahrhunderts. In: PAULSEN, F.: Gesammelte Pädagogische Abhandlungen, hg. von E. Spranger, Stuttgart/Berlin 1912, S. 247 ff. (1912 b). PETERSILIE, A.: Das öffentliche Unterrichtswesen im Deutschen Reich und in den übrigen europäischen Kulturländern, Bd. 1, Leipzig 1897. PETRAT, G.: Schulunterricht. Seine Sozialgeschichte in Deutschland 1750 bis 1850, München 1979. PFAHLS, L.-H.: Staat, Kirche und Volksschule in Bayern, Diss., Augsburg 1971. PRETZEL, C. L. A./HYLLA, E.: Neuzeitliche Volksschularbeit. Winke zur Durchführung der preußischen Lehrplanrichtlinien, Langensalza 1927. PREUSSISCHES STATISTISCHES LANDESAMT (Hg.): Das niedere Schulwesen in Preußen 1911, 2 Bde., Berlin 1913 (Bd. 1: 1913 a). QUANDT, S. (Hg.): Kinderarbeit und Kinderschutz in Deutschland 1783–1976, Paderborn 1978. RANG, A./RANG-DUDZIK, B.: Anmerkungen und Überlegungen zu dem Buch von A. Leschinsky und P. M. Roeder: „Schule im historischen Prozeß". In Z. f. P. 23 (1977), S. 625 ff. REBLE, A.: Das Schulwesen. In: HANDBUCH DER BAYERISCHEN GESCHICHTE, Bd. 4, hg. von M. Spindler, München 1975, S. 949 ff. REICHSSTELLE FÜR SCHULWESEN (Bearb.): Wegweiser durch das gewerbliche Berufs- und Fachschulwesen des Deutschen Reiches, Schuljahr 1938, Langensalza/Berlin/Leipzig 1941. REIN, W.: Die Volksschule. In: REIN, W. (Hg.): Encyklopädisches Handbuch der Pädagogik, Bd. 9, Langensalza ²1909, S. 739 ff. RICHTLINIEN DES PREUSSISCHEN MINISTERIUMS FÜR WISSENSCHAFT, KUNST UND VOLKSBILDUNG FÜR DIE LEHRPLÄNE DER VOLKSSCHULEN MIT DEN ERLÄUTERTEN BESTIMMUNGEN DER ART. 142–150 DER REICHSVERFASSUNG UND DES REICHS-GRUNDSCHULGESETZES VOM 28. APRIL 1920, Breslau ³1923. ROEDER, P. M.: Gemeindeschule in Staatshand. Zur Schulpolitik des Preußischen Abgeordnetenhauses. In: Z. f. P. 12 (1966), S. 539 ff. ROEDER, P. M.: Lehrerbildung und Bildungsreform. (Teacher Training and Educational Reform). In: P. Rsch. 38 (1984), S. 17 ff. RÖNNE, L. v.: Das Unterrichtswesen des Preußischen Staates, 2 Bde., Berlin 1855 (Bd. 1: 1855 a, Bd. 2: 1855 b). ROESSLER, W.: Die Entstehung des modernen Erziehungswesens in Deutschland, Stuttgart 1961. ROTH, H.: Jugend und Schule zwischen Reform und Restauration, Hannover 1965. ROTH, H.: Erziehungswissenschaft, Erziehungsfeld und Lehrerbildung. Gesammelte Abhandlungen 1957 bis 1967, hg. v. H. Thiersch/H. Tütken, Hannover/Berlin/Darmstadt/Dortmund 1967. SACHER, W.: Die zweite Phase in der Lehrerbildung. Ihre Entwicklung seit 1800, aufgezeigt am Beispiel Bayerns, Bad Heilbrunn 1974. SACHER, W.: Lehrerfortbildung im Spannungsfeld zwischen Staat und Lehrerorganisation. In: HEINEMANN, M. (Hg.): Der Lehrer und seine Organisation, Stuttgart 1977, S. 105 ff. SACHSSE, Ch./TENNSTEDT, F.: Geschichte der Armenfürsorge in Deutschland, Stuttgart/Berlin/Köln/Mainz 1980. SCHEIBE, W. (Hg.): Zur Geschichte der Volksschule, Bd. 2, Bad Heilbrunn ²1974. SCHLEIERMACHER, F.: Pädagogische Schriften, 2 Bde., hg. v. E. Weniger/Th. Schulze, Düsseldorf/München 1957. SCHMITT, H.: Schulreform im aufgeklärten Absolutismus. Leistungen, Widersprüche und Grenzen philanthropischer Reformpraxis im Herzogtum Braunschweig-Wolfenbüttel 1785–1790, Weinheim/Basel 1979. SCHNEIDER, K./BREMEN, E. v. (Bearb.): Das Volksschulwesen im Preußischen Staate in systematischer Zusammenstellung der auf seine innere Einrichtung und seine Rechtsverhältnisse, sowie auf seine Leitung und Beaufsichtigung bezüglichen Gesetze und Verordnungen. Zugleich ein vollständiger Auszug der durch das Centralblatt für die gesammte Unterrichtsverwaltung von 1859–1885 mitgetheilten auf das Volksschulwesen bezüglichen und noch in Kraft stehenden Gesetze und Verordnungen, 3 Bde., Berlin 1886/1887 (Bd. 3: 1886 a, Bd. 1: 1886 b). SCHOLTZ, H.: Nationalsozialistische Machtausübung im Erziehungsfeld und ihre Wirkungen auf die junge Generation, 3 Teile, hg. v. der Fernuniversität – Gesamthochschule – Hagen, Fachbereich Erziehungs- und Sozialwissenschaften, Hagen 1981. SCHOMERUS, H.: Ausbildung und Aufstiegsmöglichkeiten württembergischer Metallarbeiter 1850 bis 1914 am Beispiel der Maschinenfabrik Eßlingen. In: ENGELHARDT, U. u.a. (Hg.): Soziale Bewegung und politische Verfassung, Stuttgart 1976, S. 372 ff. SCHREMMER, E.: Die Wirtschaft Bayerns, München 1970. SCHULZ, G.: Die Arbeiter und Angestellten bei Felten & Guilleaume, Wiesbaden 1979. SEYFERT, R.: Volkstümliche Bildung als Aufgabe der Volksschule, Dresden 1931. SIENKNECHT, H.: Der Einheitsschulgedanke. Geschichtliche Entwicklung und gegenwärtige Problematik, Weinheim/Berlin 1968. SILBERGLEIT, H.: Preußens Städte, Berlin 1908. SONNENBERGER, F.: Schulkampf in Bayern. Der Streit um die Konfessionalität der Volksschule, 1804-1950, Diss., München 1980. SPRANGER, E.: Volk, Staat, Erziehung. Gesammelte Reden und Aufsätze, Leipzig 1932. SPRANGER, E.: Zur Geschichte der deutschen Volksschule, Heidelberg 1949. SPRANGER, E.: Der Eigengeist der Volksschule, Heidelberg 1955. STAATSMINISTERIUM FÜR UNTERRICHT UND KULTUS (Hg.): Lehrordnung für die bayerischen Volksschulen. Amtsblatt des Bayerischen Staatsministeriums, Nr. 16, München 1926. STANZEL, J.: Die Schulaufsicht im Reformwerk des Johann Ignaz von Felbiger (1724 bis 1788). Schule, Kirche und Staat in Recht und Praxis des aufgeklärten Absolutismus, Paderborn 1976. STATISTISCHES BUNDESAMT (Hg.): Die allgemeinbildenden Schulen im Jahre 1952. Statistik der Bundesrepublik Deutschland, Bd. 105, Stuttgart/Köln 1954. STATISTISCHES BUNDESAMT (Hg.): Allgemeinbildende Schulen 1965. Fachserie A, Reihe 10. 1, Stuttgart/Mainz 1965. STATISTISCHES REICHSAMT (Bearb.): Das Schulwesen im Deutschen Reich, Schuljahr 1926/27. Vierteljahreshefte zur Statistik des Deutschen Reichs 1930, Ergänzungsheft V, Berlin 1931. STATISTISCHES REICHSAMT (Bearb.): Die Volksschulen im Deutschen Reich 1939, Berlin 1940. STREHLER, A.: Die neue Landeslehrordnung. In: Bayer. Lrztg. 61 (1927), 3, S. 33 ff. STÜRMER, M.: Konjunktur, Krise und Kritik. Zur Sozialgeschichte des Handwerks im ausgehenden 18. Jahrhundert. In: HERRMANN, U. (Hg.): Das pädagogische Jahrhundert. Volksaufklärung und Erziehung zur Armut im 18. Jahrhundert in Deutschland, Weinheim/Basel 1981, S. 53 ff. SUCHAN, M.: Die Entwicklung der Volksschuloberstufe in Bayern vom Braunschen Lehrplan bis zur Lexschen Lehrordnung (1770-1926), Diss., Regensburg 1972. TENFELDE, K.: Bildung und sozialer Aufstieg im Ruhrbergbau vor 1914. In: CONZE, W. (Hg.): Arbeiter im Industrialisierungsprozeß, Stuttgart 1978, S. 465 ff. TEWS, J.: Klassenorganisation in der Volksschule. In: REIN, W. (Hg.): Encyklopädisches Handbuch der Pädagogik, Bd. 5, Langensalza ²1906, S. 1 ff. TEWS, J.: Ein Jahrhundert preußischer Schulgeschichte, Leipzig 1914. TEWS, J.: Ein Volk - eine Schule. Darstellung und Begründung der deutschen Einheitsschule, Osterwieck 1919. THIELE, G.: Die Geschichte des Volksschul- und Seminarwesens in Preußen 1809-1819, Leipzig 1912. THIELE, G.: Geschichte der Preußischen Lehrerseminare, Teil 1, Berlin 1938 a. THIELE, G.: Zur Entstehung der deutschen Volksschule. In: Z. f. Gesch. d. E. u. d. U. 28 (1938), S. 185 ff. (1938 b). TITZE, H.: Die Politisierung der Erziehung. Untersuchungen über die soziale und politische Funktion der Erziehung von der Aufklärung bis zum Hochkapitalismus, Frankfurt/M. 1973. VOLLMER, F.: Friedrich Wilhelm I. und die Volksschule, Göttingen 1909. VOLLMER, F.: Die preußische Volksschulpolitik unter Friedrich dem Großen, Berlin 1918. VORMBAUM, R.: Evangelische Schulordnungen des 16., 17. und 18. Jahrhunderts, Gütersloh 1860/1864. WACKER, K. (Hg.): Adolf Diesterwegs Wegweiser zur Bildung für deutsche Lehrer (1834), Paderborn 1921. WEIS, E.: Montgelas, Bd. 1, München 1971. ZEIDLER, K.: Pädagogischer Reisebericht durch acht Jahrzehnte, Hamburg 1975. ZENTRALBLATT FÜR DIE GESAMTE UNTERRICHTS-VERWALTUNG IN PREUßEN, Berlin 1859 ff.

Peter Lundgreen

Institutionalisierung des höheren Schulwesens

1 „Niedere", „mittlere" und „höhere" Schulen
2 Normierung und Differenzierung von Schultypen
2.1 Höhere Knabenschulen
2.2 Höhere Mädchenschulen
2.3 Mittelschulen
3 Schulbesuch und Schülerrekrutierung
3.1 Bildungspräferenzen
3.2 Relativer Schulbesuch
3.3 Soziale Herkunft
4 Zum Zusammenhang zwischen gesellschaftlicher Entwicklung und höherem Schulwesen

Zusammenfassung: Durch normierende Eingriffe der staatlichen Schulverwaltung gliedern sich seit dem späten 18.Jahrhundert „höhere" Schulen aus einer heterogenen Gruppe „mittlerer" Schulen aus. Der Ausdifferenzierungsprozeß einzelner Schultypen innerhalb der höheren Schulen wird teils von der Frage gesteuert, welche Berechtigungen mit Schulabschlüssen verbunden sind, teils entscheiden Bildungspräferenzen über die Lebensfähigkeit der Schultypen. Der Schulbesuch auf mittleren und höheren Schulen bleibt lange verhältnismäßig klein, aber der soziale Einzugsbereich ist immer breit gefächert.

Summary: Since the late 18th century, administrative efforts to standardize schooling have separated "higher" (i.e. secondary) education from a heterogeneous group of "middle" schools. Within the sector of "higher" education, the process of differentiating the various types of school is partly governed by the relationship between leaving certificates and the entitlements for occupational careers. Partly, the viability of the various types of school is determined by educational preferences. Enrollment in "middle" and "higher" schools remained relatively small for a long time, but pupils have always been drawn from a wide range of social groups.

Résumé: De par les interventions normatives de l'administration scolaire d'Etat, les écoles «supérieures» se divisent, depuis la fin du XVIIIe siècle, en un groupe hétérogène d'«écoles moyennes». Le processus de différenciation entre les différents types d'écoles au sein des établissements supérieurs est orienté en partie par la question de savoir ce que permettent les diplômes de fin d'études; en partie, d'autre part, les préférences éducatives décident de la viabilité des types d'écoles. La fréquentation scolaire dans les écoles moyennes et supérieures est demeurée longtemps assez réduite, mais le domaine de recrutement social est toujours très varié.

1 „Niedere", „mittlere" und „höhere" Schulen

Bis in die Zeit der Weimarer Republik unterschied man amtlich nur zwischen „niederen" und „höheren" Schulen, so daß die häufig gestellte Frage nach dem Ursprung des vermeintlich traditionell *drei*gliedrigen Schulsystems in Deutschland nicht vorschnell beantwortet werden sollte. Höhere Schulen lassen sich historisch am besten über die Berechtigungen bestimmen, die mit dem erfolgreichen Durchlaufen bestimmter Schulklassen verbunden sind; es sind also zu Entlassungsprüfungen berechtigte Schulen. Dieses Recht wurde einzelnen Schulen seitens der staatlichen Schulverwaltung verliehen oder versagt, und ein Großteil der Schulgeschichte ist infolgedessen beschreibbar als Kampf um diese Berechtigung.

Diese – zunächst formalen – Gesichtspunkte geben Anlaß zu einigen grundsätzlichen Bemerkungen:

Die staatliche Schulverwaltung hat in der deutschen Schulgeschichte eine kaum zu überschätzende Bedeutung. Ihre normierenden Eingriffe, die Berechtigungen an bestimmte Stundenpläne und Klassenstufen banden, entschieden über die Ausdifferenzierung von Schultypen und das Ausmaß an Anpassungsdruck.

Die Verknüpfung von schulischen Abschlüssen mit Berechtigungen (für Studium, für den Militärdienst, die Einstellung im öffentlichen Dienst, schließlich auch adaptiert von der privaten Wirtschaft) hatte tiefgreifende soziale Folgen, und zwar in zweierlei Richtung. Zum einen differenzierte sich die Gesellschaft in „Gebildete" und „Ungebildete", und ältere Kriterien der Statuszuweisung verloren an Gewicht gegenüber bildungsmäßigen Leistungskriterien. Zum anderen bedeutete diese Institutionalisierung des Leistungsprinzips, daß individuelle Aufstiegsprozesse kalkulierbar und auch in unterschiedlichem Ausmaß realisiert wurden.

Im Unterschied zu den höheren Schulen muß man sich die „niederen" Schulen, jedenfalls für lange Zeit und für die Städte, als sehr heterogene Gruppe von Schultypen vorstellen. Typologisch lassen sich für das 19. Jahrhundert folgende Unterscheidungen treffen:

- Volksschulen, die, ohne jede Fremdsprache in ihrem Lehrplan, als Armenschulen, dann Gemeindeschulen zunächst Schulkinder aus unterbürgerlichen Schichten der Stadtbevölkerung aufnahmen, seit dem späten 19. Jahrhundert jedoch auch mit den „mittleren" Schulen konkurrierten;
- mittlere Schulen, die unter den unterschiedlichsten Namen (Lateinschule, Rektoratsschule, Mittelschule, Bürgerschule, Stadtschule) die Funktion einer Schulpflichtschule für das städtische Bürgertum hatten. Aus diesen mittleren Schulen gliederten sich die ersten höheren Schulen im amtlichen Sinne aus; und immer wieder konnte eine Mittelschule, indem sie ihren Lehrplan dem einer höheren Schule anglich, den Sprung in den Kreis der höheren Schule schaffen. Ebenso gehen die höheren Mädchenschulen auf diese (zweisprachigen) Mittelschulen zurück. Andere, meist einsprachige Mittelschulen hatten weder Absicht noch Aussicht, höhere Schulen zu werden. Sie unterschieden sich aber zu sehr von den damaligen Volksschulen, so daß man schließlich, in mehreren Etappen, die „amtliche" Mittelschule als drittes Glied zwischen den Volksschulen und den höheren Schulen etablierte.

Man kann also festhalten, daß mittlere Schulen, die verwaltungsmäßig niedere Schulen sind, den Boden abgeben, aus dem sich die höheren Schulen schrittweise ausdifferenzieren, bis schließlich zuletzt auch Mittelschulen normiert werden.

Peter Lundgreen

2 Normierung und Differenzierung von Schultypen

2.1 Höhere Knabenschulen

Nachdem im Jahre 1787 mit dem Oberschulkollegium zum ersten Mal in der preußischen Geschichte eine ausschließlich für das Schul- und Unterrichtswesen zuständige oberste Landesbehörde eingerichtet worden war, begannen sogleich die normierenden Eingriffe der staatlichen Verwaltung in das überkommene und heterogene Lateinschulwesen. Das Abiturreglement von 1788 suchte den Zugang zur Universität zu regulieren durch ein Reifezeugnis, dessen Anforderungen allerdings noch nicht im einzelnen vorgeschrieben waren, ebensowenig wie sein Erwerb Bedingung der Zulassung zum Studium war. Die Instruktion über die Prüfung der Kantonpflichtigen (Militärpflichtigen) von 1792 suchte gleichfalls den Zugang zur Universität zu regulieren, hier auf dem Weg einer Eignungsprüfung für den Eintritt in die „oberen" oder „gelehrten" Klassen einer Lateinschule.
Diese beiden Verwaltungsakte setzten einen Differenzierungsvorgang innerhalb der Lateinschulen in Gang oder beschleunigten ihn, der typologisch, und in den Begriffen der damaligen Zeit, als Auseinandertreten von Bürgerschule und Gelehrtenschule zu bezeichnen ist. Wichtig ist dabei die Feststellung, daß alle Gelehrtenschulen funktional auch Bürgerschulen waren, lediglich ausgebaut um die oberen Klassen, die eigentliche Gelehrtenschule, und daß viele Bürgerschulen Lateinschulen waren und insofern nicht-ausgebaute Gelehrtenschulen. Diese auch noch im frühen 19. Jahrhundert vorfindlichen Strukturen können dazu veranlassen, von einem „Gesamtschulsystem" zu sprechen (vgl. MÜLLER 1977, S.54). Für das späte 18. Jahrhundert lautet eine Schätzung, daß in Preußen etwa 350 kleine Lateinschulen (Bürger- oder Stadtschulen) sowie etwa 70 Gelehrtenschulen zu finden waren, darunter etwa 40 „als Vorläufer des späteren ausgebauten Gymnasiums" (JEISMANN 1974, S.49 f.).
Wenn die preußischen Reformer nach 1806 ihre Konzeption einer Einheitsschule scharf gegen die berufsständische Gliederung nach Gelehrten-, Bürger- und Bauernschulen abgrenzten, so ist demgegenüber für die städtische Schulwirklichkeit von weitreichender Kontinuität im Zeichen horizontaler und vertikaler Durchlässigkeit zwischen den Schulen zu sprechen. Allerdings hat gerade auch der preußische Reformstaat durch normierende Eingriffe dem Differenzierungsprozeß der Schultypen neue Dynamik verliehen. Das Abiturreglement von 1812 bewirkte, vor allem wegen seiner Koppelung an den ersten regulären Lehrplan des Gymnasiums (das heißt der herausgehobenen Gelehrtenschule), daß die Anforderungen an einzelne Schulen größer wurden, wenn sie in den Kreis jener Schulen aufgenommen werden wollten, die zu Entlassungsprüfungen berechtigt waren. Eine derartige Aufwertung war indessen nicht nur wegen der Eröffnung des Universitätszugangs, der allerdings erst 1834 definitiv an das Reifezeugnis gebunden war, attraktiv, sondern auch wegen der Berechtigung zum einjährig-freiwilligen Militärdienst (anstelle der zwei-, später dreijährigen Militärpflicht). Dieses Recht war bis 1822 an das Abitur geknüpft, danach an den Besuch der Tertia (bis 1859), der Untersekunda (bis 1877), schließlich seit 1877 an die Versetzung in die Obersekunda einer höheren Schule (vgl. MÜLLER 1977, S.443).
Höhere Schulen hatten danach im 19. Jahrhundert folgende Interessen im Kampf um Berechtigungen:
- Abiturberechtigung: Höhere Schulen, die nicht dem gymnasialen Lehrplan folgten, aber wie die Gymnasien voll ausgebaute 9jährige Anstalten (die 3jährige

Institutionalisierung des höheren Schulwesens

Vorschule nicht mitgerechnet) waren, beanspruchten die Abiturberechtigung sowie die Gleichwertigkeit ihres Abiturs mit dem (altsprachlichen) gymnasialen Abitur als Zulassungsvoraussetzung für jede individuell gewünschte Studienrichtung. Ein nichtgymnasiales Abitur gab es seit 1859; die Gleichberechtigung aller höheren Schulen in der Abiturberechtigung wurde erst 1900 erreicht.

- Einjährig-Freiwilligen-Privileg: Seitdem diese Berechtigung nicht mehr an das Abitur geknüpft war, sondern an den Tertia- oder Untersekundaabschluß einer höheren Schule, konnte sich der Kreis der höheren Schulen erheblich vergrößern. Nicht nur vollausgebaute, 9jährige Anstalten beanspruchten und erhielten, auch wenn sie nicht dem gymnasialen Lehrplan folgten, das Recht dieser begehrten Entlassungsprüfung. Insbesondere mittlere Schulen, die – ohne Vorschulklassen gerechnet – nur 5- bis 7jährige Anstalten mit unterschiedlichen Lehrplänen waren, sahen seit 1832 eine Möglichkeit, höhere, zu dieser Entlassungsprüfung berechtigte Schulen zu werden. Neben der vergleichbaren Länge des Schulbesuchs mußte allerdings die Gleichwertigkeit des „Einjährigen" hinsichtlich der mit bestimmten Sprachkenntnissen verknüpften tatsächlichen Berechtigungen bei Militär und öffentlichem Dienst entscheidende Auswirkungen haben. Solange insbesondere Lateinkenntnisse hier ausschlaggebend waren, entstand ein Anpassungsdruck seitens des gymnasialen Lehrplans, der erklärt, warum so viele Bürger- oder Realschulen in Wirklichkeit moderne Lateinschulen oder kleine Gymnasien ohne Griechisch waren oder wurden. Ein lateinloses Einjähriges war erst 1859 möglich, ohne daß damit die Gleichwertigkeit vor 1892 gegeben gewesen wäre.

Unter den Bedingungen einer schrittweisen Ausdehnung von Berechtigungen auf der Grundlage unterschiedlicher Lehrpläne und Schulabgangsniveaus bildete sich die klassische Dreigliedrigkeit *innerhalb* des höheren Knabenschulwesens im 19. Jahrhundert aus:

Altsprachliche höhere Schulen (Sprachenfolge Latein, Französisch und Griechisch)
1812: 9jährige Gymnasien und 7jährige Progymnasien.

Realgymnasiale höhere Schulen (Sprachenfolge Latein, Französisch und Englisch)
1832: 5- bis 7jährige höhere Bürgerschulen und Realschulen;
1859: 9jährige Realschulen 1. Ordnung, seit 1882 Realgymnasien; 7jährige höhere Bürgerschulen, seit 1882 Realprogymnasien.

Neusprachlich-naturwissenschaftliche höhere Schulen (Sprachenfolge Französisch und Englisch)
1832: Höhere Bürgerschulen ohne Recht auf Entlassungsprüfungen;
1859: Meist 5- bis 7jährige Realschulen 2. Ordnung;
1878: Vermehrung der wenigen 9jährigen Realschulen 2. Ordnung um die ehemaligen, nach *unten* ausgebauten Provinzialgewerbeschulen;
1882: Umbenennung der ausgebauten Realschule 2. Ordnung zur „Oberrealschule", Differenzierung der nicht ausgebauten Realschule 2. Ordnung in die 7jährige (lateinlose) Realschule und die 6jährige (lateinlose) höhere Bürgerschule;
1892: Vereinigung der beiden verkürzten Realschultypen zur 6jährigen Realschule. Diese Maßnahme stellte auch Progymnasium und Realprogymnasium vom 7- auf den 6jährigen Kursus um. Zugleich lockerte man 1892 die gerade geschaffene Dreizügigkeit der höheren Schultypen durch die Einführung der „Reformanstalten" auf.
1892: *Reformgymnasien* (Sprachenfolge Französisch, Latein und Griechisch) sowohl als 9jährige Vollanstalt wie als 6jähriges Reformprogymnasium; *Re-*

Peter Lundgreen

formrealgymnasien (Sprachenfolge Französisch, Latein, Englisch) sowohl als 9jährige Vollanstalt wie als 6jähriges Reformrealprogymnasium.

Die Einrichtung von Reformanstalten war eine Antwort auf die Frage, wie man den Verlust an Durchlässigkeit, der mit der zunehmenden Typisierung des höheren Schulsystems einherging, würde mildern können. Für weitergehende Lösungen, wie sie unter dem Schlagwort „Einheitsschule" seit der Jahrhundertwende erneut diskutiert wurden, war auch nach dem Ende des Kaiserreichs keine Mehrheit zu finden. Lediglich ein Minimalziel ließ sich erreichen. Hatten die höheren Schulen ihre Schüler bisher, jedenfalls zum Teil, über separate, meist 3jährige Vorschulen elementar vorgebildet, so wurden derartige Vorschulen 1920 zugunsten der gemeinsamen Grundschule abgeschafft. Da diese Grundschule 4jährig war und da der Gymnasialkurs nicht gekürzt wurde, verlängerte sich der Schulbesuch von 12 auf 13 Jahre.

In der Frage der Schultypen erreichte die Weimarer Republik einen Höhepunkt an Vielfalt oder Bildungspluralismus. Neben die überkommenen drei Grundtypen sowie die zwei Reformvarianten traten ein vierter Grundtyp und eine um die Unterstufe verkürzte Schulform:

1922: *Aufbauschulen* sollten vor allem Volksschülern vom Lande nach dem 7. Schuljahr eine anschließende, 6jährige höhere Schulbildung mit Abiturmöglichkeit eröffnen, und zwar entweder nach dem Lehrplan der Oberrealschule oder nach dem der Deutschen Oberschule.

1924: Die *Deutsche Oberschule* (Sprachenfolge Französisch und Englisch) akzentuierte die „deutschkundlichen" Fächer (Deutsch, Geschichte, Erdkunde) sowie die erste Fremdsprache.

Insgesamt kann man damit für die 20er und 30er Jahre 13 Typen unter den höheren Schulen ausmachen, darunter acht, die zur Hochschulreife führten, und fünf, die als Proanstalten die Obersekundareife (das Einjährige des Kaiserreichs) verliehen. Einen tiefen Bruch mit dieser pluralistischen Tradition vollzogen erst die Nationalsozialisten:

1937: Das *altsprachliche Gymnasium* (Sprachenfolge Latein, Griechisch, Englisch) bleibt als Typus erhalten, wenn auch als Nebenform. Das Reformgymnasium wird abgeschafft.

Als Hauptform einer höheren Knabenschule wird, unter Beseitigung der Typenvielfalt, die *Oberschule für Jungen* bestimmt. Nach ihrer Sprachenfolge (Englisch, Latein) und ihrer Gabelung in einen zweisprachigen mathematisch-naturwissenschaftlichen Zweig und in einen sprachlichen Zweig (mit Französisch als dritter Fremdsprache) läßt sich diese Oberschule für Jungen als Fortsetzung der Tradition des Reformrealgymnasiums (mit einer oberrealen Oberstufe) kennzeichnen.

Die *Aufbauschule* (mit dem Lehrplan der Oberschule für Jungen) bleibt erhalten.

Alle bisherigen 6jährigen Proanstalten werden zu einer *Oberschule* vereinheitlicht, die Englisch und Latein vorschreibt, aber mit ihrem auf 5 Jahre verkürzten Schulkursus nicht mehr die Obersekunda- oder mittlere Reife erreichbar macht. Mit dieser Maßnahme verschwand der Typus einer höheren Schule, der nicht das Abitur, wohl aber die zweite traditionelle Berechtigung, die Obersekundareife, anbot, aus der deutschen Schulgeschichte, und er ist auch nach 1945 nicht neu belebt worden.

Als alle Schultypen übergreifende Merkmale der nationalsozialistischen Reorganisation des höheren Knabenschulwesens lassen sich abschließend festhalten: Eng-

lisch verdrängt Französisch als erste moderne Fremdsprache; Latein ist für *alle* höheren Schüler Pflicht (auch für Oberrealschüler); die Schulzeit wird von neun auf acht Jahre gekürzt. Wieder dauerte es, wie schon vor 1920, zwölf Schuljahre, bis man das Abitur erreichen konnte.
Nach dem Ende des Zweiten Weltkriegs experimentierte man in den westlichen Besatzungszonen und in der frühen Bundesrepublik ein paar Jahre lang auf dem Felde der Schulorganisation, bis man sich, um der entstehenden Auseinanderentwicklung entgegenzutreten, entschloß, auf dem Wege von Ländervereinbarungen den jeweils kleinsten gemeinsamen Nenner für einheitliche Reformen zu suchen. Überblicksartig läßt sich sagen, daß man wieder zu 13 Schuljahren zurückkehrte; daß man zunächst noch einmal feste Schultypen vorschrieb, dann jedoch schrittweise die Typengliederung des höheren Schulwesens aufhob:

1955: Das *Düsseldorfer Abkommen* knüpfte an die alte Trias des späten Kaiserreichs an: altsprachliches (Gymnasium), neusprachliches (Reformrealgymnasium) und mathematisch-naturwissenschaftliches Gymnasium (Oberrealschule), die zwei letzten Typen auch als Aufbaugymnasium. Nicht wieder eingerichtet wurden, wie schon erwähnt, die ehemaligen Proanstalten, höhere Schulen mit dem Ziel der Obersekundareife.

1960: Die *Saarbrücker Rahmenvereinbarung* leitete Enttypisierung und Bildungspluralismus auf der Oberstufe ein, indem der Schüler weniger Fächer aus einem vergrößerten Angebot wählen konnte, im Sinne des exemplarischen Lernens und der Neigungsdifferenzierung.

1964: Das *Hamburger Abkommen* enttypisierte die Mittelstufe der einheitlich als „Gymnasien" bezeichneten höheren Schulen. Neben das klassische altsprachliche Gymnasium, das mit Latein beginnt, tritt erneut das mit Englisch beginnende ehemalige Reformgymnasium. Das neusprachliche Gymnasium verlangt nur noch zwei Pflichtfremdsprachen. Damit fällt praktisch Latein aus dem Kanon des ehemaligen Realgymnasiums heraus. Die Angleichung an die ehemalige Oberrealschule geht soweit, daß eine gemeinsame Mittelstufe die Gabelung in den neusprachlichen und den mathematisch-naturwissenschaftlichen Zweig erst zu Beginn der Oberstufe nötig macht (wie bei der Oberschule der NS-Zeit).

1972: Die *Neugestaltung der gymnasialen Oberstufe* brachte die endgültige Aufgabe von Schultypen zugunsten der Möglichkeit freier Kombination von Grund- und Leistungskursen im Pflicht- und Wahlbereich, bei einem im Prinzip für jedes universitäre Fach geöffneten Wahlbereich. Die Auflösung der Jahrgangsklassen zugunsten von Kursen ist die organisatorische, gleichfalls am universitären Vorbild orientierte Konsequenz.

Angesichts dieser spätestens seit 1964 durchgeführten radikalen Veränderungen der deutschen höheren Schulen, deren Bedeutung erst voll gewürdigt werden kann, wenn man die gleichzeitige Bildungsexpansion bedenkt, dürfte die heftige Kontroverse um die Einführung der Gesamtschule, die für den Bereich der Sekundarstufe I das dreigliedrige Schulsystem ersetzen soll, etwas an Bedeutung verlieren.

2.2 Höhere Mädchenschulen

Wenn man die Berechtigungsfrage zum Kriterium nimmt, dann wurden höhere Schulen für Mädchen erst 1908 eingerichtet. Eine kleine weibliche Minderheit besuchte vorher und nachher die höheren Knabenschulen, obwohl Koedukation sich im höheren Schulwesen erst seit den 60er Jahren durchsetzte. Die große Mehrheit höherer Schülerinnen ging im 19.Jahrhundert auf mittlere Schulen, die zweisprachig (Französisch, Englisch) waren und funktional als nicht anerkannte, weil nicht zu Entlassungsprüfungen berechtigte höhere Schulen angesehen werden müssen. Für diese zweisprachige Mittelschule bürgerte sich spätestens 1886 der Name „höhere Mädchenschule" ein, ohne daß man vor 1908 bereit war, bestimmte Schultypen zu normieren und mit bestimmten Berechtigungen auszustatten.

1886: Für die höhere Mädchenschule wird der erste Normallehrplan erlassen.

1894: Der höheren Mädchenschule wird der 9jährige Kursus vorgeschrieben, daneben wird der 10jährige Kursus zugelassen.

1908: Die 10jährige höhere Mädchenschule wird als Lyzeum die erste anerkannte höhere Schule für Mädchen. Typologisch läßt sich das Lyzeum als (lateinlose) Mädchenrealschule kennzeichnen, freilich um ein Schuljahr verlängert gegenüber der Realschule von 1892.

Der Abschluß des Lyzeums brachte eine erste Berechtigung, nämlich zum Eintritt in zwei alternative berufsvorbereitende Schulen:

- Das Oberlyzeum, das in vier Jahren für das Lehramt an Mittelschulen ausbildete. Das Abschlußzeugnis eröffnete überdies die Immatrikulation an den philosophischen Fakultäten.
- Die Frauenschule, die in ein oder zwei Jahren Kindergärtnerinnen und Lehrerinnen für die „technischen" Fächer (Hauswirtschaft, Handarbeit, Turnen) ausbildete.

Um den direkten Hochschulzugang über ein Abitur für Mädchen möglich zu machen, richtete man neben dem Lyzeum Studienanstalten ein. Ohne den vollen Lyzealkurs vorauszusetzen, führten diese Studienanstalten auf drei Wegen zur Hochschulreife: gymnasial (Klassen 9 bis 13), realgymnasial (Klassen 8 bis 13) und oberreal (Klassen 9 bis 13).

Die Vielfalt der Wege wurde hier durch den gemeinsamen Unterbau des Lyzeums aufgefangen. Gemeinsam war der um ein Schuljahr längere Weg zum Abitur, verglichen mit den Jungen. Diese Differenz verschwand erst 1920 mit der Einführung der allgemeinen Grundschule.

1923: Mit der Reform der Lehrerbildung verlor das alte Oberlyzeum seine Funktion als Lehrerinnenseminar. Das neue Oberlyzeum läßt sich als ausgebautes Lyzeum kennzeichnen, als grundständiges Gymnasium für Mädchen. Damit wurde erstmalig der Typus des rein neusprachlichen (lateinlosen) Gymnasiums (ohne naturwissenschaftlichen Schwerpunkt) kanonisiert, wie er für Jungen im Grunde erst 1964 angeboten wurde.

Neben den spezifisch für Mädchen geschaffenen höheren Schulen, dem Lyzeum (Klassen 5 bis 10) und dem Oberlyzeum (Klassen 5 bis 13), führte man das gesamte Spektrum der anderen höheren Schultypen als Angebot weiter, ja noch vergrößert um die Reformvarianten:

- gymnasiale Studienanstalt (Klassen 8 bis 13);
- realgymnasiale Studienanstalt (Klassen 8 bis 13);
- reformrealgymnasiales Oberlyzeum (Klassen 5 bis 13);
- oberreale Studienanstalt (Klassen 11 bis 13);
- oberreales Oberlyzeum (Klassen 5 bis 13);
- Deutsche Oberschule (Klassen 5 bis 13);
- Aufbauschule (Klassen 8 bis 13);
- Frauenoberschule (Klassen 11 bis 13);
- Frauenschule A (Klasse 11);
- Frauenschule B (Klassen 11 und 12).

Erneut war es die nationalsozialistische Schulpolitik, die diesem Bildungspluralismus ein Ende setzte.

1937: Die Oberschule für Mädchen wurde zur einheitlichen höheren Mädchenschule bestimmt. Gemessen an der Sprachenfolge (Englisch und erst ganz spät Französisch als zweite Fremdsprache), läßt sich die Tradition der Deutschen Oberschule erkennen, nicht, wie es nahegelegen hätte, diejenige des Oberlyzeums. Darüber hinaus gabelte sich zu Beginn der Oberstufe (und der zweiten Fremdsprache) die Obersekunda in einen sprachlichen und einen hauswirtschaftlichen Zweig. Erstmalig war damit die Möglichkeit geschaffen, mit nur einer Fremdsprache Abitur zu machen. Diese Merkmale sowie die radikale Verbannung von Latein aus allen Oberschulen für Mädchen führten zu einem Höhepunkt an geschlechtsspezifischer Differenzierung zwischen höherer Knaben- und Mädchenschulbildung.

Neben der Oberschule für Mädchen als Hauptform blieb die Oberschule in Aufbauform bestehen; allerdings schrieb auch sie nur eine Fremdsprache vor und führte gleichwohl zum Abitur. Das traditionsreiche Lyzeum (die alte Mädchenmittelschule) folgte dem Lehrplan der neuen Oberschule für Mädchen, war aber teilweise auf 5 Schuljahre verkürzt, so daß dieser nur bis zur mittleren Reife führende Schultyp aufgegeben wurde.

Die nationalsozialistische Reform des höheren Mädchenschulwesens läßt in ihrer Radikalität freilich mehr die Tendenzen der dahinterstehenden Erziehungsgrundsätze erkennen, als daß sie sich zwischen 1937 und 1945 tiefgreifend hätte auswirken können. Nach 1945 hat man es sorgsam vermieden, sich auf geschlechtsspezifische Bildungsideale und diesen entsprechende Schultypen einzulassen. Infolgedessen gibt es, auf der hier gewählten Ebene der Betrachtung, keine besondere Geschichte der höheren Mädchenbildung nach 1945. Vielmehr nahm man nur die maskuline Traditionslinie im höheren Schulwesen wieder auf, und die Mädchen teilten, zuerst separiert, dann koedukativ, das Reformschicksal dieser Institutionen.

2.3 Mittelschulen

Innerhalb der heterogenen – und für die Geschichte der höheren Schulen so wichtigen – Gruppe mittlerer Schulen, die allesamt formell niedere Schulen waren, gab es neben dem zweisprachigen Typus immer auch den einsprachigen. Noch bevor die preußische Verwaltung daranging, den zweisprachigen Mittelschulen den Weg zu den höheren Mädchenschulen zu öffnen, wandte sie sich den einsprachigen zu. Man meinte 1872, daß diese Mittelschulen „einerseits ihren Schülern eine höhere Bildung zu geben versuchen, als dies in der mehrklassigen Volksschule geschieht, andererseits aber auch die Bedürfnisse des gewerblichen Lebens und des sogenannten Mittelstandes in größerem Umfang berücksichtigen, als dies in höheren Lehranstalten regelmäßig der Fall sein kann" (MICHAEL/SCHEPP 1973, S. 399). Der Hinweis auf die gewerblichen Bedürfnisse sollte auf lange Zeit die Geschichte der Mittelschule begleiten.

1872: Für die amtliche Anerkennung als „Mittelschule" wurde ein Normallehrplan festgelegt. Aber weder wird die Dauer des Schulkursus normiert (etwa eindeutig über die Schulpflichtgrenze angehoben), noch ist von irgendeiner Berechtigung die Rede. Den gewerblichen Bedürfnissen wird im Lehrplan bescheiden Rechnung getragen (Französisch als Fremdsprache, mehr Realien), so daß die Mittelschule von 1872 am besten als gehobene Volksschule bezeichnet werden kann.

1910: Die Mittelschule wird erstmals in ihrer Schuldauer mit 9 Jahren bis über die Schulpflichtgrenze geführt. Pflichtsprache ist jetzt Englisch, aber vom Berechtigungswesen bleibt die Mittelschule, obwohl von gleicher Schuldauer wie die Realschule, weiterhin ausgeschlossen. Den gewerblichen Bedürfnissen entsprechen Lehrplanvarianten, die berufskundliche Fächer einbauen. Zugleich werden auch die zweisprachigen Mittelschulen Normallehrplänen unterworfen; sie haben in kleinen Orten die Funktion der Zubringerschule für die höheren Schulen der größeren Städte.
1920: Die Einführung der allgemeinen Grundschule hat für alle Mittelschulen die Konsequenz, daß der Kursus sich auf insgesamt zehn Jahre verlängert. Der Abstand zur Volksschule hat sich damit vergrößert.
1925: Die Zahl der Lehrplanvarianten wird erhöht, sowohl „zur Anpassung an die immer verwickelter sich gestaltenden Erwerbsverhältnisse" wie zur „Vorbereitung auf höhere Lehranstalten" (MASKUS 1966, S. 100 f.).
1927: Preußen führt die mittlere Reife als Abschlußberechtigung für Mittelschulen ein. Diese – 1931 reichseinheitlich vereinbarte – Regelung etablierte das *drei*gliedrige Schulsystem. Freilich unterschied man noch zwischen der Obersekundareife (nach 6 Jahren höherer Schule) und der mittleren Reife (nach 6 Jahren Mittelschule). Die Gleichwertigkeit der Berechtigungen ließ erneut auf sich warten.
1938/1939: Die nationalsozialistische Neuordnung der mittleren Schulen hat zwei Aspekte:
Vereinheitlichung innerhalb der Lehrplanvarianten zugunsten des einsprachigen Typus, also der preußischen Normalschule von 1872.
Beseitigung der Berechtigungsdifferenz zwischen Obersekundareife und mittlerer Reife. Fortan gab (und gibt) es nur noch die mittlere Reife, entweder erworben auf einer (einsprachigen) Mittelschule oder auf einer (mindestens zweisprachigen) höheren Schule.

Diese Aufwertung der Mittelschule (und damit die Konsolidierung des dreigliedrigen Schulsystems) korrespondiert mit der faktischen Abschaffung der alten verkürzten höheren Schulen, der Proanstalten, insbesondere der (lateinlosen) Realschule von 1882/1892. Nach dem Zweiten Weltkrieg griff man zunächst, entsprechend der anfänglichen Phase unterschiedlicher Entwicklungen in den einzelnen Bundesländern, die verschiedenen Traditionslinien der Mittelschule noch einmal auf, bis die Vereinheitlichungstendenz durchschlug.
1953: Der einsprachige 6jährige Typus wird normiert, in Anknüpfung an das preußische Vorbild von 1925 und mit explizitem Bezug sowohl auf die gehobenen praktischen Berufe wie auf die praktisch-theoretische Mischbegabung.
1964: Das Hamburger Abkommen nennt diese (einsprachigen) Mittelschulen einheitlich Realschulen und läßt eine zweite Fremdsprache als Wahlfach zu. Damit wird der Quereinstieg in das Gymnasium, nach dem Realschulabschluß, im Prinzip möglich.

Erst die Frage, wie der im Strukturplan des DEUTSCHEN BILDUNGSRATS (vgl. 1970) und im Bildungsgesamtplan (vgl. BUND-LÄNDER-KOMMISSION FÜR BILDUNGSPLANUNG 1973) vorgesehene Sekundarbereich I endgültig organisiert wird, ob integriert oder kooperativ oder separat gegliedert, kann darüber entscheiden, ob die neue Realschule sich zu einer verkürzten höheren Schule entwickelt oder ob man an einer qualitativ verschiedenen Bildung – ohne bemerkenswerte hierarchische Stufung auf der Ebene der mittleren Reife – festhalten wird.

Institutionalisierung des höheren Schulwesens

3   Schulbesuch und Schülerrekrutierung

3.1 Bildungspräferenzen

Wenn man sich das bis in die 30er Jahre stetig komplizierter werdende System höherer Schultypen vergegenwärtigt, dann interessiert zunächst die Bildungsnachfrage innerhalb dieses Systems, die tatsächliche Annahme der einzelnen Schultypen durch einen mehr oder weniger starken Schulbesuch. Hier läßt sich zeigen, daß viele Schultypen nur ein Schattendasein führten, verglichen mit den stark frequentierten Schwesteranstalten. Gruppiert man nach Schülern auf 9jährigen Vollanstalten oder 7-/6jährigen Proanstalten, dann sieht man, daß die Proanstalten nur bis 1859 eine Rolle gespielt haben. Nahmen sie bis dahin 35 bis 40% aller höheren Schüler auf, so sank dieser Prozentsatz bis 1900 auf 20 bis 25%, bis 1930 auf 5%. Die einzige einigermaßen bedeutsame Proanstalt war seit 1880 die lateinlose 7-/6jährige Realschule, aber auch ihr Schüleranteil sank seit der Jahrhundertwende von 18% auf 3% im Jahre 1931. Im gleichen Stichjahr der ausgehenden Weimarer Republik zog das Lyzeum (die Mädchenrealschule) immerhin noch 34% aller höheren Schülerinnen auf sich, hier ergibt sich eine Phasenverschiebung von etwa 100 Jahren zu den höheren Knabenschulen. Die NS-Schulreform, der die 6jährigen höheren Schulen zum Opfer fielen, wirkte sich also faktisch nur für die Mädchen aus.
Innerhalb des Spektrums der 9jährigen höheren Schulen stellt sich die Frage nach der relativen Präferenz zwischen den einzelnen Schultypen (vgl. Abbildung 1). Langfristige Tendenzen lassen sich besonders deutlich machen, wenn man diese Frage auf die Teilmenge der Oberstufenschüler beschränkt, denn die Bemühungen um Enttypisierung der unteren Klassen verwischen zunehmend die früher klar ausgeprägten Unterschiede. Folgende Befunde sind erkennbar:
Das altsprachliche Gymnasium, dessen überwältigende Dominanz für Oberstufenschüler mit dem Ziel des Abiturs angesichts der Geschichte des Berechtigungswesens nicht überraschen kann, verliert seit der Gleichberechtigung der höheren Schulen (1900) an Boden. Dieser Rückgang kann gleichfalls nicht überraschen, eher schon sein gebremster Verlauf bis 1936. Zu diesem Zeitpunkt herrscht ein ungefähres Gleichgewicht zwischen den Schultypen, und erst die NS-Schulreform reduzierte den altsprachlichen Schulbesuch auf ein Niveau, das in der späten Bundesrepublik gehalten, dann unterschritten wurde.
Das Realgymnasium, dessen Abschaffung 1890 schon beschlossene Sache war, entwickelt sich seit 1900 langsam zum beliebtesten Typ unter den höheren Schulen. Es liegt bis zum Eingriff der NS-Schulreform immer vor der Oberrealschule. Erst in den 60er Jahren überflügelt das mathematisch-naturwissenschaftliche Gymnasium das neusprachliche. Diese Aussage gilt jedoch nur für die männlichen Schüler.
Schülerinnen bevorzugen das Oberlyzeum, also das rein neusprachliche Gymnasium, und diese Tradition setzt sich auch in der bundesrepublikanischen Schulgeschichte fort.
Unter den neuen Bildungsmöglichkeiten, die seit 1919 eingeführt wurden, spielen die meisten eine vernachlässigenswert kleine Rolle, so die Deutsche Oberschule, die Aufbauschule, die gymnasiale und oberreale Studienanstalt. Die große Ausnahme ist die Frauenschule, die schon 1921 25% aller Oberstufenschülerinnen auf sich zog. Unter den Nationalsozialisten kletterte dieser Prozentsatz auf über 40%. In der Bundesrepublik gewannen Gymnasien mit fachgebundener Hochschulreife eine gewisse Bedeutung.

Peter Lundgreen

Abbildung 1: Schüler auf höheren Schulen in Preußen, im Deutschen Reich und in der BRD, 1885–1970, nach Schularten: Schuljahrgänge 11 (Obersekunda) bis 13 (Oberprima)

Jahr	Schüler insgesamt (in Tausend)		davon (in Prozent)								
			gymnasial		realgymnasial		lyzeal	oberreal		sonstige	
	m	w	m	w	m	w	w	m	w	m	w
Preußen											
1885	17 (=100)		83		16			1			
1900	23 (=100)		80		14			6			
1905	27 (=100)		76		14			10			
1910	34 (=100)		66		20			14			
1914	37 (=100)		60		23			17			
1921	35 (=100)		53		28			20			
1926	55 (=100)	14 (=100)	43	2	29	18	41	25	7	2	32
1931	70 (=100)	24 (=100)	30	2	36	19	48	27	6	7	25
1936	50 (=100)	18 (=100)	32	1	38	18	33	23	4	7	45
Dt. Reich											
1931	112 (=100)		29		31			31		8	
1936	82 (=100)	24 (=100)	33	2	34	19	27	25	5	8	47
1939	92 (=100)		16		78 ←					7	
1940		26 (=100)					→ 58 ←				42
BRD											
1965	123 (=100)	74 (=100)	17	4	34	61	←	38	14	11	22
1970	186 (=100)	135 (=100)	12	3	34	57		37	14	18	26

(Quelle: Zentralblatt... 1859ff. [1885–1914]; Preußische Statistik 272 (1921), 295 (1926); Statistik des Deutschen Reiches 438 (1931); Wegweiser durch das höhere Schulwesen 1936; Statistisches Bundesamt 1960ff. [1965–1970]

3.2 Relativer Schulbesuch

Von der relativen Präferenz zwischen einzelnen Typen höherer Schulbildung ist die Höhe des Schulbesuchs zu unterscheiden. Um wachsende Bevölkerung, sich ändernde Altersstruktur und politisch-territoriale Verschiebungen der Betrachtungseinheiten (Preußen, Deutsches Reich, Bundesrepublik Deutschland) auszuschalten, läßt sich auf das Konzept des „relativen Schulbesuchs" zurückgreifen, das die Schüler eines Altersjahrgangs (oder ersatzweise eines Schuljahrgangs) in Beziehung setzt zur Größe des Geburtsjahrgangs (oder der Alterskohorte). Mit Bezug auf die höheren Schulen ist es fernerhin geboten, die unterschiedliche Länge des Schulkursus in Rechnung zu stellen. Die unteren Klassen fallen dabei noch in den Bereich der Schulpflicht, die oberen lassen sich als Angebot für freiwilligen Schulbesuch qualifizieren. Innerhalb des freiwilligen Schulbesuchs liegen zwei wichtige, mit Berechtigungen verbundene Schwellen: das Einjährige (die mittlere Reife) und das Abitur.

Folgt man diesen Überlegungen und fragt nach dem relativen Schulbesuch entsprechender Altersgruppen auf höheren Schulen und Mittelschulen, dann lassen sich folgende langfristige Entwicklungen beobachten (vgl. Abbildung 2):

Abbildung 2: Relativer Schulbesuch einzelner Schuljahrgänge auf Mittelschulen und höheren Schulen in Preußen, im Deutschen Reich und in der BRD, 1885–1975.

Jahr	Schüler in Prozent ihrer Altersjahrgänge									
	Klassen 5–8				Klassen 9–10				Klassen 11–13	
	Mittelschule		Höhere Schule		Mittelschule		Höhere Schule		Höhere Schule	
	m	w	m	w	m	w	m	w	m	w
Preußen										
1885	2	2	7				5		2	
1891	2	2	7				5		2	
1901	2	2	7				5		2	
1911	2	3	8				6		3	
1921			10	6			7	4	3	1
1926	5	6	11	8	5	4	9	5	5	1
Dt. Reich										
1931	4	5	13	8	3	3	15	9	7	2
1937	5	5	11	6	3	3	10	5	6	2
BRD										
1956	8	9	20	15	7	9	15	11	7	4
1960	8	9	18	13	8	9	17	12	11	6
1965	11	12	20	15	9	10	16	11	11	7
1970	15	17	22	17	14	17	18	16	15	11
1975	17	21	25	25	16	20	18	18	18	16

(Quelle: Lundgreen 1973, S. 150ff.; Preußische Statistik 272 (1921), 295 (1926); Statistik des Deutschen Reiches 438 (1931); Wegweiser durch das höhere Schulwesen 1936ff.; Wegweiser durch das mittlere Schulwesen 1936; Statistisches Bundesamt 1952ff., 1960ff.)

Am Ende des Kaiserreichs leisten etwa 10% eines Altersjahrgangs ihre Schulpflicht nicht auf einer Volksschule ab, sondern auf einer höheren Schule (7 bis 8%) oder auf einer Mittelschule (2 bis 3%). Daß die Mittelschule hier stark zurückbleibt, ist angesichts der ihr fehlenden Berechtigungsperspektive nicht verwunderlich. Ein Großteil der höheren Schüler aus den Klassen 5 bis 8 setzt den Schulbesuch freiwillig fort, um das Einjährige zu erwerben. Dagegen reduziert sich die Schülerquote erheblich auf dem Oberstufenniveau, so daß nur 2 bis 3% eines Altersjahrgangs das Abitur machen. In der Weimarer Republik und im Dritten Reich verdoppelt sich der relative Mittelschulbesuch nach der Aufwertung dieses Schultyps. Aber der relative Schulbesuch auf den höheren Schulen liegt nach wie vor darüber, und er expandiert bis 1931 in allen Altersbereichen. Besonders markant ist die Verdoppelung der Abiturientenquote bei den männlichen Schülern. Schülerinnen besuchen demgegenüber höhere Schulen in einem Ausmaß, das dem ihrer männlichen Altersgenossen im späten Kaiserreich entspricht – erneut eine Phasenverschiebung.

Der relative Schulbesuch in der Bundesrepublik setzt auf einem vergleichsweise hohen Niveau ein, stagniert bis zirka 1962, um danach in die bekannte große Expansion überzugehen (vgl. Abbildung 2):
- Im Bereich der Schulpflicht gehen bis zu 25% eines Altersjahrgangs auf eine höhere Schule, und die Mädchen ziehen hier mit den Jungen gleich, ja sie überflügeln sie auf der Mittelschule, die gleichfalls stark expandiert, so daß auf die Hauptschule nur noch etwa 50% eines Altersjahrgangs entfallen.
- Im Bereich der mittleren Reife steigern Mittelschule und höhere Schule ihre Schülerquoten auf je knapp 20% eines Altersjahrgangs, so daß heute fast jeder zweite Schüler diesen Abschluß erreicht.
- Im Bereich der Oberstufe dauerte es am längsten, bis sich die Expansion der 60er Jahre auswirken konnte und bis die weiblichen Schüler den Vorsprung ihrer männlichen Altersgenossen aufholten.

Insgesamt kann man sagen, daß das dreigliedrige Schulsystem, wie immer seine institutionelle Geschichte unter Gesichtspunkten der Schulreform betrachtet werden mag, durchaus in der Lage war, eine sozialgeschichtlich bedeutsame Expansion des höheren (und mittleren) Schulbesuchs zuwegezubringen oder zu verkraften. Jedenfalls dürfte es schwierig sein, die Forderung nach der Gesamtschule auf das Argument zu stützen, daß das traditionelle Schulsystem gegenüber der Aufgabe versagt habe, die „höhere" Bildung weiten Bevölkerungskreisen zu öffnen.

3.3 Soziale Herkunft

Bedenkt man die Quoten des relativen Schulbesuchs, so wird deutlich, daß die Mehrheit der höheren Schüler lange Zeit Frühabgänger war. Erst seit 1960 hat sich die Verweildauer so stark erhöht, daß die Oberstufenquote deutlich über 50% der Mittelstufenquote liegt (vgl. Abbildung 2). Man darf daher davon ausgehen, daß die höhere Schule praktisch zu keinem Zeitpunkt ihrer Geschichte eine reine Abiturienten-Anstalt gewesen ist, daß sie vielmehr immer auch andere Funktionen wahrnahm: eine Alternative zur Ableistung der Schulpflicht anzubieten, besonders aber den Erwerb der mittleren Reife zu ermöglichen.

Wenn man diesen polyfunktionalen Charakter der höheren Schule bedenkt und die soziale Herkunft der Schüler lediglich für Abiturienten verfolgt, dann erscheint es berechtigt, die soziale Zusammensetzung *aller* höheren Schüler als weniger exklusiv und breiter gestreut anzunehmen. Um so überraschender kann man die Befunde einstufen, die sich für Abiturienten zeigen (vgl. Abbildung 3):
- Eine starke Repräsentanz der Akademiker (höhere Beamte, freie Berufe) ist zu erwarten, wenn man bedenkt, daß diese Gruppe sich über ein Studium konstituiert und die Ausbildung ihrer Söhne als Mittel zur Statussicherung begreift.
- Erstaunlicher ist demgegenüber der relativ hohe Anteil von Söhnen der Großbourgeoisie (Unternehmer, leitende Angestellte) unter den Abiturienten. Hier läßt sich möglicherweise Bildung als sekundäres Statussymbol für Besitz fassen.
- Der alte Mittelstand (Kleingewerbetreibende) ist lange Zeit besonders stark an der höheren Bildung beteiligt, bis er schließlich vom neuen Mittelstand (mittlere

Beamte, Angestellte) in dieser Hinsicht abgelöst wird. Abitur (und anschließendes Studium) sind hier Mittel zum sozialen Aufstieg, sei es als Ersatzkarriere für den bedrohten gewerblichen Mittelstand, sei es als intergenerationelle Mobilität vom mittleren in den höheren Dienst.
- Die Unterschicht ist erwartungsgemäß stark unterrepräsentiert. Besonders gilt dies für Arbeiter, die erst seit der Bildungsexpansion der 60er Jahre einen großen Sprung nach oben gemacht haben, ohne freilich schon auf dem Abiturniveau eine entsprechende Quote zu erreichen.

Abbildung 3: Soziale Herkunft der männlichen Abiturienten in Berlin, im Deutschen Reich und in der BRD, 1832–1965.

Soziale Schichten	Abiturienten Berlin				Oberprimaner Dt. Reich	BRD
	1832/36	1857/61	1882/86	1907/11	1931	1965
Obere Mittelschicht						
Höhere Beamte, Offiziere	20	31	20	17	11	14
Freie akademische Berufe	2	6	2	4	6	9
Unternehmer, leitende Angestellte	19	8	17	14	9	15
Untere Mittelschicht						
Kleingewerbetreibende	29	21	34	32	19	11
Landwirte					5	3
Mittlere Beamte	23	16	13	19	25	8
Angestellte	3	7	5	8	7	21
Unterschicht						
Untere Beamte	4	6	7	5	6	5
Arbeiter	0	4	2	1	5	8
Sonstige						
	100	100	100	100	100	100
N	133	195	1 334	3 086	37 028	33 136

(Quelle: MÜLLER 1977, S. 522 ff.; Jahrbuch für das höhere Schulwesen 1, 1931; Wirtsch. u. Stat. 1967, S. 606)

Es ist freilich kaum zulässig, die Abbildung 3 horizontal zu lesen und damit die Anteile der Abiturienten an den einzelnen Sozialgruppen über die Zeit zu vergleichen. Denn während dieser Zeit haben sich die relativen Größen der sozialen Gruppen verändert. Wenn man von Bildungschancen spricht, will man jedoch wissen, wieviel Prozent einer jeden Bevölkerungsgruppe einen bestimmten Bildungsabschluß, etwa das Abitur, erreicht haben. Diese Frage ist ungleich schwerer zu beantworten, schon gar für längere Zeiträume. Immerhin ließe sich zeigen, daß die solcherart gemessene Chancenungleichheit natürlich auch heute noch besteht, daß ihr Ausmaß aber deutlich abgenommen hat.

Schon für die Zeit des 19. Jahrhunderts wäre es falsch, das polyfunktionale Gymnasium mit seinen kleinen Schülerzahlen sozial als Eliteschule zu charakterisieren. Dazu haben Frühabgang und Repräsentanz der Mittelschicht unter den Abiturienten ein zu großes Gewicht. Im 20. Jahrhundert steigern sich Einschulungsrate und Verweildauer auf dem Gymnasium, gepaart mit langsam abnehmender Chancenungleichheit. Auch hier ließe sich fragen, ob wir noch weniger Chancenungleichheit hätten, wenn es mehr Gesamtschulen statt Gymnasien gäbe.

4 Zum Zusammenhang zwischen gesellschaftlicher Entwicklung und höherem Schulwesen

Die Gründe für die Ausdifferenzierung des höheren Schulwesens werden von makrosoziologischen und politökonomischen Ansätzen, die das Bildungssystem in Abhängigkeit von gesellschaftlichen Determinanten begreifen, in folgendem gesehen: der gesellschaftlichen Arbeitsteilung, der Modernisierung, dem Kapitalismus oder der Reproduktion von Klassenherrschaft. So einleuchtend derartige Interpretationen sein mögen, so schwierig sind sie empirisch zu überprüfen, zumal in einer historischen Analyse. Einmal liegt das daran, daß man dem Staat, gerade für die deutsche Geschichte, eine relative Autonomie gegenüber gesellschaftlichen Imperativen zuschreiben muß. Gerade die staatliche Verwaltung ist in ihrer Bedeutung für die Schulgeschichte kaum zu überschätzen. Erinnert sei an die normierenden Eingriffe über das Berechtigungswesen sowie über die Bildungsprofile der höheren Schulen (Sprachenfolge). Hier einen Reflex der „Bedürfnisse" einer sich entfaltenden Industriegesellschaft zu behaupten, fällt schwer. Eher ist an die Konservierung vorindustrieller Werte und Privilegien zu denken, ohne daß damit freilich das Wirtschaftsbürgertum von der höheren Bildung ausgeschlossen geblieben wäre.

So sehr der Staat über seine normierenden Eingriffe die Ausdifferenzierungsprozesse im höheren Schulwesen einleitete und immer wieder beeinflußte, ein gut Teil der Entwicklung läßt sich aus der Dynamik des Bildungssystems selbst, aus der auch dem Bildungswesen zuzusprechenden relativen Autonomie erklären. Hier liegt die zweite Einschränkung gegenüber linear deterministischen Interpretationsansätzen. Angesprochene Beispiele sind das Interesse minderberechtigter Schultypen an Gleichstellung, an Gleichwertigkeit der Abschlüsse, ferner die durchaus eigenständigen Bildungspräferenzen der Schüler. Schließlich gewinnt ein einmal unter bestimmten Vorgaben ausdifferenziertes Schulsystem ein Eigengewicht, das jedem Anpassungsdruck Widerstand entgegensetzt.

Unter diesen Umständen kann man nicht erwarten, die Frage nach „den" Ursachen der Ausdifferenzierungsprozesse im höheren Schulwesen beantwortet zu bekommen. Gilt es doch, das jeweilige Ergebnis als Resultante durchaus widersprüchlicher Interessen und Kräfte im Einzelfall herauszuarbeiten.

BUND-LÄNDER-KOMMISSION FÜR BILDUNGSPLANUNG: Bildungsgesamtplan, 2 Bde., Stuttgart 1973. DEUTSCHER BILDUNGSRAT: Strukturplan für das Bildungswesen. Empfehlungen der Bildungskommission, Stuttgart 1970. JEISMANN, K.-E.: Das preußische Gymnasium in Staat und Gesellschaft. Die Entstehung des Gymnasiums als Schule des Staates und der Gebildeten, 1787 bis 1817, Stuttgart 1974. KRAUL, M.: Das deutsche Gymnasium 1780–1980, Frankfurt/M. 1984. KÖHLER, H.: Der relative Schul- und Hochschulbesuch in der Bundesrepublik Deutschland

Institutionalisierung des höheren Schulwesens

1952–1975. Ein Indikator für die Entwicklung des Bildungswesens. Max-Planck-Institut für Bildungsforschung: Materialien aus der Bildungsforschung, Nr. 13, Berlin 1978. LUNDGREEN, P.: Bildung und Wirtschaftswachstum, Berlin 1973. LUNDGREEN, P.: Sozialgeschichte der deutschen Schule im Überblick, 2 Teile, Göttingen 1980/1981 (Teil 1: 1980, Teil 2: 1981). MASKUS, R. (Hg.): Zur Geschichte der Mittel- und Realschule, Bad Heilbrunn 1966. MICHAEL, B./ SCHEPP, H.-H. (Hg.): Politik und Schule von der Französischen Revolution bis zur Gegenwart. Eine Quellensammlung zum Verständnis von Gesellschaft, Schule und Staat im 19. und 20. Jahrhundert, Bd. 1, Frankfurt/M. 1973. MÜLLER, D. K.: Sozialstruktur und Schulsystem. Aspekte zum Strukturwandel des Schulwesens im 19. Jahrhundert, Göttingen 1977. REBLE, A. (Hg.): Geschichte der Pädagogik, Dokumentationsband II, Stuttgart 1971. REBLE, A. (Hg.): Zur Geschichte der Höheren Schule, Bd. 2: 19. und 20. Jahrhundert, Bad Heilbrunn 1975. STATISTISCHES BUNDESAMT (Hg.): Bildungswesen. Fachserie A 10, Stuttgart/Mainz 1960 ff. STATISTISCHES BUNDESAMT: Statistisches Jahrbuch für die Bundesrepublik Deutschland, Stuttgart/ Mainz 1952 ff. ZENTRALBLATT FÜR DIE GESAMTE UNTERRICHTSVERWALTUNG IN PREUSSEN, Berlin 1859 ff.

Karlwilhelm Stratmann/Günter Pätzold

Institutionalisierung der Berufsbildung

1 Das 19. Jahrhundert
2 Das 20. Jahrhundert

Zusammenfassung: Institutionalisierung der Berufsbildung verweist darauf, Formen und Ziele der Berufsbildung dauerhaft zu realisieren und ihre Ausformung nicht länger allein der privaten Interpretation „natürlicher" Berufserziehungsagenturen zu überlassen. Mit diesem Prozeß ist unter anderem die rechtswirksame und didaktische Einbindung beruflicher Schulen in die Berufsbildung verbunden. Ihre Zentrierung im Beruf war Voraussetzung, sie als Ausbildungsstätte anzuerkennen und sie in den Prozeß der Institutionalisierung von Berufen und darüber vermittels der Berufsbildung einzubeziehen. Einen ersten Abschluß fand dieser Prozeß in der Überwindung der Betriebsspezifität der Berufsbildung durch die Erstellung von Lehr- und Anlernberufen und deren Regelung durch Ordnungsmittel. Durch das Berufsbildungsgesetz von 1969 ist schließlich den Ausbildungsbetrieben eine rechtliche Legitimation zur Berufsausbildung unter Beachtung öffentlich-normativer Rahmenbedingung gegeben.

Summary: The institutionalisation of vocational training implies a tendency to produce permanent forms and aims of vocational training, no longer permitting it to be modelled by the private interpretation of "natural" vocational training agencies alone. The legal and didactic integration of vocational schools in the task of vocational training is one part of this process. The fact that such schools concentrate on training people for certain professions was the precondition for their recognition as training centres and for their integration in the process of institutionalising professions and vocational training. This process reached its provisional conclusion with the classification of occupations requiring an apprenticeship or training, and their regulation via means of classification, which overcame the close connection between vocational training and specific firms. The Vocational Training Act of 1969 did, after all, bestow on firms entitled to train apprentices the legal right to train people for certain occupations provided they observed the framework conditions established by public standards.

Résumé: L'institutionnalisation de la formation professionnelle renvoie au fait de réaliser de façon durable les formes et les buts de ladite formation et de ne pas laisser plus longtemps le soin de son élaboration à la seule interprétation privée d'agences «naturelles» de formation professionnelle. A ce processus est liée, entre autres choses, l'imbrication de droit et didactique des écoles professionnelles dans la formation citée. Leur situation au sein des professions fut la condition préalable qui amena à ce qu'on les reconnait comme lieux de formation, qu'on les inclue dans le processus d'institutionnalisation de professions et, par la même, dans celui de formation professionnelle. Ce processus a trouvé une première conclusion dans la maîtrise de la spécificité de fonctionnement de la formation professionnelle par la mise en place de professions d'enseignement théorique et pratique et leur réglementation par le truchement de moyens d'organisation. La loi de 1969 sur la formation professionnelle a donné, pour finir, aux institutions de formation une légitimation juridique pour la formation professionnelle, pourvu qu'elles respectent les conditions cadres publiques et normatives.

1 Das 19. Jahrhundert

Das Thema verweist auf sehr komplexe Vorgänge innerhalb des Berufsbildungssektors. Abgeleitet von dem lateinischen Wort *instituere, institutio,* signalisiert der Begriff, daß Formen und Ziele dauerhaft realisiert und ihre Ausfüllung nicht länger der privaten Auslegung „natürlicher" Berufserziehungsagenturen überlassen werden sollen. Solches Bemühen um die Institutionalisierung der Berufsbildung bestimmte bereits die Auseinandersetzung des absolutistischen Staates mit dem auf eigene Traditionen und Rechte pochenden Zunftwesen, was auch die Zunfterziehung und deren Begründung einschloß. Die Staatstheorie des Absolutismus ließ an dem Recht dazu keinen Zweifel. Die Zünfte galten ihr nur insofern als erlaubt, als sie durch die *autoritas publica* begründet waren. Ihre *essentia et existentia* hatten sie allein aus der Billigung, Einsetzung und Bestätigung durch die öffentliche Gewalt. Ihre *constitutio* konnte durch die *publica autoritas* jederzeit entzogen werden, und sie setzte so als ihren öffentlichen Willen „die Art und Weise" fest und auch durch, „wie bestimmte Dinge getan werden müssen" (KÖNIG 1958, S. 135). Das schloß ein, das als „Schlendrian" getadelte „handwerksmäßige" Verhalten durch das neue des „Gewerbefleißes" und der Industriosität abzulösen und alles daran zu setzen, dies „auf Dauer zu stellen" (SCHELSKY 1970, S. 55). Die *autoritas publica* mediatisierte so die Zunft zur staatlich eingesetzten wie reglementierten „Gewerbeanstalt". Aus dem alten Prinzip ständischer Ordnung des Handwerks wurde rechtlich und nach und nach auch faktisch eine Vereinigung von (Klein-)Gewerbetreibenden. Deren berufspädagogische Aufgabe war fortan nicht mehr die Tradierung der Ehrbarkeit des Handwerks, sondern die „Ausbildung" der Lehrlinge. Sie waren „durch treue Anweisung und gründlichen Unterricht zu geschickten und in ihrem Fach tüchtigen Staats-Bürgern [...] zu erziehen". Dabei deutet schon dieser Satz aus der preußischen Apothekerordnung von 1801 (zitiert nach STRATMANN 1967, S. 124) die Dialektik solcher Institutionalisierung an. Soziale Allokation wird nicht mehr als geburtsständisch vererbbar, sondern als „durch treue Anweisung und gründlichen Unterricht" vermittelbar begriffen, das heißt zur individuellen Leistung von „geschickten und in ihrem Fach tüchtigen Staatsbürgern". Kraft dieser seiner „Geschicklichkeit" und „fachlichen Tüchtigkeit" löst sich der einzelne aus den nicht allein dem Staate lästigen Bindungen der Tradition, und das war nicht nur die der Zunft. Als Staatsbürger versteht er sich zugleich als Bürger, dem politische Vorgaben seines Handelns schon bald zum Eingriff in seine Grundrechte werden und der die Regeln der bürgerlichen Gesellschaft auch gegen den Staat durchzusetzen suchen wird. Das Recht auf freie Entfaltung der Leistungsmöglichkeiten gilt nicht bloß auf ökonomischem Gebiet, wenn dort auch vor allem. „Gerade am Leistungsprinzip zeigt sich das emanzipatorische Potential des Bürgertums. Jeder nach seiner Leistung: das mußte in einer weitgehend noch von Standes- und Zunftgrenzen bestimmten sozialen Welt eine befreiende, ja revolutionäre Forderung sein", die „ein egalitäres Element gegenüber den ursprünglichen Beschränkungen der individuellen Aufstiegsmöglichkeiten" enthält, denen allerdings „die Arbeitskraft eine Ware ist, die auf dem Markt gegen Mittel eigener Bedürfnisbefriedigung getauscht wird"

(DREITZEL 1974, S. 34 ff.). Daß dabei derjenige auf der Strecke bleibt, der nicht genügend zu tauschen, weil nur sich selbst und keine (weiteren) Kapitalien anzubieten hat, ist gleichsam im Preis enthalten und stört das Prinzip der bürgerlichen Gesellschaft nicht, denn sie versteht sich als „Vereinigung" von „Privatpersonen, welche ihr eigenes Interesse zu ihrem Zwecke haben" (HEGEL 1930, § 187). Dabei soll gerade diese ihre Grundstruktur wirtschaftlichen Wohlstand und steigende Wohlfahrt für alle sichern. Für die bürgerliche Gesellschaft bringt „die Institutionalisierung des Leistungsprinzips einen doppelten Vorteil: einerseits garantiert es, daß die Individuen in permanenter Anstrengung und wechselseitiger Konkurrenz den Leistungsinput, der für wirtschaftliche Expansion Voraussetzung ist, in das ökonomische System transferieren, da sie nur unter dieser Bedingung am Pool des gesellschaftlich erzeugten Reichtums partizipieren können. Andererseits erlaubt das Leistungsprinzip auf eine einzigartige Weise, zwangslos die Existenz gesellschaftlicher Ungleichheit abzuleiten und zu legitimieren: differentielle Beteiligung am gesellschaftlichen Reichtum wird erzeugt durch Leistungsdifferentiale, und sie ist auch gerecht, sofern sie solchen Unterschieden entspricht. Es liegt nahe, vorhandene Ungleichheit dann, gleichgültig, worauf sie tatsächlich beruht, als Resultat von Leistungsungleichheit zu rechtfertigen" (DÖBERT/NUNNER-WINKLER 1979, S. 53). Formal erweist sich die Institutionalisierung des Leistungsprinzips als Freisetzung des einzelnen zur Wahrnehmung bürgerlicher Chancen und Rechte, material als Durchsetzung der Rentabilitätsnormen auf fast allen Gebieten. Selbst eine Heirat gerät zur „guten Partie". Rentabilität und Profit werden zu immer bedeutsameren Maximen. Auch die Berufserziehung wird zunehmend deutlicher daran gemessen. Sie wird zum privaten wie betrieblichen Kalkül: Wer meint, genug gelernt zu haben, läuft „aus der Lehre", und wer meint, einen Lehrling einstellen zu sollen, tut dies nur zu oft um der „billigen Arbeitskraft" willen. Den Prozeß der Ökonomisierung der Berufsbildung (vgl. ABEL 1963, S. 33 ff.) findet man sehr schön in Bestimmungen der preußischen Gewerbegesetze gespiegelt (vgl. die entsprechenden Jahrgänge der Preußischen und Reichs-Gesetzsammlungen):

Das „nach eingetretenem Frieden" 1807 erlassene Edikt über „den erleichterten Besitz und den freien Gebrauch des Grund-Eigentums" hatte aus „Vorsorge für den gesunkenen Wohlstand Unserer getreuen Unterthanen" und „den unerläßlichen Forderungen der Gerechtigkeit, als den Grundsätzen einer wohlgeordneten Staatswirtschaft gemäß [...] Alles zu entfernen [versprochen], was den Einzelnen bisher hinderte, den Wohlstand zu erlangen, den er nach dem Maaß seiner Kräfte zu erreichen fähig war". Das Gewerbesteueredikt von 1810 machte aber bereits klar, daß diese Freisetzung auch – oder primär? – „eine Vermehrung der Staatseinnahmen" bewirken sollte: die Vermehrung der Zahl an Gewerbetreibenden durch Verordnung der Gewerbefreiheit zu Zwecken einer Aufstockung des Staatshaushalts. Lediglich „zu Gewerben, bei deren ungeschicktem Betriebe gemeine Gefahr obwaltet, oder welche eine öffentliche Beglaubigung oder Unbescholtenheit erfordern", wird der „Besitz der erforderlichen Eigenschaften" verlangt (§ 21). Gegen allen Zunftwiderstand erklärt das Gesetz über die polizeilichen Verhältnisse der Gewerbe von 1811, daß sonst jeder „auf den Grund seines Gewerbescheines jedes Gewerbe treiben [könne], ohne deshalb genöthigt zu seyn, irgend einer Zunft beizutreten", und daß „er [...] auch berechtigt [sei], Lehrlinge und Gehülfen anzunehmen". „In diesem Falle wird die Lehrzeit oder die Dauer des Dienstes, das etwanige Lehrgeld, Lohn, Kost und Behandlung bloß durch freien Vertrag bestimmt" (§§ 6–8).

Diese Stein-Hardenbergschen Liberalisierungen des Gewerberechts heben – anders als etwa in den französisch regierten Gebieten der Rheinprovinz und des Kö-

nigreichs Westfalen geschehen – nicht die Zünfte auf, sondern nur den Zunftzwang und die damit verknüpften Niederlassungsbeschränkungen. Aber wo man, wie in Baden und Württemberg, an den Leitbildern der „einfachen Marktgesellschaft" festhielt, mußten schon solche Liberalisierungen als Gefahr für das Gewerbe wie für die soziale Ordnung überhaupt erscheinen und also zurückgehalten, was heißt: die Zunftverfassung zumindest in moderierter Form beibehalten werden (vgl. SEDATIS 1979). Doch auch hier verblassen nach 1848 die konservativ-liberalen Leitbilder zugunsten immer radikalerer marktwirtschaftlich-kapitalistischer Prinzipien. Die Industrialisierung beginnt, mehr und mehr Gesicht wie Struktur des Gewerbes und der Gesellschaft zu verändern.
Das vermochte auch die Handwerkerbewegung nicht aufzuhalten. Sie ist allerdings ein wichtiger Indikator für die kaum erwartete Lebensfähigkeit der Innungen. Selbst in Preußen gewinnen sie Terrain zurück (vgl. GIMMLER 1972). Freilich bleibt ihnen das Ausbildungsmonopol versagt. Nach der preußischen Gewerbeordnung von 1845 gilt die Lehre „bei dem Genossen einer Innung" und die „bei einem andern Gewerbetreibenden" gleich viel. Dennoch zeigt gerade diese Gewerbeordnung von 1845 die Bemühungen um eine neue Institutionalisierung der Berufsbildung am Vorabend der ersten großen Industrialisierungswelle. Das sei an drei wichtigen Punkten aufgewiesen:
- Die Gewerbeordnung von 1845 verlangt zwar bei bestimmten Berufen, daß sich die Gewerbetreibenden „über den Besitz der erforderlichen Kenntnisse und Fertigkeiten durch ein Befähigungszeugniß der Regierung ausweisen" (§ 45); aber das Prinzip der Gewerbefreiheit wird dadurch nicht in Frage gestellt, auch nicht die Ausbildungsfreiheit. Bei 42 namentlich genannten Berufen erlangen die Gewerbetreibenden jedoch „die Befugniß, Lehrlinge zu halten, [...] nur dadurch, daß sie entweder in eine [...] Innung, nach vorgängigem Nachweise der Befähigung zum Betriebe ihres Gewerbs, aufgenommen werden, oder diese Befähigung besonders nachweisen" (§ 131). Dieser „Befähigungsnachweis" wird in der Regel durch ein förmliches Examen erbracht, aber „auf eine bestimmte Art und Weise, wie der zu Prüfende die nöthigen Kenntnisse und Fertigkeiten erworben habe, kommt es hierbei nicht an". Allenfalls könne der Nachweis einjähriger Beschäftigung „in dem Gewerbe" verlangt werden (§ 164). Zu beachten ist aber, daß – wenn auch zunächst nur bei diesen 42 Berufen und noch nicht generell – im Handwerk auf Qualifikation und deren förmlichen Nachweis abgehoben wird und daß die Gewerbeordnung von 1845 eine Prüfung als rechtswirksames Institut für die Aufnahme in eine Innung und für die Ausbildungsbefugnis in bestimmten Berufen bestätigt: die Meisterprüfung noch nicht als Niederlassungsvoraussetzung, wohl aber zur Ausbildungsberechtigung im Handwerk (sogenannter kleiner Befähigungsnachweis).
- Die berufliche Qualifikation des Lehrlings wird das oberste Ziel seiner „Ausbildung". Ihn „durch Beschäftigung und Anweisung zum tüchtigen Gesellen auszubilden", muß der Lehrherr „sich angelegen sein lassen", dem Lehrling deshalb die dazu „erforderliche Zeit und Gelegenheit durch Verwendung zu andern Dienstleistungen nicht entziehen". Pädagogisch ist er „zur Arbeitsamkeit und zu guten Sitten" anzuhalten (§ 150) und darum „der väterlichen Zucht des Lehrherrn unterworfen" (§ 151) – Formulierungen, die bis zur Handwerksordnung von 1953 Bestand haben. Vernachlässigung oder Mißbrauch „der väterlichen Zucht" können auch „wider den Willen des Lehrherrn [...] das Verhältnis vor Ablauf der Lehrzeit" aufheben lassen (§ 153); ansonsten gelten „die Verabredungen über die Lehrzeit, das Lehrgeld und die sonstigen Bedingungen", weshalb diese „bei der

Aufnahme zu verzeichnen" sind (§ 149). Wichtig ist, daß der Vertrag zum Kriterium wird: „Als Lehrlinge sind nur diejenigen Personen zu betrachten, welche in der durch einen Lehrvertrag ausgesprochenen Absicht bei einem Lehrherrn eintreten, um gegen Lehrgeld oder unentgeltliche Hülfeleistung ein Gewerbe bis zu derjenigen Fertigkeit zu erlernen, welche sie zu Gesellen befähigt" (§ 146). Das bedeutet, daß nur der als Geselle anerkannt und „förmlich entlassen" (§ 157) wird, der die verabredete Lehre durchlaufen hat, und daß der Lehrabschluß als Fertigkeitsgrad beschrieben ist, denn

- zum ersten Mal in der preußischen Ausbildungsgeschichte wird in einem Gesetz eine Regelung für die Gesellenprüfung getroffen (zur Geschichte dieser Prüfung: vgl. HOLZER 1934). Zwar bleibt die Prüfung fakultativ – bis heute endet die Lehre mit der erfüllten Vertragszeit und nur bei vorgezogener Prüfung mit dem Examen –, aber sie wird wenigstens vorgesehen, und zwar für den Lehrling, „der bei einem Genossen der Innung gelernt hat", wie für den, „der bei einem andern Gewerbetreibenden in der Lehre gestanden" hat (§ 157). Eben weil die Gesellenprüfung fakultativ ist, kann der Lehrling auch erst „nach vollständiger Erfüllung des Lehrvertrages [...] darauf antragen, daß er über die einem Gesellen nöthigen Kenntnisse und Fertigkeiten geprüft" werde (§ 157). Prüfungsinstanz ist je nach Lehrherr entweder die Innung oder „unter Zuziehung geeigneter Sachverständiger [...] die Kommunalbehörde, auf dem Lande die Ortspolizei-Obrigkeit" (§ 157).

Nach SIMON (vgl. 1902, S. 230 ff.) haben die Handwerker Berlins 1846 für 54 Berufe genaue Angaben zu den jeweiligen Gesellenstücken festgelegt. Das hat fraglos eine institutionalisierende Bedeutung, weil diese Stücke zeigen, was „die einem Gesellen nöthigen Kenntnisse und Fertigkeiten" ausmachen. Die Dialektik solcher „Lernzielbestimmungen" aber wird deutlich, wenn man ihre Langlebigkeit bedenkt, gerade angesichts immer schnellerer Veränderungen der technischen Anforderungen und der ihnen korrespondierenden Qualifikationsprofile – ein bis heute wichtiges Problem, das auch institutionstheoretisch zu bedenken ist. Darauf wird unten in anderem Kontext noch einmal einzugehen sein. Vorher sind noch zwei wichtige Schritte zu dokumentieren: Die Gewerbeordnungsnovelle von 1849 und die Gewerbeordnung des Norddeutschen Bundes von 1869, denn sie belegen, wie wechselhaft die Institutionalisierungsgeschichte der Berufsbildung verlaufen ist.

Die Verordnung von 1849 stellte eine Reaktion auf die Handwerkerkongresse dar, die versuchten, in ihrem Sinne Einfluß auf die vom Paulskirchenparlament erwartete Reichsgewerbeordnung zu nehmen. Der unter den Handwerkern, vor allem den Meistern, aufgestaute Unmut über ihre wirtschaftliche Situation und die angeblichen Folgen der Gewerbefreiheit bedeutete eine politische Gefahr und mußte auch angesichts der offenen Diskussion über die soziale Frage und der daraus abgeleiteten Gesellschafts- und also Herrschaftskritik wirksam kanalisiert werden, insbesondere was das Verhältnis zwischen Handwerk und Industrie betraf. Die preußische Regierung bediente sich in diesem Punkt, weil der Streit generell nicht entscheidbar war und man die industriefördernde Gewerbepolitik auch nicht aufgeben konnte, des geschickten Schachzugs der Konfliktlösung durch die Beteiligten vor Ort: Sie ermöglichte „auf Antrag von Gewerbetreibenden, nach Anhörung der gewerblichen und kaufmännischen Korporationen und der Gemeindevertreter, mit Genehmigung des Ministeriums für Handel, Gewerbe und öffentliche Arbeiten" die Errichtung von Gewerberäten, die „zu gleichen Theilen aus dem Handwerkerstande, dem Fabrikenstande und aus dem Handelsstande" zusammengesetzt sein sollten (§ 3). Daß diese Gewerberäte entscheidend zur Kanalisierung des Streits „Handwerk - Industrie" beigetragen haben, wird man bezweifeln müssen. Geholfen haben dürfte dazu aber, daß die Novelle von 1849 im Sinne segmentierender Eingrenzung von Konflikten durch gruppenspezifische Beruhigung eine Reihe von Handwerksforderungen erfüllte, darunter vor allem die Definition „handwerksmäßiger Gewerbebetriebe" durch Aufstellung einer Liste jener Berufe, bei denen „fortan der Beginn des selbständigen Gewerbebetriebes nur [...] nach vorgängigem Nachweis der Befähigung" gestattet war, also die entsprechende Meisterprüfung abgelegt sein mußte (§ 23). Das Kriterium solcher Auflage wird freilich rein formal an der Berufsbezeichnung abgelesen, und ihr konnte durch die „Fabrikation" desselben Produkts entkommen, wer gemäß der fortgeltenden Legaldefinition des Allgemeinen Landrechts (ALR) von 1794 eine Fabrik, also „die Verarbeitung oder Verfeinerung gewisser Naturerzeugnisse im Großen" betrieb (ALR II, 8, § 407), was entweder hieß, nicht wie im Handwerk auf individuelle Bestellung zu arbeiten oder aber mit großer – damals (laut Gewerbesteueredikt von 1810) mit „mehr als 50 Arbeiter[n] beständig in ihrem Lohne stehen[der]" Belegschaft zu produzieren (zur Abgrenzung und Definition von „Fabrik": vgl. HILGER 1975). Daß die Gewerbeordnung und deren Novelle von 1849 keine Bestimmung von „Fabrik" vornahmen, läßt darauf schließen, daß das Kriterium der Betriebsgröße ausreichte, um den „Betrieb von Fabrikanstalten" von dem eines „Handwerks" abzugrenzen. Das aber bedeutet, daß das Handwerk schon 1845 als Kleingewerbe definiert wurde. Die zitierte Bestimmung über die Handwerksmäßigkeit eines Gewerbebetriebes restaurierte also nicht die alten Leitbilder vom ehrbaren Handwerk. Dennoch bleibt zu beachten, daß sie erstmalig die Handwerksmäßigkeit von Berufen institutionalisierte und sie an die Meisterprüfung band (sogenannter großer Befähigungsnachweis). Die Meisterprüfung wird so zumindest partiell zum Kriterium des handwerksmäßigen Betriebes, worauf die Innungen gedrängt hatten und weiterhin drängten. Insofern kommen ihnen auch die weiteren Auflagen entgegen: Vollendung des 24. Lebensjahres; „der zu Prüfende muß sein Gewerbe als Lehrling bei einem selbständigen Gewerbetreiben erlernt und die Gesellenprüfung bestanden haben"; die Prüfung kann frühestens drei Jahre nach „der Entlassung aus dem Lehrlingsverhältnisse" abgelegt werden.

Als Novum auch der Institutionalisierungsgeschichte der Berufsbildung aber werden hier zum ersten Mal die beruflichen Schulen rechtswirksam eingebunden: Die Dreijahresfrist kann auf ein Jahr verkürzt werden, „wenn der Geselle durch den Besuch einer gewerblichen Lehranstalt [...] Gelegenheit gefunden hat, die zu dem beabsichtigten Gewerbebetriebe erforderlichen Kenntnisse und Fertigkeiten zu erwerben" (§ 35). Die gewerblichen Lehranstalten werden in Zukunft für die Institutionalisierung des Berufsbildungssektors immer wichtiger, schließlich die Struktur der Lehrlingserziehung zum sogenannten dualen System verändern und darüber hinaus für die betriebliche Positionierung der Meister und Ingenieure in den Großbetrieben bedeutsam, dabei allerdings in den sich ausbildenden innerbetrieblichen Hierarchisierungsprozeß der Positionen und ihrer Zugangsberechtigungen einbezogen (vgl. HARNEY 1980). Mit diesen „Lehranstalten" gewinnt eine mehr und mehr betriebsübergreifende Komponente berufspädagogisches Gewicht; deutlicher noch: wird in einem sonst durch „Verabredungen", also privatrechtlich geprägten Raum ein schließlich öffentlich bestimmter Lernort für die Lehrlinge nach und nach obligatorisch; für den Erwerb höherer Positionen bleibt der Besuch zwar freiwillig, wird aber karrierefördernd, ja -entscheidend. Was hier in der Mitte des 19. Jahrhunderts noch fakultativ ist, gewinnt auf der Lehrlingsebene den Charakter der Berufsschule als Teil der Berufsbildung und damit eine besondere schulrechtliche und curriculare Qualität. Als Pflichtschule nämlich fällt sie in die Arbeitszeit, als Berufsschule ist sie auf das Fachklassenprinzip und auf berufsfachlich qualifizierte Lehrer, als öffentliche Schule schließlich auf den Nachweis ihrer bildungstheoretischen Legitimation verwiesen. Das im einzelnen hier aufzunehmen, hieße, den Weg von der Fortbildungs- zur Berufsschule zu beschreiben, und kann an dieser Stelle nicht implizit mit geleistet werden.

Zu beachten ist aber, daß die Vermittlung von berufsnotwendigen theoretischen Kenntnissen noch lange als Fortbildung gewertet wird, als Additum zur betrieblichen Ausbildung, auch wenn man dieses Additum immer deutlicher zu institutionalisieren begann und schließlich sogar gesetzlich als Schulsystem regelte (vgl. HARNEY 1980). Wie die Berufsschulgeschichte zeigt, waren vor allem die südwestdeutschen Staaten hier weit progressiver als Preußen, das bis zum Reichsschulpflichtgesetz von 1938 zögerte, die Berufsschulpflicht anzuordnen, und sich stattdessen mit Ortsstatuten und Kann-Bestimmungen begnügte (vgl. KÜMMEL 1980, THYSSEN 1954). Berufliche Schulen, zumal als Teilzeitschulen, kommen hier erst spät unter staatliche Aufsicht, und dazu war die Frage der staatsbürgerlichen Erziehung weit mehr Anlaß als die berufliche Qualifizierung (vgl. GREINERT 1975, HARNEY 1980, STRATMANN 1972). Für letztere waren die Berufsverbände zuständig, entweder direkt – so zum Beispiel gemäß der Gewerbeordnungsnovelle von 1897 als Ausdruck der „den Innungsmitgliedern gemeinsame[n] gewerbliche[n] Interessen" – oder indirekt durch Herbeiführung eines entsprechenden Ortsstatuts durch das „Gesellen, Gehülfen und Lehrlinge [...], zum Besuche einer Fortbildungsschule des Ortes, Arbeits- und Lehrherren aber zur Gewährung der, für diesen Besuch erforderlichen Zeit verpflichtet werden" konnten (Preußische Gewerbeordnung 1869, § 106).

Was dieses Instrument der Ortsstatute betrifft, so diente es dem Staat zur Regelung von Problemen und zur Lösung von Aufgaben vor Ort, ohne daß die Zentralinstanz dafür verantwortlich wird. Die Innungen beispielsweise bekommen 1849 eben bei entsprechender ortsstatutarischer Festsetzung „eine zweckentsprechende Mitwirkung [...] bei der Aufsicht über die Ausbildung und das Betragen [selbst] derjenigen Lehrlinge [zugesprochen], deren Lehrherren nicht zur Innung gehören" (§ 45), was einem entscheidenden Einfluß auf die gesamte Lehrlingserziehung gleichkam. Aus dem hier festgeschriebenen Primat wird 1897 das ausschließliche Recht der Innungen im Prüfungswesen mit der Konsequenz, daß die Industrie erst in den 30er Jahren unseres Jahrhunderts ihre Facharbeiterprüfung der Gesellenprüfung gleichwertig machen konnte (vgl. PÄTZOLD 1980, S. 253 ff.). Insgesamt rettete das Handwerk trotz anhaltenden Rückgangs seiner ökonomischen Bedeutung und trotz Ausbaus industrieeigener Berufsausbildungen sein Ausbildungsmodell, ja bestimmte schließlich das Ausbildungsdenken auf der Lehrlingsebene (vgl. STÜTZ 1969). Dazu gehört, daß 1849 auf dem Weg über die Gesellenprüfung generell die dreijährige Lehrzeit durchgesetzt werden konnte (§ 36), auch hier mit der Möglichkeit, die Zulassung „ausnahmsweise" und „mit Zustimmung des Lehrherrn [...] schon nach Ablauf einer einjährigen Lehrlingszeit" zu gestatten, „wenn der Lehrling [...] durch den Besuch einer Gewerbeschule [...] Gelegenheit gefunden hat, die einem Gesellen nöthigen Kenntnisse und Fertigkeiten in kürzerer als dreijähriger Frist zu erwerben" (§ 36).

Wenn man diese Einbindung der beruflichen Schulen als Fortschritt ansehen wird, so muß die 1849 neu gegebene Definition des Lehrlings eindeutig als berufspädagogischer Rückschritt gelten, so sehr sie auch liberalen arbeits- und gewerberechtlichen Vorstellungen entgegenkommen oder entsprechen mag: „Als Lehrling ist jeder zu betrachten, welcher bei einem Lehrherrn zur Erlernung eines Gewerbes in Arbeit tritt, ohne Unterschied, ob die Erlernung gegen Lehrgeld oder unentgeltliche

Hülfsleistung Statt findet, oder ob für die Arbeit Lohn gezahlt wird" (§ 44). Das Kriterium des förmlichen und zu registrierenden Lehrvertrages gilt nicht mehr, obwohl der Kampf eben um den schriftlichen Lehrvertrag sich wieder verstärkte. Der Gesetzgeber verzichtet nach 1869 sogar ganz auf eine Definition des Lehrlingsbegriffs. Ob daraus abzuleiten ist, daß man diese Definition für problematisch hielt, ist hier nicht zu entscheiden. Wichtiger ist, daß sie den bis zum Berufsbildungsgesetz von 1969 andauernden Streit um die Eindeutigkeit des Lehrverhältnisses spiegelt: Ist es ein Erziehungs- oder ein Arbeitsverhältnis?

Trat der Lehrling „in Arbeit", dann war der Anspruch auf den Berufsschulbesuch der Jugendlichen mit ökonomischen Argumenten hinreichend abgewehrt, weil er die Arbeitskraft des Lehrlings durch außerbetriebliche Maßnahmen betraf – und seien es solche der „Fortbildung". Eben weil diese Fortbildung zu den Aufgaben der Berufsverbände gehörte, sahen die Arbeitgeber kein Recht des Staates, ihnen hierin Auflagen bis in die Arbeitszeit der Lehrlinge zu machen. In dem Punkt waren selbst die Handwerker mit der ausdrücklichen Liberalisierung des Gewerberechts, wie sie die Gewerbeordnung von 1869 bestimmte, einverstanden, auch wenn sie sonst nicht meinten, mit ihr leben zu können. Ihrer Forderung auf Fortbestand der Innungen wurde zwar stattgegeben, aber eben ausdrücklich auf die „Förderung der gemeinsamen gewerblichen Interessen" begrenzt (§ 98). Sie galten als Berufsverbände, als *commercium* derjenigen, „welche gleiche oder verwandte Gewerbe selbständig betreiben" (§ 97). Alle Rechte der Innungen ergaben sich daraus, sie waren darauf beschränkt und bedurften – anders als zur Zeit der Gewerbeordnung von 1845 (§ 104) – keiner besonderen Spezifikation.

Die durch und durch liberale Gewerbeordnung – nach 1871 als Gewerberecht des Deutschen Reiches übernommen – hob also selbst jene Stücke einer Institutionalisierung der Berufsbildung auf, die nach 1810 mühsam und teilweise nur als Zugeständnis an das Kleingewerbe und seine Vereine (Innungen) restituiert werden konnten. Einzig die Auflage ortsstatutarischer Regelung der Fortbildungsschulfrage blieb erhalten. Aber angesichts des kaum entwickelten Ausbaus konnte von ihr zunächst keine institutionalisierende Kraft erwartet werden (vgl. STRATMANN 1975). Der Berufsbildungssektor trat nach 1869 in seine institutionalisierungsgeschichtlich kritischste Phase ein, was gerade deshalb so bedrohlich wurde, weil die Industrie in derselben Zeit ihren zweiten großen Aufschwung erlebte und das Kleingewerbe, in dem nach wie vor die überwiegende Mehrzahl aller gewerblichen Lehrlinge ausgebildet wurde, in erhebliche Bedrängnis brachte und zu Umstrukturierungen zwang, die sein Augenmerk nicht gerade auf die Ausbildungsfrage richteten. So verlagerte sich die Diskussion um die Berufsbildung in „Bereiche" und Gremien außerhalb des Gewerbes, wie zum Beispiel in den VEREIN FÜR SOCIALPOLITIK (vgl. 1875, 1879) – hier ist vor allem, aber nicht allein auf Gustav Schmoller und Karl Bücher zu verweisen –, der die Lehrlingsfrage im Kontext des „industriellen Rückgangs" (vgl. BÜCHER 1877) und als Teil der sozialen Frage diskutierte. Natürlich fanden Büchers radikale Forderungen, „uns von dem verrotteten und in keiner Richtung genügenden Werkstattlehrlingswesen los [zu] machen" (BÜCHER 1877, S. 61) – „Die Lehrwerkstätte ist die gewerbliche Bildungsanstalt der Zukunft" (BÜCHER 1877, S. 63) – keine Zustimmung, aber sie signalisieren die Kritik an der Berufsausbildung als einer „Beschäftigung" des Lehrlings mit der im Betrieb anfallenden „Arbeit", an seiner Verwertung als Arbeitskraft. Das immer wiederholte Verbot der „Verwendung [der Lehrlinge] zu anderen Dienstleistungen" (so in den Gewerbeordnungen seit 1845) läßt auf die offensichtlich fortbestehende Gefährdung der betriebsgebundenen Lehre, zumal der in den Klein- und Kleinstbetrieben schließen.

Man darf dieses Problem nicht verniedlichen, aber die Ausbildungsfrage erschöpft sich darin nicht. Sie gewinnt mit zunehmender Industrialisierung und deren Druck auf das Handwerk sogar eine neue Dimension. Die etablierte Berufsabgrenzung hatte festgelegt, was als Beruf und also als Lehrberuf und damit als „die einem Gesellen nöthigen Kenntnisse und Fertigkeiten" zu gelten hatte. Eben dieser berufspädagogisch wichtige curriculare Rahmen der Berufsbildung war durch die Auflösung der alten Berufsordnung brüchig geworden: Die Betriebsbindung der Lehre, ihr angeblicher Vorteil der Praxis entpuppte sich unter dem Verlust der Berufsordnung als eine Bedrohung der Berufsausbildung. 1897 wird ausbildungsdidaktisch in der Gewerbeordnung nur noch die Pflicht ausgesprochen, „den Lehrling in den bei seinem Betriebe vorkommenden Arbeiten des Gewerbes dem Zwecke der Ausbildung entsprechend zu unterweisen" (§127): Das Betriebsprofil als Horizont der Ausbildung! Diese Formulierung hat die Betriebe vor manchem didaktischen Vorwurf gefeit und noch in den spezialisiertesten Betrieben Ausbildung zugelassen. Die berufspädagogische und nicht zuletzt arbeitsmarktpolitische Problematik dieser Klausel ist damit aber nicht erledigt. Vor ihr verblaßte sogar die Forderung nach Aufstellung einer Liste der handwerksmäßigen Berufe, also einer Fortschreibung der Liste von 1849. Interpretiert man von hierher die zitierten Gewerbeordnungen, dann zeigt sich die Schwierigkeit schon sehr viel früher. Was nämlich als „Gewerbe" zu gelten hatte, blieb jenseits der oben erwähnten an den Befähigungsnachweis gebundenen Berufe völlig offen, und schon diese Bindung galt ja nicht in den „Fabrikanstalten", in denen aber gleichwohl Berufsausbildung stattfand. Ein solches Verzeichnis, das übrigens für das Handwerk erst 1934 wieder erlassen wurde, hätte zwar Berufsbezeichnungen festlegen, angesichts der rasanten Berufsentwicklung jedoch kaum Qualifikationsprofile verläßlich machen können. Genau darum aber mußte es gehen, für den Betrieb sowohl wie für den Arbeitnehmer: Für die Betriebe nämlich „erfüllen [...] die institutionalisierten Angebotsmuster von Arbeitskraft eine wesentliche Orientierungsfunktion: die überbetriebliche Vorgabe gesellschaftlicher Arbeitsteilung hat für die Betriebe zunächst den Vorteil erhöhter Transparenz des Arbeitsmarktes und garantiert ihnen mehr oder weniger gleichmäßige und gleichwertige und insofern auch besser kontrollierbare Angebote von Arbeitskraft" (BECK u.a. 1980, S.91 f.). Für den Arbeitnehmer erhöht die Institutionalisierung der Berufe die Sicherheit seiner Positionierung, denn die „Anforderungen [liegen] ungefähr innerhalb dessen [...], was man gelernt hat" (BECK u.a. 1980, S.37). Sie gerinnen zu „Arbeitskräftemustern", die zwar die „Berufsteilung in die Arbeitsfähigkeiten der Person hineinverlänger[n]", ihr aber im Sinne der Kompetenzschneidung einen Schutz selbst vor hierarchisch unangemessener Konkurrenz und ein nach und nach tariflich abgesichertes Recht auf eine der Spezialisierung entsprechende „Verwertung" wie Entlohnung gewähren.

Diese Dimensionierung des Problems wird nach und nach immer wichtiger und schon bald die ausbildungspolitische Diskussion bestimmen. Sie nimmt dabei das Leistungsprinzip der bürgerlichen Gesellschaft auf und konkretisiert es, zumal für die unteren sozialen Schichten, von der relativ offenen Industriosität zur Leistung innerhalb definierter Berufsrollen, die in den 30er Jahren unseres Jahrhunderts zur „Überwindung des Ungelernten" auffordern läßt. Sie befördert selbst den Prozeß der Verberuflichung der Fortbildungsschule, ein Weg, der bis zum Ersten Weltkrieg im wesentlichen zurückgelegt ist, zuletzt in Preußen durch die Bestimmungen über Einrichtung und Lehrpläne gewerblicher beziehungsweise kaufmännischer Fortbildungsschulen vom 1. Juli 1911 mit dem programmatischen Eröffnungssatz: „Die [...] Fortbildungsschule hat die Aufgabe, die berufliche Ausbildung der jungen Leute

zwischen 14 und 18 Jahren zu fördern und an ihrer Erziehung zu tüchtigen Staatsbürgern und Menschen mitzuwirken" (zitiert nach v. SEEFELD 1926, S. 61).
Die Tragweite dieser „Bestimmungen" ist heute kaum noch abzuschätzen. Sie revidieren eine lange Tradition der Fortbildungsschule, der berufliche Inhalte höchstens als Anwendungsfälle, nicht aber als erklärtes didaktisches Zentrum galten. Solche Umzentrierung der Fortbildungsschule war jedoch die Voraussetzung, sie als Ausbildungsstätte zu sehen und in den Prozeß der Institutionalisierung von Berufen, schließlich über diesen vermittelt in die Institutionalisierung der Berufsbildung einzubeziehen und letztere zum dualen System zu verfestigen. Die didaktische Neuvermessung der Fortbildungsschule zur Berufsschule darf eben deshalb nicht isoliert als nur innerschulische Revision gesehen werden. Sie ist vielmehr Teil einer breit gefächerten Entwicklung, bei der auch das aufkommende berufsständische Denken als institutionalisierungsfördernder Faktor zu beachten ist, und ihm fügt sich die als Gegenbewegung zur fortschreitenden Industrialisierung des Lebens sich verstehende Kulturkritik seit Mitte des 19. Jahrhunderts problemlos ein. Auf deren Rücken konnte die Mittelstandsbewegung des Handwerks trotz aller industriellen Entwicklung ihr politisches Gewicht finden und zur Sozialromantik der Meisterlehre die schon früh mit nationalistischen Klängen temperierte Partitur liefern: „Drum sag ich euch: ehrt eure deutschen Meister: dann bannt ihr gute Geister! Und gebt ihr ihrem Wirken Gunst, zerging in Dunst das heil'ge röm'sche Reich, uns bliebe gleich die heil'ge deutsche Kunst!" – so der bekannte Schlußsatz und das Fazit der Wagnerschen „Meistersinger".
Deshalb überrascht es nicht, daß die Innungen – nach und nach wieder zur Zwangskorporationen reinstalliert – 1897 in der großen Gewerbeordnungsnovelle als erste Aufgabe „die Pflege des Gemeingeistes sowie die Aufrechterhaltung und Stärkung der Standesehre unter den Innungsmitgliedern" übertragen bekamen (§ 81 a). Daß die Anklänge an den alten *Convivium*-Gedanken längst ideologisch geworden waren und etwas beschworen, was selbst dem Kleingewerbe unangemessen war, störte nicht, zumal sich in diesem Zeichen nach innen wie außen trefflich Politik machen ließ – Politik freilich auch zugunsten der Berufsbildung, insbesondere solcher im Handwerk. So werden 1897 generell der schriftliche Lehrvertrag und eine vierwöchige Probezeit eingeführt (§§ 126 b, 127 b). Neu aber war unter dem Punkt III „Lehrlingsverhältnisse" ein Abschnitt B „Besondere Bestimmungen für Handwerker" (§§ 129–132). Im Hinblick auf die weitere Institutionalisierung der Berufsbildung enthalten sie die Essentials der Gewerbeordnungsnovelle. Zwar fehlte noch die Bindung der Lehrbefugnis an die Meisterprüfung – sie wurde erst 1908 festgelegt: „In Handwerksbetrieben steht die Befugnis zur Anleitung von Lehrlingen nur denjenigen Personen zu, welche das vierundzwanzigste Lebensjahr vollendet und eine Meisterprüfung bestanden haben" (Gewerbeordnung 1908, § 129), wobei die fachliche Befähigung durch die einschlägige dreijährige Lehre und die bestandene Gesellenprüfung erbracht war –, aber es wurde wenigstens gesichert, daß der Lehrmeister im Handwerk eine entsprechende Qualifikation hatte. Dabei mußte die Lehre nicht notwendigerweise im Handwerk absolviert sein. „Die Zurücklegung der Lehrzeit kann auch in einem dem Gewerbe angehörenden Großbetrieb erfolgen" (§ 129) – ein Schaden, der dann durch die Gesellenprüfung vor der Handwerkskammer geheilt wurde. Das gilt gleichermaßen für „den Besuch einer Lehrwerkstätte oder sonstigen gewerblichen Unterrichtsanstalt". 1908 wird das sogar auf „den Besuch einer staatlichen, staatlich unterstützten oder sonstigen gewerblichen Unterrichtsanstalt" erweitert, wobei bei letzteren allerdings „der zuständigen Handwerkskammer Gelegenheit gegeben werden [soll], sich gutachterlich zu äußern" (§ 129).

Karlwilhelm Stratmann/Günter Pätzold

Zu diesen Unterrichtsanstalten dürften wohl die diversen Fachschulen zählen, die für die verschiedenen Berufe seit Mitte des 19. Jahrhunderts gegründet wurden (vgl. THYSSEN 1954, S. 106ff.) und deren Anerkennung das weiter oben beschriebene Prinzip der Substitution betrieblicher Ausbildungszeiten durch Schulbesuch erneut bestätigt und die Ausschließlichkeit der Handwerkslehre als der einzigen „rechtmäßigen" Ausbildung relativiert. Für letztere wird 1897 die Lehrzeit auf „in der Regel drei Jahre" festgelegt, nach deren Ablauf der Lehrling die Gesellenprüfung abzulegen „Gelegenheit" haben soll (§ 131). Innung und Lehrherr sollen ihn sogar dazu anhalten, sich dieser Prüfung zu unterziehen. Was den Prüfungsgegenstand angeht, so wird 1897 die so offene Formel der bisherigen Gewerbeordnungen nicht wiederholt, wonach nur „die einem Gesellen nötigen Kenntnisse und Fertigkeiten" zu prüfen waren. Jetzt heißt es sehr viel konkreter: „Die Prüfung hat den Nachweis zu erbringen, daß der Lehrling die in seinem Gewerbe gebräuchlichen Handgriffe und Fertigkeiten mit genügender Sicherheit ausübt und sowohl über den Wert, die Beschaffenheit, Aufbewahrung und Behandlung der zu verarbeitenden Rohmaterialien als auch über die Kennzeichen ihrer guten oder schlechten Beschaffenheit unterrichtet ist". In einer für das Verfahren, den Gang der Prüfung und die Höhe der Gebühren aufzustellenden Prüfungsordnung konnte außerdem festgelegt werden, „daß die Prüfung auch in der Buch- und Rechnungsführung zu erfolgen hat" (§ 131 b). Was diese Konkretisierung angeht, so ist auf die oben gegebenen Hinweise auf den ebenfalls 1897 verordneten Auftrag des Lehrherren und also den Horizont der Ausbildung zurückzukommen: auf die „bei seinem Betriebe vorkommenden Arbeiten des Gewerbes". Fungiert hier die Prüfung als die Ausbildung institutionalisierender Faktor? Wo wurden die über den Betriebsauftrag hinausgehenden Kenntnisse erworben? Kann hier die Berufsschule als übergreifendes Prinzip zur Institutionalisierung von Profilen beigetragen haben? Wäre letzteres der Fall, dann müßte nach ihrer Prüfungsrelevanz gefragt werden. Der Gewerbeordnungsnovelle von 1897 zu folgen – und das wird für lange Zeit die Regelung –, hat der Lehrling lediglich „die Zeugnisse über den Schulbesuch beizufügen", wenn er sich zur Prüfung anmeldet. Von einer materialen Beteiligung der Berufsschule an der Prüfung ist keine Rede. Sie ist der Lernort neben dem Betrieb, wird „berufsbegleitende" Einrichtung. Daran ändern alle Schulerlasse nichts.

Von den Forderungen des organisierten Handwerks waren so um die Wende zum 20. Jahrhundert bis auf den großen Befähigungsnachweis (Niederlassung nur bei bestandener Meisterprüfung „für das von ihm betriebene oder für ein diesem verwandtes Handwerk") alle wichtigen Punkte „zurückerobert". Die handwerkliche Berufsbildung hatte ihre durch den Berufsschulbesuch erweiterte wie beförderte Institutionalisierung erreicht und stand jetzt noch vor dem Problem der Institutionalisierung der Berufe. Die Betriebsspezifität respektive -beliebigkeit der Ausbildung mußte dazu überwunden und durch Ausbildungsordnungen in generell definierte, eben institutionalisierte Bahnen eingebunden werden. Das aber galt genau so, wenn nicht in noch höherem Maße für die Industrie, die sich in diesem Punkt nicht einmal auf eine Tradition der Berufsmäßigkeit ihrer Qualifikationen und Positionen beziehen konnte. So wundert es nicht, daß sie – in ihrer Entwicklung nach 1918 zunächst „zur Ruhe" gezwungen – sich dieses Problems annahm und damit ein neues Stadium der Institutionalisierungsgeschichte einleitete: die Erstellung und Durchsetzung von Berufsbildern und ihnen folgenden Ausbildungsplänen. (K. St.)

2 Das 20. Jahrhundert

Intensive Bemühungen um eine einheitliche und systematische industrielle Berufsausbildung gingen zu Beginn dieses Jahrhunderts von der Industrie selbst aus. Sie war nicht ohne Erfolg bestrebt, ihren erforderlichen Nachwuchs in eigener „Regie" heranzubilden und sich von der handwerklichen Lehrlingsausbildung weitgehend unabhängig zu machen. Das Handwerk war nicht mehr in der Lage, der Industrie den nötigen Nachwuchs an gelernten Facharbeitern weder zahlenmäßig noch den „industriellen Bedürfnissen entsprechend" zu stellen. Institutionalisiert wurden diese Bestrebungen in dem im Jahre 1908 vorwiegend auf Initiative des Vereins Deutscher Ingenieure (VDI) und des Vereins Deutscher Maschinenbauanstalten (VDMA) gegründeten Deutschen Ausschuß für Technisches Schulwesen (DATSCH). Zunächst gleichsam als „Klärungs- und Sammelstelle für das technisch-gewerbliche Schulwesen" gedacht, wandte er sich nach kurzer Zeit dem gesamten Bereich des gewerblich-technischen Ausbildungswesens zu. Sein Aufgabengebiet reichte vom Aufstellen allgemeiner Grundsätze über die Entwicklung von Ausbildungsmitteln in Form von Lehrgängen bis zur Ordnung der industriellen Berufsausbildung durch das Festlegen von Facharbeiterberufen und deren inhaltlicher Abgrenzung gegenüber Spezial- und Hilfsarbeiterberufen. Setzung, Legitimation und Kontrolle der die Berufsausbildung betreffenden Normen erfolgten dabei vorrangig unter interessenspezifischen Gesichtspunkten der Unternehmer ohne umfassende staatliche Vermittlung. Dabei stand neben ökonomischen Interessen und einer politischen Sozialisation der Jugendlichen der Grundsatz im Vordergrund, daß die Ordnung der Berufsausbildung in berufsständischer Selbstverwaltung zu erreichen sei und nicht unbedingt einer gesetzlichen Regelung bedürfe.

Recht früh wirkte der DATSCH mit seinen berufskundlichen Arbeiten derart intensiv auf viele Großbetriebe der Industrie ein, daß diese neben Lehrwerkstätten auch Werkschulen einrichteten, in denen die theoretische und praktische Ausbildung der Lehrlinge in engster Verbindung mit der Werkstattlehre gefördert und vertieft wurde. In einigen Fällen wurden solche Werkschulen auch als Ersatz der Pflichtfortbildungsschulen anerkannt. Die Institutionalisierung der Berufe wurde dann aber vor allem durch den in Verbindung mit dem DATSCH von den Spitzenorganisationen der Wirtschaft 1926 gegründeten Arbeitsausschuß für Berufsausbildung vorangetrieben, dessen Aufgabe darin bestand, sich mit allen Fragen der industriellen Nachwuchsausbildung auseinanderzusetzen und dabei insbesondere sich mit der Problematik der Abgrenzung der Berufe zu befassen. Bereits 1911 hatte der DATSCH in seinen Leitsätzen die Beschäftigten auf der Ebene der Arbeiterpositionen in drei Berufsgruppen eingeteilt. Daran wurde 1926 angeknüpft, als eine Einteilung in Facharbeiter (Grund- und Sonderberufe), angelernte Arbeiter und ungelernte Arbeiter vorgenommen wurde, die im Prinzip bis zum Erlaß des Berufsbildungsgesetzes im Jahre 1969 galt. Dabei zeigen die Arbeiten zur Berufsabgrenzung, daß sie nicht lediglich im Interesse einer ordnungsgemäßen Berufsausbildung, sondern zugleich im Interesse sozial- und tarifpolitischer Gesichtspunkte durchgeführt wurden (vgl. DEUTSCHER AUSSCHUSS... 1912, S. 301; vgl. PÄTZOLD 1980, S. 134).

Die Berufsabgrenzung „sollte einmal der Industrie selbst Klarheit verschaffen, welche Berufe ‚den Prozeß dieses industriellen Arbeitslebens tragen', zum anderen der Vereinheitlichung der Berufsbezeichnungen dienen und damit auch Grundlage sein für exaktes Datenmaterial bei statistischen Untersuchungen der Beschäftigungsstruktur und -politik durch Betriebe, Verbände und Behörden. Schließlich sollte die

Berufsberatung von der Berufsabgrenzung insofern profitieren, als sie bei den Beratungen dann davon ausgehen konnte, ‚welche Berufe die Industrie selbst als Lehrberufe (Grundberufe) anerkennt'" (BENNER 1977, S. 53).
Da bereits mit diesen ersten Berufsabgrenzungen zur Charakterisierung der Facharbeiter-Grundberufe sogenannte Berufsbilder herausgegeben wurden, erfolgte von Beginn an eine Ordnung und Unterscheidung industrieller Berufe in vertikaler und horizontaler Richtung. Dem DATSCH – 1935 als beratendes pädagogisches Organ des Reichswirtschaftsministers für Fragen der Facharbeiterausbildung anerkannt und 1939 in das Reichsinstitut für Berufsausbildung in Handel und Gewerbe übergegangen – wuchs mehr und mehr die Erforschung und Ordnung der gesamten Nachwuchsausbildung in der Wirtschaft zu. 1936 wurden vom DATSCH „Leitsätze für die Anerkennung von gelernten Facharbeiterberufen und von Lehrberufen" (vgl. PÄTZOLD 1980, S. 157 f.) verabschiedet, die die 1926 formulierten Definitionen zur Abgrenzung der Facharbeiterberufe differenzierten und weitere Orientierungshilfen für die Anerkennung von Lehrberufen boten. In entsprechenden Ausschüssen des DATSCH wurden aufgrund dieser „Leitsätze" in verstärktem Maße fachliche Erkenntnisse der Betriebspraxis gesammelt, zusammengefaßt und in Form sogenannter Ordnungsmittel (Berufsbild, Berufsbildungsplan, Berufseignungsanforderungen und Prüfungsanforderungen) für die systematische Regelung der Berufsausbildung in anerkannten Lehr- und Anlernberufen nutzbar gemacht (vgl. BENNER 1977, S. 55 ff.; vgl. PÄTZOLD 1980, S. 129 ff.). Dabei galt der Grundsatz, daß die Zahl der Lehrberufe so klein wie möglich gehalten werden sollte. Jedoch zeigt ein Vergleich der im Jahre 1937 bis 1944 erlassenen Lehr- (und dann auch Anlern-)berufe, daß dieser Grundsatz nicht durchgehalten wurde. Am 16. 12. 1937 enthält die Liste der anerkannten Lehrberufe in der Industrie 118 Lehrberufe, bis Mai 1939 waren 240 Lehrberufe und 137 Anlernberufe abschließend bearbeitet, und im April 1944 existierten bereits 333 Lehr- und 266 Anlernberufe. Über kriegsbedingte Ursachen hinaus sind für diese Entwicklung nicht zuletzt Wünsche einzelner Betriebe oder Branchen, aber auch des Staates ausschlaggebend gewesen. Dies wird umso verständlicher, wenn man sich vergewissert, daß die Ordnungsarbeit auch dadurch besonderes Gewicht erhielt, daß seit Mitte der 30er Jahre Facharbeiterprüfungen nur für die Berufe durchgeführt wurden, die von der Reichsgruppe Industrie zum industriellen Lehrberuf erklärt worden waren.
Dabei ergab sich eine Verschachtelung zwischen dem seit Anfang 1935 herausgegebenen und ab 1942 reichseinheitlich verbindlich erklärten Lehrvertragsmuster/Anlernvertragsmuster und der Anerkennung von Lehr- und Anlernberufen und deren Regelung durch Ordnungsmittel. Über die Lehrverträge erfolgte eine direkte Einflußnahme auf die inhaltliche Ausgestaltung der Ausbildung: Für den Lehrherrn war vertraglich festgelegt, welche Kenntnisse und Fertigkeiten der Lehrling in seinem Beruf erlernen mußte, weil das Ordnungsmittel als Vertragsteil galt.
Die Kopplung des Lehrvertrages mit dem jeweils in Betracht kommenden Berufsbild führte konsequenterweise zu einer weiteren Institutionalisierung der Berufsausbildung, wobei sich die Berufsausbildung auch stärker von den Vorstellungen des Handwerks löste und industrietypische Formen annahm. Dies wird an mindestens zwei Aspekten sichtbar: Erstens an der Konzentration größerer Lehrlingsgruppen in eigens zu Ausbildungszwecken errichteten Lehrwerkstätten, was arbeitspädagogisch systematisch geplante Lehrgänge mit entsprechenden Lernmaterialien erforderte, und zweitens in einer verstärkten Hinwendung zu einer inneren Stufung von Ausbildungsgängen, was die Erstellung sogenannter Grundkurse mit theoretischen Unterweisungsphasen erforderlich werden ließ – Vorformen heutiger Stu-

fenausbildungen (vgl. PÄTZOLD 1980, S. 210 ff.). Eine solche aus der „Naturwüchsigkeit" der Ausbildung herausführende pädagogische Institutionalisierung hatte dabei deren äußere Rationalisierung zur Voraussetzung, wobei nicht zu übersehen ist, daß sie gleichzeitig strikt an ökonomischen Notwendigkeiten und Erfordernissen des Betriebes – und darüber vermittelt – des nationalsozialistischen Staates ausgerichtet blieb. Zusammen mit der reichseinheitlich eingeführten Lehrlingsrolle erwuchsen der Organisation der gewerblichen Wirtschaft und dem NS-Staat zwei Kontrollinstrumente, um den Nachwuchs zu lenken und dafür zu sorgen, daß die Ausbildung möglichst reibungslos in nationalsozialistischem Sinne vor sich ging und Fehlleitungen bereits bei der Berufseinmündung und der Dauer der Berufsausbildung vermieden wurden (vgl. PÄTZOLD 1980, S. 85 ff.; vgl. WOLSING 1977).
Die in den 20er Jahren begonnene Berufsordnungsarbeit wurde nach 1947 durch zwei Arbeitsstellen für den gewerblichen und kaufmännischen Bereich, ab 1951 von der Arbeitsstelle für betriebliche Berufsausbildung (ABB) fortgeführt, getragen vom Deutschen Industrie- und Handelstag, dem Bundesverband der Deutschen Industrie und der Bundesvereinigung der Deutschen Arbeitgeberverbände. Eine davon abweichende Regelung galt für das Handwerk. Hier legte die als Anlage zum Gesetz zur Ordnung des Handwerks vom 17.9.1953 verabschiedete Positivliste A den Rahmen für die Entwicklung von Berufsbildern fest, mit deren Konzipierung das Institut für Berufserziehung im Handwerk an der Universität Köln betraut war. Bis 1969 hat der Bundesminister für Wirtschaft auf Vorschlag der ABB 275 Ausbildungsberufe gestrichen. Nach Inkrafttreten des Berufsbildungsgesetzes (BBiG) im Jahre 1969 erfolgten die Anerkennung der Ausbildungsberufe sowie der Erlaß von Ausbildungsordnungen durch Rechtsverordnungen. Die Unterscheidung von Lehr- und Anlernberuf wurde aufgehoben. Nach §30 BBiG ist ein Verzeichnis der anerkannten Ausbildungsberufe zu führen und alljährlich zu veröffentlichen. Nach diesem Verzeichnis hat sich die Zahl der anerkannten Ausbildungsberufe weiter verringert (1984: 434).
Die Anerkennung von Lehr- und Anlernberufen und deren Regelung durch Ordnungsmittel ließen die Berufsschule nicht unberührt. Seit der Einführung der Berufsschulpflicht durch das Reichsschulpflichtgesetz im Jahre 1938 hat sich der Berufsschulunterricht in fachlicher Hinsicht wesentlich auf eine fachlich-theoretische Systematisierung und teilweise naturwissenschaftliche Grundlegung der in der betrieblichen Praxis häufig unsystematisch vermittelten Qualifikationen sowie auf die Vorbereitung der Abschlußprüfung nach Maßgabe der Ordnungsmittel beziehungsweise Ausbildungsordnungen beschränkt. Der Betrieb zeigt auf den schulischen Teil der Ausbildung einen starken Einfluß. Die rechtliche Absicherung durch das Reichsschulpflichtgesetz von 1938 blieb insofern ausbildungsrechtlich wie -didaktisch formal. Die einseitige Inhaltsanbindung an die ausschließlich von der „Wirtschaft" im Berufsbild festgelegten und nur für den unmittelbaren Berufsbezug notwendigen Qualifikationen ist kaum plastischer darzustellen als mit Passagen aus den Erlassen des Reichserziehungsministeriums vom 6.8.1937 über die sogenannten Reichslehrpläne für die berufskundlichen Fächer der Berufsschulen (vgl. KÜMMEL 1980). Ausbildung in Betrieb und Schule stellen danach eine Einheit dar: „Auszugehen ist vom Berufsbild, Stoffe, die sich vom Berufsbild des Schülers aus nicht rechtfertigen lassen, sind nicht aufzunehmen" (KÜMMEL 1980, S. 208). Dieser reduzierte didaktische Spielraum der Berufsschule setzte eine Entwicklung – wenn auch unter gewandeltem Vorzeichen – fort, die bereits in den „Bestimmungen über Einrichtung und Lehrpläne gewerblicher Fortbildungsschulen" von 1911 grundgelegt war. Eine gleiche Regelung erging für die kaufmännische Fortbildungsschule. Diese „Bestim-

mungen" und die „Grundsätze für die Erteilung des Zeichenunterrichts in gewerblichen Fortbildungsschulen" von 1907 haben die curricularen Vorgaben der Berufsschulen bis in die jüngste Zeit beeinflußt. Entsprechend der Aufgabe, „die berufliche Ausbildung der jungen Leute zwischen 14 und 18 Jahren zu fördern und an ihrer Erziehung zu tüchtigen Staatsbürgern und Menschen mitzuwirken" (zitiert nach v. SEEFELD 1926, S. 61), hat die Berufsschule bei einem sechs- bis achtstündigen Unterricht pro Woche folgende Fächer zu unterrichten: Berufs- und Bürgerkunde – das Kernfach der Pflichtfortbildungsschule –, Rechnen, Buchführung, Zeichnen beziehungsweise Fachkunde. „Das gesteigerte Ehrgefühl und der Drang zur Selbständigkeit sind für die Erziehung nutzbar zu machen. Besonderer Wert ist darauf zu legen, daß die Bildung des Charakters auf sittlich-religiöser Grundlage gefördert wird [...] Der Unterrichtsstoff ist [...] so auszuwählen, daß er den Lebens- und Berufsinteressen der Schüler dient und die Arbeitsfreudigkeit erhöht. Daher sind besonders solche Stoffe zu berücksichtigen, die dem Erfahrungskreise der jungen Leute entnommen sind, oder sich an diesen eng anschließen" (zitiert nach v. SEEFELD 1926, S. 65). Konform mit den Interessen der Arbeitgeber und in Übereinstimmung mit einer antiaufklärerischen Bildungsvorstellung hieß es dann weiter, daß die „Erörterung wirtschaftlicher und rechtlicher Grundbegriffe [...] zurücktreten" müsse; „eine planmäßige Darstellung ihrer Zusammenhänge ist nicht Sache der Fortbildungsschule" (zitiert nach v. SEEFELD 1926, S. 67).
Bis heute ist die Berufsschule nur „berufs(ausbildungs)begleitend", also nicht selbst als Teil der Berufsausbildung de jure anerkannt. Das drückt sich auch darin aus, daß die Abschlußprüfung der Berufsschule für die Gesellen- beziehungsweise Facharbeiterprüfung bis heute so gut wie keine Bedeutung hat (vgl. §§ 6 und 35 BBiG) und daß die Berufsschullehrer erst durch das BBiG von 1969 (§ 37, Abs. 2) beziehungsweise die Novelle zur Handwerksordnung vom 9.9.1965 (§ 34, Abs. 2) mit dem Zusatz in Abs. 5: „nach Anhörung der Handwerksinnung" als ordentliche Mitglieder der Prüfungskommission zugelassen wurden. Gründe für diese Tradition der Berufsschule sind sicherlich in den Interessen der Unternehmer zu suchen, daneben haben aber gleichsam pädagogische Legitimationsmuster diese Entwicklung gesichert (vgl. ABRAHAM 1957).
Die Ergänzung der betrieblichen Ausbildung durch einen Berufsschulunterricht steht heute nicht mehr in dem Sinne in Frage, daß sie Gegenstand prinzipieller politischer Auseinandersetzungen wäre. „Unterschwellig aber blieb doch ein Unbehagen darüber auf der Unternehmerseite lebendig, das die Position der Berufsschulen schwächte und die Behebung ihrer Mängel erschwerte" (EDDING 1977, S. 276).
Mit der Anerkennung von Ausbildungsberufen und deren Regelung durch Ausbildungsordnungen ist ein „normativ-rechtlich verpflichtendes Fundament" geschaffen, das die Berufsausbildung mit dem Legitimationsschutz des Nichtzufälligen und der Beständigkeit ausstattet. Der Ausbildungsberuf unterliegt überbetrieblichen Zielsetzungen und ist also in gewisser Weise „enttäuschungsfest". Hier hat der Prozeß der „Institutionalisierung der Berufe" seinen ersten wichtigen Abschluß erreicht. Bisher nur unzureichend aufgenommen hat er jedoch die sich in den letzten Jahren immer stärker zur Tatsache verdichtende Vermutung, daß die in Ausbildungsberufen vermittelten Qualifikationen vom Beschäftigungssystem nur noch partiell aufgenommen werden und überdies den Bildungsbedürfnissen des einzelnen nicht gerecht werden.
Der Aufbau des industriellen Ausbildungswesens zeigt, daß organisatorische Grundzüge des handwerklichen Erziehungssystems übernommen und im Hinblick auf

Institutionalisierung der Berufsbildung

eine Vereinheitlichung verbessert wurden. Das Handwerk seinerseits geriet dadurch ebenfalls unter einen Zwang, diesen Änderungen zu folgen. Entsprechend entwickelte sich die Ausbildung im Handwerk – jedoch bestand für das Handwerk mit seiner langen Ausbildungstradition zu Beginn dieses Jahrhunderts keine Notwendigkeit für die Erarbeitung von Ausbildungsberufen.

Die mit der Novelle, dem sogenannten Handwerkerschutzgesetz von 1897, dem Handwerk wieder eingeräumten Korporationsrechte und Berechtigungsprivilegien blieben nicht ohne Wirkung auf die Regelung des handwerklichen Lehrlingswesens. Dabei ist durch die Tätigkeit der Handwerkskammern bereits Anfang dieses Jahrhunderts ein relativ hohes Maß an formaler Ordnung des Lehrlingswesens erreicht worden, obwohl das Handwerk selbst stark zersplittert war. Zu nennen sind unter anderem die Anordnungen von Handwerkskammern über die Anleitungsbefugnisse, über die Anmeldung zur Lehrlingsrolle und zur Gesellenprüfung. Die Durchführung von Gesellenprüfungen war eine der wichtigsten Aufgaben der Handwerkskammern. Zwar fanden die Vorschriften über das Gesellenprüfungswesen grundsätzlich nur Anwendung im handwerklichen Bereich, jedoch mit einer Ausnahme: § 129, Abs. 5 der Gewerbeordnung von 1897 bestimmt, daß die Lehrzeit nicht nur in einem Handwerksbetrieb, sondern auch in einem dem Gewerbe angehörigen Großbetriebe zurückgelegt werden kann. Auf dieser Rechtsgrundlage hat sich ein besonderes Gesellenprüfungswesen für Handwerkslehrlinge in Großbetrieben entwickelt, so daß die 1897 eingeführte Lehrabschlußprüfung nicht auf das Handwerk begrenzt blieb. Schließlich konnte das Handwerk die Gleichstellung der industriellen Facharbeiterprüfung/Kaufmannsgehilfenprüfung mit der Gesellenprüfung des Handwerks und damit eine Zulassung zur Meisterprüfung nicht verhindern. Die endgültige Gleichstellung der Ausbildungsabschlüsse erfolgte am 15.6.1938 durch einen Erlaß des Reichs- und Preußischen Ministers für Wissenschaft, Erziehung und Volksbildung. Die Gesellenprüfung hatte erhebliche Bedeutung, sie war im allgemeinen die Voraussetzung für die Zulassung zur Meisterprüfung. Außerdem gehen von einer solchen Prüfung erfahrungsgemäß Impulse für eine ordnungsgemäße Lehrlingshaltung aus. Obwohl erhebliche Mängel des Gesellenprüfungswesens bestanden – unter anderem 1912 vom Preußischen Landesgewerbeamt gerügt –, hatte es seine Wirkungen und führte zu weiteren Regelungen des Lehrlingswesens. So gaben die Handwerkskammern schon zu Beginn dieses Jahrhunderts Vordrucke für Lehrverträge heraus, die sich derart bewährten, daß der schriftliche Lehrvertrag im Handwerk sich immer mehr verbreitete. Einzelne Handwerkskammern richteten besondere Berufsberatungsstellen und Lehrstellennachweise ein, die sich dann zum größten Teil nach 1918 mit den öffentlichen Berufsämtern vereinigten. Viele Handwerkskammern bestellten – meist ehren- oder nebenamtliche – Beauftragte, welche die Lehrlingshaltung in den einzelnen Betrieben beaufsichtigen sollten. Obwohl die Gewerbeordnung grundsätzlich keinen Unterschied zwischen den Geschlechtern machte, fehlte es jedoch in den von Frauen betriebenen Gewerben vielfach an einer durch lange Berufstradition entwickelten Ordnung des Lehrlingswesens. Zu Beginn des Jahrhunderts ist dann festzustellen, daß die von den Handwerkskammern eingeleitete Ordnung des Lehrlingswesens sich allmählich auch auf weibliche Lehrlinge und weibliche Lehrmeister ausdehnte.

Da die Grenzen zwischen Handwerks-, Fabrik- und Großbetrieb nicht exakt markiert waren, ergaben sich starke Rechtsunsicherheiten. Die Lehrlinge einer Schlosserei unterstanden beispielsweise, je nachdem ob der Betrieb zum Handwerk oder zu den Fabriken gehörte, verschiedenem Recht. Ein Betriebsinhaber hatte im allgemeinen geringere Pflichten gegenüber seinen Lehrlingen zu erfüllen und

brauchte insbesondere nicht den Besitz der Anleitungsbefugnis nachzuweisen, wenn er zum Fabrikanten erklärt worden war. Konsequenz war natürlich, daß auf diese Weise Gewerbebetriebe versuchten, sich den handwerklichen Organisationen zu entziehen.
Trotz erheblicher Tätigkeiten der Handwerkskammern und Innungen auf dem Gebiete des Lehrlingswesens konnten auch gravierende Mißstände wie die „Lehrlingszüchterei" und die unzulängliche Entlohnung der Lehrlinge – die in den 20er Jahren zu harten Tarifauseinandersetzungen zwischen Gewerkschaften und dem Handwerk führten, die vor dem Hintergrund der Forderung nach Beteiligung der Arbeitnehmerschaft an der berufsständischen Regelung zu sehen sind – nicht beseitigt werden. Auf die „Lehrlingszüchterei" reagierte die Preußische Regierung nach 1918 und beschränkte aufgrund von § 128, Abs. 2 der Gewerbeordnung die Lehrlingshaltung im Schornsteinfeger-, im Bäcker-, im Fleischer- und im Barbiergewerbe. Dagegen unterblieb in den metallbearbeitenden Berufen eine Beschränkung der Lehrlingszahlen, weil namentlich das Schlosserhandwerk immer noch Facharbeiter für die Industrie ausbildete.
In den 20er Jahren sind dann auch ernstzunehmende Bestrebungen feststellbar, die Lehrlingsausbildung im Handwerk nicht mehr allein in das Ermessen der einzelnen Meister oder einzelner Prüfungsausschüsse zu stellen, sondern noch stärker als eine öffentliche Aufgabe und Verpflichtung des Berufsstandes anzusehen. Dieser Anspruch wurde erst durch die nationalsozialistische Gesetzgebung eingelöst. 1935 wird die Niederlassung als Handwerker nur dem ermöglicht, der die Meisterprüfung abgelegt hat (großer Befähigungsnachweis), wobei die Niederlassung an den Eintrag in die Handwerksrolle gebunden ist, und die kann nur dann erfolgen, wenn das betreffende Handwerk in jener Liste verzeichnet ist, die 1934 der Ersten Verordnung über den vorläufigen Aufbau des deutschen Handwerks als „Verzeichnis der Gewerbe, die handwerksmäßig betrieben werden können" angefügt wurde. Damit war eine Auflistung der handwerklichen Lehrberufe gegeben, weil im Handwerk Lehr- und Erwachsenenberufe identisch waren (und bis heute sind). Die Ausbildungsberufe der Industrie waren dagegen an Erwachsenentätigkeiten orientiert und – in der Unterscheidung von Grund- und Sonderberuf sichtbar werdend – auf ein Spektrum beruflicher Spezialisierungen hin entworfen. Die Handwerksordnung von 1953 hebt gleichfalls die handwerkliche Berufserziehung von anderen Bereichen der Berufsausbildung ab und bindet weiterhin den „handwerksmäßigen Betrieb" eines Gewerbes an den großen Befähigungsnachweis in einem der 124 Handwerksberufe, die in der Positivliste A, der Anlage des Gesetzes, aufgeführt sind. Das Verzeichnis von 1953 spiegelt einmal den Berufsausdifferenzierungsprozeß der 30er Jahre und zum anderen das Vorhaben, die Berufe zu Berufsgruppen zusammenzufassen und damit die Berufsklassifikation, die das Statistische Bundesamt 1949 vorgelegt hatte, zu übernehmen. Damit sollte zugleich der (auch in anderen Bereichen) allzu großzügigen Anerkennung von Lehr- und Anlernberufen (insbesondere Anfang der 40er Jahre) entgegengewirkt werden.
Infolge der gesetzlichen Neuorganisation des Handwerks 1934/1935 wurde auch die Berufserziehung im Handwerk ausgebaut und für das ganze Reich zu regeln versucht. Begonnen wurde mit der Ausarbeitung von für das ganze Reich einheitlichen „Fachlichen Vorschriften" für das Meisterprüfungswesen. Die Ausarbeitung fachlicher Unterlagen für die Lehrlingsausbildung und Gesellenprüfung schloß sich an. Zugleich wurden erstmals die beiden beruflichen Ausbildungswege – Werkstatt und Schule – gesetzlich miteinander verknüpft (vgl. PÄTZOLD 1980, S. 253 ff.).
Wie oben gezeigt, hatte das Lehrlingswesen mit der Gewerbeordnung von 1869, die

Institutionalisierung der Berufsbildung

den Grundsatz der Freiheit der Lehrlingsausbildung befestigte, generell den Charakter eines bloß privatrechtlichen Verhältnisses bekommen. Infolge der als „Handwerkerschutzgesetz" bezeichneten Gewerbeordnungsnovelle von 1897 wurde diese Entwicklung nur teilweise rückgängig gemacht. Das Rechtsgebiet der Lehrlingsausbildung besaß danach ein „merkwürdiges Doppelantlitz" (SCHINDLER 1925, S. 5): Es entwickelte sich sowohl nach der privat- als auch der öffentlich-rechtlichen Seite hin. Einerseits existierte weiterhin der § 41 der Gewerbeordnung, nach welchem jeder nach Belieben Lehrlinge halten konnte, was durch § 105 (Vertragsfreiheit für den Lehrvertrag) noch unterstrichen wurde. Andererseits bestanden – wenn auch lückenhaft – Ansätze zu einer öffentlich-rechtlichen Regelung des Lehrverhältnisses in Form berufsständischer Selbstverwaltung unter Führung der Handwerkskammern und unter Mitwirkung der Innungen. Dieses Recht bezog sich jedoch ausschließlich auf das Lehrlingswesen im Handwerk, obwohl sich bereits Ansätze einer mehr oder minder geordneten Lehrlingshaltung auch in anderen Berufen und Wirtschaftsbereichen entwickelten, also in gewerblichen Betrieben außerhalb des Handwerks, in Handelsbetrieben, in der Land- und in der Hauswirtschaft.

Dieser Vielgestaltigkeit der Lehrlingserziehung Anfang des 20. Jahrhunderts wurde das uneinheitliche Lehrlingsrecht nicht mehr gerecht. Hinzu kam, daß an vielen Orten eine berufliche Ausbildung außerhalb der geordneten Lehrverhältnisse erfolgte, und vor allem, daß sich eine strukturelle Wandlung der Lehre derart vollzog beziehungsweise vollzogen hatte, daß sich der familiale „Zuschnitt" teils verlor – so in den Großstädten –, teils abgeschwächt worden war. Das alles forderte eine auch rechtliche Neuordnung heraus. Als daher in den 20er Jahren unseres Jahrhunderts das sich neu entwickelnde Arbeitsrecht, insbesondere das Tarifvertragsrecht, das Lehrlingswesen einbezog, wurde letzteres erstmals umfassend Gegenstand einer politischen wie auch berufspädagogischen Auseinandersetzung um Notwendigkeit und Form einer spezifischen rechtlichen Normierung.

Die Versuche einer gesetzlichen Kodifizierung bis hin zur Regelung durch das im Jahre 1969 in Kraft getretene Berufsbildungsgesetz (BBiG) spiegeln dann auch diesen Prozeß der verändernden Bestimmung der beruflichen Bildung (vgl. PÄTZOLD 1982). Erste Ansätze einer einheitlichen gesetzlichen Regelung des Lehrlingswesens finden sich bereits Ende des 19. Jahrhunderts. 1888 veröffentlichte der königlich-preußische Eisenbahn-Maschinen-Inspektor Robert Garbe seine „Vorschläge zum Ausbau eines einheitlichen, durch Reichsgesetz in seinen Grundzügen bestimmten und die Gesamtheit der gewerblichen Jugend umfassenden Lehrlings-Bildungswesens" (vgl. PÄTZOLD 1982, S. 46ff.). In seinem in 26 Grundsätzen niedergelegten, die gesamte Gewerbelehre umfassenden Plan fordert er unter anderem die Einheitlichkeit der beruflichen Erstausbildung und ihre gesetzliche Regelung unter Einbezug der Fortbildungsschulen. Nach dem Ersten Weltkrieg gingen Anstöße zum Aufbau eines durch Gesetz geordneten Berufsausbildungssystems von den Gewerkschaften aus. Auf dem 10. Kongreß der Gewerkschaften Deutschlands in Nürnberg (1919) wurde eine Erklärung zur „Regelung des Lehrlingswesens" verabschiedet; wichtiger Gedanke war: auf eine „sozialisierte Berufsbildung" hinzuwirken. „Jeder Beruf, Berufszweig und Betrieb hat seine jugendlichen Arbeiter planmäßig in einer geordneten Lehrzeit auszubilden und ihnen Gelegenheit zu geben, die praktische Ausbildung durch theoretische Fachbildung zu ergänzen und zu vertiefen" (zitiert nach PÄTZOLD 1982, S. 49). Den Gewerkschaften ging es um die Anerkennung der Berufsbildung als öffentliche Aufgabe aller an ihr Beteiligten und also um eine Zurückdrängung insbesondere des Einflusses der Unternehmer auf die berufliche Bildung (vgl. PÄTZOLD 1982).

Nachdem die Gewerkschaften 1918 als Tarifpartner anerkannt und also in ihrem Status aufgewertet worden waren, erreichten sie in der Zentralarbeitsgemeinschaft der industriellen und gewerblichen Arbeitgeber und -nehmer ihre angestrebte Mitwirkung. Diese Arbeitsgemeinschaft veröffentlichte 1921 „Grundsätze zu einer Gesamtregelung der Berufsausbildung". Danach sollte sich die reichsgesetzliche Regelung des Lehrlingswesens „auf das gesamte Gebiet der Lehrlingshaltung in Industrie, Handwerk, Landwirtschaft und Hauswirtschaft beziehen [...] Anzustreben ist, daß soweit als möglich jeder Jugendliche, männlichen oder weiblichen Geschlechts, einer beruflichen Ausbildung unmittelbar nach der Schulentlassung zugeführt wird und daß auch in den Berufen oder Berufsgruppen, in denen ein geordnetes Lehrverhältnis nicht oder zur Zeit nicht durchgeführt werden kann, bei der Beschäftigung Jugendlicher unter 18 Jahren Vorsorge für eine angemessene berufliche Ausbildung getroffen wird" (Schriften der Gesellschaft für soziale Reform 1921, S. 53, zitiert nach PÄTZOLD 1982, S. 53 f.). Erst 1927 wurde dann dem Parlament der Entwurf eines Berufsausbildungsgesetzes vorgelegt, der aber – ebenso wie der spätere „Entwurf eines Gesetzes über die Berufserziehung der deutschen Jugend" von 1942 – nicht verabschiedet wurde. Nach dem Zweiten Weltkrieg war es die Gewerkschaftsjugend, die die Forderungen nach „paritätischer Mitwirkung" erneuerte und ein „fortschrittliches Berufsausbildungsgesetz" forderte. Lediglich 1951 wurde in Berlin ein Gesetz zur Regelung der Berufsausbildung sowie der Arbeitsverhältnisse Jugendlicher erlassen. Es war vergleichsweise progressiv, denn es hob die 1897 vollzogene Spaltung des Ausbildungsrechts – bis zum Erlaß der Handwerksordnung von 1953 – auf. In § 1 hieß es: „Den Vorschriften dieses Gesetzes unterliegt die Berufsausbildung in den privaten und öffentlichen Betrieben des Handwerks, der Industrie, der Landwirtschaft, des Verkehrs, der Versorgung sowie in Banken und Versicherungen." Auch publizierten verschiedene Personen und Institutionen (wie etwa E. Schindler, der Kölner Wirtschaftspädagogische Kreis, das Bundesarbeitsministerium) Vorstellungen zu einem Berufsausbildungs(erziehungs-)gesetz, ehe der Deutsche Gewerkschaftsbund (DGB) den Entwurf eines solchen Gesetzes vorlegte, der die Unterstützung der SPD-Bundestagsfraktion fand (vgl. PÄTZOLD 1982). 1962 brachte diese einen vom Bundestag akzeptierten Initiativantrag ein, bis 1963 ein Gesetz zu erarbeiten. Jedoch blieb die berufliche Bildung in der Bundesrepublik trotz mehrfacher Anfragen der SPD-Fraktion bis 1969 ohne umfassende gesetzliche Grundlage. Ihre rechtlichen Normierungen und Kompetenzen waren weiterhin nur unvollkommen in der Handwerksordnung und im Handelsgesetzbuch sowie durch arbeits- wie tarifvertragliche Bestimmungen festgelegt. Berufsausbildungsrecht wurde fast ausschließlich unter dem Aspekt der Wirtschaftspolitik, in geringerem Maße unter dem der Sozialpolitik und erst in jüngster Zeit auch als Teil der Bildungspolitik gesehen. Eine bundeseinheitliche gesetzliche Regelung der Berufsausbildung in den Betrieben war im übrigen nur deshalb möglich, weil das Berufsbildungsgesetz nach der verfassungsrechtlichen Begründbarkeit Arbeitsrecht und/oder Wirtschaftsrecht repräsentiert, denn die Berufsausbildung ist im Kompetenzkatalog des Grundgesetzes nicht erwähnt. Die Frage der Zuständigkeitsnormen ist allerdings nur insofern umstritten, als teilweise Art. 74, Nr. 11 Grundgesetz (konkurrierende Zuständigkeit für das Recht der Arbeit) als maßgeblich reklamiert wird (vgl. FRIAUF 1975, RICHTER 1970). Aufgrund dieser Kompetenztitel verfügt der Bund über die Gesetzgebungszuständigkeit für das Recht der außerschulischen Berufsausbildung, die Länder sind kraft Kulturhoheit für den schulischen Teil des dualen Systems zuständig.
Demzufolge heißt es dann auch in § 2, Abs. 1 des BBiG: Das Gesetz gilt „für die

Berufsbildung, soweit sie nicht in berufsbildenden Schulen durchgeführt wird, die den Schulgesetzen der Länder unterstehen". Der Abschlußbericht des für das BBiG 1969 federführenden Bundestagsausschusses für Arbeit und Sozialordnung führte dazu erläuternd aus: „Für die Berufsausbildung geht der Entwurf von dem dualen System aus, das durch ein Zusammenwirken von betrieblicher und schulischer Ausbildung gekennzeichnet ist, und regelt den Bereich der betrieblichen und außerschulischen Berufsausbildung. Die Berufsausbildung in berufsbildenden Schulen entzieht sich aus Verfassungsgründen einer Regelung durch Bundesgesetz" (Bundestagsdrucksache V/4260, S. 2).

Mit Inkrafttreten des BBiG am 1.9.1969 wurden die verstreuten gesetzlichen Vorschriften und Regelungen zur betrieblichen Berufsausbildung geordnet und kodifiziert: Das reicht von der Begründung eines Berufsausbildungsverhältnisses über die Durchführung der Berufsausbildung bis hin zur Abschlußprüfung. Das BBiG umfaßt in seiner Definition von Berufsbildung (§ 1) die berufliche Erstausbildung, die berufliche Fortbildung und die berufliche Umschulung, nimmt damit also die Gesamtheit der institutionalisierten beruflichen Lernprozesse auf.

Die organisatorischen Regelungen der betrieblichen Berufsausbildung zentrieren sich nach dem BBiG um drei Prinzipien: den Grundsatz der öffentlichen Verantwortung, den der bürgerlichen Vertragsfreiheit und den Grundsatz der mittelbaren Staatsverwaltung. Sie werden von den sogenannten zuständigen Stellen (den Kammern) organisatorisch ausgeformt. § 44 BBiG ermächtigt sie, die Durchführung der Berufsausbildung zu regeln, soweit nicht höherrangige Rechtsvorschriften bestehen. Den Ausbildungsbetrieben ist danach eine rechtliche Legitimation zur Berufsausbildung unter Beachtung öffentlich-normativer Rahmenbedingungen gegeben. (G. Pätz.)

ABEL, H.: Das Berufsproblem im gewerblichen Ausbildungs- und Schulwesen Deutschlands (BRD), Braunschweig 1963. ABEL, H.: Grund- und Realformen der Lehrlingsausbildung im produzierenden Gewerbe. In: ARCHIV FÜR BERUFSBILDUNG. Jahrbuch 1964 der Deutschen Gesellschaft für Gewerbliches Bildungswesen, Braunschweig/Berlin/Hamburg 1964, S. 49 ff. ABRAHAM, K.: Der Betrieb als Erziehungsfaktor, Freiburg 1957. BAETHGE, M.: Die Integration von Berufsbildung und Allgemeinbildung als Forschungskonzept für die Berufsbildungsforschung. In: ROTH, H./FRIEDRICH, D. (Hg.): Bildungsforschung, Teil 1. Deutscher Bildungsrat: Gutachten und Studien der Bildungskommission, Bd. 50, Stuttgart 1975, S. 253 ff. BECK, U. u. a.: Soziologie der Arbeit und der Berufe. Grundlagen, Problemfelder, Forschungsergebnisse, Reinbek 1980. BENNER, H.: Der Ausbildungsberuf als berufspädagogisches und bildungsökonomisches Problem, Hannover 1977. BÜCHER, K.: Die gewerbliche Bildungsfrage und der industrielle Rückgang, Eisenach 1877. DEUTSCHER AUSSCHUSS FÜR TECHNISCHES SCHULWESEN (Hg.): Arbeiten auf dem Gebiete des technischen niederen Schulwesens. Abhandlungen und Berichte über technisches Schulwesen, Bd. 3, Leipzig 1912. DÖBERT, R./NUNNER-WINKLER, G.: Adoleszenzkrise und Identitätsbildung. Psychische und soziale Aspekte des Jugendalters in modernen Gesellschaften, Frankfurt/M. ²1979. DREITZEL, H. P.: Soziologische Reflexion über das Elend des Leistungsprinzips. In: GEHLEN, A. u. a.: Sinn und Unsinn des Leistungsprinzips. Ein Symposion, München 1974, S. 31 ff. EDDING, F.: Entwicklungstendenzen des Dualen Systems der beruflichen Bildung 1950–1975. In: HÜFNER, K./NAUMANN, J.: Konjunkturen der Bildungspolitik in der Bundesrepublik Deutschland, Bd. 1: Der Aufschwung (1960–1967), Stuttgart 1977, S. 249 ff. FRIAUF, K. H.: Die Abgrenzung der Gesetzgebungskompetenzen im Bereich der beruflichen Bildung, Hamburg 1975. GARBE, R.: Der zeitgemäße Ausbau des gesammten Lehrlingswesens für Industrie und Gewerbe, Berlin 1888. GEORG, W./KUNZE, A.: Sozialgeschichte der Berufserziehung. Eine Einführung, München 1981. GIMMLER, W.: Die Entstehung neuzeitlicher Handwerkerverbände im 19. Jahrhundert, ihre Ziele, Struktur und Auseinandersetzungen um eine grundsätzliche, gesetzlich verankerte Regelung des Organisationswesens, Diss., Erlangen-Nürnberg 1972. GREINERT, W.-D.: Schule als Instrument sozialer Kontrolle und Objekt privater Interessen, Hannover 1975. GRÜNER, G. (Hg.): Curriculumproblematik der Berufsschule. Zur Entwicklungsgeschichte der Lehrpläne gewerblicher Berufsschulen, Stuttgart 1975. HARNEY, K.: Die preußische Fortbildungsschule. Eine Studie zum Problem der Hierarchisierung beruflicher Schultypen im 19. Jahrhundert, Frankfurt/M. 1980. HEGEL, G. W. F.: Grundlinien der Philosophie des Rechts (1821). Sämtliche Werke, hg. v. G. Lasson, Bd. 6, Leipzig ³1930. HILGER, D.: Fabrik, Fabrikant. In: BRUNNER, O. u.a. (Hg.): Geschichtliche Grundbegriffe. Historisches Lexikon zur politisch-sozialen Sprache in Deutschland, Bd. 2, Stuttgart 1975, S. 229 ff. HITZE, F.: Referat über die Handwerkerfrage. In: VEREIN FÜR SOZIALPOLITIK: Verhandlungen von 1897 (23.-24. Sept. in Köln), Bd. LXXVI, Leipzig 1898, S. 35 ff. HOLZER, G.: Das Gesellenprüfungswesen der Innungen und Handwerkskammern, Diss., Grimma 1934. KNOLL, A. u.a.: Das Bildungswesen der Erwachsenen. Schriften der Gesellschaft für Sozialreform, Heft 72, Jena 1921. KÖNIG, R.: Institution. In: KÖNIG, R. (Hg.): Soziologie. Das Fischer-Lexikon, Bd. 10, Frankfurt/M. 1958, S. 134 ff. KÜMMEL, K. (Hg.): Die schulische Berufsbildung 1918-1945, Köln/Wien 1980. KUTSCHA, G.: Qualifikationsbestimmung und Bezugssysteme in der didaktisch-curricularen Theorie der kaufmännischen Berufsgrundbildung. In: D. Dt. Ber.- u. Fachs. 71 (1975), S. 189 ff. LIPSMEIER, A.: Didaktik der Berufsausbildung, München 1978. LIPSMEIER, A.: Organisation und Lernorte der Berufsausbildung, München 1978. OFFE, C.: Berufsbildungsreform. Eine Fallstudie über Reformpolitik, Frankfurt/M. 1975. PÄTZOLD, G.: Auslese und Qualifikation, Hannover 1977. PÄTZOLD, G. (Hg.): Die betriebliche Berufsbildung 1918-1945, Köln/Wien 1980. PÄTZOLD, G. (Hg.): Quellen und Dokumente zur Geschichte des Berufsbildungsgesetzes 1875-1981, Köln/Wien 1982. RICHTER, I.: Öffentliche Verantwortung für berufliche Bildung, Stuttgart 1970. SCHELSKY, H. (Hg.): Zur Theorie der Institution, Düsseldorf 1970. SCHINDLER, E.: Die gesetzliche Regelung der Berufsausbildung der Jugendlichen. In: SCHINDLER, E./ZIERTMANN, P.: Die Berufsausbildung der Jugendlichen und die Notwendigkeit ihrer gesetzlichen Neuregelung, Langensalza 1925, S. 3 ff. SEDATIS, H.: Liberalismus und Handwerk in Südwestdeutschland. Wirtschafts- und Gesellschaftskonzeptionen des Liberalismus und die Krise des Handwerks im 19. Jahrhundert, Stuttgart 1979. SEEFELD, H. v. (Hg.): Die Berufsschulpflicht in Preußen. Gesetzliche Bestimmungen mit Erläuterungen, Langensalza 1926. SEUBERT, R.: Berufserziehung und Nationalsozialismus, Weinheim/Basel 1977. SIMON, O.: Die Fachbildung des Preußischen Gewerbe- und Handelsstandes im 18. und 19. Jahrhundert nach den Bestimmungen des Gewerberechts und der Verfassung des gewerblichen Unterrichtswesens, Berlin 1902. STRATMANN, K.: Die Krise der Berufserziehung im 18. Jahrhundert als Ursprungsfeld pädagogischen Denkens, Ratingen 1967. STRATMANN, K.: Quellen zur Geschichte der Berufserziehung. Dokumente und Texte zur Reform der Lehrlingserziehung im Gewerbe des 18. Jahrhunderts, Wuppertal 1969. STRATMANN, K.: Die Berufsschule als Instrument der politischen Erziehung. In: D. Dt. Ber.- u. Fachs. 68 (1972), S. 922 ff. STRATMANN, K.: Das Duale System und das Problem seiner „Verschulung". In: D. Dt. Ber.- u. Fachs. 71 (1975), S. 820 ff. STRATMANN, K.: Stufen der Berufsbildung. In: MÜLLGES, U. (Hg.): Handbuch der Berufs- und Wirtschaftspädagogik, Bd. 2, Düsseldorf 1979, S. 279 ff. STRATMANN, K./SCHLÜTER, A. (Hg.): Quellen und Dokumente zur Berufsbildung 1794-1869, Köln/Wien 1982. STÜTZ, G.: Das Handwerk als Leitbild der deutschen Berufserziehung, Göttingen 1969. TEUTEBERG, H.J.: Geschichte der industriellen Mitbestimmung in Deutschland. Ursprung und Entwicklung ihrer Vorläufer im Denken und in der Wirklichkeit des 19. Jahrhunderts, Tübingen 1961. THYSSEN, S.: Die Berufsschule in Idee und Gestaltung, Essen 1954. VEREIN FÜR SOCIALPOLITIK (Hg.): Die Reform des Lehrlingswesens. Sechzehn Gutachten und Berichte, Leipzig 1875. VEREIN FÜR SOCIALPOLITIK (Hg.): Das gewerbliche Fortbildungswesen. Sieben Gutachten und Berichte, Leipzig 1879. WOLSING, T.: Untersuchungen zur Berufsausbildung im Dritten Reich, Kastellaun 1977.

Johannes Münder

Institutionalisierung der Jugendhilfe

1 Gegenstandsbereich
2 Jugendhilfe im Kontext der Institutionalisierung von Sozialisation, Erziehung und Ausbildung
3 Anfänge eigenständiger Institutionalisierung der Jugendhilfe
3.1 Armenfürsorge
3.2 Unterbringung Minderjähriger
3.3 Jugendpflege
3.4 Eigenständige Institutionen
4 Umfassende Institutionalisierung
5 Gegenwärtige Struktur der Jugendhilfe
5.1 Ersatzfunktion der Jugendhilfe
5.2 Trägerschaft der Jugendhilfe
5.3 Eingreifend-kontrollierende Funktion der Jugendhilfe
5.4 Expansion der Jugendhilfe
6 Entwicklungsmomente
6.1 Professionalisierung
6.2 Therapeutisierung und Pädagogisierung
6.3 Verrechtlichung
7 Perspektiven
7.1 Gesellschaftlicher Bedingungsrahmen
7.2 Ausbau des vorschulischen Sozialisationsbereichs
7.3 Abbau direkt repressiver Ansätze
7.4 Ausbau hoheitlicher Intervention
7.5 Zur Situation der „Klientel"

Zusammenfassung: Jugendhilfe befaßt sich mit der Sozialisation außerhalb von Familie, Schule und Beruf. In Richtung einer eigenständigen Institutionalisierung hat sie sich gegen Ende des 19. Jahrhunderts entwickelt. Die gesellschaftliche Randständigkeit der Jugendhilfe ist bedingt durch ihre geringe ökonomische Relevanz. Jugendhilfe reagiert auf die Problemlagen von Kindern und Jugendlichen immer noch weitgehend repressiv, zum Teil verdrängend; eine wirklich pädagogische Reaktion ist jedoch gerade heute von größerer Bedeutung. Die Jugendhilfe befaßt sich zunehmend nicht mehr mit randständigen Bevölkerungsschichten, sondern weitet ihre Leistungen auch auf die „Durchschnittsfamilie" aus. Eine Folge davon ist eine verstärkte Tendenz zur Institutionalisierung, Pädagogisierung und Therapeutisierung der Jugendarbeit. Diese Entwicklung ist für die Betroffenen nicht unproblematisch. Ihr kann nur durch eine entsprechende Veränderung von Strukturen der Jugendhilfe begegnet werden.

Summary: Youth welfare is concerned with socialisation outside the family unit, schools, and professional life. It began to develop in the direction of an independent institution towards the end of the 19th century. The position of youth welfare on the periphery of society is due to its low economic relevance. Youth welfare still reacts

Johannes Münder

to the problem situations of children and young people in a mainly repressive, sometimes even dismissive way. Today, however, a truly pedagogical reaction is more important than ever before. Youth welfare activities are no longer exclusively concentrated on groups on the social periphery but are extending to cover the "average" family. A result of this is the increasing tendency for youth welfare work to become institutionalised, pedagogicised, and therapeuticised. This development is not without problems for those concerned, and it can only be countered by corresponding changes in the youth welfare structures.

Résumé: L'aide à la jeunesse s'occupe de la socialisation hors de la famille, de l'école et de la profession. Elle s'est développée vers la fin du XIXe siècle dans le sens d'une institutionnalisation individuelle. La position socialement marginale de l'aide à la jeunesse est déterminée par son peu de conséquence du point de vue économique. L'aide à la jeunesse continue de réagir aux problèmes des enfants et des adolescents d'une manière largement répressive, et en partie en repoussant ces problèmes, or, à l'heure actuelle, précisément, une réaction véritablement pédagogique est d'une grande importance. L'aide à la jeunesse se préoccupe, peu à peu, non plus de couches marginales de la population, mais étend ses activités à la «famille moyenne». Une des conséquences de ce fait est la tendance de plus en plus nette à l'institutionnalisation, la «pédagogisation» et la «thérapeutisation» du travail social concernant la jeunesse. Cette évolution n'est pas sans poser des problèmes aux intéressés. On ne peut la stopper qu'en se livrant à une modification adéquate des structures de l'aide à la jeunesse.

1 Gegenstandsbereich

Während bezüglich der schulischen und beruflichen Ausbildung und der familialen Sozialisation einigermaßen verläßlich benannt werden kann, welche Institutionen, Inhalte und Handlungsfelder jeweils angesprochen sind, ist dies bei der Jugendhilfe nicht der Fall. Schon der Begriff selbst ist nicht etabliert, sondern wird synonym mit Begriffen wie außerschulische Jugenderziehung, Jugendpflege oder öffentliche Erziehung verwandt. Einen ersten Zugang mag die Beschreibung jener Felder der Jugendhilfe liefern, die aufgrund ihres personellen und finanziellen Aufwandes besonderes Gewicht haben (vgl. JORDAN/SENGLING 1977, KREFT/MIELENZ 1980, MÜNDER 1980; zum statistischen Material vgl. STATISTISCHES BUNDESAMT 1977):
- Kleinkindererziehung, wie sie in Form der Krippen- und Kindergartenerziehung (Kindertagesstätten) institutionalisiert betrieben wird, wozu aber auch Erziehungseinrichtungen wie die der Tagesmutter oder Tagespflegestelle gehören (vgl. ARBEITSGRUPPE VORSCHULERZIEHUNG 1976, 1977a, 1977b; vgl. KOCH/ROCHOLL 1977; vgl. SENATOR FÜR FAMILIE, JUGEND UND SPORT 1979);
- Kinder- und Jugenderziehung, wie sie neben Familie und Schule in Horten geleistet wird, wobei in Form der Schulsozialarbeit versucht wird, Ansätze zu entwickeln, die die Trennung von schulischer und außerschulischer Sozialisation tendenziell zu überwinden versuchen (vgl. BUNDESARBEITSGEMEINSCHAFT JUGENDAUFBAUWERK 1973, 1975a, 1975b; vgl. HABERKORN/WALTHER 1973);
- Jugendarbeit, oft auch als Jugendpflege oder außerschulische Jugendbildung bezeichnet, ist die Tätigkeit, die sich außerhalb von Familie, Schule und Beruf an die Jugendlichen unmittelbar wendet und von ihnen selbst freiwillig nachgefragt wird. Sie umfaßt insbesondere offene Jugendarbeit wie sie beispielsweise in Ju-

gendfreizeitzentren angeboten wird, politische Jugendarbeit und Jugendsozialarbeit, wozu etwa die Arbeit mit arbeitslosen Jugendlichen zu rechnen ist, und den internationalen Jugendaustausch (vgl. DAMM 1975, GIESECKE 1973, JORDAN/SENGLING 1977, LESSING/LIEBEL 1975, MÜLLER u. a. 1964, NEGT 1975);
- Beratungstätigkeit – vornehmlich zu nennen ist die Erziehungs-, Jugend-, Familienberatung, die Drogenberatung und die Konfliktberatung –, wie sie in institutionalisierten Beratungsstellen stattfindet (vgl. BÄUERLE 1971, GIESE/MELZER 1974, HORNSTEIN 1976, MOLLENHAUER 1965);
- Tätigkeit der Jugendämter als Träger der öffentlichen Jugendhilfe, beispielsweise bei alleinerziehenden Eltern oder in Fällen der intensiven Einzelbetreuung, durch den Einsatz von Familienhelfern;
- Unterstützung der Jugendämter bei bestimmten Personengruppen, so vornehmlich im Falle der Amtspflegschaft/Amtsvormundschaft bei nichtehelichen Kindern (vgl. MÜNDER 1980, S. 110 ff., S. 205 ff.);
- Tätigkeit der Jugendämter bei gerichtlichen Verfahren zur elterlichen Sorge in der Form der Vormundschaftsgerichts-, Familiengerichts- und Jugendgerichtshilfe (vgl. MÜNDER 1980, S. 210 ff.);
- Mitwirkung bei der außerfamilialen Unterbringung Minderjähriger, sei es in Heimen, in Pflegestellen, Wohngemeinschaften oder bei der Vermittlung in Adoptionsstellen (vgl. BLANDOW u. a. 1978).

An dieser Stelle läßt sich damit zunächst eine negativ eingrenzende Definition der Jugendhilfe formulieren: Zu ihr gehören die Bereiche von Sozialisation, Ausbildung und Erziehung, die weder in der Familie noch in schulischen oder beruflichen Ausbildungen stattfinden. Diese Prägung der Jugendhilfe als Residualbereich familialer, schulischer und beruflicher Sozialisation ist wesentlich durch die historische Entwicklung der Jugendhilfe und der damit verbundenen Institutionalisierung bedingt.

2 Jugendhilfe im Kontext der Institutionalisierung von Sozialisation, Erziehung und Ausbildung

Als Teil der umfassenden Sozialisation des gesellschaftlichen Nachwuchses entwickelte sich die Jugendhilfe erst mit der Sonderung von Sozialisationsinstanzen. Diese Sozialisationsinstanzen ihrerseits (Familie, Schule, Beruf) sind Resultate eines spezifischen historischen, ökologisch-ökonomischen Prozesses.
Im Feudalismus war das „ganze Haus" (vgl. BRUNNER 1968, S. 105 ff.) zentrale Sozialisations-, Erziehungs- und Qualifikationsinstitution, die für die Reproduktion aller Angehörigen, auch der nicht in den Produktionsprozeß integrierten (also auch Kinder), zuständig war. Selbst da, wo diese Produktions- und Reproduktions- (und damit auch Sozialisations-)Institution des gesamten Hauses ausfiel, existierte keine gesonderte Behandlung von Kindern und Jugendlichen: Die im Mittelalter anzutreffende Findel-, Waisen- und Armenkinderfürsorge fand im Rahmen der allgemeinen (Erwachsenen-)Fürsorge statt (vgl. SACHßE/TENNSTEDT 1980, S. 25 ff.; vgl. SCHERPNER 1962, S. 25 ff.; 41 ff.).
Erst mit dem ausgehenden Mittelalter änderte sich die relative Problemlosigkeit dieser Situation: Die Armenfrage wurde, bedingt durch das starke Ansteigen der Zahl der Armen und Bettler, zum Armenproblem. Mit der Ablösung des Feudalismus, die sich über Jahrhunderte erstreckte, deren tragendes Moment in der agrarisch strukturierten Gesellschaft die Aufhebung der Verfügungsgewalt der Bauern über Grund und Boden war (mit dem Paradigma der ursprünglichen Akkumulation

ausführlich beschrieben – vgl. MARX 1966, S. 744 ff.), wurden die Bauern von der Verfügung über die Produktionsmittel ausgeschlossen, und ihnen blieb wesentlich nur der Verkauf ihrer Arbeitskraft. Da aber erst in Teilbereichen Manufakturen entstanden waren, war so nur teilweise die Absorption der entstehenden Lohnarbeiterschaft möglich. So wandten sich die Lohnarbeiter der Bettelei, Vagabondage, dem Raub zu. Hierauf reagierten die in dieser Zeit entstehenden Bettelordnungen, die zwischen den arbeitsunfähigen Bettlern (Kranken, Alten, Kindern) und den arbeitsfähigen unterschieden. Für letztere wurde eine Arbeitspflicht statuiert, und im Falle des Bettelns solcher Arbeitsfähigen waren Strafen vorgesehen (sogenannte Blutgesetzgebung – vgl. MÜNDER 1978, S. 37 ff.), die anscheinend in der Realität jedoch nur sehr beschränkt vollzogen wurden (vgl. SACHSSE/TENNSTEDT 1980, S. 38 f.) Im Zeitalter des Absolutismus trat anstelle von Bestrafung allmählich Zwangsarbeit; sie fand in „Zuchthäusern" statt, die oft mit den Armen- und Waisenhäusern verbunden waren. Der Bedarf an Arbeitskräften erhöhte sich aufgrund der Entwicklung der Manufakturen (bis hin zu Ansätzen der Fabrikarbeit), der Ausweitung des Handels (Übersee, Kolonien) und des Menschenverlusts, der sich insbesondere durch Kriege ergab. Die Armenfürsorge wurde deshalb in eine Strategie der umfassenden Herstellung einer disziplinierten Arbeitsbevölkerung eingebunden (vgl. SACHSSE/TENNSTEDT 1980, S. 85 ff.). Dies war auch der Entstehungszeitpunkt spezieller, für Kinder und Jugendliche geschaffener Arbeitsinstitutionen. Im Jahr 1600 wurde in Amsterdam das „separate" Zuchthaus geschaffen, in dem Kinder gesondert von Erwachsenen einer Zwangsarbeitserziehung unterworfen wurden. Öffentliche Erziehung hatte in diesen Zwangsarbeitsinstitutionen, neben anderen Maßnahmen, die Funktion, zur Durchsetzung der gesellschaftlich notwendigen Arbeitsformen beizutragen: „Der für die neue Ära der Manufakturen und Großbetriebe notwendige Stamm von Arbeitskräften wurde hier vorgeformt" (SCHERPNER 1966, S. 54 f.).

Veränderte Strukturen ergaben sich mit der zunehmenden Herauslösung der „Familie" im Sinne der Kleinfamilie aus dem gesamten Haus. Dies war kein einheitlicher Prozeß – insbesondere schichten-, klassenspezifisch strukturiert (vgl. ROSENBAUM 1978) –, der sich aber auf allen Ebenen vollzog. So drang im Laufe des 18. Jahrhunderts der Begriff „Familie" (und damit verbunden der der „Jugend") allmählich umgangssprachlich vor, und Familie wurde – im Gegensatz zum öffentlichen Charakter des gesamten Hauses – mit Vorstellungen von Privatheit und Intimität verbunden (vgl. ARIÈS 1976, S. 48 ff.). Hintergrund dieser Veränderung war die mit der Trennung von den Produktionsmitteln einhergehende generelle Teilung von Produktion und Reproduktion, die damit auch die Zusammenhänge von Arbeit, Konsumtion, Sozialisation und Erziehung zerriß. Die beginnende Industrialisierung war jedoch zunächst nur auf das Vorhandensein menschlicher Arbeitskraft angewiesen, was auch den massenhaften Einsatz von Kindern ohne jegliche Ausbildung in der Produktion erlaubte (vgl. KUCZYNSKI 1968, S. 121 ff.).

Mit Verwendung komplizierterer Werkzeuge und Maschinen wurde jedoch eine Qualifikation der Arbeitskräfte notwendig. Aufgrund der vorfindlichen Bedingungen (Trennung von Produktion und Reproduktion) war dies durch die Kleinfamilie strukturell nicht leistbar, die – nie bruchlos und nie widerstandsfrei – im wesentlichen nur die Grundlage gesellschaftlicher Werte und allgemeiner Arbeitstugenden vermitteln konnte. So ist vornehmlich das 19. Jahrhundert geprägt durch die allmähliche Herausbildung und Ausdifferenzierung von Institutionen zur Qualifikation der Arbeitskräfte, wie die Entwicklung der schulischen und beruflichen Ausbildung deutlich zeigt (vgl. HERRLITZ u. a. 1984, STRATMANN/PÄTZOLD 1984).

3 Anfänge eigenständiger Institutionalisierung der Jugendhilfe

Die Entwicklung der Jugendhilfe ist mit verschiedenen sozialen Problemen und den Versuchen ihrer gesellschaftlichen Bewältigung verbunden. Im wesentlichen sind es folgende Aspekte:
- die Sicherstellung der materiellen Reproduktion des gesellschaftlichen Nachwuchses (von daher ergibt sich der Bezug der Jugendhilfe zur Regulierung der Armenfrage);
- die Sicherstellung der Versorgung, Betreuung, Erziehung und Unterbringung des Nachwuchses, insbesondere dort, wo dies durch die dafür zuständige Sozialisationsinstitution – die Familie – nicht in dem gesellschaftlich gewünschten Umfang oder Erfolg sichergestellt werden kann (von hier ergibt sich der Bezug zu den verschiedenen Formen der Erziehung und Unterbringung, wie dem Pflegekinderwesen, den Heimen, Anstalten);
- die „Sorge" um die Betätigung des Nachwuchses außerhalb seiner Berufs- und Ausbildungssituation (von daher ergibt sich der Bezug zur privaten und hoheitlichen Tätigkeit im außerschulischen, außerberuflichen, außerfamilialen Bereich);
- schließlich wird für die Institutionalisierung der Jugendhilfe die Entstehung eigenständiger, mit den genannten Bereichen befaßter Organisationsstrukturen bedeutsam.

Diese Entwicklungsstränge bei der Herausbildung eigenständiger Strukturen und damit verbundener Institutionalisierung der Jugendhilfe waren miteinander verflochten und haben sich gegenseitig beeinflußt.

3.1 Armenfürsorge

Die materielle Existenzsicherung war nach der Konzeption des bürgerlichen Liberalismus private Angelegenheit der Familien. Die Realität einer wesentlich durch abhängige Arbeitsverhältnisse und nach Kapitalverwertungsgesichtspunkten organisierten Gesellschaft entsprach diesem Bild nicht. Gerade in Zeiten der starken Ausweitung kapitalmäßig organisierter Produktion ergaben sich für die lohnabhängig Beschäftigten massive Verelendungstendenzen; sie wurden in der „sozialen Frage" von den herrschenden gesellschaftlichen Kräften thematisiert.

Die Versorgung von Personen, die nicht die nötigen Existenzmittel erwerben konnten (sogenannte Armenfürsorge), war im Absolutismus Gegenstand polizeilicher Tätigkeit gewesen. Erst mit wachsender Stärke des Bürgertums wurde die umfassende polizeiliche Tätigkeit als störende Intervention angesehen und zunehmend auf die bloße Gefahrenabwehr eingeschränkt (vgl. MAIER 1966, S. 242 ff.). In diesem Kontext entstand – zeitlich verschoben in den verschiedenen Ländern Deutschlands – eine eigenständige Armenverwaltung in Armenämtern, die für alle betroffenen Personen und damit auch für Kinder und Jugendliche nach gleichen Prinzipien galt. Dies änderte sich im Verlauf der ersten Hälfte des 19. Jahrhunderts in dem Maße, als sich die Armenfürsorgetätigkeit zunehmend bei besonderen Gruppen von Minderjährigen, vornehmlich Findel-, Waisen- und unehelichen Kindern, konzentrierte. Da Versorgungs-, Betreuungs- und Erziehungsleistungen durch die leiblichen Eltern bei diesen Kindern und Jugendlichen häufig nicht erbracht werden konnten, wurde auf diese Weise für Betreuung und Fürsorge gesorgt. In den meisten Ländern Deutschlands hatten derartige Kinder einen Vormund. Wer dies war, war aufgrund der starken territorialen Zersplitterung unterschiedlich. In den Hanse-

Johannes Münder

städten und den ehemaligen französischen Rechtsgebieten wurden alle armenrechtlich versorgten Kinder unter die Vormundschaft des Armenamtes – *Armenvormundschaft* – gestellt. Über diese Gebiete hinaus war weit verbreitet die *Anstaltsvormundschaft* für alle Kinder und Jugendlichen, die in öffentlichen Anstalten untergebracht waren. Gegen Ende des 19. Jahrhunderts entwickelte sich die *Berufsvormundschaft:* Ihr unterstanden zunächst alle unehelichen Kinder, die bei Dritten untergebracht waren (Pflegekinder, Ziehkinder). Sie wurde ausgeweitet auf alle unehelichen Kinder (unabhängig von ihrer Fremdunterbringung), auf alle sonst armenrechtlich versorgten Kinder und schließlich auf alle unter Zwangserziehung stehenden Kinder. Im Laufe der Zeit wurden diese Vormundschaften durch einzelne Beamte übernommen, und zwar in Form der *Sammelvormundschaft,* wonach ein Beamter für mehrere Kinder als Vormund zuständig war. Die Tätigkeit wurde durch Ortssatzungen, zum Teil auch durch Landesgesetze rechtlich geregelt. So entwickelten sich wichtige Momente einer Institutionalisierung:
– eine eigene, für den spezifischen Aufgabenbereich zuständige Institution,
– die zunehmende Verrechtlichung der Tätigkeit,
– die berufsmäßige Betreibung der Aufgaben.

3.2 Unterbringung Minderjähriger

Wie oben (vgl. 2) aufgezeigt, gab es schon lange Zeit außerhäusliche Unterbringung von Kindern: Erziehungsanstalten, Waisen-, Findelhäuser existierten im 18. und 19. Jahrhundert – vornehmlich privat betrieben – in umfangreicher Weise (vgl. JORDAN/SENGLING 1977, S. 23 ff.); auch die Unterbringung Minderjähriger bei dritten Personen auf privater Ebene (Pflegeverhältnisse), insbesondere bei unehelichen Kindern und bei Kindern aus Arbeiterfamilien, war weit verbreitet (vgl. RÜHLE 1911). Die Kinder waren häufig in ungeeigneten Quartieren untergebracht und die Betreuung wurde zum Teil gewerblich betrieben. Von daher ergaben sich überdurchschnittlich hohe Sterblichkeitsziffern insbesondere in den ersten Lebenswochen der Kinder. Die Arbeitskraft älterer Pflegekinder wurde von den Betreibern der Pflegestellen häufig ausgenutzt (vgl. PÜTTER 1902, S. 32 ff.). Diese Mißstände führten in Preußen 1840 zur königlichen Circularverfügung über die Aufnahme von Heimkindern. Da dies als Gefahrenabwehr und damit als Aufgabe der öffentlichen Sicherheit und Ordnung gesehen wurde – pädagogische Überlegungen spielten somit keine Rolle –, wurde die Zuständigkeit den Polizeibehörden übertragen. Die Aufnahme von Pflegekindern wurde von einer polizeilichen Erlaubnis abhängig gemacht. Veränderungen ergaben sich im letzten Viertel des 19. Jahrhunderts hinsichtlich der Einweisung in Heime – die Entscheidung über eine Unterbringung gelangte zunehmend in hoheitliche Kompetenz. Deutlich zeigte sich dies bei der Entwicklung der Fürsorgeerziehung. Vorläufer war § 56 des Reichsstrafgesetzbuches von 1871, der vorsah, daß 12- bis 18jährige, die wegen mangelnder Einsicht nicht bestraft werden konnten, in einer Erziehungs- und Besserungsanstalt untergebracht werden sollten. Durch Novelle von 1876 wurde dann die Möglichkeit eingeräumt, die Einweisung in Erziehungs- oder Besserungsanstalten auch auf (nicht strafmündige) Kinder unter zwölf Jahren auszudehnen, die nicht straffällig geworden waren, aber nach gesellschaftlicher Definition als gefährdet (verwahrlost) angesehen wurden. Generell war für die Entwicklung der Jugendhilfe von Bedeutung, daß nunmehr anstelle der bis zur Novelle von 1876 zuständigen Strafrechts- und Polizeibehörden „Erziehungsbehörden" zuständig sind; meist wurde die Kompetenz den Armenämtern mitübertragen (zur organisatorischen Entwicklung vgl. auch 3.4).

3.3 Jugendpflege

Ende des 19./Anfang des 20. Jahrhunderts entstand eine von der Erwachsenenwelt abgelöste, autonome Aktivität von Jugendgruppen, sowohl bürgerlicher wie proletarischer Jugendlicher (vgl. MÜLLER 1982, S. 160 ff.). Hierauf reagierte auch hoheitliches Handeln. Standen hoheitliche Maßnahmen bisher vornehmlich unter armen- und sicherheitspolizeilichen Gesichtspunkten, so wurde der Staat nun zusehends im Bereich der sogenannten Jugendpflege tätig. Relevant wurde der Preußische Erlaß vom 18.1.1911 „Betrifft: Jugendpflege", weil hier eine Einflußnahme des Staates über das Mittel der Finanzierung geschah: Der Erlaß stellte die relativ hohe Summe von 1 Million Reichsmark zur Subventionierung von Jugendarbeit bereit und ermöglichte so die Realisierung von „genehmen" Erziehungsvorstellungen. Voraussetzung für die Förderung war die Absicht, staatserhaltend wirken zu wollen. Zu solchen Aktivitäten sah sich der Staat veranlaßt, denn „angesichts der sich immer mehr ausbreitenden Jugendbewegung der Sozialdemokratie kann er um seiner Existenz willen nicht ruhig mit ansehen, wie tausende seiner jugendlichen Glieder systematisch mit den zersetzenden Ideen der Staatsfeinde genährt werden" (WETTERLING 1912, S. 17). Somit diente die Jugendpflege historisch nicht den Emanzipationsbestrebungen Jugendlicher, sondern versuchte den Jugendlichen in die Normen bürgerlicher Familie und Gesellschaft einzugliedern, beziehungsweise zurückzuholen.

3.4 Eigenständige Institutionen

Ende des 18./Anfang des 19. Jahrhunderts hatte sich organisatorisch und institutionell das Armenamt von der Polizei gesondert. Der Ausbau des Vormundschaftswesens, die Kompetenzerweiterung der Fürsorgeerziehungsbehörde, die teilweise Übernahme des Pflegekinderschutzes, die Mitwirkung bei der Unterbringung von Kindern führte dann Anfang des 20. Jahrhunderts zur allmählichen Herausbildung von Institutionen, die von den Armenämtern unabhängig sind. In Mainz wurde 1909 eine Deputation für Jugendfürsorge geschaffen, die für Pflegekinderschutz, Waisenpflege und Generalvormundschaften zuständig war, als Fürsorgeerziehungsbehörde fungierte und der die Jugendgerichtshilfe einschließlich der Schutzaufsicht übertragen wurde; zudem wurde als ausführendes Organ die städtische Zentrale für Jugendfürsorge zugeordnet. Das erste Jugendamt wurde 1910 in Hamburg geschaffen. In dieser „Behörde für öffentliche Jugendfürsorge" wurden die öffentlichen Kindereinrichtungen, die Armenpflege für Kinder, die Einleitung und Ausführung der Zwangserziehung, eine Art freiwillige Unterbringung, das Pflegekinderwesen, die Berufsvormundschaften, Tätigkeit des Gemeindewaisenrates und die Jugendgerichtshilfe zusammengefaßt. Damit existierte erstmals eine eigene Institution für die Jugendhilfe, die mit hauptamtlich beschäftigten, berufsmäßig tätigen Beamten und Angestellten ausgestattet war. Weitere Gemeinden folgten (vgl. HASENCLEVER 1978, S. 31 ff.). In der Preußischen Rheinprovinz und in der Provinz Westfalen wurden Ausschüsse für Jugendfürsorge gebildet, die Vorläufer der Jugendämter in ihrer organisatorischen Zweigleisigkeit von Jugendwohlfahrtsausschuß und Verwaltung des Jugendamtes sind. Am Ende des Kaiserreiches waren somit wesentliche Grundlagen der Institutionalisierung der Jugendhilfe vorhanden: Es existiert ein eigener Aufgabenbereich, der in zunehmendem Umfang allgemein geregelt wird, für die Aufgaben sind eigenständige Behörden zuständig, die mit hauptamtlich Beschäftigten ausgestattet sind.

Johannes Münder

4 Umfassende Institutionalisierung

Am Anfang der umfassenderen Institutionalisierung der Jugendhilfe waren institutionelle Regelungsmöglichkeiten im Ansatz in einzelnen Feldern der Jugendhilfe vorgeprägt:
- so der repressiv-unterdrückende Ansatz, wie er insbesondere in der Fürsorgeerziehung zum Ausdruck kam;
- der verdrängend-verwaltende Ansatz, wie er sich beispielhaft in der polizeilichen Erlaubniserteilung im Pflegekinderwesen und in der generellen Regelung der Armenfürsorge zeigte;
- der sozial-autoritative Ansatz (etwa in der Jugendpflege), der den sozialen oder pädagogischen Ansatz nicht nur im Namen führte, aber durch Vorgaben „von oben" eine autoritative inhaltliche Bestimmung vorzunehmen trachtete.

Diese Ansätze prägten auch die Diskussion hinsichtlich der verwaltungsorganisatorischen und rechtlichen Durchstrukturierung der Jugendhilfe. Geführt wurde diese Diskussion vornehmlich von Organisationen, die in dem Bereich der Jugendhilfe tätig waren (so der Deutsche Verein für Armenpflege und Wohltätigkeit, Fürsorgeerziehungstag, Jugendgerichtstag), und durch die hoheitlichen Stellen (insbesondere kommunale Organisationen).

Im einzelnen (vgl. HASENCLEVER 1978, S. 41 ff.) wurden die folgenden Möglichkeiten einer umfassenden Institutionalisierung erwogen:
- Schaffung eines umfassenden Jugendrechtes in einem Jugendgesetzbuch, das sämtliche rechtlichen Materien, die sich auf Sozialisation, Erziehung und Ausbildung bezogen, beinhalten sollte (vgl. FELISCH 1917, SIMON 1915). In dieser Konzeption war am stärksten ein umfassender pädagogischer Ansatz für sämtliche Bereiche und damit auch das Feld der Jugendhilfe angelegt.
- Dieser Vorstellung relativ nahe kam der Gedanke eines Rahmengesetzes, das für sämtliche Sozialisationsfelder grundsätzliche Strukturen vorgeben und insbesondere umfassende Jugendbehörden einführen sollte (vgl. RIEBESELL 1922/1923).
- Spezifischer war die Vorstellung eines Erziehungsgesetzes, das sich mit allen Jugendlichen befassen sollte, deren Verhalten nach gesellschaftlichen Maßstäben als „abweichend" oder „verwahrlost" definiert wurde (vgl. HARTMANN 1916/1917).
- Durch ein Jugendamtsgesetz sollten reichseinheitlich Jugendbehörden eingeführt werden, denen die bisher bereits ausgeübten Aufgaben (Fürsorgeerziehung, Vormundschaft, Pflegekinderwesen sowie Armenkinderpflege) übertragen werden sollten.

In diesen Konzepten zeigt sich die Spannweite der Jugendhilfe zwischen Sanktion und Pädagogik: So wird Jugendhilfe gesehen als eine Kinder und Jugendliche erfassende Form der repressiven Fürsorge (so im Jugendamtsgesetz), als ein präventiver Ansatz, der abweichendes jugendliches Verhalten nicht als bewußte, geplante Handlung, sondern als Ausfluß jeweiliger Sozialisationslagen ansah (Erziehungsgesetz), als (sozial-)pädagogische Leistung, die im allgemeinen Rahmen anderer pädagogischer Leistungen zu erbringen sei (Jugendgesetz). Im politischen Raum vorgeprägt wurde die Diskussion durch den Preußischen Entwurf eines Jugendfürsorgesesetzes von 1918 und das Württembergische Jugendamtsgesetz von 1919. Sowohl der Entwurf des Preußischen Gesetzes, der durch die Revolution von 1918 formal gegenstandslos wurde, wie das württembergische Jugend-Amt-Gesetz, das am 8.10.1919 verkündet wurde, beruhten auf dem Konzept des Jugendamtsgesetzes. Damit waren Faktoren in Richtung eines Jugendamtsgesetzes geschaffen worden, und so brachte das Reichsjugendwohlfahrtsgesetz (RJWG), das am 14.Juni 1922 verabschiedet, am 9.Juli 1922 im Reichsgesetzblatt verkündet wurde und am 1.4.1924 in Kraft treten sollte, eine inhaltliche Beschränkung auf die reichsgesetzliche Vereinheitlichung bereits durch Landesrecht (zum Teil) geregelter Materien (Pflegekinderwesen, Vormundschaftswesen, Fürsorgeerziehung und Schutzaufsicht); weitere Aufgaben des Jugendamtes wurden zwar in § 4 RJWG katalogartig angesprochen, die Beliebigkeit ihrer Aufzählung aber zeigte schon in der Formulierung die weitgehende Irrelevanz. Wesentlich waren deswegen insbesondere die organisatorischen und institutionellen Bestimmungen: Durch das RJWG wurde die Schaffung von Jugendämtern, von Landesjugendämtern und eines Reichsjugendamtes vorgeschrieben.

Im inhaltlichen Kontext mit dem RJWG steht das am 16.2.1923 verabschiedete Reichsjugendgerichtsgesetz (RJGG), das gleichzeitig die Antwort des damaligen Gesetzgebers auf die Frage der einheitlichen Behandlung delinquenten und dissozialen Verhaltens Jugendlicher zeigte. Allerdings hatte sich mit dem RJGG die gesonderte Behandlung jugendlicher und erwachsener Straffälliger durchgesetzt. Der beabsichtigte Erziehungsgedanke der gesonderten Behandlung Jugendlicher wurde in der Praxis nicht realisiert, der Strafgedanke setzte sich auch im RJGG weitgehend durch (vgl. WEBLER 1928, S. 75 ff.).

Das RJWG bedeutete jedoch nur der rechtlichen Form nach einen Institutionalisierungsschub – die Realität wurde davon zunächst nicht allzu sehr berührt. Dafür sorgte bereits die im Rahmen der auf dem Ermächtigungsgesetz vom 8.12.1923 beruhenden Kompetenz der am 14.2.1924 erlassenen „Verordnung über das Inkrafttreten des RJWG". Hierdurch wurde dem Reich und den Ländern die Ermächtigung eingeräumt, Befreiung von der Durchführung von Bestimmungen zu gewähren, die neue Aufgaben oder eine wesentliche Erweiterung bereits bestehender Aufgaben enthielten. Außerdem brauchten besondere Jugendämter nicht errichtet werden, von der Schaffung eines Reichsjugendamtes wurde völlig Abstand genommen. Von daher ist es nicht verwunderlich, daß gerade die Institutionalisierung auf der organisatorischen Ebene der Jugendämter in der Realität nur wenig Veränderung erfuhr (vgl. LANDWEHR 1983, S. 110 ff.). Während der Zeit des Faschismus gab es keine wesentlichen institutionellen Änderungen. Die wichtigsten vollzogen sich auf dem Gebiet der Tätigkeit der Hitlerjugend und des damit verbundenen Jugendarbeitsdienstes (vgl. BRANDENBURG 1968, KLÖNNE 1958). Aber auch auf dem Gebiet der Jugendhilfe (NSV-Jugendhilfe) gab es eine fortschreitende Aufgabenübernahme und zwar durch die nationalsozialistische Volkswohlfahrt (NSV) (vgl. KRAMER 1983, S. 184 ff.), die der NSDAP angeschlossen und wie diese quasi-staatlich war (vgl. das Gesetz vom 1.12.1933 über die „Einheit von Partei und Staat"). Die schon nach dem RJWG mögliche Übertragung von bestimmten Aufgaben auf Träger außerhalb des Jugendamtes (§ 11 RJWG – jetzt § 18 JWG) wurde extensiv genutzt. Mit Erlaß des Reichsinnenministers vom 24.10.1941 „Übertragung von Geschäften des Jugendamtes auf die NSV-Jugendhilfe und Zusammenarbeit von Jugendamt und NSV-Jugendhilfe" wurde detailliert geregelt, welche Aufgaben zu übertragen sind. Dieser Erlaß spiegelte aber nur eine bereits seit längerer Zeit feststellbare Entwicklung wider und entsprach zu einem nicht unerheblichen Teil einer Grundhaltung in den Kommunen, denen durchaus daran gelegen war, die Jugendhilfe abgeben zu können.

Die Verordnung vom 14.2.1924, die die Verpflichtungen zur Schaffung von Jugendämtern und die Durchführung von Aufgaben aufhob, die über die kontrollierenden Maßnahmen hinausgingen (wie Beratung, Unterstützung, Freizeitangebote), wurde erst durch die Novelle zum RJWG vom 28. August 1953 außer Kraft gesetzt. Im übrigen war in den 50er Jahren Jugendhilfe ein gesellschaftlich nicht allzu relevantes, kaum problematisiertes Tätigkeitsfeld, das organisatorisch institutionalisiert getragen wurde vor allem von den Jugendämtern, den großen Wohlfahrtsverbänden (Caritas, Diakonisches Werk, Deutscher Paritätischer Wohlfahrsverband – DPWV, Arbeiterwohlfahrt) und (im Bereich der Jugendarbeit) vornehmlich von den Jugendverbänden.

Es zeigten sich aber Anfänge neuer Problemlagen: Mit ausgelöst durch den sogenannten Sputnik-Schock wurde die deutsche Bildungskatastrophe (vgl. PICHT 1964) thematisiert und damit der Bereich der schulischen und beruflichen Sozialisation. Außerdem wurde die Gesellschaft konfrontiert mit der Nichtannahme gängiger gesellschaftlicher Wertvorstellungen durch die Jugendlichen, wie sie in Leistungsverweigerung, Arbeitsunlust und vornehmlich im „Rocker-, Halbstarken- und Bandenproblem" zum Ausdruck kam (vgl. KURZEJA 1973, S. 180 ff.; vgl. MÜNDER 1978, S. 62 f.).

Zwar wurde von jugendpolitischer, pädagogischer und zum Teil auch wissenschaftlicher Seite eine Reform der Jugendhilfe gefordert, insbesondere um den sanktionierenden, eingreifenden Charakter abzubauen (vgl. SCHNEIDER 1964), einen massiven gesellschaftlichen Druck stellte dies jedoch nicht dar. So kam es 1961 anstelle einer umfassenden Reform nur zu einer weiteren Novelle, mit der das RJWG gleichzeitig als Jugendwohlfahrtsgesetz (JWG) neu verkündet wurde. Diese Reform war zwar politisch sehr umstritten, hatte aber für die Praxis der Jugendhilfe keine wesentlichen Auswirkungen (vgl. MÜNDER u. a. 1981, §5). In der Folgezeit wurde so die Entwicklung weniger durch formale und strukturelle Neuregelungen, als durch Erweiterungen und inhaltliche Neubestimmungen von Arbeitsfeldern geprägt (als Überblick vgl. MÜNDER 1980, S. 176 ff.).

5 Gegenwärtige Struktur der Jugendhilfe

Hinsichtlich der Aufgabenfelder und des Inhalts stellt sich die Jugendhilfe heute noch wesentlich als Residualbereich familialer, beruflicher, schulischer Sozialisation dar; dies bedingt auch ihre zentralen strukturell-institutionellen Probleme.

5.1 Ersatzfunktion der Jugendhilfe

Da die Aufgabenbereiche beruflicher und schulischer Erziehung und Ausbildung relativ deutlich umrissen sind, zeigt sich die Ersatzfunktion vornehmlich im Vergleich zur familialen Sozialisation: „Insoweit der Anspruch des Kindes auf Erziehung von der Familie nicht erfüllt wird, tritt, unbeschadet der Mitarbeit freiwilliger Tätigkeit, öffentliche Jugendhilfe ein" (§1, Abs. 3 JWG). Damit ist klar – Jugendhilfe ist gegenüber der Familienerziehung nachrangig; sie ist Ausfallbürge. Das dieser Vorstellung zugrundeliegende Konzept der funktionstüchtigen und umfassend zur Sozialisation geeigneten Familie reduziert Jugendhilfe in ihren Handlungsansätzen und -methoden, ihrer Ausstattung in materieller und personeller Hinsicht, letztlich in ihrem gesellschaftlichen Stellenwert (bis hinein in ihre Selbstdefinition) auf eine nur ab einem gewissen Problemlevel einsetzende Notfunktion. Dieses Modell von Familienerziehung entspricht bei den Kindern und Jugendlichen, mit denen Jugendhilfe zu tun hat, nicht der Realität: Immer weniger Familien befinden sich in der dem Modell entsprechenden ökonomischen Lage, vielmehr beeinflussen unterschiedlichste Sozialisationslagen und -bedingungen (etwa Einkommen, Wohnung oder Berufstätigkeit) die Möglichkeiten familialer Sozialisation. Solange jedoch Jugendhilfe verstanden wird als Ersatztätigkeit, ist es nicht möglich, daß sie eigenständige, durch ihr sozialpädagogisches Verständnis geprägte Erziehungsangebote entwickeln und bereitstellen kann. So mangelt es immer noch an einem ausreichenden Angebot differenzierter pädagogischer Leistungen und Einrichtungen.

5.2 Trägerschaft der Jugendhilfe

Der Überblick über die historische Entwicklung (vgl. 2 und 3) hat gezeigt, daß die Jugendhilfe im wesentlichen lange Zeit von nichthoheitlichen Trägern, insbesondere Kirchen und kirchennahen Trägern geleistet wurde. Dies ist auch heute noch der Fall: Von den (am 1.11.1974) 222 674 Beschäftigten in der Jugendhilfe waren bei den öffentlichen Trägern 75 232 (= 33,78%), bei den nichthoheitlichen Trägern 142 010 (= 63,78%) beschäftigt (der Rest in privaten, gewerblichen Einrichtungen 5432 = 2,44%) (vgl. MÜNDER 1980, S. 156f.). Auch hinsichtlich der verschiedenen Aufgabenfelder zeigt sich, daß die Leistungen zum überwiegenden Teil von den nichthoheitlichen Trägern wahrgenommen werden. Innerhalb dieser nichthoheitlichen Träger dominieren die Kirchen, der Caritasverband und das Diakonische Werk, bei denen allein fast 80% aller bei den nichthoheitlichen Trägern angestellten Personen beschäftigt sind. Insgesamt beträgt die Beschäftigtenzahl der bei den Kirchen und den kirchennahen Organisationen tätigen Personen in der Jugendhilfe 111 478 – knapp über die Hälfte aller in der Jugendhilfe Beschäftigten (vgl. MÜNDER 1980, S. 156f.). Diese Realität entspricht dem traditionellen Verständnis des „Subsidiaritätsprinzips", wonach Jugendhilfe grundsätzlich nur insoweit einsetzen soll, wie andere Organisationen (eben Kirchen, Wohlfahrtsverbände) zur Übernahme dieser Aufgaben nicht bereit oder nicht fähig sind. Hierdurch wird die Randstellung der Jugendhilfe gegenüber anderen Erziehungsträgern verstärkt.
Hinzu kommt, daß auch die hoheitlichen Träger der Jugendhilfe (also insbesondere die Jugendämter) nur über eine unzulängliche Ausstattung verfügen und die Aus- und Fortbildung der Mitarbeiter teilweise unzureichend ist. Konzeptionelle und langfristige Jugendhilfeplanung ist ebenso wie eine Detailplanung für einzelne Aufgabengebiete kaum entwickelt; eine Gesamtplanung von Bund, Ländern und Kommunen fehlt völlig. Eine Folge davon ist, daß die knappen Mittel nicht optimal eingesetzt werden können.

5.3 Eingreifend-kontrollierende Funktion der Jugendhilfe

Faktisch war (und ist teilweise noch) die Jugendfürsorge, die sich mit als abweichend definiertem Verhalten Jugendlicher beschäftigt, Arbeitsschwerpunkt der Jugendhilfe. Hierbei macht die Herkunft aus dem Polizei-, Straf- und Armenfürsorgerecht deutlich, daß Problemlagen und Sozialisationsschwierigkeiten Minderjähriger vornehmlich mit den Mitteln der Kontrolle, des Eingriffs verwaltet, und nicht durch entsprechende Angebote und Erziehungsleistungen pädagogisch angegangen werden. Die Mehrzahl der gesetzlichen Regelungen des Jugendwohlfahrtsgesetzes knüpft an Gefährdungssituationen an wie Ausfall von Erziehern, Versagen von Erziehern, Verwahrlosung und Gefährdung Minderjähriger. Diese Aufgaben sind fast alle detailliert gesetzlich geregelt. Im Gegensatz dazu sind Erziehungsangebote (wie sie sich vornehmlich in §5 JWG finden) gesetzestechnisch undeutlich und wenig konkret geregelt. Diese gesetzlichen Vorgaben prägen die Praxis der Jugendämter.

Diese müssen sich zudem nicht zuletzt aufgrund ihrer Ausstattung auf diese eher kontrollierenden Aufgaben beschränken und nehmen so häufig eher die Funktion sozialer Ordnungsbehörden denn pädagogischer Institutionen wahr.

5.4 Expansion der Jugendhilfe

Dialektisch zur Randständigkeit und zum defizitären Ansatz der Jugendhilfe findet eine Ausweitung statt. So werden zunehmend Aufgaben übernommen wie Schularbeitshilfen, schulische Begleitungen der Freizeit, Einsatz von Sozialpädagogen/Sozialarbeitern in der Schule (Schulsozialarbeit), berufsbegleitende, berufsfördernde Maßnahmen, Programme mit arbeitslosen Jugendlichen (Jugendberufssozialarbeit), Ausweitung der allgemeinen Beratungtätigkeit (Erziehungsberatung, Familienberatung, Jugendberatung) oder Aufbau spezifischer Beratungsdienste (Konfliktberatung, Drogenberatung). Hier zeigt sich zwar auch der Ersatzcharakter der Jugendhilfe, zugleich bedeutet diese Entwicklung aber, daß sich Jugendhilfe nicht mehr nur auf Kinder und Jugendliche bezieht, deren Verhalten und Reaktionen als gesellschaftlich abweichend definiert werden, sondern zunehmend auch auf den „Durchschnittsjugendlichen" und die „Durchschnittsfamilie" (vgl. BLANDOW 1983, S. 124). Diese Verallgemeinerung der Jugendhilfe hängt damit zusammen, daß die im Modell der Familie als zentraler Sozialisationsträger beschworene umfassende Erziehungsleistung der Familie für die Sozialisation von Kindern und Jugendlichen in unserer gesellschaftlichen Situation nur teilweise der Realität entspricht. Denn die in diesem Modell gedachte umfassende Erziehungsleistung wäre nur in einem engen Zusammenhang von Produktion und Reproduktion realisierbar, wie er jedoch heute nur noch selten vorfindbar ist. Von daher entstehen allgemeine Probleme von Sozialisation und Erziehung auch in solchen Familien, die nicht als sogenannte Problemfamilien wahrgenommen und definiert werden. Die Bewältigung dieser Sozialisationsprobleme gehört traditionell zu den Aufgaben der Jugendhilfe. Einer allgemeinen Entwicklung der Sozialpädagogik folgend, sieht die Jugendhilfe – sofern sie nicht einzelfallbezogen oder psychoanalytisch, sondern auf Bezugsgruppen, Gemeinwesen, Problemfelder orientiert ist – ihre Aufgabe auch nicht nur im Bereich von Schule (sogenannte Schulsozialarbeit), sondern zunehmend auch in der Berufsausbildung und im Bereich des Wohnens (vgl. MÜNDER 1984). Auch hier läßt sich noch nicht erkennen, ob es sich um eine langfristig tragende Neuorientierung und damit um eine sozialpädagogische Akzentuierung der Arbeit in den genannten Feldern handelt, oder ob angesichts einer allgemeinen gesellschaftlichen Krise es sich um ein krisenhaft bedingtes Zur-Hilfe-Holen der Jugendhilfe handelt.

6 Entwicklungsmomente

Zur Zeit lassen sich keine eindeutigen Entwicklungslinien feststellen, nur gewisse Tendenzen sind aufzeigbar.

6.1 Professionalisierung

Die Professionalisierung wird als ein Entwicklungsstrang gegenwärtiger sozialer Arbeit allgemein und der Jugendhilfe im besonderen herausgestellt. Hierunter wird insbesondere ein auf wissenschaftlicher Basis beruhendes Qualifikationsniveau, berufsadäquate Methoden und theoretische Fundierung der beruflichen Tätigkeit verstanden (vgl. OTTO/UTERMANN 1973). In der Praxis läßt sich – ohne daß Langzeit-

Institutionalisierung der Jugendhilfe

untersuchungen vorliegen (vgl. STATISTISCHES BUNDESAMT 1974) – feststellen, daß der Anteil des beruflich qualifizierten Personals im Steigen ist. Dies zeigt sich etwa auch in der Entwicklung der Ausbildung in der Sozialpädagogik (Errichtung von Fachhochschulen, Installierung wissenschaftlicher sozialpädagogischer Studiengänge auf Hochschulebene). Erhofft wird, daß sich durch die zunehmende Professionalisierung ein Freiraum ergibt, wodurch dann besser auf die Bedürfnisse der Klienten reagiert werden kann und Entscheidungen nicht mehr an externen Zwängen von Institutionen orientiert sind (vgl. OTTO/UTERMANN 1973, S. 10 f.). Mit der (Forderung nach) Professionalisierung sind aber auch Statusfragen verbunden – die Exklusivität der Kompetenz ermöglicht die höhere gesellschaftliche Bewertung der Tätigkeit und der Tätigen. Insofern bringt die Professionalisierung für die davon unmittelbar Betroffenen Probleme.

6.2 Therapeutisierung und Pädagogisierung

Durch erste Teilstücke einer Theorie der Sozialpädagogik wurde der repressive Charakter weiter Bereiche der Jugendhilfe deutlich. Im Zuge der Professionalisierung und des damit verbundenen Strebens nach höherem beruflichen Status wird versucht, klassische Aufgabenfelder der Jugendhilfe zugunsten gesellschaftlich höher bewerteter aufzugeben. Gleichzeitig entspricht dies der Tendenz der Verallgemeinerung der Jugendhilfe und wird Forderungen nach präventiver Orientierung gerecht. Feststellbar ist diese Entwicklungstendenz in der Verstärkung diesbezüglicher Angebote in der Ausbildung (Gesprächstherapie, Supervision, verschiedene Formen der Beratungsmethoden) und vornehmlich in der Weiterbildung. In der Fachliteratur wird dabei zunehmend der Sozialpädagoge als Berater, als das wünschenswerte Leitbild professionaler Tätigkeit in der Jugendhilfe proklamiert (vgl. SEIBERT 1978, THIERSCH 1977). In der Praxis zeigt sich dies hinsichtlich erster Ansätze von Spezialisierung in der beruflichen Tätigkeit.

6.3 Verrechtlichung

Verrechtlichung hat in der Jugendhilfe, wie in der Sozialarbeit allgemein (vgl. MÜNDER 1982) verschiedene Ebenen. Von Bedeutung ist hier Verrechtlichung im Sinne von Vergesetzlichung und Verrechtlichung im Sinne der rechtlichen Regelung bisher noch nicht geregelter sozialer Sachverhalte (vgl. MÜNDER 1982, 23 ff.). So läßt sich feststellen, daß bisher auf Verwaltungsebene geregelte Sachverhalte nunmehr in Gesetzesform geregelt werden (beispielsweise geschlossene Unterbringung oder Datenschutz). Daneben werden bisher nicht geregelte soziale Sachverhalte nunmehr zunehmend rechtlich erfaßt. Beispiele hierfür sind etwa die umfassende Erfassung der vorschulischen Erziehung (durch Kindergartengesetze oder Ausführungsregelungen zum JWG) und die Regelung der Jugendarbeit (durch Jugendbildungsgesetze). So stellt sich der Bereich der Jugendhilfe als ein zunehmend rechtlich strukturiertes Feld dar (vgl. SEIPP u. a. 1965 ff.). Inhaltlich bedeutet diese Verrechtlichung (neben dem Einsatz finanzieller Mittel) die Ausweitung eines klassischen Steuerungsmittels hoheitlicher Verwaltung und damit die Zunahme entsprechender Steuerungskapazitäten. Dies zeigen auch Ansätze zu einem planmäßigen Einsatz der Jugendhilfe zur möglichen Regulierung sozialer und sozialpädagogischer Probleme (vgl. 5.4). Hierauf weist nicht zuletzt auch die zunehmend von Kommunen eingesetzte Jugendhilfeplanung hin.
All diese Entwicklungsmomente bedeuten eine deutliche Tendenz zur weiteren In-

stitutionalisierung der Jugendhilfe. Mit der zunehmenden Verrechtlichung, der zunehmenden Professionalisierung und der zunehmenden Spezialisierung werden typische Merkmale einer Institutionalisierung aufgenommen. Damit öffnen sich jedoch neue Problembereiche, die im widersprüchlichen Charakter einer Institutionalisierung begründet sind.

7 Perspektiven

Aussagen zur weiteren Entwicklung möglicher Institutionalisierung können sinnvoll nur gemacht werden, wenn es gelingt, ausgehend von der historischen Entstehung und Entwicklung, die gegenwärtigen Entwicklungsmomente im Kontext einer umfassenden gesellschaftspolitischen Theorie zu reflektieren. Hierzu liegen bisher nur Versatzstücke vor.

7.1 Gesellschaftlicher Bedingungsrahmen

Auszugehen ist hierbei von zentralen Bestimmungsfaktoren des bisherigen Verlaufs der Institutionalisierung. Dies war zum einen die zunehmende Vergesellschaftung von Sozialisation und damit auch der Jugendhilfe. Zum anderen ist es die Tatsache, daß Institutionalisierung in der Realität unserer Gesellschaftsordnung im wesentlichen Verhoheitlichung bedeutete (was häufig, aber nicht stets Verstaatlichung sein mag), so daß Jugendhilfe zunehmend in hoheitliche Kompetenz – sei es direkt oder indirekt (Zunahme des Interventionsinstrumentariums) – überführt wird. Damit ist die Frage nach den Handlungsspielräumen hoheitlicher Tätigkeit im Rahmen der Vergesellschaftung von Sozialisation aufgeworfen. Eine Befassung damit kann hier nur in verkürzter Form erfolgen (ausführlich: vgl. BARABAS u.a. 1977, S. 490 ff.; vgl. MÜNDER 1976, S. 214 ff.; vgl. SACHSSE 1978, S. 110 ff.): In einer privatkapitalistisch organisierten Wirtschaftsordnung stellt jedes Einzelkapital eine für sich selbst als profitabel erachtete Leistung her. Die Realisierung des Einzelprofits und damit die Koordination der Einzelleistungen zu einer gesellschaftlichen Gesamtleistung erfolgt über den Markt. Dieses Modell versagt dort, wo die Erbringung von Leistungen nicht profitabel organisiert werden kann. Dies ist auch bei der Finanzierung notwendiger Sozialisationsleistungen und Arbeitskraftqualifikationen der Fall. Deswegen bedarf es für diese Fälle einer den Einzelkapitalen gegenüber gesonderten Instanz, die ihrem Mechanismus nicht unterworfen ist. Im Grundsatz muß die Tätigkeit einer solchen Instanz jedoch der Aufrechterhaltung und Förderung des Kapitalverwertungsprozesses verpflichtet bleiben. Die in diesem speziellen Sinn „neben und außer der bürgerlichen Gesellschaft" existierende Instanz ist im wesentlichen der Staat. Insofern ist er weder autonom gegenüber den Kapitalen noch der „Büttel" des Kapitals, sondern er erlangt – aufgrund der für seine Handlung notwendigen Bedingungen – eine relative Autonomie.
Diese allgemeinen hoheitlichen Handlungsmöglichkeiten gelten auch für die Jugendhilfe. Diese gewinnt wegen der zunehmenden Vergesellschaftung von Sozialisation an gesellschaftlicher Relevanz, dennoch hat sie gegenwärtig (und wohl auch auf absehbare Zeit) keine zentrale Funktion für die Aufrechterhaltung des Kapitalverwertungsprozesses. Jugendhilfe ist ein Bereich, der in „gewisser Entfernung von dem als gesellschaftlich vorrangig erachteten ökonomischen Zentrum liegt" und daher „nur über beschränkte Möglichkeiten zur Durchsetzung ihrer spezifischen Interessen" verfügt (BUNDESMINISTER FÜR JUGEND, FAMILIE UND GESUNDHEIT 1972, S. 103). Von daher ist es zu einem nicht unerheblichen Teil für den Kapital-

verwertungsprozeß auch irrelevant, was sich im Bereich der Jugendhilfe im Detail tut. Deswegen können wiederum subjektive, ideologische, interessens- und verbandspolitische Auffassungen eine relativ große Rolle spielen. Insofern kann eine Einschätzung möglicher Entwicklungen nur in langfristiger Perspektive ein bestimmtes Maß von Wahrscheinlichkeit beanspruchen.

7.2 Ausbau des vorschulischen Sozialisationsbereichs

Der umfassendste und in den letzten Jahren am meisten gewachsene (gegenwärtig aufgrund des Geburtenrückgangs jedoch stagnierende) Bereich der Jugendhilfe ist der der vorschulischen Sozialisation. Maßgebend für diesen Prozeß sind familienpolitische und bevölkerungspolitische Aspekte (zunehmende Frauenerwerbstätigkeit, Geburtenrückgang). Wichtiger Gesichtspunkt für hoheitliches Handeln in diesem Bereich ist auch der Bezugspunkt der Qualifikation von Arbeitskraft. Dies geht aus von der Tatsache, daß seit längerem eine ständige Erweiterung des tertiären Wirtschaftssektors stattfindet, was veränderte Anforderungen an die Grundqualifikationen der Arbeitskraft bedeutet. Auch im industriellen Bereich selbst ist ein Umwandlungsprozeß im Gang (Rationalisierung, Mechanisierung, Automatisierung), der einerseits zu Dequalifikation von Arbeitskraft führt, gleichzeitig aber außerhalb des direkten Arbeitsbereiches (Einrichtungs- und Instandhaltungssektor) neue, relativ hohe Arbeitskraftqualifikationen erfordert, da die Arbeitsanforderungen hier nicht mehr von konkreten Arbeitssituationen, sondern von allgemeinen naturwissenschaftlichen Grundkenntnissen, Spezialkenntnissen über benachbarte Gebiete und der Fähigkeit zur schnellen, selbständigen Entscheidung abhängig sind. Ein weiterer Gesichtspunkt kommt hinzu: die Notwendigkeit von „Neuqualifikation" aufgrund der Änderung oder des Wechsels des Arbeitsplatzes, was heute keine individuelle Besonderheit mehr ist, sondern ein Strukturmerkmal unseres Beschäftigungssystems (vgl. DEUTSCHER BILDUNGSRAT 1975, S. 260 ff.). Diesen veränderten Anforderungen an die Arbeitskraftqualifikation ist gemeinsam, daß sie nicht in Richtung einer Spezialisierung der Arbeitskraft tendieren, sondern in größerem Umfang polyvalente Qualifikationen erfordern (vgl. DEUTSCHER BILDUNGSRAT 1975, S. 260 ff.). Nachdem im Zusammenhang mit der Qualifikation der Arbeitskraft die Schulpflicht ausgedehnt wurde, bleibt für eine weitere Hebung der Grundqualifikation wesentlich nur noch der Zeitraum vor Beginn der Schulpflicht übrig. So konzentriert sich nicht zufällig hoheitliche Tätigkeit im Bereich der außerschulischen Jugenderziehung wesentlich auf den Ausbau des Kindergartenwesens.

7.3 Abbau direkt repressiver Ansätze

Die geschilderten Änderungen der Arbeitssituation haben auch inhaltliche Konsequenzen. Die Notwendigkeit von Neuqualifikation oder prozeßunabhängigen Qualifikationen erfordert mehr als die üblichen „Fabriktugenden" (Pünktlichkeit, Sauberkeit, Ordentlichkeit, Achtung der Eigentumsordnung, …). Vielmehr müßte die durch die Warenform der Arbeit bedingte weitgehende Gleichgültigkeit des Arbeiters gegenüber seiner Tätigkeit beseitigt werden. Erforderlich sind Fähigkeiten wie Mobilität, technische Sensibilität, Perzeptionsfähigkeit, hohe Disponibilität, geistige und soziale Flexibilität, gesteigerte Eigenverantwortung und Eigeninitiative. Diese neuen Anforderungen haben Auswirkungen im gesamten Bereich der Sozialisation, finden jedoch in unterschiedlich intensiver Form Eingang in die unterschiedlichen Bereiche. Deutlich ist aber, daß massiv repressive Maßnahmen nicht geeignet sind, die genannten Ziele zu erreichen. Nicht zufällig werden so vom Bundesjugendkuratorium, das die Bundesregierung in Fragen der Jugendpolitik berät, Begriffe verwendet, die in gewisser Nähe zu den genannten Arbeitskraftqualifikationen stehen, wie „Autonomie und Soziabilität", „Produktivität", „Kreativität-Metasozialisation" (vgl. BUNDESMINISTER FÜR JUGEND, FAMILIE UND GESUNDHEIT 1974).

7.4 Ausbau hoheitlicher Intervention

Die Zunahme der Vergesellschaftung von Sozialisation bedeutet auch zunehmende gesellschaftliche Relevanz der Jugendhilfe. Dabei sind die einzelnen Bereiche von unterschiedlicher Wichtigkeit. Wie der Kindergartensektor zeigt, hat bereits hoheitliche Gestaltung stattgefunden. In anderen Bereichen ist dieses Stadium noch nicht erreicht. Dennoch ergibt sich wegen der Veränderung der Jugendhilfe generell die Notwendigkeit, ein Planungs- und Interventionsinstrumentarium zur möglichen Steuerung entsprechender Prozesse bereitzustellen. Hierdurch soll nicht nur angesichts der strukturellen Knappheit öffentlicher Mittel durch Planungs-, Kontroll- und Steuerungsmechanismen ein möglichst effektiver Einsatz vorhandener Mittel erreicht werden, sondern Effektivität der Jugendhilfe bedeutet vornehmlich, daß gewährleistet werden soll, Jugendliche in die Gesellschaft einzugliedern, frühzeitig mögliche Probleme integrierbar zu machen, um Konflikte zu entschärfen.

So zeigt sich bei diesen perspektivischen Überlegungen, daß ein inhaltlicher Kontext besteht: Der Ausbau des vorschulischen Sozialisationsbereichs, die Bereitstellung zunehmend präventiver Leistungsangebote, die Schaffung eines hoheitlichen Planungs- und Interventionsinstrumentariums – dies alles eingebettet in den Rahmen hoheitlicher Handlungsspielräume – befördern die Inanspruchnahme der Jugendhilfe zur Erreichung angestrebter gesamtgesellschaftlicher Ziele. Dies wiederum bewirkt die weitere, planmäßige Institutionalisierung, sind doch gerade die Professionalität der hauptberuflich handelnden Personen, die Ausweitung ihrer Beratungskompetenzen und die hoheitlich gesteuerte Verrechtlichung zentrale Bestimmungsmerkmale dieser Institutionalisierung.

7.5 Zur Situation der „Klientel"

Institutionalisierung mit den im einzelnen genannten wichtigen Momenten bedeutet – falls sie in dieser Weise abläuft – größere Distanz zu den von der Tätigkeit der Jugendhilfe betroffenen Personen. Damit besteht die Gefahr, daß die „Klienten" zu Objekten sozialpädagogischen Handelns werden. Hinzu kommt, daß Vergesellschaftung in der Bundesrepublik Deutschland sich meist in der verstümmelten Form der Staatlichkeit realisiert (und die Entwicklung der Institutionalisierung der Jugendhilfe hat das ja auch gezeigt). Gesellschaftlichkeit aber im Sinne der Überwindung ehemals ausschließlicher Privatheit bedeutet, daß die inhaltlichen Probleme der Jugendhilfe auf breiter Ebene von allen Betroffenen (Kindern, Jugendlichen, Eltern, Pädagogen) erfaßt werden. Das heißt, daß die Lösung der Problemlagen auch zu einer Angelegenheit der Betroffenen selbst wird. Nur dadurch besteht die Möglichkeit, das mit der Institutionalisierung verbundene Anwachsen des Machtgefälles zwischen den Betroffenen und den im Rahmen der Institutionen Handelnden und die damit zunehmenden Abhängigkeitsverhältnisse zu entschärfen.

Deswegen müssen gerade bei zunehmender Institutionalisierung der Jugendhilfe alle Möglichkeiten der inhaltlichen Einbeziehung der Betroffenen realisiert werden. Dies bedeutet zum einen, daß die Institutionen sich in ihrer eigenen Struktur für die Betroffenen öffnen müssen und ein umfassendes Maß an Flexibilität und Toleranz gewährleisten, Handlungsspielräume erlauben und Eigeninitiative ermöglichen müssen. Zum anderen bedeutet es, daß kleinere, nicht bürokratisierte Organisationen (wie es für die Klienten sowohl hoheitliche Träger als auch Wohlfahrtsverbände sind – vgl. GEIGER 1969, S. 28), die die beschriebenen Strukturen gegenwärtig offensichtlich „betroffenengerechter" bereitstellen können (wie Selbstinitiativen und Basisbewegungen – vgl. MÜNDER 1983), verbindliche, das heißt auch rechtliche und finanzielle Handlungsräume in der Jugendhilfe erhalten müssen.

ARBEITSGRUPPE VORSCHULERZIEHUNG: Anregungen II: Zur Ausstattung des Kindergartens, München ³1976. ARBEITSGRUPPE VORSCHULERZIEHUNG: Anregungen I: Zur pädagogischen Arbeit im Kindergarten, München ⁵1977a. ARBEITSGRUPPE VORSCHULERZIEHUNG: Anregungen III: Didaktische Einheiten im Kindergarten, München ²1977b. ARIÈS, Ph.: Geschichte der Kindheit, München/Wien ²1976. BÄUERLE, W.: Theorie der Elternbildung, Weinheim/Berlin/Basel 1971. BARABAS, F./SACHSSE, C.: Funktion und Grenzen der Reform des Jugendhilferechts. In: Krit. Justiz 7 (1974), S. 28 ff. BARABAS, F. u. a.: Zur Theorie der Sozialarbeit. Sozialisation als gesellschaftliche Praxis. In: BARABAS, F. u. a. (Hg): Jahrbuch der Sozialarbeit 1978, Reinbek 1977; S. 490 ff. BLANDOW, J.: Familienergänzende und familienersetzende Erziehung. In: Enzyklopädie Erziehungswissenschaft, Bd. 8, Stuttgart 1983, S. 121 ff. BLANDOW, J. u. a.: Fremdplazierung und präventive Jugendhilfe, Frankfurt/M. 1978. BRANDENBURG, H.-Ch.: Die Geschichte der HJ, Köln 1968. BRUNNER, O.: Neue Wege der Verfassungs- und Sozialgeschichte, Göttingen 1968. BUNDESARBEITSGEMEINSCHAFT JUGENDAUFBAUWERK: Sozialarbeit, Bd. 1, Bonn 1973. BUNDESARBEITSGEMEINSCHAFT JUGENDAUFBAUWERK: Sozialarbeit, Bd. 2, Bonn 1975 a. BUNDESARBEITSGEMEINSCHAFT JUGENDAUFBAUWERK: Sozialarbeit, Bd. 3, Bonn 1975 b. BUNDESMINISTER FÜR JUGEND, FAMILIE UND GESUNDHEIT (Hg.): Dritter Jugendbericht, Bonn-Bad Godesberg 1972. BUNDESMINISTER FÜR JUGEND, FAMILIE UND GESUNDHEIT (Hg.): Mehr Chancen für die Jugend. Zu Inhalt und Begriff einer offenen Jugendhilfe, Bonn-Bad Godesberg 1974. DAMM, D.: Politische Jugendarbeit, München 1975. DEUTSCHER BILDUNGSRAT: Bericht 75. Entwicklungen im Bildungswesen, Bonn 1975. FELISCH, P.: Ein deutsches Jugendgesetz, Berlin 1917. GEIGER, H.: Sozialarbeit und Massenmedien. Aus Untersuchungen des Instituts für Demoskopie Allensbach. In: BUNDESMINISTER DES INNERN (Hg.): Öffentlichkeitsarbeit in der Sozialarbeit. Bergneustädter Gespräche, Bonn 1969, S. 28 ff. GIESECKE, H.: Die Jugendarbeit, München 1971. GIESECKE, H.: Politische Bildung in der Jugendarbeit, München ³1973. GIESE, D./MELZER, D.: Die Beratung in der sozialen Arbeit, Frankfurt/M. 1974. HABERKORN, R./WALTHER, H.: Der Hort zwischen Elternhaus und Schule. Berichte des paritätischen Bildungswerkes, Frankfurt/M. 1973. HARTMANN: Reichsjugendgesetz und Fürsorgeerziehung. In: Zentrbl. f. Vormundschwes., Jugger. u. Fürse. 8 (1916/1917), S. 161 ff. HASENCLEVER, Ch.: Jugendhilfe und Jugendgesetzgebung seit 1900, Göttingen 1978. HERRLITZ, H.-G. u. a.: Institutionalisierung des öffentlichen Schulsystems. In: Enzyklopädie Erziehungswissenschaft, Bd. 5, Stuttgart 1984, S. 55 ff. HORNSTEIN, W.: Beratung in der Erziehung: Aufgaben der Erziehungswissenschaft. In: Z. f. P. 22 (1976), S. 673 ff. JORDAN, E./SENGLING, D.: Einführung in die Jugendhilfe, München 1977. KLÖNNE, A.: Gegen den Strom, Hannover/Frankfurt 1958. KOCH, R./ROCHOLL, G.: Kleinkindererziehung als Privatsache? Köln 1977. KRAMER, D.: Das Fürsorgesystem im Dritten Reich. In: LANDWEHR, R./BARON, R. (Hg.): Geschichte der Sozialarbeit, Weinheim/Basel 1983, S. 173 ff. KREFT, D./MIELENZ, I. (Hg.): Wörterbuch soziale Arbeit, Weinheim/Basel 1980. KUCZYNSKI, J.: Studien zur Geschichte der Lage des arbeitenden Kindes in Deutschland von 1700 bis zur Gegenwart, Berlin (DDR) 1968. KURZEJA, D.: Jugendkriminalität und Jugendverwahrlosung, Gießen 1973. LANDWEHR, R.: Funktionswandel der Fürsorge vom Ersten Weltkrieg bis zum Ende der Weimarer Republik. In: LANDWEHR, R./BARON, R. (Hg.): Geschichte der Sozialarbeit, Weinheim/Basel 1983, S. 73 ff. LANDWEHR, R./BARON, R. (Hg.): Geschichte der Sozialarbeit, Weinheim/Basel 1983. LESSING, H./LIEBEL, M.: Jugend in der Klassengesellschaft, München ²1975. MAIER, H.: Die ältere deutsche Staats- und Verwaltungslehre (Polizeiwissenschaft), Neuwied/Berlin 1966. MARX, K.: Das Kapital, Bd. 1 (1867). Marx-Engels Werke (MEW), Bd. 23, Berlin

(DDR) 1966. MOLLENHAUER, K.: Das pädagogische Phänomen der Beratung. In: MOLLENHAUER, K./MÜLLER, C.W. (Hg.): ,, Führung" und ,, Beratung" in pädagogischer Sicht, Heidelberg 1965, S. 25 ff. MÜLLER, C.W.: Wie Helfen zum Beruf wurde, Weinheim/Basel 1982. MÜLLER, C.W. u.a.: Was ist Jugendarbeit, München 1964. MÜNDER, J.: Die gesellschaftliche Relevanz der Jugendhilfe. In: R. d. Jug. u. d. Bwes. 24 (1976), S. 211 ff. MÜNDER, J.: Der sozio-ökonomische Rahmen rechtlicher Regelungen der öffentlichen Erziehung und deren Reform. In: KÜHN, E. u.a. (Hg.): Selbstbestimmungsrecht des Jugendlichen im Spannungsfeld von Familie, Gesellschaft und Staat, Bielefeld 1978, S. 33 ff. MÜNDER, J.: Familien- und Jugendrecht, Weinheim/Basel 1980. MÜNDER, J.: Gesellschaft, Recht, Soziale Arbeit. In: KREFT, D./MÜNDER, J. (Hg.): Soziale Arbeit und Recht, Weinheim/Basel 1982, S. 13 ff. MÜNDER, J.: Hoheitliche Träger und Freie Wohlfahrtspflege in der Sozialhilfe. In: Z. f. Sozhilfe u. Sozgesetzbuch 22 (1983), S. 289 ff. MÜNDER, J.: Jugendhilfe. In: Enzyklopädie Erziehungswissenschaft, Bd. 5, Stuttgart 1984, S. 503 ff. MÜNDER, J. u.a.: Frankfurter Kommentar zum Gesetz für Jugendwohlfahrt, Weinheim/Basel ^{2}1981. NEGT, O.: Soziologische Phantasie und exemplarisches Lernen, Frankfurt/Köln ^{5}1975. OTTO, H.U./UTERMANN, K.: Sozialarbeit als Beruf – auf dem Weg zur Professionalisierung? München ^{2}1973. PICHT, G.: Die deutsche Bildungskatastrophe, Freiburg 1964. PÜTTER, E.: Das Ziehkinderwesen, Leipzig 1902. RIEBESELL, P.: Das Reichsjugendwohlfahrtsgesetz als Vorläufer eines allgemeinen Jugendgesetzes. In: Zentrbl. f. Vormundschwes., Jugger. u. Fürse. 14 (1922/1923), S. 21 ff.. ROSENBAUM, H. (Hg.): Seminar: Familie und Gesellschaftsstruktur, Frankfurt/M. 1978. RÜHLE, O.: Das proletarische Kind, München 1911. SACHSSE, C.: Offensive Jugendhilfe: Reformkonzept oder Reformillusion. In: Th. u. Prax. d. soz. Arb. 29 (1978), S. 105 ff. SACHSSE, Ch./TENNSTEDT, F.: Geschichte der Armenfürsorge in Deutschland, Stuttgart/Berlin/Köln/Mainz 1980. SCHERPNER, H.: Theorie der Fürsorge, Göttingen 1962. SCHERPNER, H.: Geschichte der Jugendfürsorge, Göttingen 1966. SCHNEIDER, H.: Die öffentliche Jugendhilfe zwischen Eingriff und Leistung, Berlin 1964. SEIBERT, U.: Soziale Arbeit als Beratung, Weinheim 1978. SEIPP, P. u.a.: Handbuch des gesamten Jugendrechts. Losenblattsammlung, Neuwied/Berlin 1965 ff. SENATOR FÜR FAMILIE, JUGEND UND SPORT: Kindertagesstätten-Entwicklungsplan II, Berlin 1979. SIMON, H.: Das Jugendrecht. In: Schmollers Jahrbuch 39 (1915) S. 227 ff. STATISTISCHES BUNDESAMT: Öffentliche Sozialleistung – Öffentliche Jugendhilfe: Sonderbeitrag – Personal in der Jugendhilfe 1974, Stuttgart/Mainz 1977. STRATMANN, K./PÄTZOLD, G.: Institutionalisierung der Berufsbildung. In: Enzyklopädie Erziehungswissenschaft, Bd. 5, Stuttgart 1984, S. 114 ff. THIERSCH, H.: Kritik und Handeln, Neuwied/Darmstadt 1977. WEBLER, H.: Wider das Jugendgericht, Berlin 1928. WETTERLING, H.: Staatliche Organisation der Jugendpflege, Langensalza ^{2}1912.

Sebastian F. Müller/Heinz-Elmar Tenorth

Professionalisierung der Lehrertätigkeit

1 Professionen und Professionalisierung
2 Die Konstitution der Profession
3 Die Strukturentwicklung des Lehrerberufs
3.1 Vom Schulmann zum Oberlehrer
3.1.1 Ausbildung
3.1.2 Berufswissen
3.1.3 Differenzierung und Hierarchisierung des Oberlehrerstandes
3.1.4 Soziale Kontrolle und ideologisch-politische Orientierung
3.1.5 Materielle und soziale Lage
3.1.6 Vereinsbildung
3.2 Die Karriere des Volksschullehrers
3.2.1 Ausbildung
3.2.2 Berufswissen
3.2.3 Soziale Kontrolle und ideologisch-politische Orientierung
3.2.4 Materielle und soziale Lage
3.2.5 Kollektive Organisationen
4 Folgeprobleme der Professionalisierung von Bildungsprozessen

Zusammenfassung: Der Beitrag analysiert die Berufsgeschichte der Lehrer an niederen und höheren Schulen in Deutschland, und zwar seit der Konstitution des Berufs im frühen 19. Jahrhundert. Dabei wird das für Kontinentaleuropa typische Muster neuzeitlicher Professionen sichtbar, die, vom Staat und den Prämissen des Erziehungssystems abhängig, sich nicht selbstbestimmen, sondern nur parallel zur politischen Durchsetzung von Volksbildung und mit der Expansion der höheren Bildung ausformen. Nach Ausbildung und Berufswissen, sozialer Lage und Berufspolitik bleibt der Lehrerberuf im Selbstverständnis seiner Inhaber zwar unterschieden, faktisch nähern sich seine Segmente aber immer mehr an. Die Volksschullehrer erleben eine erstaunliche Karriere, während der Oberlehrerstand sukzessive an Prestige verliert. Klientferne und Deprofessionalisierung werden zentrale Themen der Lehrerkritik.

Summary: This contribution analyzes the history of the teaching profession at grade schools and high schools from the time of its constitution in the early 19th century. The examination reveals the pattern typical of modern professionalism in Continental Europe – professionalism that is dependent on the State and the premises of the educational system unable to determine its own course, but developing merely parallel to the political realisation of "Education for All" and the expansion of higher education. Although the individual teacher's conception of his chosen profession depends on his training and professional knowledge, his social status and the policies governing his career, the various segments of the teaching profession are, in fact, drawing closer and closer together. Teachers at primary and secondary-modern schools are being continuously up-rated, while grammar-school teachers are gradually losing prestige. The gulf separating teachers from their "customers" and growing de-professionalisation are becoming central themes of criticism levelled at teachers.

Sebastian F. Müller/Heinz-Elmar Tenorth

Résumé: Cet article analyse l'histoire professionnelle des enseignants des écoles élémentaires et supérieures, et ce, depuis la constitution de la profession au début du XIXe siècle. Se dessine ainsi le modèle, typique de l'Europe continentale, de profession des temps modernes qui, dépendant de l'Etat et des prémisses du système éducatif, ne s'autodéterminent pas, mais ne se constituent que parallèlement à l'adoption politique de l'idée d'instruction secondaire. Certes, la profession d'enseignant présente dans la conscience qu'en a son détenteur, des aspects divers, en fonction de la formation, du savoir professionnel, de la situation sociale et de la politique suivie concernant l'enseignement; mais, dans les faits, ces aspects ont de plus en plus tendance à coincider les uns avec les autres. Les maîtres de l'école primaire voient leur profession progresser de manière frappante, tandis que les enseignants d'un niveau supérieur perdent peu à peu de leur prestige. Les thèmes centraux de la critique faite aux enseignants deviennent le défaut de contact avec l'élève et les déficiences au niveau pédagogique.

1 Professionen und Professionalisierung

Sowohl der Begriff der Profession wie die Annahmen über Formen, Determinanten und Ergebnisse des Prozesses der Professionalisierung sind gegenwärtig in den Sozialwissenschaften wie in der Pädagogik keineswegs unumstritten (vgl. SEYFARTH 1981, TENORTH 1984). In diesem Beitrag werden Lehrer mit dem Begriff der *Profession* als Beruf interpretiert, der – in der Organisation gesellschaftlich erwünschter Lernprozesse (vgl. LUHMANN/SCHORR 1976, OEVERMANN 1983) – zu denjenigen, in der Bundesrepublik Deutschland zumeist akademischen Berufen gehört, die gesamtgesellschaftliche Strukturprobleme bearbeiten. Innerhalb dieser Berufsgruppen gehören die Lehrer, wie Ärzte oder Juristen, zu den personenzentrierten Berufen, die sich von sachorientierten Berufen wie etwa Ingenieuren abgrenzen lassen (vgl. HALMOS 1973). Auch für die Profession des Lehrers ist es kennzeichnend, daß er einer besonderen, wissenschaftsnahen Qualifizierung bedarf (vgl. HARTMANN 1972) und zugleich besonderer Form der sozialen Kontrolle unterliegt. Mit dem Begriff der *Professionalisierung* bezeichnen wir einerseits den historisch bereits abgeschlossenen Prozeß der Konstitution des Berufs des Lehrers als eines eigenständigen Tätigkeits- und Fähigkeitskomplexes, andererseits den in jeder Berufsgeneration zu erneuernden Prozeß der Qualifizierung der Berufsinhaber und des Kampfes der Profession um Sicherung von Prestige und Marktwert ihrer Tätigkeit (vgl. BECK u. a. 1980).

Mit dieser theoretischen Orientierung soll zunächst eine einseitige theoretische Orientierung an den angelsächsischen „free and liberal professions" vermieden werden. Die klassischen, alten (vgl. MOK 1969) Professionen werden vielmehr interpretiert als besondere Fälle eines allgemeineren, für das neuzeitliche Westeuropa und die USA typischen Musters der Vergesellschaftung sozialer Probleme in Berufen. Eine solche Relativierung des angelsächsischen Modells soll unter anderem davor bewahren, allein vom Thema der beruflichen Autonomie her die Berufsprobleme zu diskutieren. In methodischer Hinsicht sollen zudem mit dem vorgestellten Begriff von Profession und Professionalisierung sowohl die Schwächen klassifikatorischer Problemzugänge, in denen die Spezifik des Berufs zu einem Problem normativ-antizipierter Merkmale nivelliert wird, vermieden werden, als auch die Blindheit einer puren Orientierung an Berufsinteressen und Berufsideologien, denen angesichts eines generalisierten Ideologieverdachts gegen alle Professionen Handlungsprobleme der Berufsinhaber nicht mehr in den Blick kommen. Eine Theorie der Professionen, die sowohl das allgemeine aller hier gemeinten Berufe festhalten wie das besondere des Lehrerhandelns davon unterscheiden könnte, muß aber weiterhin als Desiderat gelten.

2 Die Konstitution der Profession

In Deutschland entsteht der neuzeitliche Lehrerberuf an der Wende vom 18. zum 19. Jahrhundert. Die Entstehung des Berufs ist ein zentrales Moment des staatlich initiierten und kontrollierten Versuches, mit der Durchsetzung der allgemeinen Unterrichtspflicht die elementare Volksbildung zu universalisieren und mit der Ausgestaltung universitätsbezogener höherer Schulen das Problem der staatsfunktionalen Qualifizierung technischer und administrativer Eliten zu lösen (vgl. FISCHER/LUNDGREEN 1975). Sowohl für die Elementarschulen wie für die gymnasialen Schulen sind Professionen schon als technische Bedingung der Realisierung dieser politischen Erwartungen erforderlich. Eigens qualifizierte und vollzeitlich beschäftigte Lehrer müssen den Fortgang des Lernprozesses sichern, die staatlich definierte Bildungsarbeit von den vorher dominierenden und nicht mehr zureichenden handwerklich-zünftlerischen beziehungsweise geistlichen Berufen ablösen und verselbständigen und zur Garantie der gesamtgesellschaftlich erwarteten schulischen Ergebnisse auch gegenüber lokalen Schulträgern und regionalen beziehungsweise ständischen und kirchlichen besonderen Interessen beitragen (vgl. JEISMANN 1974). Die Einführung einer geordneten Ausbildung der Lehrer und die allmähliche Durchsetzung von Prüfungen als Bedingung der Anstellung ist das primär gewählte Medium des staatlichen Eingriffs, die aufgabenspezifische, soziale und politische Kontrolle tritt dann in der Folgezeit begleitend hinzu. Alle diese Eingriffe des Staates gewinnen eine je unterschiedliche Gestalt für die Lehrer der Elementarbildung oder für die Lehrer der universitätsbezogenen Gymnasialbildung.

Für die *Ausbildung der „niederen" Lehrer* werden eigenständige, institutionell mit dem Bildungssystem sonst nicht verzahnte Seminare eingerichtet (vgl. THIELE 1912, 1938). In zeitlich lockerer Folge werden, um 1800 in den mitteldeutschen Staaten beginnend, nach 1820 dann auch in Preußen, nach 1848 in Norddeutschland und erst nach 1869 in Österreich diese Anstalten begründet. Sie präsentieren sich sowohl nach der Dauer, zwischen ein und drei Jahren, wie nach den Inhalten und den begleitenden Einrichtungen (etwa Übungsschulen) in regional stark variierender Form, und auch wegen der entscheidenden Rolle der Seminardirektoren, wie sie sich exemplarisch in Diesterweg dokumentiert, kann von einer Normalform nicht die Rede sein. Trotz dieser Vielfalt lassen sich dennoch gemeinsame Strukturmerkmale herausheben, die die Ausbildung der niederen Lehrer bis 1918 und – über die Ausbildung vermittelt – auch ihren professionellen Habitus und ihr gesellschaftliches Selbstverständnis bestimmen: Die Vorbildung (Präparandenzeit) wird erst nach 1850 staatlich organisiert, bleibt bis dahin aber der Privatinitiative von Geistlichen und Lehrern überlassen; der Zugang in das Seminar ist über eine Prüfung geregelt; die Ausbildung selbst umfaßt sowohl fachliche Kenntnisse im Volksschullehrstoff wie berufsspezifische didaktisch-methodische und pädagogische Arbeit. Zumeist sind seit der zweiten Hälfte des 19. Jahrhunderts mit den Seminaren Übungsschulen verbunden. Die Abschlußprüfungen schließlich befähigen zur probeweisen Anstellung und verleihen bald auch Privilegien gegenüber ungeprüften Bewerbern. Mit dieser Prüfung gelingt den vorher in der Nebentätigkeit verkümmerten und schlecht angesehenen Lehrern an niederen Schulen der erste kollektive Statuswechsel zu einem eigenständigen, auf Fachwissen und Prüfung beruhenden Beruf mit Vollzeitcharakter.

Das dafür entscheidende Seminarmodell ist flexibel genug, die sich wandelnden Anforderungen an die Lehrertätigkeit aufzufangen, wie sie mit der Entwicklung der Volksbildung im 19. Jahrhundert gegeben sind. Inhaltliche Veränderungen ergeben sich in der zweiten Hälfte des 19. Jahrhunderts: Die Ausweitung und weitere Verfachlichung der intellektuellen Bildung der Lehrer wird parallel zur Verfachlichung der Volksschule notwendig. Damit werden nach 1870 in der Phase der Industrialisierung und der Veränderung von Volksbildung rigide, religiös-definierte Begrenzungskonzepte der Reaktionsphase nach 1848 kompensiert. Mit der stärkeren Kontrolle der Vorbildung durch die staatliche Regulierung der Präparandenausbildung und mit der intensiveren berufspraktischen Ausbildung und einer engeren Verzahnung von seminar- und zeitgenössischer pädagogischer Theorie werden die Folgeprobleme des höheren Selektionsdrucks in der Volksbildung seit der Jahrhundertwende aufgefangen. In der Zuerkennung des einjährig-freiwilligen Privilegs an die Seminarabsolventen wird schließlich auch das Prestige des Berufs gesteigert.

Die *Ausbildung der Oberlehrer,* wie die Lehrer an Gymnasien seit der zweiten Hälfte des 19. Jahrhunderts amtlich zumeist genannt werden, war schon immer nach dem Ort, nach dem Inhalt und nach dem öffentlichen Ansehen der Berufsinhaber gegenüber den niederen Lehrern privilegiert. Die wissenschaftlichen Lehrer werden an den Universitäten ausgebildet und hier vorzugsweise nach dem Muster des Hallischen Philologischen Seminars Friedrich August Wolfs und des Berliner Seminars Friedrich Gedikes qualifiziert. Die universitäre, den neu entstehenden historischen und literarischen, naturwissenschaftlichen und technischen Fächern zugeordnete Ausbildung der Philologen findet ihren einheitlichen Standard in den nach dem Muster der bayerischen (1809) und preußischen Prüfungsordnung (1810) gestalteten staatskontrollierten Abschlußprüfungen. Diese Prüfungen „pro facultate docendi" werden nicht nur Symbol der Ablösung des Philologen vom Theologen, sondern auch Bedingung für die Einordnung des Philologen in den Stand der höheren Beamten.

Auch für die Berufsentwicklung des Oberlehrers ergeben sich im folgenden Veränderungen des Berufsbildes zunächst parallel zur Strukturentwicklung des höheren Schulwesens, dann parallel zu den administrativ wahrgenommenen Prestigeerwartungen der Profession selbst. Den Funktionsproblemen des Berufs ist dabei die allmählich zunehmende Pädagogisierung des Oberlehrerberufs zuzurechnen. Am Anfang steht – in Bayern 1824, in Preußen 1826 – die Einführung eines Probejahres. Am Ende des 19. Jahrhunderts folgt mit der Unterscheidung der Ausbildung in zwei Phasen die zweijährige postuniversitäre pädagogische Qualifizierung. Die dabei durchgesetzte Pädagogisierung der Oberlehrertätigkeit ist nicht zu verstehen, ohne die Folgewirkungen und Begleitumstände der allmählichen Expansion höherer Bildung und der Differenzierung im Wissenschaftssystem, sowie die allmählich sich verbreitende soziale Rekrutierung der Schülerschaft mit ins Kalkül zu ziehen: die Erörterung über den Schüler-„Ballast" und die politischen Diskussionen über die Probleme der Überfüllung der höheren Schulen (vgl. MÜLLER 1977a). Dabei bedeutet Pädagogisierung zugleich Effektivierung und „Objektivierung" der Selektionsmechanismen, wie eine Neudefinition des beruflichen Selbstverständnisses des Philologen. Mehr und mehr löst sich der Beruf des Lehrers an Gymnasien vom traditionellen Verständnis des Gelehrten ab und nähert sich einer pädagogischen Definition der Berufsaufgabe an.

3 Die Strukturentwicklung des Lehrerberufs

Die Sozialgeschichte des gegenwärtigen Lehrerberufs weist für die Lehrer an niederen und an höheren Schulen unterschiedliche Entwicklungsmuster auf. Für die Lehrer der höheren Schulen gilt, daß sie bereits mit dem Beginn der Weimarer Republik – symbolisiert in der staatlich durchgesetzten Bezeichnung als Studienräte (1920) – nach ihrer Ausbildung, nach der Einordnung in die Beamtenlaufbahnen und nach der Typik ihrer Berufsorganisationen den gegenwärtigen Status erreicht haben. Für die Berufsgeschichte der Lehrer an niederen Schulen ergibt sich dagegen, daß bis in die Gegenwart hinein sowohl die Formen der Ausbildung, die Einordnung in die Beamtenlaufbahn und die Gestalt ihrer Organisationsbildung kontrovers bleiben. Diese Berufsverhältnisse der niederen Lehrer reflektieren so die auch im 20. Jahrhundert wechselvolle und konfliktreiche Geschichte der Volksbildung.

Angesichts dieser Prozeßtypik wird dieser Beitrag für die Lehrer an höheren Schulen im wesentlichen die Berufsgeschichte bis etwa 1920 nachzeichnen, für die Lehrer an Volksschulen dagegen die Typik der Berufsentwicklung bis in die Gegenwart diskutieren. Wegen des schließlich dominierenden Einflusses konzentrieren wir uns auf die norddeutsch-preußischen Verhältnisse; wir beschränken uns zugleich auf eine Analyse signifikanter Aspekte der Berufsentwicklung, die im Sinne eines Gefüges aufeinander verwiesener Komplexe insgesamt den professionellen Status definieren: Formen der Ausbildung, die Spezifik von Berufswissen und -wissenschaft, Muster der sozialen Kontrolle, materielle und soziale Lage und die Typik kollektiver Organisationen.

3.1 Vom Schulmann zum Oberlehrer

3.1.1 Ausbildung

Die Institutionalisierung der Oberlehrerlaufbahn folgt zwar der Systembildung schulischer und staatsfunktionaler Berufslaufbahnen, ist dabei aber nicht das Werk einer dem sich herausbildenden Oberlehrerstand vorgelagerten Verwaltungsinstanz, sondern einerseits Produkt der im Wissenschaftssystem vollzogenen Ausdifferenzierung der Altertumswissenschaft, andererseits der personell zum Ausdruck kommenden Überlagerung von Wissenschaftssystem und politischem System. Friedrich August Wolf (1759–1824), der Begründer der Altertumswissenschaft, und Friedrich Gedike (1754–1803), der Begründer der pädagogisch-philologischen Schulseminare für die Schulmänner, waren nicht nur die ersten Wissenschaftler ihrer Disziplin (Altertumswissenschaft und Altphilologie), sondern gleichermaßen auch die namhaftesten Bildungspolitiker. Die institutionelle Differenzierung der Schulmännerausbildung in zwei aufeinander folgende Ausbildungsphasen sowie die spezifische Begründung der Altertumswissenschaft und der Philologien als Berufswissenschaften für die Schulmänner sind konzeptionell von diesen beiden Männern der Bildungsverwaltung vorgegeben und praktisch durchgesetzt worden.

Die erste Examensordnung für die Schulmännerausbildung (das „Examen pro facultate docendi") schreibt diese Konzeption der Schulmännerausbildung lediglich fest und berührt nicht die inhaltliche Begründung des Berufswissens der künftigen Schulmänner, sondern begründet vor allem die Berufsautonomie der Professionsexperten gegenüber nichtstaatlichen Schulträgern. Mit der institutionellen Vermittlung eines spezifischen Berufswissens wird die Voraussetzung für die spezifische

Professionalität der Schulmänner gegenüber den semiprofessionellen Theologen geschaffen. Die Schulmännerseminare (Halle und Berlin 1787, Stettin 1804, Königsberg 1810 und Breslau 1813) sichern das Expertentum im Schulmännerberuf. Diese Seminare – ob den Universitäten angegliedert oder nicht – generalisieren die Berufsausbildung nicht, sondern sichern zunächst nur die Exklusivität von Führungspositionen im Schulmännerberuf, das heißt die der Direktoren. Erst nach den 60er Jahren des 19. Jahrhunderts ergibt sich aufgrund der explosionsartigen Expansion des Bildungssystems der Zwang zur Formalisierung der Berufsausbildung; damit setzt ein Prozeß ein, der schließlich mit den Prüfungsordnungen für die erste und zweite Ausbildungsphase 1890 und 1892 zum Abschluß kommt. Wiederum werden diese Entscheidungen dem Berufsstande der akademisch gebildeten Lehrer nicht von staatlicher Seite aus diktiert, sondern sind die Festschreibung der berufsständischen Forderungen selbst. Für den Prozeß der Institutionalisierung der Berufsausbildung der Oberlehrer sind zwei voneinander unabhängige Ebenen zu unterscheiden: die mit Formalisierung der Ausbildung zunehmende Egalisierung des Status aller Berufsangehörigen und die der fachlichen Differenzierung der Berufspositionen. Während jedoch die Egalisierung der Berufspositionen von den Berufsangehörigen selbst vorangetrieben wird, ist die fachliche Differenzierung der Berufspositionen das Resultat berufsexterner Entwicklungen, bedingt durch die Schultypenentwicklung (zunehmende Aufwertung der Realschulen) und durch die Wissenschaftsentwicklung (wachsende Bedeutung der Naturwissenschaften und Neuphilologien bei gleichzeitig sinkender Bedeutung der Altphilologien als Bildungswissenschaften).

3.1.2 Berufswissen

Diese Gewichtsverlagerung in der Schultypen- und Wissenschaftsentwicklung macht die Begründung einer neuen spezifischen Berufswissenschaft der Oberlehrer virulent. In dem Maße, in dem sich der Universalitätsanspruch der Altertumswissenschaft nicht mehr durchhalten läßt und zur Differenzierung in die grammatisch-kritische Schule Gottfried Hermanns (1772–1848) und die historisch-antiquarische Schule August Böckhs (1785–1867) führt – bei gleichzeitig schärfer vorgetragenen Geltungsansprüchen der Mathematiker, der Naturwissenschaftler, der Neuphilologen und der Deutschkundler –, wächst das Bedürfnis und die Notwendigkeit einer Integration der nur noch partiell begründbaren Fachwissenschaften.
Dem Verlust des Universalitätsanspruches der Altphilologien und ihrer geringer werdenden Leistung für die Identität des Berufswissens der Oberlehrer korrespondiert zugleich das Verlangen nach Begründung und Legitimation eines spezifischen unterrichtlichen Handlungswissens der Oberlehrer. Seinen Niederschlag findet dieses Verlangen jedoch weniger in den Prüfungen – in Sonderheit nach der zweiten Ausbildungsphase –, als vielmehr in den anfänglich freien, später amtlichen Direktorenkonferenzen und freien Lehrerversammlungen sowie in der berufsständischen Fachpresse. Die Ausbildung der Oberlehrer – gerade in der Dimension des Handlungswissens – wird also keineswegs staatlicherseits angeboten und kontrolliert, sondern vollzieht sich selbstbestimmt. Erst mit der Institutionalisierung der Pädagogik als Universitätswissenschaft verlagert sich das Definitionsmonopol professionellen Wissens der Oberlehrer in die Universitäten, und es kommt auf dieser Ebene zu einem Autonomieverlust des Oberlehrerstandes.

3.1.3 Differenzierung und Hierarchisierung des Oberlehrerstandes

Die berufliche Differenzierung des preußischen Oberlehrerstandes resultiert
- aus den graduell und fachlich verschiedenen Studienabschlüssen der akademisch ausgebildeten Lehrer, wobei anfänglich (1810) nach verschiedenen Graden der Lehrbefähigung unterschieden wird (Ober- und Hauptlehrer), seit 1890 hingegen allein fachlich differenziert wird (Fachlehrerprinzip);
- aus konkurrierenden Anstellungsverhältnissen zwischen staatlichen und kommunalen Schulträgern, wobei am Ende des 19. Jahrhunderts eine vollständige Gleichstellung erreicht wird; damit eng verbunden
- aus den schultypenspezifischen Anstellungsverhältnissen (Vollanstalten, Nichtvollanstalten, Gymnasien, Realschulen,...); und
- aus den Besoldungsetats jeder einzelnen Schule, wobei die aus der Stellenetatsbesoldung sich ergebende Differenzierung durch die Dienstalterbesoldung seit 1892 aufgehoben wird.

Abbildung 1: Differenzierung und Hierarchisierung des Oberlehrerstandes

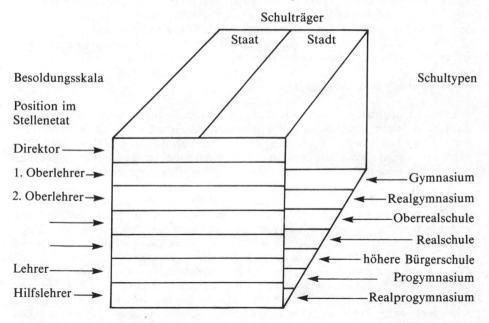

(Quelle: MÜLLER 1977b, S. 242)

Der Prozeß der Standesentwicklung der preußischen Oberlehrer beginnt auf der Grundlage ausschließlich individueller und endet mit der vollständigen Egalisierung der Berufspositionen. Am Ende des 19. Jahrhunderts ist mit der statusmäßigen Egalisierung der Berufsinhaber (mit Ausnahme der Differenz zwischen den Direktoren und Oberlehrern) die Voraussetzung für die perfekte Kontrolle des Berufszugangs und die innerberufliche Laufbahnmobilität bei gleichzeitiger Enthierarchisierung der Berufspositionen geschaffen.

3.1.4 Soziale Kontrolle und ideologisch-politische Orientierung

Als Konsequenz der Systembildung des preußischen Oberlehrerstandes verliert die innerberufliche Kontrolle zugunsten der externen Kontrolle an Bedeutung. In dem Maße, wie die innerberufliche Mobilität abnimmt, verlagert sich die soziale Kontrolle nach außen und findet ihren Ausdruck in Anstellungs- und Laufbahnordnungen, die unter dem Andrang zum Oberlehrerberuf von den Berufsinhabern generell unterstützt werden.

Das entscheidendste Instrument sozialer und politischer Kontrolle ist zunächst das in der Folge der Demagogenverfolgung und der politischen Restauration 1826 eingeführte Probejahr, generell dann die zweite Ausbildungsphase. Aufgrund der bis zur ersten großen Überfüllungssituation Anfang der 1880er Jahre noch gegebenen innerberuflichen Mobilität – nicht zuletzt auch durch die fortwährende Expansion des höheren Schulwesens – ist die berufliche Selbstkontrolle jedoch noch viel wirksamer. Es gibt bis 1890 – und das gilt auch für 1848 – keine staatsoppositionellen Oberlehrer. Die Flexibilität der Anstellungsverhältnisse sichert im 19. Jahrhundert die professionelle Selbstkontrolle und die Direktorialverfassung an den Schulen bleibt der maßgebliche Garant für die soziale Stabilität des Berufsstandes. Erst nach 1919 kommt es für sehr kurze Zeit in geringem Maße zur Politisierung der Oberlehrer (vgl. MÜLLER 1977c). Mit zunehmendem Druck auf den Berufszugang zum einen und sozialer Deklassierungsangst zum anderen dominiert darauf folgend aber wieder die politische Anpassung (vgl. HAMBURGER 1974, TITZE 1977).

3.1.5 Materielle und soziale Lage

Wenngleich die materielle und soziale Lage der preußischen Oberlehrer gegenüber derjenigen der Elementarschullehrer eine privilegierte ist, bleibt sie selbst bis zum Ende des 19. Jahrhunderts gesetzlich unbestimmt. Von ihrem rechtlichen Status her zählen die Oberlehrer nach dem preußischen Allgemeinen Landrecht zu den Eximierten; ihr materieller Status liegt unterhalb derjenigen der höheren Zivilbeamten (Richterlaufbahn; vgl. Rangordnung für die Zivilbeamten vom 7. Februar 1817 – GESETZSAMMLUNG ... 1817, S. 61); ihr sozialer Status glich hingegen demjenigen der Zivilbeamten, liegt anfangs jedoch unterhalb desjenigen der Theologen. Erst mit zunehmender, schließlich vollständiger Ablösung der Oberlehrer von der Theologenlaufbahn einerseits und nahezu vollständiger Gleichstellung mit der Laufbahn der höheren Zivilbeamten zu Beginn des 20. Jahrhunderts andererseits gelingt den Oberlehrern eine eigene professionelle Statusbegründung.

Der materielle Status der akademisch gebildeten Lehrer wird durch die Stellenetats der höheren Lehranstalten definiert (so durch die Normaletats 1863 und 1872) und schließlich 1892 durch die Dienstalterbesoldung. Die Homogenität der sozialen Lage resultiert aus der wechselseitigen Anpassung von Ausbildungsordnung, Anstellungsordnung und Schultypenbegründung. Wenn insofern die Geschlossenheit des Oberlehrerstandes gegenüber anderen akademischen Berufen und Berufslaufbahnen wächst, so vollzieht sich doch innerhalb der Berufsgruppe der Oberlehrer eine Nivellierung der Statuspositionen. Erst nach dem Abschluß dieses Prozesses kann für die Oberlehrer von einer kollektiven, sozial-ökonomisch begründeten Statusgruppe gesprochen werden.

Begleitet wird dieser Prozeß der Kollektivierung des Oberlehrerstandes allerdings von einer wachsenden materiellen Statusminderung (vgl. KÜBLER 1976). Die in den 1850er Jahren enorm gestiegenen Lebenshaltungskosten (bezogen auf Ernährung und Miete) werden durch spätere Gehaltsverbesserungen nicht wieder aufgefangen. Darüber hinaus schließt sich die Schere zwischen Höchst- und Niedriggehältern von Beamten, Industriearbeitern und Handwerkern, so daß der sozial-ökonomische Status der Oberlehrer zum Ende des 19.Jahrhunderts relativ zu anderen Berufen absinkt. Daran ändert auch das unterschiedliche Konsumverhalten der Lehrerfamilien nichts. Wohnung, Kleidung und Ausbildung sowie die Beschäftigung von Hauspersonal sind statusspezifische Repräsentationsformen dieses Berufsstandes und müssen finanziert werden. Der Finanzierungsrahmen wird aber zunehmend enger, bis hin zu den Notverordnungen in der Weimarer Republik.

3.1.6 Vereinsbildung

Der unter den oben genannten Merkmalen schon zum Ausdruck gekommene Systemwandel des Oberlehrerstandes zeigt sich auch in der Verbandsentwicklung dieses Berufsstandes. Der Transformationsprozeß der Verbandsbildung verläuft von zunächst ausschließlich wissenschafts- und schul- beziehungsweise unterrichtspraktisch orientierten Versammlungen (unter anderem der Versammlungen deutscher Philologen und Schulmänner seit 1837, des Allgemeinen deutschen Realschulmännervereins seit 1872, des Vereins für wissenschaftliche Pädagogik seit 1868) bis zu ausschließlich standesspezifischen Organisationen (den Preußischen Provinzialvereinen seit 1872 und dem Verband akademisch gebildeter Lehrer Deutschlands seit 1903) mit der Folge einer dichotomischen professionellen Orientierung. Die wissenschaftliche Orientierung verlagert sich von den Lehrerversammlungen in die Sektionen der wissenschaftlichen Gesellschaften, die berufsständische Orientierung findet ihren Ausdruck in spezifischen Provinzialvereinen sowie in Versammlungen der Oberlehrer auf Landes- und Reichsebene. Zu einer Amalgamierung berufswissenschaftlicher und berufsständischer Interessen in *einer* Berufsorganisation kommt es nicht.

3.2 Die Karriere des Volksschullehrers

3.2.1 Ausbildung

Der Stand der Lehrer an Elementarschulen wird in Deutschland im beginnenden 19.Jahrhundert durch die Einrichtung und Durchsetzung der Seminarausbildung konstituiert. Die Einrichtung der Seminare, ein allmählicher und in den einzelnen deutschen Regionen zum Teil bis nach der Jahrhundertmitte verzögerter und im ganzen sicherlich nicht einheitlicher Prozeß, begründet den ersten kollektiven Statuswechsel der Elementarlehrer (vgl. FISCHER 1961). Ihre Arbeit wird damit zum qualifizierten Beruf, nicht mehr nur als Nebentätigkeit ausgeübt und zugleich vom Zugang unqualifizierter Berufsfremder durch staatliche Prüfungen freigehalten. Trotz vieler Wünsche der Lehrer dauert es dann bis in die Weimarer Republik, bis die Mehrheitsparteien der Weimarer Koalition pädagogische Akademien und hochschulmäßige Ausbildung einrichten und damit den Anstoß für den zweiten kollektiven Statuswechsel der Lehrer geben (vgl. KITTEL 1957). Während beim ersten kollektiven Statuswechsel die Lehrer von der Durchsetzung der Elementarbildung profitieren und den Status des eigenständigen Berufs gewinnen, sorgt die Generalisierung von Aufstiegserwartungen in der Weimarer Republik und die Absicht der Integration des Volkes durch eine neue Volksbildung dafür, daß sie nach 1920 den Status von Akademikern gewinnen (vgl. WEBER 1982).

Auch dieser Prozeß der institutionellen Höherdefinition der Lehrerbildung vollzieht sich in mehreren Etappen. In Bayern bleiben zunächst die Seminare erhalten; in der pädagogischen Akademie Preußens findet die Lehrerbildung eine Gestalt, die zumindest mit den Zielsetzungen der organisierten liberalen Lehrerschaft nicht übereinstimmt; auch die Universitätslösungen in Sachsen oder in Hamburg bringen nicht den vollen wissenschaftlichen Status der Ausbildung. Der Prozeß der Akademisierung erleidet besonders während der Zeit des Nationalsozialismus durch die Abstufung der pädagogischen Akademien zu „Hochschulen für Lehrerbildung" und zu Lehrerbildungsanstalten (nach 1941) einen Rückschlag (vgl. SCHOLTZ/STRANZ 1980). Doch wenn auch die Gleichstellung mit der Eingangsposition der Studienräte bis heute nicht erreicht ist, ist dennoch das beeindruckende Bild kollektiven Aufstiegs nicht abzuweisen: Nach der Bezahlung, über die Struktur von Arbeitsverhältnissen und Prestige sowie nach der Einordnung ihrer Ausbildung ist den Lehrern an niederen Schulen die Stellung innerhalb der akademischen Berufe ebensowenig abzusprechen wie ihren Ausbildungsstätten der Hochschulrang.

3.2.2 Berufswissen

Die Folgeprobleme dieses Prozesses der zunehmenden Akademisierung und Verwissenschaftlichung der Ausbildung und der beruflichen Selbstdefinition der Volksschullehrer sind am ehesten vom Endpunkt der Entwicklung aus zu studieren. Akademisierung und Verwissenschaftlichung gelten heute eher als Hemmnis denn als Beförderung der pädagogischen Kompetenz; der Prozeß der Professionalisierung scheint allein die Statusdimensionen des Lehrerberufs gefördert zu haben (vgl. BECKMANN 1980).
In den historischen Auseinandersetzungen der Lehrer mit den staatlichen Instanzen und den abwehrenden Universitäten war aber sowohl die Kritik des Seminars und seiner überholten Ausbildung sachlich so plausibel wie die Auseinandersetzung mit der Akademie und ihrem semi-universitären Status. Der Anspruch auf Verwissenschaftlichung hatte zunächst immer das historische Recht für sich: Gegenüber dem Seminar bestand dieses Recht in der Forderung, die Vorbildung der Lehramtskandidaten auf das Niveau der Abituranforderung zu heben und zugleich die Berufsausbildung des Lehrers wissenschaftsnah zu gestalten; gegenüber der Akademie war ebenfalls die Forderung legitim, auch die inhaltliche Qualifizierung für die später zu unterrichtenden Fächer aus dem Status der „Kunde" auf das Niveau fachwissenschaftlicher Qualifizierung zu steigern (vgl. BECKMANN 1971). Diese Forderungen sind schließlich auch verbunden mit einer bildungstheoretischen Kritik der jeweils herrschenden Konzepte und Organisationsformen von Volksbildung (vgl. GLÖCKEL 1964). Das Seminar stützte die Schule des Obrigkeitsstaates, die – auch wenn sie sich intern ausdifferenziert, verfachlicht und bessere Lernangebote macht (vgl. HEINEMANN 1980) – doch ihren politisch funktionalisierten und indoktrinierenden Anspruch nicht verleugnen kann. Die pädagogische Akademie ist mit der im pädagogischen Selbstverständnis eigenständigen und politisch abstinenten, faktisch aber ideologisierten und auf kritiklose Integration angelegten Volksbildungsidee der Weimarer Republik verbunden, die nicht nur in Heimatgedanken und Blut- und Bodentheoremen, sondern auch in der mit ihr verzahnten Begabungsideologie der Ausbildung des „praktischen Standes" nach 1945 weder der wissenschaftlichen Kritik der implizierten Psychologie (vgl. KUHLMANN 1970) noch der politischen Erwartung der Chancengleichheit standhalten kann.
Verwissenschaftlichung von Lehrerbildung und Volksbildung war also nicht ein al-

lein von Statusaspirationen der Lehrer angetriebenes Programm, obwohl die Lehrer in der Folgezeit am ehesten von ihm profitieren. Aber dieses Programm war anscheinend auch noch kein in seinen Folgeproblemen für Berufsqualifizierung und pädagogisches Handeln durchdachtes und wohlreflektiertes Programm. Seine Schwierigkeiten lassen sich von dem jeweils implizierten Verständnis der Funktion und der Leistungsfähigkeit der wissenschaftlichen Pädagogik aus erläutern.
Im Seminar des 19. Jahrhunderts kommt der Pädagogik als Berufswissenschaft der Lehrer eine durchaus marginale Stellung zu. Im Zentrum steht vielmehr die intellektuelle Ausbildung der Kandidaten, die den Volksschullehrstoff nachholen und intensivieren müssen, um die ungenügende „wissenschaftliche" Bildung der Kandidaten auszugleichen. Die berufliche Ausbildung dagegen ist theoretisch allein auf dem Niveau von „Schulkunde" organisiert und hat im übrigen ihr Zentrum ganz eindeutig in einer Sozialisation pädagogischen Handelns, wie sie die Tagesordnung der Seminare sowie die praktische Verzahnung von Übungsschule und vorbildhafter Einweisung durch den Seminarleiter bieten (vgl. BECKMANN 1968, SEEMANN 1964). Diese eher doktrinäre als theoretische Einführung in das berufliche Handeln wird dann in den didaktischen Schematismen und in den Formalstufen der Herbartianer des 19. Jahrhunderts verfestigt und standardisiert (vgl. ADL-AMINI/ OELKERS 1979).
Das erziehungswissenschaftliche Selbstverständnis der pädagogischen Akademie ist dagegen reformpädagogisch; gegen den Formalismus der Lernschule setzt sie auf Erlebnis und Arbeit. Ihre Bezugstheorie ist personenzentriert, gegen das nur Lehr- und Abfragbare gerichtet und an einem idealisierten Lehrerbild orientiert (vgl. KERSCHENSTEINER 1965, REBLE 1958, SPRANGER 1970). Obwohl die Erziehungswissenschaft die theoretische Mitte der Akademie sein sollte und mit eigenen Forschungs- und Wissenschaftserwartungen ausgestattet wird, hat sie de facto weder in der Weimarer Republik noch in der Bundesrepublik diese Rolle spielen können. Die wissenschaftliche Pädagogik blieb auf dem Status der Kunde, wenn auch gegenüber dem Obrigkeitsstaat in der Verpflichtung auf das „Recht des Kindes" normativ neu fundiert und zugleich in der Anlehnung an die Reformpädagogik offener didaktisch konzipiert. Aber wissenschaftliche Pädagogik blieb doch eher sozialphilosophische Reflexion, sie war kaum realistische Analyse der Berufsaufgabe.
Das dabei hinterlassene Defizit an analytischem und konstruktivem Wissen wurde anfangs der 1960er Jahre angesichts neuer bildungspolitischer Hoffnungen und Erwartungen überdeutlich (vgl. LEMBERG 1963, MÜLLER/TENORTH 1979, ROTH 1963). Eine Veränderung der Erziehungswissenschaft zu einer empirisch forschenden beziehungsweise einer kritisch reflektierenden Sozialwissenschaft erschien als die theoretische, die Universität als die organisatorische Alternative. In der Zwischenzeit läßt sich deutlicher absehen, daß diese Verwissenschaftlichung allein noch keine adäquate pädagogische Ausbildung garantiert (vgl. DEUTSCHE GESELLSCHAFT FÜR ERZIEHUNGSWISSENSCHAFT 1982). Die Erziehungswissenschaft, die Ausbildung und Forschung zugleich leisten wollte, hat sich offenkundig übernommen. Angesichts von Beschäftigungsproblemen und politischen Kontroversen erscheint auch die Abhängigkeit von bildungspolitischen Konjunkturen für die Definition der Berufsaufgabe (erneut) entscheidender als Ausbildung und Vorgaben der Berufswissenschaft.

3.2.3 Soziale Kontrolle und ideologisch-politische Orientierung

In der Wahrnehmung der Berufsangehörigen war historisch die gesellschaftliche Definition der Berufsaufgabe immer eng verbunden mit den Formen und Instanzen

der sozialen Kontrolle. Im Unterschied zu den Oberlehrern, die mit der eindeutigen Anerkennung ihres Beamtenstatus auch die Vorzüge einer in bürokratisch-kollegialen Mischsystemen „fachlich" organisierten Kontrolle beispielsweise durch Provinzialschulkollegien genossen haben, war die administrative Stellung der niederen Lehrer anders, fremdbestimmt (vgl. FISCHER 1892, WÖHE 1933).
Zwar war schon in Preußen seit dem Allgemeinen Landrecht der Unterricht zur Sache des Staates deklariert worden (vgl. MÄCHLER 1980), zwar war auch die fachliche Prüfung, die mit dem Seminar durchgesetzt wurde, eine prinzipielle Barriere gegen den Zudrang von nicht pädagogisch Qualifizierten in den Beruf. Das Selbstbewußtsein der niederen Lehrer wurde aber doch nicht unerheblich dadurch beeinträchtigt, daß der Staat bis 1918 die Schulaufsicht auf der unteren Instanz durch die Ortsgeistlichen wahrnehmen ließ. Verbunden mit den strikten Erwartungen an politisches Wohlverhalten nicht nur gegenüber der Verfassung, sondern auch gegenüber dem jeweiligen Herrscherhaus und der Regierung trug diese Form der sozialen Kontrolle durch Obrigkeit und Kirche viel zum Bild des rechtlosen und fachlich wenig geachteten Lehrers bei, das sich bis in die Gegenwartsliteratur erhalten hat (vgl. BLESSING 1974, TITZE 1973). Angesichts dieser Aspekte der politisch-fachlichen Fremdbestimmung der Lehrer werden sogar häufig die Formen weitergehender sozialer Kontrolle sogar des privaten Bereichs ignoriert, wie sie sich für weibliche Lehrer im 19. Jahrhundert noch in Zölibatsgeboten finden lassen. Ebenfalls wenig beachtet werden Formen der Kontrolle, die sich durch innerberufliche Differenzierung und Hierarchisierung ergeben. Auseinandersetzungen der einstmals selbständigen Klassenlehrer gegen die sich etablierenden Hauptlehrer, die sich schon in den 70er Jahren des 19. Jahrhunderts im Rheinland finden, auch zwischen Klassenlehrern und Rektoren, die zugleich zu eigenständigen Verbandsbildungen Anlaß geben (vgl. BREYVOGEL 1979, NEVERMANN 1982), erinnern an diese Formen innerberuflicher Kontrolle von Lehrern über Lehrer.
Nicht selten wird die Geschichte der politischen Kontrolle der Lehrerschaft – immer also schon eine Reduktion des Themas der sozialen Kontrolle – zugleich mit fast mythisierenden Bildern von einem demokratisch-oppositionellen Potential verbunden, das sich innerhalb der Lehrerschaft finden läßt. Aber bereits für den vermeintlichen Modellfall der Lehrerbewegungen während der Revolutionsjahre von 1848 (vgl. LA VOPA 1980) und dann für die gesamte Folgezeit erweist sich diese Annahme als ein liebevoll gepflegter Mythos der Lehrerbewegung selbst. Nicht nur 1848, sondern für die Geschichte der niederen Lehrer insgesamt wird man das demokratische Potential der Zahl wie der Intensität nach doch erheblich geringer veranschlagen müssen, als es die Hagiographen der Lehrerbewegung dargestellt haben. Auch die Lehrer an niederen Schulen haben das Aufbegehren gegen die Obrigkeit in der Regel aus durchaus standespolitischen Motiven versucht; sie haben sich spätestens seit dem ausgehenden 19. Jahrhundert intensiv an staatlichen Erwartungen orientiert und die Vorzüge des Beamtenstatus immer höher veranschlagt als die Ehre des protestierenden Aufklärers.
Innerhalb der Lehrerbewegung hält dagegen die fortdauernde Klage über die Formen der sozialen Kontrolle zurecht, wenn auch nicht reflektiert und eindeutig, die Schwierigkeit fest, daß bis in die Gegenwart hinein die Form der beruflichen Autonomie rechtlich nicht eindeutig bestimmt ist (vgl. OPPERMANN 1969) beziehungsweise im Zugeständnis der Methodenfreiheit nie als ausreichend akzeptiert worden ist. Angesichts der Kritik an der Methodenfreiheit bleibt daran zu erinnern, daß der Lehrer nicht nur als Objekt, sondern auch als Subjekt sozialer Kontrolle gesehen werden muß. Besonders für die Lehrer an Elementarschulen ist diese Rolle seit der

historischen Durchsetzung der Schulpflicht, in der Vergabe von Zeugnissen und Zensuren, in der Diagnostik abweichenden Verhaltens, bei der Zuweisung in Sonderschulen oder auch bei der Ausübung von Disziplinargesetzen und Erwartungen ganz eindeutig Konstituens der Berufsgeschichte. Diese Erwartungen haben die Lehrer in ihrer bisherigen Berufsgeschichte keineswegs auf Dauer als unpädagogisch abgewertet, sondern durchaus akzeptiert, wenn nicht sogar erstrebt: Im ausgehenden 19. Jahrhundert beklagt die organisierte Lehrerschaft ausdrücklich die ihrer Meinung nach drohende Kriminalisierung durch das zu erwartende Verbot der Prügelstrafe; nach 1900 sind die Lehrer die ersten, die im staatstreuen Sinne sozialpädagogische Hilfe und Kontrolle ausüben wollen. Innerhalb der Jugendbewegung wie in allen kulturkritischen Bewegungen stehen Lehrer an vorderster Front, und auch gegenwärtig ist die Pädagogisierung sozialer Verhältnisse durch die pädagogische Profession ein unübersehbares Phänomen.

3.2.4 Materielle und soziale Lage

Der Prozeß der Emanzipation des Standes aus dem Status des verachteten Paria der Volksbildung hin zum geachteten Angehörigen der akademischen Stände hat in den Veränderungen der sozialen und materiellen Lage die einfachsten und signifikantesten Indikatoren. Dieser Prozeß eines kollektiven Statuswechsels nach oben läßt sich zunächst an der Verbesserung der materiellen Daten für die Besoldung studieren. Während im beginnenden 19. Jahrhundert die damals nur allein verfügbaren Stelleneinkommen anfangs kaum den Mann ernährten, wird seit der zweiten Hälfte des 19. Jahrhunderts die materielle Lage der Lehrer immer besser. In Preußen wird mit der Besoldungsregelung 1909 – die Entwicklungen anderer Länder erst noch nachholend – nicht nur die noch bestehende gravierende Differenz von Stadt- und Landlehrern sowie den Lehrern in den östlichen und westlichen Provinzen abgebaut, sondern auch die Stellung innerhalb der Beamtenschaft erheblich nach oben hin stabilisiert und zugleich der materielle Status des Lehrers gegenüber denjenigen Sozialgruppen erheblich verbessert, denen er am Anfang des 19. Jahrhunderts besonders auf dem Lande noch gleichgeordnet war.
Parallel zur Veränderung der sozialen Lage verändert sich auch das Rekrutierungsfeld des Lehrerberufs. Während noch im 19. Jahrhundert die Lehrer an Elementarschulen aus den niederen sozialen Schichten und bescheidenen Verhältnissen stammen, aus einfachen Land- und Bauernfamilien, aus handwerklichen und kleinen kaufmännischen Berufen, zugleich mit einem hohen Anteil an Selbstrekrutierung, läßt der Selbstrekrutierungsanteil mit der Zeit nach und der Volksschullehrerberuf wird zur Durchgangsstation im sozialen Aufstieg. Für das 19. Jahrhundert war das Seminar ja auch der einzige Weg innerhalb des Bildungssystems, aus der Volksschule heraus über die Seminarprüfung in Universitätsstudiengänge und damit verbundene Laufbahnen zu finden.
Für die männlichen wie für die weiblichen Lehrer gilt heute, daß sie eine gesicherte Position innerhalb der akademischen Berufe, wenn auch am unteren Ende der Skala, erreicht haben.

3.2.5 Kollektive Organisationen

Aus der damit erreichten Position der Lehrerschaft könnte die Geschichte der kollektiven Organisationen der Lehrer in Deutschland noch deutlicher als eine Erfolgsgeschichte geschrieben werden. Für Diesterweg – Symbolfigur der sich selbst orga-

nisierenden liberalen Lehrerschaft des deutschen Vormärz – waren die ideellen, auf Wissensbildung zielenden, und materiellen, auf die soziale und finanzielle Lage zielenden Motive der Hintergrund und zugleich die Rechtfertigung für die Bildung von Lehrervereinen. In der Tat reagieren die Lehrer in ihren verschiedenen kollektiven Organisationen – über Kurse und Feste bis hin zu Vereinen – nicht nur auf ihre anfänglich schlechte materielle Lage, auf die ungeklärten Aspekte ihres sozialen Status sowie auf die Definitionsprobleme, die sich für sie vorzugsweise auf dem Lande gegenüber der Klientel und den örtlichen Honoratioren ergeben haben; in den Vereinsbildungen der Lehrer und dann besonders deutlich in der rasch aufblühenden und sich ausbreitenden Presse der Lehrerschaft wird auch sichtbar, daß das Seminar vielleicht eine erste Einstimmung und Vorbereitung auf den Beruf bieten, daß es aber nicht alle Berufsprobleme antizipieren oder gar gegen alle Überraschungen des Alltags wappnen konnte.
Zur Sicherung der „Berufsfreudigkeit" sowohl in ideeller wie in materieller Hinsicht bleiben die Lehrervereine für die Volksschullehrer auch in der Folgezeit von großer Bedeutung. Dabei konzentrieren sich die Vereinsbildungen auf die Lehrer jeweils des eigenen Schultypus, das heißt auf die Lehrer an niederen Schulen. Der Versuch eines Allgemeinen deutschen Lehrervereins, der Lehrer aller Schularten umfassen sollte, bleibt in den Revolutionsmonaten von 1848 Episode. „Allgemein" bleiben die Vereine der Volksschullehrer nur insofern, als sie als multifunktionale Verbände organisatorisch ungeschieden alle denkbaren Berufsprobleme bearbeiten. Aber auch der größte dieser Vereine bis 1933, der 1870/71 gegründete Deutsche Lehrerverein (vgl. BÖLLING 1978), ist noch insofern partikular, als es ihm nicht gelingt, im ausgehenden 19. Jahrhundert die Gründung des katholischen Lehrervereins zu verhindern (vgl. CLOER 1975). Bis in die Gegenwart hinein sind innerhalb der Lehrervereine an niederen Schulen die konfessionellen Grenzen bedeutsam geblieben. Nach dem Abbau der Konfessionsschulen spiegeln sich diese Differenzen innerhalb der Lehrerbewegung jetzt insofern wider, als die katholischen Lehrervereine denjenigen Dachverbänden angehören, die sich gegen die im Selbstverständnis gewerkschaftliche GEW organisiert haben, wie zum Beispiel im Verband Bildung und Erziehung.
Anders als in der Gegenwart, in der die Gewerkschaften nicht mehr das private Leben ihrer Lehrermitglieder bestimmen können, läßt sich die Bedeutung der Lehrervereine für das 19. Jahrhundert – hier parallel der weit verbreiteten bürgerlichen Form der Selbstvergesellschaftung in Vereinen – kaum überschätzen. Auf örtlicher Ebene sind sie die bedeutsamste Sozialisationsinstanz (vgl. HEINEMANN 1977), auf überregionaler Ebene arbeiten sie in vielfältiger Weise für den eigenen Stand. Zunächst sorgen sie erfolgreich für die materielle Besserstellung der Lehrer; auch wenn ihr Einfluß häufig zu Lasten der bedeutsameren gesellschaftlichen Rahmenbedingungen überschätzt wird. Ferner sorgen die Vereine dafür, daß durch die Propagierung von Volksbildungskonzepten und didaktischen Modellen auch die Arbeitsplatzverhältnisse der Lehrer verbessert werden; schließlich nehmen die Lehrervereine – gegen die zögerlichen oder abwehrenden öffentlichen Einrichtungen wie die Seminare und Universitäten – sowohl die berufsspezifische Fortbildung wie die berufsbezogene Forschung vor 1914 in eigene Regie. Die ersten Forschungsstätten für experimentelle Pädagogik werden nach 1900 jedenfalls von den Lehrervereinen in Leipzig und München eingerichtet und finanziert. Die dafür erforderlichen Ausgaben werden nicht zuletzt deswegen aufgebracht, weil Begabungsdiagnostik, die Objektivierung von Lehrerurteilen und die Rechtfertigung der Schulstruktur angesichts wacher öffentlicher Diskussion über die Gerechtigkeit des

sozialen Aufstiegs solche Hilfe der Wissenschaft für den beruflichen Alltag der Lehrer notwendig gemacht hatte.
Mit dem Beginn der Weimarer Republik, in der anfangs noch mit wenig Massenerfolg die Frage einer gewerkschaftlichen Organisation der Lehrer diskutiert und zu Gunsten des Beamtenstatus abgelehnt wird (vgl. STÖHR 1978), verlieren die Lehrervereine mit der Institutionalisierung der Erziehungswissenschaft an den Universitäten die Funktion eigenständiger Wissenschaftsproduzenten weitgehend, und sie können sie auch bis in die Gegenwart nicht mehr zurückgewinnen. Auch im Bereich der Lehrerfortbildung verlieren die Vereine – relativ zu staatlichen Maßnahmen (vgl. SACHER 1974), zur Verwissenschaftlichung der Erstausbildung und Verbreitung des Buch- und Medienmarktes – an Bedeutung. Damit erhalten sie dominierender als in der Frühzeit die Funktion, die einstmals nur für die Dachorganisationen der Lehrerschaft typisch war, nämlich die Vertretung von bildungs- und professionspolitischen Grundsatzforderungen in Besoldungskämpfen sowie in Auseinandersetzungen über die Organisation des Bildungssystems.
Parallel zu den dabei dominierenden großen gesellschafts- und bildungspolitischen Orientierungsmustern sind deshalb auch die Lehrervereine seit den 20er Jahren unterscheidbar geworden. Idealtypisch läßt sich für die Philologen dabei eine konservative, elitäre und traditionalistische, an Privilegiensicherung und Stabilisierung interessierte Position unterstellen, die sich auch in der Nähe zu Beamtenorganisationen niederschlägt. Von solchen politischen Positionen sind Lehrergruppen zu unterscheiden, die sich an der Erweiterung der Bildungschancen und an der Modernisierung von Lehrplänen und -inhalten, an der Verbesserung der Volksbildung und berufspolitisch an der Egalisierung des beruflichen Status aller Lehrer orientieren und gegenwärtig vor allem innerhalb der dem Deutschen Gewerkschaftsbund angehörenden GEW organisiert sind. Freilich ist weder der Gewerkschaftsstatus der GEW unstrittig (vgl. BÖLLING 1983, S. 158 ff.; vgl. TENORTH 1977) noch die Legitimität der Forderungen der einzelnen Verbände so einfach bewertbar, wie es in den ersten ideologiekritischen Analysen über den Sozialkonservativismus der Philologen angenommen wurde (vgl. SCHEFER 1969, SPRONDEL 1968).

4 Folgeprobleme der Professionalisierung von Bildungsprozessen

Unstrittig ist zunächst, daß die Kriterien für eine Diskussion der Folgeprobleme von Professionalisierung selbst strittig sind. Ideologiekritik reicht allein weder aus, die gesellschaftliche Funktion der Lehrer zu analysieren, noch die Möglichkeiten schulisch veranstalteter Erziehung zu erörtern. Die eingangs festgestellten Theoriedesiderata machen sich auch in der Kritik als Belastung bemerkbar. Aus der Binnenperspektive des Berufs, aus der Perspektive der Schulorganisation sowie aus gesellschaftlichen Erwartungen stellen sich jeweils differente Probleme. Für die Berufsangehörigen selbst ist der historische Befund der eminenten Verbesserung von Ausbildung, Berufssituation und sozialem Status angesichts aktueller Probleme wenig tröstlich. Die fehlende berufspolitische Einheit, die im Vergleich zu anderen akademischen Berufen als gering erachtete soziale Anerkennung und berufliche Autonomie und auch die politischen Kontroversen über die Berufsaufgabe – die eben nicht im professionellen Kontext definiert wird – belasten die Realitätswahrnehmung der Berufsinhaber. Demgegenüber sind ältere Probleme – wie die sogenannte Feminisierung des Lehrerberufs – deutlich in den Hintergrund getreten; besonders angesichts der unübersehbaren Beschäftigungsprobleme ist die Dissenszone zwischen Berufsinhabern und -anwärtern mehr in den Vordergrund getreten.

Sebastian F. Müller/Heinz-Elmar Tenorth

Die Konzentration auf Fragen pädagogischen Handelns mag angesichts dieser strukturellen Schwierigkeiten fast den Geruch des Rückzugs auf innere Reformen haben; aber der Zusammenhang von Handlungsproblemen und Strukturfragen ist ja nicht dispensiert, wenn die pädagogischen Möglichkeiten des Berufs in das Zentrum der Analyse rücken. Gerade die theoretisch zunehmend wichtiger werdende These von der Deprofessionalisierung der Lehrer (vgl. HAUG 1973, OEVERMANN 1983) bindet ja beide Dimensionen: Einerseits hält diese These – organisationsspezifisch – die Folgen der Verrechtlichung und Institutionalisierung pädagogischen Handelns fest, seine Überformung durch gesetzes- und verwaltungsförmige Kriterien; andererseits nimmt die These die Erfahrung auf, daß die Schule auch deswegen immer weniger als „Bildungsanstalt" (vgl. GROOTHOFF 1972, S. 80) erlebt wird, weil die Lehrer selbst ihre Aufgabe umdefinieren, sich auf Fachlichkeit zurückziehen und ihre Berufsaufgabe entleeren. Die „Philologisierung der Lehrerausbildung" (BECKMANN 1980, S. 551) besteht ja auch darin, daß der Prozeß der Professionalisierung zwar den sozialen Status aller Lehrer verbessert, aber kaum die Realität von Unterricht verändert hat. Parallel zur Kritik der expansiven, vermeintlich verwissenschaftlichten Bildungspoltik ergibt sich konsequent die Kritik der Professionalisierung als falscher Szientifizierungsprozeß am deutlichsten im Bereich der Grundschule (vgl. GASSEN 1980).

In diesen pädagogisch-erziehungswissenschaftlichen Diskussionen ist freilich häufig nicht mehr zu erkennen, wieweit solche Kritik noch pädagogische Probleme analysiert oder nur Topoi der breiteren Kritik von Expertenkultur und Professionsherrschaft repetiert und dann auch am Exempel des Lehrers (vgl. GIESECKE 1973) die allgemeine These von der strukturellen Divergenz von Professionserwartungen und Klienteninteressen wiederholt. Indizien für diese Annahme sind ja unverkennbar, aber doch auch nicht auf Professionspolitik allein reduzierbar, wenn man zum Beispiel schulinterne Differenzierungen – wie die Entstehung und Stabilisierung von Sonderschulen – oder bildungspolitische Konflikte – wie die um Gymnasium und Gesamtschule – als Ausdruck professioneller Sicherungsstrategien deutet. In den Kontext der Deprofessionalisierungsthese gehört dagegen schon, daß die Berufswissenschaft der Lehrer sich als Reformrhetorik interpretieren und in ihrem theoretisch defizitären Status analysieren läßt (vgl. LUHMANN/SCHORR 1979). Schließlich – in die Kritik der Profession geht auch eine grundsätzliche gesellschaftstheoretische und philosophische Kritik an der Pädagogisierung sozialer Probleme ein (vgl. BRUMLIK 1980, MÜNCHMEIER 1981). Diese Diskussion findet aber den Bezug zu Handlungsproblemen und -veränderungen der aktuellen Praxis schon deswegen nicht mehr leicht, weil sich in ihr ein grundlegender Dissens über fundamentale Organisationsprinzipien der Gesellschaft bereichsspezifisch artikuliert (vgl. HABERMAS/LUHMANN 1971).

Für die Theoriearbeit ist solche Dimensionierung des Problems sicherlich angemessen, für die aktuellen Handlungsprobleme der Profession wie für die Konstruktion von Ausbildungs- und Praxiswissen liegt solche Analyse denkbar fern. Pädagogische Situationen und Prozesse lassen sich sicherlich nicht ohne Rücksicht auf Strukturfragen und Organisationsformen verändern, aber zu den sozialhistorischen Erfahrungen zählt auch, daß beide Kontexte nicht zur gleichen Zeit ohne unerwünschte und unkontrollierbare Nebenwirkungen veränderbar sind. Die Berufsprobleme der Lehrer stellen sich zunächst innerhalb des gegebenen Bildungssystems und in der Lehrerbildung. In der erziehungswissenschaftlichen Theorie findet sich schließlich die kategoriale Differenzierung von politischem und pädagogischem Handeln (vgl. MOLLENHAUER 1972). Auf diesem Hintergrund könnte man also gut für einen Primat pädagogischer Orientierung plädieren, ohne doch dafür im Lehrerberuf Konsens erwarten zu dürfen; denn die historische Problematik des Lehrerberufs besteht ja gerade darin, daß er auch im pädagogischen Handeln nie allein Subjekt, sondern zumeist Objekt seiner Geschichte war (vgl. MEYER 1976, 1977). Das Tätigkeitsfeld der Lehrer war nie primär nach pädagogisch-reformorientierten Standards gestaltet, sondern diente immer mehr als nur pädagogischen Zwecken und blieb entsprechend immer politisiert. Die schulische Erziehung war wohl immer zu wichtig, um sie nur den Lehrern zu überlassen; aber auf diese systematische Begrenzung professioneller Autonomie läßt sich professionelle Identität nicht gründen, und die Berufssituation bleibt belastet.

ADL-AMINI, B./OELKERS, J. (Hg.): Pädagogische Theorie und erzieherische Praxis, Bern/Stuttgart 1979. BAUMGART, P. (Hg.): Bildungspolitik in Preußen zur Zeit des Kaiserreichs, Stuttgart 1980. BECK, U./BRATER, M.: Berufliche Arbeitsteilung und soziale Ungleichheit, Frankfurt/New York 1978. BECK, U. u.a.: Soziologie der Arbeit und der Berufe, Reinbek 1980. BECKMANN, H.-K.: Lehrerseminar – Akademie – Hochschule. Das Verhältnis von Theorie und Praxis in drei Epochen der Volksschullehrerausbildung, Weinheim/Berlin 1968. BECKMANN, H.-K. (Hg.): Lehrerausbildung auf dem Weg zur Integration, Weinheim 1971. BECKMANN, H.-K.: Modelle der Lehrerbildung in der Bundesrepublik Deutschland. In: Z. f. P. 26 (1980), S. 535 ff. BLESSING, W. K.: Allgemeine Volksbildung und politische Indoktrination im bayerischen Vormärz. In: Z. f. bayer. Ldgesch. 37 (1974), S. 479 ff. BÖLLING, R.: Volksschullehrer und Politik. Der Deutsche Lehrerverein 1918–1933, Göttingen 1978. BÖLLING, R.: Sozialgeschichte der deutschen Lehrer, Göttingen 1983. BREYVOGEL, W.: Die soziale Lage und das politische Bewußtsein der Volksschullehrer 1927–1933, Königstein 1979. BREZINKA, W. (Hg.): Weltweite Erziehung. Festschrift für Friedrich Schneider, Freiburg 1961. BRUMLIK, M.: Fremdheit und Konflikt. Progammatische Überlegungen an einer Kritik der verstehenden Vernunft in der Sozialpädagogik. In: Kriminol. J. 12 (1980), S. 310 ff. CLOER, E.: Sozialgeschichte, Schulpolitik und Lehrerfortbildung der katholischen Lehrerverbände im Kaiserreich und in der Weimarer Republik, Ratingen/Kastellaun/Düsseldorf 1975. DERBOLAV, J.: Pädagogik – die Berufswissenschaft des Lehrers. In: BREZINKA, W. (Hg.): Weltweite Erziehung. Festschrift für Friedrich Schneider, Freiburg 1961, S. 63 ff. DEUTSCHE GESELLSCHAFT FÜR ERZIEHUNGSWISSENSCHAFT: Stellungnahme zum ,, Erziehungswissenschaftlichen Studium im Rahmen der Lehrerausbildung" und zur ,, Diskussion und Beratung einer Neuordnung des Diplomstudiengangs Erziehungswissenschaft", Mimeo, Berlin/Tübingen 1982. FISCHER, K.: Geschichte des Deutschen Volksschullehrerstandes, 2 Bde., Hannover 1892. FISCHER, W.: Der Volksschullehrer. Zur Sozialgeschichte eines Berufsstandes. In: Soz. Welt 12 (1961), S. 37 ff. FISCHER, W./LUNDGREEN, P.: The Recruitment and Training of Administrative and Technical Personell. In: TILLY, Ch. (Hg.): The Formation of National States in Western Europe, Princeton (N.J.) 1975, S. 456 ff. GARZ, D./KRAIMER, K. (Hg.): Brauchen wir andere Forschungsmethoden, Frankfurt/M. 1983. GASSEN, H.: Die Berufsproblematik des Grundschullehrers – eine uneingelöste Aufgabe der Erziehungswissenschaft, Frankfurt/M. 1980. GESETZESSAMMLUNG FÜR DIE KÖNIGLICH PREUSSISCHEN STAATEN, Berlin 1810 ff. GIESECKE, H.: Bildungsreform und Emanzipation, München 1973. GLÖCKEL, H.: Volkstümliche Bildung? Weinheim 1964. GROOTHOFF, H.-H.: Funktion und Rolle des Erziehers, München 1972. HABERMAS, J./LUHMANN, N.: Theorie der Gesellschaft oder Sozialtechnologie – Was leistet die Systemforschung? Frankfurt/M. 1971. HALLER, H.-D. u.a.: Lehrjahre der Bildungsreform. Jahrbuch für Erziehungswissenschaft 1976, Stuttgart 1976. HALMOS, P. (Hg.): Professionalization and Social Change, Keele 1973. HAMBURGER, F.: Lehrer zwischen Kaiser und Führer, Diss., Heidelberg 1974. HARTMANN, H.: Arbeit, Beruf, Profession. In: LUCKMANN, TH./SPRONDEL, W. M. (Hg.): Berufssoziologie, Köln 1972, S. 36 ff. HAUG, M. R.: Deprofessionalization: an Alternative for the Future. In: HALMOS, P. (Hg.): Professionalization and Social Change, Keele 1973, S. 195 ff. HEINEMANN, M. (Hg.): Der Lehrer und seine Organisation, Stuttgart 1977. HEINEMANN, M.: ,, Bildung" in Staatshand. Zur Zielsetzung und Legitimationsproblematik der ,, niederen" Schulen in Preußen, unter besonderer Berücksichtigung des Unterrichtsgesetzentwurfs des Ministerium Falk (1877) In: BAUMGART,

P. (Hg.): Bildungspoltik in Preußen zur Zeit des Kaiserreichs, Stuttgart 1980, S. 150 ff. HERR-MANN, U. (Hg.): Historische Pädagogik. Z. f. P., 14. Beiheft, Weinheim 1977. JEISMANN, K.-E.: Das preußische Gymnasium in Staat und Gesellschaft, Stuttgart 1974. KERSCHENSTEINER, G.: Die Seele des Erziehers und das Problem der Lehrerbildung (1927), München/Stuttgart ^{9}1965. KITTEL, H.: Die Entwicklung der Pädagogischen Hochschulen 1926-1932, Berlin 1957. KÜBLER, H.: Besoldung und Lebenshaltung der unmittelbaren preußischen Staatsbeamten im 19. Jahrhundert, Nürnberg 1976. KUHLMANN, C.: Schulreform und Gesellschaft in der Bundesrepublik Deutschland 1946-1966, Stuttgart 1970. LAVOPA, A.J.: Prussian School Teachers. Profession and Office, 1763-1848, Chapel Hill (N.C.) 1980. LEMBERG, E.: Von der Erziehungswissenschaft zur Bildungsforschung. In: LEMBERG, E. (Hg.): Das Bildungswesen als Gegenstand der Forschung, Heidelberg 1963, S. 21 ff. LUCKMANN, TH./SPRONDEL, W. M. (Hg.) Berufssoziologie, Köln 1972. LUHMANN, N./SCHORR, K.-E.: Ausbildung für Professionen – Überlegungen zum Curriculum für Lehrerausbildung. In: HALLER, H.-D. u.a.: Lehrjahre der Bildungsreform. Jahrbuch für Erziehungswissenschaft 1976, Stuttgart 1976, S. 247 ff. LUHMANN, N./SCHORR, K.E.: Reflexionsprobleme im Erziehungssystem, Stuttgart 1979. MÄCHLER, A.: Aspekte der Volksschulpolitik in Preußen im 19. Jahrhundert. In: BAUMGART, P. (Hg.): Bildungspolitik in Preußen zur Zeit des Kaiserreichs, Stuttgart 1980, S. 224 ff. MEYER, F.: Schule der Untertanen. Lehrer und Politik in Preußen 1848-1900, Hamburg 1976. MEYER, F.: Geschichte des Lehrers und der Lehrerorganisationen. In: HERRMANN, U. (Hg.): Historische Pädagogik. Z. f. P., 14. Beiheft, Stuttgart 1977, S. 273 ff. MOK, A.L.: Alte und neue Professionen. In: Köln. Z. f. Soziol. u. Sozpsych. 21 (1969), S. 770 ff. MOLLENHAUER, K.: Theorien zum Erziehungsprozeß, München 1972. MÜLLER, S.F.: Mittelständische Schulpolitik. In: HERRMANN, U. (Hg.): Historische Pädagogik. Z. f. P., 14. Beiheft, Stuttgart 1977, S. 79 ff (1977a). MÜLLER, S.F.: Die Verbandsinteressen der Lehrer an den höheren Schulen am Ende des 19. Jahrhunderts. In: HEINEMANN, M. (Hg.): Der Lehrer und seine Organisation, Stuttgart 1977, S. 235 ff. (1977b). MÜLLER, S.F.: Die Höhere Schule Preußens in der Weimarer Republik, Weinheim/Basel 1977 (1977c). MÜLLER, S.F.: Von der Versammlung der Schulmänner zum Oberlehrerverband, Habil.-Schrift, Hildesheim 1983. MÜLLER, S.F.: Lehrer in der Sekundarstufe I. In: Enzyklopädie Erziehungswissenschaft, Bd. 8, Stuttgart 1983, S. 288 ff. MÜLLER, S.F./TENORTH, H.-E.: Erkenntnisfortschritt und Wissenschaftspraxis in der Erziehungswissenschaft. In: Z. f. P. 25 (1979), S. 853 ff. MÜNCHMEIER, R.: Zugänge zur Geschichte der Sozialarbeit, München 1981. NEVERMANN, K.: Der Schulleiter. Juristische und historische Aspekte zum Verhältnis von Bürokratie und Pädagogik, Stuttgart 1982. OEVERMANN, U.: Hermeneutische Sinnrekonstruktion als Therapie und Pädagogik mißverstanden oder: das notorische strukturtheoretische Strukturdefizit pädagogischer Wissenschaft. In: GARZ, D./KRAIMER, K. (Hg.): Brauchen wir andere Forschungsmethoden, Frankfurt/M. 1983, S. 113 ff. OPPERMANN, TH.: Kulturverwaltungsrecht, Tübingen 1969. REBLE, A.: Lehrerbildung in Deutschland, Ratingen 1958. ROTH, H.: Die realistische Wendung in der Pädagogischen Forschung. In: D. Dt. S. 55 (1963), S. 109 ff. SACHER, W.: Die zweite Phase in der Lehrerbildung. Ihre Entwicklung seit 1800, aufgezeigt am Beispiel Bayerns, Bad Heilbrunn 1974. SCHEFER, G.: Das Gesellschaftsbild des Gymnasiallehrers, Frankfurt/M. 1969. SCHOLTZ, H./STRANZ, E.: Nationalsozialistische Einflußnahmen auf die Lehrerbildung. In: HEINEMANN, M. (Hg.): Erziehung und Schulung im Nationalsozialismus, Bd. 2, Stuttgart 1980, S. 110 ff. SEEMANN, H.R.: Die Schulpraxis in der Lehrerbildung, Weinheim 1964. SEYFARTH, C.: Gesellschaftliche Rationalisierung und die Entwicklung der Intellektuellenschichten. In: SPRONDEL, W.M./SEYFARTH, C. (Hg.): Max Weber und die Rationalisierung sozialen Handelns, Stuttgart 1981, S. 189 ff. SPRANGER, E.: Gedanken über Lehrerbildung (1920). In: Gesammelte Schriften, hg. v. G. Bräuer/A. Flitner Bd. 3, Heidelberg 1970, S. 27 ff. SPRONDEL, W.M.: Elemente des Zuweisungsprozesses sozialer Positionen, Diss., München 1968. SPRONDEL, W.M./SEYFARTH, C. (Hg.): Max Weber und die Rationalisierung sozialen Handelns, Stuttgart 1981. STÖHR, W.: Lehrer und Arbeiterbewegung, 2 Bde., Marburg 1978. TENORTH, H.-E.: Statuspolitik und Professionalisierungspolitik. In: HEINEMANN, M. (Hg.): Der Lehrer und seine Organisation, Stuttgart 1977, S. 409 ff. TENORTH, H.-E.: Lehrer in Preußen. Zur Geschichte professioneller Lehrtätigkeit, Mimeo, Frankfurt/M. 1984. THIELE, G.: Die Organisation des Volksschul- und Seminarwesens in Preußen 1809-1819, Leipzig 1912. THIELE, G.: Geschichte der Preußischen Lehrerseminare, Berlin

1938. TILLY, CH. (Hg.): The Formation of National States in Western Europe, Princeton (N.J.) 1975. TITZE, H.: Die Politisierung der Erziehung. Untersuchungen über die soziale und politische Funktion der Erziehung von der Aufklärung bis zum Hochkapitalismus, Frankfurt/M. 1973. TITZE, H.: Die soziale und geistige Umbildung des preußischen Oberlehrerstandes. In: HERRMANN, U. (Hg.): Historische Pädagogik. Z. f. P., 14. Beiheft, Stuttgart 1977, S. 107 ff. WEBER, R.: Die Neuordnung der Volksschullehrerausbildung im Preußen der Weimarer Republik, Diss., Berlin 1982. WÖHE, K.: Die Geschichte der Leitung des preussischen Volksschulwesens von ihren Anfängen bis zur Gegenwart, Osterwieck o.J. (1933).

Knut Nevermann

Ausdifferenzierung der Schulverfassung am Beispiel Preußens

1 Vorbemerkung
2 Entwicklung der Schulverfassung in Preußen
2.1 Staat und Kommune
2.2 Staat und Kirche
2.3 Innerschulische Willensbildung
3 Entwicklung der Schulverfassung seit der Weimarer Zeit

Zusammenfassung: Vor dem Hintergrund der verfassungshistorischen Entwicklung seit Beginn des 19. Jahrhunderts wird die Geschichte der Schulverfassung in Preußen skizziert. Betont wird das Prinzip der Staatlichkeit der Schule, das andere Bildungsmächte von der Gestaltung des Schulwesens mehr oder weniger ausschließt: So sind die Kommunen auf die Verwaltung der äußeren Angelegenheiten beschränkt. Die Kirchen bleiben zwar mit der lokalen Schulaufsicht betraut, üben diese aber im Auftrage des Staates aus. Erst 1919 wird die Institution der Lokalschulaufsicht abgeschafft, so daß das Schulwesen nur noch von Bezirksschulräten angeleitet und kontrolliert wird; die Konfessionalität des Volksschulbereichs bleibt aber noch bis in die 30er Jahre in Preußen erhalten. Die innerschulische Willensbildung wird nach 1918 deutlich kollegialisiert und nach 1933 erneut einem autoritären Modell unterworfen.

Summary: The history of school regulations in Prussia is sketched against the background of the constitutional development from the beginning of the 19th century onwards. Emphasis is placed on the principle of schools as state-run institutions, which more or less excluded other educational forces from shaping the school system. The communes, for example, were restricted in their influence to the administration of external matters. The churches were allowed to maintain local supervision of schools, but this task was carried out on behalf of the state. Not until 1919 were the local school supervision institutions abolished, leaving regional school councils to cope with the administration and inspection of the school system. The religious segregation of schools in the sector of compulsory primary and secondary education ("Volksschule") was, however, retained in Prussia until well into the 1930s. After 1918 the formation of independent opinion within the staffs of individual schools was plainly on the increase until it was subjected to a more authoritarian model after 1933.

Résumé: On esquisse l'histoire de la Constitution scolaire en Prusse, avec comme arrière-plan l'évolution constitutionnelle, dans l'Histoire, depuis le début du XIXe siècle. On met l'accent sur le principe de l'étatisation de l'école, principe qui exclut plus ou moins d'autres organismes culturels de l'élaboration de l'instruction publique: ainsi, les communes se limitent à la gestion des affaires extérieures. Les Eglises s'occupent certes du contrôle scolaire au niveau local, mais c'est l'Etat qui les charge d'exercer cette fonction. C'est en 1919 seulement que l'institution du contrôle local est supprimée, de sorte que l'instruction publique n'est plus dirigée et contrôlée que par des inspecteurs primaires d'arrondissement; le côté confessionnel de l'école primaire demeure néanmoins en Prusse jusque dans les années trente. Les décisions tenant à des affaires intérieures à l'école sont prises, après 1918, par l'ensemble du corps enseignant. Ces décisions sont soumises de nouveau, en 1933, à un modèle autoritaire.

1 Vorbemerkung

Der Begriff „Schulverfassung", der sich (auch in Gesetzestexten) eingebürgert hat, ist gut geeignet, auf den komplexen politisch-administrativen Zusammenhang zu verweisen, in den Schule und Unterricht gestellt sind. In einer Schulverfassung wird nicht nur die Organisation und Funktionsweise der schulinternen Willensbildung (Leitung, Konferenzen, Mitwirkung der Beteiligten) festgelegt, sondern auch das Verhältnis der Schule zu ihrer Umwelt: zur (staatlichen) Schulaufsicht, zum (kommunalen) Schulträger, zu den Akteuren der lokalen politischen Kultur (Parteien, Verbände, außerschulische Bildungseinrichtungen, ...) und historisch insbesondere zu den Kirchen. Entwicklung und Gestalt der Schulverfassung können deshalb nur untersucht werden, wenn sie als Teil der politischen Verfassung einer Gesellschaft begriffen und vor dem Hintergrund der verfassungsgeschichtlichen Entwicklung interpretiert werden. Es sind nicht nur die selben historischen Einschnitte, sondern auch die gleichen Leitideen, die die Geschichte der Schulverfassung mit der Geschichte der politischen Verfassung – beispielsweise in Preußen – verbinden: So spielt die Frage der Schulverfassung in den preußischen Reformen nach 1808 und in Vormärz und Restauration ebenso eine für die jeweilige Epoche typische Rolle wie im Kulturkampf, in der Weimarer Reichsverfassung, im NS-Regime und in der Nachkriegszeit.

2 Entwicklung der Schulverfassung in Preußen

„Wer die Schule hat, hat die Zukunft", sagte 1850 der preußische Geheimrat Stiehl und fügte hinzu: „der preußische Staat aber wird seine Schule behalten" (ANSCHÜTZ 1912, S. 415). Dieser Satz wandte sich damals gegen Forderungen der Kirchen, die gerade eine gewisse Selbständigkeit im Staat erlangt hatten und nun die (Volks-)Schulen mit in diese Selbständigkeit nehmen wollten. Die Themen waren: Bekenntnisschule, geistliche Schulaufsicht, konfessionelle Lehrerbildung (vgl. 2.2). Gleichzeitig sollte damit aber auch den Ansprüchen der Gemeinden begegnet werden, die – vor allem in den großen Städten – auch an der Aufsicht über die eigentlichen Aufgaben der Schule, also Unterricht und Erziehung, in stärkerem Maße beteiligt werden wollten (vgl. 2.1). Schließlich waren diese Worte Stiehls auch gegen Lehrer gerichtet, die damals mehr Selbständigkeit für den Lehrberuf und eine entsprechende Ausgestaltung der Schulverfassung forderten (vgl. 2.3).

Was die Forschungslage angeht, so überrascht, daß eine Geschichte der Schulverfassung bisher nur selten versucht wurde (vgl. NEVERMANN 1982; zu Geschichte bis zum Beginn des 19. Jahrhunderts vgl. WÖHE 1933). Zwar finden sich in den materialreichen sozialhistorischen Arbeiten zur Schulgeschichte (grundlegend: vgl. LESCHINSKY/ROEDER 1976, LUNDGREEN 1980; Überblick: vgl. HERRLITZ u.a. 1981) Hinweise zur Geschichte der Schulverwaltung, aber doch keine wirkliche Darstellung. Andere Arbeiten konzentrieren sich auf begrenzte Zeitabschnitte (vgl. BERG

1973, FOOKEN 1967, HEINEMANN 1974) und/oder auf einzelne Schulformen (vgl. JEISMANN 1974, MÜLLER 1977, ROMBERG 1979), so daß ein Rückgriff auf die ältere schulhistorische und rechtshistorische Literatur unumgänglich ist (vgl. insbesondere FISCHER 1898, PAULSEN 1921; vgl. außerdem HUBER 1967, LANDÉ 1933, v. RÖNNE 1854).

2.1 Staat und Kommune

Im schulverfassungsrechtlichen Verhältnis von Staat und Kommune wurden im Prozeß der preußischen Reformen nach 1808 vor allem drei Entwicklungen vorangetrieben und zeigten strukturierende Wirkung: die Trennung von den äußeren und inneren Schulangelegenheiten, die Trennung von Stadtschule und Landschule und in den Städten die Trennung der Aufsicht über die Elementarschule und die höhere Schule.

Im Vergleich zu den Reformen der oberen Ebene der staatlichen Verwaltung allgemein und im Hinblick auf die Schule (Ministerium der geistlichen, Unterrichts- und Medicinal-Angelegenheiten von 1817; Provinzial-Schulkollegien seit 1815 und 1825; Abteilungen für die Kirchenverwaltung und das Schulwesen in den Bezirksregierungen seit 1825) war die Reform des Verhältnisses von Staat und Gemeinde weniger erfolgreich. Für das 18. Jahrhundert ist es noch wenig sinnvoll, zwischen staatlicher, kirchlicher und kommunaler Verwaltung zu unterscheiden. Zwar war der – relativ bescheidene – Ausbau zum Beispiel des Schulwesens vor allem dem Engagement der „Hausväter jedes Ortes" (§ 29 II, 12 Allgemeines Landrecht für die Preußischen Staaten von 1794 – ALR) zu verdanken; und insbesondere die größeren Stadtgemeinden hatten sich für die Entwicklung ihres Schulwesens (vor allem ihres höheren Schulwesens und später des Realschulwesens) mit großem Nachdruck eingesetzt. Aber als Einrichtungen der politischen Selbstverwaltung mit eigenen Rechten und Handlungsspielräumen waren die Gemeinden im 18. Jahrhundert praktisch nicht existent. Die Kommunen waren fast vollständig in die staatliche Verwaltung integriert und „nichts anderes als lokale staatliche Verwaltungsbehörden" (ROMBERG 1979, S. 386). Erst durch die Einrichtung der Stadtverordnetenversammlung und des (von ihr gewählten) Magistrats wurden Institutionen geschaffen, an deren Organisations- und Funktionsweise Verfassungsfragen grundsätzlicher Art (wie Wahlrecht, Gewaltenteilung, Gesetzesbindung) in einem nach wie vor nicht konstitutionellen Königreich anschaulich studiert werden konnten (vgl. KOSELLECK 1967, S. 566f.). Für die Schulverwaltung führte die Städteordnung von 1808 zu einer neuen Institution (der Schuldeputation) und vor allem zu dem Versuch, die Zuständigkeiten der Städte und des Staates voneinander abzugrenzen – und zwar anhand der Kriterien, mit denen im Prinzip bis zum heutigen Tage die kommunale und staatliche Schulverwaltung getrennt wird, nämlich anhand der (aus dem Kirchenrecht bekannten) Unterscheidung von „inneren" und „äußeren" Angelegenheiten (vgl. § 179 Städteordnung). Diese Abgrenzung von äußeren und inneren Angelegenheiten wurde später auf die berühmte Formel gebracht: „Der Träger der äußeren Schulverwaltung – [...] also die Gemeinde – baut, wörtlich und bildlich, der Schule das Haus, Herr im Hause aber ist der Staat" (ANSCHÜTZ 1912, S. 412). Daß auch relativ klare Prinzipien diverse Schwierigkeiten aufwerfen und immer wieder zu praktischen Modifikationen führen müssen, sei hier nur angemerkt (vgl. LANDÉ 1933, S. 148ff.; zur heutigen Rechtslage vgl. STAUPE 1980).

Obwohl die Reform der Landgemeinde- und Kreisverfassung „nicht minder wichtig als die Städtereform" war (HUBER 1967, S. 178), blieben die Reformbemühungen

Ausdifferenzierung der Schulverfassung am Beispiel Preußens

vergeblich. Zu Beginn der Reformzeit galt noch das Gemeinderecht des Allgemeinen Landrechts, in dem praktisch „das lokale Verwaltungssystem des Feudalismus aufrechterhalten war. Auf dem Lande hielt der Gutsherr, in den Kreisen hielt die feudale Schicht der Rittergutsbesitzer die Macht in den Händen. Auch der Landrat, obwohl Staatsbeamter, gehörte in der Regel zur Schicht der kreiseingesessenen Feudalherren" (HUBER 1967, S. 178). Sieht man von einer relativ bescheidenen Kreisreform, die für die Schulverwaltung unerheblich war, einmal ab, so kann man sagen, daß die Landgemeindereform völlig scheiterte (vgl. HUBER 1967, S. 181 ff.). Damit existierten auf dem Lande keine Behörden der Gemeindeselbstverwaltung, die – ähnlich dem Magistrat und den Stadtverordneten in den Städten – an der Verwaltung der Schule hätten beteiligt werden können (vgl. RADEMACHER 1978, S. 237 ff.). Durch eine Verfügung vom 28.10.1812 über Schulvorstände im Landschulwesen versuchten die preußischen Reformer, immerhin ein Minimum an örtlicher Schulverwaltung aufzubauen, ohne die feudale Grundstruktur aufbrechen zu können. Ständige Mitglieder eines Schulvorstandes waren hiernach der Patron – also der Gutsherr oder (soweit in den Städten vorhanden) ein Repräsentant des Magistrats – und der Prediger, zu denen zwei bis vier Familienväter für die Dauer von sechs Jahren hinzukamen. Vorsitzender des Schulvorstandes war der Gutsherr, im Verhinderungsfall der Prediger. „Der Prediger soll vornehmlich für das Innere des Schulwesens Sorge tragen, die übrigen Vorsteher für das Äußere" (Verfügung vom 28.10.1812, Einleitung). Der Schulvorstand empfängt seine Aufträge von dem Superintendenten oder Schulinspektor und ist selbst „die nächste Behörde der Schullehrer und der Schulgemeinde" (Verfügung vom 28.10.1812, Instruction). Schon bald verlangten die Lehrer, an den Schulvorständen beteiligt zu werden, wurden aber stets abgewiesen. In dieser Zeit ist es also kaum sinnvoll, nach der besonderen Organisation einer Schulverfassung zu fragen; die Schulen waren noch zu klein, meist einklassig und mit nur einem Lehrer versehen. Auf dem „platten Lande" blieb die Schule in erster Linie der intensiven Kontrolle durch den Ortsgeistlichen als Lokalschulinspektor und dem Superintendenten (oder dem Erzpriester) als Kreisschulinspektor in allen inneren Angelegenheiten und dem Schulvorstand (unter Leitung des Gutsherren) in allen äußeren Angelegenheiten unterworfen.

Obwohl nach dem Willen der preußischen Reformer die städtischen Schuldeputationen für alle Schulen zuständig sein sollten, verwalteten sie praktisch meist nur das Elementarschulwesen und später die Mittelschulen. „In den meisten Städten sind die Schuldeputationen zu den höheren Lehranstalten allmählich außer Beziehung getreten" (WIESE 1864, S. 9). Die höheren Schulen waren unmittelbar dem Provinzial-Schulkollegium in allen inneren Angelegenheiten unterstellt, und in § 12 der Instruktion für die Schuldeputation von 1811 war ausdrücklich formuliert worden, daß „in Beziehung auf die Rektoren der größeren Schulen" die Deputationen gehalten seien, ihnen „die freieste Wirksamkeit zu lassen". Das höhere Schulwesen hatte also weder etwas mit dem Lokalschulinspektor noch mit der Schuldeputation zu tun. Für die Organisation der äußeren Schulverwaltung ist grundsätzlich die Frage entscheidend, wem die Patronatsrechte – also die äußere Verwaltung und die Lehrerwahl – zustehen. Von den zum Beispiel in Preußen 1864 bestehenden 145 öffentlichen Gymnasien hatten 65 ein ausschließlich königliches Patronat, 26 ein ausschließlich städtisches, 44 ein gemischtes Patronat mit königlicher Beteiligung und 10 sonstige Patronate (vgl. NEVERMANN 1982, S. 45). Für die höheren Schulen mit königlichem Patronat bestanden in der Regel überhaupt keine Verwaltungsbehörden auf der lokalen Ebene, die sich zwischen Provinzial-Schulkollegium und Schule hätten schieben können; auch die Verwaltung der äußeren Schulangelegenheiten wurde von den Direktoren wahrgenommen. Die Patronatsrechte gegenüber den höheren Schulen städtischen Patronats wurden dagegen häufig unmittelbar vom Magistrat ausgeübt (also nicht von der Schuldeputation). Gelegentlich wurden auch spezielle Lokalbehörden eingerichtet (Kuratorium, Ephorat oder Scholarchat), die sich um das Gedeihen der Anstalt kümmerten. Soweit ein gemischtes Patronat vorlag, wurden in der Regel Kuratorien gebildet, die weitgehende Befugnisse hatten. Wichtig ist, daß die örtliche Geistlichkeit auch für solche höheren Schulen keine Zuständigkeiten hatte, die - wie in der Regel bis in die 70er Jahre des 19. Jahrhunderts - eine bestimmte Konfessionalität vertraten. Zur Aufsicht waren ausschließlich die Schulräte in den Provinzial-Schulkollegien zuständig, die auch über die konfessionelle (und dann christliche) Orientierung der erzieherischen Arbeit im Rahmen ihrer Visitationen wachten. Sowohl das Schulkollegium als auch das Ministerium kannten konfessionelle Zuständigkeiten (vgl. ROMBERG 1979, S. 41, S. 176). Demgegenüber besaßen die Aufgaben des Generalsuperintendenten eher einen beratenden Charakter (vgl. Abbildung 1).

2.2 Staat und Kirche

Für das Ende des 18. Jahrhunderts und für die preußische Reformzeit hat es - wie erwähnt - wenig Sinn, zwischen einer staatlichen und einer kirchlichen Verwaltung zu unterscheiden. Die „vom Konzept der Staatsräson bestimmte Identität von kirchlicher und staatlicher Funktion" (LESCHINSKY/ROEDER 1976, S. 50) läßt die „Frage, ob Schule in dieser Zeit Sache des Staates oder der Kirche war, fast müßig" (FOOKEN 1967, S. 48) erscheinen. „Die Alternative, die die Auseinandersetzung beherrscht, heißt nicht: staatliche oder kirchliche, sondern: aufklärungsgemäße oder nicht-aufklärungsgemäße Schulaufsicht" (FOOKEN 1967, S. 210). Daß die Forderung nach Abschaffung der geistlichen Schulaufsicht im Verlaufe des 19. Jahrhunderts historisch wirksam werden konnte, setzt eine Entwicklung voraus, die man - ganz allgemein - als einen Prozeß der Entstaatlichung beziehungsweise Verkirchlichung der Kirche und eine Entkirchlichung beziehungsweise Verstaatlichung des Staates bezeichnen könnte. Beide - Kirche und Staat - mußten sich erst aus der staatskirchlichen Symbiose innerhalb der absolutistischen Monarchien lösen und zu eigener juristischer, politischer und sozialer Identität finden - eine Entwicklung, die (vorangetrieben unter anderem durch die zunehmende Heterokonfessionalität der Staatsgebiete, aber auch durch politische Ereignisse wie die Verfassungskämpfe nach 1848 und den Bismarckschen Kulturkampf) erst nach 1918 einen gewissen Abschluß gefunden hat. Insofern handelt es sich hier nicht um einen einlinigen Prozeß der „Säkularisierung" von Staat und Gesellschaft (einschließlich Schule), sondern auch um einen Prozeß der tendenziellen Entpolitisierung, Theologisierung beziehungsweise Spiritualisierung der Kirchen und der Pädagogisierung beziehungsweise Scholarisierung der Schule.

Für das Schulwesen wird der Prozeß der Pädagogisierung (und Ausdifferenzierung der Schulverwaltung innerhalb der staatlichen Administration) zunächst durch die Herausbildung eines besonderen Lehrerstandes unterstützt sowie durch den Versuch einer politischen Instrumentalisierung der geistlichen Schulaufsicht in der Zeit um 1848 und 1872 (vgl. NEVERMANN 1982, S. 56 ff.).

Für viele Volksschullehrer war das sozial und pädagogisch ohnehin konfliktreiche Verhältnis zum geistlichen Lokalschulinspektor noch dadurch bedrückender geworden, daß die Institution der geistlichen Schulaufsicht im Vormärz weitgehend in das System der politischen Kontrolle integriert worden war: Das „Metternich'sche

Abbildung 1: Aufbau der Schulverwaltung um 1830 in Preußen

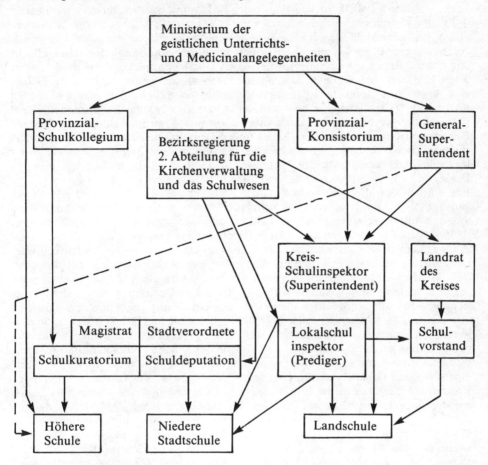

(Quelle: NEVERMANN 1982, S. 26)

System" und „sein Ministerium Eichhorn" habe – wie Wander 1848 schrieb – „jetzt auch auf eine Ausmerzung im Lehrerstande hingearbeitet [...] Das Pfaffentum hat es mit der Knechtung des Geistes zu tun und das ganze Metternich'sche System, in dessen Händen das bisherige Schulwesen lag, war nichts als Pfaffentum" (WANDER 1979, S. 65). Die Forderung nach Abschaffung der geistlichen Schulaufsicht stand 1848 dann auch in allen Versammlungen oben an. Das Scheitern der Revolution aber machte alle Forderungen zu Makulatur. Nur in Art. 23, Abs. 1 der Verfassungsurkunde vom 31. Januar 1850 läßt sich eine gewisse Klarstellung erkennen: „Alle öffentlichen und Privat-Unterrichts- und Erziehungsanstalten stehen unter der Aufsicht vom Staat ernannter Behörden." Aber diese Regelung hatte praktisch wenig Bedeutung, weil die Lokalschulinspektion den Geistlichen übertragen blieb und diese im Zuge der Restauration in den 50er Jahren immer wieder zu intensiver (politischer und religiöser) Kontrolltätigkeit angehalten wurden.

Es dauerte immerhin fast zwanzig Jahre, bis die Frage der geistlichen Schulaufsicht erneut zu einem Politikum von nationaler Bedeutung wurde, und zwar zu Beginn des Kulturkampfes mit dem „Gesetz vom 11. März 1872 betreffend die Beaufsichtigung des Unterrichts- und Erziehungswesens" (vgl. hierzu BERG 1973, S. 16 ff.). Auch in dieser Phase ging es nicht primär um eine Neuordnung der Schulaufsicht aus pädagogischen oder schulreformerischen Überlegungen, sondern wiederum in erster Linie um eine politische Instrumentalisierung der Schulaufsichtsfrage. Es läßt sich sogar eine doppelte Instrumentalisierung feststellen: Auf schulpolitischer Ebene ging es vor allem um eine Instrumentalisierung der aufsichtsführenden Geistlichen zum Zwecke einer sozialen Integration und Kontrolle einiger preußischer Gebiete mit überwiegend katholischer und/oder polnischer Bevölkerung. Und auf staatspolitischer Ebene ging es um eine Instrumentalisierung der Schulaufsichtsfrage im Machtkampf mit der katholischen Kirche und dann auch mit den altkonservativen Protestanten (vgl. NEVERMANN 1982, S. 70 ff.).

Hinsichtlich des allgemeinen rechtlichen Verhältnisses von Staat und Kirche gegenüber der Schule wird man das Schulaufsichtsgesetz als lediglich deklaratorisch ansehen müssen. Wenn es im General-Landschul-Reglement vom 12. 8. 1763 heißt, daß ein „säumig und nachlässig" aufsichtsführender Prediger „entweder auf eine Zeitlang cum effectu suspendiert oder auch wohl gar [...] seines Amtes entsetzt werden" solle, so werden hier Pflichten, die „mit zu den wichtigsten und vornehmsten" des „Predigts-Amts" gehören, in genau der Weise formuliert, in der auch die anderen Pflichten von Staatsdienern festgelegt werden. Der Pfarrer war „eine öffentliche Person" und wurde auch damals als „Glied des allgemeinen Staats-Körpers" angesehen (LESCHINSKY/ROEDER 1976, S. 50). Seine eigene Tätigkeit war in landesherrlichen Erlassen geregelt und der Inhalt der Predigten einer strengen Überwachung unterworfen. Zudem hatte der Pfarrer hoheitliche Aufgaben, die nicht unmittelbar mit seinem Predigeramt zusammenhingen, insbesondere die Pflicht, nach einem vorgeschriebenen Turnus Erlasse und Verfügungen des Landesherrn von der Kanzel zu verlesen oder ihre öffentliche Bekanntmachung durch Küster oder Schulmeister zu veranlassen. Es waren zudem die landesherrlichen Behörden, denen oft die Ernennung oder zumindest Bestätigung auch der kirchlichen Staatsdiener oblag. Nach dem Allgemeinen Landrecht, durch das das „obrigkeitsstaatliche Staatskirchenrecht" des Absolutismus, „in dem die Suprematie des Staates über die Kirche sich stärker als je zuvor durchsetzte", geradezu „seine klassische Form" erhielt (HUBER 1967, S. 389), unterlag es keinem Zweifel, daß auch die Geistlichen mittelbare Staatsbeamte waren. Letztlich entscheidend ist, daß erst in dem Maße, in dem sich der Staat entkirchlichte, seine Verwaltungszweige ausdifferenzierte und kirchenverwaltungsunabhängige Behörden für die Schulverwaltung schuf, deutlicher wurde, daß die kirchlichen Instanzen die Aufgaben der Schulaufsicht nicht in ihrer Eigenschaft als sakrale Behörde, sondern in ihrer – allmählich an Bedeutung und Verschränkung abnehmenden – gemischten Funktion als staatliche und kirchliche Verwaltung zu erfüllen hatten. Die institutionelle Trennung von kirchlicher und staatlicher Schulverwaltung erfuhr durch die Beratungen in den verfassungsgebenden Versammlungen von 1848 ihren endgültigen Durchbruch (vgl. ANSCHÜTZ 1912, S. 401 ff.). In diesem Zusammenhang formulierte der Geheimrat Stiehl den bereits zitierten Satz: „[...] der preußische Staat aber wird seine Schule behalten" (ANSCHÜTZ 1912, S. 415).

Die Bedeutung des Schulaufsichtsgesetzes von 1872 liegt also nicht in einer Verstärkung oder gar Begründung der Staatlichkeit der Schulaufsicht, sondern in der organisationsrechtlichen Auflösung der institutionellen Verknüpfung von Ortsgeistlichen und Lokalschulaufsicht. Es ging um verwaltungsorganisatorische Maßnahmen (im Rahmen eines politischen Kulturkampfes), die nach der Regelung der Verfassung von 1850 nicht nur möglich, sondern auch geboten war. Die Wirkungen dieses Gesetzes waren dann auch ganz überwiegend personalpolitischer Art: Insbesondere in den überwiegend katholischen Gebieten wurden Lokal- und Kreisschulinspektoren massenhaft abgesetzt und (auf der Ebene der Kreise) vor allem durch Seminar-, Gymnasial-, Realschullehrer und Rektoren und (auf der Ebene der Lokalschulinspektion) durch weltliche Honoratioren, etwa Bürgermeister, Förster, Wirtschaftsinspektoren, Güterdirektoren oder Rittergutsbesitzer ersetzt (vgl. BERG 1973, S. 50; vgl. NEVERMANN 1982, S. 91 ff.). Die personalpolitischen Maßnahmen waren aber überwiegend nur vorübergehender Natur; in den 80er Jahren des 19. Jahrhunderts wurden Geistliche als Lokalschulinspektoren reinstalliert. Trotz des vehementen Protestes der Lehrervereine wurde die (nicht fachmännische) Schulaufsicht durch Geistliche bis 1919 beibehalten. Erst in diesem Jahr wurde die geistliche Schulaufsicht beseitigt, und zwar dadurch, daß die Institution der Lokalschulaufsicht durch ein Gesetz aufgehoben wurde.

2.3 Innerschulische Willensbildung

Aus den dargestellten Unterschieden zwischen Stadt und Land sowie höherem und niederem Schulwesen ergeben sich Unterschiede für die Organisation der innerschulischen Willensbildung und ihre Entwicklung. Die Herausbildung einer schulinternen Verfassung hat zunächst einmal zur Voraussetzung, daß die einzelnen Schulen nicht nur einen Lehrer für eine einklassige Unterrichtsorganisation beschäftigen, sondern daß mehrere Lehrer tätig sind, und daß die Tätigkeit dieser Lehrer über ein bloßes Nebeneinander hinaus als arbeitsteilige Kooperation bewußt geplant wird. Solange die Praxis vorherrschte, daß eine überfüllte Schule geteilt und die Schüler nunmehr zwischen zwei oder mehreren Schulen aufgeteilt wurden, in denen ein Lehrer (allenfalls unterstützt von Gehilfen) den Unterricht für alle Jahrgänge besorgte, so lange war eine besondere innerschulische Willensbildung und Schulleitung überflüssig (vgl. WÖHE 1933, S. 94 ff.). In dem Maße, in dem sich die vereinzelten Schulklassen zu einem Schulsystem integrierten und dieses Schulsystem sich durch Errichtung getrennter Klassenverbände differenzierte (eine Entwicklung, die in größeren Städten begann), in dem Maße wurde die Frage akut, in welcher Art und Weise in der Schule ein organisatorischer und pädagogischer Zusammenhang gestiftet werden könnte. Dies war zunächst zwar eine Frage an die Lokalschulinspektion und an die Schulvorstände oder Schuldeputationen; aber es wurde immer deutlicher, daß eine derartige Leitungs- und Koordinierungsfunktion nur von Personen ausgefüllt werden konnte, die selber am Unterrichtsbetrieb unmittelbar teilnahmen – also entweder von allen Lehrern gemeinsam oder von einem der Lehrer als verantwortlicher Person. Von der Forderung, die Leitung der Schule den Lehrern (oder einem Lehrer) zu übertragen, war es dann nur noch ein kleiner Schritt zur weitergehenden Forderung, diese Leitung zugleich als funktionales Äquivalent der Lokalschulaufsicht anzusehen (und letztere für überflüssig zu erklären).

Von wenigen Ausnahmen abgesehen wird diese Frage aber erst in den 70er Jahren des 19. Jahrhunderts aktuell (vgl. NEVERMANN 1982, S. 95 ff.). Eine Vorform heutiger Schulverfassungsregelungen läßt sich in der Instruktion für die Kommunal-Armenschulen der Berliner Schuldeputation vom 13. März 1856 erblicken (vgl. v. RÖNNE 1854, S. 381 ff.). Neben der Deputation und dem Schulvorstand wird vor allem die Funktion des Hauptlehrers in neun Paragraphen ausführlich geregelt. So soll der

Hauptlehrer die äußere und innere Einheit der Schule erhalten und darauf achten, daß die Vorschriften und Anordnungen genau befolgt werden; dafür steht es ihm frei, zu jeder Zeit den Unterricht der Lehrer zu besuchen, und er hat „pflichtwidriges Verhalten der Klassenlehrer im und außer dem Amte" anzuzeigen; die Klassenlehrer haben seine Anweisung zu befolgen; er soll „als Erster unter seinen Mitarbeitern" nicht seine äußere Stellung oder sein eigenes Belieben, sondern die gemeinsame Sache und die Vorschriften gegenüber den Lehrern hervorheben. Er veranstaltet ordentliche und außerordentliche Konferenzen, die ordentlichen monatlich; wohnt allerdings das geistliche Mitglied des Schulvorstandes der Konferenz bei, so führt dieses den Vorsitz, sonst der Hauptlehrer; Beschlüsse der Konferenz sind samt abweichenden Meinungen zu protokollieren und dem Schulvorstand zur Bestätigung vorzulegen; auch die Zeugnisse der Schüler werden von der Konferenz festgelegt. Der Hauptlehrer führt die laufenden Geschäfte, achtet auf die Befolgung des Lehrplans, auf die Ordnung des Unterrichts und den Schulbesuch der Kinder und die „Ordnung, Ruhe und Zucht" (einschließlich der Pausenaufsichtsregelung und der gerechten Erledigung von Elternbeschwerden). Er ist für die Lehr- und Lernmittel und den Schriftwechsel der Schule verantwortlich. Ähnlich detailliert wird im übrigen die Dienstpflicht des einzelnen Klassenlehrers in dieser Instruktion normiert.

Diese Instruktion von 1852 institutionalisierte also eine Schulverfassung, in der auch die Konfliktstellen zwischen Hauptlehrer und Klassenlehrer geregelt wurden. Die Regelung ging zwar weiter als vergleichbare Regelungen in anderen Städten; sie deutet aber die Richtung der Entwicklung an, die in den übrigen Städten in den 70er und 80er Jahren des 19. Jahrhunderts einsetzte. Diese Entwicklung wurde forciert durch die Lehrervereine, die in immer stärkerem Maße dafür eintraten, auch im Elementarschulbereich Rektoren einzuführen und ihnen die unmittelbare Aufsicht über Schule und Unterricht zu übertragen. Das Kalkül der Lehrervereine in den 70er Jahren lief offenbar auf den Ausbau des Schulvorstandes und des Rektorats in der Absicht hinaus, die noch immer überwiegend von Geistlichen wahrgenommene Lokalaufsicht zunächst funktional und dann auch institutionell beseitigen zu können. Für die Einführung des Rektorats sprach zudem, daß es im Kampf um die Verbesserung der Besoldung und im Kampf um die Möglichkeit des Aufstiegs im Rahmen einer beamtenmäßigen Laufbahn ein strategisch wichtiges Etappenziel markierte. So begrüßten die Lehrervereine 1872 die Neuregelung der Rektorenprüfung, die später auch zur Voraussetzung für die Ernennung zum Rektor einer Volksschule gemacht wurde. Eine Rektorenprüfung konnte nur machen, wer die Mittelschullehrerprüfung bestanden und die Anforderung der besonderen Rektorenprüfung erfüllt hatte (Achtwochenarbeit „aus dem Gebiete der Unterrichts- und Erziehungslehre", mündliche Prüfung „über die Geschichte der Pädagogik, über das Ganze der Erziehungs- und Unterrichtslehre in ihrem Zusammenhang mit der Psychologie, vorzüglich aber über spezielle Methodik, über Schulpraxis, über Lehrmittel, Volks- und Jugendschriften [...]") – ZENTRALBLATT ... 1872, S. 586 ff.).

Nachdem Ende der 70er Jahre in allen Regierungsbezirken die Rechte und Pflichten der Hauptlehrer beziehungsweise Rektoren im Volksschulbereich ausführlich geregelt worden waren, sah sich der Kultusminister 1892 veranlaßt, für alle größeren Schulsysteme eine besondere Schulleitung vorzuschreiben: „Fortan ist für jedes einzelne größere Schulsystem die Anstellung eines Hauptlehrers, für sechs- und mehrklassige Schulen bei entsprechendem Befähigungsnachweis die Anstellung von Rektoren ins Auge zu fassen" (ZENTRALBLATT ... 1892, S. 834 ff.).

Diese grundsätzliche Festlegung ist nun im Zusammenhang mit einer Verfügung aus dem Jahre 1889 zu lesen, derzufolge die Stellung der Rektoren in der Richtung ausgebaut werden soll, „daß Rektoren, was den inneren Betrieb der Schulen anlangt, in der Regel mit denselben Befugnissen ausgestattet werden, welche bei kleineren Schulen den Ortsschulinspektoren zustehen, und daß, unter Abstandnahme von der Bestellung besonderer Ortsschulinspektoren, die unter der Leitung der Rektoren stehenden, also die sechs- und mehrklassigen Schulen direkt den Kreisschulinspektoren unterstellt werden" (ZENTRALBLATT ... 1889, S. 641). Obwohl diese Absicht auch Jahre später nur teilweise realisiert worden war, ist hier erstmals vom preußischen Kultusminister die Abschaffung der (geistlichen) Lokalschulaufsicht und ihre Übertragung auf die Rektoren im Hinblick auf größere Schulen verfügt worden; die Richtung der weiteren Entwicklung war formuliert und deckte sich mit dem Programm, das die Lehrervereine in den 70er Jahren verfochten hatten.

Aber inzwischen hatte sich die Diskussion in den Lehrervereinen radikal verändert. In einigen Vereinen war bereits ein prinzipieller Kampf gegen die Institution des Rektors entbrannt. Dieser Streit um das Rektorat in den Jahren um 1900, in dem sich lokale Besonderheiten aus den westlichen Provinzen Preußens und die weitgehende persönliche Abhängigkeit der Lehrer von ihrem Rektor auswirkten, führte zur Spaltung des Deutschen Lehrervereins (durch Gründung eines Klassenlehrervereins und eines Rektorenvereins) und zu einem Ringen um die konkrete Gestalt der Schulverfassung, in dem bereits alle wesentlichen Argumente vorweggenommen werden, mit denen auch weiterhin die Frage der Rechtsstellung des Schulleiters und die innerschulische Willensbildung diskutiert werden wird. Anhand dieser Streitpunkte (Disziplinarrecht, Rektorenprüfung, Gehaltsgruppe, Ernennung oder Wahl, Beschlußrecht der Konferenz, Beanstandungsrecht, Hospitierrecht, Aufsichtsrechte, Klassenordinariat des Rektors) lassen sich in der damaligen Diskussion die Modelle einer kollektiven, kollegialen, autoritativen und monokratischen Schulleitung systematisch unterscheiden (vgl. NEVERMANN 1982, S. 119 ff.).

Aber so differenziert die Argumentationen und so heftig die Auseinandersetzungen im Kampf um das Volksschulrektorat auch gewesen waren, sie beeinflußten die organisatorische und rechtliche Ausgestaltung der Schulverfassung in der Zeit vor dem Ersten Weltkrieg nur wenig. Die Entwicklung der Schulaufsicht stagnierte im wesentlichen, und die Ausgestaltung der Schulleitung stabilisierte sich im Sinne des gemäßigt autoritativen Modells, das insbesondere in einer Ministerialverfügung vom 19. 11. 1908 festgelegt wurde (vgl. ZENTRALBLATT ... 1908, S. 1005 ff.). Hiernach ist der Rektor einerseits verantwortlicher Schulleiter und der nächste Vorgesetzte, andererseits hat er keine Disziplinarstrafbefugnisse. Einerseits ist er berechtigt, auch im Hinblick auf das außerdienstliche Verhalten Belehrungen und Vorhaltungen zu machen, andererseits soll er eine unnötige Hervorkehrung seiner Stellung als Vorgesetzter vermeiden und vor allem der wohlmeinende Führer und Berater sein. Einerseits sind die Lehrer und Lehrerinnen zur gewissenhaften Befolgung der Anordnungen verpflichtet, andererseits werden Konferenzen mit Beschlußrecht eingerichtet, denen gegenüber der Rektor ein Beanstandungsrecht für den Fall hat, daß ihm, nach Ziffer 2 der Verfügung, „die gefaßten Beschlüsse mit den Anordnungen der Behörde oder mit dem Besten der Anstalt unvereinbar erscheinen". Übergroße Schulsysteme sollten möglichst verkleinert werden, auch damit der Rektor zu eigenem Unterricht in der Lage bleibt.

Im höheren Schulwesen, das – wie bereits erwähnt – keine Lokal- und Kreisschulaufsicht kannte, war der Direktor schon lange als Vorgesetzter der Lehrer bezeichnet und allmählich mit allen jenen Kompetenzen ausgestattet worden, die für eine autoritative Schulverfassung als charakteristisch zu bezeichnen sind. So heißt es in der Brandenburgischen Instruktion von 1868 (vgl. WIESE 1875, S. 122 ff.), daß der Schulleiter der nächste Vorgesetzte der Lehrer und das vermittelnde Organ zwischen der vorgesetzten Behörde und den Lehrern ist. Er ist zu Warnungen und Verweisen berechtigt, muß aber gröbere Pflichtverletzungen an die Behörde anzeigen. Die Lehrerkonferenzen finden regelmäßig alle 14 Tage statt, und es wird in ihnen, gemäß § 9, „alles zur Beratung gebracht, was [...] eine gemeinsame Besprechung wünschenswert macht [...] In dem Fall, wenn die Mehrheit der stimmberechtigten Lehrer mit seiner Ansicht nicht übereinstimmt, soll der Direktor das Recht haben, dasjenige, was seiner gewissenhaften Überzeugung nach für das Wohl des Ganzen das Beste ist, festzuhalten und, wenn die Sache Eile hat, unmittelbar zur Ausführung zu bringen." Erwähnt werden auch in § 16 Fachkonferenzen, in denen über „Stoff, Methode und Hilfsmittel" der Fächer diskutiert und die „Fachlehrpläne" ausgearbeitet und revidiert werden. Nach Beratung in der Konferenz hat der Direktor insbesondere die Aufgabe, den Lektionsplan seiner Schule zu entwerfen, das heißt sowohl die Lehrstoffe der einzelnen Klassen festzulegen, die Lehrer zuzuweisen, die Stundenpläne aufzustellen und die Einhaltung dieser Pläne durch häufige Klassenbesuche und regelmäßige Klassenprüfungen zu überwachen.

Die (im großen und ganzen unwesentlichen) provinzrechtlichen Abweichungen in der Regelung der Schulverfassung im höheren Schulwesen wurden durch eine gesamtpreußische Dienstanweisung für Direktoren und Lehrer vom 12.12.1910 vereinheitlicht, in der nicht nur das Konferenzrecht durch Einrichtung von Gesamtkonferenzen, Fachkonferenzen und Klassenkonferenzen präzisiert, sondern auch die Stellung des Direktors im Sinne des Modells einer monokratischen Schulleitung ausgebaut wurde (vgl. ZENTRALBLATT ... 1910, S. 887 ff.). Interessant ist, daß diese Dienstanweisung noch bis in die 30er und gelegentlich sogar 50er Jahre in Kraft blieb, auch wenn einige Abschnitte (insbesondere über das Konferenzrecht) nach 1918 neu geschaffen wurden. Diese wurden 1934 einfach wieder beseitigt, so daß die Regelung von 1910 auch in der NS-Zeit in Kraft bleiben konnte.

3 Entwicklung der Schulverfassung seit der Weimarer Zeit

Es liegt auf der Hand, daß sich in der starken Stellung des Schulleiters (und der schwachen Stellung der Konferenz) jene Organisationsprinzipien widerspiegeln, auf denen die monarchisch-obrigkeitsstaatliche Verfassung des deutschen Kaiserreichs insgesamt beruhte. Die Forderung nach einer Ausgestaltung des Konferenzrechts und nach *kollegialer Schulleitung* (und einem Schulleiter als Erstem unter Gleichen) war deshalb Teil des allgemeinen Kampfes um die Demokratisierung von Staat und Gesellschaft im Wilhelminischen Deutschland. Nicht nur konservative Politiker und Beamte wiesen diese Forderungen der Lehrervereine zurück, auch die Rektoren und ihr Rektorenverein kämpften gegen „den demokratischen Zug" jener Zeit, auch wenn sie einräumen mußten: „Soviel steht fest, daß die aus diesem Geist geborenen Forderungen der heutigen öffentlichen Meinung eine stärkere Resonanz finden als die unserigen, die die Erhaltung eines autoritativen Verhältnisses bezwecken" (zitiert nach NEVERMANN 1982, S. 147).

Der Deutsche Lehrerverein faßte 1919 noch einmal seine Forderungen zusammen: „Die mehrklassige Schule leitet und verwaltet der Lehrkörper unter dem Vorsitz eines von ihm auf Zeit gewählten Schulleiters (Obmannes). Das Schulleitungsamt ist ein Ehrenamt. Besondere Prüfungen sind vom Schulleiter nicht zu fordern. Der Schulleiter ist nicht der Vorgesetzte der übrigen Lehrer. Jeder festangestellte Lehrer ist in seiner Arbeit selbständig" (BÖLLING 1978, S. 234).

Ausdifferenzierung der Schulverfassung am Beispiel Preußens

Bedenkt man, daß in den Monaten der Revolution in Berlin, die ja zugleich unmittelbare Nachkriegszeit waren, andere und wichtigere Fragen im Mittelpunkt der Auseinandersetzungen standen, so kann es nicht überraschen, daß es einige Zeit dauerte, bis ein großer Teil der schulpolitischen Forderungen des Deutschen Lehrervereins durchgesetzt werden konnten. Hervorzuheben ist hierbei zunächst die bereits erwähnte Aufhebung der geistlichen Schulaufsicht, die nach einigem Hin und Her im Sommer 1919 gelang. Die mit dem Ortsschulinspektor verbundenen Aufsichtsrechte wurden zum Teil auf den Kreisschulinspektor und zum Teil auf den Schulleiter übertragen.

Am 1.9.1919 wurde überdies die Rektorenprüfung als Voraussetzung zur Ernennung zum Rektor – trotz immer noch geäußerter Bedenken des Rektorenvereins – beseitigt (vgl. ZENTRALBLATT ... 1919, S. 607). Wenig später – am 20.9.1919 – wurde ein Erlaß zur kollegialen Schulleitung veröffentlicht, in dem es einleitend hieß: „Es entspricht dem Geist unserer Zeit, auf allen Gebieten des öffentlichen Lebens durch Erweiterung der Selbstverwaltung bisher gebundene Kräfte zu befreien, das Interesse an der gemeinsamen Arbeit zu erhöhen, das Gefühl der Mitverantwortlichkeit und den Gemeinsinn zu wecken und die Erfahrungen des Einzelnen der Gesamtheit mehr als bisher nutzbar zu machen" (ZENTRALBLATT ... 1919, S. 607).

Der Schulleiter erhielt in Ziffer 2 das Recht, Klassenbesuche zu machen, aber nur „als Vorsitzender der Konferenz, um sich über das Leben der Schule zu unterrichten. Zu methodischen Anweisungen den festangestellten Lehrpersonen gegenüber ist er nur berechtigt, soweit sie erfolgen im Sinne der Konferenzbeschlüsse oder im Einzelfall im besonderen Auftrage der vorgesetzten Behörde." Außerdem wurden dem Schulleiter einige weitere Aufgaben ausdrücklich überwiesen (etwa Vermittlung des Verkehrs zur Schulbehörde; Führung der Bücher und Listen; Aufnahme der Schüler; Leitung der Konferenzen; Verteilung der Klassen und Lehrstunden; Aufstellung der Stunden- und Aufsichtspläne; Anordnung von Vertretungen; Vermittlung bei Zwistigkeiten). Die Schulkonferenz hat die Aufgabe, „für das Gedeihen der Schule und namentlich für die Förderung des Unterrichts geeignete Maßregeln und Einrichtungen zu beraten und zu beschließen". Sie ist insbesondere zuständig: für die Aufstellung von Grundsätzen, für die Verteilung der Lehrstunden, Klassen und Vertretungen; für die Regelung des Verfahrens bei der Versetzung der Schüler; für die Beschlußfassung über die Verwendung der Geldmittel; für Beschlüsse, durch die in der gemeinsamen Arbeit des Lehrkörpers die nötige Einheit gewahrt wird. Der Schulleiter hat kein Beanstandungsrecht gegen Konferenzbeschlüsse, sondern kann nur seine abweichende Meinung dem Kreisschulinspektor vorlegen; bis zu dessen Entscheidung ist er an den Beschluß gebunden. Zwar ist dieser Erlaß zur kollegialen Schulleitung vor dem Hintergrund der Diskussionen vor dem Ersten Weltkrieg als eine Erfüllung der Forderungen zu betrachten, die der Deutsche Lehrerverein aufgestellt hatte. Aber vor dem Hintergrund der Forderungen von 1919 fehlen einige entscheidende Punkte: Zum einen ist nach wie vor ein Unterrichtsbesuchsrecht des Schulleiters vorgesehen, auch wenn er dies nur „als Vorsitzender der Konferenz" hat. Immerhin gab es in einigen Provinzen Preußens versuchsweise in den ersten Jahren abweichende Regelungen, in denen das Recht des Schulleiters durch ein Recht für alle Lehrer ersetzt wurde, gegenseitige Unterrichtsbesuche zu machen. Aber diese Versuche wurden später abgebrochen (vgl. NEVERMANN 1982, S. 195 ff.). Zum anderen wurde in Preußen – anders als zum Beispiel in Bremen und Hamburg – keine zeitliche Befristung des Schulleiteramtes vorgesehen und auch eine Wahl des Schulleiters durch die Kollegen der Schule abgelehnt. Aber obwohl es in diesen beiden Fragen (Unterrichtsbesuchsrecht, Wahl auf Zeit) in der Weimarer Zeit in Preußen heftige Auseinandersetzungen gab, wurde an der Rechtslage nichts geändert.

Allerdings ist auf zwei Entwicklungen hinzuweisen, durch die neue Elemente in die Schulverfassung eingeführt wurden: Die Regelung der *Schülervertretung* und der *Elternvertretung*.

Nachdem bereits am 27. November 1918 im „Schulgemeindeerlaß" ein Versuch unternommen wurde, auch die interne Meinungs- und Willensbildung der Schule in den Prozeß der Demokratisierung einzubeziehen, indem den Lehrern und Schülern der höheren Schulen unter anderem die Frage zur gemeinsamen Beschlußfassung überantwortet wurde, ob sie eine „Schulgemeinde" („d. h. eine völlig freie Aussprache von Lehrern und Schülern über Angelegenheiten des Schullebens, der Disziplin, der Ordnung usw.") und einen „Schülerrat" einrichten wollen, „der ständig die Interessen der Schülerschaft zu vertreten und im Einvernehmen mit Schulleitung und Lehrerschaft für Ordnung zu sorgen hat" (ZENTRALBLATT ... 1918, S. 710ff.), wurde durch den Erlaß zur Schülerselbstverwaltung vom 21.4.1920 (vgl. ZENTRALBLATT ... 1920, S. 317ff.) eine vorsichtigere Regelung dieser Probleme vorgenommen. Hiernach wählen die Schüler aller Klassen am Anfang jedes Schuljahres jeweils einen Sprecher. Diese Klassensprecher bilden einen Schülerausschuß, der sich aus den Mitgliedern des Lehrkörpers einen Berater auswählt. Allerdings sind weder die Aufgaben dieses Schülerausschusses noch die der Klassensprecher irgendwo präzisiert worden. Und vor allem: „Die Schüler-Selbstverwaltung ist in Preußen eingerichtet worden, ist aber nie ins Leben getreten" (SACHSE 1933, S. 410).

Durch einen Erlaß vom 5.11.1919 (ZENTRALBLATT ... 1919, S. 663 f.) wurde für alle Schulen ein Elternbeirat vorgeschrieben: „Er soll der Förderung und Vertiefung der Beziehungen zwischen Schule und Haus dienen und den Eltern wie der Schule die Arbeit miteinander und den Einfluß aufeinander gewährleisten." Der Elternbeirat besteht nur aus Vertretern der Elternschaft, die in geheimer Verhältnis-Listenwahl gewählt werden. „Die Tätigkeit des Elternbeirats ist beratender Natur. Sie erstreckt sich auf Wünsche und Anregungen des Elternkreises, die sich auf den Schulbetrieb, die Schulzucht und die körperliche, geistige und sittliche Ausbildung der Kinder beziehen, und die über den Einzelfall hinaus von allgemeiner Bedeutung sind." Zwar spielten die Elternbeiräte und insbesondere die (parteipolitisch vorbereiteten und organisierten) Wahlkämpfe zu den Elternbeiräten eine schulpolitisch nicht unbedeutende Rolle (vgl. WAGNER-WINTERHAGER 1979). Unter dem Gesichtspunkt der Schulverfassung ist allerdings festzuhalten, daß die Elternräte nicht in die schulinterne Willensbildung integriert waren, sondern eher als externe Zentren schulpolitischer Meinungsbildung fungierten.

Der allmähliche Übergang zu einem autoritären Präsidialstaat am Ende der Weimarer Zeit spiegelt sich auch in der Frage des Konferenzrechts wider. Im November 1932 wurde ein neuer Reichskommissar für das preußische Kultusministerium ernannt, der – auf der Grundlage von Vorarbeiten in seinem Ministerium – unter dem Datum des 31. Januar 1933 drei Ministerialerlasse zu den Themen „Schulleitung und Schularbeit", „Schulzucht" und „Bestellung von Schulleitern" veröffentlichte. Die drei Erlasse können – an einem historisch offenkundig nebensächlichen Gegenstandsbereich – den raschen, aber gleitenden Übergang von der Weimarer Zeit in die des Nationalsozialismus beispielhaft veranschaulichen. Obwohl vor dem ersten Kabinett Hitlers verfaßt und veröffentlicht, beendeten die Erlasse die Phase des Weimarer Modells der kollegialen Schulleitung und bedeuteten den ersten Schritt zum Aufbau eines autoritativen Schulleitungsmodells, das im Jahre 1934 seine endgültige Gestalt für die Zeit des Dritten Reiches erhalten sollte. Obwohl auch im Erlaß von 1933 eine Konferenz mit Beschlußrecht vorgesehen ist und über einige wichtige Zuständigkeiten verfügt (etwa Richtlinien für den Stundenplan; Aufstellung des Lehrplans; Verwendung der Geldmittel; Veranstaltung von Schulfeiern), fällt doch besonders auf, daß dem Rektor ein Beanstandungsrecht gegenüber Konferenzbeschlüssen für den Fall zusteht, „daß Beschlüsse der Konferenz der Aufgabe der Schule widersprechen oder die Erreichung des ihr gesteckten Ziels erschweren".

Bedenkt man die Auseinandersetzungen aus der Zeit vor 1918, so kann nicht überraschen, daß der preußische Rektorenverein diesen Erlaß nachdrücklich begrüßte und der Deutsche Lehrerverein (letztmalig) Kritik und Widerstand anmeldete.

Als der neue preußische Minister für Wissenschaft, Kunst und Volksbildung, Rust, das Thema der Schulleitung 1934 einer Neuregelung unterzog, waren keine Vereine mehr vorhanden, die zu kontroversen Kommentaren in der Lage gewesen wären. Interessanterweise konnte dieser Erlaß von 1934 erheblich kürzer ausfallen als die entsprechenden Erlasse aus der Weimarer Zeit. In den Dienstanweisungen der einzelnen Bezirksregierungen, in denen die Rechte des Schulleiters eingegrenzt und die Befugnisse der Konferenz ausgestaltet werden sollten, wurde die Abgrenzung und Zuordnung der Zuständigkeiten relativ ausführlich geregelt. Demgegenüber konnte ein am Führerprinzip orientiertes Modell der Schulleitung mit einem Minimum an rechtlichen Regelungen auskommen. Im Erlaß vom 3.4.1934 heißt es:

„1. Der Schulleiter vertritt die Schule nach außen und trägt der Schulaufsichtsbehörde gegenüber die Verantwortung für die äußere und innere Ordnung des Schulbetriebes, insbesondere für die Innehaltung der behördlichen Anweisungen und für die Arbeit der Schule im Geist des nationalsozialistischen Staatsgedankens.

2. Der Schulleiter ist der dienstliche Vorgesetzte der Lehrer seiner Schule. Diese haben seine dienstlichen Anordnungen zu befolgen [...]

3. In allen Angelegenheiten der Schulleitung und der Zusammenarbeit der Lehrkräfte steht dem Schulleiter allein die Entscheidung zu. Er wird sich dabei der Beratung der ihm unterstellten Lehrkräfte bedienen und ihre Vorschläge prüfen.

4. Der Schulleiter beruft die Lehrerschaft (bisher: Konferenz) so oft er dies für erforderlich hält, in der Regel monatlich einmal [...]

5. Der Schulleiter hat sich durch Besuch des Unterrichts der Lehrkräfte davon zu überzeugen, daß deren Arbeit den dienstlichen Anforderungen entspricht" (ZENTRALBLATT ... 1934, S. 121 f.)

Damit war die Entwicklung der Schulverfassung auf einen Stand zurückgeworfen worden, der sogar am Ende des Kaiserreichs nicht mehr gegolten hatte. Alle Entscheidungen waren dem Schulleiter vorbehalten, er war als dienstlicher Vorgesetzter unbegrenzt weisungsbefugt gegenüber den Lehrern, er hatte ein unbegrenztes Unterrichtsbesuchsrecht und die Konferenzen waren zu einem reinen Beratungsgremium ohne Beschlußrecht geworden.

ANSCHÜTZ, G.: Die Verfassungsurkunde für den preußischen Staat vom 31.Januar 1850, Berlin 1912. BERG, CH.: Die Okkupation der Schule. Eine Studie zur Aufhellung gegenwärtiger Schulprobleme an der Volksschule Preußens (1872-1900), Heidelberg 1973. BÖLLING, R.: Volksschullehrer und Politik. Der Deutsche Lehrerverein 1918-1933, Göttingen 1978. FISCHER, K.: Geschichte des Deutschen Volksschullehrerstandes, 2 Bde., Hannover/Berlin 1898. FOOKEN, E.: Die geistliche Schulaufsicht und ihre Kritiker im 18.Jahrhundert, Wiesbaden 1967. HEINEMANN, M.: Schule im Vorfeld der Verwaltung. Die Entwicklung der preußischen Unterrichtsverwaltung von 1771-1800, Göttingen 1974. HERRLITZ, H.-G. u.a.: Deutsche Schulgeschichte von 1800 bis zur Gegenwart. Eine Einführung, Königstein 1981. HUBER, E.R.: Deutsche Verfassungsgeschichte seit 1789, Bd. 1: Reform und Restauration 1789–1830. Stuttgart/Berlin/Köln/Mainz 1967. JEISMANN, K.-E.: Das preußische Gymnasium in Staat und Gesellschaft, Stuttgart 1974. KOSELLECK, R.: Preußen zwischen Reform und Revolution, Stuttgart 1967. LANDÉ, W.: Preußisches Schulrecht. Sonderband der von M. v. BRAUCHITSCH herausgegebenen Verwaltungsgesetze für Preußen, Bd. 6.2, Berlin 1933. LESCHINSKY, A./ROEDER, P. M.: Schule im historischen Prozeß, Stuttgart 1976. LUNDGREEN, P.: Sozialgeschichte der deutschen Schule im Überblick, Teil 1: 1770–1918, Göttingen 1980. MÜLLER, S. F.: Die Höhere Schule Preußens in der Weimarer Republik, Weinheim/Basel 1977. NEVERMANN, K.: Der Schulleiter. Juristische und historische Aspekte zum Verhältnis von Bürokratie und Pädagogik, Stuttgart 1982. PAULSEN, F.: Geschichte des gelehrten Unterrichts auf den deutschen Schulen und Universitäten vom Ausgang des Mittelalters bis zur Gegenwart, hg. und in einem Anhang fortgesetzt von R. Lehmann, Bd. 2 Berlin/Leipzig ³1921. RADEMACHER, B.: Zentralisierung und Dezentralisierung. Zur Genese der Schulverwaltung in der Konstitutionsphase der bürgerlichen Gesellschaft, dargestellt am Beispiel Preußen, Bad Heilbrunn, 1978. ROMBERG, H.: Staat und Höhere Schule. Ein Beitrag zur deutschen Bildungsverfassung vom Anfang des 19. Jahrhunderts bis zum ersten Weltkrieg, Weinheim/Basel 1979. RÖNNE, L. V.: Das Unterrichtswesen des Preußischen Staates in seiner geschichtlichen Entwicklung, Bd. 1: Allgemeiner Teil. Privat-Unterricht. Volksschulwesen, Berlin 1854. SACHSE, A.: Die Entwicklung der Bildungsorganisation und ihr gegenwärtiger Zustand in Deutschland. In: NOHL, H./PALLAT, L. (Hg.): Handbuch der Pädagogik, Bd. 1, Berlin/Leipzig 1933, S. 377 ff. STAUPE, J.: Strukturen der Schulträgerschaft und Schulfinanzierung. In: MAX-PLANCK-INSTITUT FÜR BILDUNGSFORSCHUNG, PROJEKTGRUPPE BILDUNGSBERICHT (Hg.): Bildung in der Bundesrepublik Deutschland, Bd. 2, Reinbek 1980, S. 867 ff. WAGNER-WINTERHAGER, L.: Schule und Eltern in der Weimarer Republik, Weinheim/Basel 1979. WANDER, K. F. W.: Die alte Volksschule und die neue. Ein Wort an die Vertreter des deutschen Volkes sowie an alle Freunde wahrer Volksbildung (1848). In: FERTIG, L. (Hg.): Die Volksschule des Obrigkeitsstaates und ihre Kritiker, Darmstadt 1979, S. 51 ff. WIESE, L.: Das höhere Schulwesen in Preußen, Bd. 1, Berlin 1864. WIESE, L.: Verordnungen und Gesetze für die höheren Schulen in Preußen, Bd. 2, Berlin ²1875. WÖHE, K.: Die Geschichte der Leitung der preußischen Volksschule von ihren Anfängen bis zur Gegenwart, Osterwieck 1933. ZENTRALBLATT FÜR DIE GESAMTE UNTERRICHTS-VERWALTUNG IN PREUSSEN. Berlin 1959 ff.

C Gesellschaftliche Bedingungen und Funktionen institutionalisierter Bildung

Wulf Hopf

Bildung und Reproduktion der Sozialstruktur

1 Einleitung: Diskriminierung, Meritokratie und Kompensation – zur historischen Genese des Problems
2 Die Mehrdimensionalität des Beitrags von Bildung zur Erhaltung der Sozialstruktur
3 Statusdistribution, Meritokratisierung und Kompensation
3.1 Modelle der Statuszuweisung
3.2 Tendenzen der Statusdistribution
3.3 Der autonome Beitrag des Bildungssystems zur Statusdistribution
4 Erhaltung der Sozialstruktur als Sozialisation – Meritokratie als Ideologie
5 Strukturen der Bildung, gesellschaftliche Arbeitsteilung und sozioökonomische Interessen
6 Schluß

Zusammenfassung: Der Beitrag des Bildungssystems zur Reproduktion der Sozialstruktur, das heißt zur Erhaltung der personalen Kontinuität von Klassen und Schichten und zur Erhaltung ihrer durch ungleiche Ressourcen gekennzeichneten Beziehungen zueinander, wird durch drei Prozesse gewährleistet: Distribution von Personen auf Positionen gesellschaftlicher Ungleichheit, differentielle Sozialisation und differentielle Strukturierung von Positionen. Trotz unterschiedlicher gesellschaftstheoretischer Prämissen stimmen empirische Untersuchungen zur Reproduktion der Sozialstruktur im historischen Prozeß der Bildungsexpansion und -reform darin überein, daß zwar sozialstrukturell bedingte Ungleichheiten der Ausbildung abgeschwächt werden, die in der gesellschaftlichen Arbeitsteilung angelegte Ungleichheit der Positionen und Ressourcen jedoch nicht nennenswert modifiziert wird.

Summary: The contribution made by the educational system towards reproducing the social structure, i.e. preserving the personal continuity of social classes and groupings together with their relationships to one another – characterised as they are by unequal resources – is ensured by three processes: the distribution of individuals to positions of social inequality, differentiated socialisation and the differentiated structuring of the positions involved. Despite divergent sociological premises, empirical investigations into the reproduction of the social structure within the historical process of educational expansion and reform all agree that, while educational inequalities caused by the structure of society are redressed, there are no modifications worth mentioning of the inequality of positions and resources firmly established in the social division of labour.

Résumé: La contribution du système d'instruction à la reproduction de la structure sociale, c'est-à-dire au maintien de la continuité personnelle de classes et de couches sociales, et au maintien de leurs rapports marqués par la différence des ressources, est le résultat de trois processus: répartition de personnes sur des positions inégales socialement, socialisation différenciée et structuration différenciée de positions.

Wulf Hopf

Malgré des prémisses différentes du point de vue socio-théorique, des examens empiriques de la reproduction de la structure sociale dans le processus historique de l'expansion et de la réforme de l'instruction arrivent tous à la conclusion que des inégalités de la formation, déterminées par la structure sociale, sont certes affaiblies, mais que l'inégalité des positions et ressources, dans le partage sociale du travail, n'est pas sensiblement modifiée.

1 Einleitung: Diskriminierung, Meritokratie und Kompensation – zur historischen Genese des Problems

Die „weltweite Bildungsrevolution" zwischen 1950 und 1970 (vgl. MEYER u. a. 1977), das heißt die sprunghafte Ausdehnung der Bildungsbeteiligung in allen Ausbildungsstufen, vor allem aber im sekundären und tertiären Bereich, hat die Wechselbeziehung von Bildung und Sozialstruktur in zweifacher Hinsicht zu einem vorherrschenden Thema gemacht: Auf der einen Seite haben empirische Untersuchungen in allen Ländern die Abhängigkeit der Ungleichheiten der Bildungsbeteiligung von sozial zugeschriebenen Merkmalen wie Klassenzugehörigkeit, Rasse, Geschlecht, Religion und Region gezeigt. Auf der anderen Seite sind die aufgedeckten Bildungsungleichheiten, die sich in ungleichen materiellen und immateriellen Lebenschancen fortsetzen, von einer Bildungspolitik aufgenommen worden, die unter der Verheißung größerer Chancengleichheit ein egalitäreres Bildungssystem als *Instrument* zur Verringerung gesellschaftlicher Ungleichheit einzurichten gedachte. Von besonderer Bedeutung sind dabei stets die Ungleichheiten der sozialen Herkunft gewesen; auf diesen Aspekt sind die folgenden Überlegungen beschränkt, wenn nach dem Zusammenhang von Bildung und Reproduktion der Sozialstruktur gefragt wird.
Der Befund, daß sich Ungleichheiten der Sozialstruktur in solche der Bildung fortsetzen, und die politisch artikulierte Hoffnung, durch Änderung der Bildungsinstitutionen eben jene sozialen Bedingungen anzugleichen, die schulische Erfolge bestimmen, stehen in einem Spannungsverhältnis zueinander: Wenn in den verschiedensten Ländern, zu verschiedenen Zeiten (für Deutschland vgl. beispielsweise KAELBLE 1975) immer wieder belegt wird, daß Kinder aus höheren sozialen Klassen überproportional in den höheren, privilegierenden Bildungsinstitutionen vertreten sind und Kinder aus unteren Klassen sich entsprechend mit den anspruchsloseren und schlechteren Bildungsinstitutionen begnügen müssen, dann liegt die Vermutung sehr nahe, daß das Bildungssystem insgesamt – in welcher Form auch immer – langfristig die Ungleichheiten der sozialen Lage der Eltern nur *reproduziert*, an die nächste Generation weitergibt. Dagegen beruht die Hoffnung, der Egalisierung der Lebensbedingungen dadurch näher zu kommen, daß die Ungleichheit und Diskriminierung im Bildungssystem beseitigt wird, auf der Prämisse, daß der „zirkuläre Verlauf des Sozialisationsprozesses" (HURRELMANN 1975, S. 139 f.) durchbrochen werden kann.
Auf wissenschaftlichem Gebiet ist diese Spannung als Kontroverse über die tatsächliche Stellung des Bildungssystems, unter Bedingungen von Bildungsexpansion und -reform, im Prozeß der Reproduktion der Sozialstruktur ausgetragen worden (als Einführung in die unterschiedlichen Positionen vgl. GEISSLER 1978; vgl. MÜLLER/ MAYER 1976, S. 13 ff.). Die Auffassungen über die reproduktive Funktion des Bildungssystems werden dabei bestimmt durch gegensätzliche *gesellschafts*theoretische Positionen hinsichtlich der Sozialstruktur und der Stellung des Staates in entwik-

Bildung und Reproduktion der Sozialstruktur

kelten kapitalistischen Gesellschaften – die hier im Mittelpunkt stehen sollen (vgl. FEND 1974, S. 103 ff.). Für die in den 60er Jahren wiederbelebte marxistische Konzeption von Sozialstruktur als Struktur von Klassen, die primär vom vorherrschenden Produktionsverhältnis Kapital – Arbeit geprägt sind, nimmt die Erhaltung der Sozialstruktur durch *Bildungs*prozesse eine eher marginale Stellung gegenüber den im ökonomischen und politischen Bereich ablaufenden Prozessen und Konflikten ein. In der marxistischen Tradition beeinflußt Bildung die Erhaltung der Sozialstruktur eher über das Bewußtsein und ist als staatlich organisierte Bildung wegen der Abhängigkeit des bürgerlichen Staates von der herrschenden Klasse weitgehend affirmativ. Wird die Sozialstruktur dagegen als ein für Mobilitätsprozesse offenes System von Schichten verstanden, deren Basis graduell abgestufte Berufe sind, und erscheint der Staat als eher schichtneutrale Instanz zur Verteilung von Sozialchancen, so gewinnen formalisierte Bildungsprozesse eine erhöhte Bedeutung für die Zusammensetzung, für die Öffnung oder Schließung von sozialen Schichten.

Die hier nur summarisch angedeutete Kontroverse über die Stellung des Bildungssystems im Prozeß der Reproduktion der Sozialstruktur ist deshalb besonders fruchtbar, weil sie unterschiedliche Aspekte einer paradoxen, ja widersprüchlichen sozialen Wirklichkeit thematisiert und die Kontrahenten dabei zwingt, zu präzisieren, im Hinblick auf welche Merkmale der Sozialstruktur, auf welche Weise und wie wirksam das öffentliche Bildungssystem der Erhaltung oder Veränderung sozialer Ungleichheit dient. Jene „Widersprüchlichkeit" der sozialen Wirklichkeit entwikkelt sich erst mit dem Übergang zur bürgerlichen Gesellschaft und zu der ihr eigenen, privaten Form der Produktion. Beruhte in der ständischen Gesellschaft die Herrschaft von Klassen übereinander auf der politisch offen artikulierten Zuschreibung partikularer Gruppenidentitäten (Stände) in Form von Privilegierungen und Diskriminierungen und vollzog sich die materielle und personale Reproduktion dieser Struktur über die Generationen hinweg als Vererbung von Ressourcen und als (personale) *Statusvererbung* qua Geburt, so bedeutete der Übergang zur bürgerlichen Gesellschaft einen tiefen Einschnitt. Die Trennung der unmittelbaren Produzenten von den Produktionsmitteln, ihre Konzentration in den Händen der bürgerlichen Unternehmer und die Schaffung einer Klasse von freien Lohnarbeitern löst die askriptiven Formen der Konstitution von Gruppenidentitäten auf. In der auf Privateigentum beruhenden bürgerlichen Gesellschaft sind die Mitglieder zugleich einzelne Warenbesitzer, die sich politisch, rechtlich und ökonomisch als Freie und Gleiche anerkennen, und – da die einen über die Ware „Produktionsmittel", die anderen über die Ware „Arbeitskraft" verfügen – Angehörige von Klassen, die in einem Verhältnis von Herrschaft und Unterordnung stehen. Der Tausch „Lohn gegen Leistung" unterwirft alle Mitglieder der Gesellschaft dem Leistungsprinzip als universeller Norm der Teilhabe am gesellschaftlichen Reichtum und verbirgt zugleich das Ausbeutungsverhältnis, das einer Klasse Reichtum ohne Leistung einräumt, der anderen Leistung ohne Reichtum aufzwingt. Gegenüber der vorbürgerlichen Gesellschaft mit ihrer ständischen, offen artikulierten Abstufung von Privilegien und mit ihren unmittelbaren Aneignungsverhältnissen wird die Herrschaft einer Klasse über eine (oder mehrere) andere in der bürgerlichen Gesellschaft *vermittelter* (vgl. BADER u. a. 1975).

Auch die Einbeziehung neuer Generationen in die Gesellschaft ändert sich grundlegend: Neue Generationen erreichen ihre soziale Stellung nicht mehr auf den starren Bahnen, die ständische Geburt und Beschränkungen vorzeichnen, sondern sie unterziehen sich einer – in einem längeren historischen Prozeß entstehenden – allgemeinen, öffentlichen, individuelle Leistungen fordernden und bewertenden

(„meritokratischen") Ausbildung, die ihnen den Zugang in angesehene Berufe eröffnet. Mit diesem Übergang von „Zuschreibung" zu „Leistung" ist ein grundlegendes Problem gestellt, das auch die Kontroverse über die soziale Ungleichheit reproduzierende oder modifizierende Funktion von Bildung berührt: Wie und in welchem Ausmaß kann ein Bildungssystem Ungleichheiten der sozialen Lage reproduzieren, wenn es nach Prinzipien der Nicht-Diskriminierung, der Gleichbehandlung der Schüler und der Beurteilung nach individueller Leistung organisiert ist, die sie gerade aus den Fesseln der zugeschriebenen sozialen Herkunft lösen sollen? (vgl. BOURDIEU/PASSERON 1971, S. 209ff; vgl. BOWLES 1972a, S. 55f.). Während die Befürworter der These einer „strukturkonservativen" Wirkung des Bildungssystems hierauf antworten, der vermutete Widerspruch bestehe nur scheinbar, gerade durch die allgemeine Anwendung von Leistungskriterien, die den besonderen Lernvoraussetzungen mittlerer und oberer Klassen besser entsprächen, und durch die Behandlung aller Schüler als formal Gleiche reproduziere sich die Struktur sozialer Ungleichheit, lautet die Gegenthese, das nach meritokratischen Prinzipien organisierte Massenbildungssystem der Gegenwart sei ein wirksames Mittel, um askriptive Wirkungen der sozialen Herkunft abzuschwächen und damit zur Egalisierung der Lebenschancen beizutragen (vgl. SCHELSKY 1957).

Die Entwicklung der Staatstätigkeit in bürgerlichen Gesellschaften hat das – immer noch virulente – Problem des Verhältnisses von Meritokratie und ungleicher Sozialstruktur um ein Problem erweitert, das die Kontroverse über die gesellschaftliche Ungleichheiten konservierende oder verändernde Funktion von Bildungsprozessen verschärft. Der frühbürgerliche Staat definierte die liberalen Grundrechte (etwa die freie Wahl der Ausbildung und des Berufs) negativ, das heißt als Schutzrechte vor Eingriffen politischer Instanzen, wie sie in den Privilegien- und Ausschlußordnungen der feudalen Gesellschaft üblich waren. In dem Maße, in dem die sich entwickelnde kapitalistische Gesellschaft den Widerspruch zwischen den bürgerlichen Verfassungsprinzipien der Gleichheit und Freiheit und der faktischen Unterdrückung und Ungleichheit freilegte, unter denen vor allem die Arbeiterklasse zu leiden hatte, wandelte sich unter dem Druck politischer Gegenbewegungen der Charakter des Staates zum *Sozialstaat*. Da die formale Gewährung eines negativ verstandenen Grundrechts die entstehenden Ungleichheiten nicht hatte beseitigen können, mußte der Staat auch im Bildungswesen aktiv, soziale „Defizite" *kompensierend* eingreifen, um die Unterprivilegierten materiell in die Lage zu versetzen, ihr formales Recht überhaupt wahrzunehmen (vgl. COLEMAN 1968, TITZE 1975).

Die Durchsetzung des Leistungsprinzips und die sozialstaatlich begründete, im öffentlichen Bildungswesen herzustellende Kompensation sozial bedingter Defizite des Lernvermögens sind zwei entscheidende historische Antworten, die innerhalb der bürgerlichen Gesellschaft auf die ständischen Diskriminierungen der vorbürgerlichen Zeit und auf die neu entstandenen Klassen- und Schichtunterschiede gegeben worden sind. Es ist im Rahmen dieses Beitrags nicht möglich, auf den Widerspruch zwischen den beiden Antworten einzugehen, der darin liegt, daß nach dem meritokratischen Prinzip alle Mitglieder einer Gesellschaft universalistisch als Gleiche zu behandeln sind, während sie nach dem kompensatorischen Prinzip als Ungleiche behandelt werden müssen, ohne daß damit neue Partikularitäten geschaffen werden. Auch kann die vor allem in der Sprachsoziologie umstrittene inhaltliche Interpretation der Kompensation als Beseitigung von *Defiziten* des Lernvermögens oder als „wertpluralistische" Ermöglichung von sozial bedingten *Unterschieden* des Lernens nicht aufgenommen werden (vgl. dazu OEVERMANN 1974).

Hier muß der Nachweis genügen, daß beide historischen Antworten noch maßgeblich die aktuelle Kontroverse über die Stellung des Bildungssystems im Prozeß der Reproduktion der Sozialstruktur prägen.

2 Die Mehrdimensionalität des Beitrags von Bildung zur Erhaltung der Sozialstruktur

Entsprechend der lebensgeschichtlichen Stellung der schulischen und beruflichen Bildung zwischen der in der Herkunftsfamilie verbrachten Kindheit und dem Erwachsenenstatus kann der „Zyklus der Reproduktion" durch Bildung insgesamt oder in einzelnen Abschnitten untersucht werden, etwa als Reproduktion gesellschaftlicher Ungleichheit innerhalb der familialen Sozialisation, innerhalb der Schule und beim Eintritt in den Beruf, der wiederum die Sozialisations- und Lernerfahrungen der nächsten Generation beeinflußt. Ganze Zweige der empirischen und historischen Humanwissenschaften haben sich auf einzelne Abschnitte des Phasenablaufs spezialisiert: die empirische Familienforschung („schichtenspezifische Sozialisationsforschung") und die Sozialgeschichte der Familie auf den Zusammenhang zwischen sozialer Ungleichheit, Familienstruktur und individuellem Verhalten; die empirische Bildungsforschung und die Sozialgeschichte der Schule und Hochschule auf das Ausmaß und die Determinanten der sozialen Selektivität dieser Institutionen; Bildungsökonomie und Arbeitsmarkt- und Berufsforschung schließlich auf den Zusammenhang von erreichter Bildung und Status im Beschäftigungssystem. In den folgenden Abschnitten dieses Beitrags wird ganz darauf verzichtet, die ersten beiden Phasen der Reproduktion sozialer Ungleichheit in Familie und Schule darzustellen, die im Mittelpunkt des überwiegenden Teils der für unser Thema einschlägigen Untersuchungen stehen (vgl. die Zusammenfassungen bei ROLFF 1974, STEINKAMP 1980, TROMMER-KRUG 1980). Herangezogen werden vielmehr Arbeiten, die den gesamten Reproduktionsprozeß empirisch zu erfassen versuchen (Mobilitäts- und Statusdistributionsforschung) oder die den Beitrag von Bildungsprozessen zur Erhaltung oder Veränderung der Sozialstruktur beschreiben. Dabei ist es unausweichlich, verschiedene Dimensionen zu unterscheiden, denen unterschiedliche Methoden ihrer empirischen Erfassung entsprechen (zum Folgenden vgl. MEYER 1977/1978; zum besonderen Verhältnis von Distribution und Sozialisation vgl. NUNNER-WINKLER 1971, S. 53 ff.).

Den eingangs geschilderten kontroversen Einschätzungen der strukturerhaltenden oder -verändernden Wirkung von meritokratischen, möglicherweise kompensatorischen Bildungsprozessen liegt implizit die Alltagsvorstellung zugrunde, daß sich die Reproduktion der Sozialstruktur durch Bildung als *Verteilung* (Allokation, Distribution) von *Absolventen* des Bildungssystems auf gegebene ungleiche *berufliche Positionen* vollzieht. Das Bildungssystem dient nicht der Reproduktion der Positionsstruktur selbst, das heißt der langfristigen Erhaltung einer institutionalisierten Hierarchie von Tätigkeiten und Ressourcen (Macht, Ansehen, ökonomischer Vorteil, Wissen). Diese wird durch außerhalb des Bildungssystems ablaufende Vorgänge in Politik, Ökonomie und Recht gesichert oder angegriffen. Aber indem das Bildungssystem Personen den ungleichen Positionen zuweist, kann es die *personelle* Kontinuität einer Klasse oder Schicht beeinflussen. In dieser Perspektive der Distribution von Personen auf soziale Positionen interessieren Bildungsprozesse nur soweit, als sie den Lernenden Abschlüsse oder Zertifikate vermitteln, die den beruflichen Zugang eröffnen. Weitergehende Wirkungen der Ausbildung auf die Individuen (Werte, Normen, Wissensbestände, Verhaltensweisen) bleiben ausgeblendet. Die So-

zialstruktur wird als Aggregat ungleicher Berufe begriffen, so daß innere Beziehungen zwischen Schichten, Klassen und Sozialgruppen ausgeklammert bleiben.
Eine Erweiterung dieser Perspektive ist in zwei Richtungen möglich, allerdings auch methodisch schwierig einzulösen. Auf der einen Seite kann versucht werden, die „Tiefendimension" von Bildungsprozessen über die bloße Zertifizierung hinaus, das heißt ihre Wirkung auf die Individuen zu erfassen und nach ihrem „Transfereffekt" für die Aufrechterhaltung oder Veränderung der Sozialstruktur nach Ende der Ausbildung zu fragen. „Sozialstruktur" kann dann freilich nicht mehr als Aggregat von Berufen verstanden werden, sondern nimmt die innerinstitutionellen und die zwischen Klassen oder Schichten bestehenden Beziehungen von Herrschaft und Unterordnung, Respekt und Mißachtung auf. Der Beitrag von Prozessen ungleicher Bildung (inhaltlich, zeitlich, organisatorisch) zur Erhaltung der Sozialstruktur liegt dann in der *differentiellen Sozialisation* für die Anforderungen ungleicher Lebens- und Arbeitsbedingungen einschließlich der Vermittlung solcher politischen Attitüden und Deutungen, die die bestehende Struktur sozialer Ungleichheit stabilisieren.
Auf der anderen Seite kann die Prämisse fallen gelassen werden, daß das Bildungssystem nur über die Distribution seiner Absolventen oder über ihre differentielle Sozialisation für *gegebene* ungleiche Positionen oder Sozialgruppierungen auf die Sozialstruktur wirkt und nicht auch die Strukturen selbst beeinflußt, beispielsweise indem es aufgrund seiner institutionellen Verfaßtheit (Curriculum oder Organisation) anderen gesellschaftlichen Bereichen bestimmte „Strukturreaktionen" geradezu aufzwingt. Auf dieser Ebene fungiert das Bildungswesen als Instrument oder Vermittlungsinstanz kollektiver, politischer und ökonomischer Interessen, die Distributions- und Sozialisationsprozesse erst regulieren. Ein Beispiel dieser Funktion, die *„differentielle Strukturierung"*, wird später beschrieben. Die anschließenden Abschnitte folgen der Unterscheidung der drei Dimensionen, in denen Bildungsinstitutionen zur Erhaltung der Sozialstruktur beitragen können.

3 Statusdistribution, Meritokratisierung und Kompensation

Die im Rahmen der distributiven Funktion von Bildungsinstitutionen interessierende Frage, ob und in welchem Maß Bildungsprozesse zu einer Lösung der einzelnen aus den Lebensbedingungen ihrer Herkunftsklasse oder -schicht führen, kann mit den Methoden der empirischen Umfrageforschung und der Statistik prinzipiell auf zweierlei Weise untersucht werden: zum einen durch die Analyse von *Mobilitätstafeln* (vgl. BOLTE/RECKER 1976, MÜLLER 1975), zum anderen durch *Regressionsanalysen metrisch gemessener Variablen* der sozialen Herkunft, des erreichten Bildungsstatus und des als Erwachsener erreichten beruflichen Status oder Einkommens (zum Verfahren vgl. OPP/SCHMIDT 1976). Mit der Ausnahme der Untersuchung von MÜLLER (vgl. 1978) beschränken wir uns im folgenden auf die regressions- beziehungsweise pfadanalytischen Untersuchungen des Statuszuweisungsprozesses, weil in ihnen die Stellung der Bildung für die Reproduktion der Sozialstruktur differenzierter erfaßt werden kann als bei den Analysen von Mobilitätstafeln.

3.1 Modelle der Statuszuweisung

Die pfadanalytische Untersuchung des Statuszuweisungsprozesses nimmt Fragestellungen der Erforschung der Intergenerationen- und der Karrieremobilität auf; sie analysiert aber nicht Veränderungen vom Herkunftsstatus zum erreichten Berufs-

Bildung und Reproduktion der Sozialstruktur

status, sondern behandelt den erreichten sozialen Status als zu erklärende Variable in Abhängigkeit von vorhergehenden, für kausal wirksam erachteten Variablen früherer Phasen des Lebenszyklus, von denen der schulische Abschluß und Merkmale der sozialen Herkunft die wichtigsten sind (vgl. BLAU/DUNCAN 1967, S. 165ff.; vgl. MÜLLER 1975, S. 104ff.). Durch entsprechende statistische Verfahren ist es möglich, direkte Effekte unabhängiger Variablen auf die zu erklärende Variable von solchen Effekten zu trennen, die über intervenierende Variablen vermittelt sind. Zugleich ist es möglich, deren „autonomen", das heißt von der Wirkung anderer Variablen unabhängigen Effekte auf die abhängige Variable zu bestimmen. Diese Vorteile der pfadanalytischen Behandlung des Statuszuweisungsprozesses werden allerdings mit einer ernsthaften, häufig als unrealistisch kritisierten Einschränkung bezahlt: Aus Gründen des statistischen Verfahrens muß unterstellt werden, daß die Variablen in *einer,* als Intervallskala faßbaren Dimension liegen, also beispielsweise die hierarchische Anordnung der Berufe in einer einzigen Dimension der „sozialen Erwünschtheit" oder des „sozioökonomischen Status" (HAUSER/FEATHERMAN 1977, S. 5). Dadurch wird nicht nur die Mehrdimensionalität sozialer Schichtung ausgeblendet (zur Kritik: vgl. MÜLLER 1978, S. 235; vgl. GOLDTHORPE/BEVAN 1977, S. 280ff.; vgl. HORAN 1978), sondern Klassen und Schichten als – und seien es nur mögliche – „kollektive Subjekte" verschwinden hinter den Beziehungen von Variablen. – Es gibt allerdings Versuche, mit Methoden der Pfadanalyse qualitative Differenzierungen des Beschäftigungssystems (vgl. BECK u.a. 1978) beziehungsweise der Klassenstruktur (vgl. WRIGHT/PERRONE 1977) zu berücksichtigen. – Dennoch sollen diese Untersuchungen hier einen breiteren Raum einnehmen, weil sie bisher als einzige vollständige „Zyklen der Reproduktion" für repräsentative Stichproben in längerfristiger Perspektive zu untersuchen gestatten.

Ein einfaches Grundmodell des Statuszuweisungsprozesses verdeutlicht, wieso die zu Beginn dieses Abschnitts aufgeworfenen Fragen mit Hilfe dieser Methode angegangen werden können:

Abbildung 1: Grundmodell des Statuszuweisungsprozesses

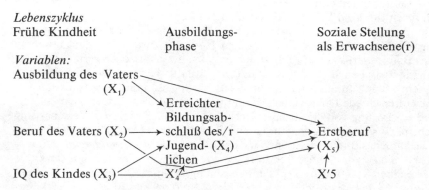

Die Pfeile X_1-X_4 und X_2-X_4 stellen die Verbindung der sozialen Herkunft zum erreichten Bildungsabschluß dar. Ein enger korrelativer Zusammenhang verweist auf die Determination des Schulabschlusses durch die soziale Herkunft. Der erreichte berufliche Status im Erwachsenenalter hängt einmal direkt von der sozialen Herkunft ab (X_1-X_5; X_2-X_5); das Vorhandensein positiver Korrelationen drückt dann status*askriptive* Einflüsse der sozialen Herkunft („Name", Beziehungen, Vermögen) aus. Zum anderen wird die soziale Herkunft über schulische Abschlüsse vermittelt (X_1/X_2-X_4-X_5). Das Ausmaß der Verknüpfung von Bildungsabschluß und Berufsstatus als Indikator der Bedeutung von Bildungszertifikaten wird durch die Beziehung X_4-X_5 ausgedrückt. Schließlich kann der autonome und von anderen vorhergehenden Variablen der sozialen Herkunft beziehungsweise der Intelligenz unabhängige Einfluß der Bildung auf den erreichten Berufsstatus durch Einbeziehung des „Residualpfades" X'_4-X_4 ermittelt werden, der angibt, wieviel der Varianz von X_4 *nicht* durch vorhergehende Variablen erklärt wird (vgl. MÜLLER/MAYER 1976, S. 52 ff.).

Anhand der Skizze der Variablen des Statuszuweisungsprozesses kann verdeutlicht werden, welches die wichtigsten, umstrittenen *Modelle der Stellung der Ausbildung im Reproduktionsprozeß* sind:

Das erste Modell könnte man in Anlehnung an BOWLES/GINTIS (1974, S. 34) die „vollkommene Meritokratie auf Basis intellektueller Fähigkeiten" nennen. Empirisch müßte es durch folgende Beziehungen ausgewiesen sein:
- Kein direkter Einfluß von Variablen der sozialen Herkunft auf den erreichten beruflichen Status oder das Einkommen.
- Schwache Determination des – rein kognitiv definierten – Schulerfolgs durch Faktoren der sozialen Herkunft und beträchtliche, aber nicht ausschließliche Bestimmung des Schulerfolgs, eventuell auch des Berufsstatus/Einkommens durch Intelligenz, die selbst unabhängig von der sozialen Herkunft ist; relativ hoher autonomer Effekt der Schulvariable auf den erreichten Sozialstatus.
- Enge Verknüpfung von Bildungserfolg mit beruflichem Status/Einkommen.

Nach diesem Modell ist das Bildungssystem ein höchst wirksames Instrument, die Zugangsmuster zu ungleichen Positionen offen zu halten, die generationsübergreifende Statusvererbung und Verfestigung von sozialen Gruppen zu verhindern.

Das zweite Modell der Beziehungen von sozialer Herkunft, Bildungserfolg und erreichtem Status könnte „Zuschreibung der Fähigkeiten zur Erbringung bestimmter Leistungen" (MÜLLER 1975, S. 152) oder Transmission sozialer Herkunft durch schulische Leistung heißen (vgl. HALSEY 1977, S. 184). Auch bei ihm gibt es keine nennenswerten direkten Effekte der sozialen Herkunft auf den erreichten Sozialstatus oder das Einkommen. Aber anders als beim streng meritokratischen Modell hängt die Schulleistung eng mit der sozialen Herkunft zusammen, der autonome Effekt des Bildungserfolgs auf den erreichten Sozialstatus ist eher gering. Der Zusammenhang zwischen Bildungserfolg und Sozialstatus kann gleichwohl eng sein. Nach diesem Modell fungiert das Bildungssystem gleichsam als „Transmissionsriemen" für Unterschiede der sozialen Herkunft, ohne daß es selbst in nennenswertem Maße zur Lösung von der sozialen Herkunft, aber auch nicht zur Verschärfung der schichtspezifisch angelegten, familialen Unterschiede der Lernfähigkeit beiträgt.

Schließlich kann das Bildungssystem Teil einer *offen sozial diskriminierenden Reproduktion* sein. Sie ist vor allem durch stärkere *direkte* Effekte der sozialen Herkunft auf den erreichten Sozialstatus/Einkommen gekennzeichnet. Die autonomen Effekte des Bildungssystems auf den erreichten Status sind gering. Eine enge Verknüpfung von Bildungserfolg und Berufsstatus/Einkommen, die durchaus im Rahmen dieses Modells möglich ist, resultiert nicht etwa aus der Entsprechung von kognitiven Anforderungen des Berufs und im Bildungserfolg ausgedrückten intellektuellen schulischen Leistungen. Sie folgt vielmehr daraus, daß die Anforderungen des Berufs primär sozial bestimmt sind (Erfordernisse der Loyalität und Konformität, aber auch der Initiative und Autonomie) und daß das Bildungssystem derartige so-

Bildung und Reproduktion der Sozialstruktur

ziale Fähigkeiten (Habitus) vermittelt und zur Grundlage von Selektionsentscheidungen macht (vgl. BOWLES/GINTIS 1978, S. 131 ff.). Vor allem in den USA sind auf Basis des Grundmodells der Statuszuweisung Erweiterungen vorgenommen worden, die eine differenziertere Erfassung der Zusammenhänge ermöglichen sollen. Die Vielfalt der Modellerweiterungen und Untersuchungen kann hier nur summarisch, mit ausgewählten Literaturhinweisen versehen, erwähnt werden, bevor einige wichtige Resultate ausführlicher dargestellt werden. Auf der Seite der *unabhängigen Variablen* sind Familienvariablen wie die Zahl der Kinder oder die Unvollständigkeit der Familie berücksichtigt worden (vgl. FEATHERMAN/HAUSER 1978, S. 234 ff.; vgl. MÜLLER/MAYER 1976, S. 49 ff.). Die bildungssoziologische Erforschung *innerschulischer und inneruniversitärer Verhältnisse* hat zu einer differenzierteren Erfassung von sozialpsychologischen Variablen (etwa Erwartungen von Lehrern und Beratern, Eltern und Gleichaltrigen - vgl. HALLER/PORTES 1973, REHBERG/ROSENTHAL 1978, SEWELL/HAUSER 1976) und von strukturellen Variablen wie Fächerschwerpunkten (curriculum tracking - vgl. ALEXANDER u. a. 1978) oder vertikalen Differenzierungen von Schule und Hochschule (vgl. ALEXANDER/ECKLAND 1975, GRIFFIN/ALEXANDER 1978/1979) geführt. Schließlich hat die Einbeziehung von Variablen des Einkommens und der Beschäftigungsverhältnisse auf der Seite *abhängiger Variablen* zu einer Annäherung von Statusdistributionsforschung und Bildungsökonomie geführt (vgl. JENCKS u. a. 1973, PSACHAROPOULOS 1977a, 1977b). Besonders bedeutend für die Einschätzung der sozialreproduktiven Funktion von Bildung ist die *Historisierung des Grundmodells* geworden, die Panel- und Replikationsuntersuchungen einerseits (vgl. ALEXANDER/ECKLAND 1975, FEATHERMAN/HAUSER 1978, HAUSER/FEATHERMAN 1977) und retrospektive Kohortenanalysen andererseits ermöglicht haben (vgl. S. 197 ff.)

3.2 Tendenzen der Statusdistribution

Aus drei Ländern - den USA, England und der Bundesrepublik Deutschland - liegen erste Einschätzungen der historischen Tendenzen der Statusdistribution vor, die mit Techniken der Kohortenanalyse und der Replikationsuntersuchung gewonnen wurden. Übereinstimmend ergeben diese Untersuchungen eine Tendenz zur *Meritokratisierung des Berufszugangs* in dem Sinne, daß die direkten Effekte der sozialen Herkunft von Befragten auf ihren Erstberuf gering sind und abnehmen und daß die Verknüpfung von Schulabschluß und Erstberuf hoch ist (in der Regel der höchste Pfadkoeffizient von allen) und noch zunimmt (vgl. ALEXANDER/ECKLAND 1975; vgl. FEATHERMAN/HAUSER 1978, S. 237 f., S. 261; vgl. HALSEY 1977, S. 178 ff.; vgl. MÜLLER 1978, S. 212 ff.). Die Statusdistribution nähert sich damit - zumindest im Hinblick auf den beruflichen Status - zunehmend dem Typ der „Askription durch Leistung" an (vgl. FEATHERMAN/HAUSER 1978, S. 255 ff.), wobei allerdings zwei wichtige Einschränkungen zu bedenken sind: zum einen übt der soziale und ökonomische Status der Eltern beträchtliche *direkte* Effekte auf das *Einkommen* aus (vgl. BOWLES 1972b, GRIFFIN 1976), zum anderen bleibt es umstritten, ob die enge Verknüpfung von Bildungsabschluß und beruflichem Status aufgrund der Entsprechung intellektueller Anforderungen der Berufe und kognitiver, von der Schule vermittelter Fähigkeiten der Schüler zustandekommt (vgl. 4).
Die Tendenz zur Meritokratisierung des Berufszugangs ist in der Mehrzahl der untersuchten Fälle von einer *partiellen Lockerung des Bildungserfolges von der sozialen Herkunft,* das heißt von einer Angleichung der sozialstrukturell bedingten Bildungschancen begleitet. Es ergeben sich allerdings kennzeichnende Unterschiede.

Nach der englischen Untersuchung von HALSEY (vgl. 1977), der Alterskohorten vor und nach Verabschiedung des reformerischen Education Act von 1944 verglich, gilt die längerfristige Tendenz der Lockerung des Bildungserfolgs von der sozialen Herkunft für England nicht: Der Zusammenhang zwischen Merkmalen der sozialen Herkunft und der Ausbildung der Befragten ist gerade bei der jüngeren von der Bildungsreform betroffenen Alterskohorte *enger* geworden (vgl. HALSEY 1977, S. 182 ff.). Für die USA haben zunächst mehrere Untersuchungen global eine größere Angleichung im Schulbesuch während des 20. Jahrhunderts ergeben (vgl. HAUSER/FEATHERMAN 1976, THUROW 1972); bei einer Unterteilung in High-school-Schüler (Klassen 1 bis 12) und College-Studenten zeigt die Kohortenanalyse allerdings, daß die Lockerung des Bildungsstatus von Herkunftsvariablen im wesentlichen nur in der high school erfolgte, während der Zusammenhang von Merkmalen der Klassenzugehörigkeit mit dem College-Besuch nach wie vor eng und konstant geblieben, vielleicht sogar gewachsen ist (vgl. FEATHERMAN/HAUSER 1978, S. 238 ff.). Die „historischen sozioökonomischen Unterschiede" der Bildung sind demnach mit dem Anheben der Durchschnittsausbildung nicht verschwunden, sondern haben sich in die höchsten Teile des Bildungssystems verlagert (vgl. FEATHERMAN/HAUSER 1978, S. 251, S. 309; als zusammenfassende Darstellung und Interpretation dieser Tendenzen vgl. TEICHLER u. a. 1976).
Auch für bundesdeutsche Verhältnisse bestätigt die längerfristige Kohortenanalyse eine schwache Annäherung der Bildungschancen zwischen den traditionell am weitesten auseinander liegenden Gruppen (vgl. MÜLLER 1978, S. 212). In kürzerfristiger Perspektive zeigen Verlaufsuntersuchungen des Übergangsverhaltens nach der 4. Schulklasse in einem Bundesland zwischen 1968 und 1973 eine Annäherung der Unterschiede zwischen den sozialen Gruppen, ohne daß es zu einer Veränderung der Reihenfolge der Gruppen oder zu massiven Einbußen der privilegiertesten Gruppen kommt (vgl. KÄMPFE u. a. 1977).
Die zunehmende Meritokratisierung des Berufszugangs und die – zumindest teilweise feststellbare – Lockerung des Bildungserfolgs von der sozialen Herkunft bedeutet indes nicht notwendig, daß sich die gesamte Statusvererbung von Generation zu Generation abgeschwächt hat. Für die USA konstatieren FEATHERMAN/HAUSER (vgl. 1978, S. 234 ff., S. 288 ff.) in ihrer Replikationsuntersuchung der Veränderungen zwischen 1962 und 1973, daß Merkmale der sozialen Herkunft der Befragten sich auf ihren beruflichen Status und ihr Einkommen in diesem Zeitraum schwächer auswirkten; untersucht man jedoch die Spannbreite des erreichten Status und Einkommens auf der Basis unterschiedlich hoher Herkunftsstatus, so sind die Unterschiede des erreichten Sozialstatus trotz der starken Angleichung der Bildung und der Abschwächung des Herkunftseinflusses auf den erreichten Status erhalten geblieben oder sogar stärker geworden (vgl. FEATHERMAN/HAUSER 1978, S. 236f., S. 252 ff.). FEATHERMAN/HAUSER (1978, S. 236) interpretieren diese Beobachtungen im Zusammenhang mit der „structural expansion and differentation of a growing economy". Das aber heißt: Egalisierende Veränderungen der Muster der Statuszuweisung können durch strukturelle Veränderungen der Berufs- und Einkommenspyramide wieder zunichte gemacht werden.
Einen anderen Akzent setzt MÜLLER (vgl. 1978) für bundesdeutsche Verhältnisse. Auch er konstatiert die Diskrepanz zwischen einer Annäherung der Bildungschancen der extrem auseinanderliegenden Klassenlagen und der Verstärkung der Ungleichheit der Berufschancen, erklärt dies aber damit, daß sich die Zugangschancen für die einzelnen Klassenlagen nicht *einheitlich* entwickelt haben: Für Positionen, in die ein beruflicher Aufstieg nach mittleren Abschlüssen möglich war, hat sich

Bildung und Reproduktion der Sozialstruktur

der Zusammenhang von Herkunftsstatus und erreichtem Status gelockert, während die soziale Determination bei herausgehobenen Positionen eher noch größer geworden ist (vgl. MÜLLER 1978, S. 231 ff.).
Wie immer man die Fortexistenz beruflicher Ungleichheit trotz größerer Bildungschancengleichheit erklärt – ob aus Strukturveränderungen der Berufe oder aus der je nach Klassenzugehörigkeit verschiedenen Entwicklung von Zugangsmustern –, die beobachtete Neutralisierung von Egalisierungstendenzen im Bildungssystem durch Veränderungen des Beschäftigungssystems (vgl. MÜLLER/MAYER 1976, S. 60 f.) verweist darauf, daß die Politik der Bildungschancengleichheit nur erfolgreich sein kann, wenn sie durch die direkte Angleichung der Beschäftigungs- und Einkommensverhältnisse vorbereitet und begleitet wird (vgl. BECK u.a. 1976).

3.3 Der autonome Beitrag des Bildungssystems zur Statusdistribution

Das politische Postulat einer Angleichung der Beschäftigungs- und Einkommensverhältnisse erhält durch die Kontroverse über die *Höhe* des autonomen Betrags von Bildungsvariablen zur Erklärung beruflicher und einkommensmäßiger Ungleichheit eine zumindest partielle Unterstützung. Wie die vor allem in den USA geführte Debatte um die Thesen von JENCKS u.a. (vgl. 1973) gezeigt hat (vgl. LEVINE/BANE 1975; für die Bundesrepublik Deutschland vgl. BOLDER 1980, GEISSLER 1978, MÜLLER/MAYER 1976), ist sie von erheblicher sozialpolitischer Bedeutung. Jencks u.a. kommen zu dem Ergebnis, daß der autonome Beitrag des Bildungssystems zur Erklärung der Varianz von Einkommensunterschieden gering ist, daß *innerhalb sozial* definierter Gruppen oder Schichten die *individuellen* Einkommensunterschiede stärker streuen als die Einkommensunterschiede *zwischen* sozialen Gruppen und daß deshalb eine Strategie der Einkommensnivellierung nicht vermittelt über eine kompensatorische Bildungspolitik, sondern über direkte Eingriffe in die Struktur beruflicher und einkommensmäßiger Ungleichheit erfolgen sollte. Andere Forscher haben bestätigt, daß der „autonome" Einfluß des Bildungssystems im Vergleich zum bildungsmäßig vermittelten Einfluß von Herkunftsvariablen und von nicht im Pfadmodell berücksichtigten Variablen relativ bescheiden ist und noch sinkt, wenn man zusätzliche Variablen wie solche der Familienstruktur berücksichtigt (vgl. FEATHERMAN/HAUSER 1978, S. 255 ff.; vgl. MÜLLER/MAYER 1976, S. 52 ff.). Dem steht indes entgegen, daß die durch autonome Schuleffekte erklärte Varianz des beruflichen und einkommensmäßigen Status steigt, wenn Schulmerkmale differenzierter erfaßt werden (vgl. GRIFFIN/ALEXANDER 1978/1979).
Die kontroverse Einschätzung der Höhe oder Geringfügigkeit autonomer Effekte schulischer Merkmale leitet unmittelbar zur politischen Bewertung über. Selbst wenn es nach den oben zitierten Trendanalysen wahrscheinlich ist, daß eine Erweiterung der Bildungsbeteiligung die berufliche Ungleichheit wegen des Verschiebens von Selektionsbarrieren in die höheren Bildungsinstitutionen und wegen der hierarchischen Differenzierung im Beschäftigungssystem nicht nennenswert reduziert, ist eine Strategie der Bildungsexpansion und der Kompensation sozialer Defizite nicht sinnlos. Zum einen wäre die berufliche Ungleichheit vermutlich noch größer gewesen, wenn es keine Bildungsexpansion gegeben hätte (vgl. BOLDER 1980, S. 274; vgl. MÜLLER/MAYER 1976, S. 70 f.), zum anderen läge bereits in einer Angleichung der sozial bedingten Ausbildungsunterschiede, unabhängig von ihren weiteren Auswirkungen, ein bedeutsamer Erfolg einer an Chancengleichheit orientierten Politik. Das entscheidende Problem liegt aber darin, ob mit der Bildungsexpansion überhaupt eine nennenswerte Kompensation sozialer Defizite einhergegan-

gen ist, die eindeutig die bisher Privilegierten belastet und die Unterprivilegierten bevorzugt. So zeigt eine englische Untersuchung von BYRNE u. a. (vgl. 1975), daß die soziale Zusammensetzung einer Region entscheidenden Einfluß auf die Verfügbarkeit von Ressourcen für Bildung ausübt und daß diese für den Bildungserfolg der Schüler von erheblicher Bedeutung sind. Die 30 Jahre staatlicher Reformpolitik hatten an der sozial-regionalen Verteilung der Ressourcen wenig geändert, so daß die Frage einer gezielten, für die Privilegierten schmerzhaften Umverteilung nach wie vor auf der Tagesordnung steht (vgl. USEEM/MILLER 1975, S. 115 f.).

4 Erhaltung der Sozialstruktur als Sozialisation – Meritokratie als Ideologie

Das Bild, das die Statusdistributionsforschung vom Bildungswesen gezeichnet hat – ein in der Primar- und Sekundarausbildung zunehmend egalitäres, im tertiären Bereich allerdings weiterhin konstant sozialselektives Bildungssystem, dessen Zertifikate zwar zunehmend den Berufseintritt bestimmen, das aber gleichwohl trotz seiner Expansion die Ungleichheit gesellschaftlicher Positionen nicht verändert hat –, dieses Bild wird von anderen Theorietraditionen einerseits bestätigt, andererseits zurückgewiesen. Bei diesen Forschungsansätzen liegt das Schwergewicht auf den die Sozialstruktur stabilisierenden *individuellen* Auswirkungen von schulischen Bildungsprozessen. In der Einschätzung der gesellschaftliche Ungleichheit konservierenden Wirkung von Bildung stimmen diese Ansätze mit den Ergebnissen der Statusdistributionsforschung überein. Aber sie haben eine andere Erklärung dafür, wie der strukturerhaltende Effekt von institutionalisierter Bildung zustandekommt.
Die hier zusammengefaßten Forschungsansätze haben ihren gemeinsamen Angriffspunkt in dem „technisch-meritokratischen Modell" (BOWLES/GINTIS 1978, S. 131 ff.), das von folgenden Annahmen ausgeht:
– die Schulen vermitteln entsprechend ihrer offiziellen Zielerklärung, vor allem intellektuelle Fähigkeiten,
– intellektuelle Fähigkeiten sind das entscheidende Kriterium der Zuweisung zu Berufen,
– die Entlohnung in den Berufen entspricht der individuellen Leistungsfähigkeit bei der Lösung technisch definierter Aufgaben (so die herrschende Lehre der Bildungsökonomie – vgl. BECKER 1964).
Aus der Kritik an diesen Annahmen, welche die mehr oder weniger offen sozial diskriminierenden Momente der Statuszuweisung und die politisch-herrschaftlichen Determinanten einer nur verkürzt als „rein technisch" verstandenen Berufsarbeit betont, wird ein Bild der reproduktiven Funktion von Schule und Hochschule entwickelt, das als ihren entscheidenden Beitrag zur Erhaltung der Sozialstruktur die *latente* Vermittlung von klassen- und statusgruppen*spezifischen sozialen* Verhaltensweisen und von Schülern aller Schichten *gemeinsamen kognitiven* Mustern zur Legitimation sozialer Ungleichheit ausweist.
Das „technisch-meritokratische Modell" der Statuszuweisung ist aus unterschiedlichen Gründen in Zweifel gezogen worden. Zum einen konnte – zumindest in bezug auf das erzielte Einkommen – der Fortbestand offen askriptiver Wirkungen der sozialen Herkunft nachgewiesen werden (vgl. 3.2). Auch innerhalb des Bildungssystems konnten für die privilegiertesten, höheren Institutionen die Vorteile einer höheren sozialen Herkunft – bei konstanter „akademischer Fähigkeit" – gezeigt werden (vgl. USEEM/MILLER 1975). Ferner wurde bestritten, daß der immer wieder nachgewiesene enge Zusammenhang von Bildungsabschluß oder -erfolg mit dem später erreichten Berufsstatus ein Ausdruck der Übereinstimmung zwischen den

intellektuellen Anforderungen des Berufs und den vom Schulsystem vermittelten kognitiven Leistungen ist (vgl. BOWLES/GINTIS 1974; vgl. BOWLES/GINTIS 1978, S. 131 ff.). – REHBERG/ROSENTHAL (vgl. 1978) vertreten mit Nachdruck die Gegenthese, daß – zumindest *innerhalb* von high school und college – die Kurszuweisungen meritokratisch im strengen Sinn, also in Abhängigkeit von der „scholastic aptitude" erfolgen. – Überdies wurde mehrfach betont, daß in Bildungsinstitutionen wichtige Prozesse latenten *sozialen* Lernens ablaufen (vgl. die bei USEEM/MILLER 1975 und bei COLLINS 1971 zitierte Literatur). Schließlich haben Untersuchungen zum Rekrutierungs- und Entlohnungsverhalten von Organisationen gezeigt, daß weniger die intellektuellen Anforderungen über die Besetzung von Arbeitsplätzen und die intellektuellen Leistungen über die Entlohnung entscheiden, als vielmehr „extrafunktionale" Qualitäten wie die „richtige" soziale Herkunft (Schicht, Religion, Rasse, Geschlecht) und die Regelorientierung im Beruf, die Verläßlichkeit und die Verinnerlichung von Organisationszielen (vgl. COLLINS 1971; vgl. BOWLES/ GINTIS 1978, S. 158 ff.).

Sind sich die Kritiker des technisch-meritokratischen Modells über die Gründe seiner Ablehnung weitgehend einig, so unterscheiden sie sich darin, wie der Beitrag des Bildungssystems zur Reproduktion der Sozialstruktur positiv zu bestimmen ist. Collins, der sich in der Tradition M. Webers definiert, geht in der Betonung der konsumtiven und symbolischen Bedeutung der Ausbildung am weitesten. Für ihn ist Bildung ein „mark of membership" (COLLINS 1971, S. 1008) von *Status*gruppen, die er als Grundeinheiten der Gesellschaft begreift. Bildungsinstitutionen „teach vocabulary and inflection, styles of dress, aesthetic tastes, values and manners" (COLLINS 1971, S. 1010) – all das, was die gemeinsame Kultur und Lebensführung, den „Stil" einer Statusgruppe ausmacht. Mag diese Interpretation für elitäre Institutionen (Privatschulen, Universitäten) noch Plausibilität besitzen, so dürfte die Anwendung der Thesen Collins' auf das öffentliche Massenbildungssystem schwieriger und die Beschränkung auf die „ständischen" Aspekte der Lebenslage überzeichnet sein.

In marxistischer Perspektive (vgl. BOWLES 1972 a, BOWLES/GINTIS 1978, LENHARDT 1974) liegt der Akzent demgegenüber auf den sozialen Anforderungen *produktiver* Tätigkeit und ihren Entsprechungen im hierarchischen Bildungssystem. Die Stellung im Produktionsprozeß ist danach von gesellschaftlichen Herrschaftsverhältnissen definiert, so daß die Sozialisation der Individuen, die zugleich einen Teil der Reproduktion sozialer Ungleichheit darstellt, sich auf die sozialen, nichttechnischen Anforderungen von Arbeitsrollen bezieht. Für die Inhaber der untersten Arbeitsrollen sind dies etwa Ordentlichkeit, Pünktlichkeit oder Gehorsam, während die Anforderungen der obersten Positionen im Beschäftigungssystem beispielsweise Selbständigkeit, Initiative, Durchsetzungsvermögen umfassen. Prägen die ungleichen beruflichen Anforderungen an das Sozialverhalten der Erwachsenen auf der einen Seite das schichten- und klassenspezifische Familienmilieu, so verstärkt andererseits das vertikal differenzierte, nach Lerninhalten und Organisationsformen ungleiche Bildungssystem die für die Aufrechterhaltung der Herrschaft im Beschäftigungssystem erforderlichen Dispositionen und leistet damit seinen Beitrag zur Erhaltung der Sozialstruktur. Diese These der „Korrespondenz" von beruflicher Stellung, familialem Milieu und schulischer Situation (vgl. BOWLES 1972a) kann sich zwar auf bereichsspezifische Analysen stützen und weist erhebliche Plausibilität auf, aber die Verknüpfung der korrespondierenden Beziehungen läßt sich empirisch nur sehr schwer nachweisen.

Neben der differentiellen Sozialisation für hierarchisch angeordnete Berufsrollen trägt das Bildungssystem durch seinen meritokratischen Charakter dazu bei, daß alle Schüler unabhängig von ihrer Schicht- und Klassenzugehörigkeit die Gesellschaftsordnung insgesamt für gerecht halten (vgl. BOURDIEU/PASSERON 1971, S. 228; vgl. BOWLES/GINTIS 1974, S. 36 f.). Vor allem Bourdieu/Passeron sehen in dieser allgemeinen Rechtfertigung gesellschaftlicher Ungleichheit als einer des „individuellen Verdienstes" den entscheidenden Beitrag der Ausbildungsinstitutionen zur Reproduktion der Sozialstruktur. Einer der wenigen empirischen Belege für diese weitreichenden Thesen kann in dem Befund von FEND u. a. (vgl. 1976) gesehen werden, daß in den stärker meritokratisch organisierten Gesamtschulen die Schüler eher an die Gültigkeit des Leistungsprinzips als gesellschaftlicher Zuteilungsnorm glaubten als Schüler im traditionell segregierenden Bildungswesen.

5 Strukturen der Bildung, gesellschaftliche Arbeitsteilung und sozioökonomische Interessen

In den bisher geschilderten Forschungsansätzen wird die Reproduktion der Sozialstruktur entweder als massenhafte Verteilung der Individuen auf ungleiche Positionen oder als Sozialisation verstanden, die Konformität gegenüber der Struktur sozialer Ungleichheit erzeugt. Die historisch entstandenen, aus gesellschaftlichen Interessenlagen und Konflikten erwachsenen Strukturen der Bildung (im weitesten Sinn aller institutionellen Regelungen des Schulaufbaus, der Unterrichtsinhalte, der Finanzierung oder der Lehrerausbildung) werden dabei als gegeben unterstellt. Auf der nun abschließend zu skizzierenden Ebene der Betrachtung wird diese Prämisse aufgegeben. Die Wechselwirkung von Strukturen ungleicher Bildung und gesellschaftlicher Ungleichheit (sowie ihre historischen, aus politischen, ökonomischen und sozialen Interessenlagen stammenden Bestimmungsfaktoren) erscheinen selbst als Teil des umfassenden Reproduktionsprozesses von Klassen, Schichten und Berufsgruppen. Anders als bei Statusdistribution und Sozialisation steht bei diesem besonderen Beitrag des Bildungssystems zur Aufrechterhaltung gesellschaftlicher Ungleichheit weniger die generationenübergreifende Statusvererbung, die Erhaltung der *personellen* Kontinuität verschiedener Schichten, Klassen oder anderer Sozialgruppierungen im Vordergrund, als vielmehr die Aufrechterhaltung oder Veränderung der hierarchischen Differenzierung des Bildungssystems selbst, an die kollektive Interessen der Statuskonkurrenz geknüpft sind.

Bei den vorerst noch wenigen Untersuchungen, die unter dieser historischen und politischen Perspektive die Reproduktion der Sozialstruktur durch Bildung begreifen, werden unterschiedliche Zugänge zur Erfassung dieser Wechselbeziehung gewählt. Die *empirisch-organisationssoziologische* Analyse betont den Einfluß von hierarchischen Strukturen der Bildung auf die *Arbeitsteilung* innerhalb des Beschäftigungssystems. In dieser Perspektive vollzieht sich die Reproduktion der Sozialstruktur als vom hierarchischen Bildungssystem hervorgebrachte Strukturierung von unterschiedlichen *Qualifikationen,* die dem Beschäftigungssystem bestimmte Einsatzverhältnisse der Arbeitskräfte aufzwingt. So konnte LUTZ (vgl. 1976) in einer bundesdeutsche und französische Betriebe vergleichenden Untersuchung zeigen, daß sich ihre betriebliche Arbeitsteilung, hierarchische Differenzierung und personelle Besetzung der Rangebenen – bei gleicher Branchenzugehörigkeit und Fertigungstechnik – erheblich unterscheiden. Diese Differenzen der innerbetrieblichen Arbeitsteilung, die ihrerseits Lern- und Aufstiegsmöglichkeiten und damit die soziale Lage prägt, konnte Lutz auf die Besonderheiten des jeweiligen nationalen Systems der beruflichen Bildung zurückführen; dieses begreift er als

Ausdruck historischer Problemlagen, die er indes eng als ökonomische Entwicklungsprobleme begreift. Das System der beruflichen Bildung spiegelt sich damit in der Qualifikationsstruktur der Betriebe wider.
Einen anderen Zugang wählt die *Sozialgeschichte des Bildungswesens* (vgl. MÜLLER 1977), der *Professionen* (vgl. SARFATTI LARSON 1977) und der *staatlichen Bürokratie* (vgl. WUNDER 1978). Für sie fungieren die hierarchischen Differenzierungen des höheren Bildungswesens als Bestandteil eines von höheren und mittleren Schichten strategisch angegangenen „Projekts der kollektiven Mobilität" (vgl. SARFATTI LARSON 1977), in dem nicht nur „Nachfrager" nach Bildung ihre Interessen an der Erhaltung und Verbesserung der sozialen Lage durchzusetzen versuchen, sondern auch die Eigeninteressen jener Gruppen zur Geltung kommen, die Bildungsprozesse maßgeblich tragen und organisieren: die unterschiedlich privilegierten Gruppen der Lehrerschaft. So kann MÜLLER (vgl. 1977) die begründete These vertreten, daß der Prozeß der vertikalen Ausdifferenzierung des deutschen höheren Schulwesens in der 2. Hälfte des 19. Jahrhunderts von den Standesinteressen unterschiedlicher Lehrergruppen beeinflußt wurde, die ihrerseits in Strategien der Herrschaftssicherung der Eliten im Kaiserreich einbezogen waren. Die strukturerhaltende Funktion des Bildungswesens erschließt sich damit nur über eine historische Analyse der höchst komplizierten „klassenpolitischen" Lage einer Gesellschaft.

6 Schluß

Obwohl der Zusammenhang von Bildung und Reproduktion der Sozialstruktur – entsprechend der Komplexität des Gegenstandes – auf unterschiedlichste Weise, auf der Grundlage divergierender theoretischer Prämissen und verschiedener Forschungsfragen aufgeschlüsselt wurde, ist das Maß der Übereinstimmung über die soziale Ungleichheit konservierenden – oder nicht maßgeblich verändernden – Wirkung von Bildungsprozessen doch bemerkenswert. Selbst wenn Bildungsexpansion und -reformen zu einer stärkeren Angleichung der Klassen und Schichten in der Bildungsbeteiligung führen – ein Zustand, von dem die Bundesrepublik Deutschland mit ihrem segregierenden, sozialprotektionistischen Bildungssystem noch weit entfernt ist –, und wenn das Bildungssystem die Zugänge zu ungleichen Berufspositionen sozial etwas offener gestaltet, bleibt das Ausmaß der strukturell bedingten gesellschaftlichen Ungleichheit doch erhalten. Die Ernüchterung über die Vergeblichkeit einer autonomen, vom Bildungssystem induzierten Veränderung sozialer Ungleichheit, die diese gleichsam über den Weg massenhafter individueller Aufstiege erschleichen will, kann nur die Konsequenz haben, die Ungleichheit hervorrufenden gesellschaftlichen Herrschaftsstrukturen unmittelbar, das heißt politisch anzugehen.

ALEXANDER, K. L./ECKLAND, B. K.: Basic Attainment Processes: A Replication and Extension. In: Sociol. of E. 48 (1975), S. 457 ff. ALEXANDER, K. L. u. a.: Curriculum Tracking and Educational Stratification: Some Further Evidence. In: Am. Sociol. Rev. 43 (1978), S. 47 ff. BADER, V. M. u. a.: Krise und Kapitalismus bei Marx, 2 Bde., Frankfurt/M. 1975. BECK, E. M. u. a.: Stratification in a Dual Economy: A Sectoral Model of Earnings Determination. In: Am. Sociol. Rev. 43 (1978), S. 704 ff. BECK, U. u. a.: Bildungsreform und Berufsreform. Zur Problematik der berufsorientierten Gliederung des Bildungswesens. In: Mitt. a. d. Arbmarkt. -u. Berfo. 9 (1976), S. 496 ff. BECKER, G. S.: Human Capital. A Theoretical and Empirical Analysis, with Special Reference to Education, New York/London 1964. BLAU, P. M./DUNCAN, O. D. (with the collaboration of A. Tyree): The American Occupational Structure, New York/London/Sydney 1967. BOLDER, A.: Zur Prognose von Bildungs- und Berufswahlentscheidungen im Chancenzuweisungsprozeß. Ergebnisse einer Längsschnittuntersuchung. In: Köln. Z. f. Soziol. u. Sozpsych. 32 (1980), S. 262 ff. BOLTE, K. M./RECKER, H.: Vertikale Mobilität. In: KÖNIG, R. (Hg.): Handbuch der empirischen Sozialforschung, Bd. 5, Stuttgart ^{2}1976, S. 40 ff. BOURDIEU, P./PASSERON, J.-C.: Die Illusion der Chancengleichheit. Untersuchungen zur Soziologie des Bildungswesens am Beispiel Frankreichs, Stuttgart 1971. BOWLES, S.: Unequal Education and the Reproduction of the Social Division of Labor. In: CARNOY, M. (Hg.): Schooling in a Corporate Society, New York 1972, S. 38 ff. (1972a). BOWLES, S.: Schooling and Inequality from Generation to Generation. In: J. of Pol. Econ. 80 (1972), S. 219 ff. (1972b). BOWLES, S./GINTIS, H.: Intelligenzquotient und Klassenstruktur in den USA. In: Leviathan 2 (1974), S. 27 ff. BOWLES, S./GINTIS, H.: Pädagogik und die Widersprüche der Ökonomie. Das Beispiel USA, Frankfurt/M. 1978. BYRNE, D. u. a.: The Poverty of Education. A Study in the Politics of Opportunity, London 1975. COLEMAN, J. S.: The Concept of Equality of Educational Opportunity. In: Harv. E. Rev. 38 (1968), S. 7 ff. COLLINS, R.: Functional and Conflict Theories of Educational Stratification. In: Am. Sociol. Rev. 36 (1971), S. 1002 ff. FEATHERMAN, D. L./HAUSER, R. M.: Opportunity and Change, New York/San Francisco/London 1978. FEND, H.: Gesellschaftliche Bedingungen schulischer Sozialisation, Weinheim/Basel 1974. FEND, H. u. a.: Sozialisationseffekte der Schule, Weinheim/Basel 1976. GEISSLER, R.: Bildung und Sozialchancen. Hypothesen zur Statuszuordnung durch das Bildungssystem. In: Köln. Z. f. Soziol. u. Sozpsych. 30 (1978), S. 468 ff. GOLDTHORPE, J. H./BEVAN, P.: The Study of Social Stratification in Great Britain: 1946-1976. In: Soc. sc. info./Info. sur les sc. soc. 16 (1977), S. 279 ff. GRIFFIN, L. J.: Specification Biases in Estimates of Socioeconomic Returns to Schooling. In: Sociol. of E. 49 (1976), S. 121 ff. GRIFFIN, L. J./ALEXANDER, K. L.: Schooling and Socioeconomic Attainments: High School and College Influences. In: The Am. J. of Sociol. 84 (1978/1979), S. 319 ff. HALLER, A. O./PORTES, A.: Status Attainment Processes. In: Sociol. of E. 46 (1973), S. 51 ff. HALSEY, A. H.: Towards Meritocracy? The Case of Britain. In: KARABEL, J./HALSEY, A. H. (Hg.): Power and Ideology in Education, New York 1977, S. 173 ff. HAUSER, R. M./FEATHERMAN, D. L.: Equality of Schooling: Trends and Prospects. In: Sociol. of E. 49 (1976), S. 99 ff. HAUSER, R. M./FEATHERMAN, D. L.: The Process of Stratification. Trends and Analyses, New York/San Francisco/London 1977. HORAN, P. M.: Is Status Attainment Research Atheoretical? In: Am. Sociol. Rev. 43 (1978), S. 534 ff. HURRELMANN, K.: Erziehungssystem und Gesellschaft, Reinbek 1975. JENCKS, CH.: u. a.: Chancengleichheit, Reinbek 1973. KAELBLE, H.: Chancenungleichheit und akademische Ausbildung in Deutschland 1910-1960. In: Gesch. u. Gesellsch. 1 (1975), S. 121 ff. KÄMPFE, N. u. a.: Schulbesuch und Bildungsreform 1960-1972, Stuttgart 1977. LENHARDT, G.: Berufliche Weiterbildung und Arbeitsteilung in der Industrieproduktion, Frankfurt/M. 1974. LEVINE, D. M./BANE, M. J.: The ‚Inequality' Controversy, New York 1975. LUTZ, B.: Bildungssystem und Beschäftigungsstruktur in Deutschland und Frankreich. Zum Einfluß des Bildungssystems auf die Gestaltung betrieblicher Arbeitskräftestrukturen. In: MENDIUS, H.-G. u. a.: Betrieb - Arbeitsmarkt - Qualifikation I. Arbeiten des Instituts für Sozialwissenschaftliche Forschung (ISF) München, Frankfurt/M. 1976, S. 83 ff. MEYER, J. W.: The Effects of Education as an Institution. In: The Am. J. of Sociol. 83 (1977/1978), S. 55 ff. MEYER, J. W. u. a.: The World Educational Revolution, 1950-1970. In: Sociol. of E. 50 (1977), S. 242 ff. MÜLLER, D. K.: Sozialstruktur und Schulsystem. Aspekte zum Strukturwandel des Schulwesens im 19. Jahrhundert, Göttingen 1977. MÜLLER, W.: Familie - Schule - Beruf. Analysen zur sozialen Mobilität und Statuszuweisung in der Bundesrepublik, Opladen 1975. MÜLLER, W.: Klassenlage und Lebenslauf, Habil.-Schrift, Mannheim 1978. MÜLLER, W./MAYER, K. U.: Chancengleichheit durch Bildung? Untersuchungen über den Zusammenhang von Ausbildungsabschlüssen und Berufsstatus. Deutscher Bildungsrat: Gutachten und Studien der Bildungskommission, Bd. 42, Stuttgart 1976. NUNNER-WINKLER, G.: Chancengleichheit und individuelle Förderung, Stuttgart 1971. OEVERMANN, U.: Die falsche Kritik an der kompensatorischen Erziehung. In: N. Samml. 14 (1974), S. 537 ff. OPP, K.-D./SCHMIDT, P.: Einführung in die Mehrvariablenanalyse, Reinbek 1976. PSACHAROPOULOS, G.: Economics of Education: An Assessment of Recent Methodological Advances and Empirical Results. In: Soc. sc. info. /Info. surles sc. soc. 16 (1977), S. 351 ff. (1977a). PSACHAROPOULOS, G.: Family Background, Education and Achievement: A Path Model of Earnings Determinants in the U. K. and some Alternatives. In:

The Brit. J. of Sociol. 28 (1977), S. 321 ff. (1977 b). REHBERG, R. A./ROSENTHAL, E.: Class and Merit in the American High School: An Empirical Evaluation of the Revisionist and Liberal Arguments on Schooling, New York 1978. ROLFF, H.-G. (unter Mitarbeit v. E. Nyssen): Sozialisation und Auslese durch die Schule, Heidelberg ⁷1974. SARFATTI LARSON, M.: The Rise of Professionalism. A Sociological Analysis, Berkeley/Los Angeles/London 1977. SCHELSKY, H.: Schule und Erziehung in der industriellen Gesellschaft, Würzburg 1957. SEWELL, W. H./HAUSER, R. M.: Causes and Consequences of Higher Education: Models of the Status Attainment Process. In: SEWELL, W. H. u. a. (Hg.): Schooling and Achievement in American Society, New York/San Francisco/London 1976, S. 9 ff. STEINKAMP, G.: Klassen- und schichtenanalytische Ansätze zur Sozialisationsforschung. In: HURRELMANN, K./ULICH, D. (Hg.): Handbuch der Sozialisationsforschung, Weinheim/Basel 1980, S. 253 ff. TEICHLER, U. u. a.: Hochschulexpansion und Bedarf der Gesellschaft, Stuttgart 1976. THUROW, L. C.: Education and Economic Equality. In: The Publ. Inter. (1972), 28, S. 66 ff. TITZE, H.: Erziehung, Selektion und Berechtigung. In: D. Dt. S. 67 (1975), S. 378 ff. TROMMER-KRUG, L. (unter Mitarbeit von L. Krappmann): Soziale Herkunft und Schulbesuch. Eine Zusammenstellung von Daten aus der amtlichen Statistik und aus empirischen Untersuchungen über die soziale Herkunft von Schülern an allgemeinbildenden Schulen. In: MAX-PLANCK-INSTITUT FÜR BILDUNGSFORSCHUNG, PROJEKTGRUPPE BILDUNGSBERICHT: Bildung in der Bundesrepublik Deutschland. Daten und Analysen, Bd. 1, Reinbek 1980, S. 217 ff. USEEM, M./MILLER, S. M.: Privilege and Domination: The Role of the Upper Class in American Higher Education. In: Soc. sc. info./Info. sur les sc. soc. 14 (1975), S. 115 ff. WRIGHT, E. O./PERRONE, L.: Marxist Class Categories and Income Inequality. In: Am. Sociol. Rev. 42 (1977), S. 32 ff. WUNDER, B.: Privilegierung und Disziplinierung. Die Entstehung des Berufsbeamtentums in Bayern und Württemberg (1780-1825), München/Wien 1978.

Martin Baethge / Ulrich Teichler

Bildungssystem und Beschäftigungssystem

1 Zur historischen Verortung der Problemstellung
2 Einzelwissenschaftliche Beiträge zum Verhältnis von Bildungs- und Beschäftigungssystem
2.1 Zur neoklassischen Bildungsökonomie (Humankapital-Konzepte)
2.2 Arbeitsmarkttheoretische Ansätze (Manpower-Approach)
2.3 Arbeits- und industriesoziologische Ansätze zum Verhältnis von Arbeit und Bildung
2.4 Die Begrenztheit monokausaler Ansätze
3 Die Dynamik des Zusammenhangs von Qualifizierung und Statusdistribution
3.1 Zu aktuellen Deutungen der Beziehung von Bildungs- und Beschäftigungssystem
3.2 Historische Stufen in der Beziehung von Qualifizierung und Statusdistribution
3.3 Zur Problematik der Bildungsmeritokratie
3.4 Zum Wandel der Bildungsmotivation

Zusammenfassung: In der zweiten Hälfte des 20. Jahrhunderts verschärfen sich in beinahe allen fortgeschrittenen Industriegesellschaften die Abstimmungsprobleme zwischen Bildungs- und Beschäftigungssystem. Riefen zunächst in der Phase der Vollbeschäftigung bis etwa Mitte der 60er Jahre die Probleme eines erhöhten quantitativen und eines verbesserten qualitativen Bedarfs an Arbeitskräften eine rapide Expansion sekundärer und tertiärer Bildung hervor, so stehen seit den frühen 70er Jahren zunehmend Fragen der ausbildungsaffinen Beschäftigung des stark gestiegenen Angebots an Absolventen weiterführender Bildungseinrichtungen auf der Tagesordnung. Die praktischen Abstimmungs- und Steuerungsprobleme haben auch das wissenschaftliche Interesse und Bemühen um eine Klärung der zwischen institutionalisierter Bildung und Beschäftigung ablaufenden Wechselbeziehungen verstärkt. Mit den wichtigsten Ansätzen zur Klärung dieses Verhältnisses setzt sich der erste Teil des Artikels kritisch auseinander und zeigt, daß weder monokausale ökonomische noch soziologische Konzepte den Interdependenzen zwischen Bildung und Beschäftigung beikommen. Im zweiten Teil erläutern wir am Beispiel der Folgeprobleme der Hochschulexpansion und ihrer unterschiedlichen Interpretationen das Konzept der Statusdistribution als einen umfassenderen Ansatz zur Klärung des Verhältnisses von Bildung und Beschäftigung, in den ökonomische, soziologische und verhaltenstheoretische Dimensionen eingehen.

Summary: In almost all advanced industrial societies the problems of attuning the educational system to the employment system have been growing more acute since the beginning of the second half of the 20th Century. Although the problems of increasing the quantity and improving the quality of skilled labour resulted in a rapid expansion of secondary and tertiary education during the phase of full employment that lasted until around the mid-sixties, the early seventies marked the start of the increasingly problematic occupation of the glut of qualified people from further education establishments in jobs suited to their training. Practical co-ordinational and directional problems also led to increased scientific interest and efforts to clarify the interrelationships between institutionalised education and employment. The first section of this article takes a critical look at the most significant attempts to clarify this relationship and shows that neither monocausal economic or sociological concepts can come to grips with the interdependence between education and employment. In the second section, the example of the problems resulting from the expansion of the tertiary sector of education, and their varying interpretations, is used to explain the concept of status distribution as a more comprehensive approach to the clarification of the relationships between education and employment – an approach which incorporates economic, sociological and behaviour-theory dimensions.

Résumé: Au cours de la dernière moitié du XXe siècle, les problèmes d'harmonisation entre le système de formation et l'emploi se sont aggravés dans presque toutes les sociétés industriellement avancées. Si, tout d'abord, dans la phase du plein emploi jusqu'à la moitié environ des années soixante les problèmes posés par l'augmentation en quantité et l'amélioration en qualité des besoins de main-d'œuvre ont amené une expansion rapide de la formation pour les secteurs secondaires et tertiaires, les questions d'emploi qui tiennent à la formation et que pose la forte augmentation de l'offre de diplômés sortant d'institutions supérieures de formation, sont de plus en plus à l'ordre du jour depuis le début des années soixante-dix. Les problèmes d'harmonisation et d'orientation ont renforcé également l'intérêt scientifique et les efforts pour clarifier les rapports de réciprocité entre la formation institutionnalisée et l'emploi. C'est des ébauches les plus importantes tendant à la clarification de ces rapports que s'occupe de façon critique, la première partie de cet article. On y montre que ni la conception économique monocausale, ni la conception sociologique monocausale ne viennent à bout des interdépendances entre formation et emploi. Dans une deuxième partie, on explique en prenant pour exemple les problèmes de conséquences de l'expansion de l'enseignement supérieur et leurs diverses interprétations, la conception de distribution de statut en tant qu'une ébauche d'ensemble pour la clarification des rapports entre formation et emploi. Dans cette ébauche sont impliquées des dimensions économiques, sociologiques et de théorie du comportement.

1 Zur historischen Verortung der Problemstellung

Die Frage, wie sich das Verhältnis von Bildungs- und Beschäftigungssystem gestaltet, ist selbst als eine historische zu begreifen. Sie stellt sich als soziales Problem erst auf der Stufe einer weitgehenden institutionellen Verselbständigung der gesellschaftlichen Einrichtungen zur Reproduktion der Arbeitskraft (Familie, Schulen, Universitäten) von denen zu ihrer Verausgabung (Betriebe), also im eigentlichen Sinne erst auf der Ebene bürgerlich-industrieller Gesellschaften. (Das heißt allerdings nicht, daß nicht auch früher schon eigenständige Bildungsinstitutionen existiert hätten, etwa in Form von Universitäten und Akademien; sie besorgten freilich nur die Ausbildung eines kleinen Teils der Gesellschaft, für die große Mehrheit war institutionale Bildung nicht erforderlich.) Zu einer Aufgabe wissenschaftlicher Klärung wird dieses soziale Problem noch sehr viel später, nämlich in einem Entwicklungsstadium, in dem die Dynamik institutioneller Verselbständigung von Bildung und Arbeit zu gesellschaftlich folgenreichen Diskrepanzen zwischen gesellschaftlichem Bildungsbedarf und geschaffenen Bildungsangeboten geführt hat. Sieht man von solchen Diskrepanzen im Bereich einer noch stark exklusiven Universitätsausbildung einmal ab (vgl. TITZE 1984), dann ist dieses Stadium in den meisten entwickelten Industriegesellschaften erst im 20. Jahrhundert gegeben. Die Diskrepanz von Bildung und Beschäftigung wird zu einem Dauerproblem erst mit der rasanten Expansion von sekundärer und tertiärer Bildung, die nach dem zweiten Weltkrieg in beinahe allen westlichen Gesellschaften beobachtbar ist (vgl. LUTZ 1983). Nicht zuletzt unter dem Druck eines zunehmenden politischen Steuerungsbedarfs für die kostenaufwendige Expansion des öffentlichen Bildungswesens gewinnt die Frage nach den Triebkräften für Bildungsentwicklungen und den inneren Zusammenhängen, die zwischen Bildung und Beschäftigung wirken, eine erhöhte politische Dringlichkeit.

Die Antworten, die auf diese Frage in den letzten beiden Jahrzehnten unter Beteiligung unterschiedlicher sozialwissenschaftlicher Disziplinen (Ökonomie, Arbeitsmarkttheorie, Industriesoziologie, Sozialisationsforschung) gegeben worden sind, sind vielfältig. Sie variieren danach, welcher Aspekt, genauer gesagt: welche *Vermittlungsebene* für das Verhältnis von Bildungs- und Beschäftigungssystem thematisiert wird. So macht es beispielsweise einen gravierenden Unterschied, ob man nur nach der Bedeutung des Beschäftigungssystems für das Bildungssystem – oder umgekehrt – fragt oder aber nach den zwischen beiden Bereichen ablaufenden Vermittlungsprozessen; obwohl beide Fragestellungen eng zusammenhängen, werden die Antworten recht unterschiedlich ausfallen, da im ersten Fall Einflußfaktoren, im zweiten Fall darüber hinaus deren prozessuale Durchsetzung in Frage stehen. Eine ähnliche Differenz läßt sich hinsichtlich der *Handlungsebene und Zeitperspektive* der Analyse von Zusammenhängen zwischen Bildungs- und Beschäftigungssystem aufweisen, wenn man mit ihr langfristige *Bildungsstrukturentwicklungen* oder aktuelles *Bildungsverhalten* erklären will. Wiederum hängen beide Frageperspektiven irgendwie miteinander zusammen, ohne daß allerdings die eine in der anderen aufginge. Das eine Mal geht es um die Komponenten, die auf längere Sicht die staatliche Bildungspolitik bestimmen, das andere Mal darum, in welcher Weise individuelles Bildungsverhalten vom Beschäftigungssystem her beeinflußt wird. Man griffe ebenso zu kurz, wenn man die Einflüsse des Beschäftigungssystems auf die staatliche Bildungspolitik allein über das individuelle Bildungsverhalten erklären wollte, wie auch im anderen Fall, wenn man beschäftigungssystemische Einflüsse auf Bildungsverhalten nur über staatliche Bildungsangebote vermittelt sähe.

Die kurze Erörterung von Frageperspektiven zum Zusammenhang von Bildung und Beschäftigung mag den Blick für die Ansprüche schärfen, die an eine sozialwissenschaftliche Theorie über diesen Zusammenhang zu stellen sind. Sie hat wenigstens drei Dimensionen zu berücksichtigen und in Verbindung miteinander zu bringen: die *Bildungsstrukturentwicklung,* in der sich die historischen Ausprägungen des Verhältnisses von Bildung und Beschäftigung wiederfinden lassen müssen; die staatliche *Bildungspolitik,* der die Steuerung von Diskrepanzen zwischen beiden Bereichen aufgegeben ist, und das *individuelle Bildungsverhalten,* in dem sich die handlungsrelevante Wahrnehmung des Verhältnisses von Bildung und Beschäftigung als *eine* Bestimmungskomponente niederschlägt. Wir werden zunächst prüfen, wieweit diese Ansprüche in verschiedenen einzelwissenschaftlichen Analysen zum Verhältnis von Bildung und Beschäftigung eingelöst sind und welchen Beitrag sie zur theoretischen und/oder empirischen Klärung unserer Fragestellungen zu leisten vermögen (vgl. 2), bevor wir einen eigenen Erklärungsansatz, der vor allem Vorarbeiten Teichlers aufgreift, thematisieren (vgl. 3).

Bildungssystem und Beschäftigungssystem

Nicht zufällig hat sich die wissenschaftliche Diskussion des Verhältnisses von Bildungs- und Beschäftigungssystem an der Begründung für die starke Expansion sekundärer und tertiärer Bildung in der zweiten Hälfte unseres Jahrhunderts entzündet. Wir orientieren uns an diesem historischen Bezugspunkt, da sich an seiner Klärung die unterschiedlichen theoretischen Dimensionen unseres Themas beleuchten lassen. Wenn wir dabei von „Bildungssystem" und „Beschäftigungssystem" gleichsam als Synonyma für Bildung und Arbeit als gesellschaftlichen Institutionen sprechen, so ist dieser Sprachgebrauch eher metaphorisch als theoretisch zu verstehen, da sich mit ihm keine Option für Systemtheorie verbindet.

2   Einzelwissenschaftliche Beiträge zum Verhältnis von Bildungs- und Beschäftigungssystem

Wollte man die breite sozialwissenschaftliche Diskussion der letzten beiden Jahrzehnte zum Verhältnis von Bildung und Beschäftigung auch nur annähernd vollständig dokumentieren, so gelangte man schnell zu einigen Folianten von Bibliographien. Unter Aspekten wissenschaftlicher Bedeutsamkeit und politischer Relevanz lassen sich die wichtigsten Beiträge zu dieser Diskussion in vier Kategorien untergliedern:
- Bereits in den 60er Jahren setzt auch in der Bundesrepublik Deutschland eine ausführliche *bildungsökonomische Diskussion* ein, die unter dem Stichwort „Humankapital" wesentlich um das Verhältnis von *Bildungsinvestitionen und Wirtschaftswachstum* beziehungsweise *Einkommensverbesserung* zentriert ist.
- Gleichsam als Weiterführung dieses ersten wissenschaftlichen Begründungsversuchs für Bildungsexpansion lassen sich die stark planungsorientierten Konzepte der *Arbeitsmarkttheorie und -forschung* zur Ermittlung des Bildungsbedarfs als Resultate der Nachfrage nach Arbeitskraft als ein zweiter Diskussionsschwerpunkt nennen (Manpower-Approach).
- Unter Bezug auf die Schwächen der beiden ersten Ansätze entwickelt sich eine *arbeits- und industriesoziologische Qualifikationsforschung*. In ihr wird seit mehr als einem Jahrzehnt eine ausgedehnte und – für unterschiedliche Bereiche von Produktions- und Dienstleistungsarbeit – empirisch breit fundierte Debatte über Qualifikationsentwicklung der Arbeit mit den Stichworten Dequalifizierung versus Höherqualifizierung geführt.
- Seit Mitte der 70er Jahre können wir in Erweiterung industriesoziologischer Fragestellungen auch ein verstärktes wissenschaftliches Interesse an Arbeit als *Sozialisationsinstanz* konstatieren und Forschungsanstrengungen zur *Sozialisation durch Arbeit* beobachten, die über den Aspekt der Prägung individueller Verhaltensweisen, insbesondere des Lernverhaltens, einen eminent wichtigen und lange Zeit vernachlässigten Aspekt des Verhältnisses von Bildung und Beschäftigung thematisiert (besonderes Verdienst kommt hier den Arbeiten von W. Volpert und der Forschergruppe Hoff/Lappe/Lempert zu).

Trotz der Wichtigkeit des letzten Ansatzes werden wir ihn im weiteren Verlauf unserer Überlegungen fallen lassen (vgl. dazu die unterschiedlichen Beiträge in GEORG/KISSLER 1982). Dies erscheint uns von der Themenstellung her, die sich auf institutionelle Zusammenhänge bezieht, gerechtfertigt. Beschäftigung und Bildung als gesellschaftliche Institutionen meinen hier also weniger den je konkreten Prozeß der Erstellung von Produkten jedweder Art zur materiellen Reproduktion (Arbeit) oder der Vermittlung von Wissen, Normen, Fähigkeiten und Verhaltensdispositionen (Bildung) als vielmehr jene auf Kontinuität gestellte und mit Regelhaftigkeit ausgestattete gesellschaftliche Form, in der diese Prozesse ablaufen. Bildung als gesellschaftliche Institution ist damit im wesentlichen als öffentlich organisiertes, normiertes und kontrolliertes allgemeinbildendes Schul- und Hochschulwesen sowie als öffentlich kontrollierte Berufsausbildung bestimmt. Arbeit als gesellschaftliche Institution heißt im wesentlichen Form der privaten Lohnarbeit, marktmäßige Organisation (Arbeitsmarkt), hierarchisch strukturierte Arbeitsteilung und hochtechnisierte Verfahren.

2.1 Zur neoklassischen Bildungsökonomie (Humankapital-Konzepte)

Humankapital- oder Ertragsraten-Konzepte bilden den Ausgangspunkt der neueren bildungsökonomischen Diskussion in den westlichen Gesellschaften seit der zweiten Hälfte der 50er Jahre; sie verbinden sich im angelsächsischen Raum vor allem mit den Arbeiten von Schultz, Denison, Becker und Bowman, in der Bundesrepublik insbesondere mit den Studien von Edding und Bombach (vgl. zur historischen Entwicklung dieses Typs der Bildungsökonomie EDDING/HÜFNER 1975 sowie EDDING 1984). Getragen von dem Interesse, genauer die einzelnen Faktoren für wirtschaftliches Wachstum bestimmen zu können, suchen Humankapital-Konzepte nach ausweisbaren Zusammenhängen zwischen Bildungsinvestitionen und deren Erträgen. (Wir beziehen uns hier nur auf den Ertragsraten-Ansatz, da er uns der praktisch folgenreichste zu sein scheint – zu weiteren humankapitaltheoretischen Varianten vgl. HÜFNER 1970). Sie tun dies methodisch über die statistische Korrelation von monetären Ausgaben für Bildung oder physischen Outputgrößen des Bildungssystems (etwa Hochschulabsolventen) und individuellen oder gesamtwirtschaftlichen Ertragsgrößen und können dadurch zu Aussagen kommen, daß etwa Personen mit langer Ausbildung im Durchschnitt ein höheres Lebenseinkommen aufweisen als Personen mit einer nur kurzen Ausbildungszeit oder daß Gesellschaften mit einem relativ weit ausdifferenzierten und hochentwickelten Bildungssystem und entsprechend hohen Bildungsausgaben ein höheres Bruttosozialprodukt und eventuell auch größere Wachstumsraten haben als Gesellschaften mit einem wenig entwickelten Bildungssystem und niedrigen Bildungsausgaben. So positiv sich die Humankapitaltheorie zunächst auf die Bildungspolitik auszuwirken schien, indem sie bei Politikern mit ihren korrelationsstatistischen Befunden zum Verhältnis von Bildungsinvestitionen und Wirtschaftswachstum die Bereitschaft, Bildungsausgaben zu genehmigen, unterstützt, und bei den Individuen mit der Aussicht auf höheres Einkommen Bildungsinteressen verstärkt haben mag, so problematisch bleiben viele Annahmen und Beweisführungen dieser Bildungsökonomie (zu der ökonomischen Kritik, die sie im Laufe der Jahre hervorgerufen hat, vgl. SCHERER 1969 und – theoretisch grundsätzlich – KRAIS 1983). Hier kann sie nur soweit berücksichtigt werden, wie sie unseren Betrachtungsaspekt für die Humankapital-Konzepte, nämlich ihren möglichen Beitrag zur Aufdeckung des Verhältnisses von Bildung und Beschäftigung, berührt. Dazu ist zunächst ein Blick darauf zu werfen, wie dieser Zusammenhang implizit in der Humankapital-Theorie konzeptualisiert ist.

Bildung und Beschäftigung sind in Humankapital-Konzepten (gleich welcher Prägung) ohne jegliche Inhaltlichkeit als Geld- und/oder Zeit-Größen definiert. Die nicht explizierte, aber zwangsläufig unterstellte Vermittlungslogik zwischen Bildung und Beschäftigung besteht darin, daß die Erkenntnis der wachstums- und/oder einkommensfördernden Effekte von Bildungsinvestitionen den klugen Staatsmann oder den auf sein oder seiner Kinder Wohl bedachten Hausvater in Bildung investieren läßt, um die Erträge seiner Arbeit oder der ganzen Volkswirtschaft zu steigern. Beide Kategorien von Bildungsinvestoren, Privatmann und Politiker, verhalten sich also in Realisierung ihrer Bildungsinteressen als homines oeconomici. Die an die Entlohnungsformen des Beschäftigungssystems gebundene Einkommenserwartung auf der einen, der Glaube an die produktivitäts- und wachstumsfördernde Potenz der Ausdehnung von Ausbildungszeiten auf der anderen Seite sind die eigentlichen Steuerungs- und Vermittlungsgrößen zwischen Bildungs- und Beschäftigungssystem.

Bereits empirische Daten zeigen, daß die unterstellte Vermittlungsmechanik fragwürdig und unausgewiesen ist. So zeigten Jencks und Mitarbeiter für die USA, daß individuelle Einkommensdifferentiale nur zu einem sehr begrenzten Prozentsatz unmittelbar mit der Höhe des formalen Bildungsabschlusses korrelieren (vgl. JENCKS u.a. 1973), BAETHGE (vgl. 1972) demonstriert an den Daten für Bildungsausgaben und Wirtschaftswachstum der 50er und 60er Jahre einer Reihe hochentwickelter kapitalistischer Industriegesellschaften, daß es auf gesamtwirtschaftlicher Ebene für Gesellschaften gleichen Typs und annähernd gleichen technologisch-ökonomischen Niveaus keine eindeutigen Zusammenhänge zwischen Bildungsausgaben und Wirtschaftswachstum gibt. Die mangelnde empirische Evidenz der Humankapital-Theorie ist auf deren grundlegende Schwächen zurückzuführen, von denen wir hier nur die in unserem Zusammenhang wichtigsten aufführen wollen, die verdeutlichen, wie wenig eine nur auf formale Geld- und Zeitgrößen reduzierte Analyse den prozessualen Zusammenhang zwischen Bildungs- und Beschäftigungssystem aufzudecken in der Lage ist:

- Sie reduzieren die individuellen Bildungs- und Beschäftigungsinteressen auf monetäre Aspekte. Deklamatorisch taucht zwar durchaus eine Größe wie psychisches Wohlbefinden auf, wird aber methodisch nicht umgesetzt, so daß es analytisch bei der eindimensionalen Bestimmung für Bildungs- und Beschäftigungsinteressen bleibt.
- Es wird ein relativ strikter linearer und im Zeitverlauf strukturell stabiler Zusammenhang von Ausbildungszertifikaten, Arbeitskräfte- und Einkommensstruktur unterstellt, der durch nichts bewiesen ist. Es ist schwer vorstellbar, daß durch ökonomische Krisen bedingte Nachfrageschwankungen und durch technologische Innovationen hervorgerufene qualitative Veränderungen in der Arbeitskräftestruktur diesen Zusammenhang nicht gravierend in seiner Struktur und in seiner Entwicklungsdynamik modifizieren. Noch schwerer ist vorstellbar, daß ein institutionell verselbständigtes öffentliches Bildungssystem den Nachfrageschwankungen eines anarchischen Marktgeschehens sollte nachkommen können.
- Das Konzept unterstellt ferner, daß die wesentlichen, im Beschäftigungssystem zur Anwendung kommenden, honorierten und einkommensrelevanten Qualifikationen in institutionalisierten Bildungsprozessen erworben werden und daß Berufserfahrung und die vielfältigen Formen des training-on-the-job nicht auch ein erhebliches Gewicht hätten, schulische Bildung nicht zum Teil substituieren könnten. KRAIS (vgl. 1983) weist zu Recht darauf hin, daß Ertragsraten für Bildungsaufwendungen in der Regel kombinierte Resultate von schulischen und im Berufsleben getätigten Bildungsanstrengungen sind.
- Schließlich wird vorausgesetzt, daß eine volle Transparenz sowohl bei den Individuen über die Einkommensstruktur und deren Relation zu Bildungsabschlüssen als auch bei den Beschäftigern über die Leistungsfähigkeit von unterschiedlichen Kategorien von Schulabsolventen vorhanden ist.

Alle hier aufgeführten Voraussetzungen können nicht schlicht als gültig unterstellt werden, bedürfen vielmehr des Nachweises. Da dieser aussteht, ist es sehr unwahrscheinlich, daß über Humankapital-Konzepte die Zusammenhänge zwischen Bildungs- und Beschäftigungssystem richtig abgebildet und erklärt werden könnten. Daß materielle Kalküls sowohl individuelle als auch staatliche Bildungsentscheidungen *beeinflussen*, bedarf keiner langen theoretischen Begründung. Daß sie diese *steuern* und damit auch die Bildungsstrukturentwicklung erklären könnten, dagegen sprechen die angeführten Einwände gegen die Humankapital-Konzepte. Daß diese schließlich selbst die arbeitsmarktbezogenen Wechselbeziehungen zwischen Bildung und Beschäftigung nicht richtig erfassen können, liegt an der begrenzten und nur vertikale Unterschiede der Arbeitskraftkategorien berücksichtigenden Differenzierungsfähigkeit einer auf Ausbildungsdauer und monetäre Einkommensgrößen abstellenden Korrelationsmethode.

Wenn gegenwärtig bei politischen Planungen zur Drosselung der Bildungsexpansion im Hochschulbereich ertragsratentheoretische Argumente in Form der Begründung für die Privatisierung von Ausbildungskosten wieder fröhlich Urständ feiern, so spricht das nicht für die Theorie, sondern kennzeichnet eine politische Situation, in der die wissenschaftliche der gesellschaftlichen Regression folgt.

2.2 Arbeitsmarkttheoretische Ansätze (Manpower-Approach)

Die mangelnde Differenzierungsfähigkeit der Humankapitaltheorien gegenüber qualitativ unterschiedlichen Arbeitskräftegruppen schränkt auch ihre praktische Bedeutung ein. Mögen sie zur politischen Legitimation zunächst der Expansion, später der Drosselung staatlicher Bildungsausgaben Argumente beisteuern können, zur *bildungspolitischen Planung* des quantitativen und qualitativen Arbeitskräfteangebots waren sie verfänglich. Hier aber entstand sehr schnell mit Beginn der Bildungsexpansion ein administrativer Bedarf an verläßlichen Informationen über den erwartbaren Bedarf vor allem an hoch qualifizierten Arbeitskräften. Sie schienen mit Hilfe von Arbeitskräftebedarfs-Prognosen, die nach dem Manpower-Requirement-Approach arbeiteten, gewinnbar zu sein. Die Methode, den Zusammenhang von Bildung und Arbeit zu bestimmen, besteht bei den Manpower-Bedarfsanalysen in der Regel in einer linearen Trendextrapolation der gegenwärtigen Arbeitskräftestruktur, definiert in formellen Ausbildungsabschlüssen und/oder Berufskategorien unter vorgegebenen Zielwerten für die wirtschaftliche Entwicklung; alle Kennziffern können je nach angestrebtem Genauigkeitsgrad und Niveau der Analyse für Wirtschaftszweige oder Branchen weiter differenziert werden; ferner kann eine Differenzierung nach Erweiterungs- und Ersatzbedarf an Arbeitskräften vorgenommen werden und unterschiedliche Erwerbsbeteiligung der verschiedenen Gruppen von Absolventen mit in die Analyse eingehen.

Gemeinsam mit den Humankapital-Konzepten ist den verschiedenen Manpower-Ansätzen die implizite Vorstellung einer sehr engen Abhängigkeit der Bildungsstrukturentwicklung vom Beschäftigungssystem. Anders aber als jene sehen sie den Zusammenhang zwischen Bildungs- und Beschäftigungssystem nicht durch ein marktmechanisch hergestelltes Gleichgewicht zwischen Angebot und Nachfrage nach Qualifikationen gesichert, sondern gehen von der Notwendigkeit staatlicher Planung des Qualifikationsangebots aus, für die sie wissenschaftliche Hilfestellung anbieten. Freilich bleibt die Planung auf den Bildungsbereich beschränkt, für die Vermittlung der geschaffenen Qualifikationen ins Beschäftigungssystem bleibt der Markt zuständig.

Bildungssystem und Beschäftigungssystem

Manpower-Bedarfsanalysen sind vornehmlich in der Bundesrepublik für die Planung und Prognose von Hochschulabsolventen durchgeführt worden (vgl. RIESE 1967, KRAFT u. a. 1971); sie lassen sich im Prinzip aber auch für jede andere Qualifikationskategorie denken. Noch bevor die reale Entwicklung sowohl von Hochschülern als auch von Hochschulabsolventen die so gewonnenen Planungsdaten ad absurdum geführt hatten, hatte ihnen die wissenschaftliche Kritik ihren Fehlschlag als methodisch bedingtes Debakel einer unzulänglichen Bestimmung des Verhältnisses von Bildung und Beschäftigung als Resultat eines nicht reflektierten „systembedingten Prognosedefizits" (vgl. ARMBRUSTER u. a. 1971) prophezeit. Die Haupteinwände lassen sich wie folgt zusammenfassen:

- Dem Methodenansatz liegt die Unterstellung einer durch nichts ausgewiesenen *Kontinuität der Beziehung von bestimmten formalen Bildungsabschlüssen zu bestimmten Beschäftigungskategorien* zugrunde; in ihn geht damit die Vorstellung einer sehr geringen Substitutionselastizität der unterschiedlichen Qualifikationstypen ebenso ein wie die Annahme einer relativen Statik in der Entwicklung der Angebots-Nachfrage-Struktur. (Daß Qualifkationsangebote sich unter Umständen eine Nachfrage schaffen, bleibt außer Betracht.)
- Da das Ziel der Planung ein Gleichgewicht zwischen geschaffenen und erforderlichen Qualifikationen ist, wird ungeprüft für den Zeitraum, von dem aus extrapoliert wird, angenommen, daß in ihm ein derartiges Gleichgewicht bestanden habe. Man extrapoliert damit unter Umständen bestehende Defizite und Ungleichgewichte mit (vgl. TEICHLER 1984).
- Die statistischen Parameter bleiben notwendigerweise an *formale Abschlüsse* im Schul- und Hochschulbereich und an Berufs- und Tätigkeitsklassifikationen im Beschäftigungssystem gebunden. Sie ermöglichen keine Aussagen über inhaltliche Veränderungen im Bereich von Arbeit oder Bildung, die stattgefunden haben und ständig in unterschiedlicher Weise für die verschiedenartigen Kategorien, Bildungsabschlüsse und Beschäftigte stattfinden.
- Gesellschaftstheoretisch vertreten die Manpower-Bedarfsanalysen einen *Strukturkonservativismus,* der in der Annahme, daß die Entwicklungsdynamik des Verhältnisses und der Struktur von Bildungswesen und Beschäftigung über einen längeren Zeitraum invariant sei, nicht nur unausgewiesen ist, sondern schlicht als kontrafaktisch bezeichnet werden muß (vgl. BAETHGE u. a. 1974, MICKLER u. a. 1977). Denn es gibt gerade in neuerer Zeit genügend Anhaltspunkte dafür, daß die Unternehmen auf dem Markt befindliche Qualifikationsangebote nutzen, und zwar unabhängig davon, ob sie sie in den traditionellen Einsatzfeldern unterbringen können (vgl. BAETHGE u. a. 1983). Ein gleiches gilt für das Bildungsverhalten von Eltern und Jugendlichen: Es gibt wenige Eltern, die ihren Kindern nicht wenigstens die gleiche gute Bildung angedeihen lassen wollen, die sie selbst genossen haben, unabhängig davon, ob die Nachfrage nach entsprechenden Qualifikationen zurückgegangen ist.

Der Manpower-Approach setzt gleichsam eine Zwangsläufigkeit der ökonomischen und technologischen Entwicklung voraus, indem er seine Planungsstrategie ausschließlich auf einen in seinen Entstehungsbedingungen nicht weiter durchleuchteten und erklärten Arbeitskräftebedarf ausrichtet. Zu Recht ist gegen das damit implizit ausgesprochene Postulat eines rigiden Abhängigkeitsverhältnisses der Bildungsentwicklung von der Beschäftigtenstruktur auf die „relative Autonomie" beider Institutionen insistiert und die Interdependenz zwischen beiden Bereichen auch dahingehend interpretiert worden, daß die Bildung durch eine qualitative Verbesserung des Arbeitsvermögens die betrieblichen Formen der Arbeitsorganisation und

Arbeitsteilung, die die geheime Basis der Manpower-Ansätze darstelle, verändern könne.
Theoretisch am ausführlichsten elaboriert ist diese Position von der frühen Manpower-Gruppe des Max-Planck-Instituts für Bildungsforschung (vgl. ARMBRUSTER u. a. 1971). Am radikalsten zugespitzt hat sie Lutz in seinem Versuch, die „Bildungsexpansion in Europa seit Mitte des 20. Jahrhunderts" über die These zu erklären, daß das System höherer Bildung „weder in seinem Aufbau und in seiner Funktion noch in seiner typischen Entwicklungsgesetzlichkeit nennenswert vom Arbeitskräfte- und Qualifikationsbedarf des industriell-kapitalistischen Sektors der Volkswirtschaft und seiner Expansion geprägt war" (LUTZ 1981, S. 8). Die Privatwirtschaft habe sich in der Vergangenheit gegenüber der Nutzung höherer Bildung aus Angst, daß dadurch strukturfremde Ansprüche nach hierarchisch-bürokratischen Formen des öffentlichen Dienstes in die Betriebe Eingang finden könnten, sehr vorsichtig und zurückhaltend gezeigt. Die Ursachen für die Bildungsexpansion sieht LUTZ (vgl. 1983) dementsprechend weniger im Beschäftigungssystem als vielmehr in einem sich zunehmend verselbständigenden Bildungsinteresse.

2.3 Arbeits- und industriesoziologische Ansätze zum Verhältnis von Arbeit und Bildung

An der Unschärfe der inhaltlichen Bestimmung von Qualifikationsanforderungen durch Studien vom vorher genannten Typ setzen arbeits- und industriesoziologische Qualifikationsstudien an. Wir können an dieser Stelle nicht die Gesamtheit der in den 70er Jahren entstandenen Qualifikationsstudien aufführen, die einen nicht unbeträchtlichen Teil industriesoziologischer Forschung dieses Zeitraums ausmachen (vgl. zu den unterschiedlichen Forschungsansätzen BAETHGE/OBERBECK 1984). Wir konzentrieren uns hier vor allem auf die breite Studie des Soziologischen Forschungsinstitutes Göttingen e. V. (SOFI) zur Facharbeiterqualifikation „Produktion und Qualifikation" (MICKLER u. a. 1977). Als Beitrag zum Verhältnis Arbeit - Bildung ist sie eher der Seite der theoretischen Kontroverse zuzurechnen, die eine Dominanz des Bereichs der Arbeit in der Bestimmung der Bildungsentwicklung vertritt, diese aber material, nicht formal begründet sieht. Sie geht davon aus, daß eine dauerhaft scherenartige Auseinanderentwicklung von Qualifikationserzeugung (Bildung/Ausbildung) und Qualifikationsverwendung durch die gesellschaftliche Form der Arbeit ausgeschlossen werde, da eine fortlaufende Produktion überschüssiger Qualifikation eine unrentable Überqualifizierung und in den Betrieben ein mögliches Konfliktpotential bedeute. Es komme also auf eine genaue Erfassung der *Qualifikationsstrukturentwicklung* an, um auch über das Schicksal von Bildungsreform etwas Fundiertes sagen zu können – diese theoretisch begründete Auffassung stand am Anfang der Forschungen (vgl. BAETHGE u. a. 1974). Die empirische Verifizierung dieser Auffassung, deren bildungspolitische Quintessenz in dem Hinweis lag, daß von der realen Entwicklung der Qualifikationsstruktur einer expansiven Bildungspolitik kein Rückenwind blase und sich von daher die Widerstände der Unternehmensorganisationen, die politischen Blockaden und Restriktionen erklären ließen, wurde durch eine ausführliche Analyse der Entwicklung von fachlich qualifizierter Arbeit in den wichtigsten Bereichen der Volkswirtschaft mit Hilfe von Arbeitsplatzbeobachtungen und Analyse der betrieblichen Belegschaftsstrukturen und Rahmenbedingungen vollzogen. Auf dieser Basis läßt sich heute sicher Kompetentes über die Entwicklung von Arbeitsstrukturen und betrieblichen Qualifikationsanforderungen sowie über deren ökonomische und technische Bestimmungsgründe sagen,

auch etliches über die im Arbeitsprozeß gebotenen individuellen Lern- und Entfaltungschancen sowie über betriebliche Personaleinsatzstrategien, Ausbildungs- und Arbeitsmarktpolitik. Über deren Bedeutung für das Bildungswesen können wir auf dieser Basis kaum weitergehende Schlüsse ziehen, folglich auch nicht über das Verhältnis von Bildung und Arbeit als gesellschaftliche Institutionen. Dies liegt an folgenden ungelösten theoretischen und methodischen Problemen dieses Ansatzes:
- Der materiale Zusammenhang von Bildung und Arbeit ist auf der Ebene der konkreten betrieblichen Arbeit nicht hinreichend bestimmbar (ohne diese Ebene sehr genau analysiert zu haben, ist er freilich überhaupt nicht bestimmbar, weil man inhaltlich-qualifikatorische Veränderungen in den Arbeitsanforderungen nicht erfaßte!); ein nur hierauf abstellender Qualifikationsbegriff ist in bezug auf die außerbetriebliche gesellschaftliche Seite der Arbeit (Mobilität, Reproduktions- und Lernfähigkeit) unterdeterminiert und steht in der Gefahr funktionalistischer Verkürzung.
- Selbst bezogen auf die betriebliche Arbeit ist nicht von einer Deckungsgleichheit von arbeitsprozessualen Anforderungen und subjektiven Leistungspotentialen auszugehen. Das Wie der Bewältigung von Anforderungen ist aller Erfahrung nach vielfältig und eröffnet Wege zu einem flexiblen Qualifikationseinsatz.
- Die Annahme eines materialen Zusammenhangs von Bildung und Arbeit entbindet nicht von der Verpflichtung, auch dessen *gesellschaftliche Vermittlungsformen* aufzudecken. Dies fehlt in den meisten industriesoziologischen Qualifikationsanalysen (ansatzweise in LUTZ 1976 und BAETHGE u. a. 1983).
- Da die Angebotsseite, also die Qualifikationspotentiale der Arbeiter nicht systematisch in die Analyse mit einbezogen ist, ist zumindest nicht empirisch eindeutig die mögliche Bedeutung der von der Bildung geschaffenen Arbeitsvermögen für die Arbeitsorganisation bestimmbar. Daß Mängel im Qualifikationsangebot allerdings Ursache für dequalifikatorische Formen der Arbeitsteilung (Taylorismus) sein sollen und den eigentlichen Engpaßfaktor für Innovationen darstellten, wie LUTZ (vgl. 1979) dies lange angenommen zu haben scheint, entbehrt für den Bereich der ausführenden Tätigkeiten jeder empirischen Evidenz.

Bezogen auf unsere Ausgangsfragestellung klären also auch arbeits- und industriesoziologische Qualifikationsstudien allenfalls einen – vielleicht zentralen – Bedingungsfaktor für Bildungsstrukturentwicklungen auf lange Sicht, da keine Bildungspolitik am qualitativen Bedarf an Arbeitsvermögen vorbeigehen kann. Den komplexen Wirkungszusammenhang von Bildung und Beschäftigung, vor allem die Seite der Bildungsmotivationen und -verhaltensweisen, vermögen sie nicht zu erklären.

2.4 Die Begrenztheit monokausaler Ansätze

Die vorgetragene Kritik an einzelwissenschaftlichen Beiträgen zum Verhältnis von Bildung und Beschäftigung schmälert deren Bedeutung nur in dem Maße, in dem Methodenschwächen auch ihre je gegenstandsbezogenen Aussagen beeinträchtigen, stellt ihren Wert aber nicht grundsätzlich in Frage. Sie bedeutet auch nicht, daß nicht die jeweils angeschnittenen einzelnen Dimensionen von Beschäftigung – Einkommen, Arbeitskräftebedarf, Qualifikationsanforderungen – auch Bestimmungsmomente für die Entwicklung der Bildung abgeben. Nur ihr differentieller Stellenwert für die Entwicklung des Bildungswesens ist mit den eingeschlagenen Methoden nicht bestimmbar, ihre Verabsolutierung als entscheidender Wirkungsfaktor völlig unhaltbar und demgemäß ihr Erklärungswert für Bildungsprozesse und ihren jeweiligen Zusammenhang mit Entwicklungen im Beschäftigungssystem begrenzt. Zurückzuführen ist diese Begrenztheit auf das eindimensionale und monokausale Konzept der Definition des Strukturzusammenhangs von Bildung und Beschäftigung, das jedem dieser Ansätze trotz der jeweiligen Komplexität seines Analyseaspekts eigen ist. Vermutlich ist zur Erklärung realer Entwicklungen des Bildungssystems die Bestimmung des differentiellen Stellenwerts einzelner Dimensionen von Beschäftigung weder nötig noch möglich, da es sich hier um einen mehrdimensionalen und multifunktionalen Prozeß handelt. Wir müssen also nach einem theoretischen Konzept höherer Komplexität suchen, das imstande ist, die unterschiedlichen Wirkdimensionen des Bildungsverhaltens und der Bildungsstrukturentwicklung zu verknüpfen. Wir wollen in Aufnahme der aktuellen wissenschaftlichen und politischen Kontroversen über die Bildungsexpansion ein solches Konzept erläutern, wobei wir die hier behandelten Theorie-Ansätze in neuer Fragestellung noch einmal aufnehmen.

3 Die Dynamik des Zusammenhangs von Qualifizierung und Statusdistribution

3.1 Zu aktuellen Deutungen der Beziehung von Bildungs- und Beschäftigungssystem

In den meisten hochindustrialisierten Gesellschaften herrscht seit einigen Jahren ein ausgesprochenes Krisenbewußtsein im Hinblick auf die Beziehungen von Bildungs- und Beschäftigungssystem (vgl. HUSÉN 1980). Gemeinsam ist dabei die Vorstellung, daß die Qualifizierungsleistungen des Bildungssystems in starkem Maße über die Qualifikationsanforderungen des Beschäftigungssystems hinausgegangen seien; insbesondere eine zu starke Ausweitung der Hochschulen wird beklagt. Zugleich richtet sich die Kritik auf Fragen der Selektion im Bildungssystem und deren Beziehung zur Sozialstruktur; wohl kaum ein anderer sozialer Tatbestand hat in den letzten Jahren so konträre Bewertungen erfahren wie der Zusammenhang von Bildung und Statuszuteilung. Hatte man noch vor einigen Jahren angenommen, daß das Bildungssystem durch eine maßgebliche Beteiligung an der Statuszuteilung zum Abbau ererbter Privilegien, zur Stärkung des Wirtschaftswachstums, zur Modernisierung, zur Persönlichkeitsentfaltung und zu größerer sozialer Gerechtigkeit führen könne, so werden heute diese Zusammenhänge eher kritisch gesehen: Eine unangemessene künstliche Belohnung des Bildungserfolges führe zu unnötigen Diskrepanzen zwischen den Leistungen des Bildungssystems und dem Qualifikationsbedarf; der Wettbewerb um Bildungszertifikate und -titel untergrabe sinnvolle Lernprozesse; Chancengleichheit im Bildungssystem und soziale Chancenangleichung durch Bildung hätten sich als Illusion erwiesen. In jedem Lande hat sich ein spezifisches Vokabular negativ klingender Schlagworte zur Beziehung von Bildungs- und Beschäftigungssystem herausgebildet. In der Bundesrepublik Deutschland zum Beispiel traten „Überqualifikation", „Schulstreß", „Koppelung – Entkoppelung" sowie „Verdrängungswettbewerb" die Nachfolge des „akademischen Proletariats" und ähnlicher Ausdrücke an.

So sehr die Kritik am Status quo auf den ersten Blick zu einigen scheint, so deutlich zeichnen sich in den einzelnen Argumenten drei unterschiedliche Grundpositionen ab:

Die erste Position geht von dem Postulat aus, daß die Beziehung von Bildungs- und Beschäftigungssystem grundlegend von der Qualifizierungsfunktion bestimmt sei beziehungsweise bestimmt zu sein habe. Zugleich wird angenommen, daß der Qualifikationsbedarf relativ eindeutig bestimmbar und daß das Bildungswesen im Prinzip – entsprechend dem Bedarf – planbar sei. Politisch gefolgert wird aus dieser Perspektive, daß die Bildungspolitik der Vergangenheit von falschen Bedarfsvorstellungen ausgegangen sei beziehungsweise sich zu wenig an Bedarfsvorstellungen orientiert habe, zum Beispiel zu sehr von Überlegungen zur Statusdistribution durch Bildung überlagert worden sei (vgl. MAIER 1976, S. 43 ff.; vgl. SCHLAFFKE 1977). Diese erste Position geht davon aus, daß die Statusdistribution durch Bildung – das heißt der Einfluß der erworbenen Bildung auf den Zugang zu beruflichen Positionen und den damit verbundenen gesellschaftlichen Teilhabe- und Teilnahmemöglichkeiten – lediglich eine untergeordnete Begleiterscheinung der inhaltlichen Vorbereitung auf berufliche Aufgaben ist. In anderen Ansätzen wird davon ausgegangen, daß gesellschaftliche Mechanismen und individuelle Entscheidungen, die den Zugang zu beruflichen und sozialen Positionen beeinflußt haben, im Prinzip ein Eigengewicht gegenüber Mechanismen und Entscheidung zum Erwerb und der Verwertung von Qualifikationen haben beziehungsweise haben können.

Die zweite Position geht von einem harmonischen Modell einer offenen, marktorientierten Leistungsgesellschaft aus. Statusdistribution wird in engem Zusammenhang mit Qualifizierung gesehen: Leistung wird nach Bedarf stimuliert, und Unterschiede in der Belohnung des Bildungserfolgs sind Ausdruck des bestehenden Bedarfes. Diskrepanzen zwischen Leistungen des Bildungssystems und Qualifikationsanforderungen des Beschäftigungssystems sind jeweils nur Stadien eines im Prinzip am Gleichgewicht orientierten Marktzyklus oder Folgen von politischen Störfaktoren gegenüber einem offenen Qualifikationsmarkt: Letzteres Argument wird oft zum Anlaß von politischen Forderungen genommen, die Lernenden realistischer über den Arbeitsmarkt zu informieren oder Ausbildungskosten auf die Lernenden zu überwälzen (vgl. ZÖLLER 1982).

Die dritte Position kann man als die der enttäuschten Reformer bezeichnen. Kritisiert wird, daß die Ungleichheit der Bildungschancen kaum abgebaut worden sei, die öffentlichen Bildungsausgaben eher den ohnehin Privilegierten zugute kämen, gewisse Verringerungen der Ungleichheit der Bildungschancen weitgehend folgenlos für die Sozialchancen blieben und daß der Wettlauf um den Bildungserfolg sinnvolle Bildungsziele und -prozesse untergrabe. Bildungsmeritokratie wird von diesen Positionen nunmehr zugleich als unvollständig realisiert, als nicht akzeptables Modell sozialer Gerechtigkeit und als pädagogisch schädlich verworfen. Zugrunde liegt solcher Kritik im Prinzip das Postulat einer weitgehenden Gestaltbarkeit des Bildungssystems nach Zielsetzungen der Statusdistribution, und zwar einer Realisierbarkeit des Abbaus sozialer Ungleichheit. Diese Hoffnung klingt auch noch in denjenigen Aussagen an, die empört die erwiesene Nicht-Gestaltbarkeit nach solchen Maximen betonen (vgl. die Darstellung und Kritik dieser Position in HUSÉN 1980).

Die verschiedenen Positionen lassen sich auf der Basis sehr unterschiedlicher Fragestellungen kritisieren. In einem Punkt zeigt sich jedoch eine gemeinsame Schwäche: Sie sind ungeeignet, die derzeitige Konstellation der Beziehungen von Bildungs- und Beschäftigungssystem zu erklären. Zwar gibt es manche Planungen, Maßnahmen zur Beeinflussung der Marktbedingungen, Verringerungen der Belohnung des Bildungserfolges und Zeichen für Rückgänge der Bildungsmotivation der Lernenden, aber die Klagen über die Bildungspolitik der Vergangenheit und über Probleme der Beziehungen von Bildungs- und Beschäftigungssystem der Gegenwart beruhen ja gerade darauf, daß derartige Anpassungstendenzen relativ schwach sind. Es ergibt sich weder eine Re-Harmonisierung noch ein eindeutiges Scheitern der

Bildungsmeritokratie, sondern eine Dauerhaftigkeit der Konfliktsituation, die als Diskrepanz zwischen den Leistungen des Bildungssystems und den Qualifikationsanforderungen des Beschäftigungssystems und als fragwürdige Rolle des Bildungssystems bei der Statusdistribution empfunden wird. Diese Situation besser zu erklären, beansprucht das im folgenden erläuterte Modell, das zunächst als Beschreibung langfristiger Entwicklungstendenzen dargestellt und dann in seinen Prämissen und Folgerungen im Rahmen der Kritik anderer Modelle und der Erklärung gegenwärtiger Probleme präzisiert wird.

3.2 Historische Stufen in der Beziehung von Qualifizierung und Statusdristribution

Die Bedeutung des Wandels der Beziehung zwischen Qualifizierung und Statusdistribution, wie er sich in den letzten Jahren ereignet hat, tritt besonders klar hervor, wenn man ihn im Rahmen historischer Entwicklungen betrachtet und typische Formen der Beziehung im Entwicklungsverlauf zu kennzeichnen versucht (vgl. TEICHLER 1976, TEICHLER u. a. 1976).

In vorbürgerlichen Gesellschaften wurde die soziale Position eines Individuums in der Regel unmittelbar durch dessen soziale Herkunft festgelegt – der soziale Status wurde „vererbt". Qualifikationen wurden durch familiale Sozialisation und lange Phasen beruflicher Einarbeitung erworben, wobei man Lebenserfahrungen, Fertigkeiten und Wissensbestände von einer Generation zur anderen tradierte. Daneben bildeten sich bereits einzelne Institutionen heraus, in denen Wissen und Fertigkeiten für bestimmte Berufsstände systematisch vermittelt wurden. Bildung bestimmte damit – von wenigen Ausnahmen abgesehen – nicht die soziale Position, sondern war eines ihrer Attribute.

Im Prozeß der Herausbildung von Industriegesellschaften wurden diese Traditionen des Verhältnisses von Sozialstruktur und Qualifizierung erschüttert. Der Dynamik der durch schnellere wirtschaftliche Entwicklung sich verändernden Anforderungen konnten herkunftsspezifische Sozialisation und intra-familiale Wissensvermittlung nicht mehr nachkommen; zugleich verlor die Herrschaft einer kleinen Gruppe, die ihre Privilegien vererbte, an Selbstverständlichkeit. Unter diesen Bedingungen entwickelte sich zwischen organisierter Qualifizierung und Statusdistribution eine systematische, im Laufe der industriellen Entwicklung immer enger werdende Interdependenz. Für dieses zweite Stadium ist kennzeichnend, daß Statusdistribution prinzipiell offen und am Qualifikationsniveau orientiert ist: Der Erwerb der erforderlichen Qualifikationen wird durch das Angebot des sozialen Aufstiegs stimuliert; zugleich wird der soziale Status als gerechte Belohnung von Leistungen für die Bestandssicherung der Gesellschaft interpretiert.

Im Laufe der Entwicklung der Industriegesellschaften ergab sich nun ein Prozeß der Bildungsexpansion, insbesondere der Ausweitung zunächst der Sekundar- und später der Hochschulbildung. Analytisch lassen sich fünf Ursachen für diesen langfristigen Trend nennen:

- Unter den gegebenen Bedingungen des technostrukturellen Wandels und der Arbeitsorganisation erhöhten sich die Qualifikationsanforderungen – dies gilt für sehr viele Berufe im Hinblick auf die unmittelbaren Arbeitsanforderungen und daneben für alle Beschäftigten als Steigerung der „zivilisatorischen Mindestanforderungen".
- Durch komplexer werdende Wissenssysteme und Sozialbezüge, verstärkte Rationalisierung der Gesellschaft und rückläufige Qualifizierungschancen durch Beteiligung am Arbeitsprozeß ist die berufliche Qualifizierung zu einem wachsen-

den Anteil vom Arbeitsprozeß getrennt und in besondere Bildungsinstitutionen ausgelagert worden. Dadurch nimmt die erforderliche Bildungsdauer selbst bei konstanten Qualifikationsanforderungen zu; zugleich kann sich dadurch der statusdistributive Einfluß von Bildung erhöhen.
- Im Beschäftigungssystem wächst die Tendenz, vorberufliche Bildung in wachsendem Maße zu belohnen (vgl. DORE 1976). Dazu scheinen Veränderungen der Arbeitstätigkeiten – insbesondere ein Rückgang von Aufgaben, bei denen Leistung von aktueller Verausgabung abhängt – und gewachsene Probleme der Legitimation innerbetrieblicher Selektion beizutragen.
- Im Bildungssystem besteht die Tendenz, Ausleseentscheidungen immer mehr auf höhere Ausbildungsstufen als zuvor zu verlagern. Die Organisation sozialer Offenheit innerhalb des Bildungssystems entwickelt quasi eine Eigengesetzlichkeit, die Selektion zeitlich hinauszuschieben. Dies geschieht zum Teil, um bisher Benachteiligten Bildungschancen zu eröffnen und zugleich die Konkurrenz mit bisher Privilegierten einzuschränken, zum Teil durch Übergang von offenen Selektionsmethoden zu „weichen" Systemen (vgl. TEICHLER 1981), die Erfolg und Mißerfolg eher individualisieren und über Mißerfolge mit der Chance der Reversibilität hinwegtrösten, zum Teil schließlich durch eine gewisse Angleichung von Bildungsleistungen, die die Berechtigung der Selektionsentscheidungen in Frage stellt.
- Diese Entwicklungen werden begleitet von einer wachsenden Sensibilisierung der Bevölkerung für das bestehende Gratifikationssystem und für die Verknüpfung von Bildungsleistungen mit Berufskarrieren und sozialem Status. Dies äußert sich darin, daß zunehmend mehr Individuen die Unterschiede sozialer Chancen wahrnehmen, die jeweils mit unterschiedlichen Bildungsverläufen verbunden sind, und sich darum bemühen, Zugang zu denjenigen Bildungseinrichtungen und Qualifizierungsprozessen zu erlangen, die bessere Berufsmöglichkeiten und höheren sozialen Status versprechen.

Dabei ergibt sich verständlicherweise kein kontinuierlicher Prozeß der Höherqualifizierung, da die Entwicklung der Qualifikationsanforderungen keineswegs regelmäßig ist: So ergibt sich gerade sehr häufig für neue Qualifikationsanforderungen, für die eine entsprechende Vorbereitung durch das Bildungssystem fehlt, daß Personen ohne entsprechende Vorbildungsniveaus Berufschancen haben. Auch nehmen selbst bei wachsenden Qualifikationsanforderungen und wachsender Offenheit des Bildungssystems die Sozialchancen für zuvor bildungsbenachteiligte Gruppen in jedem Falle zu: So kann man sich in einem offenen Bildungssystem strategisch erfolgreicher verhalten; mit steigendem Bildungsniveau können andere, weniger direkt durch Bildung beeinflußte Qualifikationen in der beruflichen Selektion an Bedeutung gewinnen; langfristig könnte der Abbau sozialer Barrieren sogar dazu führen, daß genetische Unterschiede wieder für die Verteilung von Sozialchancen an Bedeutung gewinnen (vgl. YOUNG 1961). Schließlich ergeben sich erhebliche Marktschwankungen: Mängel und Überangebote an Hochqualifizierten lösen sich ab (vgl. TITZE 1984), wobei es im Falle des reichlichen Angebots durchaus vorkommt, daß zeitweilig Bildungsbarrieren erhöht werden, die Belohnung des Bildungserfolges sinkt und der Zudrang zur weiterführenden Bildung abnimmt.

Dennoch nehmen langfristig die Sensibilisierung der Bevölkerung für den Zusammenhang von Bildung und Statusdistribution und Bemühungen um einen höheren Bildungserfolg zu. Insbesondere aus zwei Gründen ist es verständlich, daß es nicht zu einem langfristigen „Gleichgewicht" von Qualifikationsanforderungen und Bildungsverhalten kommt:

Zum einen schwankt die Belohnung des Bildungserfolges nicht in dem Maße wie die Konstellationen von Mangel und Überangebot an hochqualifizierten Arbeitskräften. Wenn die Qualifizierungsleistungen des Bildungssystems gegenüber den Anforderungen des Beschäftigungssystems zurückbleiben, kann die Beziehung von Qualifizierung und Statusdistribution enger geknüpft werden, um Bildungsleistungen zu stimulieren – etwa durch Aktivitäten zur Öffnung des Bildungssystems und zur stärkeren Belohnung des Bildungserfolges. Wenn dagegen ein Überschuß höherer Bildung gegenüber den Qualifikationsanforderungen vermutet wird, so nehmen zwar Aktivitäten zur Einschränkung der Öffnung des Bildungswesens und zur Reduzierung der Belohnung des Bildungserfolges zu, aber sie sind gewöhnlich nicht so einschneidend, daß sie zum früheren Zustand zurückführen. Offenkundig kann das einmal erreichte Maß der Interdependenz zwischen Bildung und Statusdistribution nicht beliebig revoziert werden: Die Gesellschaft kann nicht einfach je nach Marktkonstellation als „offene Leistungsgesellschaft" und dann wieder – bei vermuteten Qualifikationsüberschüssen – als deren Gegenteil ausgegeben werden, ohne damit die in Industriegesellschaften dominante Legitimation sozialer Ungleichheit auf der Basis von Bildungsleistungen insgesamt in Frage zu stellen; eine „Entkoppelung" erfolgt allenfalls graduell.

Zum anderen können die Lernenden ihr Qualifikationsverhalten nicht ohne weiteres an die jeweilige Marktkonstellation anpassen. Weder biographische Verläufe noch Bildungsinstitutionen sind so flexibel, um lebenslang einen Ausgleich von Qualifikationen je nach Bedarfslage zu bieten. Deshalb ist es angesichts eines langfristigen Trends der Bildungsexpansion verständlich, wenn auch unter den Bedingungen aktueller Überangebote hoher Qualifikationen weitaus mehr Lernende, als nach herrschenden Bedarfsvorstellungen erforderlich, die Risikostrategie einer höheren Qualifikation wählen.

Die erläuterten Mechanismen, Faktoren und Entwicklungstendenzen führen daher langfristig zu einer solchen Expansion des Bildungswesens, daß die Leistungen des Bildungssystems sowohl hinsichtlich der Statusdistribution als auch der Qualifizierung mit der bestehenden Berufs- und Sozialstruktur nicht mehr vereinbar zu sein scheinen: „Überqualifikation" und „zu hohe" Statuserwartungen werden zu einem Dauerzustand. Unter diesen Umständen setzen sich zwar die üblichen Marktmechanismen und Steuerungsmaßnahmen zur Reduzierung der empfundenen Diskrepanzen in gewissem Umfange fort. Sie werden aber deutlich von einer grundlegenden Veränderung überlagert: Es kommt zu keiner Annäherung der qualifizierenden Leistungen des Bildungssystems an den angenommenen Bedarf um den Preis, daß die Legitimation sozialer Ungleichheit in Frage gestellt wird, sondern Statusdistribution um den Preis einer geringeren Qualifikationsabstimmung wird dominant. Nicht so sehr werden die Belohnung des Bildungsabschlusses und damit auch die Begründung sozialer Ungleichheit auf dieser Basis zugunsten einer Anpassung der Qualifikationen an den vermeintlichen Bedarf aufgehoben, sondern die Belohnung des Bildungserfolges setzt selbst eine Zunahme der Diskrepanzen von angenommenem Qualifikationsbedarf und Qualifikationen der Absolventen des Bildungssystems fort: In Anlehnung an das Argument des Qualifikations-„Bedarfs" kann man davon sprechen, daß sich ein „Bedarf an sozialer Ungleichheit" (TEICHLER 1974) durchsetzt. Dies erfolgt in erster Linie dadurch, daß kleinere Differenzen des Qualifikationsniveaus als früher für den Zugang zu sozialen Positionen ausschlaggebend werden.

Es bleibt abzuwarten, ob sich dabei eine langfristige Stabilität ergibt. Vorstellbar ist, daß bei einer Marginalisierung der Qualifikationsdifferenzen die Statushierarchie allmählich als artifiziell erscheint und sich nicht mehr zur Rechtfertigung ungleicher Sozialchancen eignet.

3.3 Zur Problematik der Bildungsmeritokratie

Die Grenzen der Marktregulation durch Qualifikationsbedarf und Leistungen des Bildungssystems haben immer wieder Erklärungsansätze beflügelt, nach denen die Beziehung zwischen Bildungs- und Beschäftigungssystem eindeutig von Aspekten der Selektion bestimmt sei und Fragen der Qualifikationsabstimmung praktisch gar keine Rolle spielten. In der bildungs-ökonomischen Diskussion wurde zum Beispiel gefragt, ob Bildung für das Beschäftigungssystem zu einem reinen Auslesemechanismus geworden sei, also lediglich noch eine „screening"- oder Filter-Funktion habe (vgl. ARROW 1984). In der soziologischen Diskussion vertraten zum Beispiel BOWLES/ GINTIS (vgl. 1974) die These, daß bereits die Entwicklung der amerikanischen Hochschulen um die Jahrhundertwende auf einer völlig von Qualifikationsaspekten abgelösten sozialen Selektion beruht habe. In der hochschul- und beschäftigungspolitischen Diskussion in der Bundesrepublik Deutschland wird diese Denkweise häufig in dem Argument aufgenommen, Zertifikate hätten zu einem funktional völlig unbegründeten „Berechtigungswesen" geführt und auch die Belohnung von Bildungsrängen in der Privatwirtschaft erfolge lediglich wegen des großen Einflusses des Öffentlichen Dienstes auf den Arbeitsmarkt von Hochschulabsolventen.

Betrachtet man die verschiedenen Argumentationen im Detail, so werden zwei Argumente sichtbar: Zum einen wird postuliert, daß die Ungleichheit der Gesellschaft rein auf der Basis einer Gerechtigkeit nach Bildungsleistungen begründet werde; zum anderen wird behauptet, daß die soziale Belohnung von Bildungszertifikaten sich völlig von qualifikationsorientierter Rationalität gelöst habe.

Wieweit die Gesellschaftsordnung in industrialisierten Ländern auf einer Statuszuweisung nach Bildungserfolg unabhängig von deren qualifikatorischer „Funktionalität" beruht, läßt sich angesichts der bisherigen theoretischen Probleme in der Erklärung bildungsmeritokratischer Erscheinungen und der Schwierigkeiten empirischer Validierung solcher Konzepte schwer klären. Zumindest folgende Einschränkungen zeigen jedoch die Analyse der Bildungsmeritokratie-Diskussion:

Die Zuweisung von Personen zu sozialen Positionen wird in Industriegesellschaften auch heute noch in einer Mischung von „Verdienstgerechtigkeit" (jeder erhält die Belohnung, die seinem erfolgreichen Bemühen entspricht, gesellschaftlich Wertvolles zu leisten), „Funktionsgerechtigkeit" (jeder erhält die Belohnung, die nach der Schwierigkeit und Wichtigkeit der Aufgaben angemessen ist) und „Leistungsgerechtigkeit" (die Belohnung entspricht der gesellschaftlichen Bedeutung der Aufgaben und zugleich der Rarität der Talente) realisiert.

Die Zuweisung zu sozialen Positionen wird nur dann als angemessen empfunden, wenn Bildung nur zum Teil ausschlaggebend ist. Reine Bildungsmeritokratie dagegen wird als eine neue Form partikularistischer Statuszuweisung empfunden – als ungerechte Privilegierung derjenigen, die kognitiv talentiert sind. Diese Kritik an der Berechtigung einer Bildungsmeritokratie zeigt sich in der Bundesrepublik Deutschland an der Popularität des unzutreffenden Vorwurfes, die Bildungsexpansion löse einen „Verdrängungswettbewerb" aus (vgl. dazu die unterschiedlichen Argumentationen bei HEGELHEIMER 1977 und TEICHLER 1978).

Die Akzeptanz der Sozialordnung scheint gerade darauf zu beruhen, daß jedes Prinzip der Zuweisung allenfalls imperfekt gilt. Das gilt einerseits für den Kompromiß zwischen verschiedenen sozialen Gruppen, der sich in partieller Privilegiensicherung durch Bildung und partieller Offenheit von Bildung zeigt. Das zeigt sich ebenso darin, daß alle Ausleseverfahren im Bildungssystem ständig mit klaren und unklaren Kriterien und kalkulierbaren und zufälligen Daten operieren; dies kann man nicht einfach als technische Fehler der Verfahren, sondern als Mischung von Anreiz und „Puffer" im Falle von Mißerfolg und grundsätzlicher Kritik verstehen.

Schließlich wird die Herausbildung einer reinen Bildungsmeritokratie auch dadurch relativiert, daß es offenkundig in jedem Land spezifische Akzente der Legitimation sozialer Ungleichheit gibt, die sich auch im Zuge der Bildungsexpansion durchhalten: In den USA etwa herrscht die Deutung vor, daß Bildung zwar einen gewissen Einfluß auf die berufliche und soziale Position habe, daß aber im Laufe des Berufslebens noch große Möglichkeiten bestünden, solche frühen Vorentscheidungen zu korrigieren; damit sind auch die Kriterien und Verfahren der Selektion im Bildungssystem von sehr großen Erwartungen im Hinblick auf Transparenz, Leistungsgerechtigkeit, Chancenoffenheit oder ähnlichem entlastet. Umgekehrt dominiert in Japan die Vorstellung, daß die Berufswege durch den Bildungsabschluß weitgehend determiniert sind; der Eindruck einer relativ großen Chancenoffenheit und zugleich Leistungsbelohnung wird dadurch unterstrichen, daß die Anlage von Prüfungen demonstriert, wie groß die Chancen für denjenigen sind, der sich hart bemüht.

Neben solcher Relativierung der Vermutung, daß die Belohnung des Bildungserfolges sich zum durchgängigen Selektionsprinzip entwickelt, gibt es verschiedene Hinweise darauf, daß auch unter den Bedingungen vermeintlicher „Überqualifikation" Qualifikations- und Statusdistributionsdimensionen im Beschäftigungssystem verbunden bleiben. Verschiedene Untersuchungen in der Bundesrepublik Deutschland, die die Veränderungen in der Beschäftigung von Hochschulabsolventen in Industrie, Handel und Dienstleistungen untersuchen, machen dies deutlich (vgl. BUTTGEREIT u.a. 1984, EVERS/V. LANDSBERG 1982, KEMMET u.a. 1982). Die im Verlauf der 70er Jahre weitaus stärker als zuvor prognostizierte, zunehmende Beschäftigung von Hochschulabsolventen in diesen Bereichen (vgl. HEGELHEIMER 1982) ergibt sich infolge verschiedener, im Einzelfalle meistens nicht eindeutig isolierbarer Annahmen, daß die Anforderungen gestiegen seien, man im Zweifelsfalle den Qualifizierteren benötige und daß sich die Maßstäbe im Zuge der Bildungsexpansion ein wenig verschoben hätten. Nur in den seltensten Fällen wird die Beschäftigung von Hochschulabsolventen als eine Verlegenheitslösung verstanden, weil Absolventen kürzerer Ausbildungsgänge nicht zur Verfügung waren. Es gibt also Adaptionstendenzen an das Angebot an Hochschulabsolventen, das im Vergleich zu den Bedarfsvorstellungen nach wie vor als zu reichlich empfunden wird, aber diese Adaption ist keine von Qualifkationskriterien losgelöste Statusverteilung.

Hochschul- und Beschäftigungspolitik in der Bundesrepublik zeigen ebenfalls keine Anzeichen für die zuweilen postulierte Tendenz einer „Entkoppelung" von Bildungsabschluß und Berufsposition; die Statusdifferenzen zwischen Hochschul- und Fachhochschulabsolventen scheinen nicht zu sinken (vgl. BUTTGEREIT u.a. 1984, EVERS/ v. LANDSBERG 1982). Auch die Annahme, daß die Hochschulen zunehmend eine Aufbewahrungsfunktion (vgl. KELLERMANN/LENHARDT 1980) angesichts wachsender Arbeitslosigkeit übernehmen, ist offenkundig nicht Maxime der Hochschulpolitik geworden, sondern es dominiert weiterhin ein – allerdings gemessen an der Kritik am Status quo sehr eingeschränktes – Bemühen um Dämpfung des Hochschulzugangs und Senkung der Verweildauer.

3.4 Zum Wandel der Bildungsmotivation

Eine der deutlichen Kritiken an der gewachsenen Rolle der Statusverteilung im Verhältnis von Bildungs- und Beschäftigungssystem liegt darin, daß Bildungsverhalten immer weniger von intrinsischen Motivationen bestimmt worden sei und daß der Wettlauf um den Bildungserfolg ein einseitig statusorientiertes Denken gefördert habe. Zugleich wurde Ansätzen, die auf die innere Logik dieser Tendenzen verweisen – etwa dem Humankapital-Ansatz und auch dem hier präsentierten Ansatz eines wachsenden Gewichts der Statusdistributionsfunktion in der Beziehung von Bildungs- und Beschäftigungssystem –, immer wieder vorgeworfen, sie hypostasierten über diese Trends hinaus ein Bildungsverhalten, das dem homo oeconomicus beziehungsweise dem Status-Streber par excellence entspreche.

Die anhaltenden Diskrepanzen zwischen vermeintlichem Qualifikationsbedarf und den Leistungen des Bildungswesens, die als „Überqualifikation" gedeutet werden, die besonderen Beschäftigungsprobleme für einige Fachrichtungsgruppen unter den Hochschulabsolventen (etwa den Absolventen der Lehrerbildung) und die gewachsene Arbeitslosigkeit in vielen Ländern haben sicherlich hohe Berufs- und Statuserwartungen der Lernenden gedämpft. Man verweist in diesem Zusammenhang auf die Zunahme von drei gleichzeitig anzutreffenden Tendenzen: ein stärkerer Andrang zu Fächern mit vermutlich besonders günstigen Beschäftigungschancen einerseits (in der Bundesrepublik Deutschland zum Beispiel Ingenieur- und Wirtschaftswissenschaften), ein ebenfalls wachsender Andrang zu Fächern mit besonders ungünstigen Beschäftigungschancen (Magisterstudiengänge in den Geisteswissenschaften und künstlerische Studiengänge), andererseits eine Abnahme des Interesses an den Studienangeboten überhaupt (vgl. PORTELE 1979).

Diese Phänomene relativieren keineswegs die anthropologischen Grundannahmen der oben genannten Forschungsansätze: Unter bildungsökonomischen Prämissen von Marktverhalten zum Beispiel erscheint es völlig normal, daß bei einem Rückgang der durchschnittlichen Belohnung für Hochschulbildung manche Lernenden sich um so mehr um eine höhere Belohnung – etwa im Wettlauf um Noten, Studienfächer oder angesehene Hochschulen – bemühen, andere dagegen sich eher für finanziell weniger attraktive Lösungen entscheiden, da der Verlust gegenüber einer anderen Studienwahl angesichts der generellen Verschlechterung der Arbeitsmarktchancen für Hochschulabsolventen nicht als so gravierend erscheint.

Betrachtet man jedoch die Gesamtheit der Reaktionen von Lernenden auf die veränderten Beziehungen von Bildungs- und Beschäftigungssystem, so deutet sich keinesfalls eine Entwicklung an, die man als Marktausgleich interpretieren könnte. Besonders deutlich zeigte sich das in den letzten Jahren in der Bundesrepublik Deutschland beim Bildungswahlverhalten im Sekundarschulbereich: Der Besuch der weiterführenden Schule steigt deutlich an, und es ist eine erhebliche Steigerung in der Quote der Studienberechtigten zu erwarten: Weder scheint die intrinsische Motivation zuzunehmen, noch führen die allgemeine Arbeitsmarktkonstellation und die bestehenden Beziehungen von Bildungs- und Beschäftigungssystem zu einer Abschreckung gegenüber höheren Bildungsgängen: Der Besuch weiterführender Schulen und der Hochschulen werden vielmehr immer häufiger als dazugehörig betrachtet, um sich unter erschwerten Bedingungen relativ günstige Ausgangschancen zu sichern; weder Euphorie noch Gleichgültigkeit oder Verzweiflung dominieren, sondern die mit wenig Begeisterung besetzte Absicherung im Positionswettbewerb.

Somit ergibt sich in der jetzigen Situation der Beziehungen von Bildungs- und Beschäftigungssystem seitens der Beschäftiger wie seitens der Lernenden weder ein Zurück zu einem vermeintlichen „Gleichgewicht" zwischen Angebot und Nachfrage, entsprechend den herrschenden Bedarfsvorstellungen, noch eine völlige Anpassung an die gegebene Situation. Die langfristigen Folgen dieser Situation, die durch eine Dominanz der Statusdistribution, nicht jedoch durch eine beliebige Adaption der Qualifikationsvorstellungen gekennzeichnet ist, erscheinen offen.

ALTVATER, E./HUISKEN, F. (Hg.): Materialien zur Politischen Ökonomie des Ausbildungssektors, Erlangen 1971. ARMBRUSTER, W. u. a.: Expansion und Innovation. Bedingungen und Konsequenzen der Aufnahme und Verwendung expandierender Bildungsangebote, Berlin 1971. ARROW, K. J.: Higher Education as a Filter. In: LUMSDEN, K. G. (Hg.): Efficiency in Universities, Amsterdam 1974, S. 51 ff. BAETHGE, M.: Abschied von Reformillusionen. Einige politisch-ökonomische Aspekte zum Ende der Bildungsreform in der BRD. In: betr. e. 5, (1972), 11, S. 19 ff. BAETHGE, M./OBERBECK, H.: Berufs- und Qualifikationsforschung. Kurseinheit 3. Fernuniversität Hagen, 1984. BAETHGE, M. u. a.: Produktion und Qualifikation, Hannover 1974. BAETHGE, M. u. a.: Bildungsexpansion und Rationalisierung, Bonn 1983. BAMMÉ, A. u. a.: Thesen zum Zusammenhang von beruflicher Hierarchie, Qualifikation und Sozialisation. In: BAETHGE, M. u. a.: Bildungs- und Qualifikationsforschung. IAB-Kontaktseminar an der Universität Regensburg, September 1976. Institut für Arbeitsmarkt- und Berufsforschung der Bundesanstalt für Arbeit: Beiträge zur Arbeitsmarkt- und Berufsforschung 15, Bildungs- und Qualifikationsforschung, Nürnberg 1977, S. 82 ff. BECK, U. (Hg.): Bildungsexpansion und betriebliche Beschäftigungspolitik, Frankfurt/New York 1980. BOURDIEU, P.: Kulturelle Reproduktion und soziale Reproduktion. In: BOURDIEU, P./PASSERON, J.-C.: Grundlagen einer Theorie der symbolischen Gewalt, Frankfurt/M. 1973, S. 89 ff. BOWLES, S./GINTIS, H.: Pädagogik und die Widersprüche der Ökonomie. Das Beispiel USA, Frankfurt/M. 1978. BUTTGEREIT, M. u. a.: Hochschulzertifikate und betriebliche Einstellungspraxis, Bonn 1984. COLLINS, R.: The Credential Society, New York 1979. DORE, R.: The Diploma Disease, Oxford 1976. EDDING, F.: Bildungsökonomie. In: Enzyklopädie Erziehungswissenschaft, Bd. 5, Stuttgart 1984, S. 439 ff. EDDING, F./HÜFNER, K.: Der Beitrag der Ökonomie zur Bildungsforschung. In: ROTH, H./FRIEDRICH, D. (Hg.): Bildungsforschung, Probleme, Perspektiven, Prioritäten, Teil 1. Deutscher Bildungsrat: Gutachten und Studien der Bildungskommission, Bd. 50, Stuttgart 1975, S. 305 ff. EVERS, H./LANDSBERG, G. v.: Qualifikation und Karriere, Köln 1982. FREEMAN, R. B.: The Over-Educated American, New York 1976. GEORG, W./KISSLER, L. (Hg.): Arbeit und Lernen, Frankfurt/New York 1982. HARTUNG, D. u. a.: Bildung und Beschäftigung, München 1981. HEGELHEIMER, A.: Müssen Ausbildungs- und Beschäftigungssystem aufeinander abgestimmt sein? In: JAHRBUCH FÜR WISSENSCHAFT, AUSBILDUNG, SCHULE: WAS 77, Köln 1977, S. 28 ff. HEGELHEIMER, A.: Bildung und Beruf. Perspektiven für die Zukunft, Köln 1983. HOFF, E. u. a.: Gesellschaftliche Arbeit als Sozialisation. In: GEORG, W./KISSLER, L. (Hg.): Arbeit und Lernen, Frankfurt/New York 1982, S. 43 ff. HÜFNER, K. (Hg.): Bildungsinvestitionen und Wirtschaftswachstum, Stuttgart 1970. HUSÉN, T.: Schule und Leistungsgesellschaft, Braunschweig 1980. JENCKS, CH. u. a.: Chancengleichheit, Reinbek 1973. KELLERMANN, P./LENHARDT, G.: Erfahrung, Schule, Lohnarbeit: Zusammenhänge zwischen Arbeitsmarkt und Bildungssystem. In: BECK, U. u. a. (Hg.): Bildungsexpansion und betriebliche Beschäftigungspolitik, Frankfurt/New York 1980, S. 98 ff. KEMMET, C. u. a.: Studium und Berufschancen, Herford 1982. KRAFT, A. u. a.: Hochqualifizierte Arbeitskräfte in der Bundesrepublik Deutschland bis 1980, Bonn 1971. KRAIS, B.: Bildung als Kapital – Neue Perspektiven für die Analyse der Sozialstruktur. In: KRECKEL, R. (Hg.): Soziale Ungleichheiten. Soz. Welt, Sonderband 2, Göttingen 1983, S. 199 ff. LUTZ, B.: Die Bildungsexpansion in Europa seit Mitte des 20. Jahrhunderts: Ursachen, Komplikationen, Konsequenzen, Mimeo, München 1981. LUTZ, B.: Bildungssystem und Beschäftigungsstrukturen in Deutschland und Frankreich. In: MENDIUS, H.-G. u. a.: Betrieb – Arbeitsmarkt – Qualifikation I. Arbeiten des Instituts für Sozialwissenschaftliche Forschung (ISF) München, Frankfurt/M. 1976, S. 83 ff. LUTZ, B.: Die Interdependenz von Bildung und Beschäftigung und das Problem der Erklärung der Bildungsexpansion. In: MATTHES, J. (Hg.) Sozialer Wandel in Westeuropa, Frankfurt/M. 1979, S. 634 ff. LUTZ, B.: Bildungsexpansion und soziale Ungleichheit. Eine historisch-soziologische Skizze. In: KRECKEL, R. (Hg.): Soziale Ungleichheiten. Soz. Welt, Sonderband 2, Göttingen 1983, S. 220 ff. MAIER, H.: Die wundersame Mär vom großen Plan, Stuttgart 1976. MASUCH, M.: Politische Ökonomie der Ausbildung. Lernarbeit und Lohnarbeit im Kapitalismus, Reinbek 1972. MERTENS, D.: Unterqualifikation oder Überqualifikation. In: Gewerksch. Monatshefte 27 (1976), S. 488 ff. MICKLER, O. u. a.: Produktion und Qualifikation. Hauptstudie, 2 Bde., Göttingen 1977. MICKLER, O. u. a.: Produktion und Qualifikation, Hauptstudie-Kurzfassung, Göttingen/Berlin 1978. OFFE, C.: Bildungssystem, Beschäftigungssystem und Bildungspolitik. In: ROTH, H./FRIEDRICH, D.: Bildungsforschung. Probleme, Perspektiven, Prioritäten, Teil 1. Deutscher Bildungsrat: Gutachten und Studien der Bildungskommission, Bd. 50, Stuttgart 1975, S. 217 ff. PORTELE, G.: Über den Einfluß veränderter Berufsbedingungen auf Einstellungen und Handeln der Studenten. In: TEICHLER, U. (Hg.): Hochschule und Beruf. Frankfurt/New York 1979, S. 202 ff. RIESE, H.: Die Entwicklung des Bedarfs an Hochschulabsolventen in der BRD, Wiesbaden 1967. SCHERER, F.: Ökonomische Beiträge zur wissenschaftlichen Begründung der Bildungspolitik, Berlin 1969. SCHLAFFKE, W.: Krisenmanagement im Bildungswesen – Die Aufgaben und Probleme der achtziger Jahre. In: D. Dt. Univ. (1977), Ztg. S. 502 ff. TEICHLER, U.: Struktur des Hochschulwesens und „Bedarf" an sozialer Ungleichheit. In: Mitt. a. d. Arbmarkt.- u. Berfo. 7 (1974), S. 197 ff. TEICHLER, U.: Das Dilemma der modernen Bildungsgesellschaft, Stuttgart 1976. TEICHLER, U.: Der Wandel der Beziehungen von Bildungs- und Beschäftigungssystem und die Entwicklung der beruflich-sozialen Lernperspektiven Jugendlicher, Wissenschaftliches Zentrum für Berufs- und Hochschulforschung, Kassel, 1978. TEICHLER, U.: Zur Einführung: Hochschulexpansion, Ursachen, Entwicklungstendenzen, Auswirkungen. In: Z. f. Sozialisatfo. u. Esoziol. 1 (1981), S. 159 ff. TEICHLER, U.: Berufs- und Qualifikationsforschung. Kurseinheit 2. Fernuniversität Hagen, Hagen 1984. TEICHLER, U. u. a.: Hochschulexpansion und Bedarf der Gesellschaft, Stuttgart 1976. TESSARING, M.: Evaluation von Bildungs- und Qualifikationsprognosen, insbesondere für hochqualifizierte Arbeitskräfte. In: Mitt. a. d. Arbmarkt.- u. Berfo. 14 (1980), S. 374 ff. TITZE, H.: Die zyklische Überproduktion von Akademikern im 19. und 20. Jahrhundert. In: Gesch. u. Gesellsch. 10 (1984), S. 92 ff. TOHIDIPUR, M. (Hg.): Politische Ökonomie des Bildungswesens, Weinheim/Basel 1974. VOLPERT, W.: Der Zusammenhang von Arbeit und Persönlichkeit aus handlungspsychologischer Sicht. In: GROSSKURTH, P. (Hg.): Arbeit und Persönlichkeit, Reinbek 1979, S. 21 ff. YOUNG, M.: Es lebe die Ungleichheit, Düsseldorf 1961. ZÖLLER, M.: Darlehen statt Sozialer Leistungen. In: Freiheit d. W. (1982), 11, S. 510 ff.

Ingo Richter

Verfassungsrechtliche Grundlagen des Bildungswesens

1   Bildungsverfassungsrecht
2   Bildung als öffentliche Aufgabe
2.1 Die öffentliche Verantwortung für das Bildungswesen
2.2 Horizontale Gewaltenteilung
2.3 Vertikale Gewaltenteilung
3   Bildung als Sozialisation des Individuums
4   Formen der Institutionalisierung
4.1 Private Trägerschaft
4.2 Selbstverwaltung
5   Formen der Professionalisierung

Zusammenfassung: Aus den Strukturbestimmungen der Verfassung ergeben sich die Grundlagen für die Organisation des Bildungssystems und die Rechtsstellung der an ihm Beteiligten. Aus den Staatszielbestimmungen, insbesondere Sozialstaat, Rechtsstaat und Demokratie, ergibt sich, daß das Bildungswesen eine öffentliche Aufgabe ist, die den Prinzipien der Pluralität, Freiheitlichkeit und Sozialität verpflichtet ist. Aus verfassungsrechtlicher Sicht läßt sich zunächst eine horizontale Gewaltenteilung im Bildungswesen erkennen: Nicht nur die staatliche Verwaltung ist als Träger und Schulaufsichtsbehörde für das Bildungswesen zuständig, auch der Gesetzgeber ist aufgrund des Rechtsstaatsprinzips gehalten, alle wesentlichen Entscheidungen selbst zu treffen; im Prinzip unterliegt das Bildungswesen auch der gerichtlichen Kontrolle. Eine vertikale Gewaltenteilung ergibt sich durch die Beteiligung des Bundes, der Länder und der Gemeinden sowie weiterer öffentlicher und privater Träger. Sowohl die Schüler als auch die Eltern können sich auf explizite Rechte in der Verfassung berufen. In unterschiedlichem Umfang genießen die Bildungsinstitutionen das Recht der Selbstverwaltung.

Summary: The foundations for the organisation of the educational system and the legal status of those involved in it are determined by the structural provisions of the constitution. In view of the type of state aimed at by these provisions, i.e. a welfare state, a constitutional state, a democracy, it is obvious that education should be a public task pledged to the principles of plurality, freedom, and social justice. From the point of view of constitutional law, a horizontal division of power in the educational sector is the most obvious characteristic: not only the state administration, as organizer and supervisor of the educational system, but also the legislature is obliged by the principle of constitutionality to make all important decisions itself. In principle, the educational system is also subjected to legal supervision. A vertical division of power is produced by the participation of the Federal government, the State governments and the local authorities as well as other public and private organizations. Both pupils and parents can make use of explicit rights enshrined in the constitution. Educational institutions enjoy, to a varying degree, the right to autonomous administration.

Verfassungsrechtliche Grundlagen des Bildungswesens

Résumé: C'est des prescriptions de structures de la constitution que résultent les bases de l'organisation du système d'instruction et la situation juridique de ceux qui en font partie. Des ordonnances d'objectif de l'Etat, notamment Etat social, Etat de droit et démocratie, résulte-t-il que l'instruction est un devoir public, qui est lié aux principes de la pluralité, aux principaux libéraux et sociaux. Du point de vue constitutionnel, apparaît tout d'abord un partage horizontal des pouvoirs, dans l'instruction publique: non seulement l'Administration est responsable en tant que représentant des pouvoirs publics et autorité chargée du contrôle scolaire, le législateur lui aussi est tenu, sur la base du principe de l'Etat de droit, de prendre lui-même toutes les décisions essentielles; en principe, l'instruction publique est soumise également au contrôle juridique. Un partage vertical des pouvoirs résulte de la participation de la Fédération, des «Bundesländer», et des communes, ainsi que d'autres représentants publics et privés. Tant les élèves que leurs parents peuvent se référer à des droits explicites dans la constitution. Les institutions d'instruction jouissent dans une mesure différenciée du droit d'autogestion.

1 Bildungsverfassungsrecht

Obwohl das Grundgesetz (GG) nur wenige Artikel enthält, die sich ausdrücklich mit dem Bildungswesen befassen, ergeben sich aus dem Grundgesetz verfassungsrechtliche Strukturbestimmungen, die sich zu einem Bildungsverfassungsrecht der Bundesrepublik Deutschland zusammenfassen lassen. Ähnlich wie beim Wirtschaftsverfassungsrecht oder sonstigen Rechtsgebieten handelt es sich (entgegen OPPERMANN 1976, S. C 16 ff.) dabei nicht um ein irgendwie geartetes besonderes Verfassungsrecht, sondern um einen bestimmten sozialen Sachverhalt und um die Auslegung der Verfassung im Hinblick auf diesen Sachverhalt. Das Bildungsverfassungsrecht des Bundes geht dem Bildungsverfassungsrecht der einzelnen Bundesländer vor (vgl. Art. 31 GG). Soweit das Grundgesetz keine Regelungen enthält, gilt das Landesverfassungsrecht; die Grundrechte der Landesverfassungen bleiben auch insoweit in Kraft, als sie in Übereinstimmung mit dem Grundgesetz stehen oder darüber hinausgehen (vgl. Art. 142 GG).

Mit dem Begriff Bildungswesen ist die institutionalisierte Sozialisation gemeint, und zwar sowohl die allgemeine Sozialisation, die sich im Elementarbereich des Bildungswesens, in den Schulen des Primar- und Sekundarbereichs, in der Jugendarbeit und in der Weiterbildung vollzieht, als auch die berufliche Sozialisation in Schulen, Betrieben, Hochschulen und Weiterbildungseinrichtungen. Sie wird der familiären Sozialisation gegenübergestellt, deren verfassungsrechtliche Strukturen sich aus Art. 6 GG ergeben.

Mit Hilfe des Begriffs Sozialisation läßt sich nun der soziale Sachverhalt „Bildungswesen", den die Verfassung regelt, differenzieren. Es geht einerseits um die Gesellschaft, in die das Individuum hineinwächst; verfassungsrechtlich läßt sich die institutionalisierte Sozialisation deshalb als öffentliche Aufgabe bestimmen (vgl. 2). Der Begriff Sozialisation geht jedoch vom Individuum aus; dessen Rechtsstellung wird durch die Grundrechte der Verfassung geregelt (vgl. 3). Die institutionalisierte Sozialisation vollzieht sich in Institutionen, deren Organisation verfassungsrechtlich bestimmt ist (vgl. 4). Sie ist Personen anvertraut, deren Professionalität verfassungsrechtlichen Schutz genießt (vgl. 5).

Ingo Richter

2 Bildung als öffentliche Aufgabe

2.1 Die öffentliche Verantwortung für das Bildungswesen

Die Institutionalisierung der Sozialisation ist in unserer Gesellschaft eine öffentliche Angelegenheit. Bildung ist ein öffentliches Gut, dessen Verteilung nicht marktwirtschaftlichen Gesetzen folgt, sondern öffentlich-rechtlich geregelt wird. Verfassungsrechtlich findet dieser Grundsatz in der Auslegung der Staatszielbestimmungen des Art. 20, Abs. 1 GG Ausdruck.
Der demokratische und soziale Staat muß Loyalität und Qualifikation seiner Bürger gewährleisten und aus diesem Grunde die Verantwortung dafür übernehmen, daß im Bildungswesen diejenigen Einstellungen und Fähigkeiten hervorgebracht werden, die für die Erhaltung eines demokratischen und sozialen Staates wie auch für die Wahrnehmung der Grundrechte durch die Bürger erforderlich erscheinen (in unterschiedlichen Ausprägungen vgl. DIETZE 1976, S. 58 ff.; vgl. KRÜGER 1964, S. 228; vgl. OPPERMANN 1976, C S. 21). Deutlich findet dieser Grundsatz in Art. 7, Abs. 1 GG Ausdruck, der nicht nur ein Organisationsprinzip festlegt (so die herrschende Meinung, vgl. Entscheidungen des Bundesverwaltungsgerichts – BVerwGE – Bd. 6, S. 104; vgl. GRUNDGESETZ. KOMMENTAR ... o.J., Art. 7, Rz. 18), sondern aufgrund der Säkularisation des Schulwesens die in Schulen institutionalisierte Sozialisation den Kirchen entzogen und in öffentliche Verantwortung gegeben hat. Doch dieser Grundsatz gilt nicht nur für das Schulwesen, sondern für die Berufsausbildung einschließlich der Hochschulen sowie für die Jugendarbeit und die Weiterbildung. Das Bildungswesen steht heute insgesamt unter öffentlicher Verantwortung.
Öffentliche Verantwortung für das Bildungswesen bedeutet jedoch nicht, daß das Grundgesetz der Sozialisation ein bestimmtes Sozialmodell als Ziel vorgibt. Das Grundgesetz ist vielmehr grundsätzlich für unterschiedliche bildungspolitische Entscheidungen offen; der Staat besitzt aus diesem Grunde einen weiten Gestaltungsspielraum bei der Organisation des Bildungswesens (vgl. Entscheidungen des Bundesverfassungsgerichts – BVerfGE – Bd. 34, S. 181 ff. – Förderstufe). Diese Offenheit der Verfassung bedeutet jedoch nicht, daß er sich für ein bestimmtes Modell entscheiden darf, zum Beispiel für den demokratischen Sozialismus oder die katholische Soziallehre, um dieses dann mit Hilfe der öffentlichen Verantwortung für das Bildungswesen durchzusetzen – einmal unterstellt, daß so etwas überhaupt möglich ist. Die Ausübung der öffentlichen Verantwortung ist vielmehr inhaltlich durch verfassungsrechtliche Grundsätze gebunden, die sich einerseits aus den Staatszielbestimmungen des Art. 20, Abs. 1 GG und andererseits aus den Grundrechten als objektivem Verfassungsrecht ergeben. In einer Gesellschaft, in der es keinen Konsens über grundlegende gesellschaftspolitische Fragen gibt, kann das Bildungswesen aufgrund des Demokratieprinzips und der Grundrechtsausübung aller nur nach den Prinzipien des Pluralismus und der Toleranz organisiert werden (vgl. BVerfGE 34, S. 184 – Förderstufe; 41, S. 50 f. – Gemeinschaftsschule; 47, S. 76 f. – Sexualkunde). Das heißt jedoch nicht, daß der jeweilige gesellschaftspolitische Status quo festgeschrieben werden muß; das Grundgesetz bekennt sich vielmehr zum Prinzip der Freiheitlichkeit, das heißt dazu, daß es den Bürgern selbst überlassen bleiben soll, im Rahmen des Grundgesetzes die jeweilige Gesellschaftsverfassung zu bestimmen (vgl. BVerfGE 5, S. 197 ff. – KPD-Verbot). Die Sozialisation im Bildungswesen ist deshalb nicht auf die derzeitige Gesellschaftsverfassung festgelegt; sie ist vielmehr gegenüber alternativen Modellen grundsätzlich offen. Dieses Prinzip findet in Art. 2, Abs. 1 GG grundsätzlich Ausdruck (vgl. STEIN 1967, S. 37 ff.); Art. 12, Abs. 1

GG konkretisiert es für die Wahl der Berufe (vgl. BVerfGE 7, S. 377 – Apotheken; 33, S. 303 – Numerus clausus); Art. 5, Abs. 3 GG spezifiziert es für den Bereich der Wissenschaft (vgl. BVerfGE 35, S. 79).
Freiheitlichkeit meint jedoch nicht Beliebigkeit im Sinne der Durchsetzung individueller Interessen auf der Basis des gesellschaftspolitischen Status quo; der soziale Staat im Sinne von Art. 20, Abs. 1 GG soll vielmehr eine Gesellschaftsverfassung schaffen, die der Sozialität verpflichtet ist, den Bürgern Chancengleichheit einräumt, Benachteiligungen ausgleicht und gemeinschaftliches Lernen für diese Gesellschaft ermöglicht. Das Demokratieprinzip des Grundgesetzes verlangt zwar nicht, daß das Bildungswesen ebenso wie der Staat nach den Prinzipien der Repräsentativverfassung organisiert wird; das Demokratieprinzip schließt es andererseits auch nicht aus, daß die Entscheidungsprozesse im Bildungswesen demokratisch organisiert werden. Pluralität, Freiheitlichkeit und Sozialität der Bildungsverfassung verlangen nach einer Verfassung der Partizipation im Prinzip (vgl. DEUTSCHER BILDUNGSRAT 1973, S. 19 ff., vgl. OPPERMANN 1976, C S. 38 ff.). Das Grundgesetz steht einer „verwalteten Schule", einer völlig fremdbestimmten Sozialisation entgegen. Das Grundgesetz gewährleistet jedoch kein „verwaltungsfernes", kein autonomes Bildungswesen im Sinne eines „staatsfreien Raumes" – wie es von pädagogischer Seite manchmal gefordert worden ist. Öffentliche Verantwortung für das Bildungswesen heißt gerade umgekehrt, daß die institutionalisierte Sozialisation in den Bereich der Staatsgewalt einbezogen wird. Die Ausübung dieser Staatsgewalt wird nach dem Grundgesetz auf unterschiedliche Organe verteilt, nämlich gewissermaßen horizontal auf die Gesetzgeber, die Verwaltungen und die Gerichte (vgl. 2.2) und gewissermaßen vertikal auf Bundes- und Landesorgane sowie auf Institutionen der Selbsverwaltung (vgl. 2.3).

2.2 Horizontale Gewaltenteilung

Die öffentliche Verantwortung für das Bildungswesen wird vor allem durch die Verwaltung wahrgenommen, sei es, daß die Verwaltung selber als Träger der Bildungseinrichtungen auftritt („Schule halten" zum Beispiel ist dann Verwaltung – eine den Pädagogen schwer zu vermittelnde Vorstellung), oder sei es, daß sonstige Träger von Bildungseinrichtungen, zum Beispiel Privatschulen oder Ausbildungsbetriebe, von der Verwaltung beaufsichtigt werden (zur Trägerschaft vgl. 4). Nach Art. 20, Abs. 3 GG ist die Verwaltung jedoch an Gesetz und Recht gebunden, und das heißt, daß sie für die Wahrnehmung der öffentlichen Verantwortung im Bildungswesen einer Ermächtigung durch den Gesetzgeber bedarf. Begründung und Ausmaß dieses Gesetzesvorbehalts im Bildungswesen sind insbesondere in den letzten Jahren außerordentlich umstritten gewesen und auch heute noch nicht restlos geklärt. Nachdem das Schulverhältnis nicht mehr als „besonderes Gewaltverhältnis", sondern als Rechtsverhältnis verstanden wurde (vgl. HECKEL 1957, S. 272 ff.; vgl. HECKEL 1976, S. 284 ff.) und nachdem das Bundesverfassungsgericht den Grundrechten auch in solchen „Sonderverhältnissen" Geltung verschafft hatte (vgl. BVerfGE 33, S. 1 – Strafgefangene), setzte die Rechtsprechung den Gesetzesvorbehalt im Bildungswesen in einer Reihe grundlegender Entscheidungen durch (vgl. BVerfGE 33, S. 303 – Numerus clausus 34, S. 165 – Förderstufe; 41, S. 251 – Speyer-Kolleg; 45, S. 400 – Gymnasiale Oberstufe; 47, S. 46 – Sexualkunde; 53, S. 185 – Gymnasiale Oberstufe; vgl. HENNECKE 1972, S. 132 ff.; vgl. LÖHNING 1974, S. 158 ff.; vgl. NIEHUES 1976 a, S. M 52 ff.; vgl. OPPERMANN 1976, C S. 44 ff.; vgl. STÄNDIGE DEPUTATION DES DEUTSCHEN JURISTENTAGES 1976, S. 230; vgl. SCHULE IM RECHTSSTAAT 1981, S. 45 ff.). Da-

bei wird die Begründung teils mehr im Demokratie- und Rechtsstaatsprinzip des Art. 20 GG, teils mehr in der Konkretisierung der Grundrechte im Bildungswesen (vgl. 3) gesehen. Als Ergebnis dieser Entwicklung läßt sich jedenfalls festhalten, daß alle wesentlichen Regelungen im Bildungswesen durch Gesetz erfolgen müssen, sei es unmittelbar durch Parlamentsgesetz oder aufgrund einer gesetzlichen Ermächtigung durch Rechtsverordnung, wobei die gesetzliche Ermächtigung den Anforderungen des Art. 80 GG entsprechen muß (vgl. NIEHUES 1976b, S. 36 ff.). Aufgrund dieser Entwicklung steht fest, daß die sogenannten statusbegründenden Regelungen, das heißt die Bestimmungen über die Bildungslaufbahnen, insbesondere über Aufnahmen, Versetzungen, Prüfungen, Abschlüsse und Ausschlüsse, durch Gesetz oder Rechtsverordnung getroffen werden müssen. Fest steht auch, daß die Ziele und Struktur des Curriculums der parlamentarischen Legitimation bedürfen, so insbesondere der Aufbau des Bildungswesens (äußere Differenzierung, Stufung, Arten, Gruppierung) und charakteristische Bildungsziele und -inhalte (beispielsweise humanistisch oder naturwissenschaftlich, kaufmännisch oder gewerblich). Es ist dagegen nach wie vor unklar, inwieweit die curricularen Probleme der Bildung im einzelnen dem Gesetzesvorbehalt unterliegen (vgl. zum Beispiel den Vorschlag der Kommission Schulrecht des Deutschen Juristentages – SCHULE IM RECHTSSTAAT 1981, S. 64 ff., insbesondere §§ 2, 3, 5, 6).
Da die institutionalisierte Sozialisation aufgrund der öffentlichen Verantwortung für das Bildungswesen als Ausübung von Staatsgewalt verstanden wird, unterliegt sie im Prinzip auch der gerichtlichen Kontrolle. Nach § 19, Abs. 4 GG wird Rechtsschutz gegen die Ausübung der öffentlichen Gewalt jedoch nur gewährt, wenn die Betroffenen in ihren Rechten verletzt sind. Die Gerichte der Bundesrepublik haben schon sehr früh damit begonnen, auch die pädagogischen Entscheidungen der verwaltungsgerichtlichen Generalklausel zu unterwerfen (vgl. BVerwGE 1, S. 263). Seit das „besondere Gewaltverhältnis" „abgeschafft" und die institutionalisierte Sozialisation als Rechtsverhältnis erkannt und damit der Grundrechtsgeltung und dem Gesetzesvorbehalt unterworfen worden ist, sind auch pädagogische Entscheidungen im Bildungswesen grundsätzlich gleichzeitig rechtliche Entscheidungen. Das heißt nun jedoch nicht, daß sie damit ihren Charakter als pädagogische Entscheidungen verlieren und durch eine gerichtliche Nachprüfung ersetzt werden können. Die Rechtsprechung hat vielmehr den pädagogischen Charakter von Entscheidungen im Bildungswesen dadurch anerkannt, daß sie den Pädagogen einen Beurteilungsspielraum einräumt (vgl. BVerwGE 8, S. 272; vgl. GUHL 1978, S. 32 ff.; vgl. HUMMEL 1969, S. 15 ff., S. 21 ff.). Innerhalb dieses Beurteilungsspielraums ist die inhaltliche Kontrolle pädagogischer Entscheidungen durch die Gerichte beschränkt. Aufgrund dieser Beschränkung ist es gelungen, die öffentliche Verantwortung für die institutionalisierte Sozialisation einerseits grundsätzlich auch insoweit durchzusetzen, sie andererseits jedoch nicht so weit auszudehnen, daß ihre sachgerechte Ausübung als pädagogische Verantwortung nicht mehr möglich wäre.

2.3 Vertikale Gewaltenteilung

Soweit die öffentliche Verantwortung für das Bildungswesen aufgrund des Gesetzesvorbehalts im Wege der Gesetzgebung ausgeübt wird, weist das Grundgesetz diese nach der Grundregel des Bundesstaats (vgl. Art. 30 und 70 GG) grundsätzlich den Ländern zu. Für einige Bereiche des Bildungswesens besitzt jedoch der Bund eine vorrangige Gesetzgebungskompetenz: für den Elementarbereich (vgl. Art. 74, Ziff. 7 GG; vgl. BVerfGE 22, S. 180 – strittig), für die betriebliche Berufsausbildung (vgl. Art. 74 Ziff. 11 GG; vgl. BVerfGE 26, S. 246 – strittig) sowie eine Rahmenkompetenz für die allgemeinen Grundsätze des Hochschulwesens (vgl. Art. 75; Ziff. 1 a GG). Hinzu kommen Gesetzgebungskompetenzen in Querschnittfragen, die für alle Bereiche des Bildungswesens von Bedeutung sind, und zwar insbesondere für die Rechtsverhältnisse des öffentlichen Dienstes (vgl. Art. 74 a und Art. 75, Ziff. 1 GG) sowie für die Ausbildungsbeihilfen und die wissenschaftliche Forschung (vgl. Art. 74, Ziff. 13 GG). Es versteht sich, daß der Bund mittelbar auch über die Außen-, Wirtschafts-, Sozial- und Finanzpolitik das Bildungswesen mitbestimmt. Durch die Reform der Finanzverfassung wurden 1969 die Gemeinschaftsaufgaben von Bund und Ländern nach Art. 91 a, Ziff. 1 GG (Hochschulbau) und Art. 91 b GG (Bildungsplanung und Forschungsförderung) geschaffen; nach einer weit verbreiteten Meinung haben sie sich jedoch nicht bewährt. Der Versuch der Bundesregierung, auch im Bereich des Schulwesens durch die Begründung von Rahmengesetzgebungskompetenzen dem Bund Einfluß zu verschaffen, ist am Widerstand der Länder gescheitert (vgl. den „Mängelbericht" – Bundestagsdrucksache 8/1551). Es wird deshalb auf absehbare Zeit bei der derzeitigen Kompetenzverteilung zwischen Bund und Ländern bleiben, die den Ländern die Verantwortung für das Bildungswesen im wesentlichen beläßt und den Bund auf Randbereiche und gewisse zentrale Steuerungsfunktionen beschränkt.

3 Bildung als Sozialisation des Individuums

Das Grundgesetz enthält kein Grundrecht auf Bildung im Sinne eines originären subjektiven öffentlichen Rechts, aufgrund dessen jeder Bürger vom Staat verlangen könnte, nach Maßgabe seiner Interessen und Begabungen gebildet zu werden. Ein solches Recht läßt sich auch im Wege der Auslegung weder aus Art. 2, Abs. 1 noch aus Art. 5, Abs. 3, Art. 6, Abs. 2 oder Art. 12, Abs. 1 GG ableiten (andere Auffassungen: vgl. CLEVINGHAUS 1973, S. 135 ff.; vgl. HEYMANN/STEIN 1979, S. 406 ff.; verfassungspolitisch: vgl. SCHLINK 1980, S. 209 ff.)
Ein „Recht auf Bildung" ist allerdings in der Europäischen Menschenrechtskonvention (vgl. Art. 2, Satz 1 des Zusatzprotokolls I vom 20. 3. 1952) enthalten, die in der Bundesrepublik als einfaches Bundesrecht gilt, sowie in verschiedenen internationalen Abkommen (vgl. Art. 13 des internationalen Paktes über wirtschaftliche, soziale und kulturelle Rechte vom 19. 12. 1966, BGBl. II 1973, S. 1570), denen allerdings keine unmittelbare Rechtswirkung in der Bundesrepublik zukommt. Außerdem enthalten mehrere Landesverfassungen in unterschiedlichen Formulierungen ein „Recht auf Bildung" (vgl. Art. 11, Abs. 1 Baden-Württemberg; vgl. Art. 128, Abs. 1 Bayern; vgl. Art. 27 Bremen, vgl. Art. 8, Abs. 1, Satz 1 Nordrhein-Westfalen, vgl. Art. 27, Abs. 3 Saarland). Die Bedeutung dieser Rechte ist allerdings äußerst unklar und umstritten; zum Teil werden aus ihnen konkrete rechtliche Folgerungen gezogen (das gilt insbesondere für die Europäische Menschenrechtskonvention), zum Teil wird ihnen lediglich ein programmatischer Charakter zugesprochen (das gilt insbesondere für die Formulierungen in den Landesverfassungen). In jedem Fall muß die Auslegung dieser Bestimmungen aber in Übereinstimmung mit der Auslegung der Grundrechte des Grundgesetzes stehen, da diese allem anderen vorgeht.
Aus den Grundrechten des Grundgesetzes lassen sich nämlich Rechte der Bürger ableiten, die auch für das Bildungswesen Bedeutung besitzen und die man – in einem anderen Sinne – „Grundrechte auf Bildung" nennen könnte (vgl. OPPERMANN 1976, C S. 81 ff.; vgl. RICHTER 1976, S. M 12 f.), in einem anderen Sinne, weil es nicht

originäre, sondern derivative, das heißt abgeleitete Rechte sind. Wenn der Staat aufgrund der öffentlichen Verantwortung für die institutionalisierte Sozialisation das Bildungswesen organisiert, so gelten hierfür nicht nur objektive Prinzipien (vgl. 2.1), sondern den Bürgern stehen im Rahmen dieses Bildungswesens Grundrechte zu, und zwar
- ein Grundrecht auf den Zugang zu den Bildungsinstitutionen (*Zugangsrecht*),
- ein Grundrecht auf Entfaltung von Begabung und Interessen in den Bildungsinstitutionen (*Entfaltungsrecht*),
- ein Grundrecht auf Mitbestimmung innerhalb von partizipatorisch organisierten Bildungsinstitutionen *(Mitbestimmungsrecht)* und
- ein Grundrecht auf Vermittlung derjenigen Kenntnisse und Fähigkeiten, die in der modernen Gesellschaft für eine menschenwürdige Existenz unabdingbar sind (*Minimumgrundrecht*).

Soweit das Bildungswesen in Körperschaften und Anstalten des öffentlichen Rechts organisiert ist, zum Beispiel in Form von Schulen und Hochschulen, ergibt sich bereits aus dem allgemeinen Verwaltungsrecht der Grundsatz des gleichen Zugangsrechts für alle Bürger. Verfassungsrechtlich wird dieser allgemeine verwaltungsrechtliche Grundsatz durch die Auslegung der Grundrechte (vgl. Art. 2, Abs. 1; Art. 3, Abs. 2 und 3; Art. 6, Abs. 2 und Art. 12, Abs. 1 GG) bekräftigt. In der Rechtsprechung hat dieser Grundsatz insbesondere im Recht der Eltern, die Schulart zu wählen (vgl. Art. 6, Abs. 2 ff. GG; vgl. BVerwGE 5, S. 153), sowie im Recht der Studenten auf Zugang zur Hochschule (Art. 12, Abs. 1 GG; vgl. BVerfGE 33, S. 303) Anerkennung gefunden. Er gilt jedoch ganz allgemein für das differenzierte öffentliche Bildungswesen mit seinen verschiedenen Stufen und Bildungswegen. Soweit das Bildungswesen dagegen in privaten Bildungseinrichtungen organisiert ist, gilt grundsätzlich Vertragsfreiheit, das heißt die Privatschule oder der Ausbildungsbetrieb haben das Recht der freien Schüler- beziehungsweise Lehrlingswahl, und der Schüler beziehungsweise Lehrling kann den Zugang zu einer bestimmten Schule beziehungsweise zu einem bestimmten Betrieb nicht verlangen. Die Vertragsfreiheit wird jedoch durch die zivilrechtlichen Generalklauseln (vgl. §§ 138, 157, 242 BGB) eingeschränkt, deren Auslegung auch die Grundrechte der Lernenden mitberücksichtigen muß (Lehre von der sogenannten mittelbaren Drittwirkung der Grundrechte). Das bedeutet zum Beispiel, daß eine Privatschule einen Schüler aus konfessionellen Gründen nicht ablehnen darf, es sei denn, es handelt sich um eine konfessionelle Privatschule, und das bedeutet zum Beispiel, daß ein Betrieb einen kommunistisch oder nationalsozialistisch eingestellten Jugendlichen als Lehrling nicht ablehnen darf, es sei denn, es liegen besondere darüber hinausgehende Gründe vor. Im privaten Bereich des Bildungswesens gibt es also zwar kein positives Zugangsrecht aber doch eine Begrenzung des Ablehnungsrechts.

Die Organisation des Bildungswesens fällt grundsätzlich in den Bereich der Gestaltungsfreiheit des Staates; private Träger genießen daneben einen begrenzten Handlungsspielraum (vgl. 4). „Das Grundgesetz gibt keinen Maßstab zur Beurteilung pädagogischer Systeme" (BVerfGE 34, S. 185 – Förderstufe; vgl. RICHTER 1980, S. 162 ff.). Die Gestaltungsfreiheit des Staates wird jedoch durch die Entfaltungsrechte der Lernenden eingeschränkt, das heißt der Staat muß bei der Organisation des Bildungswesens sowie bei der Sozialisation innerhalb der öffentlichen Bildungseinrichtung die Entfaltungsrechte der Lernenden beachten. Das bedeutet in organisatorischer Hinsicht, daß der Staat das Bildungswesen so differenzieren muß, daß es der Entwicklung und Förderung aller Begabungen und Interessen gerecht wird. Das bedeutet allerdings nicht, daß damit die Entscheidung für ein bestimmtes Differenzierungsmodell verfassungsrechtlich festgeschrieben wäre, zum Beispiel für die Konfessionsschule oder für das dreigliedrige Sekundarschulwesen, denn der Staat muß bei der Organisation des Bildungswesens die Entfaltungsrechte aller berücksichtigen und in Übereinstimmung bringen. Diese Notwendigkeit kann zum Beispiel auch eine Integrationsentscheidung für eine Gemeinschaftsschule in gemischtkonfessionellen Gegenden begründen, für die Gesamtschule als Regelschule oder für das „busing" von Ausländerkindern (grundlegend für Differenzierung und Integration in konfessioneller Hinsicht: vgl. BVerfGE 41, S. 29, S. 65, S. 88 – Gemeinschaftsschule; in pädagogischer Hinsicht: vgl. BVerfGE 34, S. 165 – Förderstufe). Wenn sich der Staat aber für ein bestimmtes Modell entscheidet, etwa für die Gemeinschaftsschule, für die Gesamtschule oder für die Ausländerintegration, dann muß die Binnendifferenzierung dieser Schule so ausgestaltet sein, daß den Begabungen und Interessen der Schüler innerhalb dieser Schule ausreichend Raum gegeben wird. Die Prinzipien der Pluralität, Freiheitlichkeit und Sozialität müssen auch bei der Gestaltung des Curriculum Anwendung finden. Zwar können die Lernenden beziehungsweise ihre Eltern nicht verlangen, daß bestimmte Gegenstände gelehrt oder nicht gelehrt werden (zum Beispiel Sexualkunde – vgl. BVerfGE, 47, S. 46), jedoch muß das Curriculum in seiner Gesamtheit die Vielfalt der Interessen und Meinungen berücksichtigen. Dies gilt auch für Interessen und Meinungen, die sich auf alternative Gesellschaftsverfassungen richten; so wäre zum Beispiel eine Hochschule oder Schule verfassungswidrig, die den Marxismus als Wissenschaft oder die Probleme des realen Sozialismus überhaupt nicht kennt. Das Pluralitätsprinzip verlangt freilich nicht, daß der einzelne Hochschullehrer oder Lehrer zur gleichen Zeit dieses und jenes bringt und vor lauter Ausgewogenheit seine wissenschaftliche beziehungsweise pädagogische Aufgabe vernachlässigt. Das Bildungswesen als ganzes und die integrierten Bildungsinstitutionen sind zur Berücksichtigung von Pluralität, Freiheitlichkeit und Sozialität verpflichtet, die Lehrenden sind es nur nach Maßgabe ihres wissenschaftlichen und pädagogischen Auftrages (zur Wissenschaftsfreiheit und zur pädagogischen Freiheit vgl. 5).

Aus den Entfaltungsrechten folgen jedoch nicht nur organisatorische und curriculare Prinzipien. Die Grundrechte sollen in erster Linie die Freiheit des Individuums schützen, im Bildungswesen also die freie Entfaltung der Persönlichkeit des Kindes nach Art. 2 Abs. 1 GG (vgl. STEIN 1967, S. 37 ff.) garantieren und die sich hieraus ergebenden besonders geschützten religiösen, politischen und beruflichen Freiheiten des Art. 4, Abs. 1 und 2, des Art. 5, Abs. 1 sowie der Art. 8, 9, 12 GG sichern. Diese grundrechtlichen Freiheiten der einzelnen sind im Bildungswesen jedoch durch die Grundrechte der anderen sowie durch die verfassungsrechtlich verankerte Funktion des Bildungswesens (vgl. Art. 5, Abs. 3 und Art. 7, Abs. 1 GG) begrenzt. Die Freiheit der einen, ihren Glauben zu bekennen (zum Beispiel im Schulgebet), darf nicht dazu führen, daß die anderen ihren Nichtglauben bekennen müssen (zum Stand um das Schulgebet vgl. BVerfGE 52, S. 223 ff.; BVerwGE 44, S. 196). Die Freiheit der Lernenden, im Schul- oder Hochschulunterricht ihre politischen Anschauungen zu äußern, darf durch die (Hochschul-)Lehrer begrenzt werden, wenn dieses aus pädagogisch-organisatorischen Gründen erforderlich ist. Die freie Wahl der Ausbildungsstätte steht unter dem „Vorbehalt des Möglichen", der Zulassungsbeschränkungen für einzelne Bereiche des Bildungswesens rechtfertigt (vgl. BVerfGE 33, S. 303 – Numerus clausus an Hochschulen). Soweit das Bildungswesen privatrechtlich organisiert ist, gelten für die Entfaltungsrechte dieselben Grundsätze wie für die Zugangsrechte.

Die Grundrechte auf Bildung stehen sowohl den Eltern als auch den Kindern zu.

Solange die Kinder minderjährig sind, werden ihre Grundrechte auf Bildung grundsätzlich durch die Eltern ausgeübt (vgl. Art. 6, Abs. 2 GG; vgl. § 1631 BGB); nach der Lehre von der „wachsenden Grundrechtsmündigkeit" können auch die Kinder ihre Grundrechte auf Bildung selber ausüben, wenn sie die dafür erforderliche Reife besitzen (Modell: Gesetz über die religiöse Kindererziehung von 1921, wonach die Kinder bereits vom 14. Lebensjahr an über ihre Religion beziehungsweise Weltanschauung selber bestimmen können). Die wachsende Grundrechtsmündigkeit der Kinder nimmt den Eltern jedoch nicht ohne weiteres die Möglichkeit, die Grundrechte auf Bildung aufgrund ihres Elternrechts auch im eigenen Namen wahrzunehmen. Über Konflikte zwischen Eltern und Kindern ist im Rahmen der Regelung des elterlichen Sorgerechts nach § 1626, Abs. 2 BGB zu entscheiden.

Das Elternrecht des Art. 6, Abs. 2 GG bezieht sich zwar in erster Linie auf die Erziehung der Kinder in der Familie. Das schließt jedoch nicht aus, daß es auch für die Schule Bedeutung besitzt. Die Begründungen, die in Literatur und Rechtsprechung hierfür gegeben werden, sind allerdings außerordentlich unterschiedlich und folgenreich. Das Bundesverfassungsgericht geht davon aus, daß die Erziehung eines Kindes ein einheitlicher Vorgang ist, der nicht in einen familiären und schulischen Teil zerlegt werden dürfe; Elternhaus und Schule müßten deshalb bei der Erziehung des Kindes zusammenwirken (vgl. BVerfGE 34, S. 165 – Förderstufe). Das ist eine gutgemeinte, aber im Konfliktfall letztlich nicht hilfreiche Begründung. Bei Konflikten zwischen den Eltern und der Schule über die schulische Sozialisation muß letztlich eine Seite das Entscheidungsrecht haben. In der historischen Entwicklung haben sich zwei Grundrichtungen herausgebildet, die etatistische („Staatsrecht überhöht Elternrecht" – vgl. LANDÉ 1929, S. 52 f.) und die katholisch-naturrechtliche („Staatsrecht dient dem Elternrecht" – vgl. HODES 1932, S. 63 ff.). Die katholisch-naturrechtliche Lehre wird im Grunde auch heute noch unverändert vertreten, obwohl ihr wichtigstes bildungspolitisches Interesse, die Erhaltung der Konfessionsschulen, inzwischen in den Hintergrund getreten ist (vgl. OSSENBÜHL 1977, S. 801 ff.). Die etatistische Lehre wird dagegen in dieser Form nicht mehr vertreten. An ihre Stelle ist vielmehr eine differenzierende Betrachtungsweise getreten. Der Integrationsthese des Bundesverfassungsgerichts steht die Separationsthese entgegen, die allerdings nicht so verstanden werden muß, daß beide Erziehungsbereiche völlig voneinander getrennt würden und daß die Eltern in der Schule überhaupt nichts zu sagen hätten (vgl. RICHTER 1973, S. 44 ff.). Diese Lehre geht nur von der grundsätzlichen Trennung der verfassungsrechtlichen Voraussetzungen in den Art. 6 und 7 GG aus und bestimmt danach die bereichsübergreifenden Rechte. Vorherrschend ist jedoch heute die Lehre von den drei Bereichen, die im Grunde auch vom Bundesverfassungsgericht angewandt wird (herrschende Meinung: vgl. GRUNDGESETZ. KOMMENTAR ... o.J., Art. 7, Rz. 31 a). Danach gibt es einen Bereich der rein familiären Erziehung, in den der Staat nur unter den Voraussetzungen des Art. 6, Abs. 2 und 3 GG eingreifen darf; dann gibt es einen Bereich der rein schulischen Bildung, in dem die Eltern nicht mitbestimmen; schließlich gibt es einen dazwischen liegenden Bereich schulischer Erziehung, in dem Eltern und Schule zusammenwirken müssen. Dieser „kleinen" Integrationslehre lassen sich die gleichen Bedenken entgegensetzen wie der „großen": Sie entscheidet letztlich die wichtigen Fragen nicht (vgl. OSSENBÜHL 1977, S. 809), und sie gibt weder eine Begründung für die Bereichsbildung noch liefert sie Kriterien für die Trennung der Bereiche (vgl. FEHNEMANN 1978, S. 489 ff.).

Geht man dagegen davon aus, daß in Art. 6 und 7 GG die beiden Bereiche der Sozialisation getrennt und unterschiedlich geregelt sind, so lassen sich nicht nur die

Aufgaben des Staates im Bereich der Familienerziehung nach Art. 6, Abs. 2 und 3 GG bestimmen, sondern man kann die Frage stellen und beantworten, welche Rechte den Eltern in der Schule über das in Art. 7, Abs. 2 GG ausdrücklich genannte Recht hinaus zukommen. Einzelne Landesverfassungen gehen von diesem Ansatz aus und sehen neben dem familienbezogenen Elternrecht ausdrücklich ein schulbezogenes Elternrecht vor, so zum Beispiel Art. 26, Abs. 2 der saarländischen Verfassung und Art. 27, Abs. 1 der rheinland-pfälzischen Verfassung.

Nach dem Grundgesetz lassen sich drei verschiedene Ansatzpunkte zur Begründung eines schulbezogenen Elternrechts nennen:
- Die Wahrnehmung der Grundrechte auf Bildung für das minderjährige Kind ist sicherlich das wichtigste Recht der Eltern (vgl. BVerfGE 24, S. 144).
- Die familiäre Erziehung der Kinder darf durch die schulische Erziehung nicht beeinträchtigt werden; Art. 6 darf durch Art. 7 GG nicht verdrängt werden. Hieraus folgt insbesondere, daß der schulische Anteil an der Erziehung grundsätzlich begrenzt ist; hieraus folgt auch, daß die Eltern über die schulische Erziehung informiert werden müssen (vgl. BVerfGE 47, S. 83 - Sexualkunde).
- Da der Staat zu einer pluralistischen, freiheitlichen, sozialen und partizipatorischen Organisation des Schulwesens aus Gründen des objektiven Rechts verpflichtet ist, kommen den Eltern hieraus abgeleitete subjektive Rechte zu. Hieraus ergibt sich insbesondere das Recht der Eltern zur Wahl der Schulart in einem nach Schularten differenzierten Bildungswesen (vgl. BVerwGE 5, S. 153) und zudem ein Recht zur Mitbestimmung in einer partizipatorisch verfaßten Schule. Hieraus folgt jedoch nicht, daß das Bildungswesen über die genannten verfassungsrechtlichen Grundsätze hinaus nach dem Willen der Eltern zu differenzieren ist, und hieraus ergibt sich auch nicht, daß ein originäres kollektives Mitbestimmungsrecht der organisierten Elternschaft im Schulwesen existiert (vgl. BVerfGE 47, S. 76 - Sexualkunde).

4 Formen der Institutionalisierung

4.1 Private Trägerschaft

Die öffentliche Verantwortung für das gesamte Bildungswesen schließt die private Trägerschaft von Institutionen des Bildungswesens nicht aus. Aufgrund der Prinzipien der Pluralität und Freiheitlichkeit der Bildungsverfassung (vgl. 2.1) liegt eine private Trägerschaft vielmehr als eine mögliche Form der Institutionalisierung nahe. Die öffentliche Verantwortung für das Bildungswesen schließt allerdings eine vollständige Privatisierung des gesamten Bildungswesens aus (vgl. 2.1), so daß es eine Aufgabe des Verfassungsrechts ist, das Nebeneinander von staatlicher und privater Trägerschaft zu regeln. Das Grundgesetz hat die private Trägerschaft von schulischen Institutionsformen als Grundrecht gewährleistet (vgl. Art. 7, Abs. 4-6 GG); für die nichtschulischen Formen kommt dagegen nur ein grundrechtlicher Schutz im Rahmen der Berufsfreiheit des Trägers nach Art. 12, Abs. 1 und Art. 19, Abs. 3 GG in Frage.

Eine positive verfassungsrechtliche Bestimmung des Privatschulbegriffes gibt es nicht. Literatur und Rechtsprechung gehen deshalb davon aus, daß alle Schulen, die nicht von Gebietskörperschaften getragen werden, unter den Schutz des Art. 7 GG fallen (vgl. HECKEL 1976, S. 141 f.). Von Bedeutung sind allerdings heute nur noch die sogenannten Ersatzschulen, für die Art. 7, Abs. 4, Ziff. 2-4 sowie Abs. 5 GG gilt, da sich das staatliche Schulwesen heute auf fast alle Formen der schulischen Sozialisation erstreckt. Ersatzschulen sind deshalb heute alle allgemeinbildende Schulen sowie diejenigen berufsbildende Schulen, die für Berufe ausbilden, für die auch öffentliche Schulen bestehen oder vorgesehen sind. Eine Einengung des Ersatzschulbegriffs nach dem Vorbild von §3 der KMK-Empfehlung vom 10./11.8. 1951 ist verfassungswidrig. Das Recht zur Errichtung von Ersatzschulen wird durch Art. 7, Abs. 4–6 GG auf unterschiedliche Weise begrenzt. Private Grundschulen zur Vorbereitung auf das öffentliche höhere Schulwesen („Vorschulen") sind nach Art. 7, Abs. 6 GG gänzlich unzulässig. Im übrigen steht die Genehmigung privater Grund- und Hauptschulen nach Art. 7, Abs. 5 GG im Ermessen der Schulverwaltung, es sei denn, daß es sich um „Alternativschulen" zu den staatlichen Schulen in religiöser Hinsicht handelt, deren Errichtung vorbehaltlos gewährleistet ist. Alle übrigen Ersatzschulen können unter den Voraussetzungen des Art. 7, Abs. 4, Ziff. 2–4 GG errichtet werden. Diese Voraussetzungen bedürfen der gesetzlichen Konkretisierung. Dabei darf nicht einfach das öffentliche Schul- und Dienstrecht angewandt werden. Der Gesetzgeber darf insbesondere nicht verlangen, daß der Schulaufbau, der Fächerkanon und die Lehrpläne des staatlichen Schulwesens auch für das Privatschulwesen gelten (vgl. MÜLLER 1980, S. 127 ff.).

Der Gesetzgeber muß aber verlangen, daß die soziale Selektion durch Privatschulen vermieden wird. Die derzeitigen gesetzlichen Regelungen, die minimale Stipendienanteile vorsehen, genügen den verfassungsrechtlichen Anforderungen nicht. In den Grenzen der Genehmigungsbedingungen und unter Beachtung der mittelbaren Drittwirkung der Grundrechte (vgl. 3) haben die Privatschulen das Recht der freien Schüler- und Lehrerwahl. Obwohl die Privatschulen öffentliche Aufgaben erfüllen, können sie nicht ohne weiteres die gleichen Abschlüsse vorsehen und die gleichen Berechtigungen verleihen wie die staatlichen Schulen. Die staatliche Schulverwaltung kann ihnen jedoch diese Berechtigung durch Verwaltungsakt verleihen und hiermit besondere Aufgaben verknüpfen, zum Beispiel die Anwendung der staatlichen Prüfungsordnungen. Eine „Privatschulanerkennung", wie sie das derzeitige Privatschulrecht vorsieht, schränkt jedoch die Privatschulfreiheit unverhältnismäßig ein, weil sie die Anerkennung von Bedingungen abhängig macht, die durch die Abschluß- und Prüfungsberechtigung nicht gefordert sind, zum Beispiel die Unterwerfung unter die Lehrpläne der öffentlichen Schulen insgesamt (im Ergebnis ebenso, wenn auch zum Teil mit anderer Begründung: vgl. v. CAMPENHAUSEN 1967, S. 63 f.; vgl. GRUNDGESETZ. KOMMENTAR ... o.J., Art. 7, Rz 81; vgl. HECKEL 1955, S. 243 ff.; vgl. PETERS 1960, S. 436 ff.; anderer Auffassung, herrschende Meinung: vgl. BVerfGE 27, S. 105). Die Privatschulen haben das Recht, sich eine eigene Organisationsform zu geben; aufgrund der allgemeinen Geltung des Partizipationsprinzips (vgl. 2.1) müssen sie jedoch eine dementsprechende Schulverfassung vorsehen, ohne daß sie zur Einführung des staatlichen Schulverfassungsrechts verpflichtet wären (vgl. AVENARIUS 1980, S. 178 ff.).

Aus Art. 7, Abs. 4 GG läßt sich kein Anspruch auf eine staatliche Privatschulfinanzierung ableiten. Die Begründungen, die das Bundesverwaltungsgericht für die Annahme eines konkreten verfassungsrechtlichen Anspruches gegeben hat (vgl. BVerwGE 23, S. 347, S. 350 – Chancengleichheit, Wahrnehmung öffentlicher Aufgaben; 27, S. 360, S. 362 f. – Gewährleistung der Grundrechtsausübung in außergewöhnlichen Fällen), halten einer Überprüfung nicht stand.

Aus Art. 7, Abs. 4 GG in Verbindung mit dem Sozialstaatsprinzip und dem Gleichheitssatz läßt sich jedoch ein Verfassungsauftrag an den Gesetzgeber annehmen, gleiche soziale Voraussetzungen für die Wahrnehmung des Grundrechts der Privatschulfreiheit zu schaffen. Der Gesetzgeber kann diesen Auftrag auf unterschied-

liche Art und Weise erfüllen, zum Beispiel durch Subventionen, Steuerbefreiung, Sachleistungen, Nutzungsvereinbarungen (Maunz empfiehlt eine Subventionierung der Eltern, die das Schulgeld zahlen – vgl. GRUNDGESETZ. KOMMENTAR ... o.J., Art. 7, Rz. 86c). Dabei kann er zwischen den Privatschulträgern differenzieren, ohne gegen den Gleichheitssatz zu verstoßen. Das Landesverfassungsrecht einiger Länder geht über diesen bundesverfassungsrechtlichen Verfassungsauftrag hinaus und gewährt konkrete Ansprüche auf eine staatliche Privatschulfinanzierung (vgl. Art. 15, Abs. 2 Baden-Württemberg, vgl. Art. 8, Abs. 4 Nordrhein-Westfalen, vgl. Art. 30, Abs. 3 Rheinland-Pfalz, vgl. Art. 28, Abs. 3 Saarland).
Die Privatschulaufsicht gewährleistet, daß die allgemeinen verfassungsrechtlichen Grundsätze in den Privatschulen verwirklicht, daß die Genehmigungsvoraussetzungen eingehalten und daß die allgemeinen Landesgesetze (vgl. Art. 7, Abs. 4, Ziff. 2 GG) beachtet werden. Soweit die staatliche Schulverwaltung besondere Auflagen mit der Verleihung besonderer Befugnisse verbunden hat (zum Beispiel bei Abschlüssen und Berechtigungen), kann auch die Einhaltung dieser Auflagen beaufsichtigt werden. Eine darüber hinausgehende allgemeine Fachaufsicht findet dagegen nicht statt (anderer Auffassung: herrschende Meinung, die aufgrund des Kontrollbegriffes der Schulaufsicht aus Art. 7, Abs. 1 GG ein umfassendes Aufsichtsrecht ableitet, dieses jedoch durch die Privatschulfreiheit wieder einschränkt: vgl. GRUNDGESETZ. KOMMENTAR ... o.J., Art. 7, Rz. 66). Private Hochschulen werden durch Art. 7, Abs. 4 GG nicht umfaßt (vgl. BVerfGE 37, S. 320f.); allerdings haben einige Landesverfassungen die Privatschulfreiheit ausdrücklich auch auf die Hochschulen erstreckt (vgl. Art. 61 Hessische Verfassung; vgl. Art. 30 rheinland-pfälzische Verfassung). Die Gründung von privaten Hochschulen läßt sich auch nicht aus der Gewährleistung der Wissenschaftsfreiheit ableiten (strittig – vgl. GRUNDGESETZ. KOMMENTAR ... o.J., Art. 5, Abs. 3, Rz. 147). Dies macht nun freilich Privathochschulen nicht unzulässig (vgl. § 70 Hochschulrahmengesetz); ihre Gründung ist vielmehr nach Art. 2, Abs. 1 und Art. 12, Abs. 1 GG zulässig.
Für die betriebliche Berufsausbildung gibt es keine besonderen verfassungsrechtlichen Regelungen. Soweit sie sich im Bereich der öffentlichen Verwaltung vollzieht, gilt das öffentliche Dienstrecht. Soweit sie in privater Trägerschaft durchgeführt wird, kommt Art. 12 GG als verfassungsrechtliche Grundlage in Frage. Danach gehört die Berufsausbildung in einem privaten Betrieb zur Berufsausübung des Unternehmers; sie ist verfassungsrechtlich – im Gegensatz zur privaten Ersatzschule – keiner Genehmigungspflicht unterworfen. Ihre Durchführung wird durch das Berufsbildungsgesetz (BBiG) von 1969 sowie durch die auf seiner Grundlage erlassenen Rechtsverordnungen des Bundesbildungs- beziehungsweise -arbeitsministers geregelt. Bei dieser Regelung handelt es sich um zulässige Einschränkungen der Berufsausübung des Unternehmers, da sie auf „vernünftigen Erwägungen des Gemeinwohls" (BVerfGE, Bd. 7, S. 377 – Apotheken) beruhen. Das gilt insbesondere für die Bestimmung der zulässigen Ausbildungsberufe und der Rahmenpläne für die Ausbildung (vgl. §§ 25, 28 BBiG). Auch die Festlegung von Eignungsanforderungen für den Betrieb und für den Ausbilder (vgl. §§ 20ff. BBiG) einschließlich der Möglichkeit, die Ausbildung zu untersagen (vgl. § 24 BBiG), bewegt sich im Rahmen der Verhältnismäßigkeit.
Man könnte sogar die Frage stellen, ob sich aus der öffentlichen Verantwortung des Staates für das gesamte Bildungswesen nicht seine Verpflichtung zu einer noch weitergehenden Regelung ergibt (vgl. RICHTER 1970, S. 73f.). Die derzeitigen Regelungen entsprechen zwar materiell den verfassungsrechtlichen Anforderungen, nicht aber in formeller Hinsicht, weil die gesetzlichen Ermächtigungen zum Erlaß der

Rechtsverordnungen nicht den Anforderungen des Art. 80 GG gerecht werden (vgl. RICHTER 1981, S. 183). Der Gesetzgeber darf sich nicht auf die Festlegung beschränken, daß die Berufsausbildung „die für die Ausübung einer qualifizierten beruflichen Tätigkeit notwendigen fachlichen Fertigkeiten und Kenntnisse" (§ 1, Abs. 2 BBiG) vermitteln muß, sondern er muß die Grundentscheidung selber treffen (zur vergleichbaren Problematik im Schulrecht vgl. 2.2). Die Finanzierung der Ausbildung durch eine Sonderabgabe, wie sie das Ausbildungsplatzförderungsgesetz von 1976 vorgesehen hatte, wurde vom Bundesverfassungsgericht zwar grundsätzlich für zulässig gehalten, im konkreten Falle jedoch für verfassungswidrig erklärt, weil das Gesetz der Zustimmung des Bundesrats bedurft hätte, die jedoch verweigert worden war (vgl. BVerfGE 55, S. 274). Die gesamte betriebliche Berufsausbildung wird durch die Kammern durchgeführt und überwacht; die Staatsaufsicht beschränkt sich auf eine Rechtsaufsicht über die Kammern. Auch dies ist eine mögliche, keinesfalls jedoch eine verfassungsrechtlich notwendige Organisationsform (vgl. BVerfGE 15, S. 235).
Auch im Bereich der Jugendarbeit stehen öffentliche und private Träger nebeneinander. Das Jugendwohlfahrtsgesetz von 1961 hat sich für eine Organisation nach dem Subsidiaritätsprinzip entschieden, die die öffentlichen (kommunalen) Träger erst in zweiter Linie berücksichtigt. Das Bundesverfassungsgericht hat dies für eine mögliche, aber keinesfalls für eine verfassungsrechtlich gebotene Form der Institutionalisierung erklärt (vgl. BVerfGE 22, S. 180). Deshalb entspricht auch die Reform des Jugendhilferechts, die die Stellung der öffentlichen Träger stärkt und die privaten Träger einer weitergehenden Regelung unterwirft, den verfassungsrechtlichen Anforderungen.

4.2 Selbstverwaltung

Die öffentliche Trägerschaft der Bildungsinstitutionen ist außerordentlich unterschiedlich ausgestaltet. Die Schulen sind unselbständige staatliche Anstalten, die Hochschulen sind selbständige Körperschaften des öffentlichen Rechts, die öffentliche Berufsausbildung vollzieht sich in öffentlichen Betrieben oder unmittelbar in der Verwaltung. Das Verfassungsrecht hat keine allgemeinen Regelungen für die Organisationsform von Bildungsinstitutionen getroffen, sondern dem Gesetzgeber weitgehend freie Hand gelassen. Der Gesetzgeber ist jedoch durch die verfassungsrechtliche Gewährleistung von Selbstverwaltungsrechten begrenzt. Dies gilt insbesondere für die Garantie der kommunalen Selbstverwaltung nach Art. 28, Abs. 2 GG sowie nach den Verfassungen der meisten Bundesländer. Danach gehört insbesondere die Schulträgerschaft zu den „Angelegenheiten der örtlichen Gemeinschaft" im Sinne von Art. 28, Abs. 2 GG (vgl. BVerfGE 26, S. 228; vgl. BVerwGE 18, S. 38). Sie wurde durch die Landesgesetzgebung als Pflichtaufgabe der Gemeinden und/oder der Kreise begründet und zu einem höchst differenzierten und kaum überschaubaren System ausgebaut, faktisch jedoch durch Planung, Finanzierung und Aufsicht stark eingeschränkt (Überblick: vgl. STAUPE 1980, S. 867 ff.). Zu den freiwilligen Selbstverwaltungsaufgaben der Gemeinden und/oder der Kreise gehört die Trägerschaft von Einrichtungen des Elementarbereichs, der Jugendhilfe und der Weiterbildung, insbesondere von Kindergärten, Jugendhäusern und Volkshochschulen (vgl. BVerfGE 22, S. 180 – zur Jugendhilfe einschließlich des Elementarbereichs).
Das Grundgesetz enthält darüber hinaus keine weitere ausdrückliche Gewährleistung von Selbstverwaltungsrechten im Bildungsbereich – wenn man von der Sonder-

stellung der Kirchen nach Art. 140 GG in Verbindung mit Art. 137, Abs. 3 Weimarer Verfassung und ihrer Bedeutung für die rein kirchlichen Angelegenheiten wie zum Beispiel den Konfirmandenunterricht, aber auch für schulische Angelegenheiten wie den Religionsunterricht nach Art. 7, Abs. 3 GG einmal absieht. Die Auslegung von Art. 5, Abs. 3 GG im Sinne eines Selbstverwaltungsrechts der Hochschulen (in der Literatur die vorherrschende Meinung: vgl. KÖTTGEN 1959, S. 69 ff.; vgl. THIEME 1956, S. 73 ff.) hat sich in der Rechtsprechung letztlich nicht durchsetzen können (vgl. BVerfGE 35, S. 79, wo die Frage offengelassen wird). Dasselbe gilt für die Selbstverwaltung der Kammern, die aus Art. 2, Abs. 1 und Art. 12, Abs. 1 GG abgeleitet und auch für die betriebliche Berufsausbildung begründet worden ist (vgl. IPSEN 1967, S. 20 ff.). Das Grundgesetz läßt die Einräumung solcher Selbstverwaltungsrechte zu (zum Beispiel für die Kammerselbstverwaltung vgl. BVerfGE 15, S. 235), fordert sie jedoch nicht. Das gilt insbesondere auch für das Demokratieprinzip des Art. 20, Abs. 1 GG, das nicht so zu verstehen ist, daß sämtliche verselbständigten Organisationen im Bereich der Staatsverwaltung nach dem Modell der Repräsentativverfassung gebildet werden müßten. Es bedeutet aber auch nicht, daß nur die Ausübung der obersten Staatsgewalt parlamentarisch legitimiert werden dürfe, mit der Folge, daß in den anderen Organisationseinheiten eine Mitbestimmung der Betroffenen ausscheidet (vgl. BVerfGE 35, S. 79 – für die drittelparitätisch verfaßte Gruppenuniversität; vgl. BVerfGE 11, S. 310 – für die minoritäre Gesellenbeteiligung in den Handwerkskammern). Der Gesetzgeber kann deshalb auch weiteren Organisationen im Bildungsbereich Selbstverwaltungsrechte einräumen, andere Formen begrenzter Selbständigkeit schaffen und den Betroffenen paritätische Beteiligung an den Entscheidungsprozessen gewähren (für die Schule: vgl. DEUTSCHER BILDUNGSRAT 1973, S. 28 ff.; dagegen das Minderheitsvotum: vgl. DEUTSCHER BILDUNGSRAT 1973, S. 141 ff.; zur Entwicklung der Gesetzgebung: vgl. NEVERMANN 1977, S. 173 ff.). Das Grundgesetz überläßt das Organisationsrecht insoweit dem Gesetzgeber und sollte nicht zur Begründung oder Abwehr von Reformen überstrapaziert werden. Einige Landesverfassungen haben dagegen über das Grundgesetz hinaus ausdrücklich Selbstverwaltungsrechte gewährleistet, so für die Hochschulen und für die wirtschaftliche Selbstverwaltung.

5 Formen der Professionalisierung

Lehren ist ein Beruf im Sinne von Art. 12 GG. Obwohl Art. 12 GG für alle Berufe gilt (vgl. BVerfGE 7, S. 377), besitzt er für die Lehrberufe dennoch nur eine geringe Bedeutung. Die Lehrer sind überwiegend Beamte, für die Art. 33 GG gilt; ob Art. 12 GG überhaupt auf Lehrer Anwendung findet, ist eine weitgehend akademische Streitfrage, da Art. 33 in jedem Falle Art. 12 GG verdrängt. Auch die Hochschullehrer sind Beamte; für sie gilt jedoch außerdem Art. 5, Abs. 3 GG, so daß sie durch die Wissenschaftsfreiheit gegenüber den anderen Lehrern eine besondere verfassungsrechtliche Stellung genießen. Soweit die Lehrenden Angestellte sind, sei es als angestellte Lehrer im öffentlichen Dienst oder als angestellte Lehrer an Privatschulen, sei es als Ausbilder im Betrieb oder als Erzieher im Heim, gilt für sie das Arbeitsrecht, das weitgehend durch Vertragsfreiheit und Tarifvertragsrecht, jedoch kaum durch staatliche Regelungen bestimmt wird, so daß sich Art. 12 GG bei ihnen kaum auswirken kann. Nur für den selbständigen Handwerksmeister, der selber ausbildet, und für den Privatschulunternehmer, der selber unterrichtet, besitzt die Grundnorm der Berufsfreiheit unmittelbare Bedeutung.
Lehren ist heute weitgehend ein akademischer Beruf, der ein Hochschulstudium

voraussetzt. Nur bei den betrieblichen Ausbildern ist die Professionalisierung noch nicht so weit fortgeschritten (vgl. die Ausbildereignungsverordnung vom 20.4. 1972). Das Gemeinsame der akademischen Lehrerausbildung ist heute eine pädagogische Ausbildung. Nur bei Hochschullehrern hat sich die Pädagogisierung noch nicht soweit durchgesetzt, daß die pädagogische Eignung, die nach § 44 Hochschulrahmengesetz (HRG) Einstellungsvoraussetzung ist, nicht durch Erfahrung, sondern durch Ausbildung erworben wird. Die pädagogische Ausbildung wird heute durch die Erziehungswissenschaft vermittelt, und zwar insbesondere durch die wissenschaftlich begründete Didaktik. Aus diesem Grunde ist Art. 5, Abs. 3 GG so ausgelegt worden, daß er auch auf die Lehrer an Schulen Anwendung findet (vgl. BECK 1975, S. 140 ff.). Diese Auslegung verkennt jedoch die Bedeutung der Wissenschaftsfreiheit, die ein bestimmtes Verhalten, die wissenschaftliche Arbeit nämlich, grundrechtlich schützen soll, weil dieser Schutz selbst Voraussetzung für dieses Verhalten ist (vgl. KÖTTGEN 1954, S. 295 ff.). Soweit also Lehren selbst wissenschaftliches Arbeiten ist, greift auch der Schutz der Wissenschaftsfreiheit ein. Aus der Tatsache allein, daß eine wissenschaftliche Ausbildung Voraussetzung für einen bestimmten Beruf ist, folgt jedoch noch nicht, daß die Tätigkeit in diesem Beruf selber eine wissenschaftliche Arbeit ist. Sonst wären auch der Brückenbau, die Operation, die Strafverteidigung und vieles andere mehr „Wissenschaft". Das Lehren ist nun sicherlich zum Teil wissenschaftliche Arbeit, zum Teil sicherlich aber auch etwas ganz anderes. Der Schutz der Wissenschaftsfreiheit reicht deshalb – und zwar auch bei den Hochschullehrern – nur so weit, wie die wissenschaftliche Arbeit reicht. Eine Anwendung von Art. 5, Abs. 3 GG auf alle Lehrenden kommt deshalb nur in Frage, wenn man – entgegen der herrschenden Meinung (vgl. GRUNDGESETZ. KOMMENTAR ... o.J., Art. 5, Abs. 3, Rz. 107; vgl. BVerfGE 35, S. 112 f.) – annimmt, daß die „Lehrfreiheit" des Art. 5, Abs. 3 GG nicht die akademische Lehrfreiheit, die Lehre im Zusammenhang der Wissenschaft, sondern das Lehren schlechthin schützen will (vgl. PERSCHEL 1979, S. 373 ff.; vgl. STAFF 1969, S. 627 ff.; vgl. STOCK 1971, S. 65 ff.). Obwohl sich beachtliche Argumente für diese Mindermeinung aus der Geschichte, der Entstehungsgeschichte, Systematik und dem Zweck der Regelung ergeben, hat sie sich nicht durchsetzen können. Die Lehrfreiheit wird deshalb heute nur insoweit anerkannt, als es sich um die wissenschaftliche Lehre handelt, die vorwiegend an Hochschulen betrieben wird.

Es ist andererseits unbestritten, daß auch die anderen Lehrenden einen gewissen Handlungsspielraum benötigen, um ihre Aufgaben sachgerecht zu erfüllen. Das Weisungsrecht des Vorgesetzten im Beamtenverhältnis und das Direktionsrecht des Unternehmers im privaten Dienstverhältnis können nicht den Alltag der institutionalisierten Sozialisation bestimmen. Bei den Lehrern in der Schule hat sich für diesen Handlungsspielraum der Begriff „pädagogische Freiheit" eingebürgert (vgl. BVerfGE 47, S. 83 – Sexualkunde, sowie in der gesamten schulrechtlichen Literatur). Die pädagogische Freiheit des Lehrers ist jedoch kein Grundrecht des Lehrers, sondern ein Funktionsprinzip seiner Berufsausübung. Seine verfassungsrechtliche Grundlage ist nicht Art. 5, Abs. 3 (anderer Auffassung: die „neue Lehre" – vgl. STAFF 1969), sondern Art. 33, Abs. 5 GG, die Spezialnorm für die Berufsausübung im öffentlichen Dienst. Die „hergebrachten Grundsätze des Berufsbeamtentums" können für unterschiedliche Berufsgruppen durchaus unterschiedlich ausgeprägt sein (vgl. BVerfGE 7, S. 155 für kommunale Wahlbeamte; 3, S. 58 für Hochschullehrer; 12, S. 81 für Richter), sie sollen einerseits Strukturprinzipien des öffentlichen Dienstes sichern, die mindestens seit der Weimarer Republik Bestand haben (vgl. BVerfGE 8, S. 343 in ständiger Rechtsprechung), jedoch andererseits dem gesellschaftli-

chen Wandel nicht entgegenstehen (vgl. BVerfGE 7, S. 155 in ständiger Rechtsprechung). Mit der Weimarer Verfassung hatte sich die fachliche Schulaufsicht endgültig gegen die kirchliche Schulaufsicht durchgesetzt; sie sollte die Lehrer von der Fremdbestimmung befreien und ausschließlich professionellen Normen unterwerfen. Die pädagogische Freiheit als hergebrachter Grundsatz des Lehrerberufsbeamtentums wurde als unproblematisch empfunden, solange das Schulverhältnis als besonderes Gewaltverhältnis von einer homogenen Lehrerschaft bestimmt wurde. Seitdem die Rechtsprechung das besondere Gewaltverhältnis fallengelassen hat, und die Eltern- und Schülerrechte einer weitgehenden gesetzlichen Regelung unterworfen werden (vgl. 2.2), bedarf auch die pädagogische Freiheit des Lehrers der gesetzlichen Absicherung (vgl. RICHTER 1979, S. 259 ff.). Eine solche gesetzliche Regelung darf einerseits die staatliche Schulaufsicht nach Art. 7, Abs. 1 GG nicht in Frage stellen, und sie muß die Durchsetzung rechtlicher und administrativer Regelungen in der Schule sichern; sie muß aber andererseits den Lehrern und ihren Konferenzen den funktionell erforderlichen Handlungsspielraum sichern. Eine solche Sicherung scheint nun jedoch bereichsspezifisch nicht möglich zu sein (anderer Auffassung: die traditionelle Lehre: vgl. HECKEL 1976, S. 210); nur Verfahren gewährleisten heute pädagogische Freiheit, insbesondere eine rechtliche Begrenzung der Fachaufsicht (Überblick über die Entwicklung der Gesetzgebung und Vorschlag zur Neuregelung: vgl. SCHULE IM RECHTSSTAAT 1981, S. 297 ff.).
Der Zugang zu den Lehrberufen steht nach Art. 12, Abs. 1 GG jedermann offen, da es sich zunächst um den Zugang zu einer Ausbildung handelt (vgl. 3 zum Zugangsrecht). Der Zugang zu Ausbildungen, die überwiegend zu Tätigkeiten im öffentlichen Dienst führen, also insbesondere zum Lehrerberuf, kann jedoch aus Bedarfsgründen begrenzt werden (vgl. RICHTER 1981, S. 178). Der Zugang zum Beruf selber richtet sich bei den Beamten und Angestellten im öffentlichen Dienst nach Art. 33, Abs. 2 und 3 GG. Dabei muß der Anteil der Angestellten grundsätzlich beschränkt bleiben (vgl. Art. 33, Abs. 4 GG). Einen Anspruch auf einen Arbeitsplatz gibt es allerdings nicht; der Zugang kann insbesondere von subjektiven Voraussetzungen (Prüfungen, Praxis und anderes mehr) abhängig gemacht werden, die jedoch den Anforderungen des Art. 33, Abs. 2 und 3 GG gerecht werden müssen. Im Beruf gelten nach Art. 33, Abs. 5 GG die „hergebrachten Grundsätze des Berufsbeamtentums", und zwar des „Lehrer- beziehungsweise Hochschullehrerberufsbeamtentums". Zu diesen Grundsätzen gehört insbesondere der Anspruch auf eine Besoldung und Versorgung nach Maßgabe der Bedürfnisse, jedoch auch unter Berücksichtigung der Leistungen. Hierzu gehört auch die berufliche Weiterbildung, die eine beamtenrechtliche Pflicht, aber auch ein Anspruch des Beamten ist. Die Stellung der Hochschullehrer zeichnet sich darüber hinaus durch eine ganze Reihe von Besonderheiten aus, die vom allgemeinen Beamtenrecht abweichen (zum Beispiel keine Laufbahnen, Begrenzung von Abordnung und Versetzung), die als Hochschullehrerbeamtenrechtsgrundsätze am Schutz des Art. 33, Abs. 5 GG teilnehmen. Für die Professionalisierung der Lehrertätigkeit dürfte jedoch die Wissenschaftsfreiheit der Hochschullehrer nach Art. 3, Abs. 5 GG in Verbindung mit Art. 33, Abs. 5 GG sowie die pädagogische Freiheit der Lehrer an Schulen nach Art. 33, Abs. 5 GG die größte Bedeutung besitzen. Diese Freiheiten bedeuten nun allerdings nicht, daß den Hochschullehrern und Lehrern die Herrschaft über das Curriculum eingeräumt würde. Die öffentliche Verantwortung für das Bildungswesen (vgl. 2.1) geht vielmehr vor. Sie konkretisiert sich im organisatorischen Aufbau der Hochschulen und Schulen sowie in den Studien- und Prüfungsordnungen der Hochschule und den Lehrplänen der Schulen. Diese dürfen freilich die Lehrfreiheit beziehungs-

weise die pädagogische Freiheit nicht unangemessen einengen. Das Ausmaß der Freiheit wird faktisch von der Stärke der Professionalisierung abhängen, da die Professionalität des Lehrers Voraussetzung für die Gewährung der Freiheit ist.

AVENARIUS, H.: Gesetzesvorbehalt und Privatschulrecht. In: SCHULE IM RECHTSSTAAT, Bd. 2: Gutachten für die Kommission Schulrecht des Deutschen Juristentages, München 1980, S. 153 ff. BECK, E.: Die Geltung der Lehrfreiheit des Art. 5 Abs. 3 GG für die Lehrer an Schulen, Diss., Bonn 1975. CAMPENHAUSEN, A. v.: Erziehungsauftrag und staatliche Schulträgerschaft, Göttingen 1967. CLEVINGHAUS, B.: Recht auf Bildung. Grundlagen und Inhalt, Diss., Bremen 1973. DEUTSCHER BILDUNGSRAT: Zur Reform von Organisation und Verwaltung im Bildungswesen, Teil 1: Verstärkte Selbständigkeit der Schule und Partizipation der Lehrer, Schüler und Eltern. Empfehlungen der Bildungskommission, Stuttgart 1973. DIETZE, L.: Von der Schulanstalt zur Lehrerschule, Demokratisierung und Mitwirkung im Bildungswesen Schwedens und der Bundesrepublik Deutschland, Bd. 3, Braunschweig 1976. FEHNEMANN, U.: Bemerkungen zum Elternrecht in der Schule. In: D. öffentl. Verw. 31 (1978), S. 489 ff. GRUNDGESETZ. KOMMENTAR v. Th. Maunz u. a., Loseblattsammlung (Stand: August 1979) München o. J. GUHL, P.: Prüfungen im Rechtsstaat. Rechtsstaatliche Anforderungen an Prüfungsverfahren, Bad Honnef 1978. HECKEL, H.: Deutsches Privatschulrecht, Berlin/Köln 1955. HECKEL, H. (unter Mitarbeit von P. Seipp): Schulrechtskunde, Berlin/Neuwied/Darmstadt 1957. HECKEL, H. (unter Mitarbeit von P. Seipp): Schulrechtskunde. Neuwied/Darmstadt ⁵1976. HENNECKE, F.: Staat und Unterricht. Die Festlegung didaktischer Inhalte durch den Staat im öffentlichen Schulwesen. Schriften zum Öffentlichen Recht, Bd. 197, Berlin 1972. HEYMANN, K.-D./STEIN, E.: Das Recht auf Bildung. In: NEVERMANN, K./RICHTER, I. (Hg.): Verfassung und Verwaltung der Schule, Stuttgart 1979, S. 391 ff. HODES, F.: Das Elternrecht (Art. 120 RV). In: WESTHOFF, P.: Verfassungsrecht der deutschen Schule, Düsseldorf 1932, S. 63 ff. HUMMEL, H.: Gerichtsschutz gegen Prüfungsbewertungen. Rechtsweggarantie – Rechtliches Gehör – Beurteilungsspielraum. Schriften zum Öffentlichen Recht, Bd. 105, Berlin 1969. IPSEN, H. P.: Berufsausbildungsrecht für Handel, Gewerbe und Industrie, Tübingen 1967. KÖTTGEN, A.: Die Freiheit der Wissenschaft und die Selbstverwaltung der Universität. In: NEUMANN, F. L. u. a.: Die Grundrechte, Bd. 2, Berlin 1954, S. 291 ff. KÖTTGEN, A.: Das Grundrecht der deutschen Universität, Göttingen 1959. KRÜGER, H.: Allgemeine Staatslehre, Stuttgart 1964. LANDÉ, W.: Die Schule in der Reichsverfassung, Berlin 1929. LÖHNING, B.: Der Vorbehalt des Gesetzes im Schulverhältnis. Schriften zum Öffentlichen Recht, Bd. 239, Berlin 1974. MÜLLER, F.: Das Recht der Freien Schule nach dem Grundgesetz als Maßstab für Gesetzgebung und Exekutivpraxis der Länder. Staatskirchenrechtliche Abhandlungen, Bd. 12, Berlin 1980. NEVERMANN, K.: Grundzüge des Schulverfassungsrechts. In: NEVERMANN, K./RICHTER, I.: Rechte der Lehrer, Rechte der Schüler, Rechte der Eltern, München 1977, S. 173 ff. NIEHUES, N.: Nach welchen rechtlichen Grundsätzen sind das öffentliche Schulwesen und die Stellung der an ihm Beteiligten zu regeln? In: STÄNDIGE DEPUTATION DES DEUTSCHEN JURISTENTAGES (Hg.): Verhandlungen des 51. Deutschen Juristentages Stuttgart 1976, Bd. 2 (Sitzungsberichte), Teil M, München 1976, S. M 40 ff. (1976 a). NIEHUES, N.: Schul- und Prüfungsrecht. Schriftenreihe der Neuen Juristischen Wochenschrift, Heft 27, München 1976 b. OPPERMANN, TH.: Nach welchen rechtlichen Grundsätzen sind das öffentliche Schulwesen und die Stellung der an ihm Beteiligten zu ordnen? In: STÄNDIGE DEPUTATION DES DEUTSCHEN JURISTENTAGES (Hg.): Verhandlungen des 51. Deutschen Juristentages Stuttgart 1976, Bd. 1 (Gutachten), Teil C, München 1976, S. C 5 ff. OSSENBÜHL, F.: Schule im Rechtsstaat. In: D. öffentl. Verw. 30 (1977), S. 801 ff. PERSCHEL, W.: Die Lehrfreiheit des Lehrers. In: NEVERMANN, K./RICHTER, I. (Hg.): Verfassung und Verwaltung der Schule, Stuttgart 1979, S. 373 ff. PETERS, H.: Elternrecht, Erziehung, Bildung, Schule, In: BETTERMANN, K. A. u. a. (Hg.): Die Grundrechte, Bd. 4.1: Grundrechte und institutionelle Garantien, Berlin 1960, S. 369 ff. RICHTER, I.: Öffentliche Verantwortung für berufliche Bildung, Stuttgart 1970. RICHTER, I.: Bildungsverfassungsrecht, Stuttgart 1973. RICHTER, I.: Nach welchen rechtlichen Grundsätzen sind das öffentliche Schulwesen und die Stellung der an ihm Beteiligten zu regeln? In: STÄNDIGE DEPUTATION DES DEUTSCHEN JURISTENTAGES (Hg.): Verhandlungen des 51. Deutschen Juristentages Stuttgart 1976,

Bd. 2 (Sitzungsberichte), Teil M, München 1976, S. M 10 ff. RICHTER, I.: Die gesetzliche Regelung des Lehrerstatus In: R. d. Jug. u. d. Bwes. 27 (1979) S. 250 ff. RICHTER, I.: Über die „Philosophie" in gerichtlichen Entscheidungen. In: R. d. Jug. u. d. Bwes. 28 (1980), S. 162 ff. RICHTER, I.: Ausbildung und Arbeit. In: Jurztg. 36 (1981), S. 176 ff. SCHLINK, B.: Acht Thesen zur Kodifizierung eines Grundrechts auf Ausbildung. In R. d. Jug. u. d. Bwes. 28 (1980), S. 209 ff. SCHULE IM RECHTSSTAAT, Bd. 1: Entwurf für ein Landesschulgesetz. Bericht der Kommission Schulrecht des Deutschen Juristentages, München 1981. STAFF, I.: Schulaufsicht und pädagogische Freiheit des Lehrers. In: D. öffentl. Verw. 22 (1969), S. 627 ff. STÄNDIGE DEPUTATION DES DEUTSCHEN JURISTENTAGES (Hg.): Verhandlungen des 51. Deutschen Juristentags Stuttgart 1976, Bd. 2 (Sitzungsberichte) Teil M: Nach welchen rechtlichen Grundsätzen sind das öffentliche Schulwesen und die Stellung der an ihm Beteiligten zu regeln? München 1976. SUPE, J.: Strukturen der Schulträgerschaft und Schulfinanzierung. In: MAX-PLANCK-INSTITUT FÜR BILDUNGSFORSCHUNG, PROJEKTGRUPPE BILDUNGSBERICHT (Hg.): Bildung in der Bundesrepublik Deutschland, Bd. 2, Reinbek 1980, S. 867 ff. STEIN, E.: Das Recht des Kindes auf Selbstentfaltung in der Schule, Neuwied/Berlin 1967. STOCK, M.: Pädagogische Freiheit und politischer Auftrag der Schule, Heidelberg 1971. THIEME, W.: Deutsches Hochschulrecht, Berlin/Köln 1956.

Ludwig v. Friedeburg/Christoph Oehler

Staatliche Bildungsplanung

1 Historische Rahmenbedingungen
2 Begriff und Probleme der Bildungsplanung
3 Bildungsplanung auf Landesebene
4 Gesamtstaatliche Bildungsplanung während der Bildungsreform
4.1 Zentralisierung und Kooperation
4.2 Strukturplanung
5 Zerfall gesamtstaatlicher Bildungsplanung
5.1 Aufbrechen bildungspolitischer Gegensätze
5.2 Fehlprognosen
6 Zur Situation der Bildungsplanung seit Mitte der 70er Jahre
7 Rahmenbedingungen künftiger Planung

Zusammenfassung: Erst in den 60er Jahren ließen wachsender Bedarf an qualifizierten Arbeitskräften und gesteigerte Nachfrage nach weiterführender Schul- und Hochschulbildung das Bildungswesen in der Bundesrepublik Deutschland zum Gegenstand staatlicher Planung werden. Bildungsplanung meint mehr als nur zukunftsorientiertes Verwaltungshandeln, nämlich innerhalb eines Planungszeitraums Zielvorstellungen systematisch aufeinander zu beziehen und die zum Erreichen der Planziele erforderlichen Maßnahmen und Mittel festzustellen. Mit den Entwicklungsplänen der einzelnen Bundesländer, den Strukturplänen des Deutschen Bildungsrates und des Wissenschaftsrates sowie dem ersten Entwurf eines Bildungsgesamtplans erreichte die Bildungsplanung 1970 ihren Kulminationspunkt. Sie verlor an Bedeutung mit dem Wiederaufbrechen bildungspolitischer Interessengegensätze, und die veränderte Wirtschaftsentwicklung entzog ihr die Mittel.

Summary: It was not until the 60's that the increasing demand for qualified labour and the growing desire for more-than-minimal school and high-school education made the educational system in the Federal Republic of Germany an object of planning on a national level. Educational planning means more than simply future-oriented administration work. It means the systematic correlation of aims within a planning period and the determination of the measures and funds required to achieve the planned targets. Educational planning reached its climax in 1970 with the development plans of the individual states of the Federal Republic, the structure plans of the Deutscher Bildungsrat (German Educational Council), and the Wissenschaftsrat (Academic Council) as well as the first draft of an overall educational plan. Its significance waned with the renewed outbreak of conflicting interests within the sphere of educational policy, and the changed economic development deprived it of the funds required.

Résumé: Ce n'est que dans les années soixante que le besoin croissant en une main-d'œuvre qualifiée et la demande croissante en matière d'enseignement secondaire et supérieure ont amené l'Ecole, en République fédéral d'Allemagne, à devenir l'objet d'une planification de la part de l'Etat. Planification éducative veut dire plus qu'action administrative orientée vers le futur; elle signifie harmonisation, systématisée d'objectifs, à l'intérieur d'une période de planification et fixation, pour atteindre ces objectifs des mesures et moyens nécessaires. Avec les plans de développement des différents „Bundesländer", les plans de structures du «Conseil Allemand pour l'Instruction» („Deutscher Bildungsrat") et du «Conseil de Sciences» („Wissenschaftsrat") ainsi que la première ébauche d'un plan éducatif d'ensemble, la planification éducative atteignit, en 1970, son point culminant. Elle perdit en importance avec la résurgence de conflits d'intérêts en matière de politique éducative, et les changements intervenus dans le développement économique lui ôtèrent les moyens nécessaires.

1 Historische Rahmenbedingungen

Bestimmend für die Entwicklung und Planung des Bildungswesens in der Nachkriegszeit war die Kulturhoheit der Bundesländer. Sie leitet sich her aus der Übernahme der Schulaufsicht durch die Territorialstaaten im Gefolge der Reformation. Gleichzeitig begründete sie die zentrale Regelungskompetenz gegenüber einzelnen Schulträgern. Gegenüber der Länderhoheit besaß das Deutsche Reich vor dem Ersten Weltkrieg keine Kompetenzen. Zwar hatte die Weimarer Reichsverfassung dem Gesamtstaat Aufgaben der Vereinheitlichung besonders für das Volksschulwesen und die Lehrerbildung zugewiesen; sie konnten aber angesichts der politischen Interessengegensätze nicht ausgeschöpft werden, zumal die Interessengegensätze sich auf die Auseinandersetzungen zwischen dem Reich, Preußen und den anderen Ländern übertrugen. Das Grundgesetz der Bundesrepublik Deutschland sah zunächst keine Planungskompetenz des Bundes für Schul- und Hochschulwesen vor.
Die Verwaltung und der Aufbau des Schulwesens im Deutschen Reich, besonders in Preußen, vor dem Ersten Weltkrieg galt als vorbildlich, doch über die Entwicklungsfähigkeit dieses Bildungssystems besagt dessen damalige Führungsrolle nichts. Ein grundlegender Strukturwandel in der Weimarer Republik trat nicht ein. Die totalitäre Gleichschaltung unter dem Nationalsozialismus, Kriegsvorbereitungen und Krieg führten rasch zum Rückgang des Besuchs weiterführender Bildungseinrichtungen und brachten vollends Reformansätze aus der Weimarer Zeit zum Erliegen.
Nach dem Zusammenbruch erschien allerdings das Bildungswesen als weniger diskreditiert im Vergleich zu dem politischen System, dessen „Bildungsziele" es doch übernommen hatte. So konnte an die alten Organisationsstrukturen angeknüpft werden. Gleichwohl bestand aber kein Konsens über die bildungspolitischen Zielvorstellungen. Dies wurde deutlich in dem Umfang, in dem die Besatzungsmächte ihre Kompetenzen an die Bildungsverwaltungen der Länder abgaben und Zielvorstellungen, die man als *re-education* umschrieben hatte, in den Hintergrund traten. Die letztlich schon aus der Weimarer Zeit überkommenen Interessengegensätze zwischen den politischen Kräften, die in den Ländern die Regierungen stellten, wurden damit wirksam. Sie führten zu divergierenden Versuchen, das Sekundarschulwesen in seinem Aufbau der rasch wachsenden Nachfrage breiter Schichten nach weiterführender Bildung anzupassen oder aber die Selektionswirkung der vorhandenen Schulstrukturen beizubehalten. An manchen Punkten wurden sogar die Reformansätze der Weimarer Zeit eher wieder rückgängig gemacht, etwa durch die Wiederherstellung konfessionell gebundener Schulen und einer entsprechenden Lehrerbildung in Teilen Deutschlands.

Trotzdem war die Wiederaufbauphase keine Wiederherstellung eines einmal so schon vorhandenen Schulsystems als ganzem. In den norddeutschen Stadtstaaten wurde die Grundschule auf sechs Jahre ausgedehnt; in Hamburg mußte dies allerdings aus politischen Gründen wieder rückgängig gemacht werden. Wichtig waren Klassengliederung und Mehrzügigkeit in den Volksschulen, der Ausbau des weiterführenden Schulwesens, besonders der Realschulen, auch auf dem Land, die dann folgende Entkonfessionalisierung des Schulwesens von Nordrhein-Westfalen bis Bayern und die Entkonfessionalisierung der Ausbildung an den Pädagogischen Hochschulen, die Vereinheitlichung der Lehrerbildung und die Neugliederung des Berufsschulwesens, besonders in seinem weiterführenden Teil. Insgesamt trug diese Entwicklung so zwar tendenziell bei zum Abbau des Bildungsgefälles zwischen Stadt und Land, zwischen den Konfessionen und zwischen den Geschlechtern, ferner auch zum Ausgleich regionaler Unterschiede und öffnete so Bahnen des Bildungsaufstieges für die Mittelschichten in der wirtschaftlich erstarkenden Nachkriegsgesellschaft. Dieser Aufstieg vollzog sich aber im ganzen gesehen doch mehr durch Anhebung der „Schichtenpyramide" als durch Beseitigung des Bildungsgefälles.

Der übernommene Rahmen des dreigliedrigen Schulsystems wurde durch die sich anbahnende Abstimmung zwischen den Bundesländern verfestigt. Der Arbeitsmarkt erforderte die wechselseitige Anerkennung der Bildungsabschlüsse und ihrer Voraussetzungen, insbesondere für die Hochschulreife und damit für die Lehrpläne der Gymnasien. In den Einzelheiten der Schulpraxis und Verwaltungsvorschriften hatte die Vielfalt regionaler Traditionen und verschiedener Besatzungspolitik zu erheblichen Divergenzen geführt, von den Schuljahrsterminen bis zur Sprachenfolge. Damit wurde der Schulausschuß der Ständigen Konferenz der Kultusminister der Länder in der Bundesrepublik Deutschland (KMK), die, zwar in der Verfassung nicht vorgesehen, doch für einen kooperativen Föderalismus unabdingbar, Ende der 40er Jahre sich gebildet hatte, zur Schaltstelle der Vorbereitung von Vereinbarungen, die zum Zwecke der Vereinheitlichung überkommene Standards festschrieben. In diesem Sinne schlossen die Länder 1955 das Düsseldorfer Abkommen, das jedem Ansatz einer Strukturreform einen Riegel vorschob. Etwaige Schulversuche sollten die wesentliche Eigenart der Schultypen auf keinen Fall gefährden. Das Ergebnis konnte nur Stagnation sein, worauf auch sogleich der die Länder seit 1953 beratende, jeder revolutionären Neigung ganz unverdächtige DEUTSCHE AUSSCHUSS FÜR DAS ERZIEHUNGS- UND BILDUNGSWESEN (1966, S. 58) hinwies und seine Überzeugung wiederholte, „daß das deutsche Schulwesen den Umwälzungen nicht nachgekommen ist, die in den letzten fünfzig Jahren den Zustand und das Bewußtsein der Gesellschaft und des Staates verändert haben". In dieser Phase kann noch nicht von einer gemeinsamen Planung des Bildungswesens in der Bundesrepublik, sondern nur von seiner Koordination gesprochen werden. Der Ausbau innerhalb der Bundesländer vollzog sich ebenfalls nicht nach Planungskonzepten. Er ergab sich vielmehr hauptsächlich aus der jeweiligen Nachfrage nach Ausbildungsplätzen in Schulen und Hochschulen im Rahmen der jeweiligen Haushaltsmittel. Dabei hatten die Ausbauwünsche der Schulträger eine wichtige vermittelnde Funktion wie auch die Ordnungsvorstellungen der Kultusverwaltungen und die bildungspolitischen Intentionen der Regierungsmehrheiten in den Länderparlamenten. Gleichwohl hat es vor der Entwicklung der staatlichen Bildungsplanung in den Ländern Schulentwicklungsplanungen in großen Kommunen und gelegentlich auch in Gemeindeverbänden gegeben, in denen versucht wurde, zukünftige Jahrgangsstärken, Übergangsquoten in Schularten, Schulstandort und Schulausbau mittelfristig aufeinander abzustimmen. Die Ergebnisse dieser Planung sind später von den Ländern systematisch in die staatliche Bildungsplanung einbezogen worden. Von Bildungsplanung für den Gesamtstaat konnte dann erst mit Beteiligung des Bundes gesprochen werden.

2 Begriff und Probleme der Bildungsplanung

Bildungsplanung kann als ein Mittel verstanden werden, das Bildungswesen eines Landes oder einen seiner Teilbereiche in seinen Strukturen systematisch zu beschreiben und auf dieser Grundlage nach bestimmten Zielvorstellungen ein Modell für seine Weiterentwicklung oder Umwandlung zu entwerfen. Bestandteil solcher Planung ist eine Prognose der quantitativen Entwicklung unter Annahme bestimmter Parameter für die Einflußgrößen der Berechnung. Sie sollte darüber hinaus angeben, welche gezielten Maßnahmen des Staates oder anderer Instanzen erforderlich sind, um die vorgestellten Entwicklungsziele zu erreichen. Sie ermöglicht rationale Entscheidungen, insbesondere solche, die untereinander koordiniert sind, und zugleich die Abstimmung mit anderen Planungsbereichen, etwa dem Haushaltswesen oder der Arbeitsmarktpolitik. Sie macht Alternativen innerhalb des Planungszeitraums für den Entscheidenden transparent und erweitert damit dessen Handlungsspielraum.
Im Unterschied zum Verwaltungshandeln, das ebenfalls zielorientiert sein kann, werden in der Bildungsplanung die einzelnen Zielsetzungen innerhalb des Planungszeitraums systematisch aufeinander bezogen. Bildungsplanung mußte deshalb in dem Maß an Bedeutung gewinnen, in dem es erforderlich wurde, das Bildungswesen als Ganzes auszubauen, um der wachsenden Nachfrage nach Ausbildungsplätzen und dem Bedarf des Arbeitsmarktes nach Absolventen gerecht zu werden. Dabei ging es vor allem auch um eine ausgewogene regionale Verteilung der Ausbildungsplätze und die Sicherung vergleichbarer Bildungschancen. Ein zentrales methodisches Problem jeder Bildungsplanung bleibt die Umsetzung bildungspolitischer und pädagogischer Zielvorstellungen in meßbare Größen, insbesondere Kapazitätsparameter, die das, was in Lernprozessen ermöglicht werden soll, in die Quantitäten des Finanzhaushalts transponieren. So müßte eine Schüler-Lehrer-Relation, die der Berechnung des Lehrerbedarfs zugrunde gelegt wird, auf pädagogisch begründeten Annahmen von Klassen- und Gruppengrößen beruhen, die einen effizienten, dem einzelnen Schüler gerecht werdenden Unterricht ermöglichen.
Die Komplexität der Planung wird dadurch vergrößert, daß zumeist mehrere Gebietskörperschaften und auch private Träger, wie Industrie- und Handelskammern, zu koordinieren sind und die Abstimmung mit den unmittelbar Betroffenen, den Schülern, Eltern, Lehrern, Studenten und Professoren, erreicht werden soll. Regionale Schulplanung liefert viele Beispiele dafür, wie unterschiedliche Zielvorstellungen, örtlich gebundene Interessenlagen, das Durchsetzungsvermögen der Repräsentanten der beteiligten Institutionen und die Verfügung über die erforderlichen Haushaltsmittel sich so verstricken können, daß ursprüngliche Planungsziele erheblich verändert werden. Bildungsplanungen als solche sind für die Betroffenen nicht rechtsverbindlich und binden auch die Verwaltung nicht. Sie bedürfen der Umsetzung in Normen des Verwaltungshandelns. Umgekehrt stellen die Haushaltsgesetze in sich eine Finanzplanung dar, von der auch und gerade der Bildungssektor betroffen ist.

Ludwig v. Friedeburg/Christoph Oehler

3 Bildungsplanung auf Landesebene

Zum Gegenstand staatlicher Planung wurde das Bildungswesen in den Ländern der Bundesrepublik erst in den 60er Jahren und nur unter dem Druck von außen. Bezeichnenderweise nahmen die Länder diesen Druck zuerst dort wahr, wo sie, selbst Schulträger, sämtliche Mittel aufzubringen hatten: bei den wissenschaftlichen Hochschulen. Das rasche Anwachsen der Studentenzahlen ab Mitte der 50er Jahre und die wirtschaftliche Bedeutung wissenschaftlicher Forschung ließen sie 1957 untereinander und mit dem Bundesstaat ein Abkommen über die Errichtung eines Wissenschaftsrates (vgl. SPIES 1984a) schließen. Ihm wurde die Aufgabe übertragen, die Kompetenzdifferenzen gleichsam zu überbrücken und auf der Grundlage der von den einzelnen Ländern und dem Bund im Rahmen ihrer Zuständigkeiten aufgestellten Pläne einen Gesamtplan für die Förderung der Wissenschaften zu erarbeiten. Dieser sollte die Pläne des Bundes und der Länder aufeinander abstimmen, Schwerpunkte wie Dringlichkeitsstufen bezeichnen und Empfehlungen für die Verwendung derjenigen Mittel enthalten, die in den Haushaltsplänen des Bundes und der Länder für die Förderung der Wissenschaft verfügbar waren. Sosehr die Empfehlungen des Wissenschaftsrates in den folgenden Jahren den Kultusministern der Länder und dem für die Wissenschaft zuständigen Bundesminister den Rücken in deren Auseinandersetzungen mit ihrem jeweiligen Finanzminister stärkten, es verging mehr als ein Jahrzehnt und bedurfte einer Grundgesetzänderung, ehe über die Bundesbeteiligung an der Hochschulbaufinanzierung der Koordination der Hochschulplanung durch den Wissenschaftsrat ein gewisser Nachdruck verliehen wurde.
Problemerfahrung und Bewußtseinsstand damaliger Bildungsplanung gibt beispielhaft eine Passage des ersten Berichts der Länder zu diesem Thema aus dem Jahre 1967 wieder: „Wie in den meisten westeuropäischen Ländern, so setzt auch in der Bundesrepublik die überregionale Bildungsplanung mit finanziellen Bedarfsplänen ein. In den Jahren 1956/57 erstellte die Kultusministerkonferenz eine Gesamtübersicht über die Bedarfspläne der Kultusministerien der Länder für die nächsten 10 Jahre, wobei im wesentlichen das Schema des bayerischen, dem Landtag unterbreiteten Bedarfsplanes zugrunde gelegt wurde. Eine Veröffentlichung erfolgte nicht, weil die methodischen Grundlagen der Vorschätzung noch ungesichert schienen und weil der so ermittelte Finanzbedarf – nämlich die Verdoppelung innerhalb der nächsten 5 bis 10 Jahre – seinerzeit nicht als realistisch empfunden wurde. Die tatsächliche Entwicklung, die zu einer Verdoppelung der Kulturausgaben der Länder binnen 7 Jahren – von 4,2 Mrd. DM im Jahre 1956 auf 8,4 Mrd. DM im Jahre 1963 – führte, bewies, daß die damalige Vorschätzung doch zutreffend war und daß die Verwaltungserfahrung auch ohne wissenschaftlich abgesicherte Schätzungsmethoden zutreffende Bedarfsberechnungen und realisierbare Planziele für einen kürzeren übersehbaren Zeitraum liefern kann" (KMK 1967, S. 86 f.). Auch späterhin wurde die finanzielle Bedarfsschätzung der Kultusminister zumeist für unrealistisch gehalten und dennoch, jedenfalls in den folgenden zehn Jahren, von den tatsächlichen Ausgaben stets eingeholt. Nicht minder dauerhaft behauptete in den Ministerien die Verwaltungserfahrung ihren Anspruch und bestärkte die Skepsis gegenüber den Verfahren der Bildungsplanung. In jener Zeit lieferte dafür die Landschulreform, für die in erheblichem Umfang neue Mittelpunktschulen gebaut werden mußten, ein anschauliches Beispiel. Andere Bewegungen, wie die Verlängerung der Schulzeit durch ein neuntes Volksschuljahr, den schon seit den 50er Jahren durchgehend vermehrten Zugang zu den Realschulen und den seit Anfang der 60er Jahre wieder verstärkt einsetzenden Übergang auf die Gymnasien, wurden durch

die geringe Stärke der betreffenden Schülerjahrgänge, die im ersten Nachkriegsjahrzehnt geboren waren, kompensiert und so in ihrer Bedeutung gar nicht recht wahrgenommen.

Zum Thema der öffentlichen Diskussion wurde die mangelnde Bildungsplanung in der Bundesrepublik denn auch aus einem ganz anderen Grunde: dem Abiturientendefizit. Die Kultusminister hatten dafür die Handhabe geliefert, als sie 1963 erstmals eine Bedarfsfeststellung veröffentlichten (vgl. KMK 1963), in der mittelfristig, bis zum Ende des Jahrzehnts, aus ihrer Sicht der Finanz-, Bau- und Personalbedarf für alle Sektoren ihrer Zuständigkeit, von den Grundschulen bis zur Kunstpflege und Erwachsenenbildung, bezeichnet worden war. Für das Schulwesen hatten sie dabei mit dem Schlüsselbegriff der Schüler-Lehrer-Relation, der Fachkompetenz und Finanzierungsaspekt miteinander verbindet, pädagogisch wünschenswerte Zielwerte von sogenannten Mittelwerten unterschieden. Letztere waren beim damaligen Schülerstand in einzelnen Ländern schon erreicht und sollten in den übrigen trotz steigender Schülerzahlen im ablaufenden Jahrzehnt bei entsprechenden Ausbaumaßnahmen ebenfalls erreicht werden können. Offensichtlich spielte quantitativ bei den Vorausschätzungen die demographische Entwicklung, also die Zunahme der Schülerzahlen aufgrund vorangegangener Geburtenentwicklung, die größte Rolle, daneben der damals unterschätzte Wandel des relativen Schulbesuchs, also die Verteilung der Schüler auf die verschiedenen Schulformen. Dieser erste Bildungsgesamtplan, im Selbstverständnis der Länder allerdings nur ein gemeinsames Vorschätzungsmodell, ein Verfahren dezentralisierter Bildungsplanung, das die Eigeninitiative der Länder, Gemeinden und Hochschulselbstverwaltungen keineswegs einengen, geschweige denn „von oben her dekretieren und uniformieren [wollte], was von unten wachsen und reifen muß" (KMK 1967, S. 89f.), fand kaum Beachtung. Bekannt machte den Bildungsgesamtplan erst im Frühjahr 1964 eine Artikelserie in der Zeitung „Christ und Welt" von Picht unter der dramatischen Überschrift „Die deutsche Bildungskatastrophe" (PICHT 1965). Der von ihm akzentuierte Zusammenhang zwischen Abiturientendefizit und künftigem Lehrermangel, ja Mangel an geistigem Potential und wirtschaftlicher Konkurrenzfähigkeit überhaupt, prägte die öffentliche Resonanz. Bundestag wie Bundesregierung machten sich diese Sicht zu eigen. Im ersten Bundesbericht Forschung hieß es: „Ohne Erhöhung der Abiturientenzahlen ist keine Schulreform, kein Ausbau des Bildungswesens, keine Vermehrung des Potentials an wissenschaftlichen Nachwuchskräften möglich [...] Die Frage, ob die vorhandenen Begabungsreserven zur Steigerung der Abiturientenzahlen ausreichen, kann nicht einfach mit Berufung auf Ergebnisse des heute üblichen Auslesesystems verneint werden. Das heute übliche System erfaßt nicht mit genügender Sicherheit die Kinder, deren Eignung erst nach der Aufnahmeprüfung hervortritt, ferner nicht die möglichen Abiturienten der Realschulen. Die Anteile der Abiturienten am Altersjahrgang in den einzelnen Bundesländern und in Stadt und Land sind verschieden. Diese Unterschiede können kaum auf verschiedener Begabung beruhen" (BUNDESMINISTER FÜR WISSENSCHAFTLICHE FORSCHUNG 1965, S. 27f.). Soweit die Bundesregierung, die damals von der CDU/CSU geführt wurde.

In diesem Sinne reformierten die Länderregierungen das Düsseldorfer Abkommen zur Vereinheitlichung des Schulsystems. Die Vorberatungen der Kultusminister wurden unter dem Aspekt der Bildungsplanung geführt und des Vergleichs zwischen der Bundesrepublik und den anderen Ländern der Organization for Economic Co-operation and Development (OECD). „Die Überlegungen richteten sich vor allem darauf, wie neue Entwicklungen im deutschen Schulwesen eingeleitet werden könnten, die die Erfordernisse der Zukunft erfüllen." (KMK 1965, S. 38). Mehr Abiturienten und deshalb mehr Durchlässigkeit war die allgemein akzeptierte Devise. Deshalb sollte in der Volksschule obligatorisch der Unterricht in einer Fremdsprache eingeführt und ein 10. Schuljahr ermöglicht werden, von Volks- und Mittelschulen der Zugang zu gymnasialen Aufbaustufen eröffnet und ein für alle Schüler gemeinsames 5. und 6. Schuljahr mit der Bezeichnung Förder- oder Beobachtungsstufe zugelassen werden. Die im Oktober 1964 abgeschlossene, nach dem Unterzeichnungsort nun Hamburger Abkommen genannte Vereinbarung bildet seitdem die Geschäftsgrundlage für alle Entwicklungen des Schulsystems und damit der Bildungsplanung, weil die wechselseitige Anerkennung der Zwischen- und Abgangszeugnisse allein durch dieses Verwaltungsabkommen garantiert wird. Erstmals wurden auch pädagogische Versuche, die von der vereinbarten Grundstruktur des Schulwesens abweichen, wie zum Beispiel integrierte Gesamtschulen, zugelassen, aber an die vorherige Empfehlung der KMK gebunden.

Ferner errichteten die Länder gemeinsam mit dem Bund im Sommer 1965 für die Bildungsplanung einen Deutschen Bildungsrat (vgl. SPIES 1984b), der den Deutschen Ausschuß für das Erziehungs- und Bildungswesen ersetzte, dessen „Rahmenplan zur Umgestaltung und Vereinheitlichung des allgemeinbildenden Bildungswesens" Anfang der 60er Jahre in der öffentlichen Diskussion verschlissen worden war. Im Bildungsrat wurden Verwaltung und Planung durch die Einrichtung einer Regierungskommission zusammengeführt, während die Mitarbeiter der nach wie vor unabhängigen Bildungskommission sachverständige Ratgeber darstellten. Im übrigen drängten Öffentlichkeit, KMK und Ministerpräsidenten die Kultusminister, sich um die Bildungsplanung im eigenen Haus zu kümmern und darüber zu berichten. Im Zusammenhang dieser Bemühungen entstanden mit der Zeit in allen zuständigen Ministerien Referate, Gruppen oder Abteilungen für Bildungsstatistik und Bildungsplanung, deren Organisation sich allerdings nicht nur nach der verschiedenen Personallage, sondern vornehmlich auch nach den „jeweiligen sachlichen Bedürfnissen des betreffenden Ministeriums" (KMK 1967, S. 91) richtete. Führend im Ausbau der Planungsorganisation war Baden-Württemberg, das sich als erster Flächenstaat die Verdoppelung der Abiturientenquote zum Ziel gesetzt hatte (vgl. KMK 1967, S. 99). Es tat sich daher auch besonders in der Bildungswerbung hervor („Student aufs Land!"), ebenso wie Bayern, das aus einer vor allen anderen Ländern veranstalteten Untersuchung „Bayern überprüft seine Begabtenreserven" den Schluß gezogen hatte, Werbung im großen Stil für den Besuch weiterführender Schulen zu betreiben. Im März 1965 ließ der Kultusminister 600 000 Exemplare einer Schrift mit dem Titel „Aus Ihrem Kind soll etwas werden" an die Eltern der Volksschüler der 4. bis 8. Klasse verteilen und wiederholte die Aktion noch öfter bei den Grundschülereltern (vgl. KMK 1967, S. 150). Die Wirkung solcher Werbemaßnahmen wie auch später gegenläufiger Abschreckung darf allerdings nicht überschätzt werden. Die Veränderungen im relativen Schulbesuch folgen in erster Linie aus dem Wandel der Sozialstruktur, also dem Verhältnis der verschiedenen Klassen Erwerbstätiger zueinander (vgl. v. FRIEDEBURG 1978).

Den Akzent damaliger Bildungsplanung aber brachte die Werbung besonders deutlich zum Ausdruck. Mit dem Blick auf die Nachbarländer wie auf die Berufsaussichten im eigenen Land erschien vor allem der Besuch weiterführender Schulen und Hochschulen defizitär, sowohl quantitativ wie auch qualitativ wegen extremer Bildungsungerechtigkeit, während die Berufsausbildung im dualen System keinen Vergleich zu scheuen hatte. Sie verfügte damals auch über genügend Kapazitäten, wie die große Zahl unbesetzter Lehrstellen während der 60er Jahre zeigte.

Die Entfaltung staatlicher Bildungsplanung, gegen Ende des Jahrzehnts nahezu euphorisch betrieben, führte bis spätestens zum Anfang der 70er Jahre in fast allen Ländern zu Schul- und Hochschulentwicklungsplänen, mehr oder weniger verbunden mit der jeweiligen Landesplanung, die demographische Entwicklungen und bildungspolitische Zielsetzungen derart miteinander verknüpften, daß der Personal-, Raum- und Mittelbedarf sowie die Standortauswahl der öffentlichen Diskussion zugänglich wurden.

4 Gesamtstaatliche Bildungsplanung während der Bildungsreform

4.1 Zentralisierung und Kooperation

Da Bildungspolitik in einem Flächenstaat die Aufgabe hat, regional unterschiedliche Bildungschancen auszugleichen, drängt Bildungsplanung auf zentrale Entscheidung, auch über die erforderlichen Finanzmittel, die nur überregional aufgebracht werden können. Planungsentscheidungen sind so im Laufe der Zeit von den kleineren Gemeinden auf Zweckverbände für Dörfergemeinschaftsschulen, von dort zu den Kreisen und letztlich zu den Ländern übergegangen, zumal deren Beteiligung an der Schulbaufinanzierung, ganz abgesehen von der Personalgestellung, immer mehr zunahm. Waren die wichtigsten Veränderungen im Schulsystem nach dem Wiederaufbau (die Entkonfessionalisierung der Schulorganisation und die Aufhebung der einklassigen Dorfschulen) im Spielraum föderalistischer Länderkonkurrenz zu leisten, schienen die Anforderungen der Ende der 60er Jahre allseits für erforderlich gehaltenen Expansion und Reform des Bildungswesens, insbesondere der Hochschulen, die Kräfte der Länder zu übersteigen. Zwar hatte der Bund seit langem finanzschwachen Ländern vor allem beim Hochschulausbau unter die Arme gegriffen, doch die Art solcher Zuwendung war schon verfassungsrechtlich unbefriedigend. Während der Regierung der großen Koalition verabschiedeten Bund und Länder die erforderlichen Grundgesetzänderungen, mit denen die Mitwirkung des Bundes an Aufgaben der Länder, den sogenannten Gemeinschaftsaufgaben, geregelt wurde. Ferner erhielt der Bund eine Rahmenkompetenz für die allgemeinen Grundsätze des Hochschulwesens, und im Art. 91 b des Grundgesetzes wurde die Rechtsgrundlage für eine gemeinsame Bildungsplanung von Bund und Ländern geschaffen.
Für die gemeinsame Planung sprach nicht ein Bedürfnis nach Vereinheitlichung, sondern neben der finanziellen Beteiligung des Bundes auch seine Kompetenz für die Wirtschafts- und Sozialpolitik, also die notwendige Abstimmung langfristiger Bildungsplanung mit der Entwicklung in anderen Sektoren gesamtstaatlicher Politik. Das neue Planungsbewußtsein, gestärkt von der Erfahrung erfolgreicher Wirtschaftsbelebung, setzte Modernität und Chancengleichheit zum Ziel rascher Expansion und Reform des Bildungswesens. Die Bundesregierung schuf ein neues Ministerium für Bildung und Wissenschaft, legte im Sommer 1970 ein weitgespanntes Entwicklungskonzept im „Bildungsbericht '70" (BUNDESMINISTER FÜR BILDUNG UND WISSENSCHAFT 1970) vor und gründete mit den Länderregierungen zusammen eine Bund-Länder-Kommission für Bildungsplanung (vgl. SPIES 1984c), der die Aufgabe zugewiesen wurde, einen gemeinsamen langfristigen Rahmenplan für eine abgestimmte Entwicklung des gesamten Bildungswesens zu entwerfen, den voraussichtlichen Finanzbedarf zu ermitteln und ein gemeinsames Bildungsbudget aufzustellen. Das alles sollte in Jahresfrist geleistet werden.

4.2 Strukturplanung

Inhaltlich konnte die gesamtstaatliche Bildungsplanung an die gerade fertiggestellten Entwicklungspläne des Deutschen Bildungsrates und des Wissenschaftsrates anknüpfen. Der Strukturplan des Deutschen BILDUNGSRATES (vgl. 1970) wie auch seine bemerkenswerte Arbeit der Umsetzung wesentlicher Reformimpulse der empirisch orientierten Erziehungswissenschaft in Einzelempfehlungen zielten auf eine grundsätzliche Neuorganisation des Schulwesens. Zur Überwindung der traditionellen Spaltung von Volks- und höherer Schulbildung sollten an die Stelle der getrennten Schulformen aufeinanderfolgende Schulstufen treten. Das inhaltlich Neue lag in der Übertragung des Wissenschaftsbezuges, der den gesellschaftlichen Modernisierungsprozeß charakterisiert, auf Curriculum und Organisation von Schule, also auf die Lehrpläne und die Art und Weise ihrer Vermittlung, einschließlich der Lehrerbildung. Daraus leitete sich die Einheit von theoretischer und praktischer Bildung mit der neuen Strukturierung der Fächer und Schwerpunkte ab.

Der Wissenschaftsrat, dem es seit seiner Gründung darum ging, angesichts wachsender Nachfrage nach akademischer Berufsvorbildung Kompromißstrukturen zu finden, die es erlaubten, einerseits Berufsqualifikationen zu vermitteln, andererseits deren wissenschaftliche Grundlage zu erhalten, sprach sich in seinem Strukturplan ebenfalls für eine grundlegende Neuorganisation aus. Er empfahl die inhaltlich differenzierte, aber organisatorisch integrierte Gesamthochschule als Organisationsform der Zukunft, um der durch die wissenschaftliche Entwicklung bedingten Neuordnung der Studiengänge und damit der Öffnung der Hochschulen für einen wesentlich größeren Teil der Bevölkerung Rechnung zu tragen. Zugleich und als Voraussetzung für die Entwicklung von Gesamthochschulen sollten die sachlich nicht gerechtfertigten Unterscheidungen in der Personalstruktur der Hochschulen überwunden werden (vgl. WISSENSCHAFTSRAT 1970). Mit diesen in der öffentlichen Diskussion allgemein begrüßten und prinzipiell auch von der KMK akzeptierten Strukturplänen stand die Bildungsplanung nach einer langen, mühseligen Wegstrecke nunmehr in der Bundesrepublik unmittelbar vor ihrem Gipfel. Im zweiten Halbjahr 1970 verbanden sich in einem Aufschwung ohnegleichen alle Kräfte der Länder wie des Bundes, um den Sachverstand der Räte und das verfügbare Material demographischer Prognosen und fachkompetenter Bedarfsfeststellungen in einen Bildungsgesamtplan umzusetzen, der für die folgenden 15 Jahre die Entwicklung eines grundlegend reformierten Bildungssystems in allen seinen Aspekten bestimmen sollte, vom Kindergarten und Schuleingang bis zur Hochschule und Weiterbildung, von der außerschulischen Jugendbildung bis zur betrieblichen Berufsausbildung, von den Bibliotheken und der Bildungstechnologie bis zur Förderung der Forschung im allgemeinen und der Bildungsforschung im besonderen. Der gerade im Juni erst gegründeten Bund-Länder-Kommission legte deren Geschäftsstelle nach intensiver Tätigkeit der eingesetzten Arbeitsgruppen schon im Oktober einen ersten, Vorentwurf genannten Grundriß vor, der danach rasch die Form einer ersten Fassung des Bildungsgesamtplans erhielt (Endfassung: vgl. BUND-LÄNDER-KOMMISSION FÜR BILDUNGSPLANUNG 1973a, b; vgl. SPIES 1984c, S. 452f.).

Daß in so kurzer Zeit ein gemeinsames Konzept Gestalt gewinnen konnte, war nicht allein aus dem Willen der neuen Bundesregierung zu erklären, die Bildung und Ausbildung, Wissenschaft und Forschung an die Spitze aller Reformen stellte. Entscheidend kam es auf die Mitarbeit der sachkundigen Beamten aus den Ländern an. Sie wurde in diesen Monaten über die übliche Kooperation der Fachleute hinaus durch den Spielraum ermöglicht, den das Drängen aller Bildungspolitiker, gleich welcher Partei, auf weitreichende Veränderung eröffnet hatte, zumal die erneute Konjunktur die Steuerkassen gefüllt hatte und der Bildungspolitik ihrer Priorität wegen erhebliche Finanzmittel zur Verfügung standen. So konnten, nach den Worten des damaligen Generalsekretärs der KMK, die in der mühevollen KMK-Arbeit frustrierten Länderbeamten zu einem ersten großen Entwurf mitgerissen werden: „Damals schien es vielen Mitwirkenden wie eine Erlösung, endlich einmal einen ‚großen Wurf‘ mitkonzipieren zu dürfen, ohne immer erst wieder ‚zu Hause‘ (d.h. in den Ministerien) umständlich rückfragen, d.h. sich politisch und fachlich abstimmen zu müssen. Die Reaktion kam aber bald, als die schriftlich fixierten Texte der Entwürfe nun eben doch ‚zu Hause‘ auf den verschiedenen Kompetenzebenen verantwortet werden mußten. Für eine gewisse Zeit hatte die Überraschungsstrategie frappierende ‚Erfolge‘, bis die *Realitäten* des politischen Alltags in den Ländern wieder volle Geltung gewannen" (POEPPELT 1978, S. 387f.).

5 Zerfall gesamtstaatlicher Bildungsplanung

5.1 Aufbrechen bildungspolitischer Gegensätze

Die Realitäten des politischen Alltags wurden zuerst durch Schülerdemonstrationen bezeichnet, die gegen die wachsende Schwierigkeit, einen Studienplatz nach eigener Wahl zu finden, also gegen die Ausbreitung des Numerus clausus protestierten. Was zunächst nur wie ein Mangel an Anschlußplanung nach gelungener Bildungswerbung für mehr Abiturienten aussah, machte die Eltern rasch auf die vermehrte Konkurrenz aufmerksam, die ihren Kindern beim „Aufstieg durch Bildung" inzwischen erwachsen war. Abgesehen von dem beträchtlich erweiterten Zugang zum Hochschulstudium ohne gymnasiales Reifezeugnis, insbesondere über die neuen Fachhochschulen, begann man jetzt zu erkennen, wie sehr sich der relative Schulbesuch bereits verändert hatte, nachdem immer stärkere Geburtenjahrgänge zu einem immer höheren Anteil von der Grundschule auf die Gymnasien überwechselten.
Die ersten Anzeichen der inhaltlichen Reform des Lehrens und Lernens und vor allem die Tendenz, Gesamtschulen nicht nur im Einzelfall als Versuchsschulen zu begründen, sondern prinzipiell die gespaltenen Glieder des Schulsystems in der Gesamtschule zu vereinen, ließen besorgte Mittelstandseltern einen noch größeren Andrang von Kindern bisher benachteiligter Schichten auf weiterführende Schulbildung erwarten und stellten die Möglichkeit in Frage, den Familienstatus mittels separaten Schulbesuchs der Kinder zu sichern oder zu verbessern. Damit zerfiel der kurzfristige Konsens aller großen gesellschaftlichen Gruppen, gemeinsam die Expansion der Bildungseinrichtungen zu betreiben.
Für die Bildungspolitik setzte so schon 1971 ein, was später nach der weltweiten Wirtschaftskrise allgemein als Tendenzwende aufgefaßt wurde, der Zerfall der eben erst begonnenen gesamtstaatlichen Bildungsplanung. Bereits im März kam es in der Kommission zur ersten Kampfabstimmung über den Stellenwert der Gesamtschule, damit zeichnete sich die künftige Polarisierung ab. Von der dritten Fassung ab bestanden die Mitglieder aus den fünf unionsregierten Ländern auf einer Reihe „besonderer Voten", die ihre von der Linie der Mehrheit abweichenden Standpunkte ausdrückten. Die zugrunde liegenden gesellschaftspolitischen Gegensätze kamen bezeichnenderweise bei einer Anhörung der Verbände im Juni 1971 deutlicher zum Ausdruck als in den Argumenten der politischen Parteien, und zwar vor allem in den Stellungnahmen der Arbeitgeberverbände einerseits, der Gewerkschaften andererseits.

Nach intensiver Weiterarbeit, insbesondere am Bildungsbudget, wurde die achte Fassung des Bildungsgesamtplans dann zwar 1973 von den Regierungschefs des Bundes und der Länder verabschiedet, aber weder konnten die bildungspolitischen Gegensätze überwunden, also alle Sondervoten ausgeräumt, noch die Zustimmung der Finanzminister zum Bildungsbudget erreicht werden. Aber nicht nur deshalb blieb die Wirkung gesamtstaatlicher Bildungsplanung äußerst beschränkt. Die von der Beteiligung der Bundesregierung erhoffte Abstimmung des Bildungsplans mit den Entwicklungen im Bereich der Wirtschafts- und Beschäftigungspolitik, der Sozial- und Familienpolitik wie vor allem mit der langfristigen Finanzplanung kam schon deshalb nicht zustande, weil in keinem anderen Sektor längerfristige Entwicklungen hinreichend genau auszumachen, geschweige denn zu bestimmen waren. So lautete in den Verhandlungen der ständige Einwand der Ressortvertreter für Wirtschaft und Arbeit gegen verlängerte Schulzeit, sie entziehe dem Arbeitsmarkt dringend benötigte Arbeitskraft, während wenige Jahre später zur Minderung unvorhergesehener Arbeitslosigkeit verlängerte Schulzeit nur zu erwünscht war. Im Bildungsgesamtplan hieß es zum Thema Arbeitsmarkt lakonisch: „Die Verwirklichung der bildungspolitischen Ziele bis zum Jahre 1985 hat direkte oder indirekte Auswirkungen auf den Arbeitsmarkt, die gegenwärtig nicht voll übersehbar sind" (BUND-LÄNDER-KOMMISSION FÜR BILDUNGSPLANUNG 1973a, S. 118). Andere, durchaus schon erkennbare Entwicklungen konnten wiederum aus politischen Gründen nicht berücksichtigt werden, da beispielsweise eine Veränderung der von der Bundesregierung prognostizierten Wachstums- oder Inflationsraten deren Glaubwürdigkeit beeinträchtigt hätte.

5.2 Fehlprognosen

Ebenso fatal wirkte sich die Unsicherheit quantitativer Prognosen aus. Der Wissenschaftsrat hatte 1963 die Zahl der Studenten für 1969 um gut ein Drittel, für 1971 gar um mehr als die Hälfte unterschätzt. In seinem Strukturplan mißlang ihm 1970 die Prognose erneut, die Zahl der Studenten wurde für 1973 um rund 140000 zu gering angesetzt (vgl. v. FRIEDEBURG 1978, S. 209). Nicht besser geriet der BUND-LÄNDER-KOMMISSION (vgl. 1973a, S. 45) die Vorhersage für 1975; sie unterschätzte die Zahl der Studenten um 120000. Ursache der zuletzt genannten Fehlprognosen waren vor allem unrealistische Annahmen über die durchschnittlichen Studienzeiten, ein Politikum also. Nicht besser stand es mit der amtlichen Statistik, zumal die Bildungsstatistik aus verfassungspolitischen Gründen jahrzehntelang ein Schattendasein gefristet hatte. In den 60er Jahren verleitete die verspätete Publikation bundesrepublikanischer Schülerzahlen ständig zu irreführenden Schlüssen. Viel zu spät auch wurde der Fall der Geburtenrate nach 1966 in seiner Bedeutung erkannt. Noch 1970 gab die amtliche Statistik der Bildungsplanung Prognosewerte ein, die die künftige Geburtenentwicklung weit überschätzten. So ist zu jener Zeit im hessischen Landesentwicklungsplan die Zahl der Schulanfänger für 1985 um mehr als 40% zu hoch angesetzt worden. In den Jahren darauf folgte dann eine korrigierte Bevölkerungsprognose der anderen.
Vorausschauende Planung steht und fällt mit der Verläßlichkeit ihrer Annahmen. Abgesehen von allen verfassungsrechtlichen, administrativen und technischen Problemen hat es der Bildungsplanung im ersten Jahrzehnt ihrer Entwicklung in der Bundesrepublik vor allem an Sensibilität für die Spannbreite möglicher Veränderungen sozialen Verhaltens gefehlt. Das gilt für die Geburtenraten wie für den relativen Schulbesuch, für die Studienneigung wie für die Berufswahl. Das jüngste

Beispiel boten die Prognosen von Bildungsverwaltungen für die Zahlen ausgebildeter und arbeitsloser Lehrer, die den Wandel der Studienentscheidungen ebenso unterschätzten wie den möglichen Berufsfeldwechsel nach der Ausbildung. Die entgegengesetzten Prognosen von Lehrerverbänden, die schon in Kürze erneut gravierenden Lehrermangel, jedenfalls für bestimmte Schulformen, erwarten, vervollständigen das verwirrende Bild, mit dem sich die Bildungsplanung der Öffentlichkeit weiterhin darstellt.

6 Zur Situation der Bildungsplanung seit Mitte der 70er Jahre

Die Notwendigkeit, das soziale Verhalten vieler Individuen langfristig abzuschätzen, ergibt sich aus dem Freiheitsspielraum des Gesellschaftssystems, das eine individuelle Entscheidung über Bildungsgang und Berufswahl im Prinzip zuläßt. Diese wird allerdings in hohem Maße mitbestimmt durch den Einfluß der Sozialstruktur und die ökonomische Entwicklung. Letztere prägt die Beschäftigungsverhältnisse und bestimmt die Kassenlage der Gebietskörperschaften. Die Weltwirtschaftskrise Mitte der 70er Jahre entzog allen Bildungsplänen der Kommunen, der Länder und des Gesamtstaates den Boden. Nicht aber nur veränderten Steuerausfall und Arbeitslosigkeit das Bild, dem durch Fortschreibung der Pläne Rechnung zu tragen war. Vielmehr wurde der bisherige Mechanismus, geplante Veränderungen dadurch zu ermöglichen, daß sie wesentlich aus dem Zuwachs der Finanzmittel und nicht durch ihre Umverteilung bestritten wurden, grundsätzlich in Frage gestellt. Über Nacht fand sich die Bildungsplanung in die Rolle einer Mängelverwaltung gedrängt, für die aber nicht sie, sondern die traditionelle Bildungsverwaltung die weitaus größere Erfahrung mitbrachte. So wurde die Bildungsplanung in der zweiten Hälfte der 70er Jahre immer unbedeutender. Das galt vor allem für die gesamtstaatliche Bildungsplanung, deren Einfluß auch in ihrer Blütezeit mangels verfassungsrechtlich versagter Gesetzgebungs- und Verwaltungskompetenz aufs engste begrenzt war. Jeder Vergleich mit den Auswirkungen der zur gleichen Zeit in der KMK getroffenen Vereinbarungen macht das deutlich, wie der 1972 abgeschlossene Staatsvertrag der Länder über die Vergabe von Studienplätzen mit allen seinen Folgen und Nebenfolgen zeigt.

Insoweit der Bund eigene Kompetenzen hatte (wie für die außerschulische Berufsausbildung), brachte nach wie vor die notwendige Abstimmung in den angrenzenden Bereichen mit den Ländern erhebliche Schwierigkeiten mit sich. Insoweit dem Bund mit Zustimmung der Länder Kompetenzen übertragen wurden (so für die Lehrerbesoldung oder die allgemeinen Grundsätze des Hochschulwesens), brachte in der Gesetzgebungsarbeit die Abstimmung im Bundesrat, jedenfalls unter den obwaltenden Mehrheitsverhältnissen und insbesondere nach der bildungspolitischen Polarisierung, jeweils nur den kleinsten gemeinsamen Nenner und damit eine betont konservative Bildungspolitik zur Geltung. Das ist unter den gegebenen Verhältnissen von jeder weiteren Kompetenzübertragung zu erwarten, auch von jenen, die die Bundesregierung nach ihrem Bericht über die strukturellen Probleme des föderativen Bildungssystems 1978 erwog (vgl. BUNDESMINISTER FÜR BILDUNG UND WISSENSCHAFT 1978a, 1978b).

Die unumstritten notwendige Weiterentwicklung des Bildungswesens bewirkt, insbesondere in einem Bundesstaat, immer ein gewisses Maß an Uneinheitlichkeit – und setzt es voraus. Nicht formalisierte Einheitlichkeit, sondern erleichterte Übergänge und wechselseitige Anerkennung der Zwischenzeugnisse und Abschlußberechtigungen sind im Gesamtstaat unerläßlich. Sie sind offensichtlich in den Verhandlungen der Länder untereinander nicht nur leichter, sondern auch flexibler zu erreichen als unter Beteiligung des Bundes oder gar unter dem Druck einer Bundesrahmenkompetenz. Rückblickend gesehen, wäre es realistischer gewesen, auf dem Kulminationspunkt gesamtstaatlicher Bildungsplanung das Hamburger Abkommen der Länder als Rechtsgrundlage wechselseitiger Anerkennung der Schulabschlüsse zu novellieren, als so viel Arbeit in einen Bildungsgesamtplan zu investieren, deren Ertrag in keinem Verhältnis zum Aufwand stand. Die bis in die 80er Jahre ebenso intensiv betriebenen wie erfolglosen Bemühungen um dessen Fortschreibung ließen immer deutlicher erkennen, daß erst nach einer auf den Staatsvertrag der Länder bezogenen Regelung der Anerkennungsfragen eine neue Fassung des Bildungsgesamtplans möglich werden wird. Wünschenswert erschien sie überhaupt nur noch zur Fortschreibung des Bildungsbudgets, das zwar wiederum nicht von den Finanzministern akzeptiert wurde, aber für die Verteidigung der jeweiligen Bildungspolitik gegen andere Ressortinteressen seine Bedeutung gleichwohl behält. Nach wie vor gibt es in keinem anderen öffentlichen Aufgabenbereich mit vielfältiger Kompetenzverteilung eine derartige Abstimmung zwischen Sachplanung und Kostenveranschlagung.

Unter solchem Aspekt und dem der Forschungsförderung behielt die Bund-Länder-Kommission für Bildungsplanung und Forschungsförderung, wie sie nach der entsprechenden Rahmenvereinbarung ab 1975 genannt wurde, als Forum für Verhandlungen „mit beschränkter Haftung" zwischen den Vertretern der Länder und des Bundes einen begrenzten Wert, insbesondere nach der von unionsregierten Ländern 1975 erzwungenen Auflösung des Deutschen Bildungsrates. Allerdings wurden Anfang der 80er Jahre, als der Bund seinen Rückzug aus den Gemeinschaftsaufgaben antrat, Stimmen laut, auch die Bund-Länder-Kommission wieder abzuschaffen. Die mit der Grundgesetzänderung intendierte gesamtstaatliche Bildungsplanung als zentrale Gemeinschaftsaufgabe war ohnedies gescheitert. Raschert ist zuzustimmen, wenn er, anknüpfend an Scharpfs Hypothese, „daß eine komplexe Entscheidungsstruktur mit hohem Konsensbedarf mit Hilfe ihrer eigenen Entscheidungsprozesse Strukturveränderungen nur in Richtung auf noch höheren Konsensbedarf erreichen kann", zu dem Schluß kommt: „Die Institutionalisierung von Gemeinschaftsaufgaben mußte kein Pyrrhussieg sein; im Bereich der Bildungsplanung ist es jedoch einer gewesen. Denn was an macht- und finanzpolitischen Steuerungsmöglichkeiten gewonnen wurde, ging durch die Verringerung der Konsensmöglichkeiten wieder verloren, und es erwies sich, daß ein System gesamtstaatlicher Planung unter den Bedingungen dieses Konsensverlustes weniger handlungsfähig ist als ein politisches System des Sichdurchwurstelns in Einzelvereinbarungen zwischen den Einzelpartnern" (RASCHERT 1980, S. 128 f.).

Das System der Einzelvereinbarungen und ihrer Addition, auch und vor allem die erfolgreiche Abstimmungsarbeit in der KMK, setzt als Verfahren gesamtstaatlicher Gestaltung des Bildungswesens allerdings die Rückendeckung durch die zuständigen Parlamente voraus. Sie aber ist nicht nur deshalb zum Problem geworden, weil die sogenannte graue Zone, in der die Regierungsvereinbarungen getroffen werden, seit langem schon Gegenstand öffentlicher Erörterung über die beeinträchtigte Gewaltenteilung in der Bundesrepublik ist. Wichtiger noch wurde der von der Rechtsprechung immer mehr betonte Gesetzesvorbehalt. In dem Maße, in dem Schule als ein Rechts- und nicht wie vordem als ein unmittelbar von der Verwaltung zu bestimmendes Gewaltverhältnis angesehen wurde, wuchsen die Ansprüche an die Ermächtigungsgrundlagen des Verwaltungshandelns, insofern Grundrechte von Eltern und Schülern berührt werden. Grundrechtsrelevante Eingriffe müssen vom

Gesetzgeber geregelt werden, nicht nur die Schulverfassung, sondern auch die Grundlagen des Unterrichts und die die Schüler betreffenden „statusbildenden" Normen. Offen blieb, ob eine erweiterte Gesetzgebung die bildungspolitischen Differenzen zwischen den Ländern betont und dieser Gegensatz die gesamtstaatliche Abstimmung des Bildungswesens so sehr erschwert, daß erneut eine Tendenz zur Zentralisierung, also für eine Rahmenkompetenz der Bundesgesetzgebung, breitere Unterstützung findet. Andererseits bestand die Hoffnung, so seitens des Deutschen Juristentages, durch eine erweiterte Schulgesetzgebung könnten die Verwaltungsvorschriften überschaubarer, der Zentralismus der Länder gelockert und der Handlungsspielraum der einzelnen Schule erweitert werden (vgl. SCHULE IM RECHTSSTAAT 1981).

7 Rahmenbedingungen künftiger Planung

Der Weg, den die „Verrechtlichung" des Bildungswesens nimmt, wird die Rahmenbedingungen seiner Planung beträchtlich verändern. Zu Beginn der 80er Jahre aber wurde deren Stand in erster Linie durch die bildungspolitische Auseinandersetzung bestimmt. Auch der verminderte finanzielle Spielraum der Gebietskörperschaften und der inzwischen erreichte Grad personeller und materieller Ausstattung der Bildungseinrichtungen vermochten das Desinteresse an längerfristigen Planungskonzepten jedenfalls dann nicht zu erklären, wenn mit ihnen keine zusätzlichen Ausgaben verbunden waren, ihr Ziel sogar darin bestand, weithin herrschenden Mangel „gerechter" zu verwalten. Vorausschauende Planung statt reagierender Verwaltung erschien in der Zeit massiver Bildungsexpansion unerläßlich, um den erforderlichen Zuwachs an Personal und Sachmitteln abschätzen und – aus bildungspolitischer Sicht – so eng wie möglich begrenzen zu können. Bildungspolitische Differenzen traten demgegenüber zurück. Quantifizierte Planungsmodelle erlangten als administrativer Handlungsrahmen eine relative Selbständigkeit gegenüber der politischen Absicherung eines mit ihnen implizit verbundenen Strukturwandels. Politisch noch kontroverse Fragen wurden neutralisiert, indem sie in Planungsmodelle und auf sie gegründetes kontinuierliches Verwaltungshandeln umgesetzt wurden. Insoweit Bildungsplanung, also beispielsweise die Vorlage eines Schulentwicklungsplans, für eine Gebietskörperschaft Voraussetzung erfolgreicher Konkurrenz um finanzielle Zuschußmittel war, förderte sie überdies den Konsens oder doch die Zurückstellung politischer Kontroversen, um die Verabschiedung des Plans zu ermöglichen. Im Ergebnis führte so Bildungsplanung überwiegend dazu, den quantitativen Ausbau des Bildungswesens entsprechend der individuellen Nachfrage zu legitimieren und streckenweise auch zu koordinieren.
Inzwischen haben sich mit den Problemen der Ökonomie und Ökologie die gesellschaftlichen Prioritäten verlagert, ohne daß damit die Aufgaben der Bildungsplanung gelöst wären. Aber der Planungsoptimismus ist verbreiteter Resignation gewichen. Der Rückschlag des drohenden Risikos der Arbeitslosigkeit, gerade auch für die höher qualifizierten Berufe auf das Verhalten von Lehrern und Schülern, veränderte im Planungsobjekt selber die Basis für die Umsetzung von Planzielen in den Schulen und Hochschulen. Divergenzen zwischen Bildungsaspirationen und Beschäftigungschancen ließen sich nicht mehr durch langfristige Planung überdecken.
In dem Maße, in dem sich die Randbedingungen veränderten – auf dem Arbeitsmarkt, in der Haushaltslage, bei den Schülerzahlen –, gewann die bildungspolitische Auseinandersetzung wieder an Gewicht. Es erwies sich nicht nur, daß Bildungs-

planung kein geeignetes Instrument zur Lösung gesellschaftspolitischer Konflikte darstellt, sondern daß die Polarisierung ihr die Grundlagen entzieht. Werden zu zentralen Fragen der Organisation und des Inhalts von Lehre, Lernen und Erziehung kontroverse Standpunkte von regierungsfähigen Parteien oder Koalitionen vertreten, stellt der Wechsel der Mehrheiten die Kontinuität pädagogischer Arbeit in Einrichtungen öffentlicher Träger überhaupt in Frage.

BECKER, H.: Bildungsforschung und Bildungsplanung, Frankfurt/M. 1971. BUNDESMINISTER FÜR BILDUNG UND WISSENSCHAFT (Hg.): Bildungsbericht '70. Bericht der Bundesregierung zur Bildungspolitik, Bonn 1970. BUNDESMINISTER FÜR BILDUNG UND WISSENSCHAFT (Hg.): Bericht der Bundesregierung über die strukturellen Probleme des föderativen Bildungssystems. Schriftenreihe Bildung und Wissenschaft 13, Bonn 1978 a. BUNDESMINISTER FÜR BILDUNG UND WISSENSCHAFT (Hg.): Schlußfolgerungen der Bundesregierung aus dem Bericht über die strukturellen Probleme des föderativen Bildungssystems. Schriftenreihe Bildung und Wissenschaft 13, Bonn 1978 a. BUNDESMINISTER FÜR BILDUNG UND WISSENSCHAFT (Hg.): Schlußfolgerungen der Bundesregierung aus dem Bericht über die strukturellen Probleme des föderativen Bildungssystems. Schriftenreihe Bildung und Wissenschaft 14, Bonn 1978 b. BUNDESMINISTER FÜR WISSENSCHAFTLICHE FORSCHUNG: Bundesbericht Forschung I, Bonn 1965. BUND-LÄNDER-KOMMISSION FÜR BILDUNGSPLANUNG: Bildungsgesamtplan, 2 Bde., Stuttgart 1973 (Bd. 1: 1973 a, Bd. 2: 1973 b). DEUTSCHER AUSSCHUSS FÜR DAS ERZIEHUNGS- UND BILDUNGSWESEN: Empfehlungen und Gutachten. Gesamtausgabe, Stuttgart 1966. DEUTSCHER BILDUNGSRAT: Strukturplan für das Bildungswesen. Empfehlungen der Bildungskommission, Stuttgart 1970. FRIEDEBURG, L. v.: Entwicklung integrierter Bildungsplanung am Beispiel Hessens. In: HOFFMANN, W. (Hg.): Perspektiven der kommunalen Kulturpolitik, Frankfurt/M. 1974, S. 74 ff. FRIEDEBURG, L. v.: Bilanz der Bildungspolitik. In: Z. f. P. 24 (1978), S. 207 ff. HÜFNER, K./NAUMANN, J.: Konjunkturen der Bildungspolitik in der Bundesrepublik Deutschland, Stuttgart 1977. KMK: Bedarfsfeststellung 1961–1970, Bonn 1963. KMK: Kulturpolitik der Länder 1963 und 1964, Bonn 1965. KMK: Bericht der Länder über den Stand der Maßnahmen auf dem Gebiet der Bildungsplanung, Bonn 1967. KMK: Synopse der Schulentwicklungspläne der Länder. Dokumentationsdienst Bildungswesen, Statistik und Vorausberechnung, Sonderheft 8, Neuwied 1979. MÄDING, H.: Bildungsplanung und Finanzplanung, Stuttgart 1974. OEHLER, Ch.: Bildungsplanung und Sozialforschung. In: Köln. Z. f. Soziol. u. Sozpsych. 19 (1967), S. 334 ff. OEHLER, Ch./BRAUN, H. (Hg.): Aufgaben der Hochschulplanung, Gütersloh 1972. PEISERT, H./FRAMHEIN, G.: Das Hochschulsystem in der Bundesrepublik Deutschland, Stuttgart 1979. PICHT, G.: Die deutsche Bildungskatastrophe, München 1965. POEPPELT, K. S.: Zum Bildungsgesamtplan der Bund-Länder-Kommission, Weinheim/Basel 1978. RASCHERT, J.: Bildungspolitik im kooperativen Föderalismus. Die Entwicklung der länderübergreifenden Planung und Koordination des Bildungswesens in der Bundesrepublik Deutschland. In: MAX-PLANCK-INSTITUT FÜR BILDUNGSFORSCHUNG, PROJEKTGRUPPE BILDUNGSBERICHT (Hg.): Bildung in der Bundesrepublik Deutschland. Daten und Analysen, Bd. 1, Reinbek 1980, S. 103 ff. ROLFF, H.-G.: Bildungsplanung als rollende Reform, Frankfurt/Berlin/München 1970. ROLFF, H.-G. u. a. (Hg.): Jahrbuch der Schulentwicklung, Weinheim/Basel 1980 ff. SCHULE IM RECHTSSTAAT, Bd. 1: Entwurf für ein Landesschulgesetz. Bericht der Kommission Schulrecht des Deutschen Juristentages, München 1981. SPIES, W. E.: Wissenschaftsrat. In: Enzyklopädie Erziehungswissenschaft, Bd. 5, Stuttgart 1984, S. 610 ff. (1984 a). SPIES, W. E.: Deutscher Bildungsrat. In: Enzyklopädie Erziehungswissenschaft, Bd. 5, Stuttgart 1984, S. 459 ff. (1984 b). SPIES, W. E.: Bund-Länder-Kommission für Bildungsplanung. In: Enzyklopädie Erziehungswissenschaft, Bd. 5, Stuttgart 1984, S. 450 ff. (1984 c). STACHOWIAK, H. (Hg.): Werte, Ziele und Methoden der Bildungsplanung, Paderborn 1977. WISSENSCHAFTSRAT (Hg.): Empfehlungen zur Struktur und zum Ausbau des Bildungswesens im Hochschulbereich nach 1970, 3 Bde., Bonn 1970.

Heinrich Mäding

Finanzierung des Bildungswesens

1 Einführung
1.1 Bildungsökonomik und Bildungsfinanzierung
1.2 Alternativen der Bildungsfinanzierung
2 Beschreibung der Bildungsfinanzierung in der Bundesrepublik Deutschland
2.1 Überblick
2.2 Allgemeine Information über die öffentlichen Haushalte
2.3 Bildungsausgaben
2.3.1 Ausgabenanalyse
2.3.2 Ausgabenprognose
2.3.3 Öffentliche und private Ausgaben
2.4 Bildungseinnahmen und Finanzausgleich
3 Erklärungsansätze
3.1 Wirkungsanalyse
3.2 Entstehungsanalyse
4 Beurteilung und Reformvorschläge
4.1 Private Finanzierung der beruflichen Bildung durch Unternehmen
4.2 Staatliche Finanzierung des Hochschulsystems

Zusammenfassung: In der Bundesrepublik Deutschland variiert je nach Bildungsteilsystem das relative Gewicht öffentlicher und privater Entscheidungen. Die öffentlichen Haushalte geben wichtige, wenn auch unvollständige Informationen über die Bildungsfinanzierung. Desgleichen variiert je nach Bildungsteilsystem und Kostenart der Anteil von Bund, Ländern und Gemeinden an den Bildungsausgaben. Die wissenschaftliche Untersuchung der Bildungsfinanzierung umfaßt neben deskriptiven Ausgabenanalysen und -prognosen auch die Erklärung der Entstehung bestimmter Finanzierungsformen, Finanzvolumina und -strukturen und die Ermittlung ihrer sozioökonomischen Auswirkungen. Die Kritik an der Bildungsfinanzierung als einem Engpaß jeder Bildungsreform zielt nicht nur auf eine Ausweitung der Volumina und Änderung der Ausgabestrukturen ab, sondern auch auf grundlegende Reformen der Finanzierungsverfahren.

Summary: In the Federal Republic of Germany, the relative proportion of public and private decision-making varies according to the sector of the educational system concerned. Public budges give important, if incomplete, information on the financing of education. The share of the costs borne by the Federal, State, and local authority budgets also varies from sector to sector within the educational system. Scientific examination of the financing of education includes not only descriptive expenditure analyses and forecasts but also explanations of the development of certain types of financing, levels and structures of expenditure as well as the evaluation of their socio-economic effects. Criticism of the financing of education as a bottleneck in any educational reform is not only aimed at increasing the volume of funds available and changing the ways in which they are spent. Its goal is also the basic reform of the methods whereby education is financed.

Heinrich Mäding

Résumé: En République fédérale d'Allemagne, le poids relatif des décisions au niveau public et au niveau privé varie en fonction du système partiel d'instruction. Les budgets publics donnent des informations importantes, bien qu'incomplètes sur le financement de l'instruction. De même, la participation de la Fédération, des «Bundesländer» et des communes aux dépenses tenant à l'instruction varie en fonction de système partiel d'instruction et de la nature des frais. L'examen scientific du financement de l'instruction comprend, outre les prévisions et les analyses descriptives des dépenses, l'explication de la naissance de certaines formes de financement, de volumes et de structures financiers et la détermination de leurs répercussions socio-économiques. La critique du financement de l'instruction, en tant que goulot d'étranglement de toute réforme de ladite instruction, vise non seulement à une extension des volumes et à la modification des structures de dépenses, mais aussi à des réformes de fond du procédé de financement.

1 Einführung

1.1 Bildungsökonomik und Bildungsfinanzierung

„Die Bildungsökonomik ist eine Spezialisierung der Wirtschaftswissenschaften auf den Gegenstand Bildung, d. h. auf die internen Zusammenhänge im Bildungsbereich und auf dessen Beziehungen zur Umwelt des gesamten gesellschaftlichen Lebens" (EDDING 1978, S. 2). Ihr Gegenstandsbereich umfaßt die ökonomischen Aspekte der Qualifikationserzeugung und -verwendung in einer Gesellschaft. Sie formuliert Aussagen über die Ursachen und Wirkungen der Qualifikationserzeugung und -verwendung und wird wegen der Multidimensionalität dieser Ursache-Wirkungs-Beziehungen dauernd auf die Arbeit anderer Wissenschaften verwiesen. Weder lassen sich Bildungsentscheidungen allein aus ökonomischen Faktoren erklären (etwa aus der Höhe des Familieneinkommens, das ein bestimmtes Maß an Bildungs-„konsum" erlaubt, oder aus der Höhe des erwarteten Zusatzeinkommens, das ein bestimmtes Maß an Bildungs-„investition" nahelegt), noch beschränkt sich die Wirkung von Bildungsentscheidungen auf einzel- oder gesamtwirtschaftliche Größen.
Ein Gegenstandsbereich der Bildungsökonomik neben anderen (wie etwa den Zusammenhängen zwischen Bildungssystem und Beschäftigungssystem, zwischen Bildung und Wirtschaftswachstum, Bildung und Einkommensverteilung) ist die Bildungsfinanzierung. Bildungsfinanzierung wird hier definiert als die Gesamtheit von privaten oder öffentlichen Dispositionen über knappe Güter, die Umfang und Struktur von institutionalisierten Bildungsprozessen direkt betreffen. Zu den privaten Entscheidungsträgern zählen: Individuen und private Haushalte, Unternehmen, Verbände; zu den öffentlichen: Parlamente, Regierungen und Behörden auf den verschiedenen staatlichen Ebenen (Bund, Länder, Gemeinden/Gemeindeverbände), Bildungsinstitutionen (Schulen, Hochschulen); als halböffentliche Instanzen sind in der Bundesrepublik Deutschland vor allem die Kammern und die Bundesanstalt für Arbeit zu nennen.
Die Disposition verfügt über knappe „Güter" verschiedener Art, vor allem:
- Geld, beispielsweise im Rahmen der Entscheidung über öffentliche Haushalte;
- Sachen, so bei der Verwendung eines Grundstücks für den Bau einer Schule;
- Personen, etwa bei der Versetzung eines Lehrers;
- Zeit, zum Beispiel bei der Entscheidung für die Aufnahme eines Studiums (statt Erwerbstätigkeit), für den Besuch eines Abendkurses (statt Freizeit).

Finanzierung des Bildungswesens

Die Multifunktionalität dieser „Güter" ermöglicht eine Entscheidung über verschiedene Verwendungsmöglichkeiten innerhalb und außerhalb des Bildungssystems. Sie betrifft im ersten Fall die Struktur, im zweiten den Umfang des Bildungssystems als Gesamtheit institutionalisierter Lehr- und Lernprozesse. Hier handelt es sich allerdings eher um eine nur analytisch durchführbare Trennung: Entscheidungsprozesse sind in der Regel nicht derart sequentiell gestuft, daß zunächst über das Volumen und dann über die Struktur entschieden wird, vielmehr erfolgen in der konkreten Verwendungsentscheidung Volumen- und Strukturbestimmung gleichzeitig.

Vier Möglichkeiten wissenschaftlicher Aussagen über Bildungsfinanzierung sind zu unterscheiden. Sie bestimmen die Gliederung der folgenden Darstellung: *Beschreibende Aussagen* zur Bildungsfinanzierung geben raum-zeit-spezifische Informationen über die durch Rechtsregeln und Verhaltensweisen geprägten Grundformen der Bildungsfinanzierung sowie über die Stärke und Struktur einzelner Finanzströme. Sie setzen monetäre Größen in ein Verhältnis zu realen Größen (Schülerzahlen) oder anderen monetären Größen (Bruttosozialprodukt). Im interregionalen, intersektoralen und intertemporalen Vergleich werden solche Größen zu größerer Aussagekraft weiterverarbeitet. *Erklärende Aussagen* zur Bildungsfinanzierung wollen entweder nachweisen, warum die Bildungsfinanzierung ist, wie sie ist (Analyse der Entstehungszusammenhänge), oder welche Wirkungen von ihr ausgehen (Analyse der Wirkungszusammenhänge). *Beurteilende Aussagen* zur Bildungsfinanzierung messen die Bildungsfinanzierung und ihre direkten und indirekten Konsequenzen an einem Satz von Zielen. *Programmatische Aussagen* zur Bildungsfinanzierung leiten aus vorgegebenen Zielen „bessere" Grundformen oder Finanzvolumina in der Bildungsfinanzierung ab.

1.2 Alternativen der Bildungsfinanzierung

Entscheidungen über die Grundformen der Bildungsfinanzierung sind nicht unabhängig von Entscheidungen über das Wirtschaftssystem, die Struktur des Bildungssystems und die jeweils verfolgten bildungspolitischen Ziele (vgl. MACKSCHEIDT 1978). Querschnitts- und Zeitvergleiche zeigen, daß in den Staaten sehr unterschiedliche Lösungen gefunden worden sind.

Für die Aufbringung der Mittel gibt es sechs idealtypische Möglichkeiten (vgl. EDDING u.a. 1974, MATTERN 1979, OBERHAUSER 1970):
Finanzierung durch den Staat:
- durch Finanzierung der Bildungsinstitutionen aus den öffentlichen Haushalten;
- durch Abgabe von Bildungsgutscheinen („Voucher") an private Haushalte;

Finanzierung durch private Haushalte:
- individuell durch den Lernenden (und seine Familie) aus Einkommen, Vermögen oder Darlehen;
- indirekt über gesellschaftliche Gruppen und Institutionen, die sich aus privaten Beiträgen finanzieren und ausschließlich oder unter anderem Bildungsaufgaben wahrnehmen oder finanzieren, wie etwa Kirchen, Gewerkschaften; aber auch Finanzierungssysteme nach Art der Sozialversicherung („Mushkin-Fonds" - vgl. MUSHKIN 1966);

Finanzierung durch Unternehmen:
- einzelbetrieblich durch das Ausbildungsunternehmen;
- überbetrieblich durch Gruppen oder die Gesamtheit der Unternehmen (Umlagen für überbetriebliche Lehrwerkstätten, „Fondsfinanzierung").

Heinrich Mäding

Bei der Anwendung der hier entwickelten Systematik auf die Realität zeigt sich:
- Die Finanzierungsarten treten in der Realität meist vermischt auf: Ein besonders deutliches Beispiel ist die berufliche Ausbildung im „dualen System", bei der Finanzierung durch den Staat (Berufsschule), individuelle Finanzierung durch den Lernenden (direkte Ausgaben, entgangenes Einkommen) und einzelbetriebliche Finanzierung durch das Ausbildungsunternehmen zusammenkommen.
- Die Finanzierungsträger sind durch Finanzströme untereinander verflochten: Ein Haushalt zahlt Steuern an den Staat, dieser gewährt einem Haushaltsmitglied Ausbildungsförderung, davon zahlt dieser Lernende Studiengebühren.
- Finanzielle Lasten werden von Finanzierungsträgern verlagert: Dies kann offen geschehen, so belastet die Steuerfinanzierung staatlicher Bildungsausgaben Haushalte und Unternehmen, oder verdeckt, sofern die betroffenen Wirtschaftssubjekte die Finanzierungslast wenigstens teilweise auf andere durch Preiserhöhungen oder Einkommenssteigerung überwälzen können.

Abbildung 1 zeigt ein vereinfachtes Schema der Bildungsfinanzierung in Anlehnung an PEACOCK (vgl. 1967, S. 296). Es beschränkt sich auf Geldströme und vernachlässigt internationale Transaktionen, Kreditbeziehungen, die Finanzierung durch Gruppen von Haushalten oder Gruppen von Unternehmen sowie weitere interne Differenzierungsmöglichkeiten, etwa die Unterscheidung verschiedener Ebenen des Staates, verschiedener Bildungsbereiche oder verschiedener Kategorien von Güterkäufen.

Dieses Schema kann als (fiktive) Handlungssequenz interpretiert werden:
- Am Periodenbeginn verfügen Haushalte und Unternehmen über Finanzmittelbestände. Aus diesen zweigt der Staat einen bestimmten Anteil für sich über Steuern und andere Einnahmen ab.
- Damit gibt es drei Gruppen von Entscheidungsinstanzen mit Bildungs-/Nichtbildungs-Entscheidungen. Diese verwenden ihr Geld einerseits für Bildungszwecke, indem sie es entweder an Lernende geben oder an Bildungsinstitutionen, die hier in drei Kategorien gegliedert sind, andererseits für sonstige Zwecke.
- Die Lernenden verwenden ihr Geld einerseits für Bildungszwecke, indem sie es entweder an Bildungsinstitutionen geben oder direkt bildungsrelevante Güter (Lernmittel) oder Dienste (Nachhilfestunden) kaufen, andererseits für den Lebensunterhalt (Kleidung, Nahrung).
- Die Bildungsinstitutionen kaufen Dienste und Güter. So fließt das Geld an Haushalte und Unternehmen zurück.

Die Darstellung zeigt für die Bildungsfinanzierung, daß einerseits durch den Staat grundlegende Entscheidungen zu treffen sind über die Abgrenzung des öffentlichen und privaten Entscheidungsbereichs, den Handlungsspielraum der einzelnen Entscheidungsträger, die Trägerschaft von Bildungsinstitutionen, die Existenz von Finanzströmen (beispielsweise Gebühren, Ausbildungsförderung); daß andererseits in deren Rahmen dann die laufenden Entscheidungen öffentlicher und privater Entscheidungsträger über Angebot und Nachfrage nach Plätzen, Ausstattungsstandards, Höhe von Gebühren und Ausbildungsförderung getroffen werden, die die Stärke und Zusammensetzung der einzelnen Finanzströme determinieren.

Finanzierung des Bildungswesens

Abbildung 1: Grundstrukturen der Bildungsfinanzierung

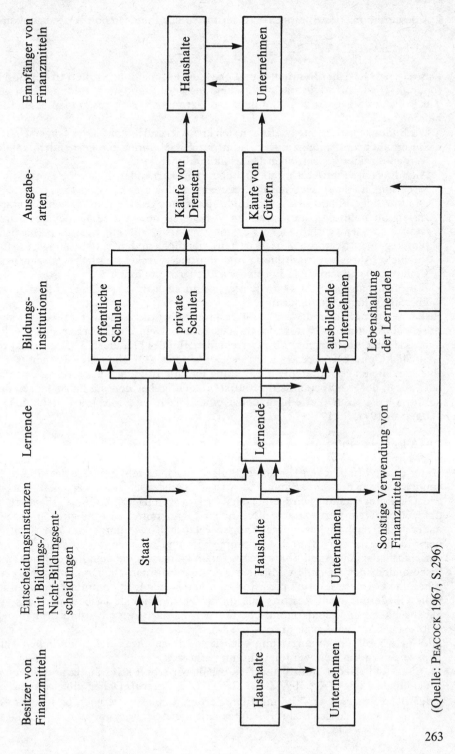

(Quelle: PEACOCK 1967, S. 296)

Heinrich Mäding

2 Beschreibung der Bildungsfinanzierung in der Bundesrepublik Deutschland

2.1 Überblick

Das relative Gewicht öffentlicher und privater Entscheidung variiert in der Bundesrepublik Deutschland je nach Entscheidungsgegenstand und Bildungsteilsystem. Zur Rolle des Staates in der Bildungsfinanzierung läßt sich zusammenfassend festhalten:
- Die Bildungsinstitutionen befinden sich überwiegend in staatlicher Trägerschaft.
- Sie erhalten ihre Finanzmittel kaum durch Gebühren der Lernenden, sondern werden direkt aus staatlichen Haushalten alimentiert.
- Allerdings erhalten bestimmte Gruppen von Lernenden staatliche Ausbildungsförderung, die hauptsächlich ihrer Lebenshaltung dient.
- Die staatliche Finanzierung des Bildungssystems geschieht in Entscheidungsprozessen im politisch-administrativen System, in denen aufeinander abgestimmt werden müssen: verschiedene Formen staatlicher Bildungsausgaben (nach Stufen, Regionen, Sektoren, Ausgabearten), staatliche und private Bildungsausgaben, staatliche Ausgaben für Bildung und sonstige Zwecke, staatliche Ausgaben und Einnahmen, verschiedene Formen staatlicher Einnahmen.
- Der Staatshaushalt gibt also wichtige, wenn auch unvollständige Informationen über die Bildungsfinanzierung.

Bisher ist immer generell vom Staat gesprochen worden. Im vertikal gestuften politisch-administrativen System der Bundesrepublik Deutschland lassen sich drei Ebenen von Gebietskörperschaften unterscheiden: Bund; 11 Länder; 235 Kreise, 92 kreisfreie Städte und 8426 kreisangehörige Gemeinden. Auf allen drei Ebenen werden Entscheidungen getroffen, die die Bildung und die Bildungsfinanzierung betreffen, doch liegt der Kompetenzschwerpunkt eindeutig bei den Ländern (sogenannte Kulturhoheit). (Zur Verteilung der Kompetenzen vgl. MATTERN 1979, S. 13 ff.; WILHELMI 1977, S. 119 ff.)

2.2 Allgemeine Information über die öffentlichen Haushalte

Unter einem öffentlichen Haushalt (Budget, Etat) versteht man die detaillierte Gegenüberstellung der Einnahmen und Ausgaben einer Gebietskörperschaft. Eine solche Gegenüberstellung wird einerseits vorweg durchgeführt (Haushaltsplan), um die zielgerichtete Verwendung öffentlicher Finanzmittel zu ermöglichen, sie wird andererseits nachträglich vorgenommen (Haushaltsrechnung), um die Kontrolle der Mittelverwendung (durch Rechnungshöfe und Parlamente) zu sichern. Damit der Haushaltsplan seine Funktionen erfüllen kann, ist eine detaillierte Darstellung insbesondere der geplanten Mittelverwendung erforderlich. Drei ineinander verschränkte Gliederungsprinzipien sind zu unterscheiden: Es dominiert die institutionelle Gliederung nach Ressorts, die durch die funktionale Gliederung nach Aufgabengebieten und die ökonomische Gliederung nach Ausgabe- und Einnahmekategorien ergänzt wird (vgl. MÄDING 1984).

Die für die Bildungsfinanzierung wichtigsten Regelungen des öffentlichen Haushaltswesens lassen sich wie folgt zusammenfassen:
- „Bund und Länder sind in ihrer Haushaltswirtschaft selbständig und voneinander unabhängig" (Art. 109, Ziff. 1 des Grundgesetzes). Daher gibt es keine einheitliche Strategie der Bildungsfinanzierung, sondern - je nach politischer Ausrichtung und Wirtschaftskraft - unterschiedliche Schwerpunkte in den Ländern.

Abbildung 2: Kompetenzen im Bildungsbereich, hier: *Finanzierung*

	Bund	Land	Gemeinde	Institution
Elementarbereich		Anteile (bis 25 %) an Personal, Sachaufwand, Sachinvestitionen	Kindergarten, Personal, Sachaufwand, Sachinvestitionen	Elternbeiträge
Primärbereich: *Sekundarbereich I* *Sekundarbereich II*	Modellversuche (50 %), Ausbildungsförderung (65 %), Einrichtung überbetrieblicher Lehrwerkstätten	Lehrer (100 %), Zuschüsse zum Schulbau, Lehr- und Lernmittel, Ausbildungsförderung (35 %), Modellversuche (50 %), Zuschüsse an Privatschulen, Zuschüsse zum Schülertransport	Nichtlehrendes Personal (100 %), Schulbau und -unterhaltung, Lehr- und Lernmittel, Schülertransport	→ → →
Tertiärer Bereich	Aus- und Neubau von Hochschulen (50 %), Modellversuche (50 %), Ausbildungsförderung (65 %), Graduiertenförderung (65 %), Förderung des Studentenwohnheimbaus	Aus- und Neubau von Hochschulen (50 %), Modellversuche (50 %), Ausbildungsförderung (35 %), Graduiertenförderung (35 %), Hochschullehrer und anderes Personal (100 %), Unterhaltung der Hochschulen (100 %), Förderung des Studentenwohnheimbaus		Gebühren, Entgelt für Forschungsaufträge
Weiterbildung	Eigene Einrichtungen, Modellversuche, überbetriebliche Fortbildung	Eigene Einrichtungen, (u. a. Lehrerfortbildung 100 %)	Volkshochschulen: Personal, Sachaufwand, Sachinvestitionen	Gebühren

(Quelle: WILHELMI 1977, S. 123 ff.)

- Normative Theorie und Praxis der Finanzwirtschaft haben eine Reihe sogenannter Budgetprinzipien entworfen, die - trotz mancher Einschränkung und Verletzung - auch die deutsche Haushaltswirtschaft bestimmen. Dazu zählen: Öffentlichkeit, Klarheit, Genauigkeit, Vollständigkeit, Einheit, Spezialität, Vorherigkeit. In § 8 des Haushaltsgrundsätzegesetzes vom 19. August 1969 ist außerdem ausdrücklich der „Grundsatz der Gesamtdeckung", das sogenannte Nonaffektionsprinzip, normiert: „Alle Einnahmen dienen als Deckungsmittel für alle Ausgaben". Die Zweckbindung von Einnahmen ist auf gesetzliche Ausnahmen und bestimmte zweckgebundene Zuweisungen beschränkt. Daher gibt es keine für die Bildung gesicherten Finanzvolumina, sondern im politisch-administrativen Haushaltsprozeß müssen sich jährlich die Wünsche für Bildungsausgaben gegen konkurrierende Forderungen anderer Aufgabenbereiche behaupten.
- Der Haushaltsplan wird von den meisten Gebietskörperschaften für ein Jahr, von wenigen für zwei Jahre aufgestellt. Entsprechend der §§ 9 und 14 des Gesetzes zur Förderung der Stabilität und des Wachstums der Wirtschaft vom 8. Juni 1967 ist

der Haushaltsplan bei Bund und Ländern durch eine mehrjährige Finanzplanung zu ergänzen. „In ihr sind Umfang und Zusammensetzung der voraussichtlichen Ausgaben und die Deckungsmöglichkeiten in ihren Wechselbeziehungen zu der mutmaßlichen Entwicklung des gesamtwirtschaftlichen Leistungsvermögens darzustellen [...]" (§ 9). Diese Regelung gilt seit 1974 auch für die Gemeinden. Der Finanzplan wird jährlich fortgeschrieben. Im Unterschied zum Haushaltsplan ist er weniger detailliert und wird auch nicht vom Parlament als Gesetz, sondern von der Regierung beschlossen und dem Parlament vorgelegt.

Doch die Finanzplanung hat bisher die Entscheidungsrationalität des Budgetprozesses nicht merklich erhöht. Ihre geplanten Ausgaben sind meist nur Extrapolationen der Haushaltsansätze. Es fehlen Verfahren eines zielorientierten Vergleichs zwischen Ausgaben verschiedener Ressorts. Konjunkturell und strukturell bedingte Sparaktionen lassen nicht einmal eine mittelfristige Erwartungssicherheit entstehen.

2.3 Bildungsausgaben

2.3.1 Ausgabenanalyse

Ausgabenanalyse bedeutet Ausgabenvergleich. Die wichtigsten Arten des Ausgabenvergleichs sind Zeitpunktvergleiche (zwischen verschiedenen Staaten, Bundesländern, Regionen, Schulformen, Schulgrößen) und Zeitreihenanalysen. Um die Aussagefähigkeit zu sichern, müssen in beiden Fällen im allgemeinen zunächst Verhältniszahlen gebildet werden:
- Quoten: Bildungsausgaben als Anteil am Staatshaushalt, am Bruttosozialprodukt,
- Einheits„kosten" (unit costs): Bildungsausgaben pro Schüler, pro Schülerstunde, pro Absolvent.

Die Interpretation der so gewonnenen Verhältniszahlen ist schwieriger, als ihre weite Verbreitung vermuten läßt. Meist gibt nur eine „Batterie" derartiger monetärer Bildungsindikatoren einen hinreichenden Einblick in die zu vergleichenden Ausgabenstrukturen.

Die Ausgabenanalyse ist eine notwendige Voraussetzung für die Ableitung erfahrungswissenschaftlicher Theorien, etwa über den Beitrag der Bildungsausgaben zum Wirtschaftswachstum oder über den Einfluß der Schulgröße auf die Einheitskosten, und für die Ausgabenprognose, beziehungsweise die Bildungsplanung.

Ausgabenanalysen haben besonders in der Anfangsphase bildungsökonomischer Forschung auch einen erheblichen Einfluß auf die bildungspolitische Diskussion ausgeübt. Dafür zwei Beispiele:
- Seit den 50er Jahren wurden – vor allem angeregt durch internationale Organisationen wie die Organization for Economic Co-operation and Development (OECD) – internationale Vergleiche über das Wohlstandsniveau von Volkswirtschaften und deren Ausgaben für Bildung durchgeführt. Die festgestellten positiven Korrelationen sind die Basis für die Auffassung, daß eine Zunahme der öffentlichen Bildungsausgaben eine wesentliche Voraussetzung für wachsende Einkommen sei. Sie stützen bis heute die wachstumspolitische Begründung der Bildungsexpansion, obwohl die methodischen Probleme des internationalen Ausgabenvergleichs sehr groß sind.
- Ausgabenvergleiche, wie sie beispielsweise zwischen Bundesländern angestellt werden, haben aber auch erhebliche Unterschiede in den Ausgaben pro Schüler nachgewiesen. Die Verringerung solcher Unterschiede war stets ein wichtiges Po-

stulat im Rahmen der Forderungen nach Chancengleichheit. Da sie politisch nur durch Aufholprozesse der Nachzügler zu realisieren ist, stützt sie den Expansionsprozeß bei den Bildungsausgaben.

Für die Zeitreihenanalyse der Bildungsausgaben besteht das Hauptproblem in der Aufspaltung der laufenden Ausgaben in Real- und Preiskomponenten. Die Ausgaben können wachsen, weil
- stärkere Altersjahrgänge ins Schulalter kommen oder
- Bildungsbeteiligung und Bildungsdauer wachsen oder
- die Struktur der Bildungsbeteiligung sich zu teuren Bildungsgängen verschiebt oder
- in den einzelnen Bildungsgängen die realen Ausgaben pro Schüler wachsen, beispielsweise durch Senkung der Schüler-Lehrer-Relation oder
- sich Bildungsprozesse durch Verschiebungen der Preis*struktur* relativ verteuern oder
- das Preis*niveau* insgesamt steigt.

Werden die vorliegenden Informationen über tatsächliche Ausgaben, die stets in jeweiligen Preisen getätigt wurden, um einheitliche Inflationsraten korrigiert, erhält man Ausgaben in relativen Preisen. Diese spiegeln noch Änderungen der Preisstruktur wider. Werden auch diese eliminiert, erhält man eine Rechnung in konstanten Preisen. Für die Bundesrepublik Deutschland hat PALM (1966) eine Pionierarbeit über „Die Kaufkraft der Bildungsausgaben" vorgelegt, die zeigte, daß im Zeitraum 1950 bis 1962 der Anteil der Bildungsausgaben am Sozialprodukt wuchs, wenn man beides mit jeweiligen Preisen bewertet, daß er aber zurückging, wenn man mit konstanten Preisen bewertet.

Eine Ausgabenanalyse für die Bundesrepublik kann hier im einzelnen nicht vorgelegt werden. Abbildung 3 gibt einen Überblick über die Struktur der Bildungsausgaben nach Ebenen der Gebietskörperschaften und nach großen Bildungsbereichen. Sie knüpft an Abbildung 2 an. Sie vermittelt durch die Angabe der Daten für 1970 und 1980 einen Einblick in das absolute Wachstum der Gesamtausgaben und der einzelnen Ausgabengruppen (in jeweiligen Preisen) und in die damit verbundenen Strukturänderungen der großen Aggregate, vor allem den Rückgang des Anteils der Schul- und Hochschulausgaben zugunsten aller übrigen Bereiche und den Rückgang des Anteils der Gemeindeausgaben zugunsten der Landes- und Bundesausgaben.

Zugleich verschiebt sich die Struktur der Ausgaben nach Ausgabearten (vgl. BUNDESMINISTERIUM FÜR BILDUNG UND WISSENSCHAFT 1981, S. 194f.): Der Anteil der Personalausgaben (1980: 65,4%) und des Sachaufwandes (1980: 19,6%) wächst, während der Anteil der Sachinvestitionen (1980: 15,0%) zurückgeht. Dafür sind unterschiedliche Ursachen verantwortlich: rasches Wachstum der Lehrerzahlen und Durchschnittsgehälter, Übernahme von Sachaufwand durch den Staat (Lernmittelfreiheit, Schülertransportkosten), Rückgang des Erweiterungsbedarfs bei den Bauinvestitionen. Wegen der erheblichen Verschiebung in Preisstruktur und -niveau gibt die Zunahme der gesamten Bildungsausgaben (in jeweiligen Preisen) von 1970 (27,6 Mrd. DM) bis 1980 (77,1 Mrd. DM) um 179% ein unzutreffendes Bild. Die Zunahme der Ausgaben in konstanten Preisen – als Maß vermehrter Ressourcennutzung – hat nur etwa 40% erreicht. (Für detailliertes Zahlenmaterial zu den Bildungsausgaben vgl. die Veröffentlichungen des Statistischen Bundesamtes; vgl. ALBERT/OEHLER 1972, ALBERT/OEHLER 1976, BUNDESMINISTERIUM FÜR BILDUNG UND WISSENSCHAFT 1981).

Abbildung 3: Bildungsausgaben[1]) nach Aufgabenbereichen und Gebietskörperschaften in Mio. DM

		Bund	Länder	Gemeinden/ Zweckverbände	alle Ebenen	in %
Elementarbereich, außerschulische Jugendbildung	1970	83	289	530	902	3,3
	1980[2])	170	1 328	2 368	3 866	5,0
Schulen	1970	24	11 316	5 232	16 572	60,0
	1980[2])	49	32 879	10 720	43 648	56,6
Tertiärer Bereich	1970	985	5 873	15	6 873	24,9
	1980[2])	855	16 798	–	17 653	22,9
Weiterbildung	1970	34	126	416	576	2,1
	1980[2])	509	887	731	2 127	2,8
Sonstiges Bildungswesen	1970	257	888	387	1 532	5,5
	1980[2])	2 527	2 914	779	6 220	8,1
Allgemeine Forschungsförderung	1970	475	581	97	1 153	4,2
	1980[2])	2 616	988	–	3 604	4,7
alle Bereiche	1970	1 858	19 073	6 677	27 608	100
	1980[2])	6 726	55 794	14 598	77 118	100
in %	1970	6,7	69,1	24,2	100	
	1980	8,7	72,3	18,9	100	

[1]) Nettoausgaben
[2]) vorläufig bzw. geschätzt

(Quelle: BUNDESMINISTERIUM FÜR BILDUNG UND WISSENSCHAFT 1981, S. 194)

Öffentliche Bildungsfinanzierung besitzt folglich eine doppelte Relevanz: Wegen der Größe des Bildungsanteils am öffentlichen Gesamthaushalt (vgl. Abbildung 4) besitzen *Bildungs*ausgaben, verglichen mit anderen öffentlichen Ausgaben, eine herausgehobene Bedeutung; gerade ihr Gewicht macht sie aber auch abhängig von konjunkturbedingten Einnahmeschwankungen oder allfälligen Sparprogrammen. Wegen des Infrastrukturcharakters des Bildungssystems besitzen Bildungs*ausgaben* eine herausgehobene Bedeutung bei der Steuerung des Bildungssystems und der Erreichung bildungspolitischer Ziele. Expansion des Bildungssystems, Wohnortnähe der Bildungseinrichtungen, Lernmittelfreiheit, individuelle Förderung der Schüler durch kleinere Klassen sind Beispiele dafür, wie stark ein Mehr an Chancengleichheit und personaler Entfaltung an zusätzliche Ausgaben als notwendige Vorbedingung gebunden ist.

2.3.2 Ausgabenprognose

Für die Vorausschätzung von Ausgaben steht der gesamte Vorrat prognostischer Methoden zur Verfügung. Wissenschaftliche Prognosen sind stets bedingte Prognosen, die das Eintreffen eines Ereignisses an bestimmte Voraussetzungen knüpfen. Für Ausgabenprognosen macht es einen wesentlichen Unterschied, ob sie vom Staat vorgelegt werden, der viele dieser Voraussetzungen direkt beeinflussen kann, oder von privater Seite. Es macht zudem einen Unterschied, ob die tatsächlichen Ausgaben geschätzt oder nur bestimmte Finanzbedarfe ermittelt werden sollen. Für die Vorausschätzung des Finanzbedarfs durch staatliche Akteure sind sowohl die Trendextrapolation als auch die Analogiemethode (vgl. CLEMENT/SAUERSCHNIG 1978, S. 22 f.) ungeeignet. Nur eine detaillierte Prognose der einzelnen ausgabenbestimmenden Faktoren unter Einbeziehung politischer Zielvorstellungen (Schülerzahlen, Richtwerte, Preis- und Einkommensentwicklung) gibt ein Bild hinreichender Genauigkeit.

Abbildung 4: Bruttosozialprodukt, öffentlicher Gesamthaushalt und Bildungsbudget für die Eckjahre 1970, 1975, 1980, 1985 nach dem Bildungsgesamtplan, absolut (in relativen Preisen von 1970, in Mrd. DM) und in Prozent

	BSP	Öffentlicher Gesamthaushalt				Ausgaben des Bildungsbudgets		
		(VGR)[1]			(HH)[2]			
	absolut	absolut	in % von (1)		absolut	absolut	in % von (4)	in % von (1)
	(1)	(2)	(3)		(4)	(5)	(6)	(7)
1970	685,6	190,4	27,8		195,1	29,2	15,0	4,3
1975	835,7	253,6	30,3		261,9	45,5	17,4	5,4
1980	1 049,7	342,4	32,6		350,7	67,0	19,1	6,4
1985	1 323,8	436,5	33,0		445,3	90,5	20,3	6,8

[1] in der Abgrenzung der volkswirtschaftlichen Gesamtrechnung
[2] in haushaltsrechtlicher Abgrenzung

(Quelle: BUND-LÄNDER-KOMMISSION FÜR BILDUNGSPLANUNG 1973 a, S. 98, S. 121, S. 126 f.)

Für die Bundesrepublik sind eine Vielzahl partieller und wenige umfassende Prognosen über wahrscheinliche oder wünschenswerte Bildungsausgaben der Zukunft aufgestellt worden. Besonders zu erwähnen ist der „Bildungsgesamtplan" der BUND-LÄNDER-KOMMISSION FÜR BILDUNGSPLANUNG (1973). Erstens ist es die einzige umfassende und langfristige Prognose, an der die Regierungen von Bund und Ländern zusammenwirkten, zweitens demonstriert das hier verwendete Standardkostenmodell (vgl. BUND-LÄNDER-KOMMISSION ... 1973b, S. 215 ff.) auch die Grenzen langfristiger Ausgabenplanung: die Tendenz zur Strukturfestschreibung, zur Überbetonung quantitativer Fragen in der Bildungspolitik, die begrenzte Aussage-

fähigkeit, solange eine Koppelung mit Prognosen der Einnahmen und anderen Ausgaben fehlt (vgl. MÄDING 1974, S. 47 ff.).
Die im Bildungsgesamtplan enthaltenen Aussagen über zukünftige Ausgaben sind in der Abbildung 4 zusammengefaßt. Die faktische Entwicklung weicht inzwischen erheblich von diesen Planungen ab. Die Ausgaben des Bildungsbudgets in Prozent des öffentlichen Gesamthaushalts (vgl. Spalte 6) erreichen 1974 einen Höhepunkt mit 16,5% und betrugen 1980 15,2%. Die Ausgaben des Bildungsbudgets in Prozent des Bruttosozialprodukts (vgl. Spalte 7) erreichten 1975 einen Höhepunkt mit 5,5% und betrugen 1980 5,2% (vgl. BUNDESMINISTERIUM FÜR BILDUNG UND WISSENSCHAFT 1981, S. 199).

2.3.3 Öffentliche und private Ausgaben

Einerseits finden die öffentlichen Bildungsaktivitäten, da sie Ausgaben hervorrufen, notwendigerweise ihren Niederschlag in öffentlichen Budgets; andererseits gibt auch eine vollständige Erfassung und detaillierte Analyse der Bildungsausgaben in öffentlichen Haushalten keinen vollständigen Überblick über die gesamtwirtschaftliche Ressourcenverwendung für Bildungsaktivitäten. Denn sie erfaßt nur die öffentlichen Entscheidungsträger und nur deren Disposition über Geld. Sie unterschätzt die volkswirtschaftliche Ressourcenverwendung (real resource costs) wegen der ergänzenden Bildungsausgaben von anderen Kostenträgern (Haushalten, Unternehmen, Gewerkschaften, Kammern, Bundesanstalt für Arbeit) und wegen der Unvollständigkeit des Ausgabenkonzepts. Bildungsprozesse benötigen Lernzeit, die – nach der Schulpflicht – für Erwerbstätigkeit genutzt und damit einzel- und gesamtwirtschaftlich einkommenssteigernd verwendet werden könnte. Beim Ausgabenkonzept wird diese Zeit pauschal mit einem Nullpreis bewertet. Dadurch werden die entgangenen Einkommen als wichtige Komponente einzel- und gesamtwirtschaftlicher Bildungsfinanzierung nicht erfaßt. Theoretisch und praktisch wirft allerdings die Bewertung dieser Zeit bei einer volkswirtschaftlichen Analyse, die sich vom Ausgabenkonzept löst, gerade in Zeiten erheblicher Arbeitslosigkeit große Probleme auf.

2.4 Bildungseinnahmen und Finanzausgleich

Die öffentlichen Haushalte in der Bundesrepublik erhalten nur noch geringfügige Gebühreneinnahmen von den Lernenden für die Teilnahme an Bildungsprozessen. Nach Einführung der Schulgeldfreiheit fließen den Ländern noch Studiengebühren für den Hochschulbesuch und den Kommunen Gebühren für den Besuch der Volkshochschule zu.
In einigen Staaten werden Bildungsausgaben durch zweckgebundene Steuern finanziert. In der Bundesrepublik wurde in den Jahren 1970/1971 eine kurze politische Debatte über die Zusatzbesteuerung von Akademikern geführt, die allerdings zu keinem entsprechenden Gesetzesvorschlag führte. Ebenfalls 1970 hat das Bundeskabinett den Plan einer (zweckgebundenen) Bundesbildungsanleihe gebilligt, eine erste Tranche von 250 Mio. DM wurde auch begeben (vgl. GAMERDINGER 1970). Allerdings haben die Widerstände gegen die Abkehr vom Nonaffektationsprinzip (vgl. 2.2) dazu geführt, daß der Plan nicht weiter verfolgt wurde.
So ist der öffentliche *Gesamt*haushalt weitgehend auf die Deckung der Bildungsausgaben durch allgemeine Haushaltsmittel, insbesondere das Steueraufkommen, angewiesen. Der Finanzausgleich im föderativen Staat bewirkt allerdings, daß die *ein-*

zelnen Haushalte der Länder und Gemeinden für Bildung zweckgebundene Zuweisungen enthalten. Unter „Finanzausgleich im weiteren Sinne" versteht man die Verteilung der Ausgaben und Einnahmen auf die Ebenen der Gebietskörperschaften, unter „Finanzausgleich im engeren Sinne" die monetären Transaktionen zwischen Gebietskörperschaften. Auch für die Bundesrepublik gilt: „Dieses Netz von Transferbeziehungen, in das Bund, Länder und Gemeinden bei unterschiedlicher Partizipation einbezogen sind, ist sehr komplex und reichlich unüberschaubar" (CLEMENT/SAUERSCHNIG 1978, S. 376 f.).

Der Finanzausgleich betrifft die Bildungsfinanzierung und damit die Entwicklung des Bildungssystems in mehrfacher Weise:

Die allgemeinen Regelungen des *vertikalen Finanzausgleichs* beeinflussen die Verfügbarkeit von öffentlichen Finanzmitteln auf den drei Ebenen. Bei der ungleichen Verteilung der Bildungsausgaben auf die Ebenen (vgl. Abbildung 3) wird eine Stärkung der Länderfinanzen eher zu höheren Bildungsausgaben führen als eine der Bundesfinanzen und wird eine Stärkung der Gemeindefinanzen sich eher im Investitionsbereich, der Länderfinanzen eher im Personalbereich des Bildungswesens auswirken. Insofern hat jede finanzpolitische Entscheidung dieser Art, etwa über die Aufteilung der Umsatzsteuer auf Bund und Länder, indirekt bildungspolitische Konsequenzen.

In analoger Weise beeinflußt der *horizontale Finanzausgleich*, der die Unterschiede der Finanzkraft verschiedener Gebietskörperschaften einer Ebene mildern soll, bildungspolitische Ziele: er ist eine notwendige, wenn auch nicht hinreichende Voraussetzung für annähernd gleiche Bildungsinfrastruktur in Regionen unterschiedlicher Wirtschaftskraft.

Neben solchen allgemeinen Finanzbeziehungen, die nur indirekt bildungspolitisch wirksam werden, ist für die Bundesrepublik auch auf die folgenden bildungsspezifischen Finanzströme hinzuweisen (vgl. auch Abbildung 2):

- vertikaler Finanzausgleich zwischen Bund und Ländern durch gemeinsame Finanzierung der Gemeinschaftsaufgabe Hochschulbau nach Art. 91 a des Grundgesetzes, der Modellversuche und der Forschungsförderung nach Art. 91 b des Grundgesetzes, der Ausbildungsförderung nach dem Bundesausbildungsförderungsgesetz vom 26.8.1971 (nachfolgend zahlreiche Änderungsgesetze);
- vertikaler Finanzausgleich zwischen Land und Gemeinden durch zweckgebundene Zuschüsse der Länder zum Schulbau, zu den Lehr- und Lernmitteln, zum Schülertransport und durch Beiträge der Gemeinden zu den Personalkosten der Lehrer;
- horizontaler Finanzausgleich zwischen den Gemeinden im Rahmen der Gesetze der Länder über den kommunalen Finanzausgleich und durch Beiträge zu Zweckverbänden.

3 Erklärungsansätze

3.1 Wirkungsanalyse

Die *direkten* Wirkungen der Bildungsfinanzierung (vgl. Abbildung 5) betreffen die privaten Haushalte als Nutzer (positive Einkommenseffekte der Ausbildungsförderung, negative der Gebühren), das Bildungssystem (Kapazitätseffekte der Ausgaben für Personal, Sachmittel, Investitionen) und die öffentlichen Haushalte (Haushaltseffekte aller monetären Transaktionen). Alle übrigen Wirkungen kann man als *indirekt* bezeichnen. Während die direkten Wirkungen keine besonderen analytischen Probleme aufwerfen, ist die Identifizierung und Messung der indirekten Wirkungen äußerst schwierig. Dies soll hier am Beispiel einiger wichtiger Folgewirkungen wenigstens angedeutet werden.

Die Einkommenseffekte bei den privaten Haushalten und die Kapazitätseffekte im Bildungssystem beeinflussen die Bildungsbeteiligung. Offene Fragen sind z. B.:
- In welchem Umfang schafft ein zusätzliches öffentliches Angebot an Bildungsplätzen zusätzliche private Nachfrage nach Bildung?
- Wie elastisch reagiert die private Bildungsnachfrage auf Veränderungen bei Gebühren und Ausbildungsförderung, verglichen etwa mit entgangenen Einkommen oder Einkommenserwartungen, die ja alle in ein individuelles Rentabilitätskalkül eingehen?

Abbildung 5: Wirkungen der Bildungsfinanzierung

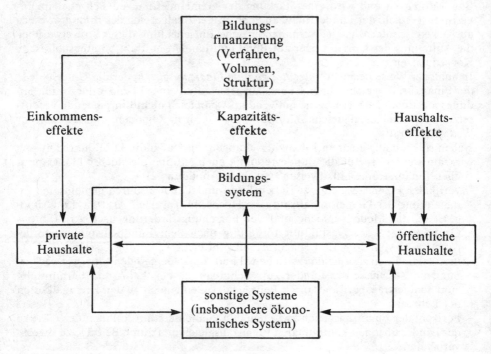

Die Haushaltseffekte der Bildungsausgaben können von den staatlichen Entscheidungsträgern in verschiedener Weise verarbeitet werden:
- Werden Mehrausgaben für Bildung durch eine (relative) Reduktion bei anderen Ausgaben finanziert und, wenn ja, bei welchen?
- Werden Mehrausgaben durch eine (relative) Erhöhung von Einnahmen finanziert und, wenn ja, von welchen?

Die Forschung hat sich hier darauf konzentriert, einen Überblick über die ökonomischen Konsequenzen alternativer Finanzierungsverfahren für öffentliche Haushalte (direkte Steuern, indirekte Steuern, Kredite) zu geben (vgl. KUNZE 1973 und die finanzwissenschaftliche Literatur). Diese Konsequenzen der Finanzierungsarten gelten gleichermaßen für die Finanzierung von Bildungsausgaben wie anderer Ausgaben. Die Aussagen zielen meist gar nicht auf die Ermittlung der tatsächlichen Wirkungen der Bildungsfinanzierung, die ja auch durch das Nonaffektationsprinzip nur schwer möglich ist, sondern auf die Beurteilung alternativer Finanzierungsverfahren.

Die Bildungsfinanzierung beeinflußt nicht nur über die Kapazitätseffekte das Bildungssystem. Es werden vielmehr auch Thesen der Art vertreten, daß die Lernmotivation der Nutzer von einer Kostenbeteiligung abhänge, daß die Neigung zur Studienreform von einer Gebührenfinanzierung gefördert werde (vgl. v. WEIZSÄKKER 1971). Diese Überlegungen stellen einen direkten Zusammenhang zwischen der internen Effizienz der Bildungsprozesse und den Finanzierungsverfahren her.

Weil die Bildungsfinanzierung über solche und ähnliche Wirkungsketten das Bildungssystem, die öffentlichen und die privaten Haushalte beeinflußt, hat sie Folgewirkungen auch auf Ressourcenverwendung, Konjunktur, Wirtschaftswachstum und -struktur, Arbeitsmarkt, Preisniveau und -struktur, Einkommensverteilung und andere ökonomische und außerökonomische Variablen (Chancenverteilung, soziale Mobilität). Für die Bundesrepublik liegen schon mehrere Versuche vor, mit Hilfe von ökonometrischen Gesamtmodellen solche Wirkungen von Veränderungen der Bildungsfinanzierung und des Bildungssystems auf die wichtigsten makroökonomischen Variablen zu erfassen (erstmals: vgl. KRELLE u. a. 1975).

Genauere Untersuchungen liegen zu den Verteilungswirkungen der Bildungsfinanzierung vor. Zur Ermittlung der Verteilungswirkungen der öffentlichen Finanzierung einer Aufgabe müssen die Verteilungswirkungen der Finanzierungslasten (die sogenannte Einnahmeninzidenz) und der Ausgabennutzen (die sogenannte Ausgabeninzidenz) einander gegenübergestellt werden. Das Nonaffektationsprinzip erfordert es, daß die durchschnittliche Einnahmeninzidenz der aufgabenspezifischen Ausgabeninzidenz gegenübergestellt wird. Durch das relative Gewicht der Einkommensteuer und deren progressive Gestaltung enthält das Gesamtsystem der Staatseinnahmen in der Bundesrepublik einen leichten Umverteilungseffekt von „reich" auf „arm". In der Schulfinanzierung bleibt dieser Effekt wegen der weitgehenden Verteilungsneutralität der Ausgaben für die Grund- und Mittelstufe im großen und ganzen erhalten. In der Hochschulfinanzierung ist das nicht der Fall: sozioökonomische Prozesse bewirken die Unterrepräsentation von Kindern aus ärmeren Familien auf den deutschen Hochschulen. Der direkte private Nutzen der Ausgaben für die Hochschulinfrastruktur wird daher ungleich auf die Einkommensklassen verteilt. Durch die Bildungsabhängigkeit der Einkommenschancen endet dieser Nutzenstrom nicht mit dem Verlassen der Hochschule. Er wird abgeschwächt, solange die Ausbildungsförderung von Einkommenskriterien abhängig ist. Insgesamt wird aber der staatlichen Finanzierung der Hochschulbildung trotz progressivem Steuersystem ein Umverteilungseffekt zugunsten der höheren Einkommensbezieher zugeschrieben (vgl. PFAFF/FUCHS 1975). Die durch soziale Herkunft Privilegierten werden folglich durch die staatliche Hochschulfinanzierung tendenziell weiter gefördert. CLEMENT/SAUERSCHNIG (1978, S. 355) haben von der „derzeitigen Maxime ‚Sozialisierung der Kosten und Privatisierung der Erträge'" gesprochen. Diese Betrachtung der „formalen Inzidenz" kann allerdings weder Überwälzungsprozesse noch die externen Effekte der Hochschulbildung erfassen.

Abschließend ist darauf hinzuweisen, daß Finanzierungsstruktur und -quantitäten Einflüsse auch auf die intergenerationelle (vgl. v. WEIZSÄCKER 1971, S. 545) und die interregionale Wohlstandsverteilung auslösen.

Wegen dieser Wirkungen sind die politischen Entscheidungen über die Bildungsfinanzierung verknüpft mit bestimmten wirtschaftlichen und sozialen Zielsetzungen. Doch ist die vergleichende Beurteilung der heutigen Bildungsfinanzierung auch deshalb erschwert, weil in den meisten Gebieten der Wirkungsanalyse den theoretischen Deduktionen wahrscheinlicher Effekte keine empirischen Analysen gefolgt sind, was nicht allein durch Mängel im statistischen Material erklärt werden darf.

3.2 Entstehungsanalyse

Die Entstehungsanalyse von Entscheidungen zur Bildungsfinanzierung hat zu berücksichtigen, daß diese nicht von den korrespondierenden „realen" Entscheidungen zu lösen sind. In der Entscheidung über die Einstellung eines Lehrers wird zugleich eine Finanzentscheidung über Personalausgaben getroffen, in der Entscheidung zum Besuch eines bestimmten Kurses eine Finanzentscheidung über Gebühren. Die Entstehungsanalyse läßt sich in zwei große Forschungsgebiete einteilen:
- normative Aussagen über ein richtiges (= rationales) Entscheidungsverhalten für Haushalte: das Kalkül der individuellen Bildungsnachfrage; für Unternehmen: das Kalkül des betrieblichen Bildungsangebots; für den Staat: das Kalkül des öffentlichen Bildungsangebots (nach Umfang und Struktur) sowie seiner Finanzierung;
- erfahrungswissenschaftliche Aussagen über praktiziertes Entscheidungsverhalten (in der Bundesrepublik): der Haushalte, der Unternehmen und des Staates.

Erfahrungswissenschaftliche Untersuchungen (wie etwa Fallstudien) über das praktizierte Entscheidungsverhalten staatlicher Entscheidungsträger in der Bildungsfinanzierung der Bundesrepublik sind noch selten. Sie beschäftigen sich nicht nur mit unterschiedlichen Teilfragen, sondern spiegeln auch in der abweichenden Gewichtung der Determinanten politisch-administrativen Handelns Hauptströmungen der Politik- und Verwaltungswissenschaft wider:

Entscheidungen über Bildungsausgaben werden in einem Budgetierungsprozeß vorbestimmt, der weitgehend administrationsintern verläuft. Eigengesetzlichkeiten der Ministerialverwaltung verstärken dabei solche des Bildungssystems und bestimmen als Rahmendaten mit über die Entwicklung der Ausgabenstruktur. Institutionelle Faktoren (Arbeitsteilung, Hierarchie), personelle Faktoren (Ausbildungsniveau und -fachrichtung, dominante Wertmuster, Beamtenstatus, Aufstiegs- und/oder Sicherheitsorientierung) und Eigenschaften des Verwaltungsverfahrens (selektive Information, negative statt positiver Koordination) beeinflussen die Ausgabenstruktur, geben ihr mehr Kontinuität als Flexibilität, machen sie abhängig vom inneradministrativen Einflußgefälle. Dies gilt schon für die Aufstellung des Haushaltsvoranschlags in der Bildungsverwaltung, verstärkt sich dann im Entscheidungsprozeß zwischen Bildungs- und Finanzverwaltung bis hin zum Haushaltsentwurf der Regierung und der endgültigen Entscheidung des Parlaments (vgl. WILHELMI 1977).

Trotz des starken Gewichts der Verwaltung im Budgetierungsprozeß ist die politische Ausrichtung der Regierungsparteien nicht unwichtig für die Bildungsausgaben. Dabei lenkte in den Bundesländern tendenziell die SPD mehr Ausgaben in den Bildungshaushalt als CDU oder CSU (vgl. SCHMIDT 1980). Die Ursachen dafür sind vielfältig: Die traditionelle Verbundenheit der SPD mit den Gewerkschaften und ihre Ausrichtung an den nach dem Godesberger Programm (1959) neugewonnenen Wählern aus der aufstiegs- und bildungsorientierten Mittelschicht können ebenso genannt werden wie die stärkere Fortschrittsbezogenheit der ideologischen Programmatik oder die größere Kostspieligkeit nichtelitärer Bildungssysteme.

Solche parteipolitischen Konfliktlinien kreuzen sich im bildungspolitischen Entscheidungssystem der Bundesrepublik mit den positionsbedingten Konflikten zwischen Bildungs- und Finanzseite sowie zwischen Bund und Ländern. 1970 wurde eine Bund-Länder-Kommission für Bildungsplanung gegründet, die nicht nur den Auftrag hatte, einen Bildungsgesamtplan zu formulieren, sondern auch „den voraussichtlichen Finanzbedarf für die Verwirklichung der Pläne und Programme zu ermitteln und Vorschläge für die Finanzierung und die Bereitstellung der erforderlichen Mittel durch Bund und Länder auszuarbeiten (gemeinsames Bildungsbudget)" (Art. 2 des Verwaltungsabkommens vom 25.6.1970). Daß diese Kommission ihren anspruchsvollen Auftrag einer langfristigen Bestimmung und Sicherung der Bildungsausgaben aller Ebenen nicht erfüllen konnte, liegt in erster Linie am Mißverhältnis zwischen dem Konfliktanfall und ihrer Konfliktverarbeitungskapazität. Dies gilt sowohl für die internen Entscheidungsstrukturen und -regeln als auch für die schwache Stellung der Kommission gegenüber anderen Koordinationsgremien: den Regierungen in Bund und Ländern, dem Finanzplanungsrat, der Konferenz der Finanzminister der Länder, dem Gesprächskreis der Regierungschefs (vgl. MÄDING 1974, 1978). Die Sparpolitik aller Ebenen – als Reaktion auf geänderte finanzwirtschaftliche Rahmendaten – hat die Konsensfindung weiter erschwert. War 1973 eine Beschlußfassung über den Bildungsgesamtplan noch möglich, scheiterte dessen Fortschreibung 1982 am Einspruch der Finanzminister.

Die Planungsschwäche, die zu geringe Verbindlichkeit der Beschlüsse, das Zurückbleiben der Bildungsausgaben hinter verbreiteten Erwartungen der Bürger werden nicht nur durch interne Faktoren des politisch-administrativen Systems erzeugt, die eventuell durch Reorganisation (beispielsweise Entscheidungszentralisierung) überwunden werden könnten. Besonders in der polit-ökonomischen Analyse von RONGE/SCHMIEG (vgl. 1973) wurde das Gewicht „externer Restriktionen" der Bildungsplanung dargelegt. Sie unterscheiden die prinzipiell unüberwindbare informationelle Restriktion (das Nicht-Wissen staatlicher Instanzen) und die prinzipiell überwindbare monetäre Restriktion. Diese finanzielle Ressourcenknappheit des Staates in einer kapitalistischen Wirtschafts- und Gesellschaftsordnung und die permanente Notwendigkeit zur Konjunktursteuerung, die langfristige Infrastrukturplanung dauerhaft behindere, werden als die zentrale Ursache für die Differenz zwischen politischen Zielen („Planungsintention") und Steuerungsergebnissen („Planungs-Outcome") angesehen.

4 Beurteilung und Reformvorschläge

Zur Beurteilung der Bildungsfinanzierung vergleicht man ihre direkten und indirekten Konsequenzen mit einem Satz von Zielen. Methodisch treten vor allem zwei Problemkreise auf:
Zielprobleme. Welche oder wessen Ziele sollen zugrunde gelegt werden: die tatsächlichen Ziele offizieller Entscheidungsträger oder (abweichende) Ziele von gesellschaftlichen Gruppen, Verbänden, einzelnen Wissenschaftlern? Inwieweit können oder sollen diese Ziele operationalisiert und die Einzelurteile später integriert werden?
Kausalitätsprobleme. Wie sicher können bestimmte direkte und indirekte Konsequenzen der Bildungsfinanzierung zugerechnet werden, oder sind bestimmte andere Faktoren an ihrem Entstehen kausal mitbeteiligt? Aus dieser Fragestellung wird deutlich, daß die Beurteilung der Bildungsfinanzierung gesicherte Theorien über die Entstehungszusammenhänge und Wirkungszusammenhänge voraussetzt.
Im folgenden sollen Beurteilung und Reformvorschläge auf zwei *Grund*entschei-

dungen der Bildungsfinanzierung in der Bundesrepublik beschränkt werden, und diese sollen mit einem pragmatisch ausgewählten Zielsystem konfrontiert werden. Damit wird zugleich eine Reihe von häufigen Urteilen hier nicht im einzelnen abgehandelt:
- die Behauptung, daß in der Bundesrepublik von staatlichen Instanzen oder insgesamt für die Bildung, verglichen mit anderen Ausgabenbereichen, zu wenig Mittel zur Verfügung gestellt würden *(These der Unterinvestition)*,
- die Behauptung, daß in der Bundesrepublik die Bildungsausgaben zwischen den verschiedenen Teilsystemen des Bildungssystems oder zwischen verschiedenen Ausgabearten „falsch", im Sinne von ineffektiv oder ungerecht, verteilt seien (*These der Fehlstrukturierung* – vgl. HEGELHEIMER 1977).

4.1 Private Finanzierung der beruflichen Bildung durch Unternehmen

Die einzelbetriebliche Finanzierung der beruflichen Bildung ist wiederholt analysiert und kritisiert worden (vgl. DEUTSCHER BILDUNGSRAT 1969, MÄDING 1971, SACHVERSTÄNDIGENKOMMISSION ... 1974, WINTERHAGER 1969). Aus der Verquickung von Ausbildungsentscheidungen mit dem einzelwirtschaftlichen Kosten-Ertrags-Kalkül in einer kapitalistischen Marktwirtschaft mit potentieller Mobilität der Ausgebildeten sind vor allem die folgenden Mängel theoretisch abgeleitet und – zum Teil – empirisch bestätigt worden:
- ungerechte Verteilung der Ausbildungskosten zwischen ausbildenden und nichtausbildenden Unternehmen;
- mangelndes Angebot an Ausbildungsplätzen;
- volkswirtschaftlich suboptimale Qualität der Ausbildung (durch Übergewicht der fachlichen über die humanen und sozialen Befähigungen, der betriebsspezifischen über die transferierbaren Qualifikationen), Streuung in der Qualität der Ausbildung;
- berufliche Fehlstrukturierung der Ausbildung (ablesbar am Umfang des Berufswechsels);
- dauerhafte Benachteiligung von Jugendlichen in wirtschaftsschwachen Regionen;
- konjunkturelle Variation des Angebots an Ausbildungsplätzen der Industrie mit Folgewirkungen für die berufliche Fehlstrukturierung; konjunkturelle Variation wahrscheinlich auch der Qualität der Ausbildung.

Diese Mängel stehen in einem internen Zusammenhang, der zugleich eine effektive Berufsausbildungspolitik behindert. So können legislative oder administrative Maßnahmen zur Steigerung der Qualität der Ausbildung zu einer weiteren Verringerung im Angebot an Ausbildungsplätzen führen. Das private Recht der Betriebe zur Nichtausbildung stellt die systemspezifische Grenze staatlicher Berufsbildungspolitik dar (vgl. OFFE 1975).

Von den Alternativen zu diesem Finanzierungssystem, wie sie in Abschnitt 1.2 dargestellt wurden, werden vor allem die Finanzierung aus öffentlichen Haushalten oder durch Umlagen der Arbeitgeber (sogenannte Fondsfinanzierung) diskutiert. Dabei besteht unter den Wissenschaftlern eine Präferenz für die Fondsfinanzierung (dagegen äußert sich vor allem HEGELHEIMER 1977). Die Fondsfinanzierung ist dadurch gekennzeichnet, daß sie Finanzierungsträgern (in der Regel Unternehmen) nach festgesetzten Maßstäben periodisch Geldmittel entzieht und diese an Ausbildungsträger (in der Regel Unternehmen) nach festgesetzten Maßstäben verteilt. Es existieren weite Gestaltungsspielräume für die Bemessungsgrundlage der Mittelaufbringung (etwa Zahl der Arbeitskräfte, Lohnsumme oder Wertschöpfung), für die

Bemessungsgrundlage der Mittelvergabe (beispielsweise Zahl der Auszubildenden, Ausbildungskosten und/oder -qualität), für die Organisation (zentral/dezentral) und für die Entscheidungsstrukturen mit je spezifischen Vor- und Nachteilen (vgl. MÄDING 1971).

Der Fonds ist in der Lage, durch die Kombination einer ordnungspolitischen Rahmenentscheidung mit prozeßpolitischen Einzelmaßnahmen einen Beitrag zur Beseitigung der genannten Mängel der heutigen Ausbildungsfinanzierung zu leisten. Während die Gewerkschaften die Fondsfinanzierung seit Jahren fordern, konnten die Unternehmerverbände, politisch unterstützt von CDU/CSU und F.D.P, sie bisher verhindern. Die Umlagefinanzierung des Ausbildungsplatzförderungsgesetzes (vom 7.9.1976), die nur einen symbolischen Schritt der sozialliberalen Koalition in Richtung Fondsfinanzierung darstellte, wurde unter dem Druck der Unternehmerverbände nie praktiziert; das Gesetz wurde schließlich am 10.12.1980 wegen fehlender Zustimmung im (CDU/CSU-dominierten) Bundesrat vom Bundesverfassungsgericht für verfassungswidrig erklärt.

4.2 Staatliche Finanzierung des Hochschulsystems

In Wirkungsanalysen zum Hochschulbereich wurden Zusammenhänge zwischen der öffentlichen Bildungsfinanzierung und den folgenden Mängeln theoretisch postuliert, wenn auch selten empirisch ermittelt (vgl. MACKSCHEIDT 1978, S. 27f.; vgl. v. WEIZSÄCKER 1971):

- mangelndes Angebot an Ausbildungsplätzen (Numerus clausus), verstärkt durch überlange Studiendauer;
- volkswirtschaftlich suboptimale Qualität der Ausbildung, Streuung in der Qualität der Ausbildung;
- mangelnde Orientierung der Bildungsnachfrage am Arbeitsmarkt;
- mangelnde interne Effizienz in der Mittelverwendung (durch geringes Kostenbewußtsein der Institutionen und der Nutzer);
- negative Wirkung auf die Einkommensverteilung.

Die Mängelstruktur der öffentlich finanzierten Hochschulbildung zeigt also, verglichen mit der einzelbetrieblich finanzierten Berufsausbildung, Gemeinsamkeiten und Unterschiede.

Diese Kritik hat zu Überlegungen hinsichtlich einer fundamentalen Umgestaltung der Hochschulfinanzierung geführt. Weil die privaten Nutzen der Ausbildung vor allem in Form ausbildungsbedingter Mehreinkommen dominieren, sollen die Auszubildenden selbst auch die Kosten der Ausbildung tragen (Äquivalenzprinzip). Dies läuft darauf hinaus, die öffentliche Finanzierung aus den Staatshaushalten durch eine Kredit-Gebühren-Finanzierung abzulösen. Diese ist dadurch gekennzeichnet, daß die Bildungsinstitutionen nicht mehr aus dem Staatshaushalt, sondern durch Gebühren finanziert werden, und die Lernenden diese Gebühren als Darlehen erhalten (das Konzept der Educational Opportunity Bank – vgl. SHELL u.a. 1968). Wie bei der Fondsfinanzierung sind auch hier zahlreiche Modelle in der Diskussion, die sich hauptsächlich in folgenden Punkten unterscheiden und je spezifische Vor- und Nachteile haben:

- Anteil der aus dem Staatshaushalt und über Gebühren finanzierten Hochschulkosten,
- Ausstattung der Darlehen (zu Marktkonditionen mit Subventionselementen),
- Rückzahlung der Darlehen (mit oder ohne Abhängigkeit von der Einkommensentwicklung des Darlehennehmers),

Heinrich Mäding

- Kreditäre Vorfinanzierung nur der Gebühren oder auch der Lebenshaltung,
- Staat oder Private als Kreditgeber,
- Berücksichtigung von Bedürftigkeit bei der Kreditgewährung.

Durch eine solche Änderung der Hochschulfinanzierung können zwar bestimmte unerwünschte Verteilungswirkungen der heutigen Finanzierung abgebaut werden, es entstehen aber automatisch neue (vgl. BODENHÖFER 1978, MATTERN 1979). Insbesondere droht die Gefahr einer verstärkten sozialen Selektion im Hochschulzugang, einer relativen Benachteiligung von Frauen, einer fachlichen Verengung der Studieninhalte und einer gesellschaftlichen Unterinvestition in Humankapital. Die Vorteile überwiegen diese Nachteile weit weniger eindeutig als bei der Reform der betrieblichen Ausbildungsfinanzierung. Nach dem Regierungswechsel 1982 hat die neue CDU/CSU/F.D.P.-Bundesregierung im Rahmen ihrer Sparpolitik die Ausbildungsförderung für Studenten gänzlich auf Darlehen umgestellt und damit einen Schritt in die hier beschriebene Richtung unternommen.

ALBERT, W./OEHLER, CH.: Die Kulturausgaben der Länder, des Bundes und der Gemeinden 1950–1967, Weinheim 1972. ALBERT, W./OEHLER, CH.: Die Kulturausgaben der Länder, des Bundes und der Gemeinden einschließlich Strukturausgaben zum Bildungswesen, München 1976. BODENHÖFER, H.-J.: Finanzierungsprobleme und Finanzierungsalternativen der Bildungspolitik. In: Z. f. Wirtsch.- u. Sozw. (1978), S. 129 ff. BOEHM, U./RUDOLPH, H.: Kompetenz- und Lastenverteilung im Schulsystem. Analyse und Ansätze zur Reform, Stuttgart 1971. BUNDESMINISTERIUM FÜR BILDUNG UND WISSENSCHAFT (Hg.): Grund- und Strukturdaten 1981/1982. Bonn 1981. BUND-LÄNDER-KOMMISSION FÜR BILDUNGSPLANUNG: Bildungsgesamtplan, 2 Bde., Stuttgart 1973 (Bd. 1: 1973 a; Bd. 2: 1973 b). CLEMENT, W./SAUERSCHNIG, R.: Empirische Grundlagen und Konzepte einer Bildungsfinanzpolitik in Österreich, Wien 1978. DEUTSCHER BILDUNGSRAT: Zur Verbesserung der Lehrlingsausbildung. Empfehlungen der Bildungskommission, Bonn 1969. EDDING, F.: Bildung I: Bildungsökonomik. In: ALBERS, W. u. a. (Hg.): Handwörterbuch der Wirtschaftswissenschaft, Bd. 2, Stuttgart/New York/Tübingen 1978, S. 2 ff. EDDING, F. u. a.: Struktur und Finanzierung der Aus- und Weiterbildung, Göttingen 1974. GAMERDINGER, D.: Überlegungen zum Konzept einer Bundesbildungsanleihe. In: JOCHIMSEN, R./SIMONIS, U. (Hg.): Theorie und Praxis der Infrastrukturpolitik. Schriften des Vereins für Socialpolitik, N.F. 54, Berlin 1970, S. 677 ff. HEGELHEIMER, A.: Finanzierungsprobleme der Berufsausbildung, Stuttgart 1977. KRELLE, W. u. a.: Gesamtwirtschaftliche Auswirkungen einer Ausweitung des Bildungssystems, Tübingen 1975. KUNZE, J.: Finanzierung der inneren Reformen und ökonomisches System am Beispiel der Bildungsreform, Diss., Berlin 1973. MACKSCHEIDT, K.: Bildung III: Öffentliche Finanzierung. In: ALBERS, W. u. a. (Hg.): Handwörterbuch der Wirtschaftswissenschaft, Bd. 2, Stuttgart/New York/Tübingen u. a. 1978, S. 18 ff. MÄDING, H.: Fondsfinanzierte Berufsausbildung, Stuttgart 1971. MÄDING, H.: Bildungsplanung und Finanzplanung. Abstimmungsprobleme in der Bundesrepublik Deutschland, Stuttgart 1974. MÄDING, H.: Infrastrukturplanung in der Verkehrs- und Bildungssektor. Eine vergleichende Untersuchung zum gesamtstaatlichen Planungsprozeß in der Bundesrepublik Deutschland, Baden-Baden 1978. MÄDING, H.: Schuletat. In: Enzyklopädie Erziehungswissenschaft, Bd. 5, Stuttgart 1984, S. 584 ff. MATTERN, C.: Bildungsfinanzierung. Probleme und neue Ansätze, Frankfurt/Aarau u. a. 1979. MAX-PLANCK-INSTITUT FÜR BILDUNGSFORSCHUNG, PROJEKTGRUPPE BILDUNGSBERICHT (Hg.): Bildung in der Bundesrepublik Deutschland. Daten und Analysen, 2 Bde., Reinbek 1980. MUSHKIN, S. J.: Resource Requirements and Educational Obsolescence. In: ROBINSON, E. A. G./VAIZEY, J. E. (Hg.): The Economics of Education, London/Melbourne/Toronto/New York 1966, S. 463 ff. OBERHAUSER, A.: Finanzierungsalternativen der beruflichen Aus- und Weiterbildung, Stuttgart 1970. OFFE, C.: Berufsbildungsreform; eine Fallstudie über Reformpolitik, Frankfurt/M. 1975. PALM, G.: Die Kaufkraft der Bildungsausgaben, Olten/Freiburg 1966. PEACOCK, A.: A Conceptual Scheme for the Analysis of Data on Educational Finance. In: OECD (Hg.): Methods and Statistical Needs for Educational Planning, Paris 1967, S. 285 ff. PFAFF, M./FUCHS, G.: Education, Inequality and Life Income: A

Report on the Federal Republic of Germany. In: OECD (Hg.): Education, Inequality and Life Chances, Bd. 2, Paris 1975, S. 7 ff. ROLOFF, O.: Finanzprobleme des Bildungswesens. In: WIDMAIER, H. P. u. a.: Zur Strategie der Bildungspolitik, Bern 1968, S. 156 ff. RONGE, V./SCHMIEG, G.: Restriktionen politischer Planung, Frankfurt/M. 1973. SACHVERSTÄNDIGENKOMMISSION KOSTEN UND FINANZIERUNG DER BERUFLICHEN BILDUNG: Kosten und Finanzierung der außerschulischen beruflichen Bildung, Bielefeld 1974. SCHMIDT, M. G.: CDU und SPD an der Regierung, Frankfurt/New York 1980. SHELL, K. u. a.: The Educational Opportunity Bank: An Economic Analysis of a Contingent Repayment Loan Program for Higher Education. In: Nation. Tax J. 21 (1968), S. 2 ff. SIEWERT, P./KÖHLER, H.: Grundschulfinanzierung und Grundschulpolitik. Aufgaben- und Lastenverteilung im Primarbereich, Berlin 1977. WEIZSÄCKER, C. C. v.: Lenkungsprobleme der Hochschulpolitik. In: ARNDT, H./SWATEK, D. (Hg.): Grundfragen der Infrastrukturplanung für wachsende Wirtschaften, Berlin 1971, S. 535 ff. WILHELMI, H.-H.: Entscheidungsprozesse in der staatlichen Bildungsfinanzierung. Ein interdisziplinärer Beitrag zur Erforschung der finanzpolitischen Willensbildung in der Exekutive, Berlin 1977. WINTERHAGER, W.-D.: Kosten und Finanzierung der beruflichen Bildung, Stuttgart 1969.

Klaus Klemm/Klaus-Jürgen Tillmann

Schule im kommunalen Kontext

1   Problementwicklung aus historischer Perspektive
2   Gemeinde als Schulträger
2.1 Äußere Schulangelegenheiten als Kompetenzbereich
2.2 Schulentwicklungsplanung als Gestaltungsspielraum
3   Gemeinde als schulpolitische Machtarena
3.1 Schulreform: Ein Phasenmodell lokalpolitischer Auseinandersetzungen
3.2 Perspektiven lokalpolitischer Schulforschung
4   Gemeinde als Sozialisationsumwelt
4.1 Sozialökologische Typisierung lokaler Umwelten
4.2 Hauptschulprobleme: Schulische Sozialisation in unterschiedlichen Umwelten
4.3 Perspektiven sozialökologischer Schulforschung

Zusammenfassung: Der Aufbau eines Schulnetzes, das alle Städte und Gemeinden erfaßte, vollzog sich im Verlauf des 19. und 20. Jahrhunderts. Dabei kristallisierten sich unterschiedliche Beziehungsebenen zwischen Schule und Gemeinde heraus: Als Schulträger ist die Gemeinde rechtlich verpflichtet, Schulen zu errichten, zu verwalten und die Sachkosten zu tragen. Durch kommunale Schulentwicklungsplanung nimmt sie begrenzten Einfluß auf die Struktur des örtlichen Schulangebots. Durch diesen Einfluß wird die Gemeinde zur schulpolitischen Machtarena, denn unterschiedliche lokale Interessengruppen versuchen, Planungen und Entscheidungen der Gemeinde zu beeinflussen. Dies läßt sich am Beispiel der konflikthaften Errichtung von Gesamtschulen präzisieren. Weil Schüler und Lehrer in der Schule und in der Gemeinde leben, durchdringen sich die Erfahrungen wechselseitig, so daß die Gemeinde schließlich auch Sozialisationsumwelt ist. Der Ansatz der sozialökologischen Sozialsationsforschung versucht, diesen Zusammenhang systematisch zu erfassen.

Summary: The creation of a network of schools serving all towns and communes took place during the course of the 19th and 20th centuries. During this development, various levels of contact between school and community crystallized: as the body responsible for schools, the local authority is obliged by law to build, administer and pay for schools. Via school development planning, the local authority has a limited influence on the variety of schooling offered in the area concerned. This influence turns local government into an arena of conflicting ideas on educational policies. Various local interest groups attempt to influence the local authority's plans and decisions. This can be clearly seen in the conflicts involved in the setting up of comprehensive schools. As pupils and teachers come together at school and live in the same community, there is a mutual permeation of experiences which finally turns the community into the socialisation background. Socio-ecological socialisation research attempts to systematize the interrelationships involved.

Résumé: L'élaboration d'un réseau scolaire qui devait inclure toutes les villes et les communes s'est effectuée au cours des XIXe et XXe siècles. Différents niveaux de

Schule im kommunalen Kontext

rapports sont apparus entre l'école et la commune: il incombe juridiquement à la commune de bâtir des écoles, de les gérer et de prendre en charge les frais de matériel. Par le truchement de la planification du développement communal des écoles, elle a une influence limitée sur la structure de l'offre scolaire locale. De par cette influence, la commune devient un lieu de lutte de puissance en matière de politique scolaire; car divers groupes d'intérêt locaux essaient d'influer sur les plans et les décisions de la commune. Ceci peut être précisé à l'exemple de l'édification, riche en conflits des collèges uniques. Dans la mesure où les élèves et les professeurs vivent à l'école et dans la commune, les expériences s'interpénètrent, de sorte que la commune est finalement elle aussi un environnement de socialisation. Le point de départ de la recherche en socialisation socio-écologique tente d'analyser systématiquement cette connexion.

1 Problementwicklung aus historischer Perspektive

Es kann nicht davon ausgegangen werden, daß Gemeinden nahezu notwendig die Umgebung von Schulen darstellen und daß – andererseits – Schulen unerläßliche Bestandteile von Gemeinden sind. Ein kurzer Blick in die Geschichte der Pädagogik verdeutlicht, daß auf einer *programmatischen Ebene* hierzu gewichtige Alternativvorstellungen vertreten wurden: Platon siedelte die Erziehung bewußt außerhalb der Polis an, Rousseau erfand die „Insel" als Ort der Erziehung, Goethe schilderte die „pädagogische Provinz" als abgeschiedenen Erziehungsbereich, Fichtes Nationalerziehung sollte abseits der Gemeinschaft von Erwachsenen stattfinden. Kurz: Das pädagogische Mißtrauen gegenüber dem Einfluß von Gesellschaft und Gemeinde auf Erziehungsprozesse hat eine lange Tradition. Aufgenommen, fortgeführt und auch realisiert wird diese Tradition in einem besonderen Zweig des Schulwesens: Internate und Landerziehungsheime sind oft bewußt so angesiedelt, daß sie deutlich von Städten und Dörfern entfernt liegen. Die Begründung für diese Separierung formulierte Lietz 1897: „Erziehung besteht in der richtigen Entwicklung der Natur des Zöglings nach allen Seiten hin. Ist dies in der Großstadt von heute möglich? Ist das beim Stand der heutigen Kultur, ohne ganz besonderen Kraftaufwand, überhaupt noch zu erwirken [...] Da wäre es doch dann viel besser, in freier Natur, ohne jeden Eingriff, die Jugend sich selbst entwickeln zu lassen" (LIETZ 1970, S. 8).
Nun ist es offensichtlich, daß die tatsächliche Entwicklung des Schulwesens nicht durch diese gemeindedistanzierte Programmatik bestimmt wurde. Denn das Bild des öffentlichen Schulwesens wird nicht durch Landerziehungsheime, sondern durch ein „flächendeckendes" Netz von Schulstandorten *innerhalb* der Städte, Kreise und Gemeinden bestimmt. An dieser Stelle lohnt sich nun ein zweiter Blick in die Geschichte, und zwar diesmal auf die *Ebene der realen Entwicklung* des Schulwesens:
Der Aufbau eines Schulnetzes, das allen Städten und Gemeinden ein erreichbares Bildungsangebot brachte, vollzog sich erst in einem langwierigen und differenziert verlaufenem Prozeß. Regional betrachtet, erfaßte er zunächst die größeren Städte, um sich dann auf die kleineren Dörfer auszubreiten; qualitativ betrachtet, begann dieser Entwicklungsprozeß mit dem umfassenden Aufbau eines Elementar- beziehungsweise Volksschulwesens, um erst sehr spät auch „höhere" Bildungsangebote der Mittelschulen und Gymnasien in alle Regionen eines Landes zu bringen. Im Rahmen einer Hinführung zur Fragestellung dieses Beitrags ist es ertragreich, diesen Schulentwicklungsprozeß am Beispiel des ländlichen Schulwesens knapp zu skiz-

zieren. Dort ist der Zusammenhang zwischen Schule und Gemeinde am wenigsten selbstverständlich, da es die ländlichen Gemeinden waren, die zuletzt Schulen erhielten, und da es diese Gemeinden sind, deren Schulangebote neuerdings zuerst wieder gefährdet sind.

Wir wählen das Beispiel Preußens und stützen uns dabei auf die Untersuchung von Leschinsky/Roeder (vgl. 1976): Obwohl die allgemeine Schulpflicht seit Anfang des 18. Jahrhunderts in Preußen bestand und immer wieder neu verkündet wurde, bedurfte es nahezu zweier Jahrhunderte, bis im letzten Drittel des 19. Jahrhunderts von einer Durchsetzung der Schulpflicht gesprochen werden konnte: 1816 besuchten etwa 60% der Kinder der entsprechenden Altersgruppen eine Schule und noch 1871 erst 92% (vgl. Leschinsky/Roeder 1976, S. 137, S. 143 f.). In dieser Zeit der Durchsetzung der Schulpflicht waren die Interessen daran durchaus gespalten. Für die preußische Krone war der Aufbau eines umfassenden Schulnetzes und die Durchsetzung der Schulpflicht ein Instrument der Durchsetzung zentraler Macht. Es ging ihr nicht um die Vermittlung von Qualifikationen, sondern darum, „Bauern und Tagelöhner aus dem Bereich der adligen Gutsherrschaft in die landesherrliche Einflußsphäre zu heben" (Leschinsky/Roeder 1976, S. 92).

Dementsprechend war auch der heftige örtliche Widerstand gegen die Errichtung von Schulen Ausdruck aktueller Interessenlagen: Für den Adel stellten Schulen – vor allem im 18. Jahrhundert – eine finanzielle Belastung dar, sie erwiesen sich als staatliche Einmischung und Beschränkung in der Verfügbarkeit kindlicher Arbeitskraft, zumal im Sommer. Für die frühe Unternehmerschaft und das liberale Wirtschaftsbürgertum waren Schulen – vor allem im 19. Jahrhundert, also auch noch in der ersten Phase der Industrialisierung – vorwiegend Konkurrenten auf dem Arbeitsmarkt, da kindliche Arbeitskraft unqualifiziert eingesetzt werden konnte. Den Eltern schließlich entzog die Schule ihre Kinder, deren Mitarbeit die Familien aufgrund der materiellen Notlage aber dringend benötigten. Diesen Sachverhalt fassen Leschinsky/Roeder (1976, S. 111) zusammen: „Überspitzt formuliert: die betroffenen gesellschaftlichen Gruppen konnten objektiv kein Interesse an der Entwicklung eines derartigen Schulwesens haben; allein der Staat konnte an seiner Ausdehnung interessiert sein, weil sie zugleich eine Ausdehnung und institutionelle Sicherung seiner Herrschaft über eine unterworfene und ausgebeutete Bevölkerung war." Diese Konstellation – Aufbau eines umfassenden Schulnetzes und Durchsetzung der Schulpflicht als staatlicher Oktroi gegenüber breiten regionalen Interessen – änderte sich erst gegen Ende des 19. Jahrhunderts, als sich im Verlauf der gewaltigen Industrialisierung auch die Interessenlagen änderten. Ein sich entwickelnder *Qualifikationsbedarf* ließ bei Unternehmern wie bei Lohnabhängigen das Interesse an Schulbildung wachsen: bei den einen als Voraussetzung für Aufrechterhaltung und Fortentwicklung der Produktion, bei den anderen als Aufwertung der eigenen Arbeitskraft beziehungsweise der ihrer Kinder (so wurde 1868 im Eisenacher Programm der SPD obligatorischer und unentgeltlicher Volksschulunterricht sowie ein Verbot der Kinderarbeit gefordert).

Parallel dazu wuchs in der zweiten Hälfte des 19. Jahrhunderts die *Selektionsfunktion* der Schule und erfaßte zunehmend auch das „niedere" Schulwesen: In steigendem Maße wurden schulische Abschlüsse in dem sich ausweitenden Berechtigungswesen für Arbeitnehmer zum Ausweis und für Arbeitgeber zum geforderten Nachweis der Verwertbarkeit – das Schulzeugnis als Bindeglied zwischen Bildungsweg und Berufswahl etablierte sich (vgl. Meyer 1977). Vor dem Hintergrund dieses schulischen Bedeutungszuwachses änderten sich auch lokale Interessenlagen: Die Schule in der eigenen Gemeinde wurde zur begehrten Einrichtung, die nun von allen Gruppen der Bevölkerung gefordert wurde. Das staatliche Interesse an einer umfassenden Schulentwicklung wird jetzt durch lokale Interessen nicht mehr abgewehrt, sondern – im Gegenteil – örtlich gestützt. Schulen sind für Gemeinden und Städte jetzt unverzichtbare Elemente der regionalen Infrastruktur, für deren Einrichtung und Erhalt „gekämpft" wird. So erstaunt es nicht, daß zu Beginn dieses Jahrhunderts (1901) allein in Preußen 36762 öffentliche Volksschulen bestanden (vgl. HERRLITZ u.a. 1981, S.91). Seit dieser Zeit läßt sich vielfach belegen, daß Einrichtungen zunächst von Volksschulen und später auch von „höheren" Schulen regional erstritten wurden. Dementsprechend waren Schulschließungen im Volksschulbereich, wie sie etwa zwischen 1955 und 1970 im Interesse der Qualitätsverbesserung schulischer Ausbildung überall in der Bundesrepublik durchgeführt wurden, regional erbittert umkämpft (vgl. BAUMERT 1980, S.596ff.).

Bisher wurde in einer historischen Perspektive deutlich gemacht, daß der Zusammenhang zwischen Schule und Gemeinde erst in einer bestimmten Phase ökonomischer und politischer Entwicklung entstanden ist und daß es eine pädagogische Tradition gibt, in der ein solcher Zusammenhang ausgesprochen gemieden wird. Diese historische Annäherung an das Thema hat zugleich auf eine Vielfalt von Aspekten verwiesen, die für die gegenwärtige Beziehung von Schule und Gemeinde von Bedeutung sind. Diese Vielfalt läßt sich auf *drei Beziehungsebenen* bündeln:

– Indem Schulen in Gemeinden errichtet und von diesen unterhalten werden, werden Anforderungen an die Kommune gestellt. Sie muß finanzieren, verwalten und planen, ist also „belastet". Die Gemeinde tritt als *kommunaler Schulträger* auf.
– Indem Schulen zum Bestandteil regionaler Infrastruktur werden, gewinnt die Art ihrer Ausgestaltung, der Umfang ihrer Bildungsangebote, die Form ihrer Verknüpfung mit anderen regionalen Elementen große Bedeutung für die jeweilige Gemeinde. Damit gerät das lokale Schulwesen aber auch in die kommunalpolitische Auseinandersetzung. Dabei versuchen unterschiedliche Interessengruppen, auf die Gestaltung der Schule Einfluß zu nehmen. Damit wird die Gemeinde zur *schulpolitischen Machtarena*.
– Indem Schulen – anders als Internate – integrale Bestandteile einer Gemeinde sind, sind Gemeinden zugleich Lebensumwelten von Schule. Schüler und Lehrer leben in der Gemeinde und in der Schule, diese Lebenserfahrungen durchdringen sich wechselseitig. Kurz: Die Gemeinde ist die *Sozialisationsumwelt der Schule*.

Im folgenden soll versucht werden, den Zusammenhang zwischen Schule und Gemeinde in der Bundesrepublik Deutschland auf diesen drei Beziehungsebenen zu beschreiben. Eine solche Strukturierung ist allerdings nicht aus einer elaborierten Theorie zu begründen, vielmehr ist dies ein heuristisch-pragmatischer Zugriff auf das Thema. Die weitgehend defizitäre Theorie- und Forschungslage (vgl. BARGEL u.a. 1979, S.22ff.) erlaubt hier jedoch kein anderes Vorgehen.

2 Gemeinde als Schulträger

In einem ersten Zugang soll versucht werden, den bildungsplanerischen Aspekt des Zusammenhangs zwischen Schule und Gemeinde darzustellen. Die juristische Grundlage dieser Beziehung ist die sich zwar ständig wandelnde, aber im Kern in der deutschen Schulgeschichte konstant gebliebene Trennung von *äußeren* und *inneren* Schulangelegenheiten: Während – bei aller Vergröberung – die beim Staat (Bundesland) liegende Zuständigkeit für die inneren Schulangelegenheiten sich auf die eigentliche Unterrichts- und Erziehungsarbeit bezieht, also vor allem auf Erziehungsziele, auf Lehrpläne, auf Schulabschlüsse, auf die Grundfragen der Schulstruktur sowie auf Ausbildung und Prüfung der Lehrer, richtet sich die bei den Gemeinden als Schulträger liegende Zuständigkeit für die äußeren Schulangelegenheiten vorwiegend auf die Errichtung, Unterhaltung und Ausstattung von Schulgebäuden sowie auf die Versorgung der einzelnen Schulen mit Lehr- und Lernmitteln.

2.1 Äußere Schulangelegenheiten als Kompetenzbereich

Die Trennung in innere und äußere Schulangelegenheiten, die im Schulwesen der Bundesrepublik als Erbe aus der Zeit der Steinschen Städteordnung (1808) und der Verfassung der Weimarer Republik (1919) fortlebt, findet ihre Verankerung im Grundgesetz (GG) der Bundesrepublik Deutschland (vgl. STEPHANY 1964). Dort heißt es einerseits: „Den Gemeinden muß das Recht gewährleistet sein, alle Angelegenheiten der örtlichen Gemeinschaft im Rahmen der Gesetze in eigener Verantwortung zu regeln" (Art. 28, Abs. 2, Ziff. 1 GG) – und andererseits aber auch: „Das gesamte Schulwesen steht unter der Aufsicht des Staates" (Art. 7, Abs. GG). Wie auch immer die Abgrenzung von Kommune und Staat mit ihren sich berührenden Zuständigkeiten im einzelnen gefaßt wird – STEPHANY (1964, S. 22) schreibt dazu: „Die rechtliche Bedeutung dieser Vorschrift (Art. 7 GG) und ihr Verhältnis zum Wirkungskreis der Gemeinde sind umstritten" –, generell bleibt es rechtlich und faktisch unumstritten, daß Gemeinden als Schulträger in bezug auf Schule organisierende, verwaltende und finanzierende Aufgaben haben. „Schulträgerschaft bedeutet erstens das Recht und die Pflicht zu Organisationsmaßnahmen in bezug auf einzelne Schulen – vom Planen, Errichten, Ausstatten über das Erweitern, Einschränken, Zusammenlegen, Teilen bis zur Aufhebung und Schließung von Schulen. Zweitens gehört zu dem Begriff die laufende Verwaltung der Schule und drittens die Pflicht, den Sachbedarf der Schule zu decken und die im Zusammenhang mit der Organisation und Verwaltung stehenden Aufwendungen zu tragen. Der Begriff der Organisation faßt dabei alle unter erstens genannten einzelnen Organisationsmaßnahmen zusammen. Schulträger ist danach, wer zur Organisation und Verwaltung der einzelnen Schule berechtigt und verpflichtet ist und die sächlichen Kosten dieser Schule trägt" (STAUPE 1980, S. 871).

Bei allen Abweichungen in Einzelfragen beschreibt diese Definition der Schulträgerschaft den Tenor der Regelungen im Landesrecht aller Bundesländer. Dementsprechend bewegt sich die Kommission Schulrecht des Deutschen Juristentages in weitgehend unstrittigem Gebiet, wenn sie in ihrem Schulgesetzentwurf in §95 ausführt: „Die Schulträger verwalten und unterhalten die Schulen als eigene Aufgaben. Sie sind berechtigt, und verpflichtet, Schule zu errichten oder aufzuheben, zu erweitern oder einzuschränken, zu teilen oder zusammenzulegen" (SCHULE IM RECHTSSTAAT 1981, S. 117). Diese Formulierung, die wiederum die verwaltenden, finanzierenden und organisierenden Komponenten der Schulträgerschaft enthält, sagt aber noch nichts darüber aus, wer denn für welche Schule Schulträger ist oder sein soll. Die vereinheitlichenden Vorschläge, die die Kommission Schulrecht in §96 ihres Entwurfs dazu macht, heben sich mit ihren klaren Zuweisungen deutlich von der vorhandenen Vielfalt der einzelnen Länderregelungen ab. Staupe belegt dazu in seiner materialreichen Länderübersicht viele Beispiele. Er unterscheidet dabei eher kreis- und eher gemeindefreundliche Lösungen (vgl. STAUPE 1980, S. 875). Während in einem Land wie Nordrhein-Westfalen die Gemeinden Träger von Grund-, Haupt-, Sonder- und Realschulen sowie von Gymnasien sind (bei Berufsschulen

sind dort nur die kreisfreien Städte Träger), findet sich beispielsweise in Hessen ein eher gemeindefernes System der Trägerschaft von Kreisen und kreisfreien Städten.
Einheitlicher als die Frage der Schulträgerschaft ist in den Bundesländern die Finanzierung des Schulwesens geregelt: Während die Kosten des lehrenden Personals von den Ländern getragen werden, sind Sachinvestitionen Aufgaben der Schulträger. Diese etablierte Trennung greift die Kommission Schulrecht auf, wenn sie in §99, Absätze 2 und 3, formuliert: „Das Land trägt die Personalkosten mit Ausnahme der Kosten des Verwaltungs- und Hauspersonals; diese trägt der Schulträger. Der Schulträger trägt den Sachaufwand und die Sachinvestitionen der Schule." (SCHULE IM RECHTSSTAAT 1981, S.119) Diese deutliche Trennung, die sich in den Ländergesetzen immer wieder findet, wird aber finanziell zugunsten der Gemeinden durch ein System von Unterstützungs- und Ausgleichszahlungen wieder aufgeweicht: Nach Bundesländern unterschiedlich werden die Schulträger etwa im Bereich des Schulbaus, der Schülerbeförderung oder der Lernmittelbereitstellung bis hin zu vollständigen Erstattungen entlastet – und damit zugleich aber auch durch finanzielle Abhängigkeiten in ihrem Gestaltungsspielraum beschränkt.
Überblickt man insgesamt die Zuständigkeit sowie die Verpflichtungen der Schulträger, so zeigt sich, daß sie infolge der rechtlichen und finanziellen Bindungen an die Vorgaben des jeweiligen Landes kaum einen Spielraum für die Gestaltung der vorhandenen Schulen haben. Lediglich da, wo Gemeinden als Schulträger für ihr kommunales Schulwesen organisierend tätig sind, wo sie kommunale Schulentwicklungsplanung betreiben, verfügen sie im Rahmen der Landesgesetze über einen durchaus beachtenswerten Gestaltungsspielraum.

2.2 Schulentwicklungsplanung als Gestaltungsspielraum

Wenn Schulentwicklungsplanung auch nicht überall als Aufgabe der Schulträger rechtlich bindend vorgeschrieben ist, so kann doch festgestellt werden, daß alle Schulträger Schulentwicklungsplanungen betreiben – wenn auch unterschiedlich differenziert und entwickelt. Sie alle sind faktisch gezwungen, Vorsorgeplanungen zur Sicherung der schulischen Versorgung zu betreiben, und zwar nach Maßgabe der vom jeweiligen Bundesland vorgegebenen bildungspolitischen Strukturentscheidungen. Zur Erfüllung dieser Aufgabe ist das methodische Instrument der Schulentwicklungsplanung in den vergangenen Jahren erheblich verfeinert worden (vgl. ROLFF u.a. 1974). Der Prozeß der kommunalen Schulentwicklungsplanung läßt sich in die Arbeitsphasen Analyse, Prognose und Maßnahmeplanung unterteilen.
Im Bereich der *Analyse* geht es für die Gemeinden zunächst einmal darum, administrative Routineaufgaben (wie etwa Untersuchungen des Schulbaubestandes oder des Systems der Schülerbeförderung) zu erledigen. Darüber hinaus stellen sich im Rahmen der planungsvorbereitenden Analyse aber auch pädagogisch und kommunalpolitisch überaus wichtige Probleme, so beispielsweise die Frage nach regional unterschiedlichen Bildungsbeteiligungen innerhalb einer Gemeinde. In den Ruhrgebietsstädten haben erst die Schulplanungen der 70er Jahre das innerstädtische Bildungsgefälle von den Arbeitervororten (im Norden) hin zu den „besseren" Wohngegenden (im Süden) aufgedeckt und öffentlich gemacht. Zahlreiche Anregungen für Schulneugründungen oder für innerstädtische Standortverlagerungen sind davon ausgegangen. Ähnlich wie im Bereich der Analyse gilt auch für die *Prognose* eine Unterteilung in eher „technische" und eher pädagogisch und bildungspolitisch relevante Sachgebiete. Zuerst geht es hierbei naturgemäß in Ableitung aus Bevölkerungsprognosen um Voraussagen der Entwicklung von Schülerzahlen.

Klaus Klemm/Klaus-Jürgen Tillmann

Diese zunächst rein rechnerisch anmutende Aufgabe enthält aber eine Fülle von bedeutsamen Implikationen: Welche Schülerverteilung auf weiterführende Schulen angenommen wird, welche Verteilung auf vollzeitschulische oder teilzeitschulische Bildungswege im berufsbildenden Schulbereich unterstellt werden, welche Ausländeranteile in welchen Schultypen erwartet werden – dies alles sind als Prognosefragen für die Gemeinden ungemein wichtige Annahmen, die auf die künftige pädagogische Qualität des örtlichen Schulwesens erhebliche Auswirkungen haben können.

Letztendlich bedeutsam werden die Vorgaben von Analyse und Prognose jedoch erst im Bereich der *Maßnahmeplanung,* weil sie sich hier in kommunalen Entscheidungen niederschlagen: Denn im Rahmen der Maßnahmeplanung für das Schulwesen einer Gemeinde gilt es, dafür zu sorgen, daß Schulen am richtigen Standort, in der richtigen Betriebsgröße und zum richtigen Zeitpunkt für Schüler bereitstehen. Dabei sind sowohl die Strukturvorgaben des Landes (Schulformen, Schulbau, Lehrermeßzahlen, ...) wie die zuvor ermittelten lokalen Gegebenheiten zu berücksichtigen. Einer solchen kommunalen Schulentwicklungsplanung stellt sich das Problem, zumindest im Bereich der Vorbereitung von Bauentscheidungen langfristig wirksame und nicht umkehrbare Entscheidungen für einen gesellschaftlichen Bereich zu treffen, der seinerseits selten eine eindeutige langfristige Zielsetzung kennt.

Wie unterschiedlich im Rahmen kommunaler Schulentwicklung mit diesen Problemen umgegangen werden kann, läßt sich an einem Beispiel verdeutlichen: Viele Schulträger, gerade solche in den Ballungsrandzonen und in ländlichen Gebieten, konnten in den 60er Jahren ihr bis dahin schmales Bildungsangebot deutlich ausbauen. Sie errichteten neben bestehenden Volks- (neue Bezeichnung: Hauptschulen) auch Realschulen und Gymnasien. Die Standorte für diese neuen weiterführenden Schulen konnten die Gemeinden während der Errichtungsphase der späten 50er und 60er Jahre in nahezu allen Bundesländern frei wählen. Sie konnten diese neuen Schulen entweder so errichten, daß sie an isolierten Standorten ohne räumliche Verbindung zu anderen Schulen entstanden; es war aber auch möglich, diese neuen Schulen mit anderen, bereits bestehenden Schulen auf einem gemeinsamen Grundstück zu errichten und so Schulzentren zu schaffen. Im ersten Fall gaben die Schulträger damit eine bauliche Struktur vor, die mit mehreren kleinen isolierten Schulhäusern eine Überführung des gegliederten Schulwesens in kooperierende oder integrierte (Gesamt-)Schulen gleichsam vermauerte. Im Gebiet dieser Schulträger war und ist eine Strukturreform des Schulsystems nur noch um den Preis der Aufgabe bestehender Bauten und der gleichzeitigen Neuerrichtung von Schulbauten für reformierte Schulen möglich – und damit auf absehbare Zeit aus Kostengründen undenkbar. Im zweiten Fall dagegen hatten Schulträger ihre organisatorische Aufgabe „reformöffnend" wahrgenommen und damit die baulichen Möglichkeiten für eine Veränderung der pädagogischen Organisation ihrer Schulen (etwa durch Errichtung von Gesamtschulen in den bestehenden Schulzentren) gelegt.

Dieses Beispiel zeigt, daß die verfassungsmäßig vorgegebene Arbeitsteilung zwischen Gemeinde und Staat in der Gestaltung der Schulentwicklung stark verwischt ist – derart, daß Gemeinden in Ausübung ihrer Schulträgerfunktion nicht nur Schulbauten, in denen unterrichtet wird, sondern auch pädagogische Strukturprinzipien, nach denen unterrichtet wird, beeinflussen.

3 Gemeinde als schulpolitische Machtarena

Im vorangegangenen Kapitel wurde deutlich, daß sich die äußeren Schulangelegenheiten nicht in der Verwaltung von Schulbauten und Lehrmitteln erschöpfen; denn indem Kommunen und Kreise auch bei der Errichtung, Schließung und Umwandlung von Schulen mitbestimmen und indem sie hierfür mittel- und langfristige Planungen vorbereiten, nehmen sie erheblichen Einfluß auf Struktur und Qualität der Schulversorgung vor Ort. Damit werden unmittelbar lokale Interessen von Eltern, Schülern und Lehrern berührt. Es wird somit deutlich, daß die Beziehung zwischen Schule und Gemeinde im Rahmen der Schulträgerschaft nicht auf einer Planungs- und Verwaltungsebene verbleibt, sondern fließend in einen politischen Bezug übergeht. Kurz: In der Kommune wird im Rahmen der Schulträgerschaft auch Schulpolitik gemacht; in einer solchen Sichtweise stellt die Gemeinde eine schulpolitische Machtarena dar, in der verschiedene Gruppen versuchen, auf die Entwicklung des Schulwesens Einfluß zu gewinnen und sich durchzusetzen. Solche lokalen Auseinandersetzungen sind im Rahmen des bestehenden Schulsystems etwas Alltägliches:
Welche Schule bekommt als erste den fehlenden Fachraumtrakt, wie wird der Lehrmitteletat für die verschiedenen Schulformen ausgestattet, welche Personalempfehlung zur Besetzung einer Schulleiterstelle wird gegeben? Seit Beginn der 80er Jahre haben darüber hinaus die Fragen an Bedeutung gewonnen, die im Zusammenhang mit der Weiterführung oder Schließung kleiner Schulen entschieden werden müssen.
Die wenigen empirischen Untersuchungen befassen sich jedoch nicht mit diesen eher alltäglichen Aspekten kommunaler Schulpolitik, sondern rücken die „großen" Auseinandersetzungen um strukturelle Reformen des Schulwesens in den Mittelpunkt der Betrachtung. So liegen kommunalpolitisch orientierte Studien über die Einführung von Gesamtschulen in Freiburg und Weinheim (vgl. BÜCHNER 1972) sowie in mehreren nordrhein-westfälischen (vgl. BARGEL u.a. 1979) und hessischen Gemeinden (vgl. TILLMANN u.a. 1979) vor. Mit dem bildungspolitisch nicht weniger umstrittenen Reformmodell Orientierungsstufe und seiner Einführung in Osnabrück beschäftigt sich die Untersuchung von KLEMM u.a. (vgl. 1978). Aufgrund dieses Schwerpunktes in der vorliegenden Forschung werden im folgenden die Prozesse kommunaler Schulpolitik am Beispiel der lokalen Einführung der Gesamtschule dargestellt.

3.1 Schulreform: Ein Phasenmodell lokalpolitischer Auseinandersetzungen

Bei den vorliegenden Untersuchungen über die Errichtung von Reformschulen handelt es sich um Einzelfallstudien, die sehr sorgfältig die lokalen und historischen Besonderheiten der je einzelnen Entwicklungen ausmalen. Es erweist sich als schwieriges methodisches Problem, die Ergebnisse solcher Studien zusammenzufassen – also aus dem je Besonderen des Einzelfalls das Allgemeine herauszudestillieren; denn Verfahren statistischer Datenaggregation sind hier nicht anwendbar, vielmehr ist ein interpretativ-hermeneutisches Vorgehen unerläßlich. Im folgenden soll ein solcher zusammenfassender Entwurf der vorliegenden Forschung versucht werden, indem dargestellt wird, in welchen Phasen sich ein solcher reformorientierter Prozeß lokaler Schulpolitik vollzieht. Wir unterteilen dabei den Reformprozeß in Initiations-, Dezisions- und Implementationsphase (vgl. TILLMANN u.a. 1979, S. 95 ff.) und stellen im folgenden ein auf dieser Einteilung basierendes Phasenmodell dar:

Initiationsphase. Ausgangspunkt für die Errichtung von Reformschulen waren in allen untersuchten Gemeinden „Störungen" im lokalen Schulversorgungssystem: Außerhalb der vorhandenen Schulen des dreigliedrigen Systems traten vorwiegend demographische Veränderungen ein, die zu Reaktionen im Schulsystem zwangen. So führten häufig die Neuerrichtung von Wohnvierteln, wachsende Schülerzahlen oder steigende Übergangsquoten zu Kapazitätsengpässen im örtlichen Schulsystem. Damit wurde die kommunale Schulpolitik vor die Aufgabe gestellt, durch quantitative Erweiterung im Schulsystem für eine Wiederherstellung des Gleichgewichts zwischen Anforderungen und Angebot zu sorgen. So stellt BÜCHNER (1972, S. 70) in seiner Fallstudie über die Errichtung der Gesamtschule Weinheim fest: „Auslösendes Moment für den gesamten prozessualen Ablauf, an dessen vorläufigem Ende der Modellschulversuch mit einer integrierten Gesamtschule steht, sind nicht, wie man leicht vermuten könnte, bildungstheoretische Erwägungen, sondern die in der Mitte der 60er Jahre ansteigenden Schülerzahlen und die damit verbundene akute Schulraumnot im Weinheimer Sekundarschulbereich."
Ähnliches gilt für die Ausgangssituatoin etwa bei der Gesamtschulerrichtung in Freiburg-Haslach (vgl. BÜCHNER 1972) oder in Dortmund-Scharnhorst (vgl. BARGEL u. a. 1979): Dort galt es jeweils, die Schulversorgung für eine neu errichtete Trabantenstadt sicherzustellen.
Doch Störungen im System lokaler Schulversorgung können nicht nur durch steigende, sondern auch durch sinkende Schülerzahlen hervorgerufen werden. So weisen TILLMANN u. a. (vgl. 1979) darauf hin, daß beispielsweise in zwei hessischen Landgemeinden aufgrund von Konkurrenzgründen in Nachbarorten das jeweilige Gymnasium in eine akute Bestandsgefährdung geriet, so daß Maßnahmen zur Beseitigung der Störung dringend nötig wurden: Weil die Gemeinden das „Abitur am Ort" erhalten wollten, mußten sie auch reformorientierte Lösungen ins Kalkül ziehen. Hervorgehoben werden muß somit, daß die Dynamik kommunaler Schulentwicklung in der Regel durch die Probleme der Schulversorgung angestoßen wird: In der lokalpolitischen Machtarena stellen sich „Sachzwänge" ein, durch die ein Handlungsdruck ausgeübt wird. Daher muß der Schulträger Maßnahmen treffen, um die drohende Störung zu eliminieren. Erst auf der Grundlage eines solchen – ohnehin bestehenden – Handlungsdrucks wird dann auch über reformorientierte Lösungen diskutiert.
Dezisionsphase. In dieser Phase agieren die Schulpolitiker in Kreis und Kommune: Abgeordnete, Parteien, Bürgermeister, aber auch Bürgerinitiativen, Lehrerkollegien und Elternvertreter. In dieser „schulpolitischen Machtarena" – zu der auch die lokale Presse gehört – wird die Diskussion über die verschiedenen Handlungsalternativen zur Behebung der „Störung" geführt. Dieser Diskussions- und Entscheidungsprozeß wird vor allem durch zwei Faktorenbündel beeinflußt:
- Als *zentraler Wirkfaktor* erweisen sich die Vorgaben und Regelungen der jeweiligen Landesregierung: So bestimmen Schulgesetze, ob bestimmte Reformlösungen überhaupt möglich sind; weitere erläßliche Regelungen (wie etwa zur Mindestgröße von Schulen oder zur Schulbaufinanzierung) können den realen Entscheidungsspielraum der Kommune erheblich einschränken.
- Als *lokaler Wirkfaktor* erweisen sich Gruppenstrukturen und Interessenartikulationen in der „schulpolitischen Machtarena" am Ort. Dabei ist insbesondere bedeutsam, ob eine hinreichende Zahl reformorientierter Gruppen eine strukturverändernde Lösung vertritt.

Das Zusammenspiel beider Wirkfaktoren läßt sich wiederum an einem Beispiel verdeutlichen: Um das Neubaugebiet Freiburg-Haslach zu versorgen, sollte zunächst

ein Gymnasium neu errichtet werden. Einer solchen traditionellen Lösung des Versorgungsproblems widersprach eine Bürgerinitiative, indem sie die Errichtung einer Modell-Gesamtschule propagierte und hierfür sehr bald lokal wichtige Gruppen (SPD, kommunaler Schulträger, Eltern) gewinnen konnte. Aufgrund landespolitischer Vorgaben war zur damaligen Zeit (1967-1969) eine solche Reformlösung lokal möglich; denn damals regierte in Baden-Württemberg eine CDU/SPD-Koalition, die verabredet hatte, einige wenige Gesamtschulversuche einzurichten (vgl. BÜCHNER 1972, S. 101 ff.). Mit anderen Worten: Landespolitische Vorgaben bestimmen den Handlungsrahmen, indem sie verschiedene Möglichkeiten zur Behebung der lokalen Versorgungsstörung anbieten. Bei der Auseinandersetzung in der lokalpolitischen Machtarena geht es nun um die Frage, *welche* der möglichen Lösungen – eventuell welcher Standort – gewählt wird. An diesem Prozeß der lokalen Entscheidungsfindung beteiligen sich die verschiedenen Interessengruppen. Wenn von den zur Diskussion stehenden Handlungsalternativen bereits bestehende Schulen betroffen sind (Umwandlung, Zusammenlegung, Schließung), dann schalten sich Lehrer, Lehrerkollegien und Lehrerverbände in besonders vehementer Weise in die lokalpolitische Auseinandersetzung ein. Sie erweisen sich in dieser Auseinandersetzung als wichtiger Machtfaktor, weil sich insbesondere in kleineren Gemeinden Schulträger scheuen, Reformmaßnahmen gegen den erklärten Willen der als pädagogisch sachverständig geltenden Lehrer zu treffen.
Die Errichtungs- und Umwandlungsbeschlüsse der Kommune im Schulausschuß und im Gemeindeparlament erfolgen schließlich, nachdem in der schulpolitischen Machtarena eine gewisse Abklärung erfolgt ist und sich dort eine Mehrheits- oder gar Konsensposition herausgeschält hat. Die zum Schluß getroffene Entscheidung – ob reformorientiert oder nicht – muß dabei stets eine Anforderung erfüllen: Sie muß einen Beitrag zur Behebung der in der Initiationsphase aufgetretenen Störung leisten.
Implementationsphase. In Freiburg, Weinheim und Dortmund wurden integrierte Gesamtschulen eingerichtet, in den hessischen Landgemeinden wurden die Gymnasien in kooperative Gesamtschulen umgewandelt. Damit obliegt es nun den betroffenen Lehrern, das jeweilige Reformmodell in die schulische Alltagspraxis umzusetzen. Diese Arbeit in der Implementationsphase wird zu einem erheblichen Teil von den Lehrern geleistet, die sich zuvor in der Dezisionsphase schon konflikthaft um die Durchsetzung einer jeweils bestimmten Schulform bemüht haben.
Eine Verkoppelung zwischen Dezisions- und Implementationsphase wird somit vor allem durch die Gruppe der Lehrer und ihr jeweiliges Reformengagement hergestellt: Haben Lehrer in der Dezisionsphase nur eine geringe Reformbereitschaft gezeigt und zugleich (vergeblich) versucht, eine Reformlösung zu verhindern, so entwickeln sie nur eine geringe Bereitschaft zur pädagogischen Umsetzung des Reformmodells. Haben Lehrer jedoch in der Dezisionsphase ein hohes Engagement zur Durchsetzung des Reformmodells gezeigt, so findet sich auch eine entsprechende Motivation bei der Realisierung dieses Konzepts. Die Zusammensetzung der „innerschulischen Machtarena", das heißt das Kräfteverhältnis dieser beiden Lehrergruppen bestimmt nun zum erheblichen Teil die Implementationstreue bei der Umsetzung des Reformmodells in die Alltagspraxis.
Der pädagogische Alltag eines Reformmodells nach der Neu- oder Umgründung ist damit auch abhängig von den Auseinandersetzungen, die im Verlaufe der Dezisionsphase in der „schulpolitischen Machtarena" ausgetragen wurden und in deren Verlauf sich bei den künftigen Lehrern deutliche Absichten zur Umsetzung (oder Nichtumsetzung) von Reformzielen herauskristallisieren.

3.2 Perspektiven lokalpolitischer Schulforschung

Ohne Zweifel decken die zuvor referierten Untersuchungen nur einen speziellen Bereich kommunaler Schulpolitik ab: Es geht um lokale Auseinandersetzungen zur Überwindung des dreigliedrigen Schulsystems, die sich historisch eingliedern in die Bildungsreformphase der 70er Jahre. Vorschnelle Verallgemeinerungen des skizzierten Phasenmodells sind daher sicher fehl am Platze. Dennoch lassen sich einige verallgemeinernde Anmerkungen über die Bedeutung lokaler Schulpolitik und über die Notwendigkeit ihrer Erforschung anschließen:
In der erziehungswissenschaftlichen Literatur wird Bildungs- und Schulpolitik fast ausschließlich in zentraler beziehungsweise bundesstaatlicher Sichtweise behandelt: Betrachtet werden Auseinandersetzungen auf der Ebene des Staates oder einzelner Bundesländer, in denen die über Parteien und Verbände vermittelten gesellschaftlichen Interessen auf das Schulwesen Einfluß zu nehmen suchen (vgl. BAETHGE 1974, ERLINGHAGEN 1977). Im Ergebnis entstehen dann bundesweite Planvorgaben (wie der Bildungsgesamtplan) oder landesweite Regelungen (von der Lehrermeßzahl bis zu den Rahmenrichtlinien), die für alle Schulen verbindlich die Rahmenbedingungen des Unterrichts setzen.
Gegenüber einem solchen zentralistischen (Miß-)Verständnis von Schulpolitik haben die referierten Untersuchungen aufgezeigt, daß die Diskussions- und Entscheidungsprozesse auf der Ebene der Gemeinden keineswegs von geringer politischer Bedeutung für die jeweiligen Schulen sind. Denn zum einen wurde deutlich, daß bei aller landesgesetzlichen Regelung die Kommunen als Schulträger immer auch Entscheidungskompetenzen haben, die sich schulstrukturell nutzen lassen. So kann etwa die Kompetenz genutzt werden, um zu einem Schulwesen zu gelangen, das auf Integration und Abbau von Benachteiligung ausgerichtet ist (Errichtung von Schulzentren, Errichtung von Schulversuchen, Neubau in benachteiligten Gegenden). Die Kompetenz des Schulträgers kann aber auch für genau die entgegengesetzte Intention eingesetzt werden. Die bisher vorliegenden Untersuchungen zeigen, daß sich reformorientierte Entscheidungen nur nach konflikthaften Debatten und nur bei ausreichender Unterstützung durch gesellschaftliche Gruppen vor Ort durchsetzen lassen. Dies verweist auf politische Prozesse, in der die betroffenen Schulen und ihre Mitglieder nicht nur Objekte ferner Entscheidungen sind, sondern selbst als Subjekte in den politischen Konflikt eingreifen können. Über Mechanismen und Strategien beim Agieren in der „schulpolitischen Machtarena" ist zwar noch wenig bekannt. Es gibt jedoch hinreichend Anzeichen dafür, daß das Ergebnis solcher lokaler Auseinandersetzungen deutliche Auswirkungen auf das örtliche Schulangebot hat. So ist – um ein Beispiel zu nennen – bei gleicher landesrechtlicher Regelung die Förderstufe in Wetzlar seit langem flächendeckend eingeführt, während sie in Frankfurt/M. bis heute (1984) verhindert werden konnte.
Es zeigt sich somit, daß die Erforschung schulischer Reformentwicklungen nicht bei der Analyse landesweiter Programmatiken und entsprechender quantitativer Trends stehenbleiben darf, sondern daß die schulpolitischen Prozesse auf der Ebene der Gemeinde mit in den Blick rücken müssen. Dies gilt nicht nur für die Frage, *ob* ein Reformkonzept lokal umgesetzt wurde, sondern betrifft auch das Problem, wie dies *inhaltlich* vollzogen wurde: Was bleibt von den ursprünglichen konzeptionellen Vorstellungen übrig, nachdem eine Gemeinde eine zentral empfohlene Reform zwar beschlossen, aber zugleich an die eigenen Strukturen und Vorstellungen angepaßt hat?
All diese Problemebenen sind in einigen Ansätzen zur Theorie der Schulentwick-

lung (vgl. BAUER/ROLFF 1978, ROLFF/TILLMANN 1980) zwar bereits angesprochen, zu ihrer systematischen Entfaltung fehlt es jedoch an weiterem empirischem Material. Insbesondere sind hier Fallstudien zu fordern, die sich mit den eher alltäglichen Entscheidungen kommunaler Schulpolitik innerhalb des bestehenden Schulsystems befassen: Die Frage, welche Interessen sich bei der Neuschneidung von Schulbezirksgrenzen durchsetzen (und wie sich das auf die Ausländeranteile einzelner Schulen auswirkt), sollte dabei ebenso in den Blickpunkt der Forschung geraten wie die gegenwärtig an vielen Standorten anstehenden Auseinandersetzungen um die Schließung kleiner Schulen. Erst wenn mehrere solcher Untersuchungen vorliegen, lassen sich - über die Gesamtschulauseinandersetzungen hinaus - soziale Regelmäßigkeiten kommunaler Schulpolitik beschreiben und in eine *auch* gemeindebezogene Theorie der Schulentwicklung einbringen.

4 Gemeinde als Sozialisationsumwelt

Die Beschreibung lokalpolitischer Entscheidungsprozesse hat verdeutlicht, in welchem Maße die Schule in den Lebens- und Kommunikationszusammenhang der Gemeinde eingebunden ist. Dies gilt jedoch nicht nur bei politischen Diskussions- und Entscheidungsprozessen, sondern bezeichnet einen generellen Zusammenhang in einer lokalen Lebenswelt: Schüler wachsen in der Gemeinde auf und machen dort Erfahrungen, die sie in die Schule hineintragen; die Schule wiederum organisiert Lernprozesse, die auch in den Kommunikationszusammenhang der Gemeinde hineinwirken. Die Fragestellung nach dem Zusammenhang zwischen lokaler Umwelt und schulischem Lernen ist in der Erziehungswissenschaft erst allmählich herausgearbeitet und in jüngerer Zeit als sozialökologische Perspektive differenziert entfaltet worden (vgl. WALTER 1981). Seinen Ausgang nahm dieses Interesse in den 60er Jahren bei der Untersuchung regionaler Disparitäten der Bildungsbeteiligung: In mehreren Studien wurde eindrucksvoll belegt, wie stark die Beteiligung an bestimmten Bildungsangeboten von der regionalen Erreichbarkeit entsprechender Schulen abhängig ist (vgl. GEIPEL 1965, 1968; vgl. PEISERT 1967). Während diese Untersuchungen das unterschiedliche Bildungsverhalten noch allein aus regionalen Angebotsstrukturen zu erklären suchten, bemühte sich die empirische Bildungsforschung der 70er Jahre zusätzlich um eine differenzierte Aufhellung der motivationalen Hintergründe. Damit wurde die Herausbildung von Einstellungen, Werthaltungen und Verhaltensformen Heranwachsender zunehmend zum Gegenstand empirischer Sozialisationsforschung. Daß auch hierbei deutliche Bezüge zu Region und Gemeinde vorliegen, wiesen FEND u. a. (vgl. 1976, S. 452) auf: Im Rahmen ihrer Schulsystemvergleichsforschung fanden sie heraus, daß die Unterschiede zwischen städtischen und ländlichen Schulen gleicher Schulform häufig größer sind als die zwischen unterschiedlichen Schulformen vergleichbarer Regionen. Damit bestätigte sich, daß Schulklima, Schülerverhalten und Lehrereinstellungen von der jeweiligen lokalen Einbindung abhängig sind, daß also zwischen dem lebensweltlichen Kontext der Schule und den in ihr ablaufenden Sozialisationsprozessen ein - auch empirisch meßbarer - Zusammenhang besteht. Bei dieser Erkenntnis knüpft die sozialökologische Sozialisationsforschung an. Sie geht von dem Grundgedanken aus, daß man „die Sozialisation von Kindern und Jugendlichen nicht angemessen aufarbeiten kann, wenn man sie aus der Einbettung in ihre natürliche und soziale Umwelt analytisch oder praktisch herausreißt. Dabei reicht es nicht hin, die Umwelt über unspezifische Bereichsangaben (z. B. Mittel- vs. Unterschicht, Stadt vs. Land) zu berücksichtigen, vielmehr gilt es, sie als vielschichtige Erfahrungs- und

Problemwelten in ihren spezifischen Konfigurationen aufzunehmen" (BARGEL u. a. 1981, S. 186). Mit anderen Worten: Eine sozialökologische Forschung versucht, die konkrete lokale Umwelt einer Schule, so das Dorf, die Gemeinde, das Quartier, als lebensweltliche Einheit zu erfassen. Eine solche Lebenswelt besteht aus der unauflösbaren Verschränkung von räumlichen Bedingungen (Bauten, Wohnungen, Straßen, ...) und dem damit verbundenen sozialen Leben (Bevölkerungsstruktur, Kommunikationsformen, soziale Kontrolle, ...). Die sozialökologische Sozialisationsforschung stellt sich nun die Aufgabe, den Zusammenhang zwischen spezifischen lokalen Wohnumwelten und den in ihnen ablaufenden Sozialisationsprozessen zu ermitteln. Ein solcher Forschungsansatz formuliert die Frage nach dem Zusammenhang zwischen Schule und Gemeinde in einer äußerst komplexen Weise neu; denn er beschränkt sich nicht auf juristische, planerische oder kommunalpolitische Bezüge, sondern bezieht den Kernbereich schulischen Handelns – die Sozialisation und Erziehung von Schülern – zentral in die Betrachtung ein. Der erste Schritt jeder sozialökologischen Sozialisationsforschung besteht in der definitorischen Abgrenzung von lokalen Lebenswelten. Solche Gebietseinheiten sind zu beschreiben und zu typisieren, um dann – in einem zweiten Schritt – die Sozialisationsprozesse in diesen unterschiedlichen Umwelttypen zu erforschen. Auf beide Schritte wird im folgenden nacheinander eingegangen.

4.1 Sozialökologische Typisierung lokaler Umwelten

Seit Beginn der 70er Jahre beschäftigt sich eine Gruppe Konstanzer Wissenschaftler mit dem Problem einer sozialisationsorientierten Typisierung lokaler Umwelten (vgl. BARGEL u. a. 1973, MUNDT 1980). Als Ergebnis ihrer umfangreichen empirischen Forschungs- und Entwicklungsarbeit haben sie das Konzept der „Soziotopen" vorgelegt: „Unter Soziotopen sind abgrenzbare Gebietseinheiten (Areale, Quartiere, Kleingemeinden) zu verstehen, in denen jeweils spezifische Bündel von Bedingungen jeweils andersartige Grundmuster sozialer Situationen und Probleme erzeugen. Sie sind damit besondere Kontexte des sozialen Geschehens, insbesondere für Sozialisationsverläufe, Erziehungsprobleme und Bildungschancen. Sie liegen in der Größenordnung zwischen den unmittelbaren Nachbarschaften [...] und der übergreifenden Region/Stadt" (BARGEL u. a. 1981, S. 194).

Bargel u. a. haben im Laufe ihrer langjährigen Arbeit 15 verschiedene Soziotope identifiziert und beschrieben: von der „traditionellen Bauerngemeinde" über das „verstädterte Wohndorf" bis zum städtischen „Viertel von Besitz und Bildung". All diese Soziotope lassen sich in ein Koordinatensystem mit den Dimensionen „Lebensstil" und „Lebenschancen" einordnen (vgl. Abbildung 1). Daran wird deutlich, daß das Aufwachsen in diesen verschiedenen Umwelttypen mit einem unterschiedlichen Maß an Privilegierung beziehungsweise Nicht-Privilegierung verbunden ist. Die einzelnen Soziotopen werden von den Autoren daten- und materialreich beschrieben. So heißt es beispielsweise über die „städtische Mietwohnsiedlung":
„Dieser Soziotop ist durch seine Abgeschlossenheit bestimmt: es handelt sich um Wohnviertel mit Grünflächen, meist im sozialen Wohnungsbau errichtet, die auf dem Reißbrett bereits als ‚Siedlung' entworfen wurde. Es handelt sich durchweg um Mietwohnungen. Es überwiegen in diesen Siedlungen mittlere Ausbildungsqualifikationen und mittleres Einkommen. Vorherrschend und hier am ausgeprägtesten ist die Familienform der Kernfamilie [...] Von Sondersituationen abgesehen wohnen in diesen Trabantensiedlungen überwiegend ‚Kleinbürger' nach sozialer Stellung und Mentalität: d. h. Bevölkerungsgruppen, die überwiegend als kleinere und mittlere

Schule im kommunalen Kontext

Angestellte, als qualifizierte Arbeiter oder einfache, mittlere und gehobene Beamte berufstätig sind. In diesen Siedlungen herrschen die vielbeschriebenen ‚Mittelstandsnormen' vor: Ordnung, Sauberkeit, Anpassung, neidvoller Konsumvergleich, Aufstiegsstreben" (BARGEL u. a. 1973, S. 36).

Abbildung 1: Die Soziotope in den theoretischen Koordinaten von Lebenschancen und Lebensstil

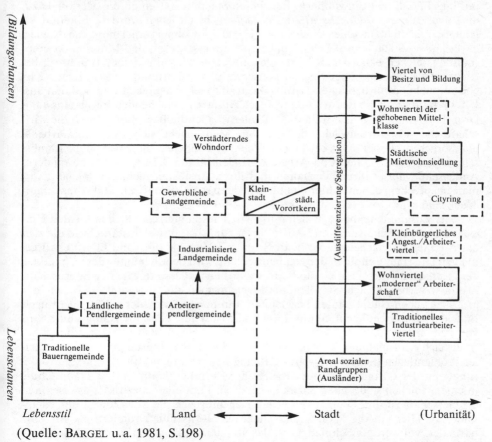

(Quelle: BARGEL u. a. 1981, S. 198)

Während die Leistungsfähigkeit des Soziotopen-Konzepts für die Analyse *vorschulischer* Sozialisationsprozesse empirisch bereits überzeugend nachgewiesen wurde (vgl. MUNDT 1980), steht die Erforschung des Zusammenhangs zwischen *schulischen* Problemen und lokalen Umwelttypen erst noch am Anfang. Neben anderen Arbeiten (vgl. BEHNKEN/ZINNECKER 1982, RÖSNER/TILLMANN 1982) ist hier insbesondere auf ein Forschungsprojekt des Deutschen Jugendinstituts zu verweisen, das Hauptschulen in unterschiedlichen Soziotopen (wie in der Kleinstadt und der Mietwohnsiedlung) systematisch miteinander vergleicht (vgl. GAISER u. a. 1979, HÜBNER-FUNK 1978, HÜBNER-FUNK/MÜLLER 1981). Der fallstudienartige Vergleich dieser Hauptschulen liefert nun keinesfalls repräsentative Ergebnisse; er macht aber plastisch deutlich, welche Erkenntnismöglichkeiten in einer systematisch betriebenen sozialökologischen Schulforschung stecken. Deshalb soll auf einige Aspekte dieses Forschungsprojektes näher eingegangen werden.

4.2 Hauptschulprobleme: Schulische Sozialisation in unterschiedlichen Umwelten

Eine der untersuchten Hauptschulen steht in einer Münchener Vorstadtsiedlung mit ungefähr 12000 Einwohnern. Für diesen Stadtteil treffen all die Merkmale zu, die zuvor für die *städtische Mietwohnsiedlung* beschrieben wurden. Eine andere Hauptschule steht in einer *Kleinstadt* (11000 Einwohner) im ländlichen Niederbayern: „Das Städtchen ist Schul- und Verwaltungsstadt [...] und Mittelpunkt eines traditionsreichen bäuerlichen Umlandes mit einer Vielzahl kleiner Handwerksbetriebe. Die Leute sind überwiegend konservativ, der Einfluß der katholischen Kirche auf viele Lebensbereiche ist groß. Da strahlt viel Behäbigkeit und Solidität aus. Um so stärker fällt die Beunruhigung durch Ansätze abweichenden Verhaltens auf – Drogen, Alkohol, Jugendkriminalität. Realer ist aber die Bedrohung durch die wirtschaftliche Strukturschwäche der Region. Man macht sich zu Recht Arbeitsplatzsorgen: trotz der auch bei Jugendlichen vorhandenen ‚Bodenständigkeit' müssen viele, um Lehrstellen und Arbeit zu finden, in die Ballungszonen abwandern. Außenseiter, die in ihrem Verhalten und ihren Ansichten nicht den lokalen Normen entsprechen, haben es hier nicht leicht, denn soziale Kontrolle und Anpassungsdruck sind sehr groß" (GAISER u. a. 1979, S. 146).

Welcher Zusammenhang zeigt sich nun zwischen so unterschiedlichen lokalen Umwelten und der Schulsituation? Auffällig ist zunächst, in welch starkem Maße sich das Ansehen unterscheidet, das beide Schulen in Bevölkerung und Elternschaft genießen: Die Hauptschule in der Neubausiedlung wird deutlich unter dem Charakter der „Restschule" gesehen; sie stößt auf weitgehendes Desinteresse der Elternschaft. Dahinter verbergen sich vor allem die Mechanismen, die insgesamt die Misere der großstädtischen Hauptschulen bezeichnen: Ein hoher Anteil der Schüler geht nach Ende der Grundschule auf Gymnasium und Realschule über, die Hauptschule wird von denjenigen Schülern besucht, die „es nicht geschafft haben". Unter ihnen befindet sich ein zunehmender Anteil solcher Schüler, die aufgrund besonderer sozialer Problemlagen (Scheidungswaisen, Randgruppenfamilien) die Leistungsanforderungen in der Grundschule nur unzureichend erfüllen konnten. Die Hauptschule in einem solchen städtischen Soziotop hat es also mit einer spezifisch ausgelesenen Schülerschaft zu tun. Ganz anders stellt sich hingegen die Situation in der Kleinstadt dar. Hier gilt die Hauptschule nicht als „Restschule", sondern als ein ganz normales, vollwertiges Schulangebot, das von dem größten Teil der Bevölkerung – insbesondere aus dem dörflichen Umfeld – besucht wird.

Das hohe Ansehen der Hauptschule in der Kleinstadt ist verbunden mit einer kulturellen Funktion für die Gemeinde. Die Bevölkerung „erwartet noch etwas von ihr, was über Wissensvermittlung und reine schulische Erziehung hinausgeht" (GAISER u. a. 1979, S. 147). Die Hauptschule erfüllt diese Erwartungen vor allem durch die musischen Aktivitäten ihrer Lehrer: Lehrerorchester, Schulchor und Instrumentalgruppe können in der Konkurrenz mit Realschule und Gymnasium durchaus mithalten. Darüber hinaus haben die – in der Gemeinde hoch angesehenen – Hauptschullehrer wichtige Aufgaben in der örtlichen Jugendarbeit, im Sportverein, in der Rathauspolitik übernommen. Diese intensive Integration der Lehrer in den Lebenszusammenhang der Kleinstadt scheint in einem spezifischen Zusammenhang zu stehen mit ihrem Berufsverständnis als Erzieher ihrer Schüler: „Ihre herausgehobenere Stellung vermittelt ihnen eine *Vertrautheit* mit Schülern und Eltern, und sie sind sich ihrer Möglichkeiten, kontrollierend, stützend oder anregend auf Schüler einzuwirken, durchaus bewußt [...] Sie haben viel weniger als ihre großstädtischen Kollegen die Möglichkeit, ihren Schülern außerhalb des Schulalltags auszuweichen" (GAISER u. a. 1979, S. 149).

Damit wird plausibel, daß ein Zusammenhang zwischen der Situation der Gemeinde, dem Quartierklima und einem damit korrespondierenden Berufsverständnis der Lehrer besteht. Es liegt auf der Hand, daß sich ein solches lokaltypisches Berufsverständnis auch in den unterrichtlichen Interaktionen äußert und das Schulklima und die Lernatmosphäre beeinflußt. Ein Vergleich mit der Lehrerrolle in der städtischen Neubausiedlung macht dieses zusätzlich deutlich: Die allermeistens Lehrer dort wohnen nicht im Neubauviertel, sondern kommen lediglich zum Unterricht in das Quartier. Da sie in das soziale Leben des Quartiers nicht eingebunden sind, kennen sie die Lebensverhältnisse nur vom Hörensagen; was die Schüler außerhalb der Schulzeit machen, wissen sie kaum. Aktivitäten der Schule, die auf das Hineinwirken in den Stadtteil angelegt sind, gibt es nicht. Da auch die Elternabende kaum frequentiert werden, findet sich eine Art Kommunikations- und Wahrnehmungsschranke zwischen dem Quartier und der Schule. Unter solchen Bedingungen können die Lehrer Orientierungsmarken für ihr pädagogisches Handeln weder aus einem Einblick in die lokale Lebenswelt noch gar aus der differenzierten Kenntnis der Situation einzelner Schüler entnehmen. Sie ziehen sich daher auf ihre institutionelle Rolle und ihren (überlokalen) Auftrag der Wissensvermittlung zurück: „Das reibungslose Funktionieren des Schulalltags, ein gegenüber den Schülern neutraler und nüchterner, auf Effizienz bedachter Verhaltensstil sind die Kennzeichen des Unterrichts" (GAISER u. a. 1979, S. 148).

Mit anderen Worten: Die Rolle eines Erziehers, der sich auch um außerunterrichtliche Belange seiner Schüler kümmert, wird hier abgelehnt oder als nicht einlösbar betrachtet. Damit deutet sich an, daß ein Zusammenhang besteht zwischen einer eher anonymen Wohnsituation, einem entsprechenden Quartiersklima und dem in der Schule herrschenden „Schulklima". Der Gesamtzusammenhang dieser Bedingungen stellt das Sozialisationsmilieu dar, in dem die Hauptschüler in der Neubausiedlung aufwachsen.

4.3 Perspektiven sozialökologischer Schulforschung

Der Vergleich der beiden Hauptschulen hat angedeutet, in welcher Weise innerschulische Lern- und Sozialisationsprozesse durch die jeweilige Einbindung in Gemeinde und Wohnquartier beeinflußt werden. Dabei wurden hier eher beispielsweise zwei Mechanismen herausgearbeitet, über die sich der Zusammenhang zwischen dem Lebenskontext der Gemeinde und der pädagogischen Praxis in der Schule herstellt: Die Rekrutierung der Schülerpopulation und das Berufsverständnis der Lehrer. Nun ist es keineswegs eine neue Erkenntnis, daß diese Faktoren den schulischen Sozialisationsprozeß erheblich beeinflussen. Theorieentwürfe unterschiedlicher Ausprägung, die den Zusammenhang zwischen Schule und gesellschaftlichen Prozessen in der Bundesrepublik Deutschland beschreiben (vgl. FEND 1980, HURRELMANN 1975), nehmen immer auch auf diese Wirkungsmechanismen Bezug. Allerdings erfolgt dabei die Analyse auf einer globalen, gleichsam „überlokalen" Ebene, indem „das System" Schule mit dem gesellschaftlichen Gesamtsystem in Bezug gesetzt wird. Die Tatsache, daß Sozialisation und schulisches Lernen nicht irgendwo, sondern stets in einer konkreten Lebenswelt – in einer Gemeinde – statt-

findet, wird in solchen Analysen nicht berücksichtigt. Nun zeigen aber die wenigen sozialökologischen Betrachtungen von Schule bereits sehr deutlich, wie stark in unterschiedlichen Lokalitäten sich solche generellen Zusammenhänge zuspitzen oder partiell auch verschwinden können. Wenn also eine Theorie der Schule lokale und regionale Differenzierungen nicht in den Blick nimmt, gehen konkrete pädagogische Problemlagen nur zu leicht im statistischen Durchschnitt gesamtgesellschaftlicher Analysen unter. Diese Kritik soll im folgenden unter Rückbezug auf das zuvor referierte Forschungsbeispiel präzisiert werden:
Schultheoretische Analysen des dreigliedrigen Schulsystems verweisen stets auf dessen klassen- und schichtenspezifische Selektionsmechanismen. Die Aufteilung der Schüler – angeblich nach Leistung oder nach „Begabungsrichtungen" – erweist sich tatsächlich als eine Differenzierung nach sozialer Herkunft, durch die vor allem Arbeiter- und Ausländerkinder in die unterprivilegierte Hauptschülerposition eingewiesen werden. Aus dieser generell richtigen Analyse wird häufig folgende typisierende Beschreibung des Sozialisationsklimas in der Hauptschule abgeleitet: Aggressivität und Lethargie von Schülern, Disziplinschwierigkeiten und autoritäre Lehrerkontrolle kennzeichnen das Unterrichtsklima in der „Restschule" (vgl. NYSSEN 1975, S. 64 ff.). Die vorangegangene sozialökologische Analyse hat nun aber sehr deutlich gemacht, daß sich das Rekrutierungsfeld der Hauptschule regional sehr unterschiedlich darstellt: Lebensverhältnisse und Traditionen im lokalen Umfeld bestimmen, ob die Hauptschule als „normales" und durchaus angesehenes Schulangebot für die Mehrheit der Bevölkerung gilt oder aber ob sie in die Position einer stigmatisierten „Restschule" mit all ihren internen Problemen gelangt. Mit dem unterschiedlich weiten Rekrutierungsfeld der Hauptschule in verschiedenen Soziotopen gehen somit deutlich unterschiedliche Belastungen des Lern- und Sozialisationsprozesses einher. Von schultheoretischen Analysen ist nun zu fordern, daß sie sich stärker als bisher vor generellen und damit überlokalen Typisierungen hüten. Vielmehr ist es notwendig, regional unterschiedliche Bedingungskomplexe zentral mit in den Blick zu nehmen.
Gleiches gilt für die Analyse von Bewußtseinslagen und Verhaltensweisen von Lehrern. Auch hier ist den vorliegenden Analysen wiederum ihr überlokaler Charakter gemeinsam: Betrachtet wird das „Gesellschaftsbild des Gymnasiallehrers" (SCHEFER 1969), untersucht werden „Strukturkonflikte des Lehrerberufs" (LANGE-GARRITSEN 1972) oder es wird gar die „typische Lehrerpersönlichkeit" (vgl. MÜLLER-FOHRBRODT 1972) ermittelt. Auch hier geht es nicht darum, den Stellenwert solcher Analysen generell in Frage zu stellen. Allerdings wird in einer sozialökologischen Perspektive deutlich, daß die jeweilige Interpretation der Lehrerrolle in deutlichem Zusammenhang steht mit der lebensweltlichen Einbindung des Lehrers selbst: Die Position des Lehrers in der Gemeinde, der Grad seiner Bekanntschaft mit dem Wohnquartier, seine Aktivitäten in gesellschaftlichen Gruppen und sein Ansehen in der Öffentlichkeit – all diese Merkmale der Integration in die Gemeinde scheinen auch die berufliche Tätigkeit des Lehrers in der Schule zu beeinflussen. Der Vergleich des Berufsverständnisses von Hauptschullehrern in der Kleinstadt und in der Mietwohnsiedlung hat dies plastisch deutlich gemacht. Die vorliegenden Analysen von Lehrerrollen und Lehrerarbeit haben sich allerdings mit einer solchen Perspektive so gut wie gar nicht beschäftigt. Damit wird auch hier auf die Relevanz einer sozialökologischen Forschungsperspektive für die Differenzierung und Weiterentwicklung einer Theorie der Schule verwiesen. Die erziehungswissenschaftliche Analyse der Gemeinde und des Wohnquartiers als Lebenswelt von Schülern, Lehrern und Eltern erscheint notwendig, damit sowohl der gesellschaftliche Funktionszusam-

menhang von Schule als auch die Dynamik pädagogischer Interaktionen in der Schule besser als bisher theoretisch gefaßt werden können.

BAETHGE, M.: Bildungspolitik - Bildungsreform. In: WULF, CH. (Hg.): Wörterbuch der Erziehung, München 1974, S. 89 ff. BARGEL, T. u. a.: Bildungschancen und Umwelt I, Teil I. Eine Studie zur sozialen Evaluation im Elementarbereich. Deutscher Bildungsrat: Materialien zur Bildungsplanung, Heft 3, Braunschweig 1973. BARGEL, T. u. a.: Gesamtschule und Gemeinde. Entwicklung und Situation von Gesamtschulen in vier verschiedenen Umfeldern, Paderborn/München/Wien/Zürich 1979. BARGEL, T. u. a.: Soziale und räumliche Bedingungen der Sozialisation von Kindern in verschiedenen Soziotypen. In: WALTER, H. (Hg.): Region und Sozialisation, Bd. 1, Stuttgart 1981, S. 186 ff. BAUER, K.-O./ROLFF, H.-G. (Hg.): Innovation und Schulentwicklung, Weinheim/Basel 1978. BAUMERT, J.: Aspekte der Schulorganisation und Schulverwaltung. In: MAX-PLANCK-INSTITUT FÜR BILDUNGSFORSCHUNG, PROJEKTGRUPPE BILDUNGSBERICHT (Hg.): Bildung in der Bundesrepublik Deutschland, Bd. 1, Reinbek 1980, S. 589 ff. BEHNKEN, I./ZINNECKER, J.: Schülerkultur in Provinz und Metropole - Beobachtungen und Untersuchungen. In: Westerm. P. Beitr. 34 (1982), S. 342 ff. BÜCHNER, P.: Schulreform durch Bürgerinitiative. Möglichkeit und Grenzen von Gesamtschulversuchen, München 1972. ERLINGHAGEN, K.: Bildungspolitik. In: ROMBACH, H. (Hg.): Wörterbuch der Pädagogik, Bd. 1, Freiburg/Basel/Wien 1977, S. 141 ff. FEND, H.: Theorie der Schule, München 1980. FEND, H. u. a.: Sozialisationseffekte der Schule, Weinheim/Basel 1976. GAISER, W. u. a.: Schule im sozialökonomischen Kontext. Bedingungen inner- und außerschulischen Lernens bei Hauptschulabsolventen. In: Uw. 7 (1979), S. 143 ff. GEIPEL, R.: Sozialräumliche Strukturen des Bildungswesens. Studien zur Bildungsökonomie und zur Frage der gymnasialen Standorte in Hessen, Frankfurt/M. 1965. GEIPEL, R.: Bildungsplanung und Raumordnung, Frankfurt/M. 1968. HERRLITZ, H.-G. u. a.: Deutsche Schulgeschichte von 1800 bis zur Gegenwart. Eine Einführung, Königstein 1981. HÜBNER-FUNK, S.: Hauptschüler auf Lehrstellensuche in verschiedenen städtischen Umwelten. In: Dem. E. 4 (1978), S. 389 ff. HÜBNER-FUNK, S./MÜLLER, H.-U.: Hauptschüler vor dem Eintritt in die Arbeitswelt - Eine vergleichende sozialökologische Studie aus bayerischen Stadtgebieten. In: WALTER, H. (Hg.): Region und Sozialisation, Bd. 2, Stuttgart 1981, S. 137 ff. HURRELMANN, K.: Erziehungssystem und Gesellschaft, Reinbek 1975. KLEMM, K. u. a.: Orientierungsstufe im Flächenversuch. Eine empirische Studie zur flächendeckenden Implementation eines Reformkonzepts, Weinheim/Basel 1978. LANGE-GARRITSEN, H.: Strukturkonflikte des Lehrerberufs, Düsseldorf 1972. LESCHINSKY, A./ROEDER, P. M.: Schule im historischen Prozeß, Stuttgart 1976. LIETZ, H.: Schulreform durch Neugründung. Ausgewählte pädagogische Schriften, Paderborn 1970. MEYER, R.: Das Berechtigungswesen in seiner Bedeutung für Schule und Gesellschaft im 19. Jahrhundert. In: HERRMANN, U. (Hg.): Schule und Gesellschaft im 19. Jahrhundert, Weinheim/Basel 1977, S. 371 ff. MÜLLER-FOHRBRODT, G.: Persönlichkeitsmerkmale von Lehrerstudenten und jungen Lehrern, Konstanz 1972. MUNDT, J. W.: Vorschulkinder und ihre Umwelt. Eine Studie über Lebensbedingungen und Entwicklungschancen, Weinheim/Basel 1980. NYSSEN, E. (Hg.): Unterrichtspraxis in der Hauptschule, Reinbek 1975. PEISERT, H.: Soziale Lage und Bildungschancen in Deutschland, München 1967. ROLFF, H.-G. u. a.: Die Stufenschule - Ein Leitfaden zur kommunalen Schulentwicklungsplanung, Stuttgart 1974. ROLFF, H.-G./TILLMANN, K.-J.: Schulentwicklungsforschung - theoretischer Rahmen und Forschungsperspektive. In: ROLFF, H.-G. u. a. (Hg.): Jahrbuch der Schulentwicklung, Bd. 1, Weinheim/Basel 1980, S. 237 ff. RÖSNER, E./TILLMANN, K.-J.: Schule in der Trabantensiedlung. In: ROLFF, H.-G. u. a. (Hg.): Jahrbuch der Schulentwicklung, Bd. 2, Weinheim/Basel 1982, S. 181 ff. SCHULE IM RECHTSSTAAT, Bd. 1: Entwurf für ein Landesschulgesetz. Bericht der Kommission Schulrecht des Deutschen Juristentages, München 1981. SCHEFER, G.: Das Gesellschaftsbild des Gymnasiallehrers, Frankfurt/M. 1969. STAUPE, J.: Strukturen der Schulträgerschaft und Schulfinanzierung. In: MAX-PLANCK-INSTITUT FÜR BILDUNGSFORSCHUNG, PROJEKTGRUPPE BILDUNGSBERICHT (Hg.): Bildung in der Bundesrepublik Deutschland, Bd. 2, Reinbek 1980, S. 867 ff. STEPHANY, H.: Staatliche Schulhoheit und kommunale Selbstverwaltung, Stuttgart 1964. TILLMANN, K.-J. u. a.: Kooperative Gesamtschule - Modell und Realität. Eine Analyse schulischer Innovationsprozesse, Weinheim/Basel 1979. WALTER, H. (Hg.): Region und Sozialisation, 3 Bde., Stuttgart 1981.

Wilfried Breyvogel

Soziale Lage und Berufsbewußtsein von Lehrern

1   Einleitung
2   Ausdifferenzierung der Berufsgruppe der Gymnasiallehrer
2.1 Allgemeine Voraussetzungen
2.2 Besoldung der Gymnasiallehrer bis 1914
3   Soziale und kulturelle Lage der Volksschullehrer bis 1914
3.1 Materielle Situation der Volksschullehrer
3.2 Aspekte des Berufsbewußtseins und des Selbstverständnisses der Volksschullehrer
3.2.1 Soziale Herkunft und Heiratsverhalten der Volksschullehrer (1860–1925)
3.2.2 Ausbildung als Destabilisierung
3.2.3 Beteiligung der Volksschullehrer an Agitationsvereinen und Parteien (1890–1914)
3.2.4 Bildungsverhalten und Sozialdisziplinierung
4   Entwicklung der materiellen und ideellen Lage der Lehrer im 20. Jahrhundert
4.1 Reichsbesoldungsgesetze – Kürzung der Beamtengehälter – mentale Faschisierung – Lehrermangel
4.2 Besoldung – Bildungsexpansion – Berufsverbote – Lehrerarbeitslosigkeit
5   Schluß

Zusammenfassung: Ausgangspunkt ist die Darstellung der materiellen Lage der Lehrer an den ersten bevorrechtigten Gymnasien im Vormärz. Im folgenden wird davon die materielle Lage der Volksschullehrer abgesetzt und beide zu den Einkommen von Industriearbeitern in Beziehung gesetzt. Daran schließen sich Aspekte des Berufsbewußtseins und der kulturellen Einlagerung der Volksschullehrer in die Gesellschaft des Kaiserreichs. Für die Phase bis 1945 werden die Entwicklung der Besoldung, die Verarbeitung der Krise ab 1928 und die Beziehung der Lehrer zum Nationalsozialismus dargestellt. Für die Nachkriegszeit wird die Reorganisation des sozialen Status des Volks-, jetzt Grund- und Hauptschullehrers, die veränderte Rekrutierungsbasis der Lehrerberufe, die erzwungene politische Loyalisierung und die Verstärkung berufsständischer Positionen in der gegenwärtigen Krise behandelt.

Summary: This article begins with a presentation of the material situation of the teachers at the first privileged Grammar Schools in the period before the March 1848 Revolution. The material position of "Volksschule" teachers is then contrasted with this, and both are compared with the income of industrial workers. Aspects of the professional consciousness and cultural integration of "Volksschule" teachers in the society of the imperial period are then brought in. For the phase leading up to 1945, attention is concentrated on the development of the pay scale, the way the economic crisis beginning in 1928 was weathered, and the reactions of the teachers towards National Socialism. The section on the post-war years deals with the reorganisation of the social status of teachers at the former "Volksschule" – now primary and secondary-modern school teachers –, the changes in the methods of recruiting teachers, enforced political "loyalty", and the consolidation of professional positions during the present crisis.

Soziale Lage und Berufsbewußtsein von Lehrern

Résumé: Le point de départ est la présentation de la situation matérielle des professeurs dans les lycées au cours de la période qui précéda les mouvements révolutionnaires de 1848. Dans la suite de l'article, on compare ladite situation avec celle des instituteurs, et la première et la seconde avec les revenus des ouvriers d'usine. Se joignent à cela des aspects de la conscience d'appartenir à une certaine profession, et de l'implantation culturelle des instituteurs dans la société de l'Empire. Pour la phase qui va jusqu'en 1945, on présente l'évolution du traitement, la confrontation avec la crise, à partir de 1928, et les rapports des enseignants au National-Socialisme. Pour la période de l'Après-guerre, on traite de la réorganisation du statut social de l'enseignant de l'école primaire, actuellement de l'école élémentaire et de l'école primaire supérieure; on traite en outre des changements intervenus dans la base de recrutement dans les professions de l'enseignement, de la loyalisation politique forcée et du renforcement de la conscience d'appartenir à la profession, dans la crise actuelle.

1 Einleitung

Seit Beginn der 70er Jahre lassen sich drei Diskussionsstränge zur sozialen Lage des Lehrers ermitteln. Da sind zunächst die durch die Marx-Rezeption der Studentenbewegung initiierten bildungsökonomischen Arbeiten, die bis Mitte der 70er Jahre die Debatte um die politische Funktion der Lehrer als Teil der Intelligenz bestimmten (vgl. ALTVATER/HUISKEN 1970, 1971; vgl. ARMANSKI 1974, ARMANSKI u.a. 1976, KIEVENHEIM u.a. 1973, KOSTEDE 1974, SCHMIERER 1972, THIEN 1976). Kennzeichen dieser Arbeiten war, daß sie bei einem nur spärlich vorhandenen historischen Wissen die Marxschen Kategorien der politischen Ökonomie unhistorisch auf die Gegenwart übertragen haben und geschichtliche Beispiele nur als Belege einer vorab bestehenden Theorie Einlaß fanden.
In einem typischen Umschlagstrend mit der Konsequenz der Folgenlosigkeit der theoriegeleiteten Schriften überlagerte diese Literaturgruppe eine Serie subjektiver Erfahrungsberichte (vgl. KAGERER 1978, KLINK 1974, KRAUSS/SCHÖN 1979, KRÜGER 1978, KUHLMANN 1975, WIMMER 1976, WÜNSCHE 1972). Hinter diesem Umschlagstrend verbirgt sich zugleich ein zentraler theoretischer Mangel. Denn streng genommen existiert für die Beziehung von sozialer Lage und (Berufs-)Bewußtsein kein geschlossener, methodisch-theoretischer Entwurf, der es ermöglichte, von einer wie auch immer gewählten Basis sozialstruktureller Daten zu einer schlüssigen Erklärung gruppen- und individuellspezifischer Bewußtseinsformen zu gelangen.
Zwischen die Pole beider Literaturgruppen hat sich allerdings in den 70er Jahren ein dritter Strang von Einzelarbeiten zur Geschichte der Lehrer geschoben, die zunächst noch in Nähe zur Historiographie der Lehrervereine standen (vgl. BUNGARDT 1965, CLOER 1975, ERGER 1976, KÜPPERS 1975). Der überwiegende Teil dieser Literaturgruppe bezieht sich aber in Selbstverständnis und Methode auf die neuere Sozialgeschichte (vgl. BREYVOGEL 1974, 1977a, b, 1979; vgl. BÖLLING 1978, 1983; vgl. HAGENER 1973, HAMBURGER 1974, 1977; vgl. HOFFMANN 1976, MORELL 1973, 1977; vgl. TENORTH 1977; STÖHR 1978). In einer engen Beziehung dazu stehen die historisch gewandten Analysen der Qualifikationskrisen im Bildungssektor (vgl. MÜLLER 1977, 1981; vgl. HERRLITZ/TITZE 1976; vgl. TITZE 1977, 1981a, b; vgl. LUNDGREEN 1981a, NAHT 1981, ZYMEK 1981).
Dieser relativ breite Strang von sozialgeschichtlich orientierten Arbeiten kann als vorläufige Grundlage zu einer Realgeschichte der Lehrer zwischen 1800 und 1950

herangezogen werden. Er dient im eingeschränkten Sinne einer realgeschichtlichen Vermittlung, ohne daß der konstatierte theoretische Mangel vollends überwunden wäre. Zur weiteren Schließung dieser Kluft von Gesellschaftsanalyse und Subjektgeschichte wären daher historische Arbeiten erforderlich, in denen eine Kombination von sozialgeschichtlich erweiterten Kategorien des historischen Materialismus und eine historisch gewandte Sozialisationstheorie versucht würden. In dieser Hinsicht ist die Geschichte der Lehrer, besonders der Gymnasiallehrer, ein in jeder Hinsicht offenes Desiderat.

Durch den Kenntnisstand der vorliegenden Arbeiten kann aber dennoch in Umrissen auf ein derartiges Programm Bezug genommen werden. Ausgangspunkt sind daher im folgenden die Maßnahmen und Initiativen des sich durchsetzenden nationalen Zentralstaats, der schrittweise zum Garant der materiellen Lebensverhältnisse aller Lehrer wird. Aufgrund des entwickelteren Forschungsstandes wird am Beispiel der Volksschullehrer exemplarisch im Mittelteil eine Analyse entfaltet, in der materielle Lebensverhältnisse, soziale Herkunft und Momente der in sich zwischen Gewalt und Wissen gebrochenen Berufsvorbereitung aufeinander bezogen sind. Durch Kriterien der kulturellen Einlagerung (Konnubium, politische Aktivismen, Bildungsverhalten) wird diese Darstellung ergänzt. Zentrale Absicht ist eine möglichst „dichte Beschreibung", in der Momente der sozialen Lage und des Denkens eng zusammengeführt und abschließend bis in die Gegenwart verfolgt werden. Daß hier nicht von der „Klassenlage", sondern von der „sozialen Lage" der Lehrer gesprochen wird, hat seine Ursache im Gegenstand. Denn in Anlehnung an WEBER (vgl. 1972, S. 532) ist für den Klassenbegriff die Beziehung zum Markt die entscheidende Voraussetzung. Durch die Beziehung zum Staat ist die Beamtenschaft und in ihrem Schatten die Lehrerschaft zunehmend dieser Konkurrenz des Marktes entzogen, so daß der Klassenbegriff die in dieser Sonderstellung sich konservierende Tradition der „Berufsstände" eher verdeckt. Die Lehrerschaft ist eine typische Gruppe zwischen dieser alten Tradition der Stände und den sich neu bildenden Klassen. In ihr überlagert sich als allgemeines, bis heute aber wirksames Kennzeichen die alte Tradition von Ansehen, Standesehre, Machtdelegation und Privilegierung durch unabhängige Besoldung mit dem auf die Klassengesellschaft weisenden Prinzip von normierter Ausbildung, Fachwissen und Leistung.

2 Ausdifferenzierung der Berufsgruppe der Gymnasiallehrer

Die ersten Lehrer, für die sich eine relativ einheitliche soziale Lage beschreiben läßt, sind neben den Professoren der Universitäten, auf die hier nur vergleichsweise Bezug genommen wird, die Lehrer an den altsprachlichen humanistischen Gymnasien des Vormärz. Aufgrund des Vorrangs der alten Sprachen bilden dabei die Altphilologen das Zentrum der Konsolidierung dieser Lehrerschaft. Zum Verständnis ihrer sozialen Lage und ihrer Denkformen sind zunächst einige Voraussetzungen zu skizzieren. Wenn sich die Darstellung dabei auf die preußische Entwicklung konzentriert, so deshalb, weil das preußische altsprachliche Gymnasium nicht nur für die Entwicklung anderer deutscher Länder maßgeblich wurde (vgl. für Bayern und Württemberg bereits PAULSEN 1921, S. 421 ff., für Baden vgl. zuletzt KOPPENHÖFER 1980, S. 27 ff.), sondern Parallelen auch in der englischen und französischen Bildungsgeschichte aufzeigbar sind (vgl. O'BOYLE 1968, S. 606).

Soziale Lage und Berufsbewußtsein von Lehrern

2.1 Allgemeine Voraussetzungen

Die erste und allgemeinste Voraussetzung der Konsolidierung dieser Lehrergruppe ist auf der Ebene des Staates zu fassen. Die absolute Monarchie – in Preußen spätestens der Zentralstaat Friedrichs des Zweiten –, dieser Übergangsstaat zwischen Feudal- und bürgerlicher Gesellschaft, ist der erste vereinheitlichende Organisator eines staatlich kontrollierten Erziehungswesens. Diese staatliche Organisierung ist als ein sukzessiver Prozeß zu begreifen, der an den Universitäten beginnt, in der ersten Hälfte des 19. Jahrhunderts die städtischen Gelehrtenschulen erfaßt und sich erst im Kaiserreich auf das niedere Schulwesen konzentriert.
Leitbild dieses absolutistischen Staates war eine einheitliche, straff von oben kontrollierte, möglichst leistungsfähige Staats- und Sozialordnung. Die Instrumente dieser zentralisierten Gewalt waren neben dem kasernierten Heer eine zuverlässige Steuer- und Domänenverwaltung sowie eine loyale Erziehungs- und Verwaltungsbeamtenschaft. So werden Heer und Bürokratie zum Rückgrat des auf nationalstaatliche Einheit zielenden Staates im 19. Jahrhundert.
Die Herausbildung dieser in Preußen militärisch-polizeilichen, dann bürokratisch gesicherten Gewaltkonzentration bedingt zweierlei: Zum einen werden lokal gegliederte Zwischengewalten und Statusordnungen der alten Gesellschaft sukzessiv abgebaut. Es entsteht – in Preußen allerdings erst mit der republikanischen Verfassung der Weimarer Republik de jure – Rechtsgleichheit der dem Zentralstaat in gleicher Weise unterworfenen Subjekte. Andererseits entwickelt sich eine zunehmende Kluft, zunächst zwischen dem alle Macht innehabenden und symbolisierenden Herrscher und dem Untertan und dann allgemein zwischen Staat und Gesellschaft. In diese Kluft schiebt sich – neben den privilegierte Positionen in Militär und Verwaltung behauptenden Adel – eine auf Leistung gegründete, durch Zugangsvoraussetzungen und gestaffelte Berechtigung gestützte Funktionselite in Form der höheren Beamtenschaft. Zur zentralen Schleuse für den Zugang zu dieser Funktionselite aus Verwaltungsbeamten, Juristen, Ärzten und Geistlichen wird das preußische Reformgymnasium des Vormärz, das allein die Studienberechtigung für alle höheren Beamtenkarrieren erteilt. Damit erhält der Gymnasiallehrer eine Schlüsselstellung zwischen Staat und Bürger, die das Bewußtsein der Gymnasiallehrer bis in das 20. Jahrhundert prägt. Sie zeichnete sich bereits in ihrer Rechtslage ab, die das Allgemeine Landrecht (ALR) 1794 schafft. Denn die Lehrer der lateinischen Stadtschulen zählten zu der privilegierten Schicht der Bürger, die aus der lokalen Gerichtsbarkeit herausgenommen, eximiert, waren (vgl. HERRLITZ u..a. 1981, S. 39; vgl. BÖLLING 1983, S. 12).
Die Lehrer an den Gymnasien sind daher die erste Lehrergruppe, die zentralstaatliche Privilegien erhält. Sie stößt sukzessiv in das Korps der staatlichen Beamtenschaft vor, deren Stellung zwischen Staat und Gesellschaft KOSELLECK (1975, S. 76) mit dem treffenden Begriff der „Staatsstände" kennzeichnet. Neben die alten Geburtsstände aus Bauern, Bürger und Adel traten zwei neue: der Stand der Geistlichen und Lehrer und der der zivilen und militärischen Beamten.

2.2 Besoldung der Gymnasiallehrer bis 1914

Die Besoldung der Gymnasiallehrer war Gegenstand eines Einzelvertrags zwischen dem kommunalen oder stiftischen Schulträger (Patronat) und dem Stellenbewerber. Erst im Rahmen der zunehmenden Normierung und Kontrolle wird dieses Recht auf Anstellung der Lehrer faktisch aufgehoben, bei den Direktorenstellen zeitweise in ein Vorschlagsrecht gewandelt, aber letztlich als Einstellungsrecht des Provinzialschulkollegiums und des Ministers fixiert (vgl. WIESE 1864, S. 10f). Vor diesem Hintergrund der faktischen Entrechtlichung der kommunalen und stiftischen Patronate überrascht die Finanzierung der Schulen und der Lehrergehälter. Denn erst durch den Normaletat von 1892 tritt eine auch materielle Verstaatlichung und einheitliche Gehaltsnormierung der gesamten städtischen höheren Schulen ein (vgl. IRMER 1902, S. 823 ff.). So ergibt eine Durchsicht der Schuletats selbst der staatlich anerkannten altsprachlichen Gymnasien noch für die 60er Jahre, daß stärkere zentralstaatliche Zuschüsse nur für Gymnasien in Orten gezahlt werden, wo aus macht- und schulpolitischen Gründen die Durchsetzung dieses Gymnasiums notwendig erscheint. Der Hauptposten aller Schuletats waren mit ca. 80% die Gehälter des Direktors und der Lehrer. Mit Zulagen und Nebenverdiensten lagen die Gesamteinkommen beispielsweise in Hamm zwischen 446 Talern (Lehrer der Quinta) und 638 Talern (Direktor), wobei ein Vergleich mit Duisburg zeigt, daß die Gehälter der Lehrer von Ort zu Ort verschieden waren (vgl. SCHWARTZ 1911, S. 226 ff., 250 ff.).

Legen wir die Staffelung zugrunde, die ENGELSING (1973, S. 45) für die soziale Gliederung des frühen 19. Jahrhunderts am Beispiel der Hansestädte ermittelte, „ein Armenhaushalt hatte 65 Taler, ein Arbeiterhaushalt 155 Taler, ein kleinbürgerlicher Haushalt 431 Taler und ein bürgerlicher Haushalt ab 800 oder 1000 Taler Einkommen", dann befinden sich die Lehrereinkommen an den Gymnasien am Beginn des Jahrhunderts auf dem Niveau kleinbürgerlicher Haushalte: „Mit einer Summe bis zu 400 Talern kam eine einfache Familie des Mittelstandes knapp aus, mit 600 Talern konnte sie bequem leben" (ENGELSING 1973, S. 34).

Wenn L. Feuerbach 1803 als Professor in Kiel einen Ruf nach Greifswald mit einem Jahresgehalt von 1300 Talern ablehnt, weil er sich noch bessere Chancen verspricht (vgl. GERTH 1976, S. 36f.), dann macht das den sozialen Abstand zwischen Lehrern an Gelehrtenschulen und Professoren deutlich, wobei letztere nach bürgerlichem Zuschnitt leben konnten. Denn in der ersten Hälfte des 19. Jahrhunderts wurden für eine sparsame bürgerliche Lebensführung mindestens 700 bis 800 Taler, seit den 50er Jahren etwa 800 bis 1000 Taler erforderlich (vgl. ENGELSING 1973, S. 35). Die bürgerliche Lebensführung bei einem Niveau von 800 bis 1000 Taler beinhaltete eine geräumige Wohnung, ausreichende und vielfältige Nahrung, standesgemäße Kleidung, 1 oder 2 Dienstboten oder Kindermädchen, Reisen und die Teilhabe am kulturellen Leben der Städte. Dieses Niveau erreichten die Lehrer an Gymnasien zu diesem Zeitpunkt zweifellos nicht. ENGELSING (1973, S. 79) erwähnt einen Lehrerhaushalt (mit Frau und einem Kind), in dem bei 600 Taler das Geld nicht für ein Dienstmädchen reichte. In der Hansestadt Bremen wurden die Gehälter der Gymnasialdirektoren bereits 1817 auf 1200 Taler, für ordentliche Lehrer auf 900 Taler festgesetzt.

Anders hingegen in Preußen; an dem bereits erwähnten Gymnasium in Duisburg unterrichteten 1868 insgesamt 19 Lehrer, der Direktor, 5 Oberlehrer, 7 ordentliche Lehrer und andere. Der Direktor erhält ein Gehalt von 1150 Taler, der erste Oberlehrer 900 Taler, der erste ordentliche Lehrer 700 Taler, der letzte 430 Taler (vgl. WIESE 1869, S. 308). In Hamm ist die gegenüber Duisburg höhere Bezahlung geblieben. 1868 erhält der Direktor 1400 Taler, der erste Oberlehrer 1000 Taler, der erste ordentliche Lehrer 750 Taler, der letzte 500 Taler (vgl. WIESE 1869, S. 281; zur Sozialstruktur der Schüler dieser Schule vgl. KRAUL 1980). Ein Vergleich der Schulen in Städten mit Sitz des Regierungspräsidenten (Arnsberg, Düsseldorf, Münster) deckt nochmals eine Differenz auf. So erhält 1868 etwa der Direktor am Paulinum in Münster bereits 1600 Taler, der 1. Oberlehrer 1300 Taler (vgl. WIESE 1869,

S. 263 f.). Diese Gehälter wurden nur von den bevorzugten Gymnasien in Berlin mit Direktorengehältern von 2000 bis 2300 Talern übertroffen, so hatte letztlich ein Direktor in Berlin das Zweifache des Gehalts seines Duisburger Kollegen.
Nach dem gewonnenen Krieg brachte der Normaletat von 1872 den Lehrern zwar Erhöhungen um ca. 25%, aber immer noch nicht die geforderte Gleichstellung mit den Richtern. Nach seiner Maßgabe war das Gehalt der Ober- und ordentlichen Lehrer in den Grenzen von 600 bis 1500 Taler festgeschrieben, durchschnittlich also 1050 Taler (im folgenden 1:3 umgerechnet in Mark: 3150 Mark). Die Direktoren erhielten nach diesem Normaletat ein in drei Ortsklassen gestaffeltes Gehalt von 4500 bis 6600 Mark.
Für die 70er Jahre bietet sich ein Vergleich mit den kaufmännischen Angestellten an, die als Privatbeamte an dem ökonomischen Aufschwung der Jahre teilhatten. So hatten im Berliner Bankwesen in der Expansionsepoche um 1870 „begabte junge Angestellte" schon im Alter von gut 20 Jahren Aussicht auf ein Jahresgehalt von 3000 Mark (ENGELSING 1973, S. 97). In einigen Branchen konnten daher Büroangestellte sehr viel früher sehr viel mehr als ein Gymnasiallehrer verdienen. Andererseits konnten sich die Gymnasialdirektoren gut mit leitenden Angestellten vergleichen. In Saarbrücken verdiente beispielsweise 1873 im Bergwerks-, Hütten und Salinenwesen ein Direktionsvorsitzender 6600 Mark (vgl. ENGELSING 1973, S. 96). Allerdings darf ein anderer Bezugspunkt nicht vernachlässigt werden. Nach Angaben von Hardach betrug der Monatsverdienst eines Arbeiters im Durchschnitt von Industrie, Handel und Verkehr 1871, 41 Mark und stieg bis 1900 um 65 Mark. Um 1860/1870 betrug die durchschnittliche wöchentliche Arbeitszeit noch 78 Stunden, sie sank bis 1910/14 auf 47 Stunden (vgl. HARDACH 1977, S. 72 f.; vgl. HOHORST u. a. 1975, S. 107).
Der durchschnittliche Jahresverdienst eines Arbeiters lag damit im Jahre 1871 bei 492 Mark. Zum Durchschnittsgehalt von 3150 Mark eines Gymnasiallehrers stand es in einer Relation von 1:6,4, zum Spitzengehalt des Direktors in einer Relation von 1:13,4.
Einen wirklichen Erfolg erreichten die Standesvertretungen der Philologen erst durch den Normaletat von 1892. Er galt für alle Typen der höheren Schule, und zu seiner Anwendung wurden auch die Patronate nicht verstaatlichter Anstalten verpflichtet. Erst er löste endgültig die Stellenverträge der einzelnen Schulen ab und führte eine einheitliche Besoldung nach dem Altersanstieg ein. Hiernach stieg das Gehalt aller Oberlehrer in 27 Dienstjahren von 2100 bis auf 4500 Mark an (vgl. BÖLLING 1983, S. 38). Durch eine Zulage von 900 Mark (1892 für besonders qualifizierte Lehrer) und eine Erhöhung von 600 Mark (1897) erhöhte sich das Endgehalt um die Jahrhundertwende auf 6000 Mark. Die – nach Angaben von Hardach und Desai – durchschnittlich auf 780 Mark gestiegenen Jahresverdienste der Arbeiter befanden sich damit in einer Relation von 1:7,8 zu dem Endgehalt eines Gymnasiallehrers.
Für den endgültigen Statusgewinn der Gymnasiallehrer ist aber entscheidend, daß sie mit dem Normaletat von 1909, der für alle ein Endgehalt von 7200 Mark (für Direktoren: 7800 Mark) vorsah, im Endgehalt die Gleichstellung mit den Richtern erreichten. Dieses Endgehalt erhielt ein Oberlehrer nach 21 Dienstjahren, also im Alter von 50 bis 55 Jahren (Anfangsgehalt 2700 Mark).
Legen wir die Tagelöhne zugrunde, die Borchardt für den 1. Januar 1906 angibt, so ergibt sich für die Ostprovinzen (bei 1,50 Mark Tagelohn, 324 Arbeitstagen) eine Relation von 1:14,4 zwischen dem Verdienst eines Tagelöhners und dem Endgehalt eines zirka 55jährigen Oberlehrers. Unter der Voraussetzung des durchschnittlich

Wilfried Breyvogel

höheren Lohnes in den Westprovinzen (2,90 Mark Tagelohn, 324 Arbeitstage) ergibt sich eine Relation von 1:7,6 (vgl. BORCHARDT 1982, S. 47f.). Legen wir den durchschnittlichen Jahresverdienst von Arbeitern in Industrie, Handel und Verkehr zugrunde, den Desai für 1910 mit 979 Mark errechnet, dann bleibt immer noch eine Relation von 1:7,3 zwischen einem nominellen Arbeiterverdienst und einem Gymnasiallehrergehalt (vgl. DESAI 1968; vgl. HOHORST u. a. 1975, S. 107).
Nach der Verabschiedung des Normaletats 1909 bedankte sich der Vorsitzende des Philologenverbandes beim Reichskanzler Fürst Bülow und versprach, der höhere Lehrerstand werde die ihm zuteil gewordene Anerkennung erwidern und bemüht sein, „bei der ihm anvertrauten Jugend echt vaterländische Gesinnung zu wecken und zu nähren" (zitiert nach BÖLLING 1983, S. 39). Diese Loyalisierung war zweifellos der Zweck der Statusverbesserung. Damit befand sich die Lehrerschaft der höheren Schulen Preußens unter den ersten vier Prozent aller Einkommen. Zusammenfassend konstatiert BÖLLING (1983, S. 39): „Ihr Höchstgehalt wurde 1912 sogar nur von einem Prozent aller Einkommen übertroffen, so daß sie auch im Hinblick auf ihre materielle Situation zur Elite der Nation zählen konnten".
Als zentrales Ergebnis bleibt, daß die Gymnasiallehrer Zug um Zug die privilegierte Position weniger (Alt-)Philologen auf die Gesamtheit umsetzen konnten. Aus dem Rahmen einer kleinbürgerlichen Lebensführung stoßen sie materiell in die Grenzen gutbürgerlicher Verhältnisse vor. Ausgeschlossen davon blieben lediglich in Phasen der Überfüllungskrise die Gruppe der Hilfslehrer, die im Rahmen der Krisensteuerung auf dem Niveau der Elementarlehrer besoldet wurde (vgl. HERRLITZ/TITZE 1976; vgl. TITZE 1977, 1981a, b).

3 Soziale und kulturelle Lage der Volksschullehrer bis 1914

Von einer einheitlichen sozialen Lage der Volksschullehrer läßt sich erst in der zweiten Hälfte des 19. Jahrhunderts sprechen. Die bis zu diesem Zeitpunkt vorhandene Vielfalt ihrer Lebens- und Arbeitsbedingungen gründete sich auf äußerst widersprüchliche Voraussetzungen.
Die Einführung der allgemeinen Schulpflicht ist als zentralstaatlicher Anspruch bereits im 18. Jahrhundert ausformuliert (vgl. das Schulreglement von 1763 und das ALR von 1794). Dieser Anspruch ist im Rahmen der allmählichen Entfeudalisierung der Gesellschaft zu interpretieren (vgl. AUMÜLLER 1974). Seiner Realisierung widersprachen nur fast sämtliche Voraussetzungen. So bürdete der Zentralstaat - wie im Bereich der Gymnasien - den Schulträgern und Gemeinden die Finanzierung auf. Noch um die Mitte des 19. Jahrhunderts deckte der Anteil, den die Gemeinden, Schulsozietäten und sonstigen Verpflichteten zur Gesamtfinanzierung des Elementarschulwesens aufbrachten, ca. 75% der Gesamtkosten, ca. 23% deckte das Schulgeld der Eltern und lediglich 5% waren Zuschuß aus dem Fiskus des Zentralstaats (vgl. LESCHINSKY/ROEDER 1976, S. 126f.). Während der Zentralstaat an der Gymnasialerziehung ein Eigeninteresse hatte, das ihn - wie gezeigt -, so nötig, auch zur finanziellen Beteiligung anhielt, mußte er zur fiskalischen Realisierung einer einheitlichen Volkserziehung erst durch die Folgen der Industrialisierung gezwungen werden.
Eine andere Voraussetzung betraf Schulen, Lehrer und ihre Ausbildung. Außer in den Städten, wo in der Tradition der deutschen Schreib- und Rechenschulen eine Tradition der Lehrerzünfte bis ins 19. Jahrhundert existierte, waren Schulen nur in Pfarrorten vorhanden. Die Schultätigkeit war zunächst eine Nebentätigkeit neben dem Küsterdienst oder einem Handwerk. Niederer Kirchendienst oder Handwerk

blieben daher die Existenzgrundlage und auch die Basis des Sozialprestiges der Lehrer im Vormärz. Es ist kennzeichnend, daß von den 242 Seminaristen, die bis 1806 das ostpreußische Seminar in Klein-Dexen besuchten, 109 bereits Schneider, 21 Schuhmacher und 5 Tischler waren (vgl. FISCHER 1892b, S. 27 f.).

Suchen wir nach der Schneise, über die der Zentralstaat sein Interesse in den Elementarbereich einschleuste, dann ist es auch hier die Einrichtung der Lehrerseminare, die inhaltliche Ausbildung und die personalpolitische Kontrolle über die Besetzung der Seminardirektorenstellen. Während es 1806 nur 11 Lehrerseminare im preußischen Staatsgebiet gab, war ihre Zahl 1828 auf 28, 1837 bereits auf 45 gestiegen (vgl. LEXIS 1904, S. 236). Ab 1826 berechtigte deren Abschlußprüfung vorrangig zur Einstellung. Die Lehrerseminare unterstanden als einziger Zweig des niederen Schulwesens der Aufsicht der Provinzialschulkollegien. Die Ausbildung dauerte in der Regel drei Jahre und war neben Kostgeld im Internat unentgeltlich. Der Bewerber, häufig Abgänger einer einklassigen Dorfschule, mußte eine erweiterte Allgemeinbildung nachweisen.

Ergebnis der Durchsetzung einer bevorrechtigten Ausbildung ist eine Vereinheitlichung der Gruppe der Lehrer. Das Handwerk geht gleichzeitig als Subsistenzgrundlage zurück. Es entsteht ein neues Berufsbewußtsein, das sich gegen die Abhängigkeit von Gemeinde und Kirche wandte und Ausdruck in den Gründungen meist lokaler Lehrervereine im Vormärz fand. Da sich die ökonomische Lage der Lehrer trotz veränderter Ausbildung nicht gleichzeitig verbesserte, trat bereits im Vormärz eine Diskrepanz zwischen dem Selbstverständnis der Lehrer, das sich am zentralstaatlichen Anspruch, an der Bedeutung von Bildung und Wissen orientierte, und ihrer faktischen Lage ein, eine Diskrepanz, die ihre „revolutionäre Disposition" begünstigte (vgl. NIPPERDEY 1968, S. 139f.). Diese Diskrepanz zwischen Bildung und Wissen und faktischer lokaler Eingebundenheit und Abhängigkeit blieb für die soziale Lage der Lehrerschaft konstitutiv. Die Lehrer des Elementarbereichs erfuhren diese Diskrepanz bedeutend schärfer als die Lehrer höherer Schulen. Zum einen fehlte ihnen das legitimatorische Sonderwissen, mit dem sie ihre Arbeit rechtfertigen konnten, zum anderen blieb ihre Erziehungsarbeit (bis heute) näher am Erziehungsalltag der Familien und trat daher in schärfere Konkurrenz zu ihm. Auch ist ihre materielle Privilegierung wesentlich geringer und ihre Unterworfenheit und Abhängigkeit zugleich größer.

3.1 Materielle Situation der Volksschullehrer

Die ungeklärte rechtliche Zwischenstellung der Volksschullehrer – eingespannt in das Dreieck aus Gemeinde, Kirche und Zentralstaat – schlug sich besonders in ihrer materiellen Lage nieder. So schloß die Gemeinde als Schulträger – teils bis zum Ende des Jahrhunderts – den Anstellungsvertrag und definierte darin den Umfang der außerschulischen Aufgaben (Küsterdienste, Kantorpflichten, Amtshilfen). In der Eigenschaft des Schulvorstands hatte sie zugleich Aufsichtsrechte, die sich auf das außerdienstliche Verhalten der Lehrer bezogen. Dagegen war die Tätigkeit in der Schulklasse – je nach Organisationsgrad der Kreisschulbehörde – der staatlichen Schulaufsicht unterstellt. Dabei existierte ein Zusammenspiel von Lokalschulinspektion (häufig dem Ortsgeistlichen) und staatlicher Kreisschulinspektion. Mit dem Ausbau mehrklassiger Schulsysteme nach 1870 setzte sich das Interesse der staatlichen Behörde durch die Einrichtung weisungsberechtigter Vorgesetzter (Rektoren, Hauptlehrer) in das Innere der Schulen fort.

Während in den Städten teils ab 1850 Zulagen und Stellenwechsel mit Altersanstieg eingeführt wurden, war auf dem Land noch bis 1897 das Prinzip der Stellendotation die vorherrschende Form, die – wie ursprünglich auch im Gymnasialbereich – ein unveränderbares Festgehalt vom ersten bis letzten Tag bedeutete. Durch die unterschiedliche finanzielle Ausstattung der Gemeindem kam es zu einer Uneinheitlichkeit, mit der Folge, daß feudale Relikte in der stofflichen Zusammensetzung des Gehalts lange überlebten. Neben dem Baranteil wurde der Ertrag aus der Nutzung des Dienstlandes, Naturalleistungen (Getreide-, Holzdeputat) und der freien Wohnung verrechnet. Bisweilen überdauerte sogar der „Freitisch", das Recht zu Bitt- und Singumgängen und das Recht, die Kollekte bei besonderen kirchlichen Feiern, die der Lehrer als Chorführer umrahmte, einzubehalten, noch bis in das 20. Jahrhundert. Letzteres verweist auf den nur semiprofessionellen Status des Lehrers, seine noch starke Integration in den dörflichen Arbeitszusammenhang, für den „das Schulehalten" nur ein, keineswegs immer der zentrale Aspekt war.

Vor diesem Hintergrund sind die Elendsschilderungen in den zeitgenössischen Selbstdarstellungen der Lehrer des 19. Jahrhunderts richtig zu verstehen. Das „Elend" beschreibt mehr den Status des Semiprofessionellen, die Abhängigkeiten von Staat, Kirche und Kommune und den Zwang zur faktischen Unterordnung unter die jeweils stärkste Gewalt (vgl. FISCHER 1892 b, S. 428). In der pädagogischen Geschichtsschreibung wurden solche Schilderungen – gewürzt mit dem Verweis auf in der Tat elende Einzelverhältnisse – allzu wörtlich genommen. Sie konservierten den falschen Eindruck einer durchgängigen materiellen Not in den Lehrerhaushalten bis zur Jahrhundertwende. Wie falsch dieser Eindruck ist, wird deutlich, wenn gegen pauschale Urteile die materielle Situation der Lehrer in einem Regierungsbezirk zugrunde gelegt wird.

In den Städten des Regierungsbezirks Düsseldorf verdienten (1871) von den insgesamt 1 195 Lehrern 244 (21%) zwischen 400 und 700 Mark, 741 (= 61%) zwischen 750 und 1500 Mark und noch 220 (18%) zwischen 1 500 und 1 950 Mark. Auf dem Land verschieben sich die Relationen: Von insgesamt 1 220 Landlehrern verdienten 480 (= 39%) zwischen 300 und 750 Mark; 697 (= 57%) zwischen 750 und 1 500 Mark und nur 43 (= 4%) über 1 500 Mark. Danach ist der durchschnittliche Verdienst in diesem Bezirk um 1 200 Mark zu veranschlagen. Er lag damit in einer Relation von 1:2,4 zu einem durchschnittlichen Arbeiterverdienst (492 Mark per annum, vgl. HARDACH 1977). Selbst wenn wir die regionalspezifischen Angaben der Bezirksregierung mit 2,20 bis 3,00 Mark Tageslohn zugrundelegen (p.a.: 786,24 Mark), macht das durchschnittliche Lehrergehalt noch gut das 1,5fache eines Arbeiters aus (vgl. HARDACH 1977; vgl. WESEMANN 1978, S. 283; vgl. TENFELDE 1977, S. 292 ff.).

Zu berücksichtigen ist allerdings, daß die Städte der rheinischen Industriegebiete neben Berlin an der Spitze der Gehaltspyramide der Volksschullehrer standen. So wird deutlich, daß die schlechter besoldeten Landlehrer und Teile der Stadtlehrer mit einem Verdienst zwischen 300 und 800 Mark 1871 (noch) in unmittelbarer Nähe zu den Lebensbedingungen der Arbeiter stehen.

Wie WESEMANN (vgl. 1978, S. 281 ff.) nachweisen kann, findet zudem eine Verbesserung der sozialen Lage bereits in den 70er Jahren vor dem Hintergrund der Durchsetzung der Falkschen Reformen statt. So verdienten in den Städten Düsseldorf, Essen, Mülheim und Rees bereits 1878 von insgesamt 710 Lehrern keiner mehr unter 1 000 Mark; 56% dieser Lehrer verdienten zwischen 1 000 und 1 500 Mark; 36% zwischen 1 500 und 2 000 Mark und noch 8% zwischen 2 000 und 2 500 Mark. Benachteiligt waren allerdings besonders Frauen, die zunehmend in den Lehrerberuf traten. In den gleichen Städten sind 290 Lehrerinnen beschäftigt, von ihnen verdienten 47% bis 1000 Mark, 49% bis 1500 Mark und lediglich 4% zwischen 1500 und 1700 Mark.

Von besonderem Wert sind die Untersuchungen Wesemanns, weil sie vor dem Beginn der staatlichen Besoldungspolitik die durchschnittlichen Verhältnisse erkennbar machen. Sie korrigieren das falsche Bild vom verbreiteten Lehrerelend, das sich aus geschickt lancierten Selbstdarstellungen bis in die gegenwärtige Sozialgeschichte tradiert hat (vgl. HENNING 1972, S. 156, der ein solches Bild der „Lehrernot" aus der „Gartenlaube" von 1870 falsch verallgemeinert). Sie bestätigen eher, daß große Teile der Lehrer sich bereits zwischen 1870 und 1890 in einer relativ gesicherten Mittellage befanden.

Die staatliche Normierung der Besoldung im Bereich der Gymnasien begann in den 50er Jahren. Im Elementarbereich setzte sie zeitverschoben um zirka 50 Jahre später an. Das erste Preußische Volksschullehrer-Besoldungsgesetz vom Herbst 1897 setzte für alle Lehrer ein durch staatliche Zuschüsse an die Gemeinden gesichertes Jahresmindesteinkommen fest, das durch Alterszulagen von 900 bis 1800 Mark ansteigen sollte. Das Gesetz führte allerdings lediglich zum Ausgleich in einigen ländlichen Regionen. Wie die obigen Angaben zeigen, lagen nicht wenige Gehälter in den Städten bereits zehn Jahre früher über diesen Sätzen. 1893 war der Volksschullehrer auch im Recht auf Pension den anderen Staatsbeamten gleichgestellt worden. Eine weitere Vereinheitlichung, die mit einer kräftigen durchschnittlichen Erhöhung verbunden war, brachte erst das Volksschullehrer-Diensteinkommensgesetz vom Mai 1909. Es legte für alle Lehrer ein nach Dienstalter gestaffeltes Grundgehalt von 1400 bis 3300 (Lehrerinnen: 1200 bis 2450) Mark fest. Zusätzlich war den Gemeinden freigestellt, besondere Zulagen zu zahlen. Rektoren erhielten eine staatliche Zulage von 700 Mark. Zu dem Grundgehalt kam eine nach Ortsklassen gestaffelte Mietentschädigung (vgl. BÖLLING 1983, S. 73 ff.; vgl. HUERKAMP 1976, S. 71 ff.).

Damit ergeben sich für diesen Zeitpunkt folgende Relationen: In den Ostprovinzen befand sich das Endgehalt eines zirka 55jährigen Volksschullehrers in einer Relation von 1:6,7 zum Verdienst eines Tagelöhners (vgl. BORCHARDT 1982, S. 47 f.). In den Westprovinzen mindert sich die Relation auf 1:3,5. Aber auch der durchschnittliche Jahresverdienst eines Arbeiters in Industrie, Handel und Verkehr bleibt noch in einer Relation von 1:3,3 (vgl. DESAI 1968, vgl. HOHORST u. a. 1975, S. 107). Nicht berücksichtigt sind dabei Zulagen und Wohnungsgeldzuschüsse, die die Relation noch weiter zugunsten der Lehrer verbessern.

Zusammengefaßt ergibt sich für die Volksschullehrer, daß sie als Ergebnis der zentralstaatlichen Organisierung des niederen Schulwesens in eine gesicherte Distanz zu den Lebensbedingungen der sozialen Unterschichten gelangt sind. Die drei Stränge ihrer Berufsgeschichte, der Küster mit dem Nebenamt Schule, der Schulhalter auf der Subsistenzgrundlage eines gleichzeitigen Handwerks, der bis in den Vormärz in städtischen Zünften organisierte deutsche Schreiblehrer, sie alle sind zu staatlichen Unterrichtsbeamten in gesicherter kleinbürgerlicher Lebenslage geworden. Die Relation von 3300 Mark als Endgehalt des Lehrers an Volksschulen zu 7200 Mark des Lehrers an höheren Schulen (1:2,1) ist zugleich die Differenz von kleinbürgerlicher zu gutbürgerlicher Lebensweise. Die Beseitigung dieser Differenz wird einerseits den sozialpolitischen Positionskampf der Lehrer im 20. Jahrhundert kennzeichnen. Andererseits ist auch für die Zeit vor 1914 davon auszugehen, daß in den expandierenden Industrieländern, diesen Schmelztiegel sozialer, kultureller und ethnischer Besonderheiten, die Grenzen der Berufsgruppen durchlässig und beide, Volksschul- und Gymnasiallehrer, Teil der neuen städtischen Mittelschichten wurden. Dieses gilt für die langfristige Perspektive, die subjektive Wahrnehmung der in den Städten zusammengewürfelten, häufig in der ersten Generation aus den lokalen Lebens- und Familienverhältnissen durch Migration und Ausbildung „Entwurzelten", war gerade auf die Differenz im Kleinen und den Erhalt seiner Bedeutung bedacht.

3.2 Aspekte des Berufsbewußtseins und des Selbstverständnisses der Volksschullehrer

3.2.1 Die soziale Herkunft und das Heiratsverhalten der Volksschullehrer (1860-1925)

In Anlehnung an GEIGER (vgl. 1932) ist davon auszugehen, daß im alten Mittelstand das klassische Kleinbürgertum aus Handwerkern, Kaufleuten, Gastwirten *und* Landwirten zusammengefaßt war. So liegt das Zentrum der sozialen Herkunft der Volksschullehrer, zur Weimarer Republik hin zwar abnehmend, in den kleinbürgerlichen Gruppierungen des alten Mittelstandes. Verstärkt wird diese Tendenz durch die hohe Selbstrekrutierung, so daß für die Neuwieder Seminaristen mit 85%, für die Brandenburger noch mit 72% bis 1925 eine kleinbürgerlich mittelständische familiale Sozialisation vorauszusetzen ist. Neben der geringen Zahl von Seminaristen aus sozial höher stehenden Familien ist nur eine relativ schmale, allerdings von 12% auf 24% (1925) zunehmende Gruppe von Seminaristen zu unterscheiden, die aus Arbeiter-, Angestellten- und Beamtenfamilien stammen und Vertreter des neuen Mittelstandes sind.

Abbildung 1: Soziale Herkunft der Lehrerseminaristen 1867-1925 (in %)

Beruf d. Vaters	Rheinprovinz Seminar Neuwied 1867-1892[1]	Brandenburg 4 Lehrerseminare 1880-1925[2]
Akademiker	1	0
Unternehmer	1	1
Handwerker, Kaufleute, Gastwirte	28	41
Landwirte	37	16
mittl. Beamte	1	4
Angestellte	4	7
Lehrer	21	16
untere Beamte	3	13
Arbeiter	4	3
	N = 229	N = 4669

(Quellen: (1) BÖLLING 1983, S. 78; (2) WESEMANN 1978, S. 591 ff.)

So ist der Volksschullehrerberuf im Kaiserreich nur im geringen Maß ein Aufstiegsberuf. Er ist eher ein Beruf, in dem das abstiegsbedrohte Kleinbürgertum Sicherheit zu gewinnen sucht. Denn besonders der alte Mittelstand ist durch die Industrialisierung vom Abstieg bedroht. In den Sektoren der sich ausweitenden Staatstätigkeit (Erziehung, Verkehr) suchte er offenbar Halt. Das ist eine der zentralen Vorausset-

zungen, um das besondere Verhältnis der Lehrer zum Staat, in der Kritik als „Staatsfetisch" beschrieben, ihre Angst vor sozialer Deklassierung, in den faktischen Voraussetzungen zu begreifen.
Als Kriterium der sozialen Selbstwahrnehmung kann das Heiratsverhalten hinzugezogen werden. So heirateten die Söhne nichtakademischer Beamter, die HENNING (vgl. 1972) ohne besondere Differenzierung der Lehrer untersucht, in die eigene Herkunftsschicht zurück. In der Rheinprovinz zwischen 1890–1914 zu 26% in den eigenen Berufsstand, zu 23% die Töchter von Handwerkern, zu 18% die Töchter kleinerer Gewerbetreibender, zu 9% Töchter von Landwirten, allerdings auch zu 20% Töchter „besserer" Arbeiter, allerdings nur zu 5% Töchter von Angestellten. Sowohl die Töchter höherer Beamter wie reicher Unternehmer und leitender Angestellter sind vollkommen ausgespart. Statistisch gesehen, bleiben Herkunft und Konnubium fast deckungsgleich, was auf die starke Traditionsgebundenheit, Geschlossenheit und Abgrenzung dieser kleinbürgerlichen Kreise verweist.

3.2.2 Ausbildung als Destabilisierung

Demgegenüber kann das System der Disziplin, das neben der fachlichen Ausbildung in den Seminaren existierte, nur als Destabilisierung der traditionellen Normen und Selbststrukturen beschrieben werden. Die Internatserziehung mit festem Stundenplan war ähnlich einer Kaserne mit Wecken um 5.30 Uhr und Andacht um 21.45 Uhr organisiert. Die Hausglocke ordnete das Zeitschema und läutete jeden Abschnitt ein: Andacht, Essen, Pause, Unterricht. Die offizielle Kontrolle seitens der Lehrer und des Direktors wurde durch ein informelles Überwachungssystem der Seminaristen komplettiert: Älteste und Ordner überwachten Selbststudium, Essen und die Pausen.
So ist der Raum für jede Eigeninitiative äußerst begrenzt, der Grad der Entmündigung und Destabilisierung der Seminaristen ist der militärischen Disziplin und Unterwerfung noch sehr nahe und unterscheidet sich darin von der städtischer Gymnasiasten und Studenten (vgl. WESEMANN 1978, S. 551 ff.). Genauer betrachtet bestand dieses System der Disziplin aus zwei sich ergänzenden Interaktionsformen: Die offizielle Interaktion des Seminars war in Anlehnung an die höhere Bildung eine Interaktion zwischen Wissen und Unwissen, die sich die Unterwerfung des Willens der Unwissenden durch ein System von Strafen sicherte, das in der Regel auf die körperliche Strafe verzichten konnte (Entzug von Zeit, Bloßstellung, Geldstrafe, Ausschluß). Dieser offiziellen Interaktion des Wissens, deren Repertoire auch vollständig genutzt wurde, war eine inoffizielle Interaktion der körperlichen Zwangsgewalt unterlegt, die sich in der Gewalt der Ordner und Ältesten unter den Seminaristen realisierte. Auf dieser Ebene war körperlicher Zwang die Methode der Unterwerfung. So konnte die für die Elementarschulen typische Kombination von Wissensvermittlung, Selbstzwang und körperlicher Zwangsgewalt eingeübt, habitualisiert werden und als Komponente in das Berufsbewußtsein eingehen.

3.2.3 Beteiligung der Volksschullehrer an Agitationsvereinen und Parteien (1890–1914)

Eine starke Beteiligung der Lehrer an den regionalen Führungsaufgaben des Alldeutschen Verbandes hat bereits KRUCK (vgl. 1954, S. 18, S. 224) ermittelt. Ergänzend stellt Henning für den Flottenverein fest, durch das Geschichtsbild der Schulbücher, das sie vorzutragen hatten, seien die Lehrer für imperialistische Ideen besonders empfänglich gewesen. So stellten die Volksschullehrer 57% der nichtakademischen Beamten im westfälischen Flottenverein; sie waren die größte soziale Gruppe in diesem Provinzialverband des Flottenvereins (vgl. HENNING 1972, S. 172). Zu ihrer Tätigkeit im Alldeutschen Verband und im Flottenverein fügt sich das zumindest für die Rheinprovinz nachgewiesene Engagement für die nationalliberale Partei, allerdings nur auf unterster Führungsschicht. „In ihrer Mehrzahl wandten sie [die Volksschullehrer] sich der nationalliberalen Partei zu und übernahmen in den Ortsvereinen die Posten der Vorsitzenden, Kassierer und Schriftführer. Unter den Ortsvorsitzenden stellten sie nach den Unternehmern die zweitstärkste soziale Gruppe dar" (HENNING 1972, S. 202). So leisteten sie in ländlichen Gebieten die Kleinarbeit für die Partei und trugen vor Wahlen die Hauptlast der aggressiven Agitation.

3.2.4 Bildungsverhalten und Sozialdisziplinierung

Für das Bildungsverhalten der nichtakademisch gebildeten Beamten gilt allgemein, daß sie an einer möglichst guten Ausbildung der Söhne interessiert waren. Diesem Ziel wurden die wirtschaftlichen Verhältnisse untergeordnet. Ihre Lebensmaxime war der soziale Aufstieg durch Bildung, und dafür waren sie zu jeder Entbehrung bereit. Durch ihre Nähe zum Bildungssystem hatten sie gegenüber den anderen Beamten und Kleinbürgern Vorteile, die ihnen gute Erfolgschancen sicherten. So fand zuletzt KOPPENHÖFER (vgl. 1980, S. 110), daß die Söhne von Volksschullehrern an badischen Gymnasien in den vorderen Rangplätzen der Lokation (Leistungsrangliste) überrepräsentiert waren. Sie wurden – was nicht überrascht – nur noch von den Söhnen der Gymnasiallehrer selbst übertroffen.
Durch zentralstaatliche Norm gesichert, sind die Volksschullehrer vor 1914 in eine kleinbürgerliche Lebenslage gelangt. Von dieser Position aus sichern sie sich mit überdurchschnittlichem Erfolg ihre Chancen im Bildungssektor. Aufstieg durch Bildung und eine fortschrittsorientierte Haltung zum Erwerb von Wissen sind daher ein Pol ihres Berufsbewußtseins. Ein anderer ist zweifellos der kleinbürgerlich autoritäre Paternalismus, der im Konzept der Sozialdisziplinierung wirksam wurde. Die subjektive Voraussetzung zur Sozialdisziplinierung war die im Kleinbürgertum grassierende Abstiegsbedrohung und die sozial und materiell durch den Staat gesicherte Distanz zwischen Arbeitern und Lehrern. So verkörperten die proletarischen Kinder im Angesicht des Lehrers besonders in den industriellen Entwicklungszonen das, was die Lehrer nicht sein wollten und wodurch sie sich bedroht fühlten. Ein zweiter Pol ihres Berufsbewußtseins ist daher die von ihnen auch als Person ausgehende, keineswegs immer erzwungene Sozialdisziplinierung der Unterschichten, in der häufig eine Umkehr der Interaktionsformen stattfand, und die Interaktion der Gewalt die Interaktion des Wissens überformte. Letzteres belegen eindringlich die sich in den 90er Jahren häufenden Anzeigen der Eltern, die zu Strafverfahren wegen Totschlags oder Körperverletzung führten, die im Rahmen haltloser Prügel entstanden (vgl. WESEMANN 1978, S. 488 ff., S. 514 ff.).
Die Phase der großen Depression der 80er Jahre ist zugleich die Phase der Verfestigung eines aggressiven Rassenantisemitismus und vorfaschistischer Strömungen, die ihr Zentrum im Kleinbürgertum haben (vgl. ROSENBERG 1976, S. 59 ff.). So wirft die Aktivität der Lehrer in dem Spektrum der Agitationsvereine historisch ihre Schatten voraus.

4 Entwicklung der materiellen und ideellen Lage der Lehrer im 20. Jahrhundert

Eine Zwischenbilanz, die die weitere Entwicklung einbezieht, kann festhalten, daß die Gesamtheit der Lehrer an höheren Schulen zu keiner Zeit sich je und wieder in einer derart weit gespannten Distanz zu den sozialen Unterschichten und zu der Gruppe der Volksschullehrer befand, die vor 1914 gerade 45% ihres Endgehaltes verdienten. So gesehen ist die Entwicklung im 20. Jahrhundert davon gekennzeichnet, daß die Gymnasiallehrer diese herausgehobene Stellung einbüßen, es tritt eine doppelte „Nivellierung" ein, sowohl im Verhältnis zur Arbeiterschaft wie zur Gruppe der Volksschullehrer. In dieser langfristigen Trendentwicklung ist die Phase 1930 bis 1945 ein nochmaliger Einbruch besonders im Bereich der Volksschullehrer, ihrer ideellen wie materiellen Lage.

4.1 Reichsbesoldungsgesetze – Kürzung der Beamtengehälter – mentale Faschisierung – Lehrermangel

Das noch von der nachrevolutionären Kräftekonstellation geprägte *Reichsbesoldungsgesetz vom März 1920* strebte eine Vereinheitlichung der 1909 noch in etwa 180 Gehaltsklassen zersplitterten und hierarchisierten Beamtenschaft an. Ziel des Gesetzes war es, alle gleich zu bewertenden Gruppen der Beamten durch sämtliche Institutionen hindurch gleichmäßig zu besolden. Das Reichsbesoldungsgesetz von 1920 sah daher nur 13 Besoldungsgruppen in der A-Besoldung (Aufsteigende Ämter) vor. Ohne Unterscheidung nach Stadt und Land wurden die Volksschullehrer in die Besoldungsgruppe VII eingereiht, in der sie 74% des Grundgehalts der Studienräte erhielten. Damit war der Abstand zwischen den beiden Lehrergruppen so gering wie nie zuvor. In Besoldungsgruppe VIII rangierten die Mittelschullehrer mit 81% des Grundgehalts der Studienräte, in der Gruppe IX schließlich die Gymnasiallehrer. Die beginnende Inflation machte die Auswirkungen dieses Gesetzes hinfällig. Die Situation stabilisierte sich erst, als nach der Einführung der Rentenmark im Dezember 1923 neue Gehaltssätze auf der Basis der Goldwährung festgesetzt wurden. Allerdings wurden die Gehälter auf etwa nur 50% der nominellen Beträge von vor 1914 gesetzt. So betrug das Realeinkommen eines verheirateten Beamten der Besoldungsgruppe VII nur noch die Hälfte des Vorkriegseinkommens, in der Gruppe X sogar nur 43% (vgl. BÖLLING 1983, S. 118).

Nach der letzten Anpassung der Gehälter vom März 1924 vergrößerte sich die Differenz zwischen den Löhnen der Arbeiter und Angestellten auf der einen Seite und den Gehältern der Beamten bis Ende 1926 ständig. Da die tariflich vereinbarten Mindestlöhne von Arbeitern seit Oktober 1924 um 26,3%, die Höchstlöhne sogar um 30,4% gestiegen waren, fordern die Lehrer: „Eine Anpassung an das allgemeine Lohnniveau in Form einer Gehaltserhöhung von 30–35%; nur sie können die gestörte Gerechtigkeit wiederherstellen" (zitiert nach BREYVOGEL 1979, S. 17).

Das *Reichsbesoldungsgesetz vom Dezember 1927* vergrößerte wieder den Abstand zwischen den Volksschullehrern und Gymnasiallehrern, und zwar zu der Relation 61:100. Das Jahresgrundgehalt der Volksschullehrer entsprach dem der Obersekretäre der Verwaltungen und stieg von 2800 auf 5000 Reichsmark nach zirka 21 Dienstjahren. Das der Gymnasiallehrer dagegen von 4800 auf 8400 Reichsmark. In der Tendenz war die Vorkriegssituation wieder hergestellt, so daß der junge Studienassessor in etwa da begann, wo das Endgehalt des Volksschullehrers erreicht war. Von dieser relativen Verschlechterung waren besonders die einfachen Lehrer der größeren Städte betroffen, da die Zahlung einer Sonderzulage zugleich untersagt war. So bedeutete das Besoldungsgesetz von 1927 für Lehrer an ausgebauten Schulsystemen der Städte eine nur minimale Verbesserung von bisweilen nur 5 Reichsmark im Monat. Eine Reform, die einen breiten Proteststurm in den Städten freisetzte (vgl. die Gehälter Frankfurter Lehrer in BREYVOGEL 1979, S. 40, Anm. 55). Ein erster Einbruch in die materielle Lage aller Lehrer und Beamten erfolgte ab 1930. Die Weltwirtschaftskrise führte über Lohnabbau und Deflation zu einer durch Notverordnungen legitimierten *Kürzung der Beamtengehälter,* wobei die Bruttobezüge der Lehrerschaft aller Schulformen zwischen 1930 und 1932 um 30 bis 40% gekürzt wurden (vgl. BREYVOGEL 1979, S. 136 ff.; vgl. WITT 1982). Besonders scharf wirkte sich die Krise für die ausgebildeten Anwärter und jüngeren Lehrer aus. Die im 19. Jahrhundert entwickelte Form der Krisensteuerung durch unterbezahlte Zeitverträge im Status des Hilfslehrers wurde zum ersten Mal für alle Berufsanfänger und alle Schulformen wirksam. Der mögliche Erwartungshorizont und die faktische Lage geriet in eine scharfe Diskrepanz. So schrieb ein arbeitsloser Assessor:

„Ich bin verheiratet, habe 1 Kind und eine eigene Wohnung. Meine wirtschaftliche Lage ist genügend durch die Tatsache gekennzeichnet, daß ich städtische Wohlfahrtsunterstützung im Betrag von wöchentlich 14,75 Mark beziehe... Meine Kleidung und die meiner Frau ist derart verbraucht, daß ich mich als Kulturmensch schämen muß, auf die Straße, geschweige denn in die Schule zu gehen" (zitiert nach NAHT 1983, S. 185).

Als in Preußen 9400 Junglehrer Anfang 1932 entlassen wurden, waren Stellungnahmen wie die folgende keine Seltenheit:

„Es gibt keine Junglehrer mehr und keine jungen Lehrer mehr in der hessischen Volksschule. Das bedeutet den Tod der Schule des Volkes, die Vernichtung hunderter von Existenzen. Jetzt, Junglehrer, hast du deinen Dank... Auch dir, Staat, werden wir nicht vergessen, was du uns angetan: Wind hast du gesät, Sturm wirst du einst ernten!" (zitiert nach BREYVOGEL 1979, S. 192).

Diese und ähnliche Stellungnahmen verweisen auf den Prozeß der *mentalen Faschisierung* von Teilen der Lehrer. So traten 5% der Lehrer dem Nationalsozialistischen Lehrerbund (NSLB) bis zum 30. 1. 1933 (Hitlers Kanzlerschaft) bei. In dieser frühen NSLB-Mitgliedschaft sind jüngere gegenüber älteren Lehrern stark überrepräsentiert, gleichzeitig Berufsschul- und Gymnasiallehrer sowie Gymnasialdirektoren. Unterrepräsentiert sind zu diesem Zeitpunkt vor allem die einfachen Lehrer an Volksschulen (vgl. BREYVOGEL 1979, S. 198 ff.). Allerdings ist der innere Prozeß der Faschisierung wesentlich weiter fortgeschritten. Bis Mai 1933 erfolgte ein Masseneintritt von zirka 25% aller Lehrer in die NSDAP. Die Analyse der Mitgliederentwicklung ergibt zudem, daß keine andere Berufsgruppe innerhalb der NSDAP sich mit so hohem Anteil (85%) erst nach dem 30. 1. 1933 zum Eintritt in die NSDAP entschlossen hat (vgl. BREYVOGEL 1977, S. 331 ff.).

Eine allgemeine Voraussetzung dieser Faschisierung ist das, was man eine *Depression des Erwartungshorizontes* nennen könnte. Es ist nicht so sehr die faktische Proletarisierung der Lehrer, sie galt nur für arbeitslose Junglehrer und nichtbegüterte Assessoren, sondern die vermeintliche. Ein Volksschullehrer im mittleren Alter verdiente auch noch nach der Kürzung der Gehälter das Doppelte eines Arbeiters. Aber gerade diese vermeintliche, subjektive Sicht war für das politische Handeln der Lehrer ausschlaggebend.

Gleichzeitig werden durch die Krisensteuerung der 30er Jahre die langfristigen Bedingungen des Lehrermangels noch der Nachkriegszeit bis 1970 gelegt. Das Bündel bürokratischer Maßnahmen aus Bildungswarnung, Numerus clausus, Entlassung,

Bewerberstau und Unterbezahlung schlägt zum ersten Mal derart in das gesellschaftliche Bewußtsein durch, daß das Berufsprestige und auch die Studienwahlmotive betroffen werden. So flaute durch fehlende Neueinstellungen erst Ende der 30er Jahre die Überfüllungsphase im Bereich der höheren Schulen ab. „Wenn von 1942 an die starken Altersjahrgänge der Festangestellten zur Pensionierung anstehen, wird bis 1952 die Hälfte aller Festangestellten von 1942 pensioniert sein" (NAHT 1981, S. 289). Diese Konstellation von anschwellendem Abgang und schwindendem Zugang führte schon Ende der 30er Jahre zu eindringlichen Mangelprognosen, die aber ihre Wirkung verfehlten. Im Bereich der Volksschulen kam es bereits früher zu einer Trendwende und zu einem offenen Lehrermangel. Hinweise auf diese Trendwende fanden sich in einzelnen Regionen bereits ab 1935, so in Baden, wo überschüssigen Assessoren eine Umschulung zum Volksschullehrer angeboten wurde (vgl. BREYVOGEL/LOHMANN 1981, S. 205). Die Ursachen für diese frühe Trendwende lagen in dem oben genannten Maßnahmebündel, dessen Wirkung durch die andauernde Unterfinanzierung der Lehrer und den ökonomischen Aufschwung ab 1935 verschärft wurden. So setzte zusätzlich eine „Berufsflucht" ein. In Schwaben wechselten allein 1937 100 Lehrer den Beruf. Im gleichen Jahr waren in Preußen allein 3 000 Lehrerstellen unbesetzt. Als Beispiel für die Veränderung der Studienwahlmotive sei darauf hingewiesen, daß 1937 von 238 Kasseler Abiturienten lediglich 29 Lehrer und Studienräte werden wollten. Aus Sachsen ist bekannt, daß bei einem jährlichen Bedarf von 400 Lehrern 1937 nur 131 Studenten das Studium aufnahmen und für 1938 noch weniger erwartet wurden. In den vierziger Jahren verstärkte sich der *Lehrermangel* weiter. 1940 wurden insgesamt 7 000 Junglehrer als Ersatzbedarf benötigt, die Hochschulen für Lehrerbildung hatten jedoch nur zirka 2 300 Abgänge zu verzeichnen (vgl. OTTWEILER 1980, S. 206). Mit gewisser Konsequenz wurde auf Initiative der Parteileitung 1940 das Abitur als Voraussetzung zum Volksschullehrerberuf abgeschafft. Im gleichen Zug wurden alle Volksschullehrer dem Reichsbesoldungsrecht unterstellt und um eine Stufe (von A IVb nach A IVc2) abgestuft (vgl. BETTERMANN/GOESSL 1963, S. 43). In weiterer Konsequenz wurde die Tätigkeit des NSLB, in dem sich Reste einer berufsspezifischen Kritik artikulierten, am 2. März 1943 „im Zuge der kriegsbedingten Vereinfachungsmaßnahmen" aufgelöst (der ehemalige Reichsführer des NSLB wurde 1945 auf Befehl Bormanns erschossen – vgl. SCHOLTZ 1973, S. 177, Anm. 3).
Damit war die Lehrerschaft der Volksschulen in ihrer materiellen Lage, ihrem Status und Sozialprestige an einem Tiefpunkt angelangt, der sich bildhaft auch in der kriegsbedingten Zerstörung der Schulen, der Evakuierung und dem teilweisen vollkommenen Zusammenbruch der Erzieherarbeit ausdrückte.
Dieser umfassende „Niedergang" hatte für die Volksschullehrer noch eine weitere Komponente. Denn die Tendenz der ursprünglich über Bildungsabschlüsse gesicherten Vorteilnahme verlagerte sich nach 1933 in eine politische Vorteilnahme in Partei und Staat. So ist bereits den Zeitgenossen die hohe Zahl von Volksschullehrern unter den Gauleitern der NSDAP auffällig gewesen (vgl. NEUMANN 1977, S. 439). Eine Durchsicht der Biographien von 22 Gauleitern ergibt, daß sieben Söhne von Kleinbürgern waren, die alle das Lehrerseminar besucht hatten (vgl. HÜTTENBERGER 1969, S. 213 ff.). Wollte man diesem Hinweis noch exemplarische Bedeutung absprechen, dann ist die Datenbasis der Statistik der politischen Leiter der NSDAP unzweifelhafter. Mit einer besonderen Parteiuniform und Dienstpistole ausgerüstet, waren die „politischen Leiter" ein vom Führer ernanntes Chor innerhalb der NSDAP (etwa 25 % aller Mitglieder), auf die besonderer Verlaß sein konnte. Das Amt des politischen Leiters und ein Parteiamt waren daher häufig iden-

tisch. Die wichtigsten Parteiämter waren in einer Hierarchie vom Ortsgruppen-, Kreis- und Gauleiter gestaffelt. So sind in dem Gau Bayrische Ostmark (Gauleiter NSLB-Reichsführer Hans Schemm) von 47 Kreisleitern allein 12 (25%), von 594 Ortsgruppenleitern 109 (18%) Lehrer. Ähnlich überrepräsentiert sind die Lehrer in den Gauen Thüringen und Franken (eigene Berechnungen nach PARTEI-STATISTIK 1935).
So ergibt sich für die Volksschullehrer eine brisante Spannung aus Vorteilsnahme an politischer Macht und der Desillusionierung als Berufsgruppe. Zu keiner Zeit waren so viele Lehrer so mächtig wie die große Zahl von Lehrern als Gau-, Kreis- und Ortsgruppenleiter der NSDAP. Zu keiner Zeit war aber gleichzeitig das Ansehen ihres Berufs, ihre materielle und soziale Stellung und die Bedingungen ihrer Berufsarbeit so abgewertet, unterlaufen und depraviert. Anders die Gymnasiallehrer, die zweifellos an diesem politischen Höhenflug ihrer Berufskollegen nicht in gleicher Weise teilhatten. So hatte vor allem der Antiintellektualismus der NSDAP sie in eine zurückhaltende Distanz gebracht, die sich auf ihr Wissensmonopol und ihren bürgerlichen Konservatismus stützen konnte.

4.2 Besoldung – Bildungsexpansion – Berufsverbote – Lehrerarbeitslosigkeit

Die Entwicklung der materiellen, sozialen und politischen Lage der Lehrer zwischen 1945 und 1980 ist durch vier zentrale Momente gekennzeichnet:
Parallel zum Abbau des Lehrermangels und zur sozialpolitischen Neubewertung höherer Bildungsabschlüsse in den 60er Jahren erfolgte eine Reorganisation des Status des Volks-, jetzt: Grund- und Hauptschullehrers. Am Beispiel der Lehrerbesoldung in Nordrhein-Westfalen vollzog sich diese Reorganisation in folgenden Schritten: Noch 1953 bezog ein Lehrer an Volksschulen (nach A IV C 2) 583,– DM monatl. Endgrundgehalt. Es betrug 54% des Endgrundgehalts eines Studienrats. In einer Serie von Höherstufungen (1954: A 7, 1957 A 10 (69%), 1959 A 10a (73%), 1968 A 11) wird der Grund- und Hauptschullehrer seit 1970 nach A 12 auf einem Niveau von 85% des Endgrundgehalts des Studienrats besoldet (vgl. MILLACK 1981, MILLACK u. a. 1960). Parallel erreichten die Gymnasiallehrer eine Regelbeförderung nach A 14 (Oberstudienrat) und mit zirka 25% des Stellenplans eine Besoldung nach A 15 (Studiendirektor). So betrug das Jahresnettoeinkommen eines 35jährigen Hauptschullehrers 1980: 39453,– DM, das eines gleichaltrigen Gymnasiallehrers: 45425,– DM, das eines 45jährigen Konrektors einer Hauptschule (1980): 47327,– DM und das eines gleichalten Oberstudienrats: 53865,– DM (vgl. MILLACK/BELL 1981, S. 9). Demgegenüber verteilten sich die Nettoeinkommen der Arbeiter in der Industrie 1980 mit 12% unter 600,– DM, mit 31,6% zwischen 600–1400 DM, mit 43,5% zwischen 1400 und 2500 DM und mit 12,9% über 2500 DM. Die stärkste Häufung lag zwischen 1400 und 2200 DM, so daß mit 1700 DM ein durchschnittliches Monatseinkommen und mit 20400 DM ein durchschnittliches Jahresnettoeinkommen als Bezugsgröße veranschlagt werden kann (eigene Berechnungen nach STATISTISCHES BUNDESAMT 1981, S. 99, S. 464). Wenn wir beispielsweise das Jahresnettoeinkommen eines 60jährigen Studiendirektors mit 58111,– DM zugrundelegen, befindet es sich noch 1980 in einer Relation von knapp 1:3 zu einem durchschnittlichen Jahreseinkommen eines Arbeiters.
Das zweite zentrale Moment der Nachkriegszeit ist die soziale Öffnung der Gymnasien und Hochschulen. Angesichts der ausgebliebenen Schulreformen ließ die veränderte Schülerrekrutierung an den Gymnasien, zu denen verstärkt Angestellten- und Arbeiterkinder überwechselten, LUNDGREEN (vgl. 1981, S. 120ff.) von der

faktischen Gesamtschulfunktion der Gymnasien sprechen. Deutlichster Ausdruck dieser sozialen Öffnung ist aber ein erhöhter Zustrom von Kindern unterer sozialer Schichten in den Lehrerberuf. Während HORN (1968, S. 121) 5% Arbeiterkinder an den pädagogischen Hochschulen Hessens zwischen 1947 und 1960 auswies, steigerte sich ihr Anteil an den pädagogischen Hochschulen 1976 auf 23% (Universitäten: 14% - vgl. BUNDESMINISTER FÜR BILDUNG UND WISSENSCHAFT 1978, S. 153).

Drittes zentrales Moment ist die im gleichen Zeitraum erfolgende zwanghafte Loyalisierung der gesamten Lehrerschaft („Berufsverbote"). Die Grundsätze der Ministerpräsidenten „zur Frage der verfassungsfeindlichen Kräfte im öffentlichen Dienst" vom 28. Januar 1972 leitete eine Gesinnungsüberprüfung der Berufsanfänger ein, die Konformitätsdruck und soziale Angst in der gesamten Lehrerschaft wie in keiner anderen Berufsgruppe erzeugte. Diese erzwungene Loyalisierung war die politische Antwort des Staates, die das durch die Studentenbewegung gelockerte Band zwischen Lehrer und Staat wieder fest anzog.

Das vierte zentrale Moment ist der Trendumschlag von Lehrermangel zu gegenwärtiger Arbeitslosigkeit ausgebildeter Lehrer. Dieser Umschlag verursachte auf seiten der privilegierten Stelleninhaber eine sozialpolitische Verteidigungsposition: Besitzstandswahrung steht gegen die Forderung nach gerechter Verteilung der Arbeit. Dabei unterstützte bisher die bürokratische Steuerung die soziale Abkopplung der Anwärter, setzte aber gleichzeitig eine Entprivilegierung durch, die zunächst nur die wartenden Berufsanfänger erfaßt (unterbezahlte Zeitverträge, Kürzung der Anwärterbezüge ab 1.1.1983, Abstufung der Eingangsbesoldung ab 1.1.1984).

5 Schluß

Abschließend ist danach zu fragen, was von den zentralen Thesen zur sozialen Lage der Lehrer der frühen 70er Jahre geblieben ist. Die erste, etwa von HUISKEN (vgl. 1971, S. 433) formulierte These ging von der zunehmenden „Proletarisierung" der Lehrer aus, die sie zu einem Bündnis mit dem Proletariat befähige. Diese These war allerdings ohne historisch-systematische Analyse aus dem Zwang des Staates zur Einsparung der Ausbildungskosten als faux frais gewonnen. In der Rückschau überrascht es kaum, wenn die Lehrer ihre Situation in der These nicht wiedergegeben fanden. Denn die im Berufsbewußtsein aufbewahrte Erfahrung ließ die Grund- und Hauptschullehrer zur gleichen Zeit gewiß mit sozialem Stolz auf ihre Statusreorganisation blicken. Die These verfehlte die faktische Situation in der Lehrerschaft, begrifflich abstrakt ermittelt, war sie unangemessen, nahm Einsichten vorweg, die gegenwärtig bestenfalls das Denken von Berufsanfängern und Arbeitslosen bestimmen könnten.

Nicht anders verhält es sich mit der zweiten zentralen These, die im Kontext der Stamokap-Theorie die Lehrer als Bündnisteil im antimonopolistischen Kampf begriffen hat und die in die Strategie der „gewerkschaftlichen Orientierung" studentischer Interessenskämpfe mündete (vgl. KIEVENHEIM u. a. 1973, S. 150). Abgesehen davon, daß die Praxis der Gesinnungsprüfung solche Erwartungen sehr schnell ad acta legte, ist auch kaum ein latentes staatskritisches Bewußtsein bei der Mehrheit der Lehrerschaft vorauszusetzen. Denn im gesellschaftlichen Reproduktionsprozeß der - wenn auch - neuen Mittelschichten ist der Lehrerberuf weiterhin Schnittpunkt von (vermehrtem) Aufstiegsinteresse und (verringerter) Abstiegsbedrohung. Die soziale Privilegierung durch die vom Markt unabhängige Besoldung und - was gegenwärtig im Bewußtsein der Ausgeschlossenen immer schwerer wiegt - die lebenslange Sicherheit auf Arbeit ist und bleibt das Fundament einer faktischen

Staatsanbindung. Deutlichsten Ausdruck findet dieser Sachverhalt in der berufsständischen Antireformpolitik der organisierten Philologen. Daß die Politik der heute in einigen Bundesländern mehrheitlich in der Gewerkschaft Erziehung und Wissenschaft organisierten Grund- und Hauptschullehrer nicht mehr berufsständisch sei, bedürfte unter den Bedingungen der Überfüllungskrise erst einer Prüfung.

ALTVATER, E./HUISKEN, F.: Produktive und unproduktive Arbeit – als Kampfbegriffe, als Kategorien zur Analyse der Klassenverhältnisse und der Reproduktionsbedingungen des Kapitals. In: Sozialist. Pol. 2 (1970), 8, S. 47 ff. ALTVATER, E./HUISKEN, F. (Hg.): Materialien zur politischen Ökonomie des Ausbildungssektors, Erlangen 1971. ARMANSKI, G.: Staatliche Lohnarbeiter im Kapitalismus. In: Prbl. d. Klassenkampfs 4 (1974), 16, S. 1 ff. ARMANSKI, G. u. a.: Vom Bourgeoisieideologen zum Massenintellektuellen. Zur Klassenanalyse der Intelligenz. In: BACKHAUS, H.-G.: Gesellschaft. Beiträge zur Marxschen Theorie 7, Frankfurt/M. 1976, S. 68 ff. AUMÜLLER, U.: Industrieschule und ursprüngliche Akkumulation in Deutschland. In: HARTMANN, K. u. a. (Hg.): Schule und Staat im 18. und 19. Jahrhundert, Frankfurt/M. 1974, S. 9 ff. BERG, CH.: Die Okkupation der Schule. Eine Studie zur Aufstellung gegenwärtiger Schulprobleme an der Volksschule Preußens, Heidelberg 1973. BETTERMANN, K. A./GOESSL, M.: Schulgliederung, Lehrerbildung und Lehrerbesoldung in der bundesstaatlichen Ordnung, Berlin 1963. BLÄTTNER, F.: Das Gymnasium, Heidelberg 1960. BÖLLING, R.: Volksschullehrer und Politik. Der Deutsche Lehrerverein 1918–1933, Göttingen 1978. BÖLLING, R.: Sozialgeschichte der deutschen Lehrer, Göttingen 1983. BORCHARDT, K.: Wachstum, Krisen, Handlungsspielräume der Wirtschaftspolitik. Studien zur Wirtschaftsgeschichte des 19. und 20. Jahrhunderts, Göttingen 1982. BREYVOGEL, W.: Lehrer zwischen Weimarer Republik und Faschismus. Die Lehrerschaft des Hessischen Volksschullehrervereins in den Jahren 1930–1933. In: Gesellsch. u. S. 15 (1974), 1/2, S. 3 ff., S. 100 ff. BREYVOGEL, W.: Volksschullehrer und Faschismus. In: HEINEMANN, M. (Hg.): Der Lehrer und seine Organisation, Stuttgart 1977, S. 317 ff. (1977a). BREYVOGEL, W.: Zum Ansatz des Historischen Materialismus in der Lehrerforschung. In: HEINEMANN, M. (Hg.): Der Lehrer und seine Organisation, Stuttgart 1977, S. 477 ff. (1977b). BREYVOGEL, W.: Die soziale Lage und das politische Bewußtsein der Volksschullehrer 1927–1933, Königstein 1979. BREYVOGEL, W./LOHMANN, T.: Schulalltag im Nationalsozialismus. In: PEUKERT, D./REULECKE, J.: Die Reihen fest geschlossen. Alltag unterm Nationalsozialismus, Wuppertal 1981, S. 199 ff. BREYVOGEL, W./TENORTH, H.-E.: Lehrerschaft und Faschismus. In: HEID, H. u. a. (Hg.): Das politische Interesse an der Erziehung und das pädagogische Interesse an der Gesellschaft. Z. f. P., 17. Beiheft, Weinheim/Basel 1981, S. 169 ff. BRINKMANN, W.: Der Beruf des Lehrers, Bad Heilbrunn 1976. BUNDESMINISTER FÜR BILDUNG UND WISSENSCHAFT: Das soziale Bild der Studentenschaft in der Bundesrepublik Deutschland. 8. Sozialerhebung des Deutschen Studentenwerks, Bonn 1978. BUNGARDT, K.: Die Odyssee der Lehrerschaft. Sozialgeschichte eines Standes, Hannover ²1965. BUSCH, A.: Die Geschichte des Privatdozenten, Stuttgart 1959. CLOER, E.: Sozialgeschichte, Schulpolitik und Lehrerfortbildung der katholischen Lehrerverbände im Kaiserreich und in der Weimarer Republik, Ratingen/Kastellaun/Düsseldorf 1975. DESAI, A. V.: Real Wages in Germany 1871–1913, Oxford 1968. ENGELSING, R.: Zur Sozialgeschichte deutscher Mittel- und Unterschichten, Göttingen 1973. ERGER, J.: Lehrer und Schulpolitik in der Finanz- und Staatskrise der Weimarer Republik 1929–1933. In: ENGELHARDT, U. u. a. (Hg.): Soziale Bewegung und politische Verfassung, Stuttgart 1976, S. 233 ff. FERBER, Ch. v.: Die Entwicklung des Lehrkörpers der deutschen Universitäten und Hochschulen 1864–1954, Göttingen 1956. FISCHER, K.: Geschichte des Deutschen Volksschullehrerstandes, 2 Bde., Hannover 1892 (Bd. 1: 1892a, Bd. 2: 1892b). FISCHER, W.: Rekrutierung und Ausbildung von Personal für den modernen Staat: Beamte, Offiziere und Techniker in England, Frankreich und Preußen in der frühen Neuzeit. In: KOSELLECK, R. (Hg.): Studien zum Beginn der modernen Welt, Stuttgart 1977, S. 194 ff. GAFERT, B.: Höhere Bildung als Antiaufklärung. Entstehung und Bedeutung des preußischen Gymnasiums, Frankfurt/New York 1979. GEIGER, TH.: Die soziale Schichtung des deutschen Volkes, Stuttgart 1932. GERTH, H. H.: Bürgerliche Intelligenz um 1800, Göttingen 1976. GILLIS, J. R.: Geschichte der Jugend, Weinheim/Basel 1980. HAGENER, D.: Radikale Schulreform zwischen Programmatik und Realität, Bremen 1973. HAMBURGER, F.: Lehrer zwischen Kaiser und Führer. Der Deutsche Philologenverband in der Weimarer Republik, Diss., Heidelberg 1974. HAMBURGER, F.: Pädagogische und politische Orientierung im Selbstverständnis des Deutschen Philologenverbandes in der Weimarer Republik. In: HEINEMANN, M. (Hg.): Der Lehrer und seine Organisation, Stuttgart 1977, S. 263 ff. HARDACH, G.: Deutschland in der Weltwirtschaft 1870-1970, Frankfurt/New York 1977. HENNING, H.: Das westdeutsche Bürgertum in der Epoche der Hochindustrialisierung 1860-1914, Wiesbaden. 1972. HERRLITZ, H.-G.: Studium als Standesprivileg, Frankfurt/M. 1973. HERRLITZ, H.-G./TITZE, H.: Überfüllung als bildungspolitische Strategie. Zur administrativen Steuerung der Lehrerarbeitslosigkeit in Preußen 1870-1914. In: D. Dt. S. 68 (1976), S. 338 ff. HERRLITZ, H.-G. u. a.: Deutsche Schulgeschichte von 1800 bis zur Gegenwart. Eine Einführung, Königstein 1981. HINTZE, O.: Der Beamtenstand. In: HINTZE, O.: Soziologie und Geschichte, Göttingen ²1964, S. 66 ff. HOFFMANN, V.: Lehrer und Gewerkschaft. Die preußische Junglehrerbewegung in den ersten Jahren der Weimarer Republik, Berlin 1976. HOHORST, G. u. a.: Sozialgeschichtliches Arbeitsbuch. Materialien zur Statistik des Kaiserreichs 1870-1914, München 1975. HOPF, CH./HOPF, W.: Gleichgültigkeit und Identifikation als Kategorien der Analyse von Klassenbewußtsein. In: Probl. d. Klassenkampfs 6 (1976), S. 67 ff. HORN, H.: Volksschullehrernachwuchs, Frankfurt/M. 1968. HUERKAMP, C.: Die preußischen Volksschullehrer 1848-1914, Mimeo, Münster 1976. HUISKEN, F.: Anmerkungen zur Klassenlage der pädagogischen Intelligenz. In: ALTVATER, E./HUISKEN, F. (Hg.): Materialien zur politischen Ökonomie des Ausbildungssektors, Erlangen 1971, S. 405 ff. HUMBOLDT, W. V.: Schriften zur Politik und zum Bildungswesen. Werke, hg. v. A. Flitner/K. Giel, Bd. 4, Darmstadt ²1969. HÜTTENBERGER, P.: Die Gauleiter, Stuttgart 1969. IRMER, B. (Hg.): Das Höhere Schulwesen in Preußen, Bd. 4: (1874-1901), Berlin 1902. JEISMANN, K.-E.: Das preußische Gymnasium in Staat und Gesellschaft, Stuttgart 1974. KAELBLE, H.: Sozialer Aufstieg in Deutschland 1850-1914. In: JARAUSCH, K. (Hg.): Quantifizierung in der Geschichtswissenschaft. Probleme, Möglichkeiten, Düsseldorf 1976, S. 279 ff. KAELBLE, H.: Soziale Mobilität in Deutschland 1900-1960. In: KAELBLE, H. u. a.: Probleme der Modernisierung in Deutschland, Opladen 1978, S. 235 ff. KAGERER, H.: In der Schule tobt das Leben, Berlin 1976. KEHR, E.: Zur Genesis der preußischen Bürokratie und des Rechtsstaats. In: KEHR, E.: Der Primat der Innenpolitik, Frankfurt/Berlin/Wien ²1976, S. 31 ff. KEHR, E.: Die Diktatur der Bürokratie. In: KEHR, E.: Der Primat der Innenpolitik, Frankfurt/Berlin/Wien ²1976, S. 244 ff. KIEVENHEIM, CH. u. a.: Materialien zur Lage der Lehrerschaft in der BRD. In: KIEVENHEIM, CH./LEISEWITZ, A. (Hg.): Soziale Stellung und Bewußtsein der Intelligenz, Köln 1973, S. 153 ff. KLINK, J.-G.: Klasse H 7 E, Bad Heilbrunn 1974. KÖLLMANN, W.: Sozialgeschichte der Stadt Barmen im 19. Jahrhundert. Sozialforschungsstelle an der Universität Münster: Soziale Forschung und Praxis, Bd. 21, Tübingen 1960. KOPITZSCH, F.: Die regionale Herkunft der Lehrer und Schüler des Altonaer Christianeums im Zeitalter der Aufklärung (1738-1815). In: BROCKSTEDT, J. (Hg.): Regionale Mobilität in Schleswig-Holstein 1600-1900. Theorie, Fallstudien, Quellenkunde, Bibliographie, Neumünster 1979, S. 151 ff. KOPPENHÖFER, P.: Bildung und Auslese. Untersuchungen zur sozialen Herkunft der höheren Schüler Badens 1834/36 bis 1890, Weinheim/Basel 1980. KOSELLECK, R.: Preußen zwischen Reform und Revolution, Stuttgart ²1975. KOSELLECK, R./STEMPEL, W.-D. (Hg.): Geschichte, Ereignis und Erzählung, München 1973. KOSTEDE, N.: Akkumulation und Mittelklassen. Zur Diskussion über die Theorie der neuen Mittelklassen. In: Probl. d. Klassenkampfs 4 (1974), 13, S. 1 ff. KRAUL, M.: Gymnasium und Gesellschaft im Vormärz, Göttingen 1980. KRAUSS, H./SCHÖN, B.: Karriere-Tickets, Erbauungs-Traktate, Selbst-Reflexionen. In: päd.extra (1979), 7, S. 33 ff. KRUCK, A.: Geschichte des Alldeutschen Verbandes 1890-1939, Wiesbaden 1954. KRÜGER, M.: Schulflucht, Reinbek 1978. KÜBLER, H.: Besoldung und Lebenshaltung der unmittelbaren preußischen Staatsbeamten im 19. Jahrhundert, Nürnberg 1976. KÜPPERS, H.: Der katholische Lehrerverband in der Übergangszeit von der Weimarer Republik zur Hitler-Diktatur, Mainz 1975. KUHLMANN, H.: Klassengemeinschaft, Berlin 1975. LAUBACH, H.-CH.: Die Politik des Philologenverbandes im Reich und in Preußen während der Weimarer Republik. In: HEINEMANN, M. (Hg.): Der Lehrer und seine Organisation, Stuttgart 1977, S. 249 ff. LEHMANN, B.: Arbeitswelt und Lehrerbewußtsein, Neuwied/Berlin 1974. LEXIS, W. (Hg.): Das Unterrichtswesen im Deutschen Reich, Bd. 3: Das Volksschulwesen und das Lehrerbildungswesen, Berlin

1904. LESCHINSKY, A./ROEDER, P. M.: Schule im historischen Prozeß, Stuttgart 1976. LOTZE, R.: Die erste Dienstprüfung für das wissenschaftliche Lehramt an den höheren Schulen in Württemberg 1919-1931. In: Württembergische Jahrbücher für Statistik und Landeskunde (1930/1931), S. 263 ff. LUNDGREEN, P.: Die Eingliederung der Unterschichten in die bürgerliche Gesellschaft durch das Bildungswesen im 19. Jahrhundert. In: Int. Arch. f. Sozgesch. d. dt. Lit. 3 (1978), S. 87 ff. LUNDGREEN, P.: Das Bildungsverhalten höherer Schüler während der akademischen Überfüllungskrise der 1880er und 1890er Jahre in Preußen: In: Z. f. P. 27 (1981), S. 225 ff. (1981 a). LUNDGREEN, P.: Sozialgeschichte der deutschen Schule im Überblick, 2 Teile, Göttingen 1980/1981 (Teil I: 1770-1918, Göttingen 1980; Teil II: 1918-1980, Göttingen 1981 b). MEYER, F.: Schule der Untertanen. Lehrer und Politik in Preußen 1848-1900, Hamburg 1976. MEYER, F.: Geschichte des Lehrers und der Lehrerorganisationen. In: HERRMANN, U. (Hg.): Historische Pädagogik. Z. f. P., 14. Beiheft, Weinheim/Basel 1977, S. 273 ff. MEYER, R.: Das Berechtigungswesen in seiner Bedeutung für Schule und Gesellschaft im 19. Jahrhundert. In: Z. f. d. ges. Staatsw. 124 (1968), S. 763 ff. MILLACK, CH./BELL, J.: Vergleich der Lebenseinkommen von Beamten des mittleren, gehobenen und höheren Dienstes: Verantwortung und Leistung. Schriftenreihe der Arbeitsgemeinschaft der Verbände des höheren Dienstes, Heft 2, Düsseldorf/Bonn 1981. MILLACK, CH. u. a.: Das Besoldungsrecht des Landes Nordrhein-Westfalen, Neuwied/Berlin/Darmstadt 1960. MORELL, R.: Die Anfänge der westdeutschen Lehrerbewegung nach 1945. In: D. Arg. 15 (1973), 80, S. 208 ff. MORELL, R.: Organisierte Volksschullehrerbewegung vom Ende des Zweiten Weltkriegs bis zur Konstituierung der „Gewerkschaft Erziehung und Wissenschaft". Ein sozialgeschichtlicher Beitrag zu Geschichte und Ideologie der Volksschullehrerschaft in Deutschland, Diss., Marburg 1977. MOST, O.: Zur Wirtschafts- und Sozialstatistik der höheren Beamten in Preußen. In: SCHMOLLERS JAHRBUCH FÜR GESETZGEBUNG, VERWALTUNG UND VOLKSWIRTSCHAFT, Bd. 39, Berlin 1915, S. 181 ff. MÜLLER, D. K.: Sozialstruktur und Schulsystem. Aspekte zum Strukturwandel des Schulwesens im 19. Jahrhundert, Göttingen 1977. MÜLLER, D. K.: Der Prozeß der Systembildung im Schulwesen Preußens während der zweiten Hälfte des 19. Jahrhunderts. In: Z. f. P. 27 (1981), S. 245 ff. MÜLLER, W./MAYER, K. U.: Chancengleichheit durch Bildung, Stuttgart 1976. NAHT, A.: Der Studienassessor im Dritten Reich. Eine sozialhistorische Studie zur „Überfüllungskrise" des höheren Lehramts in Preußen 1932-1942. In: Z. f. P. 27 (1981), S. 281 ff. NAHT, A.: Wirkungsaspekte der „Überfüllungskrise" im höheren Lehramt auf die Ausbildung in Preußen 1930-1942. In: Info. z. B.- u. Efo. (1983), 20/21, S. 185 ff. NEUMANN, F.: Behemoth. Struktur und Praxis des Nationalsozialismus 1933-1944, Köln/Frankfurt 1977. NIPPERDEY, Th.: Volksschule und Revolution im Vormärz. In: KLUXEN, K./MOMMSEN, W.J. (Hg.): Politische Ideologien und nationalstaatliche Ordnung, München 1968, S. 117 ff. NIPPERDEY, Th.: Verein als soziale Struktur in Deutschland im späten 18. und frühen 19. Jahrhundert. In: NIPPERDEY, Th.: Gesellschaft, Kultur, Theorie, Göttingen 1976, S. 43 ff. O'BOYLE, L.: Klassische Bildung und soziale Struktur in Deutschland zwischen 1800 und 1848. In: Hist. Z. 207 (1968), S. 584 ff. OTTWEILER, O.: Die nationalsozialistische Schulpolitik im Bereich des Volksschulwesens. In: HEINEMANN, M. (Hg.): Erziehung und Schulung im Dritten Reich, Teil 1, Stuttgart 1980, S. 193 ff. PARTEI-STATISTIK, hg. v. Reichsorganisationsleiter der NSDAP (Stand 1935), Band 2: Politische Leiter, München 1935. PAULSEN, F.: Geschichte des gelehrten Unterrichts auf den deutschen Schulen und Universitäten vom Ausgang des Mittelalters bis zur Gegenwart, 2 Bde., Berlin/Leipzig ³1921. RINGER, F.: Higher Education in Germany in the Nineteenth Century. In: The J. of Cont. Hist. 2 (1967), 2, S. 123 ff. ROSENBERG, H.: Große Depression und Bismarckzeit, Frankfurt/Berlin/Wien 1976. SAALFELD, D.: Lebensstandard in Deutschland 1750-1860. Einkommensverhältnisse und Lebenshaltungskosten städtischer Populationen in Deutschland in der Übergangsphase zum Industriezeitalter. In: BOG, I. u. a. (Hg.): Wirtschaftliche und soziale Strukturen im säkularen Wandel Bd. 2, Hannover 1974, S. 417 ff. SCHMIDT, M.: Materialien zur Arbeitsfeldanalyse des Lehrerberufs, Offenbach ²1973. SCHMIERER, J.: Die neuen Mittelklassen und das Proletariat – Bürgerliche und proletarische Linie in der Klassenanalyse. In: N. Rot. For. 3 (1972), 4, S. 44 ff. SCHOLTZ, H.: NS-Ausleseschulen. Internatsschulen als Herrschaftsmittel des Führerstaates, Göttingen 1973. SCHWARTZ, P.: Die Gelehrtenschulen Preußens unter dem Oberschulkollegium (1787-1806) und das Abiturientenexamen, Bd. 2, Berlin 1911. STATISTISCHES BUNDESAMT (Hg.): Statistisches Jahrbuch für die Bundesrepublik Deutschland 1981, Stuttgart/Mainz 1981. Stöhr, W.: Lehrer und Arbeiterbewegung, 2 Bde., Marburg 1978. Tenfelde, K.: Sozialgeschichte der Bergarbeiterschaft an der Ruhr im 19. Jahrhundert, Bonn 1977. Tenorth, H.-E.: Profession und Professionalisierung. Ein Bezugsrahmen zur kritischen Analyse des „Lehrers und seiner Organisationen". In: Heinemann, M. (Hg.): Der Lehrer und seine Organisation, Stuttgart 1977, S. 457 ff. Thien, H.-G.: Klassenlage und Bewußtseinsform der Lehrer im Staatsdienst, Gießen 1976. Titze, H.: Die soziale und geistige Umbildung des preußischen Oberlehrerstandes von 1870 bis 1914. In: Herrmann, U. (Hg.): Historische Pädagogik. Z. f. P., 14. Beiheft, Weinheim/Basel 1977, S. 107 ff. Titze, H.: Lehramtsüberfüllung und Lehrerauslese im Obrigkeitsstaat. Die Steuerung des Lehrernachwuchses im Königreich Hannover 1830–1865. In: D. Dt. S. 73 (1981), S. 19 ff. (1981 a). Titze, H.: Überfüllungskrisen in akademischen Karrieren: Eine Zyklustheorie. In: Z. f. P. 27 (1981), S. 187 ff. (1981 b). Weber, M.: Wirtschaft und Gesellschaft. Grundriß der verstehenden Soziologie (1982), Studienausgabe, 2 Bde., Tübingen ^{5}1972. Wehler, H. U. (Hg.): Moderne deutsche Sozialgeschichte, Köln ^{5}1976. Wenzel, F.: Sicherung von Massenloyalität und Qualifikation der Arbeitskraft als Aufgabe der Volksschule. In: Hartmann, K. u. a. (Hg.): Schule und Staat im 18. und 19. Jahrhundert, Frankfurt/M. 1974, S. 323 ff. Wesemann, M.: Das Berufsfeld des Volksschullehrers, Diss., Essen 1978. Wiese, L. (Hg.): Das höhere Schulwesen in Preußen, Bd. 1, Berlin 1864. Wiese, L. (Hg.): Das höhere Schulwesen in Preußen, Bd. 2 (1864–1868), Berlin 1869. Wimmer, W.: Nicht allen das Gleiche, sondern jedem das Seine, Reinbek 1976. Witt, P.-Ch.: Finanzpolitik als Verfassungs- und Gesellschaftspolitik. Überlegungen zur Finanzpolitik des Deutschen Reiches in den Jahren 1930 bis 1932. In: Gesch. u. Gesellsch. 8 (1982), S. 386 ff. Wünsche, K.: Die Wirklichkeit des Hauptschülers, Köln 1972. Zorn, W.: Hochschule und höhere Schule in der deutschen Sozialgeschichte der Neuzeit. In: Repgen, K./Skalweit, S. (Hg.): Spiegel der Geschichte, Münster 1964, S. 321 ff. Zymek, B.: Der verdeckte Strukturwandel im höheren Knabenschulwesen Preußens zwischen 1920–1940. In: Z. f. P. 27 (1981), S. 271 ff.

Bruno Nieser/Bodo Willmann

Alternativen institutionalisierter Bildung und Erziehung in ausgewählten Industrieländern

1   Strukturen des Bildungswesens
1.1 Vorschul- und Primarbereich
1.2 Sekundarstufe I
1.3 Sekundarstufe II und Berufsausbildung
1.4 Tertiärer Bereich mit Hochschulen und Universität
2   Bildungswesen und soziale Reproduktion
2.1 Bildungswesen und Sozialstruktur
2.2 Bildungswesen und Beschäftigungssystem

Zusammenfassung: Die strukturelle Entwicklung in den einzelnen Bereichen des Bildungssystems bildet die Grundlage des ersten Teils einer Darstellung, die alternative Bedingungen institutionalisierter Bildung in anderen Industrieländern aufzeigen will. Während kompensatorische Programme auf die gestiegene Aufmerksamkeit für den Vorschul- und Primarbereich hinweisen, zeichnen sich als Schwerpunkte schulischer Reformen Veränderungen im Pflichtbereich der Sekundarschulen ab. Die gestufte Abfolge von Primar- und Sekundarbereich mit gesamtschulartigen Sekundarstufen sowie die Abwendung von Leistungs- und Fachdifferenzierung im Pflichtbereich und Integrationsversuche berufsbildender und allgemeinbildender Züge im Oberstufenbereich kennzeichnen den strukturellen und inhaltlichen Wandel. Die Auswirkungen dieser Änderungen setzen sich bis in den Hochschulbereich fort.
Der zweite Teil des Beitrags versucht, wesentliche Funktionsbereiche des Bildungswesens im Verhältnis zur Sozialstruktur und zum Beschäftigungssystem aufzuzeigen und insbesondere daraufhin zu überprüfen, ob länderübergreifende Probleme der Bildungsexpansion zu ähnlichen Lösungen geführt haben.

Summary: The structural development in the individual sectors of the educational system forms the foundation of the first part of a presentation intended to show the alternative conditions under which institutionalized education takes place in other industrialized countries. While compensatory programmes indicate that more attention is being paid to the pre-school and primary-school sectors, the main emphasis in educational reform is on changes within compulsory secondary education. These changes in structure and content are characterized by the step-like progression in the primary and secondary sectors, with comprehensive-type groupings in secondary schools, as well as a move away from differentiation according to subject and performance in the compulsory sector and attempts to integrate vocational and general education streams in upper forms. The effects of these changes are even influencing the university and further education sector.
The second part of this article attempts to show the relationships between basic functions of education and both the structure of society and the employment system, examining in particular whether supra-regional problems concerned with educational expansion have led to similar solutions.

Résumé: L'évolution structurelle dans chacun des secteurs du système d'éducation constitue la base de la première partie d'une présentation qui veut indiquer les conditions alternatives d'instruction institutionnalisée dans d'autres pays industrialisés. Tandis que des programmes compensatoires renvoient à l'augmentation de l'attention accordée aux domaines du pré-enseignement et du primaire, des modifications se dessinent, en tant que centres de gravité de réformes scolaires, dans le secteur d'obligation scolaire, des écoles secondaires. La succession graduée des secteurs primaire et secondaire, avec des cycles secondaires du type Collège unique, ainsi que le fait qu'on se détourne de la différenciation de performance et de matière dans le secteur d'obligation scolaire, de même, enfin, que des essais d'intégration de sections professionnelles et de culture générale dans le second cycle, – tout cela caractérise le changement dans les structures et les contenus. Les répercussions de ces modifications se poursuivent jusque dans le domaine de l'enseignement supérieur.

La deuxième partie de la contribution essaie de présenter des secteurs essentiels de fonction de l'instruction publique en relation avec la structure sociale et le système de l'emploi, et notamment de les analyser pour se demander si des problèmes d'expansion de l'instruction communs à plusieurs „Bundesländer" ont conduit à des solutions semblables.

1 Strukturen des Bildungswesens

1.1 Vorschul- und Primarbereich

Vorschule und Primarbereich bilden in den meisten westlichen Industrieländern organisatorisch und curricular selbständige Stufen des Bildungssystems. In einigen Ländern ist die Trennung dieser beiden Bereiche – zumindest partiell – durch die Anbindung vorschulischer Einrichtungen an die Primarschule eingeschränkt: In England bestehen neben eigenständigen staatlichen oder privaten „nursery schools" (für Kinder vom zweiten bis zum fünften Lebensjahr) und „day nurseries" (Kindertagesstätten; Kinder im Alter von sechs Wochen bis zum fünften Lebensjahr) sowie privaten, häufig öffentlich bezuschußten „play groups" auch „nursery classes", die den Primarschulen angeschlossen sind und mit diesen gemeinsam geplant und verwaltet werden. Ebenso sind in den USA die beiden Klassen des „kindergarten" (Kinder vom fünften bis sechsten Lebensjahr, in einigen Bundesstaaten vom vierten bis fünften Lebensjahr) in die Primarschule eingegliedert; in solchen „kindergartens", in denen „multi-age-grouping" eingeführt ist, sind die Kindergartenklassen mit den ersten zwei Schulstufen zu einer Einheit zusammengefaßt.

In Frankreich ist durch ein bereits 1886 erlassenes Gesetz festgelegt worden, daß Primarschulunterricht auch an Vorschulen erteilt wird. Der Unterricht an der „école maternelle" zielt dementsprechend auf die systematische Hinführung zu schulischen Leistungen, wobei der Unterrichtsstil durchaus kindbezogen, erlebnis- und erfahrungsorientiert ist. Die Anbindung der Vorschule an die Primarschule wird auch in organisatorischer Hinsicht deutlich: zentrale Planung und Administration durch das Erziehungsministerium, weitgehend einheitlicher Lehrplan, altershomogene Gruppen, gleiche Ausbildung von Vorschul- und Primarschullehrern. Die hohe Besuchsquote (100% der vier- und fünfjährigen, über 80% der dreijährigen Kinder) läßt erkennen, daß die école maternelle von der Bevölkerung als quasi-offizielle Vorstufe der Primarschule angesehen wird (vgl. NIESER 1980, S. 65 ff.).

Trotz organisatorischer und curricularer Verflechtung werden auch in diesen Ländern Diskontinuitäten beim Übergang von der Vorschule in die Primarschule konstatiert und nach Möglichkeiten zur Angleichung der Ziele, Inhalte und Methoden der beiden Bildungsstufen gesucht. Die Lösungsstrategien sind – entsprechend den spezifischen Voraussetzungen in den Ländern – sehr unterschiedlich: Verringerung des leistungsorientierten kognitiven Lernens, um aktive und kreative Lernprozesse nicht bereits in einem frühen Entwicklungsstadium zu unterbinden (Frankreich, „Reform Haby" 1975), stärkere Bezugnahme auf Sozialisationsunterschiede der Kinder beim Eintritt in die Pflichtschule durch Einbeziehung von mehr informellen Erziehungsmomenten in den Unterricht der Primarstufe sowie Kooperation von öffentlichen Vorschuleinrichtungen und privaten play groups (England, „Plowden-Report" 1967), Teilnahme von Vorschülern am Unterricht in stufenlosen Primarschulen (Schweden, Versuchsstadium), völlige Integration von Kindergarten und Primarstufe in einer „Basisschule" für Vier- bis Zwölfjährige (Niederlande, Vorbereitungsstadium) – (vgl. WOODHEAD 1981).

Die Innovationen im Vorschul- und Primarbereich sind Resultate allgemeiner Bestrebungen zur Demokratisierung des Bildungswesens und zur Verbesserung der Bildungschancen für alle Bevölkerungsschichten sowie neuerer Erkenntnisse der Entwicklungspsychologie (Bedeutung der frühen Lebensphase für die intellektuelle, emotionale und soziale Entwicklung; dynamischer Begabungsbegriff) und der Sozialisationsforschung (Einfluß soziokultureller Faktoren auf das schulische Leistungsvermögen). Die Kompensation schichtspezifischer Lernbehinderungen bildet dementsprechend einen wichtigen Schwerpunkt der inhaltlichen Veränderungen in den beiden Schulstufen. Darüber hinaus sind nach dem Prinzip der „positiven Diskriminierung" in einigen Ländern eigenständige Programme zur Förderung von Kindern aus unterprivilegierten Bevölkerungsschichten entwickelt worden, von denen das „Head-Start"-Programm (USA) und das „Educational Priority Areas"-Programm (England) die umfassendsten und spektakulärsten sind (strukturierte Sprach- und Rechenprogramme, spezifische Lehr- und Lernmittel, günstige Schüler-Lehrer-Relation, Miteinbeziehung des Elternhauses, Bildungswerbung). Effizienzkontrollen haben gezeigt, daß die positive Wirkung nach Abschluß der Sonderprogramme wieder nachläßt (vgl. BERGER 1978, S. 41 ff).

Die zum Teil schulpropädeutischen Lerninhalte (Vermittlung von Kulturtechniken, soziales Lernen) und die hohen Besuchsquoten in den letzten Vorschulklassen (in Frakreich, Schweden, den Niederlanden und den USA zwischen 80 und 100%) deuten die Tendenz zu einer De-facto-Vorverlegung des Einschulungsalters an. In einigen Ländern hat diese Entwicklung bereits institutionalisierte Formen angenommen. So ist beispielsweise in Frankreich (Schulpflichtbeginn mit dem sechsten Lebensjahr) seit der Reform Haby (1975) die Früheinschulung in die ersten Primarschulklassen möglich und auch üblich geworden.

Die selektive Funktion, die die Primarstufe in den traditionellen differenzierten Schulsystemen für die Sekundarstufe I gehabt hat, tritt in einigen Ländern – allerdings in veränderter Form – auch nach der Einführung von einheitlichen Schulsystemen wieder zutage. In Italien wird beispielsweise für den Übergang in die „Mittelschule" (integrierte Form der Sekundarstufe I) ein Abschlußzertifikat der Primarschule verlangt. Auch in Frankreich müssen drei von fünf Schülern mindestens eine Klasse der Primarstufe doppelt absolvieren, was zur Folge hat, daß ihre Wahlmöglichkeiten in der Sekundarstufe I eingeschränkt werden. Hier wird offensichtlich, daß sich in Italien und Frankreich – im Widerspruch zu den Intentionen der Gesamtschulreform in diesen Ländern – für zahlreiche Schüler bereits auf der Primarstufe der weitere Verlauf der schulischen Karriere entscheidet. In Schweden sind dagegen die Klassen der Primarstufe integraler Bestandteil der neunjährigen Einheitsschule; sie sind lediglich durch pädagogisch begründete Organisationsformen, die dem entwicklungspsychologischen Stand der Schüler Rechnung tragen, (Klassenlehrer- statt Fachlehrerprinzip, keine Leistungs- oder Interessendifferenzierung) von der Sekundarstufe I unterschieden (vgl. WILLMANN 1980, S. 113 ff.).

1.2 Sekundarstufe I

Die einschneidensten und weitreichendsten Veränderungen in der Schulstruktur wurden in den letzten Jahren im Bereich der Sekundarstufe I vorgenommen. In allen zum Vergleich herangezogenen Ländern wurden die getrennten und parallel verlaufenden Volks- oder Primarschulen und die höheren oder Sekundarschulen in eine gestufte Abfolge umgewandelt. Die auf diese Weise entstandenen und als Gesamtschulen zu bezeichnenden neuen Schulen sollen allen Kindern einen gemeinsamen Besuch der Sekundarschule zumindest bis zum Ende der Pflichtschulzeit (15 bis 16 Jahre) ermöglichen.

Trotz der Vielfalt in der Ausgangslage einzelner Länder – so bedeutet etwa die Einführung der Gesamtschule in Italien die erstmalige faktische Verlängerung der Schulpflichtzeit von fünf auf acht Jahre, in England dagegen ein zusätzliches Angebot zu anderen bestehenden Schulen – lassen sich gemeinsame Grunderwartungen an die neue Sekundarstufe I formulieren:
- allen Schülern die gleichen Entfaltungsmöglichkeiten über die Grundschulzeit hinaus zu bieten;
- die Unterrichtsangebote und Lernsituationen durch die Entwicklung technischer und sozialer Lernangebote zu erweitern und zu verändern;
- die Entscheidung über Studien- und Berufswahl aufzuschieben (vgl. MITTER 1980, S. 244).

Nachdem in einigen Ländern eine rapide ansteigende Nachfrage nach weiterführender Schulbildung und die Verlängerung der Schulpflichtzeit in den 50er und 60er Jahren schon früh die Einführung von Gesamtschulen gefördert haben (Frankreich, Italien), sind in der Zwischenzeit in den meisten europäischen Ländern im Bereich der Sekundarstufe I integrierte Gesamtschulen vorherrschender oder ausschließlicher Schultyp (vgl. THOMAS 1983). In den Ländern mit zentralistischer Bildungsverwaltung (Frankreich, Italien, Schweden) ist die Gesamtschule unter Auflösung aller zuvor bestehenden Institutionen im Sekundarbereich eingeführt worden. In England, einem Land mit lokaler Schulautonomie, besteht ein konkurrierendes System mit den herkömmlichen Schulen (vgl. THOMAS 1978, S. 620).

Kernpunkt der Gesamtschulentwicklung in den westeuropäischen Ländern ist – mit Ausnahme Italiens – die *Differenzierung* (vgl. BAUMERT 1983, S. 240 ff.). Nachdem die Entwicklung von der äußeren zur inneren Differenzierung abgeschlossen ist, läßt sich in den integrierten Gesamtschulen eine Abwendung von der bisher geübten Praxis der Leistungs- und Fachdifferenzierung beobachten.

In England ist nicht zuletzt als Antwort auf die Konkurrenz der verschiedenen Schulsysteme die Leistungsdifferenzierung in den Gesamtschulen noch weit verbreitet. Frankreich hat mit der Einführung des „collège unique" die Leistungsdifferenzierung abgeschafft zugunsten heterogener Lerngruppen mit zusätzlichen Stütz- und Fördermaßnahmen. Eine Differenzierung findet erst in den beiden letzten Klassen der Sekundarstufe I in Form von Wahlpflichtfächern statt, die eine Entscheidung zwischen sprachlichen und technischen Optionen verlangen. In der schwedischen Grundschuloberstufe (Sekundarstufe I) ist man ebenfalls von der weitgehenden Fachdifferenzierung abgerückt und hat nur ein System der Fächerzuwahl in den Klassen 7 bis 9 beibehalten. Am weitgehendsten ist in der italienischen Mittelschule die Differenzierung aufgehoben und ein für alle Schüler einheitliches Curriculum eingeführt worden. Um möglichst allen Kindern einen gleichwertigen Mittelschulabschluß zu gewähren, der sowohl als Vorbereitung für die Arbeitswelt als auch für die weiterführenden Schulen gelten kann, ist der bis 1977 fakultativ angebotene Lateinunterricht gestrichen und technischer Unterricht sowie Musik für alle Schüler als Pflichtfach eingeführt worden (vgl. PROGRAMM UND REALITÄT DER GESAMTSCHULE IM AUSLAND 1981).

Die Konzeption einer einheitlichen Sekundarstufe I mit eigenständigem Curriculum, die allen Schülern gleichermaßen einen Sekundarschulabschluß ermöglichen soll, ist weniger auf Selektion als auf die Förderung möglichst vieler Schüler angelegt, was auch im zusätzlichen Angebot an Stütz- und Förderkursen zum Ausdruck kommt. Am weitesten hat sich diese Tendenz in Italien und Schweden durchgesetzt, wo selbst stark behinderte Schüler durch besondere Unterrichtsangebote in die Regelschulen integriert werden (vgl. BEHINDERTE IN AUSLÄNDISCHEN SCHULEN – WEGE ZUR INTEGRATION 1982).

1.3 Sekundarstufe II und Berufsausbildung

Die zunehmende Integration im Bereich der Sekundarstufe I hat in vielen europäischen Ländern auch Strukturreformen im Bereich der Sekundarschuloberstufen hervorgerufen. Im Zuge der angestrebten Vereinheitlichung der Sekundarstufe II sind in einigen Ländern bereits Gesamtschuloberstufen eingeführt (Schweden) oder konzipiert worden (England), in anderen Ländern ist ihr Aufbau in Angriff genommen (Frankreich, Italien).

Die in Schweden bereits zu Beginn der 70er Jahre eingerichtete Gymnasialschule kann als Beispiel gelten für die Zielrichtung, mit der die Oberstufenreform auch in anderen Ländern eingeleitet worden ist. Ausgehend von der Einsicht, allen Schülern der Sekundarstufe I eine weiterführende Bildungsmöglichkeit anzubieten und die dabei notwendige Entscheidung über Berufswahl oder Studienvorbereitung möglichst weit hinauszuschieben, wurde nach Möglichkeiten gesucht, die eine Verschränkung von beruflichen und allgemeinbildenden Ausbildungsgängen ermöglichen und die zugleich die Hierarchie von praktisch orientierten und studienvorbereitenden Bildungsgängen aufheben sollen (vgl. JÜTTNER 1982).

Obgleich in einigen Ländern (Schweden, Frankreich, Italien) die Voraussetzung für eine *Integration* berufsbildender Züge in die Sekundarstufe II durch das Vorhandensein schulischer Vollzeitausbildungsgänge, in denen eine Berufsausbildung vermittelt wird, günstig ist, bildet diese Zielsetzung ein schwer zu lösendes Problem. In Schweden bleibt die Integration der Berufsausbildung in die Gymnasialschule bislang weitgehend auf die organisatorisch-verwaltungsmäßige Seite beschränkt, während die verschiedenen Ausbildungsgänge nur additiv nebeneinander bestehen und die Übergangsmöglichkeiten eingeschränkt sind. Die gegenseitige inhaltliche Annäherung der mehr theoretischen Fachschulzweige an die mehr berufspraktischen Züge stellt ein erstes Resultat der Integrationsbemühungen dar und soll zu einer gemeinsamen Grundausbildung mit stufenweiser Spezialisierung führen (vgl. WILLMANN 1980, S. 132).

In Frankreich ist die zweijährige berufsbildende Kurzform formal der Sekundarstufe II zugeordnet (lycée professionnel) und durch Übergangsmöglichkeiten mit der dreijährigen Langform verbunden, doch sind es hauptsächlich die berufsvor-

bereitenden Züge der polyvalenten Langform (lycée), auf die sich die Integrationsbemühungen richten. Seit kurzem sind diese mit den studienvorbereitenden Zügen in der Eingangsklasse (seconde) der Oberstufe durch einen gemeinsamen Kernbereich von sechs Fächern verknüpft (vgl. NIESER 1980, S. 83). Auch in Italien konnte die schulische Berufsausbildung entgegen ursprünglichen Reformplänen nicht völlig integriert werden; so gelang die Eingliederung in Modellversuche zur Integration von allgemeiner und beruflicher Bildung in der Sekundarstufe II nur in den Bereichen, die sich vom Berufsbild mit dem herkömmlichen gymnasialen Bildungskanon noch am ehesten verbinden lassen – und dort auch nur in Form einer beruflichen Grundbildung. Die Berufsausbildung im engeren Sinne wird parallel oder nachgelagert in speziellen regionalen Berufsbildungszentren angeboten (vgl. v. BLUMENTHAL 1980b, S. 194).
Neben der Integration der Berufsbildung in das allgemeine Bildungswesen stellt der Komplex der *inneren Differenzierung* einen weiteren Reformschwerpunkt der Oberstufe dar. Durch das Zusammenlegen zuvor getrennter Schultypen dieses Bereichs und durch das Eindringen neuer Lehrfächer entstand eine stark differenzierte Oberstufe, die eine Vielzahl nebeneinanderlaufender hierarchischer Zweige mit einer starr gegliederten Fächerkombination verband (Frankreich). Zur Korrektur dieser für Öffnung und Indivdualisierung nachteiligen Tendenz der als polyvalent angestrebten Oberstufe wird eine Zurücknahme der Differenzierung zu Beginn der Oberstufe mit Hilfe eines Kern-Kurs-Systems sowie eine zunehmende Spezialisierung zum Ende der Schulzeit angestrebt. Während in England in der „sixth Form" (Oberstufe) der Kursbereich mit wenigen Spezialfächern den allgemeinbildenden Kernbereich noch deutlich dominiert (Verhältnis $\frac{2}{3}$ Kurs zu $\frac{1}{3}$ Kern), hat sich in Frankreich in der Eingangsklasse (seconde) das umgekehrte Verhältnis etabliert, ein gemeinsamer Kernbereich umfaßt hier über 60% des Stundenangebots (vgl. BERGER 1978, S. 199 ff.). In Italien sind sehr unterschiedliche Modelle der Integration erprobt worden, doch für die letzten drei Jahre der Sekundarstufe II (triennio) zeichnet sich ebenfalls ein gemeinsamer Kernbereich – kombiniert mit einem differenzierten Wahlbereich – ab, der eine Spezialisierung möglichst weit hinausschiebt (vgl. v. BLUMENTHAL 1980b, S. 109 ff.).
Die Angleichung der unterschiedlichen Bildungsgänge in der Sekundarstufe II kommt auch in Abschlußregelungen zum Ausdruck, durch die, wie besonders in Italien und Schweden, allen Absolventen der Sekundarstufe II, auch denen der berufsbildenden Zweige, die allgemeine Hochschulzugangsberechtigung erteilt wird.

1.4 Tertiärer Bereich mit Hochschulen und Universität

Mit der Erweiterung der Möglichkeiten, die Hochschulreife zu erwerben, erhöhte sich auch die Zahl der Studierwilligen in allen Ländern beträchtlich. Um den neuen Kapazitätsanforderungen gerecht werden zu können, wurde – mit Ausnahme Italiens – der *Hochschulausbau* erheblich vorangetrieben. Die Umwandlung der „Eliteuniversitäten" in „Massenuniversitäten", mit der häufig die Änderung der bisherigen Ordinarienuniversitäten in Gruppenuniversitäten verbunden war, machte Innovationen sowohl im institutionellen Bereich durch die Einrichtung neuer Hochschulen und Studienzweige (so in Frankreich die Instituts universitaires de technologie – IUT –, in England Universitäten, Polytechnics, „Open University") als auch strukturelle Änderungen von unterschiedlicher Tragweite notwendig. Am weitreichendsten ist dieser Prozeß in Schweden mit der Bildung von Gesamthochschulen und in Frankreich mit der Integration der fachhochschulähnlichen Insti-

tuts universitaires de technologie in die Universitäten vollzogen worden (vgl. NIESER 1980, S. 104 ff.; vgl. STÜBIG 1980, S. 142 ff.; vgl. WILLMANN 1980, S. 175 ff.).
In beiden Ländern ist mit diesem Schritt auch eine Dezentralisierung der Verwaltungskompetenzen und eine Stärkung der Autonomie für die einzelnen Hochschulen verbunden worden. Eine solche Selbständigkeit wird von der der Hochschulen zahlreicher Bundesstaaten der USA noch weit übertroffen, da diese durch keine staatliche Rahmengesetzgebung gebunden sind und sowohl über die Struktur der eigenen Institution als auch die Mittelverteilung und den Aufbau der Studiengänge autonom entscheiden können. Lediglich durch die Zuweisung von Sondermitteln, die vorwiegend Forschungszwecken dienen, kann die Bundesregierung den Hochschulen Auflagen erteilen und somit die Kompetenzen der Hochschulen einengen (vgl. BODE 1980, S. 166 ff.).
Die institutionellen und strukturellen Hochschulreformen haben in Frankreich auch das Ziel verfolgt, durch die Organisation des Hochschulstudiums in drei jeweils zweijährige Stufen (Grund-, Haupt- und Graduiertenstudium) nach jedem Ausbildungsabschnitt zu vollwertigen, auch beruflich verwendbaren Abschlüssen zu führen. Dies ist bisher jedoch nur in Ausnahmen erreicht worden.
Dagegen werden in den USA in den nebeneinander bestehenden und sich in ihren Aufgabenbereichen zum Teil überschneidenden Zwei- und Vierjahres-Colleges je nach Fächerwahl sowohl allgemeinbildende, studienvorbereitende als auch beruflich qualifizierende Kenntnisse und Abschlüsse vermittelt. Auch das eigentliche wissenschaftliche Studium, das vorwiegend an den Universitäten erfolgt, ist als ein flexibles System abgestufter berufsqualifizierender Abschlüsse organisiert, was auch längere Unterbrechungen des Studiums durch qualifizierte Berufstätigkeit ermöglicht und damit bereits einem System der *recurrent education* nahekommt.
Infolge des Ansturms auf die Hochschulen und aus arbeitsmarktpolitischen Gründen sind in nahezu allen Ländern Regelungen getroffen worden, die den *Hochschulzugang* dimensionieren oder im Verlauf des Studiums Selektionen möglich machen. Während in England die Berechtigung zum Studium aufgrund von Eingangsprüfungen oder entsprechenden Ausleseverfahren erworben wird, hängt in Schweden die Zulassung vom Notendurchschnitt und von der Belegungsdauer bestimmter für den gewählten Studiengang grundlegender Schulfächer ab. Dagegen bestehen an italienischen, französischen und US-amerikanischen Universitäten keine Zulassungsbeschränkungen, doch führen die während des Studiums durchgeführten Prüfungen bei einer großen Zahl von Studierenden zum Studienabbruch oder zum Studienwechsel. Eine Ausnahme bilden dabei bestimmte Fakultäten (zum Beispiel Medizin, Zahnmedizin, Pharmazie) sowie die in einigen Ländern bestehenden Elitehochschulen, die, wie die „Grandes Ecoles" in Frankreich oder bestimmte Universitäten in den USA (Harvard, Yale, Columbia), zu Studienbeginn eine scharfe Selektion durchführen, dann aber – gemessen an der Mehrzahl der Universitäten – einen größeren Studienerfolg und einen relativ sicheren Berufseinstieg in privilegierte Positionen garantieren.

2 Bildungswesen und soziale Reproduktion

2.1 Bildungswesen und Sozialstruktur

Mit der zunehmenden Beseitigung traditioneller sozialer Strukturen in westeuropäischen Gesellschaften seit Mitte dieses Jahrhunderts verändert sich die Funktion des Bildungswesens bei der Reproduktion der Sozialstruktur (vgl. HOPF 1984). An-

stelle des ständischen Prinzips der Zuweisung beruflicher und gesellschaftlicher Stellung nach sozialer Herkunft tritt zunehmend die Selektion der Bewerber nach individuellen Leistungskriterien. Voraussetzung dieses Leistungswettbewerbs ist eine Schule, die allen Absolventen unabhängig von ihrer sozialen Herkunft die gleichen Zugangsmöglichkeiten zu höheren Bildungseinrichtungen eröffnet (vgl. ROLFF 1980, S. 50).
In der ersten Etappe des Reformprozesses konzentrieren sich die Bemühungen auf die Beseitigung struktureller Zugangsbarrieren aus dem Primarbereich in die Sekundarschule (in England Objektivierung der Auslese, in Frankreich Einrichtung einer zweijährigen Beobachtungsstufe) oder auf die Einführung gesamtschulartiger Mittelstufen (in Italien die dreijährige Mittelschule, in Schweden die neunjährige Grundschule). Neben diesen strukturellen Veränderungen sollen eine Reihe von zusätzlichen Maßnahmen, wie etwa die Abschaffung des Schulgeldes für Sekundarschulen und die Verbreiterung des Sekundarschulnetzes, in bislang benachteiligten Gebieten den weiterführenden Schulbesuch wenn nicht für jeden, so doch zumindest für alle Befähigten garantieren (vgl. THOMAS 1975, S. 109). Der angestrebte Erfolg bei der Angleichung der Bildungschancen für die unteren Sozialschichten tritt aber nicht ein. Die Schaffung *formaler Zugangsgleichheit* reicht offensichtlich nicht aus, um die subtileren sozialen Auslesemechanismen zu verändern, denn die Startchancen bei Unterschichtkindern sind bereits aufgrund unterschiedlicher familiärer Sozialisationsbedingungen eingeschränkt (vgl. BOURDIEU/PASSERON 1971, S. 41 ff.).
Kompensatorische Förderung im Vorschulbereich und in der Primarschule wird deshalb zu einem weiteren Schwerpunkt der Bildungsreform und führt in verschiedenen Ländern zu unterschiedlichen Vorgehensweisen. Frankreich verlegt seine Anstrengungen auf den Ausbau des Vorschulnetzes, England und die USA experimentieren mit Vorschulprogrammen; in nahezu allen Ländern werden Vorschule und Primarschule inhaltlich und organisatorisch stärker aufeinander bezogen, um die Anfangsschwierigkeiten sozial benachteiligter Schüler auszugleichen (vgl. KÖCKEIS-STANGL/SEIDL 1978, S. 173). Die erhofften Resultate bleiben gering, während das Problem der Demokratisierung des Bildungswesens aufgrund der gestiegenen Bildungsnachfrage sowie des politischen Drucks immer dringlicher wird.
Die Politisierung des Reformprozesses (England, Frankreich) zeigt Widerstände gegen den Abbau sozialschichtbezogener selektiver Wirkungsweisen des Bildungssystems. Die Differenzierungsstrukturen im Sekundarbereich als zentraler Verteilungsinstanz der Bildungs- und Sozialchancen rücken erneut in den Mittelpunkt der Auseinandersetzungen um die Schulreform (vgl. THOMAS 1975, S. 107). Die bisherige Auslese durch Eliminierung wird mittels einer allmählichen Auslese durch Differenzierung und Orientierung ersetzt. Voraussetzung dieser Veränderung ist die organisatorische Vereinheitlichung sowie die inhaltliche Umgestaltung der Sekundarstufe I. In allen Gesamtschulen werden sprachliche Unterrichtsbestandteile zugunsten technisch-praktischer Fächer wie Technologieunterricht oder naturwissenschaftlicher Fächer zurückgedrängt, um den nichtverbalen Begabungsprofilen bessere Entfaltungsmöglichkeiten zu bieten und die sozialspezifische Selektivität zu senken (vgl. PROGRAMM UND REALITÄT DER GESAMTSCHULE IM AUSLAND 1981).
Die Hoffnung auf Angleichung der Bildungschancen hat sich in den Ländern mit Gesamtschulsystemen inzwischen gedämpft, teils weil die Strukturreformen nicht zu den erhofften Resultaten geführt haben, teils weil die Verbesserung des sozialen Klimas durch Schulreform in einigen Ländern keine politische Priorität mehr besitzt. Das Augenmerk der Bildungsreform richtet sich inzwischen auf die subtileren

Bruno Nieser/Bodo Willmann

Mechanismen der Selektion durch Differenzierung, Leistungskontrollen und durch Überweisung in Sonderschulen.

Haben sich in England unter anderem aufgrund der Konkurrenz der Gesamtschulen zu den traditionellen selektiven Schultypen Formen der Leistungsdifferenzierung verfestigt, die die zuvor existierende sozialdiskriminierende Einteilung im Inneren ihrer Kurssysteme reproduzieren (vgl. STÜBIG 1981, S. 35), so ist in der französischen Gesamtschule die Leistungsdifferenzierung in der Sekundarstufe I abgeschafft worden, ohne daß sich deswegen ein egalitäres Konzept durchgesetzt hätte. Über eine Wahlfachdifferenzierung in der Orientierungsstufe (Klassen 8 und 9), die eine weitere Fremdsprache beziehungsweise Latein oder ein Technologie-Fach zur Auswahl stellt, wird eine Vorentscheidung über den weiteren Schulverlauf in einem allgemeinbildenden oder einem berufsbildenden Zweig der Oberstufe getroffen. Hinter dieser Wahl versteckt sich eine Auslese nach schulischer Leistungsfähigkeit und damit auch nach sozialer Herkunft (vgl. NIESER 1981, S. 127). In schwedischen Gesamtschulen (Grundschuloberstufe), die ein ähnliches Wahlfachsystem besitzen, bestätigen Untersuchungen diese Annahme. Anstrengungen, die dort bislang unternommen wurden, um die „Gleichwertigkeit" der theoretischen und praktischen Wahlfächer zu beweisen, blieben bislang ohne Erfolg. Die als schwierig eingeschätzte und deshalb sozialselektive Fächerkombination wird vor allem von Schülern mit sozial gehobener Herkunft gewählt, während Arbeiterkinder zu den praktischen Wahlfächern tendieren (vgl. WILLMANN 1981, S. 398). In italienischen Mittelschulen hat man dagegen, um einer solchen Entwicklung entgegenzuwirken, den Lateinunterricht und damit jegliche Wahlfachdifferenzierung aufgegeben. Die einzige Differenzierungsform, die beibehalten wurde, bezieht sich auf Fördermaßnahmen zur Betreuung bei Lernschwächen. Auch in anderen Bereichen schulischer Auslese hat Italien einen jede Diskriminierung konsequent aufhebenden Weg eingeschlagen. Um die Auslese durch negative Klassifikation zu unterbinden, wurde das Klassenwiederholen in der Grundschule erschwert und die Verwendung von Ziffernoten im Pflichtschulbereich durch eine differenzierte Beurteilung ersetzt (vgl. v. BLUMENTHAL 1981, S. 242).

Die Bedeutung solcher Maßnahmen für den Erfolg einer egalitär konzipierten Schulreform läßt sich am Negativbeispiel Frankreich aufzeigen. Hier wurde trotz der traditionell extremen Selektivität am System der Leistungsbeurteilung und des Sitzenbleibens wenig geändert, so daß nach Einführung leistungsheterogener Klassen – gewissermaßen als Gegenreaktion – die Anzahl der Klassenwiederholer erneut auf Quoten von über 10% angestiegen ist. Im Falle Frankreichs führt die Akkumulation von Schulmißerfolg zur Aussonderung in die nach wie vor in der Sekundarstufe I existierenden vorberuflichen Klassen oder in Sonderschulsektionen.

Die Konzentration der Bildungspolitik auf die Probleme innerer Schulreform gilt bislang besonders dem Pflichtschulbereich. Ergebnisse lassen sich hier noch nicht ablesen, denn der in einigen Ländern eingeschlagene Weg ist weder kurzfristig zu bewältigen, noch ist er unumstritten. Nach wie vor sind soziale Kräfte wirksam, die dem meritokratischen Prinzip des Leistungswettbewerbs und damit der selektiven Schule verschrieben sind. Die Abwendung von dieser Strategie läßt sich dadurch rechtfertigen, daß sich trotz der enormen Bildungsexpansion in vielen Ländern an der ungleichen Verteilung der Bildungschancen und damit an der Reproduktion der Sozialstruktur nur wenig geändert hat; auf einem höheren Niveau haben sich die alten Hierarchien wiederhergestellt (vgl. JACQUEMIN 1980, S. 159; vgl. CENTRO STUDI INVESTIMENTI SOCIALI (CENSIS) 1982, S. 164 ff.; vgl. SOCIAL SKIKTNING 1981, S. 41 ff.).

2.2 Bildungswesen und Beschäftigungssystem

Die *Expansion des Bildungswesens* in allen westlichen Industrieländern, für deren Ursache es noch keine ausreichende Erklärung gibt, ist in der Periode der Hochkonjunktur als wichtige Voraussetzung für weiteres ökonomisches Wachstum angesehen worden. Die Bildungspolitik hat sich in dieser Zeit darauf beschränkt, den Arbeitskräftebedarf als Grundlage für die Bildungsplanung heranzuziehen; das Bildungswesen ist dabei als eine abhängige Variable des Beschäftigungssystems aufgefaßt worden (vgl. HEIN 1975, S. 20).
Rezession, Strukturkrisen, hohe Inflationsraten und wachsende Arbeitslosigkeit seit den 70er Jahren haben die ursprünglichen Harmonievorstellungen ins Wanken gebracht und zu neuen Überlegungen über das Verhältnis von Bildungsangebot und Qualifikationsnachfrage geführt (vgl. VON DER SCHULE INS BERUFSLEBEN 1976). Kurzfristig ins Auge gefaßte Strategien zur Entkoppelung von Bildungswesen und Beschäftigungssystem haben zwar partiell den Bedürfnissen der Bildungspolitiker nach Fortsetzung einer demokratischen Schulreform entsprochen, haben aber keine Lösung für die zunehmenden *Ungleichgewichte beider Systeme* geboten. Als besonders problematisch hat sich dieser Sachverhalt in den Ländern geäußert, in denen die Berufsausbildung weitgehend in das Schulwesen integriert (Frankreich, Italien, Schweden, USA) und den Schulen somit die Verantwortung für die berufliche Entwicklung und den Verbleib der Schüler nach Beendigung der Schulzeit mit übertragen worden ist.
Die als Voraussetzung für wirtschaftliches Wachstum angesehene *Anhebung des allgemeinen Qualifikationsniveaus* hat in allen Ländern zu einem „Überschuß" an höherqualifizierter Arbeitskraft geführt. Die Berufseingliederung von Schul- und Hochschulabsolventen wird zunehmend zum Problem, da das Qualifikationsniveau der angebotenen Stellen immer weniger den vorhandenen Qualifikationen entspricht, gleichzeitig aber die Stellennachfrage aufgrund des höheren Ausbildungsstandes anspruchsvoller geworden ist. Gleichzeitig wird deutlich, daß der Erwerb von Qualifikationen nur noch eine begrenzte Gewähr für die Erlangung eines Arbeitsplatzes bietet. Während bisher vor allem die Arbeitskraft von Jugendlichen ohne Schulabschluß auf dem Arbeitsmarkt nur schwer Verwendung gefunden hat, haben sich inzwischen auch die Berufschancen für Personen mit abgeschlossener Schul- oder Hochschulbildung verschlechtert. Ein Indikator für die *„Entwertung" von Qualifikationen* sind die Einkommenszuwachsraten, die, wie die Entwicklung in Italien besonders deutlich zeigt, für höhere Qualifikationen zunehmend unter der durchschnittlichen Gesamtzuwachsrate liegen (vgl. V. BLUMENTHAL 1980a, S. 221).
Um Ungleichgewichten zwischen dem qualifikationsvermittelnden und dem qualifikationsverwertenden Bereich begegnen zu können, werden in England Konzeptionen zur Veränderung schulischer Lehr- und Lernprozesse diskutiert, die darauf hinauslaufen, Schüler mit solchen Qualifikationen auszustatten, die unmittelbar im Arbeitsprozeß umgesetzt werden können (Kooperationsbereitschaft, Entwicklung von Initiativen, Ertragen von Frustrationen) und die eine relativ rasche Anpassung an veränderte Arbeitsplatzbedingungen möglich machen. Gleichzeitig wird eine enge Kooperation zwischen Schule und Arbeitsmarkt angestrebt, die durch die Einbeziehung von Arbeitgeber- und Arbeitnehmervertretern in die Bildungsausschüsse der local education authorities und ihre Beteiligung an der im allgemeinen von den Schulen autonom getragenen Curriculumplanung bereits sichtbaren Ausdruck findet (vgl. STÜBIG 1980, S. 259 ff.).

Bruno Nieser/Bodo Willmann

In Frankreich hat die Bildungskommission für die Vorbereitung des VII. Fünfjahresplans (1975-1980) Vorschläge erarbeitet, die ein Bildungsmodell vorsehen, das allen Schülern zu einer beruflichen Qualifikation verhelfen und zugleich transitorisch für alle vorzeitigen Schulabgänger – in Frankreich verlassen jährlich über 350000 von 800000 Schulabgängern die Schule ohne Abschluß – *offene Bildungsgänge* zur besseren Eingliederung ins Berufsleben bereithält. Im Sinne der Reform Haby soll zum einen eine umfassende Allgemeinbildung vermittelt und auf eine frühe Auslese verzichtet werden. Zum anderen ist vorgesehen, eine mit dem allgemeinbildenden Schulwesen eng verknüpfte breite Berufsausbildung zu schaffen, die in den Kurzformen der Sekundarstufe II zu den wenig spezialisierten Berufsfachschulabschlüssen führt und längerfristig die oft spezialisierten Lehrabschlüsse ersetzen soll (vgl. NIESER 1980, S. 193 ff.).
Vor dem Hintergrund der angewachsenen Spannungen im Verhältnis von Ausbildung und Arbeitsmarkt haben Überlegungen zu einer engen Verflechtung von Bildungsplanung, Arbeitsmarkt- und Sozialpolitik zunehmend an Bedeutung gewonnen. Bildungspolitische Vorstellungen zur Realisierung von Konzepten eines „lebenslangen Lernens" haben hierdurch neue Dimensionen erhalten. Während die Bildungsplanung lebenslanges Lernen bisher vor allem unter dem Aspekt gesehen hat, der Dequalifizierung von Kenntnissen und Fertigkeiten aufgrund sich ständig wandelnder Technologien, Arbeitsmethoden und -verfahren und den durch diesen Prozeß ausgelösten sozialen Konflikten besser entgegenwirken zu können, ist in die Diskussion um dieses Konzept auch zunehmend der Gedanke getragen worden, ein System zu entwickeln, das den genannten Desideraten durch eine Verkürzung und Veränderung der Jugendausbildung zugunsten einer flexiblen Struktur der Verteilung der Erstausbildung über eine längere Zeitspanne gerecht zu werden versucht (recurrent education – vgl. SCHMITZ 1975).
Eines der Länder, das den vor allem von supranationalen Organisationen (OEDC, UNESCO, Europarat, Ständige Konferenz der Europäischen Erziehungsminister) propagierten Gedanken des lebenslangen Lernens zu einem wesentlichen Bestandteil seiner Bildungsstrategie gemacht hat, ist Schweden. Die Diskussion um Reformen im Bildungswesen bezieht in diesem Land Modelle der „wiederkehrenden Ausbildung" (vgl. HÖRGE UTBILDING 1969, S. 49 ff.) ein, nach denen sich der einzelne im ständigen Wechsel zwischen Arbeits- und Ausbildungsphasen neu-, weiter- oder umqualifizieren kann. Nach Beendigung eines Ausbildungsabschnitts ist es möglich, einen Abschluß zu erwerben, der zu einer beruflichen Tätigkeit qualifiziert und auf dem eine weitere Ausbildung aufbauen kann. Erste Schritte zur Realisierung dieses Modells sind vor allem mit der Einführung eines umfassenden Bildungsurlaubsgesetzes und mit sozialen Regelungen für Weiterbildungswillige gemacht worden.
Die Einbeziehung der Sekundarstufe II in das Konzept der wiederkehrenden Ausbildung macht es nach Auffassung von schwedischen Bildungskommissionen notwendig, die einseitige studienorientierte oder berufsqualifizierende Ausrichtung der Lerninhalte dieser Schulstufe dahingehend zu verändern, daß die Bildungsgänge gleichzeitig für die Aufnahme einer Berufstätigkeit unmittelbar im Anschluß an den Schulbesuch wie auch für weitere Ausbildung im tertiären Bereich oder in der Erwachsenenbildung qualifizieren. Eine weitgehende Abstimmung der Bildungsinhalte sowie der Organisation der Sekundarstufe II mit denen der Hochschulen und des Erwachsenenbildungsbereichs wird angestrebt, um so die Fortsetzung oder Wiederaufnahme der Ausbildung in späteren Lebensphasen zu erleichtern.
Insgesamt zielen das Modell der wiederkehrenden Ausbildung wie auch die in anderen Ländern entwickelten Vorstellungen eines lebenslangen Lernens darauf ab,

dem einzelnen die Möglichkeit zu geben, seinen Qualifikationserwerb unmittelbarer als bisher an den aktuellen Bedürfnissen des Arbeitsmarktes zu orientieren. In der Diskussion um diese neue Bildungsstrategie wird aber auch darauf verwiesen, daß eine solche Ausbildung vorwiegend auf die Vermittlung von unmittelbar am Arbeitsplatz verwertbaren Qualifikationen bezogen sei, daß allgemeinbildende Inhalte vernachlässigt und sozialedukative anders gewichtet werden könnten (vgl. ADLER-KARLSSON 1978). Der Arbeitsmarkt würde damit zum dominierenden Steuerungsorgan des Bildungsbereichs.

Auch in der gesellschaftspolitischen Einschätzung gehen die Meinungen auseinander. Sehen die Befürworter (vgl. RECURRENT EDUCATION. A STRATEGY ... 1973) des lebenslangen Lernens in der neuen Bildungskonzeption eine bessere Möglichkeit, das Postulat der gleichen Verteilung von Bildungschancen einzulösen, wenn sich die Ausbildung auf mehrere Lebensphasen verteilt, so bemängeln die Kritiker (vgl. DAUBER u. a. 1975), daß in diesem System vor allem bildungsmotivierte und „karrierebewußte" Menschen günstige Bedingungen fänden und somit dem meritokratischen Prinzip erneut Vorschub geleistet würde.

ADLER-KARLSSON, G.: Återkommande utbildning – eller återkommande arbete? In: HÖGSKOLA FÖR ÅTERKOMMANDE UTBILDNING. En debattskrift fron UHÄ: s grupp för återkommande utbildning. UHÄ-rapport 1978: 20, Stockholm 1978, S. 99 ff. BAUMERT, J. (in Zusammenarbeit mit J. Raschert): Gesamtschule. In: Enzyklopädie Erziehungswissenschaft, Bd. 8, Stuttgart 1983, S. 228 ff. BECK, U. u. a. (Hg.): Bildungsexpansion und betriebliche Beschäftigungspolitik. Aktuelle Entwicklungstendenzen im Vermittlungszusammenhang von Bildung und Beschäftigung, Frankfurt/New York 1979. BEHINDERTE IN AUSLÄNDISCHEN SCHULEN – WEGE ZUR INTEGRATION. Marburger Beiträge zur Vergleichenden Erziehungswissenschaft und Bildungsforschung, Bd. 17, München 1982. BELL, R./GRANT, N.: Patterns of Education in the British Isles, London/Boston/Sydney 1977. BERGER, W.: Schulentwicklungen in vergleichender Sicht – USA, England, Frankreich, BRD, Schweiz und Österreich. Von der Vorschule bis zur Hochschule, Wien/München 1978. BERLAK, A./BERLAK, H.: Dilemmas of Schooling: Teaching and Social Change, New York 1981. BLUMENTHAL, V. v.: Bildungswesen. Chancengleichheit und Beschäftigungssystem. Vergleichende Daten und Analysen zur Bildungspolitik in Italien, München 1980a. BLUMENTHAL, V. v.: Die Reform der Sekundarstufe II in Italien. Zum Legitimationsproblem bildungspolitischer Entscheidungen, München 1980b. BLUMENTHAL, V. v.: Programm und Realität der einheitlichen Mittelschule in Italien. In: PROGRAMM UND REALITÄT DER GESAMTSCHULE IM AUSLAND. Zum Stand der strukturell-organisatorischen Maßnahmen in England, Frankreich, Italien, Schweden und den USA. Marburger Beiträge zur Vergleichenden Erziehungswissenschaft und Bildungsforschung, Bd. 16, München 1981, S. 201 ff. BODE, H. F.: Bildungswesen, Chancengleichheit und Beschäftigungssystem. Vergleichende Daten und Analysen zur Bildungspolitik in den USA, München 1980. BOURDIEU, P./PASSERON, J.-C.: Die Illusion der Chancengleichheit. Untersuchungen zur Soziologie des Bildungswesens am Beispiel Frankreichs, Stuttgart 1971. BRAUN, M. u. a.: Kooperation von Elementar- und Primarbereich, Stuttgart 1973. CENTRO STUDI INVESTIMENTI SOCIALI (CENSIS) (Hg.): XVI [Sedicesimo] Rapporto/1982 sulla situazione sociale del paese. CENSIS ricerca, Bd. 10, Roma 1982. COHEN, S. (Hg.): Education in the United States. A Document History, 5 Bde., New York 1974. DAUBER, H. u. a.: Lebenslanges Lernen – lebenslängliche Schule? Analyse nach Kritik des OECD-Berichts „Recurrent-Education. In: Z. f. P. 21 (1975), S. 173 ff. DEI, M./ROSSI, M.: Sociologia della scuola italiana, Bologna 1978. DEPARTMENT OF EDUCATION AND SCIENCE (Hg.): The Educational Systems of England and Wales, London 1981. FADIGA ZANATTA, A. L.: Il sistemo scolastico italiano, Bologna ²1976. GLOWKA, D. u. a.: Schulreform und Gesellschaft. Vergleichende Studien über die gesellschaftlichen Bedingungen von Schulreform in sieben europäischen Ländern, Teil 1. Max-Planck-Institut für Bildungsforschung: Materialien aus der Bildungsforschung Nr. 3, Berlin 1975. HALLER, M.: Bildungsexpansion und die Entwicklung der Strukturen der sozialen Ungleichheit. In: BECK, U. u. a. (Hg.): Bildungsexpansion und betriebliche Beschäftigungspolitik. Aktuelle Entwicklungstendenzen im Vermittlungszusammenhang von Bildung und Beschäftigung, Frankfurt/New York 1979, S. 21 ff. HEIN, R.: Qualifikationsplanung und Sekundarschulreform in Frankreich. In: Qualifizierung und wissenschaftlich-technischer Fortschritt am Beispiel der Sekundarschulreform in ausgewählten Industriestaaten, Bd. 2, Ravensburg 1975, S. 12 ff. HOPF, W.: Bildung und Reproduktion der Sozialstruktur. In: Enzyklopädie Erziehungswissenschaft, Bd. 5, Stuttgart 1984, S. 189 ff. HÖRGE UTBILDNING: Funktion och struktur. Diskussionsunterlag utarbetat inom U 68. U 68 debatt, Stockholm 1969. HUSÉN, T.: Jämlikhet genom utbildning? Perspektiv på utbildningsreformerna, Stockholm 1977. JACQUEMIN, A.: Prolongation de la scolarité et inégalités sociales. In: L'or. scol. et profess. (1980), 2, S. 141 ff. JENCKS, Ch. u. a.: Chancengleichheit, Reinbek 1973. JÜTTNER, E.: Alternativen in Europa: Schweden. Gliederung der Oberstufe eines Gesamtschulsystems. In: Enzyklopädie Erziehungswissenschaft, Bd. 9.1, Stuttgart 1982, S. 361 ff. KEIM, W. (Hg.): Sekundarstufe I. Modelle, Probleme, Perspektiven, Königstein 1978. KÖCKEIS-STANGL, E./SEIDL, P.: Die Sekundarstufe I als Angelpunkt meritokratischer Bildungsreformen. In: KEIM, W. (Hg.): Sekundarstufe I. Modelle, Probleme, Perspektiven, Königstein 1978, S. 169 ff. LEGRAND, L.: Pour une politique démocratique de l'éducation, Paris 1977. MANN, J. F.: Education, London 1979. MARKLUND, S.: Vår skola. Historik, reformverksamhet, dagens utbildningssystem, utvecklingstendenser, Stockholm 1974. MINOT, J.: L'éducation nationale, Paris 1979. MITTER, W.: Gesamtschulen im internationalen Vergleich. Versuch einer Bestimmung von Vergleichskriterien. In: D. Dt. S. 72 (1980), S. 243 ff. NIESER, B.: Bildungswesen, Chancengleichheit und Beschäftigungssystem. Vergleichende Daten und Analysen zur Bildungspolitik in Frankreich, München 1980. NIESER, B.: Programm und Realität der Gesamtschulentwicklung in Frankreich: das collège unique. In: PROGRAMM UND REALITÄT DER GESAMTSCHULE IM AUSLAND. Zum Stand der strukturell-organisatorischen Maßnahmen in England, Frankreich, Italien, Schweden und den USA. Marburger Beiträge zur Vergleichenden Erziehungswissenschaft und Bildungsforschung, Bd. 16, München 1981, S. 96 ff. POPPER, S. H.: The American Middle School. An Organizational Analysis, Waltham/Toronto/London 1967. PROGRAMM UND REALITÄT DER GESAMTSCHULE IM AUSLAND. Zum Stand der strukturell-organisatorischen Maßnahmen in England, Frankreich, Italien, Schweden und den USA. Marburger Beiträge zur Vergleichenden Erziehungswissenschaft und Bildungsforschung, Bd. 16, München 1981. RECURRENT EDUCATION. A STRATEGY FOR LIFELONG LEARNING. Centre for Educational Research and Innovation (CERI). Organisation for Economic Co-operation, and Development, Paris 1973. ROLFF, H.-G.: Soziologie der Schulreform, Weinheim/Basel 1980. SCHMITZ, E.: Zur Begründung von Weiterbildung als einer „recurrent education". In: N. Samml., 7. Sonderheft, 1975, S. 69 ff. SILVER, H.: Equal Opportunity in Education. A Reader in Social Class and Educational Opportunity, London 1973. SOCIAL SKIKTNING I GRUNDSKOLA, Gymnasieskola och Högskola. Statistika centralbyrån: Information i prognosfrågor, 1981:3, Stockholm 1981. STÜBIG, H.: Bildungswesen, Chancengleichheit und Beschäftigungssystem. Vergleichende Daten und Analysen zur Bildungspolitik in England, München 1980. STÜBIG, H.: Programm und Realität der Gesamtschulentwicklung in England. In: PROGRAMM UND REALITÄT DER GESAMTSCHULE IM AUSLAND. Zum Stand der strukturell-organisatorischen Maßnahmen in England, Frankreich, Italien, Schweden und den USA. Marburger Beiträge zur Vergleichenden Erziehungswissenschaft und Bildungsforschung, Bd. 16, München 1981, S. 1 ff. SÜSSMUTH, R.: Frankreich und England. In: BRAUN, M. u. a.: Kooperation von Elementar- und Primarbereich, Stuttgart 1973, S. 15 ff. THOMAS, H.: Soziale Schichtung und Schulreform. Sozialpolitische Motive und Bedingungen der Reform der Sekundarschulstruktur 1945–1965. In: GLOWKA, D. u. a.: Schulreform und Gesellschaft. Vergleichende Studien über die gesellschaftlichen Bedingungen von Schulreform in sieben europäischen Ländern, Teil 1. Max-Planck-Institut für Bildungsforschung: Materialien der Bildungsforschung, Nr. 3, Berlin 1975. THOMAS, H.: Gesamtschule – Schule Europas. In: D. Dt. S. 70 (1978), S. 620 ff. THOMAS, H.: Schulreform in Westeuropa. In: Enzyklopädie Erziehungswissenschaft, Bd. 8, Stuttgart 1983, S. 342 ff. VON DER SCHULE INS BERUFSLEBEN. Entschließung des Rates und der im Rat vereinigten Minister für Bildungswesen vom 13. Dezember 1976 betreffend Maßnahmen zur besseren Vorbereitung der Jugendlichen auf den Beruf und zur Erleichterung ihres Übergangs ins Berufsleben. Bericht des Ausschusses für Bildungsfragen, Europäische Gemeinschaften, Kommission: Bulletin der Europäischen Gemeinschaften, Beilage 12/76, Luxembourg 1976. WILLMANN, B.: Bildungswesen, Chancengleichheit und Beschäftigungssystem. Vergleichende Daten und Analysen zur Bildungspolitik in Schweden, München 1980. WILLMANN, B.: Programm und Realität der Gesamtschulentwicklung in Schweden. In: PROGRAMM UND REALITÄT DER GESAMTSCHULE IM AUSLAND. Zum Stand der strukturell-organisatorischen Maßnahmen in England, Frankreich, Italien, Schweden und den USA. Marburger Beiträge zur Vergleichenden Erziehungswissenschaft, Bd. 16, München 1981, S. 311 ff. WOODHEAD, M.: Vorschulerziehung in Westeuropa. Ergebnisse aus dem Projekt des Europarates, Bonn 1981.

D Binnenstruktur institutionalisierter Bildung

Friedrich Specht

Schule und Sozialisation

1 Das Verhältnis von institutionalisierter Bildung und Sozialisation
2 Allgemeine Widersprüche der Sozialisation und Institutionalisierung von Bildung
2.1 Fortschrittserwartungen an die Institutionalisierung
2.2 Grundwidersprüche der Sozialisation
2.3 Beispiele für die Auswirkungen der Sozialisationswidersprüche im gegenwärtigen Bildungssystem
3 Sozialisation in der Familie und in der Institution
3.1 Beziehungen zwischen Familie und Schule
3.2 Auswirkungen der innerfamiliären Sozialisation auf die institutionalisierte Bildung
4 Beziehung und Befinden in der Schule
4.1 Konstellationen und Hintergrund der Beziehungen
4.2 Lehrer-Schüler-Transaktionen
4.3 Schulische Bedingungen des Befindens
5 Möglichkeiten zur Minderung der Risiken institutionalisierter Bildung

Zusammenfassung: Der Artikel geht aus von möglichen Sozialisationskonflikten, die aus dem Faktum der Herauslösung institutionalisierter Bildung aus den praktischen Lebens- und Arbeitszusammenhängen entstehen können. Die Widersprüche zwischen Institutionalisierung von Bildung und Sozialisation werden sowohl auf der Ebene unterschiedlicher Erwartungen an die Bildungsinstitutionen von seiten gesellschaftlicher Funktionsträger und Interessenten als auch auf der Ebene von Widersprüchen des Sozialisationsprozesses selbst thematisiert, da die Widersprüche beider Ebenen in den Bildungseinrichtungen zusammentreffen und verarbeitet werden müssen. Hier zeigt sich, daß gesellschaftliche Funktionszuweisungen (wie Selektion, Allokation) ihren Niederschlag in der Organisation des Lernprozesses gefunden haben und unter Sozialisationsaspekten schwer akzeptierbare Dysfunktionalitäten bewirken. Nach einer Ausleuchtung des Verhältnisses von schulischer und familialer Sozialisation und einer Analyse schulischer Beziehungsmöglichkeiten werden abschließend Vorschläge zur Minderung von Sozialisationsrisiken institutionalisierter Bildung gemacht.

Summary: This article takes as its starting point possible socialisation conflicts which can be produced by the fact that institutionalised education has been separated from the practical context of life and work. The contradictions between the institutionalisation of education and socialisation are thematically presented both from the point of view of the differing demands made on educational institutions by the social bodies supporting them and those directly involved, and from the point of view of the contradictions within the socialisation process itself, as both sets of contradictions come together and have to be worked out on the level of educational institutions. It is evident here that the attribution of social functions (such as selection and allocation) have made their mark on the organization of the learning process and produced "disfunctions" that are hard to accept from the socialisation point of view. After an examination of the interrelationship between socialisation at school and in the home, and an analysis of possible relationships at school, the article concludes with suggestions for reducing the risks to socialisation presented by institutionalised education.

Résumé: Cet article a pour point de départ les conflits éventuels de socialisation qui peuvent naître du détachement dû à son institutionnalisation, la formation des contextes pratiques de vie et de travail. On thématise les contradictions existant entre l'institutionnalisation de la formation et la socialisation, et ce, tant au plan de ce qu'attendent des institutions éducatives, les détenteurs de fonction sociales et autres personnes concernées que sur le plan des contradictions inhérentes au processus même de socialisation. En effet, les contradictions existant entre les deux plans dans les institutions éducatives se rejoignent et demandent à être résolues. Il apparaît ici que l'attribution de fonctions sociales (par exemple, la sélection, l'allocation) se retrouvent dans l'organisation du processus d'apprentissage et entraînent, du point de vue de la socialisation, des non-fonctionnements difficilement acceptables. Après avoir éclairé les rapports entre la socialisation scolaire et la socialisation familiale, et analysé les possibilités de relations au sein de l'école, on fait, en conclusion, des suggestions tendant à modérer les risques de socialisation dans le cadre de la formation institutionalisée.

1 Das Verhältnis von institutionalisierter Bildung und Sozialisation

Unter dem Begriff *Sozialisation* ist die Gesamtheit der Lernvorgänge zusammengefaßt, durch die der einzelne in einer bestimmten Gesellschaft beteiligungs- und handlungsfähig wird. In diese Vorgänge ist eingeschlossen die Vermittlung ausgewählter Einsichten, Kenntnisse und Fertigkeiten. Der Begriff „Bildung" für ein solches Angebot ist von jeher doppeldeutig: „Sich bilden" betont die individuelle Entfaltung zu geistiger Unabhängigkeit; sagt man hingegen, daß jemand „gebildet wird" oder daß man ihm eine bestimmte Bildung zuteil werden läßt, dann wird die Bestimmung der vermittelten Inhalte durch Instanzen und Gesellschaft hervorgehoben. In den unterschiedlichen Redewendungen drücken sich zwei Blickrichtungen aus, die den gegenläufigen Wechselwirkungen zwischen Individuum und Kultur entsprechen.

In Kulturen, in denen die Vermittlung von Kenntnissen und Fertigkeiten auf dem Weg einer kontinuierlichen Einführung in die entsprechende Lebenspraxis vor sich geht, geschieht Bildung in unmittelbarer funktioneller Verflechtung mit der Aneignung von Verhaltens-, Verständigungs-, Arbeits- und Beziehungsformen. Institutionalisierung von Bildung bedeutet demgegenüber die Herstellung von mehr oder weniger umfangreichen Teilsystemen der Gesellschaft, in denen der Erwerb von Einsichten, Kenntnissen und Fertigkeiten abseits von der Anwendungspraxis stattfindet. Die Vermittlungs- und Beziehungsstrukturen des Bildungsteilsystems, die Rangfolge der Bildungsinhalte und die Formen, in denen gesellschaftliche Aufträge innerhalb dieses Systems umgesetzt werden, sind sozialisationswirksame Einflußgrößen. Ihre Bedeutung wird bei der Institutionalisierung von Bildung – im Planen wie im Handeln – auf unterschiedliche Weise einbezogen oder berücksichtigt. Es finden in Bildungssystemen sowohl beabsichtigte (intentionale) Erziehung als auch ungeplante und oft auch unreflektierte Sozialisationserfahrungen statt. Dabei sind

diese Vorgänge keineswegs immer gleichgerichtet. Sie können in Gegensatz zueinander geraten und die Beteiligten in Konflikte bringen, deren Hintergründe für sie oft undurchsichtig bleiben.
Die Art und Weise, wie geplante Erziehung und ungeplante Sozialisationserfahrungen im Zusammenhang der Institutionalisierung berücksichtigt und einbezogen werden, lassen sich unter folgenden Gesichtspunkten beschreiben:
Einbeziehung intentionaler Erziehung: Intentionale Erziehung kann in die offizielle Zielsetzung von Bildungssystemen und -subsystemen weitgehend eingeschlossen sein (so etwa in Internaten), selektiv einbezogen oder akzentuiert werden (beispielsweise Disziplinierung, Leistungsorientierung) oder auch weitgehend ausgeschlossen werden (etwa spezielle Kurse in der Schul- und Erwachsenenbildung).
Berücksichtigung funktionaler sozialisatorischer Einwirkung: Einwirkungen auf die soziale Entwicklung des einzelnen, wie sie von den Bildungsinhalten ausgehen können oder wie sie durch die tatsächlichen Konstellationen und Handlungen in den Organisationsformen von Bildungseinrichtungen entstehen, werden bei der offiziellen Planung und Gestaltung sehr unterschiedlich berücksichtigt. Denkbar sind unter anderem folgende Möglichkeiten:
- Die Einwirkungen sind bekannt, werden aber offiziell nicht genannt, sondern finden als „heimlicher Lehrplan" Billigung und Bestätigung.
- Die Einflüsse sind bekannt, werden aber als vermeintlich zwangsläufige Folgen der Organisationsform (zum Beispiel Einschränkungen der Mitgestaltung der Lernumwelt) nicht reflektiert, sondern hingenommen.
- Die Einwirkungen sind bekannt, werden als ungünstig angesehen (beispielsweise unangemessene Schülerbelastungen), Änderungen werden proklamiert, geraten aber in Konflikt mit anderen offiziellen oder „heimlichen" Zielsetzungen.
- Die Einwirkungen bleiben verschleiert.
- Die Einwirkungen werden offiziell mit den Bildungszielen verknüpft.
Gegensätze der sozialisatorischen Einwirkungen: Das Auftragsverständnis und das Handeln der im Bildungssystem professionell tätigen Personen wird nur zu einem Teil von den offiziellen Bildungsplänen und Erziehungszielen bestimmt. Daneben werden Einflüsse wirksam, die ihr Verhalten als Lehrende, als Funktionäre des Schulsystems, als Modelle für die Bewältigung von Problemen oder als Beziehungsobjekte der Schüler auf eine Weise bestimmen, die für sie selber Konflikte und für die Schüler widersprüchliche Erfahrungen zur Folge hat.
Widersprüche und Konflikte kommen zustande durch zusätzliche und zugleich gegensätzliche gesellschaftliche Aufträge an die Bildungseinrichtungen, durch strukturelle Bedingungen des Bildungssystems und durch inoffizielle Einflüsse. Dabei kann der ursprüngliche, offizielle Zweck der Institutionalisierung, nämlich besonders günstige Voraussetzungen für die Befähigung der nachfolgenden Generation herzustellen (*Qualifikationsfunktion*), weit in den Hintergrund geraten. – An zusätzlichen gesellschaftlichen Aufträgen sind es vor allem die organisierte Vorauslese für bestimmte Aufgaben in einer arbeitsteiligen Gesellschaft (*Selektionsfunktion*) und Bemühungen um die Anpassung von Bildungsinhalten und Bildungsumfang an den von Wirtschaft und Dienstleistungssystemen dargestellten Bedarf an Fähigkeiten und Kenntnissen (*Allokationsfunktion*). Diese beiden Funktionen werden oft als zwangsläufige Folgen der Abtrennung des Bildungsbereiches von den übrigen Teilsystemen der Gesellschaft angesehen. Strukturelle Bedingungen des Bildungssystems, seine Gliederungen, vor allem aber auch seine Zwänge und Verrechtlichungen ergeben sich zu einem wesentlichen Teil aus der Organisation von Selektion und Allokation. Es werden Gegensätzlichkeiten auf diese Weise verfestigt und

vor allem Handlungsspielräume eingeengt. – Wo Vorauslese stattfindet, ist natürlich auch ein Bedürfnis nach Schutz vor Willkür vorhanden. Die Verrechtlichung dieses Schutzes (Bestimmungen über Leistungsnachweise, Versetzungen, Schullaufbahn) wird in ihrem Systemzusammenhang jedoch vielfach nur als Verfeinerung des Selektionsverfahrens begriffen und gehandhabt.

Distanz zu den Lebens- und Arbeitsformen der Gesellschaft: Die Trennung des Bildungsbereiches von den Arbeits- und Lebensformen der übrigen Gesellschaft hat je nach ihrem Ausmaß unterschiedliche Bedeutung für die Sozialisation. Institutionalisierung stellt einen Raum der „Muße" (scola) her, der für einen zusammenhängenden und überschaubaren Erwerb von Kenntnissen und Erkenntnissen notwendig erscheint. Zugleich ist damit aber auch ein Raum für soziales Lernen entstanden, der – ähnlich wie die Familie – gegenüber Forderungen, Zugriffen und Reaktionen der übrigen sozialen Bereiche abgeschirmt ist. Der Zeitraum oder Schutzraum der Kindheit wird dabei verlängert. Der einzelne erhält dadurch die Möglichkeit, eine Vielfalt von Lern- und Verhaltensangeboten kennenzulernen. Gleichzeitig wird aber auch gewährleistet, daß über die Binnenstruktur des Bildungssystems bestimmte Sozialisationseinflüsse einheitlich und nachhaltig wirksam werden können. Dazu gehören vor allem die Verinnerlichung von Normen der Leistungsorientierung, der individuellen Verantwortlichkeit für Leistungen und Handlungen sowie der sozialen Differenzierung nach Leistungsfähigkeit (vgl. DREEBEN 1968).

Mit der Abgrenzung gegenüber anderen gesellschaftlichen Bereichen ist außerdem verbunden, daß die Bildungsinhalte im einzelnen und vor allem die Vermittlungsformen durch Instanzen und Personen festgelegt werden, deren professioneller Erfahrungsbereich wiederum ausschließlich das Bildungssystem ist. Dadurch vergrößert sich die Entfernung zu dem, was in den Arbeitsformen und sozialen Systemen einer Gesellschaft tatsächlich notwendig ist.

Wesentliche Kenntnisse und Fertigkeiten werden deswegen auch unabhängig vom Bildungssystem auf inoffiziellen Wegen erworben (Information und Einübung in Familie und Gleichaltrigengruppe, Lese- und Fernsehinteresse, ...) oder tatsächlich erst in den Anwendungszusammenhängen erlernt oder gefestigt. Die Schule vermittelt indessen Formen des Umgangs mit Neuigkeiten, die von den Zufälligkeiten der Anwendungspraxis und den inoffiziellen Lernmöglichkeiten unabhängig sind. Dazu gehören die Gliederung der Inhalte in eine zeitliche Aufeinanderfolge nach logischen Zusammenhängen oder fortschreitender Schwierigkeit, die Vergewisserung der Einprägung sowie Motivation und Erfolgserleben, unabhängig von einem naheliegenden Anwendungsnutzen. Da diese Lernfähigkeit vor allem dem symbolischen Lernen zugute kommt, kann sich mit ihr eine offizielle Geringschätzung handelnden und selbstbeobachtenden Lernens verbinden.

Die Blickrichtungen, aus denen die Beziehungen zwischen institutionalisierter Bildung und Sozialisation gesehen werden können, weisen auf vielfältige Einflüsse, Entwicklungen und Widersprüche hin. Institutionalisierung von Bildung ist nirgendwo als einmaliger, logisch begründeter Akt vor sich gegangen. Es handelt sich um einen Prozeß, der sich jeweils in seiner augenblicklichen Gestalt darbietet. Er formiert sich aus unterschiedlichen Absichten, aus Planungen, empirischen Problemlösungen und „Erfindungen", die zu einem bestimmten Zeitpunkt zweckmäßig erschienen (zum Beispiel Jahrgangsklassen, Fächer, Schulstunde) sowie aus ökonomischen Abwägungen und aus Verrechtlichungen.

2 Allgemeine Widersprüche der Sozialisation und Institutionalisierung von Bildung

2.1 Fortschrittserwartungen an die Institutionalisierung

Formen der Vergesellschaftung, bei denen die „Minderjährigen" über einen längeren Zeitraum hinweg anders behandelt werden als die „Volljährigen", haben ihren Ursprung in bestimmten Erwartungen: Sie sollen die Überlegenheit einer Gesellschaft gegenüber ihren Lebensumständen offensichtlich nicht nur erhalten, sondern auch verbessern. Innerhalb einer Gesellschaft kann dies heißen, die Überlegenheit einer Gruppe (Stand, Klasse, Schicht) gegenüber einer anderen Gruppe zu vermehren. Intentionale Erziehung und institutionalisierte Bildung stehen damit von jeher unter dem Anspruch, bestimmte Fortschrittsvorstellungen zu verwirklichen. Art und Umfang der Institutionalisierung sind deswegen immer mit Zielsetzungen verbunden, die über dasjenige an Wissen und Fertigkeiten hinausgehen, was für die Beteiligung an den gegenwärtigen Arbeits- und Verständigungsformen einer Gesellschaft notwendig ist.
Das hat zweierlei zur Folge: Einmal schließt das Lernangebot jeweils in mehr oder weniger großem Umfang Gegenstände ein, für die sich aus dem unmittelbaren Alltagserleben der Lernenden kein Interesse herleiten läßt. Zum anderen werden die Ergebnisse der Institutionalisierung von Bildung daran gemessen, welche Fortschrittserwartungen sie einlösen. Daraus ergeben sich sowohl fortwährende Anstöße zu Entwicklungen als auch Erfolgs- und Rechtfertigungszwänge.
Der auf den Bildungseinrichtungen lastende Erfolgszwang kann auf verschiedene Weise zum Risiko für die Sozialisation des einzelnen werden. Das Ergebnis seines individuellen Bildungsverlaufes scheint benötigt zu werden, um in der Summe von Bildungsverläufen zur Rechtfertigung einer bestimmten Form von Institutionalisierung zu dienen. Die allgemeine Sozialisationsfunktion von Bildungseinrichtungen und das Ergebnis individueller Sozialisation werden daher nach unterschiedlichen Maßstäben beurteilt. In diesen Unterschieden drücken sich widersprüchliche Erwartungen und verschiedenartige Gewichtungen von Qualifikation, Selektion, Allokation und Legitimation aus. Auf einfache Weise wird das deutlich, wenn Eltern einerseits damit zufrieden sind, daß sich ihr Kind in seiner Unterrichtsgemeinschaft wohl fühlt, gern zur Schule geht und zum Lernen motiviert ist, zugleich aber kritisch und besorgt darauf hinweisen, daß die Schulkinder einer Parallelklasse sich „disziplinierter" verhalten und bereits einen Vorsprung an Fertigkeiten aufweisen. Solche Widersprüche zeigen Risiken für die individuelle Entwicklung an: Die Rangfolge von Lerninhalten und die Forderung nach Zuwachs an ganz bestimmten Kompetenzen haben leicht eine Abwertung anderer Fähigkeiten und oft auch Einschränkungen der Verhaltens- und Rollenmöglichkeiten zur Folge. Es entstehen so Zwänge, die eine Entwicklung zu prinzipiengeleitetem, aber flexiblem Umgang mit Rollenangeboten und Verhaltenserwartungen erschweren. Dabei ist natürlich eine Kultur auf gerade solche Entwicklung des einzelnen ebenso angewiesen, wie auf die Summe von Wissen, Fertigkeiten und Anpassungsbereitschaften.

2.2 Grundwidersprüche der Sozialisation

Bildungseinrichtungen haben es nicht nur mit den ihnen eigenen Funktionswidersprüchen zu tun. Sie müssen außerdem – im Zusammenhang mit diesen eigenen Widersprüchen – Grundwidersprüche der Sozialisation verarbeiten.

Friedrich Specht

Die Einwirkungen der Erwachsenen auf die Nachwachsenden sind in allen Kulturen von einander widersprechenden Einstellungen und Absichten bestimmt. In den überlieferten Formen des Umgangs mit Minderjährigen, in vorgegebenen komplementären Rollen von Erwachsenen und Kindern, in Institutionalisierung von Erziehung und in Ritualen, von denen die Entwicklung begleitet wird, drücken sich jeweils kulturspezifische Verarbeitungen solcher Widersprüche aus.
Es handelt sich vor allem um folgende Gegensätzlichkeiten: *Widerspruch zwischen Bereicherung und Belastung in den Gefühlsbeziehungen zwischen Erwachsenen und Kindern.* – Den unterschiedlichen Möglichkeiten der Bereicherung (Arbeitskraft, Erweiterung der eigenen Perspektiven, emotionaler Gewinn) stehen stets auch unterschiedliche Belastungen durch den Nachwuchs gegenüber (unmittelbare Umsorgung, materielle Versorgung, Anpassungsaufträge der Gesellschaft, Einschränkung eigener Pläne für Beziehungen, Beruf und Freizeit). Es entwickelt sich dabei ein bestimmtes Verhältnis zwischen einerseits Fürsorge und Zuneigung und andererseits Entlastungs- oder Unterwerfungswünschen sowie Zurückweisung. Die Art dieses Verhältnisses hängt unter anderem davon ab, welchen Rückhalt und welche Belohnungen die besonders belasteten Erwachsenen in ihrer Gesellschaft und deren Subsystemen finden. Das gleichzeitige Vorhandensein solch gegensätzlicher Empfindungen kann zugelassen sein, kann aber auch geleugnet werden. Der offene Ausdruck von Feindseligkeit in Form von Körperstrafen und Eingriffen (etwa Infibulation) wird in manchen Kulturen rational, das heißt als Akt intentionaler Erziehung begründet oder ritualisiert, in anderen Kulturen mißbilligt oder bei Überschreiten eines zugelassenen Rahmens pönalisiert. Häufiger erscheinen Unterwerfungsabsichten und Zurückweisung nur verschleiert im Verhalten der Erwachsenen, in Vorschriften und in Institutionalisierungen. Nicht wenige der jeweils überlieferten und scheinbar vernünftig begründeten Praktiken des Umgangs mit Kindern sind letzten Endes als erlaubte Akte der Abgrenzung oder Feindseligkeit und nicht, wie behauptet, der Fürsorge in den Bereichen Gesundheit, Gewöhnung und Lernen zu erklären (vgl. DE MAUSE 1977, RENGGLI 1974).
Widerspruch zwischen Erweiterung und Einschränkung der individuellen Entfaltungsmöglichkeiten von Kindern. – Bei jedem Lernangebot von notwendigen oder erwünschten Kenntnissen und Fertigkeiten findet eine bewertende Auswahl statt, die gleichzeitig eine Entwertung, Vernachlässigung oder Einschränkung anderer Entfaltungsmöglichkeiten zur Folge hat. So werden bereits mit der Aneignung einer bestimmten Sprache einerseits Verständigungswege erschlossen, zugleich aber auch bestimmte Wahrnehmungs- und Erlebnisweisen von einer allgemeinen Verständigung ausgeschlossen. Je ausgiebiger der Erwerb von Kenntnissen und Fertigkeiten organisiert und vorgeschrieben ist, um so rigider kann sich die Ausgrenzung anderer individueller Entwicklungsmöglichkeiten auswirken. Es scheint so, als ob weder die Fülle noch die zeitliche Ausdehnung organisierter Lernangebote diesen Widerspruch aufheben kann.
Widerspruch zwischen Anpassung an Produktions-, Beziehungs- und Verhaltensformen einer Gesellschaft einerseits und Erhaltung individueller Eigenart andererseits. –
Das Entwicklungspotential einer Gesellschaft und ihre Möglichkeiten, auf veränderte Lebensbedingungen konstruktiv zu antworten, ergibt sich aus der Summe individueller Eigenart und Beweglichkeit gegenüber den vorgefundenen Normen des Lernens und Verhaltens. Der Zusammenhalt einer Gesellschaft gründet sich andererseits auf eine ständige Übereinstimmung wesentlicher Verhaltens- und Beziehungsformen, Verständigungswege und Wissensbestände. Während Fortschrittserwartungen eher an die Vermittlung neuer Kenntnisse geknüpft werden, überwiegen

hinsichtlich der Orientierungen und Verhaltensnormen eher Anpassungsvorstellungen und Beharrungstendenzen.
Jedes Kind erlebt im Laufe seiner Entwicklung derartige Widersprüche und ist genötigt, sich mit ihnen auseinanderzusetzen. Verlauf und Ergebnis dieser Auseinandersetzung haben entscheidenden Anteil an den Unterschieden individueller Sozialisation innerhalb ein und derselben Gesellschaft.
In Bildungssystemen und deren Einrichtungen müssen die hier beschriebenen Widersprüche institutionell und personell verarbeitet werden. Das geschieht auf sehr unterschiedliche Weise, vor allem aber auch so, daß die tatsächlich beteiligten und bewegenden Gefühle häufig verborgen bleiben.

2.3 Beispiele für die Auswirkungen der Sozialisationswidersprüche im gegenwärtigen Bildungssystem

Als Beispiel für die Auswirkungen der beschriebenen Sozialisationswidersprüche in der gegenwärtigen Lernformation (vgl. SCHULZE 1981) Schule können das Verständnis von Schulpflicht, die Handhabung von Fremdbestimmung der Lerninhalte und Vermittlungswege sowie die Formen der Leistungsbewertung dienen. Es handelt sich dabei jeweils um kennzeichnende und als unverzichtbar geltende Merkmale der Institution Schule.
Schulpflicht hat dem Wortsinn nach von Anfang an offengelassen, wessen Pflicht eigentlich gemeint ist. Möglicherweise drücken sich darin widersprüchliche Absichten ihrer Entstehungsgeschichte aus. Bei Einführung der Schulpflicht ging es vor allem darum, gleiche *Lernanrechte* für alle *Kinder* zu gewährleisten und sie gegenüber anderen Absichten der Eltern (etwa der Nutzung der Arbeitskraft ihrer Kinder) sicherzustellen. Insofern handelt es sich um die *Pflicht* der *Eltern*, ihren Kindern den Schulbesuch zu ermöglichen. Daneben haben aber wohl auch von Anfang an Integrations- und Disziplinierungsvorstellungen im Sinne einer Erziehung zu sauberer, geordneter, angeleiteter Arbeit Bedeutung gehabt. Insofern konnte die Pflicht auch als eine Pflicht der Kinder zur Beteiligung am Unterricht verstanden werden. Das Verständnis und die Handhabung von Schulpflicht innerhalb und außerhalb des Schulsystems entsprechen mehr dieser zweiten Vorstellung als dem Gedanken, daß es um die Verwirklichung von Lernanrechten geht. Das bedeutet, daß weniger Fürsorge als Unterwerfungsabsichten bestimmend werden. Es ist deswegen oft gar nicht einfach, einem bedingungslosen Schulaufenthaltszwang wegen besonderer Befindlichkeiten, Belastbarkeiten und Lernwege des einzelnen Kindes entgegenzutreten. Offenkundig wird der Widerspruch allerdings, wenn umgekehrt trotz vorhandener Lernwünsche und -voraussetzungen das Lernanrecht versagt wird, weil etwa zeitlich die Schulpflicht abgelaufen ist oder das Verhalten eines Schülers den institutionellen Rahmen zu sprengen scheint.
Fremdbestimmung der Lerninhalte gehört zu den Selbstverständlichkeiten der Institution Schule. Dabei geht es nicht nur darum, daß Gegenstände, die nicht ohne weiteres lernenswert erscheinen, für wichtig erklärt werden, sondern auch um die Festlegung von Lernschritten als Voraussetzung für einen gemeinsamen Unterricht. Es wird von allen Schülern einer Unterrichtsgruppe erwartet, daß sie sich die Wichtigkeit der Lerninhalte zu eigen machen und daß sie sich mit vorgeschriebenen Lernschritten abfinden. Abweichungen von diesen Erwartungen können als Lernunfähigkeit, Lernunwilligkeit oder Leistungsverweigerung gedeutet werden und das Verbleiben in der Unterrichtsgemeinschaft gefährden. Tatsächlich wäre die erwartete – scheinbar unterrichtserleichternde – Unterwerfung unter diese Fremdbestimmung

aber ein bedenkliches Anzeichen dafür, daß ein Kind seine Eigenart nicht mehr verteidigen kann oder möchte. So findet sie denn in Wirklichkeit auch nur selten statt. Die Auseinandersetzung mit der Fremdbestimmung geht auf unterschiedliche Weise vor sich. Je nach den individuellen Vorerfahrungen reichen die Lösungen von modifizierender Aneignung oder selbstbestimmter Erweiterung des Stoffes über ein Unterlaufen durch anderweitige Beschäftigungen, unterrichtsauflockernde oder -störende Tätigkeiten bis zur unmittelbaren Zurückweisung der Anforderungen. Schüler bemühen sich auf diese Weise, ein ausreichendes Maß an Kontrolle über die äußeren Umstände zu behalten, auch wenn dies im Augenblick nachteilige Folgen haben kann. Es geht dabei nicht nur um die Verteidigung von Eigenart, sondern auch darum, daß nicht wenige Kinder ihre Lernvoraussetzungen und die für sie geeigneten Lernwege mindestens ebenso gut einschätzen können wie die für sie zuständigen Erwachsenen. Die Möglichkeiten einer entsprechenden Mit- und Selbstgestaltung der Lernumwelt sind von Schulform zu Schulform, von Schule zu Schule und von Lehrer zu Lehrer sehr unterschiedlich. Vor allem werden Notwendigkeit und Zulässigkeit einer Auseinandersetzung mit der Fremdbestimmung des Lernens unterschiedlich beurteilt.

Leistungsbewertungen werden im Rahmen institutionalisierter Bildung als unentbehrlich angesehen. Die Fremdkontrolle durch - angeblich - vergleichbare Leistungsnachweise und deren Benotung entspringt dem Mißtrauen in die Lernmotivation, das sich aus der Fremdbestimmung der Lerninhalte ergibt. Deswegen sind auch entsprechende „Tests" selten so angelegt, daß man sich der erworbenen Kenntnisse und Fähigkeiten vergewissern kann. Die Aufgabenstellung läuft vielmehr darauf hinaus, der Mehrzahl Unkenntnis, zumindest partielle Unkenntnis nachzuweisen. Das bedeutet zumeist Entmutigung und keineswegs Ansporn. Außerdem aber läßt sich mit den Ergebnissen dann die Fremdbestimmung des Lernens, auf denen sie beruhen, aufs neue rechtfertigen. - Nur selten werden Schülerleistungen als Kriterien einer angemessenen und erfolgreichen Unterrichtsweise angesehen. - Bei ungleichen Lernvoraussetzungen sind vergleichende Benotungen nicht geeignet, individuelle Lernerfolge zu bestätigen. Schüler könnten zu Recht von den Vermittlern Rückmeldungen über das Ergebnis ihrer Bemühungen erwarten. Bei benoteten Leistungsvergleichen erhalten sie jedoch nur eine Rückmeldung über ihren Platz im Selektions- und Zuteilungsverfahren. Sie beziehen die Bewertung dementsprechend vor allem auf ihre Person und erfahren, daß deren Wert danach bemessen wird, wieweit man andere hinter sich zurückläßt. Bewertungsvorgänge solcher Art sind deswegen eine wesentliche Ursache anhaltender Verunsicherungen, Ängste und Mißerfolgsgewohnheiten von Schülern und ein Machtmittel zu ihrer Disziplinierung. Sie haben entsprechende Wirkungen häufig auch auf diejenigen, deren Lernergebnisse kein Anlaß zu Befürchtungen zu sein brauchten.

3 Sozialisation in der Familie und in der Institution

3.1 Beziehungen zwischen Familie und Schule

Familie und Schule bringen gegenüber der nachfolgenden Generation unterschiedliche Aspekte ein und derselben Kultur zur Geltung. Beiden Subsystemen ist erlaubt, sich teilweise gegenüber unmittelbaren Einwirkungen aus anderen Bereichen der Gesellschaft abzuschirmen. In ihrem Binnenraum können dementsprechend auch abweichende Beziehungs- und Verhaltensregeln gelten. Als Sozialisationsinstanzen gewähren sie dadurch Spielräume für Erprobungen und Auseinandersetzungen, innerhalb derer es möglich ist, die Folgen von Entwicklungskonflikten und -umwegen zu begrenzen.

Während für die Besonderheit der einzelnen Familie die Eigenarten, Vorstellungen und Bedürfnisse ihrer Mitglieder bestimmend sind, ist die „Abweichung" der Schule organisiert und – unabhängig von individueller Eigenart – verbindlich. Die Berührung mit der Schule bedeutet für das Kind und seine Familie deswegen auch Erfahrung und Auseinandersetzung mit den organisierten Bereichen der Gesellschaft.

Natürlich werden die Beziehungen innerhalb der Familie nicht ausschließlich von emotionalen Bedürfnissen und diejenigen in der Schule nicht ausschließlich von der Organisation des Sozialisationsauftrages beherrscht. Das Verhältnis der Familienmitglieder wird auch durch die allgemeinen und individuellen Vorstellungen vom Sozialisationsauftrag der Familie und die damit verbundenen und vermittelten Rollen bestimmt. Die Schule ist kein „Lerngefängnis", sondern auch ein Ort, an dem emotionale Bedürfnisse von Schülern und Lehrern die Beziehungen prägen. Während aber die Beziehungen innerhalb der Familie eher von einst maßgeblichen Rechtsnormen befreit wurden, sind in das Schulsystem immer mehr Rechtsvorschriften eingedrungen. Diese Gewichtung hat auch für das Verhältnis der beiden Systeme zueinander Bedeutung.

Unter den Einflüssen der Familie auf die Vorgänge in der Schule stehen an erster Stelle die Auswirkungen der innerfamiliären Beziehungserfahrungen und Bedürfniskonstellationen. – Der ausschlaggebende Einfluß der Schule auf die Familien geht dagegen von den dort stattfindenden Leistungsvergleichen und Leistungsbewertungen aus.

Die Entwicklung der Familie in der industriellen Zivilisation hat es mit sich gebracht, daß die ökonomische Bereicherung der Eltern durch ihre Kinder gänzlich hinter die emotionale Vergütung ihrer Belastung zurückgetreten ist. Nicht die Anzahl der Kinder, sondern die Möglichkeit, sich an ihnen zu erfreuen, macht die Bereicherung aus. Diese kann schließlich auch von nur einem Kind erhofft werden. Dabei hat die Bestätigung des eigenen Wertes der Eltern besondere Bedeutung. Je mehr sich nämlich Eltern aufgrund ihrer eigenen Erfahrungen und ihrer Lebenssituation bei der Stabilisierung ihres Selbstwerterlebens auf eine erfolgreiche Entwicklung ihrer Kinder angewiesen sehen, um so mehr wird der emotionale Austausch innerhalb der Familie abhängig von außerhalb – das heißt vor allem von der Schule – gesetzten Maßstäben für diesen Erfolg. Dem entspricht es dann auch, daß diese Maßstäbe keineswegs in Frage gestellt werden, sondern daß eher nach immer subtileren Kontrollen ihrer Anwendung und nach Formalisierung von Ausnahmeregelungen verlangt wird. Welche Bedeutung derartige Hoffnungen der Eltern für das einzelne Kind gewinnen, steht mit dessen Sensibilität und seiner Zentrierung auf die Eltern in Zusammenhang (vgl. MILLER 1979). Dies ist auch der Hintergrund für Feststellungen über die unmittelbaren Anlässe, deretwegen Erziehungs- und Familienberatungsstellen in Anspruch genommen werden. Die Summe der verschiedenartigen Schul- und Leistungsprobleme steht dabei zumeist an erster Stelle. Solche Feststellungen haben unter anderem einseitige Schuldzuweisungen – teils auf das Schulsystem, teils auf die Familie gerichtet – ausgelöst. Daß Entwicklungsschwierigkeiten – wie immer sie bedingt sein mögen – in dem für Kinder wesentlichen sozialen System Schule in Erscheinung treten, ist indessen eigentlich zu erwarten, zumal in diesem System neue kognitive und emotional Beanspruchungen unvermeidlich sind. Es kennzeichnet jedoch bestimmte Wechselwirkungen zwischen Familien und Schulsystem, wenn – häufiger als bei anderen Problemen –

Friedrich Specht

Eltern bei Auswirkungen auf Leistungen, Beziehungen und Verhalten in der Schule derart besorgt werden und sich an der Grenze ihrer eigenen Erklärungs- und Lösungsmöglichkeiten sehen, daß sie professionelle Unterstützung suchen. Dies zeichnete sich übrigens bereits ab, noch ehe die schulischen Auslesevorgänge durch Rückwirkungen aus dem Beschäftigungssystem belastet wurden.

3.2 Auswirkungen der innerfamiliären Sozialisation auf die institutionalisierte Bildung

Die Schulorganisation ist im wesentlichen so beschaffen, als wären es recht gleichartige Kinder, die bei ihrer Einschulung von den Familien zugeführt werden. Tatsächlich aber sind es Kinder, bei denen nicht nur die kognitiven Lernvoraussetzungen große Unterschiede aufweisen, die vielmehr auch sehr verschiedenartige Erfahrungen mit Beziehungen zu sich selbst und zu anderen, mit Möglichkeiten zur Befriedigung ihrer emotionalen Bedürfnisse und mit wechselhaftem seelischem Befinden in das neue Gefüge von Beziehungen einbringen. Hoffnungen und Befürchtungen, die Kinder mit dem Schuleintritt verbinden, und Gründe, die ihnen den Aufenthalt dort anziehend machen oder verleiden, haben weniger mit den eigentlichen Zwecken des Bildungssystems zu tun als mit den dort vorhandenen Möglichkeiten zur Gestaltung von Beziehungen. Ihnen ist die Schule vor allem ein Ort regelmäßigen Zusammentreffens mit Gleichaltrigen, ausgewählter Beziehungen zu Erwachsenen, erlaubter Emanzipierung von familiären Beziehungen, ein Ort der Teilnahme am Leben anderer und der Einbeziehung in die Gesellschaft.

Vorstellungen, bei denen Kinder als Lernende oder in ihrer institutionsbezogenen Rolle als Schüler in den Blick genommen werden, lassen die überindividuellen kognitiven und sozialen Vermittlungsvorgänge hervortreten, während die Eigenart der Beziehungserfahrungen und Beziehungsfähigkeit der einzelnen Schüler außer acht gelassen wird. Da alles organisierte Lernen in Beziehungen stattfindet, wird aber tatsächlich die Lage jedes einzelnen Schülers durch gegenseitige Einflüsse zwischen Lernen, Beziehung und Befinden bestimmt.

Die aus der Familie mitgebrachten Beziehungserfahrungen sind deswegen nicht nur für die personalen Beziehungen in der Schule, sondern auch für die Lernvorgänge von großer Bedeutung. Unter den Erwartungen und Möglichkeiten, die Kinder in die neuen Beziehungen zu Lehrern und Mitschülern einbringen, haben Bedürfnisse nach versorgender und schützender Zuwendung, nach Regelungen, die Sicherheit gewähren, sowie nach ständiger Beachtung für das einzelne Kind ein ebenso unterschiedliches Gewicht wie die vorangegangenen Erfahrungen mit der Befriedigung von Neugier, mit der Entfaltung eigener Initiativen und mit der Einflußnahme auf das Verhalten und die Einstellungen anderer Menschen. Die Bedeutung und die weitere Entwicklung dieser Unterschiede hängt davon ab, welche neuen Konstellationen ein Kind in der Schule – ganz besonders während seiner ersten Schulzeit – vorfindet. Mit der Persönlichkeit der ersten Lehrkräfte und der Zusammensetzung der ersten Schülergruppe können sich die bisherigen Erfahrungen bestätigen und fortsetzen, es können sich stattdessen auch beunruhigende Enttäuschungen und Beziehungsfehlschläge einstellen, oder es kommt unter den veränderten Bedingungen zu einer Umordnung in der Rangfolge der Bedürfnisse und zu vielseitigeren Befriedigungsansätzen.

Je mehr die innerfamiliäre Sozialisation eines Kindes personorientiert verlaufen ist, das heißt je mehr es sich bereits einen modifizierenden Umgang mit Regelungen und Rollen aneignen konnte, um so eher kann es auch die neuen Beziehungsmöglichkeiten mit einer Differenzierung seiner Bedürfnisse und ihrer Befriedigung beantworten. – Die Strukturen des Schulsystems begünstigen allerdings für Schüler wie für Lehrer eher Beziehungsformen, bei denen das emotionale Gleichgewicht des einzelnen durch Abhängigkeiten und Regelungen gestützt wird (vgl. FÜRSTENAU 1964, SINGER 1981, WELLENDORF 1979). Solcher Art ist es empfindlich gegenüber Trennungen, Übergängen und Abgrenzungen, gegenüber ausbrechenden Aktivitätswünschen sowie gegenüber Regelunsicherheit oder Unvermögen, den Regelungen zu entsprechen.

Dies zeigt sich vor allem dann, wenn die familiären Sozialisationsbedingungen bei einem Kind bereits zu Festlegungen, zu Verhaltensvermeidungen, verbunden mit bestimmten Erwartungen an das Verhalten anderer, und zur Verdrängung vermeintlich gefährlicher Bedürfnisse mit Einschränkungen der Erlebens- und Verhaltensspielräume geführt hat. Bei einer derartigen, neurotischen Entwicklung können die strukturellen Bedingungen der Schule oder spezifisch komplementäre Lehrer-Schüler-Beziehungen die bereits angebahnten Einschränkungen verfestigen. Es wird dann immer schwieriger, im Beziehungsfeld der Schule auch korrigierende Entdeckungen zu machen. Wenn schließlich über kurz oder lang die Verhaltenseinschränkungen das Ansehen unter den Gleichaltrigen belasten, die erwarteten emotionalen Belohnungen im Rahmen der Lernorganisation nicht mehr möglich sind und die Einseitigkeit der Beziehungen unbefriedigend wird, dann treten Ängste und Angstabwehr, Störungen im Arbeits- und Sozialverhalten oder psychosomatische Symptome in Erscheinung.

Die Annahme des Lernangebotes und das Umgehen mit Leistungsanforderungen können auf verschiedene Weise durch vorangegangene und begleitende Erfahrungen aus dem familiären Beziehungsraum beeinflußt werden. Es geht dabei vor allem um das Erleben und die Verarbeitung von Leistungsvergleichen und Bewertungsvorgängen, aber auch um die Bedeutung der Fremdbestimmung von Lernzielen und Lernwegen für das einzelne Kind. Mit anderen Worten: Es geht um die individuellen Möglichkeiten zur Auseinandersetzung mit Widersprüchen der Institutionalisierung von Bildung. Leistungsvergleiche und Bewertungsvorgänge können durch ihre offizielle Bedeutung und ihre Handhabung wie durch ihren Stellenwert im Zusammenhang der individuellen Entwicklung zu einer Entscheidung über Erfolg und Mißerfolg werden, die sich nachhaltig auf die Einstellungen und Beziehungen des Schülers auswirkt. Das ist um so mehr der Fall, je mehr vom Erfolg die Befriedigung vorrangiger emotionaler Bedürfnisse der Eltern erhofft wird, je mehr der Schüler deren tatsächliche oder vermeintliche Erfolgserwartungen als unerläßliche Erfolgsnotwendigkeiten verinnerlicht hat oder je mehr seine eigene Selbstschätzung und Selbstgewißheit von Erfolgen abhängt. Die individuelle Bedeutung des Erfolges liefert jeweils auch die Erklärung dafür, daß tatsächliche oder auch nur befürchtete Mißerfolge schwerwiegende Beeinträchtigungen der Lernmotivation und der Leistungsmöglichkeiten zur Folge haben können. Werden die Leistungen des Kindes von einem oder beiden Elternteilen als Beweis ihres eigenen Wertes benötigt, dann läßt ein Versagen befürchten, selber der elterlichen Zuneigung nicht mehr wert zu sein. Das wiederum wird zum Grund von Versagensängsten und Leistungsunsicherheit – sofern es ein Kind nicht aufgibt, seinen Eltern zu gefallen. – Sind hohe Leistungserwartungen verinnerlicht worden, gebietet ein forderndes Über-Ich, sowohl andere als auch sich selbst ständig zu übertreffen, dann kann die Furcht vor entscheidenden Fehlern Äußerungs- und Leistungshemmungen bewirken. – Ist die Selbstschätzung in hohem Maße von der Fremdschätzung abhängig geblieben, dann kann dies dazu veranlassen, unerträgliche narzißtische Kränkungen, durch Beurteilungen nämlich, die den eigenen Größenwünschen nicht entsprechen, zu vermeiden. Es bleibt dann die Möglichkeit, sich darauf zu berufen, daß der ausgebliebene Erfolg der Mühe gar nicht wert gewesen wäre oder daß man ihn mit Leichtigkeit erlangt haben würde, wenn man sich der Anforderung doch gestellt hätte (vgl. KLEIN 1974).

Die Auseinandersetzung des einzelnen Schulkindes mit dem Ausmaß von Fremdbestimmung des Lernens, die es erlebt, steht häufig in Zusammenhang mit den Bewertungsvorgängen. Der innere Widerstand gegen die Bestimmung über Zeit, Aufmerksamkeits- und Tätigkeitsziele regt sich stärker, wenn aufgrund der Erfahrungen vor und außerhalb der Schule eine Verbindung zwischen fremdbestimmten Leistungssituationen und abfälliger, ungeduldiger Kritik bereits für zwangsläufig gehalten wird.

4 Beziehung und Befinden in der Schule

4.1 Konstellationen und Hintergrund der Beziehungen

Konstellationen und Hintergrund der Beziehungen im Schulsystem sind in einer Schemazeichnung dargestellt, in deren Mittelpunkt die Begegnung des Schülers mit den Anforderungen und Personen der Schule gesetzt ist (vgl. S. 349).
Diese Begegnung ist in einer zweiten Schemazeichnung (vgl. Abbildung 2) herausgegriffen. Dabei sind die Lernvoraussetzungen des Schülers den Anforderungen der Schule und seine mitgebrachten Beziehungserfahrungen den Personen zugeordnet. Das Schema zeigt außerdem die Auswirkung ungünstiger Konstellationen in den beiden Dimensionen, die als Mißerfolg oder Beziehungsstörung Lernmotivation und Lernfähigkeit beeinträchtigen. Dadurch wirken sie in die andere Dimension hinein und lassen verfestigende Rückwirkungen entstehen. Die anhaltende und anwachsende Beeinträchtigung des emotionalen Gleichgewichtes drückt sich früher oder später in psychosomatischen Erscheinungen oder in Verhaltensweisen aus, die der Vermeidung oder Verarbeitung des fortgesetzten Druckes dienen (vgl. S. 350)

4.2 Lehrer-Schüler-Transaktionen

Grundsätzlich läßt sich die Beziehung zwischen Kindern und denjenigen Erwachsenen, die ihnen in der Schule zugeordnet sind, als wechselseitiges soziales Lernen verstehen. Wie in der Familie steuern Kinder ihre eigene Sozialisation durch bewußte und unbewußte Einflußnahme auf ihre erwachsenen Beziehungspersonen (vgl. SPECHT 1982a). Daß dies geschieht und unausgesprochen akzeptiert wird, ist eine Voraussetzung dafür, daß sich Selbstvertrauen, Selbstgewißheit und Selbstachtung entwickeln können. Einschränkungen der Möglichkeiten wechselseitigen so-

Abbildung 1

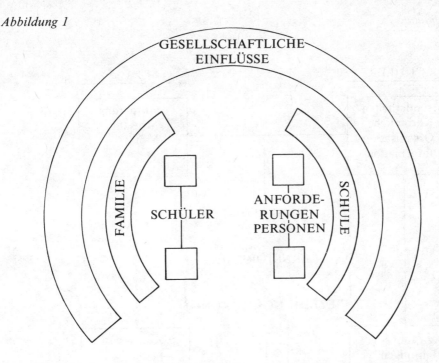

zialen Lernens sind indessen in der Schule noch vielfältiger und allgemeiner als in der Familie vorhanden. Sie ergeben sich vor allem daraus, daß Lehrer in ihrer institutionellen Rolle die Macht besitzen, ihre Werturteile über den Schüler wirksam werden zu lassen und seine Erfolgsaussichten zu bestimmen. Schüler haben in den Gleichaltrigen Verbündete, mit denen sie sich auch gegenüber Lehrern und Schule nicht schwach zu fühlen brauchen. Doch werden diese Verbündeten zu ihren Konkurrenten gerade dort, wo die Machtausübung der Lehrer sie am meisten treffen kann.
Auf der Seite des Lehrers werden die Beziehungsmöglichkeiten bestimmt durch strukturelle Bedingungen der Institution, durch seine eigenen Beziehungserfahrungen und die damit zusammenhängende Rangfolge seiner emotionalen Bedürfnisse sowie durch seine Wahrnehmung der Widersprüche des Schulsystems (vgl. FÜRSTENAU 1964, REDL/WATTENBERG 1980, SINGER 1981, WELLENDORF 1979).
Strukturelle Bedingungen des Schulsystems können Verhaltensspielräume gegenüber Schülern so eng mit Regelungen umstellen, daß für Lehrer wie für Schüler die Möglichkeiten zur Mitgestaltung der eigenen Situation außerordentlich gering erscheinen. Sie können aber auch zum Vorwand genommen werden, um Unzufriedenheit und feindselige Gefühle an Schüler weiterzugeben oder um Zwiespältigkeit gegenüber Nähe und Dichte von Beziehungen zu verbergen.
Bedeutungsvoll unter den emotionalen Bedürfnissen der Lehrer ist vor allem das Ausmaß, mit dem eine Bestätigung des eigenen Wertes durch anspruchsvollen Unterricht, durch erfolgreiche Schüler und Klassen oder durch bevorzugte Zuwendung

Abbildung 2

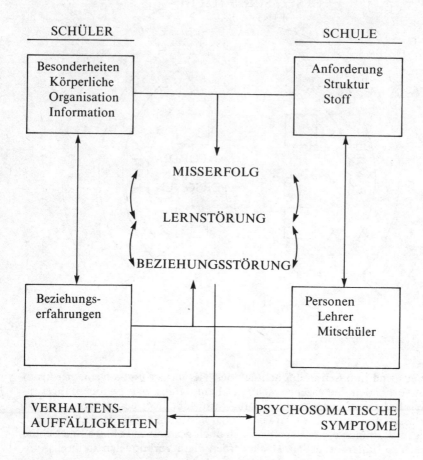

von Kindern erhofft wird. Gewähren diese nicht die erwartete narzißtische Belohnung, dann wendet sich die Kränkung über Kritik und Bewertungsvorgänge oft auch in Form von Verachtung gegen sie (vgl. WELLENDORF 1979).
Die Widersprüche des Schulsystems stellen für den Lehrer einen Zustand fortgesetzter Spannung her. Je mehr sich der einzelne mit den Widersprüchen sich selbst überlassen sieht, um so mehr glaubt er sich auf Möglichkeiten der Spannungsreduktion verwiesen, die ihm durch seine eigene Sozialisation nahegelegt werden: Unterwerfung unter Regelungen und Rollenzuweisungen, Identifikation mit Inhabern von Machtpositionen, Verleugnung der Gegensätzlichkeiten oder aggressives Agieren.
Für Lehrer wie für Schüler können die Möglichkeiten wechselseitiger Akzeptanz und Einflußnahme im übrigen entscheidend bestimmt werden durch positive oder negative Erwartungen, die auf der ungeprüften Anknüpfung früherer Beziehungs-

erwartungen an bestimmte Merkmale der Position oder der Person, also auf Übertragungen, beruhen. Im günstigen Fall kann dies Beziehungs- und Handlungsaktivität freisetzen.

4.3 Schulische Bedingungen des Befindens

Die Organisationsform Schule verlangt von Schülern, daß sie sich Bedingungen anpassen, die ihr Befinden nachhaltig beeinflussen können. Sie sind mit Begriffen wie „Schulstreß" und „Schülerbelastung" gekennzeichnet und wiederholt untersucht und erörtert worden (vgl. SPECHT 1977). Die institutionellen Belastungen resultieren einmal aus den äußeren Zwängen der Lernorganisation und zum anderen aus den in der Schule stattfindenden Bewertungsvorgängen.

Zu den äußeren Zwängen lassen sich insbesondere die organisierten Begrenzungen der Beziehungs-, Bewegungs- und Handlungsfreiheit rechnen: Einteilung in Schulformen, Klassen, Gruppen, Kurse mit Wechsel oder Trennungen, auf die die Schüler keinen oder nur bedingten Einfluß haben; Aufenthaltszwang im Schulgebäude, im zugewiesenen Raum und am zugewiesenen Platz; vorbestimmte Dauer der täglichen und wöchentlichen Unterrichtszeiten unabhängig von der psychischen und physischen Verfassung des einzelnen Schülers.

Die Forderung gleicher Lernfortschritte und Leistungsbeweise bei ungleichen Voraussetzungen und die darauf beruhenden Bewertungsvorgänge gehören zu den schon angesprochenen Widersprüchen im Bereich der Institutionalisierung von Bildung. Das Ausmaß der daraus erwachsenden Belastung hängt davon ab, wieweit ein Schüler sich zunehmend hilflos gegenüber Anforderungen und Bewertungen erlebt und ob er sich diese Hilflosigkeit selber zuschreibt oder zuschreiben läßt oder den feindselig erlebten Lehrern und der Schule anrechnet (vgl. SCHWARZER 1981).

Ob Unsicherheit oder Vertrauen, ob Mutlosigkeit oder Zuversicht, ob Spannung und Gereiztheit oder Ausgeglichenheit bei Schülern einer Schule vorherrschen, hängt davon ab, in welcher Weise es ihnen gelingt, sich mit den Anpassungsforderungen der Schule auseinanderzusetzen. Ihrer äußeren Organisationsform nach könnten Schulen zwar die Struktur der „totalen Institution" annehmen (vgl. GOFFMAN 1972), so daß für den Schüler nur die Möglichkeiten der vollständigen Unterwerfung (primäre Anpassung) oder der Verteidigung mit unerlaubten Mitteln (sekundäre Anpassung) blieben (vgl. HEINZE 1976). Institutionalisierung von Bildung und die Lernformation Schule werden für den einzelnen Schüler indessen nicht auf abstrakte Weise wirksam, sondern durch die einzelne Schule als eine Gemeinschaft, die sich auf eine von anderen Schulen wiederum unterschiedene Weise mit ihren eigenen Bedingungen und Widersprüchen auseinandersetzt, auch dann, wenn sie nicht eigene Veränderungspläne verwirklicht (wie beispielsweise Waldorf-Schulen, Gesamtschulen).

Diejenigen Unterschiede zwischen Schulen, die für das Befinden und für den Lernerfolg der Schüler Bedeutung haben, betreffen vor allem das Interesse der Lehrkräfte am einzelnen Schüler, gemeinsame Aktivitäten von Lehrern und Schülern und Mitverantwortung von Schülern innerhalb der Schule. – Unterschiede der räumlichen Bedingungen betreffen vor allem Möglichkeiten, sich die Schule als Gebäude auf gestaltende statt auf destruktive Weise aneignen zu können. Bei einem Vergleich von zwölf Schulen fanden RUTTER u.a. (vgl. 1980) einen deutlichen Zusammenhang zwischen diesen Einflüssen einerseits und dem Schülerverhalten, den Schulversäumnissen, dem Lernerfolg und dem Vorkommen delinquenter Verhaltensweisen andererseits.

Friedrich Specht

5 Möglichkeiten zur Minderung der Risiken institutionalisierter Bildung

Wenn zutrifft, daß „die seelische Entwicklung, die die Schule faktisch begünstigt, in einem schroffen Gegensatz zu dem Erziehungsziel der pädagogischen Ideologie und dem Organisationszweck der Schule steht" (FÜRSTENAU 1964, S. 76), und wenn dies bei einer nicht mehr geringen Zahl von Kindern Beeinträchtigungen von Lernmotivation und Selbstvertrauen zur Folge hat, dann muß die Gesellschaft daran interessiert sein, derartigen Auswirkungen der Institutionalisierung entgegenzuwirken, will sie nicht ihre erklärten Bildungsabsichten wieder vereiteln lassen. Sie hat sich darüber hinaus um so deutlicher dazu verpflichtet, wie sie die Entfaltung der Persönlichkeit in Art. 2 des Grundgesetzes als eine wesentliche Grundlage des gemeinschaftlichen Zusammenlebens hervorhebt. Deswegen ist die Entwicklung der Lernformation Schule nicht nur eine Geschichte der Bemühungen um wesentliche Lerninhalte und wirkungsvolle Vermittlungsformen. Sie wurde auch begleitet von Warnungen, Auseinandersetzungen und Veränderungsvorschlägen, die der körperlichen wie der seelischen Belastung von Schülern gelten (vgl. HOMBURGER 1926, HELLBRÜGGE 1962, RANG 1981).

Schülerbezogene Veränderungsansätze sind allerdings immer auf zwei wesentliche Widerstandslinien gestoßen. Bei der einen beruft man sich darauf, daß ja die Mehrheit der Schüler die Schulzeit anscheinend übersteht, ohne daß sich behandlungsbedürftige oder anhaltende seelische Störungen bemerkbar machen. Von einem „Schonraum" für Eigenarten, die dabei als individuelle Schwäche definiert werden, wird befürchtet, daß Leistungsanreize und für notwendig gehaltene Leistungsvergleiche außer Kraft gesetzt werden. Die zweite Widerstandslinie liegt in der historisch begründeten Struktur des Schulsystems als Abbild staatlicher Verwaltung. Dieses System und diejenigen, die seine Funktion zu vertreten haben, reagieren, sobald Ausnahmen von Regelungen notwendig erscheinen, mit neuen Regelungen für die Berechtigung dieser Ausnahmen. So kann dann etwa die notwendige Rücksichtsnahme und Unterstützung bei einer Entwicklungsstörung von einer festschreibenden und stigmatisierenden Definition (etwa als „Verhaltensgestörter", als „Legastheniker") abhängig gemacht werden. An Stelle einer Befreiung zu individueller Lösung der Probleme setzen sich damit die systemimmanenten Belastungen fort.

Wenn man die Zwänge des Systems als unausweichlich und seine Widersprüche als unüberwindliche Hindernisse ansieht, dann läuft dies auf Forderungen nach Abschaffung staatlich organisierter Lernformationen hinaus (vgl. ILLICH 1972, REIMER 1972). Sozialisation bleibt indessen so oder so damit verbunden, daß Widersprüche zu bewältigen sind und daß Gefährdungen für den einzelnen entstehen können. Auf die Institutionalisierung von Bildung angewandt, bedeutet dies, sowohl die Widersprüchlichkeit des Systems als auch die Möglichkeit zeitweiliger Störung des einzelnen zu akzeptieren, damit jedoch so umzugehen, daß sie weder anwachsen noch sich dauerhaft verfestigen.

Betrachtet man das System Schule und seine Subsysteme mit den ihnen zugehörigen Menschen auf die gleiche Weise wie andere soziale Systeme, in denen Chancen und Risiken für den einzelnen entstehen, dann lassen sich auch entsprechende Ansätze zu deren Veränderung beschreiben:

- Freisetzen und Entwickeln der innerhalb des Systems selbst liegenden Kräfte und Bestrebungen, die sich gegen Erstarrung und Resignation richten. Für das System Schule heißt dies, als Prämisse allgemeiner wie individueller Entscheidungen den Vorrang des Lernens (vgl. SCHULZE 1981), der Lernmotivation sowie des Schutzes individueller Eigenart zu gewinnen und zu vertreten.

- Unterstützung bei der Klärung und Bewältigung widersprüchlicher Handlungs- und Beziehungsvoraussetzungen sowie beim Erkennen und Aufheben von Behinderungen wechselseitigen Lernens. Für die Schule kann dies durch institutions-, lehrer- oder problemzentrierte Gruppenarbeit von Lehrern – gestützt durch schulexterne Moderation – vor sich gehen. Sie ermöglicht es, die institutionellen, personalen und interaktionellen Bedingungen der eigenen Position und des eigenen Handelns durchsichtiger zu machen und Grundlagen für entwicklungsgünstige Entscheidungen zu gewinnen. Schülerzentrierte Lehrergruppen können die Lage eines Schülers im Geflecht der Anforderungen und Beziehungen seiner Schule aufklären und die Erwachsenen wieder für ein wechselseitiges Lernen öffnen (vgl. SPECHT 1982b).
- Ergänzung des Systems durch Personen, die zeitweilig in eine zumeist professionell methodisch strukturierte Beziehung zu einzelnen oder allen Angehörigen der betroffenen Gruppe treten. Für die Schule können schulinterne und schulexterne Fachdienste Klärungen, Vorschläge und schulergänzende Lern- und Beziehungsangebote beitragen und so die Auswirkungen von Störungen, die den einzelnen Schüler oder eine Schülergruppe getroffen haben, eingrenzen und beeinflussen.

Auf jedem dieser Zugänge finden sich natürlich auch die Fallen des Systems Schule. Besonders deutlich wird dies bei dem zuletzt gekennzeichneten Weg: Es genügt nicht das Vorhandensein von Fachdiensten. Ob schulintern als schulpsychologischer Dienst oder schulextern als Erziehungsberatungsstellen, können sie nur dann Risiken der Institutionalisierung von Bildung mildern, wenn sie sich mit ihrem Aufgabenverständnis sowie mit gesicherten Handlungs- und Entscheidungsspielräumen gegenüber widersprüchlichen Erwartungen aus dem Schulsystem behaupten können. Die Ergänzung der Schule durch die Kompetenz von Psychologen, Psychotherapeuten, Kinder- und Jugendpsychiatern kann ihre Berechtigung nur auf ein Aufgabenverständnis gründen, bei dem es darum geht, Besonderheiten und Gefährdungen bei Kindern und Jugendlichen zu erkennen, zu erklären und zu verändern sowie Verstehens- und Unterstützungsmöglichkeiten in ihren Lebensräumen, bei den für sie bedeutungsvollen Personen aufzuspüren und in Bewegung zu bringen. Mit einem solchen Aufgabenverständnis geraten sie zwangsläufig in Widerstreit zu inoffiziellen, teils aber auch offiziellen Erwartungen, die auf eine Verfeinerung des Selektionsinstrumentariums, auf Zulieferung von festschreibenden Schülerdiagnosen und auf Verschiebung von Verantwortlichkeit hinauslaufen. Wenn sich die Fachdienste – insbesondere auch die schulinternen Fachdienste – nicht entschieden und deutlich gegenüber derartigen Erwartungen abgrenzen, geraten sie bei Schülern, Eltern und Lehrern in ein Zwielicht, in dem Befürchtungen die Hoffnung auf Lösung von Problemen überwiegen. Ihrer Aufgabe können sie aber nur entsprechen, wenn die Mitteilungsbereitschaft der Betroffenen nicht unter Unsicherheit und Mißtrauen zu leiden braucht. Sie dürfen deswegen auch unter keinen Umständen Zweifel an ihrer Garantenstellung aufkommen lassen, die sie verpflichtet, das, was ihnen bei ihrer Tätigkeit anvertraut oder bekanntgeworden ist, nur mit der Einwilligung der Betroffenen und nur zu deren Wohl anderen zu offenbaren.

BERNSTEIN, B.: Family Role Systems, Socialisation and Communication, London 1964. BUSCH, D.W.: Familiäre Sozialisation und schulische Beanspruchung. In: BERNDT, J. u. a.: Schul-Arbeit. Belastung und Beanspruchung von Schülern, Braunschweig 1982, S. 186ff. DE MAUSE, L.: Evolution der Kindheit. In: DE MAUSE, L. (Hg.): Hört ihr die Kinder weinen, Frankfurt/M. 1977, S. 12ff. DREEBEN, R.: Was wir in der Schule lernen, Frankfurt/M. 1980. FÜRSTENAU, P.: Zur Psychoanalyse der Schule als Institution. In: D. Arg. 6 (1964), S. 65ff. FÜRSTENAU, P.: Soziologie der Kindheit, Heidelberg 1967. GOFFMAN, E.: Asyle. Über die soziale Situation psychiatrischer Patienten und anderer Insassen, Frankfurt/M. 1972. HEINZE, TH.: Unterricht als soziale Situation. - Zur Interaktion von Schülern und Lehrern, München 1976. HELLBRÜGGE, T.: Zum Schutz der Gesundheit in den Schulen. In: D. Kiarzt. 10 (1962), S. 711 ff. HOMBURGER, A.: Vorlesungen über Psychopathologie des Kindesalters, Berlin/Heidelberg 1926. ILLICH, I.: Entschulung der Gesellschaft, München 1972. KALTSCHMID, J.: Die Schülerrolle zwischen Anpassung und Emanzipation. In: GÖTZ, B./KALTSCHMID, J. (Hg.): Sozialisation und Erziehung, Darmstadt 1978, S. 350 ff. KLEIN, E.: Schulprobleme in psychoanalytischer Sicht. In: FÜRSTENAU, P. (Hg.): Der psychoanalytische Beitrag zur Erziehungswissenschaft, Darmstadt 1974, S. 183 ff. KOB, J.: Die Interdepedenz von Gesellschafts- und Erziehungssystemen. In: KIPPERT, K. (Hg.): Einführung in die Soziologie der Erziehung, Freiburg 1970, S. 117 ff. KOESTER, U./BÜTTNER, C. (Hg.): Liebe und Haß im Unterricht, Weinheim 1981. MANZ, W.: Erziehung und Gesellschaft, München 1980. MILLER, A.: Das Drama des begabten Kindes, Frankfurt/New York 1979. RANG, B.: Zur Diskussion des „Schulstreß" in der Geschichte des deutschen Bildungswesens. In: ZIMMER, G. (Hg.): Persönlichkeitsentwicklung und Gesundheit im Schulalter, Frankfurt/M. 1981, S. 214 ff. REDL, F./WATTENBERG, W. W.: Leben lernen in der Schule, München 1980. REIMER, E.: Schafft die Schule ab! Befreiung aus der Lernmaschine, Reinbek 1972. RENGGLI, F.: Angst und Geborgenheit, Reinbek 1974. RICHTER, H.-E.: Eltern, Kind und Neurose, Stuttgart 1967. RUTTER, M. u. a.: Fünfzehntausend Stunden. Schulen und ihre Wirkung auf die Kinder, Weinheim/Basel 1980. SCHULZE, TH.: Schule im Widerspruch, München 1981. SCHWARZER, CH.: Erlernen von Hilflosigkeit angesichts curricularer Anforderungen. In: ZIMMER, G. (Hg.): Persönlichkeitsentwicklung und Gesundheit im Schulalter, Frankfurt/New York 1981, S. 179 ff. SINGER, K.: Maßstäbe für eine humane Schule, Frankfurt/M. 1981. SPECHT, F.: Beanspruchung von Schülern. - Kinder- und jugendpsychiatrische Aspekte. BMWB Werkstattberichte, hg. v. Bundesminister für Bildung und Wissenschaft, BONN 1977. SPECHT, F.: Erziehungsberatung - Familie - Autonomie. In: Prax. d. Kipsych. u. Kipsychiat. 31 (1982), S. 201 ff. (1982a). SPECHT, F.: Erfahrungen mit der Förderkonferenz an einer integrierten Gesamtschule (IGS). In: GERLICHER, K. (Hg.): Schule - Elternhaus - Beratungsdienste, Göttingen 1982, S. 151 ff. (1982b). WELLENDORF, F.: Schulische Sozialisation und Identität, Weinheim/Basel 1979. ZIMMER, G.: Momente gesunder Persönlichkeitsentwicklung im Schulalter. In: ZIMMER, G. (Hg.): Persönlichkeitsentwicklung und Gesundheit im Schulalter, Frankfurt/New York 1981, S. 373 ff.

Michael v. Engelhardt

Schule und Arbeitssituation des Lehrers

1   Sozialwissenschaftliche Ansätze zur Analyse der Lehrerarbeit
2   Die Vergesellschaftung der Lehrerarbeit
3   Organisationsform und Tätigkeitsstruktur der Lehrerarbeit
3.1 Anweisungen und Kontrollen
3.2 Der pädagogische Arbeitsbereich
3.3 Der Bereich der Kollegiumsarbeit
4   Die Arbeitssituation des Lehrers als Deutungs- und Handlungszusammenhang

Zusammenfassung: In Auseinandersetzung mit den verschiedenen Ansätzen zur Analyse der Lehrerarbeit werden von einer handlungstheoretischen Perspektive aus und unter Rückgriff auf den Arbeitscharakter der Lehrertätigkeit zentrale Aspekte der Vergesellschaftung, der Organisationsformen und der Tätigkeitsfelder des Lehrers dargelegt. Damit werden Handlungsbedingungen und Deutungsprobleme und zugleich die Möglichkeit unterschiedlicher Bewältigungsformen aufgezeigt. Indem die Arbeitssituation des Lehrers als das Ergebnis dieser Bewältigungsformen interpretiert wird, soll versucht werden, die verbreitete Alternative einer subjektivistischen oder objektivistischen Position bei der Analyse der Lehrerarbeit zu überwinden.

Summary: By contrasting the various approaches to the analysis of the teacher's work, central aspects of the socialisation, organisation, and activities of teachers are presented from an action-theory viewpoint, taking the character of the work involved in teaching into account. This gives a picture of the working conditions and the interpretation problems, as well as showing the opportunities available for alternative ways of coping with them. By interpreting the teacher's work situation as the result of his ways of coping with his task, the attempt is made to overcome the wide range of subjective and objective attitudes in the analysis of teaching.

Résumé: On présente, en analysant les divers points de départ, quant à un examen de travail de l'enseignant, en partant d'une perspective de théorie de l'action et en se fondant sur le caractère de travail de l'activité de l'enseignant, des aspects centraux de la socialisation, des formes d'organisation et du champ d'activité de l'enseignant. On montre, en même temps, des conditions d'action et des problèmes d'interprétation, ainsi que la possibilité de formes diverses d'accomplissement. Dans la mesure où la situation de travail de l'enseignant est interprétée comme résultat de ces formes d'accomplissement, il s'agit d'essayer de dépasser l'alternative répandue d'une position subjectiviste ou objectiviste lors de l'analyse du travail de l'enseignant.

1 Sozialwissenschaftliche Ansätze zur Analyse der Lehrerarbeit

Ein Rückblick auf die Forschungen zur Arbeitssituation des Lehrers zeigt eine Fülle empirischer Untersuchungen und verschiedener theoretischer Zugänge, in denen oft nur einzelne Faktoren berücksichtigt werden. Die spezifischen Stärken und Schwächen einzelner Ansätze zur Beschreibung und Erklärung der Arbeit von Lehrern sollen zunächst skizziert werden.

Mit *gesellschaftstheoretischen Ansätzen* werden die gesellschaftlichen Bedingungen der Schule und ihre Einbindung in die gesellschaftliche Reproduktion als zentrale Momente der Arbeitssituation des Lehrers in den Mittelpunkt der Analyse gerückt. Dabei geht es zum einen um den Funktions- und Interessenzusammenhang zwischen Gesellschafts- und Schulsystem und zum anderen um die soziale Zuordnung der Lehrerschaft zu den Klassen und Schichten in kapitalistischen Gesellschaften (vgl. COMBE 1971, 1975; vgl. HÄNSEL 1975, HUISKEN 1971, KIEVENHEIM u.a. 1973, THIEN 1976, TILLMANN 1976). Eine besondere Problematik ergibt sich bei diesen Ansätzen dann, wenn die komplizierten und widersprüchlichen Vermittlungsprozesse gesellschaftlicher Erfordernisse und Interessen in die Schulpolitik unberücksichtigt bleiben und wenn die Lehrer nur noch als Vollzugsorgane gesellschaftstheoretisch abgeleiteter Funktionen betrachtet werden.

Mit *organisationssoziologischen Ansätzen* werden die Rahmenbedingungen der Arbeitssituation der Lehrer dadurch näher bestimmt, daß die Institution Schule als Teilsystem der staatlichen Verwaltungsbürokratie untersucht wird. Hierzu liegen verschiedene Untersuchungen vor (vgl. BAUMERT 1980, BECKER 1962, ELLWEIN 1964, FÜRSTENAU 1969a, LOHMANN/PROSE 1975, RUMPF 1966, VOGEL 1977), die sich auf Friktionen zwischen bürokratischen Verwaltungsstrukturen und Anforderungen der pädagogischen Arbeit, auf Prozesse der Zielverschiebung und der Herausbildung von Eigenfunktionen innerhalb der Schulorganisation, auf Kooperationsbeziehungen unter den Lehrern und auf Fragen der innerschulischen Demokratisierung beziehen. Problematisch sind diese Untersuchungen dann, wenn einerseits eine prinzipiell negative Entgegensetzung von pädagogischen Prozessen und Organisationen im Hintergrund steht und wenn andererseits der Webersche Idealtypus der klassischen Bürokratie zur Realbeschreibung der Schule umgedeutet wird (kritisch dazu: vgl. BAUMERT 1980, 1981; vgl. HOPF u.a. 1980, NEVERMANN 1982).

Als nächstes sind die *Untersuchungsansätze* zu den *Belastungsfaktoren* im Lehrerberuf zu nennen. Hierzu sind die Untersuchungen zur Arbeitszeit (vgl. KNIGHT-WEGENSTEIN AG 1973, MÜLLER-LIMMROTH 1980) und die in den allgemeinen Bereich der *Störfaktorenforschung* fallenden Arbeiten (vgl. KRAFT 1974, KRATZSCH u.a. 1967, LANGE-GARRITSEN 1972, MERZ 1979, SCHUH 1962) zu rechnen. In dieser Forschungsrichtung werden auch die Friktionen mit der bürokratischen Organisationsform und die Rollenkonflikte im Lehrerberuf behandelt. Vor allem aber werden mit ihr die materiellen Voraussetzungen der Arbeitssituation des Lehrers aufgegriffen, die mit den anderen Zugängen, insbesondere aber mit einer rein pädagogischen Betrachtungsweise in den Hintergrund gedrängt werden. Hierbei geht es nun um so entscheidende Rahmenbedingungen wie Arbeitszeit, Lerngruppengrößen, materielle und räumliche Ausstattung der Schule, aber auch um Fragen der Belastung durch Verwaltungs- und Routinetätigkeit. Durch die Berücksichtigung dieser Aspekte kann der Arbeitscharakter der Lehrertätigkeit konkretisiert werden. Einer damit vollzogenen realistischen Wende in der Betrachtung der Lehrerarbeit droht allerdings die Gefahr einer Verdinglichung, wenn mit der Konzentration auf diese äußeren Bedingungen eine angemessene Berücksichtigung der Handlungsdimension und der inhaltlichen Aspekte der pädagogischen Arbeit ausgeschlossen wird. Eine solche Bestimmung der Lehrerarbeit läßt sich als einfache Negation jener Vorstellung von der pädagogischen Arbeit interpretieren, bei der von jeglichen materiellen Voraussetzungen abgesehen wird.

Handlungstheoretische Ansätze (vgl. DÖRING 1980, MOLLENHAUER 1972, ULICH 1976), die zum Teil auch in Konzepten zum Rollenkonflikt des Lehrerberufs (vgl. GRACE 1973, KOB 1959, LANGE-GARRITSEN 1972, MOLLENHAUER 1968, NAVE-HERZ 1977, WILSON 1971) angelegt sind, lenken die Aufmerksamkeit auf den Arbeitsprozeß. Neuerdings findet hierbei auch das interpretative Paradigma der Theorie sozialen Handelns eine verstärkte Berücksichtigung (vgl. LENZEN 1980, MOLLENHAUER 1972, TERHART 1978).
Mit *Ansätzen*, die sich auf die *Person des Lehrers*, sein Bewußtsein, seine Handlungskompetenz und seine Persönlichkeitsstruktur konzentrieren, wird berücksichtigt, daß für den Lehrer die eigene Person eine ganz entscheidende Bedingung seiner Arbeitssituation ist, von der Definition und Bewältigung der Arbeitsaufgaben abhängen. Bei diesen Ansätzen geht es um handlungsrelevante Orientierungen (vgl. HOPF 1974, KOB 1958, KOCH 1972, SCHEFER 1969, SCHÖN 1978, SUSTECK 1975, ZEIHER 1973) und um Verhaltensstile (vgl. CASELMANN 1970, DÖRING 1980, FLANDERS 1970, TAUSCH/TAUSCH 1965), die durch Herkunft und Ausbildung der Lehrer geprägt sind und durch die Auseinandersetzung mit der Arbeitswirklichkeit in der Schule modifiziert werden (vgl. CLOETTA 1975, HINSCH 1979, KOCH 1972, MÜLLER-FOHRBRODT u. a. 1978). Eine psychoanalytisch orientierte Betrachtungsperspektive (vgl. BERNFELD 1925, BRÜCK 1978, FÜRSTENAU 1969b) ermöglicht es, tieferliegende Persönlichkeitsstrukturen und zentrale lebensgeschichtliche Situationen aus der Vergangenheit des Lehrers aufzudecken, in der dieser als Kind und Schüler auf der anderen Seite des pädagogischen Verhältnisses gestanden hat.
Mit der besonderen Erklärungskraft der handlungstheoretischen wie der auf die Person des Lehrers konzentrierten Ansätze verbindet sich dann allerdings eine Schwäche, wenn die gesellschaftlichen Aufgabenstellungen, der organisatorische Rahmen und die inhaltlichen und materiellen Voraussetzungen des Lehrerhandelns ausgeklammert bleiben und wenn vom Arbeitscharakter der Tätigkeit der Pädagogen abgesehen wird. Denn damit erhält die Arbeitssituation des Lehrers eine gesellschaftlich exterritoriale und meist auch immaterielle Definition, eine Definition also, der mit den erstgenannten Ansätzen entgegengewirkt werden sollte.
Beim gegenwärtigen Stand der sozialwissenschaftlichen Diskussion erscheint es kaum sinnvoll, die genannten Ansätze und Betrachtungsperspektiven im Sinne einer einfachen Konfrontation gegeneinander auszuspielen. Vielmehr muß es darum gehen, sie miteinander zu verbinden. Dabei sind zwei Positionen zu überwinden, die als eine problematische Alternative die wissenschaftliche und auch außerwissenschaftliche Diskussion um die Lehrerarbeit prägen. Diese Alternative läßt sich etwas vergröbert auf die folgende Weise charakterisieren. Auf der einen Seite steht eine Vorstellung von Lehrerarbeit, in deren Mittelpunkt die Persönlichkeit des Pädagogen, seine Fähigkeiten und Orientierungen gerückt werden. Nach dieser Vorstellung hängen die Ausgestaltung der Arbeit, Erfolg und Mißerfolg in der pädagogischen Tätigkeit von der Person des Lehrers ab. Dieser Vorstellung entspricht die ehrenvolle, aber gefährliche Haltung der pädagogischen Omnipotenz, die Allmachtsphantasie des Erziehers. Auf der anderen Seite steht eine Vorstellung von Lehrerarbeit, mit der die gesellschaftlichen Funktionen, die organisatorischen und materiellen Bedingungen in den Vordergrund gerückt werden. Nach dieser Vorstellung kann sich der Lehrer nur noch reaktiv gegenüber den Bedingungen und Belastungen seiner Arbeit verhalten und wird zum entindividualisierten Vollzugsorgan gesellschaftlicher Funktionen. Dieser Vorstellung entspricht auf seiten der Lehrer eine resignative Grundhaltung, mit der der Sinn und Zweck des eigenen Tuns grundsätzlich bezweifelt wird, kaum noch eigene Wirkungsmöglichkeiten gesehen

werden und die Arbeit nur noch als Belastungs- und Zwangszusammenhang erlebt wird.

Diese schlechte Alternative kann dadurch überwunden werden, daß die vorgegebenen Bedingungen der Arbeitssituation des Lehrers von einer handlungstheoretischen Perspektive aus, in der das interpretative Paradigma Berücksichtigung findet, betrachtet werden. Die vorgegebenen Bedingungen stellen den Rahmen der Handlungsmöglichkeiten dar und sind als Problemkonstellationen zu interpretieren, in denen Konflikte und Widersprüche, nicht aber schon immer eindeutig vorweg definierte Lösungswege angelegt sind. Erst aus den von den Pädagogen durchzuführenden Deutungsleistungen und Handlungsprozessen ergibt sich eine sozial relevante Strukturierung der Arbeitssituation des Lehrers.

Die nachfolgenden Ausführungen stellen den Versuch dar, unter dieser Perspektive die Arbeitssituation des Lehrers zu behandeln. Dabei werden zunächst an Hand der Untersuchung zentraler Aspekte der Vergesellschaftung der Lehrertätigkeit grundsätzliche Strukturprobleme entwickelt. Dann werden auf einer konkreteren Ebene die Organisationsform und die Tätigkeitsstruktur der Lehrerarbeit behandelt. Zum Abschluß wird noch einmal zusammenfassend dargelegt, daß die Arbeitssituation der Lehrer nur dann angemessen zu analysieren ist, wenn sie auch als Ergebnis der von den Pädagogen vorgenommenen Interpretationen und Handlungsprozesse betrachtet wird.

2 Die Vergesellschaftung der Lehrerarbeit

Die Arbeitssituation des Lehrers ist von der spezifischen Form der Vergesellschaftung aus zu untersuchen, die die Tätigkeit des Pädagogen im öffentlichen Schulwesen annimmt. Daraus ergeben sich Strukturprobleme des Lehrerberufs, die in den Arbeitsalltag hineinwirken und dort von den Lehrern unterschiedlich wahrgenommen und verarbeitet werden. Eine solche Betrachtung muß vom *Arbeitscharakter der Lehrertätigkeit* ausgehen, wobei vor allem folgende Aspekte zu berücksichtigen sind: Die Lehrertätigkeit ist eine Erwerbstätigkeit und ein konkreter, belastender Arbeitsprozeß. Sie steht in einem komplexen gesellschaftlichen Bedingungszusammenhang und ist in ein staatliches Abhängigkeitsverhältnis eingebunden. Sie erhält durch die spezifische Verwaltungsform der Schule ihre organisatorische Strukturierung.

Der Arbeitscharakter der Lehrertätigkeit ist allerdings nur dann angemessen erfaßt, wenn in allen Aspekten berücksichtigt wird, daß es sich bei der Tätigkeit der Pädagogen um eine eigenständig zu leistende *interpretative Praxis* handelt, die im wesentlichen als Interaktion abläuft und auf Interaktion ausgerichtet ist (vgl. GEULEN 1977, MOLLENHAUER 1972). Der besondere Charakter der Lehrerarbeit macht es notwendig, daß alle Vorgaben über eigene Sinngebung gewissermaßen durch die Person des Lehrers hindurch müssen. Das Definieren von Situationen, die Antizipation von Situationsdefinitionen der Schüler und das Aushandeln unterschiedlicher Situationsdefinitionen mit den Schülern ist nicht nur Voraussetzung, sondern Inhalt der Arbeit des Lehrers. Aber auch die übrigen Tätigkeiten – im wesentlichen soziales Handeln mit Eltern, Vorgesetzten und Kollegen – entsprechen dieser allgemeinen Charakterisierung, wenngleich die Besonderheit der pädagogischen Konstellation im engeren Sinne entfällt.

Die Lehrertätigkeit ist eine berufsförmige Erwerbsarbeit, die von einem entsprechenden Erwerbsinteresse getragen ist. Die Lehrer sind also nicht nur Vertreter pädagogischer Konzepte, wie es eine Betrachtungsweise nahelegt, mit der von diesem trivialen und zugleich grundlegenden Aspekt der Vergesellschaftung abgesehen wird. Die Lehrer sind auch Arbeitnehmer, die ganz gewöhnliche Arbeitnehmerinteressen im Hinblick auf Einkommen, Arbeitsplatzsicherheit, Arbeitszeit und Arbeitsbelastungen vertreten. Der spezifische Charakter der Lehrerarbeit schränkt allerdings eine ausschließliche Konzentration auf das Erwerbsinteresse ein. Eine solche Eingrenzung wird in dem Maße erschwert, wie die Entscheidungs- und Gestaltungsspielräume und die Einbeziehung der eigenen Person in die Arbeit zunehmen. Beides ist im Lehrerberuf relativ stark ausgeprägt. In die Lehrerarbeit geht als zweites Berufsinteresse ein inhaltliches Engagement ein. Insofern sind die Lehrer immer auch als Vertreter pädagogisch-fachlicher Konzepte zu betrachten. Das wird in den Ansätzen ignoriert, in denen ausgehend von der Arbeitnehmerexistenz der Lehrer die „Gleichgültigkeit des Lohnarbeiters" zu einer entscheidenden Kategorie der Analyse gemacht wird (vgl. HEINSOHN/KNIEPER 1976). Das inhaltliche und emotionale Engagement für die Arbeit kommt gerade auch in den negativen Reaktionen auf eine als besonders belastend empfundene Arbeitssituation zum Ausdruck.

Wenn auf den Arbeitscharakter der Lehrertätigkeit hingewiesen wird, dann wird damit die Bedeutung der materiellen Basis hervorgehoben, die aus der räumlichen und sachlichen Ausstattung, aus der Größe und Anzahl der Lerngruppen und aus dem Umfang der vorgegebenen Arbeitszeit besteht. Hier werden für die Lehrer die ökonomischen Determinanten der Bildungspolitik als eine spezifische Dimension der Vergesellschaftung ihrer Arbeit konkret erfahrbar. Das Verhältnis zwischen den materiellen Rahmenbedingungen und der pädagogischen Arbeit entzieht sich aber vereinfachenden Modellvorstellungen. Die Arbeitswirklichkeit des Lehrers wird gleichermaßen verfehlt, wenn diese Rahmenbedingungen ignoriert werden oder die Lehrertätigkeit auf sie reduziert wird. Diese Rahmenbedingungen haben erhebliche Auswirkungen auf die Intensität der Arbeitsbeanspruchung und beeinflussen die inhaltliche Gestaltung der Lehrertätigkeit. Gleichwohl läßt sich die inhaltliche Ausgestaltung der pädagogischen Arbeit nicht aus diesen Bedingungen ableiten. Sie sind Voraussetzungen und keine Determinanten der pädagogischen Arbeit. Ebensowenig lassen sich die Ursachen von Arbeitsbelastungen der Lehrer auf diese Faktoren eingrenzen.

Die Lehrerarbeit im öffentlichen Schulwesen erhält dadurch eine spezifische Form der Vergesellschaftung, daß es sich bei ihr um eine gesellschaftlich allgemeine Dienstleistung handelt (vgl. HURRELMANN 1975), die nicht den Einzelinteressen einer gesellschaftlichen Gruppe oder den Partikularinteressen eines Wirtschaftsunternehmens untergeordnet ist, sondern der Kontrolle des Staates unterliegt. Der Staat als Dienstherr des Lehrers vertritt den Anspruch, die in demokratischen Entscheidungsprozessen ausgehandelten Interessen der Allgemeinheit in Schulpolitik und Schulaufsicht durchzusetzen. Bei Eintritt in den Schuldienst wird der Lehrer auf entsprechende Grundsätze verpflichtet. Dieser vorgegebene normative Anspruch läßt sich mit einer pädagogisch gefaßten professionellen Orientierung verbinden. Gleichzeitig wird der Lehrer aber in den strukturellen Bedingungen der Institution Schule, über die jeweilige aktuelle Bildungspolitik und über Anweisungen und Kontrollen mit einer interessenspezifischen Auslegung der Interessen der Allgemeinheit konfrontiert. Die damit angelegte Diskrepanz zwischen normativem Anspruch und faktischer Funktion der Schule (vgl. HÄNSEL 1975) kann zu Konflikten zwischen den Lehrern und ihrem Dienstherrn führen (vgl. TOBIAS 1983). Durch die Arbeitnehmerinteressen der Pädagogen und ihre pädagogisch-fachlichen Vorstellungen werden die Auseinandersetzungen verstärkt. Dabei nehmen die Lehrer selbst sehr differierende Positionen ein, wie sich unter anderem aus der unterschiedlichen Beteiligung der verschiedenen Interessenverbände der Lehrerschaft an bildungspolitischen Auseinandersetzungen ablesen läßt. Durch den Beamtenstatus (vgl. HECKEL 1976, NEVERMANN/RICHTER 1977) erhält der Lehrer als Arbeitnehmer eine besondere politisch-öffentliche Vergesellschaftungsform. Der Beamtenstatus beinhaltet neben einer Einschränkung, die sich zum Beispiel deutlich bei politischen Disziplinierungsversuchen und im verwehrten Streikrecht zeigt, auch einen relativen Schutz bei der Austragung berufsbedingter Konflikte.

Die Vergesellschaftung der Lehrerarbeit konkretisiert sich in dem gesellschaftlichen Funktionszusammenhang, in den das Schulsystem in der bürgerlichen Gesellschaft eingebunden ist (vgl. FEND 1974, HURRELMANN 1975, LESCHINSKY/ROEDER 1981, OFFE 1975, PLAKE 1981, ROLFF 1980), und in den dafür bereitgestellten Mitteln. Daraus ergeben sich die zentralen Aufgaben und Voraussetzungen der Lehrerarbeit. Es lassen sich drei gesellschaftliche Funktionen der Schule und Lehrerarbeit unterscheiden: die Bildungs- und Ausbildungsfunktion; die Selektions- und Allokationsfunktion; die Kustodialfunktion.

In ihrer Arbeit tragen die Lehrer zur Realisierung dieser gesellschaftlichen Funktionen bei und setzen sich zugleich mit ihnen auseinander. Daraus können sich Widersprüche und Konflikte im Lehrerberuf ergeben (vgl. v. ENGELHARDT 1982, HÄNSEL 1975, NAVE-HERZ 1977, REINHARDT 1978). Diese Auseinandersetzungen beziehen sich auf die Funktionsbestimmungen im einzelnen. So kann das Interesse der Lehrer zum Beispiel auf eine Verschärfung oder Abschwächung von Auslesemechanismen gerichtet sein. Sie beziehen sich auf das Verhältnis der Funktionen zueinander. Das Nebeneinander von Bildungs- und Ausbildungsfunktion einerseits und Selektionsfunktion andererseits kann als konfliktreicher Widerspruch oder als eine sich positiv stützende Wechselbeziehung gedeutet werden. Sie beziehen sich schließlich auf das Verhältnis zwischen den postulierten Zielen und den Mitteln ihrer Realisierung, wenn zum Beispiel Ziele wie Chancengleichheit und politische Mündigkeit oder wie Begabtenförderung und Stärkung traditioneller Werte mit den gegebenen Bedingungen und Voraussetzungen schulischer Lehr- und Lerntätigkeit konfrontiert werden.

In der Lehrerarbeit kreuzen sich zwei Perspektiven (vgl. FEND 1974): die kulturellen, sozialen und ökonomischen Reproduktionsinteressen der Gesellschaft und die individuellen Bildungsinteressen der Heranwachsenden. Die Vermittlung dieser beiden Perspektiven, die sich kaum konfliktfrei leisten läßt, fällt deshalb in das Zentrum der Lehrerarbeit, weil sie als pädagogische Interaktion nach dem Uno-actu-Prinzip (vgl. GROSS/BADURA 1977) organisiert ist: Das Erbringen der Dienstleistung des Lehrers erfolgt über deren direkte Nutzung durch die Schüler. Zum einen haben die Lehrer gegenüber den Heranwachsenden die staatlich festgelegten Zielsetzungen und Bedingungen der Lerntätigkeit zu vertreten, an die sie selbst durch die Anweisungen der vorgesetzten Behörde gebunden sind und zu denen sie aus den obengenannten Gründen zum Teil eine problematisierende Stellung einnehmen können. Dabei können sie sich auf die an sie gesellschaftlich delegierte Amtsautorität stützen, deren Gegenstück die Bildungspflicht der Schüler bildet und mit der ihnen eine Reihe von Sanktionsmöglichkeiten an die Hand gegeben sind. Dadurch erhält die pädagogische Autoritätsbeziehung, die sich in ihrem Kern auf den Erwachsenenstatus und auf die pädagogisch-fachliche Kompetenz der Lehrenden gründet, eine entscheidende Modifikation und Ergänzung (vgl. TILLMANN 1976). Diese Amtsautorität erweist sich immer dann als hilfreich, wenn die pädagogisch-fachliche Autoritätsbeziehung gestört ist. Sie kann aber auch zum entscheidenden Störfaktor gerade dieser Beziehung werden. Zum anderen hat sich der Lehrer mit den

Bildungsmöglichkeiten, Bildungsnotwendigkeiten und Bildungsinteressen der Schüler auseinanderzusetzen, die in einem formalen Sinne auch eine rechtliche Absicherung im Bildungsrecht der Heranwachsenden haben (vgl. NEVERMANN/ RICHTER 1977).
Aus der Vermittlung dieser beiden Perspektiven entstehen Konflikte im Berufsalltag des Lehrers, die unterschiedlich gelöst werden können. Hierbei ergibt sich eine weitere Komplikation dadurch, daß die Schüler den Lehrern gleichsam auf doppelte Weise gegenübertreten. Die Schüler sind Mitglieder der Organisation Schule, die sich auf unterschiedliche Weise mit den Bedingungen des gesellschaftlich institutionalisierten Lernens auseinandersetzen. In den Leistungsorientierungen der Schüler, ihrem Lern- und Sozialverhalten und ihrem Verhältnis zur Lehrerautorität werden die Pädagogen neben den vorgegebenen schulischen Arbeitsbedingungen noch ein zweites Mal und auf sehr einschneidende Weise mit den Grundprinzipien der Institution Schule konfrontiert. Das kann vor allem bei einer vollständigen Anpassung oder vollständigen Verweigerung der Schüler zu erheblichen Belastungen in der pädagogisch-fachlichen Arbeit führen.
In ihrer Anpassung, ihrem Erfolg, Scheitern oder in Formen des Widerstands tragen die Schüler, geprägt durch sozio-kulturelle Sozialisation, ökonomische Krisen und politische und kulturelle Wandlungsprozesse, auch die außerschulische, gesellschaftliche Wirklichkeit in die Arbeitssituation des Lehrers hinein. Durch das Verhalten der Schüler haben die Lehrer deshalb sehr unmittelbar mit den institutionell aus der Schule ausgegrenzten gesellschaftlichen Problemen zu tun. Die sich daraus ergebenden Belastungen können durch Ausgrenzung und durch eine Orientierung an dem Bild von der Schule als gesellschaftlichem Schonraum angegangen werden. Es gibt aber auch die Möglichkeit, daß sich die Lehrer dieses Aspekts der Vergesellschaftung ihrer Arbeit direkt zu stellen versuchen.
Die Lehrerarbeit ist in eine komplexe soziale Beziehungsstruktur eingebunden (vgl. dazu GRACE 1973, LANGE-GARRITSEN 1972, MOLLENHAUER 1968, NAVE-HERZ 1977, WILSON 1971) und ist deshalb auch heterogenen und zum Teil widersprüchlichen Erwartungen und Anforderungen ausgesetzt. Das ergibt sich aus den beiden dargelegten Interessenperspektiven, die sich in der Lehrerarbeit kreuzen. Darüber hinaus werden von den Eltern an die Arbeit der Lehrer (vgl. DU BOIS-REYMOND 1977, BÜCHNER 1976, HEIM 1977, ZUBKE 1980) Ansprüche gestellt, die in sich heterogen sind, von den Erwartungen und Möglichkeiten der Schüler abweichen und den Anweisungen der Vorgesetztenbehörde entgegenstehen können. Außerdem hat es jeder einzelne Lehrer in seinem unmittelbaren Arbeitsumfeld mit den verschiedenartigen pädagogisch-fachlichen Konzepten seiner Kollegen zu tun. Diese Komplexität der sozialen Beziehungsstruktur stellt hohe Anforderungen an die pädagogisch-fachliche und soziale Kompetenz und die berufliche Identität der Lehrer. Die Bewältigung der damit verbundenen Probleme kann in der Delegation der professionellen Verantwortung an die anweisende Behörde oder durch den Rückzug auf eine individuelle pädagogische Handlungsautonomie angestrebt werden. In beiden Fällen muß die Ausweitung von auch formell abgesicherten Einflußmöglichkeiten der Schüler, Eltern und Kollegen zu Belastungen führen. Die komplexe soziale Beziehungsstruktur kann aber auch Ausgangspunkt für eine relative professionelle Autonomie (vgl. MOLLENHAUER 1968) sein, die sich nicht jenseits, sondern in Auseinandersetzung mit dieser sozialen Beziehungsstruktur entwickelt.
Über die Verwaltungs- und Organisationsform der Schule erhält die Lehrerarbeit eine organisatorische Ausgestaltung, die sich sowohl auf die Außenbeziehung – den externen Aspekt der Vergesellschaftung – als auch auf die interne Strukturierung

der Arbeitsprozesse – den internen Aspekt der Vergesellschaftung – bezieht. Diese Organisationsform besitzt entgegen vereinfachenden Analysen (kritisch dazu: vgl. BAUMERT 1980, 1981; vgl. HOPF u. a. 1980, NEVERMANN 1982) einen Zwittercharakter, weil in ihr zwei unterschiedliche Gestaltungsprinzipien wirksam sind.

Schule und Lehrerarbeit erhalten durch die Integration in die staatliche Bürokratie einen bürokratischen Charakter (vgl. MAYNTZ 1978, WEBER 1964). Das gesamte Schulwesen untersteht der Aufsicht des Staates. Die Schulverwaltung ist hierarchisch aufgebaut und mit abgestuften Kompetenzen versehen, wobei die planenden und gestaltenden Aufgaben den oberen Instanzen zugewiesen sind. Die Schule bildet die unterste Ebene der Hierarchie und kann insofern als Vollzugsorgan der Schulverwaltung angesehen werden. Der Lehrer ist eingebunden in eine genau festgelegte Autoritätshierarchie mit abgestuften Kompetenzen und vertikalen Kommunikationswegen für Anweisung und Kontrolle von oben und für Beschwerden von unten, die als Dienstwege eingehalten werden müssen. Die Arbeit in der Schule wird nach einer geregelten Arbeitsteilung durchgeführt, die auf Spezialisierung beruht und mit der den einzelnen Lehrern ein individueller, begrenzter Arbeits- und Verantwortungsbereich zugewiesen ist. Die Erledigung der Arbeitsaufgaben wird durch festgelegte Zwecksetzung und Verfahrensregeln strukturiert.

Die konsequente Durchsetzung dieser Prinzipien einer bürokratischen Organisation, die uniforme und leicht zu normierende unpersönliche Prozesse voraussetzt, bricht sich an den inhaltlichen Aufgaben des Schulwesens. Dafür sind vor allem drei Gründe zu nennen: die Eigenart pädagogischer Prozesse; der kollektive Charakter der in einer Schule zusammengefaßten Lehrerarbeit; die spezifischen Beziehungen zu Schülern und Eltern. Aus diesen Gründen ist die Organisation der Schule von Prinzipien durchsetzt, die eher einer professionellen Dienstleistungsorganisation (vgl. FÜRSTENAU 1969a, LITWAK 1968, MAYNTZ 1978) entstammen. Das strikte Anweisungs- und Kontrollverhältnis mit genau festgelegten Verfahrensregeln ist durch das Prinzip der pädagogischen Freiheit und durch die besondere Struktur der Vorgaben und Kontrollen relativiert. Das hierarchische Prinzip und das Prinzip der individuellen Zuweisung von festen Arbeits- und Verantwortungsbereichen werden durch einen kollektiven Verantwortungs- und Entscheidungsbereich auf der Ebene des Kollegiums modifiziert. Schüler und Eltern sind nicht nur als Abnehmer einer Dienstleistung definiert. Sie sind auch aktive Mitglieder der Organisation, denen institutionell neben Pflichten auch Rechte der Mitwirkung, der Information und Beschwerde zugestanden werden. Diese Mischung aus Prinzipien einer klassischen Verwaltungsbürokratie und einer professionellen Dienstleistungsorganisation prägt die Arbeitssituation des Lehrers (vgl. RICHTER 1984). Schulverfassungen und Schulreformen lassen sich danach unterscheiden, wie weit hierbei das eine oder das andere Prinzip verstärkt oder abgeschwächt ist. Die Lehrer tragen durch ihr eigenes Verhalten dazu bei, wieweit in ihrer Arbeit eher die Prinzipien einer bürokratischen oder die einer professionellen Organisationsform an Bedeutung gewinnen.

3 Organisationsform und Tätigkeitsstruktur der Lehrerarbeit

Auf dem Hintergrund der vorangegangenen Ausführungen zur Vergesellschaftung der Lehrerarbeit wird nun auf einer konkreteren Ebene die Arbeitssituation des Lehrers untersucht. Die Arbeit des Lehrers erhält ihren Rahmen durch ein spezifisches Anweisungs- und Kontrollverhältnis, das zunächst dargelegt wird. Anschließend werden die beiden Tätigkeitsbereiche der Lehrer – die pädagogische Arbeit und die Kollegiumsarbeit – behandelt.

3.1 Anweisungen und Kontrollen

Die Arbeit des Lehrers durchzieht ein struktureller Konflikt zwischen der *Eigenart pädagogischer Prozesse* und deren Einbindung in die staatliche Aufsicht und in ein komplexes soziales Beziehungsgefüge. Im Unterschied zu anderen Arbeitsprozessen läßt sich die pädagogische Arbeit des Lehrers nicht in eine fest definierte und allgemein normierte Form bringen. Die große Bedeutung der fachlich-pädagogischen Kompetenz des Lehrers und seiner Persönlichkeit, die Notwendigkeit, die jeweilige Lernsituation, die Besonderheiten der Lerngruppe und einzelner Schüler zu berücksichtigen, erfordern einen Dispositions- und Handlungsspielraum bei der Durchführung der pädagogischen Arbeit. Diese Eigenart pädagogischer Arbeit findet insofern eine gewisse formelle Berücksichtigung, als den Lehrern ein je nach Schulverfassung unterschiedlich eng ausgelegter professioneller Entscheidungs- und Gestaltungsspielraum eingeräumt wird: die *„pädagogische Freiheit"* (vgl. HECKEL 1976, PERSCHEL 1979, STOCK 1971). Diese Handlungsautonomie ist stark eingegrenzt durch Anweisungen und Kontrollen. Darin kommt zum Ausdruck, daß es sich bei der Lehrerarbeit um die abhängige Ausübung einer staatlich delegierten und kontrollierten Autorität handelt, die zugleich in einem komplexen sozialen Beziehungsgefüge zu Schülern, Eltern und Kollegen steht.

Für den Arbeitsalltag des Lehrers schlägt sich diese Eingrenzung des pädagogischen Handlungsspielraums in vielen rechtlichen Regelungen, Erlassen und Richtlinien nieder (vgl. BAUMERT 1980). In ihnen werden die Inhalte der Lehrerarbeit, Art und Häufigkeit der Beurteilung von Schülerleistungen und die Durchführung der Aufsichts- und Disziplinarfunktionen festgelegt. Diese *Anweisungen* sind als Präzisierungen der gesellschaftlichen Funktionen der Lehrerarbeit zu verstehen. Sie sind Steuerungsversuche, mit denen eine Gleichheit des Bildungsangebots, die Prüfung der Bildungsergebnisse und Regelungen der Sozialbeziehungen in der Schule ermöglicht werden sollen. Durch sie sollen die individuelle Willkür des Lehrers eingeschränkt und eine Kontinuität des Lernens sichergestellt werden, die die pädagogische Arbeit des einzelnen Lehrers übergreift. Zugleich sind sie Organisationspläne und eine wichtige Voraussetzung für die Kontrolle der Arbeit in der Schule.

Im einzelnen besitzen die den Lehrer bindenden Anweisungen einen sehr unterschiedlichen Charakter. Deshalb lassen sich auch die von ihnen ausgehenden Auswirkungen auf die Lehrerarbeit nicht auf eine einfache Formel bringen. Neben eng definierten Konditionalanweisungen in der Form von klaren Wenn-dann-Regeln, die zum Teil sehr weit von der Normalität der pädagogischen Alltagspraxis entfernt sind und die als spezifische Merkmale bürokratischer Organisationsformen anzusehen sind, stehen Zweckprogramme, mit denen Handlungsziele und unterschiedlich eng begrenzte Mittel vorgegeben sind. Neben sehr detaillierten Regelungen, deren Einhaltung gut zu überprüfen ist, stehen offene und diffuse, inhaltlich überfrachtete und zum Teil widersprüchliche Vorgaben, die sich kaum als wirkungsvolle Steuerungsinstrumente eignen.

In vielen Unterrichtsfächern führen die verbindlichen Lehrplanvorgaben zunächst einmal zu dem allgemeinen Arbeitsproblem der Lehrer, die Stoffülle in der vorgegebenen Zeit entsprechend den Lern- und Verhaltensmöglichkeiten der Schüler unter Berücksichtigung sozialer Lernziele zu bewältigen. Dabei können weitergehende Konflikte dann auftreten, wenn sich die Vorgaben nicht mit den fachlich-didaktischen Vorstellungen und Fähigkeiten der Lehrer vereinbaren lassen. Der Umfang, die Unübersichtlichkeit und Widersprüchlichkeit der Anweisungen und Regelungen können ein diffuses Gefühl der Einengung hervorrufen, das Gefühl in einer

„verwalteten" Schule zu arbeiten. Die Angst vor Regelverletzungen kann zu einer Definition und Gestaltung der Arbeitssituation führen, in der die Handlungsspielräume weit enger ausgelegt werden, als sie es von den verbindlichen Vorgaben her sind. In dem Maße, wie die Anweisungen einen starren Charakter besitzen, können sie ein pädagogisches Handeln behindern, mit dem auf die Besonderheit von Lernsituationen und Schülern eingegangen wird. Insbesondere kann sich, ähnlich wie in anderen formalen Organisationen, eine Verlagerung des professionellen zweckorientierten Handelns zu einem regelorientierten Handeln ergeben (vgl. PLAKE 1981).

Die Inhalte und Formen der Anweisung bedeuten für die Lehrer eine deutliche Begrenzung der „pädagogischen Freiheit", auf die der Pädagoge mit dem Rückzug auf die Position des Unterrichtsbeamten reagieren kann. Diese Anweisungen stellen aber auch gerade wegen ihres besonderen Charakters hohe Anforderungen an die professionelle Entscheidungs- und Handlungsfähigkeit des Lehrers. Ohne partielle Regelverletzung, ohne Prioritätensetzung bei offenen, diffusen, widersprüchlichen und inhaltlich überfrachteten Anweisungen und ohne eine Abstimmung der Vorgaben mit eigenen pädagogisch-fachlichen Überzeugungen lassen sich die Arbeitsaufgaben des Lehrers nur schwer bewältigen.

Die Anweisungen und Regelungen der vorgesetzten Behörde können als Belastung und Einengung der Arbeit erlebt werden. Gleichzeitig ist mit ihnen eine wichtige Orientierungs- und Entlastungsfunktion verbunden. Sie entlasten die Lehrer von Organisationsleistungen, indem mit ihnen Arbeitspläne und Prioritäten zwischen Fächern und eine klare Zeitstruktur vorgegeben werden. Sie entlasten von selbst zu vertretenden Konfliktlösungen und von Legitimationszwängen gegenüber Schülern und Eltern und richten neutralisierende Barrieren gegenüber den Interaktionspartnern auf.

Im Arbeitsalltag kann sich die Erfahrung der Anweisungen und Verhaltensvorschriften auf die Dimension des Arbeitsumfangs beschränken. Je stärker es den Lehrern gelingt, ihre pädagogischen Vorstellungen der realisierbaren Berufspraxis anzupassen und alternative Entwürfe aufzugeben oder in einem von dem Arbeitsalltag getrennten Bereich der „Sonntagspädagogik" zu verbannen, desto weniger fühlen sie sich in ihrer professionellen Handlungsautonomie durch Anweisungen und bürokratische Regelungen eingeengt. Hieraus wird deutlich, daß nicht per se ein Widerspruch zwischen pädagogischen Prozessen und der Organisation und Verwaltung der Schule besteht. Erst eine bestimmte Auslegung dessen, was pädagogische Arbeit sein soll, führt zu Friktionen mit der gegebenen Verwaltungs- und Organisationsform. Je stärker die Lehrer in ihren positiven Entwürfen von der verbreiteten Realität schulischer Lehr- und Lernprozesse abweichen und diese Entwürfe in ihr praxisrelevantes Berufsverständnis integrieren, desto eher erleben sie eine institutionelle Einengung der professionellen Handlungsautonomie. Die damit auftretenden Konflikte im Berufsalltag des Lehrers erhalten allerdings eine unterschiedliche Ausrichtung je nachdem, ob dabei im Hintergrund eine vorgesellschaftliche Vorstellung pädagogischer Autonomie oder eine alternative Vorstellung der Vergesellschaftung steht.

Bei der Eingrenzung des pädagogisch-fachlichen Handlungsspielraums bilden die *Kontrollen* das Gegenstück zu den Anweisungen. Die Kontrollen in der Lehrerarbeit (vgl. BAUMERT 1980, HOPF u. a. 1980, NEVERMANN 1982, PORSCHARDT 1978) beruhen nicht so sehr auf dem Prinzip einer direkten und ständig durchgeführten äußeren Überprüfung, wie das für viele andere Berufe typisch ist. Die den Berufsalltag des Lehrers begleitenden Kontrollen werden vielmehr von ihm selbst

durchgeführt, sie beruhen auf einer Internalisierung professioneller Standards und auf der Vorwegnahme äußerer sozialer Kontrollen. In dieser Hinsicht sind die Lehrer vergleichbar mit Angehörigen anderer professioneller Berufe. Eine wichtige Aufgabe der zweiten Ausbildungsphase besteht im Aufbau dieser inneren Kontrollinstanz. Die von außen durch die vorgesetzten Instanzen – Schulaufsichtsbehörde oder auch Schulleiter – ausgeübten Kontrollen haben einen potentiellen, sporadischen und indirekten Charakter. Der potentielle Charakter der äußeren sozialen Kontrollen ist eine wichtige Voraussetzung für das Funktionieren der inneren Kontrollinstanz. Die direkten Kontrollen werden sporadisch durchgeführt. Sie haben, wenn sie ausgeübt werden, eine über den Einzelfall hinausgehende Symbolwirkung, die sich gerade durch den Ausnahmecharakter erhöht und die dem direkt betroffenen Lehrer wie auch seinen Kollegen vergegenwärtigt, daß ihre Arbeit in einen prinzipiellen Kontrollzusammenhang eingebunden ist. Die Kontrollen sind überwiegend indirekter Natur, weil sie sich nicht so sehr auf den Arbeitsprozeß selbst als vielmehr auf äußere Indikatoren, wie zum Beispiel die Qualität von Schülerarbeiten, Durchschnittszensuren und das Ausmaß von Ruhe oder Lärm im Klassenraum beziehen. Schließlich besitzen die Kontrollen, denen die Lehrer in ihrer Arbeit ausgesetzt sind, eine sozial komplexe und zum Teil auch widersprüchliche Struktur. Denn neben der vorgesetzten Behörde ist der Lehrer durch seine unmittelbaren Interaktionspartner, die Schüler, durch deren Eltern und durch die Arbeitskollegen weiteren Kontrollen ausgesetzt.
Im normalen Arbeitsalltag kann, weil der Lehrer seine Arbeit über weite Strecken selbst zu kontrollieren hat, die Tatsache des äußeren sozialen Kontrollzusammenhangs in den Hintergrund treten. Bei wichtigen Entscheidungen gewinnt sie dagegen an Relevanz. Hier kann sich die Tendenz herausbilden, daß der Lehrer vor allem auf die Einhaltung der formalen, von außen leicht überprüfbaren Aspekte seiner Tätigkeit achtet und solche Inhalte und Verhaltensstile in der pädagogischen Arbeit zu vermeiden sucht, die vom angenommenen Konsens aller beteiligten Personen und Kontrollinstanzen abweichen. Die formal korrekte und inhaltlich unauffällige Arbeitsweise bietet den besten Schutz vor Eingriffen und Kontrollen von außen.

3.2 Der pädagogische Arbeitsbereich

Der pädagogische Arbeitsbereich macht unter quantitativen und inhaltlichen Gesichtspunkten den gewichtigsten Teil der Berufstätigkeit des Lehrers aus (vgl. v. ENGELHARDT 1982, KNIGHT-WEGENSTEIN AG 1973, MÜLLER-LIMMROTH 1980). Auf ihn entfallen 90 Prozent der gesamten Arbeitszeit. Zu diesem Bereich sind Unterrichtsvorbereitung und Korrekturtätigkeiten zu zählen. Außerdem sind ihm Schülerberatung und Elternkontakte zuzurechnen. Den Mittelpunkt der pädagogischen Arbeit bildet der Unterricht, auf den alle übrigen Tätigkeiten bezogen sind. Hier hat der Lehrer auf der Grundlage seiner pädagogisch-fachlichen Handlungsfähigkeit und in Auseinandersetzung mit seinen eigenen Entwürfen die vorgegebenen Aufgabenstellungen in direkter Interaktion mit den Schülern zu bewältigen. Im einzelnen geht es um die Bewältigung des Stoffpensums unter vorgegebenen Zeit- und Zielvorgaben, um die Lösung von Problemen der Motivation und des Lern- und Sozialverhaltens der Schüler und um die Überführung der Lernleistungen in die vorgegebenen Formen der Leistungsmessung, alles Konkretisierungen der allgemeinen gesellschaftlichen Funktionen von Schule und Lehrerarbeit. Dabei hat es der Lehrer mit einer Reihe von Problemkonstellationen zu tun: mit dem Verhältnis zwischen den inhaltlichen und zeitlichen Lehrplanvorgaben und den Lernvoraussetzungen und Lernbedürfnissen der Schüler; mit dem Verhältnis zwischen stofflich-inhaltlichem und sozialem Lernen; mit dem Verhältnis zwischen inhaltlicher Motivation und Notenorientierung; mit dem Verhältnis zwischen Förderung und Auslese; mit dem Verhältnis zwischen der eigenen pädagogisch-fachlichen und institutionell abgesicherten Autorität und dem Mündigkeitsanspruch der Schüler. Diese Problemkonstellationen sind sowohl Ausdruck grundsätzlicher Dilemmata pädagogischer Prozesse als auch Ausdruck der dargelegten strukturellen Bedingungen der Vergesellschaftung der Lehrerarbeit. Eine entscheidende Konkretisierung erhalten sie durch die jeweilige Schulart, das Unterrichtsfach und die zu unterrichtende Schülerpopulation. Diese Problemkonstellationen treten den Lehrern aber nicht „an sich", in einer bestimmten Form, entgegen. Sie erhalten erst durch die von den Lehrern selbst vorgenommenen Deutungen, die abhängig sind von der eigenen Biographie, den Ausbildungsprozessen, Arbeitserfahrungen und der aktuellen Handlungsfähigkeit, eine sozial relevante Strukturierung. Dem entspricht eine unterschiedliche Praxis und eine unterschiedliche Diskrepanzerfahrung zwischen pädagogischem Entwurf und wahrgenommener pädagogischer Wirklichkeit (vgl. v. ENGELHARDT 1982). Derartige Unterschiede können zu erheblichen Schwierigkeiten bei der Kommunikation und Kooperation unter den Kollegiumsmitgliedern führen.

Die schulorganisatorischen Vorgaben bewirken, daß die Unterrichtsarbeit des Lehrers aus einer Vielzahl von Teilaufgaben besteht, die jeweils durch das Unterrichtsfach und die zu unterrichtende Lerngruppe definiert sind und selten in einer inhaltlich sinnvollen Beziehung zueinander stehen. Daraus ergeben sich Heterogenität und Wechsel in der Lehrerarbeit. Außerdem sind diese Teilaufgaben – die einzelne Unterrichtsstunde – durch die Verteilung auf die Schulwoche und die Einbindung in die 45- oder 90-Minuten-Einheit an eine feste Zeitstruktur gebunden. Dadurch wird dem Lehr- und Lernprozeß ein äußerlicher, relativ enger und hoch standardisierter Rhythmus vorgegeben. Diese inhaltliche und zeitliche Strukturierung des Unterrichts kann als Behinderung der pädagogischen Arbeit erlebt werden. Sie ist außerdem mit Belastungen verbunden, die über die Unterrichtsarbeit hinausgehen und sich in den Vorbereitungs- und Korrekturtätigkeiten niederschlagen. Bei diesen Tätigkeiten breitet sich in dem Maße Hektik aus, wie die Zahl der zu unterrichtenden Fächer und Schülergruppen zunimmt.

Aus der gegenwärtig verbreiteten Arbeitszeitregelung ergibt sich eine weitere Strukturierung der Lehrertätigkeit. Mit dem vorgegebenen Arbeitsquantum, dessen fester Bestandteil durch die Pflichtstundenzahl für die Unterrichtsarbeit – er macht in der Regel knapp die Hälfte der gesamten Arbeitszeit aus – definiert wird (vgl. v. ENGELHARDT 1982), kommt eine administrativ vorgenommene Gewichtung der verschiedenen Tätigkeitsbereiche zum Ausdruck. Je umfangreicher die Pflichtstunden sind, desto höher wird die Arbeitsbelastung bei der Vorbereitung und den Korrekturtätigkeiten und desto stärker werden die Schüler- und Elternkontakte und die Weiterbildung, vor allem aber auch die Arbeitsbeziehungen zu den Kollegen auf eine engbegrenzte Restkategorie der Lehrerarbeit reduziert.

Das übergreifende Charakteristikum der Tätigkeit im pädagogischen Arbeitsbereich besteht darin, daß es sich hierbei um eine ausgeprägte *Form der Einzelarbeit* handelt (vgl. FÜRSTENAU 1969a, WELLENDORF 1969). Das ergibt sich aus der organisatorisch vorgegebenen Aufteilung der Arbeitsaufgaben nach dem Fach-, Klassen- und Leistungsgruppenprinzip und deren Zuweisung zu individuellen Verantwortungsbereichen. Und es ergibt sich daraus, daß der pädagogische Dispositionsspielraum zunächst einmal als individuelle „pädagogische Freiheit" definiert ist. Diese

Individualisierung und wechselseitige Isolation der pädagogischen Arbeit der Lehrer wird dadurch ergänzt, daß sie in der Regel auf zwei Arbeitsplätze verteilt ist. Am ersten Arbeitsplatz – der Schule – werden der Unterricht und die Schüler- und Elternkontakte durchgeführt. An dem zweiten Arbeitsplatz – der privaten Wohnung – werden die Vorbereitung des Unterrichts, die Korrektur- und Beurteilungstätigkeiten und ein großer Teil der Weiterbildung ausgeführt. Dadurch wird die individuelle Vollzugsform der Lehrerarbeit verstärkt. Außerdem erhält die pädagogische Arbeit dadurch einen scheinbar privaten Charakter.

Die starke Individualisierung der pädagogischen Arbeit, die in einem eigentümlichen Mißverhältnis zu ihrer gleichzeitigen komplexen Vergesellschaftung steht, ist mit einer Ambivalenz verbunden. Zum einen bietet sie den Lehrern die Möglichkeit, die Probleme dieser Vergesellschaftung einzugrenzen und die für pädagogische Aufgaben vorausgesetzte Individualität zu bewahren. Zum anderen behindert sie die Entwicklung einer Kooperation unter den Lehrern, in der die kollektive Dimension der gemeinsamen Arbeitssituation positiv genutzt und individuelle Arbeitsprobleme und Bewältigungsstrategien in der intersubjektiven Form einer professionellen Kommunikation aufgegriffen und angegangen werden könnten.

3.3 Der Bereich der Kollegiumsarbeit

Konzentriert sich die Analyse der Arbeitssituation des Lehrers auf den pädagogischen Arbeitsbereich, so tritt das Prinzip der Einzelarbeit in den Vordergrund. Wird dagegen die ganze Schule zum Ausgangspunkt der Analyse genommen, so wird deutlich, daß die Lehrerarbeit zugleich einen ausgeprägt kollektiven Charakter besitzt. Denn als Entsprechung zur Arbeitsteilung im pädagogischen Tätigkeitsbereich ergibt sich eine starke wechselseitige Beeinflussung der überwiegend individuell durchgeführten Arbeitsprozesse der Kollegiumsmitglieder, eine Abhängigkeit von gemeinsamen Arbeitsbedingungen und eine Angewiesenheit auf gemeinsame Absprachen und Konfliktregelungen. Außerdem ist nicht nur der einzelne Lehrer, sondern das ganze Kollegium Adressat von Anweisungen und Kontrollen. Darüber hinaus hat das Kollegium gemeinsame Aufgaben in der Außenbeziehung und Außendarstellung wahrzunehmen.

Der *kollektive Charakter der Lehrerarbeit* findet insofern eine institutionelle Berücksichtigung, als der einzelnen Schule ein unterschiedlich weit gefaßter kollegialer Verantwortungs- und Gestaltungsspielraum zugestanden wird und verschiedene Kollegialorgane – Konferenzen – für gemeinsame Abstimmungs- und Entscheidungsprozesse eingerichtet sind (vgl. BAUMERT 1980, FÜRSTENAU 1969a, HECKEL 1976). Dadurch erhält die Schule Merkmale einer professionellen Organisation. So ergibt sich ein zweiter Tätigkeitsbereich für die Lehrer: die Kollegiumsarbeit. Sie nimmt allerdings, wie Untersuchungen zur Arbeitszeit von Lehrern belegen (vgl. v. ENGELHARDT 1982, KNIGHT-WEGENSTEIN AG 1973), rein quantitativ gesehen, einen unbedeutenden Stellenwert in der Berufstätigkeit der Lehrer ein, was in deutlicher Diskrepanz zu ihrer faktischen und möglichen Bedeutung steht.

Die Konferenzen bilden die formellen Organe für Kommunikation und Entscheidungsprozesse unter den Lehrern. In ihnen nimmt die Kommunikation oft einen formalen Charakter an und ist stark auf Verwaltungsfragen konzentriert (vgl. OTTO 1978, RÜSSELER 1977, SCHEFER 1969). Die inhaltlichen Arbeitsprobleme der Lehrer werden selten zum Gegenstand systematischer und kontinuierlicher Kommunikation gemacht. Die enger auf die Arbeit des einzelnen Lehrers bezogene Kommunikation und Kooperation finden eher in informellen Kontakten statt. Sie setzen in der Regel Gemeinsamkeiten in der pädagogischen Arbeit – gleiche Lerngruppen, Jahrgangsstufen und Fächer – voraus. Damit sich aber aus diesen Arbeitsvoraussetzungen eine Zusammenarbeit entwickelt, ist darüber hinaus ein erhebliches Maß an persönlichen Gemeinsamkeiten notwendig, die sich über Sympathie und über pädagogische und politische Orientierungen ergeben können. So besteht neben den Konferenzen ein Netz von unterschiedlich ausgeprägten informellen und persönlichen Arbeitsbeziehungen, das auf Freiwilligkeit basiert und durch das das Lehrerkollegium in verschiedene Gruppen untergliedert wird. Im traditionellen Schulsystem bleibt allerdings der Kern der pädagogischen Arbeit – der Unterricht – aus diesen Ansätzen einer Kooperation ausgeschlossen (vgl. v. ENGELHARDT 1982).

Daraus, daß der Kern der Lehrerarbeit überwiegend in einer individuellen Vollzugs- und Verantwortungsform organisiert ist und gleichzeitig einen kollektiven Charakter besitzt, ergibt sich eine spezifische Problematik in der Arbeitssituation des Lehrers, die auf unterschiedliche Weise bewältigt wird. Auf der einen Seite besteht die überwiegend individuelle Deutung der Arbeitssituation, mit der der kollegiale Arbeitszusammenhang als ein ärgerlicher oder unwichtiger Aspekt an den Rand der eigenen Tätigkeit gerückt wird und mit der die institutionell bestehenden Möglichkeiten für eine professionelle Kommunikation und Kooperation weitgehend ungenutzt bleiben. Dem entspricht ein Verhaltensstil, der sich an der klassischen Version des Kollegialitätsprinzips (vgl. LUHMANN 1964, WELLENDORF 1969) orientiert: harmonisierende und einheitliche Darstellung des Kollegiums nach außen; Respektieren des individuellen Verantwortungsbereichs der Kollegiumsmitglieder im Inneren. Eine solche individuelle Interpretation und Praxis der Arbeit werden durch die vorgegebenen organisatorischen und zeitlichen Regelungen der Lehrertätigkeit nahegelegt. Sie werden unterstützt durch die große Bedeutung, die den persönlichen und normativen Komponenten im pädagogischen Arbeitsprozeß nun einmal zukommt, und durch eine latent oder offen erlebte Unsicherheit in der Berufsausübung. Auf der anderen Seite besteht die Möglichkeit zu einer kooperativen Deutung der Arbeitssituation, die abzielt auf die Nutzung und Ausweitung des institutionellen Entscheidungs- und Handlungsspielraums, auf die Nutzung der in einem Kollegium vereinigten professionellen Kompetenz und pädagogischen Erfahrung und auf die explizite Austragung von Konflikten und Differenzen. Eine entsprechende Praxis stößt auf die benannten organisatorischen Hindernisse. Sie stößt aber auch auf persönliche Grenzen der beteiligten Lehrer. Denn die Öffnung der pädagogischen Einzelarbeit hin zu einer Kooperation bedeutet immer auch eine Verstärkung von Kontrollen durch Mitglieder der eigenen Profession und kann zu einer Gefährdung der für die Arbeitspraxis wichtigen beruflichen Identität führen, die der einzelne Lehrer in Auseinandersetzung mit den Strukturproblemen seiner Arbeit und dem eigenen Arbeitsvermögen entwickelt hat.

Der gemeinsame Verantwortungs- und Handlungsbereich im Kollegium ist durch eine dreifache Abhängigkeit eingeengt, aus der sich charakteristische Konflikte und Grenzen für Entscheidungen ergeben. Zum einen wird er durch den individuellen pädagogischen Verantwortungs- und Arbeitsbereichs jedes einzelnen Kollegen begrenzt. Zum anderen wird er durch die den Eltern und Schülern institutionell abgesicherten Mitwirkungs-, Beschwerde- und Informationsrechte eingegrenzt (vgl. BÜCHNER 1976, NEVERMANN/RICHTER 1977, ZUBKE 1980). Die Nutzung dieser Rechte kann von Lehrern, die von einer pädagogischen Autonomievorstellung ausgehen, als belastende Einschränkung ihrer Arbeit interpretiert werden. Sie kann aber auch als ein notwendiger Ausdruck der sozialen Beziehungsstruktur der Lehrerarbeit begriffen werden, aus der sich sowohl Arbeitsbelastungen wie auch positive Auswir-

kungen auf die Arbeit in der Schule ergeben können. Zum dritten wird der gemeinsame Verantwortungs- und Handlungsbereich des Kollegiums durch die Position des Schulleiters eingeengt, über die sich die Hierarchie der staatlichen Bürokratie in die Schule verlängert (vgl. NEVERMANN 1984a).
In den Schulverfassungen wird dem Lehrerkollegium ein Entscheidungs- und Verantwortungsbereich vorgegeben, mit dem das Ausmaß der gesellschaftlich zugestandenen relativen Autonomie der Schule nach außen und deren interne Strukturierung institutionalisiert sind (vgl. NEVERMANN 1984b). In Auseinandersetzung mit diesen institutionellen Rahmenbedingungen beeinflussen die Lehrer über ihr Arbeitshandeln die Gewichtung zwischen individuellen und kooperativen Prinzipien in der Arbeit, die Gewichtung zwischen direktorialen und kollegialen Prinzipien in Entscheidungsprozessen und das Ausmaß der Partizipation von Schülern und Eltern.

4 Die Arbeitssituation des Lehrers als Deutungs- und Handlungszusammenhang

Die Arbeitssituation des Lehrers ist nur dann angemessen erfaßt, wenn sie auch als das *Ergebnis von Deutungs- und Handlungsprozessen* der Lehrer selbst verstanden wird. Darauf ist in den vorangegangenen Abschnitten mehrfach hingewiesen worden. Mit einer solchen Betrachtungsperspektive wird den Lehrern ein Stück Handlungskompetenz und professionelle Arbeitsverantwortung zurückgegeben, die ihnen in so manchen sozialwissenschaftlichen Analysen genommen wurden, ohne daß dabei von den gesellschaftlichen, organisatorischen und materiellen Bedingungen abstrahiert wird. Im Gegenteil: Sie werden als Ausgangspunkt der Deutungs- und Handlungsprozesse der Lehrer vorausgesetzt. So läßt sich die eingangs umrissene falsche Alternative zwischen einer objektivistischen und subjektivistischen Betrachungsweise überwinden.
Der allgemeine Sachverhalt, daß vorgegebene Elemente einer Arbeitssituation erst durch die Deutungsleistungen und das direkte Handeln der arbeitenden Personen zu einer Arbeitssituation werden, besitzt für die Lehrer eine besondere Relevanz, und zwar aus zwei Gründen: wegen der Eigenart der Lehrerarbeit und wegen der Besonderheit der vorgegebenen Arbeitsbedingungen. Die Eigenart der Lehrerarbeit ist nur dann berücksichtigt, wenn sie als praktizierte Hermeneutik in direkter oder vermittelter Interaktion mit Schülern, Eltern, Kollegen und Vorgesetzten begriffen wird. In dem Versuch, die Arbeitsbedingungen von der Handlungsperspektive aus zu betrachten, sollte gezeigt werden, daß diese das Arbeitshandeln und Arbeitsbewußtsein der Lehrer auf spezifische Weise eingrenzen. Gleichzeitig sollte aber verdeutlicht werden, daß in diesen Arbeitsbedingungen den Lehrern Problemkonstellationen entgegentreten, die hohe Anforderungen an die Interpretationsleistungen und an das mit Entscheidungen verbundene Handeln stellen. Erst aus der von den Lehrern vorzunehmenden Deutung und Verarbeitung dieser Problemkonstellationen ergibt sich die für sie relevante Arbeitswirklichkeit. Deshalb muß auch eine Arbeitsplatzanalyse, die von einem jenseits der Lehrerpraxis liegenden Standpunkt aus durchgeführt wird, die soziale Bedeutung verfehlen, die die vorgegebenen Bedingungen für die Arbeit des Lehrers besitzen.
Ein großer Teil der von den Lehrern vorgenommenen Deutungen ihrer Arbeitssituation ist als nicht expliziertes Gewohnheitswissen in Handlungspläne und Handlungsabläufe des Arbeitsalltags eingebunden. Demgegenüber können bei bewußt vorgenommenen und explizit begründeten Deutungen etwa im Hinblick auf Ziele und Formen des Unterrichts oder im Hinblick auf den Umgang mit der

Michael v. Engelhardt

Schulleitung Diskrepanzen zur alltäglichen Berufspraxis dann auftreten, wenn die mit diesen Deutungen verbundenen Handlungsmaximen vom Handlungsvermögen, vom Verhalten der Interaktionspartner und von den vorgegebenen Handlungsbedingungen abweichen. Hier stellt sich die weiterführende Frage, welche Möglichkeiten die Institution Schule zum produktiven Umgang mit diesen Diskrepanzerfahrungen bietet. In dem Maße, wie im Zuge einer allgemeinen gesellschaftlichen Veränderung und über die in der Öffentlichkeit ausgetragenen Kontroversen kulturelle Selbstverständlichkeiten, auch im Hinblick auf Ziele, Inhalte und Formen pädagogischer Arbeit, sich auflösen und damit ihre normierende Wirkung verlieren, wird für die Lehrer ein Teil ihrer arbeitsrelevanten Deutungen aus dem Status des unhinterfragten und nicht thematisierten Hintergrundwissens herausgehoben und zur Diskussion gestellt. Es wächst das Bewußtsein, daß es sich bei der eigenen Arbeit um eine interpretative und mit Entscheidungen verbundene Tätigkeit handelt. Die Zunahme des Kontingenz- und damit Begründungsbewußtseins in der Berufsausübung kann als belastende Verunsicherung erlebt, aber auch als besondere Chance begriffen werden.

Die Lehrer sind also auch Subjekte ihrer eigenen Arbeitssituation. Deshalb gewinnt die eigene Person eine so große Bedeutung: Sie ist eine zentrale Bedingung der Arbeitssituation des Lehrers, die allerdings häufig der eigenen Reflexion entzogen bleibt. Wegen des Charakters der Arbeitsprozesse läßt sich die Bedeutung der eigenen Person nicht auf die von ihr ablösbare Arbeitsqualifikation im engeren Sinne begrenzen. Sie betrifft die ganze Person in den verschiedenen, auch außerschulischen sozialen Bezügen, ihre psychisch-soziale Tiefenstruktur und ihre Biographie. Die vielfach untersuchten Prozesse der Sozialisation von Lehrern durch die Berufstätigkeit werden in ihrer spezifischen Dynamik nicht erfaßt, wenn sie nur als Anpassung interpretiert werden und wenn dabei der Handelnde auf eine bloß reagierende Person reduziert wird. Die Lehrer sind in einem doppelten Sinne als Subjekte ihrer eigenen Arbeitssituation anzusehen: in der tagtäglichen Bewältigung ihrer Arbeitsaufgaben und in der Verarbeitung der dabei gemachten Erfahrungen. Diese Verarbeitung kann auf ein Arrangement mit einer weitgehend positiv oder auch negativ gedeuteten Realität hinauslaufen. Sie kann aber auch in unterschiedlich gerichtete Initiativen zur Veränderung von Arbeitsbedingungen oder auch der eigenen Person eingehen, Initiativen, auf die eine an Praxiserfahrung und Betroffenenkompetenz ausgerichtete Diskussion über Notwendigkeiten und Grenzen einer Umgestaltung der Arbeitssituation von Lehrern angewiesen ist.

BAUMERT, J.: Aspekte der Schulorganisation und Schulverwaltung. In: MAX-PLANCK-INSTITUT FÜR BILDUNGSFORSCHUNG, PROJEKTGRUPPE BILDUNGSBERICHT (Hg.): Bildung in der Bundesrepublik Deutschland, Bd. 1, Reinbek 1980, S. 589 ff. BAUMERT, J.: Schulkrise: Krise der staatlichen Regelschule? In: Z. f. P. 27 (1981), S. 495 ff. BECKER, H.: Die verwaltete Schule. In: BECKER, H.: Quantität und Qualität, Freiburg 1962, S. 147 ff. BERNFELD, S.: Sisyphos oder die Grenzen der Erziehung, Leipzig 1925. BOIS-REYMOND, M. DU: Verkehrsformen zwischen Elternhaus und Schule, Frankfurt/M. 1977. BÜCHNER, P. (Hg.): Die Eltern und die Schule, München 1976. BRÜCK, H.: Die Angst des Lehrers vor seinem Schüler, Reinbek 1978. CASELMANN, C.: Wesensformen des Lehrers, Stuttgart ⁴1970. CLOETTA, B.: Einstellungsänderung durch die Hochschule, Stuttgart 1975. COMBE, A.: Kritik der Lehrerrolle, München 1971. COMBE, A.: Zur Arbeitssituation des Lehrers, München 1975. DÖRING, K. W.: Lehrerverhalten: Forschung – Theorie – Praxis, Weinheim/Basel 1980. ENGELHARDT, M. V.: Die pädagogische Arbeit des Lehrers, Paderborn/München/Wien/Zürich 1982. ELLWEIN, TH.: Die verwaltete Schule. In: D. Arg. 6 (1964), S. 209 ff. FEND, H.: Gesellschaftliche Bedingungen schulischer Sozialisation, Weinheim 1974. FLANDERS, N. A.: Analyzing Teaching Behavior, Reading (Mass.) 1970. FRIEDEBURG,

L. v./OEHLER, Ch.: Staatliche Bildungsplanung. In: Enzyklopädie Erziehungswissenschaft, Bd. 5, Stuttgart 1984, S. 244 ff. FÜRSTENAU, P.: Neuere Entwicklungen der Bürokratieforschung und des Schulwesens. In: FÜRSTENAU, P. u. a.: Zur Theorie der Schule, Weinheim/Basel/Berlin 1969, S. 9 ff. (1969 a). FÜRSTENAU, P.: Zur Psychoanalyse der Schule als Institution. In: FÜRSTENAU, P. u. a.: Zur Theorie der Schule, Weinheim/Basel/Berlin 1969, S. 47 ff. (1969 b). FÜRSTENAU, P. u. a.: Zur Theorie der Schule, Weinheim/Basel/Berlin 1969. GEULEN, D.: Das vergesellschaftete Subjekt, Frankfurt/M. 1977. GRACE, G. R.: Der Lehrer im Rollenkonflikt, Düsseldorf 1973. GROSS, P./BADURA, B.: Sozialpolitik und soziale Dienste: Entwurf einer Theorie personengebundener Dienstleistungen. In: FERBER, Chr. v./KAUFMANN, F.-X.: Soziologie und Sozialpolitik. Köln. Z. f. Soziol. u. Sozpsych., 19. Sonderheft, Opladen 1977, S. 361 ff. HÄNSEL, D.: Die Anpassung des Lehrers, Weinheim/Basel 1975. HECKEL, H. (unter Mitarbeit von P. Seipp): Schulrechtskunde, Darmstadt/Neuwied ⁵1976. HECKEL, H.: Einführung in das Erziehungs- und Schulrecht, Darmstadt 1977. HEIM, D.: Lehrer begegnen Eltern. Initiativen zur kooperativen Arbeit mit Eltern im Interesse der Schüler, München 1977. HEINSOHN, G./ KNIEPER, B. M. C.: Das Desinteresse lohnabhängiger Pädagogen als zentrales Problem der Erziehung. In: BRUDER, K.-J. u. a.: Kritik der pädagogischen Psychologie, Reinbek 1976, S. 20 ff. HINSCH, R.: Einstellungswandel und Praxisschock bei jungen Lehrern, Weinheim/Basel 1979. HITPASS, J.: Das Studien- und Berufsschicksal von Volksschullehrern, Bielefeld 1970. HOPF, A.: Lehrerbewußtsein im Wandel, Düsseldorf 1974. HOPF, Ch. u. a.: Schulaufsicht und Schule. Eine empirische Analyse der administrativen Bedingungen schulischer Erziehung, Stuttgart 1980. HUISKEN, F.: Anmerkungen zur Klassenlage der pädagogischen Intelligenz. In: ALTVATER, E./HUISKEN, F. (Hg.): Materialien zur politischen Ökonomie des Ausbildungssektors, Erlangen 1971, S. 405 ff. HURRELMANN, K.: Erziehungssystem und Gesellschaft, Reinbek 1975. KIEVENHEIM, Ch. u. a.: Materialien zur Lage der Lehrerschaft in der Bundesrepublik Deutschland. In: KIEVENHEIM, CH. u. a.: Soziale Stellung und Bewußtsein der Intelligenz, Köln 1973, S. 153 ff. KNIGHT-WEGENSTEIN AG: Die Arbeitszeit der Lehrer in der Bundesrepublik Deutschland. Empirisch-wissenschaftliche Studie über die Arbeitszeit der Lehrer, 2 Bde., Zürich 1973. KOB, J.: Das soziale Berufsbewußtsein des Lehrers der höheren Schule. Eine soziologische Leitstudie, Würzburg 1958. KOB, J.: Die Rollenproblematik des Lehrerberufs. In: HEINTZ, P. (Hg.): Soziologie der Schule. Köln. Z. f. Soziol. u. Sozpsych., Sonderheft 4, Köln/ Opladen 1959, S. 91 ff. KOCH, J.-J.: Lehrer – Studium und Beruf, Ulm 1972. KRAFT, P.: Zur beruflichen Situation des Hauptschullehrers, Hannover 1974. KRATZSCH, E. H. u. a.: Studien zur Soziologie des Volksschullehrers, Weinheim 1967. LANGE-GARRITSEN, H.: Strukturkonflikte des Lehrerberufs, Düsseldorf 1972. LENZEN, D. (Hg.): Pädagogik und Alltag, Stuttgart 1980. LESCHINSKY, A./ROEDER, P. M.: Gesellschaftliche Funktionen der Schule. In: TWELLMANN, W. (Hg.): Handbuch Schule und Unterricht, Bd. 3, Düsseldorf 1981, S. 107 ff. LITWAK, E.: Drei alternative Bürokratiemodelle. In: MAYNTZ, R. (Hg.): Bürokratische Organisationen, Berlin 1968, S. 117 ff. LOHMANN, CH./PROSE, F.: Organisation und Interaktion in der Schule, Köln 1975. LUHMANN, N.: Funktionen und Folgen formaler Organisationen, Berlin 1964. MAYNTZ, R.: Soziologie der öffentlichen Verwaltung, Heidelberg/Karlsruhe 1978. MERZ, J.: Berufszufriedenheit von Lehrern, Weinheim/Basel 1979. MOLLENHAUER, K.: Die Rollenproblematik des Lehrerberufs und die Bildung. In. MOLLENHAUER, K.: Erziehung und Emanzipation, München 1968, S. 75 ff. MOLLENHAUER, K.: Theorien zum Erziehungsprozeß, München 1972. MÜLLER-FOHRBRODT, G. u. a.: Der Praxisschock bei jungen Lehrern, Stuttgart 1978. MÜLLER-LIMMROTH, W.: Arbeitszeit – Arbeitsbelastungen im Lehrerberuf, Frankfurt/M. 1980. NAVE-HERZ, R.: Die Rolle des Lehrers, Darmstadt 1977. NEVERMANN, K.: Der Schulleiter. Juristische und historische Aspekte zum Verhältnis von Bürokratie und Pädagogik, Stuttgart 1982. NEVERMANN, K.: Schulleitung. In: Enzyklopädie Erziehungswissenschaft, Bd. 5, Stuttgart 1984, S. 588 ff. (1984 a). NEVERMANN, K.: Schule und Schulverfassung in der Bundesrepublik. In: Enzyklopädie Erziehungswissenschaft, Bd. 5, Stuttgart 1984, S. 393 ff. (1984 b). NEVERMANN, K./ RICHTER, I. (Hg.): Rechte der Lehrer, Rechte der Schüler, Rechte der Eltern, München 1977. OFFE, C.: Bildungssystem, Beschäftigungssystem und Bildungspolitik. In: ROTH, H./FRIEDRICH, D. (Hg.): Bildungsforschung. Probleme – Perspektiven – Prioritäten, Teil 1. Deutscher Bildungsrat: Gutachten und Studien der Bildungskommission, Bd. 50, Stuttgart 1975, S. 217 ff. OTTO, B.: Der Lehrer als Kollege, Weinheim/Basel 1978. PERSCHEL, W.: Die Lehrfreiheit des

Michael v. Engelhardt

Lehrers. In: NEVERMANN, K./RICHTER, I. (Hg.): Verfassung und Verwaltung der Schule, Stuttgart 1979, S. 373 ff. PLAKE, K.: Die Sozialisationsorganisationen, Opladen 1981. POSCHARDT, D.: Die Berufsrolle des Schulrats. Pädagoge oder Verwaltungsbeamter? Hannover 1978. REINHARDT, S.: Die Konfliktstruktur der Lehrerrolle. In: Z. f. P. 24 (1978), S. 515 ff. ROLFF, H.-G.: Soziologie der Schulreform, Weinheim/Basel 1980. RICHTER, I.: Verfassungsrechtliche Grundlagen des Bildungswesens. In: Enzyklopädie Erziehungswissenschaft, Bd. 5, Stuttgart 1984, S. 226 ff. RUMPF, H.: Die administrative Verstörung der Schule, Essen 1966. RÜSSELER, H.: Betriebsklima in der Schule, München/Wien/Baltimore 1977. SCHEFER, G.: Das Gesellschaftsbild des Gymnasiallehrers, Frankfurt/M. 1969. SCHÖN, B.: Das gesellschaftliche Bewußtsein von Gesamtschullehrern, Weinheim/Basel 1978. SCHUH, E.: Die Volksschullehrer, Hannover 1962. STOCK, M.: Pädagogische Freiheit und politischer Auftrag der Schule, Heidelberg 1971. SUSTECK, H.: Lehrer zwischen Tradition und Fortschritt, Braunschweig 1975. TAUSCH, R./TAUSCH, A.-M.: Erziehungspychologie, Göttingen 1965. TERHART, E.: Interpretative Unterrichtsforschung. Kritische Rekonstruktion und Analyse konkurrierender Forschungsprogramme der Unterrichtswissenschaft, Stuttgart 1978. THIEN, H. G.: Klassenlage und Bewußtseinsformen der Lehrer im Staatsdienst, Gießen 1976. TILLMANN, K.-J.: Unterricht als soziales Erfahrungsfeld, Frankfurt/M. 1976. TOBIAS, W.: Interessenlage und gesellschaftliches Bewußtsein von Lehrern, Diss., Göttingen 1983. ULICH, D.: Pädagogische Interaktion. Theorien erziehungswissenschaftlichen Handelns und sozialen Lernens, Weinheim/Basel 1976. VOGEL, P.: Die bürokratische Schule, Kastellaun 1977. WEBER, M.: Wirtschaft und Gesellschaft. Grundriß der verstehenden Soziologie (1922), Studienausgabe, hg. v. J. Winckelmann, 2 Bde., Köln/Berlin 1964. WELLENDORF, F.: Formen der Kooperation von Lehrern in der Schule. In: FÜRSTENAU, P. u. a.: Zur Theorie der Schule, Weinheim/Basel/Berlin 1969, S. 91 ff. WILSON, B. R.: Die Rolle des Lehrers – eine soziologische Analyse. In: BETZEN, K./NIPKOW, K. E. (Hg.): Der Lehrer in Schule und Gesellschaft, München 1971, S. 11 ff. ZEIHER, H.: Gymnasiallehrer und Reformen, Stuttgart 1973. ZUBKE, F.: Eltern und politische Arbeit. Zur politischen Funktion elterlicher Beteiligung in der Institution Schule, Stuttgart 1980.

Manfred Liebel

Schule und Schülerleben

1 Schulparadoxien
2 Alltagstheorien von Schülern
3 Wissenschaftliche Annäherungen an den Schüleralltag
4 Vor einem Umsturz des Bildungstausches?
5 Selbstzeugnisse als Erkenntnisquelle

Zusammenfassung: Obwohl die Schulzeit ausgedehnt wird, verliert die Schule an Einfluß und Bedeutung. Den Schülern erscheint die Schule zunehmend weniger als Qualifikationsstätte, sondern mehr und mehr als eine für ihr künftiges Leben bedeutungslose Zwangsinstitution. Forschungen zum Alltagsleben und zu Alltagstheorien von Schülern belegen, daß Schüler hierauf verstärkt mit der Bildung von Subkulturen reagieren. Die Subkulturen dienen nicht nur der Selbstbehauptung von Schülern in der Schule, sondern bilden auch den Boden für die Entwicklung veränderter Lebens- und Arbeitseinstellungen für die nachschulische Zukunft. Selbstzeugnisse von Schülern und Lehrern ermöglichen vielfach eher als die vorliegende wissenschaftliche Literatur, das Schülerleben und die Bedeutungsgehalte der Schule für die Schüler zu verstehen.

Summary: Although the period of compulsory school attendance is being extended, schools are losing their influence and significance. Pupils are increasingly thinking of school less as a place where they obtain qualifications and more and more as a compulsory institution with no significance for their future lives. Research into pupils' everyday lives and everyday theories have proved that pupils are increasingly reacting to this situation by forming subcultures. These subcultures not only aid the pupils' need for self-assertion at school, they also form the foundation for the development of altered attitudes towards life and work after the pupils have left school. Personal testimonies given by pupils and teachers often give greater insight into pupils' lives and the aspects of school life that are significant to pupils than the existing academic literature on the subject.

Résumé: Bien que la scolarité s'allonge, l'école perd en influence et en importance. L'école apparaît de moins en moins aux élèves comme un lieu ou on acquiert une qualification, mais, de plus en plus, comme une institution de contrainte sans signification pour sa vie future. Des recherches effectuées sur la vie de tous les jours et sur des théories ordinaires d'élèves montrent que les élèves réagissent de plus en plus à cela en se formant des sub-cultures. Ces sub-cultures servent non seulement aux élèves à s'imposer au niveau scolaire; elles constituent en outre le terrain permettant le développement de position modifiés de vie et de travail quant à l'avenir postscolaire. Des témoignages d'élèves et d'enseignants permettent souvent mieux que les ouvrages scientifiques existants de comprendre la vie des élèves et les contenus de signification de l'école pour ces derniers.

Manfred Liebel

1 Schulparadoxien

Schüler zu sein bedeutet in kapitalistischen Gesellschaften, von Arbeitsprozessen getrennt zu sein und im Status eines unselbständigen Erziehungsobjektes festgehalten zu werden. Die Trennung der Heranwachsenden von produktiver Arbeit dient nicht ihrer Emanzipation, sondern ersetzt für einen begrenzten Lebensabschnitt die zerstörerischen Auswirkungen der kapitalistischen Arbeit durch einen Zustand gesellschaftlicher Isolierung und Unselbständigkeit (vgl. LIEBEL 1976, S. 44 ff.; vgl. SCHUMANN u. a. 1976, S. 57 ff.; vgl. VAN USSEL 1970, S. 104 ff.; vgl. ZINNECKER 1972, S. 130).
Der Sozialisationsmodus der Schule läßt sich als Enteignung von authentischer Erfahrung und selbstbestimmter Kommunikation bezeichnen. Die Schüler haben keinen Einfluß darauf, wer reden kann zu welchem Thema, in welcher Weise und mit wem. „Es entsteht eine Kommunikationsstruktur, von der sie enteignet sind. Die Normen, die diese Struktur bilden, sind nicht nur durch moralischen Druck, sondern auch vermittels des Berechtigungswesens mit massiven materiellen Sanktionen gesichert. In dem Maße, wie sich die schulische Kommunikationsstruktur verselbständigt, in dem Maße ist es auch ausgeschlossen, daß Schüler in der Schule Erfahrungen *machen* können; sie bringen sie dann eher hinter sich" (LENHARDT 1980, S. 88).
LENHARDT (1980, S. 91) nimmt an, daß durch diesen „Enteignungsprozeß" der „Herausbildung abweichender Motive und abweichender Subkulturen [...] der Boden entzogen" wird. Es gibt jedoch manche Gründe für die Annahme, daß das Gegenteil zutrifft: Unter bestimmten, noch darzulegenden Voraussetzungen erhalten „abweichende Subkulturen" von Schülern besonderen Nährboden und können die heutige Schule in ihrer offiziellen Funktion erheblich beeinträchtigen.
Ein Indiz für diese Annahme ist zunächst ein auffallender Widerspruch: Einerseits erfaßt die Schule immer mehr Heranwachsende für immer längere Zeit, andererseits häufen sich die Klagen, daß die Schule an Wirkung und Bedeutung für die Schüler verliere.
Ohne Zweifel ist die Schule heute „zu einer mächtigen Sozialisationsinstanz im Leben von Kindern und Jugendlichen geworden" (ARBEITSGRUPPE SCHULFORSCHUNG 1980, S. 10). Knapp drei Viertel eines jeden Altersjahrganges verbringen heute rund 10 Jahre, mehr als ein Viertel 13 Lebensjahre in der Vollzeitschule. Der „quantitative Ausbau des Schulwesens hat die Entwicklungsphasen ‚Kindheit' und ‚Jugend' im Leben jedes heranwachsenden Gesellschaftsmitgliedes stark verändert [...] Die Qualität des Schulabschlusses wird zu einem wesentlichen Bestandteil der persönlichen Identität, und die schulische Laufbahn wird zu einer wichtigen Dimension der gesamten Biografie" (ARBEITSGRUPPE SCHULFORSCHUNG 1980, S. 10). Die Schule scheint ihre gesellschaftliche Monopolstellung im Auslese- und Statusverteilungsprozeß gefestigt zu haben.
Zugleich mehren sich die Anzeichen, daß die offiziell intendierten Wirkungen der Schule auf die Schüler nachlassen, daß eine wachsende Zahl von Schülern sich dem erzieherischen Zugriff der Schule entzieht. Aus der Sicht der Sachwalter der Erziehungsprozesse stellen sich diese Entwicklungen als Disziplinschwierigkeiten, Verhaltensstörungen und Schulversagen dar. Die allgemein konstatierte Schulverdrossenheit zeigt an, daß die Schule ihre integrativen Funktionen kaum noch erfüllt (vgl. FRANZ 1975, S. 228).
Offensichtlich versteht ein wachsender Teil von Schülern die Schule nicht länger als eine Einrichtung, die als Lern- und Qualifikationsstätte für ihr gegenwärtiges

und künftiges Leben irgendeine Bedeutung hat. „Die Jugendlichen [...] erfahren vor allem die Brüchigkeit des in der Erziehung und in der Schule behaupteten Zusammenhangs von leistungsorientierter Anstrengung in der Schule einerseits und den dafür einzuheimsenden Gratifikationen auf dem Ausbildungs- und Arbeitsmarkt. Zunehmender Leistungsdruck trifft auf abnehmende objektiv belegbare und subjektiv erfahrene Unsicherheit über den ‚Lohn der Angst'. Der subjektiv erfahrene Widerspruch zwischen den im Sozialisationsprozeß vermittelten kollidiert mit den realen Möglichkeiten der Einlösung und Verwirklichung dieser Ansprüche" (HORNSTEIN 1979, S. 685).

Die gegenwärtige Schule verfängt sich in einer Paradoxie: „Auf der einen Seite ist sie einer Intensivierung und Extensivierung unterworfen, läuft hinter einem nicht kalkulierbaren ökonomischen Anforderungsprofil her. Auf der anderen Seite kann sie für die, die sie durchlaufen, die gesicherte berufliche Zukunft nicht mehr garantieren. Schule wird zum doppelten Vertrauensbruch: Das ‚jetzt nicht, aber später' kann sie nicht mehr glaubhaft machen, eine befriedigende Bescheidung in der Gegenwart verleidet sie in einem Wust alltagsumspannender Überforderungen" (BÖHNISCH/SCHEFOLD 1980, S. 25 f.).

Ein englischer Schul- und Jugendforscher, Willis, hat das, was Böhnisch und Schefold das Prinzip des „Jetzt nicht, aber später" nennen, mit dem Begriff des „Bildungstausches" ausgedrückt. Dieses in der Schule dominierende Prinzip, das unabhängig vom einzelnen Lehrer existiert, bedeute „Unterricht als fairen Austausch – hauptsächlich von Wissen gegen Respekt, von Führung gegen Kontrolle". Da Wissen „das vergleichsweise knappere Gut" sei, verleihe es dem Lehrer eine gewisse „moralische Überlegenheit". Das legitimiere ihn, auch und gerade in den Augen der Schüler, Kontrolle über sie auszuüben, „weil es Äquivalente bietet, die in der Folge in weitere, für den Einzelnen vorteilhafte Tauschakte eingehen" (WILLIS 1979, S. 104).

Der „Bildungstausch" funktioniert nach WILLIS (1979, S. 104 f.) nicht voraussetzungslos, sondern bedürfe eines „definierenden Rahmens", der in der Lage sei, „sowohl Definitionen einigermaßen durchzusetzen, wo der Tausch selbst sie nicht herstellen kann [...], als auch den Tausch, wo er erfolgreich ist, zu bestärken, indem er ihm die Äquivalente, die konkreten Bezüge, die äußeren Zeichen und sichtbaren Stützen garantiert". Dieser Rahmen, von Willis auch als „Achse" bezeichnet, bestehe im Fall der Schule „in der materiellen Basis ihrer Gebäude, ihrer Organisation, ihres Stundenplans, ihrer Hierarchie" (WILLIS 1979, S. 105). „Guter Unterricht" lasse sich nur halten, wenn diese Achse, dieser Rahmen stets korrekt hergestellt und erneuert werde. Insbesondere die Aufrechterhaltung der Schuldisziplin der Schüler diene der Erhaltung dieser institutionellen Achse. In der Schule drehe sich alles „letztlich um den fairen Austausch und um die Erhaltung der Achse, die diesen ermöglicht" (WILLIS 1979, S. 107). In diesem Sinne sei die Schule „eine Art totalitäres Regime. Es gibt relativ wenig direkten Zwang oder Unterdrückung, aber eine gewaltige Einschränkung des Spielraums der moralischen Möglichkeiten" (WILLIS 1979, S. 107 f.).

Ein Problem manifestiert sich öffentlich nach Willis erst da, wo Wissen entwertet wird oder sinnlos erscheint, das Prinzip des „Bildungstausches" also zusammenbricht. Autorität werde nunmehr ihrer erzieherischen Rechtfertigung entkleidet und stehe in der Gefahr, nackt und brutal zu erscheinen. Dies sei die wesentliche Voraussetzung, daß sie von den Schülern bekämpft werden könne. „Das Unterrichtsparadigma wird mehr und mehr als Zwang empfunden" (WILLIS 1979, S. 124). Fehlverhalten, Opposition gegen die Autorität, Vandalismus und die Ausnutzung jeder Schwäche, jedes Fehlers seitens der Lehrer sei dann für die Schüler das Gebot der Stunde.

Manfred Liebel

2 Alltagstheorien von Schülern

Auf welche Weise sich das Prinzip des „Bildungstausches" in den Wahrnehmungsweisen, den „Alltagstheorien" von Schülern ausdrückt, soll anhand einer neueren westdeutschen Untersuchung (vgl. ARBEITSGRUPPE SCHULFORSCHUNG 1980) verfolgt werden. Die Untersuchung unterscheidet nach „versagenden" und „erfolgreichen" Hauptschülern und nach „versagenden" und „erfolgreichen" Gymnasiasten.
Den *versagenden Hauptschülern* erscheint die Schule zwar allgemein als wichtig, für sich persönlich können sie jedoch keine den offiziellen Intentionen der Schule entsprechende Bedeutung erkennen. Sie vermögen sich nicht vorzustellen, daß die Schule, so wie sie sie erleben, einmal nicht mehr existiere, sie können sie aber in keiner Weise ernst nehmen. Sofern sie der Schule allgemein Bedeutung beimessen, sehen sie diese nicht in den Inhalten, also auf der Qualifikationsebene, sondern ausschließlich in ihrer Selektionsfunktion, von der auch sie sich betroffen sehen. Da sie keinen für sie befriedigenden Sinn mit der Schule verbinden können, sind sie, wenn überhaupt, nur unter ausdrücklichem Zwang zum Lernen, zur Leistung bereit; dies bestimmt auch ihre ambivalente Einstellung zum Zensurensystem. Für die Mehrheit der versagenden Hauptschüler ist der „Zeitvertreib", „das Zusammentreffen mit Freunden und Gleichaltrigen fast der einzige positive Zweck an der Schule überhaupt" (ARBEITSGRUPPE SCHULFORSCHUNG 1980, S. 52). Das Lehrerverhalten erscheint den Schülern als willkürlich, sie fühlen sich ausgeliefert und machtlos, sehen keine Chance zu produktiven Veränderungen.
Den *erfolgreichen Hauptschülern* erscheint die Schule auch persönlich als wichtig, weil sie über einen erfolgreichen Abschluß hoffen, „was werden zu können". Der Sinn der Schule wird jedoch auch von ihnen nicht in den vermittelten Inhalten gesehen, sondern in den Zensuren als Belohnung für Anstrengungen und Mittel des Erfolgs. Bedeutung hat die Schule für die erfolgreichen Hauptschüler vor allem in ihrer Bedeutung für später: Für sie ist „der Zusammenhang zwischen Relevanz der Schule und individueller Erfolgsstrategie eine der prägnantesten generalisierten Bedeutungen" (ARBEITSGRUPPE SCHULFORSCHUNG 1980, S. 56).
Die Mehrheit betont ihre positive Beziehung zur Schule; im übrigen wird die Schule als lästiges Übel in Kauf genommen, um die eigene Zukunft nicht zu gefährden. Es herrscht die Auffassung vor, die Schule sei nicht veränderbar, man müsse sich selbst ändern, seine Bedürfnisse ausklammern, um individuell erfolgreich zu sein. Die Beziehung zu den Lehrern wird als freundlich charakterisiert.
Die *versagenden Gymnasiasten* sehen den Sinn der Schule vor allem in den damit im Vergleich zu „niederen" Schularten verbundenen beruflichen und gesellschaftlichen Chancen. Ein „Versager" zu sein, wird zumindest partiell durch das Faktum, Mitglied einer Schulform zu sein, die an der Spitze der Hierarchie steht, abgefangen. Leistungsanforderungen werden von den meisten uneingeschränkt akzeptiert, das Bewertungssystem als leistungsgerecht wahrgenommen (die versagenden Hauptschüler sehen darin vor allem ein Disziplinierungsinstrument). Die Probleme der versagenden Gymnasiasten „konzentrieren sich auf den Leistungsbereich, andere Themen treten demgegenüber eher in den Hintergrund" (ARBEITSGRUPPE SCHULFORSCHUNG 1980, S. 69), das heißt auch die versagenden Gymnasiasten weisen eine außerordentlich positive Beziehung zur Schule auf, wie sie ist.
Bei den *erfolgreichen Gymnasiasten* dominiert ebenso wie bei den anderen Gruppen die Selektionsfunktion der Schule. Sie sehen jedoch einen Sinn der Schule auch partiell auf der Qualifikationsebene, indem sie eine Entsprechung zwischen Lerninhalten und späteren Berufsinhalten vermuten. Freilich werden die Lerninhalte als

hinzunehmende, weitgehend fremdbestimmte Gegebenheit gesehen, die keine Beziehung zu ihren aktuellen Interessen, Bedürfnissen und ihrer Lebenssituation aufweist. Trotz grundsätzlicher Akzeptierung des Leistungs- und Bewertungssystems hat der größere Teil der erfolgreichen Gymnasiasten kritische Vorbehalte. Als positiv an der Schule wird noch wahrgenommen, daß sie soziale Kontakte ermöglicht. Bei *allen* Schülern fällt auf, „wie wenig sich Aufgaben und Sinn der Schule aus den alltäglichen Lebensanforderungen und Erfahrungen der Schüler konstituieren. Konkrete Erfahrungen, die sich auf Lerninhalte beziehen, werden nur ganz selten geschildert. Es fällt den Schülern schwer, den Sinn des Unterrichts aus den täglichen Erfahrungen des Schulalltags abzuleiten" (ARBEITSGRUPPE SCHULFORSCHUNG 1980, S. 105). Lernen wird nahezu ausschließlich als eine von außen gesetzte Anforderung begriffen, „die nur unter Hintanstellung eigener Bedürfnisse und Inaussichtstellung von Belohnung und Bestrafung erfolgt" (ARBEITSGRUPPE SCHULFORSCHUNG 1980, S. 109). Die entscheidende Bestimmung von Aufgaben und Sinn der Schule bezieht sich auf deren Selektionsfunktion, auf ihr „Gratifikations- bzw. Diskriminierungspotential" (ARBEITSGRUPPE SCHULFORSCHUNG 1980, S. 106). Ein Zusammenhang zwischen schulischen Qualifikationen und nachschulischen gesellschaftlichen Anforderungen wird, abgesehen von einem Teil der erfolgreichen Gymnasiasten, nicht gesehen. „Die deutliche Betonung liegt auf der Verknüpfung des formalen Niveaus des Schulabschlusses und den späteren beruflichen und gesellschaftlichen Chancen. Eine solche enge Verbindung von Zensuren und späterer beruflicher Position wird von allen Schülergruppen vorgenommen, unabhängig vom faktischen Leistungsstatus innerhalb des Schulsystems. Auch die versagenden Schüler äußern diese Zusammenhänge ganz explizit" (ARBEITSGRUPPE SCHULFORSCHUNG 1980, S. 107).
Bezogen auf das von Willis formulierte Modell des „Bildungstausches" läßt sich konstatieren, daß selbst für die erfolgreichen, auf die berufliche Zukunft ausgerichteten Schüler *Wissen* nur in einem äußerst eingeschränkten Sinn als wichtig erlebt wird. Sofern bei ihnen das Prinzp des Bildungstausches noch funktioniert, ist es allein auf die Gewährleistung eines *formalen Schulabschlusses* bezogen und dementsprechend mit einer hohen Bewertung des Zensurensystems verbunden.
Bei allen Schülern dominiert eine *instrumentalistische Gratifikationshaltung,* die sich nicht an den Inhalten, sondern an der Selektionsfunktion orientiert. Läßt sich diese Haltung nicht durchhalten, weil die Leistungsanforderungen nicht zu erfüllen beziehungsweise zu unterlaufen sind oder keine Entsprechung mehr zwischen möglicher Leistungserfüllung und *späteren* Gratifikationen wahrzunehmen ist, „so ist häufig ein Aufgeben jeglicher Anstrengung für die Schule unter Inkaufnahme schwerwiegender Nachteile zu beobachten. Insbesondere im Hauptschulbereich läßt sich deswegen auch beobachten, daß es eine Reihe von Schülern gibt, die in letzter Konsequenz der Schule jegliche persönliche Bedeutung absprechen, um auf diese Weise eine Möglichkeit zu haben, sich unabhängig von den schulischen Leistungen als Person mit eigener Identität verstehen zu können" (ARBEITSGRUPPE SCHULFORSCHUNG 1980, S. 196).
Während bei den erfolgreichen Hauptschülern und den Gymnasiasten eine gewisse Identifikation mit dem System der schulischen Leistungsanforderungen und -bewertungen noch beobachtet werden kann, läßt sich bei den versagenden Hauptschülern nichts dergleichen mehr bemerken. Das schulische Gratifikations- und Diskriminierungspotential verliert hier vollkommen seine Wirksamkeit. Für sie stellt der Kontakt mit den Mitschülern meist das einzige positive Moment an der Schule dar. „Bei ihnen zeigt sich auch am deutlichsten ein kollektives Gefühl gemeinsamen Umgangs mit der Schule, der sich vor allem in gemeinsamen Strategien

zum Torpedieren der Unterrichtsanforderungen äußert: ‚Wir stören fast immer'" (ARBEITSGRUPPE SCHULFORSCHUNG 1980, S. 111). Die Lehrer werden als feindselig, rigide und autoritär erlebt, „als Persönlichkeiten, die die Schülerperspektive nicht berücksichtigen und mit allen Mitteln versuchen, ihre eigenen Situationsdefinitionen durchzusetzen" (ARBEITSGRUPPE SCHULFORSCHUNG 1980, S. 111 f.).
Für die erfolgreichen Schüler haben die Kontakte zu Mitschülern ein weitaus geringeres Gewicht, und die Beziehungen zu den Lehrern sind weniger konfliktgeladen. „Wo erfolgreiche Schüler trotz wahrgenommener Einschränkungen immer noch handeln können und für ihr Handeln belohnt werden, haben sie eine Ich-Darstellung nicht nötig, wie sie die versagenden Schüler aus einem Gefühl der diffusen Opposition gegenüber einem System heraus wagen, das ihre Identität immer von neuem attackiert. Die erfolgreichen Schüler fühlen sich vielmehr belohnt, wenn sie sich anpassen und konform verhalten: Bei den versagenden Hauptschülern sind dagegen Anzeichen einer kritischen Distanz gegenüber der Institution Schule zwar nicht auf einer reflektierten, aber auf der konkreten Handlungsebene sichtbar" (ARBEITSGRUPPE SCHULFORSCHUNG 1980, S. 112).
Im Gegensatz zu den Hauptschülern, „die stärker auf Unabhängigkeit, Selbständigkeit und eigene Identität pochen, zeigt sich bei beiden Schülergruppen am Gymnasium die Bereitschaft, sich in das Normengefüge zu integrieren und sich auch den Lehrern gegenüber anzupassen" (ARBEITSGRUPPE SCHULFORSCHUNG 1980, S. 112). Interessanterweise zeigen sich unter den Gymnasiasten gerade bei den Erfolgreichen gewisse Tendenzen, die Integrationszwänge der Schule als Einübung für Anpassungsleistungen des Individuums an die Gesellschaft zu kritisieren und Autonomieansprüche zu betonen. Sie stellen jedoch kaum die leitenden Prinzipien und Normen der Schule in Frage und bleiben in ihrer Kritik „konstruktiv" (ARBEITSGRUPPE SCHULFORSCHUNG 1980, S. 113; vgl. auch die „historische" Studie aus dem Jahr 1928: BERNFELD 1969, S. 445 ff.).

3 Wissenschaftliche Annäherungen an den Schüleralltag

In der westdeutschen Schul- und Jugendforschung gibt es immer noch nur wenige empirische Untersuchungen, die den Schulalltag der Schüler zu begreifen und die Frage zu beantworten versuchen, in welcher Weise sich Schüler mit der Schule auseinandersetzen und welche Chancen sie haben, sich die Schule anzueignen (zur theoretischen Konzeption der Erforschung des Alltags vgl. SCHRÜNDER 1983).
Noch 1978 sah sich Andreas Flitner in seiner Eröffnungsrede auf dem 6. Kongreß der Deutschen Gesellschaft für Erziehungswissenschaft in Tübingen zu der Bemerkung veranlaßt: „Wir wissen heute offenbar manches von der Schule als Institution, als didaktische Veranstaltung, als Ort gesellschaftlicher Zuweisung. Von der Schule als Erfahrungsraum und erlebtem Alltag, vom Funktionieren und Wirken eines solchen Organismus ist unser Wissen noch dürftig" (FLITNER 1978, S. 188; zum Stand der Schulforschung vgl. SCHÖN 1979).
In der Bundesrepublik gibt es nur zwei Untersuchungen, die sich ausdrücklich mit dem Schüleralltag beschäftigen: die schon ausführlich zitierte Studie der ARBEITSGRUPPE SCHULFORSCHUNG (vgl. 1980) und eine in zwei Buchveröffentlichungen zugängliche Studie der PROJEKTGRUPPE JUGENDBÜRO UND HAUPTSCHÜLERARBEIT (vgl. 1975)/PROJEKTGRUPPE JUGENDBÜRO (vgl. 1977).
Die Projektgruppe Jugendbüro hat ihre Untersuchung bereits im Schuljahr 1972/1973 an einer städtischen Hauptschule durchgeführt, und zwar in vier 8. Klassen mit 136 Jugendlichen zwischen 13 und 15 Jahren. 55% der Schüler waren Jungen,

45% Mädchen. Der Ausländeranteil lag bei 17%. 25% der Schüler waren mindestens einmal sitzengeblieben. Nach arbeitsrechtlichen Kriterien befanden sich unter den Hauptemährern (meist Väter) der Schüler 57% Arbeiter, 35% Angestellte und Beamte und 8% Selbständige. Aufgrund einer genaueren Klassen- und Schichtengliederung, die sich an der hauptsächlichen Einkommensquelle und der Stellung in der Funktions- und Qualifikationsgliederung der Arbeit orientiert, ergibt sich ein Arbeiterklassen-Anteil von 83%, ein Mittelschicht-Anteil von 17%. Die Projektgruppe geht nach ihrer Erhebung der sozioökonomischen Lage der Schülerfamilien davon aus, daß es sich bei der untersuchten Hauptschule um eine „Schulform handelt, die vorwiegend der Sozialisation von Arbeiterkindern dient" (PROJEKTGRUPPE JUGENDBÜRO UND HAUPTSCHÜLERARBEIT 1975, S. 43).

Die Arbeitsgruppe Schulforschung hat ihre Untersuchung unmittelbar nach den Zeugniskonferenzen des Schuljahres 1976/1977 in Essen durchgeführt. Sie befragte 20 Schüler aus den 8. Klassen von sieben Hauptschulen in einem vorwiegend von Arbeitern bewohnten Einzugsgebiet und 20 Schüler derselben Klassenstufe von vier Gymnasien in einem vorwiegend von Mittelschichten bewohnten Gebiet. Die Arbeitsgruppe befragte je zur Hälfte Schüler, die gerade sitzengeblieben waren und Schüler, die gerade überdurchschnittlich gute Schulleistungen aufwiesen. Die Jugendlichen waren zwischen 13 und 16 Jahre alt, 60% Jungen, 40% Mädchen. Von den Vätern der Hauptschüler waren (in Klammern die Anteile der Gymnasiasten) 12 (6) gelernte und ungelernte Arbeiter, 6 (8) Angestellte, selbständige Handwerker, einfache Beamte und 2 (6) in Berufen mit akademischer Ausbildung. Berufstätige Mütter waren an den Hauptschulen überrepräsentiert: 11 Mütter von Hauptschülern, 6 Mütter von Gymnasiasten. Zum Aussagegehalt ihrer Ergebnisse merkt die Arbeitsgruppe an, sie seien „nicht im statistischen Sinne repräsentativ, aber sie sind typisch und in differenzierter Weise aussagekräftig für die Schüler- und Lehrerschaft der ausgewählten Schultypen und Jahrgangsstufen" (ARBEITSGRUPPE SCHULFORSCHUNG 1980, S. 35 f.).

Das Untersuchungsinteresse der Projektgruppe Jugendbüro ist vom Problem der Schulentfremdung geleitet. Die Projektgruppe geht davon aus, „daß die Hauptschule mit ihren gegenwärtigen Lerninhalten sowie ihren Arbeits- und Sozialformen besonders den Kindern aus verschiedenen Schichten der Arbeiterklasse nicht gerecht zu werden vermag und dementsprechend auch diese Schülergruppe nicht der Schule und ihren Anforderungen" (PROJEKTGRUPPE JUGENDBÜRO... 1975, S. 9). Um der Schulentfremdung zu begegnen, will die Projektgruppe dazu beitragen, „Curricula zu entwickeln, die die Bedürfnisse und Erfahrungen dieser Schüler angemessen berücksichtigen" und „die Distanz zwischen schulischer und außerschulischer Wirklichkeit [...] verringern" (PROJEKTGRUPPE JUGENDBÜRO... 1975, S. 9).

Um hierfür Grundlagen zu schaffen, richtet sich das Untersuchungsinteresse vor allem auf die außerschulische Lebenswelt der Schüler. Im Mittelpunkt der Untersuchung stehen „die Interpretationen [...], die die Schüler für ihre eigene Situation geben". Diese „Erklärungsmuster und Sinnhorizonte" sollen ergänzt werden durch „eine Untersuchung der objektiven Lebensumstände und Sozialisationsbedingungen" (PROJEKTGRUPPE JUGENDBÜRO... 1975, S. 10).

Besonderes Augenmerk richtet die Projektgruppe auf die Unterschiede zwischen einzelnen Schülergruppen. „Nicht alle Hauptschüler waren der Institution Schule in gleicher Weise entfremdet. Während die einen mit Apathie oder Auflehnung auf Schulunterricht reagierten und damit anzeigten, daß und wie sehr sie unter Schule litten, waren andere Jugendliche ohne Anzeichen größerer Konflikte bereit und imstande, sich mit den schulischen Leistungs- und Verhaltensforschungen zu identifizieren" (PROJEKTGRUPPE JUGENDBÜRO... 1975, S. 11). Dies veranlaßt die Projektgruppe, zwei Kategorien zur Kennzeichnung der Gruppen in der Untersuchung einzuführen: „Die Gruppe der dem Augenschein nach entfremdeten Hauptschüler wurde als ‚Jugendsubkultur', die Gegengruppe der institutionsfrommen Schüler als ‚Familienzentrierte' bezeichnet" (PROJEKTGRUPPE JUGENDBÜRO... 1975, S. 12). Zur Gruppe der „Jugendsubkultur" rechnet die Projektgruppe 25%, zur Gruppe der „Familienzentrierten" 50% der in die Untersuchung einbezogenen Schüler. Das restliche Viertel der Schüler entspricht keiner der beiden Kategorien.

Das Untersuchungsinteresse der Arbeitsgruppe Schulforschung ist vom Problem des „Schulversagens" geleitet. Die Arbeitsgruppe geht davon aus, daß in den letzten Jahrzehnten pädagogische und psychologische Dimensionen des schulischen Sozialisations- und Bildungsprozesses vernachlässigt worden sind. „Leidtragende sind alle Schüler, deren Leistungs- und Sozialverhalten in irgendeiner Weise spürbar vom Durchschnitt negativ abweicht. Für diese Schüler sind unglückliche Bildungslaufbahnen und ressentimentbeladene Schulerfahrungen teilweise unentrinnbar. Das hinterläßt tiefe Spuren im Selbstbild, Selbstbewußtsein und Selbstvertrauen, die über die Schulzeit hinaus nachwirken" (ARBEITSGRUPPE SCHULFORSCHUNG 1980, S. 7).

Im Unterschied zu anderen Veröffentlichungen über die Probleme von Schulversagern will die Arbeitsgruppe untersuchen, „wie sich die Handlungsbedingungen von Personen, die am schulischen Bildungsprozeß beteiligt sind, in subjektiver Sicht darstellen" (ARBEITSGRUPPE SCHULFORSCHUNG 1980, S. 7). Ihr Interesse gilt dem *Selbst- und Wirklichkeitsverständnis,* den *Alltagstheorien* der Schüler über ihre soziale Situation *in* der Schule.

Um zu differenzierten Aussagen zu kommen, stellt die Arbeitsgruppe den „versagenden" Schülern eine „Kontrastgruppe" von „erfolgreichen" Schülern gegenüber, eine Unterteilung, die im Unterschied zur Untersuchung der Projektgruppe Jugendbüro von vornherein die Auswahl der in die Untersuchung einbezogenen Schüler bestimmt. Über ihr praktisches Interesse gibt die Arbeitsgruppe nur vage Auskunft. Neben der Feststellung, daß sie „die Kenntnis über den ‚inneren Zustand'" (ARBEITSGRUPPE SCHULFORSCHUNG 1980, S. 8) der Schule erweitern will, formuliert sie emphatisch einige *pädagogische* Postulate, die den vorherrschenden Erziehungsmustern der Schule prinzipiell widersprechen.

Abgesehen davon, daß sich die beiden Untersuchungen in ihrer jeweiligen Schwerpunktsetzung auf die *außerschulische* Lebenswelt und den *schulischen* Alltag der Schüler unterscheiden, fällt auf, daß sie das Leiden der Schüler an der Schule mit ähnlichem Blickwinkel und ähnlichen Kategorien thematisieren.

Beide Untersuchungen ergreifen Partei für die in der Schule in Schwierigkeiten geratenen Schüler. Sie wollen die konstatierte Schulentfremdung beziehungsweise Schuldistanz nicht einfach aufheben, indem sie Schüler besser an die Schule anpassen, so wie sie ist. Sie kritisieren die Schule, fordern ihre Veränderung, ihr stärkeres Eingehen auf die Lebenssituation, die Erfahrungen und aktuellen Bedürfnisse vor allem der Schüler aus Arbeiterfamilien. Die ARBEITSGRUPPE SCHULFORSCHUNG (1980, S. 199) etwa kommt zu dem Schluß, es sei „pädagogisch gesehen [...] unverantwortlich, wenn jungen Menschen für die Dauer von 10 oder sogar 13 Jahren als oberste Orientierung Ziele angeboten werden, die sich ausschließlich auf die Zeit nach dieser Lebensspanne beziehen. Damit wird jungen Menschen zugemutet, jahrelang mit der Perspektive zu leben, sich auf das ‚Eigentliche' des Lebens vorzubereiten, das angeblich erst kommt, und sich über eine lange Lebensspanne hinweg unter Zurückstellung eigener Bedürfnisse und Interessen ‚trainieren' zu lassen, um eine gute Berufsposition im späteren Leben zu erreichen [...] Die Vorstellung, in der Schule werde ausschließlich für ‚das Leben' nach der Schule gelernt, ist subjektiv verhängnisvoll. Zugleich ist sie objektiv unzutreffend." Dennoch, beide Untersuchungen bleiben in ihrer Wahrnehmung und Interpretation des Schüleralltags, ihres Umgangs mit der Entfremdung in Mustern verfangen, die bestenfalls pädagogische Lösungen *für* die Schüler, nicht jedoch ein Stück Selbstbefreiung *durch* die Schüler möglich erscheinen lassen. Diese beschränkte Sichtweise drückt sich in den hauptsächlichen Kategorien aus.

Die Arbeitsgruppe Schulforschung unterscheidet „erfolgreiche" und „versagende" Schüler: Die versagenden Schüler finden ihr besonderes Interesse, sie will auch für diese die Möglichkeit eröffnet sehen, erfolgreich zu sein. Die versagenden Schüler erscheinen als leidende Opfer, als schwach, in eine Außenseiterposition gedrängt, ihre Distanzierung von der Schule wird als bewußtlos („nicht reflektiert"), als eine defensiv-hilflose Reaktion interpretiert. Ihr Störverhalten wird nicht weiter analytisch erschlossen.

Eine ähnliche Betrachtungsweise und Kategorienbildung kennzeichnet schon eine frühere Studie zum „abweichenden Verhalten in der Schule" (BRUSTEN/HURRELMANN 1973). Das „abweichende Verhalten" wird als „Zuflucht" zu „Verteidigungsmechanismen" (BRUSTEN/HURRELMANN 1973, S. 102), als problematische „Reaktion des Handelnden auf eine für ihn subjektiv problematische Situation" (BRUSTEN/HURRELMANN 1973, S. 165) interpretiert. Auch die vielfach bei „abweichenden" Schülern beobachtete verstärkte Hinwendung zu „außerschulische[n] Sozialkontakte[n] mit schichtgleichen Alterskameraden" wird lediglich als „Flucht" gedeutet (BRUSTEN/HURRELMANN 1973, S. 164) und nicht weiter hinterfragt.

Die von der Projektgruppe Jugendbüro eingeführten Kategorien „Jugendsubkultur" und „Familienzentrismus" werden in engem Zusammenhang mit den Kategorien „Schulversagen" und „Schulerfolg" gebraucht. Die Projektgruppe geht in ihrer Untersuchung von der Annahme aus, „daß ein Erfolg in der Schullaufbahn die Einnahme einer familienzentrierten Orientierung begünstigt; ein Scheitern dagegen bei Schülern den Jugendzentrismus und die Orientierung an der jugendlichen Subkultur forciert" (PROJEKTGRUPPE JUGENDBÜRO 1977, S. 138). Sie glaubt, diese Annahme empirisch darin bestätigt zu finden, daß Subkultur-Schüler überhäufig gescheiterte Schullaufbahnen aufwiesen, während das Umgekehrte – wenn auch nicht ganz so eindeutig – für die Familienzentrierten gelte.

Nun soll nicht bezweifelt werden, daß Jugendliche, die die von der Projektgruppe sensibel und anschaulich beschriebenen Verhaltensweisen zeigen (vgl. PROJEKTGRUPPE JUGENDBÜRO... 1975), in besonderem Maße zum Objekt schulischer Disziplinierungs- und Ausgrenzungspraktiken gemacht und damit in ihrer Schullaufbahn beeinträchtigt werden. Problematisch wird die Sichtweise und Interpretation jedoch, wenn die *Entstehung* einer der beiden Orientierungsmuster selber davon abhängig gemacht wird, „wie die Schüler ihre Schullaufbahn unter dem Gesichtspunkt der Bewältigung ihrer biographischen Aufgabe einschätzen" (PROJEKTGRUPPE JUGENDBÜRO 1977, S. 145) und wenn die Projektgruppe als wesentliche Voraussetzung für den Eindruck des Scheiterns „sowohl ein erkennbares Laufbahnbewußtsein als auch eine positive Einschätzung des instrumentellen Wertes der Hauptschulnoten und -fächer für den künftigen Beruf" (PROJEKTGRUPPE JUGENDBÜRO 1977, S. 145) unterstellt.

Indem auf diese Weise die Subkultur der Schüler als Ausdruck einer als gescheitert empfundenen Biographie gedeutet wird, nimmt die Projektgruppe in gewisser Weise die Perspektive des Systems ein, das solche Biographien vorschreibt, und degradiert den biographischen Entwurf, die subjektive Sinndeutung der Jugendlichen zu einer „machtlosen Geste" (FUCHS 1979, S. 254) gegenüber den herrschenden Definitionen von Erfolg und Mißerfolg, von Fähigkeit und Unfähigkeit. Indem die Autoren der Projektgruppe „Erfolg und Mißerfolg beim Übergang zur normalen Lohnarbeiterexistenz zum Maßstab machen, lassen sie die Frage nicht mehr zu, ob einzelne Jugendliche diesen ‚Erfolg' vielleicht nicht wollten, ob einzelne vielleicht unsicher sind, ob solcher Erfolg die Anstrengung wert ist. Sie schließen die Möglichkeit aus, daß ‚Mißerfolg' […] – wie widersprüchlich auch immer – beabsichtigt ist" (FUCHS 1979, S. 254).

Die Subkultur-Schüler erscheinen zwar in den Beobachtungen der Projektgruppe als agil, erfindungsreich, äußerlich selbstbewußt, auch bei ihren familienzentrierten Mitschülern als beliebt und werden von ihnen in mancherlei Hinsicht neidvoll als heimliches Vorbild betrachtet (vgl. PROJEKTGRUPPE JUGENDBÜRO... 1975, S. 51 ff.), in der Interpretation werden sie jedoch letztlich zu „unreifen", mit ethnozentrischen Vorurteilen behafteten, in Freund-Feind-Schemata denkenden Außenseitern stilisiert, die „dazu neigen, Aggressionen auf Außengruppen zu projizieren und ihr Bild von der Gesellschaft entsprechend strukturieren" (PROJEKTGRUPPE JUGENDBÜRO 1977, S. 16). Nach dem Urteil der Projektgruppe sind sie letztlich die Unfähigen, an ihrer „objektiven biographischen Aufgabe" Scheiternden, die sich ändern müssen.

Auch in der 1977 veröffentlichten englischen Untersuchung von WILLIS (vgl. 1979) werden zwei Gruppen von Schülern unterschieden: *Konformisten* und *Nonkonformisten,* eine Unterscheidung, die auf der Beobachtungsebene den Unterscheidungen der beiden deutschen Untersuchungen vergleichbar ist. Ähnlich wie die Projektgruppe Jugendbüro bezeichnet Willis die nonkonformistischen Schüler auch als Angehörige einer schulischen Sub- beziehungsweise Gegenkultur.

Grundverschieden ist jedoch die Interpretation der beobachteten Verhaltensweisen und der sprachlichen Selbstäußerungen der Jugendlichen. Willis nimmt in den Subkultur-Schülern nicht gescheiterte oder notwendig scheiternde Existenzen wahr, sie erscheinen nicht als Versager, als Opfer der Schule, sondern als ihre einzig ernsthaften Opponenten und Kritiker, als die letztlich Lebensfähigeren und Überlegenen. In seiner bildhaften Sprache, die sich nicht selten am Sprachgebrauch der nonkonformistischen Schüler orientiert, wertet Willis die Elemente der Gegen-Subkultur nicht als „Polsterschichten zwischen den Menschen und dem Unangenehmen", also nicht als Phänomene eines defensiven Rückzugs; er deutet sie vielmehr als „selbständige Aneignungsvorgänge, Ausübung eigener Fähigkeiten, Bewegung, Aktivitäten im Dienst bestimmter Ziele" (WILLIS 1979, S. 84). Dazu rechnet er „Handfertigkeit, Selbstvertrauen und vor allem ein gewisses Auftreten, das eine lebendige soziale Kraft eher nährt, als sie zu vermindern. Eine Kraft, *die in Bewegung ist,* nicht gestützt, strukturiert und organisiert durch eine formell benannte Institution, bei der man sich mit schriftlichen Unterlagen bewerben könnte" (WILLIS 1979, S. 85).

Willis übersieht nicht die Widersprüche und die durch die Macht der offiziellen Institutionen aufgenötigten Risiken und Begrenzungen der gegenkulturellen Praxis der Schüler, er übersieht auch nicht deren inhumane Bestandteile (männliche Sexismen, Rassismen), in denen sich gleichsam die dominierenden Wertmuster der patriarchalischen kapitalistischen Konkurrenzgesellschaft niederschlagen. Wesentlich ist jedoch, daß er die Gegenkultur der Schüler in den Kontext klassenspezifischer Kulturmuster, in diesem Fall der Arbeiterschaft, stellt. Über die selbständige, gegen die offiziellen Intentionen gerichtete Aneignungspraxis der Schüler werden

nach Willis' Interpretation „Themen der Arbeiterklasse übernommen und in hohem Maße weiterentwickelt: Widerstand; Untergrabung der Autorität; informelle Entlarvung der Schwächen und Fehler des Formellen; sowie eine unabhängige Fähigkeit, für Abwechslung und Vergnügen zu sorgen" (WILLIS 1979, S. 136).
Auch die PROJEKTGRUPPE JUGENDBÜRO (1977, S. 123) sieht im „Klassencharakter der Biographie" ein wesentliches Moment der sozialen Situation der Schüler. Ihre „biographische Aufgabe" wird unter anderem darin gesehen, „den ererbten Klassenhintergrund in einen selbst angeeigneten subjektiven Klassenstatus zu überführen" (PROJEKTGRUPPE JUGENDBÜRO 1977, S. 124). Der Aneignungsprozeß des Klassenstatus tritt aber in der Sichtweise der Projektgruppe hinter die Notwendigkeit der „Einpassung [...] in verantwortliche ökonomische Funktionsrollen" (PROJEKTGRUPPE JUGENDBÜRO 1977, S. 122) zurück und findet kein eigenständiges kulturelles Gegengewicht in der Lebensweise der Arbeiterklasse selbst. Die defensive Außenseiterposition der Schüler-Subkultur bildet gleichsam das jugendspezifische Korrelat, ist ein letzter hilfloser Aufschrei vor einer Arbeiterexistenz, die, außer in die „ökonomischen Funktionsrollen" eingepaßt zu sein, über keine autonomen Artikulations- und Widerstandsmöglichkeiten verfügt.
Es kann hier der Frage nicht nachgegangen werden, inwiefern sich in den unterschiedlichen Darstellungen und Interpretationen ein tatsächlicher Unterschied in Lebensweise und Klassenbewußtsein der englischen und deutschen Arbeiterschaft ausdrückt. Gewiß schlägt sich in der Sichtweise der deutschen Forschungsgruppen jedoch eine bestimmte in der Bundesrepublik Deutschland noch immer weitgehend ungebrochene Denktradition der bürgerlichen Sozialforschung nieder, die nichtkonformes Arbeiterleben als defizitär und zum Scheitern bestimmt erklärt.

4 Vor einem Umsturz des Bildungstausches?

Von der Arbeitsgruppe Schulforschung ist konstatiert worden, daß für die „versagenden" Hauptschüler „die Freundschaftsbeziehungen untereinander und die sozialen Kontakte in der Clique den offenbar einzigen emotional positiv besetzten Stellenwert in der Schule" bilden (ARBEITSGRUPPE SCHULFORSCHUNG 1980, S. 135). Der Arbeitsgruppe fiel auf, wie häufig die Schüler die „Wir"-Form zur Beschreibung schulischer Erfahrungen verwenden oder das gemeinsame „Mistmachen" betonen. Sie erklärt sich die Bedeutung der Clique im Schülerleben dadurch, daß sie „Rückhalt" biete „gegenüber negativen Schulerfahrungen" (ARBEITSGRUPPE SCHULFORSCHUNG 1980, S. 135f.). Die negativen Schulerfahrungen werden dann aber in folgenreicher Weise ausschließlich als „Versagererlebnisse" gedeutet. Unter ausdrücklichem Verweis auf die Projektgruppe Jugendbüro formuliert die ARBEITSGRUPPE SCHULFORSCHUNG (1980, S. 136): „Möglicherweise bildet der Zusammenhang in der Clique das Gegengewicht für die Versagenserlebnisse in der Schule und dient als Bewältigungsstrategie im Rahmen der gesamten biographischen Entwicklung im Jugendalter".
Auch Willis mißt der Cliquenbildung erhebliche Bedeutung bei, wenn auch, wie zu erwarten, auf andere Weise. In der Schülerclique, die er auch „informelle Gruppe" nennt, sieht er die Grundeinheit der Gegen-Schulkultur, „die fundamentale Quelle ihres Widerstandes. Sie lokalisiert und ermöglicht alle anderen Elemente der Kultur, und gerade ihr Vorhandensein unterscheidet die ‚lads' von den ‚earoles'" (WILLIS 1979, S. 42), wie die nonkonformistischen Schüler sich selbst und ihren Gegenpol, die konformistischen Schüler („Ohrlöcher"), bezeichnen. Das wesentliche Ziel der Clique sieht Willis darin, „oppositionelle Bedeutungen gegen das Ein-

dringen des ‚Gesetzes' zu wahren" (WILLIS 1979, S. 45). Die lads nennen es „grassing" (Petzen, Verraten), die Lehrer nennen es „Wahrheit".
Letztlich verschafft, so vermutet Willis, die entwickelte Gegen-Schulkultur den Schülern die Möglichkeit, „mit dem formellen System umzugehen und seine Forderungen aufs absolute Minimum zu beschränken" (WILLIS 1979, S. 48). In der Selbstleitung der Schüler und ihrer Vereitelung der formellen Ziele der Institution sieht WILLIS (1979, S. 50) nicht zuletzt einen „Angriff auf die offiziellen Zeitbegriffe". In den Augen der Lehrer „vergeuden" die lads „wertvolle Zeit". In ihren eigenen Augen ist Zeit nicht etwas, „womit man sorgfältig haushalten und das man, um angestrebte Ziele in der Zukunft zu erreichen, sparsam ausgeben muß. Für die ‚lads' ist Zeit etwas, das sie jetzt für sich beanspruchen, als Aspekt ihrer unmittelbaren Identität und Selbstleitung. Man nutzt die Zeit für die Erhaltung eines Zustandes - das Zusammensein mit den ‚lads' -, nicht für das Erreichen eines Zieles - Qualifikation" (WILLIS 1979, S. 51). Die lads zeigen eine tief verwurzelte Skepsis gegen den Wert von Qualifikationen im Vergleich zu dem, was sie opfern müssen, um diese zu erlangen. „Geopfert wird letztlich nicht einfach tote Zeit, sondern eine Qualität des Handelns, des Engagements und der Beteiligung. Unmittelbare Gratifikation ist nicht nur unmittelbar, sie ist ein Lebensstil und bietet auch in zehn Jahren dasselbe. Wenn man heute ein ‚earole' ist und Qualifikationen von zweifelhaftem Wert erwirbt, so könnte dies für immer jene Fähigkeiten abtöten, die unmittelbare Gratifikationen jeglicher Art und zu jeder Zeit ermöglichen" (WILLIS 1979, S. 196).
Die lads sind davon überzeugt, daß sie stets die nötige Befähigung am Arbeitsplatz zeigen werden und daß es immer leichter ist, eine Sache zu tun, als ihre Darstellung bei einer Prüfung oder ihre formelle Beschreibung vermuten läßt. Von den earoles nehmen sie an, daß sie „Qualifikation" nur deshalb brauchen, weil sie nicht die Phantasie und den Witz haben, es anders zu machen.
Die „systematische kulturelle Selbst-Vorbereitung" (WILLIS 1979, S. 152) der lads auf die spätere Arbeit unterscheidet sich von der der earoles nicht nur im Umgang mit den schulischen Anforderungen, sondern auch in den jeweiligen Zukunftserwartungen. Von den lads wird die Trennung zwischen sich und den konformistischen Schülern „als Trennung zwischen verschiedenen Arten einer Zukunft, verschiedenen Gratifikationen und verschiedenen Arten von Arbeit aufgefaßt, die für diese Dinge relevant sind" (WILLIS 1979, S. 152). Sie begreifen sie als die vermutete künftige Trennung „zwischen weißen und blauen Kragen" (WILLIS 1979, S. 152f.) oder, wie einer der lads formuliert, als Unterschied zwischen „Bleistiftstemmen und Plackerei" (zitiert nach WILLIS 1979, S. 161).
Der positive Maßstab der lads ist die Körperlichkeit der Arbeit, die sie von dem bewußt abgrenzen, was sie als geforderte „geistige Arbeit" in der Schule negativ, nämlich als Mittel zur „Kontrolle ihres Selbst" (WILLIS 1979, S. 161), erfahren. Sie sind nicht an einem bestimmten Beruf interessiert, eine - so Willis - „sehr stark an Mittelschichtvorstellungen orientierte Vorstellung" (WILLIS 1979, S. 155), sondern an einer Zukunft, „die allgemein durch körperliche Arbeit gekennzeichnet ist. Alle Arbeit - oder die Plackerei, die sie erwarten - wird aufgewogen durch das vorrangige Bedürnis nach schnellem Geld, die Überzeugung, daß jegliche Arbeit unangenehm ist und daß einzig zählt, was die jeweilige Arbeitssituation an Möglichkeiten bietet für die - besonders die maskuline - Selbstverwirklichung, für Abwechslung und Spaß, wie sie kreativ in der Gegen-Schulkultur gelernt wurden" (WILLIS 1979, S. 156).
Bei der Diskussion der Untersuchung der ARBEITSGRUPPE SCHULFORSCHUNG (vgl. 1980) ist deutlich geworden, daß sich auch in der Bundesrepublik das Prinzip des

„Bildungstauschs" in einer Krise befindet. Nach der Darstellung des auf diese Probleme bezogenen empirischen Teils von Willis' Untersuchung sollen daher nun noch einige Schüler- und Lehrerberichte daraufhin befragt werden, in welcher Weise die „Krise des Bildungstauschs" sich heute an deutschen Schulen manifestiert.

Auch von Lehrern an deutschen Hauptschulen wird übereinstimmend berichtet, daß „die Schüler [...] keinen Zusammenhang zwischen ihren Leistungen und ihrem späteren Status sehen können" (WIMMER 1976, S. 83). „Manchmal", schildert ein Hauptschullehrer, „ist mir das Klassenzimmer wie ein Wartesaal vorgekommen, in dem die Schüler saßen und auf den Vorortzug warteten. Nun wurde ihnen gesagt, daß dieser, falls sie bestimmte Lektionen lernen würden, in den Rivieraexpress umgewandelt würde. Kein Mensch glaubte an den Zusammenhang von Fahrplan und angebotenem Kurs, weshalb er auch nur wenig Interesse fand. Auch wollten nicht alle mit dem Rivieraexpreß fahren. Den Vorortzug aber würden sie allemal erreichen. So glaubten sie wenigstens" (WIMMER 1976, S. 83 f.).

Ein anderer Lehrer, der an einer kleinstädtischen Hauptschule unterrichtet, sah seine Schüler ebenfalls nur „auf das Ende der Schule warten, um praktisch-zupackend tätig zu werden"; den „zu wenig packenden Unterricht der Hauptschulabschlußjahre" seien sie satt gewesen (ERMER 1975, S. 13). Auch der Lehrstellenmangel ist für viele Hauptschüler kein besonderer Anlaß mehr, sich anzustrengen. Ein Schüler: „Die Situation ist kritisch, wenn man das so sagt beziehungsweise sagen kann. Aber für einige ist es doch wurscht, ob sie 'ne Lehrstelle kriegen oder nicht. Die denken sich: ‚Leck mich doch am Arsch, Scheißschule hab ich bald hinter mir, das Wichtigste erst mal, dann mach ich erst mal ein Jahr Verschnaufpause, mach ich Urlaub daheim im Bett, wie sich's gehört.' [...] Und so denken sich dann einige und sagen: ‚Und wenn die Situation kritisch ist, eines Tages wird es schon wieder besser sein, ich werd dann besser leben können. Hauptsache erst mal aus dem Schundstall draußen.' So denken viele" (zitiert nach WIMMER 1976, S. 74).

Die kritische Situation auf dem Lehrstellen- und Arbeitsmarkt wirkt sich demnach auf einen großen Teil der Hauptschüler dahingehend aus, daß ihr Interesse an der Schule, nicht nur an ihren Lerninhalten, sondern auch an ihren Abschlüssen (Selektionsfunktion), nachläßt. Immer mehr werden demnach Hauptschüler zu „denen, die auf nichts warten, weil sie nichts zu erwarten haben, wie sie zu wissen glauben", wie WÜNSCHE schon 1972 (S. 11) aufgrund seiner Lehrererfahrung konstatierte. „Ein Sieg der Gerechtigkeit ist für sie nirgends in Sicht" (WÜNSCHE 1972, S. 107).

Von der von Willis wahrgenommenen „kulturellen Selbst-Vorbereitung" auf die Zeit nach der Schule, einer Art kritischer Schulaneignung, Benutzung der Schule für die eigenen Zwecke ist zumindest in den Lehrerberichten wenig zu spüren. Das könnte an der Sichtweise liegen, die Lehrer machen sich eher zum Fürsprecher „der Benachteiligten", halten weniger Ausschau nach den Formen und Gehalten der möglichen Selbsttätigkeit der Schüler. In den Schülerselbstdarstellungen finden wir zwar eine Fülle subversiver Praktiken, sie werden jedoch kaum jemals in Verbindung gebracht mit Vorstellungen über die eigene Zukunft. Symptomatisch hierfür ist ein Schüler-Gedicht, in dem es heißt: „Die Lehrer sind streng / und manchmal machts peng / Wir tun nicht streben / aber wir leben" (zitiert nach SCHULBESCHIMPFUNG II 1980, S. 48).

Den relativ seltenen Texten von Hauptschülern stehen relativ ausführliche Äußerungen von Gymnasiasten gegenüber, in denen sie die (sich ändernden) Zusammenhänge von Schule und späterem Arbeitsleben reflektieren.

Manfred Liebel

Ein Schüler aus der 12. Klasse eines Gymnasiums berichtet, trotz des Kampfes um Ausbildungs- und Studienplätze halte sich „bei einem Teil der Schüler der Kraftaufwand für die Schule in bestimmten, abgesteckten Grenzen. [...] Schlechte Noten vergißt man möglichst schnell wieder, und so tritt das Gefühl, ehrgeizig, besser als die anderen sein zu müssen, kaum mehr auf. Schlechte Noten verursachen keine Komplexe, keine Schuld- und Minderwertigkeitsgefühle mehr, weil man sein eigenes Leistungsvermögen nicht mehr an den Schulnoten mißt. Ein Großteil des Lehrstoffes, der uns eingetrichtert wird, hat nichts mehr mit dem zu tun, was man landläufig ‚Allgemeinbildung' und ‚Vorbereitung auf das spätere Berufsleben' nennt. Aus dieser Perspektive heraus läßt sich unser Verhalten vielleicht auch verständlich machen [...] Man beteiligt sich am Unterricht, wenn der Stoff interessant und für sich verwertbar erscheint, andernfalls beschäftigt man sich mit unterrichtsfremden Tätigkeiten: lesen, schlafen, Gedichte schreiben, Orangen essen, über dieses und jenes reden, zeichnen, spielen, komponieren, träumen – kurz, man vermeidet, sich allzusehr von Themen vereinnahmen zu lassen, denen man keinen Reiz abgewinnen kann. Oder man verfolgt das Geschehen an der Tafel mit einer Maske der Aufmerksamkeit, unter der sich die Gleichgültigkeit mit dem nötigen ‚Verstehen-Müssen' zufrieden gibt [...] Wir haben uns für diesen Weg entschieden, um das bißchen Individuum gegen die übermächtige Bildungslawine, samt deren Normen und Verpflichtungen zu verteidigen, um der Entfremdung zu entgehen oder sie zu mindern, weil wir zu uns, zu unseren wahren Interessen und Aufgaben finden möchten. – Viele werden sagen: ‚Ihr Idioten!' Sie haben recht, aber wenigstens sind wir glückliche Idioten" (zitiert nach ZIMMERMANN/EIGEL 1980, S. 76 f.).

Eine 17jährige Schülerin zeichnet ein eher pessimistisches Bild. Gemeinsam mit den Eltern dränge die Schule den Schüler „zu einem von ihm nicht beabsichtigten Leben. Die Zukunft, selbst ohne Eltern und Schule grau genug, bietet kaum einen Beruf, der vielleicht auch noch Spaß machen könnte. Nach der Schule stehst du auf der Straße und wunderst dich, weil du so lange auf der Penne warst und dich für die Noten und die Sympathie der Lehrer verrückt gemacht hast und jetzt kaum besser dastehst als vorher. Und wie willst du da schon was ändern? Ich meine, noch in der Schule [...] Früher, denke ich mir, so vor ein paar Jahren, gab es ja noch sowas wie ein Gemeinschaftsgefühl unter den Schülern, man hat auch manchmal etwas unternommen gegen das, was einem nicht paßte. Sich zusammenschließen und einen Standpunkt gemeinsam vertreten, da wird auch was draus. – Aber heute denkt jeder nur an sich, was keinem zu verdenken ist, bei *den* Aussichten. Vielleicht wäre es die beste Möglichkeit, die Schule so zu verändern, daß man anfängt, aus Spaß zu lernen und für sich [...]" (zitiert nach ZIMMERMANN/EIGEL 1980, S. 82 f.).

Mit der Wiedergabe solcher Selbstäußerungen ist nicht beabsichtigt, nachzuweisen, daß sich ein wachsender Teil von Gymnasiasten dem Prinzip des „Bildungstauschs" versagt. Es soll vielmehr darauf aufmerksam gemacht werden, daß auch unter den Gymnasialschülern eine Kluft sich auftut zwischen denen, die sich im Bewußtsein ihrer vergleichsweise privilegierten Position noch stärker an die Schule binden, und denen, die der Schule keinerlei Bedeutung mehr für ihr späteres Leben beimessen. Im Unterschied zur „Schülerbewegung" der späten 60er Jahre, die sich noch eher konstruktiv auf die Schule zurückbezog und ihr eine zumindest potentielle Bedeutung für die eigene Lebensperspektive zusprach (vgl. HÜFFELL 1978, LIEBEL 1969), ist die Gruppe der „kritischen" Schüler auf dem Wege, die Schule überhaupt abzulehnen, sie mit ihren Anforderungen zu unterlaufen oder sich ihr durch Verlassen der Schule zu verweigern.

Eine ehemalige Schülerin erinnert sich, wie sie zu einer solchen Konsequenz ge-

Schule und Schülerleben

langt ist: „Genau vierzehn Jahre ist es her, als ich das erste Mal einem Lehrer gegenübersaß. Ich fühlte mich gut. Status einer Siebenjährigen. Wenn ich damals gewußt hätte, wie das endet, wär' ich abgehauen. Ich habe vierzehn Jahre vergeudet. Ich habe Dinge gelernt, die mich nach Abschluß der Schule zur Sklavin des Systems hätten machen sollen. Sicher, nirgendwo sieht es besser aus, überall muß frau ihre Pflicht erfüllen. Kein Argument! Immerhin nach vierzehn Jahren habe ich erkannt, daß ich meine Pflicht nicht erfüllen muß. Ich habe nämlich *keine* [...] Ich lebe mein Leben, wie es mir paßt. Vor allem stehe ich hinter den Sachen, die ich mache. Und hinter der Schule stand ich nicht. Also hab' ich aufgehört. Ich habe jetzt Zeit, politisch zu arbeiten, für mich selbst etwas zu tun. Sachen zu machen, die *ich* will" (zitiert nach SCHULTZ 1979, S. 46).

Ein anderer Jugendlicher, der gerade das Abitur hinter sich gebracht hat, ist davon überzeugt, „daß ich das, was mir die Schule gegeben hat, zu teuer bezahlt habe und daß sie meinem Charakter geschadet hat. Ich bin zu einem Egoisten und Duckmäuser erzogen worden. Was habe ich nicht alles gegeben und getan für ein paar Punkte. Ich habe Angst, daß sich das in meinem Berufsleben fortsetzt. – Ich gestehe, daß ich mich meines Abiturs schäme. Wahrscheinlich nehme ich es nur, weil ich nicht konsequent genug bin, es zu verweigern. Ich glaube auch, daß wir mit dem Abitur bestochen werden, damit wir den Mund halten und nicht nachdenken" (zitiert nach ZIMMERMANN/EIGEL 1980, S. 88).

In solchen Äußerungen ist deutlich zu spüren, daß die Schüler die Schule als eine Anstalt wahrnehmen, die gerade die Fähigkeiten abtötet, die ihnen für ihr künftiges Leben wichtig erscheinen. *Innerhalb* der Schule sehen sie keine Möglichkeit, dies zu ändern, ihr eigenes Leben zu leben.

Von den lads hatte Willis nicht nur angenommen, daß sie die Schule für ihr eigenes Leben, das gleichsam neben dem offiziellen Paradigma gelebt wird, listig benutzen. Er hatte auch vermutet, daß sich darin eine subversive Haltung ausdrückt, die die lads auf ihr späteres Arbeiterleben beziehen und die sie teilweise aus der tradierten Arbeiterkultur übernommen und weiterentwickelt haben. Die Arbeitsvorstellung der lads geht nach Willis' Interpretation dahin, die Arbeit als eben unvermeidliche „Plackerei" zu verstehen, die zwar in ihrem vorgeschriebenen Verlauf keine Befriedigung, keine Selbstverwirklichung gestattet, aber als körperliche Arbeit und im Kontext der Arbeitskollegen ermöglicht, Energie rauszulassen, in Bewegung zu bleiben. „Dieser ganze Komplex – ‚wirklich etwas zu tun', in der Welt physisch aktiv zu sein, seine Arbeitskraft in bestimmter Weise einzusetzen – wird von den ‚lads' nicht einfach als defensive Maßnahme oder als negative Reaktion aufgefaßt, sondern als Bestätigung und als Ausdruck von etwas, das genuin und kreativ gelernt wurde. Es spricht daraus eine bestimmte Reife, praktische Erfahrung und Überblick, die anderen zu fehlen scheinen. Obwohl die körperliche Arbeit weitgehend als sinnlos verstanden wird, bedeutet sie doch für die ‚lads' [...] – zumindest in diesem Lebensabschnitt – eine Bestätigung ihrer Freiheit und eine bestimmte Machtstellung in der Welt" (WILLIS 1979, S. 162).

Diese Interpretation findet in den Arbeitseinstellungen deutscher Hauptschüler noch kaum eine Entsprechung, auch nicht bei denen, denen Schulabschlüsse inzwischen schnuppe geworden sind und auf die mit einiger Gewißheit eine Art Fließbandarbeit, wenn nicht sogar längere Arbeitslosigkeit zukommt, „Es ist erstaunlich, wie stark die Vorstellungen über die Arbeitswelt bei Hauptschülern trotz Lehrstellenknappheit und drohender Arbeitslosigkeit immer noch von Berufsillusionen bestimmt werden, die in vielen Fällen dem Ideal einer handwerklichen, ganzheitlichen Tätigkeit nahekommen. Das Verlangen nach einer befriedigenden Tätigkeit in einem emotional ‚warmen' und durch Solidarität bestimmten Arbeitsklima scheint uns bei den meisten Hauptschülern (besonders bei den Mädchen) tiefergehend als eine komplementäre Hoffnung auf guten Verdienst, die materielle Unabhängigkeit vom Elternhaus und die Realisierung von typischen Konsuminteressen (Auto, Motorrad etc.) gewährleisten soll. So ist es nicht erstaunlich, daß viele Hauptschüler oft noch in der 10. Klasse (bis kurz vor dem Schulabschluß) an Berufswünschen festhalten, die sie mit ihrem Abschluß kaum oder nur sehr schwer verwirklichen können" (BEHRENDT/GRÖSCH o. J., S. 110).

Nicht nur dieser Unterschied im empirischen Sachverhalt, sondern auch die hinsichtlich der Arbeitsvorstellungen der lads von Willis vorgenommene Interpretation selbst legt es hier nahe, die Darstellung von Willis zu hinterfragen. Könnte es nicht sein, daß bei den lads sich bereits ein „Realismus" gegenüber qualifizierter, extrem arbeitsteiliger Industriearbeit verfestigt hat, der Gedanken an eine Umwälzung des Paradigmas kapitalistischer Arbeit gar nicht mehr aufkommen läßt? Und könnte es nicht sein, daß in den „Illusionen" eines beachtlichen Teils der deutschen Hauptschüler „Gebrauchswertvorstellungen" sich manifestieren, die nur „noch nicht abgeschnitten und integriert" (BEHRENDT/GRÖSCH o. J., S. 105) sind und mit denen sich die Schüler dagegen wehren, vom Paradigma des heutigen kapitalistischen Produktionsprozesses vereinnahmt zu werden? Daß freilich auch in der Bundesrepublik Deutschland der Zusammenbruch befriedigender Arbeits- und Berufsperspektiven allmählich einer Arbeits- und Lebenseinstellung bei Hauptschülern Bahn bricht, die den Beobachtungen von Willis entsprechen, kann vermutet werden. Es wäre sicher lohnend, die eher auf die kommunikative Seite gerichtete Interpretationsweise Willis mit einer auf den Gebrauch der Arbeitskraft bezogenen Sichtweise zu vermitteln und auf dieser Grundlage sich erneut empirisch den Antizipationen der Arbeitsrealität bei Hauptschülern zu nähern.

5 Selbstzeugnisse als Erkenntnisquelle

Die Schul- und Jugendforschung hat bislang kaum Aufschlüsse über das Schülerleben im Schulalltag vermittelt. So oder so ähnlich lautet die in den letzten Jahren häufiger geäußerte (Selbst-)Kritik. Sie steht gewiß im Zusammenhang mit den in der Schule wachsenden Konflikten und Schwierigkeiten, und sie ist nicht unbedingt von der Absicht getragen, den Schülern die selbständige Entfaltung ihrer Interessen zu erleichtern. Oft mag sie eher von dem Interesse bestimmt sein, besseres pädagogisches Handwerkszeug hervorbringen zu helfen oder gar die Kontrolle über das aus den Fugen geratende Schülerleben wieder zu stabilisieren. Wie dem auch sei, die Kritik sollte erst einmal gewürdigt werden. Und sie sollte veranlassen, danach Ausschau zu halten, welche möglicherweise besseren Möglichkeiten, das Schülerleben in seinen kritischen und subversiven Potentialen zu verstehen und zu würdigen, darin enthalten sind.

Während noch vor wenigen Jahren die Kritik an der auf die Erziehungsinstitutionen und deren Wirkungsweise bezogenen Sozialforschung oft in die Forderung und mitunter auch in Versuche mündete, mit der Aktions- oder Handlungsforschung ein eher kommunikatives, Subjekt-Objekt-Verhältnisse überwindendes Paradigma zu entwickeln, wird in der letzten Zeit den im Alltag von Lehrern und Schüler hervorgebrachten Quellen stärkere Aufmerksamkeit geschenkt (vgl. LENZEN 1980).

In einem Resümee zum Stand der westdeutschen Schulforschung bemerkt etwa SCHÖN (1979, S. 28) mit Blick auf *Erfahrungsberichte* von Lehrern vorsichtig, aber provokant: „Möglicherweise stehen in den Geschichten, die uns da erzählt werden,

mehr Weisheiten, als sich unsere bisherige Wissenschaft träumen läßt". Rumpf plädiert für die stärkere Beachtung von Fallgeschichten in der Erziehungswissenschaft: „Möglicherweise sind es die in den Geschichten noch spürbaren Irritationen, Faszinationen, Verwundungen durch Realität, die [...] nachhaltiger und praxisrelevanter zur Auseinandersetzung, zum Gespräch anregen, als es – meiner Erfahrung nach – noch so gesicherte Forschungsergebnisse, noch so triftige theoretische Texte je fertigbringen" (RUMPF 1979, S. 47).
Erfahrungsberichte und Tagebücher von Lehrern liegen fast nur aus dem Bereich der Hauptschule vor. Es scheinen vor allem sozialpädagogische Impulse zu sein, die gerade Hauptschullehrer veranlassen, über ihre Schüler zu schreiben. Meist geht es ihnen darum, sich fürsorgend zum Sprecher der Jugendlichen zu machen, der Sprachenteignung der Arbeiterkinder in der mittelschichtorientierten Schule entgegenzuwirken. Einige bemühen sich, im Unterricht den Schulbetrieb selbst in Form von „Schulreportagen" (vgl. WÜNSCHE 1972) und das eigene Leben in der Schule (vgl. KAGERER 1978) zum Thema der Schüler werden zu lassen. Andere lassen in Interviews und Gesprächsausschnitten die Schüler selbst zu Wort kommen (vgl. ERMER 1975, GÜRGE u. a. 1978, KUHLMANN 1975, WIMMER 1976).
Vor allem in den Tagebüchern dreht sich der Schulalltag um den Unterricht: Das Schülerleben wird hier besonders deutlich aus der Lehrerperspektive strukturiert, Schulalltag ist hier Lehreralltag mit Schülern. Alle Lehrerberichte machen die Schülerwirklichkeit nur insoweit zum Thema, wie sie in der Schule, im Unterricht zum Problem wird. Der Lebenszusammenhang der Schüler kommt in der Regel nicht oder nur in Andeutungen (eine Ausnahme bildet WIMMER 1976) zur Sprache.
Selbstäußerungen von Schülern beschränken sich meist auf eine begrenzte Öffentlichkeit oder werden darauf begrenzt: Aufsätze bekommen in der Regel nur die jeweiligen Lehrer zu Gesicht, Schülerzeitungen werden über einzelne Schulen hinaus nur selten bekannt. Sofern Schüleraussagen weiter bekannt werden, sind sie meist von Lehrern, Jugendbuchautoren oder Journalisten veröffentlicht worden. Deren jeweiliges Herausgeberinteresse prägt die Auswahl und die thematischen Schwerpunkte der mehr oder minder ausführlich zitierten Äußerungen. Zumindest in den Sammelbänden, in denen Selbstdarstellungen und -reflexionen der Schüler nur in Auszügen wiedergegeben werden, steht die Schule schon qua Herausgeberinteresse im Zentrum der Schüleräußerungen (vgl. HASSIO 1980, ZIMMERMANN/EIGEL 1980). Dies entspricht nicht unbedingt dem Stellenwert, den die Schüler selbst der Schule in ihrem Leben zumessen. Soweit zusammenhängende, längere Aufzeichnungen von Schülern vorliegen, fällt jedenfalls eine ganz andere Akzentuierung ins Auge (vgl. HORNSCHUH 1974; vgl. PROJEKTGRUPPE JUGENDBÜRO 1978). Auch Bühler war an Schülertagebüchern, die ihr 1921 vorlagen, schon aufgefallen, daß selbst bei Jugendlichen aus bürgerlichem Elternhaus und bei Oberschülern weniger als zehn Prozent des Inhalts von Schule und Unterricht handeln (vgl. BÜHLER 1967, S. 47).
In Sammelbänden, die in der Regel auf Umfragen, Preisausschreiben und ähnlichem basieren, dominieren Selbstaussagen von älteren Schülerinnen und Schülern aus Gymnasien. Den Herausgebern eines solchen Bandes fiel selbst auf, „daß Hauptschüler sich fast gar nicht beteiligten" (ZIMMERMANN/EIGEL 1980, S. 250), andere (vgl. HASSIO 1980) geben den Schultyp leider nicht zu erkennen.
ZIMMERMANN/EIGEL (1980, S. 250) vermuten, ihre Umfrage und die Ankündigung der Veröffentlichung in einem Buch habe „eher Barrieren aufgerichtet als abgebaut". Eine Hauptschullehrerin, die ihre Schüler aufgefordert hatte, sich selbst zum Thema zu machen, berichtet, sie hätten mit Sätzen reagiert wie: „Schon wieder schrei-

ben!" oder „Mir fällt nichts ein, was soll ich denn schreiben?" (KAGERER 1978, S. 136). Gerade von Hauptschülern werde Schreiben als eine Tätigkeit empfunden, die belastet. „Manchmal hatte ich das Gefühl, daß Schüler auf Schreiben mit geradezu physischer Abwehr reagierten, mit dem Stuhl abrückten, das Blatt weit von sich schoben, als gelte es, sich von etwas sehr Lästigem zu distanzieren" (KAGERER 1978, S. 136).
Schreiben ist für (alle) Schüler „eng verknüpft mit Prüfungssituation – Arbeiten werden geschrieben [...] Man schreibt, wenn andere etwas von einem wollen, wenn man etwas erfüllen muß" (KAGERER 1978, S. 137). Für Arbeiterkinder kommt verschärfend hinzu, daß ihnen in der Schule gerade durchs Schreiben-Müssen die Sprache ausgetrieben wird, die sie mitbringen. „Zunächst haben ja die Kinder [...] noch eine Sprache, die ihre Sprache ist, wenn sie in die Schule kommen. Und sie reden so, daß sie sich selber und daß sie einander gegenseitig verstehen. Noch wissen sie, wer sie sind. Am längsten hält sich diese Sprache, die ein Signal zum Handeln ist, auf dem Weg zur Schule. Sie kommt wieder hoch in den Schulpausen und auf dem Heimweg, da bilden sich noch Gruppen von Schülern, die sogar gemeinsam aufbegehren können. In der Schule werden sie dann gedrillt im Verlernen des Sprechens, und sie lernen, wie man die Sprache nicht gebraucht" (WÜNSCHE 1972, S. 15f.). „Wenn Schüler nie ihre eigene Wirklichkeit schriftlich darstellen lernen, wird Schreiben zu etwas, das sie als der eigenen Identität feindlich Gegenüberstehendes erleben müssen" (KAGERER 1978, S. 137).
Am Schreiben hindert die Schüler auch, daß sie in der Schule Schwierigkeiten, Repression befürchten müssen, wenn sie offen ihre Eindrücke und Empfindungen äußern. Bei der Umfrage von ZIMMERMANN/EIGEL (1980, S. 251) wurde von manchen Einsendern „die Angst, in Schwierigkeiten zu geraten, offen ausgesprochen. Wie viele haben aus dieser Angst heraus wohl nicht gewagt, von ihren Erfahrungen zu berichten, wie viele andere ihren Beitrag nicht abgeschickt?" Kagerer berichtet, Schüler hätten ihre Aufzeichnungen mit der Bitte verbunden, sie nicht vorzulesen, also nicht einmal den Klassenkameraden bekannt werden zu lassen. „Sätze wie ‚Bitte nicht vorlesen!' und ‚top secret!' signalisieren den Wert der Texte, unter die sie geschrieben werden, zeigen die Bedeutung, die solche Texte für die Schüler haben. Sie zeigen aber auch: Die wirklichen, die eigentlichen Gedanken zu äußern, macht verletzbar" (KAGERER 1978, S. 107). Dies läßt auch erwarten, daß gerade Informationen und Gedanken subversiven Gehalts von Schülern eher zurückgehalten als öffentlich formuliert werden.
Nur scheinbar im Widerspruch dazu steht die Erfahrung von WIMMER (1976, S. 82), daß die Schüler beim Vorlesen seines Buchmanuskripts „mit gespannter Aufmerksamkeit zu[hörten], besonders an jenen Stellen, die sie selbst betrafen. Niemand wollte, daß seine Geschichte hinausgenommen würde". Dies hatte gewiß nicht allein darin seinen Grund, daß Wimmer die Namen der Schüler verschlüsselte, sondern auch darin, daß hier ein zum Freund gewordener Lehrer ihr ganzes Leben (nicht nur ihr Schulleben) ernstnahm und gleichsam offiziell werden ließ. „Dieses wäre das erste Buch das mich interessieren würde und das ich lesen würde," schreibt ein Schüler, denn „diese Wahrheit habe ich selber erlebt und mitgemacht" (WIMMER 1976, S. 87).
Fangen Schüler erst einmal an, über sich, ihr Leben zu schreiben, konfrontieren sie uns in der Regel mit „minutiöse[n] Beschreibungen ihrer konkreten Alltagsrealität, vermischt mit Träumen, Nicht-Sichtbarem aber doch Verhandenem" (KAGERER 1978, S. 136). Wir erfahren dann in der Tat ihre Lebensrealität, ihr Schülerleben genauer und tiefgreifender, als die im Wissenschaftsbetrieb gefangene Schul- und

Jugendforschung sich träumen läßt, falls sie zum Träumen überhaupt noch in der Lage ist.

ARBEITSGRUPPE SCHULFORSCHUNG: Leistung und Versagen. Alltagstheorien von Schülern und Lehrern, München 1980. BEHRENDT, R./GRÖSCH, D.: Gruppengespräche mit Arbeiterjugendlichen zum Thema Lebensgeschichte. In: BEHRENDT, R./GRÖSCH, D. (Hg.): Alltag, Lebensgeschichte, Geschichte. Psychosoziale Ansätze in der Bildungsarbeit mit Arbeiterjugendlichen. Schriftenreihe des Wannseeheims für Jugendarbeit, Berlin o.J. (1980), S. 54 ff. BERNFELD, S.: Die Schulgemeinde und ihre Funktion im Klassenkampf (1928). In: BERNFELD, S.: Antiautoritäre Erziehung und Psychoanalyse, hg. L. v. Werder/R. Wolff, Bd. 2, Darmstadt 1969, S. 388 ff. BÖHNISCH, L./SCHEFOLD, W.: Zugang zur jungen Generation finden. In: BÖHNISCH, L. u. a. (Hg.): Abhauen oder Bleiben? Berichte und Analysen aus der Jugendarbeit, München 1980, S. 17 ff. BRUSTEN, M./HURRELMANN, K.: Abweichendes Verhalten in der Schule. Eine Untersuchung zu Prozessen der Stigmatisierung, München 1973. BÜHLER, CH.: Das Seelenleben des Jugendlichen. Versuch einer Analyse und Theorie der psychischen Pubertät (1921), Frankfurt/M. 1967. CLARKE, J. u. a.: Jugendkultur als Widerstand, Frankfurt/M. 1979. ERMER, R. G.: Hauptschultagebuch oder: Der Versuch in der Schule zu leben, Weinheim/Basel 1975. FLITNER, A.: Eine Wissenschaft für die Praxis? In: Z. f. P. 24 (1978), S. 183 ff. FRANZ, U.: Karrieren in der Hauptschule. In: FRANZ, U./HOFFMANN, M. (Hg.): Hauptschule. Erfahrungen – Prozesse – Bilanz, Kronberg 1975, S. 197 ff. FUCHS, W.: Arbeiterleben nach 1945, Marburg 1979. GÜRGE, F. u. a.: Lehrertagebücher. Möglichkeiten und Grenzen der Arbeit mit Hauptschülern, Bensheim 1978. HASSIO, B. (Hg.): „, Schüler". Zur Schule. Über die Schule. Gegen die Schule, Weinheim/Basel 1980. HORNSCHUH, H.: Ich bin 13. Eine Schülerin erzählt. Aufgeschrieben von Simone Bergmann, Reinbek 1974. HORNSTEIN, W.: Jugend als Problem. Analyse und pädagogische Perspektiven. In: Z. f. P. 25 (1979), S. 671 ff. HÜFFELL, A.: Schülerbewegung 1967–1977. Erfahrungen. Dokumente, Porträts. Gießen 1978. KAGERER, H.: In der Schule tobt das Leben. Eine 10. Hauptschulklasse und ihre Lehrerin machen sich selbst zum Thema, Berlin 1978. KUHLMANN, H.: Klassengemeinschaft. Über Hauptschüler und Hauptschullehrer und den Versuch herauszufinden, wann Schule Spaß machen könnte, Berlin 1975. THOMAS, L.: Ich bin 12. Ein Schüler berichtet. Aufgeschrieben von Ute Woldt, Reinbek 1975. LENHARDT, G.: Schule und Lohnarbeit. In: Leviathan 8 (1980), S. 76 ff. LENZEN, D. (Hg.): Pädagogik und Alltag. Methoden und Ergebnisse alltagsorientierter Forschung in der Erziehungswissenschaft, Stuttgart 1980. LIEBEL, M.: Theoretische und praktische Aspekte der Schülerrebellion. In: LIEBEL, M./WELLENDORF, F.: Schülerselbstbefreiung, Frankfurt/M. 1969, S. 92 ff. LIEBEL, M.: Produktivkraft Jugend. Aktuelle und historische Aspekte der Arbeiterjugendfrage im Kapitalismus, Frankfurt/M. 1976. LIEBEL, M.: Für das Leben lernen, aber richtig. Vom subversiven Potential in Schülercliquen. In: päd. extra (1981), 4, S. 26 ff. PROJEKTGRUPPE JUGENDBÜRO: Subkultur und Familie als Orientierungsmuster. Zur Lebenswelt von Hauptschülern, München 1977. PROJEKTGRUPPE JUGENDBÜRO UND HAUPTSCHÜLERARBEIT: Die Lebenswelt von Hauptschülern, München 1975. PROJEKTGRUPPE JUGENDBÜRO (Hg.): Karin Q.: „Wahnsinn, das ganze Leben ist Wahnsinn." Ein Schülertagebuch, Frankfurt/M. 1978. RUMPF, H.: Die noch nicht zivilisierte Phantasie. Vier didaktische Stückchen mit einer Nachbemerkung über Fallgeschichten. In: N. Samml. 19 (1979), S. 37 ff. SCHÖN, B.: Quantitative und qualitative Verfahren in der Schulforschung. In: SCHÖN, B./HURRELMANN, K. (Hg.): Schulalltag und Empirie, Weinheim/Basel 1979, S. 17 ff. SCHRÜNDER, A.: Alltag. In: Enzyklopädie Erziehungswissenschaft, Bd. 1, Stuttgart 1983, S. 303 ff. SCHULBESCHIMPFUNG. Schülertexte (Red.: J. Zinnekker/G. Scholz). In: päd extra (1979) 10, S. 22 ff. SCHULBESCHIMPFUNG II. Schülertexte (Red.: J. Zinnecker). In: päd extra (1980), 3, S. 47 ff. „SCHULE KÖNNTE VON MIR AUS VERBRENNEN". (Schülertexte) moderiert von Ulrich Puritz. In: Ästh. u. Komm. 10 (1979), 38, S. 59 ff. SCHULTZ, D. (Hg.): „Ein Mädchen ist fast so gut wie ein Junge", Bd. 2: Sexismus in der Erziehung. Schülerinnen und Pädagoginnen berichten, Berlin 1979. SCHUMANN, I. u. a.: Sozialisation in Schule und Fabrik. Entstehungsbedingungen proletarischer Kindheit und Jugend, Berlin 1976. USSEL, J. van: Sexualunterdrückung. Geschichte der Sexualfeindschaft, Reinbek 1970. WILLIS, P.: The Class Significance of School-Counter-Culture. In: HAMMERSLEY, W. (Hg.): The Process of Schooling, London 1976, S. 188 ff. WILLIS, P.: Learning to labour. How working class kids get working class jobs, London 1977 WILLIS, P.: Spaß am Widerstand. Gegenkultur in der Arbeiterschule, Frankfurt/M. 1979. WIMMER, W.: Nicht allen das Gleiche, sondern jedem das Seine. Sozialbiographien aus einer Hauptschulklasse. Ein Lehrer berichtet über Lehren, Lernen und die Zumessung von Lebenschancen, Reinbek 1976. WÜNSCHE, K.: Die Wirklichkeit des Hauptschülers. Berichte von Kindern der schweigenden Mehrheit, Köln 1972. ZIMMERMANN, U./EIGEL, CH. (Hg.): Plötzlich brach der Schulrat in Tränen aus. Verständigungstexte von Schülern und Lehrern, Frankfurt/M. 1980. ZINNECKER, J.: Chancen für Gegenschulen. In: INITIATIVGRUPPE SOLINGEN: Schule ohne Klassenschranken, Reinbek 1972, S. 126 ff. ZINNECKER, J.: Die Schule als Hinterbühne oder Nachrichten aus dem Unterleben der Schüler. In: REINERT, G.-B./ZINNECKER, J. (Hg.): Schüler im Schulbetrieb, Reinbek 1978, S. 29 ff. ZINNECKER, J.: Schülerkultur. In: Enzyklopädie Erziehungswissenschaft, Bd. 8, Stuttgart 1983, S. 544 ff.

Knut Nevermann

Schule und Schulverfassung in der Bundesrepublik Deutschland

1   Zur Entwicklung der Schulverfassung nach dem Zweiten Weltkrieg
2   Prinzipien und Probleme der Schulverfassung in den Ländern der Bundesrepublik
2.1 Schulaufsicht und Schule
2.2 Schulleitung und Kollegium
2.3 Pädagogische Freiheit der Lehrer
2.4 Mitwirkung von Schülern und Eltern
3   Zur Verrechtlichung der Schulverfassung

Zusammenfassung: Bei der Entwicklung der Schulverfassung werden nach 1945 an die Regelungen in der Weimarer Zeit in unterschiedlicher Weise angeknüpft, wie am Beispiel von Berlin, Hessen und Nordrhein-Westfalen dargestellt wird. Für die 50er und 60er Jahre gilt, daß die Frage der Schulverfassung in der Öffentlichkeit kein Thema ist. Erst Ende der 60er Jahre kommt es zu einem Reformschub, in dem vier Prinzipien der Schulverfassung ausgestaltet werden: erstens die Staatlichkeit, die als Prinzip unangefochten bleibt; zweitens die Einheitlichkeit der Schulverfassung für alle Schulformen; drittens die Differenziertheit der Schulverfassung, die sich insbesondere in einer partizipatorischen Konferenzverfassung ausdrückt, und viertens die Verrechtlichung, die zu einer gesetzlichen Normierung des Schulverfassungsrechts und zu einigen neuen Regelungsfiguren führt – so im Verhältnis von Schulaufsicht und Schule, von Schulleiter und Kollegium, im Hinblick auf die pädagogische Freiheit und die Mitwirkungsrechte der Schüler und Eltern.

Summary: After 1945, the development of school statutes followed, to differing degrees, the patterns established during the Weimar Republic, as illustrated in this article by taking Berlin, Hesse and North-Rhine Westphalia as examples. During the 50s and 60s, there was no public interest in school statutes. Only in the late 60s was the need felt for reforms that would establish four principles for school statutes: firstly that they be state-established, a principle which was not questioned; secondly a unified set of school statutes for all types of school; thirdly the differentiated nature of school statutes as expressed, in particular, by a participatory conference constitution; and fourthly increased legislation, which leads to a legal standardization of school statute law and to several new methods of making rulings as, for example, in the relationships between inspectorates of schools and the schools themselves, between the head of a school and his staff, with regard to the teachers' pedagogical freedom and the rights of pupils and parents to have a say in matters.

Résumé: Lors de la rédaction de la constitution scolaire après 1945, on s'est tenu de manière différenciée aux réglementations de l'époque de Weimar, comme on le présente ici, à l'exemple de Berlin, de la Hesse et de la Rhénanie du Nord-Westphalie. Dans les années cinquante et soixante, la question de la constitution scolaire n'est pas à l'ordre du jour dans le public. Ce n'est qu'à la fin des années soixante qu'on en vient à une série de réformes, dans laquelle quartre principes de la constitution scolaire sont posés: premièrement, l'étatisation, qui demeure incontestée en tant que principe; deuxièmement, l'uniformité de la constitution scolaire pour tous les types d'écoles; troisièmement, la différenciation de la constitution scolaire, qui s'exprime notamment dans une constitution participatoire de conférence; et quatrièmement, la juridiction, qui conduit à une normalisation en matière de lois, du droit de constitution scolaire et à différentes réglementations: par exemple dans les rapports entre le contrôle scolaire et l'école, le directeur de l'école et les enseignants, et en ce qui concerne la liberté pédagogique, et les droits de participation des élèves et des parents.

1 Zur Entwicklung der Schulverfassung nach dem Zweiten Weltkrieg

Nach 1945 wurde in den Bundesländern wieder an die Regelungen der Weimarer Zeit angeknüpft. Interessant ist zum einen, daß in den Bundesländern auf unterschiedliche Regelungen der Weimarer Zeit zurückgegriffen wurde, und zum anderen, daß in einigen Bundesländern eine Schulverfassung für alle Schulformen geschaffen wurde, die zudem die Rechte der Schülervertretung und der Elternvertretung neu institutionalisierte.

In Berlin wurde beispielsweise in dem Schulgesetz vom 26. 6. 1948 (Einheitsschulgesetz) formuliert: „Die Schulleitung und Schulverwaltung erfolgt auf kollegialer Grundlage. Einzelheiten werden durch besondere Verordnung festgelegt". Aber diese Verordnungen wurden – bis dahin galt die Regelung von 1919 – erst 1956 erlassen. Hier war der Schulleiter für die gesamte Arbeit seiner Schule verantwortlich und hatte jederzeit das Recht zu Unterrichtsbesuchen; im Rahmen seiner Verwaltungsbefugnisse war er weisungsberechtigt; er vertrat die Schule nach außen, regelte die Unterrichtsverteilung und die Vertretungen; er durfte sogar Gutachten und Berichte über seine Lehrer schreiben, allerdings nur für seine vorgesetzte Behörde; gegenüber einem Konferenzbeschluß konnte der Schulleiter (wie jeder stimmberechtigte Lehrer) die Entscheidung der Aufsichtsbehörde anrufen. Er hatte sogar ein präventives Beanstandungsrecht und konnte Anträge von der Beratung in der Konferenz absetzen, „wenn sie gesetzlichen oder behördlichen Bestimmungen widersprechen" (§ 2, Abs. 2 der Konferenzordnung von 1956). Zwar hatte auch die Gesamtkonferenz eine Reihe von Beschlußrechten (Abstimmung der Lehrpläne, Aufteilung der Finanzmittel, Verteilung der Sonderaufgaben, Grundsätze der Unterrichtsverteilung oder Stunden- und Aufsichtspläne), aber diese Regelung von 1956 enthielt viele Momente einer autoritativen (direktorialen) Schulleitung. Erstaunlicherweise brachte auch die Neuformulierung des Schulverfassungsrechts von 1968 kaum inhaltliche Änderungen. Der Schulleiter behält sein präventives Beanstandungsrecht und wird sogar verpflichtet, Unterrichtsbesuche zu machen. Das Weisungsrecht des Schulleiters wird nicht mehr strikt auf seine Verwaltungsaufgaben beschränkt, sondern unter gewissen Voraussetzungen auch auf Fragen der Unterrichts- und Erziehungsarbeit ausgedehnt. Erst das Schulverfassungsgesetz von 1974 führt zu einer Beschränkung der Befugnisse des Schulleiters.

In Nordrhein-Westfalen blieb die Schulleitungsfrage nach 1945 ebenfalls zunächst den Regelungen aus der Weimarer Zeit und schulinternen Ordnungen unterworfen. Lediglich die Regelung der „Schulgemeinde" wurde 1952 erlassen und führte zur Einrichtung von Klassen- und Schulpflegschaften. 1958 wurde ein Schulverwaltungsgesetz beschlossen, in dem die Schulleitung knapp geregelt und der Erlaß einer Konferenzordnung angekündigt wurde. Diese Konferenzordnung wurde aber erst 1969 erlassen und bestimmte, daß die bis dahin geltenden Konferenzordnungen (und zwar insbesondere die vom 31. Januar 1933!) aufgehoben werden. Es galt also eine ausgesprochen direktoriale Schulverfassung, die im übrigen auch durch das neue Schulmitwirkungsgesetz von 1977 nur partiell reformiert wurde.

Demgegenüber galt in Hessen nicht der Erlaß von 1933, sondern – wie in Berlin – der von 1919. Aber 1961 wird eine allgemeine Konferenzordnung in Hessen erlassen, in der sich unter anderem eine eingehende Regelung der Kompetenzen der Gesamtkonferenz und eine Beanstandungspflicht für den Fall finden, daß Beschlüsse gegen Rechts- oder Verwaltungsvorschriften verstoßen. In einer ergänzenden Dienstordnung für Schulleiter und Lehrer von 1963 wird in §3 Abs. 1 geregelt, daß der Schulleiter in Zusammenarbeit mit dem Kollegium der Schule „ein eigenes Gepräge geben" soll. Er ist Vorgesetzter der Lehrer (im gymnasialen Bereich sogar Dienstvorgesetzter) und weisungsberechtigt. Er überzeugt sich durch Unterrichtsbesuche vom Leistungsstand der Schüler, soll aber in den Unterricht nicht eingreifen.

Diese Hinweise mögen genügen, um die Tendenzen der Entwicklung der Schulverfassung nach 1945 zu skizzieren. Die Rechte des Schulleiters werden erst allmählich normiert; zunächst wird auf die Erlasse der Weimarer Zeit (von 1919, aber auch von 1933) zurückgegriffen. Überall gilt die Formel von der Schulleitung „auf kollegialer Grundlage", das heißt, daß die Funktion der Schulleitung durch das (im einzelnen unterschiedlich geregelte) Zusammenwirken zweier Institutionen wahrgenommen wird. Schulleitungsrecht und Konferenzrecht ergänzen sich. Noch nicht vorgesehen ist eine Beteiligung von Schülern und Eltern an den Konferenzen. Zwar werden Schülervertretung und Elternvertretung aufgebaut, aber noch ohne Bezug zur innerschulischen Willensbildung in den Konferenzen.

Überblickt man die Diskussion in den Zeitschriften der Lehrerverbände, so ergibt sich, daß Fragen der Schulverfassung in den 50er und den 60er Jahren kein Thema sind. Erst Ende der 60er Jahre, als der Begriff der Demokratisierung zu einer positiven Programmformel wird, kam auch die Frage der Schulverfassung in den Strudel aktueller und kritischer Auseinandersetzungen. Das heute geltende Recht der Schulverfassung, das in den letzten Jahren novelliert wurde, ist praktisch eine Antwort auf die Impulse und Konflikte Ende der 60er Jahre. In stärkerem Maße als je zuvor spielt nunmehr die Frage der pädagogischen Freiheit des einzelnen Lehrers und der Mitbestimmungsrechte der Eltern und Schüler eine zentrale Rolle (vgl. DEUTSCHER BILDUNGSRAT 1973).

2 Prinzipien und Probleme der Schulverfassung in den Ländern der Bundesrepublik

Vor dem Hintergrund der historischen Entwicklung der Schulverfassung wird deutlicher, welches die Prinzipien sind, die sich immer stärker durchgesetzt haben. Da ist erstens das *Prinzip der Staatlichkeit,* das in Art. 7, Abs. 1 des Grundgesetzes (GG) noch einmal formuliert wurde: „Das gesamte Schulwesen steht unter der Aufsicht des Staates." Die geistliche Schulaufsicht ist seit 1919 beseitigt, und auch die Konfessionalität der (Volks-)Schule (und der Lehrerbildung) ist (allerdings in Bayern und Baden-Württemberg erst seit den 60er Jahren) weitgehend aufgehoben; soweit es staatliche Konfessionsschulen noch gibt (so in Niedersachsen und insbesondere in Nordrhein-Westfalen, wo über ein Drittel der Grundschüler – überwiegend katholische – Konfessionsschulen besucht), hat sich der Charakter der Konfessionalität verändert und an Bedeutung für den Schulalltag verloren (vgl. LESCHINSKY/ ROEDER 1981, S. 125 ff.). Gegenüber den Gemeinden bezieht sich das Prinzip der Staatlichkeit auf den Bereich der inneren Angelegenheiten (Unterricht und Erziehung sowie überwiegend Personalverwaltung), während die Verwaltung der äußeren Angelegenheiten zu den Aufgaben der „örtlichen Gemeinschaft" gehört, die die Gemeinden nach Art. 28, Abs. 2 GG „in eigener Verantwortung zu regeln" berechtigt sind (vgl. STAUPE 1980).

Gegenüber den Privatschulen, deren Errichtung von Art. 7, Abs. 4 GG gewährleistet ist, bedeutet das Prinzip der Staatlichkeit, daß auch sie der staatlichen Schulaufsicht unterworfen und schulpflichtige Kinder nur ausnahmsweise und nur dann aufnehmen dürfen, „wenn die privaten Schulen in ihren Lehrzielen und Einrichtungen sowie in der wissenschaftlichen Ausbildung ihrer Lehrkräfte nicht hinter den öffentlichen Schulen zurückstehen und eine Sonderung der Schüler nach den Besitzverhältnissen der Eltern nicht gefördert wird" (Art. 7, Abs. 4, Ziff. 3 GG). Nicht Gleichartigkeit, sondern Gleichwertigkeit zwischen Privatschulen und staatlichen Schulen ist also Voraussetzung der Genehmigung.

Neben dem Prinzip der Staatlichkeit gilt zweitens das *Prinzip der Einheitlichkeit* der Schulverfassung für alle Schulformen. Wichtige Schübe der Vereinheitlichung stellen die Ministerialerlasse vom 19.11.1908 (für die Volks- und Mittelschulen) sowie vom 12.12.1910 (für den gymnasialen Bereich) dar (vgl. NEVERMANN 1984, S. 181 ff.), durch die Besonderheiten in den Provinzen und Regierungsbezirken beseitigt wurden. Aber erst nach 1945 werden Schulverfassungen erlassen, die für alle Schulformen gleichermaßen gelten – in einigen Bundesländern geschah dies allerdings erst im Rahmen der Neuregelung der Schulverfassungen in den 70er Jahren (so in Bayern durch die Allgemeine Schulordnung von 1973).

Zum Prinzip der Einheitlichkeit kommt drittens das *Prinzip der Differenziertheit,* das heißt das Bemühen, die Konferenzorganisation und die Partizipationsformen für Schüler und Eltern funktional und institutionell auszudifferenzieren und die kompetenzmäßige Abgrenzung und Zuordnung der Gremien der Schulverfassung erschöpfend zu regeln.

Hiermit hängt viertens das *Prinzip der Verrechtlichung* zusammen, dessen eigentliche Funktion, die Sicherung von Freiheits- und Teilhaberechten, oft hinter dem Regelungsperfektionismus nicht mehr zu erkennen ist.

Besonders folgenreich sind die Verrechtlichungstendenzen im Verhältnis von Schulaufsicht und Schule, im Verhältnis von Schulleiter und Kollegium, im Hinblick auf die pädagogische Freiheit und im Hinblick auf die Mitwirkungsrechte der Schüler und Eltern. Diese Probleme, deren länderspezifische Regelungen vom Deutschen Juristentag (vgl. SCHULE IM RECHTSSTAAT 1981) umfassend dokumentiert wurden, müssen genauer analysiert werden.

2.1 Schulaufsicht und Schule

Traditionellerweise umfaßt der Begriff der Schulaufsicht die Gesamtheit der Rechte und Pflichten des Staates zur Organisation, Planung, Leitung und Beaufsichtigung des Schulwesens. Es geht also einerseits um die planenden und gesetzgebenden Funktionen von Parlament und Ministerien (Schulhoheit) und zum anderen um die unterrichtsbezogene Kontrolle und Beratung der Schulen und Lehrer durch Schulräte (vgl. HECKEL 1976, S. 157 ff.). Was die kontrollierende und beratende Tätigkeit der Schulaufsichtsbehörden angeht, so sind diese zunächst einmal in ihren Rechten unbegrenzt: Sie können alle Einzelheiten des schulischen Alltags regeln und den be-

teiligten Lehrern entsprechende Weisungen erteilen. Man unterscheidet zwischen Fachaufsicht (Kontrolle des Lehrers bei der Planung und Gestaltung des Unterrichts in curricularer, personeller und organisatorischer Hinsicht), Rechtsaufsicht (Kontrolle der Rechtmäßigkeit des Verhaltens von Schule und Lehrern) und Dienstaufsicht (Kontrolle des dienstlichen Verhaltens des Lehrers, etwa im Zusammenhang mit Beurteilungen oder Beförderungen). Wichtig ist insbesondere die Unterscheidung zwischen Fachaufsicht und Rechtsaufsicht: Die Fachaufsicht berechtigt zu Weisungen schon dann, wenn ein Tun oder Unterlassen eines Lehrers als unzweckmäßig erscheint; eine rechtsaufsichtliche Weisung ist dagegen erst möglich, wenn nicht nur unzweckmäßig, sondern rechtswidrig, also unter Verletzung geltender Rechtsvorschriften, gehandelt wird. Gerade auf diesen juristischen Zusammenhang spielen nun einige neuere Schulverfassungsgesetze und der Landesschulgesetzentwurf des Deutschen Juristentages (vgl. SCHULE IM RECHTSSTAAT 1981, § 73) an, wonach die Schulbehörden in die Unterrichts- und Erziehungsarbeit des Lehrers „nur im Einzelfall und nur dann eingreifen [dürfen], wenn der Lehrer gegen Rechtsvorschriften verstoßen hat". Eine vergleichbare Regelung kennt das hessische Schulverwaltungsgesetz von 1969 (und kannte das niedersächsische Schulgesetz bis 1980). Da nicht mehr bereits eine Unzweckmäßigkeit, sondern erst eine Rechtswidrigkeit zum Erlaß einer Weisung ermächtigt, wird die Fachaufsicht auf Rechtsaufsicht reduziert und der Umfang der Selbstverwaltungsrechte der Schule und die pädagogische Freiheit der einzelnen Lehrer erheblich gestärkt (vgl. DEUTSCHER BILDUNGSRAT 1973, S. A 124 ff.).
Eine vergleichbare Regelung gibt es in Bremen (§ 9 des Schulverwaltungsgesetzes) und – jedenfalls tendenziell – auch in § 9, Abs. 2 des Berliner Schulverfassungsgesetzes und in § 67, Abs. 2 des saarländischen Schulmitbestimmungsgesetzes (vgl. NEVERMANN 1982, S. 243 ff.).
Tendenziell findet aber eine Reduktion der schulaufsichtlichen Befugnisse auch in jenen Ländern statt, in denen eine entsprechende ausdrückliche Regelung fehlt. Dies hängt damit zusammen, daß die Schulverfassungsgesetze eine umfangreiche Konferenzordnung und Mitbestimmungsregelung enthalten, durch die Gremien geschaffen werden, die über eine Reihe von Zuständigkeiten verfügen. Da es inzwischen auch möglich ist, daß Gremien der Schulverfassung gegen die Schulaufsichtsbehörde klagen können, wenn die ihnen zustehenden Rechte (beispielsweise auf vorherige Anhörung, auf Zustimmung oder auf Beteiligung) nicht beachtet werden, ist die Zuständigkeitsverteilung in diesen Gesetzen nicht nur eine formale Regelung, sondern zugleich eine materiale, insofern sie zu einer Dezentralisierung der Entscheidungskompetenzen geführt hat. An diese Dezentralisierung ist auch die Schulaufsicht gebunden. Solange Konferenzen die Befugnisse wahrnehmen, die ihnen im Rahmen ihrer Zuständigkeiten zustehen, können Schulaufsichtsbeamte keine gegenteiligen Anweisungen treffen. Die Neuregelung des Schulverfassungsrechts hat also – zum Teil gegen den Willen der Gesetzgeber – zu einer faktischen Dezentralisierung geführt, die notwendigerweise eine Reduktion der schulaufsichtlichen Befugnisse nach sich zieht. Für die einzelne Schule bedeutet dies, daß sie nicht mehr nur als unselbständige Anstalt zu betrachten ist, sondern allmählich auch über (zum Teil bereits formal gesicherte) Selbstverwaltungsrechte einer Körperschaft (wie eine Universität) verfügt.

2.2 Schulleitung und Kollegium

In der Neuregelung des Verhältnisses von Schulleiter und Kollegium in den neuen Schulverfassungsgesetzen lassen sich unterschiedliche Entwicklungstendenzen analysieren, je nachdem, welcher historische Vergleichspunkt gewählt wird (vgl. NEVERMANN 1982, S. 249 ff.): Gemessen an der direktorialen Schulleitung eines Gymnasiums haben sich die Schulverfassungen eher kollegialisiert und gemessen an der kollegialen Schulleitung der Weimarer Zeit im Volksschulbereich eher direktorialisiert; gemessen an den Regelungen in der unmittelbaren Nachkriegszeit kann man aber generell von einer Tendenz zur Eingrenzung der Befugnisse des Schulleiters und zur Stärkung der Lehrerkonferenz sprechen, die sich äußerlich als Verrechtlichungsprozesse darstellen. Folgende Punkte sind besonders wichtig:
Hinsichtlich der Kompetenzverteilung zwischen Schulleitung und Konferenzen lassen sich heute grundsätzlich zwei unterschiedliche Regelungsmodelle feststellen: Entweder hat der Schulleiter die Regelzuständigkeit und den Konferenzen werden ihre Zuständigkeiten speziell zugewiesen – oder umgekehrt, die Konferenzen sind grundsätzlich zuständig und der Schulleiter nur, soweit ausdrücklich geregelt. Eine besonders ausgeprägte Regelzuständigkeit des Schulleiters gibt es in Bayern, wo der Schulleiter „für einen geordneten Schulbetrieb und Unterricht sowie gemeinsam mit den Lehrern für die Erziehung der Schüler verantwortlich" ist (§ 42, Abs. 2 der Allgemeinen Schulordnung). Demgegenüber bedeuten Beschlüsse der Lehrerkonferenz lediglich Empfehlungen für den Schulleiter (vgl. § 45 der Allgemeinen Schulordnung); eine Bindungswirkung haben Konferenzbeschlüsse nur in ausdrücklich zugewiesenen Aufgaben (Widersprüche, Beschwerden und Veranstaltungen der Schule). Auf der anderen Seite findet sich eine besonders ausgeprägte Regelzuständigkeit der Konferenzen im niedersächsischen Schulgesetz. Hier entscheiden die Konferenzen „über alle wesentlichen Angelegenheiten" und werden zudem „insbesondere" durch eine Aufzählung von 25 Einzelzuständigkeiten als zentrales Organ der innerschulischen Willensbildung institutionalisiert (vgl. § 23 des niedersächsischen Schulgesetzes). Demgegenüber ist der Schulleiter Vorsitzender der Gesamtkonferenz und bereitet die Sitzungen der Konferenz vor und führt deren Beschlüsse aus (vgl. § 30). Der bayerischen Regelung stehen die Regelungen in Baden-Württemberg und Hamburg am nächsten; während die Regelungen in Nordrhein-Westfalen, in Hessen und Bremen der konferenzzentrierten Regelung in Niedersachsen näherstehen.
Von besonderer Bedeutung für das Verhältnis von Schulleiter und Konferenz ist die unterschiedliche Ausgestaltung des Beanstandungsrechts, das der Schulleiter gegenüber Konferenzbeschlüssen geltend machen kann beziehungsweise muß. Es gibt hier zwei Regelungsformen, deren juristische Problematik parallel zur Frage nach dem Verhältnis von Rechtsaufsicht und Fachaufsicht im Rahmen der Befugnisse eines Schulaufsichtsbeamten liegt. Auch hier geht es um die Frage, ob ein Schulleiter lediglich die Rechtmäßigkeit oder auch die Zweckmäßigkeit eines Konferenzbeschlusses beanstanden kann. In der einen Regelungsform, durch die der Schulleiter zur Überprüfung der Recht- und Zweckmäßigkeit eines Beschlusses ermächtigt wird, findet sich die Formulierung, daß der Schulleiter zur Beanstandung berechtigt sei, wenn er „der Auffassung [ist], daß ein Konferenzbeschluß gegen Rechtsvorschriften oder eine Verwaltungsanordnung verstößt, oder daß er für die Ausführung des Beschlusses nicht die Verantwortung übernehmen kann [...]" (§ 44, Abs. 3 Schulgesetz von Baden-Württemberg). Entsprechende Formulierungen finden sich in den Schulgesetzen von Bayern, Bremen, Hamburg und Hessen. Demgegenüber

wird in Berlin, Niedersachsen, Nordrhein-Westfalen, Rheinland-Pfalz, im Saarland und in Schleswig-Holstein das Beanstandungsrecht auf eine rechtsaufsichtliche Überprüfung beschränkt und an die Voraussetzung geknüpft, daß ein Konferenzbeschluß gegen Rechts- oder Verwaltungsvorschriften verstößt. Diese Begrenzung des Beanstandungsrechts im Sinne einer Rechtsaufsicht schlägt im übrigen auch der Deutsche Juristentag vor (vgl. SCHULE IM RECHTSSTAAT 1981, S. 311).
Schließlich ist das Verhältnis von Schulleitung und Konferenzen auch von der Regelung jener Frage abhängig, die um die Jahrhundertwende und dann vor allem Ende der 20er Jahre zu heftigen Auseinandersetzungen geführt hat: die Frage der Wahl des Schulleiters und die Befristung seiner Amtszeit. Allerdings ist in den Gesetzen in Bayern, Hessen, Nordrhein-Westfalen, Rheinland-Pfalz und Schleswig-Holstein eine Beteiligung schulischer Gremien an der Auswahl zwischen den Bewerbern überhaupt nicht erwähnt; in diesen Ländern gibt es lediglich Institutionen, in denen der Schulträger (gelegentlich unter Beteiligung von Lehrern) an der Auswahl mitwirkt. In Baden-Württemberg ist eine Information vorgesehen, die zu einem abschließenden, aber nicht verbindlichen Votum führt. Nach der Bremer Regelung, die eine achtjährige Amtszeit vorsieht, stimmen Lehrerkonferenz, Schülerbeirat, Elternbeirat und das nichtunterrichtende Personal über die Bewerberliste getrennt ab; aufgrund dieser Abstimmungsergebnisse erstellt ein Ausschuß, dem Vertreter der gesellschaftlichen Gruppen und Lehrerverbände angehören, einen Dreiervorschlag, aus dem die Deputation dem Senator einen Bewerber vorschlägt. In Berlin – so das regelmäßige Verfahren – schlägt die Schulbehörde der Gesamtkonferenz mindestens zwei Vorschläge zur Auswahl vor. Im Saarland beschließt die Gesamtkonferenz einen Wahlvorschlag, an den der Minister aber letztlich nicht gebunden ist. Das niedersächsische Schulgesetz enthält zwar eine Versuchsklausel, nach der eine kollegiale, auf Zeit gewählte Schulleitung möglich ist; aber in der Regel verfaßt ein Ausschuß, in dem zwei Lehrer, ein Vertreter des Schulträgers und ein Vertreter der Schulaufsicht vertreten sind, einen Vorschlag an die Behörde, über den diese, wenn sie ihm folgen will, die Gesamtkonferenz anzuhören hat. Die Hamburger Regelung sieht vor, daß ein Findungsausschuß, in dem zwei von vier Personen Lehrer sind, aber der Vertreter der Behörde ein Vetorecht hat, der Lehrerkonferenz Bewerber zur Auswahl vorschlägt; der Gewählte wird von der Behörde vorläufig für zwei Jahre bestellt und kann danach, wenn die erweiterte Schulkonferenz nicht widerspricht, für zehn Jahre fest bestellt werden (vgl. NEVERMANN 1982, S. 109 f., S. 202 ff.).
Gerade für den ambivalenten Charakter des Verrechtlichungsprozesses bietet die Neuregelung des Verhältnisses von Schulleitung und Kollegium ein gutes Anschauungsmaterial. Während die Frage der Schulleiterwahl (soweit sie überhaupt vorgesehen ist) technisch sehr aufwendig geregelt, aber letztlich in ihrer Bedeutung für den schulischen Alltag nicht überschätzt werden sollte, ergeben sich aus den ausformulierten Regelungen des Beanstandungsrechts und der Kompetenzabgrenzung zwischen Schulleiter und Konferenzen rechtliche Instrumentarien zur Begrenzung der Befugnisse des Schulleiters.

2.3 Pädagogische Freiheit der Lehrer

Wenn man in den Schulverfassungsgesetzen der Bundesländer auf die mehr oder weniger gleichlautende Formulierung stößt, daß der Lehrer „in eigener Verantwortung" unterrichtet und erzieht, so würde man nicht vermuten, daß sich hierhinter das zentrale Freiheitsrecht des Lehrers befindet: seine pädagogische Freiheit. In der

juristischen Diskussion ist in den letzten Jahren zwar versucht worden, diese pädagogische Freiheit des Lehrers verfassungsrechtlich zu legitimieren, vor allem mit der These, daß durch das Grundrecht der Freiheit von Forschung und Lehre (Art. 5, Abs. 3 GG) nicht nur die universitäre Lehre, sondern auch der schulische Unterricht der Lehrer geschützt werde (vgl. LAASER 1981, PERSCHEL 1970, STAFF 1969, STOCK 1971), und darüber hinaus mit der These, daß der Lehrer als Garant des Entfaltungsrechts des Schülers eines auch verfassungsrechtlich geschützten Freiheitsstatus bedarf (vgl. STOCK 1971, WEILER 1979). Aber obwohl diese Diskussion keineswegs abgeschlossen ist, wird man jene Meinung, als die in der Jurisprudenz vorherrschende bezeichnen müssen, die das Grundrecht der Lehrfreiheit ausschließlich auf die Vermittlung eigener Forschungsergebnisse beschränkt (vgl. Entscheidungen des Bundesverfassungsgerichts, Bd. 35, S. 39, S. 112 f.); zur Begründung wird insbesondere auf die verfassungsrechtlich normierte Schulaufsicht des Staates in Art. 7, Abs. 1 GG verwiesen. Trotzdem geht auch die herrschende Meinung davon aus, daß es eine pädagogische Freiheit des Lehrers gibt, die „ein die beamtenrechtliche Stellung des Lehrers ergänzendes und zugleich modifizierendes Prinzip" darstellt (HECKEL 1976, S. 209). Obwohl der Lehrer innerhalb der beamtenrechtlichen Hierarchie der allgemeinen Gehorsamspflicht des Beamtenrechts unterliegt, soll er über ein Maß an rechtlich gesicherter Eigenständigkeit verfügen, das über die Eigenverantwortlichkeit anderer Beamten hinausgeht: „Die unterrichtliche Tätigkeit erfordert ihrem Wesen nach jedoch Freiheitsspielräume und, wenn es sich um Beurteilungen der Schüler handelt, auch Beurteilungsspielräume. Das Rechtsinstitut der pädagogischen Freiheit trägt diesen Erfordernissen Rechnung; es gewährt den Lehrern einen der richterlichen Unabhängigkeit angenäherten beamtenrechtlichen Sonderstatus" (HECKEL 1976, S. 209; vgl. NIEHUES 1976, S. 155 ff.). Dieses Rechtsinstitut der pädagogischen Freiheit ist zwar keine Rechtsfigur des Verfassungsrechts, aber doch eine Rechtsfigur des – mehr oder weniger gemeindeutschen – schulbezogenen Verwaltungsrechts, das in allen Schulverfassungsgesetzen anerkannt wird. Die Grundsatznorm der pädagogischen Freiheit wird nun durch einige weitere Regelungen ergänzt und dadurch rechtlich gestärkt (vgl. SCHULE IM RECHTSSTAAT 1981, S. 306 f.):
Erstens wird die pädagogische Freiheit gestärkt durch die bereits erwähnte (zumindest tendenzielle) Einschränkung des Weisungsrechts der Schulaufsicht im Sinne einer Reduktion der umfassenden Fachaufsicht auf Rechtsaufsicht. Zweitens wird die pädagogische Freiheit gestärkt, indem in mehreren Gesetzen formuliert wurde, daß Konferenzbeschlüsse die pädagogische Freiheit des einzelnen Lehrers nicht unzumutbar einengen dürfen. Hinzu kommt drittens, daß auch die Rechte des Schulleiters gegenüber dem einzelnen Lehrer (Weisungsrecht, Unterrichtsbesuchsrecht) in der letzten Zeit tendenziell eingeschränkt wurden. Am deutlichsten gilt dies wiederum für die Regelung in Niedersachsen, wo der Schulleiter ausschließlich „zur Ausführung von Beschlüssen der Konferenzen […] sowie zur Einhaltung der Schulordnung" weisungsberechtigt ist (vgl. § 30 des niedersächsischen Schulgesetzes). Dieser Beschränkung des Weisungsrechts, die praktisch den Charakter einer Rechtsaufsicht erhält, weil sie die Ausübung des Weisungsrechts an das Vorliegen einer Rechtsverletzung bindet, kann die Regelung in Berlin an die Seite gestellt werden, wo das Weisungsrecht zunächst einmal auf den nichtpädagogischen Bereich beschränkt und für den pädagogischen Bereich gesagt wird, daß es nur in Ausnahmefällen und nur im Benehmen mit der entsprechenden Fachkonferenz ausgeübt werden darf (vgl. § 22 des Berliner Schulverfassungsgesetzes). Auch in Hessen ist der Schulleiter in Fragen der Unterrichts- und Erziehungsarbeit nur bei

Schule und Schulverfassung in der Bundesrepublik Deutschland

Abbildung 1: Übersicht über die Schulverfassungen der Bundesländer 1981

Elemente der Schulleitungsmodelle	Potsdam 1920	Schulrechtskommission Deutscher Juristentag (sowie Bildungsrat)	Niedersachsen i.d.F. bis 1980	Hessen	Bremen	Berlin	Saarland	NRW	Hamburg	Rheinland-Pfalz	Schleswig-Holstein	Baden-Württemberg	Bayern
1. Begrenzung der Schulaufsicht i. S. der Rechtsaufsicht	−	++	++	++	++	+	+	−	−	−	−	−	−
2. Begrenzung des Beanstandungsrechts i. S. der Rechtsaufsicht	+	++	++	−	−	++	++	++	−	++	++	−	−
3. Begrenzung des Weisungsrechts auf Verwaltungsaufgaben und Konferenzbeschlüsse	++	++	++	+	−	+	+/−	−	−	−	−	−	−
4. Bindungswirkung der Konferenzbeschlüsse	++	++	++	++	++	++	++	+	++	++	++	++	+/−
5. Beteiligung der Schule an der Auswahl des Schulleiters	−	++	++	−	++	++	+/−	−	++	−	+/−	+/−	−
6. Gewährleistung der pädagogischen Freiheit	++	++	++	++	++	++	++	++	++	++	++	++	++
7. Vorgesetztenposition des Schulleiters	−	++	++	++	++	++	++	++	++	++	++	++	++
8. Begrenzung des Unterrichtsbesuchsrechts auf Informationsfunktionen	++	+	++	++	+	+	+	−	+	+/−	−	−	−
9. Dienstliche Beurteilung ist Schulaufsicht vorbehalten	++	++	++	++	++	++	−	++	++	−	−	−	+/−
10. Dienstvorgesetztenfunktion ist Schulaufsicht vorbehalten	++	++	++	++	++	++	+/−	++	++	+/−	+/−	+	+/−

++ = vorhanden, + = tendenziell vorhanden, − = nicht vorhanden, +/− = teilweise vorhanden/nicht vorhanden.

(Quelle: NEVERMANN 1982, S. 264 f.)

Verstößen gegen Rechtsvorschriften weisungsberechtigt. Dies gilt ähnlich für das Saarland, wo ebenfalls Weisungen in pädagogischen Fragen an besondere Voraussetzungen gebunden sind. Demgegenüber ist der Schulleiter in allen anderen Bundesländern (Baden-Württemberg, Bayern, Rheinland-Pfalz, Schleswig-Holstein) in seiner Weisungsbefugnis noch unbeschränkt.

Was schließlich die Frage des Unterrichtsbesuchsrechts angeht, so wird in einigen Bundesländern Wert darauf gelegt, daß der Schulleiter bei seinen Unterrichtsbesuchen lediglich eine informierende und beratende Funktion hat. Allerdings gibt es hierbei für einige Bundesländer gravierende Ausnahmen, insofern nämlich der Schulleiter zugleich die Aufgabe hat, die dienstlichen Beurteilungen der Lehrer anzufertigen (so generell in Rheinland-Pfalz und im gymnasialen Bereich in Baden-Württemberg, Bayern, Nordrhein-Westfalen, Schleswig-Holstein).

Zusammenfassend läßt sich formulieren, daß die Beschränkung des Unterrichtsbesuchsrechts auf Informationszwecke, die Beschränkung des Weisungsrechts entweder auf die Verwaltungsaufgaben oder auf die Ahndung von Rechtsverletzungen ebenso zu einer Stärkung der pädagogischen Freiheit des Lehrers beitragen wie die Formulierung, daß Konferenzbeschlüsse den Lehrer nicht unzumutbar einengen dürfen, und die tendenzielle Reduktion der schulaufsichtlichen Fachaufsicht im Sinne einer Rechtsaufsicht.

2.4 Mitwirkung von Schülern und Eltern

Die Frage der Mitwirkung von Schülern und Eltern wurde in den meisten Ländern zum Anlaß genommen, neben der alten Lehrerkonferenz noch weitere Gremien (Vermittlungsausschuß, Schulkonferenz und andere) einzurichten, um unterschiedliche Paritäten zu ermöglichen. In diesen besonderen Gremien sind Eltern und Schüler relativ stark vertreten – aber diese Gremien haben nur einige wenige, wenn auch mitunter nicht unwichtige Kompetenzen. Demgegenüber ist die Beteiligung der Schüler und Eltern an der Lehrerkonferenz meist eng begrenzt, nur auf wenige Vertreter, meist sogar mit beratender Stimme, und bei Zeugniskonferenzen sind sie – mit Ausnahme von Schleswig-Holstein – ausgeschlossen.

Während die unmittelbare Beteiligung der Schüler an Entscheidungen über die Planung und Organisation des Unterrichts nur in wenigen Bundesländern in den Schulverfassungsgesetzen ausdrücklich geregelt wurde (insbesondere in Berlin, im Saarland sowie in Niedersachsen und Bayern), sind in allen Bundesländern besondere Gremien der Interessenvertretung auf Klassen- und Schulebene vorgesehen (vgl. DIETZE 1984). Auch in der Frage der unmittelbaren Beteiligung der Eltern sind die Regelungen in Berlin und dem Saarland besonders ergiebig: Es wird eine Informationspflicht der Lehrer über die Planung und Gestaltung des Unterrichts und über die Bewertungsmaßstäbe für die Notengebung geschaffen; den Eltern soll Gelegenheit zu Unterrichtsbesuchen im Einvernehmen mit dem Lehrer gegeben werden; ähnliches gilt in Niedersachsen und Baden-Württemberg, wo die Lehrer Inhalt, Planung und Gestaltung des Unterrichts mit den Eltern zu erörtern haben. Demgegenüber spricht die Bayerische Schulordnung in § 79 von „persönlicher Fühlungnahme der Erziehungsberechtigten mit den Lehrern der Schule" und lediglich davon, daß „die Erziehungsberechtigten mit den [...] Erziehungs- und Unterrichtszielen [...] bekanntgemacht werden" sollen. Im übrigen sehen alle Gesetze „Elternabende" (wie sie in Hamburg heißen) oder Elternversammlungen vor; auch auf der Ebene der Schule gibt es in allen Gesetzen Räte, Beiräte oder Vertretungen. Außer Bayern sehen auch alle Gesetze eine Vertretung der Eltern auf Kreis- oder Landesebene vor. Aber außer Hessen haben alle Landeselternvertretungen lediglich Anhörungs- und Informationsrechte, keine Mitbestimmungsrechte im Sinne einer Mitentscheidung. In Hessen bedürfen der Zustimmung des Landeselternbeirats die allgemeinen Bestimmungen über die Bildungsziele und Bildungswege, über die Aufnahme in weiterführende Schulen und die Übergänge zwischen den Schulen, über die Auswahl der Lernmittel und über die Schulordnungen.

3 Zur Verrechtlichung der Schulverfassung

Es wurde schon mehrfach auf den ambivalenten Charakter des Prozesses der Verrechtlichung hingewiesen. Einerseits werden die Regelungen des Schulverfassungsrechts immer perfektionistischer, indem sie zum Beispiel die Rechtsfigur der Reduktion der Fachaufsicht auf Rechtsaufsicht nicht nur für das Weisungsrecht des Schulaufsichtsbeamten, sondern auch für das Weisungsrecht des Schulleiters und für sein Beanstandungsrecht übernehmen. Andererseits ist klar, daß dadurch zugleich Handlungsspielräume der einzelnen Lehrer rechtlich tendenziell gesichert werden. Die Ausweitung der formellen Regelungen und die Fülle der Institutionalisierungsformen können deshalb nicht allein als Ergebnis bürokratischen Übereifers betrachtet werden; sie können angemessen nur interpretiert werden, wenn ihr innerer Zusammenhang mit den Forderungen nach Durchsetzung von mehr Demokratie in der Schulverfassung berücksichtigt wird. In mancherlei Hinsicht stellt sich die Frage, ob der organisatorische und reglementierende Aufwand noch in einem vernünftigen Verhältnis zum Nutzen steht. Dies gilt zum Beispiel – angesichts der vielfältigen Schulverfassungsgremien – schon für den Zeitaufwand, den Lehrer für den Besuch der Konferenzen aufbringen müssen. Ähnliches gilt beispielsweise für die Regelung der Schulleiterwahl, durch die die Lehrer lediglich an der Auswahl über Kandidaten beteiligt werden, die zuvor von der Schulaufsichtsbehörde ausgesucht wurden; eine richtige (das heißt ungefilterte) Wahl seitens des Lehrerkollegium ist ja in keinem Bundesland vorgesehen.

Die These, daß der Prozeß der Verrechtlichung ambivalent ist, bedeutet zusammenfassend zweierlei (vgl. HOPF u. a. 1980, S. 387 ff.; vgl. SCHLUCHTER 1972): Zum einen sollte Bürokratisierung nicht als bloß abschreckender Ritualismus und Formalismus mißverstanden werden; gerade im Sinne M. Webers ist der Doppelcharakter des Bürokratisierungsprozesses im Sinne der Verfachlichung, Spezialisierung und verstärkten Kooperation einerseits und im Sinne von Formalisierung, Standardisierung und Zentralisierung andererseits von entscheidender Bedeutung. Erst aus diesem Doppelcharakter wird erklärlich, daß der Prozeß der Rationalisierung und Bürokratisierung unter den Bedingungen hochindustrialisierter Gesellschaften auch im Schulwesen voll wirksam ist und als historisch irreversibel gelten muß. Zum anderen droht dieser Rationalisierungsprozeß in seiner Ambivalenz umzukippen und aus einem Mittel der Herrschaft zu einem Zweck der Herrschaft zu werden: Aus der Herrschaft durch die Bürokratie droht eine Herrschaft der Bürokratie zu werden. Aus einer Demokratisierung der Schulverfassung durch rechtliche Formalisierung droht eine von Formalisierungen beherrschte Schulverfassung zu werden.

DEUTSCHER BILDUNGSRAT: Zur Reform von Organisation und Verwaltung im Bildungswesen. Teil 1: Verstärkte Selbständigkeit der Schule und Partizipation der Lehrer, Schüler und Eltern. Empfehlungen der Bildungskommission, Stuttgart 1973. DIETZE, L.: Schülervertretung. In: Enzyklopädie Erziehungswissenschaft, Bd. 5, Stuttgart 1984, S. 580. HECKEL, H. (unter Mitarbeit von P. Seipp): Schulrechtskunde. Neuwied/Darmstadt ⁵1976. HOPF, CH. u. a.: Schulaufsicht und Schule. Eine empirische Analyse der administrativen Bedingungen schulischer Erziehung. Stuttgart 1980. LAASER, A.: Wissenschaftliche Lehrfreiheit in der Schule, Königstein 1981. LESCHINSKY, A./ROEDER, P. M.: Gesellschaftliche Funktionen der Schule. In: TWELLMANN, W. (Hg.): Handbuch Schule und Unterricht, Bd. 3, Düsseldorf 1981, S. 107 ff. NEVERMANN, K.: Der Schulleiter. Juristische und historische Aspekte zum Verhältnis von Bürokratie und Pädagogik, Stuttgart 1982. NEVERMANN, K.: Ausdifferenzierung der Schulverfassung am Beispiel Preußens. In: Enzyklopädie Erziehungswissenschaft, Bd. 5, Stuttgart 1984, S. 172 ff. NIEHUES, N.: Schul- und Prüfungsrecht. Schriftenreihe der Neuen Juristischen Wochenschrift, Heft 27, München 1976. PERSCHEL, W.: Die Lehrfreiheit des Lehrers. In: D. öffentl. Verw. 23 (1970), S. 34 ff. SCHLUCHTER, W.: Aspekte bürokratischer Herrschaft, München 1972. SCHULE IM RECHTSSTAAT, Bd. 1: Entwurf für ein Landesschulgesetz. Bericht der Kommission Schulrecht des Deutschen Juristentages, München 1981. STAFF, I.: Schulaufsicht und pädagogische Freiheit des Lehrers. In: D. öffentl. Verw. 22 (1969), S. 627 ff. STAUPE, J.: Strukturen der Schulträgerschaft und Schulfinanzierung. In: MAX-PLANCK-INSTITUT FÜR BILDUNGSFORSCHUNG, PROJEKTGRUPPE BILDUNGSBERICHT (Hg.): Bildung in der Bundesrepublik Deutschland, Bd. 2, Reinbek 1980, S. 867 ff. STOCK, M.: Pädagogische Freiheit und politischer Auftrag der Schule, Heidelberg 1971. WEILER, H.: Wissenschaftsfreiheit des Lehrers im politischen Unterricht, Königstein 1979.

Viktor v. Blumenthal/Annemarie Buttlar

Alternative Schulverfassungen in ausgewählten Industrieländern

1 Einleitung
2 Die Schulverfassungen in Italien und den USA
2.1 Zentralistischer Staat und Dezentralisierung: Italien
2.1.1 Kompetenzverteilung im italienischen Bildungswesen
2.1.2 Die Schulleitung
2.1.3 Die Mitbestimmungsmöglichkeiten der Gruppen
2.1.4 Schulordnung und Disziplinarrecht für Schüler
2.2 Dezentralisierung und föderalistische Tradition in den USA
2.2.1 Kompetenzverteilung im amerikanischen Bildungswesen
2.2.2 Die Funktion des Schulleiters
2.2.3 Die Mitbestimmungsmöglichkeiten der Gruppen
2.2.4 Schulordnung und Disziplinarrecht für Schüler
3 Ergebnisse

Zusammenfassung: Die Betrachtung des italienischen und amerikanischen Schulwesens zeigt, daß grundsätzlich verschiedene Möglichkeiten der Beteiligung der Bevölkerung am Schulleben möglich sind. Bei sehr dezentralisierter Organisation (USA) sind die Einwirkungsmöglichkeiten vor Ort sehr groß, doch wächst das Bedürfnis, zu gesamtstaatlichen Regelungen zu kommen. Die Partizipationsmöglichkeiten der Bevölkerung führen zu einer starken Identifikation der Bürger mit „ihrer" Schule; der Freiraum für Innovationen und Experimente ist erheblich, das System bleibt flexibel. Die Abhängigkeit von lokalen Steuern produziert große Ungleichheiten im Bildungsangebot. Unpopuläre Maßnahmen müssen häufig von der Bundesregierung durchgesetzt werden. In dem zentralistischen System (Italiens) wurde die Mitbestimmungsdiskussion einerseits unter dem Aspekt der Verlagerung von Kompetenzen auf die unteren staatlichen Ebenen geführt, andererseits auf allen Ebenen der staatlichen Schulverwaltung die Mitbestimmung aller gesellschaftlichen Gruppen institutionalisiert.

Summary: An analysis of the school systems of Italy and the U.S.A. shows that there are basically distinct possibilities for allowing participation in school affairs by the people. A decisively decentralized school system (U.S.A.) provides the people with ample opportunity for direct local participation, although there is a growing awareness of the need for a nationwide solution to certain problems. This participation of the people leads to a distinct pattern of identification with the schools: they are "their" schools. There is much room for innovation and experimentation; the system is able to solve problems in a very flexible way. The need to rely on local taxes for the support of the school causes inequalities in educational opportunities; and unpopular measures often have to be taken by the Federal Government. In the centralized system of Italy the discussion on participation by the people not only led the national authorities to grant decision-making powers to lower administrative levels but also to institutionalize the right to participation by all social groups on the various administrative levels.

Viktor v. Blumenthal/Annemarie Buttlar

Résumé: L'examen des systèmes scolaires italien et américain montre que, en principe, différentes possibilités s'offrent quant à la participation de la population à la vie de l'école. Etant donné l'organisation très décentralisée (U.S.A.), les possibilités d'action en lieu et place sont très grandes; toutefois, le besoin augmente d'en venir à des réglementations d'ensemble. Les possibilités de participation de la population conduisent à une forte identification du citoyen avec «son» école; l'espace offert aux innovations et aux expériences est considérable, le système demeure flexible. La dépendance des taxes locales crée de grandes inégalités dans l'offre éducative. Des mesures impopulaires doivent fréquemment être imposées par le gouvernement fédéral. Dans le système centraliste (Italie), la discussion quant à la participation a été conduite sous l'aspect de délégation de compétences à des niveaux inférieurs de l'administration; d'autre part, la participation de tous les groupes sociaux, à tous les niveaux de l'administration scolaire d'etat, a été institutionnalisée.

1 Einleitung

Die in der Bundesrepublik Deutschland nach dem Zweiten Weltkrieg getroffene Kompetenzverteilung im Bildungswesen zwischen Ländern und Gemeinden auf der einen Seite sowie Bund und Ländern auf der anderen Seite hatte zur Folge, daß die Frage der Mitwirkung und Mitbestimmung der verschiedenen Gruppen im Bildungswesen im wesentlichen auf die Ebene der einzelnen Länder beschränkt blieb (vgl. DIETZE 1976, S. 212 ff.). Demgegenüber wurde in zentralistisch organisierten Ländern wie Italien die Mitbestimmungsdiskussion sowohl in bezug auf die Neuorganisation der öffentlichen Verwaltung insgesamt, das heißt die Dezentralisierung von Entscheidungskompetenzen, als auch darum geführt, wie bei Fortbestehen des zentralistisch organisierten Staates eine Einwirkung der verschiedenen am Bildungswesen beteiligten Gruppen auf allen Ebenen gesichert werden könnte. Die Frage nach der Mitbestimmung der einzelnen Gruppen im Bildungswesen enthielt also auch zugleich die Infragestellung der bestehenden Kompetenzverteilung auf die verschiedenen Ebenen des Staates. Die hinsichtlich dieser Verteilung von Zuständigkeiten unterschiedliche Situation in der Bundesrepublik und in Italien wird im folgenden mit der Entwicklung in den USA konfrontiert, an der ablesbar ist, daß bei sehr weitgehender Dezentralisierung der Entscheidungskompetenzen im Bildungswesen Bestrebungen für eine Stärkung von Bundeskompetenzen zunehmen. Die in den USA feststellbaren Einflußnahmen des Bundes auf das Bildungswesen korrespondieren nicht mit entsprechenden direkten Einwirkungsmöglichkeiten der betroffenen Gruppen auf zentraler Ebene, sondern zielen eher darauf ab, gesamtstaatliche Normen und Zielvorstellungen unmittelbar durchzusetzen (vgl. BOTHE u.a. 1976, S. 409 ff.). Insoweit ist eine Parallelität von gesamtstaatlicher Einwirkung auf das Bildungswesen und gleichzeitiger Mitbestimmung der betroffenen Gruppen vor Ort festzustellen, was die Entscheidungsträger in den einzelnen Bundesstaaten von zwei Seiten in Zugzwang bringt.

Die Frage nach der Kompetenzverteilung auf die verschiedenen Ebenen staatlichen Handelns ist gekoppelt mit der Untersuchung, an welchen Stellen den betroffenen Gruppen Mitbestimmungsmöglichkeiten eingeräumt werden. Neben Lehrern, Eltern und Schülern sind dies auch Gruppen, die in der Bundesrepublik häufig überhaupt nicht in Mitbestimmungsdiskussionen für die Schule einbezogen werden: zum einen das nicht lehrende Personal (etwa Hausmeister), zum anderen die organisierten gesellschaftlichen Gruppen wie Arbeitgeberverbände oder Gewerkschaften.

Alternative Schulverfassungen in ausgewählten Industrieländern

Es soll anhand der folgenden beiden Beispiele (Italien, USA) verdeutlicht werden, daß die Kompetenzverteilung auf die verschiedenen Ebenen des Staates erhebliche Auswirkungen auf die Frage hat, wo die Mitbestimmung der einzelnen Gruppen im Bildungswesen anzusiedeln ist, und daß die Schule ein Ort ist, an dem noch andere als die Interessen von Lehrern, Eltern und Schülern verhandelt werden.

2 Die Schulverfassungen in Italien und den USA

Schulverfassungen sind das Ergebnis historischer Prozesse, in die Entscheidungen über die Gesamtorganisation des Staates eingehen. Insofern sind sie eingebunden in den historischen, politischen und gesellschaftlichen Kontext des jeweiligen Landes. Die Darstellung der zwei gegensätzlich orientierten Schulverfassungen Italiens und der USA verfolgt den Zweck, Denkanstöße aufzunehmen, die sich – auch bei unterschiedlichen Voraussetzungen – aus der Betrachtung alternativer Schulverfassungen ergeben.

2.1 Zentralistischer Staat und Dezentralisierung: Italien

Der seit seiner Gründung im Jahre 1861 (vgl. SEIDLMAYER 1962, S. 417) sich entwickelnde italienische Staat behielt auch nach dem Zweiten Weltkrieg seine zentralistische Struktur bei (vgl. FISCHER 1970, S. 144), obwohl die Verfassung vom 1.1.1948 einen Kompromiß zwischen einem zentralistischen Einheitsstaat und einem föderativen System gesucht hatte (vgl. v. BEYME 1970, S. 66). Durch Art. 116 der Verfassung wurden fünf Regionen mit Sonderstatut geschaffen: Sizilien, Sardinien, Trient-Südtirol, Friaul-Julisch-Venetien und Aostatal; Art. 131 sah die Einrichtung von weiteren 14 Regionen mit Normalstatut vor, die 1963 durch Teilung der Region Abruzzen und Molise auf 15 erhöht wurden (vgl. v. BEYME 1970, S. 150 ff.).

Während die Regionen mit Sonderstatut direkt nach dem Zweiten Weltkrieg ihre Arbeit aufnahmen, wobei sie für den Schulbereich keine primäre Gesetzgebungsbefugnis hatten (vgl. DALLA 1967, S. 41 ff.), sondern nach Art. 117 ihre Befugnisse auf das „Handwerks- und Berufsschulwesen sowie Schulförderung" beschränkt blieben (LUTHER 1968, S. 30), erhielten die Regionen mit Normalstatut erst zum 1.4.1972 die ihnen durch Art. 117 zugestandenen Funktionen übertragen (vgl. CAZZOLA 1978, S. 295 ff.).

Die Regionen sind Selbstverwaltungskörperschaften, wobei der Verfassungsgerichtshof über die Rechtmäßigkeit von Regionalgesetzen entscheidet. Ein Staatskommissar überwacht die Tätigkeit der Regionen (vgl. LUTHER 1968, S. 31). Jedes von der Region angenommene Gesetz muß ihm nach Art. 127 der Verfassung vorgelegt werden; wenn die Zentralregierung keinen Einspruch erhebt, muß er innerhalb von 30 Tagen einen Sichtvermerk erteilen. Innerhalb von 10 Tagen nach Erteilung des Sichtvermerks wird das Regionalgesetz verkündet; es tritt 15 Tage nach seiner Veröffentlichung in Kraft. Durch Art. 127, Abs. 3 und 4 ist der Konfliktfall zwischen Region und Zentralregierung geregelt, wobei die Rechtmäßigkeit vom Verfassungsgerichtshof geprüft und in fachlicher Hinsicht von den beiden Kammern des zentralen Parlaments entschieden wird.

Die Regionen sind den Provinzen und Gemeinden übergeordnet. Die 92 Provinzen, die etwa einem deutschen Regierungsbezirk entsprechen, aber nur etwa halb so groß sind, sind ebenso wie die etwa 7 800 Gemeinden nach Art. 128 der Verfassung autonome Selbstverwaltungskörperschaften. Die am französischen Departementsystem orientierte Verwaltungsstruktur ist damit verbunden, daß die Zentralregierung

auch die Provinzen und Gemeinden stark überwacht, indem über das Präfektensystem, das aus der napoleonischen Zeit stammt, unmittelbare Kontrolle vor Ort erfolgt (vgl. v. BEYME 1970, S. 73). In jeder Provinzhauptstadt gibt es eine Präfektur, sie besteht aus dem politisch verantwortlichen Präfekten, dem ein Beirat mit beratender Funktion sowie in Finanzfragen mit Entscheidungsbefugnis zugeordnet ist, und aus dem Provinzialausschuß, der neben Rechtssprechung in Verwaltungsangelegenheiten auch Kontrollbefugnisse über die den Provinzen unterstellten Selbstverwaltungskörperschaften ausübt (vgl. LUTHER 1968, S. 31 f.).
Der alle fünf Jahre gewählte Gemeinderat in den Kommunen wählt aus seiner Mitte den Bürgermeister, der einerseits Organ der Selbstverwaltung ist, andererseits als Staatsbeamter staatliche Aufgaben übernimmt.
Wenn es in Art. 5 der Verfassung heißt, die Republik Italien sei „eine Einheit und unteilbar; sie anerkennt und fördert die örtliche Selbstverwaltung, sorgt für die weitestgehende Dezentralisation der Verwaltung in den staatsabhängigen Diensten und paßt die Prinzipien und Methoden ihrer Gesetzgebung den Erfordernissen der Selbstverwaltung und der Dezentralisation an" (zitiert nach v. BEYME 1970, S. 133), so muß von der tatsächlichen Verteilung der Kompetenzen und der Verwaltungsstruktur her gesagt werden, daß Italien zwar mit der Übertragung von Kompetenzen auf die Regionen – und dies auch auf die mit Normalstatut – Ansätze zu einer Dezentralisierung geschaffen hat, daß aber die Zentralgewalt auch weiterhin sehr stark bis in die untersten Ebenen eingreift, dies vor allem auch über die Finanzregelungen (vgl. CAZZOLA 1978, S. 296 ff.).

2.1.1 Kompetenzverteilung im italienischen Bildungswesen

Mit dem Gesetz Nr. 382 vom 22. 7. 1975 und den daran anschließenden Rechtsverordnungen wurde der Prozeß der Kompetenzverlagerung auf die Regionen zunächst abgeschlossen (vgl. GIOVANNINI u. a. 1977, S. 89 ff.). Für den Bildungsbereich war bereits mit Verordnung Nr. 10 vom 15. 1. 1972 die Kompetenz für die berufliche Bildung auf die Regionen übergegangen, soweit sie nicht an den beruflichen Vollzeitschulen (Istituti tecnici e professionali) vermittelt wurde; zur Unterstützung der Regionen wurde durch Verordnung Nr. 478 vom 30. 6. 1973 ein Zentralinstitut für Berufsbildung (Istituto per lo sviluppo della formazione professionale dei lavoratori – ISFOL) in Rom gegründet (vgl. ISFOL 1977, S. 89 ff.). Die Verordnung Nr. 616 vom 24. 7. 1977 legte fest (vgl. Gazzetta Ufficiale, Supplemento ordinario, n. 234, 1977, S. 9), daß die gesamte Berufsausbildung einschließlich der Weiterbildung zur Kompetenz der Regionen gehört, soweit die Ausbildungsstätten nicht ein Abschlußzertifikat der Sekundarstufe II, der Hochschulen oder postuniversitärer Art vergeben.
Die außerschulische Berufsbildung wurde am 21. 12. 1978 durch ein nationales Rahmengesetz neu konzipiert, das die Zuständigkeit der Regionen für diesen Bereich festschrieb und das Zusammenwirken von Zentralgewalt und Regionen regelte (vgl. v. BLUMENTHAL 1980a, S. 198 f.).
Auch die in Art. 117 der Verfassung genannte Schulförderung (Assistenza scolastica) wurde mit Verordnung Nr. 3 vom 14. 1. 1972 den Regionen übertragen; mit Rechtsverordnung Nr. 616 vom 24. 7. 1977 wurde dieser Aufgabenbereich noch erweitert und präzisiert (vgl. v. BLUMENTHAL 1981, S. 185 ff.). Mit der Übertragung der Kompetenzen von der Zentrale auf die Regionen wurde jeweils darauf geachtet, daß Einflußmöglichkeiten der Zentralgewalt auf die Regionen erhalten blieben (vgl. v. BLUMENTHAL 1980b, S. 8 ff.).

Alternative Schulverfassungen in ausgewählten Industrieländern

Für die bei der Zentralgewalt angesiedelten Kompetenzen ist das Unterrichtsministerium in Rom (Ministero della pubblica istruzione) weiterhin zentrale Entscheidungsinstanz. Das Unterrichtsministerium ist in Generaldirektionen untergliedert, die für folgende Bereiche zuständig sind (vgl. COIRO/MAUTINO 1976, S. 3 ff.):
- Personal und allgemeine Verwaltung (Direzione generale del personale e degli affari generali ed amministrativi),
- Primarschulen (Direzione generale dell'istruzione elementare),
- Sekundarschulen I (Direzione generale dell'istruzione secondaria di primo grado),
- Sekundarschulen II (altsprachlich, naturwissenschaftlich, Grundschullehrerausbildung – Direzione generale dell'istruzione classica, scientifica e magistrale),
- Sekundarschulen II (Fachoberschulen – Direzione generale dell'istruzione tecnica),
- Berufliches Schulwesen (Direzione generale dell'istruzione professionale),
- Hochschulen (Direzione generale dell'istruzione universitaria),
- Kulturaustausch (Direzione generale per gli scambi culturali),
- Privatschulen im Sekundarbereich (Direzione generale per l'istruzione media non statale).

Zusätzlich sind Dienststellen für folgende Bereiche eingerichtet:
- Künstlerische Ausbildung (Ispettorato per l'istruzione artistica),
- Leibeserziehung und Sport (Ispettorato per l'educazione fisica e sportiva),
- Pensionen (Ispettorato per le pensioni),
- Vorschulerziehung (Servizio per la scuola materna).

Außerdem bestehen ein „Ufficio studi e programmazione", das insbesondere für Bildungsplanung und Innovationen im Bildungswesen zuständig ist, und ein „Ufficio decreti delegati" als relativ autonome Abteilungen beim Unterrichtsministerium. Das zuletzt genannte Büro für Mitbestimmungsfragen wurde im Anschluß an das Inkrafttreten der sehr weitgehenden Mitbestimmungsregelungen im Schulwesen 1974 eingerichtet (vgl. IODICE/ROMAN 1980, S. 159 f.).

Von diesen Generaldirektionen und Dienststellen aus wird das gesamte italienische Bildungswesen gesteuert, soweit nicht die Regionen zuständig sind. Für den Schulbereich dienen die Außenstellen des Ministeriums in den Provinzen (Provveditorati agli studi) als Zwischeninstanz zu den Leitern der Schulen im Sekundarbereich (Preside) oder den Leitern der Schulbereiche (Direttore didattico) im Primar- und Vorschulbereich. Während für die Sekundarschulen die Schulaufsicht durch den Provinzialschuldirektor über die Schulleiter direkt ausgeübt wird, gibt es für die Primarschulen eine andere Lösung; die Schulaufsicht wird über den „Direttore didattico", der zwischen drei bis zehn Schulen leitet (vgl. ARNOLD 1981, S. 79), wahrgenommen und zum Teil von den 1974 durch Rechtsverordnung Nr. 417 geschaffenen „Ispettori tecnici periferici" (vgl. SACCO 1976, S. 53), für die mit Art. 119 in unmittelbarer Zuständigkeit des Ministeriums 45 Stellen für den Vorschulbereich, 245 für den Primarbereich, 160 für den Sekundarbereich I und 150 für den Sekundarbereich II geschaffen wurden (vgl. DESIMONE/SALAZAR 1975b, S. 337 f.).

Den Gemeinden sind im Zusammenhang mit der Übertragung von Kompetenzen auf die Regionen einige Aufgaben zugewachsen, da sie in der Regel ausführendes Organ von Regionalentscheidungen sind. Darüber hinaus haben sie die Aufgabe, für die Schulbauten und deren Einrichtung zu sorgen, und zwar für die Vorschulen, Primarschulen, den Sekundarbereich I und den Sekundarbereich II, mit Ausnahme der naturwissenschaftlichen Gymnasien und der technischen Fachoberschulen, für die die Provinzen zuständig sind (vgl. MARTINEZ 1980, S. 221 ff.). Neben Errichtung, Unterhaltung und Ausstattung der Schulen haben die Gemeinden auch die laufenden Sachkosten zu tragen, von den Personalausgaben nur die für das Hilfspersonal wie Sekretärinnen und Hausmeister.

Für die Kinderkrippen für Kinder unter drei Jahren (vgl. DANIELE 1976, S. 164) und für die allgemeine Erwachsenenbildung (vgl. MISTRETTA 1981, S. 155) sind die Gemeinden insgesamt zuständig, wobei sie vom Staat finanziell und organisatorisch unterstützt werden.

2.1.2 Die Schulleitung

Für die Primarschulen ist der „Direttore didattico" die Instanz, die für 40 bis 60 Schulklassen die Schulleitung wahrnimmt (vgl. ROMANO FERRARESI 1980, S. 13 ff.). Als Staatsbeamter untersteht er dem Provinzialschuldirektor, der als Außenstelle des Unterrichtsministeriums die zentrale Schulbehörde in der Provinz vertritt (vgl. INZERILLO 1980, S. 20). Er ist Dienstvorgesetzter des lehrenden und nichtlehrenden Personals. In seiner Arbeit wird der „Didaktische Direktor" von Lehrkräften unterstützt, die von der Lehrerkonferenz gewählt werden (vgl. MITBESTIMMUNG ... 1976, S. 29).

Dies gilt auch für die Sekundarschulen, die einen eigenen Schulleiter (Preside) haben. Neben Verwaltungs- und Aufsichtsbefugnissen hat der Schulleiter primär die Aufgabe, den Unterricht zu koordinieren und anzuregen (vgl. MIRAGLIA 1981, S. 66 ff.). Hierbei wird er von der Lehrerkonferenz der Schule beraten und unterstützt, deren Vorsitzender er ist. Die Lehrerkonferenz hat unter anderem folgende Aufgaben: Beschlußfassung über die Unterrichtsarbeit der Schule oder des Schulbereichs; Vorschläge für die Zusammensetzung der Klassen, die Aufstellung des Stundenplans; Beurteilung der Unterrichtsarbeit; Auswahl der Lehrbücher; Beschlußfassung über pädagogische Innovationen; Vorschläge zur Weiterbildung der Lehrkräfte; Wahl von Vertretern für die übrigen Mitbestimmungsorgane. Diese in Art. 4 der Rechtsverordnung Nr. 416 vom 31. 5. 1974 genannten Aufgaben signalisieren, daß mit dieser Verordnung und dem am 30. 7. 1973 beschlossenen Gesetz Nr. 477 zur „Ermächtigung der Regierung zum Erlaß von Vorschriften über die Rechtsstellung des Leitungs-, Aufsichts- und Lehrpersonals, sowie des nichtlehrenden Personals der staatlichen Vorschule, Primarschule, Sekundarschule einschließlich der Künstlerischen Schule" (vgl. MITBESTIMMUNG ... 1976, S. 19 ff.) in Italien ein Prozeß eingeleitet wurde, der gleichzeitig die Rechtsstellung des Lehrpersonals erheblich verbesserte wie auch die Mitwirkung der verschiedenen Gruppen in die italienische Schule einführte.

2.1.3 Die Mitbestimmungsmöglichkeiten der Gruppen

Das Mitbestimmungsgesetz von 1973 sowie die am 31. 5. 1974 erlassenen Rechtsverordnungen Nr. 416 bis 420 haben das italienische Schulwesen von Grund auf verändert. Die Mitbestimmungsregelungen wurden für alle Ebenen, die für das Schulwesen relevant sind, und für alle Gruppen eingeführt, denen man eine Betroffenheit durch die Schule zuschreiben konnte.

Die unterste Ebene stellt nach diesen Bestimmungen von 1973/1974 die *Klassenkonferenz* oder in Primarschulen die Klassenverbandskonferenz dar, die sich aus den jeweiligen Lehrern und gewählten Eltern- beziehungsweise Schülervertretern zusammensetzt. In den Primarschulen sind dies je ein Elternvertreter pro Klasse, im Sekundarbereich I vier Elternvertreter und im Sekundarbereich II zwei Elternvertreter und zwei von der Klasse gewählte Schülervertreter. Vorsitzender ist der

„Didaktische Direktor" beziehungsweise Schulleiter oder ein von ihm beauftragter Lehrer. Die Konferenz ist primär zuständig für Vorschläge zu Erziehung und Unterricht in der Schule, für pädagogische Innovationen und für die Verbesserung der Beziehungen zwischen Lehrern, Eltern und Schülern. Bei der Koordinierung der einzelnen Fächer und bei der Zensurengebung tagt die Konferenz bei alleiniger Anwesenheit der Lehrer.

Die Mitbestimmungsregelungen überlassen den Lehrern in den meisten entscheidenden Beschlußgremien die Mehrheit, soweit sie nicht überhaupt unter sich bleiben wie in der bereits genannten Lehrerkonferenz der Schule. Im *Rat der Schule* beziehungsweise des Schulbereichs ist eine Parität zwischen Lehrern einerseits und Eltern beziehungsweise Schülern andererseits hergestellt, indem in Schulen mit bis zu 500 Schülern die 14 Mitglieder aus sechs Vertretern des Lehrpersonals, einem Vertreter des nichtlehrenden Personals, sechs Vertretern der Eltern und dem Didaktischen Direktor oder Schulleiter bestehen, in Schulen mit mehr als 500 Schülern aus acht Vertretern des Lehrpersonals, zwei Vertretern des nichtlehrenden Personals, acht Elternvertretern und dem Didaktischen Direktor oder Schulleiter. Im Sekundarbereich II wird die Hälfte der Elternsitze von Schülern wahrgenommen, die von ihren mindestens 16 Jahre alten Mitschülern gewählt werden. Vorsitzender des Rats der Schule ist ein mit absoluter Mehrheit des Rats gewählter Elternvertreter. Der Rat wählt außerdem aus seiner Mitte einen geschäftsführenden Ausschuß, der aus einem Lehrer, einem Nichtlehrenden und zwei Elternvertretern besteht. Vorsitzender dieses Ausschusses ist qua Amt der Schulleiter beziehungsweise Didaktische Direktor, der die Schule nach außen vertritt. Außerdem gehört ihm der Verwaltungsleiter an, der zugleich Geschäftsführer des Ausschusses ist. In der Sekundarstufe II wird jeweils ein Sitz der Elternvertreter von einem Schüler wahrgenommen. Der Rat der Schule beschließt über den Haushaltsvoranschlag, den Jahresabschluß und verfügt über die Verwendung der Finanzmittel für den Verwaltungs- und Lehrbetrieb der Schule oder des Schulbereichs. Er ist außerdem zuständig für die Verabschiedung der Hausordnung; den Kauf und die Betreuung der wissenschaftlich-technischen Einrichtungen, Lehrmittel, Schulbücher und des Verbrauchsmaterials; Verteilung der örtlichen unterrichtsfreien Tage und die Rahmenvorgaben für zusätzliche Unterrichtsvorhaben wie Stütz- und Förderkurse.

Die nächste Ebene, für die ein Mitbestimmungsorgan vorgesehen ist, ist der Schulbezirk, der im bisherigen Verwaltungsaufbau nicht vorgesehen war (vgl. CODIGNOLA 1977, S. 7). Jede Region soll in Schulbezirke aufgeteilt werden, die kleiner als eine Provinz sind und nicht mehr als 100 000 Einwohner, in dicht besiedelten Gebieten maximal 200 000 umfassen. In jedem Schulbezirk müssen alle Schularten vorhanden sein. Der *Schulbezirksrat* setzt sich zusammen aus drei Vertretern des Schulleitungspersonals; fünf Vertretern der Lehrer, wobei alle Schularten berücksichtigt sein sollen; einem Vertreter des Leitungspersonals und einem Lehrer der Privatschulen; sieben Elternvertretern, davon mindestens einem von Privatschulen; drei Gewerkschaftsvertretern; zwei Vertretern der Selbständigen, drei Vertretern gesellschaftlicher Gruppen, von denen zwei vom Provinzparlament benannt werden und einer von der Industrie- und Handelskammer; sieben Schülervertretern, davon einem von den Privatschulen; drei Vertretern des Provinzialparlaments, davon einem von der Opposition sowie zwei Vertretern des nichtlehrenden Personals. Dem Schulbezirksrat gehören außerdem sieben Vertreter der Gemeinden an, davon zwei der Opposition. Umfaßt der Schulbezirk mehrere Gemeinden, sind es elf, davon zwei der Opposition. Die Amtsdauer dieses Schulbezirksrats beträgt wie die des Rats der Schule drei Jahre. Er tritt mindestens alle drei Monate zusammen und beschließt über ein Programm für das folgende Schuljahr, das Vorschläge enthält unter anderem zur Durchführung von schulischen und außerschulischen Tätigkeiten, Bildungs- und Berufsberatung sowie Fördermaßnahmen, Schulmedizin und psychosoziale Betreuung, Schulversuche, Volkshochschule und allgemeine Erwachsenenbildung. Zur Realisierung dieses Programms kann er den zuständigen Organen eine Prioritätenliste zuleiten. Außerdem erarbeitet er Vorschläge zum Standort und Ausbau von schulischen Einrichtungen, besseren Einsatz des Schulpersonals sowie für schulische Forschungsvorhaben. Er nimmt auf Verlangen Stellung zu Vorhaben der Region, des Provinzialschuldirektors und der Gemeinden. Er ist zuständig für die schulischen Betreuungsmaßnahmen (Assistenza scolastica), die ihm von der Region übertragen sind.

Während das heterogen zusammengesetzte Gremium auf der Ebene des Schulbezirks im wesentlichen beratende Funktion hat, sind die Kompetenzen des Mitbestimmungsorgans auf Provinzebene, des *Provinzialschulrats,* weiter gefaßt. Der Provinzialschulrat nimmt gegenüber dem Provinzialschuldirektor und der Region Stellung zu den Schulentwicklungsplänen, wobei die Stellungnahmen bindende Wirkung haben für die dem Provinzialschuldirektor zustehenden Kompetenzen; er erläßt die Richtlinien für die Bildungsberatung sowie die ärztliche und psychologisch-pädagogische Betreuung in den Schulen, billigt die Pläne der Provinz für die allgemeine Erwachsenenbildung. Er erarbeitet für den Unterrichtsminister und die Region Vorschläge für eine bessere Erfüllung der Schulpflicht, die Verwirklichung des Rechts auf Bildung sowie zur Weiterbildung; er stellt für die Finanzpläne den Schulraumbedarf fest und legt die Richtlinien für die Benutzung von Schulräumen außerhalb der Unterrichtszeit fest; gegenüber dem Provinzialschuldirektor gibt er die notwendigen Stellungnahmen zu Beförderungen, Beurlaubungen, Entlassungen und zu Wiedereinstellungen des Lehrpersonals der Vor-, Primar- und Mittelschulen sowie bindende Stellungnahmen zu Versetzungen des Lehrpersonals der Vor-, Primar- und Mittelschulen ab. Er ist auch Berufungsinstanz bei Disziplinarstrafen gegen Schüler. Soweit der Provinzialschulrat über Fragen der Rechtsstellung des Lehrpersonals in den Vor-, Primar- und Mittelschulen entscheidet, unterteilt er sich nach Schulstufen; in diesem Fall nimmt nur das Leitungs- und Lehrpersonal teil. Für Disziplinarfragen des Personals werden besondere Ausschüsse für jede Schulstufe gebildet, die aus je einem Schulleiter und drei Lehrern der betreffenden Schulstufe bestehen. Die zahlenmäßige Zusammensetzung richtet sich dabei nach der Schulbevölkerung, den vorhandenen Schulen und nach dem vorhandenen Leitungs- und Lehrpersonal sowie dem nichtlehrenden Personal. Sechs Mitglieder gehören ihm qua Amt an und zwar: der Provinzialschuldirektor; drei Vertreter der Gemeinden, davon einer der Opposition; das für das Unterrichtswesen zuständige Mitglied der Provinzregierung sowie ein Vertreter des Regionalparlaments. Die Hälfte der Sitze ist den Lehrern der staatlichen und privaten Schulen im Verhältnis 90:10 vorbehalten. Die restlichen Sitze werden nach Abzug der sechs genannten Sitze in folgender Weise verteilt: 20% für das Leitungspersonal der staatlichen Schulen, wobei für die Primar-, Mittel- und Sekundar-II-Schulen mindestens je ein Schulleiter gewählt werden muß; 10% für das nichtlehrende Personal; 5% für das Personal der staatlichen Schulverwaltung; 5% Leitungspersonal der Privatschulen; 25% Elternvertreter, davon mindestens einer der Privatschulen; 35% Vertreter der Wirtschafts- und Arbeitswelt. Für die zuletzt genannte Gruppe gilt folgende Aufteilung: 60% für Vertreter der Gewerkschaften, 20% für die der Selbständigen, 20% für die Vertreter der Wirtschaft, die von der Industrie- und Handelskammer benannt werden.

Der für eine Dauer von fünf Jahren gewählte *Nationale Rat für das Unterrichts-*

wesen räumt in dem aus 71 Mitgliedern bestehenden Gremium den Lehrern eine noch weitergehende Vorrangstellung ein: 47 Vertretern der Lehrer an staatlichen Schulen, wobei nach Schularten Quoten festgelegt sind; drei Lehrern an Privatschulen; drei Vertretern der Schulaufsicht; drei Vertretern der Sekundarschulleiter; zwei Vertretern der Didaktischen Direktoren und einem Vertreter des Leitungspersonals der Privatschulen stehen drei Vertreter des nichtlehrenden Personals an staatlichen Schulen, fünf Vertreter der Wirtschafts- und Arbeitswelt, zwei Vertreter der zentralen staatlichen Schulverwaltung und zwei Vertreter der ersten Sektion der Ständigen Kommission für das Unterrichtswesen gegenüber. Der Arbeitsauftrag für den zu bildenden Vorstand und die Disziplinarausschüsse für das Aufsichtspersonal, für das Leitungspersonal aller Schulen und das Lehrpersonal aller Schulen des Sekundarbereichs scheint derart umfassend, daß das staatliche Personal die bezahlte Freistellung vom Dienst für die Dauer des Mandats beantragen kann, sofern es dem Präsidium oder einem innerhalb der Disziplinarausschüsse gebildeten Schlichtungsausschuß angehört. Vorsitzender des Nationalen Rats für das Unterrichtswesen ist der Unterrichtsminister, der von einer eigenen Geschäftsstelle, bestehend aus einem leitenden Beamten und fünf Abteilungsleitern sowie weiterem Personal, unterstützt wird. Neben der Beratung von allgemeinen Schulfragen und Innovationen im Bildungswesen für ganz Italien und der Stellungnahme zu Gesetzentwürfen beziehungsweise zu Verordnungen ist der Rat oberste Berufungsinstanz in Personalfragen. Er muß zu allen Fragen, die die Schulplanung, die Curriculumentwicklung sowie die Strukturreform jeder Schulart betreffen, gehört werden. Dafür gliedert er sich in fünf schulformbezogene Ausschüsse, soweit er nicht über allgemeine Fragen im Plenum tagt. Die Disziplinarausschüsse für das Personal sind zuständig, wenn eine höhere Strafe als ein Verweis ausgesprochen wird. Die aus ihrer Mitte gebildeten Schlichtungsausschüsse geben bindende Stellungnahmen zu den beim Unterrichtsminister eingelegten Berufungen gegen Versetzungen und Disziplinarmaßnahmen ab.

Bezeichnend ist, daß bei allen Ebenen der Schulverwaltung die Mitbestimmung sich sowohl auf Fragen der Schulorganisation wie des Curriculum bezieht und daß Personalfragen jeweils einbezogen sind, wobei auf der Ebene der Schule oder des Schulbereichs ein eigener Ausschuß zur Begutachtung der schulischen Tätigkeit der Lehrer gebildet wird, der aus dem Schulleiter beziehungsweise Didaktischen Direktor und zwei oder vier aus dem Kollegium auf ein Jahr gewählten Mitgliedern besteht.

2.1.4 Schulordnung und Disziplinarrecht für Schüler

Zusätzlich zu den über die allgemeinen Mitbestimmungsorgane im Schulwesen geschaffenen Regelungen hinaus gibt es für Schüler im italienischen Schulwesen eigene Befugnisse. Wie die Eltern haben auch die Schüler der Sekundarstufe II, also des 9. bis 13. Schuljahres, das Recht, Versammlungen in den Räumen der Schule abzuhalten, „um die Probleme der Schule und der Gesellschaft in bezug auf die kulturelle und staatsbürgerliche Erziehung der Schüler zu vertiefen" (MITBESTIMMUNG... 1976, S. 58). Sie können einmal im Monat eine Schulversammlung für einen ganzen Unterrichtstag und eine Klassenversammlung für zwei Unterrichtsstunden einberufen. Eine weitere monatliche Versammlung kann außerhalb der Unterrichtszeit abgehalten werden. Zu den Versammlungen, die während der Unterrichtszeiten stattfinden, können bis zu vier Fachleute für soziale, kulturelle, künstlerische und wissenschaftliche Fragen eingeladen werden, deren Teilnahme vom Rat der Schule genehmigt werden muß. Wenn gegen die Geschäftsordnung der Schülerver-

sammlung verstoßen wird oder eine ordnungsgemäße Durchführung der Versammlung nicht möglich ist, hat der Schulleiter das Recht einzugreifen.
An allen Schulen des Sekundarbereichs I und II war durch die genannte Rechtsverordnung von 1974 ein Gremium eingerichtet worden, das als Disziplinarausschuß Strafen gegen Schüler verhängen konnte, die von der Ermahnung über zeitweisen Ausschluß vom Unterricht bis zum Schulverweis, auch von allen staatlichen Schulen, reichten. Gegen seine Beschlüsse konnte beim Provinzialschuldirektor Einspruch erhoben werden, der nach Anhörung der zuständigen Abteilung des Provinzialschulrats abschließend entschied. Im Sekundarbereich I bestand er aus dem Schulleiter, zwei gewählten Lehrern und zwei Elternvertretern; im Sekundarbereich II gehörten ihm neben dem Schulleiter und den zwei Lehrern ein Elternvertreter und ein Vertreter der über 16 Jahre alten Schüler an. Dieser Ausschuß wurde durch Gesetz Nr. 748 im Jahre 1977 wieder abgeschafft; für die Primarschulen hatte man ihn gar nicht erst eingeführt trotz anderslautender gesetzlicher Bestimmungen, zumal er für nicht vereinbar mit Art. 76 der italienischen Verfassung gehalten wurde (vgl. IPERTI 1977, S. 69 ff.)

2.2 Dezentralisierung und föderalistische Tradition in den USA

Die dezentralisierte, föderalistische Struktur der Vereinigten Staaten ist einerseits das Ergebnis ihrer politischen Entstehungsgeschichte, andererseits erklärt sie sich aus der englischen Tradition lokaler Selbstverwaltung und den Lebensbedingungen, denen sich die Siedler in einer meist feindlichen Umgebung weitab von den alten Kulturzentren gegenübersahen.
Der Zusammenschluß der ehemaligen Kolonien zunächst zu einer losen Konföderation (1776) und schließlich zu den Vereinigten Staaten von Amerika unter der heute noch gültigen, wenn auch inzwischen erweiterten Verfassung von 1787 erfolgte aus Gründen der äußeren Sicherheit, der Aufrechterhaltung der inneren Ordnung und zur Förderung der Wirtschaft. Dem politischen System inhärent ist jedoch auch ein ausgeprägtes Mißtrauen der Bürger gegen jede Akkumulation der Macht, besonders auf Bundesebene, die den Staat für den Bürger unkontrollierbar werden läßt und ihn in seinen Möglichkeiten beschränkt, direkt am demokratischen Entscheidungsprozeß zu partizipieren. Der Einschränkung staatlicher Macht dient ein diffiziles System von „checks and balances". Die ausgeprägte, aus der Pioniertradition stammende Loyalität zum unmittelbaren Lebensraum findet ihren Ausdruck im Beharren auf weitgehender lokaler Selbstverwaltung. Beide Komponenten schlagen sich in der Organisation des öffentlichen Schulsystems nieder, die trotz verschiedentlicher Zentralisierungsversuche, sowohl von seiten der Einzelstaaten als auch des Bundes, stark an der lokalen Verwaltungsebene orientiert ist (vgl. BOTHE 1977, S. 46 ff.).

2.2.1 Kompetenzverteilung im amerikanischen Bildungswesen

Aufgrund des 10. Zusatzartikels (10th Amendment) zur Verfassung der USA bleibt alle Staatsgewalt, die durch die Verfassung nicht ausdrücklich dem Bund übertragen wurde, bei den Einzelstaaten (states) beziehungsweise dem Volk. Da Bildung und Bildungswesen in der Verfassung nicht genannt sind, gehört dieser Bereich zur Kompetenz der Einzelstaaten. Der Kongreß beziehungsweise die Bundesregierung kann jedoch unter Berufung auf die „General welfare"-Klausel des Art. I, Sec. 8,1 sowie der Präambel der Verfassung Gesetze erlassen, die der Förderung von Bildung die-

nen, sofern ein nationales Interesse – wie bei der Verabschiedung des National Defense Education Act; des Elementary and Secondary Education Act und des Education for All Handicapped Children Act – konstatiert werden kann. Derartige Gesetze sehen finanzielle Hilfen für bestimmte Bildungsbereiche vor; die Vergabe der Mittel erfolgt in der Regel an die Einzelstaaten und ist an Auflagen geknüpft, die dem Bund eine unterschiedlich umfangreiche Einflußnahme auf die Bildungspolitik der Einzelstaaten ermöglicht (vgl. BOTHE u.a. 1976, S. 409 ff.; vgl. TIEDT 1966).
Die Kompetenz der Einzelstaaten im Bildungsbereich wird nur durch die Bürgerrechtsgarantien aus der Bundesverfassung (1. Zusatzartikel: Meinungs-, Wissenschafts-/Lehrfreiheit, Pressefreiheit, Versammlungsfreiheit, Religionsfreiheit; 14. Zusatzartikel: Diskriminierungsverbot, Persönlichkeitsschutz, Recht auf körperliche Unversehrtheit, Gleichheit vor dem Gesetz, Recht auf gerichtliches Gehör) eingeschränkt (vgl. EMERSON u.a. 1967). Alle Bundesstaaten haben ihr öffentliches Schulwesen in ihren Verfassungen beziehungsweise in besonderen Schulgesetzen rechtlich verankert (vgl. PERLE/GOLDSTEIN 1973). Die gesetzlichen Bestimmungen sind in den einzelnen Bundesstaaten sehr unterschiedlich; sie reichen von einfachen Absichtserklärungen bis zu detaillierten Gesetzen.
Auf einzelstaatlicher Ebene entscheidet das Parlament durch Gesetzgebung über die grundlegenden Rahmenbedingungen und die finanzielle Ausstattung des Bildungswesens. Innerhalb dieses meist sehr weitgesteckten Rahmens ist der State Board of Education (im Staat New York: Board of Regents) als Entscheidungsorgan der Sitz der bildungspolitischen Macht. Seine Mitglieder werden entweder in direkter Wahl vom Volk gewählt oder vom Regierungschef (Governor) ernannt; einige Personen sind kraft Amtes Mitglieder des Board (vgl. U.S. DEPARTMENT OF HEALTH... 1977, S. 11). Die Qualifikationsanforderungen für die Mitglieder des Board variieren zwischen den Einzelstaaten. In einigen können ausdrücklich nur Laien den Board besetzen. Darüber hinaus orientieren sich die Auswahlkriterien eher an einem regionalen Proporz als an Fachkompetenz (vgl. FROST 1962, S. 236). Die Hauptaufgabe des Board besteht in der Zuteilung der vom Parlament bewilligten Mittel an die lokalen Verwaltungseinheiten (Districts). Weiterhin formuliert der Board die Schulpolitik des Staates, bereitet Gesetzentwürfe vor, interpretiert das staatliche Schulrecht und ist für ein möglichst reibungsloses Funktionieren des Schulwesens verantwortlich. Potentiell ist er in der Lage, das Schulwesen auch in Detailfragen zu regeln, überläßt dies jedoch vielfach den lokalen Schulbehörden (Districts); häufig überträgt er sogar Kompetenzen auf diese nachgeordnete Behörde (vgl. U.S. DEPARTMENT OF HEALTH ... 1977, S. 11 ff.; vgl. FROST 1962, S. 236 ff.).
Das Exekutivorgan der einzelstaatlichen Bildungsbehörde ist der State Superintendent of Education. Ihn mit einem Kultusminister in der Bundesrepublik Deutschland zu vergleichen, bietet sich zwar zunächst an, ist aber nicht ganz korrekt. In 27 Bundesstaaten wurden 1977 die „Superintendents" vom State Board ernannt, in 18 Bundesstaaten direkt vom Volk gewählt, nur in fünf Bundesstaaten ernannte der Governor den Superintendent (vgl. U.S. DEPARTMENT OF HEALTH ... 1977, S. 11). In der Mehrheit der Bundesstaaten untersteht damit der Superintendent nicht direkt dem Regierungschef – er ist kein Kabinettsmitglied –, sondern ist entweder dem Board oder dem Parlament verantwortlich. Die Legitimationsbasis dessen, was in der Bundesrepublik als Kultusminister bezeichnet werden würde, ist in den USA damit eine grundsätzlich andere. Das gleiche gilt für den Expertenstab des Superintendent, der das Department of Education bildet und nur bedingt mit einem Kultusministerium gleichzusetzen ist.
Außer South Carolina haben alle Gliedstaaten ihr öffentliches Schulwesen in Schuldi-

strikten (local school districts oder local education agencies) organisiert (vgl. PERLE/ GOLDSTEIN 1973, S. 87). Schuldistrikte sind Verwaltungseinheiten, die den Einzugsbereich einer oder mehrerer Schulen einer (zum Beispiel elementary school districts) oder aller Schulstufen (elementary und high school districts) umfassen. Die Distrikte haben formaljuristisch keine Autonomie im Sinne einer Selbstverwaltung. Sie existieren aufgrund eines bundesstaatlichen Gesetzes, und ihre Kompetenzen sind ausschließlich in solchen Gesetzen geregelt. Das gliedstaatliche Parlament kann Distrikte einrichten, aufheben (South Carolina) und Distriktgrenzen neu ziehen (vgl. DRURY/RAY 1965, S. 9 f.). Andererseits ist die Institution der lokalen Schulverwaltung tief in der amerikanischen Tradition verwurzelt; sie war ursprünglich autonom, so daß es – je nachdem, wie stark das Traditionsbewußtsein in einem Gliedstaat ist – gelang, den Distrikten einen mehr oder weniger großen Handlungsspielraum zu erhalten. Das Spannungsverhältnis zwischen der juristischen Realität der Alleinzuständigkeit des Staates und der eher plebiszitären Tradition lokaler Eigenverantwortung ist kennzeichnend für das amerikanische Schulwesen (vgl. HEALD/MOORE II 1968, S. 56 ff.).

Entsprechend der Struktur der Bildungsverwaltung auf staatlicher Ebene gliedert sich die Verwaltung auf lokaler Ebene in ein Entscheidungsorgan (School Board) und ein Exekutivorgan (Superintendent of Schools). Die Mitglieder des School Board werden in den meisten Fällen hier ebenfalls von der Bevölkerung des Distrikts gewählt, in einigen Gliedstaaten vom Bürgermeister (Mayor) oder dem Verwaltungsdirektor der Kommune (City Manager), dem Stadtparlament (City Council) oder einer anderen Verwaltungsstelle ernannt. Die Mitgliedschaft im Board ist ein freiwilliges, unvergütetes Ehrenamt. Der Superintendent of Schools wird vom Board gewählt und übt sein Amt im Rahmen der einzelstaatlichen Gesetze und nach Weisung des School Board aus (vgl. FROST 1962, S. 228 ff.).

Der School Board ist, gleichgültig ob er gewählt oder ernannt wurde, stets über den State Board dem einzelstaatlichen Parlament verantwortlich und nicht etwa der Wählerschaft des Distrikts oder dem Verwaltungsbeamten, der ihn ernannt hat. Trotzdem übt die Wählerschaft mittelbar, über den meist ebenfalls gewählten Verwaltungsbeamten, der den Board ernennt, einen erheblichen Einfluß auf die Arbeit des Board aus, da Wahlen in den USA auch auf lokaler Ebene in erster Linie Persönlichkeitswahlen sind und nicht wie etwa in der Bundesrepublik Listenwahlen; die gewählten Mitglieder des Board und der gewählte Verwaltungsbeamte, dem die Ernennung des Board obliegt, müssen unter Umständen um ihre Wiederwahl fürchten, falls sie eine unpopuläre Schul- beziehungsweise Ernennungspolitik betreiben. Die Einflußmöglichkeiten der Wahlbevölkerung sind umso größer, je umfangreicher die Autonomie des Board von der staatlichen Behörde ist (vgl. HEALD/MOORE II 1968, S. 59 ff.).

Der School Board regelt im Rahmen der ihm von den staatlichen Gremien (Parlament beziehungsweise State Board) explizit oder implizit übertragenen Kompetenzen die Schulpolitik innerhalb des Distrikts. Da vom Staat im allgemeinen nur der große Rahmen der Schulpolitik vorgegeben wird und das Parlament oder der State Board häufig ihre Kompetenzen nicht ausschöpfen, ist der Entscheidungsrahmen des School Board sehr groß. Prinzipiell kann er sogar höhere Standards in bestimmten Bereichen (Qualifikation des Schulpersonals, Prüfungsbestimmungen für Schüler) festsetzen, als dies die staatlichen Rahmenregelungen vorsehen, und weiterhin bleibt es dem School Board unbenommen, seinerseits Kompetenzen an die einzelne Schule zu übertragen. Seine Aufgaben nimmt der Board aufgrund von Regeln wahr, die entweder von staatlichen Behörden vorgegeben oder von ihm selbst erlassen werden. Die Aufgabenfelder der Boards können daher selbst innerhalb ein und desselben Staates sehr unterschiedlich sein, und – um die verwirrende Vielfalt möglicher Kompetenzen und Kompetenzüberlassungen noch zu vergrößern – mitunter sind solche Regeln noch nicht einmal schriftlich festgehalten, sondern einfach „guter Brauch" (vgl. HEALD/MOORE II 1968, S. 108 ff.; vgl. FLYGARE 1976). Allerdings wird ein gewisser Kanon von Kompetenzen in der Regel von allen School Boards wahrgenommen. Hierzu gehört das Aushandeln und der Abschluß von Arbeitsverträgen mit Lehrern und Schulleitern, die Verwaltung des Budgets des Distrikts einschließlich der Erhebung lokaler Schulsteuern, die Zulassung beziehungsweise Empfehlung von Schulbüchern, das Festsetzen von Richtlinien für Curricula, die Einrichtung zusätzlicher Bildungsangebote (Kurse, verlängertes Schuljahr, distriktweite Innovationen), die Unterhaltung und Planung schulischer Einrichtungen (vgl. FROST 1962, S. 229f.). Der School Board übt über den Superintendent of Schools die Aufsicht über die einzelne Schule aus, wobei der Superintendent durch regelmäßige Schulbesuche einen kontinuierlichen Kontakt zwischen Schule und Board herstellt (vgl. HEALD/MOORE II 1968, S. 125 ff.).

2.2.2 Die Funktion des Schulleiters

Der Rektor einer Schule (Principal oder Building Principal; seltener: Director) wird vom School Board auf Vorschlag des Superintendent ernannt. Er muß nicht aus der Schule hervorgehen, deren Leitung ihm mit der Ernennung übertragen wird; nicht selten kommt er sogar aus einem anderen Distrikt. Der Schulleiter ist dem Superintendent oder einem seiner Assistenten verantwortlich. Während der Superintendent in der Regel in einem nicht verlängerbaren, befristeten Arbeitsverhältnis steht, ist der Vertrag des Rektors entweder unbefristet oder kann beliebig oft verlängert werden. Eine Kündigung wird in jedem Fall nur aus solchen wichtigen Gründen ausgesprochen, die auf staatlicher oder Distriktebene ausdrücklich festgelegt sind (vgl. FROST 1962, S. 231).

Der Schulleiter übt ausschließlich Verwaltungsfunktionen aus; ihm untersteht entweder eine Schule oder in den Fällen, in denen mehrere Schulstufen in einem Gebäudekomplex zusammengefaßt sind (Comprehensive School: voll integrierte „Gesamtschule" mit Vorschule, Primar- und Sekundarstufe; Comprehensive High School mit Junior und Senior High School: integrierte Sekundarschule mit Sekundarstufe I und Sekundarstufe II), eine „Teilschule" (Elementary School, Junior High School oder Senior High School). Die formalen Qualifikationen, die von einem Schulleiter erwartet werden, entsprechen grundsätzlich mindestens denen der an der Schule beschäftigten Lehrer, meistens wird darüber hinaus der Nachweis administrativer Qualifikationen verlangt (vgl. HEALD/MOORE II 1968, S. 128 f.).

Die Kompetenzen eines Schulleiters sind sehr viel weniger explizit als die anderer Verwaltungspositionen im Bildungssystem. Seine hauptsächliche Funktion besteht in „educational leadership"; er ist dafür verantwortlich, daß der tägliche Schulbetrieb reibungslos abläuft und das Erreichen der vom School Board gesteckten Erziehungsziele gewährleistet ist. Er setzt diejenigen erzieherischen Wertvorstellungen in die pädagogische Arbeit um, die die Bevölkerung des Distrikts verwirklicht sehen möchte. Sein dabei weitgehender Handlungsspielraum wird aber durch Beschlüsse des Board eingeschränkt. Diese Einschränkung bezieht sich in der Regel darauf, was der Rektor in bezug auf eine konkrete Frage tun kann, das „Wie" bleibt ihm überlassen. Über Sachfragen, zu denen kein Beschluß des Board vorliegt, entscheidet der Schulleiter eigenverantwortlich (vgl. HEALD/MOORE II 1968, S. 129 ff.).

Abgesehen von den Gestaltungsmöglichkeiten, die der Rektor hat, ist er verpflichtet, die Schulakten zu führen (Konferenzprotokolle, Personalakten, Schülerakten einschließlich Leistungsnachweisen); ihm obliegt die Stunden- und Raumplanung, die Aufsicht über den Lehrbetrieb, die Unterhaltung der Gebäude und Anlagen, die Beschaffung von Unterrichtsmitteln und die Verantwortung für die Disziplin in der Schule. Er partizipiert an der Entscheidung über die Suspension von Schülern (vgl. FLYGARE 1975, S. 35 ff.), der Übernahme behinderter Schüler in den Sonderunterricht oder deren Integration in den regulären Unterricht (vgl. WRIGHT u. a. 1980a, S. 53 ff.; vgl. WRIGHT u. a. 1980b, S. 34 ff., S. 71 ff.).

2.2.3 Die Mitbestimmungsmöglichkeiten der Gruppen

Die Mitbestimmung von Lehrern, Eltern und Schülern einer Schule sind in den einzelnen Bundesstaaten sehr unterschiedlich geregelt. Auch hier setzt der Staat häufig nur den großen Rahmen. Der School Board kann Beschlüsse über die Mitbestimmung an der einzelnen Schule fassen, überläßt die interne Selbstverwaltung aber meist der Schule. Der Lehrer ist juristisch stets dem Schulleiter untergeordnet; der Rektor kann zwar seinen Rat einholen, ist aber an diesen Rat nicht gebunden und bleibt voll verantwortlich für seine Entscheidungen (vgl. HEALD/MOORE II 1968, S. 64 f.). Dies gilt auch für Konferenzen. In der Praxis wird der Schulleiter großes Interesse daran haben, mit dem Lehrerkollegium zu kooperieren, da autoritäre Entscheidungen dem Frieden an der Schule schaden und eine unfreundliche Reaktion in der Öffentlichkeit zu erwarten ist. Der Lehrer genießt zwar im Klassenzimmer eine weitgehende Handlungsfreiheit (vgl. FLYGARE 1976, S. 1 ff.), seine Stellung im Schulsystem ist jedoch im Vergleich zur Stellung des Lehrers in der Bundesrepublik Deutschland relativ schwach.

Im Gegensatz zur Situation der Lehrer sind die Mitbestimmungs- und Einwirkungsmöglichkeiten der Eltern erheblich; sie beschränken sich nicht nur auf die einzelne Schule, sondern auch auf die Schulpolitik des Distrikts. In allen Bundesstaaten existieren Gesetze, die die Öffentlichkeit der Arbeit des School Board vorsehen. Zwar sind die Regelungen in den einzelnen Bundesstaaten unterschiedlich, aber sie schließen im allgemeinen folgende Partizipationsmöglichkeiten ein (vgl. THOMAS 1978, S. 31 ff.):

- Das Recht, die Sitzungen des School Board zu besuchen, eigene Tagesordnungspunkte für die Sitzung zu verlangen und vor dem Board zu sprechen. Um dies zu gewährleisten, ist der Board verpflichtet, Zeit, Ort und Tagesordnung seiner Sitzungen rechtzeitig öffentlich bekannt zu machen. Verkürzte Einberufungen sind nur ausnahmsweise und in Notfällen (emergency meetings) zulässig. Nur wenige Angelegenheiten, die in den Gesetzen ausdrücklich genannt sind, dürfen unter Ausschluß der Öffentlichkeit verhandelt werden (executive meetings); hierzu gehören bestimmte Personalangelegenheiten, Verhandlung über Verträge, Beratung über Rechtsstreite und Grundstücksangelegenheiten. Die Beschlußfassung erfolgt aber auch hier öffentlich.
- Die über die Sitzungen des Boards anzufertigenden Protokolle sind, auf Wunsch sogar in Kopie, den Eltern zugänglich zu machen.
- Alle Unterlagen, die sich im Besitz der Mitglieder des Boards befinden, können von den Eltern eingesehen werden.
- Der Haushaltsplan ist zu veröffentlichen.

Da der Board in der Regel zweimal monatlich tagt, können sich die Eltern und darüber hinaus die Öffentlichkeit kontinuierlich über die Vorgänge in den Schulen

informieren und aufgrund ihres Rederechts vor dem Board auch auf die Schulpolitik einwirken.
Der Family Educational Rights and Privacy Act, der ein Teil der Education Amendments von 1974 (Public Law 93–380) ist, ermöglicht den Eltern weiterhin, die Arbeit der einzelnen Schule zu kontrollieren. Aufgrund dieses Bundesgesetzes haben die Eltern das Recht, die Akten, die die Schule über ihr Kind führt, jederzeit einzusehen. Die Schule muß den Eltern auf Verlangen Einblick in Curricula und Unterrichtsmaterial gewähren und sie über Art, Umfang, Methode und pädagogische Zielsetzungen besonderer Unterrichtsprogramme informieren. In zahlreichen Bundesgesetzen, durch die spezielle Unterrichtsangebote finanziert werden, ist die Mitbestimmung der Eltern ausdrücklich gesetzlich verankert, beispielsweise im Artikel 1 des Elementary and Secondary Education Act von 1965, im Education for All Handicapped Children Act von 1975, im Emergency School Aid Act von 1972 und im Bilingual Education Act von 1974 (vgl. COMPILATION OF FEDERAL EDUCATION LAWS ... 1977; vgl. THOMAS 1978, S. 31 ff.).
Nach ihrem historisch gewachsenen Selbstverständnis ist die amerikanische Schule nicht nur eine Anstalt, in der Wissen vermittelt wird, sondern in vollster Bedeutung des Wortes ein Ort der Erziehung – „education" meint beides: Bildung und Erziehung –, und eine der wesentlichen Komponenten der öffentlichen Erziehung ist die Einübung staatsbürgerlicher, das heißt demokratischer Verhaltensweisen (vgl. LERNER 1976, S. 6 ff.). Dabei wird auf das Konzept des „learning by doing" besonders großen Wert gelegt. Die Schulordnungen, häufig sogar verschiedene Curricula sehen daher eine große Zahl von Selbstverwaltungsmöglichkeiten für Schüler vor. Diese reichen von der Wahl von Klassensprechern und Schulsprechern, über die Regelung extracurricularer Aktivitäten durch die Schüler selbst sowie Clubs und Vereinen unter der Regie von Schülern bis zu der distriktweiten Einführung von Modellen ähnlich der „Schülerrepublik" (vgl. FROST 1962, S. 18, S. 27 ff.; vgl. BUMSTEAD 1978, S. 659 ff.; vgl. BUMSTEAD 1979, S. 601). Eines der wesentlichen und potentiell kraftvollsten Mitbestimmungsinstrumente der Schüler ist die Schülerzeitung, die an praktisch jeder Schule herausgegeben wird. Schüler genießen die gleichen Freiheitsrechte, im wesentlichen auch in gleichem Maß, wie Erwachsene. Sie können die Garantie der Presse- und Meinungsfreiheit mit nur geringfügigen Abstrichen in Anspruch nehmen. Prinzipiell darf die Schulleitung zwar eine gewisse Zensur ausüben, sie unterliegt jedoch expliziten und impliziten Beschränkungen: Die Verbreitung einer Schülerzeitung, und zwar jeweils nur eine bestimmte Ausgabe oder Teile einer Ausgabe, darf nur dann von der Schulleitung untersagt werden, wenn wohlbegründeter Anlaß zu der Befürchtung besteht, daß die Verbreitung der Zeitung zu einer wesentlichen Störung des Lehrbetriebs und der Ordnung führt oder die Rechte anderer (durch Beleidigung, üble Nachrede ...) verletzt werden: Tinker versus Des Moines Independent School District; Eisner versus Stamford Board of Education; Stanley versus Northeast Independent School District (vgl. United States Reporter, Bd. 393, 1969, S. 503; Federal Reporter, 2. Ser., Bd. 440, 1971, S. 803; Bd. 462, 1972, S. 960). Kritik an Lehrern, Schulleitern und dem School Board sind kein Grund zur Zensur. Da Schülerzeitungen meist auch außerhalb der Schule verbreitet werden, sind sie durchaus geeignet, im Zweifelsfall zur Waffe gegen Schulbedienstete und die Arbeit der Schule zu werden.

2.2.4 Schulordnung und Disziplinarrecht für Schüler

Das Erlassen der Schulordnung ist im wesentlichen Sache der einzelnen Schule, jedoch können grundlegende Fragen (wie Rauchverbot für Schüler, Benutzung schulischer Einrichtungen oder Disziplinarmaßnahmen für Schüler) auch vom School Board für alle Schulen seiner Jurisdiktion geregelt sein. Der Ermessensspielraum der Schule beziehungsweise des Boards in der Ausgestaltung der Schulordnung findet seine Grenzen in den Gesetzen des Staates und vor allem in den Bürgerrechten (1. und 14. Zusatzartikel zur US-Verfassung) des Schülers (vgl. CONNORS 1979, FLYGARE 1975). So kann ein Bundesstaat zum Beispiel körperliche Strafen zulassen – Ingraham versus Wright (vgl. Supreme Court Reporter, Bd. 97, 1971, S. 1401) –, aber bei ihrer Anwendung sind bestimmte Standards, die sich aus der Dueprocess-Garantie des 14. Zusatzartikels ergeben, zu beachten: Baker versus Owen (vgl. Federal Supplement, Bd. 395, 1975, S. 294). Ähnliches gilt für die Suspension und den Verweis von der Schule. Bereits der Ausschluß vom Unterricht für weniger als zehn Tage erfordert ein Minimum an prozeduralem due process (der Schüler hat ein Recht darauf, zu erfahren, welche Regel er gebrochen hat; er muß sich verteidigen dürfen; bei widersprüchlichen Aussagen ist eine erneute Überprüfung der Tatsachen erforderlich). Bei längerer Suspension ist eine formale Anhörung erforderlich: Gross versus Lopez (vgl. United States Reporter, Bd. 419, 1975, S. 565). Der Verweis von der Schule kann nur vom School Board ausgesprochen werden und bedarf ebenfalls einer formalen Anhörung. Wegen Schwangerschaft, auch bei Ledigen, oder Heirat eines Schülers darf weder eine Suspension noch ein Verweis von der Schule ausgesprochen werden: Perry versus Grenada Municipal Separate School District; Ordway versus Hargraves; Board of Education of Harrodsburg versus Bentley; Alvin Independent School District versus Cooper; Anderson versus Canyon Independent School District; Holt versus Shelton; Davis versus Meek; Romans versus Crenshaw (vgl. Federal Supplement, Bd. 300, 1969, S. 748; Bd. 323, 1971, S. 1155; vgl. South West Reporter, 2. Ser., Bd. 383, 1964, S. 677; Bd. 404, 1966, S. 76; Bd. 412, 1967, S. 387; vgl. Federal Supplement Bd. 341, 1972, S. 821; Bd. 344, 1972, S. 298; Bd. 354, 1972, S. 868). Inwieweit die Schule Kleidung und Haartracht der Schüler regeln darf, ist von den Gerichten noch nicht eindeutig geklärt worden. Generell gilt, daß die Schulordnung und das Schülerdisziplinarrecht keine „willkürlichen" Bestimmungen enthalten dürfen, da dies den Standard der Angemessenheit hoheitlicher Akte (police power) verletzen würde (vgl. CONNORS 1979, S. 42 ff.).

3   Ergebnisse

Die Betrachtung des italienischen und amerikanischen Schulwesens zeigt, daß zwei verschiedene Möglichkeiten bestehen, die Bevölkerung am Schulleben zu beteiligen. Bei sehr dezentraler Organisation wie in den USA sind die Einwirkungsmöglichkeiten vor Ort sehr groß, allerdings wächst das Bedürfnis nach gesamtstaatlichen Regelungen. Liegt eine zentralistische Staatsorganisation wie in Italien vor, so wird die Mitbestimmungsdiskussion unter dem Aspekt einer Verlagerung von Kompetenzen auf die unteren Ebenen des Staates geführt, und eine auf allen Ebenen der staatlichen Schulverwaltung institutionalisierte Mitbestimmung aller betroffenen Gruppen gesucht. Eine Regelung, wie sie Italien getroffen hat, hat den Nachteil, daß wesentliche Entscheidungen auch weiterhin nicht vor Ort fallen, sondern daß viele Probleme auf Ebenen verlagert werden, von wo der unmittelbare Zusammenhang zu den tatsächlichen Gegebenheiten nur schwer hergestellt werden kann.

Alternative Schulverfassungen in ausgewählten Industrieländern

In Italien ließ die Beteiligung an den ersten Wahlen zu den Mitbestimmungsorganen im Februar 1975 auf ein lebhaftes Interesse an den neu eröffneten Möglichkeiten schließen. In der Primarschule wählten 77,6% der Eltern, 92,3% aller Lehrer und 83,9% aller nicht Lehrenden; im Sekundarbereich I waren es 72,7% aller Eltern, 90,1% aller Lehrer und 90,7% aller nicht Lehrenden; im Sekundarbereich II gaben 60% aller Eltern, 67,7% der Lehrer, 89,5% der Schüler und 90,4% des nicht lehrenden Personals eine Stimme ab. Es handelte sich insgesamt um 15 115 391 wahlberechtigte Eltern, 1 761 175 Schüler, 649 567 Lehrer und 160 065 Vertreter des nicht lehrenden Personals, die von ihrem Wahlrecht Gebrauch machten (vgl. CENTRO STUDI INVESTIMENTI SOCIALI (CENSIS) 1976, S. 10 f.).
Diese Erfolgsbilanz wurde sehr bald durch die Beobachtung getrübt, daß die Mitbestimmungsgremien sich in Verfahrensfragen verstrickten oder sich von der Bürokratie lenken ließen; daß durch die tatsächliche Zusammensetzung der Mitbestimmungsorgane keine wesentlichen außerschulischen Anregungen eingebracht wurden und daß schließlich der Mangel an realen Kompetenzen sowie die Zurückhaltung der kommunalen Körperschaften dazu führten, daß wenige Initiativen zur Erneuerung des Schulwesens ergriffen wurden. Als Konsequenzen wurden gefordert: Verstärkung der realen Befugnisse der Mitbestimmungsgremien, Erweiterung ihrer Kompetenzen und Verringerung der Verfahrensprobleme (vgl. CENTRO STUDI INVESTIMENTI SOCIALI (CENSIS) 1979, S. 114 f.).
Die starke Dezentralisierung in den USA, besonders die direkten Einwirkungsmöglichkeiten der Bevölkerung auf die lokale Schulpolitik, hat hingegen den großen Vorteil, daß sich die Bevölkerung und besonders die Eltern mit der Schule identifizieren: es geht in jedem Fall um „ihre" Schule. Dies gilt besonders für den Bereich der Elementary School, wo Eltern häufig als Laienhelfer in der Schule eingesetzt werden. Im Sekundarbereich wird diese Mitbestimmungsfunktion in gewissem Umfang von den Schülern wahrgenommen. Obwohl das starke Engagement der Bevölkerung generell eher zu einer konservativen als progressiven Schulpolitik beiträgt, bleibt ein breiter Raum für Innovationen und Experimente, von dem auch reger Gebrauch gemacht wird. Diese Innovationen werden allerdings dann auch von der Öffentlichkeit getragen.
Die Dezentralisierung macht das System anpassungsfähig, auch schwierigere Probleme lassen sich flexibel und unbürokratisch lösen – zum Wohl der Schüler. Die Nachteile der Dezentralisierung sind jedoch ebenfalls unübersehbar. Das Angewiesensein auf lokale Steuern produziert erhebliche Unterschiede in der Qualität der angebotenen Bildung. „Arme" Distrikte (innerstädtische Ghettos, ländliche Bezirke vor allem im Süden) sind von schlecht ausgestatteten Schulen mit weniger gut qualifiziertem Personal gekennzeichnet; besonders davon betroffen sind ethnische Minderheiten.
Der Schulabschluß (High School Diploma) hat keine allgemeine Gültigkeit wie etwa die deutschen Schulabschlüsse. Dies macht Aufnahmeprüfungen an den Colleges sowie Universitäten und zum Teil beim Berufseintritt notwendig. Entscheidend ist häufig nicht, daß ein Schüler den High-School-Abschluß hat, sondern an welcher Schule er ihn erworben hat.
Notwendige Reformen, die im nationalen Interesse liegen (Desegregation), sind dann zum Scheitern verurteilt oder stoßen auf erhebliche Schwierigkeiten, wenn die Bevölkerung sie nicht will. In solchen Fällen muß der Bund – eigentlich systemwidrig, was zusätzliche Ressentiments schafft – eingreifen.
Das Funktionieren des amerikanischen Schulsystems ist wesentlich darauf zurückzuführen, daß ein breiter Konsens über die zu vermittelnden pädagogischen und

sozialen „Werte" vorhanden ist, aber auch darin, daß der Informationsaustausch zwischen den Schulträgern (Districts) rege ist.

ARNOLD, E.: Unterricht und Erziehung im italienischen Bildungswesen. Studien und Dokumentationen zur vergleichenden Bildungsforschung, Bd. 19, Weinheim/Basel 1981. BEYME, K. v.: Das politische System Italiens, Stuttgart 1970. BLUMENTHAL, V. v.: Die Reform der Sekundarstufe II in Italien. Zum Legitimationsproblem bildungspolitischer Entscheidungen. Marburger Beiträge zur Vergleichenden Erziehungswissenschaft und Bildungsforschung, Bd. 12, München 1980 a. BLUMENTHAL, V. v.: Bildungswesen, Chancengleichheit und Beschäftigungssystem. Vergleichende Daten und Analysen zur Bildungspolitik in Italien. Marburger Beiträge zur Vergleichenden Erziehungswissenschaft und Bildungsforschung, Bd. 9, München 1980 b. BLUMENTHAL, V. v.: Hilfen für italienische Schüler. In: BLUMENTHAL, V. v. u. a. (Hg.): Staatliche Maßnahmen zur Realisierung des Rechts auf Bildung in Schule und Hochschule. Die Situation in England, Frankreich, Italien, Schweden und den USA. Marburger Beiträge zur Vergleichenden Erziehungswissenschaft und Bildungsforschung, Bd. 13, München 1981, S. 185 ff. BOTHE, M.: Die Kompetenzstruktur des modernen Bundesstaates. Beiträge zum ausländischen Recht und Völkerrecht, Bd. 69, Berlin/Heidelberg/New York 1977. BOTHE, M. u. a.: Die Befugnisse des Gesamtstaates im Bildungswesen. Rechtsvergleichender Bericht. Bundesministerium für Bildung und Wissenschaft: Bildung und Wissenschaft, Bd. 9, München 1976. BUMSTEAD, R. A.: The Thaler System. A Slice-of-Life Curriculum. In: Phi Delta Kappan 59 (1978), S. 659 ff. BUMSTEAD, R. A.: The Vicissitudes of an Innovator: Barry Grove and the Slice-of-Life Curriculum. In: Phi Delta Kappan 60 (1979), S. 601. CAZZOLA, F.: Il sistema politico dell'Italia contemporanea. Scienze sociali, Bd. 20, Torino 1978. CENTRO STUDI INVESTIMENTI SOCIALI (CENSIS) (Hg.): Scuola e partecipazione sociale. Il primo anno di applicazione dei decreti delegati. CENSIS ricerca, Bd. 1, Roma 1976. CENTRO STUDI INVESTIMENTI SOCIALI (CENSIS) (Hg.): XIII rapporto / 1979 sulla situazione sociale del paese. CENSIS ricerca, Bd. 5, Roma 1979. CODIGNOLA, T.: Il distretto scolastico. Scuola e cittadini, Bd. 5, Firenze 1977. COIRO, G./MAUTINO, F.: La pubblica istruzione in Italia. Biblioteca della rivista giuridica della scuola, Bd. 16, Milano ²1976. COMPILATION OF FEDERAL EDUCATION LAWS AS AMENDED THROUGH JUNE 30, 1977, Washington (D.C.) 1977. CONNORS, E. T.: Student Discipline and the Law. Phi Delta Kappa Educational Foundation: Fastback Nr. 121, Bloomington (Ind.) 1979. DALLA, L.: La scuola nelle regioni a statuto speciale, Roma 1967. DANIELE, N.: Istituzioni di diritto scolastico. Biblioteca della rivista giuridica della scuola, Bd. 20, Milano 1976. DESIMONE, S./SALAZAR, M.: La nuova scuola italiana, 2 Bde., Milano 1975 (Bd. 1: 1975 a; Bd. 2: 1975 b). DIETZE, L.: Von der Schulanstalt zur Lehrerschule. Demokratisierung und Mitwirkung im Bildungswesen Schwedens und der Bundesrepublik Deutschland, Bd. 3, Braunschweig 1976. DRURY, R. L./RAY, K. C.: Principles of School Law. With Cases, New York 1965. EMERSON, TH. I. u. a.: Political and Civil Rights in the United States, Boston/Toronto ³1967. FISCHER, K. G.: Italien. Fakten, Analysen, Tendenzen des Bildungswesens, München 1970. FLYGARE, T. J.: The Legal Rights of Students. Phi Delta Kappa Educational Foundation: Fastback Nr. 59, Bloomington (Ind.) 1975. FLYGARE, T. J.: The Legal Rights of Teachers. Phi Delta Kappa Educational Foundation: Fastback Nr. 83, Bloomington (Ind.) 1976. FROST, S. E., Jr.: Introduction to American Education. A Comprehensive Study of all Levels of American Education – Both Public and Private. Methods, Theories, Goals, Garden City (N.Y.) 1962. GIOVANNINI, E. u. a.: 382 e riforma dello Stato, Roma 1977. HEALD, J. E./MOORE II, S. A.: The Teacher and Administrative Relationships in School Systems, New York/London 1968. INZERILLO, G.: Natura e compiti del provveditorato agli studi, Roma 1980. IODICE, F./ROMAN, O.: Ministero e crisi degli organi collegiali, Roma 1980. IPERTI, A.: Partecipazione democratica e scuola, Roma 1977. ISFOL: Linee di lavoro per il 1977. Programma approvato dal Consiglio di Amministrazione dell'ISFOL. In: Quaderni di formazione ISFOL 4 (1977), 35, S. 89 ff. LERNER, M.: Values in Education. Notes toward a Values Philosophy, Bloomington (Ind.) 1976. LUTHER, G.: Einführung in das italienische Recht, Darmstadt 1968. MARTINEZ, G.: Il governo della scuola, Roma 1980. MIRAGLIA, G.: Guida ai concorsi. Il preside, Roma 1981. MISTRETTA, P.: Guida ai concorsi. L'ordinamento della scuola in Italia, Roma 1981. MITBESTIMMUNG IN DER SCHULE: ITALIEN. Texte, Dokumente, Berichte. Zum Bildungswesen ausgewählter Industriestaaten,

Heft 12, Marburg 1976. PERLE, L. E./GOLDSTEIN, B. L.: State Constitutional Provisions and Selected Legal Materials Relating to Public School Finance, Washington (D.C.) 1973. ROMANO FERRARESI, F.: Guida ai concorsi. Il direttore didattico, Roma 1980. SACCO, P.: L'organizzazione amministrativa della pubblica istruzione, Milano 1976. SEIDLMAYER, M.: Geschichte Italiens. Vom Zusammenbruch des Römischen Reiches bis zum Ersten Weltkrieg, Stuttgart 1962. THOMAS, M. D.: Parents Have Rights, Too! Phi Delta Kappa Educational Foundation: Fastback Nr. 120, Bloomington (Ind.) 1978. TIEDT, S. W.: The Role of the Federal Government in Education, New York 1966. U.S. DEPARTMENT OF HEALTH, EDUCATION AND WELFARE (Hg.): Education in the United States. A Brief Overview, Washington (D.C.) 1977. WRIGHT, A. R. u. a.: Local Implementation of P.L. 94-142. First Year Report of a Longitudinal Study. Education Research Center, SRJ International, Menlo Park (Cal.) 1980a. WRIGHT, A. R. u. a.: Local Implementation of P.L. 94-142. Second Year Report of a Longitudinal Study. Education Research Center, SRJ International, Menlo Park (Cal.) 1980b.

Lexikon

Arbeitsteilung (Schule)

In der Schule besteht eine Arbeitsteilung, bei der sich drei Aspekte unterscheiden lassen.
Zunächst existiert eine hierarchische Arbeitsteilung zwischen den Leitungs-, Organisations- und Verwaltungsaufgaben und der Durchführung der pädagogisch-fachlichen Aufgaben, die sich in einer entsprechenden positionellen Ausdifferenzierung niederschlägt (vgl. NEVERMANN 1982). Verglichen mit anderen Organisationen ist die innerschulische Hierarchie relativ gering gegliedert. Sie besteht in der Regel aus zwei formellen Ebenen: die der Schulleitung und die der einfachen Kollegiumsmitglieder. Über die Position der Schulleitung verlängert sich die Hierarchie der staatlichen Schulaufsicht in die Schule hinein. Diese Position erhält ihre spezifische Problematik dadurch, daß sie zugleich Teil der Schulaufsicht und Teil des Kollegiums ist. In den letzten Jahren hat sich in größeren Schulen zwischen diesen beiden Ebenen eine dritte formelle Ebene etabliert, die aus den Funktionsträgern Fach-/Fachbereichsleiter, Jahrgangs-/Stufenleiter und Pädagogischer Koordinator besteht. Die hierarchische Arbeitsteilung erhält eine unterschiedliche institutionell vorgegebene Ausprägung, und zwar in Abhängigkeit davon, wie stark der Schulleitung direkte Weisungs- und Kontrollbefugnisse gegenüber den Kollegiumsmitgliedern zugewiesen sind, wie eng oder weit die relative Autonomie der einzelnen Schule gegenüber der staatlichen Schulaufsicht ausgelegt ist und ob bei der Ausgestaltung dieses Verantwortungsspielraums eher direktoriale oder kollegiale Prinzipien überwiegen.
Neben der genannten hierarchischen Arbeitsteilung bestehen in der Schule Ansätze einer zweiten Form der Arbeitsteilung zwischen der Erledigung technisch-administrativer Aufgaben und der psychologisch-sozialen Beratung und Betreuung der Schüler auf der einen Seite und der pädagogisch-fachlichen Haupttätigkeit der Lehrer auf der anderen Seite. Die Entlastung von technisch-administrativen Tätigkeiten und deren Übertragung auf entsprechendes Personal gehört zu einem weitverbreiteten Berufsinteresse von Lehrern. Die schlechte personelle Ausstattung der Schule mit nichtpädagogischem Personal läßt aber eine nennenswerte Entlastung der Lehrer von diesen Tätigkeiten kaum zu (vgl. BAUMERT 1980). Im Hinblick auf die in diesem Aspekt nur schwach entwickelte Arbeitsteilung sind die Lehrer im Vergleich zu anderen akademischen Berufen unterprivilegiert. Aber auch die Absonderung der psychologisch-sozialen Beratung und Betreuung der Schüler aus dem komplexen Tätigkeitsbündel des Lehrers und ihre Übertragung auf besondere Funktionsträger, wie etwa Schulpsychologen, hat sich bisher nur schwach entwickeln können. Vereinzelte Stellen für diese Funktionen gibt es nur an größeren Schulen und Ganztagsschulen. Die Folgen einer solchen Arbeitsteilung sind ambivalent. Der mit der Einrichtung entsprechender Spezialistenfunktionen verbundene Zuwachs an Kompetenz kann einhergehen mit einer Abnahme der Zuständigkeit des Lehrers für die psychisch-sozialen Aspekte seiner Arbeit.
Von zentraler Bedeutung für die Strukturierung der Lehrerarbeit und des Lernprozesses der Schüler ist die Arbeitsteilung innerhalb des pädagogisch-fachlichen Tätigkeitsfeldes. Die gesamten Lehr- und Lernaufgaben einer Schule sind nach den Prinzipien Fach, Jahrgangsstufe und Leistungsniveau untergliedert. Die strikte Aufteilung des Lehr- und Lernstoffs nach dem Fachprinzip, die sich mit aufsteigender Jahrgangs- und Niveaustufe im Bildungssystem deutlicher herauskristallisiert, bedeutet eine Zerstückelung der Lernprozesse, erschwert eine fachübergreifende Behandlung von Problemstellungen und

führt zu einer Distanz schulischer Lernprozesse zu außerschulischen alltäglichen Erfahrungsprozessen. Sie kann dazu beitragen, daß für den Lehrer die Ganzheitlichkeit der Person des Schülers hinter der Dominanz des jeweiligen Fachaspekts verlorengeht. Dennoch kann im schulischen Lernen, das an der wissenschaftlichen und kulturellen Entwicklung ausgerichtet wird, nicht auf die Orientierung an dem Fachprinzip verzichtet werden. Alternativen zum strikten Fachprinzip sind nicht in deren Beseitigung, sondern in unterschiedlichen Formen der Öffnung und Kombination von Fächern zu suchen.

Aus der Untergliederung der Lehr- und Lernaufgaben nach dem Fach-, Jahrgangs- und Leistungsprinzip ergeben sich Teilaufgaben. Sie werden dem einzelnen Lehrer – jedes Schuljahr wieder neu – als seine Arbeitsaufgaben zugewiesen. Der Lehrer hat sie im Rahmen eines individuell ausgerichteten Anweisungs- und Kontrollverhältnisses und im Rahmen der ihm dabei zugestandenen individuellen „pädagogischen Freiheit" und auf der Grundlage einer fachspezifischen Berufsausbildung anzugehen. Die dem einzelnen Lehrer zugewiesene pädagogisch-fachliche Aufgabe ist intern ebenfalls durch das Prinzip der Arbeitsteilung strukturiert. Das schlägt sich nieder in einer Vielzahl von pädagogisch-fachlichen Teilaufgaben – dem Unterricht in den verschiedenen Fächern und Lerngruppen –, die untereinander zum Teil keine inhaltliche Beziehung aufweisen, wodurch die Lehrerarbeit eine relativ starke Heterogenität erhält. Während für den Grundschullehrer, der innerhalb eines relativ breiten Fachspektrums einen großen Teil seiner Unterrichtstätigkeit auf eine Lerngruppe konzentriert, diese Schülergruppe noch zum sinnstiftenden Bezugspunkt werden kann, entfällt diese Möglichkeit für die Lehrer der Sekundarstufe bei der im Sekundarbereich wachsenden Fachspezialisierung.

Die für die traditionelle Schule kennzeichnende Form der Arbeitsteilung führt in Verbindung mit einer individuell auf den einzelnen Lehrer zugreifenden Anweisungs- und Verantwortungsform dazu, daß der größere Teil der Lehrertätigkeit als Einzelarbeit und in wechselseitiger Isolation durchgeführt wird (vgl. WELLENDORF 1969). Alternativen hierzu sind im Zusammenhang mit der Diskussion um das Team-Kleingruppen-Modell erörtert worden (vgl. BRANDT/LIEBAU 1978). Als Gegenstück zur Form der Einzelarbeit und zur wechselseitigen Isolation ergibt sich über die Schüler, die den gemeinsamen und wechselnden Interaktionspartner der Lehrer darstellen, eine starke Interdependenz in der pädagogisch-fachlichen Arbeit. Der einzelne Lehrer erfährt am Wissen, Verhalten und an den Erwartungen der Schüler in vielfach gebrochener Weise die Auswirkungen der Unterrichtstätigkeit der Kollegen, ohne daß sich diese eindeutig identifizieren lassen. Diese Interdependenz wird dadurch ergänzt, daß der Lehrer angewiesen ist auf gemeinsame Arbeitsbedingungen, Absprachen und Konfliktregelungen. Dadurch erhält die Lehrerarbeit einen kollektiven Charakter. Die in der arbeitsteiligen und individuellen Vollzugs- und Verantwortungsform der pädagogisch-fachlichen Tätigkeit angelegte Notwendigkeit zur Kooperation findet in den institutionellen und zeitlichen Bedingungen der traditionellen Schule kaum eine angemessene Berücksichtigung.

BAUMERT, J.: Aspekte der Schulorganisation und Schulverwaltung. In: MAX-PLANCK-INSTITUT FÜR BILDUNGSFORSCHUNG, PROJEKTGRUPPE BILDUNGSBERICHT (Hg.): Bildung in der Bundesrepublik Deutschland, Bd. 1, Reinbek 1980, S. 589 ff. BRANDT, H./LIEBAU, E.: Das Team-Kleingruppen-Modell, München 1978. NEVERMANN, K.: Der Schulleiter. Juristische und historische

Aspekte zum Verhältnis von Bürokratie und Pädagogik, Stuttgart 1982. WELLENDORF, F.: Formen der Kooperation von Lehrern in der Schule. In: FÜRSTENAU, P. u. a.: Zur Theorie der Schule, Weinheim/Basel/Berlin 1969, S. 91 ff.

Michael v. Engelhardt

Auslandsschulen

Begriff. Auslandsschulen sind nach Entstehung und Schülerzusammensetzung unterschiedliche Bildungseinrichtungen, die – abgesehen von den beiden Europäischen Schulen in Karlsruhe und München – außerhalb der Bundesrepublik Deutschland bestehen und aus Bundesmitteln, etwa durch die Entsendung von Lehrern, gefördert werden. Sie dienen sowohl der schulischen Versorgung von Kindern im Ausland lebender Deutscher als auch der Begegnung junger Menschen unterschiedlicher Kultur, Nationalität und Sprache.

Deutsche Auslandsschulen sind meist Privatschulen und unterliegen den gesetzlichen Bestimmungen des Gastlandes; Träger sind meist Schulvereine.

Geschichte. Erste Gründungen deutscher Schulen im Ausland sind bis in das 14. Jahrhundert zurückzuverfolgen: Reval und Siebenbürgen im europäischen Osten und die Deutsche Schule Kopenhagen (1575), die von der St. Petri-Gemeinde getragen wird und als älteste noch bestehende Auslandsschule gilt.

Mit Beginn der Auswanderung nach Nord- und Südamerika nahmen die Auslandsschulen im 19. Jahrhundert einen besonderen Aufschwung. Bis zur Mitte des 19. Jahrhunderts handelte es sich meist um konfessionsgebundene, einklassige Siedlungs-, Volkstums- oder Sprachgruppenschulen, die ihre eigene religiöse Überzeugung verbreiteten, zusätzlich aber auch die deutsche Sprache und Kultur bewahren wollten. Viele Schulen wurden vor allem in lateinamerikanischen Ländern gegründet. In Buenos Aires (Argentinien) wurde 1843 die erste deutsche Schule von der evangelischen Gemeinde eröffnet; ihr folgten bis 1880 über 80 weitere Schulgründungen. In Chile haben deutsche Auslandsschulen eine lange Tradition. Deutsche Einwanderer gründeten dort überkonfessionelle Schulen mit einem Schulverein als Träger. Sie konnten beispielsweise in Osorno (1854), Valdivia und La Unión (1858) bis heute ununterbrochen arbeiten.

In Südafrika entstanden bis 1900 etwa 40 deutsche Schulen, von denen heute noch fünf, unter anderem in Kapstadt, Johannesburg und Pretoria, arbeiten. In Australien gab es bis zur Jahrhundertwende rund 130 Schulen, die fast alle schon vor dem Ersten Weltkrieg wieder aufgelöst wurden. Heute ist Australien der einzige Erdteil, der über keine deutsche Auslandsschule verfügt. In einer Anzahl größerer europäischer Städte und in außenpolitisch wichtigen Interessengebieten wurden im 19. Jahrhundert ebenfalls deutschsprachige Schulen gegründet: Brüssel (1804), Antwerpen (1841), Rom (1851), Belgrad (1855), Mailand und Konstantinopel (1860), Paris (1851 und 1861), Den Haag (1863), Genua (1867), Istanbul (1868), London (1872), Alexandria (1884) und Kairo (1904), Teheran (1907), Bagdad und Tanger (1909). Auch in Asien, vor allem in China, wurde um die Jahrhundertwende eine Reihe von allgemeinbildenden Schulen sowie eine deutsche Medizin- und Ingenieurschule eingerichtet.

Im Laufe der Zeit paßten sich die Schulen teilweise den örtlichen Verhältnissen an, nahmen einheimische Kinder auf, um Klassen zu füllen und die Schulgeldeinnahmen zu erhöhen. Auch glichen sie die Lehrpläne denen des Gastlandes an. Deutsche Auslandsschulen hatten in ihren Gastländern schon früh einen ausgezeichneten Ruf.

Das zufällig entstandene Netz der traditionsreichen deutschen Auslandsschulen wurde ab 1878 mit der Schaffung eines Reichsschulfonds in Höhe von zunächst 75 000 Reichsmark durch das Auswärtige Amt offiziell gefördert. Ab 1906 übernahm das Auswärtige Amt durch sein neu errichtetes Schulreferat die Vermittlung deutscher Lehrer an Auslandsschulen. Im Deutschen Reichstag fand erstmals 1913 eine ausführliche Beratung über das Auslandsschulwesen statt. Das Auswärtige Amt bekam den Auftrag, eine Denkschrift über die deutschen Schulen im Ausland zu erarbeiten, die als „Geheime Denkschrift" 1914 fertiggestellt wurde; in ihrem statistischen Anhang waren fast 900 Schulen aufgeführt, von denen zwei Drittel allein in Brasilien angesiedelt waren. Der Erste Weltkrieg brachte für das deutsche Auslandsschulwesen empfindliche Rückschläge und Einbußen.

1920 wurde das Schulreferat in die neu geschaffene Kulturabteilung des Auswärtigen Amtes eingegliedert. Die damaligen finanziellen Schwierigkeiten wirkten sich ungünstig auf die Förderung der Auslandsschulen aus. Aber trotz bescheidener Mittel wurden von vielen privaten Schulvorständen und Lehrern wichtige Fortschritte bei der Gestaltung des Schulbetriebes erreicht. Außenminister Stresemann bemühte sich während der 20er Jahre, die Aufgaben der auswärtigen Kulturpolitik und auch dementsprechend der deutschen Schulen im Ausland zu systematisieren und voranzutreiben.

Im Dritten Reich verkam die auswärtige Kulturpolitik zur nationalsozialistischen Kulturpropaganda; für die Auslandsschulen bestand die Intention, sie zur Verbreitung der NS-Ideologie zu mißbrauchen. Dies hat nach Beendigung des Zweiten Weltkrieges zu großen Belastungen im Verhältnis mancher Auslandsschulen zu ihren Gastländern geführt. Der Zweite Weltkrieg bedeutete abermals das Ende für die meisten deutschen Auslandsschulen.

In den Anfangsjahren der Bundesrepublik Deutschland beschränkte sich die amtliche Förderung der Auslandsschulen vorwiegend auf finanzielle Subventionen und die Vermittlung von deutschen Lehrern. 1950 wurde das Schulreferat – zunächst im Bundeskanzleramt – wieder errichtet und mit entsprechenden Aufgaben betraut. Bis zum Ende der 60er Jahre befand sich das Auslandsschulwesen vor allem im Wiederaufbau. Die staatliche Förderung beschränkte sich weitgehend auf Subventionen und die Vermittlung deutscher Lehrer. Erheblich verbessert wurde die finanzielle Situation der Auslandslehrer; daneben wurden zahlreiche Neu- und Erweiterungsbauten von Auslandsschulen finanziert.

Gegenwärtige Grundlagen, Schwerpunkte, Ziele und weitere Planungen. Dem Grundgesetz entsprechend, besitzt das Auswärtige Amt die Zuständigkeit für die auswärtige Kulturpolitik der Bundesrepublik Deutschland. Die Kulturhoheit liegt jedoch bei den einzelnen Bundesländern. Aus dieser Situation ergibt sich die Notwendigkeit einer engen Zusammenarbeit zwischen Bund und Ländern vor allem im seit 1950 bestehenden Auslandsschulausschuß der Ständigen Konferenz der Kultusminister der Länder in der Bundesrepublik Deutschland (KMK). Dem Auslandsschulausschuß gehören neben den Vertretern der elf Bundesländer auch Leiter des Schulreferats des Auswärtigen Amts und der Abteilungspräsident der Zentralstelle für das Auslandsschulwesen an. Im Auslandsschulausschuß werden vor allem Fragen wie die Anerkennung als deutsche Auslandsschulen, die Verleihung von Prüfungsberechtigungen, die Durchführung von Prüfungen an Auslandsschulen, eine Vorauswahl bei der Entsendung von Schulleitern behandelt. Ei-

Abbildung 1

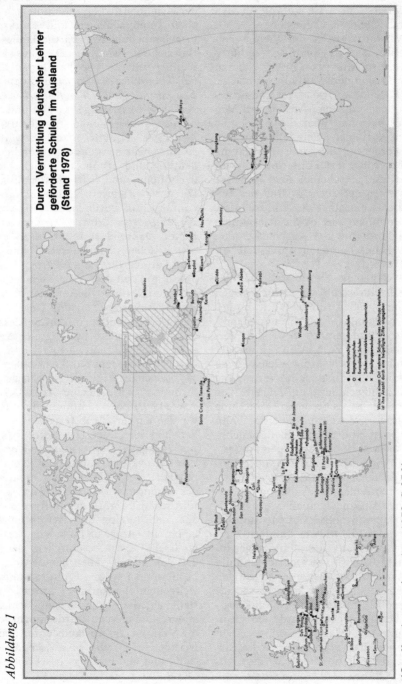

(Quelle: Auswärtiges Amt 1978, S. 37 f.)

nen wichtigen und unverzichtbaren Beitrag zum Auslandsschulwesen leisten die Länder, indem sie Lehrer für den Auslandsschuldienst beurlauben.

Das Auswärtige Amt entscheidet entsprechend den Prinzipien der auswärtigen Kulturpolitik über Fragen, die in diesem Zusammenhang von grundsätzlicher Bedeutung für das Auslandsschulwesen oder einzelne Auslandsschulen sind. Es bestimmt über die Aufnahme von neu gegründeten Schulen in die amtliche Förderung oder die Einstellung der Förderung, legt Förderungsschwerpunkte fest, entscheidet über wichtige Änderungen der Struktur und des Bildungszieles einzelner Auslandsschulen. Darüber hinaus legt es die Richtlinien für die Förderung der Auslandsschulen in personeller, finanzieller und materieller Hinsicht fest.

Seit 1968 hat die Zentralstelle für das Auslandsschulwesen vom Auswärtigen Amt einen großen Teil der Verwaltungs- und Versorgungsaufgaben für Auslandsschulen übernommen, etwa die Vorbereitung und Vermittlung künftiger Auslandslehrer sowie die pädagogische Betreuung und finanzielle Versorgung von Auslandsschulen und -lehrern. Die Zentralstelle ist als besondere Abteilung dem Bundesverwaltungsamt in Köln angegliedert und untersteht der fachlichen Aufsicht des Auswärtigen Amtes.

In den Anfangsjahren der Bundesrepublik ordnete sich die *auswärtige Kulturpolitik* den Zielen der Außenpolitik unter. Die Auslandsschulen wurden als wichtiges kulturpolitisches Medium betrachtet, um in vielen Ländern Vertrauen für die junge Republik zu gewinnen und ein positives Deutschlandbild zu vermitteln. Das Ziel einer einseitigen Selbstdarstellung, das die auswärtige Kulturpolitik in der ersten Nachkriegsphase bestimmt hatte, wurde jedoch in zunehmendem Maße fragwürdig. Seit Beginn der 70er Jahre gewann die Einsicht zusehends an Gewicht, daß auswärtige Kulturpolitik nicht mehr als einseitiger Kulturexport oder Einbahnstraße zu anderen Völkern gestaltet werden darf, vielmehr sollten die unterschiedlichen Interessenlagen und kulturellen Gegebenheiten des Partnerlandes berücksichtigt werden. Die auswärtige Kulturpolitik zielt seither darauf ab, einen *kulturellen Austausch* und den *Aufbau partnerschaftlicher Kulturbeziehungen* als wechselseitiges Geben und Nehmen zu verwirklichen. Als „dritter Dimension" kommt der auswärtigen Kulturpolitik seitdem eigenständige Bedeutung und erhöhtes Gewicht neben der Außen- und Wirtschaftspolitik zu. Diese Neuorientierung der auswärtigen Kulturpolitik wurde gleichzeitig von einer Reihe von Reformbestrebungen begleitet. Dahrendorf initiierte als Parlamentarischer Staatssekretär eine Gesamtplanung für die auswärtige Kulturpolitik mit den drei Arbeitsschwerpunkten: Konzeption – Bestandsaufnahme – Planungsinstrumentarium. Der Soziologe Peisert erarbeitete im Auftrag des Auswärtigen Amts ein umfangreiches Gutachten über die auswärtige Kulturpolitik der Bundesrepublik Deutschland. In 18 „Leitsätze[n] für die auswärtige Kulturpolitik" wurden vom AUSWÄRTIGEN AMT (1970) neue Leitlinien für die auswärtige Kulturpolitik festgelegt. Im selben Jahr setzte der DEUTSCHE BUNDESTAG (vgl. 1975) eine Enquete-Kommission Auswärtige Kulturpolitik ein, deren Bericht 1976 von allen Fraktionen des Bundestages gebilligt wurde. Ausführlich wurden in den Ziffern 304 bis 362 die Situation und Reformmöglichkeiten in bezug auf das deutsche Auslandsschulwesen beschrieben, das Modell der „bikulturellen Schule", das den Forderungen des Kulturaustausches weitgehend entspricht, wurde vorgestellt; auf die Förderungsmöglichkeiten anderer Schultypen wurde hingewiesen, die Stellung der Auslandslehrer und die Kompetenzverteilung zwischen dem Bund und den Ländern beschrieben.

Die Bundesregierung legte 1977 in ihrer

Stellungnahme zum Bericht der Enquete-Kommission Auswärtige Kulturpolitik des Deutschen Bundestages eine eigene Konzeption der Exekutive für die auswärtige Kulturpolitik vor (vgl. AUSWÄRTIGES AMT 1977). Bereits in der Einführung wird die weitere Förderung des Auslandsschulwesens als eine der vordringlichen Aufgaben bezeichnet; im Abschnitt III wird die Förderung des Auslandsschulwesens dargestellt und ein „Gesamtplan zur Auslandsschulpolitik" angekündigt. 1978 konnte – aufbauend auf diesen Vorarbeiten – der Gesamtplan als *Rahmenplan für die auswärtige Kulturpolitik im Schulwesen* (vgl. AUSWÄRTIGES AMT 1978) vom Bundeskabinett verabschiedet werden und fand die grundsätzliche Zustimmung und Unterstützung aller Parteien des Bundestages. Damit wurde erstmals in der Geschichte des Auslandsschulwesens ein verbindliches Konzept vorgestellt, das auf den Prinzipien der neu konzipierten auswärtigen Kulturpolitik basiert: Kultureller Austausch und partnerschaftliche Zusammenarbeit werden im Rahmenplan folgerichtig auch auf den Schulbereich übertragen. Von der Beachtung dieser Grundsätze wird in Zukunft das Ausmaß der amtlichen Förderung abhängig gemacht. Der Rahmenplan mußte von den historisch und eher zufällig gewachsenen Strukturen und Traditionen im Auslandsschulwesen ausgehen. Er beschränkt sich jedoch nicht auf eine Bestandsaufnahme des deutschen Auslandsschulwesens, sondern entwickelt gleichzeitig Zielvorstellungen für seine Weiterentwicklung. (In Ziffer I befaßt sich der Rahmenplan mit der Entwicklung und dem gegenwärtigen Stand des Auslandsschulwesens, Ziffer II beschreibt seine Ziele und Maßnahmen – die geplante Implementierung; Ziffer III behandelt Organisation, Personal- und Haushaltsfragen, und Ziffer IV enthält umfangreiche statistische Angaben.)

Der *Rahmenplan* unterscheidet *vier Schultypen* mit entsprechenden Zielvorstellungen:

Begegnungsschulen sind der komplizierteste Typ der Auslandsschulen. Die Bedingungen, unter denen sie gegründet wurden und heute arbeiten, sind höchst unterschiedlich. Trotz differierender Bildungsinhalte und Abschlüsse versuchen diese Schulen, sowohl deutschen pädagogischen Vorstellungen als auch der bildungspolitischen und rechtlichen Situation des Gastlandes gerecht zu werden, damit eine weitgehende Integration in das nationale Schulsystem gewährleistet werden kann. Begegnungsschulen sollen im Ausland weiterentwickelt, aber auch im Inland angeregt und unterstützt werden. Dies gilt insbesondere für die *Europäischen Schulen,* die ebenfalls zur Kategorie der Begegnungsschulen gehören. Die sollen als Stätten kultureller Begegnungen und zur Förderung des europäischen Einigungsprozesses ausgebaut werden. Wichtigstes Ziel aller Begegnungsschulen ist es, junge Menschen in Sprachen und geistige Inhalte zweier Kulturen einzuführen. Sie entsprechen in besonderem Maße den Zielsetzungen der auf Begegnung und kulturellen Austausch hinzielenden auswärtigen Kulturpolitik und sind daher entsprechend zu fördern.

Deutschsprachige Auslandsschulen (früher: Expertenschulen) dienen der schulischen Versorgung von Kindern deutscher Staatsangehöriger im Ausland. Sie folgen daher weitgehend innerdeutschen Richtlinien, um den Schülern den späteren Anschluß an Schulen in der Bundesrepublik zu sichern. Alle deutschsprachigen Auslandsschulen sind verpflichtet, neben der deutschen Ausbildung soviel wie möglich von der Sprache und Kultur des Gastlandes zu vermitteln.

Schulen mit verstärktem Deutschunterricht (vor allem in Lateinamerika) sollen wie bisher gefördert werden, da sie mit ihrer fast ausschließlich fremdsprachigen Schülerschaft einen wichti-

Auslandsschulen

gen Beitrag zum Schulwesen des Gastlandes und zur Verbreitung der deutschen Sprache (Deutsches Sprachdiplom der KMK) leisten.
Sprachgruppenschulen wollen die deutsche Muttersprache in bestehenden deutschsprachigen Gemeinschaften erhalten und pflegen. Die Bundesregierung fördert diese Schulen, wenn sie bestimmten pädagogischen Mindestanforderungen genügen und sich der einheimischen Umwelt gegenüber aufgeschlossen zeigen.
Für alle von der Bundesrepublik geförderten Schulen gilt das Gebot der sozialen Offenheit und das Verbot jedweder Diskriminierung von Rassen, Religionen oder Weltanschauungen.
Neben den Auslandsschulen fördert die Bundesregierung auch *Sprachkurse,* teilweise Sonnabendschulen genannt, in denen für überwiegend deutschstämmige Schüler in den USA, in Kanada und Australien Deutschunterricht erteilt wird. Sofern sie auf den Deutschunterricht an öffentlichen Schulen des Gastlandes anregend wirken, werden sie als besonders förderungswürdig betrachtet.

Abbildung 2: Zahl der Schulen und Schüler (Stand Ende 1977)

Schulart	Anzahl	Schüler insgesamt	Deutsche
Begegnungsschulen	47	42 375	10 584
Europäische Schulen	8	9 332	2 006
Deutschsprachige Auslandsschulen (früher: Expertenschulen)	28	5 562	5 171
Schulen mit verstärktem Deutschunterricht	24	15 330	938
Sprachgruppenschulen (davon 108 kleine Siedlerschulen)	116	9 315	192
Sprachkurse (Sonnabendschulen)	284	44 000	–
	507	125 914	18 891

(Quelle: AUSWÄRTIGES AMT 1978, S. 12)

Entsprechend den im Rahmenplan aufgezeigten Zielen der auswärtigen Kulturpolitik im Schulwesen wurden inzwischen unter anderem folgende Maßnahmen neu eingeleitet oder fortgesetzt:
Seit 1978 wurden elf neu gegründete deutschsprachige Auslandsschulen in die amtliche Förderung aufgenommen (Belgrad, Peking, El Riad, Warschau, Abu Dhabi, Sharjah, Kuala Lumpur, Manila, New York, Montreal, Oslo). Die 1980 gegründete Schule in New York soll nach einer Übergangsphase zu einer deutsch-amerikanischen Begegnungsschule erweitert werden.
Die finanziellen Aufwendungen des Bundes steigerten sich von 1951 von DM 300 000 (1960: DM 30,9 Millionen; 1970: DM 100 Millionen) auf rund DM 224 Millionen im Jahre 1980 für den Schulfonds des Auswärtigen Amts. Die gesamten Kulturausgaben des Auswärtigen Amts (Schulfonds, Baufonds, Kulturfonds) betrugen 1980 rund DM 650 Millionen.
1979 wurde mit dem Aufbau eines *Fernlehrwerks* für deutsche Kinder begonnen, deren schulische Versorgung im Ausland nicht gesichert ist. Bisher werden Lehrmittel für die Vorschule und die Klassen 1 bis 4 angeboten. Die Bundesregierung ist bemüht, alle Klassenstufen bis einschließlich Klasse 10 damit zu versorgen.
Seit 1979 werden *Firmenschulen* amtlich gefördert. Das Fernlehrwerk, die Unter-

stützung von Firmenschulen und neu gegründeten deutschsprachigen Auslandsschulen sollen die Bereitschaft deutscher Eltern mit schulpflichtigen Kindern erhöhen, für einige Jahre auch im Ausland tätig zu werden. Die Bundesregierung will damit die zunehmende weltwirtschaftliche Verflechtung der Außenhandelsbeziehungen berücksichtigen und sie unterstützen.

Seit 1980 erscheint die Zeitschrift für Auslandsschulen „Begegnung", um neue Möglichkeiten der Information und Kommunikation zu schaffen.

Die Zahl der vermittelten Lehrer betrug zu Schuljahresbeginn 1980/81 einschließlich Fachberatern und Lehrern an Europäischen Schulen 1591.

Zur Förderung der deutschen Sprache in ausländischen Bildungssystemen sind 1983 60 Fachberater für Deutsch als Fremdsprache tätig. Schwerpunkte sind derzeit das frankophone Afrika und Skandinavien.

Seit 1979 konnten im Rahmen eines Sonderprogramms für arbeitslose Junglehrer 77 vollausgebildete Lehrkräfte an deutsche Auslandsschulen vermittelt werden.

Die Vorbereitung der jährlich 250 bis 270 neu ins Ausland zu vermittelnden Lehrer wurde ständig verbessert. Alle Lehrkräfte für Begegnungsschulen, alle Fachberater, alle Lehrer des Sonderprogramms und etwa 50% der Lehrer an deutschsprachigen Auslandsschulen werden zu Vorbereitungsseminaren eingeladen. Neben der pädagogischen Weiterbildung ist eine gezieltere Vorbereitung der künftigen Auslandslehrer auf ihre Aufgabe als kulturelle Mittler im Gastland dringend erforderlich.

Der Aus- und Fortbildung geeigneter Ortslehrkräfte nehmen sich besonders Lehrerbildungsstätten in Lateinamerika sowie Fachberater an. Für eine beschränkte Zahl von Teilnehmern bestehen Weiterbildungsmöglichkeiten in der Bundesrepublik. Angesichts knapper werdender Haushaltmittel wird der Aus- und Weiterbildung von Ortslehrkräften in Zukunft steigende Bedeutung zukommen.

AUSWÄRTIGES AMT (Hg.): Leitsätze für die auswärtige Kulturpolitik, Bonn 1970. AUSWÄRTIGES AMT (Hg.): Auswärtige Kulturpolitik. Stellungnahme der Bundesregierung zum Bericht der Enquête-Kommission Auswärtige Kulturpolitik des Deutschen Bundestages. Dokumentation, Bonn 1977. AUSWÄRTIGES AMT (Hg.): Auswärtige Kulturpolitik im Schulwesen. Rahmenplan für Auslandsschulen, Sprachförderung und internationale Zusammenarbeit, Bonn 1978. BUNDESVERWALTUNGSAMT, ZENTRALSTELLE FÜR DAS AUSLANDSSCHULWESEN (Hg.): Auslandsschulverzeichnis, München 1979. DEUTSCHER BUNDESTAG: Bericht der Enquête-Kommission Auswärtige Kulturpolitik. Drucksache 7/4121 vom 07.10.1975, Bonn 1975. DÜWELL, K.: Deutschlands auswärtige Kulturpolitik 1918 bis 1932, Köln/Wien 1976. HAMM-BRÜCHER, H.: Kulturbeziehungen weltweit, München 1980. INSTITUT FÜR AUSLANDSBEZIEHUNGEN (Hg.): Die auswärtige Kulturpolitik der Bundesrepublik Deutschland. Grundlagen, Ziele, Aufgaben. Eine Titelsammlung, Stuttgart 1980. INTERNATIONALER ARBEITSKREIS SONNENBERG/GEWERKSCHAFT ERZIEHUNG UND WISSENSCHAFT (Hg.): Deutsche Schulen im Ausland. Situation und Perspektiven. Dokumentation 11, Braunschweig 1979. JUTZI, S.: Die deutschen Schulen im Ausland. Eine Untersuchung der Zuständigkeitsverteilung zwischen dem Bund und den Ländern nach dem Grundgesetz für die Bundesrepublik Deutschland, Baden-Baden 1977. MÜLLER, J.P.: Die deutschen Schulen im Ausland, ihre Geschichte und Statistik, Breslau 1885. SCHMIDT, F.: Deutsche Bildungsarbeit im Ausland nach dem ersten und dem zweiten Weltkrieg, Braunschweig 1956. SCHNEIDER, CH.W. (Hg.): Die deutsche Schule im Ausland, Heidelberg 1969. TWARDOWSKI, F.v.: Anfänge der deutschen Kulturpolitik im Ausland, Bonn-Bad Godesberg 1970.

Hildegard Hamm-Brücher

Bekenntnisschulen

Das Grundgesetz (GG) sieht eine Gliederung des Schulwesens in religiöser Hinsicht nicht vor. Der Parlamentarische Rat hat vielmehr die Regelung dieser Frage dem Landes(verfassungs)recht überlassen (vgl. Entscheidungen des Bundesverfassungsgerichts – BVerfGE –, Bd. 6, S. 309 – Konkordat; 41, S. 29, S. 65, S. 88 – Gemeinschafts-/Bekenntnisschule). Auch aus den Grundrechten des Grundgesetzes, und zwar weder aus Art. 4, Abs. 1 noch aus Art. 6, Abs. 2 GG, läßt sich eine Aussage für oder gegen eine religiöse Differenzierung des Schulwesens ableiten (vgl. BVerfGE 41, S. 29, S. 65, S. 88). Dennoch war das Schulwesen zur Zeit der Gründung der Bundesrepublik Deutschland weitgehend religiös geprägt; heute gibt es dagegen nur noch in Bayern, Niedersachsen und Nordrhein-Westfalen Formen der Differenzierung in religiöser Hinsicht, und zwar jeweils ausschließlich auf Antrag der Eltern und in den Grenzen eines geordneten Schulbetriebes.

Rechtliche Regelung. In Art. 12, Abs. 6 der Verfassung von Nordrhein-Westfalen (NRW-Verf.) heißt es: „In Bekenntnisschulen werden Kinder des katholischen oder des evangelischen Glaubens oder einer anderen Religionsgemeinschaft nach den Grundsätzen des betreffenden Bekenntnisses unterrichtet und erzogen". Wenn von Bekenntnisschulen die Rede ist, so meint man damit staatliche Schulen, das heißt staatliche Volksschulen (Grund- und Hauptschulen), obwohl es auch konfessionell geprägte Privatschulen und konfessionell einheitliche Gymnasien gegeben hat und gibt. In den Bekenntnisschulen soll nicht nur der Religionsunterricht „in Übereinstimmung mit den Grundsätzen der Religionsgemeinschaften" erteilt werden (Art. 7, Abs. 3, Ziff. 2 GG), sondern der gesamte Unterricht soll durch das religiöse Bekenntnis geprägt sein. Demgemäß soll er vornehmlich von Kindern des betreffenden Bekenntnisses besucht und von Lehrern dieses Bekenntnisses erteilt werden. Das Land Nordrhein-Westfalen hat diese Grundsätze in seinem Schulrecht auf folgende Art und Weise verwirklicht: Die Grundschulen werden – je nach dem Willen der Erziehungsberechtigten – als Gemeinschaftsschulen, Bekenntnisschulen oder Weltanschauungsschulen errichtet; auf Antrag von zwei Dritteln der Erziehungsberechtigten sind sie entsprechend umzuwandeln (vgl. Art. 12, Abs. 3 NRW-Verf.; vgl. § 17, Abs. 2 und 3 NRW-Schulordnungsgesetz – SchOG – vom 18. 9. 1979). Hauptschulen sind zwar von Amts wegen als Gemeinschaftsschulen einzurichten; sie sind aber auf Antrag der Erziehungsberechtigten als Bekenntnis- oder Weltanschauungsschulen zu errichten, jedoch in Gemeinschaftsschulen umzuwandeln, wenn ein Drittel der Eltern dies verlangt (vgl. Art. 12, Abs. 4, 5 NRW-Verf.; vgl. § 18 NRW-SchOG). Voraussetzung für eine bestimmte bekenntnismäßige oder weltanschauliche Prägung ist nach Art. 12, Abs. 2 der Landesverfassung jedoch die Gewährleistung eines „geordneten Schulbetriebes", das heißt nach § 16a NRW-SchOG, daß Grundschulen grundsätzlich mindestens 30 und Hauptschulen mindestens 60 Schüler pro Jahrgang aufnehmen müssen. Für die Lehrer gilt nach § 22, Abs. 2 NRW-SchOG eine strenge Bekenntnisbindung; sie müssen dem betreffenden Bekenntnis nicht nur angehören, sondern auch zu Unterricht und Erziehung im Sinne dieses Bekenntnisses bereit sein. Das Land Niedersachsen kennt seit 1973 nur noch eine bekenntnismäßige Gliederung der Grundschulen, während die bekenntnismäßig geprägten Orientierungsstufen und Hauptschulen damals in besondere staatlich geförderte kirchliche Privatschulen umgewandelt wurden. Die bayerische Landesverfassung sieht zwar in Art. 135 die christliche Gemeinschaftsschule als Form der Volksschule vor, das bayerische Volksschulgesetz vom 27.7.1973 berücksichtigt dennoch die Einrichtung von Bekenntnisklassen an diesen Gemeinschaftsschulen (vgl. Art. 7-9). In allen übrigen Bundesländern bestehen dagegen heute weder Bekenntnisschulen noch andere Formen der bekenntnismäßigen Gliederung im staatlichen Schulwesen.

Das Bundesverfassungsgericht hat diese Ordnung des Schulwesens für verfassungsgemäß erklärt (zur Konfessionalität aus katholischer Sicht: vgl. PETERS 1960; aus evangelischer Sicht: vgl. HOLLERBACH 1968; zur Gemeinschaftsschule: vgl. OBERMAYER 1967). Aus Art. 4, Abs. 2 und Art. 6, Abs. 2 GG ergibt sich kein Anspruch auf eine bekenntnismäßige Gliederung des Schulwesens, die eine konfessionelle Erziehung der Kinder gewährleistet; die Bevorzugung von Gemeinschaftsschulen vor den Bekenntnisschulen, wie sie das nordrhein-westfälische Schulrecht kennt, verstößt deshalb nicht gegen das Grundgesetz (vgl. BVerfGE 41, S. 88). Umgekehrt verstößt es aber auch nicht gegen Art. 4, Abs. 1, 2 und Art. 6 GG, wenn der Gesetzgeber eine bekenntnismäßige Gliederung des Schulwesens vorsieht, solange die Schüler, die dem betreffenden Bekenntnis nicht angehören, dadurch nicht benachteiligt werden; unter dieser Voraussetzung hat das Bundesverfassungsgericht Bekenntnisschulen grundsätzlich für verfassungsgemäß erklärt und damit erst recht die bayerischen Bekenntnisklassen gebilligt (vgl. BVerfGE 41, S. 65). Diese Entscheidungen beruhen auf der Einsicht, daß der Schulgesetzgeber das unvermeidliche Spannungsverhältnis zwischen „positiver" und „negativer" Religionsfreiheit auf eine Art und Weise lösen muß, die den religiös gebundenen Kindern eine durch Religion bestimmte Erziehung ermöglicht, ohne jedoch den religiös ungebundenen Kindern eine religiöse Erziehung aufzuzwingen. Der Landesschulgesetzgeber kann diese Aufgabe in unterschiedlichen Organisationsformen erfüllen, so insbesondere indem er eine Gemeinschaftsschule christlicher Prägung vorsieht, die jedoch gegenüber nichtchristlichen Kindern Toleranz übt (vgl. BVerfGE 41, S. 29 - Badische Gemeinschaftsschule), so aber auch, indem er Bekenntnisschulen schafft, solange dadurch die anderen Kinder nicht benachteiligt werden (BVerfGE 41, S. 65 - Bayerische Bekenntnisklassen). Diese Entscheidungen beruhen auf den Prinzipien der Religionsfreiheit, der Pluralität und der Toleranz im öffentlichen Schulwesen.

Traditionen, Probleme, Entwicklungen. Die Entscheidungen des Bundesverfassungsgerichts aus dem Jahre 1975 beendeten eine Auseinandersetzung, die 100 Jahre seit dem sogenannten Kulturkampf im „Bismarck-Reich" im Zentrum der bildungspolitischen, aber auch der juristischen Auseinandersetzungen gestanden hatte. Sie bildeten den Schlußstrich einer Entwicklung, die bildungspolitisch bereits zehn Jahre zuvor abgeschlossen war. Die Säkularisation des Schulwesens setzte sich Mitte der 60er Jahre endgültig durch, wenn auch die bekenntnismäßige Bestimmung der Grund- und Hauptschulen in einzelnen Ländern aufrechterhalten blieb und die staatlich geförderte kirchliche Privatschule vielfach die Funktion der staatlichen Bekenntnisschule übernahm. Der „Kulturkampf" ging zwar nicht um die Konfessionalität des Schulwesens, diese blieb in Preußen formal bis 1945 unangetastet, er ging vielmehr im Schulwesen um die Kirchlichkeit der Schulaufsicht: Wer sollte über die Konfessionalität der Erziehung wachen, die Kirche oder der Staat? Der Staat hat sich in dieser Auseinandersetzung letztlich in der Weimarer Republik durchgesetzt, indem die Schulaufsicht auch faktisch nicht mehr Theologen, sondern Pädagogen übertragen wurde. Diese „Okkupation der Schule" durch den Staat führte jedoch nicht nur zu einer Kompetenzverschiebung, sondern ermöglichte die Säkularisierung der Schule, obwohl die bekenntnismäßige Gliederung davon zunächst überhaupt nicht berührt wurde. Deutschland – und sogar Preußen – besaß nämlich zur Zeit der Weimarer Republik nebeneinander Gebiete mit Bekenntnisschulen, mit sogenannten Simultanschulen sowie gemischte Gebiete, in denen Simultanschulen und Bekenntnisschulen nebeneinander bestanden. Der sogenannte Weimarer Schulkompromiß, der diese letzte Regelung verallgemeinern wollte (vgl. Art. 146, Abs. 2 der Weimarer Verfassung), konnte sich allerdings nicht durchsetzen. Nachdem der Nationalsozialismus mit der katholischen Kirche auf der Basis der formalen Sicherung des Status quo seinen Frieden gemacht hatte – und umgekehrt –, entbrannten die Schulkämpfe des Kaiserreiches um die bekenntnismäßige Bestimmung des Schulwesens nach 1945 in denjenigen Ländern der Bundesrepublik aufs neue die die Bekenntnisschulen wieder einführten, und zwar insbesondere in Niedersachsen, Nordrhein-Westfalen, Württemberg-Hohenzollern und Bayern. In den 50er Jahren konnten die Bekenntnisschulen zunächst durchgesetzt werden. Die Landschulreform erhöhte dann in den 60er Jahren die Anforderungen an die organisatorische und pädagogische Ausgestaltung des Schulwesens, und die Bekenntnisschulen fielen in den konfessionell gemischten Gebieten diesen Anforderungen fast überall zum Opfer. In den konfessionell eindeutig bestimmten Gebieten war die „faktische" Konfessionalität des Schulwesens wiederum kaum streitig gewesen. Doch die Landschulreform war vielleicht nur ein letztes Indiz für eine Säkularisierung des Bildungswesens und des öffentlichen Lebens insgesamt. Eine „geschlossene" Erziehung im Sinne einer Konfession schien unmöglich zu werden in einer durch Wissenschaft und Technik bestimmten Welt. Nur eine „Öffnung" der Erziehung gegenüber den gemeinsamen Ideen aller Konfessionen, die offene und fruchtbare Auseinandersetzung und die Toleranz gegenüber den Dissidenten schienen die Möglichkeit einer Erhaltung der religiösen Erziehung in den öffentlichen Schulen überhaupt noch zu gewährleisten; in diesem Sinne war grundlegend der DEUTSCHE AUSSCHUSS FÜR DAS ERZIEHUNGS- UND BILDUNGSWESEN (1966) in seiner „Empfehlung zur religiösen Erziehung und Bildung in den Schulen" aus dem Jahr 1962, und in diesem Sinne letztlich auch die zitierten Entscheidungen des Bundesverfassungsgerichts aus dem Jahre 1975. Eine „Versäulung" des Schulwesens auf konfessioneller Basis, wie sie in den 60er Jahren noch einmal diskutiert wurde (vgl. V. CAMPENHAUSEN 1967), mußte bereits damals anachronistisch wirken. Es stellte und stellt sich vielmehr die Frage, ob mit dem Ende der bekenntnismäßigen Prägung der staatlichen Schulen in den meisten Ländern nicht auch eine Auflösung der religiösen Erziehung in den Schulen überhaupt einhergeht. Doch das Ende der Bekenntnisschulen ist wohl doch nur ein Indiz für das Ende einer bestimmten Form religiöser Erziehung.

CAMPENHAUSEN, A. v.: Erziehungsauftrag und staatliche Schulträgerschaft, Göttingen 1967. DEUTSCHER AUSSCHUSS FÜR DAS ERZIEHUNGS- UND BILDUNGSWESEN: Zur religiösen Erziehung und Bildung in den Schulen. In: Empfehlungen und Gutachten des Deutschen Ausschusses für das Erziehungs- und Bildungswesen 1953–1965. Gesamtausgabe, im Auftrage des Ausschusses besorgt v. H. Bohnenkamp u. a., Stuttgart 1966. S. 221 ff. HOLLERBACH, A.: Kirchen unter dem Grundgesetz. Veröffentlichungen der Vereinigung der deutschen Staatsrechtslehrer, Berlin 1968. OBERMAYER, K.: Gemeinschaftsschule – Auftrag des Grundgesetzes, München 1967. PETERS, H.: Elternrecht, Erziehung, Bildung und Schule. In: BETTERMANN, K. A.

u. a. (Hg.): Die Grundrechte, Bd. 4. 1: Grundrechte und institutionelle Garantien, Berlin 1960, S. 369 ff.

Ingo Richter

Bildungsökonomie

Definition und Fragestellungen. Die Bildungsökonomie ist eine Spezialisierung der Wirtschaftswissenschaften auf den Gegenstand Bildung, das heißt auf die internen Zusammenhänge im Bildungsbereich und auf dessen Beziehungen zur Umwelt des gesamten gesellschaftlichen Lebens. Sie dient aber nicht nur der Analyse, sondern auch der Beratung von Bildungsplanung und Politik. Bei der Wahrnehmung dieser Funktionen wird sie durch eine richtungsweisende Frage geleitet:
Private und öffentliche Haushalte, Individuen, Verbände, Firmen, Schulen, Hochschulen, Behörden und Parlamente treffen mit Bezug auf Bildung Entscheidungen über die Verwendung von Ressourcen. Dabei ist die Konkurrenz mehrerer Verwendungszwecke die Regel. Welche Erfahrungen, Erkenntnisse und Kriterien diese Allokationsentscheidungen leiten oder leiten sollten, ist die zentrale Frage der Bildungsökonomie. Sie sucht diese Frage vornehmlich mit den Denkweisen und Methoden der Wirtschaftswissenschaft zu beantworten, berücksichtigt aber auch die Ansätze und Ergebnisse anderer Disziplinen.
Das normative Grundkonzept der Bildungsökonomie ist die Rationalitätsforderung: Ressourcen sind knapp, ihre Verwendung ist zu optimieren. Die dabei zu beachtenden Ziele sind Bildungsziele und andere allgemeine Ziele der Gesellschaft, wie sie insbesondere in Staatsverfassungen formuliert sind. Zu den Zielen, die für die Bildungsökonomie großes Gewicht haben, gehört das Überleben in der internationalen Konkurrenz und eine Wohlstandsmehrung, die in Art und Verteilung den sozialen Frieden sowie andere Bedingungen der Lebensqualität sichert. Die Bildungsökonomie betrachtet jedoch das Setzen von Zielprioritäten und das Präzisieren von Zielen für die Bildung prinzipiell als politische Vorgaben oder Entscheidungen einzelner Träger von Bildungseinrichtungen und beschränkt sich in der Regel darauf, zur Effizienz in der Zielerreichung beizutragen. Allerdings werden solche Vorgaben für Planungszwecke modellartig variiert, um alternative Lösungen darzustellen. Außerdem findet eine Beratung von Bildungsplanung, -politik und -verwaltung aufgrund bildungsökonomischer Erkenntnisse statt, durch die eine Einflußnahme auf Ziele und sonstige Bedingungen einer geplanten Maßnahme, Einrichtung oder Regelung möglich ist.
Aus dem dargelegten allgemeinen Ansatz leiten sich zahlreiche Einzelfragen und Untersuchungsaufgaben ab. Die folgende Themenauswahl verdeutlicht das besondere, sie von anderen Disziplinen unterscheidende Erkenntnisinteresse der Bildungsökonomie:
- Wie wirkt Bildung auf Sozialprodukt, Einkommen und andere Wohlstandsbedingungen?
- Wie wird sich die Nachfrage nach Bildungsmöglichkeiten entwickeln?
- Wie wird sich das Stellenangebot entwickeln, das aus der Nachfrage nach bildungsbedingten Qualifikationen hervorgeht?
- Welcher Art sind die Wechselbeziehungen zwischen den genannten makroökonomischen Entwicklungen, und wie sind sie zu beeinflussen?
- Wie weit ist Bildung als Investition und wie weit als Konsum zu behandeln?
- Welche privaten und welche sozialen Erträge sind von Bildung zu erwarten?

- Wie wirken verschiedene Verfahren der Finanzierung von Bildungseinrichtungen und -aktivitäten auf das Erreichen allgemeiner gesellschaftlicher Ziele?
- Welche ökonomischen Wirkungen hat die Wanderung von Humankapital?
- Welche ökonomischen Wirkungen haben unterschiedliche Verteilungen von Bildungsprozessen über die Lebenszeit?
- Wie ist die Effizienz von Bildungseinrichtungen zu fördern?

Geschichte. Das Interesse an Zusammenhängen von Wirtschaft und Bildung ist so alt wie die Wirtschaftswissenschaft. Belege dafür sind von einer Reihe von Autoren präsentiert und kommentiert worden (vgl. BLAUG 1969, 1970; vgl. BOWMAN u. a. 1968, KAHLERT 1973/1974, VAIZEY 1962, WALSH 1934/1935). Die Intensität des Interesses für bildungsökonomische Fragen und die Richtung dieses Interesses wechseln. Der Zeitgeist und Zeitereignisse, die einen je besonderen Problemdruck herstellten, veränderten die Aufnahmebereitschaft für bildungsökonomische Gedanken und ihre Wirkungschancen. Für die Anfänge der Wirtschaftswissenschaft in der Epoche der Aufklärung ist das Bemühen kennzeichnend, das Entstehen von materiellem Wohlstand bestimmten Faktoren zuzuordnen. Malthus, Mill, Petty, Ricardo, Smith und andere Gelehrte dieser Epoche versprachen sich von Bildung eine Verbesserung des Wohlstands in zwei Richtungen: Die Vermittlung von Wissen und Können reproduziert und vermehrt zum einen Handlungskompetenz und insbesondere das Innovationspotential; die allgemeine Ausbreitung von Einsicht und Vernunft stabilisiert zum anderen die gesellschaftliche Ordnung (sowie das Wachsen der Bevölkerung) und schafft damit eine Voraussetzung für das Gedeihen der Wirtschaft. Diese beiden Gedankengänge kehren im einschlägigen Schrifttum seither immer wieder, wenn auch, was die Stabilisierungsfunktion betrifft, in sehr wechselnden Versionen, die bis zur völligen Negation des aufklärerischen Optimismus reichen. Der auf die Aufklärung folgende Neuhumanismus war nicht geneigt, sich mit den Beziehungen zwischen Wirtschaft und Bildung zu befassen, so daß Ansätze dazu geringe Wirkung hatten. Empirische Untersuchungen waren auf diesem Gebiet zunächst sehr selten, was zum Teil in der Datenlage begründet war. Die Schulfinanzen waren das Gebiet der Bildungsökonomie, das in der zweiten Hälfte des 19. und in der ersten Hälfte dieses Jahrhunderts am ehesten empirisch fundiert bearbeitet wurde.

Auch in Deutschland hat die Beschäftigung mit den Schulfinanzen in den 20er und 30er Jahren eine Reihe von Untersuchungen hervorgebracht. Diese Arbeiten blieben aber außerhalb des Hauptstroms der Diskussion. EDDING (vgl. 1958) konnte insofern mit einigem Recht behaupten, Neuland zu betreten, als er Ende der 50er Jahre seine ersten bildungsökonomischen Arbeiten publizierte. Etwa gleichzeitig erschienen Arbeiten von VAIZEY (vgl. 1962) in England, SCHULTZ (vgl. 1963), BENSON (vgl. 1961), BOWMAN u. a. (vgl. 1968) und DENISON (vgl. 1962) in den USA. Es war eine erstaunliche Welle gleichgerichteter Abkehr vom bis dahin dominierenden Interesse und der Zuwendung zu bildungsökonomischen Fragen. Die Genannten und viele andere trafen sich seit 1959 in zahlreichen Diskussionen, einige Jahre lang überwiegend organisiert durch die Study Group into the Economics of Education, die von der Organization for Economic Co-operation and Development (OECD) finanziert wurde. Was führte zu dieser Renaissance bildungsökonomischen Interesses? Der Kalte Krieg zwischen Ost und West und die sich anbahnende Nord-Süd-Spannung sind als politischer Hintergrund in

Bildungsökonomie

Betracht zu ziehen. Theoriegeschichtlich fand eine Abwendung von der Einseitigkeit der Beschäftigung mit Konjunkturproblemen und eine Hinwendung zu Fragen der Infrastruktur, zu den Wachstumsproblemen der modernen Staaten in Beziehung zu denen der Entwicklungsländer, schließlich zu Verteilungsproblemen, zu Finanzierungsfragen und nicht zuletzt zu Theorien und Techniken langfristiger Planung statt. Kennzeichnend für dies Denken war die Erwartung eines langfristig störungsfreien Wachstums der Industrienationen und das Überwiegen neoklassischer Theoreme.

Bildung als Investition in Humankapital. Ein großer Teil der bildungsökonomischen Literatur befaßt sich mit der Theorie des Humankapitals und ihren Anwendungen (vgl. BECKER 1964, EDDING/HÜFNER 1975). Die Ökonomen der Aufklärung dachten über die Ursachen unterschiedlichen Reichtums der Nationen nach und über die durch Wanderung entstehenden Gewinne und Verluste. Schätzungen des Kapitalwerts ganzer Bevölkerungen spielten in der Volksvermögensrechnung und bei Gebietsabtretungen eine Rolle. Die Versicherungswissenschaft benötigte Kalkulationen des „Zeitwertes" eines Menschen in Fällen von Entschädigungsforderungen bei Tod oder Verkrüppelung. In der neueren volkswirtschaftlichen Diskussion wurde untersucht, welche Relation von Sach- und Humankapital für das Wachstum förderlich sei. Humankapitalrechnungen wurden außerdem benutzt für Arbeiten über die Wirkung von Bildung auf die Einkommensverteilung und über die Verfahren zur Finanzierung von Bildung.

Zwei Methoden der Berechnung des Humankapitals haben für unterschiedliche Anwendungen Bedeutung. Wenn es etwa um eine Entschädigung für Aufwendungen geht, die insgesamt für einen Menschen bis zu seinem Eintritt in Erwerbstätigkeit gemacht wurden, dann sind alle seit seiner Empfängnis entstandenen Kosten zu summieren. Dabei sind nicht nur direkte Ausgaben zu berücksichtigen, sondern auch etwa entgangene Einkommen der Mütter während einer anzunehmenden Frist und entgangenes Einkommen während der Schul- und Ausbildungsjahre nach Erreichen des dafür jeweils geltenden Alters der Arbeitserlaubnis. Es ist auch eine Verzinsung aller aufgesummten Beträge einzukalkulieren.

Bei der zweiten Methode der Berechnung von Humankapital wird die Frage gestellt, für wen das berechnete Kapital so viel wert ist. Sein Wert beispielsweise auf dem Arbeitsmarkt steht mit den Herstellungskosten nur in einem losen Zusammenhang. Deswegen wird in der Bildungsökonomie meistens davon ausgegangen, daß sich der materielle Wert eines Menschen vor allem durch seine Kapazität, Einkommen zu verdienen, bestimmt. Dementsprechend schätzt man den wahrscheinlichen Einkommensstrom über die Lebenszeit. Dies Einkommen wird nach Abzug von Lebenshaltungskosten und einer Verzinsung kapitalisiert und den aufgezinsten Bildungskosten gegenübergestellt. Aus dem Vergleich der beiden Summen folgt die Rentabilität der Bildungsinvestition.

Auf diesem Ansatz basierend, sind seit 1960 zahlreiche Untersuchungen durchgeführt worden. Sie fragen, um wieviel die Verzinsung eines bestimmten Ausbildungsgangs für eine Person, eine Firma oder einen staatlichen Träger höher ist als die eines alternativen Ausbildungsprozesses. Es wird geprüft, wieviel von der Verzinsung privater und wieviel öffentlicher Nutzen ist, wann die Kosten einer Ausbildung durch ihre Erträge ausgeglichen sind, um wieviel sich das Pro-Kopf-Einkommen einer Bevölkerung bei alternativen Mengen der Investition in Humankapital erhöht, welche Wirkungen auf die Einkommensverteilung diese oder jene Form der Investition in Bildung und ihre Finanzierung haben wird. Nach einer umfassenden Auswertung solcher Untersuchungen glaubt PSACHAROPOULOS (vgl. 1973), folgende Aussagen verantworten zu können: Bildung ist im Durchschnitt eine rentable Investition. Die Ertragsraten in Entwicklungsländern sind höher als in wirtschaftlich fortgeschrittenen Ländern. Die Rentabilität der Primarstufe übertrifft meistens die der Hochschulstufe. Der Ertrag von Investitionen in Bildung ist in den Entwicklungsländern beträchtlich höher als der von Investitionen in Sachkapital.

Solche und ähnliche Aussagen bewirkten ein großes Interesse, Untersuchungen dieser Art zu verfeinern und ständig zu wiederholen. Sie lösten aber auch erhebliche Kritik an den Voraussetzungen und Methoden aus (vgl. COHN 1972, HELBERGER 1982, VAIZEY u.a. 1972). Zunächst wurde darauf hingewiesen, daß es eine unzulässige Einengung ist, wenn man Bildung nur zu denjenigen späteren Leistungen von Erwerbstätigen in Beziehung setzt, die als Güter und Dienste Einkommen bringen. Die Leistungen der Hausfrauen sind damit ausgeschlossen, außerdem alle sonstigen Betätigungen, die keinen Tauschwert haben. Insbesondere bleibt auch die bildungsbedingte Konsumfähigkeit unberücksichtigt. Problematisch erscheinen darüber hinaus folgende Prämissen: eine Verknüpfung von Ausbildungskosten und dem Erreichen bestimmter Lernziele; ein enger Zusammenhang erreichter Lernziele mit Arbeitsleistungen in der Erwerbstätigkeit; eine Beinahe-Identität von Arbeitsleistung und Einkommen, wobei die Hypothese als gesichert angenommen wird, daß das Grenzprodukt der Arbeit dem Einkommen gleich sei. Auch derjenige, dem diese Hypothese als richtig erscheint, muß fragen, ob die genannten Verknüpfungen bereits genügend erforscht sind, um die darauf basierenden Aussagen zur Begründung von Allokationsentscheidungen und von Finanzierungsmaßnahmen heranziehen zu können (Eigenbeteiligung der Nutznießer an den Kosten). Die Kritik an der Berechnung von Kosten und Erträgen richtet sich außerdem gegen die Einbeziehung von Schattenpreisen für durch Ausbildung entgangenes Einkommen vor Eintritt in die Erwerbstätigkeit. Ein entgangenes Einkommen dieser Art sei in seiner Bedingtheit durch die jeweilige Lage von Individuen und Gruppen sowie durch die Marktsituation zu sehen. Schließlich wird darauf hingewiesen, daß Humankapital in der Regel kein verkäufliches oder beleihbares Gut und nicht wie Eigentum an eine Firma zu binden ist.

Bildung und Beschäftigung. Überwiegend unter dem Gesichtspunkt störungsfreien Wachstums untersucht die Bildungsökonomie die Probleme der Abstimmung zwischen dem Beschäftigungs- und dem Bildungssystem. Dabei geht es um Anpassungsprozesse zwischen differenzierten, vom Bildungssystem vermittelten Qualifikationen (Angebot) einerseits und den vom Beschäftigungssystem benötigten (Nachfrage) andererseits. Diese Abstimmung findet auf den Teilarbeitsmärkten statt, oder sie führt zur Neuabgrenzung von Teilarbeitsmärkten. Bestimmend für die bildungsökonomische Forschung auf diesem Gebiet ist in erster Linie das Problem der „richtigen" Dimensionierung und Strukturierung des Bildungswesens.

In der Bildungsökonomie werden gegenüber diesem Problem sehr kontroverse Positionen vertreten. Sie bewegen sich zwischen der Forderung radikaler Einordnung auch des Bildungswesens in die Marktwirtschaft (vgl. FRIEDMAN 1955) und der Begründung eines Systems totaler Planung und Staatsintervention (vgl. KNAUER u.a. 1972). Dabei verbinden sich verschiedene theoretische Konzepte, von denen vor allem der Ertragsratenansatz und der Arbeitskräftebedarfsansatz in der Literatur breit diskutiert worden sind:

Der *Ertragsratenansatz* gründet sich auf die im vorhergehenden Abschnitt dargestellten Berechnungen und Annahmen. Durch die Ermittlung von individuellen und sozialen Ertragsraten soll sowohl der einzelne Ausbildung Suchende als auch die Gesellschaft in die Lage versetzt werden, die bei den gemachten Annahmen ökonomisch optimalen Entscheidungen zu treffen. Mit den Annahmen perfekten Wettbewerbs, totaler Information und rapider Anpassungsfähigkeit sowie mit der Vernachlässigung externer Effekte ist für den individuellen Ertragsratenansatz kennzeichnend, daß er keine dauerhaft gegeneinander abgegrenzten Teilarbeitsmärkte unterstellt.

Der *Arbeitskräftebedarfsansatz* geht dagegen von einer vollständigen Trennung der Teilarbeitsmärkte aus, die technologisch-qualifikatorischen Notwendigkeiten entspricht. Ausgehend von einer Projektion künftiger Wachstumsraten der Gesamtwirtschaft und ihrer Branchen, wird der Bedarf an unterschiedlich qualifizierten Arbeitskräften prognostiziert. Es handelt sich hier im Kern um einen produktionstheoretischen Ansatz, der von Komplementarität der Produktivfaktoren ausgeht. In bezug auf die von ihm benutzten Kategorienschemata verlangt er, daß Substitutionsprozesse jeweils zwischen den Kategorien ausgeschlossen sind. Marktprozesse, und damit die Wirksamkeit des Preismechanismus, spielen bei ihm keine Rolle.

Die zum Teil rigorosen Annahmen des Manpower-Ansatzes einerseits und die empirischen Erfahrungen andererseits führten dazu, daß in den letzten Jahren der Zusammenhang von beruflicher Qualifikation und Beschäftigung als analytisches Problem verstärkt in das Blickfeld geraten ist. Die Untersuchung von Substitutionsspielräumen zum Beispiel ist in diesem Zusammenhang zu nennen. Dabei geht es letztlich um die Neudefinition von Teilarbeitsmärkten und die Stabilität ihrer gegenseitigen Abgrenzungen. Außerdem wird neuerdings zunehmend gefragt, ob das Verhältnis von Bildung und Beschäftigung überhaupt primär oder ausschließlich als qualifikatorisches Problem zu behandeln ist. Die Hypothese eines engen und eindeutigen Zusammenhangs zwischen Angebots- und Nachfragestruktur wird bestritten. Die verbreiteten Phänomene struktureller Arbeitslosigkeit, anhaltender Knappheit qualifizierten Personals und massenhaften Berufswechsels erscheinen vor allem als eine Frage der Wirtschafts- und Unternehmenspolitik sowie der Laufbahn- und Lohnstruktur. Der Unbestimmtheit in den Beziehungen zwischen Bildungs- und Beschäftigungssystem tragen Modelle einer Verlagerung von Teilen der systematischen Bildung in die Lebensperiode der Erwerbstätigkeit Rechnung (vgl. EDDING 1976).

Mikroökonomische Aspekte. Betriebswirtschaftliche Kriterien und Methoden sind im Bildungsbereich adäquat, wo es sich um kommerzielle Sachleistungsbetriebe handelt, etwa solche, die Medien herstellen und sie auf dem Markt mit der Absicht, Gewinn zu erzielen, vertreiben (vgl. NAUMANN 1974). Ähnliches gilt von Dienstleistungsbetrieben, die nach eigener Planung und bei voller Übernahme des Marktrisikos einzelne Kurse oder auch komplexe Curricula anbieten (vgl. PLEISS 1974). Soweit das Risiko solcher Betriebe durch Subventionen verringert wird, wie etwa bei anerkannten Ergänzungs- und Ersatzschulen, mindert dies die Autonomie und die Orientierung am Markt. An die Stelle von Marktpreisen treten Gebühren zur Aufwandsdeckung. Dessen ungeachtet sind in allen bisher erwähnten Arten von Bildungsbetrieben Anwendungen der Betriebswirtschaftslehre relativ einfach. Schwieriger wird dies in den Fällen, wo Bildung nur einer von mehreren Zwecken eines Betriebes ist, bei der be-

trieblichen Aus- und Weiterbildung sowie in dem großen Bereich der öffentlichen Schulen und Hochschulen, die als Gliedhaushalte in Trägerschaft von Gebietskörperschaften organisiert sind. Außer der Eingliederung in die öffentliche Verwaltung und damit der finanz- und personalrechtlichen Bindung an die Träger hindert eine Reihe weiterer Verschiedenheiten die auch nur annähernde Gleichbehandlung solcher Bildungsbetriebe mit Erwerbsbetrieben (Schwierigkeiten der Leistungsmessung und damit der Kosten-Nutzen-Analyse, fehlendes Eigenkapital, Überwiegen der Beschäftigung von Beamten). Für die öffentlichen Bildungseinrichtungen hat sich deshalb zunächst eine Schulfinanzierungslehre entwickelt (vgl. JOHNS/MORPHET 1952), die sich auf die traditionelle kameralistische Haushaltsrechnung stützte. In den USA, wo unter anderem wegen des hohen Anteils privater Bildungseinrichtungen seit langem ein Studium des Schulmanagements angeboten wird, wurden vielerlei betriebswirtschaftliche Verfahren zur Gestaltung von Bildungsunternehmen eingeführt. Auch in der Bundesrepublik Deutschland wurden Versuche unternommen, über den Kameralismus hinausführende Systeme der Kostenrechnung für Schulen und Hochschulen und eine besondere Bildungsbetriebslehre zu entwickeln (vgl. ORTNER 1973, SIEWERT 1976, WIBERA-PROJEKTGRUPPE 1976).
Im einzelnen befassen sich bildungsökonomische Untersuchungen im Mikrobereich auf der einen Seite mit internen Problemen der wirtschaftlichen Zielerreichung, auf der anderen Seite mit der Optimierung von Wechselwirkungen zwischen Bildungsbetrieben und ihrer Umwelt. Obgleich in den öffentlichen Schulen ein betriebliches Rechnungswesen nicht durchführbar ist, das es ermöglicht, den Einsatz von Faktoren im Sinne der monetären Rentabilität zu steuern, wird doch eine bessere Transparenz der Ressourcenverwendung und ihres Erfolges angestrebt. Dazu gehören Untersuchungen der optimalen Betriebsgröße, zur Ermittlung der Folgekosten bei Bauten (vgl. HERZOG/ODDIE 1968), über das Zeitbudget der Lehrer (vgl. KNIGHT-WEGENSTEIN AG 1973) sowie vergleichende Analysen der Ausgaben je Schüler und Unterrichtseinheit. Probleme von Kapazität, Standort und Einzugsbereich von Bildungsbetrieben im Rahmen von Schulentwicklungsplänen der Kommunen und Länder zu untersuchen, wurde zu einer ständigen Aufgabe. Die Frage nach der Wirtschaftlichkeit (Aufwandsminimierung beim Erreichen vorgegebener Ziele) der öffentlichen Schulen und Hochschulen, die lange Zeit nur von den Rechnungshöfen geprüft wurde – und zwar mangels geeigneter Methoden mit minimalem Erfolg –, ist zunehmend Gegenstand der bildungsökonomischen Forschung geworden, am weitestgehenden für die Hochschulen (vgl. BAYER/OBLASSA 1972, WIBERA-PROJEKTGRUPPE 1976). Solche Forschung ist nicht ohne kritische Behandlung von Inhalten, didaktischen Methoden und Organisationsformen der Bildungsgänge möglich und bedarf daher enger interdisziplinärer Kooperation.

BAYER, W./OBLASSA, H.: Betriebssteuerungssystem und Kapazitätsmodell für Hochschulen. Hochschulinformationsdienst GmbH: Hochschulplanung 6, Weinheim 1972. BECKER, G. S.: Human Capital. A Theoretical and Empirical Analysis, with Special Reference to Education, New York/London 1964. BENSON, CH. S.: The Economics of Public Education, Boston 1961. BLAUG, M. (Hg.): Economics of Education. 2. Selected Readings, Hammondsworth/Baltimore 1969. BLAUG, M.: An Introduction to the Economics of Education, London 1970. BOWMAN, M. J. u. a. (Hg.): Readings in the Economics of Education, UNESCO, Paris 1968. COHN, E.: The Economics of Education, Lexington/London 1972. DENISON, E. F.: The Sources of Economic

Growth in the United States and the Alternatives Before Us, New York 1962. EDDING, F.: Internationale Tendenzen in der Entwicklung der Ausgaben für Schulen und Hochschulen, Kiel 1958. EDDING, F.: Ökonomische Probleme des Recurrent-Education-Konzepts. In: Z. f. Wirtsch.- u. Sozw. (1976), S. 287 ff. EDDING, F./HÜFNER, K.: Probleme der Organisation und Finanzierung der Bildungsforschung in der Bundesrepublik Deutschland. In: ROTH, H./ FRIEDRICH, D. (Hg.): Bildungsforschung, Teil 2. Deutscher Bildungsrat: Gutachten und Studien der Bildungskommission, Bd. 51, Stuttgart 1975, S. 419 ff. FRIEDMAN, M.: The Role of Government in Education. In: SOLO, R. A. (Hg.): Economics and the Public Interest. Essays Written in Honor of Eugene Ewald Agger, New Brunswick (N. J.) 1955, S. 123 ff. HELBERGER, CH.: Auswirkungen öffentlicher Bildungsausgaben in der Bundesrepublik Deutschland auf die Einkommensverteilung der Ausbildungsgeneration, Stuttgart 1982. HERZOG, K./ODDIE, G.: Technologische oder ökonomische Lösung des Schulbauproblems. Wirtschaftlichkeit im Schulbau, Berlin 1968. JOHNS, R. L./MORPHET, E. L. (Hg.): Problems and Issues of Public School Finance, New York 1952. KAHLERT, H.: Materialien zur Geschichte bildungsökonomischen Denkens in Deutschland. Ein Zwischenbericht, Frankfurt/M. 1973/1974. KNAUER, A. u. a. (Hg.): Sozialistische Bildungsökonomie. Grundfragen, Aufgaben, Probleme, Lösungen, Berlin 1972. KNIGHT-WEGENSTEIN AG: Die Arbeitszeit der Lehrer in der Bundesrepublik Deutschland, 2 Bde., Zürich 1973. NAUMANN, J.: Medien-Märkte und Curriculumrevision in der BRD, Berlin 1974. ORTNER, G. E.: Bildungs-Betriebslehre, Paderborn 1973. PLEISS, U.: Bildungsbetriebe. In: GROCHLA, E./WITTMANN, W. (Hg.): Handwörterbuch der Betriebswirtschaft, Bd. 1, Stuttgart 1974, Spalte 947 ff. PSACHAROPOULOS, G.: Returns to Education. An International Comparison, Amsterdam/London/New York 1973. SCHULTZ, TH. W.: The Economic Value of Education, New York/London 1963. SIEWERT, P.: Kostenrechnung für Schulen in öffentlicher Trägerschaft. Fragen und Ansätze, Berlin 1976. VAIZEY, J. E.: The Economics of Education, London 1962. VAIZEY, J. E. u. a.: The Political Economy of Education, London 1972. WALSH, J. R.: Capital Concept Applied to Man. In: The Quart. J. of Ec. 49 (1934/1935), S. 255 ff. WIBERA-PROJEKTGRUPPE: Ökonomie der Hochschulen. Eine betriebswirtschaftliche Untersuchung, 3 Bde., Düsseldorf/Baden-Baden 1976.

Friedrich Edding

Bildungsstatistik

Begriff. Statistik ist zunächst die Gesamtheit von wissenschaftlichen Verfahren und Methoden zur Sammlung, Aufbereitung und Auswertung von numerischen Daten. Als Statistik werden aber auch die nach bestimmten Gesichtspunkten geordneten Daten selbst bezeichnet. In diesem zweiten Sinne ist Bildungsstatistik der Teilbereich der Statistik, der sich mit Erscheinungen auf dem Gebiet des Bildungswesens befaßt. Bildungsstatistik ist Teil der Kulturstatistik und umfaßt an großen Gebieten Schulstatistik und Hochschulstatistik, aber auch Statistiken über Bildungseinrichtungen außerhalb der Schulen und Hochschulen (zum Beispiel berufliche Ausbildung, Weiterbildung) sowie bildungsstatistische Feststellungen im Rahmen anderer Sachgebiete der Statistik (zum Beispiel Volkszählungen, Finanzstatistik, Beschäftigungsstatistik). Dabei interessiert die sachliche, personelle und finanzielle Ausstattung der Bildungseinrichtungen, Organisation und Ablauf der Bildungsprozesse, der Durchlauf der Individuen durch das Bildungssystem und die Bildungsstruktur der Bevölkerung sowie die Verwendung von Bildung. Erwähnenswert ist der Versuch einer Abgrenzung des Bildungsbereichs gegenüber dem Forschungs- und Wissenschaftsbereich, wie er bei der Aufstellung eines „Bildungsbudgets" zum Ausdruck kommt.

Organisation. Der größte Teil der Bildungsstatistiken in der Bundesrepublik Deutschland stammt aus der amtlichen Statistik, das heißt, er wird von den für die Statistik zuständigen Behörden und Ämtern erhoben, aufbereitet und veröf-

Bildungsstatistik

fentlicht. Daneben gibt es eine Fülle nichtamtlicher Statistiken, zum Beispiel von Organisationen des gesellschaftlichen Lebens, kommerziellen Datenbeschaffungsunternehmen und aus dem Bereich der Wissenschaft und Forschung.

Die amtliche Statistik wird in der Bundesrepublik traditionell in fachlich spezialisierten Behörden bearbeitet. Entsprechend dem föderalistischen Aufbau von Staat und Verwaltung sind die statistischen Dienste weitgehend dezentral organisiert: Zwar hat der Bund nach Art. 73, Ziff. 11 des Grundgesetzes die ausschließliche Gesetzgebung über die Statistik für Bundeszwecke, aber die Länder sind in der Regel für die Durchführung der Statistiken zuständig, und sie gestalten – abgesehen von dem begrenzten Bereich der Bundesstatistiken – ihre statistischen Erhebungen nach ihren Bedürfnissen und Möglichkeiten. Hauptträger der Erhebungs- und Aufbereitungsarbeiten sind die statistischen Ämter der einzelnen Bundesländer, die an die Weisungen der für sie jeweils fachlich zuständigen Länderministerien (meist der Innenministerien) gebunden sind. Das Statistische Bundesamt nimmt im wesentlichen Aufgaben der methodischen Vorbereitung, der Koordination der Arbeiten in den Ländern sowie der Zusammenfassung von Länderstatistiken zu einem Bundesergebnis wahr.

Die grundgesetzlich verankerte Kulturhoheit der Länder hat zur Folge, daß die amtliche Bildungsstatistik nicht als Bundesstatistik konzipiert ist und Ergebnisse auf Bundesebene mit wenigen Ausnahmen lediglich durch die Koordinierung der Länderstatistiken zustande kommen. Hierdurch ergeben sich zum Teil erhebliche Probleme der einheitlichen Erhebung, Zuordnung und Untergliederung, welche die Zusammenfassung der Länderergebnisse zu einer Bundesstatistik erschweren. Traditionell stützt sich die Bildungsstatistik auf Gesetze und Verordnungen der Länder oder Anordnungen der zuständigen Länderministerien. Einzelne bundesgesetzliche Grundlagen für die Durchführung von Bildungsstatistiken wurden in den 70er Jahren geschaffen: das Hochschulstatistikgesetz von 1971, das Bundesausbildungsförderungsgesetz von 1971 und das Ausbildungsplatzförderungsgesetz von 1970.

Entwicklung. Regelmäßige, mehr oder weniger umfangreiche bildungsstatistische Erhebungen gab es in einzelnen deutschen Ländern bereits im 19. Jahrhundert (zum Beispiel in Bayern, Preußen, Sachsen). Die Bemühungen um den Aufbau einheitlicher Statistiken für das Deutsche Reich führten zu einer koordinierten Erhebung von Daten über Volksschulen im Jahre 1901, die in fünfjährigen Abständen wiederholt und auf andere Schularten ausgedehnt wurde. Grobe Angaben über Studierende und Lehrkräfte an den einzelnen Hochschulen des Deutschen Reiches wurden seit 1909 jährlich nachgewiesen. Sehr viel ausführlicher und tiefer gegliedert als diese zusammenfassenden Statistiken waren allerdings schon in der Zeit vor dem Ersten Weltkrieg die Bildungsstatistiken für einzelne Länder (insbesondere Preußen). Unter dem Einfluß besonderer demographischer, wirtschaftlicher und gesellschaftlicher Probleme und im Zuge der Bemühungen um eine Vereinheitlichung und Reform des Bildungssystems kam es in der Weimarer Republik zu einem erheblichen Ausbau der Schul- und Hochschulstatistik nach dem Muster der preußischen Erhebungen. Ab 1924/1925 wurden die Daten über Studenten an Hochschulen durch Individualbefragungen semesterweise ermittelt, und ab 1934 wurden die schulstatistischen Erhebungen jährlich durchgeführt.

In der Bundesrepublik Deutschland kam es 1950 erstmals zu schul- und hochschulstatistischen Erhebungen in allen Ländern, wobei das Statistische Bundesamt auf Bitte der Ständigen Konferenz der Kultusminister der Länder in der Bundesrepublik Deutschland (KMK) koordinierend tätig wurde. Die Schulstatistik stützte sich auf die zum Schuljahresbeginn jährlich erhobenen Daten, die Hochschulstatistik auf eine jeweils im Wintersemester durchgeführte Individualerhebung der Studierenden (große Hochschulstatistik) und eine auf halbjährliche Meldungen der Hochschulverwaltungen beruhende Gesamtübersicht (kleine Hochschulstatistik). Diese Statistiken waren von Anfang an stark am Datenbedarf und den Datenbeschaffungsmöglichkeiten der Verwaltung orientiert, zumal sie aus Geschäftsstatistiken der betroffenen Verwaltungen stammten oder im Zusammenhang mit Verwaltungsvorgängen erstellt wurden.

In den 50er Jahren war es angesichts der räumlichen, personellen und finanziellen Nachkriegsprobleme zunächst wichtig, einen Gesamtüberblick über die Verhältnisse in den einzelnen Bundesländern und im Bundesgebiet zu erstellen, wobei zum Beispiel Daten zur Organisation des Unterrichts, zur Personalausstattung und zum Lehrernachwuchs, zu den räumlichen Verhältnissen sowie zur Eingliederung von Flüchtlingen und Vertriebenen benötigt wurden. Allerdings gründeten sich die bildungspolitischen Entscheidungen damals – wenn überhaupt – nur sehr indirekt auf statistische Feststellungen.

Wichtige Anstöße zur Entwicklung der Bildungsstatistik gingen in den 60er Jahren sowohl von der Bildungsforschung als auch von der einsetzenden quantitativen Planung in den Verwaltungen und schließlich der verstärkten bildungspolitischen Diskussion aus. Das Programm der Schulstatistik wurde auf Anregung der KMK bereits Anfang des Jahrzehnts erheblich ausgeweitet, insbesondere in bezug auf Zu-, Ab- und Übergänge von Schülern sowie auf Daten über das Lehrpersonal und den Lehrernachwuchs. In einzelnen Ländern wurden umfangreiche zusätzliche Daten für die Verwendung in Prognose- und Planungsmodellen erhoben, und zahlreiche Forschungsthemen wurden mit Hilfe spezieller Befragungen durch Wissenschaftler der unterschiedlichen, im Bildungsbereich relevanten Disziplinen in Angriff genommen. Das verstärkte Interesse an Daten über den Bildungsverlauf von Individuen und Personengruppen führte zu Bemühungen, Selektionsprozesse innerhalb des Bildungssystems besser quantitativ zu erfassen und das System von Bestandsdaten durch Angaben über Bildungsverläufe zu ergänzen. In der Hochschulstatistik wurde ab 1968 die große Hochschulstatistik halbjährlich durchgeführt, da man durch Verknüpfung der individuellen Angaben der einzelnen Studenten über alle Semester Studienverläufe rekonstruieren wollte. Mit der Einrichtung zahlreicher Institutionen der Forschung, Planung und Politikberatung in Bund und Ländern wuchs der Bedarf an statistischen Daten über das Bildungswesen so stark, daß es bei der amtlichen Statistik zu erheblichen Anpassungsschwierigkeiten und zu immer längeren Bearbeitungszeiten kam.

Anfang der 70er Jahre wurde bei der Ausarbeitung des Bildungsgesamtplans und entsprechender Pläne in den Ländern sehr deutlich, daß eine Aktualisierung der statistischen Berichterstattung dringend notwendig war. Gleichzeitig wuchs die Einsicht, daß die Darstellung der Zusammenhänge innerhalb des Bildungssystems und der Beziehung dieses Sektors zu anderen gesellschaftlichen Bereichen (zum Beispiel in bezug auf das Beschäftigungssystem) eine Ausweitung der Datenbasis notwendig machte (Elementarbereich, berufliche Bildung, Weiterbildung, Ausbildungs- und Studienwünsche, Übergang ins Erwerbsleben, ...). In einzelnen Bundesländern wurden für Planungszwecke umfangreiche Schüler- und Lehrerdateien aufgebaut, die einen schnelleren Datenzugriff und eine flexiblere Auswertung der Daten für Planungszwecke ermöglichten. Die Hochschulstatistik wurde erheblich aktualisiert, wobei ein Teil des ursprünglichen umfangreichen Programms zunächst zurückgestellt werden mußte. Die Arbeiten zur Studentenverlaufsstatistik wurden 1972 wieder aufgenommen, und von den Anfang der 80er Jahre anstehenden Auswertungen erhofft man sich wertvolle Aufschlüsse über das Studienverhalten. Gleichzeitig ist im Rahmen der im Aufbau befindlichen Bundesdatenbank eine hochschulstatistische Datenbank vorgesehen, die verbesserte Zugriffs- und Auswertungsmöglichkeiten bieten soll. Die Statistiken über die außerschulische berufliche Aus- und Fortbildung sind inzwischen bereits erheblich vervollständigt und erweitert worden, und bildungsstatistische Differenzierungen in der Erwerbs- und Arbeitsmarktstatistik (zum Beispiel im Rahmen des Mikrozensus, der Arbeitslosenstatistik oder der Beschäftigtenstatistik) bieten eine Reihe neuer Auswertungsmöglichkeiten.

Ergänzt werden die Daten der amtlichen Bildungsstatistik durch zahlreiche Erhebungen und Analysen, die von einzelnen Verwaltungen für spezifische Zwecke ad hoc durchgeführt oder in Auftrag gegeben werden, insbesondere in Teilbereichen, die durch laufende Statistiken schwer abzudecken sind. Zum Teil handelt es sich um Arbeiten zu Berichten von Verwaltungen und politischen Instanzen (Bildungsberichte, Forschungsberichte, Enquete-Kommissionen, Reformkommissionen, Planungsgruppen), zum Teil werden Daten in Zusammenhang mit Gutachten zu aktuellen Fragen der Bildungspolitik erhoben (zum Beispiel Gutachten zur Gesamtschule, zur Arbeitszeit der Lehrer, zur Finanzierung der beruflichen Bildung und andere), zum Teil werden solche Daten aber auch für die laufende Planungsarbeit von Einrichtungen wie zum Beispiel dem Wissenschaftsrat, der Bund-Länder-Kommission für Bildungsplanung und Forschungsförderung, der KMK oder dem Bundesministerium für Bildung und Wissenschaft zusammengestellt oder erhoben.

Methoden. Bei der amtlichen Bildungsstatistik handelt es sich fast ausschließlich um Totalerhebungen, das heißt, Daten werden für die Gesamtzahl der Erhebungseinheiten (zum Beispiel Schulen, Schüler, Lehrer, Studenten) beschafft. Auf Stichprobenerhebungen, bei denen aus den Ergebnissen für eine nach bestimmten Kriterien ausgewählte Teilmasse Aussagen für die zugehörige Grundgesamtheit abgeleitet werden, wird in der nichtamtlichen Bildungsstatistik und insbesondere im Wissenschafts- und Forschungsbereich stärker zurückgegriffen. Ein großer Teil der amtlichen Bildungsstatistik basiert auf Anstaltserhebungen, bei denen nicht die Einzelpersonen, sondern Institutionen befragt werden (zum Beispiel Schul- und Hochschulverwaltungen) und aus ihren Unterlagen gewissermaßen summarische Angaben machen. Insoweit handelt es sich bei diesen Statistiken streng genommen nicht um primär erhobene Daten, sondern um sekundärstatistische Nutzung von Verwaltungsunterlagen. Die in der Regel sehr viel aufwendigere Methode der Individualerhebung, bei der die Einzelpersonen direkt befragt werden, wurde zunächst nur in der Studentenstatistik angewendet. Ab Mitte der 60er Jahre wurde sie zunehmend auch bei Befragungen der Schüler, Lehrer und Absolventen praktiziert. Inzwischen haben sich Erhebungsmethode und Erhebungstechnik in der Bildungsstatistik mit der zunehmenden Nutzung der automatisierten Datenverarbeitung verändert. So werden zum Beispiel bei vielen Befragungen statt des herkömmlichen Fragebogens maschinenlesbare Belege verwendet, und ein Teil der Statistiken wird direkt aus bereits bestehenden Verwaltungsdateien erstellt.

Die neueren Entwicklungen haben Auswirkungen auf Methoden der Aufbereitung (Verdichtung des Urmaterials zu auswertungsfähigen Übersichten) und auf die Form der Veröffentlichung. Die früher überwiegend manuelle Tabellierung ist weitgehend durch maschinelle Aufbereitungstechniken abgelöst, wobei zum Teil bereits tabellarische und graphische Darstellungen veröffentlichungsreif maschinell hergestellt werden. Dies hat die Aufbereitungszeiten für die Bildungsstatistik sehr verkürzt und die Aufbereitungsmöglichkeiten quantitativ erheblich erweitert, so daß nur noch ein geringer Teil des aufbereitet zur Verfügung stehenden Materials veröffentlicht werden kann. Hinzu kommt, daß die neuen Techniken der Datenverarbeitung im Prinzip einen direkten und flexiblen Zugriff auf das Urmaterial erlauben, soweit dieses auf entsprechenden Datenträgern verfügbar ist.

Die statistisch-mathematischen Methoden, die bei der Auswertung der Bildungsstatistik verwendet werden, reichen von der Berechnung einfacher Verhältniszahlen und Meßzahlen der deskriptiven Statistik bis zu sehr differenzierten mathematischen Modellen der schließenden Statistik. Häufig verwendete Beziehungszahlen sind zum Beispiel Versetzungsquoten, Übergangsquoten, Frauenanteile oder relativer Schulbesuch (Schüler bezogen auf die gleichaltrige Bevölkerung). Als Indikatoren zur Kennzeichnung der Verhältnisse im Bildungswesen spielen Werte wie zum Beispiel durchschnittliche Klassenfrequenzen, die Schüler-Lehrer-Relation, durchschnittliche Studiendauer oder das Durchschnittsalter des Personals im Bildungswesen beziehungsweise der Absolventen eine Rolle. Zur Darstellung von Entwicklungen und Trends werden Zeitreihen erstellt und für prognostische Zwecke genutzt, zum Beispiel für Schülervorausberechnungen, Lehrerangebots- und Lehrerbedarfsprognosen

oder die Abschätzung des künftigen Finanzbedarfs. Die statistischen Methoden zur Messung von Zusammenhängen, insbesondere Korrelationsanalysen, Regressionsanalysen, Faktorenanalysen oder Pfadanalysen, werden in der Bildungsstatistik zum Beispiel bei der Prüfung von Hypothesen über Zusammenhänge zwischen Bildung, Einkommen und sozialer Herkunft angewendet. Soweit in der Bildungsstatistik mit Stichproben gearbeitet wird, kommt das gesamte stichprobentheoretische Instrumentarium zur Anwendung, etwa zur Prüfung der Signifikanz von Ergebnissen oder zur Berechnung von Fehlerspielräumen.

Veröffentlichungen. Bildungsstatistische Veröffentlichungen werden in der Bundesrepublik Deutschland außer vom Statistischen Bundesamt, den Statistischen Landesämtern, dem Bundesministerium für Bildung und Wissenschaft, der KMK, den Kultusministerien der Länder von einer solchen Vielzahl von Institutionen herausgegeben, daß hier nur einige Hinweise auf wichtige Fundstellen gegeben werden können.

Die regelmäßige Berichterstattung der amtlichen Statistik über Schulen, Hochschulen und außerschulische Bildungseinrichtungen findet sich in zusammenfassender Form in den Statistischen Jahrbüchern der Bundesrepublik und der einzelnen Länder. Detaillierte Ergebnisse auf Bundesebene erscheinen in den Heften der vom Statistischen Bundesamt herausgegebenen *Fachserie 11, Bildung und Kultur,* die derzeit untergliedert ist in die Reihen: Allgemeines Schulwesen, Berufliches Schulwesen, Berufliche Bildung und Hochschulen.

Als Querschnittsveröffentlichung für den gesamten Bereich erscheint jährlich die Publikation *Bildung im Zahlenspiegel.* Die entsprechenden Ergebnisse auf Länderebene findet man in den Statistischen Berichten der Statistischen

Landesämter. Diese fast ausschließlich auf Tabellen beschränkten Darstellungen werden ergänzt um zusammenfassende oder analysierende textliche Darstellungen in der Monatszeitschrift *Wirtschaft und Statistik* des Statistischen Bundesamtes und den entsprechenden Zeitschriften der Statistischen Landesämter.

Hinzuweisen ist auch auf die laufende Berichterstattung der KMK im Rahmen ihrer Dokumentationsreihe sowie auf Schriftenreihen einzelner Kultusministerien und deren Veröffentlichungen zur Schul- und Hochschulplanung. Im Rahmen seiner Empfehlungen verarbeitet und dokumentiert der Wissenschaftsrat regelmäßig statistisches Material zum Hochschulbereich. Die Bund-Länder-Kommission für Bildungsplanung und Forschungsförderung verfügt in ihrer Arbeit am Bildungsgesamtplan über zahlreiche statistische Planungsunterlagen, die allerdings zumeist nicht veröffentlicht werden. Das Bundesministerium für Bildung und Wissenschaft gibt jährlich unter dem Titel *Grund- und Strukturdaten* eine Zusammenfassung von meist amtlichen Statistiken heraus und veröffentlicht zum Beispiel in seiner Schriftenreihe *Hochschulen* bildungsstatistische Arbeiten (etwa Ergebnisse der Sozialerhebungen des Studentenwerkes).

Als Datenquelle sind auch die inzwischen zahlreichen Bildungsberichte zu erwähnen, zum Beispiel die Bildungsberichte und Forschungsberichte der Bundesregierung, die Berichterstattung von Sachverständigenkommissionen, der *Bericht 1975* des Deutschen Bildungsrates oder der nach dem Berufsbildungsförderungsgesetz jährlich zu erstattende Berufsbildungsbericht.

Die zahlreichen bildungsstatistischen Veröffentlichungen der wissenschaftlichen Institute, der Forschungsprojekte innerhalb und außerhalb der Hochschulen, der Verbände, Gewerkschaften, Kirchen und anderer Institutionen ergänzen den Bereich der regelmäßigen Bildungsstatistiken aus Ämtern und Verwaltungen insbesondere in bezug auf bestimmte Spezialprobleme und Datenlücken in erheblichem Maße.

KÖHLER, H.: Amtliche Bildungsstatistik im Wandel. In: MAX-PLANCK-INSTITUT FÜR BILDUNGSFORSCHUNG, PROJEKTGRUPPE BILDUNGSBERICHT (Hg.): Bildung in der Bundesrepublik Deutschland, Bd. 2, Reinbek 1980, S. 1215 ff. KÖHLER, H.: Quellen der Bildungsstatistik. Max-Planck-Institut für Bildungsforschung: Materialien aus der Bildungsforschung, Nr. 8, Berlin 1977. KÖHLER, H./TROMMER, L.: Quellen der Bildungsstatistik. Max-Planck-Institut für Bildungsforschung: Materialien aus der Bildungsforschung, Nr. 18, Berlin 1981. KULLMER, H.: Bildungsstatistik. In: ALBERS, W. u. a. (Hg.): Handwörterbuch der Wirtschaftswissenschaft, Bd. 2, Stuttgart/Tübingen/Göttingen/Zürich 1980, S. 31 ff. MÜLLER, J.: Deutsche Kulturstatistik, Jena 1928. STATISTISCHES BUNDESAMT: Das Arbeitsgebiet der Bundesstatistik. Ausgabe 1981, Stuttgart/Mainz 1981. WAGENFÜHR, R. u. a. (Hg.): System und Organisation der Bildungsstatistik. Eine Modellstudie im Auftrag des Kultusministeriums Baden-Württemberg, Villingen 1971.

Helmut Köhler

Bund-Länder-Kommission für Bildungsplanung

Aufgabe und Konstruktion. Durch Grundgesetzänderung vom 9.5.1969 erhielt die Bundesregierung mit Einfügung von Art. 91 b die Möglichkeit, mit den Ländern „auf Grund von Vereinbarungen bei der Bildungsplanung und bei der Förderung von Einrichtungen und Vorhaben der wissenschaftlichen Forschung von überregionaler Bedeutung zusammenzuwirken". Am 25.6.1970 wurde daraufhin vom Bundeskanzler und den Regierungschefs der Länder ein Verwaltungsabkommen (vgl. BUND-LÄNDER-KOMMISSION FÜR BILDUNGSPLANUNG, 1976a) über die Errichtung einer gemeinsamen Kommission für Bildungsplanung abgeschlossen. Nach Art. 1 dieses Abkommens ist die Bund-Länder-Kommission für Bildungsplanung (BLK) „das ständige Gesprächsforum für alle Bund und Länder gemeinsam berührenden Fragen des Bildungswesens und der Forschungsförderung". Als Aufgabe der BLK wurde festgelegt, daß sie einen langfristigen gemeinsamen Rahmenplan für eine abgestimmte Entwicklung des gesamten Bildungswesens vorzubereiten habe. Zur Verwirklichung dieses Rahmenplans sollte sie mittelfristige Stufenpläne vorbereiten, Empfehlungen zur Koordinierung vollzugsreifer Teilpläne aussprechen und Programme für die Durchführung vordringlicher Maßnahmen vorbereiten. Für die Pläne sollte der voraussichtliche Finanzbedarf ermittelt und Finanzierungsvorschläge sollten ausgearbeitet werden (vgl. Art. 2 des Verwaltungsabkommens). Vorgesehen war also ein umfassendes Programm einer gemeinsamen Entwicklung und Erneuerung des gesamten Bildungswesens der Bundesrepublik Deutschland – ein Wunsch, der durch die Reform- und Auftriebsstimmung des Jahres 1969 bei Antritt der Regierung Brandt Kraft und Dringlichkeit erhielt.

Die BLK setzt sich zusammen aus sieben Vertretern der Bundesregierung und je einem Vertreter der Landesregierungen. Die Vertreter der Bundesregierung führen elf einheitlich abgegebene Stimmen (über deren Abgabe das „Wissenschaftskabinett", ein Ausschuß der Bundesregierung, in wichtigen Fragen entscheidet), die Vertreter der Landesregierungen (zumeist die Kultusminister, als Vertreter meist die Hochschulminister) je eine Stimme. Ein Kommissionsbeschluß setzt drei Viertel der Stimmen der Mitglieder voraus. „Überstimmte Mitglieder können ihre abweichende Auffassung in einem besonderen Votum niederlegen", heißt es in Art. 7, Abs. 4 des Verwaltungsabkommens. Die Beschlüsse der BLK und die Minderheitsvoten müssen den Regierungschefs von Bund und Ländern zur Beratung und Beschlußfassung vorgelegt werden. In der Ministerpräsidentenkonferenz hat der Bundeskanzler nur eine Stimme wie die übrigen Mitglieder. Ein Beschluß der Regierungschefs setzt die Zustimmung von mindestens neun Ministerpräsidenten voraus. Dieser Beschluß bindet aber auch in diesem Fall nur „diejenigen, die ihm zugestimmt haben" (Art. 9,2 des Verwaltungsabkommens). Die Länder sicherten durch diese Regelungen, daß die Einwirkungsmöglichkeit des Bundes in ihren Zuständigkeitsbereich gering blieb – es war von vornherein die Möglichkeit gegeben, daß Bundesländer BLK-Beschlüsse nicht verwirklichten, sondern als Makulatur behandelten. Die Beschlüsse der BLK selbst haben nur Empfehlungscharakter, was Art. 9, Abs. 1 des Verwaltungsabkommens verdeutlicht, der die Ergebnisse der BLK als „Empfehlungen der Kommission und Minderheitsvoten" zusammenfaßt. Die Planungen der Kommission wurden außerdem in Art. 6 „an die Finanzplanungen von Bund und Ländern" gebunden. Die BLK hat zwar nicht wie die Ständige Konferenz der Kultusminister der Länder in der Bundesrepublik Deutschland (KMK) den Zwang zur Einstimmigkeit für Beschlüsse, doch heben die übrigen Mechanismen eine Gefährdung der Eigenentscheidung der Bundesländer praktisch auf.

Für die Kommission wurde eine gemeinsame Geschäftsstelle in Bonn mit einem Generalsekretär eingerichtet. Die Sitzungen der BLK werden außerdem durch Ausschüsse vorbereitet (Bildungsplanung, Bildungsbudget, Forschungsförderung, Innovation). In den Ausschüssen und ihren Unterausschüssen, die mit Beamten aus den Kultus- und Wissenschaftsministerien unter Beteiligung der Finanz- und (bei einigen Fragen, beispielsweise der Vorschulerziehung) der Arbeits- und Sozialressorts besetzt sind, erfolgt die eigentliche Arbeit.

Bildungsgesamtplan. Die Erwartungen der Bundesregierung einerseits und der reformfreundlichen Öffentlichkeit an die BLK waren zu Beginn ihrer Arbeit sehr hoch. So wurde beispielsweise die Verabschiedung des Bildungsgesamtplans in seinen Grundlinien bis Herbst 1970 für wahrscheinlich gehalten. Solche Erwartungen erwiesen sich schnell als gänzlich illusionär. In zäher Ausschußarbeit zeigte sich bei der Vorbereitung des Bildungsgesamtplans schnell, daß die inhaltlichen Differenzen zwischen den A-Ländern (die von SPD-FDP-Koalitionen regierten) und B-Ländern (CDU-CSU-regierte Länder) nicht vollständig zu überwinden waren. Der erste Vorsitzende der Kommission, Bundesminister Leussink, scheiterte beim Versuch, Kompromisse zustande zu bringen und gab sein Amt auf. Insbesondere erwiesen sich die Fragen von Orientierungsstufe und Gesamtschule als kontrovers. Zudem geriet die Kommission in den Anfangsjahren unter schnell wachsenden Druck der Finanzminister, welche die anfänglichen Planungen als nicht finanzierbar bezeichneten und mit Erfolg auf erhebliche Reduktion drängten. Da außerdem nach 1972 die Entwicklung des Bildungswesens einer breiten Öffentlichkeit unter dem Eindruck der Terroristendebatte und angeblich drohender „Akademikerschwemme" nicht mehr als Hoffnung, sondern eher als Gefahr erschien, verflog die Anfangsbegeisterung rasch.
Die BLK erarbeitete insgesamt acht Fassungen des Bildungsgesamtplans. Die erste Fassung war deutlich geprägt von den Grundgedanken, die die Bundesregierung in ihrem „Bildungsbericht '70" (BUNDESMINISTER FÜR BILDUNG UND WISSENSCHAFT 1970) veröffentlicht hatte. Die späteren Fassungen zeigen immer deutlicher die Einwirkungen der B-Länder, die im Lauf der Beratungen zwölf Sondervoten einbrachten. Acht davon wurden durch Kompromisse ausgeräumt, vier erscheinen noch in der Schlußfassung (vgl. Bund-Länder-Kommission für Bildungsplanung 1974).
Der Weg zur Verabschiedung des Bildungsgesamtplans am 15.6.1973 war also außerordentlich mühsam. Immerhin entstand mit diesem Rahmenplan ein für alle Stufen des Bildungswesens der Bundesrepublik Deutschland bis 1985 reichendes Entwicklungskonzept. Trotz seines durch Kompromisse stellenweise sehr verwaschenen Charakters und trotz der in der Schlußfassung noch erscheinenden vier Minderheitsvoten der B-Länder (Orientierungsstufe, Gesamtschule, „Verzahnung" der Bildungsgänge im Bereich der Sekundarstufe II, Lehrerbildung) kann dem Plan eine harmonisierende Einwirkung auf die Entwicklung des deutschen Bildungswesens nicht abgesprochen werden. Die Hoffnungen des Anfangs allerdings hatten sich nicht erfüllt. Die Erwartungen der Bundesregierung, daß ihr kräftige Einwirkungsmöglichkeit auch auf die Schule eröffnet würde, daß die BLK (und nicht mehr die KMK) das Koordinierungszentrum für das deutsche Bildungswesen sein würde, waren an der Verfassungswirklichkeit gescheitert.
Der Versuch zu einer „Fortschreibung" des Bildungsgesamtplans hat trotz mehrjähriger Vorarbeiten zu keinem Ergebnis geführt. Es zeigen sich bei diesen Bemühungen die gleichen Probleme der politischen Differenzen, der Finanzierung und Zuständigkeit wie bei Anfertigung des Plans selbst.
Der BLK gelang es dagegen, den Bildungsgesamtplan durch Stufenpläne etwa zu „Schwerpunkten der beruflichen Bildung" und Ergänzungspläne wie beispielsweise zur „Musisch-Kulturellen Bildung" zu konkretisieren und

abzurunden (vgl. BUND-LÄNDER-KOMMISSION FÜR BILDUNGSPLANUNG 1975a, 1977). Zur Bewertung der Leistung der BLK muß auch die Koordinationsarbeit bedacht werden, die in den Ausschüssen ohne große öffentliche Beachtung erfolgte. So diskutierte der Innovationsausschuß alle wichtigeren Schulversuche in der Bundesrepublik Deutschland und kam in den meisten Fällen zu übereinstimmenden Förderungsempfehlungen. Ebenfalls eine beträchtliche Koordinationsleistung mit bundesweiter Wirksamkeit kann auch dem Ausschuß Forschungsförderung zugesprochen werden.

BUNDESMINISTER FÜR BILDUNG UND WISSENSCHAFT (Hg.): Bildungsbericht '70. Bericht der Bundesregierung zur Bildungspolitik, Bonn 1970. BUNDESMINISTER FÜR BILDUNG UND WISSENSCHAFT (Hg.): Bildungspolitische Zwischenbilanz, Bonn 1976. BUND-LÄNDER-KOMMISSION FÜR BILDUNGSPLANUNG: Vorschläge für die Durchführung dringender Maßnahmen, Stuttgart 1973. BUND-LÄNDER-KOMMISSION FÜR BILDUNGSPLANUNG: Bildungsgesamtplan, 2 Bde., Stuttgart ²1974. BUND-LÄNDER-KOMMISSION FÜR BILDUNGSPLANUNG: Stufenplan zu Schwerpunkten der beruflichen Bildung, Stuttgart 1975a. BUND-LÄNDER-KOMMISSION FÜR BILDUNGSPLANUNG: Mittelfristiger Stufenplan für das Bildungswesen bis zum Jahr 1978, 2 Bde., Stuttgart 1975b. BUND-LÄNDER-KOMMISSION FÜR BILDUNGSPLANUNG: Verwaltungsabkommen. In: BUND-LÄNDER-KOMMISSION FÜR BILDUNGSPLANUNG: Informationen über die Bund-Länder-Kommission für Bildungsplanung, Bonn 1976, S. 21 ff. (1976a). BUND-LÄNDER-KOMMISSION FÜR BILDUNGSPLANUNG: Fünfjährige in Kindergärten, Vorklassen und Eingangsstufen, Stuttgart 1976b. BUND-LÄNDER-KOMMISSION FÜR BILDUNGSPLANUNG: Informationsschrift über Modellversuche im Bildungswesen, Bonn 1976c. BUND-LÄNDER-KOMMISSION FÜR BILDUNGSPLANUNG: Musisch-kulturelle Bildung. Ergänzungsplan zum Bildungsgesamtplan, 2 Bde., Stuttgart 1977. FLITNER, A.: Mißratener Fortschritt. Pädagogische Anmerkungen zur Bildungspolitik, München 1977. HÖHNE, E.: Der Neuaufbau des Schulwesens nach dem Bildungsgesamtplan der Bund-Länder-Kommission, Bamberg 1972. POEPPELT, K. S.: Zum Bildungsgesamtplan der Bund-Länder-Kommission für Bildungsplanung, Weinheim/Basel 1978. SPIES, W. E.: Bildungsplanung in der BRD, Kastellaun/Saarbrücken 1976.

Werner E. Spies

Bürokratisierung

Nicht nur in der Umgangssprache, auch im Sprachgebrauch der Pädagogen hat der Begriff Bürokratie häufig negative Konnotationen – wie in der klassischen Formulierung des Hamburger Reformpädagogen WOLGAST (1887): „Bureaukratie und Pädagogik sind zwei Begriffe, die zueinander passen wie Feuer und Wasser". So einleuchtend eine solche Formulierung auf den ersten Blick auch sein mag – sozialwissenschaftlich ist es sinnvoller, den Begriff der Bürokratie in erster Linie als einen analytischen Begriff zu verwenden und seinen ambivalenten Charakter nicht von vornherein unter die Adjektive schlecht oder gefährlich zu subsumieren. Allerdings wird der (analytische) Begriff der Bürokratie auch in den Sozialwissenschaften alles andere als einheitlich definiert (vgl. ALBROW 1972), so daß es sich aus pragmatischen Gründen empfiehlt, an den relativ weiten Bürokratiebegriff anzuknüpfen, der vom Klassiker der Bürokratieforschung, M. Weber, entwickelt wurde. Dabei wird sich zeigen, daß eine Beschreibung von Antinomien (Bürokratie versus Pädagogik oder Bürokratisierung versus Professionalisierung und andere) zu sehr an der Oberfläche bleibt und übersieht, daß diese Antinomien notwendiger Bestandteil eines umfassenden dialektischen Prozesses der Rationalisierung und Bürokratisierung aller gesellschaftlichen Bereiche sind.

Bürokratiebegriff bei Max Weber. Als entscheidenden Grund für das Vordringen der bürokratischen Organisationen sieht Weber ihre „rein technische Überlegenheit über jede andere Form" der Organisation an: „Präzision, Schnelligkeit, Eindeutigkeit, Aktenkundigkeit, Kontinuierlichkeit, Diskretion, Einheitlichkeit, straffe Unterordnung, Ersparnis an Reibungen, sachlichen und persönlichen Kosten sind bei streng bürokratischer, speziell: monokratischer Verwaltung durch geschulte Einzelbeamte gegenüber allen kollegialen oder ehren- oder nebenamtlichen Formen auf das Optimum gesteigert. Vor allem aber bietet die Bürokratisierung das Optimum an Möglichkeit für die Durchführung des Prinzips der Arbeitszerlegung in der Verwaltung nach rein sachlichen Gesichtspunkten [...] ‚Sachliche' Erledigung bedeutet in diesem Fall in erster Linie Erledigung ‚ohne Ansehen der Person' nach berechenbaren Regeln" (WEBER 1972, S.561f.). Diese Berechenbarkeit habe für die moderne Bürokratie die eigentlich beherrschende Bedeutung; aber in einem spezifischen Sinne stehe die Bürokratie in ihrer Vollendung auch unter dem Prinzip des „sine ira ac studio": Die Bürokratie entwickele ihre spezifische, dem Kapitalismus willkommene Eigenart um so vollkommener, „je mehr sie sich ‚entmenschlicht', je vollkommener [...] ihr die spezifische Eigenart [gelingt], welche ihr als Tugend nachgerühmt wird: die Ausschaltung von Liebe, Haß und allen rein persönlichen, überhaupt allen irrationalen, dem Kalkül sich entziehenden Empfindungselementen aus der Erledigung der Amtsgeschäfte. Statt des durch persönliche Anteilnahme, Gunst, Gnade, Dankbarkeit bewegten Herren der älteren Ordnung verlangt eben die moderne Kultur, für den äußeren Apparat, der sie stützt, je komplizierter und spezialisierter sie wird, desto mehr den unbeteiligten daher streng ‚sachlichen' Fachmann" (WEBER 1972, S.563).

Das Bild der entmenschlichten Maschine, mit dem der Typ bürokratischer Herrschaft verglichen wird, ist zunächst schwer mit der These von der „formal rationalsten" Form der Herrschaftsausübung in Einklang zu bringen. Und doch verweisen schon die zitierten Formulierungen auf den herrschaftssoziologischen Zusammenhang, in dem und vor dem dieses Modell der Herrschaft entwickelt wird. Er ist – wie insbesondere SCHLUCHTER (vgl. 1972, S. 120 f.) herausgearbeitet hat – der Vergleich der modernen Bürokratie einerseits mit der (traditionellen) chinesischen Patrimonialbürokratie und andererseits mit der Honoratiorenverwaltung im Wilhelminischen Deutschland.

Verglichen mit der Honoratiorenverwaltung verfügt die moderne Bürokratie über eine „vollendete" Effizienz: Hauptberuflich-qualifizierte Arbeit tritt an die Stelle nebenberuflich-unqualifizierter Arbeit. Kontinuierliches, an Regeln orientiertes und informiertes Verwaltungshandeln verdrängt eine temporäre und unsystematische Verwaltungstätigkeit aufgrund eher zufälliger Informiertheit. Das für sachgerechte Entscheidungen geeignete monokratische Prinzip beseitigt das Kollegialprinzip, das von Reibungen und Verzögerungen und der ständigen Suche nach politischen Kompromissen geprägt ist.

Durch diesen historisch-vergleichenden Hintergrund erhalten die einzelnen Merkmale der bürokratischen Verwaltung bei Weber einen stärkeren empirischen Gehalt, der allzu leicht verlorengeht, wenn man sie nur abstrakt aufzählt:

- das Prinzip der festen Kompetenzen,
- das Prinzip der Amtshierarchie und des Instanzenzugs,
- Amtsführung durch Schriftstücke,
- Fachschulung der Beamten,
- hauptberufliche Inanspruchnahme der gesamten Arbeitskraft eines Beamten,
- Regelgebundenheit der Amtsführung.

Für den Beamten folgt aus der Bürokratisierung, daß das Amt ein Beruf ist, eine fachliche Ausbildung voraussetzt und Amtstreuepflichten für einen sachlichen (unpersönlichen) Zweck mit sich bringt, daß der Beamte „soziale Schätzung" (Prestige) erwirbt, daß er ernannt (nicht gewählt) wird, daß die Anstellung lebenslänglich ist, daß er ein festes Gehalt (Pension) bezieht und daß er im Rahmen einer Laufbahn aufsteigen kann (vgl. WEBER 1972, S. 553 f.).

Im Unterschied zur Rezeption in der Organisations- und Bildungssoziologie ist für Weber aber immer wieder die fachliche Qualifikation der Beamten und die Fachlichkeit der Verwaltung allgemein von zentraler Bedeutung: „Die bureaukratische Verwaltung bedeutet: Herrschaft kraft *Wissen:* dies ist ihr spezifisch rationaler Grundcharakter" (WEBER 1972, S. 129). Das Ausmaß der Fachqualifikation sei in der Bürokratie in stetem Wachsen. Und dies gelte unabhängig davon, ob es sich um kapitalistische oder sozialistische Gesellschaften handelt (vgl. WEBER 1972, S. 128). Mit anderen Worten:

„Mögen sich die konkreten Ausformungen der wichtigsten Kulturfaktoren in Grenzen variieren lassen, eines bleibt irreversibel: die formelle Rationalisierung und das mit ihr untrennbar verknüpfte Fachmenschentum" (SCHLUCHTER 1972, S. 89).

Gerade die Entwicklung des Schulwesens im allgemeinen und der Schulverwaltung im besonderen stellt ein eindrucksvolles historisches Beispiel für die Verknüpfung von Bürokratisierung und Verfachlichung dar. Wie auch immer der Aufbau, die Säkularisierung und die Differenzierung des Schulsystems in den letzten 150 Jahren im einzelnen vonstatten gegangen sein mögen – stets sind diese Entwicklungen sowohl Prozesse der Bürokratisierung als auch zugleich der Verfachlichung gewesen, durch die die noch sehr lange nachwirkenden Strukturen traditioneller Herrschaft aufgebrochen und beseitigt wurden. In dieser historischen Perspektive wird das Pädagogische nicht durch die Bürokratisierung gefährdet; sondern im Gegenteil: Erst die Bürokratisierung schafft zugleich die Voraussetzungen für eine Pädagogisierung im Sinne einer fachlichen Qualifizierung von Schule und Unterricht.

Bürokratisierung versus Professionalisierung. Eine stärkere Berücksichtigung dieses herrschafts-soziologischen Zusammenhanges ist aber auch im Hinblick auf jene weitverbreitete Kritik an der Weberschen Bürokratiekonzeption erforderlich, die sich mit der begrifflichen Gegenüberstellung Bürokratisierung – Professionalisierung kennzeichnen läßt. Speziell Webers Ansicht, wonach die moderne Organisation idealtypisch sowohl Bürokratie als auch immer zugleich Fachverwaltung ist, halten seine Kritiker für anfechtbar. Weber habe verkannt, daß sein Bürokratiemodell zwei unterschiedliche Autoritätsformen enthält: die Amtsautorität, in der Gehorsam Selbstzweck ist, und die Sachautorität, in der Gehorsam Mittel zum Zweck ist. Webers Bürokratie legitimiere sich also „aus ‚Recht' und ‚Wissen', aus ‚Verfahren' und ‚Inhalt', aus Disziplin und Sachverstand [...] Durch die These, die Hierarchie der Macht und die Hierarchie des Wissens fielen zusammen, hat Weber offenbar ein wichtiges Organisationsdilemma übersehen" (SCHLUCHTER 1972, S. 148).

Nun leuchtet zunächst ein, daß Amtsautorität und Sachautorität, Recht und Wissen, Verfahren und Inhalt nicht ohne weiteres stets zusammenfallen. Aber auch die umgekehrte These, wonach die Rangniedrigeren stets qua Spezialisierung über mehr Fachwissen verfügen, ist wenig plausibel, wenn der (allgemeine) Zweck der Organisation nicht mit dem speziellen Wissen und dessen „Anwendung" inhaltlich identisch ist.

Es bleibt also die Frage, mit welchen Argumenten der „Zerfall der Einheit von Amts- und Sachautorität" (SCHLUCHTER 1972, S. 149) begründet wird.
Etzioni (1967, S. 121) vertritt die These, daß „die Prinzipien der Verwaltungs- und die der Fachautorität nicht nur nicht identisch, sondern völlig unvereinbar miteinander [sind]". Während die Verwaltung eine Machthierarchie voraussetze, nach der die Ranghöheren mehr Macht als die Rangniedrigeren haben und deshalb letztere kontrollieren dürfen, sei das Fachwissen „weitgehend persönliches Eigentum. Anders als andere Organisationsmittel kann es nicht durch Verfügung von einer Person auf andere übertragen werden. Kreativität ist wesentlich eine Sache der Einzelpersönlichkeit [...] Sogar die Anwendung des Fachwissens ist eine ganz persönliche Angelegenheit, zumindest in dem Sinne, daß jeder Fachmann die letzte Verantwortung für seine fachlichen Entscheidungen trägt. Der Chirurg ist nun aber dem ganzen Wesen der Kontrolle und der Koordination durch Vorgesetzte, das heißt dem Prinzip der Verwaltungsautorität diametral entgegengesetzt" (ETZIONI 1967, S. 122). Dieser Konflikt ist nicht nur dadurch gekennzeichnet, daß das professionalisierte Individuum auf bürokratische Organisationsstrukturen stößt (vgl. SCOTT 1968, S. 205), sondern auch dadurch, daß zwei Institutionen – nämlich die der Bürokratie und die der Profession – aufeinanderprallen (vgl. KORNHAUSER 1962, S. 8).
Bei der Begründung dieser These vom Widerspruch zwischen Bürokratisierung und Professionalisierung werden Gedankengänge von unterschiedlichem problemgeschichtlichen Bezug miteinander verwoben. Sie sollten besser getrennt diskutiert werden, und zwar in unserem Zusammenhang unter zwei Gesichtspunkten: Schon die Verwendung des Begriffs Autorität sowohl für den Sachverstand als auch für das Amt ist bei genauerer Betrachtung problematisch: So ist zu fragen, warum Sachverstand über Autorität verfügt, eine Autorität zudem, die der des Amtes oder der Verwaltung ebenbürtig oder zumindest vergeichbar sein soll. Vor dem Hintergrund der Weberschen Bürokratisierungsthese ist dies wenig plausibel: Wenn es richtig ist, daß sich die Form der bürokratischen Herrschaft in kapitalistischen Gesellschaften immer stärker und unaufhaltbar ausbreitet, so kann es Autorität außerhalb des bürokratischen Herrschaftszusammenhanges immer weniger geben. Was hilft beispielsweise – außerhalb eines Gerichtsverfahrens, das seinerseits Bestandteil der bürokratischen Herrschaft ist – ein noch so sachverständiges ökologisches Gutachten gegen die administrative Genehmigung eines Kraftwerkes oder eine brillante pädagogische Expertise über die Gefahren einer Zusammenlegung von Schulklassen gegen die anderslautende Entscheidung der Schulaufsicht? Professionelles Wissen und Sachverstand als solche sind unter den Bedingungen einer zunehmend bürokratisch beherrschten Gesellschaft eben gerade keine Macht. Herrschaftssoziologisch führt die These von der Autorität des Sachverstandes deshalb eher zur Frage nach dem Verhältnis von Wissenschaft und Politik. Dabei wird deutlich, daß sich die Behauptung vom Widerspruch zwischen Amts- und Sachautorität problemgeschichtlich weniger auf Weber als auf jene Theoretiker berufen kann, die – wie BURNHAM (vgl. 1948) oder GEHLEN (vgl. 1963) – davon ausgehen, daß nicht die Bürokratisierung, sondern ausschließlich ein Teil dieses Prozesses, nämlich die Verwissenschaftlichung, das Charakteristikum der gesellschaftlichen Entwicklung sei und deshalb ein „Regime der Manager" beziehungsweise eine szientifisch-technische Superstruktur vorhergesagt werden könne. In diesen Konzepten (vgl. SCHLUCHTER 1972, S. 180 ff., S. 206 ff.)

verbinden sich Vorstellungen von der Allmacht des Sachverstandes mit Vorstellungen über einen postpolitischen Verwissenschaftlichungs- und Technisierungsprozeß.

Die These von der Autorität des Sachverstandes hat daneben auch eine berufssoziologische Begründung – und ist gerade in dieser Hinsicht unter historischen Gesichtspunkten zu kritisieren. Daß Sachverstand Autorität habe, wird vor allem an den klassischen Professionen – dem Arzt, dem Rechtsanwalt – immer wieder aufzuweisen versucht. Aber diese klassische Vorstellung von einem Arzt oder Rechtsanwalt, der autonom in seiner Einzelpraxis beruflich tätig ist, bestimmt schon heute nicht mehr das Berufsbild dieser Professionen. MOK (vgl. 1969) hat darauf hingewiesen, daß der klassische Professionalisierungsprozeß dadurch charakterisiert sei, daß die Integrität des Verhaltens für wichtiger gehalten werde als die wissenschaftliche Kompetenz. Demgegenüber sei der zweite Professionalisierungsprozeß, der mit der Verwissenschaftlichung aller gesellschaftlichen Bereiche und mit einer Steigerung der Anforderung an das Wissen leitender beruflicher Positionen verbunden ist, durch einen Vorrang des Wissenselementes gekennzeichnet. Nunmehr sei das Ausmaß an Originalität und Kreativität der entscheidende Maßstab für den Platz der Positionsinhaber im professionellen System. Damit kämen aber auch Ungleichheiten in das System, durch die Konkurrenz und unterschiedliche Positionen von Bedeutung werden. Für die Professionen dieser zweiten Generation gibt es also auch Hierarchien, durch die sie Einfluß über andere erlangen können. Interessant ist, daß gerade empirische Untersuchungen herausgefunden haben, daß der Grad der professionellen Autonomie dann besonders hoch ist, wenn die Organisation gemäßigt bürokratisch ist; sowohl die hochbürokratische als auch die nichtbürokratische Organisationsstruktur scheint die professionelle Autonomie zu beeinträchtigen (vgl. ENGEL 1970). Auch die professionellen Berufe sind notwendig kooperative Prozesse geworden, in denen bürokratische Organisationsformen durchaus eine positive Funktion haben können.

Der Kritik an Weber, er habe den Widerspruch von Professionalisierung und Bürokratisierung verkannt, ist nach alledem zweierlei entgegenzuhalten: Erstens kann es unter den Bedingungen einer bürokratisch beherrschten Gesellschaft Sachverständigkeit mit eigener Autorität außerhalb von Bürokratien immer weniger geben, so daß die Frage, wie herrschaftsunabhängiger, also nicht bürokratisierter Sachverstand für die Entwicklung der Gesellschaft Bedeutung gewinnen kann, richtig als die Frage nach dem Verhältnis von Wissenschaft und Politik zu diskutieren ist. Zweitens sind die (empirisch nachgewiesenen) Friktionen zwischen dem Bedürfnis nach beruflicher Autonomie einerseits und der organisatorischen Abhängigkeit andererseits im Rahmen des modernen Professionalisierungsprozesses nicht als Problem speziell der Professionalisierung, sondern als allgemeine Frage nach den Möglichkeiten von Selbstverwirklichung am Arbeitsplatz zu diskutieren. Die Webersche Bürokratisierungsthese ist deshalb im Sinne einer dialektischen Verbindung zweier Prozesse – nämlich dem der Formalisierung, Standardisierung und Routinisierung und dem der Verfachlichung und Professionalisierung – zu verstehen, die aufgrund spezifischer Ambivalenzen im Sinne Webers auf grundlegende Gefahren hinweist: Zum einen kann durch die mögliche Verselbständigung aus einer Herrschaft *durch* die Bürokratie eine Herrschaft *der* Bürokratie werden – so daß die demokratische Kontrolle der Bürokratie verhindert wird, die sowohl die Funktionsfähigkeit des eigenständigen politischen Systems als auch die Freiheitssphäre der abhängigen Individuen sichern soll. Und zum anderen droht eine bürokratistische Ritualisierung des Herrschaftsapparates und damit eine Verschärfung der Probleme der Fremdbestimmung und Entfremdung am Arbeitsplatz und gegenüber den Klienten.

Betrachtet man die Entwicklung des Schulsystems auf einer allgemeineren Ebene, so läßt sich der interpretative Gehalt der Weberschen Bürokratisierungstheorie anhand der Ausdifferenzierung (und Integration) des modernen Schulsystems (im allgemeinen und am Beispiel der Gesamtschule im besonderen) leicht veranschaulichen. Mißversteht man Bürokratie nicht als bloßen abschreckenden Ritualismus und Formalismus, sondern berücksichtigt man im Sinne Webers den Doppelcharakter des Bürokratisierungsprozesses als Verfachlichung, Spezialisierung und verstärkter Kooperation einerseits und als Formalisierung, Standardisierung und Zentralisierung andererseits, so scheint alles dafür zu sprechen, daß dieser Prozeß der Rationalisierung unter den Bedingungen hochindustrialisierter Gesellschaften auch im Schulwesen voll wirksam und historisch irreversibel ist. Damit wird auch das Schulwesen vor das Problem der doppelten Ambivalenz der Bürokratisierung gestellt. Zum einen stellt sich die Frage, wie verhindert werden kann, daß aus der Herrschaft *durch* die Bürokratie eine Herrschaft *der* Bürokratie werden kann; dies ist die Frage nach der demokratischen Kontrolle der staatlichen Verwaltung und nach der Sicherung der individuellen Freiheitsrechte. Zum anderen stellt sich die Frage, wie verhindert werden kann, daß die Tendenz zur Verselbständigung der ritualistischen und bürokratistischen Aspekte der Bürokratisierung zu einer unerträglichen Beschränkung der Möglichkeiten zur Selbstverwirklichung am Arbeitsplatz führt.

ALBROW, M.: Bürokratie, München 1972. BURNHAM, J.: Das Regime der Manager, Stuttgart 1948. ENGEL, G. V.: Professional Autonomy and the Bureaucratic Organization. In: Admin. Sc. Quart. 15 (1970), S. 12 ff. ETZIONI, A.: Soziologie der Organisationen, München 1967. GEHLEN, A.: Studien zur Anthropologie und Soziologie, Neuwied/Berlin 1963. KORNHAUSER, W.: Scientists in Industry. Conflict and Accommodation, Berkeley 1962. MOK, A. L.: Alte und neue Professionen. In: Köln. Z. f. Soziol. u. Sozialpsych. 21 (1969), S. 770 ff. SCOTT, W. R.: Konflikte zwischen Spezialisten und bürokratischer Organisation. In: MAYNTZ, R. (Hg.): Bürokratische Organisation, Köln/Berlin 1968, S. 201 ff. SCHLUCHTER, W.: Aspekte bürokratischer Herrschaft, München 1972. WEBER, M.: Die protestantische Ethik, 2 Bde., München/Hamburg 1965/1968. WEBER, M.: Wirtschaft und Gesellschaft. Grundriß der verstehenden Soziologie (1922), Studienausgabe, hg. v. J. Winckelmann, Tübingen ^{5}1972. WOLGAST, H.: Der Bureaukratismus in der Schule. In: P. Reform (1887), 46, 47.

Knut Nevermann

Deutscher Bildungsrat

Aufgabe und Konstruktion. Der Deutsche Bildungsrat wurde als Nachfolgeinstitut für den Deutschen Ausschuß für das Erziehungs- und Bildungswesen durch Abkommen zwischen der Bundesregierung und den Regierungen der Länder der Bundesrepublik am 15.7.1965 gegründet. Er entstand in einer Situation, in der erhebliche Sorge um die angebliche Rückständigkeit des deutschen Bildungswesens im internationalen Vergleich publizistisch wirksam geäußert worden war (vgl. PICHT 1964). Insbesondere sorgte man sich um die künftige Konkurrenzfähigkeit der deutschen Wirtschaft im internationalen Markt. In der staatlichen Bildungsplanung wirkte unter dem Einfluß von UNESCO und OECD das Human-Kapital-Konzept ein – man wollte ein Gremium, das neben Zielbeschreibungen „insbesondere Vorschläge für die Zahl, Struktur und den Finanzbedarf der Ausbildungseinrichtungen" vorlegte (KMK 1964), um die Finanzmassen effektiv anlegen zu können.

Dementsprechend erhielt der Deutsche Bildungsrat im Verwaltungsabkommen die Aufgabe, „Bedarfs- und Entwicklungspläne für das deutsche Bildungswesen zu entwerfen", „Vorschläge für die Struktur des Bildungswesens zu machen", „Empfehlungen für eine langfristige Planung auf den verschiedenen Stufen des Bildungswesens auszusprechen"; die Entwicklungspläne sollten „den Erfordernissen des kulturellen, wirtschaftlichen und sozialen Lebens entsprechen und den zukünftigen Bedarf an ausgebildeten Menschen berücksichtigen" (KMK 1969, S. 169 – Art. 2) – es ging den Vertragsschließenden vor allem um glatte Arbeitskraft-Zulieferung.

Der Deutsche Bildungsrat bestand aus der Bildungskommission und der Regierungskommission. In die Bildungskommission wurden 18 Mitglieder vom Bundespräsidenten berufen, davon 14 auf Vorschlag der Ministerpräsidentenkonferenz, deren Benennungen drei Vorschläge der kommunalen Spitzenverbände umfaßten, vier auf Vorschlag der Bundesregierung. Von den 18 Mitgliedern der Regierungskommission kamen je eines aus den elf Ländern (der Kultusminister oder seine Beauftragten), vier entsandte die Bundesregierung, die Ministerpräsidentenkonferenz berief drei auf Vorschlag der kommunalen Spitzenverbände. Den Vorsitz in der Regierungskommission führte der jeweilige Präsident der Ständigen Konferenz der Kultusminister der Länder in der Bundesrepublik Deutschland (KMK). Die Bildungskommission wählte aus ihren Mitgliedern einen Vorsitzenden und dessen Stellvertreter für jeweils zwei Jahre (vgl. KMK 1969, S. 169 f. – Art. 5, 9). Die ungewöhnliche „Höhenlage" des Berufungsprozesses sollte dem Gremium Unabhängigkeit und die Unüberhörbarkeit seines Rates sichern. Die Parallelität von Bildungs- und Regierungskommission sollte gewährleisten, daß die Arbeit des Deutschen Bildungsrates in Fühlungnahme und Absprache mit den politisch Verantwortlichen erfolgte. Die Bildungskommission bereitete ihre Empfehlungen in eigener Verantwortung vor. Sie durfte sie allerdings den Regierungen von Bund und Ländern erst nach Beratung mit der Regierungskommission vorlegen (vgl. KMK 1969, S. 169 – Art. 2). Die Bildungskommission war dabei jedoch nicht an die Wünsche der Regierungskommission gebunden, hatte vielmehr nur die genannte Beratungspflicht. Nach ihrer Erfüllung konnte sie auch unerwünschte Empfehlungen vorlegen. Daß sie von dieser Möglichkeit Gebrauch machte, führte allerdings 1975 zum Ende des Deutschen Bildungsrates.

Erste Beratungsperiode (1965–1970). Die Bildungskommission des Deutschen Bildungsrates war in ihren ersten Jahren sehr erfolgreich und gewann hohen Einfluß. Eine ziemlich kleine, aber sehr effektive Geschäftsstelle ist vom Generalsekretär aufgebaut worden. Die Empfehlungen wurden in Ausschüssen erarbeitet. Die Ausschüsse wurden jeweils geleitet von einem der berufenen Mitglieder der Bildungskommission. Dazu wurden je nach der Thematik weitere Fachleute als Ausschußmitglieder vom Deutschen Bildungsrat berufen und zahlreiche Gutachtenaufträge vergeben. In diese Ausschüsse entsandten auch die Kultusministerien ihre Fachreferenten. In einigen Ausschüssen gab es Beispiele optimal gelungener Zusammenarbeit von Wissenschaft und Administration.

Der Bildungsrat begann mit Arbeiten zu akuten Notlagen (Empfehlung „Zum Lehrermangel an den mathematisch-naturwissenschaftlichen Fächern an den Gymnasien" – DEUTSCHER BILDUNGSRAT 1967), ging aber sehr schnell zu weitreichenden Strukturvorschlägen über. Aus der ersten Amtszeit bis 1970 sind die wichtigsten Empfehlungen die „Einrichtung von Schulversuchen mit Ganztagsschulen", „Zur Verbesserung der Lehrlingsausbildung", „Zur Neugestaltung der Abschlüsse im Sekundarschulwesen", „Einrichtung von Schulversuchen mit Gesamtschulen" (DEUTSCHER BILDUNGSRAT 1968, 1969a, b, c). Mit der Gesamtschulempfehlung und noch stärker mit dem „Strukturplan für das Bildungswesen" gelang es dem DEUTSCHEN BILDUNGSRAT (1970), die öffentliche Diskussion über die Bildungspolitik weitgehend zu bestimmen. Die Veröffentlichung des Strukturplans markiert zweifellos den Höhepunkt der Wirkung des Bildungsrates. Durch die Gesamtschulempfehlung war der Gedanke des wissenschaftlich kontrollierten „gesellschaftlichen Experiments" (vgl. RASCHERT 1974) in das öffentliche Bewußtsein getreten, der Strukturplan hatte das gesamte Bildungswesen als erneuerungsbedürftig dargestellt und zur Wirkung von Reformbereitschaft beigetragen.

Zweite Beratungsperiode (1970–1975). Das Abkommen über den Deutschen Bildungsrat wurde mit Wirkung vom 15.7.1970 um fünf Jahre verlängert. Diese zweite Amtszeit aber stand unter völlig veränderten Vorzeichen. Die Länder hatten inzwischen mit praktischen Reformen im Schulwesen begonnen und produzierten eigene Pläne (so der Hessen-Plan, das Nordrhein-Westfalen-Programm 1975), die den wissenschaftlichen Vorlauf aufnahmen. Das Interesse der Administrationen an der Wissenschaft richtete sich jetzt mehr auf praktische Hilfe bei der Innovations-Durchführung als auf weitere Konzepte, die die öffentliche Erwartung noch mehr hochschrauben konnten und die entweder nur sehr langsam zu verwirklichen waren oder den Verwaltungen wegen Finanz- oder Zustimmungsmangels undurchführbar schienen. Die Reformideen waren inzwischen überdies so zahlreich, daß der Deutsche Bildungsrat in seiner zweiten Amtsperiode mehrfach Gedanken und Projekte aufnahm, die er nicht selbst entwickelt hatte, beispielsweise in der Empfehlung „Zur Förderung praxisnaher Curriculum-Entwicklung" (DEUTSCHER BILDUNGSRAT 1973a), ein Projekt des Stifterverbandes, oder in „Zur Neuordnung der Sekundarstufe II" (DEUTSCHER BILDUNGSRAT 1974a) den nordrheinwestfälischen Kollegstufenversuch. Solche Vorstellungen wurden allerdings vom Deutschen Bildungsrat weitergeführt und durchformt. Gerade diese Weiterführungen aber schufen dem Bildungsrat mächtige Feinde vor allem in den Finanzministerien.

Schließlich hatte der Deutsche Bildungsrat in der zweiten Beratungsphase das Empfehlungsmonopol verloren, welches er sich – neben dem Wissenschaftsrat – in der ersten Phase erworben hatte. Die KMK als relevantes Empfängergremium der Bildungsrats-Empfehlungen war selbst weniger ein planendes als ein koordinierendes Organ. Mit der Gründung der Bund-Länder-Kommission für Bildungsplanung (BLK) 1970 war jedoch ein selbst planendes Gremium der Administrationen entstanden, das mit der Vorbereitung des Bildungsgesamtplans die öffentliche Aufmerksamkeit auf sich und vom Deutschen Bildungsrat abzog und ihn eher als lästige Konkurrenz empfand. Zwar sollte der Bildungsrat die Bund-Länder-Kommission beraten, aber seine Vertreter waren nur bei den großen Ministersitzungen zugelassen und arbeiteten nicht in den Ausschüssen mit, in denen alle Entscheidungen vorgeformt wurden. Der Einfluß des Bildungsrates auf dieses Gremium blieb daher verschwindend gering.

Der Streit zwischen den Kultusadministrationen und dem Bildungsrat nahm erbitterte Formen an, als die Bildungskommission ihre Empfehlung „Zur Reform von Organisation und Verwaltung im Bildungswesen" (DEUTSCHER BILDUNGSRAT 1973b) vorbereitete. Der erste Teil „Verstärkte Selbständigkeit der Schule und Partizipation der Lehrer, Schulen und Eltern" wurde in der Bildungskommission selbst nur gegen ein Minderheitsvotum von fünf Mitgliedern verabschiedet, der vorgesehene zweite Teil der Empfehlung erschien nur noch als „Bericht der Bildungskommission" (vgl. DEUTSCHER BILDUNGSRAT 1974b) – der Druck der Regierungskommission verhinderte die Verabschiedung als Empfehlung. Nach diesem Streit war die Bereitschaft der CDU/CSU-geführten Länder, den Bildungsrat mindestens zu dulden, geschwunden. In den Gremien der Bund-Länder-Kommission und der KMK betrieben besonders die süddeutschen Länder die Abschaffung des Deutschen Bildungsrates. Aber auch die meisten A-Länder (SPD- oder SPD/F.D.P.-regierte Bundesländer) hatten für den Bildungsrat höchstens noch verbale Tröstungen übrig. Dabei spielten neben der wachsenden Skepsis gegenüber den Reformen die Unlust der leitenden Beamten, fortlaufend in verschiedenen Gremien (Bund-Länder-Kommission, KMK, Bildungsrat, zahllose Ausschüsse) das Gleiche neu besprechen zu müssen, eine wichtige Rolle.

Der Ansatz für die Vernichtung des Bildungsrates war bereits in einer Protokollnotiz zum Abkommen über die Bund-Länder-Kommission 1970 gegeben, die für „Organisation und Zusammenwirken der [...] Institutionen der Bildungsplanung" (BUND-LÄNDER-KOMMISSION FÜR BILDUNGSPLANUNG 1976, S. 27) neue Überlegungen forderte. Diese Frage wurde sehr zögernd diskutiert und hatte bis 1974 noch nicht zu greifbaren Ergebnissen geführt. Der Bundespräsident verlängerte daraufhin die Berufungszeit der Mitglieder der Bildungskommission, soweit diese vor dem 15.7.1975 – dem Tag, bis zu dem das Abkommen galt – endete. Die Bildungskommission versuchte in ihrem letzten Jahr noch einen zusammenfassenden bilanzierenden Bericht (vgl. DEUTSCHER BILDUNGSRAT 1975), der Ergebnisse und Problemzonen des Reformjahrzehnts nennt. Die Kultusadministrationen der Länder (außer Hamburg und Nordrhein-Westfalen) boykottierten jedoch diese Arbeit und zogen ihre Vertreter aus allen Ausschüssen des Bildungsrates zurück. Sie bereiteten das „Abkommen über die Beratung im Bildungswesen" (KMK-Beschluß vom 28.11.1975) vor, das den Bildungsrat nicht mehr nennt und statt dessen „Fachkommissionen von Sachverständigen" einberufen will, die ihr Arbeitsprogramm von der Bund-Länder-Kommission erhalten (vgl. SPIES 1977, S. 167, S. 180).

Das Abkommen über den Deutschen Bildungsrat wurde nicht verlängert. Der „Bericht '75" war daher die letzte Leistung der Bildungskommission, die jedoch ohne größere Wirkung blieb – jedenfalls erfolgte keine Stellungnahme von der KMK oder der Bund-Länder-Kommission. Dieses unrühmliche Versickern der Tätigkeit des Bildungsrats ändert jedoch nichts an seiner erheblichen Einwirkung auf die Reformvorläufe. Der Deutsche Bildungsrat hat den wissenschaftlichen Vorlauf zur Reformtätigkeit einmal gebündelt und zum anderen publizistisch wirksam gemacht und damit erheblich beigetragen zur Ermöglichung und Verwirklichung der Innovationen.

BECKER, H.: Welche Antwort fand die Arbeit des Bildungsrats bei den zuständigen Politikern? In: N. Samml. 15 (1975), S. 486 ff. BECKER, H.: Bildungsforschung und Bildungsplanung, Frankfurt/M. 1971. BUND-LÄNDER-KOMMISSION FÜR BILDUNGSPLANUNG: Informationen über die Bund-Länder-Kommission für Bildungsplanung, Bonn 1976. DEUTSCHER AUSSCHUSS FÜR DAS ERZIEHUNGS- UND BILDUNGSWESEN: Empfehlungen und Gutachten 1953–1965. Gesamtausgabe, Stuttgart 1966. DEUTSCHER BILDUNGSRAT: Zum Lehrermangel in den mathematisch-naturwissenschaftlichen Fächern an den Gymnasien, Stuttgart 1967. DEUTSCHER BILDUNGSRAT: Einrichtung von Schulversuchen mit Ganztagsschulen. Empfehlungen der Bildungskommission, Stuttgart 1968. DEUTSCHER BILDUNGSRAT: Einrichtung von Schulversuchen mit Gesamtschulen. Empfehlungen der Bildungskommission, Stuttgart 1969 a. DEUTSCHER BILDUNGSRAT: Zur Verbesserung der Lehrlingsausbildung. Empfehlungen der Bildungskommission, Stuttgart 1969 b. DEUTSCHER BILDUNGSRAT: Zur Neugestaltung der Abschlüsse im Sekundarschulwesen. Empfehlungen der Bildungskommission, Stuttgart 1969 c. DEUTSCHER BILDUNGSRAT: Strukturplan für das Bildungswesen. Empfehlungen der Bildungskommission, Stuttgart 1970. DEUTSCHER BILDUNGSRAT: Zur Förderung praxisnaher Curriculumentwicklung. Empfehlungen der Bildungskommission, Stuttgart 1973 a. DEUTSCHER BILDUNGSRAT: Zur Reform von Organisation und Verwaltung im Bildungswesen, Teil 1: Verstärkte Selbständigkeit der Schule und Partizipation der Lehrer, Schüler und Eltern. Empfehlungen der Bildungskommission, Stuttgart 1973 b. DEUTSCHER BILDUNGSRAT: Zur Neuordnung der Sekundarstufe II. Empfehlungen der Bildungskommission, Stuttgart 1974 a. DEUTSCHER BILDUNGSRAT: Bericht zu Fragen einer ziel- und programmorientierten Verwaltung im Schulbereich. Bericht der Bildungskommission, Stuttgart 1974 b. DEUTSCHER BILDUNGSRAT: Die Bildungskommission. Bericht '75. Entwicklungen im Bildungswesen, Stuttgart 1975. EDDING, F.: Auf dem Wege zur Bildungsplanung, Braunschweig 1970. HOFFMANN, J.: Bildungsplanung als Versuch und Irrtum. Ein Beispiel für Politikberatung: Der Deutsche Bildungsrat. In: HALLER, H. D./LENZEN, D. (Hg.): Lehrjahre in der Bildungsreform. Resignation oder Rekonstruktion? Jahrbuch für Erziehungswissenschaft 1976, Stuttgart 1976, S. 195 ff. HÜFNER, K./NAUMANN, J.: Konjunkturen der Bildungspolitik in der BRD, 2 Bde., Stuttgart 1977. KMK: Empfehlung der Kultusministerkonferenz an die Ministerpräsidenten der Länder über die Einrichtung eines Bildungsrates (19./20. Oktober 1964), Bonn 1964. KMK: Handbuch für die Kultusministerkonferenz 1969–1970, Bonn 1969. KRINGS, H.: Neues Lernen, München 1972. PICHT, G.: Die deutsche Bildungskatastrophe, Olten/Freiburg 1964. RASCHERT, J.: Gesamtschule – ein gesellschaftliches Experiment, Stuttgart 1974. ROTH, H. G.: 25 Jahre Bildungsreform in der Bundesrepublik, Bad Heilbrunn 1975. SPIES, W. E.: Bildungsplanung in der Bundesrepublik Deutschland, Kastellaun/Saarbrücken 1976. SPIES, W. E.: Wissenschaftlich gelenkte Bildungspolitik? In: HALLER, H. D./LENZEN, D. (Hg.): Wissenschaft im Reformprozeß. Aufklärung oder Alibi? Jahrbuch für Erziehungswissenschaft 1977/78, Stuttgart 1977, S. 167 ff.

Werner E. Spies

Dienst, schulpsychologischer

Geschichte. Als erster Schulpsychologe überhaupt wird C. Burt genannt, der vom London County Council seit 1913 halbtags als Schulpsychologe beschäftigt wurde. Einzelne Beratungsstellen entstanden damals auch in anderen europäischen Städten (Bern, Antwerpen) und in den USA (Chicago). Begünstigt wurde die weitere Entwicklung dann zunehmend von der mit der Industrialisierung gewachsenen allgemeinen Tendenz zur Entwicklung von Beratungsstellen in unterschiedlichen Bereichen des sozialen Lebens und insbesondere in der Wirtschaft (Berufsberatung).

Der Erste Weltkrieg behinderte dann nachfolgend nicht nur diese gesellschaftliche Entwicklung. Erst 1921 wurde H. Lämmermann in Mannheim der erste Schulpsychologe in Deutschland. Aber auch damit setzte keineswegs eine allgemeine Entwicklung schulpsychologischer Beratungsstellen in Deutschland ein. Die Bildungspolitik der Weimarer Republik und auch die Lehrerverbände jener Zeit hatten keine entsprechenden Zielsetzungen. Im Gegensatz zur Entwicklung etwa in den USA verlor die Pädagogik in Deutschland nach dem Ersten Weltkrieg ihre empirische und experimentelle Akzentuierung fast völlig.

Nach 1933 ideologisierte der Nationalsozialismus auch Pädagogik und Psychologie in seiner Weise, so daß für Schulpsychologie kein Bedarf bestand. Demgegenüber vollzog sich in eben dieser Zeit beispielsweise in Dänemark die Etablierung der Schulpsychologie als eine erste von Psychologen professionell ausgeübte Tätigkeit. Man fundierte und erprobte schulpsychologische Arbeitsweisen (H. Meyer ab 1934) und etablierte den Schulpsychologen als einen in Psychologie und Pädagogik zugleich ausgebildeten Spezialisten für Problemfälle des Schullebens. Obschon die nationale Entwicklung der Schulpsychologie in den europäischen Ländern und in den USA unter teilweise unterschiedlichen Benennungen bis zum Ende des Zweiten Weltkrieges erheblich variierte, entstand dennoch eine international übergreifende Gemeinsamkeit der Entwicklung, soweit Schulpsychologie international überhaupt gepflegt wurde. In der UdSSR und anderen sozialistischen Ländern verzichtete man beispielsweise auf den Ausbau der Schulpsychologie als Beratungsinstitution.

Das Einsetzen einer zweiten Phase der Entwicklung der Schulpsychologie ist international an einem erstmals deutlichen Zuwachs an Dienststellen nach dem Ende des Zweiten Weltkrieges abzusehen. Die Hamburger „Schülerhilfe" als erste schulpsychologische Institution nach 1945 in Deutschland ist ein Beispiel für die speziellen Intentionen der Schulpsychologie in jener Zeit. Die „Schülerhilfe" entstand aus einer zuvor vor allem mit schulpolizeilichen Aufgaben beschäftigten Dienststelle und verschrieb sich nachfolgend zunächst vor allem der Hilfe für die vom Elend der Kriegsfolgen getroffene Generation der Schulpflichtigen (vgl. KIRCHOFF/WIESE 1959).

In der Bundesrepublik Deutschland waren 1952 erst 40 Schulpsychologen tätig, 1974 aber schon 422 (vgl. STARK u.a. 1977). 1981 arbeiteten in Berlin (West) beispielsweise schon 74 Psychologen in Schulen. Das Verhältnis von Schulpsychologen zu Schülern als Kennzeichen der Versorgungsdichte entwickelte sich in dieser Ausbauphase generell im Sinne einer besseren Versorgung, variierte regional aber dennoch erheblich. Die schulpsychologischen Dienste in Bremen, Hamburg, Hessen und Berlin wiesen 1975 Relationen um 1:10000 auf, während andere Bundesländer zum Teil noch über 1:50000 lagen. In Berlin verringerte sich das Verhältnis von Schulpsychologen zu Schülern bis 1981 auf 1:5000. In Schweden erreichte man regional Werte unter 1:1000.

Dem Ausmaß in der Unterschiedlichkeit des personellen Ausbaus durchaus vergleichbar sind andere internationale und nationale Variationen, so in der Terminologie (Schulpsychologie, Bildungsberatung), der personellen Besetzung (Psychologen, Psychologen mit Doppelausbildung als Lehrer und Psychologe, Beratungslehrer), der Aufgabenstellung, der institutionellen Struktur und der Arbeitsweise. Zunehmende Unterschiedlichkeiten sind Kennzeichen einer dritten Entwicklungsphase der Schulpsychologie, in der mit dem Zuwachs an personeller Kapazität und

Haushaltsmitteln spezifische Strukturierungen schulpsychologischer Arbeit in ihren institutionellen, organisatorischen, methodischen, sozialen und gesellschaftlichen Aspekten ermöglicht und auch realisiert wurden.

Funktion. Bei aller Unterschiedlichkeit sind aber durch das gemeinsame Grundkonzept der Hilfeleistung für Schulen auch gemeinsame funktionale Grundstrukturen schulpsychologischer Arbeit entstanden. Die Schulpsychologie ist von jeder anderen bislang etablierten Beziehung zwischen Psychologie und Schule vor allem dadurch unterschieden, daß die Institutionen der Schulpsychologie dauerhaft auf das jeweils aktuelle ganze schulische Leben in einem gesellschaftlichen Feld bezogen sind. Aus diesem traditionellen Selbstverständnis der Schulpsychologie folgen allgemeine Bedingungen für jede schulpsychologische Arbeit: Die schulpsychologische Institution muß jeweils so placiert sein, daß sie Arbeitsanlässe identifizieren kann. Dazu sollte sie erstens den Ist-Zustand schulischen Lebens empirisch einwandfrei fassen und in seinen ursächlichen Abhängigkeiten und seinen Folgewirkungen zutreffend analysieren, zweitens den jeweiligen Soll-Zustand als Ziel pädagogischer Arbeit feststellen und auf Setzungen Einfluß nehmen. Die schulpsychologische Institution soll also zur Verringerung von Differenzen zwischen Ist- und Soll-Zuständen beitragen und ihre Hilfeleistung problemgerecht, handlungsrelevant und wirksam an Pädagogen, Schüler, Eltern und Öffentlichkeit vermitteln. Darüber hinaus muß die Schulpsychologie sich selbst in ihren Funktionen für die Schulen und das Gemeinwesen ihres Tätigkeitsbereiches erfassen, reflektieren und gegebenenfalls auch revidieren.

Organisationsform. In der Bundesrepublik und in Berlin (West) sind alle schulpsychologisch arbeitenden Institutionen öffentlich betriebene Einrichtungen des Schulwesens. Als solche sind sie in das übliche Verwaltungsschema einbezogen und in ihrer Tätigkeit rechtlich gebunden. Ihre Rechtsgrundlagen variieren in der Bundesrepublik, wegen der Kulturhoheit der Länder, mit dem jeweiligen Bundesland und haben nur insoweit Gemeinsamkeiten, wie sie von der Ständigen Konferenz der Kultusminister der Länder in der Bundesrepublik Deutschland (KMK) bindend vereinbart sind. In allen Bundesländern wird der Arbeitsrahmen der Schulpsychologie durch Dienstvorschriften gegeben, die jeweils als Maximalkatalog schulpsychologischer Tätigkeit zu verstehen sind. Innerhalb solcher Vorschriften arbeiten die einzelnen Stellen aber in sehr unterschiedlichen Positionen: von relativer Autonomie im Erkennen und Aufnehmen spezifischer Arbeitsanlässe bis hin zur engen Bindung an spezielle und fortlaufend eingehende Arbeitsaufträge der Kultusbehörden. Neben gesellschaftlichen Definitionen, mit denen auf die offene Kooperation zwischen Schulpsychologie und Schule gesetzt wird, finden sich also auch andere, nach denen die Beratungsstellen eher als Organe einer bildungspolitischen Zentrale tätig sein sollen. In der Bildungsberatung in Baden-Württemberg und in der hessischen Schulpsychologie arbeiteten Schulpsychologen verstärkt an der Fundierung und Realisierung bildungspolitischer Aufgaben mit (um 1970 beispielsweise Lenkung von Schülerströmen, Mobilisierung von Bildungsreserven, Evaluierung von pädagogischen Maßnahmen). In Berlin entwickelte man dagegen überwiegend das Prinzip der autonomen Einstellung der Beratungsstellen auf die Problemlage in ihrem lokalen Arbeitsbereich. Die Kooperation autonomer Beratungsstellen organisiert sich dabei vorzugsweise durch identische Problemlagen und damit von der Basis des Systems ausgehend. Die funktionale Position der Schulpsychologie innerhalb des Gemeinwesens, für das sie arbeitet, ist wiederholt Gegenstand von Untersuchungen und Ansatz der Theoriebildung gewesen (vgl. ARNHOLD 1977, BACH 1972, HELLER 1975/1976, HEYSE u. a. 1978, INGENKAMP 1966, ROEBER u. a. 1974, STARK u. a. 1977). Eine regelkreisartige Integration der Schulpsychologie in das Gemeindeleben als einer Institution, die Schulprobleme im Gemeinwesen aufspürt und erforscht, Maßnahmen zu deren Behebung wie zur Prävention initiiert und weiterhin in Kooperation mit Repräsentanten aller Beteiligten hilft, die weitere Entwicklung im Schulbereich zu steuern, wurde ansatzweise bislang vor allem in großstädtischen Beratungsstellen realisiert. Die gesellschaftliche Definition der Schulpsychologie wirkt sich nicht zuletzt auch auf die Zuweisung von Mitteln aus den öffentlichen Haushalten aus und bestimmt so die institutionelle und personelle Kapazität der Schulpsychologie. International sind auch deutliche Beziehungen zwischen dem Bruttosozialprodukt eines Landes und den Kapazitäten der schulpsychologischen Dienste nachzuweisen, aber sie sind keinesfalls die alleinigen Determinanten für den jeweiligen Entwicklungsstand der Schulpsychologie. In der Bundesrepublik und in Berlin ist die vorherrschende Organisationsform das regional strukturierte Netz von Beratungsstellen. Strukturelle Unterscheidungskriterien sind der Grad der Zentriertheit der Versorgungsnetze und die Ausdifferenzierung der Kontaktstellen zum Arbeitsfeld. Höhere Zahlen von Kontaktstellen verkürzen die Wege zwischen Institutionen und Klientel und erhöhen Interaktionsmöglichkeiten und Informationsfluß. Ein favorisiertes Verzweigungsmuster ist das hierarchisierter Außenstellen, wobei sich im Idealfall auch an jeder Schule eine Außenstelle befindet. Hierarchisch ist dieses Modell in der Aufgabendefinition, der personellen Besetzung (deren Frequenz mit der Annäherung an die Basis abnimmt) und in der psychologischen Fachkompetenz. Während in der Zentrale vor allem Schulpsychologen tätig sind, nimmt die Zahl der schulpsychologischen Lehrer (Beratungslehrer) mit der Annäherung an die Schulen zu. Häufig verhindert aber der Personalmangel den Aufbau leistungsfähiger Versorgungsnetze, so daß ein Mißverhältnis von geringer Kapazität und hohem Bedarf in der Bundesrepublik noch immer die Regel ist. Ein bislang ebenfalls nicht bewältigtes Problem ist die Koordination der Tätigkeit parallel arbeitender Beratungsdienste. Beispielsweise werden häufig Schulpsychologie und Familienberatungsstellen ohne gemeinsame Beratungsstrategien nebeneinander tätig, nicht selten sogar ohne institutionalisierte Arbeitskontakte.

Arbeitsanlässe und -schwerpunkte. Die jeweilige gesellschaftliche Definition der Schulpsychologie determiniert direkt oder indirekt auch die spezielleren Arbeitsbedingungen der Beratungsstellen. Die Feststellung von schulpsychologischen Arbeitsanlässen geht so in der Bundesrepublik in der Regel keineswegs auf eine institutionell autonome schulpsychologische Analyse der Ist- und Sollwerte schulischen Lebens zurück. Die sozialen Setzungen haben bisher im Gegenteil bundesweit das System der Meldung von Beratungsfällen an die Schulpsychologie als bevorzugte Verfahrensweise zur Feststellung von Arbeitsanlässen bestehen lassen. Dieses System bietet keine Gewähr für das Erfassen aller schulpsychologisch relevanten Problemfälle. Viel wahrscheinlicher ist, daß jeweils nur eine Teilmenge an Problemfällen bekannt wird. Eine andere (und zumeist die größere) wird aus unterschiedlichen Gründen nicht erfaßt. Schüler als Selbstmelder treten unterrepräsentiert auf. Zumeist überwiegen Lehrer als Anmelder von Schülern oder als Veranlasser von Elternmeldungen. Einer Verfälschung der Problemverteilung kann da entgegengewirkt werden, wo Schulpsychologen sich als Erforscher der lokalen Schulwirklichkeit betätigen. Nicht selten aber stehen dem Interessengruppen ablehnend gegenüber, zu denen durchaus auch Lehrer oder einzelne Lehrerverbände gehören, die vielleicht eine zusätzliche Schulaufsicht durch die Schulpsychologie befürchten, oder aber auch Elterngruppen intervenieren. Die dadurch reduzierten Möglichkeiten der Problemerfassung führen nicht selten zu einer Einseitigkeit der ursächlichen Analysen und zur einseitigen Ansetzung von Interventionen. Grundsätzlich gilt, daß mit der Verbesserung der Problemerfassung auch eine Verbesserung der schulpsychologischen Arbeit insgesamt möglich wird. Aus solchen Zusammenhängen ist abzusehen, daß die institutionelle Einpassung in das soziale und nicht allein schulische Arbeitsfeld eine der schulpsychologischen Hauptaufgaben ist.

Die Dienstleistungen der Schulpsychologie für die Schule sind in solche zu unterscheiden, die vorwiegend Hilfe zur Selbsthilfe geben und damit die Schule verbessern helfen, und in jene, die Probleme stellvertretend für die Schule lösen und damit schulische Maßnahmen ergänzen oder ersetzen. Beide Arten von Leistungen sind notwendig. Insgesamt ist in der Schulpsychologie ein permanenter Trend zur Erweiterung des Leistungsangebotes festzustellen. Dieser resultiert sowohl aus allgemeinen Fortschritten in der Psychologie als auch speziell aus der Entwicklung der Schulpsychologie selbst. Arbeitsschwerpunkte sind die Einzelfallhilfe (beispielsweise bei individuellen Verhaltensproblemen), die gruppenspezifische Hilfe (beispielsweise Maßnahmen gegen interindividuell gehäuft auftretende Problemfälle) und beides sowohl für Schüler als auch für Lehrer und Eltern. Weitere Schwerpunkte sind die Hilfe für Institutionen (Schulen, Lehrerkollegien, Lehrerausbildung, Fort- und Weiterbildung, Elterngremien, Schulverwaltung) und die Systemberatung (beispielsweise durch Mithilfe bei der Lösung kommunaler Gemeinschaftsaufgaben oder aber durch Dienstleistungen für die Bildungspolitik). Bundesweit dominierte auch noch 1980 die Einzelfallhilfe.

Die Definition der Schulpsychologie als Dienstleistungsinstitution für die Schule legt allgemein nahe, Schulpsychologie vorzugsweise in Notfällen zu benutzen. Damit entsteht die Gefahr, daß die Behebung von Notfällen Vorrang gewinnt vor dem Konzept der Vorsorge gegenüber dem erneuten Auftreten identischer Probleme. Die Notwendigkeit präventiver Arbeit ist in der Schulpsychologie unumstritten. Sie hat bisher aber einen extrem niedrigen Anteil an der gesamten Tätigkeit. Wie in der Schule selbst, werden auch in der Schulpsychologie bei auftretenden Kapazitätsschwierigkeiten zuerst jene Aufgaben zurückgestellt, die aktuell weniger dringlich scheinen – und die Prävention wird für eine solche gehalten. Bereits mittelfristig ist aber das Zurückstellen präventiver Maßnahmen unökonomisch. Der paradoxe Zustand, daß kapazitätsverschlingende Hilfe in Problemfällen eine ansonsten mögliche Problemreduzierung durch Ursachenaufhebung behindert und künftig deshalb wieder neue Kapazitäten für auftretende Probleme bereitzustellen sind, bewirkt eine systematische Hilflosigkeit der schulpsychologischen Helfer. Ähnliches gilt für den Bereich der Wirkungskontrolle schulpsychologischer Tätigkeit. Sie gehört zu den Arbeitsbereichen, die unter Auftragsdruck eher zurückgestellt werden als andere. Der permanente Auftragsdruck führt schließlich zur ständigen Zurückstellung dieser Aufgabe. Die Gefahr, daß unwirksame Verfahrensweisen beibehalten werden, erhöht sich aber unter solchen Umständen.

Ausblick. Aus den vielfältigen Folgewirkungen der gesellschaftlichen Definition der Schulpsychologie ist insgesamt abzusehen, daß bestehende Arbeitsprobleme der schulpsychologischen Institutionen nicht durch fachpsychologische Fortschritte allein zu bewältigen sind. Auch Gemeinden und Länder müssen schulpsychologische Institutionen wirksam in das kommunale und regionale gesellschaftliche Leben einbeziehen. Die bloße Existenz eines schulpsychologischen Dienstes sichert eben noch nicht dessen Wirksamkeit. Zu einer gesellschaftlichen Integration können die Schulpsychologen aber auch selbst beitragen, indem sie deutlich machen, welchen Nutzen die Öffentlichkeit von Schulpsychologie unter welchen Bedingungen haben kann. In der Bundesrepublik und in Berlin war die Sektion Schulpsychologie im Berufsverband Deutscher Psychologen auch 1984 die größte schulpsychologische Fachvertretung. Sie hat ihre gesellschaftliche Funktion in den Jahren ihres bisherigen Bestehens nur mit wechselhaftem Erfolg wahrnehmen können. An der bisherigen Entwicklung der deutschen Schulpsychologie ist aber abzusehen, daß immer weitaus höhere Defizite in der gesellschaftlichen Realisierung als in der Entwicklung fachlicher Möglichkeiten bestanden.

ARNHOLD, W. (Hg.): Texte der Schulpsychologie und Bildungsberatung, Bd. 2, Braunschweig 1977. BACH, W. (Hg.): Der Auftrag der Schulpsychologie für die Schule von morgen, Weinheim/Basel 1972. HELLER, K. (Hg.): Handbuch der Bildungsberatung, 3 Bde., Stuttgart 1975/1976. HERBART, J. F.: Allgemeine Pädagogik aus dem Zwecke der Erziehung abgeleitet (1806). Sämtliche Werke, hg. v. K. Kehrbach/O. Flügel, Bd. 2, Langensalza 1887, S. 1 ff. HERBART, J. F.: Psychologie als Wissenschaft neu gegründet auf Erfahrung, Metaphysik und Mathematik (1824/1825). Sämtliche Werke, hg. v. K. Kehrbach/O. Flügel, Bd. 5, Langensalza 1890, S. 177 ff., Bd. 6, Langensalza 1892, S. 1 ff. HEYSE, H. u. a. (Hg.): Texte zur Schulpsychologie und Bildungsberatung, Bd. 3, Braunschweig 1978. INGENKAMP, K.: Die schulpsychologischen Dienste in der Bundesrepublik Deutschland, Weinheim/Berlin 1966. KIRCHOFF, W./ WIESE, H.: Schulpsychologie und Schuljugendberatung. In: HETZER, H. (Hg.): Handbuch der Psychologie, Bd. 10, Göttingen 1959, S. 484 ff. MEUMANN, E.: Entstehung und Ziele der experimentellen Pädagogik. In: D. Dt. S. 5 (1901), S. 223 ff. ROEBER, E. C. u. a.: Schulische Beratungsdienste, Aufbau und Verwaltung, Freiburg 1974. STARK, G. u. a. (Hg.): Beraten in der Schule, Braunschweig 1977.

Erich Perlwitz

Elternarbeit

Begriff. In der erziehungswissenschaftlichen Diskussion sowie der pädagogischen und bildungspolitischen Praxis wird der Begriff „Elternarbeit" in sehr heterogenen Kontexten verwendet und auf unterschiedliche Zielvorstellungen oder Konzeptualisierungsversuche bezogen. Im folgenden sollen unter Elternarbeit all diejenigen Aktivitäten und Initiativen von und mit Eltern gefaßt werden, die in erster Linie auf eine Aktivierung von Elterninteressen und auf Prozesse der Selbstorganisation abzielen. Es geht dabei um Reflexions- und Handlungsstrategien, die an Alltagserfahrungen und vorhandenen Kompetenzen ansetzen und eine grundlegende Veränderung des Verhältnisses von betroffenen Eltern oder interessierter Öffentlichkeit gegenüber Institutionen im Bildungs- und Sozialbereich intendieren.

Elternarbeit grenzt sich damit ab von traditioneller *Elternbildung,* die – in erster Linie von Familienbildungsstätten, Volkshochschulen, kirchlichen Organisationen und anderen freien Trägern veranstaltet – von den Defiziten elterlicher Sozialisationsleistung ausgeht und diese entweder durch praktische, hauswirtschaftlich-pflegerische oder kognitive Informationsvermittlung abzubauen versucht. Damit wird die Elternrolle verschult und professionalisiert. Gleichzeitig werden die Eltern als Laien in Erziehungsfragen behandelt. Während es bei Elternbildung um die Einflußnahme außerschulischer Institutionen auf Eltern als einzelne geht, bezieht sich Elternarbeit in der Regel auf die gesamte Elternschaft spezifischer Kinder- oder Schülergruppen (Kindergarten, Hort, Schulklasse, Jugendgruppe). Elternarbeit in diesem Sinne liegt quer zur *institutionalisierten Partizipation,* die im Zuge der gesellschaftspolitischen Reformdiskussion der 60er Jahre durch neu verabschiedete Verordnungen und Gesetze Fragen einer verstärkten Elternmitwirkung in Bildungsinstitutionen teilweise erstmalig rechtlich abgesichert hat. Elternarbeit, die sich um eine neu strukturierte Beziehung zwischen Elternhaus und Schule bemüht, muß aus folgenden Gründen in mehrfacher Hinsicht über eine bloß formale Nutzung geregelter Beteiligungsrechte hinausgehen: Erstens besteht eine erhebliche Distanz zwischen dem inhaltlichen Diskussionsstand (vgl. DEUTSCHER BILDUNGSRAT 1973) und der Verwirklichung von Partizipationsrechten, so daß deren Wahrnehmung eher der Legitimation staatlicher Maßnahmen als der substantiellen Einflußnahme von Eltern dient. Zweitens impliziert Elternarbeit eine strukturelle Veränderung informeller Kommunikationsstrukturen zwischen Lehrern, Eltern und Schülern und läßt sich deshalb nicht auf gegenwärtige Formen der Mitwirkung reduzieren. Drittens stößt die Inanspruchnahme vorhandener Partizipationsmöglichkeiten bereits dort an ihre Grenze, wo umfassende Informationen über Funktionen der Mitbestimmungsorgane und Abläufe der Entscheidungsprozesse fehlen. Weder sind Lehrer, Erzieher und Sozialarbeiter auf Prinzipien der Partizipationsverfahren hinreichend vorbereitet, noch verfügen Eltern in der Regel über die notwendigen Erfahrungen. Hinzu kommt, daß die vorgesehenen Beteiligungsformen Eltern mit vergleichsweise hohem sozialen Status begünstigen, die die zentrale Bedeutung der Schule als Institution zur Verteilung von Lebenschancen zu nutzen wissen.

Forschungsstand. In der Erziehungswissenschaft hat die Elternarbeit bislang kaum eine Rolle gespielt. Weder wurden zukünftige Lehrer, Erzieher und Sozialarbeiter im Rahmen ihrer Ausbildung mit diesem Thema konfrontiert, noch hat sich die sozialwissenschaftliche Forschung in nennenswertem Umfang mit den entsprechenden - quer zur traditionellen Wissenschaftssystematik liegenden – Fragestellungen beschäftigt. In der vorliegenden Literatur dominieren *pragmatische Modelle,* die sich vornehmlich am Entwurf einer kurz- oder mittelfristig angelegten Handlungsstrategie auf der Basis formalisierter Mitwirkungsmöglichkeiten orientieren und dabei ein eng begrenztes Konzept von Elternarbeit zugrunde legen (vgl. HEIM 1977, HUPPERTZ 1979, KECK 1979, KNERR 1978). Diese Ansätze weisen die Initiative zur Aktivierung von Eltern übereinstimmend professionalisierten Vertretern des Bildungswesens zu. Potentielle Interessengegensätze zwischen Eltern und Institutionen bleiben ausgeklammert, und der gesellschaftliche Bedingungsrahmen von Elternarbeit, etwa die Funktion familialer Sozialisation oder staatlicher Bildungseinrichtungen, wird kaum reflektiert.

Von diesen Konzepten unterscheiden sich Versuche, den *gesellschaftspolitischen Stellenwert* von Elternarbeit zu thematisieren (vgl. DU BOIS-REYMOND 1977, BÜCHNER 1976, BRÜHL/FLESSNER 1975, ZUBKE 1980). Im Vordergrund dieser Arbeiten steht die Reflexion der Begründungszusammenhänge von Elternarbeit, die Analyse staatlicher Intentionen bei der Gewährung von Beteiligungsrechten sowie die Frage, wie insbesondere Eltern aus unteren Sozialschichten befähigt werden können, ihre Interessen selbstbewußt zu artikulieren und politisch durchzusetzen.

Dem weitgehend unbefriedigenden Stand der Theorieentwicklung entspricht der Mangel an fundierten *empirischen Analysen.* Vorliegende Forschungsergebnisse beschränken sich auf die Auswertung von Einzelaspekten (vgl. ANGSTMANN 1978, DU BOIS-REYMOND 1977, BRÜHL/KNAKE 1978, KOB 1963, MAYR-KLEFFEL 1977, PROJEKTGRUPPE ELTERNARBEIT 1978). Eine methodisch hinreichende Erfassung der Komplexität von Elternarbeit muß noch klar als Forschungsdesiderat angesehen werden.

Geschichte und theoretische Begründung. Die historische Genese von Elternarbeit verweist auf den Prozeß zunehmender Vergesellschaftung der Erziehung und damit einhergehender Institutionalisierung des Bildungswesens. Je weiter die Separierung privater und öffentlicher Erziehung fortschreitet, desto schärfer stellt sich die Notwendigkeit von Elternarbeit, um die aus der unterschiedlichen gesellschaftlichen Verfaßtheit von Erziehungsvorgängen resultierenden Interessenkonflikte und Widersprüche zu reduzieren. Im Zuge der liberalen preußischen Reformbewegung zu Beginn des 19. Jahrhunderts, des politischen Vormärz und der Revolution von 1848 entwickelten Lehrerverbände (vgl. BESCHLÜSSE DER 1. VERSAMMLUNG DES ALLGEMEINEN DEUTSCHEN LEHRERVEREINS IN EISENACH VOM 29.–30. 9. 1848, 1973) und Vertreter des liberalen Beamtentums, wie etwa Süvern (vgl. THIELE 1913), Vorschläge zur Verankerung der Schule in der lokalen Gemeindeverwaltung unter repräsentativer Beteiligung von Lehrern und Bürgern. Die direkte Forderung nach demokratischer Beteiligung von Elternvertretern in allen Teilen der Schulverwaltung wurde aber erst zu Beginn des 20. Jahrhunderts von der Sozialdemokratie erhoben (vgl. MILBERG 1970). Dies geschah programmatisch durch die Forderung nach Bildung von Schulgemeinden, die, aus allen erwachsenen Bewohnern des Ortes bestehend, Rechte und Pflichten zur Regelung der inneren und äußeren Angelegenheiten der Schule übernehmen sollten (vgl. SCHULZ 1911). Zur Vorbereitung der Eltern auf eine intensive Mitarbeit bei Schulangelegenheiten entstanden einzelne Elterngemeinschaften (vgl. MILBERG 1970, S. 60 f.).

In Anlehnung an die Arbeiter- und Soldatenräte bildeten sich nach 1918 – lokal und zeitlich begrenzt – Elternräte beziehungsweise Elterninitiativen zur Durchsetzung schulpolitischer Forderungen, bevor in einzelnen Ländern von seiten der staatlichen Administration die Institutionalisierung von Elternbeiräten folgte (vgl. WAGNER-WINTERHAGER 1979, S. 74 ff.). Angesichts der Stabilisierung der politischen Verhältnisse in der Weimarer Republik und des Sieges konservativ-religiöser Elterngruppen bei den preußischen Elternbeiratswahlen von 1922 verlor die Elternbewegung rasch an Brisanz, zumal der Schulfrage in der Arbeiterschaft angesichts der materiellen und allgemeinpolitischen Probleme nur nachrangige Bedeutung zugemessen wurde.

Nach 1945 griffen verschiedene politische Gruppierungen für kurze Zeit – bis zur Wiederherstellung des Bildungssystems im Sinne der Regelungen der Weimarer Republik – die Vorstellung auf, eine demokratische Bildungsreform sei nur unter weitgehender Beteiligung der Eltern zu verwirklichen (vgl. KNILLI 1976, S. 548 f.). Erneut artikulierte sich Elterninteresse dann erst im Zuge der Bildungsreformdebatte der 60er Jahre mit verstärkten Forderungen nach pädagogischer und politischer Partizipation beziehungsweise Selbstorganisation.

Modelle und Praxis. Seit Beginn der 60er Jahre sind in der Bundesrepublik Deutschland zahlreiche Elterninitiativen und -projekte entstanden, die sich um soziale Kommunikation und Kooperation bemühen, um Ansätze eigenständiger, von Bürokratie weitgehend unabhängiger Problemlösung, um das Aufbrechen verhärteter institutioneller Strukturen und um die Stärkung von Eigenverantwortlichkeit. Ziel dieser Aktivitäten ist die Sensibilisierung und Politisierung der Öffentlichkeit für Mißstände und Ungerechtigkeiten im Bildungswesen und der Infrastruktur sowie das Bemühen um deren Veränderung.

Als erste versuchten „antiautoritäre" Eltern ihre alternativen Erziehungsvorstellungen in Kinderläden zu erproben. Außerdem entstanden eine Reihe reformorientierter, schulbezogener Initiativen, die sich gegen die Verschlechterung der Lern- und Unterrichtsbedingungen sowie die Verschärfung des Konkurrenz- und Auslesedrucks in den Schulen wandten. Sie strebten mit Forderungen nach kleinen Klassen, Einstellung aller Lehrer und der Einrichtung von Gesamtschulen die Mobilisierung einer breiten Elternschaft an (vgl. DOORMANN 1976a).

Parallel dazu wurden verschiedene Schulversuche ins Leben gerufen, die eine veränderte Beziehung zwischen Eltern und Schule implizieren. Hierzu zählen zunächst Modelle, die aus der unmittelbaren Initiative betroffener Eltern in Zusammenarbeit mit Pädagogen und Sozialarbeitern hervorgingen, so beispielsweise das Projekt „Freie Schule Frankfurt" oder die Glocksee-Schule in Hannover, die beide als Folge und Konsequenz der Bürgerinitiative „Verändert die Schule jetzt", des Arbeitskreises „Offene Grundschule" und des Rödelheimer Grundschulmodells anzusehen sind (vgl. NAGEL/SEIFERT 1977). Die Begründer der „Freien Schule Frankfurt" nennen als ein Hauptmotiv und Ziel den Versuch, eine stadtteilbezogene, in der Lebenswelt der Jugendlichen verankerte, politisch-sozial engagierte Arbeit zu leisten, in der nicht nur die Lernbedürfnisse und -schwierigkeiten der Kinder, sondern auch gesellschaftliche Probleme der Eltern (beispielsweise Wohn- und Verkehrsverhältnisse) zum Gegenstand von Elternarbeit werden (vgl. NAGEL/SEIFERT 1977, S. 75 ff.). Auch in der Glocksee-Schule haben Eltern nicht nur wesentlich zur Entstehung dieses Schulversuchs beigetragen, sie partizipieren auch am Schulalltag, etwa durch den „Rat der Schule", das zentrale Selbstverwaltungsorgan, 14tägige Elternabende, gemeinsame Aktivitäten mit Schülern und Lehrern, Eltern-Kinder-Abende und Wochenendseminare (vgl. VAN DICK 1979, S. 202).

Auch einzelne Gesamtschulen bemühen

sich auf dem Hintergrund negativer Erfahrungen mit traditioneller Elternmitarbeit (geringe Beteiligung, Distanz zur Schule, Elternabend als Belehrung oder Angelegenheit einzelner Eingeweihter) um eine intensivere Einbeziehung von Eltern in das Schulleben, beispielsweise durch die informelle Zusammenarbeit mit Elterntischgruppen (vgl. JUDITH/ SCHNUIT 1979). In ähnliche Richtung zielen Versuche, Eltern an der inhaltlichen und pädagogischen Arbeit im Unterricht als „Laienpädagogen" zu beteiligen.

Während die exemplarisch angeführten Modelle der Elternarbeit in der Bundesrepublik relativ vereinzelt dastehen, sind vergleichbare Ansätze in anderen europäischen Ländern konzeptionell differenzierter entwickelt und weiter verbreitet. In den USA, England und Dänemark haben Eltern schon durch die Tatsache, daß die Schulhoheit Sache der Lokalverwaltung ist, größeren Einfluß auf die Gestaltung des Schullebens. Darüber hinaus hat das von Elterninteressen stark mitgeprägte Privatschulwesen in diesen Ländern eine feste Tradition. In den USA befindet sich zudem das Verhältnis von Eltern zu Bildungsinstitutionen in Folge der allgemeinen Schulkritik und im Zusammenhang mit der Free-school-Bewegung (vgl. DENNISON 1971, KOZOL 1973) im Umbruch. Dort wie auch in England werden weitreichende Elternarbeitskonzepte außerdem insbesondere im Rahmen der Programme zur „Community Education" (vgl. HÖHN 1983) erprobt. Ausgangspunkt dieser Aktivitäten sind Selbsthilfebedürfnisse, die sich aus den defizitären Wohn- und Lebensumständen der vorrangig angesprochenen Zielgruppen (sozial Benachteiligte, ethnische Minderheiten, Einwanderer) ergeben. Der Anspruch besteht darin, gleichzeitig oder aufeinander bezogen die pädagogischen, sozialen und politischen Kompetenzen der Eltern zu erweitern und in soziale Aktionen umzusetzen. Schule wird so einerseits zum Gemeinwesenzentrum, Elternarbeit ist andererseits eingebunden in ein Netz stadtteilbezogener Beratungsangebote (vgl. MIDWINTER 1973, SPREY 1978). Eine vergleichbare Rolle spielt die Beziehung zwischen Eltern, (Vor-)Schule und Wohnumwelt seit Beginn der 70er Jahre im Rahmen der niederländischen Bildungs- und Sozialpolitik (vgl. HÜLSTER 1978).

Erfahrungen und Probleme. Elternarbeit bietet den Beteiligten die Chance zu komplexen Lernprozessen, die in wesentlichen Momenten über die Möglichkeiten institutionalisierter Elternmitwirkung hinausgehen können. Aktive Eltern entwickeln häufig ein anderes Verhältnis zu ihren Kindern, gewinnen Kompetenzen wie Entscheidungsfähigkeit und Selbstbewußtsein gegenüber Institutionen, schätzen den gesellschaftlichen Charakter ihrer Erziehungsfunktion angemessener ein (vgl. PROJEKTGRUPPE ELTERNARBEIT 1978) und können ein Gegengewicht zur Tendenz zunehmender Verschulung und einseitiger Verwissenschaftlichung des gesamten Sozialisationsprozesses darstellen. Dennoch fällt die Bilanz reformorientierter Elternarbeit in der Bundesrepublik unter verschiedenen Gesichtspunkten nicht nur positiv aus. So divergieren die aktiven Elterngruppen im Hinblick auf ihre konzeptionellen und politischen Zielvorstellungen, die sozio-ökonomischen Merkmale ihres jeweiligen Wirkungsfeldes, ihre Zielgruppen sowie ihre eigene Motivationsstruktur. DOORMANN (vgl. 1976b) begründet das vielfache Scheitern sozialreformerischer Elterninitiativen damit, daß fortschrittliche Elternaktivitäten in der Schule zwangsläufig an institutionell vorgegebene Grenzen stoßen, Gewerkschaften die bildungspolitischen Fragen nur unzureichend aufgegriffen haben und die Wirtschafts- und Konjunkturabhängigkeit von Bildungsinvestitionen durch Reformansprüche nicht aufzuheben ist.

Daneben bringt Elternarbeit eine Reihe immanenter Schwierigkeiten mit sich, zu denen neben eher technisch-organisatorischen und finanziellen Problemen die hohe Zeitbelastung und der große Handlungsdruck für die Aktiven gehören (vgl. PROJEKTGRUPPE ELTERNARBEIT 1978). Diese Bedingungen beeinträchtigen nicht nur die Möglichkeiten zur Reflexion der eigenen Praxis, sondern enthalten auch erhebliche resignationsfördernde Momente. Auch in der reformorientierten Elternarbeit gehen die Impulse häufig überwiegend von professionellen Erziehern aus, und es ist bislang nicht im angestrebten Maße gelungen, gerade Arbeitereltern in die aktive Arbeit einzubeziehen. Folglich sind Formen der Selbstorganisation ohne Hierarchisierung und der gleichberechtigten Entscheidungsfindung eher als Zielperspektive denn als Realität bestehender Elternarbeit zu beschreiben.

Perspektiven. Als allgemeines Ziel von Elternarbeit läßt sich die gemeinsame Interessenartikulation von Erziehungsberechtigten und die Durchsetzung einer veränderten Kooperations- und Entscheidungsstruktur zwischen Eltern, Lehrern und Schülern festhalten. Dabei kann nicht voraussetzungslos von einer völligen Übereinstimmung der Interessen privater und öffentlicher Sozialisationsinstanzen ausgegangen werden. Dennoch gilt als Perspektive reformorientierter Elternaktivitäten ein Ausgleich der Differenzen und Widersprüche zwischen den unterschiedlich organisierten Bereichen von Erziehung, der sich – an den Bedürfnissen der Kinder orientiert – unter permanenter Einbeziehung aller am Sozialisationsprozeß Beteiligten vollziehen soll. Diese Absicht erfordert eine situations- und problemorientierte Vorgehensweise, die an den Lebens- und Erfahrungszusammenhang anknüpft und eine Beschränkung von Elternmitarbeit auf die, im wesentlichen formal-organisatorischen, Randbereiche überwindet. Erst die Öffnung der Lernorte, eine stärkere pädagogische und sozialpolitische Verbindung zwischen traditionellen Bildungseinrichtungen und Gemeinwesen, schafft die Voraussetzung für eine neue Beziehungsstruktur zwischen Eltern und Schule. Ein solcher Ansatz müßte mittelfristig eingebunden werden in eine umfassende, gemeinwesenorientierte Strategie, die Bildungs- und Kommunalpolitik sowie Stadtentwicklungs- und Regionalplanung integriert und Schule zu einem multifunktionalen Stadtteilzentrum werden läßt.

Voraussetzung einer solchen basis- und wohnbereichsnahen Elternarbeit ist eine veränderte Bildungs- und Sozialpolitik, die Eltern mit ihren Problemen und Interessen substantiell in den Reformprozeß einbezieht. Nur dann kann erwartet werden, daß Eltern sich darauf einlassen, die schulischen Lernprozesse ihrer Kinder aktiv mitzugestalten. Als weitere Vorbedingung ist ein Abbau der einseitigen Ausrichtung auf das Leistungsprinzip erforderlich. Wenn Schule als der gesellschaftliche Bereich beschrieben werden kann, in dem die Orientierung am Leistungsbegriff am deutlichsten durchschlägt, dann ist es nicht den Eltern anzulasten, daß sie sich primär an diesem Aspekt orientieren und kaum ein weiterreichendes Interesse an dieser Institution zu entwickeln vermögen.

Die international deutliche, in der Bundesrepublik jedoch erst in Ansätzen sichtbare Suche nach Möglichkeiten zur Reduktion der Trennung von schulischem Lernen und sozialen Handlungsfeldern gewinnt angesichts des seit den 70er Jahren gestiegenen Unbehagens an der Institution Schule sowie der Sensibilisierung für das soziale Klima und die Lebensqualität von Wohnbezirken an Aktualität und könnte einer umfassenden Elternarbeitskonzeption neue Realisierungschancen eröffnen.

ANGSTMANN, A.: Elternarbeit im Vorschulbereich und ihre Erneuerung als gemeinwesenorientierte Erwachsenenbildung, Frankfurt/Bern/Las Vegas 1978. BESCHLÜSSE DER 1. VERSAMMLUNG DES ALLGEMEINEN DEUTSCHEN LEHRERVEREINS IN EISENACH VOM 29.–30.9. 1848. In: MICHAEL, B./SCHEPP, H.-H.: Politik und Schule von der französischen Revolution bis zur Gegenwart, Bd. 1, Frankfurt/M. 1973, S. 384 ff. BOIS-REYMOND, M. DU: Verkehrsformen zwischen Elternhaus und Schule, Frankfurt/M. 1977. BRÜHL, D./FLESSNER, H.: Arbeiterinteressen in der Hauptschule. In: Dem. E. 1 (1975), 1, S. 35 ff. BRÜHL, D./KNAKE, H.: Eltern und Schule, Oldenburg 1978. BÜCHNER, P.: Schulreform durch Bürgerinitiative. Möglichkeit und Grenzen von Gesamtschulversuchen, München 1972. BÜCHNER, P. (Hg.): Die Eltern und die Schule, München 1976. DENNISON, G.: Lernen und Freiheit, Frankfurt/M. 1971. DEUTSCHER BILDUNGSRAT: Zur Reform von Organisation und Verwaltung im Bildungswesen, Teil 1: Verstärkte Selbständigkeit der Schule und Partizipation der Lehrer, Schüler und Eltern. Empfehlungen der Bildungskommission, Stuttgart 1973. DICK, L. van: Alternativschulen. Informationen – Probleme – Erfahrungen, Reinbek 1979. DOORMANN, L.: Verändert die Schule jetzt, Weinheim 1976a. DOORMANN, L.: Elterninitiative oder „freie Schule"? In: Dem. E. 2 (1976), S. 541 ff. (1976b). HEIM, D.: Lehrer begegnen Eltern, München 1977. HÖHN, K.-R.: Community-Education. In: Enzyklopädie Erziehungswissenschaft, Bd. 8, Stuttgart 1983, S. 410 ff. HÜLSTER, M.: Wohnviertelbezogene Elternmitwirkung in niederländischen Vor- und Grundschulen. In: SPREY, TH. (Hg.): Praxis der Elternbildung, München 1978, S. 38 ff. HUPPERTZ, N.: Wie Lehrer und Eltern zusammenarbeiten, Freiburg 1979. JUDITH, I./SCHNUIT, E.: Die Tischgruppen-Elterntreffen. In: HERRLITZ, H.-G. (Hg.): Die Praxis der Lerndiagnose und Lernförderung im Team-Kleingruppenmodell, Göttingen 1979, S. 188 ff. KECK, R. (Hg.): Kooperation Elternhaus – Schule, Bad Heilbrunn 1979. KNERR, G.: Elternarbeit in Kindergarten und Grundschule, München 1978. KNILLI, M.: Dreißig Jahre Elternmitarbeit in Westdeutschland. In: Dem. E. 2 (1976), S. 547 ff. KOB, J.: Erziehung in Elternhaus und Schule, Stuttgart 1963. KOZOL, J.: Free Schools, Ravensburg 1973. MAYR-KLEFFEL, V./HÜFNER, G.: Veranstaltungen der Elternbildung II: Inhalte und Methoden, München 1977. MIDWINTER, E.: Pattern of Community Education, London 1973. MILBERG, H.: Schulpolitik in der pluralistischen Gesellschaft, Hamburg 1970. NAGEL, H./SEIFERT, M.: Nicht für die Schule leben, Frankfurt/M. 1977. PROJEKTGRUPPE ELTERNARBEIT: Elternarbeit und Elterninitiativen, München 1978. SCHULZ, H.: Die Schulreform der Sozialdemokratie, Dresden 1911. SPREY, TH.: Elternbeteiligung in Projekten der Community Education. In: SPREY, TH. (Hg.): Praxis der Elternbildung, München 1978, S. 50 ff. THIELE, G. (Hg.): Süverns Unterrichtsgesetzentwurf vom Jahre 1819, Leipzig 1913. WAGNER-WINTERHAGER, L.: Schule und Eltern in der Weimarer Republik, Weinheim/Basel 1979. ZUBKE, F.: Eltern und politische Arbeit, Stuttgart 1980.

Christiane Schiersmann

Elternrecht

Elternrecht als Grundrecht. „Pflege und Erziehung der Kinder" sind nach Art. 6, Abs. 2 des Grundgesetzes (GG) „das natürliche Recht der Eltern und die zuvörderst ihnen obliegende Pflicht". Das Grundgesetz hat dieses Elternrecht im Zusammenhang des Art. 6 geregelt, der die grundlegenden Bestimmungen über Ehe und Familie enthält. Die Bedeutung des Art. 6, Abs. 2 GG besteht deshalb in allererster Linie darin, daß die Erziehung der Kinder in der Familie als Grundrecht der Eltern verfassungsrechtlich gesichert ist und daß die Familienerziehung aus diesem Grunde nicht durch eine staatliche Kindererziehung ersetzt werden darf. Nur ausnahmsweise dürfen Kinder nach Maßgabe des Art. 6, Abs. 3 GG von der Familie getrennt werden, und zwar „wenn die Erziehungsberechtigten versagen oder wenn die Kinder aus anderen Gründen zu verwahrlosen drohen". Das Elternrecht des Art. 6, Abs. 2 GG schützt die Erziehung in der Familie und wendet sich gegen ihre Abschaffung zugunsten irgendeiner Form kollektiver, insbesondere staatlicher Erziehung.

Das Elternrecht des Art. 6, Abs. 2 GG schließt jedoch die staatliche schulische Erziehung nicht aus; der Staat hat vielmehr – nach der herrschenden Meinung in Literatur und Rechtsprechung – ein eigenes Erziehungsrecht, das gleichrangig neben dem elterlichen Erziehungsrecht steht (grundlegend: vgl. Entscheidungen des Bundesverfassungsgerichts – BVerfGE, Bd. 34, S. 165 ff – Förderstufe; 47, S. 46 ff. – Sexualkunde). Die Eltern haben – nach dem Wortlaut des Art. 7 GG, der das Schulwesen regelt – nur Grundrechte in religiöser Hinsicht, nämlich das Recht, über die Teilnahme des Kindes am Religionsunterricht zu bestimmen (vgl. Art. 7, Abs. 2 GG), und das Recht, nach Maßgabe von Art. 7, Abs. 5 GG private Volksschulen mit bestimmter religiöser oder weltanschaulicher Prägung zu beantragen. Rechtsprechung und Literatur haben jedoch das Elternrecht des Art. 6, Abs. 2 – über den Wortlaut des Art. 7 GG hinaus – auf die schulische Erziehung als ganze erstreckt (grundlegend wiederum die beiden genannten Entscheidungen des Bundesverfassungsgerichts).

Rechtliche Regelung. Das Grundrecht des Art. 6, Abs. 2 steht „den Eltern" zu, das heißt dem Vater und der Mutter, und zwar auch, wenn sie nicht verheiratet oder geschieden sind oder getrennt leben; auch Adoptiv- und Pflegeeltern können sich auf ihr Elternrecht berufen. Im Normalfall üben die Eltern ihr Elternrecht gemeinsam aus (vgl. § 1627 Bürgerliches Gesetzbuch – BGB). Das Recht der elterlichen Sorge – wie es seit der Neuregelung von 1979 heißt – umfaßt die sogenannte Personensorge (vgl. § 1626, Abs. 2, §§ 1631 ff. BGB), das heißt insbesondere das Recht und die Pflicht, für Leben und Gesundheit sowie für Erziehung und Ausbildung des Kindes zu sorgen, und die sogenannte Vermögenssorge (vgl. § 1626, Abs. 2, §§ 1638 ff. BGB), das heißt das Recht und die Pflicht der Vermögensverwaltung für das Kind, soweit ein eigenes Vermögen des Kindes vorhanden ist. Diese Regelungen des Bürgerlichen Gesetzbuches konkretisieren das Elternrecht des Art. 6, Abs. 2 GG; sie müssen auf ihre Übereinstimmung mit Art. 6, Abs. 2 GG geprüft werden. Inwieweit sich Eltern, die nicht verheiratet oder geschieden sind, die getrennt leben, die das Kind angenommen oder in Pflege genommen haben, auf ihr Elternrecht berufen können, bedarf ebenfalls der konkretisierenden gesetzlichen Regelung (vgl. Art. 6, Abs. 5 GG; vgl. §§ 1705 ff. BGB für die nichtehelichen Kinder, §§ 1634, 1671, 1672 BGB für Trennung und Scheidung der Eltern, §§ 1741 ff. BGB für die Adoption und §§ 27 ff. Jugendwohlfahrtsgesetz – JWG – für die Pflegekinder). Auch diese Regelungen müssen auf ihre Verfassungsmäßigkeit hin geprüft werden. Bei dieser Prüfung ist nun jedoch nicht nur das Erziehungsrecht der Eltern zu berücksichtigen, sondern auch das Erziehungsrecht der Kinder. Denn auch die Kinder haben nach Art. 2, Abs. 1 und Art. 12, Abs. 1 GG ein Recht auf Erziehung, Bildung und Ausbildung. Dieses Grundrecht richtet sich freilich nicht unmittelbar gegen die Eltern, sondern in erster Linie gegen den Staat. Da die Eltern nach dem Grundgesetz jedoch nicht nur das Recht, sondern auch die Pflicht zur Erziehung ihrer Kinder haben, gehört es zu ihren Erziehungsaufgaben, die Voraussetzungen für die Verwirklichung der Rechte der Kinder auf Erziehung, Bildung und Ausbildung zu schaffen. Dem Staat kommt nach Art. 6, Abs. 2, Ziff. 2 GG die Aufgabe zu, über die Ausübung des Elternrechts zu wachen, das heißt insbesondere auch, für die Verwirklichung der Grundrechte der Kinder in der Familie Sorge zu tragen. Die staatliche Gesetzgebung und ihre Anwendung durch Verwaltung und Rechtsprechung müssen also einen Ausgleich zwischen den Elternrechten und den Kindesrechten schaffen und dabei auch die legitimen

Interessen der „staatlichen Gemeinschaft" (Art. 6, Abs. 2, Ziff. 2 GG) wahren. Dies ist insbesondere durch das traditionelle Recht der elterlichen Gewalt (vgl. §§ 1626 ff. BGB) und eine umfangreiche Rechtsprechung (im Überblick zu § 1631 BGB: vgl. REBMANN/SÄCKER, 1978, §§ 1626 ff.; vgl. MÜNDER 1977, S. 98) geschehen, die jedoch durch die Neuregelung des Rechts der elterlichen Sorge von 1979 weitgehend überholt worden sind. Die Grenze, die Art. 6, Abs. 3 GG dem elterlichen Erziehungsrecht setzt, wird durch die Begriffe „Versagen" und „Verwahrlosung" bestimmt. Dabei setzt Art. 6, Abs. 3 GG nicht ein Verschulden der Eltern voraus; eine Trennung der Kinder von den Eltern kann vielmehr auch angeordnet werden, wenn das Kindeswohl objektiv gefährdet ist, ohne daß die Eltern eine Schuld daran trifft, so insbesondere im Fall der Anordnung von Fürsorgeerziehung wegen vorhandener oder drohender Verwahrlosung nach § 12 Jugendgerichtsgesetz (JGG) und § 64 JWG. Ist das Kindeswohl gefährdet, so kommen auch andere Maßnahmen als die Trennung der Kinder von den Eltern in Frage, über die das Vormundschaftsgericht nach § 1666 BGB zu entscheiden hat und die durch Art. 6, Abs. 2, Ziff. 2 GG grundsätzlich verfassungsrechtlich gerechtfertigt sind.

In der Schule sollen - nach der herrschenden Auslegung des Art. 6, Abs. 2 GG - Staat und Eltern grundsätzlich gemeinsam über die Erziehung der Kinder bestimmen. Der Staat hat allerdings aufgrund der staatlichen Schulhoheit, die aus Art. 7, Abs. 1 GG abgeleitet wird, eine weitgehende Gestaltungsfreiheit. Der Staat bestimmt über den Aufbau des Schulwesens, über Ziele und Inhalte des Unterrichts sowie über die Organisation der Schule. Aus dem Elternrecht folgt kein Anspruch auf eine bestimmte Schule nach freier Wahl der Eltern, wohl aber ein Anspruch auf die freie Wahl der im Aufbau des Schulwesens vom Staat zur Verfügung gestellten Schularten. Der Staat wiederum muß für ein Schulwesen Sorge tragen, das der Vielfalt der Begabungen der Kinder und der Interessen der Eltern gerecht werden muß (vgl. BVerfGE 34, S. 165 ff. - Förderstufe; 41, S. 251 ff. - Speyer-Kolleg; 41, S. 29 ff. [S. 65, S. 88] - Konfessionsschule). Aus dem Elternrecht folgt auch kein Anspruch auf ein bestimmtes Curriculum nach freier Wahl der Eltern, sondern nur die Verpflichtung des Staates zu einer pluralen und toleranten Ausgestaltung des Curriculums (vgl. BVerfGE 47, S. 46 ff. - Sexualkunde). Einer solchen Schule können die Eltern ihre Kinder nicht entziehen. Aus dem Elternrecht folgt schließlich auch kein Grundrecht der Eltern auf Mitbestimmung in der Schule und kein Grundrecht der Elternvertretungen auf Mitbestimmung bei der Organisation des Schulwesens (vgl. BVerfGE 47, S. 46 ff. - Sexualkunde). Die Eltern haben allerdings einen umfassenden Anspruch auf Information über Erziehung und Bildung ihrer Kinder in den Schulen (grundlegend: vgl. BVerfGE 47, S. 46 ff. - Sexualkunde). Das Elternrecht des Art. 6, Abs. 2 GG schließt es allerdings nicht aus, daß die Landesverfassungen den Eltern weitergehende Grundrechte gewähren, wie dies in einer Reihe von Landesverfassungen geschehen ist (vgl. Art. 27 - Rheinland-Pfalz; Art. 15 - Baden-Württemberg; Art. 56, Abs. 2 - Hessen), und daß die Schulgesetze der Länder den Eltern weitergehende Rechte einräumen, wie dies insbesondere in den Mitbestimmungsgesetzen aller Länder - wenn auch in unterschiedlichem Ausmaß - vorgesehen ist (vgl. NEVERMANN 1977). Die Abgrenzung zwischen Staatsaufgaben und Elternrechten läßt sich deshalb nach der heutigen Regelung folgendermaßen zusammenfassen: Der Staat bestimmt über die Gestaltung des Schulwesens und die Organisation der Schule, wobei er inhaltlich an die Prinzipien der Pluralität und Toleranz gebunden ist;

den Eltern stehen Informations- und Wahlrechte und nach Maßgabe landesgesetzlicher Regelung auch Mitbestimmungsrechte zu (vgl. DIETZE 1977).

Traditionen, Probleme, Entwicklungen.
Das Elternrecht läßt sich auf verschiedene Quellen zurückführen. Der Begriff „natürliches Recht" in Art. 6, Abs. 2 GG scheint auf die Naturrechtstradition zu verweisen, und in der Tat ist diese Bestimmung auch weithin im Sinne insbesondere der katholischen Naturrechtslehre ausgelegt worden (vgl. FLEIG 1953, GEIGER 1967, PETERS 1960). In dieser Auslegung hat Art. 6, Abs. 2 GG insbesondere für die Begründung der konfessionellen Gliederung des Volksschulwesens Bedeutung erhalten, die sich jedoch in der Bildungspolitik der Länder letztlich nicht hat durchsetzen können, und zwar insbesondere auch, weil ihr das Bundesverfassungsgericht nicht gefolgt ist (grundlegend: vgl. BVerfGE 6, S. 309 ff.; abschließend: vgl. BVerfGE 41, S. 29 ff. [S. 65, S. 88]). Diese Begründung übersieht auch, daß das Elternrecht des Grundgesetzes außerdem noch in einer anderen Tradition steht, die in der calvinistischen Schulgemeindeidee ihre Wurzeln hat und die sowohl die kommunalverfassungsrechtlichen Ausprägungen der Bürgerbeteiligung an der Schulverwaltung (Schuldeputationen, Schulausschüsse) als auch die schulverfassungsrechtlichen Formen der Elternmitbestimmung (Schulpflegschaften, Elternbeiräte) begründet hat (grundlegend: vgl. HOLSTEIN 1927; weiterführend: vgl. STEIN u.a. 1958). Verfassungsrechtlich hat sich auch dieser Ansatz nicht durchsetzen können, da die Rechtsprechung eine verfassungsrechtliche Absicherung dieses kollektiven Elternrechts abgelehnt hat (vgl. BVerfGE 47, S. 46 ff. – Sexualkunde). Die gegenwärtige Diskussion um das Elternrecht läßt sich deshalb weder auf das „konfessionelle" noch auf das „pädagogische" Elternrecht zurückführen, sondern muß unmittelbar aus dem Bundes- und Landesverfassungsrecht begründet werden.

Diese Diskussion wird im Familien- und Jugendrecht einerseits durch die Versuche des Bundesgesetzgebers bestimmt, der Gleichberechtigung von Mann und Frau auch im Sorgerecht zum Durchbruch zu verhelfen und die Stellung des nichtehelichen Kindes zu stärken. Der Gesetzgeber hat das Kindeswohl zum einzigen und entscheidenden Kriterium seiner Regelung gemacht und damit letztlich der Justiz die Möglichkeit einer weitgehenden Regelung familiärer Fragen gegeben. Die Diskussion wird andererseits durch die Versuche des Bundesgesetzgebers bestimmt, die Rechtsstellung der Kinder in der Familie dadurch zu stärken, daß die Rechte der Eltern inhaltlich an das Wohl des Kindes zu binden und in ihrer Ausübung zu begrenzen sind, zum Beispiel durch Verfahrensregelungen, die letztlich auch wieder zur Entscheidung der Justiz führen (vgl. § 1631a BGB – Berufsausbildung). Die konservative Kritik hat hierin einen Verstoß gegen den Art. 6, Abs. 2 GG gesehen (vgl. ERICHSEN 1979, SCHMITT-GLAESER 1980).

Noch in der Diskussion befindet sich die Novellierung des Jugendhilferechts, die eine Verstärkung der öffentlichen Jugendhilfe anstrebt und der deshalb ebenfalls der Vorwurf einer verfassungswidrigen Verstärkung des Staatseinflusses auf die Familienerziehung gemacht worden ist.

Das Elternrecht in der Schule hat zu zwei Problemen geführt, die noch ungelöst sind, nämlich erstens zur Frage, ob das Elternrecht nicht die Chancengleichheit der Kinder beeinträchtigt, wenn sich die Eltern entgegen dem Ratschlag der Schule gegen eine weiterführende Schulbildung entscheiden (vgl. RICHTER 1973, S. 59 ff.), und zweitens zu der Frage, ob die Mitbestimmung der Eltern in der Schule die parlamentarische Verantwortung für die Gestaltung des Schulwesens beeinträchtigen könnte, was jedoch angesichts des derzeit geltenden Schulverfassungsrechts eine unbegründete Befürchtung sein dürfte (vgl. SCHULE IM RECHTSSTAAT 1981, S. 297 ff., S. 320 ff.).

Die Entwicklung des Elternrechts wird durch gegenläufige Tendenzen bestimmt. Die Stärkung der Kindesrechte, die insbesondere 1975 in der Herabsetzung des Volljährigkeitsalters auf 18 Jahre Ausdruck gefunden hatte und 1979 mit der Novellierung des Rechts der elterlichen Sorge fortgesetzt wurde, ist nachhaltiger Kritik im Namen des Elternrechts ausgesetzt (vgl. ERICHSEN 1979, SCHMITT-GLAESER 1980). Die Regelung des Elternrechts in unvollständigen Familien, die das Sorgerecht stets einem Elternteil (bei nichtehelichen Kindern immer der Mutter) überträgt und die den nichtsorgeberechtigten Teil auf ein bloßes (bei nichtehelichen Vätern auch noch vom Willen der Mutter abhängiges) Verkehrsrecht beschränkt, sieht sich ebenfalls einer starken Kritik ausgesetzt, die sich allerdings vor dem Bundesverfassungsgericht noch nicht hat durchsetzen können (vgl. N. Jur. Woschr. 1981, S. 1201). Es spricht einiges dafür, daß die Rechtsprechung dem Gesetzgeber im Rahmen des Elternrechts Gestaltungsfreiheit einräumen wird. Dies wird vermutlich auch für ein neues Jugendhilferecht gelten, wenn dieses nicht bereits an finanziellen Erwägungen scheitert. Die institutionalisierte Mitbestimmung der Eltern in den Schulen wird wegen des hohen Organisationsaufwandes bei gleichzeitig geringen Entscheidungskompetenzen allseits kritisiert. Darüber hinaus zielt eine grundsätzliche Kritik (vgl. DIETZE 1984) auf eine Rücknahme der Mitbestimmung, die aber aufgrund der bloßen Existenz der Gremien zunehmend an Gewicht gewinnt.

Die bemerkenswerteste Entwicklung ist aber die Stärkung des individuellen Elternrechts in der Schule. War diese „Renaissance" am Beginn der 70er Jahre zunächst gegen die sozialliberale Reformpolitik und die kollektive Mitbestimmung gerichtet, so läßt sich seit dem Ende der 70er Jahre zunehmend eine reformorientierte Konkretisierung des individuellen Elternrechts beobachten, zum Beispiel wenn die Einführung von Gesamtschulen in Hamburg vom Willen der betroffenen Eltern abhängig gemacht wird. Die allgemeine bildungspolitische Bedeutung des Elternrechts ist hier erneut bestätigt worden (vgl. RICHTER 1973, S. 44 ff.).

DIETZE, L.: Pädagogisches Elternrecht oder staatliches Erziehungsrecht? – Versuch einer Zuordnung. In: NEVERMANN, K./RICHTER, I. (Hg.): Rechte der Lehrer, Rechte der Schüler, Rechte der Eltern, München 1977, S. 137 ff. DIETZE, L.: Elternvertretung. In: Enzyklopädie Erziehungswissenschaft, Bd. 5, Stuttgart 1984, S. 478 ff. ERICHSEN, H.-U.: Verstaatlichung der Kindeswohlentscheidung? Berlin ²1979. FLEIG, P.: Das Elternrecht im Bonner Grundgesetz, Freiburg 1953. GEIGER, W.: Das Elternrecht, sein Inhalt und seine Anwendung heute im Bereich der Schule (1966). In: KULTURBEIRAT BEIM ZENTRALKOMITEE DER DEUTSCHEN KATHOLIKEN (Hg.): Schulreform und Recht, Köln 1967, S. 33 ff. HOLSTEIN, G.: Elternrecht, Reichsverfassung und Schulverwaltungssystem. In: Arch. d. öffentl. R. 52 (= 12 Neue Folge) (1927), S. 187 ff. KRICHBAUM, S. (Hg.): Elternrecht und Elternvertretung in der Bundesrepublik Deutschland. Ländervergleich, Villingen/Schwenningen 1980. MÜNDER, J.: Elterliche Gewalt. In: NEVERMANN, K./RICHTER, I. (Hg.): Rechte der Lehrer, Rechte der Schüler, Rechte der Eltern, München 1977, S. 158 ff. NEVERMANN, K.: Grundzüge des Schulverfassungsrechts. In: NEVERMANN, K./RICHTER, I. (Hg.): Rechte der Lehrer, Rechte der Schüler, Rechte der Eltern, München 1977, S. 173 ff. PETERS, H.: Elternrecht, Erziehung, Bildung und Schule. In: BETTERMANN, K. A. u. a. (Hg.): Die Grundrechte, Bd. 4.1: Grundrechte und institutionelle Garantien,

Berlin 1960, S. 369 ff. REBMANN, K./SÄCKER, F.-J. (Hg.): Münchener Kommentar zum Bürgerlichen Gesetzbuch, Bd. 5, München 1978. RICHTER, I.: Bildungsverfassungsrecht, Stuttgart 1973. ROST, F.: Mitbestimmung – Mitwirkung. In: Enzyklopädie Erziehungswissenschaft, Bd. 8, Stuttgart 1983, S. 505 ff. SCHMITT-GLASER, W.: Das elterliche Erziehungsrecht in staatlicher Reglementierung, Bielefeld 1980. SCHULE IM RECHTSSTAAT, Bd. 1: Entwurf für ein Landesschulgesetz, Bericht der Kommission Schulrecht des Deutschen Juristentages, München 1981. STEIN, E. u. a.: Elternrecht, Heidelberg 1958.

Ingo Richter

Elternvertretung

Aufgaben. Nach Auffassung des Bundesverfassungsgerichts sind Elternhaus und Schule gleichwertige Träger der Erziehung. Ihre gemeinsame Aufgabe, die Erziehung „der *einen* Persönlichkeit des Kindes", setzt daher ein „sinnvolles Zusammenwirken" voraus. Füglich haben die gesetzlichen Elternvertretungen dafür Sorge zu tragen, daß zum Wohle der Schüler wie der Schülerschaft die Schule ihre pädagogischen Aufgaben so gut wie möglich zu erfüllen vermag. Hierfür haben die Elternvertretungen das Recht, alle schulischen Informationen zu erhalten, die sie zur Erfüllung ihrer Aufgabe brauchen. Darüber hinaus stehen ihnen Mitwirkungs- und zum Teil Mitbestimmungsrechte (vgl. DIETZE 1981a, FEHNEMANN 1980, ROST 1983) zu. Doch sind hier erhebliche landesrechtliche Unterschiede zu verzeichnen. Insbesondere haben die Elternvertretungen die Meinungs- und Willensbildungsprozesse in der Elternschaft nach demokratischen Grundsätzen zu fördern. Hierbei haben sie Anspruch auf Unterstützung durch Schule und Kultusverwaltung; zumindest dürfen sie in der Wahrnehmung ihrer Aufgaben nicht behindert werden.

Geschichte. In Süverns „Entwurf eines allgemeinen Gesetzes über die Verfassung des Schulwesens im preußischen Staat" von 1819 sollte den Eltern ein Anspruch auf Information, Beschwerde und Bescheid gegeben werden; dieser Entwurf wurde als „demokratisch" verworfen. In der zweiten Hälfte des 19. Jahrhunderts wurde unter anderem von DÖRPFELD (vgl. 1961) vorgeschlagen, die schulische Erziehung als Gemeinschaftsaufgabe von Eltern und Lehrern zu definieren; in die gleiche Richtung zielten Vorschläge der Sozialisten. Die Zurückdrängung des katholischen Einflusses in der Schulaufsicht durch Bismarck (1872–1874) veranlaßte die katholische Kirche, im Gegenzug die katholische Elternschaft zu mobilisieren, um dadurch mittelbar den kirchlichen Einfluß auf das Schulwesen zu wahren. Mitbestimmungsdiskussionen wie Mitbestimmungsregelungen waren damit für viele Jahrzehnte durch die Hypothek des konfessionellen Elternrechts belastet.

Nachdem das preußische Volksschulunterhaltungsgesetz von 1906 vorsah, daß einzelne Eltern in die Schulvorstände berufen wurden, und ein Gymnasialerlaß vom 1.10.1918 die Bildung von Elternbeiräten an den höheren Schulen ermöglichte, wurden nach der Novemberrevolution von 1918 zunächst in allen Schulen Preußens, in den folgenden Jahren auch in den anderen Ländern des Deutschen Reiches, Elternvertretungen zugelassen. In den süddeutschen Ländern bildeten sie zusammen mit Vertretern der Lehrerschaft und der Schulleitung Ausspracheforen; in den übrigen Staaten waren sie reine Vertretungen der Elternschaft. In den Stadtstaaten (Bremen, Hamburg, Lübeck) sowie in Thüringen und Sachsen waren sie überdies an der Wahl der Volksschulleiter auf Zeit mit bis zu einem Drittel der Stimmen beteiligt; darüber hinaus bezog sich ihr Informations- und Mitwirkungsrecht nur auf die sogenannten äußeren Schulangelegenheiten und auf den Bereich der Erziehungs- und Ordnungsmaßnahmen. Infolge des preußischen Listenwahlsystems politisierte sich die Elternschaft; christliche Verbände kämpften um die Erhaltung des konfessionellen Charakters der Schulen und nannten sich „unpolitisch". Sie drifteten zunehmend nach rechts, wurden nach der Machtergreifung von den Nationalsozialisten gebraucht, das Schulwesen gleichzuschalten und zu entkonfessionalisieren und wurden nach Erfüllung dieser Aufgabe 1936 aufgelöst.

Nach dem Zusammenbruch des Deutschen Reiches wurde das Schulwesen in den Westzonen im wesentlichen so wieder aufgebaut, wie es bis 1933 gewesen war; dementsprechend knüpfte das Elternvertretungsrecht am ursprünglichen Rechtszustand an. Die Elternmitwirkung bezog sich vornehmlich auf Angelegenheiten der äußeren Schulverwaltung. Sie hatte ihren Schwerpunkt in der Einzelschule. In Nordrhein-Westfalen und Baden-Württemberg folgte man dem Pflegschaftsmodell mit einer gemeinsamen Beratung von Lehrern und Eltern beziehungsweise Schulelternbeirat und Schulleitung. Einen Aufschwung erfuhr das Elternvertretungsrecht 1959 in Hessen, weil ein Jahr zuvor der Hessische Staatsgerichtshof festgestellt hatte, das Elternmitbestimmungsrecht in der Hessischen Landesverfassung müsse gesetzlich konkretisiert werden. Dies führte zur Schaffung eines Landeselternbeirats, der gegenüber dem Kultusminister bei allen wesentlichen Fragen der Schulgestaltung ein qualifiziertes Mitbestimmungsrecht besitzt.

In den übrigen Bundesländern wurde zunächst im Erlaß- und Verordnungsweg, dann auf gesetzlicher Grundlage in den Jahren 1968 bis 1978 die Elternmitwirkung stärker, zum Teil sehr stark ausgebaut. Dies gilt insbesondere für Reformschulen wie die integrierten Gesamtschulen.

Bei der Umsetzung des so geschaffenen Rechts in schulische Wirklichkeit ist zu beobachten, daß die Lehrerschaft dem elterlichen Engagement bisweilen mit Mißtrauen und Skepsis, häufig aber auch schlicht mit Unverständnis begegnet. Hier weichen die verbandspolitischen Vorstellungen für mehr Elternrecht in der Schule vom tatsächlichen Verhalten der Standesmitglieder in erheblichem Maße ab.

Seit Beginn der 70er Jahre ist festzustellen, daß das Mißbehagen einzelner Eltern an der Kulturpolitik der reformfreudigeren Länder (insbesondere Hessen und Nordrhein-Westfalen) zur Herausbildung mitgliederstarker und einflußreicher privater Elternvereinigungen geführt hat. Diesen ist es maßgeblich zu verdanken, daß in Hessen das Experiment mit der Lehrplanreform der Sekundarstufe I und in Nordrhein-Westfalen die gesetzliche Einführung von kooperativen Gesamtschulen abgebrochen wurde.

Aufbau. Der Schwerpunkt der Elternarbeit liegt nach wie vor in der Einzelschule. Die Klassenelternschaft wählt den Klassenelternbeirat (einen Vorsitzenden und einen Vertreter); diese bilden Jahrgangs- und Stufenelternbeiräte (in den Schulzentren: Abteilungselternbeiräte) und sind in ihrer Gesamtheit der Schulelternbeirat. Dessen Vorstand wird in Rheinland-Pfalz und Hamburg über Wahlmänner, sonst aus der Mitte des Schulelternbeirats gewählt, wobei in Hessen für Ausländereltern zusätzliche Vertreter gewählt werden können, die allerdings nur Beratungsrechte haben. Aus der Mitte der genannten Elternbeiräte werden Vertreter für die zentralen schulischen Konferenzen (Schul- oder Gesamtkonferenz) entsandt, die an Aufträge und Weisungen nicht gebunden sind, allerdings (zumindest auf dem Satzungswege) wieder abgewählt werden können. In einzelnen Bundesländern nehmen Elternvertreter mit beratendem

Stimmrecht an Fach- und Klassenkonferenzen teil. Ihr Stimmenanteil in den pluralistisch zusammengesetzten Gremien ist in den Bundesländern sehr unterschiedlich. Entsprechendes gilt für die Mitbestimmungsbefugnisse. Sie betreffen in Bayern, Baden-Württemberg, Rheinland-Pfalz fast nur Angelegenheiten der äußeren Schulverwaltung, in Nordrhein-Westfalen, Bremen, Hamburg, Berlin überwiegend diesen Bereich. Allerdings ist in den nord- und westdeutschen Ländern die Abgrenzung zwischen Schulkonferenz und Gesamtkonferenz nicht ganz deutlich, so daß Elterneinfluß als Mitwirkungsrecht sich auch auf die pädagogischen Kernfragen erstrecken kann.

Gemeinde-, Kreis- und Bezirkselternbeiräte (im Saarland solche für die Schulregionkonferenz) gibt es nur in einigen Ländern; einen Landeselternbeirat (in Niedersachsen Landeselternrat genannt) gibt es in allen Ländern mit Ausnahme von Bayern und Nordrhein-Westfalen; in dem letztgenannten Land treten an dessen Stelle die privaten Elternvereinigungen von erheblicher Bedeutung. Einzelne Länder kennen auf Landesebene darüber hinaus einen Landesschulbeirat, in dem Vertreter aller am Erziehungsgeschehen interessierten Verbände gemeinsame Aussprache und Beratung pflegen können, doch kommt ihnen in aller Regel kaum politisches Gewicht zu.

Landesspezifische Besonderheiten. In Baden-Württemberg, Bremen, Berlin und Hamburg sind die Elternvertretungen in das Ernennungsverfahren der Schulleiter eingeschaltet; in Schleswig-Holstein haben sie bei der Wahl der Schulleiter etwa bis zu einem Drittel der Stimmen im Wahlgremium.

In Hessen besitzt der Schulelternbeirat gegenüber Beschlüssen der Gesamtkonferenz der Lehrer ein suspensives Vetorecht vornehmlich bei versuchsweisen Abweichungen; in Niedersachsen gibt es keine schulischen Konferenzen ohne Elternbeteiligung.

Allein Bayern verweigert Eltern und Elternvertretungen das Recht auf Unterrichtsbesuch (Hospitation); in diesem Lande realisiert sich die Elternmitwirkung vornehmlich über das sogenannte Schulforum, das beim Schulleiter akkreditiert ist und Vorschläge zur Gestaltung der schulischen Arbeit macht.

Fahrtkosten und sächliche Kosten für die überschulische Elternbeiratsarbeit werden entweder vom Schulträger oder der Kultusverwaltung übernommen; die erforderlichen Sachmittel werden entweder von der Schule zur Verfügung gestellt oder durch freiwillige Elternspenden, Fördervereine und ähnliches aufgebracht.

Elternstreik. Unter einem Elternstreik versteht man die von den gesetzlichen Elternvertretungen ausgehenden und von der Mehrheit der Elternschaft getragenen Weigerungen, die Kinder zur Schule zu schicken. Nach Auffassung aller Kultusverwaltungen handelt es sich hierbei um Verstöße gegen die Schulpflichtbestimmungen. Sie gelten daher als rechtswidrig und können theoretisch nach dem Ordnungswidrigkeitenrecht des Landes Geldbußen nach sich ziehen. (Der ebenfalls für unzulässig gehaltene Schülerstreik kann außerdem disziplinarische Maßnahmen zur Folge haben.) Doch war es bereits zu Zeiten der Weimarer Reichsverfassung analog der aus dem Strafrecht bekannten Rechtsfigur vom „übergesetzlichen Notstand" gerechtfertigt, wenn Eltern zum Streik als einem *letzten Mittel* dann griffen, falls außerordentlich schwerwiegende schulische Mißstände auf Antrag der Eltern von den Verantwortlichen nicht abgestellt wurden. Dieser Rechtsgedanke hat nunmehr in § 34 des Strafgesetzbuches (rechtfertigender Notstand) gesetzliche Gestalt gewonnen. Für den Elternstreik bedeutet das: Der Mißstand muß die schulische Erziehung und Bildung oder die Gesundheit der Kinder schwer beeinträchtigen. Alle zumutbaren Möglichkeiten, mit weniger einschneidenden und weitreichenden Maßnahmen, um den Übelstand abzustellen, müssen versagt haben. Der Streik muß von den Elternvertretern vorgeschlagen und von der überwiegenden Mehrheit der betroffenen Eltern beschlossen werden. Die Androhung des Streiks hat der Streikdurchführung vorauszugehen, es sei denn, dies sei wegen der Eilbedürftigkeit oder aus ähnlichen sachlichen Gründen unvertretbar. Ferner ist zu bedenken, daß in der praktischen Arbeit die Androhung wirkungsvoller ist als ein durchgeführter Streik, auf den die Schulen oder Kultusverwaltungen oft unwillig reagieren und die Eltern „auszuhungern" vermögen, so daß nach einiger Zeit der Streik zusammenbricht. Stets ist eine Rechtsgüterabwägung vorzunehmen: Der Schaden, der von zeitweiligen Unterrichtsversäumnissen ausgehen kann, ist in Bezug zum Schaden zu setzen, der mit großer Wahrscheinlichkeit eintreten würde, wenn der Streik unversucht bleiben würde. Wichtig ist stets die Solidarität der Eltern. Während bei streikenden Schülern bisweilen Schulstrafen dann verhängt werden konnten, wenn nur eine kleine Minderheit streikte, pflegt man einzelnen „Unterrichtsverweigerern" unter den Eltern erst gütlich zuzureden, um sie zum einlenken zu bewegen, was in der Regel Erfolg hat.

Was die Dauer des Streiks anlangt, so haben sich kurzzeitig angesetzte Warnstreiks – verbunden mit erneuten Verhandlungsangeboten – als erfolgreicher erwiesen als ein sogenannter unbefristeter Dauerstreik, bei dem mit der Zeit manche, bisweilen viele Eltern schließlich nicht mehr mitmachten.

Soziologische und politische Aspekte. Aktive Elternbeiratsarbeit wird insbesondere in den Grundschulen, Gymnasien und integrierten Gesamtschulen geleistet. Insbesondere von Lehrern wird häufig kritisiert, daß nach soziologischen Gesichtspunkten die Elternvertretungen nicht der Zusammensetzung der Elternschaft entsprechen; wie überall sind auch hier die aktiven Sozialschichten überrepräsentiert. Das gilt in vermehrtem Maße für die Landeselternvertretungen, die in einer Arbeitsgemeinschaft, dem Bundeselternrat, zusammengefaßt sind. Auf dieser hohen Ebene dominieren die „Berufseltern", womit sich sowohl Respekt vor deren Kompetenz wie Kritik verbindet: Der rechtfertigende Grund für Elternmitarbeit in der Schule liegt darin, als Sozialanwartschaft der Kinder deren Interessen zu wahren, statt einseitig nach parteipolitischen Gesichtspunkten orientiert Kulturpolitik zu treiben. Diese Entwicklung ist dadurch begünstigt worden, daß sich einerseits die Kultusverwaltungen zu wenig Mühe gaben, um ihre Reformpolitik verständlich zu machen, zum anderen dadurch, daß zwischen Schulelternbeirat und Landeselternbeirat die organisatorischen Verbindungen wie die Informationsstränge schwach entwickelt sind, dies auch dann, wenn Kreis- und Bezirkselternbeiräte nur aufgrund freiwilliger Zusammenschlüsse zustandegekommen sind und deshalb über sehr bescheidene Mittel verfügen.

Wegen des in den letzten Jahren erheblich gestiegenen Elterneinflusses ist das wissenschaftliche Interesse an der Elternbildungsarbeit enorm gewachsen. Anspruchsvolle und fortschrittliche Lehrer haben erkannt, daß sie sich auch dann, wenn ihre Position im Kollegium oder gegenüber der Schulverwaltung unsicher ist, bei progressiver Bildungsarbeit zu behaupten vermögen, wenn sie von den Elternvertretungen gestützt werden, was allemal voraussetzt, daß sie sich gegenüber der Elternschaft haben verständlich machen können.

Da kaum damit gerechnet werden kann, daß der Mitbestimmungsbereich zu Gunsten der Elternvertretungen in den

Entschulung

nächsten Jahren nennenswert erweitert wird, konzentriert sich das Interesse auf eine Konsolidierung. Elternbeiratsarbeit als Aufgabe der Erwachsenenbildung (vgl. DIETZE 1975, KALLMEYER 1984) ist grundsätzlich anerkannt; zahlreiche private Träger, aber auch die Elternvertretungen selbst – hier insbesondere die überschulischen Elternvertretungen – haben ihre Anstrengungen in diesem Bereich intensiviert.

BRÜHL, D./FLESSNER, H.: Arbeiterinteressen in der Hauptschule. Grundlagen und Bedingungen für die Kooperation zwischen Eltern und Schule. In: Dem.E. 1 (1975), 1, S. 35 ff. DIETZE, L.: Elternbeiratsarbeit als Problem der Schulrechtsreform und der Erwachsenenbildung. In: R. d. J. u. d. Bwes. 23 (1975), S. 36 ff. DIETZE, L.: Das pädagogische Elternrecht und seine historische Entwicklung. Gegenwartsprobleme und ihre Entstehungszusammenhänge, Hofgeismar 1981 a. DIETZE, L.: Elternrecht macht Schule, Düsseldorf/Wien 1981 b. DOORMANN, L.: Verändert die Schule jetzt. Elterninitiativen gegen Schulnotstand, Weinheim 1976. DÖRPFELD, F.W.: Die drei Grundgebrechen der hergebrachten Schulverfassungen nebst bestimmten Vorschlägen zu ihrer Reform (1869), Weinheim 1961. FEHNEMANN, U.: Die Bedeutung des grundgesetzlichen Elternrechts für die Mitwirkung in der Schule. In: Arch. d. öffentl. R. 105 (1980), S. 529 ff. KALLMEYER, G.: Elternbildung. In: Enzyklopädie Erziehungswissenschaft, Bd. 11, Stuttgart 1984, S. 377 ff. NEVERMANN, K./RICHTER, I.: (Hg.): Rechte der Lehrer, Rechte der Schüler, Rechte der Eltern, München 1977. NEVERMANN, K.: Legitimationskrise der Elternvertretung. In: D. Dt. S. 70 (1978), S. 327 ff. OPPERMANN, TH.: Elterliches Erziehungsrecht und staatliche Schulerziehung. In: AURIN, K. u. a.: Die Schule und ihr Auftrag, Mainz 1979, S. 71 ff. ROST, F.: Mitbestimmung – Mitwirkung. In: Enzyklopädie Erziehungswissenschaft, Bd. 8, Stuttgart 1983, S. 505 ff. SCHLEICHER, K.: (Hg.): Elternmitsprache und Elternbildung, Düsseldorf 1973. SCHULE IM RECHTSSTAAT, Bd. 1: Entwurf für ein Landesschulgesetz. Bericht der Kommission Schulrecht des Deutschen Juristentages, München 1981. STEIN, E.: Elterliche Mitbeteiligung im deutschen Schulwesen. In: Jurztg. 12 (1957), S. 11 ff. VARRENTRAPP, F.: Elternbeirat und Elternbeiratswahlen, Berlin ⁵1932. WAGNER-WINTERHAGER, L.: Schule und Eltern in der Weimarer Republik, Weinheim/Basel 1979. WALTHER, H. u. a. (Hg.): Elternarbeit in der Grundschule, Ravensburg 1977. ZUBKE, F. (Hg.): Elternmitwirkung in der Schule, Stuttgart 1981.

Lutz Dietze

Entschulung

Kritik und Neuorientierung der Schulreform. Mit der Forderung nach Entschulung verbindet sich eine Kritik am öffentlichen Schulsystem und seiner weitreichenden Reform in den letzten Jahrzehnten, die nicht nur den Erfolg (gemessen am Aufwand) für gering erachtet, sondern überhaupt den erreichten Zustand als „mißratenen Fortschritt" (FLITNER 1977) qualifizieren möchte. Dabei wird der Versuch, diese unbefriedigende Entwicklung auf eine von konservativen Widerständen erzwungene Halbherzigkeit und Inkonsequenz der Reform zurückzuführen, zunehmend durch einen viel radikaleren Zweifel ersetzt. Danach scheint die Reform sich eben durch den Prozeß ihrer Institutionalisierung und zentralen Steuerung geradezu zwangsläufig von ihren ursprünglichen Zielen entfernt zu haben. Manche ihrer Zielsetzungen sind darum aus dem Rückblick selbst fragwürdig geworden, und die solcherart gestaltete Schule wird insgesamt mehr als Mittel gesellschaftlicher Beharrung denn der Veränderung gesehen.

Unter dem Eindruck einer solchen Kritik haben inzwischen offenbar viele, die ehemals auf eine durch Reformen verbesserte Schule setzten, die früheren Perspektiven aufgekündigt (vgl. STUBENRAUCH 1980; kritisch: vgl. BÄRMANN 1980).

Vertraut man dem Eindruck, den insbesondere die Lehrern zugedachten Publikationen vermitteln, dann werden gerade in den Kreisen junger Pädagogen die Hoffnungen auf eine entschiedene Fortsetzung der Reformen zunehmend von Alternativschulvorstellungen abgelöst (vgl. BORCHERT/DERICHS-KUNSTMANN 1979, VAN DICK 1979). Mit der erfahrenen Schulwirklichkeit ist diese Ideenwelt kleinräumiger, ungeschiedener und von Spontaneität getragener Verhältnisse allerdings weder im Sinne einer langfristigen Zielperspektive noch gar als direkte Verhaltensanleitung zu vermitteln. So trägt dieser Orientierungswechsel vermutlich zur weiteren Delegitimierung des vorgefundenen Zustands bei, für die sich Anzeichen auch in der wachsenden Bedeutung von Privatschulen erblicken lassen.

Innerhalb der letzten zehn bis fünfzehn Jahre hat sich – vorwiegend wohl durch die zunehmende Inanspruchnahme privater Grundschulen – ihr Schüleranteil im allgemeinbildenden Schulwesen von 3% auf 4,8% (im Jahre 1981) gesteigert. Im Vergleich zum (westlichen) Ausland mutet diese Quote noch immer bescheiden an, im Kontext der deutschen Staatsschultradition bedeutet sie ein Novum. Allerdings darf man die wachsende Popularität von Privatschulen wohl nur zum geringeren Teil als bewußte Zuwendung zu einem alternativen Schul- und Erziehungsprogramm werten. Sie ist großenteils mehr die Abwendung von der öffentlichen Regelschule, weil man ihr – vom Lernklima, vom Engagement der Lehrer, von der Zusammensetzung der Schülerpopulation, vom Leistungsniveau und den eröffneten Sozialchancen her – nicht (mehr) die Erfüllung zentraler Aufgaben zutraut: Offenbar führen dieselben Motive, die in den letzten Jahrzehnten zur Expansion und inneren Veränderung des Schulsystems beigetragen haben, gleichzeitig eine bestimmte Klientel wieder aus diesen Institutionen hinaus.

Schwerpunkte aktueller Schulkritik. Die Grundlinien der aktuellen Schulkritik sind im wesentlichen Ende der 60er Jahre in den USA formuliert worden. Den Argumenten, die seinerzeit neben vielen anderen insbesondere ILLICH (vgl. 1970, 1973) und REIMER (vgl. 1972) vorbrachten, sind in der Folgezeit trotz der großen Fülle von Literatur kaum neue Gesichtspunkte hinzugefügt worden (vgl. RAMSEGER 1975, WINKEL 1981). Auch die heftigen Einwände, die seitdem – mit geradezu pädagogischem Eifer – eine neu entstandene „Antipädagogik" gegen den Gedanken der Erziehung überhaupt erhoben hat (vgl. v. BRAUNMÜHL 1976, KUPFFER 1980; kritisch dazu: vgl. LEHMANN/OELKERS 1981), überhöhen im Grunde nur ins Prinzipielle, was der Ablehnung der Schule als Masseninstitution dieser Gesellschaft mindestens teilweise ohnehin zugrundeliegt. Besonderes Gewicht hat dabei die kritische *Funktions*bestimmung des Bildungssystems, mit der gewissermaßen die historisch überlieferten Vorstellungen von seinen Aufgaben auf den Kopf gestellt werden. Vor allem in den Entwicklungsländern wirke sich die mit großen finanziellen Opfern betriebene Expansion des Schulsystems zugunsten einer Vertiefung sozialer Unterschiede aus. Verantwortlich wird dafür nicht nur die unterschiedliche Aufgeschlossenheit für Bildungszwecke, sondern die *Struktur* der Schule selbst gemacht, die sie als Mittel sozialer Mobilisierung denkbar ungeeignet erscheinen lasse: Selbst die sozial Privilegierten bezahlten dabei noch die extensive Nutzung dieser Institution, die ihren Statusvorteil absichere und scheinbar rechtfertige, mit einer Einschränkung ihrer Initiativkraft und einer erzwungenen Anpassung an eine entfremdete Konsumentenkultur. Neben der kritisierten inneren Struktur der Schule sei dabei auch das problematische *Verhältnis zur gesellschaftlichen Umwelt maßgeblich, für deren Reize und Möglichkeiten* das monopolartige Schullernen unempfindlich mache. Wenn das unmittelbare Milieu der Kinder in der Industriegesellschaft zunehmend unerziehlich, unanschaulich und teilweise ausgesprochen inhuman geworden ist, ist dies nach dieser Auffassung nicht nur die Folge allgemeiner sozialer Veränderungen, sondern wiederum auch der Schule. Zusammen mit anderen Wohlfahrtsinstitutionen wird damit gerade diese Institution zum strukturgebenden Faktor der industriellen Gesellschaft – und Konsumentenkultur –, über die nicht die Reform, sondern nur die Beseitigung der Schule hinwegzuführen verspricht.

Bei der Rezeption dieser Kritik bleiben oft charakteristischerweise ihre weitreichenden kulturkritischen Perspektiven und Konsequenzen eher ausgeblendet. Doch prägt ihr Argumentationsmuster das weit verbreitete Bewußtsein in der Bundesrepublik Deutschland, daß bei der angestrebten gesellschaftlichen Veränderung (auch reformierte) „Schulen nicht helfen". Die Durchschlagskraft der Kritik von Illich und anderen ist wohl wesentlich darauf zurückzuführen, daß sie in einer ähnlichen Situation beschleunigten Wandels und auflaufender Reformen entwickelt wurde (vgl. BOYD 1978, V. HENTIG 1971), wie sie die Bundesrepublik gewissermaßen erst in einem Prozeß nachholender Modernisierung erreicht hat.

Motive historischer Schulkritik. Die dem rasanten Wandel des Bildungssystems folgende Ernüchterung hat zugleich Reminiszenzen an historische Stränge der Schulkritik geweckt. Allerdings ist an sie eben aufgrund der mit dieser Entwicklung verbundenen Traditionsumbrüche und realen Veränderungen nicht ganz leicht wieder anzuknüpfen. Dies hindert nicht, daß Motive historischer Schulkritik (etwa aus der Reformpädagogik) unbewußt eine Rolle spielen (kritisch: vgl. RANG/RANG-DUDZIK 1978). Aber der explizite Hinweis auf historische Ursprünge und Vorläufer der radikalen Schulkritik erfolgt meist weniger im Sinne kritischer Aufbereitung lebendiger Traditionen als vielmehr der Mobilisierung zusätzlicher Legitimationsreserven (vgl. MÜLLER 1978, VOGEL 1982; anders: GRODDECK 1977, S. 148 ff.).

Insgesamt spricht viel für die Annahme, daß es sich bei den verschiedenen historischen Konjunkturen der Schulkritik jeweils um symptomatische Reaktionen auf Veränderungen in Erziehung und Gesellschaft, gewissermaßen Modernisierungs- oder enger noch Verschulungsschübe handelt. Dies gilt schon für die Anfänge der Entwicklung eines öffentlichen Bildungssystems, die von einer überaus wirksamen und folgenreichen Kritik begleitet werden: Rousseau formulierte sein Konzept der „natürlichen" Erziehung – auf das dann in vielen Mißdeutungen immer wieder zurückgegriffen wurde – zwar gegen die pädagogischen Praktiken und Einrichtungen einer halbfeudalen Welt (vgl. RANG 1965, 1968), aber im Schoße dieser sich bereits auflösenden Gesellschaftsformation bereitete sich die Konstituierung eines Bildungssystems im modernen Sinne vor. Später bildeten für die Reformpädagogik die Begleit- und Folgeerscheinungen der fortschreitenden Industrialisierung am Ende des 19. Jahrhunderts, des Wandels der Lebensbedingungen durch die rasche Urbanisierung und Veränderung der Arbeitsprozesse sowie schließlich der tiefe Kulturschock des Ersten Weltkriegs den Hintergrund. Im Rahmen dieses Wandels mußte sich auch die Schule der Funktion und der internen Organisation nach erheblich verändern, wie dies die Reformpädagogik ebenso kritisch abwehrte wie in bestimmter Weise pädagogisch aufzunehmen versuchte (vgl. PAULSEN 1926, SCHMID 1973, SPRANGER 1928). Bezeichnenderweise beginnt endlich die Schulkritik moderner Prägung sich in dem Moment zu formieren, wo

Tatsache und zwiespältige Folgewirkungen einer „weltweiten Bildungsrevolution" (vgl. MEYER u. a. 1977) im Zusammenhang einer tiefgreifenden Veränderung dieser Zivilisation überhaupt bewußt zu werden beginnen.

Den jeweiligen Bedingungen entsprechend, variieren bei aller gemeinsamen Skepsis gegen die Institution „Schule" Kritikpunkte und Gegenvorstellungen. ROUSSEAU (vgl. 1968) wandte sich mit seiner Vorstellung einer „natürlichen Erziehung", die er kunstvoll im Abgelegenen arrangiert, gegen die gesellschaftlichen Bedingungen und Einrichtungen seiner Zeit, weil sie den einzelnen zu einer fragwürdigen Scheinexistenz zwischen einem Dasein als Mensch oder Mitglied der Gesellschaft verurteilten. Von verschiedenen deutschen Pädagogen wird zu Beginn des 19. Jahrhunderts die mit überhöhten Reformhoffnungen begleitete „Staatspädagogik" des deutschen Idealismus einer Kritik unterzogen (vgl. BERG 1980, VOGEL 1982): Zum Teil sieht man die konstitutive Rolle der Familie im Erziehungsprozeß mißachtet, der im Grunde durch ein ausgedehntes System der Hauslehrererziehung viel besser als durch öffentliche Schulanstalten Rechnung getragen würde (vgl. HERBART 1919, S. 222 ff., S. 433 ff.). Zum Teil verweisen die Erfahrungen der Restaurationszeit auf die Mißbrauchmöglichkeiten eines zentralstaatlich organisierten Schulsystems, in dem kommunale Interessen, private Initiativen und die freie Betätigung der Beteiligten allenfalls eine untergeordnete Bedeutung hatten (vgl. MAGER 1982). Gegen die inzwischen fest etablierte Schule wird dann zum Ende des 19. Jahrhunderts von den verschiedenen Strömungen der Reformpädagogik die Idee einer freien, kind- und jugendgemäßen Gemeinschaft gesetzt, in der anstelle der alten Zucht und Einseitigkeit neue, breitere Lebensmöglichkeiten erfahren und erprobt werden können (vgl. GLÄSER 1920). Die radikale Kritik der Gegenwart macht die Ansprüche noch einmal höher – und unerfüllbarer – mit dem Vorwurf, daß die Schule dem Ziel einer befreiten egalitären Gesellschaft durch Art und Aufwand ihrer Veranstaltung selbst im Wege stände.

Bei genauerem Hinsehen wird erkennbar, daß sich der Prozeß der fortschreitenden Verschulung in diesen Stellungnahmen nicht nur negativ spiegelt. In die Kritik gehen still und unbemerkt offenbar auch viele seiner Ergebnisse und Begleitumstände als stützende Voraussetzung ein. Ebenso wie sich die Enttäuschung radikalisiert, hat sich zuvor auch der der Schule angesonnene Aufgabenbereich erweitert: Das Ziel, dem einzelnen zu einer unverbildeten menschlichen Existenz auch unter dem Druck kritisierter gesellschaftlicher Verhältnisse zu verhelfen, verschwindet am Ende hinter dem Vorhaben, die Gesellschaft mit Hilfe des Bildungssystems direkt zu verändern. Das Postulat einer autonomen und professionellen Organisation des Erziehungsgeschäftes verdankt sich ebenso wie die Berufung auf psychologische und erziehungswissenschaftliche Erkenntnisse von einer kindgemäßen Entwicklung erst der allmählichen Institutionalisierung dieses Bereiches: In ihrem Verlauf entwickeln – und steigern – sich allmählich die Standards seiner eigenen Ausgestaltung und Kritik. Selbst die Schulkritiker der Gegenwart, die uns manchmal mit dem Verweis auf die autochthonen Verhältnisse in den Entwicklungsländern geradezu das Vorbild ursprünglicher Selbstbescheidung und Frugalität entgegenhalten, setzen für die Ablösung des Schulzwanges notgedrungen auf die (verkehrsmäßigen und medialen) Infrastrukturen der modernen Gesellschaft.

Die historische Relativierung vermag der radikalen Schulkritik der Gegenwart allerdings nicht jeden Stachel zu nehmen: Es bleibt die Enttäuschung darüber, daß auch der aufwendige Ausbau seiner Möglichkeiten das Bildungssystem seinen eigentlichen pädagogischen Zielsetzungen nicht unbedingt nähergebracht hat. Schon qua schierer Masse und Komplexität widersteht es inzwischen zweifellos äußeren Einfluß- und Manipulationsversuchen. Aber eben damit scheint das Bildungssystem auch einer ungesteuerten Dynamik interner sozialer Mechanismen ausgeliefert zu sein, die den Zuwachs an realer Autonomie wieder fraglich machen; als zentrales Medium gesellschaftlicher Prozesse wird es darüber hinaus zunehmend mit deren Problematik belastet. Entsprechend hat die fortschreitende Herauslösung schulischen Lernens aus einem Netz einfassender und relativierender Sozialerfahrungen seinen Preis in der Gefahr kindlicher Überforderung und Absperrung gegen gesellschaftliche Praxisräume. Der Zweifel an der mangelnden Effizienz der Schule gegenüber den modernen Medien selbst im kognitiven Bereich kommt noch hinzu. Insgesamt liegt die Bedeutung der radikalen Schulkritik in der Gegenwart wohl mehr in diesem „unglücklichen Bewußtsein" als in den meist daraus abgeleiteten Gegenvorstellungen, die ihr soviel Publizität verschaffen.

Konsequenzen radikaler Schulkritik: Gegenvorstellungen. Mit der radikalen Schulkritik dieser Tage verbindet sich eine breite Palette von Gegenvorstellungen; sie reichen von der Forderung, die Schule gänzlich abzuschaffen und durch flexible „Netzwerkorganisationen" für pädagogische Dienstleistungen zu ersetzen, bis zur Befürwortung freier und basisnaher Alternativschulen der unterschiedlichsten Art. Von den letzteren erhofft man sich nicht, daß sie das ganze System mit einem Schlage ersetzen, wohl aber daß sie langfristig auf dessen Veränderung hinwirken (vgl. VAN DICK 1979, DUKE 1978). Gemessen an den weitausgezogenen Linien der grundsätzlichen Kritik, wie sie insbesondere Illich

dargelegt hat, verfolgen derartige Initiativen eine eher bescheidene Perspektive. Dies wird deutlich, wenn man sich vergegenwärtigt, daß von ihnen her nur ein Ausschnitt jener globalen Situationsmerkmale oder Veränderungstrends erreicht werden kann, auf die sich die generelle Kritik bezieht. Den Konsequenzen, die sich aus den *sozialen Funktionen* des Bildungssystems, ihren Veränderungen und ihrer Umwertung ergeben, ist auf diese Weise allenfalls mittelbar zu begegnen, denn hier sind gesamtgesellschaftliche Prozesse am Werk. Ähnliches gilt auch für die Veränderungen in dem *Verhältnis von Schule und gesellschaftlicher Umwelt*, obwohl es hier – am deutlichsten in den amerikanischen „schools without walls" – nicht an Versuchen einer stärkeren Öffnung der Schulen zur Erwachsenenwelt fehlt. Doch stehen bei den Alternativschulen notwendig Revisionen *schulstruktureller* Art, so etwa im organisatorischen Aufbau, in den internen Entscheidungsprozeduren, in den Beziehungen von Lehrern, Eltern und Schülern, in Unterrichtsorganisation und methodischem Verfahren – und zwar auf der Ebene der einzelnen Schule – im Vordergrund (zum Selbstverständnis von Alternativschulen vgl. GRODDECK/SCHULTZE 1983, S. 329ff). Gegen die Praktikabilität und den Realitätsgehalt der damit verbundenen Vorstellungen sind sich in der öffentlichen Diskussion Bedenken artikuliert worden (vgl. RANG/RANG-DUDZIK 1978, ROEDER 1979), wie sie in anderer Form auch gegen die prinzipielle Lösung von Illich vorgebracht worden sind. Gerade weil sich sein radikaler Angriff der Schule auf eine typische, sozial tief verankerte Institution unserer Gesellschaft richtet, mußte er sich frühzeitig den Vorwurf zuziehen, irreal zu wirken (vgl. GINTIS 1973): Die Abschaffung der Schule ist kein realistisches, denkbares Programm unter den gegenwärtigen Bedingungen. Und als äußerst fraglich muß gelten, ob die von Illich vorgeschlagenen alternativen „Netzwerke" und Kommunikationszentren nicht ihrerseits dem Schicksal der Institutionalisierung – und damit der eigenen Kritik verfallen müßten. Umgekehrt ist gegen die Alternativschulen, deren Funktionsweise ganz auf der sozialen Überschaubarkeit und kleinräumigen Unmittelbarkeit beruht, immer wieder skeptisch eingewandt worden, daß sich die damit verbundenen Erfahrungen und Organisationsformen kaum auf das „Massenschulwesen" als ganzes übertragen ließen. Über wesentliche Strukturelemente kann die öffentliche Regelschule geradezu definitionsgemäß nicht verfügen: angefangen von der geringen Größe und den damit verbundenen Vorteilen geringerer Komplexität und Arbeitsteiligkeit, der größeren Homogenität von Schülern (und Lehrern) durch die zugrundeliegenden stillen Selektionsprozesse bis hin zu den Motivations- und Identifikationsmöglichkeiten, die den Beteiligten die Entscheidung für das Besondere vermittelt. Wollte man das Konzept der Alternativschulen ins allgemeine wenden, hieße es: so viele Schulen wie Bedürfnisse und Gruppierungen – wobei die möglichen Vorteile des Prinzips nur bei denen lägen, die nicht von vornherein als der große, nur negativ ausgegrenzte Rest übrig blieben.

Alternativschulbewegung in den USA. Es ist in der Bundesrepublik aufgrund bestehender Traditionen und rechtlicher Bestimmungen, die derartige Gegeninitiativen bestimmten Einschränkungen unterwerfen, offenbar außerordentlich schwer, entsprechende Erfahrungen und Einsichten zu sammeln (vgl. HAGENER 1979). Wenn man so will, begünstigen die vorhandenen Restriktionen paradoxerweise gerade die weitverbreitete Hoffnung – wenn man nur dürfe, was man wolle –, über leicht realisierbare Alternativlösungen zum vorfindlichen Schulsystem zu verfügen. Insofern müssen Entwicklungen in den USA ein besonderes Interesse verdienen: Für die hiesigen Schulkritiker besitzt die Vielfalt der amerikanischen Alternativschulszene die Qualität eines leuchtenden Gegenbildes, das nach Übertragung auf die hiesigen Verhältnisse verlangt. Ergiebiger scheint es aber, sie als ein Erfahrungsfeld zu betrachten, das die Bedingungen, Schwierigkeiten und Grenzen von Versuchen zeigt, in der modernen Industriegesellschaft alternative Wege zu gehen (vgl. LESCHINSKY 1981). Gerade einschneidende Veränderungen, wie sie die auch von Illich befürwortete Einführung des Gutscheinsystems darstellt, unterliegen – nach Versuchen in den USA zu schließen – einer Abschleifung und Verfälschung ursprünglicher Intentionen (vgl. BASS 1978). Für die Bundesrepublik noch interessanter, weil in größerer Nähe, sind die Gegenschulinitiativen; ihre Entwicklung in den USA läßt den Prozeß der schrittweisen Akkomodation an das Bestehende und die Anpassungsmechanismen erahnen, die ihr eigener Erfolg erfordert und mit sich bringt. Bei der wachsenden öffentlichen Beunruhigung über Disziplinprobleme, Vandalismus, sinkende Leistungen lag es nahe, daß bundes- und einzelstaatliche Instanzen – angeregt durch Empfehlungen verschiedener nationaler Kommissionen – in den USA schon relativ früh an Alternativen insbesondere für Problemschüler Interesse bekundeten (vgl. PASSOW 1975). In der Tat werden inzwischen entsprechende Einrichtungen, sei es als willkommene Entlastung des Regelsystems, sei es als Experiment mit vielleicht allgemeinen Perspektiven, staatlicherseits begünstigt und vor allem meist öffentlich unterhalten. Verschiedene Großstädte führen ein Alternativprogramm mit Einrichtungen, die unter anderem speziell für Problemschüler Wege zum Erwerb von Sokkelabschlüssen offen halten. Auch die sogenannten Magnet Schools, die sich mit einem spezifisch akzentuierten inhaltlichen oder methodischen Angebot an große Einzugsbereiche richten, sind Einrichtungen der öffentlichen Hand. Sie sollen der Flucht der weißen Mittelschicht aus den Innenstadtbezirken vorbeugen und zugleich helfen, die auch in Wohngebieten und Schulbezirken markierten Rassengrenzen zu überspringen, die durch die Zwangsmaßnahmen des „bussing" offenbar kaum zu beseitigen sind. Zwar zeigen genauere Analysen die mit dem investierten staatlichen Interesse einhergehenden Ambivalenzen: Aufgrund der Ausstattungsvorteile, der öffentlichen Unterstützung und der günstigeren Schülerzusammensetzung geraten die Magnet Schools leicht in eine Vorreiterrolle gegenüber den normalen Schulen; deren Schwierigkeiten können auf diese Weise eher noch gesteigert werden (vgl. BASS 1978). Zugleich müssen sie sich der Kritik stellen, daß sie als eine Art „brain drain" die schwarze Minderheit ihrer aufgewecktesten und besten Kinder berauben und den großen Rest damit nur um so mehr ghettoisieren (vgl. BARR 1981, S. 572).

Aber derartige Problematisierungen können den entsprechenden Einrichtungen Berechtigung und Erfolg nicht völlig absprechen (vgl. MAGNET SCHOOL. DIE... 1981). Das Spektrum staatlich gestützter Initiativen und Gegenschulformen ist im übrigen mit den erwähnten Schularten kaum angedeutet (vgl. den Überblick bei DEAL/NOLAN 1978, DUKE 1978). Expansion und Stabilisierung der Alternativschulbewegung in den USA sind wesentlich ein Ergebnis dieses staatlichen Engagements, das einzelne frühere Initiativen auch mit dem politischen Anspruch herbeigezwungen haben, daß der Staat die freie Betätigung seiner Bürger gerade in diesen Belangen aktiv zu unterstützen habe. Daß aus den wenigen Schulen der 60er Jahre trotz der ökonomischen Krisenerscheinungen inzwischen mehrere Tausend wurden und diese einzelnen Einrichtungen selbst von der Sorge um die weitere finanzielle Sicherung relativ freigesetzt sind, wird auch von den Protagonisten der Bewegung der staatlichen Förderung zugeschrieben (vgl. BARR 1981, RAYWID 1981). Neben den materiellen Effekten steht dabei der Zugewinn an Legitimität und Halt, die die staatliche Anerkennung den vielfach kleinräumigen und teilweise partikularistischen Gegenschulinitiativen im weiteren Kreis der Gemeinde und Öffentlichkeit verschafft. Diese haben weitgehend das Odium umstürzlerischer Irregularität verloren, zumal sie sich aufgrund eigener Erfahrungen von den radikalen Anfängen des Free School Movement längst gelöst haben (vgl. FIRESTONE 1976, 1976/1977; vgl. SWIDLER 1979). Aber auch der Staat mag zu profitieren hoffen, wenn so gegen das Bild fortschreitender bürokratischer Zentralisierung lokale Gestaltungs- und Betätigungsspielräume (wieder) eröffnet werden.

Ein Großteil der Alternativschulen ist mittlerweile in das Netz des öffentlichen Schulangebots und der öffentlichen Schulverwaltung (meist durch die Anbindung an benachbarte Regelschulen) systematisch einbezogen. Diese Maßnahmen scheinen eine Art Konsolidierung zu bewirken, das Augenmaß für das jeweils Mögliche erhöht und die Gefahr des Scheiterns vermindert zu haben. Vielfach haben diese Einrichtungen damit eine Sonderstellung erlangt, die ihnen die Vorteile des Gesamtsystems zu nutzen erlaubt, ohne daß sie der Gesamtheit der entsprechenden Verbindlichkeiten unterworfen wären. Sicher sind die Erfolge, die verschiedene neuere Untersuchungen den Alternativschulen hinsichtlich der Zufriedenheit und sozialen Entwicklung ihrer Schüler, teilweise auch ihrer schulischen Leistungen bescheinigen (vgl. DUKE/PERRY 1978; vgl. RAYWID 1981, S. 554), nicht von dem besonderen Engagement der Beteiligten und dem schulinternen pädagogischen und organisatorischen Arrangement zu trennen. Aber es wäre kurzsichtig, hier nicht auch das Ergebnis einer glücklichen Balance zwischen ausgeschöpften Freiheitsspielräumen und der Einbindung in ein Gesamtsystem zu entdecken, die sowohl vielfältige Ressourcen erschließt als auch strukturierende Eingrenzungen impliziert. Daß diese Lösung freilich gleichzeitig eine erhebliche Entfernung von den ursprünglichen Erwartungen und Prinzipien bedeutet, von denen die Alternativschulbewegung in den 60er Jahren ihren Ausgang nahm, ist ebensowenig zu übersehen. Kritische Beobachter der Entwicklung halten es gerade darum für bemerkenswert, daß die vielfältigen Erfahrungen des Scheiterns und des Abgehens von überhöhten Ansprüchen nicht zu einer vollständigen Desillusionierung geführt und den Reformimpetus haben erlahmen lassen. Nun sind die weite Anerkennung der Alternativschulen und die wachsende Zahl entsprechender Einrichtungen auch geeignet, recht klare Erfolgserlebnisse zu signalisieren. Aber dieser Erfolg hat sichtlich auch seinen Preis, weil er ein gutes Stück in die Ambiguitäten, Anpassungserfordernisse und Institutionalisierungszwänge der industriellen Zivilisation hineinführt.

BÄRMANN, F.: Über die Schule. Plädoyer für eine Angeklagte. In: D. Dt. S. 72 (1980), S. 521 ff. BARR, R. D.: Alternatives for the Eighties: A Second Decade of Development. In: Phi Delta Kappan 62 (1981), S. 570 ff. BASS, G. V.: A Study of Alternatives in American Education, Bd. 1: District Policies and the Implementation of Change, Santa Monica (Cal.) 1978. BERG, CH. (Hg.): Staat und Schule oder Staatsschule? Stellungnahmen von Pädagogen und Schulpolitikern zu einem unerledigten Problem 1789–1889, Königstein 1980. BORCHERT, M./DERICHS-KUNSTMANN, K. (Hg.): Schulen, die ganz anders sind. Werkschule Berlin, Freie Schule Essen, Freie Schule Frankfurt, Glocksee-Schule Hannover, Tvind-Schulen in Dänemark. Erfahrungsberichte aus der Praxis für die Praxis, Frankfurt/M. 1979. BOYD, W. L.: The Changing Politics of Curriculum Policy-Making for American Schools. In: Rev. of E. Res. 48 (1978), S. 577 ff. BRAUNMÜHL, E. v.: Antipädagogik. Studien zur Abschaffung der Erziehung, Weinheim/Basel ²1976. DEAL, T. E./NOLAN, R. R. (Hg.): Alternative Schools. Ideologies, Realities, Guidelines, Chicago 1978. DICK, L. VAN: Alternativschulen. Informationen, Probleme, Erfahrungen, Reinbek 1979. DUKE, D. L.: The Retransformation of the School. The Emergence of Contemporary Alternative Schools in the United States, Chicago 1978. DUKE, D. L./PERRY, CH.: Can Alternative Schools Succeed where Benjamin Spock, Spiro Agnew, and B. F. Skinner have Failed? In: Adolescence 13 (1978), S. 375 ff. FIRESTONE, W. A.: Ideology and Conflict in Parent-Run Free Schools. In: Sociol. of E. 49 (1976), S. 169 ff. FIRESTONE, W. A.: The Balance of Control between Parents and Teachers in Co-op Free Schools. In: S. rev. 85 (1976/1977) S. 264 ff. FLITNER, A.: Mißratener Fortschritt. Pädagogische Anmerkungen zur Bildungspolitik, München 1977. GINTIS, H.: Zu einer politischen Ökonomie der Erziehung. Eine radikale Kritik an Ivan Illichs ‚Entschulung der Gesellschaft'. In: betr. e. 6 (1973), 9, S. 54 ff. GLÄSER, J. (Hg.): Vom Kinde aus, Hamburg/Braunschweig 1920. GRODDECK, N.: Theorie schulisch organisierter Lernprozesse. Rekonstruktion zum Verhältnis von Schule, Gesellschaft und Erziehung, Weinheim/Basel 1977. GRODDECK, N./SCHULTZE, H.: Entschulungsdiskussion und Alternativschulen. In: Enzyklopädie Erziehungswissenschaft, Bd. 8, Stuttgart 1983, S. 319 ff. HAGENER, C.: Synopsis über Alternativschulen in der Bundesrepublik. In: Westerm. P. Beitr. 31 (1979), S. 42 f. HENTIG, H. v.: Cuernavaca oder: Alternativen zur Schule? Stuttgart/München 1971. HERBART, J. F.: Pädagogische Schriften, hg. v. O. Willmann/Th. Fritzsch, Bd. 3, Osterwieck/Leipzig 1919. ILLICH, I. D.: Almosen und Folter, München 1970. ILLICH, I. D.: Die Entschulung der Gesellschaft. Entwurf eines demokratischen Bildungssystems, Reinbek 1973. KUPFFER, H.: Erziehung – Angriff auf die Freiheit. Essays gegen Pädagogik, die den Lebensweg des Menschen mit Hinweisschildern umstellt, Weinheim/Basel 1980. LEHMANN, TH./OELKERS, J.: Liberalismus, Ideologiekritik und Antipädagogik. In: Z. f. P. 27 (1981), S. 105 ff. LESCHINSKY, A.: Schulkritik und die Suche nach Alternativen. Die Situation in der Bundesrepublik und neuere Entwicklungen in den USA. In: Z. f. P. 27 (1981), S. 519 ff. MAGER, K.: Wi-

Entschulung

der die Staatspädagogik, Wetzlar 1982. MAGNET SCHOOL. DIE SCHULE, DIE ANZIEHT. In: betr. e. 14 (1981), S. 29 ff. MEYER, J. W. u. a.: The World Educational Revolution, 1950–1970. In: Sociol. of E. 50 (1977), S. 242 ff. MÜLLER, W.: Zur Geschichte radikaler Schulkritik in der jüngeren Vergangenheit. In: FISCHER, W.: Schule als parapädagogische Organisation, Kastellaun 1978, S. 9 ff. PASSOW, A. H.: Reforming America's High Schools. In: Phi Delta Kappan 56 (1975), S. 588 ff. PAULSEN, W.: Die Überwindung der Schule, Leipzig 1926. RAMSEGER, J.: Gegenschulen. Radikale Reformschulen in der Praxis, Bad Heilbrunn 1975. RANG, A./RANG-DUDZIK, B.: Elemente einer historischen Kritik der gegenwärtigen Reformpädagogik. Die Alternativlosigkeit der westdeutschen Alternativschulkonzepte. In: GOTTSCHALCH, H. u. a. (Red.): Reformpädagogik und Berufspädagogik. Argument Sonderbände AS 21, Berlin 1978, S. 6 ff. RANG, M.: Rousseaus Lehre vom Menschen, Göttingen 1965. RANG, M.: Einleitung. In: ROUSSEAU, J.-J.: Emile oder über die Erziehung, Stuttgart 1968, S. 1 ff. RAYWID, M. A.: The First Decade of Public School Alternatives. In: Phi Delta Kappan 62 (1981), S. 551 ff. REIMER, E.: Schafft die Schule ab! Befreiung aus der Lernmaschine, Reinbek 1972. ROEDER, P. M.: Einleitung. In: GOLDSCHMIDT, D./ROEDER, P. M. (Hg.): Alternative Schulen? Gestalt und Funktion nichtstaatlicher Schulen im Rahmen öffentlicher Bildungssysteme, Stuttgart 1979, S. 11 ff. ROUSSEAU, J.-J.: Emile oder über die Erziehung, Stuttgart 1968. SCHMID, J. R.: Freiheitspädagogik. Schulreform und Schulrevolution in Deutschland 1919–1933, Reinbek 1973. SPRANGER, E.: Die Verschulung Deutschlands. In: D. E. 3 (1928), S. 273 ff. STUBENRAUCH, H.: Gesamtschul- oder Alternativschulentwicklung? Versuche zur Entwicklung einer demokratischen Gesellschaft mit Hilfe der Schule 1848, 1918 bis 1933 und heute. In: n. dt. s. 32 (1980), S. 438 ff. SWIDLER, A.: Organization without Authority. Dilemmas of Social Control in Free Schools, Cambridge (Mass.) 1979. VOGEL, P.: Kritik der Staatspädagogik. In: Z. f. P. 28 (1982), S. 123 ff. WINKEL, R.: Alternative Schulen. In: TWELLMANN, W. (Hg.): Handbuch Schule und Unterricht, Bd. 3: Historische, gesellschaftliche, juristische und wissenschaftliche Einflußfaktoren auf Schule und Unterricht, Düsseldorf 1981, S. 629 ff.

Achim Leschinsky

Föderalismus

Die Bundesrepublik Deutschland ist nach Art. 20, Abs. 1 des Grundgesetzes (GG) ein Bundesstaat. Solange das Grundgesetz gilt, ist diese Entscheidung des Verfassungsgebers nach Art. 79, Abs. 3 GG unabänderbar. Das Prinzip des Bundesstaates, so wie es im Grundgesetz verwirklicht ist, besteht darin, daß die Staatsaufgaben zwischen Bund und Ländern aufgeteilt sind und daß beide ihre Aufgaben grundsätzlich eigenständig wahrnehmen und hierfür mit entsprechenden Finanzmitteln ausgestattet werden (vgl. HESSE 1980, S. 88 ff.; vgl. LÖWENSTEIN 1959, S. 296 ff.). Das Bildungswesen fällt nach der Grundentscheidung des Verfassungsgebers weitgehend in den Aufgabenbereich der Länder („Kulturhoheit"). Wohl kaum eine andere Entscheidung ist nach wie vor so umstritten; doch eine grundsätzliche Veränderung ist nicht in Sicht.

Rechtliche Regelung. Nach der föderalistischen Grundnorm (vgl. Art. 30 GG) fällt das Bildungswesen grundsätzlich in den Aufgabenbereich der Länder, da das Grundgesetz dem Bund nur begrenzte Gesetzgebungskompetenzen übertragen hat (vgl. Art. 73 ff. GG), insbe- Art. 75, Ziff. 1a, allgemeine Grundsätze"), für die betriebliche Berufsausbilze"), für die betriebliche Berufsausbildung und Weiterbildung (so jedenfalls die Auslegung von Art. 74, Ziff. 11, 12 GG durch das Bundesverfassungsgericht – vgl. die Entscheidungen des Bundesverfassungsgerichts – BVerfGE –, Bd. 26, S. 246 ff.), für die Jugendhilfe (vgl. BVerfGE 22, S. 180, wobei strittig ist, ob auch die Elementarerziehung und die Jugendbildung zur Jugendhilfe gehören) sowie für die Ausbildungsbeihilfen und die wissenschaftliche Forschung (vgl. Art. 74, Ziff. 13 GG). Der Bund hat von diesen Gesetzgebungskompetenzen auch weitgehend Gebrauch gemacht, und zwar insbesondere durch das Berufsbildungsgesetz von 1969, durch das Hochschulrahmengesetz von 1976 und das Ausbildungsplatzförderungsgesetz von 1976 (inzwischen vom Bundesverfassungsgericht für nichtig erklärt, vgl. BVerfGE 55, S. 274), durch das Jugendwohlfahrtsgesetz von 1961 und durch das Bundesausbildungsförderungsgesetz von 1976. Der Bund hat damit seine Gesetzgebungskompetenzen weitgehend ausgeschöpft, ohne daß ihm dies aufgrund von Art. 72, Abs. 2 GG ernsthaft bestritten worden wäre, das heißt, daß die Regelung durch den Bund in diesen Bereichen zur „Wahrung der Einheitlichkeit der Lebensverhältnisse" (Art. 72, Abs. 2, Ziff. 3 GG) erforderlich schien. Den Ländern ist damit als exklusive Regelungsmaterie nur noch das Schulrecht verblieben.

Doch die Bedeutung der Bundespolitik im Bildungswesen beruht weniger auf der gesetzlichen Regelung dieser Aufgabenbereiche als vielmehr auf den zunehmenden Auswirkungen der „großen Politik" auf das Bildungswesen, die auch im Bundesstaat nun einmal Bundessache ist (vgl. RASCHERT 1980): Durch die Außenpolitik (vgl. Art. 73, Ziff. 1 GG), insbesondere die Europapolitik im Rahmen der europäischen Integration, werden zum Beispiel Anforderungen an Abschlüsse festgelegt, denn diese sollen international vergleichbar gemacht werden. Durch die Wirtschaftspolitik (vgl. Art. 74, Ziff. 11 GG) wird zum Beispiel die Konjunktur gesteuert und damit die Arbeitsmarkt-, Sozial- und Finanzpolitik bestimmt. Die Arbeitsmarktpolitik (vgl. Art. 74, Ziff. 12 GG) entscheidet über die Verwertbarkeit der im Bildungswesen erworbenen Qualifikation. Die Sozialpolitik (vgl. Art. 74, Ziff. 12, 13 GG) bestimmt über die Förderung der Bildungsbeteiligung. In der Finanzpolitik wird letztlich entschieden, welche Finanzmittel aus öffentlichen Haushalten für das öffentliche Bildungswesen zur Verfügung gestellt werden und wie sich die privaten Investitionen in das

Bildungswesen finanziell auswirken. Durch die Personalpolitik des Bundes (vgl. Art. 73, Ziff. 8; Art. 74 a, 75, Ziff. 1 GG) werden die Arbeitsverhältnisse der weitaus meisten Lehrenden im Bildungswesen geregelt, die überwiegend Beamte sind. Dies gilt insbesondere für die Besoldungspolitik (vgl. Art. 74 a des Bundesbesoldungsgesetzes von 1979, das nicht nur die Besoldung der Bundesbeamten, sondern auch die der Landesbeamten, also auch die der Lehrer und Hochschullehrer, regelt).

Doch der Bund kann seine Gesetzgebungskompetenzen nicht zur umfassenden Regelung des Bildungswesens nutzen. Zum Teil handelt es sich um Rahmenkompetenzen (vgl. Art. 75, Ziff. 1, 1 a GG), überwiegend handelt es sich um Kompetenzen der konkurrierenden Gesetzgebung, die den Ländern die Regelung überläßt, soweit der Bund von seiner Kompetenz keinen Gebrauch macht (vgl. Art. 72, Abs. 1 GG), und zum Teil handelt es sich um Kompetenzen, deren Ausübung an die Mitwirkung der Länder gebunden ist, insbesondere an die Mitwirkung der Länder im Bundesrat (vgl. Art. 74 a, Abs. 2 GG). Aber selbst dort, wo eine unmittelbare Beteiligung der Länder an der Gesetzgebung nicht vorgesehen ist, kommen den Ländern wichtige Gestaltungsbefugnisse zu, denn nach der Grundregel des Art. 83 GG ist die Ausführung auch der Bundesgesetze grundsätzlich Ländersache. Das Bildungswesen gehört nach Art. 87 GG nicht zu den Bereichen bundeseigener Verwaltung. So kommen dem Bundesministerium für Bildung und Wissenschaft nur „ministeriale", das heißt Regierungs-, nicht aber Verwaltungsfunktionen zu. Die Bildungsverwaltung ist – auch soweit der Bund die Gesetzgebungsbefugnis besitzt – Ländersache. Dieses traditionelle Bild der verfassungsrechtlichen Regelung – Bildung ist Landessache; soweit der Bund überhaupt tätig werden kann, muß er die Länder beteiligen – hat sich inzwischen verschoben. Neben die strenge Aufgabentrennung sind Ansätze zur Funktionsmischung getreten. Dies gilt insbesondere für die Finanzierung, da die haushaltspolitisch wichtigsten Steuern nach Art. 106, Abs. 3 GG Gemeinschaftssteuern von Bund und Ländern sind. Auch über die Finanzierung und damit über die Finanzierbarkeit des öffentlichen Bildungswesens wird damit von Bund und Ländern gemeinsam entschieden. Darüber hinaus wurden durch die Reform der Finanzverfassung des Jahres 1969 die Gemeinschaftsaufgaben von Bund und Ländern geschaffen, der Hochschulbau nach Art. 91 a, Ziff. 1 GG sowie die Bildungsplanung und die Forschungsförderung nach Art. 91 b GG. Neben den traditionellen Föderalismus im Bildungswesen trat so der sogenannte kooperative Föderalismus, der die föderalistische Tradition grundsätzlich in Frage stellte, der sich jedoch letztlich nicht hat durchsetzen können (vgl. KISKER 1971).

Traditionen, Probleme, Entwicklungen. Ein einheitliches Bildungswesen hat es in Deutschland nie gegeben; soweit es überhaupt zentrale Kompetenzen gab, wie zum Beispiel in der Weimarer Republik und im Nationalsozialismus, ist von ihnen nur sehr zögernd Gebrauch gemacht worden. Dennoch gab es – bei allen regionalen Besonderheiten – in Deutschland stets eine Einheit der Bildung, weil die wichtigsten Bestimmungsfaktoren der Bildungsprozesse, die Entwicklung von Wirtschaft und Wissenschaft, von Erziehungszielen und Erziehungsmethoden nicht kompetentiell, sondern kulturell und ökonomisch vermittelt wurden. Diese auffällige Diskrepanz macht die Auseinandersetzungen über den Föderalismus im Bildungswesen nicht so recht verständlich.

Die Befürworter eines zentral gesteuerten Bildungswesens machen die Einheit der Lebensverhältnisse in einem so kleinen Land wie der Bundesrepublik angesichts intensiver internationaler Verflechtungen geltend (vgl. BUNDESMINISTER FÜR BILDUNG UND WISSENSCHAFT 1978). Sie stellen damit jedoch den Föderalismus (vgl. Art. 79, Abs. 3 GG) grundsätzlich in Frage. Sie berufen sich darüber hinaus immer wieder auf die „armen Beamtenkinder", das heißt auf die Auswirkungen der föderalen Gestaltung des Bildungswesens auf die verfassungsrechtlich gewährleistete Freizügigkeit (vgl. Art. 11 GG) und auf den massenhaften Gebrauch, der von ihr gemacht wird. Doch das Problem der Unterschiedlichkeit der Bildungslaufbahnen in den Ländern läßt sich durch eine großzügige Regelung der Anerkennung von Abschlüssen regeln. Die Befürworter eines dezentral gesteuerten, also föderalen Bildungswesens berufen sich auf die Vielfalt unterschiedlicher kultureller Traditionen in Deutschland und verkennen dabei, daß es – angesichts politischer Spaltung – vor allem die Einheit von Kultur und Bildung war, die den nationalen Zusammenhang erhielt. Sie führen weiter das Subsidiaritätsprinzip an, das die Gestaltung der Gemeinschaftsangelegenheiten so weit wie möglich nach unten verlagern will – also dann doch wohl nicht auf die zentralen Landesinstanzen –, und sie argumentieren schließlich mit dem Prinzip der Gewaltenteilung, das jedoch eine echte Kompetenzverteilung auf Bund und Länder erfordern würde (vgl. BUNDESMINISTER FÜR BILDUNG UND WISSENSCHAFT 1978). Doch die traditionellen Argumente der Freunde und Feinde des Föderalismus im Bildungswesen sind verbraucht. Sie überzeugen nicht mehr unter den Bedingungen eines Gemeinwesens, in dem es massive integrative Tendenzen gibt, insbesondere aufgrund von Kommunikation und Konsens, in dem aber auch neue partikulare Strömungen entstanden sind und alte regionale Traditionen wiederbelebt werden, zum Beispiel in der „neuen Jugendbewegung" und im Umweltschutz. Der Föderalismus als politisches Prinzip der Teilung der Staatsgewalt auf regionaler Basis wird diese neuen Entwicklungen nur auffangen können, wenn er beide Tendenzen miteinander verbinden kann, den neuen Konformismus und den neuen Partikularismus in der Bildung. Die institutionellen Einheiten, die bisher hierfür zur Verfügung stehen, die Länder, dürften sich jedoch kaum zur Erfüllung dieser Aufgabe eignen; sie sind einfach zu groß. Die kommunalen Selbstverwaltungseinheiten sind andererseits zu unterschiedlich und allzu sehr auf die lokale Basis bezogen.

Die Föderalismustheorie in der Bundesrepublik ist nun allerdings noch keineswegs zur Bearbeitung dieser Probleme in der Lage. Sie ist vielmehr noch voll mit der Bewältigung der technokratischen Reformen der 60er Jahre beschäftigt. An die Stelle der traditionellen Theorie des Bundesstaates trat die Idee der vertikalen Gewaltenteilung (vgl. HESSE 1962) oder – politologisch formuliert – der Politikverflechtung (vgl. SCHARPF 1976). In ihr findet zwar die Tendenz zur politischen, ökonomischen und kulturellen Integration zutreffend Ausdruck; sie gerät jedoch in die Gefahr, die regionale Basis der föderalen Idee aus den Augen zu verlieren und den Föderalismus ausschließlich als Phänomen der gesellschaftlichen Differenzierung zu begreifen. Die regionale Basis des Förderalismusprinzips läßt sich jedoch nicht leugnen. Gerade im Bildungswesen kommt sie immer wieder zum Ausdruck. Deshalb mehren sich – ungeachtet aller neuen Probleme – die Tendenzen zu einer Aufgabe des kooperativen Föderalismus und zu einer Rückkehr zu den klassischen Formen föderaler Politikgestaltung. Die Enquete-Kommission Verfassungsreform hat eine Entflechtung der kooperativen Finanzverfassung und eine Abschaffung der Gemeinschaftsaufgaben nach Art. 91 a und b GG vorgeschlagen. Die Länder, die von Parteien regiert werden, die im Bund in der Opposition stehen, wehren sich zunehmend gegen die Aufgaben- und Ausgabenmischung von Bund und Ländern. Eine Lösung des Problems der regionalen Differenzierung der Staatsgewalt ist mit einer Rückkehr zum traditionellen Bundesstaat jedoch nicht in Sicht.

BUNDESMINISTER FÜR BILDUNG UND WISSENSCHAFT (Hg.): Bericht der Bundesregierung über die strukturellen Probleme des föderativen Bildungssystems, Bonn 1978. HESSE, K.: Der unitarische Bundesstaat, Karlsruhe 1962. HESSE, K.: Grundzüge des Verfassungsrechts der Bundesrepublik Deutschland, Heidelberg/Karlsruhe ^{12}1980. KISKER, G.: Kooperation im Bundesstaat, Tübingen 1971. LÖWENSTEIN, K.: Verfassungslehre, Tübingen 1959. RASCHERT, J.: Bildungspolitik im kooperativen Föderalismus. Die Entstehung der länderübergreifenden Planung und Koordination des Bildungswesens in der Bundesrepublik Deutschland. In: MAX-PLANCK-INSTITUT FÜR BILDUNGSFORSCHUNG, PROJEKTGRUPPE BILDUNGSBERICHT (Hg.): Bildung in der Bundesrepublik Deutschland. Daten und Analysen, Bd. 1, Reinbek 1980, S. 103ff. SCHARPF, F. W. u.a.: Politikverflechtung. Theorie und Empirie des kooperativen Föderalismus in der Bundesrepublik, Kronberg 1976.

Ingo Richter

Freiheit, pädagogische

Die Herausbildung des Begriffs „pädagogische Freiheit" steht in engem Zusammenhang mit der allmählichen Ablösung älterer anstaltlicher Vorstellungen im Schulrecht seit Mitte der 60er Jahre. Beamtenrechtlich hat der Lehrer Dienstpflichten. Er ist zur Erfüllung des staatlichen, gesetzlich formulierten und durch dienstliche Weisungen konkretisierten Bildungsauftrages angestellt. Wie jeder Beamte, hat er die Anordnungen seiner Vorgesetzten auszuführen und ihre allgemeinen Richtlinien zu befolgen (vgl. § 37 des Beamtenrechtsrahmengesetzes vom 1.7.1957 – BRRG –, von späteren Änderungen nicht berührt, und entsprechende Vorschriften der Landesbeamtengesetze). Schulorganisatorisch besteht eine Hierarchie zwischen Schulen und Schulaufsichtsbehörden, die der Konkretisierung des Bildungsauftrages dient. Die Schulaufsichtsbehörden, sind ihrerseits hierarchisch gegliedert und stehen unter der Verantwortung des Kultusministers oder Schulsenators. Der Lehrer ist damit staatlicher Funktionär wie andere Beamtengruppen auch (für Lehrer im Angestelltenverhälnis gilt insofern das gleiche).

Die Auffassung des Lehrers an der öffentlichen Schule als „Unterrichtsbeamter" widersprach zwar schon dem reformpädagogischen Konzept eines „pädagogischen Bezugs" und einer „Eigenständigkeit der Pädagogik". Aber erst mit der schärferen Erfassung der schulrechtlichen Grundlagen stellte sich die Frage nach dem Rechtscharakter der von Pädagogen geforderten und in Schulgesetzen seit 1961 auftauchenden „pädagogischen Eigenverantwortung der Schulen" und der „pädagogischen Freiheit des Lehrers":
- Modifikation der beamtenrechtlichen Gehorsamspflicht im Sinne (partieller) Weisungsfreiheit? Oder nur faktische Restfreiheit je nach dem Maß schulaufsichtlicher Anweisungs- und Kontrolldichte?
- Pädagogische Gestaltungsfreiheit nur als Methodenfreiheit? Oder auch inhaltliche Lehrziel- und Stoffauswahlfreiheit?
- Individualrecht des Lehrers oder gesamthänderisches Autonomierecht der Lehrergesamtheit?

Die bisherigen schulrechtlichen Länderregelungen folgen inhaltlich und weitgehend auch im Wortlaut der Formulierung des 1961 erlassenen Hessischen

Schulverwaltungsgesetzes (Hess. Schul-Verw.G): „Unbeschadet der Rechte der Schulaufsichtsbehörden und der Verwaltungsbefugnisse der Schulträger ordnen die Schulen im Rahmen der gesetzlichen Vorschriften ihre pädagogischen Angelegenheiten selbst durch Lehrerkonferenz und Schulleiter" (§ 45, Abs. 1 Hess. SchulVerwG). „Die Lehrer unterrichten und erziehen im Rahmen der Gesetze, der Anordnungen der Schulaufsichtsbehörden und der Beschlüsse der Lehrerkonferenz in eigener Verantwortung; ihre pädagogische Freiheit soll nur beschränkt werden, soweit dies notwendig ist" (§ 52, Abs. 2 Hess. SchulVerwG). Damit sind die oben gestellten Fragen trotz grundsätzlicher Bejahung pädagogischer Freiheit weitgehend minimalistisch beantwortet:

- Die beamtenrechtliche Gehorsamspflicht bleibt voll erhalten, allerdings ist jeder Beamte verpflichtet, etwaige Bedenken gegen die Rechtmäßigkeit dienstlicher Anordnungen auf dem Dienstwege geltend zu machen (vgl. § 38 BRRG und entsprechende Vorschriften der Landesbeamtengesetze),
- die pädagogische Freiheit ist vor allem ein (in hohem Maße vorhandenes, nicht immer voll wahrgenommenes) Faktum, rechtlich aber eine Leerformel,
- angesichts staatlich erlassener Lehr- und Lernziele, Fächerkataloge und Stoffpläne bleibt für die faktische Entfaltung pädagogischer Freiheit nur noch der methodische Bereich übrig,
- Konferenzbeschlüsse gehen Individualentscheidungen des Lehrers vor.

Dies alles beschreibt schon die pädagogische Wirklichkeit nur unvollkommen, entspricht aber auch dem allgemeinen Rechtsbewußtsein nicht mehr in allen Teilen. Rechtsprechung und Schulrechtswissenschaft haben die Problematik vor allem in zwei Richtungen behandelt: Wie weit reicht die pädagogische Freiheit in Konfliktfällen? Und: Stehen hinter der „pädagogischen Freiheit" verfassungsrechtlich geschützte Rechtspositionen, gibt es demzufolge gesetzgeberische Pflichten zu entsprechend stärkerer Ausgestaltung?

Die erste Frage spielt vor allem bei Prüfungs- und Versetzungsentscheidungen eine Rolle. Die von der Rechtsprechung anerkannte Unabhängigkeit bei Prüfungs- und Versetzungsentscheidungen (sogenannte „Unvertretbarkeit bei fachlich-pädagogischen Wertungen") wirkt sich nicht nur in eingeschränkter verwaltungsgerichtlicher Kontrolle aus (vgl. PERSCHEL 1984a), sondern hat Konsequenzen schon für die fachaufsichtliche Nachprüfung, insbesondere für das sogenannte Selbsteintrittsrecht der Fachaufsichtsbehörde: Die fachaufsichtliche Kontrolldichte nimmt ab und nähert sich den Voraussetzungen gerichtlicher Nachprüfung. § 55 des Hessischen Schulverwaltungsgesetzes (entsprechend auch mehrere Schulverwaltungsgesetze anderer Bundesländer) ergänzte schon 1961 die zitierten Vorschriften über pädagogische Eigenverantwortung und pädagogische Freiheit durch eine Aufsichtsbegrenzung: „Die Schulaufsichtsbehörden können im Rahmen der Fachaufsicht pädagogische Bewertungen sowie unterrichtliche und erzieherische Entscheidungen und Maßnahmen aufheben, zur erneuten Beschlußfassung zurückverweisen und alsdann erforderlichenfalls selbst entscheiden, *wenn*

1. gegen wesentliche Verfahrensvorschriften verstoßen,
2. von unrichtigen Voraussetzungen oder sachfremden Erwägungen ausgegangen,
3. gegen allgemein anerkannte pädagogische Grundsätze oder Bewertungsmaßstäbe oder gegen den Grundsatz der Gleichbehandlung aller Schüler verstoßen wurde".

Fälle eigenwilliger Interpretation des Bildungsauftrages haben sich zwar in den letzten anderthalb Jahrzehnten nicht selten zugetragen (Konfliktfälle insbesondere im Bereich der politischen

Bildung, des Deutschunterrichts, der Sexualerziehung), sind jedoch in aller Regel im Raum der Schulöffentlichkeit (oft auch unter Mobilisierung der allgemeinen Öffentlichkeit über Presse und Rundfunk) ausgetragen und erledigt worden – eine Folge sowohl des gewandelten bildungspolitischen Bewußtseins als auch neuer Organisationsstrukturen der Schulverfassung, mit denen Diskussionsebenen zur Verfügung stehen. Gerichtliche Entscheidungen über Disziplinarmaßnahmen gegen Lehrer wegen Überschreitung ihrer „pädagogischen Freiheit" sind verschwindend seltene Ausnahmen.

Die Frage einer *verfassungsrechtlichen* Verankerung der pädagogischen Freiheit wird bisher verschieden beantwortet. Versuche, sie aus dem Selbstentfaltungsrecht des Kindes abzuleiten (vgl. STEIN 1967) oder eine – durch Grundrechtspositionen von Kindern und Eltern eingeschränkte – Lehrfreiheit des Lehrers als Freiheit des Lehrens neben (nicht als Bestandteil) der Wissenschaftsfreiheit in Art. 5, Abs. 3 des Grundgesetzes (GG) anzusiedeln (vgl. PERSCHEL 1979), sind in der Minderheit geblieben. Mehrheitlich wird die Rechtsqualität der pädagogischen Freiheit bis heute nur im positiven einfachen Gesetzesrecht gesucht und die verfassungsrechtliche Relevanz geleugnet.

Vom *Rechtsstaatsgebot* her entfaltet die Schulrechtskommission des Deutschen Juristentages (vgl. PERSCHEL 1984b) die Problematik der pädagogischen Freiheit neu, auf eine erklärtermaßen pragmatische, aber möglicherweise gerade dadurch folgenreiche Weise: Nach § 66, Abs. 2 ihres Schulgesetzentwurfs (SCHULE IM RECHTSSTAAT 1981) erziehen und unterrichten die Lehrer „in eigener Verantwortung im Rahmen der Grundsätze und Ziele der §§ 1–6 sowie der sonstigen Rechtsvorschriften und der Konferenzbeschlüsse. Die für die Unterrichts- und Erziehungsarbeit des Lehrers erforderliche pädagogische Freiheit darf durch Rechtsvorschriften und Konferenzbeschlüsse nicht unnötig oder unzumutbar eingeengt werden". Diese Generalklauseln unterscheiden sich auf den ersten Blick kaum von den entsprechenden Formulierungen der geltenden Schulgesetze. Der entscheidende Unterschied liegt in der Beschränkung der Schulaufsicht auf eine *Rechts*aufsicht; diese wird dadurch möglich, daß Bildungsauftrag der Schule (vgl. § 2), Bildungsziele (vgl. §§ 2–5) und Gegenstandsbereiche des Unterrichts (vgl. § 6) gesetzlich formuliert sind und daß die Lehrpläne den Charakter von Rechtsverordnungen haben (vgl. § 7). Die Kompetenzen der *Konferenzen* (vgl. §§ 78–83), der *Schulleitung* (vgl. § 67, Abs. 2, § 68, Abs. 1) und der *Schulaufsichtsbehörden* (vgl. § 73, Abs. 2) sind abschließend festgelegt. Dadurch wird erreicht, daß dem *einzelnen Lehrer* ein Raum eigenständiger Aufgabenwahrnehmung durch Gesetz zugewiesen wird und daß Verwaltungsvorschriften ihn im Bereich von Unterricht und Erziehung nicht binden können.

NEVERMANN, K./RICHTER, I. (Hg.): Rechte der Lehrer, Rechte der Schüler, Rechte der Eltern, München 1977. NIEHUES, N.: Schul- und Prüfungsrecht, München ²1983. PERSCHEL, W.: Die Lehrfreiheit des Lehrers. In: NEVERMANN, K./RICHTER, I. (Hg.): Verfassung und Verwaltung der Schule, Stuttgart 1979, S. 373 ff. PERSCHEL, W.: Rechtsschutz, verwaltungsgerichtlicher. In: Enzyklopädie Erziehungswissenschaft, Bd. 5, Stuttgart 1984, S. 553 ff. (1984a). PERSCHEL, W.: Gesetzesvorbehalt. In: Enzyklopädie Erziehungswissenschaft, Bd. 5, Stuttgart 1984, S. 497 ff. (1984b). SCHULE IM RECHTSSTAAT, Bd. 1: Entwurf für ein Landesschulgesetz. Bericht der Kommission Schulrecht des Deutschen Juristentages, München 1981. STEIN, E.: Das Recht des Kindes auf Selbstentfaltung in der Schule. Neuwied/Berlin 1967. STOCK, M.: Pädagogische Freiheit und politischer Auftrag der Schule, Heidelberg 1971.

Wolfgang Perschel

Gesetzesvorbehalt

Begriff. Das Wort „Gesetzesvorbehalt" ist im gegenwärtigen politischen und auch im juristischen Sprachgebrauch nicht ganz eindeutig. Teils wird darunter der „Vorrang des Gesetzes" (vor anderen staatlichen Handlungsformen), teils der allgemeine „Vorbehalt des Gesetzes" (für bestimmte Bereiche staatlichen Handelns) verstanden, teils wird damit die Einschränkbarkeit verfassungsrechtlich gewährleisteter Grundrechte bezeichnet (spezielle Gesetzesvorbehalte bei den meisten Grundrechten des Grundgesetzes; Ausnahmen unter anderen: Gewissensfreiheit, Kunstfreiheit, Wissenschaftsfreiheit). In allen Fällen handelt es sich um Auswirkungen des Rechtsstaatsprinzips (Gesetzmäßigkeit der Verwaltung, Grundrechtsschutz) und der damit verbundenen Prinzipien parlamentarischer Demokratie (Gewaltenteilung, Vorrang der Gesetzgebung). In der neueren Schulrechtsdiskussion erscheint ein Teil dieser Problematik unter dem Stichwort „Parlamentsvorbehalt" und steht insofern in Zusammenhang mit der sogenannten Verrechtlichung des Schulwesens.

Vorbehalt und Vorrang des Gesetzes im demokratischen Rechtsstaat. Seit der französischen Deklaration der Menschen- und Bürgerrechte vom 26.8.1789 hat der Vorbehalt des Gesetzes eine *freiheitssichernde* Funktion: Nur durch Gesetz können der natürlichen Handlungsfreiheit Grenzen gezogen werden (vgl. Art. 4 der Deklaration), und dies auch nur zur Wahrung der Rechte anderer und zur Abwehr gesellschaftsschädlicher Handlungen (Art. 4, 5); die Mitwirkung beim Erlaß solcher Gesetze ist ein wichtiges Aktivbürgerrecht, das persönlich oder durch Repräsentanten ausgeübt werden kann (Art. 6). Hiermit sind Rechtsstaats- und Demokratieprinzip in eine unmittelbare Verbindung gebracht. In der deutschen Rechtsstaatsentwicklung des 19. Jahrhunderts war diese Verbindung teilweise verlorengegangen. Im Grundgesetz ist sie jedoch wiederhergestellt und betont worden: Das Gewaltenteilungssystem weist der Gesetzgebung einen höheren Rang als der Exekutive und der Rechtsprechung zu (vgl. Art. 20, Abs. 3 GG), die speziellen Gesetzesvorbehalte der Grundrechte (vgl. Art. 2, Abs. 2; Art. 5, Abs. 2; Art. 6, Abs. 3; Art. 8, Abs. 2; Art. 10, Abs. 2; Art. 11, Abs. 2; Art. 12, Abs. 1; Art. 13, Abs. 3; Art. 14, Abs. 1 und 2; Art. 16, Abs. 1; Art. 17a GG) können nur durch Gesetze im formellen Sinne ausgefüllt werden.

Dieses System schließt eine abgeleitete Normsetzung durch die Exekutive (*Rechtsverordnungen*; wegen ihrer Allgemeinverbindlichkeit auch als Gesetze im materiellen Sinne bezeichnet) nicht grundsätzlich aus, setzt ihr aber Grenzen: Der Gesetzgeber darf nicht – wie im „Ermächtigungsgesetz" vom 24.3.1933 – völlig abdanken, sondern muß Inhalt, Zweck und Ausmaß der erteilten Ermächtigung selbst bestimmen (vgl. Art. 80 GG; entsprechende Vorschriften auch in den Landesverfassungen von Baden-Württemberg, Hamburg, Niedersachsen, Nordrhein-Westfalen, Schleswig-Holstein; aber auch für die Landesgesetzgebung in den übrigen Bundesländern gilt dieser Grundsatz – vgl. Art. 28, Abs. 1 GG). Der Gesetzgeber (das Parlament) muß also selbst die Entscheidung treffen, daß bestimmte Fragen geregelt werden sollen; er muß die Grenzen einer solchen Regelung festsetzen und angeben, welchem Ziel sie dienen soll; im Gesetz selbst muß schon etwas bedacht und gewollt sein, dem Verordnunggeber (der Regierung oder einem Minister) muß ein Programm gesetzt werden (vgl. Entscheidungen des Bundesverfassungsgerichts – BVerfGE – Bd. 19, S. 361 ff.). Damit sind Blanko-Ermächtigungen ausgeschlossen, gefordert werden mindestens *parlamentarische Leitentscheidungen*.

Gesetzesvorbehalt

Parlamentsvorbehalt und „Verrechtlichung" im Schulwesen. Bis zum Beginn der 70er Jahre schien das Schulrecht in der Bundesrepublik Deutschland von diesen rechtsstaatlich-demokratischen Prinzipien ausgenommen zu sein. Anknüpfend an im 19. Jahrhundert entwickelte Vorstellungen von sogenannten „besonderen Gewaltverhältnissen", in denen der einzelne in besonders enge Beziehungen zur Staatsgewalt trat und in denen deshalb der Vorbehalt des Gesetzes nicht für nötig gehalten wurde, hatte sich schon zu Art. 144 der Weimarer Reichsverfassung ein extensiver Schulaufsichtsbegriff herausgebildet; in gleicher Weise wurde auch aus Art. 7 GG zunächst ein umfassendes administratives Bestimmungsrecht über die Schule abgeleitet (Regelung der meisten schulrechtlichen Fragen durch die Kultusministerien im Wege ministerieller Erlasse). Das Bundesverfassungsgericht trug seit 1972 mit mehreren Entscheidungen zu einem geschärften Rechtsstaatsbewußtsein auf verschiedenen Rechtsgebieten, insbesondere auch im Schul- und Hochschulrecht bei (vgl. BVerfGE 33, S. 1 ff., [S. 9 f.]; 40, S. 237 ff. [S. 248 f.] - Strafvollzug; 33, S. 125 ff. [S. 160] - Facharzt; 33, S. 303 ff. [S. 337] - Numerus clausus; 34, S. 165 ff. [S. 193] - Hessische Förderstufe; 41, S. 251 ff. [S. 259] - Ausschluß vom Kolleg-Besuch; 45, S. 400 ff. [S. 417 f.] - hessische Oberstufenreform; 47, S. 46 ff. [S. 78 f.] - Sexualkunde; 58, S. 257 ff. [S. 268 f.] - Versetzung).

Seither ist allgemein anerkannt, daß „wesentliche" Entscheidungen dem Parlament vorbehalten sind; nähere Spezifizierungen der „Wesentlichkeit" sind bisher nur fallweise gelungen (entsprechend den Zuständigkeiten des Bundesverfassungsgerichts durchweg im Bereich der Grundrechte und im Anschluß an konkrete Streitfälle). Der 51. Deutsche Juristentag führte diese Ansätze für das Schulrecht fort (vgl. STÄNDIGE DEPUTATION DES DEUTSCHEN JURISTENTAGES 1976). Danach bedürfen gesetzlicher Regelung zumindest
- die Bildungs- und Erziehungsziele der Schule,
- der allgemeine Lernzielkatalog,
- der Fächerkatalog,
- die organisatorische Grundstruktur der Schule, Schularten und Bildungsgänge, Mitbestimmung von Eltern und Schülern, Schülerselbstverwaltung;
- die „statusbildenden Normen", die den Schüler betreffen: die Schulaufnahme, die Schulverweisung, Schuldauer einschließlich Versetzung; Prüfungsanforderungen einschließlich Prüfungsverfahren und Bewertung von Prüfungsleistungen, Disziplinarmaßnahmen.

Eine vom Deutschen Juristentag eingesetzte Kommission legte 1981 einen entsprechenden Schulgesetzentwurf vor (vgl. SCHULE IM RECHTSSTAAT 1981). Dieser Entwurf enthält - ausgehend vom Vorbehalt des Gesetzes im Sinne der skizzierten „Wesentlichkeitstheorie" - umfassende Regelungsvorschläge insbesondere für eine gesetzliche Ausgestaltung des Schulverhältnisses, des Bildungsauftrages der Schule, der Binnenorganisation der Schule, der Schulaufsicht und vieler weiterer damit zusammenhängender Fragen. Grundmodell der Regelungsvorschläge ist die Kombination gesetzlicher Leitentscheidungen, gesetzlicher Einzelregelungen von Strukturfragen und Ermächtigungsnormen für detaillierende Rechtsverordnungen, während administrative Regelungen durch positive Umschreibung von Entscheidungskompetenzen möglichst zurückgedrängt werden sollen (vgl. PERSCHEL 1984). Im geltenden Schulrecht der Bundesländer sind diese Prinzipien bisher erst ansatzweise verwirklicht.

Bei der Formulierung pädagogischer Bedenken gegen eine entsprechende Fortentwicklung des Schulrechts wird häufig ein ungenauer „Verrechtlichungs"-Begriff verwendet, wobei undifferenziert alle Bürokratisierungs- und Justitialisierungs-Tendenzen als Hauptmerkmale einer „Verrechtlichung des Bildungswesens" dargestellt werden. Die Hypertrophie von Verwaltungsanweisungen untergesetzlicher Qualität (Erlasse, Rundverfügungen) ist aber ein schon älteres Phänomen. Die Befürworter einer Weiterentwicklung des Schulrechts in dem dargestellten Sinne sehen in einer strengen „Vergesetzlichung" gerade Möglichkeiten zu besserer Kompetenzabgrenzung und Garantie pädagogischer Freiräume und damit zu einer Eindämmung schulaufsichtlicher Bürokratie.

NIEHUES, N.: Schul- und Prüfungsrecht München ²1983. OPPERMANN, TH.: Nach welchen rechtlichen Grundsätzen sind das öffentliche Schulwesen und die Stellung der an ihm Beteiligten zu ordnen? In: STÄNDIGE DEPUTATION DES DEUTSCHEN JURISTENTAGES (Hg.): Verhandlungen des 51. Deutschen Juristentages Stuttgart 1976, Bd. 1 (Gutachten), Teil C, München 1976, S. C5 ff. PERSCHEL, W.: Freiheit, pädagogische. In: Enzyklopädie Erziehungswissenschaft, Bd. 5, Stuttgart 1984, S. 494 ff. SCHULE IM RECHTSSTAAT, Bd. 1: Entwurf für ein Landesschulgesetz. Bericht der Kommission Schulrecht des Deutschen Juristentages, München 1981. STÄNDIGE DEPUTATION DES DEUTSCHEN JURISTENTAGES (Hg.): Verhandlungen des 51. Deutschen Juristentages Stuttgart 1976, Bd. 2 (Sitzungsberichte), Teil M, München 1976. VOIGT, R. (Hg.): Verrechtlichung. Analysen zu Funktion und Wirkung von Parlamentarisierung, Bürokratisierung und Justizialisierung sozialer, politischer und ökonomischer Prozesse, Königstein 1980.

Wolfgang Perschel

Haftung – Aufsicht

Haftung. Auch bei sorgfältiger Aufsichtsführung lassen sich Schülerunfälle nicht immer verhüten. Die Frage ist dann, wer den Schaden (Körperschaden, Vermögensschaden) zivilrechtlich zu ersetzen hat und wer gegebenenfalls strafrechtlich zur Verantwortung gezogen werden kann (vgl. HECKEL 1976, S. 241 ff.; vgl. HESS 1977).

Was den Körperschaden eines Schülers angeht, so wurde 1971 die Unfallversicherung für Schüler neu geregelt. Schüler sind in die Allgemeine Unfallversicherung nach der Reichsversicherungsordnung (RVO) vom 15.12.1924 (vgl. § 539) aufgenommen worden. Voraussetzung für den Ersatz eines Körperschadens ist nunmehr, daß ein „Arbeitsunfall" vorliegt. Als Arbeitsunfall wird ein körperlich schädigendes, zeitlich eng begrenztes Ereignis verstanden, das mit einer versicherten Tätigkeit (hier: dem Schulbesuch) in ursächlichem Zusammenhang steht. Dazu gehören natürlich der Unterricht, die Pausen, die Unterrichtswege und auch die Schulwege. Auch eine Verletzung beim Gebrauch von Arbeitsgeräten sowie die Instandhaltung und Erneuerung von Arbeitsgeräten gelten als versicherte Tätigkeit. So wurde anerkannt, daß ein Unfall beim Erwerb eines Schulheftes oder beim Einkauf von Farbtöpfen als Arbeitsunfall anzusehen ist; nicht als Arbeitsunfall gilt der Kauf einer Bademütze (die überwiegend für den Besuch von Schwimmbädern und nicht für den Schwimmunterricht bestimmt ist) oder ein Unfall auf dem Weg zum Nachhilfeunterricht. Erforderlich für die Anerkennung als Arbeitsunfall ist also vor allem ein enger innerer, örtlicher und zeitlicher Zusammenhang des Unfalls mit dem Schulbesuch. Dieser Zusammenhang kann aufgehoben werden, wenn ein Schüler einen großen Umweg macht oder auf dem Schulweg private Besorgungen erledigt („eigenwirtschaftliche Betätigung"), sich betrinkt oder strafbare Handlungen begeht oder dergleichen. Zuständig für die Abwicklung der Schadensersatzleistungen sind die sogenannten Eigenunfallversicherungsträger des jeweiligen Landes beziehungsweise der jeweiligen Gemeinde. Zu den Leistungen der Unfallversicherung gehören etwa (vgl. VOLLMAR 1975): Heilbehandlung und Pflege, Ausstattung mit Körperersatzstücken, Berufshilfe, Übergangsgeld, besondere Unterstützungen, Verletztenrente, Sterbegeld, Hinterbliebenenrente (vgl. §§ 557 ff. RVO). Nicht zu den Leistungen gehört die Zahlung von Schmerzensgeld. Durch die Einbeziehung der Schüler in die Unfallversicherung entfällt für sie ein Anspruch auf Schmerzensgeld, den sie etwa im Rahmen eines Amtshaftungsprozesses geltend machen könnten. Dies ist vom Bundesverfassungsgericht inzwischen als eine verfassungsmäßig zulässige Leistungsbegrenzung anerkannt worden (vgl. Versichr. 1973, S. 269).

Der Lehrer ist für alle diese körperlichen Schäden dem Schüler gegenüber nicht mehr haftbar. Er könnte nur mittelbar zur Verantwortung gezogen werden, wenn der Unfallversicherungsträger gegen ihn Regreß nehmen würde. Dies ist aber gemäß § 640 RVO nur möglich, wenn dem Lehrer grobe Fahrlässigkeit nachgewiesen werden könnte. Nach der Rechtsprechung liegt grobe Fahrlässigkeit aber erst dann vor, wenn jemand die jeweils erforderliche Sorgfalt nach den gesamten Umständen des Falles in ungewöhnlich hohem Maße verletzt, das heißt schon einfachste, ganz naheliegende Überlegungen nicht anstellt und nicht einmal das beachtet, was im gegebenen Fall jedem hätte einleuchten müssen. Es liegt auf der Hand, daß der Nachweis einer derart groben Fahrlässigkeit nicht leicht zu führen ist.

Aufsicht. Wird ein Schüler nicht nur an seinem Körper, sondern auch an seinem Vermögen verletzt, so stellt sich die Frage, ob er (oder seine Eltern) einen Ersatz dieses Vermögensschadens verlangen können. Gemäß Art. 34 des Grundgesetzes haftet der Staat (und nicht der einzelne Beamte), wenn jemand in Ausübung eines ihm anvertrauten öffentlichen Amtes eine ihm einem Dritten gegenüber obliegende Amtspflicht verletzt. Die in diesem Zusammenhang wichtigste Amtspflicht eines Lehrers, die ihm dem Schüler gegenüber obliegt, ist die Aufsichtspflicht. Verletzt ein Lehrer seine Aufsichtspflicht, so haftet der Staat für den Vermögensschaden, der dem Schüler dadurch entstanden ist. Daß der Staat und (zunächst) nicht der Lehrer haftet, ist ein echtes Privileg der Beamten: Es soll die Effizienz der Verwaltung stärken, indem es den einzelnen Beamten von der Haftung für fehlerhaftes Verhalten befreit; es schützt aber auch den Geschädigten, weil es ihm einen zahlungskräftigen Schuldner verschafft. Der Staat haftet für Amtspflichtverletzungen nur dann, wenn dem pflichtwidrig handelnden Beamten ein Schuldvorwurf gemacht werden kann, er also vorsätzlich oder fahrlässig gehandelt hat. Die Eltern eines Schülers müssen also beweisen, daß der Lehrer seine Aufsichtspflicht schuldhaft (also zumindest fahrlässig) verletzt hat und dadurch der (Vermögens-)Schaden eingetreten war (für den Körperschaden haftet die Unfallversicherung). Aber auch in diesem Fall haftet nicht der einzelne Lehrer; der Staat kann gegen ihn nur dann Regreß nehmen, wenn der Lehrer wiederum vorsätzlich oder grobfahrlässig gehandelt hat – was praktisch nur sehr selten vorkommen wird. Da es überdies in der Regel um körperliche Verletzungen des Schülers geht, hat die Verletzung der Aufsichtspflicht erheblich an Bedeutung verloren.

Kommt ein Schüler zu körperlichen Schäden, so fragt sich, ob eine strafrechtliche Verfolgung des Lehrers zu befürchten steht (vgl. KARCHER/SCHOLZ 1975). Dabei geht es in diesem Zusammenhang nicht um die allgemeine strafrechtliche Verantwortlichkeit, der alle Staatsbürger unterworfen sind: Natürlich wird auch ein Lehrer für Straftaten zur Rechenschaft gezogen, wenn er stiehlt, raubt, Körper verletzt oder mordet. Es geht vielmehr um die Möglichkeit, daß ein Lehrer allein deshalb beschuldigt wird, weil er in vorwerfbarer Weise seine Aufsichtspflicht verletzte, im Extremfall dadurch sogar die Tötung eines Schülers verschuldet hat und deshalb wegen fahrlässiger Tötung (oder Körperverletzung) angeklagt wird. Juristisch heißt das: fahrlässige Tötung durch Unterlassen.

Es entspricht dem Alltagsverständnis, daß als Tötung nicht nur ein aktives Tun (wie etwa das Vergiften eines Säuglings), sondern auch ein Unterlassen bezeichnet werden kann (die Mutter läßt das Kind bewußt verhungern). Daß ein Taterfolg auch durch Unterlassen herbeigeführt werden kann, legt §13 des Strafgesetzbuches (StGB) ausdrücklich fest: „Wer es unterläßt, einen Erfolg abzuwenden, der zum Tatbestand eines Strafgesetzes gehört, ist nach diesem Gesetz nur dann strafbar, wenn er rechtlich dafür einzustehen hat, daß der Erfolg nicht eintritt, und wenn das Unterlassen der Verwirklichung des gesetzlichen Tatbestandes durch ein Tun entspricht." Die Formulierung, daß ein Unterlassen „nur dann" strafbar ist, wenn besondere Voraussetzungen erfüllt werden, macht schon deutlich, daß die Strafbarkeit von Unterlassungsdelikten begrenzt werden muß. Im einzelnen gelten folgende Voraussetzungen: Natürlich nicht jeder, der nichts tut, sondern nur jener, der aufgrund einer Garantenstellung verpflichtet ist, einen Taterfolg zu verhindern, kommt als Täter in Betracht. Für einen Lehrer ergibt sich die Garantenstellung aus Rechtsvorschriften, nämlich dem Beamtenrecht und den ergänzenden Erlassen, in denen auch die Aufsichtspflicht mehr oder weniger ausführlich geregelt ist. Das Unterlassen muß zudem ursächlich für den Eintritt des Erfolgs sein; in dem Fall, in dem ein Schüler beim Schwimmunterricht ertrinkt, muß die mangelhafte Aufsichtsführung kausal für das Ertrinken gewesen sein, das heißt, daß bei gehöriger Aufsicht der Schüler mit Sicherheit oder mit an Sicherheit grenzender Wahrscheinlichkeit nicht ertrunken wäre. – Wäre dies anzunehmen, so ist zu prüfen, ob das Unterlassen rechtswidrig und schuldhaft war. Rechtswidrig wäre das Unterlassen dann nicht, wenn die Erfüllung der Garantenpflicht (Aufsichtspflicht) aus irgendwelchen Gründen unmöglich oder dem Lehrer nicht zumutbar gewesen wäre (etwa weil die Beaufsichtigung anderer Kinder dann nicht mehr möglich gewesen wäre); es können auch andere Rechtfertigungsgründe vorliegen, zum Beispiel Notwehr. Schuldhaft wäre die Tat, wenn der Beschuldigte entweder vorsätzlich oder – soweit die fahrlässige Begehung strafbar ist – fahrlässig gehandelt hat. Fahrlässig hätte beispielsweise der Lehrer gehandelt, dessen Schüler beim Schwimmunterricht ertrinkt, wenn er die ihn persönlich treffende Sorgfaltspflicht (hier: Aufsichtspflicht) verletzt hat und der Erfolg (das Ertrinken) für ihn vorhersehbar und vermeidbar gewesen wäre. Daß Schüler aus Unachtsamkeit bei nichtgehöriger Aufsicht ertrinken können, muß man wohl als vorhersehbar betrachten. Insofern spricht viel dafür, daß man die Fahrlässigkeit bejahen kann.

Aber es bleibt darüber hinaus zu prüfen, wann das Unterlassen der Verwirklichung durch ein positives Tun „entspricht". Zweck dieser Voraussetzung des §13 StGB ist es, den Anwendungsbereich der Unterlassungsdelikte dadurch weiter einzuschränken, daß der Richter überprüfen muß, ob der Vorwurf des schuldhaften Unterlassens einen Unrechtsgehalt impliziert, der im großen und ganzen dem Unrechtsgehalt des durch ein Tun begangenen Delikts entspricht. Die Kausalität von Unterlassen und Tatererfolg ist ja keine reale, sondern eine gedachte, und die Energie des Täters kann bei einem schlichten Unterlassen sehr viel geringer sein als bei einem aktiven Tun. Aus diesen Gesichtspunkten kann es nicht nur geboten sein, die Strafe zu mildern, sondern die Strafbarkeit ganz zu verneinen, wenn ein „entsprechender" Unrechtsgehalt nicht festgestellt werden kann.

Trotz dieser Einschränkungen liegt die Gefahr einer Kriminalisierung von Aufsichtspflichtverletzungen auf der Hand. Werden Schüler verletzt oder gar getötet und ist die Verletzung der Aufsichtspflicht hierfür ursächlich, so droht die Strafverfolgung. Juristisch müßte vor allem darauf geachtet werden, daß die Aufsichtspflicht im Strafrecht noch restriktiver definiert wird als im Haftungsrecht: Hier bestehen in aller Regel keine berechtigten Interessen, eine fahrlässige Pflichtverletzung zu pönalisieren. Trotzdem sollte dieses Ergebnis in der Praxis nicht überbewertet werden. Soweit ersichtlich, sind bisher nur ganz wenige Lehrer aufgrund von Aufsichtspflichtverletzungen strafrechtlich angeklagt oder verurteilt worden.

HECKEL, H. (unter Mitarbeit von P. Seipp): Schulrechtskunde, Neuwied/Darmstadt ⁵1976. HESS, K.: Aufsichtsführung und Haftung. In: NEVERMANN, K./RICHTER, I. (Hg.): Rechte der Lehrer, Rechte der Schüler, Rechte der Eltern, München 1977, S. 90ff. KARCHER, W./SCHOLZ, G.: Aufsichtspflicht: Angst ohne Grund? In: betr. e. 8 (1975), 5, S. 52ff. VOLLMAR, K.: Unfallversicherung für Schüler und Studenten sowie Kinder in Kindergärten, Bonn-Bad Godesberg 1975.

Knut Nevermann

Jugendhilfe

Umfassend formuliert, bezieht sich Jugendhilfe auf die außerfamiliale, außerschulische, außerberufliche, gesellschaftliche (hoheitliche und nichthoheitliche) Tätigkeit von Sozialisation, Erziehung und Ausbildung. Häufig werden auch die Begriffe Jugendwohlfahrt, Jugendpflege oder Jugendfürsorge und Jugendförderung verwandt.

Zentrale Bereiche. Ein erster Schritt zur Konkretisierung mag die Darstellung gesetzlicher Aufgabenbereiche sein. Angesprochen sind besonders das Jugendwohlfahrtsgesetz vom 11.8.1961 (JWG), das Familienrecht des Bürgerlichen Gesetzbuches (BGB), das Adoptionsvermittlungsgesetz vom 2.7.1976, das Jugendgerichtsgesetz vom 4.8.1953 (JGG) sowie das Gesetz zum Schutz der Jugend in der Öffentlichkeit vom 27.7.1957. Das JWG befaßt sich vornehmlich mit erzieherischen Einzelhilfen für Minderjährige in besonderen Erziehungssituationen:
Pflegekinderschutz (vgl. §§ 27–36 JWG). Hier handelt es sich nicht um inhaltliche Bestimmungen über das Pflegeverhältnis (vgl. BLANDOW u.a. 1978, SCHWAB 1982, ZENZ 1982), sondern um Rechte des Jugendamtes bei der Fremdplazierung von Kindern in Form eines Pflegeverhältnisses (Erteilung, Widerruf der Pflegeerlaubnis, Aufsicht über das Pflegeverhältnis, Möglichkeit der Herausnahme des Pflegekindes aus der Pflegestelle).
Tätigkeit des Jugendamtes im Vormundschaftswesen (vgl. §§ 37–54 JWG). Hierzu zählen die Tätigkeit des Jugendamtes als Amtspfleger/Amtsvormund, wie sie insbesondere bei nichtehelichen Kindern von Bedeutung ist, und die sogenannte Vormundschafts- und Familiengerichtshilfe, das heißt die allgemeine Informations- und Unterstützungspflicht des Jugendamtes gegenüber dem Vormundschafts-/Familiengericht insbesondere im Zusammenhang von Entscheidungen, die das Wohl des Kindes tangieren.
Erziehungsbeistandschaft, freiwillige Erziehungshilfe und Fürsorgeerziehung (vgl. §§ 62–77 JWG). Die Erziehungsbeistandschaft ist eine intensive Beratung und Betreuung einzelner Minderjähriger. Die freiwillige Erziehungshilfe und die Fürsorgeerziehung sind in der Regel mit einer Herausnahme des Minderjährigen aus seinem familialen Sozialisationsfeld und mit Fremdplazierung verbunden. Die freiwillige Erziehungshilfe wird auf Antrag der Personenberechtigten bestellt, die Fürsorgeerziehung durch das Vormundschaftsgericht angeordnet. Konkret unterscheiden sich beide Formen wenig; Durchführungsbehörde ist jeweils das Landesjugendamt (landesrechtliche Abweichungen sind möglich); freiwillige Erziehungshilfe und Fürsorgeerziehung werden in der Regel in Heimen oder in Familien durchgeführt. Erziehungsbeistandschaft, freiwillige Erziehungshilfe, Fürsorgeerziehung reagieren auf ein als abweichend angesehenes Verhalten Minderjähriger wie: Gefährdung/Schädigung der leiblichen, geistigen oder seelischen Entwicklung, Verwahrlosung und drohende Verwahrlosung (ausführlich zu diesen Begriffen: vgl. MÜNDER u.a. 1981, S. 266 ff.).
Neben dem JWG sind Teile des Familienrechts des BGB für die Jugendhilfe von Bedeutung:
Vorschriften über das Eltern-Kind-Verhältnis (vgl. §§ 1616–1712 BGB) mit der für die Jugendhilfe zentralen Regelung des § 1666 BGB, der die Möglichkeit des teilweisen oder vollständigen Entzugs der elterlichen Sorge bei Gefährdung des Kindeswohls vorsieht (ausführlich vgl. SIMITIS u.a. 1979, ZENZ 1979), und die §§ 1671, 1672 BGB für die Verteilung der elterlichen Sorge bei Scheidung/Trennung (vgl. KLUSSMANN 1981, SOZIALPÄDAGOGISCHES INSTITUT 1983);
Bestimmungen des Vormundschaftsrech-

Jugendhilfe

tes (vgl. §§ 1773-1921 BGB);
Annahme als Kind (vgl. §§ 1841-1772 BGB), wobei hier auch noch das Adoptionsvermittlungsgesetz eine Rolle spielt.

Mit als abweichend angesehenem Verhalten befaßt sich auch das JGG; es reagiert auf delinquentes Verhalten Jugendlicher. Hier ist bei Jugendlichen (14- bis 18jährigen), unter Umständen bei Heranwachsenden (18- bis 21jährigen - vgl. §§ 2, 105 JGG), die Anwendung des Jugendgerichtsgesetzes vorgesehen. Dies unterscheidet sich hinsichtlich des Katalogs der Sanktionen (vgl. §§ 9-19 JGG), der umfassenderen Möglichkeiten der Aussetzung der Jugendstrafe zur Bewährung (vgl. §§ 21-26a JGG), der zum Teil anderen Verfahrensgestaltung (vgl. §§ 33-81 JJG) und durch andere Formen der Vollstreckung und des Vollzugs (etwa Jugendarrest, Jugendstrafe - vgl. §§ 82-93a JGG) vom Erwachsenenstrafrecht. Vornehmlich durch die Tätigkeit der Jugendgerichtshilfe (vgl. § 38 JGG) und der Bewährungshilfe (vgl. §§ 24 ff. JGG) sollen erzieherische, sozialpädagogische Aspekte in das Jugendstrafrecht eingebracht werden.

Von geringerer Bedeutung ist das Gesetz zum Schutze der Jugend in der Öffentlichkeit, das sich etwa mit dem Gaststättenaufenthalt, dem Alkohol- und Tabakgenuß von Kindern und Jugendlichen beschäftigt.

Strukturmerkmale. Nach diesem Verständnis, das allerdings zum Teil überholt ist, setzt Jugendhilfe bei als defizitär definierten Sozialisationssituationen an:
- so beim Ausfall von ursprünglichen (leiblichen) Erziehern (Pflegekinderwesen, Heimaufsicht);
- bei als desolat erachteten Sozialisationssituationen (Einschränkung, Verteilung der elterlichen Sorge);
- bei von der gesellschaftlichen Norm abweichenden Verhaltensweisen, sei es, daß sie als dissozial definiert sind (Erziehungsberatung, freiwillige Erziehungshilfe, Fürsorgeerziehung), sei es, daß sie als delinquent angesehen werden (insbesondere im JGG).

Damit ist historischer Bezugspunkt der Jugendhilfe die als potentiell gefährdet angesehene, dissoziale, delinquente Jugend.

Als Mittel der Bewältigung solcher Problemlagen wurde aufgrund des Vorverständnisses (individuelle Schuldzuschreibung, Zurückweisung gesellschaftlicher Ursachen) mit repressiven, eingreifenden Mitteln reagiert, wie Aufsicht, Entzug von Rechten, Einsperren und Ausgrenzen. Dies hängt nicht zuletzt mit der historischen Herkunft der Jugendhilfe aus dem Polizei-, Armenfürsorge- und Strafrecht zusammen (vgl. MÜNDER 1984a).

Weitere Tätigkeitsfelder. Neben diesen repressiven Maßnahmen haben sich nicht zuletzt aufgrund der Erfahrung, daß diese nicht das gewünschte Ergebnis zeitigen, und der Erkenntnis der gesellschaftlichen Bedingtheit problematischer Sozialisationslagen weitere Aufgabengebiete entwickelt. Außerdem ergibt sich in zunehmendem Umfang die Notwendigkeit, Sozialisationsleistungen nicht nur bezogen auf randständige Familien, sondern auch auf Durchschnittsfamilien erbringen zu müssen (vgl. BARABAS u.a. 1975, 1977). Dies hat zur Ausweitung des präventiven Ansatzes der Jugendhilfe geführt und zur Konstituierung offener und halboffener Hilfen, so der Beratung, der Hilfe bei der freiwilligen Unterbringung außerhalb des Elternhauses, der Entwicklung eigenständiger Erziehungsangebote, der Betonung der Jugendarbeit.

Beratung. Die gegenwärtige Beratungslandschaft ist durch eine nur schwer überschaubare Vielfalt gekennzeichnet (vgl. BUNDESZENTRALE FÜR GESUNDHEITLICHE AUFKLÄRUNG 1975, S. 5 ff.): Ehe-, Familien- und Lebensberatung;

Familienplanungsberatung, Schwangerschafts- und Schwangerschaftskonfliktberatung; Sexualberatung; Sozialberatung; psycho-soziale Beratung, Erziehungsberatung. Für den Bereich der Jugendhilfe ist letztere die wichtigste, ihr Aufgabenbereich umfaßt alle Probleme der Sozialisation, Erziehung und Ausbildung und beinhaltet insofern auch die Familien- und die Jugendberatung. Quantitativ ist ein Anstieg zu verzeichnen (vgl. HORNSTEIN 1977).

Auch die Erziehungsberatung steht im Spannungsfeld von Hilfe und Kontrolle: Hilfe insofern, als durch den Beratungsprozeß auf Probleme der Betroffenen eingegangen werden kann und Handlungsalternativen aufgezeigt werden können, Kontrolle insofern, als öffentliche Jugendhilfe an Information über Entwicklungsprobleme, Entwicklungsschwierigkeiten interessiert ist (vgl. MÜNDER 1980, S. 193 ff.). Dennoch ist sie präventives Angebot, weil sie freiwillig nachgefragt wird, abgelehnt werden kann und eine Beratung gegen den Willen der Beteiligten konzeptionell nicht möglich ist.

Hilfe bei der Unterbringung außerhalb des Elternhauses. Im JWG ist die Herausnahme des Minderjährigen aus der Familie im Rahmen der freiwilligen Erziehungshilfe und der Fürsorgeerziehung (vgl. §§ 62–77 JWG) geregelt. Relevanter ist jedoch die Unterbringung außerhalb des Elternhauses, die detailliert im Gesetz nicht geregelt ist, die formlose Unterbringung (nach §§ 5, 6 JWG).

	formlose Unterbringung	freiwillige Erziehungshilfe	Fürsorge- erziehung
31. 12. 1967	–	–	23 200
31. 12. 1973	116 827	21 568	10 770
31. 12. 1976	122 296	18 035	5 549
31. 12. 1978	120 367	17 669	4 596
31. 12. 1980	119 808	15 798	3 198

(Quelle: MÜNDER 1980, S. 216 ff. und Fortschreibung)

Auch wenn die formlose Unterbringung noch eingreifenden Charakter hat, so ist sie doch vom Einverständnis der Personensorgeberechtigten und gegebenenfalls des Minderjährigen abhängig. Insofern ist sie den repressiven Maßnahmen, insbesondere der Fürsorgeerziehung, vorgelagert und weist auf die tendenzielle Veränderung zu präventiven Maßnahmen hin.

Eigenständige Erziehungsangebote. Hier handelt es sich um Angebote der Jugendhilfe vornehmlich vor Beginn der Schulzeit und während des schulpflichtigen Alters in Parallelität zur Schule. Sie finden sich im Bereich der Krippen-, der Kindergarten- und der Horterziehung. Am deutlichsten wird dies bei Kindergartenerziehung: War sie ursprünglich als Maßnahme für soziale Notlagen gedacht (Ausfall von Erziehungspersonen), so hat sie sich inzwischen zu einem Angebot der Jugendhilfe mit spezifischem Erziehungsauftrag entwickelt. (Plätze in Kindergärten: 31.12.1971: 1 288 866; 31.12.1973: 1 388 081; 31.12.1976: 1 463 025; 31.12. 1978: 1 396 869; 31.12.1980: 1 393 708 – vgl. MÜNDER 1980, S. 180).

Jugendhilfe

An dieser Entwicklung haben bisher Krippe und Hort nicht im selben Umfang teilgenommen. Jedoch zeigt auch hier die Tendenz (zu den Zahlen vgl. MÜNDER 1980, S. 177, S. 182), daß es um die Zurverfügungstellung eines spezifischen sozialpädagogischen Angebotes für die betroffenen Altersgruppen geht (ausführlich vgl. KOCH/ROCHOLL 1977).

Jugendarbeit. Die Jugendarbeit ist nicht zufällig in der gesellschaftspolitischen Auseinandersetzung um die Jugendhilfe besonders umstritten, geht es hier doch besonders um gesellschaftlich emanzipatorische Aspekte. Jugendarbeit stellt nämlich entscheidend auf Autonomie des Jugendlichen, auf Herrschaftsfreiheit, Abwesenheit von Konkurrenz und Leistungskontrolle ab. Das bedeutet, daß Jugendarbeit durch die eigenen Interessen der Jugendlichen und deren Artikulation selbst bestimmt wird, daß deswegen die Arbeit in diesem Feld in zunehmendem Maße an Formen auszurichten ist und ausgerichtet wird, die es erlauben, daß die einzelnen Jugendlichen sich selbst betätigen können, die Möglichkeit haben, ihre eigenen Interessen zu artikulieren und zu vertreten und nicht durch vorgegebene Organisationsstrukturen und inhaltliche Bestimmungen bereits verbindlich festgelegt sind (vgl. JORDAN 1980; vgl. JORDAN/SENGLING 1977, S. 115 ff.). Diese eher präventiven Leistungen haben in dem mittelfristig zurückliegenden Zeitraum zugenommen, während die eher „klassisch" eingreifenden, repressiven Kontrollmechanismen zurückgegangen sind. Damit orientiert sich Jugendhilfe systematisch nicht mehr an als defizitär definierten Sozialisationslagen, sondern zunehmend an der durchschnittlichen Sozialisationslage der „Normalfamilie".

Organisationen, Institutionen, Träger. Das Reichsjugendwohlfahrtsgesetz, auf das in seiner Struktur das gegenwärtige JWG zurückgeht (vgl. MÜNDER 1984a), schuf die Jugendämter als Träger der öffentlichen Jugendhilfe. Das JWG selbst enthält nur wenige Organisationsbestimmungen – diese sind den Ländern überlassen –, generell gilt jedoch die sogenannte Zweigliedrigkeit des Jugendamtes: Das Jugendamt besteht aus dem Jugendwohlfahrtsausschuß und der Verwaltung des Jugendamtes. Damit unterscheidet sich das Jugendamt von allen anderen kommunalen Verwaltungsbehörden, die Zweigliedrigkeit soll durch die Einbeziehung bürgerlicher Mitverantwortlichkeit „lebendige Jugendämter" garantieren und die Mitwirkung freier Träger gewährleisten.

Sofern nicht der hoheitliche Träger Jugendamt die Jugendhilfe wahrnimmt, wird die private Tätigkeit der Jugendhilfe terminologisch als freie Jugendhilfe bezeichnet. Die Träger der freien Jugendhilfe sind in §5, Abs. 4 JWG im einzelnen genannt; faktisch von Bedeutung sind die in der Bundesarbeitsgemeinschaft der freien Wohlfahrtspflege zusammengefaßten Wohlfahrtsverbände (Arbeiterwohlfahrt, der Deutsche Caritas-Verband, das Deutsche Rote Kreuz, das Diakonische Werk, die Zentralwohlfahrtsstelle der Juden in Deutschland – vgl. BAUER 1978), daneben vornehmlich die Kirchen. Einen Anhaltspunkt für die Gewichtung zwischen hoheitlicher und privater Jugendhilfe und der privaten Jugendhilfe geben die Zahlen über die in der Jugendhilfe Beschäftigten:

Insgesamt	öffentl. Träger	freien Träger	privat gewerbl. Träger
222 674	75 232 = 33,78 %	142 010 = 63,78 %	5 432 = 2,44 %

(Quelle: STATISTISCHES BUNDESAMT 1977, S. 9)

Die 142 010 bei freien Trägern Beschäftigten verteilen sich wie folgt (vgl. STATISTISCHES BUNDESAMT 1977, S. 44):
37,5% bei den Kirchen,
23,0% beim Deutschen Caritas-Verband,
18,0% beim Diakonischen Werk,
 4,0% beim Deutschen Paritätischen Wohlfahrtsverband,
 3,0% bei der Arbeiterwohlfahrt
 3,0% bei den Jugendverbänden/ Jugendgruppen.
Daraus ergibt sich eine Monopolisierung der Jugendhilfe bei den Kirchen, den kirchennahen Organisationen (insgesamt 111 478 Beschäftigte) und den Jugendämtern.
Das Verhältnis zwischen den hoheitlichen Trägern der Jugendhilfe, den Jugendämtern und der freien Jugendhilfe sieht zahlenmäßig so aus, wie die Tabelle auf S. 508 zeigt.
Diese fast durchgängige Übergewichtigkeit freier Träger erklärt sich zum einen historisch (zunächst kirchliche Tätigkeit auf diesem Gebiet – vgl. MÜNDER 1984a), wird zudem ideologisch begründet (sogenanntes Subsidiaritätsprinzip) und ist letztlich ein Ausdruck des gesellschaftlichen Stellenwerts der Jugendhilfe.
Angesprochen ist das Verhältnis zwischen öffentlicher und freier Jugendhilfe in §5, Abs. 3 JWG, der 1961 novelliert wurde, wodurch dafür gesorgt werden sollte, daß „der Vorrang der freien vor der öffentlichen Jugendhilfe so zwingend gefaßt wird, daß er künftig auch für sozialdemokratisch verwaltete Gemeinden einfach unumgänglich ist" (CDU-Mitglied des Bundestages Rollmann, Bundestagsprotokolle III, S. 9543). Diese politisch gewollte Intention ist durch das Bundesverfassungsgericht nicht bestätigt worden, denn dies brachte deutlich zum Ausdruck, daß den Gemeinden die Gesamtverantwortung, die Kompetenz-Kompetenz bleibt (vgl. Entscheidungen des Bundesverfassungsgerichts – BVerfGE –, B. 22, S. 206). Das Subsidiaritätsprinzip hat verschiedene Wurzeln (vgl. ISENSEE 1968, S. 18 ff.); die bedeutendste ist die der katholischen Soziallehre, bei der es sich um ein Postulat gesellschaftlicher Ordnungsvorstellungen handelt, das den Vorrang der privaten Träger sichern und zugleich die Verpflichtung des Staates festschreiben will, die Tätigkeit dieser Träger zu subventionieren (vgl. MÜNDER 1984b, RENDTORFF 1962). Die umfangreiche Tätigkeit privater Träger in der Jugendhilfe bringt aber letztlich auch zum Ausdruck, daß Jugendhilfe in weiten Bereichen noch nicht verstanden wird als eine gesamtgesellschaftlich zu verantwortende und damit auch gesamtgesellschaftlich zu tragende Aufgabe zur Unterstützung von Sozialisation, Erziehung und Ausbildung.

Veränderungen und Reformvorhaben. Die rechtlichen und institutionellen Grundlagen der Jugendhilfe haben sich seit dem Inkrafttreten des Reichsjugendwohlfahrtsgesetzes (RJWG) 1922 nicht wesentlich verändert. Allerdings wurde das umfassende Inkrafttreten des RJWG insofern relativiert, als den Ländern die Ermächtigung eingeräumt wurde, die Gemeinden von der Durchführung neuer Aufgaben zu befreien. Erst mit der Novelle von 1953 wurde dieser Zustand beseitigt. Verändert haben sich jedoch Arbeitsschwerpunkte, -felder und -inhalte. Daß dies wiederum möglich war, liegt an der Flexibilität der Rahmenbedingungen. So stellt etwa §5 JWG, der die Aufgaben der Jugendhilfe beschreibt, keine abschließende, sondern nur eine beispielhafte Aufzählung dar, die heutige Realität hat sich von diesem Gesetzeswortlaut wegentwickelt (vgl. MÜNDER u.a. 1981, §5, Anm. 2). So ist auch eine Weiterentwicklung unter neuen Bedingungen möglich. Einer allgemeinen Tendenz der Sozialpädagogik folgend, versteht Jugendhilfe heute – sofern sie nicht einzelfallbezogen, psychoanalytisch, sondern auf Bezugsgruppen, Gemeinwesen, Problemfelder orientiert

Jugendhilfe

Das Verhältnis zwischen den hoheitlichen Trägern der Jugendhilfe, den Jugendämtern und der freien Jugendhilfe

Art der Einrichtung	Insgesamt 1980	Art des Trägers					
		öffentlicher	freier[1]	privater gewerblicher	öffentlicher	freier[1]	privater gewerblicher
		Träger			Träger		
		Anzahl			% von Spalte 1		
Heime für werdende Mütter .	376	–	361	15	–	96	4
Wohnheime für Mutter und Kind .	1 370	237	1 055	78	17	77	6
Säuglings- und Kinderheime.....	40 451	6 680	27 968	5 803	17	69	14
Erziehungsheime ..	27 061	4 079	22 102	880	15	82	3
Sonderheime......	25 876	4 228	18 420	3 228	16	71	12
Beobachtungsheime	574	481	93	–	84	16	–
Kinderkrippen	26 104	19 277	6 256	571	74	24	2
Kindergärten	1 393 708	397 834	978 261	17 613	29	70	1
dar.: Sonderkindergärten..........	17 014	6 172	10 272	570	36	60	3
Kinderhorte	105 673	66 377	37 344	1 952	63	35	2
Kur-, Heil-, Genesungs- und Erholungsheime für Minderjährige	29 427	4 454	14 583	10 390	15	50	35
Jugendherbergen ..	70 661	7 033	60 016	3 612	10	85	5
Jugendbildungsstätten	29 812	6 802	20 865	2 145	23	70	7
Jugendwohnheime[2])..........	41 421	4 005	35 188	2 228	10	85	5
Schülerwohnheime[3])..........	34 370	2 520	22 687	9 163	7	66	27
Jugendschutzstellen, Obhuten, Auffangheime....	1 407	682	702	23	48	50	2
Fortbildungsstätten für Fachkräfte der Jugendhilfe...	2 151	696	1 455	–	32	68	–
Sonstige Einrichtungen....	42 581	14 894	24 213	3 474	35	57	8

[1]) Gem. § 5 Abs. 4 JWG.
[2]) In Berlin (West) einschl. Schülerwohnheime.
[3]) Ohne Berlin.
[4]) In Berlin (West) einschl. Jugendberatungsstellen.

(Quelle: STATISTISCHES BUNDESAMT 1982, S. 13)

ist – ihre Aufgabe auch darin, sich in andere gesellschaftliche Bereiche einzumischen (vgl. MIELENZ 1981). Dies hat zu neuen Aktivitäten geführt:
Jugendhilfe und Berufsausbildung. Im Rahmen konjunktureller und struktureller Mängellagen des Berufsbildungsbereichs sowie des Anstiegs der Jugendarbeitslosigkeit ist Jugendhilfe auf diesem Feld wieder stärker in das Blickfeld gerückt. Dies belegen nicht nur die berufsvorbereitenden Maßnahmen, sondern vor allem neue, von öffentlichen wie von privaten Trägern getragene Modelle und Projekte, die sich mit einer sozialpädagogisch orientierten Berufsausbildung in Ergänzung des Ausbildungsplatzangebotes im dualen System beschäftigen (vgl. KERN u. a. 1981, SCHNEIDER 1980).
Jugendhilfe und Schule. In der Jugendhilfe müssen häufig Probleme aufgearbeitet werden, die in der Schule entstanden sind. Dies hat zur Einleitung erster Kooperationsbeziehungen geführt. Hinzu kommt nunmehr, daß Perspektivlosigkeit angesichts der Arbeitsmarkt- und Berufsausbildungssituation die Probleme der Schule im Umgang mit den Schülern verstärkt haben, Probleme allerdings, die bereits in der Struktur und Organisation von Schule angelegt sind. Hier gibt es jedoch Schwierigkeiten in der Kooperation von Schule und Jugendhilfe. Erst wenn es gelingt, Jugendhilfe als selbständiges sozialpädagogisches Angebot mit eigenen Inhalten und Methoden zu etablieren, kann dies zu einer erhöhten Wirksamkeit jugendhelferischer Aktivitäten beitragen (vgl. BUNDESARBEITSGEMEINSCHAFT JUGENDAUFBAUWERK 1973 ff., TILLMANN 1976).
Jugendhilfe und Wohnen. Ausgehend von Entwicklungen der Jugendwohngemeinschaften und im Zusammenhang mit der Sanierung von Wohnquartieren fand eine allgemeine Befassung der Jugendhilfe mit dem Bereich Wohnen statt. Die Instandsetzung abgewirtschafteten Wohnraumes, die Schaffung jugendgerechter Wohnmöglichkeiten, die Etablierung eines bedürfnisgemäßen Wohnumfeldes wird so zu einer wichtigen Bedingung jugendhelferischer Aktivitäten und zum Inhalt sozialpädagogischer Jugendhilfe selbst (vgl. SOZIALPÄDAGOGISCHES INSTITUT 1982).

Ob es sich bei diesen Entwicklungen um ein krisenhaft bedingtes Zur-Hilfe-Holen der Jugendhilfe handelt oder ob dies eine sozialpädagogische Orientierung der genannten Felder aufgrund der Einmischung der Jugendhilfe bedeutet, kann zu Beginn der 80er Jahre noch nicht beantwortet werden.

Die Flexibilität der rechtlichen und institutionellen Rahmenbedingungen hat jedoch auch zu höchst unterschiedlichen regionalen Ausprägungen geführt (vgl. BUNDESMINISTER FÜR JUGEND, FAMILIE UND GESUNDHEIT 1973; vgl. MÜNDER 1980, S. 168 ff.). Die Sicherung einer einheitlichen Jugendhilfe (neben der Aufnahme von Veränderungen) war so wesentliches Ziel der gesetzgeberischen Reformbestrebungen in der Jugendhilfe. 1969 wurde die Reform der Jugendwohlfahrt in der Regierungserklärung erwähnt. 1970 setzte der BUNDESMINISTER FÜR JUGEND, FAMILIE UND GESUNDHEIT (vgl. 1973) eine trägerpluralistische Sachverständigenkommission ein, die einen Diskussionsentwurf zur Reform der Jugendhilfe vorlegte. Umstritten waren hier insbesondere die Regelungen der Zusammenarbeit zwischen öffentlichen und freien Trägern, die Einbeziehung von Teilen des Jugendgerichtsgesetzes und der Ausbau der Rechtsstellung des Minderjährigen. Nachdem die Referentenentwürfe aus haushaltspolitischen Überlegungen zurückgezogen wurden, legte in der 8. Legislaturperiode die Bundesregierung einen Gesetzesentwurf (vgl. Bundestagsdrucksache 8/2571) vor, der gegenüber dem Diskussionsentwurf weitere Abstriche machte: So entfiel die Einbeziehung des JGG, das Jugendamt wurde als eigenständige Fachbehörde aufgegeben, die allgemeine Gewährleistungspflicht des öffentlichen Trägers reduziert. Dieses Gesetz wurde am 23.5.1980 zwar mit den Stimmen der SPD und F.D.P. verabschiedet (vgl. Bundestagsdrucksache 287/80), aber vom Bundesrat mit seiner CDU/CSU-Mehrheit abgelehnt. Da es sich um ein zustimmungsbedürftiges Gesetz handelt, war die Rechtsreform gescheitert. In der Folgezeit wurde sie auf gesetzgeberischer Ebene nicht weiterverfolgt.

Wenn auch die zuletzt vorliegenden Entwürfe den Namen Reform nur noch schwerlich verdienten (vgl. JORDAN 1975, MÜNDER 1979), so gibt der über zehnjährige Verlauf und das Scheitern der Rechtsreform aber doch deutliche Hinweise auf den gesellschaftlichen Stellenwert von Jugendhilfe: Zwar ist Jugendhilfe in Teilbereichen (vorschulische Erziehung, Jugendarbeit) als eigenständiger Sozialisationsträger etabliert, weitgehend ist sie aber immer noch Ausfallbürge bei Sozialisationsproblemen, die an anderen Orten, etwa in der Familie, Schule oder Berufsausbildung, auftreten.

BARABAS, F. u.a.: Jahrbuch der Sozialarbeit 1976, Reinbek 1975. BARABAS, F. u.a.: Jahrbuch der Sozialarbeit 1978, Reinbek 1977. BAUER, R.: Wohlfahrtsverbände in der Bundesrepublik, Weinheim/Basel 1978. BLANDOW, J.: Familienergänzende und familienersetzende Erziehung. In: Enzyklopädie Erziehungswissenschaft, Bd. 8, Stuttgart 1983, S. 121 ff. BLANDOW, J. u.a.: Manifest zum Pflegekinderwesen. In: Th. u. Prax. d. soz. Arb. 29 (1978), S. 83 ff. BUNDESARBEITSGEMEINSCHAFT JUGENDAUFBAUWERK (Hg.): Schulsozialarbeit, 4 Bde., Bonn 1973 ff. BUNDESMINISTER FÜR JUGEND, FAMILIE UND GESUNDHEIT (Hg.): Bericht der Bundesregierung über Bestrebungen und Leistungen der Jugendhilfe (Dritter Jugendbericht), Bundestagsdrucksache VI/3170, Bonn 1973. BUNDESZENTRALE FÜR GESUNDHEITLICHE AUFKLÄRUNG (Hg.): Beratungsführer, Köln 1975. HORNSTEIN, W.: Probleme der Organisation der Beratung. In: HORNSTEIN, W. u.a.: Beratung in der Erziehung, Frankfurt/M. 1977, S. 717 ff. ISENSEE, J.: Subsidiaritätsprinzip und Verfassungsrecht, Berlin 1968. JORDAN, E. (Hg.): Jugendhilfe, Weinheim/Basel 1975. JORDAN, E.: Jugendarbeit. In: KREFT, D./MIELENZ, I. (Hg.): Wörterbuch der sozialen Arbeit, Weinheim/Basel 1980, S. 234 ff. JORDAN, E./SENGLING, D.: Einführung in die Jugendhilfe, München 1977. KERN, H.-A. u.a.: Jugendhilfe und berufliche Bildung. Was kann Jugendhilfe gegen Jugendarbeitslosigkeit tun? In: N. Prax. 11 (1981), S. 228 ff. KLUSSMANN, R.: Das Kind im Rechtsstreit der Erwachsenen, München/Basel 1981. KOCH, R./ROCHOLL, G.: Kleinkindererziehung als Privatsache? Köln 1977. KREFT, D./MIELENZ, I. (Hg.): Wörterbuch der sozialen Arbeit, Weinheim/Basel 1980. MIELENZ, I.: Die Strategie der Einmischung – Soziale Arbeit zwischen Selbsthilfe und kommunaler Politik. In: N. Prax. 11 (1981), Sonderheft 6, S. 57 ff. MÜNDER, J.: Der Regierungsentwurf eines Jugendhilfegesetzes vom 8. November 1978. In: Th. u. Prax. d. soz. Arb. 30 (1979), S. 92 ff. MÜNDER, J.: Familien- und Jugendrecht, Weinheim/Basel 1980. MÜNDER, J.: Institutionalisierung der Jugendhilfe. In: Enzyklopädie Erziehungswissenschaft, Bd. 5, Stuttgart 1984, S. 135 ff. (1984 a). MÜNDER, J.: Subsidiarität. In: EYFERTH, H. u.a. (Hg.): Handbuch zur Sozialarbeit/Sozialpädagogik, Neuwied/Darmstadt 1984, S. 1147 ff. (1984b). MÜNDER, J. u.a.: Frankfurter Kommentar zum Gesetz für Jugendwohlfahrt, Weinheim/Basel ²1981. RENDTORFF, T.: Kritische Erwägungen zum Subsidiaritätsprinzip. In: D. Staat 1 (1962), S. 405 ff. SCHNEIDER, M.: Jugendarbeitslosigkeit. In: KREFT, D./MIELENZ, I. (Hg.): Wörterbuch der sozialen Arbeit, Weinheim/Basel 1980, S. 238 ff. SCHWAB, D.: Zur zivilrechtlichen Stellung der Pflegeeltern, des Pflegekindes und seiner Eltern – rechtliche Regelungen und rechtspolitische Forderungen. Gutachten zum 54. Deutschen Juristentag, München 1982. SIMITIS, S. u.a.: Kindeswohl. Eine interdisziplinäre Untersuchung über seine Verwirklichung in der vormundschaftsgerichtlichen Praxis. Frankfurt/M. 1979. SOZIALPÄDAGOGISCHES INSTITUT (SPI): Stadterneuerung und soziale Arbeit: ein sozialpädagogisches Institut (SPI) mischt sich ein. In: Th. u. Prax. (1982), 33, S. 361 ff. SOZIALPÄDAGOGISCHES INSTITUT BERLIN (Hg.): Das Recht der elterlichen Sorge, Neuwied/Darmstadt 1983. STATISTISCHES BUNDESAMT: Öffentliche Sozialleistung – Öffentliche Jugendhilfe: Sonderbeitrag – Personal in der Jugendhilfe 1974, Stuttgart/Mainz 1977. STATISTISCHES BUNDESAMT: Sozialleistungen. Fachserie 13, Reihe 6: Jugendhilfe 1980, Stuttgart/Mainz 1982. TILLMANN, K.-J. (Hg.): Sozialpädagogik in der Schule, München 1976. ZENZ, G.: Kindesmißhandlung und Kindesrechte, Frankfurt/M. 1979. ZENZ, G.: Soziale und psychologische Aspekte der Familienpflege und Konsequenzen für die Jugendhilfe. Gutachten für den 54. Deutschen Juristentag, München 1982.

Johannes Münder

Kultusministerien

Verfassungsgrundlage. Das Grundgesetz (GG) gab dem Bund in der Kulturpolitik nur geringe Kompetenzen. Bis 1969 gehört die Gesetzgebung für das Schul- und Hochschulwesen und für die Kunst- und Kulturpflege überwiegend, die Verwaltung ausschließlich in die Zuständigkeit der Länder. Nach der Grundgesetzänderung vom 15.5.1969 übt der Bund konkurrierende Gesetzgebung aus in Fragen der außerschulischen beruflichen Bildung und Weiterbildung, der Ausbildungsförderung und der Förderung wissenschaftlicher Forschung, der Besoldungsregelung für Lehrer (vgl. Art. 74 und 74a GG) sowie der Rahmengesetzgebung bei den allgemeinen Grundsätzen des Hochschulwesens (vgl. Art. 75 GG). Er wirkt außerdem mit bei dem Aus- und Neubau von Hochschulen (Gemeinschaftsaufgaben Art. 91a GG) und kann „auf Grund von Vereinbarungen bei der Bildungsplanung und bei der Förderung von Einrichtungen und Vorhaben der wissenschaftlichen Forschung von überregionaler Bedeutung" (Art. 91b GG) mit den Ländern zusammenwirken. Im übrigen blieb die Kulturpolitik Sache der Länder. Das Grundgesetz knüpft dabei an die Tradition der Weimarer Republik an. Es benennt zwar Prinzipien, die für die Bildungseinrichtungen gelten – Grundrecht auf Erziehung und Bildung für den Schüler, Erziehungsrecht der Eltern, staatliche Schulaufsicht – (vgl. Art. 2–7 GG), gibt dem Bund aber keine Kompetenz für einheitliche Schulgesetze oder eine zentrale Administration der Bildungseinrichtungen. Die gesetzliche Regelung der Bildungseinrichtungen wurde in den Ländern durch Landesverfassungen und Schulgesetze teilweise schon vor Verabschiedung des GG 1949 angesetzt.

Geschichtliche Entwicklung (1945 bis 1960). Unmittelbar nach dem Zweiten Weltkrieg beginnt in den Ländern auch der Aufbau der Kultusadministration. Baden-Württemberg, Bayern, Bremen und Hamburg ernennen bereits 1945 Kultusminister oder -senatoren, Niedersachsen, und Nordrhein-Westfalen, Rheinland-Pfalz und Schleswig-Holstein 1946, Hessen 1947, Berlin folgt 1951, das Saarland 1956. Die Ministerien sind in den ersten Jahren recht klein. In den meisten Ländern wird die zentrale Aufgabe der Kultusadministration, die Schulaufsicht und Schulverwaltung, in einem dreistufigen System geregelt: untere Schulaufsichtsbehörden auf der Ebene der Gebietskörperschaften, mittlere oder obere Schulaufsichtsbehörde auf der Ebene der Regierungsbezirke, Ausübung der obersten Schuladministration durch das Ministerium. Im Hochschulwesen beschränken sich die Ministerien wegen der Autonomie der Universitäten und Hochschulen auf die Rechtsaufsicht und auf die Ausübung von Gründungs-, Finanz- und Personalhoheit.

Die ersten Tätigkeitsjahre gelten in allen Ländern der Kriegsfolgenbeseitigung, allgemeinen an Traditionen des deutschen Bildungswesens vor 1933 angeschlossen. Die Geschichte der Prinzipien und Tendenzen der Kultusministerien in den elf Ländern ist jedoch im einzelnen sehr differenziert. Parteipolitische Ausrichtungen spielen dabei eine große Rolle, weiterhin lokale Traditionen, außerdem die Frage, ob in einem Land eine einzige Partei durch verschiedene Wahlperioden den Minister stellt (etwa Bayern) oder ob das Amt zwischen Parteien wechselt (etwa Nordrhein-Westfalen). In den ersten Nachkriegsjahren spielt auch der Einfluß der Besatzungsmächte eine Rolle. So setzen zum Beispiel in Baden-Württemberg die französische und amerikanische Besatzung in ihrem Gebiet jeweils eine andere Fremdsprachenfolge durch. Die deutschen Administrationen bemühen sich demgegenüber um Einheitlichkeit der Lebensverhältnisse zunächst in ih-

rem jeweiligen Land, aber auch länderübergreifend (Gründung der Ständigen Konferenz der Kultusminister der Länder in der Bundesrepublik Deutschland – KMK: 1948).
Die meisten Kultusministerien bewahren bis um 1960 ein Selbstverständnis ihrer Tätigkeit, das sie auf die Richtlinienebene begrenzt (also Einzelentscheidungen soweit wie möglich nach „unten" delegiert) und das ihnen die Handlungsformen einer verwaltenden, weniger einer planenden Behörde gibt. Erst danach wächst in den Häusern mit dem sich Reformen zuneigenden politischen Allgemeintrend das Bestreben, innovationsanregend einzuwirken – vorher kommen Innovationen vorwiegend aus den Schulen und der Wissenschaft und werden von den Ministerien eher verzögernd behandelt. Bei solchen Aussagen ist aber im Gedächtnis zu halten, daß diese Einstellungen länder- und personenspezifisch differieren und Verallgemeinerungen nur begrenzt stimmig sind.

Entwicklung der Ministerien (1960 bis 1980). Die Entwicklung der Kultusadministration ist in den Jahrzehnten von 1960 bis 1980 von den Tendenzen bestimmt,
- den Personalstand zu vergrößern, um den mit der Schülerzahl und der verbesserten Versorgung wachsenden Aufgaben gerecht zu werden;
- sich quasi-wissenschaftliche Einrichtungen in Form von Planungsgruppen oder direkt weisungsgebundenen Instituten ein- oder beizuordnen, um in Datenbeschaffung und -aufarbeitung nicht auf Außenzulieferung angewiesen zu sein;
- die übergroß werdenden Ministerien zu teilen. Dabei liegt es nahe, zunächst das Hochschulwesen und die Administration wissenschaftlicher Forschung in einem Ressort auszugliedern. Kunst und Sport werden dann einem der Ressorts zugeordnet oder in ein drittes Ministerium ausgegliedert. Hierbei geben weniger Sachgründe als Machtkonstellationen den Ausschlag.

Die gesamte Kultusadministration ist nur noch in fünf Bundesländern in einem Ressort vereint, und zwar in Bayern, Hessen, Rheinland-Pfalz, Saarland und Schleswig-Holstein. Vier Länder haben zwei Ministerien (Baden-Württemberg: Kultus und Sport, Wissenschaft und Kunst; Bremen: Senatoren für Bildung, für Wissenschaft und Kunst; Niedersachsen: Kultus, Wissenschaft und Kunst; Nordrhein-Westfalen: Kultus, Wissenschaft und Forschung), die Stadtstaaten Berlin und Hamburg sogar drei (Berlin: Senatoren für Schulwesen, für Wissenschaft und Forschung, für kulturelle Angelegenheiten; Hamburg: Präses der Behörde für Schule, Jugend und Berufsbildung, für Wissenschaft und Forschung, für Kultus).

Eine solche Vergrößerung der administrativen Apparatur kann nicht umstandslos mit einer Verbesserung der Regelungs- und Dienstleistung gleichgesetzt werden. Offensichtlich entstehen schon bei zwei Ministerien in einem Land erhebliche Koordinationsprobleme. Probleme der einheitlich gerichteten Zusammenarbeit entstehen sogar in den einzelnen Häusern selbst – mit der Zahl der Abteilungen und Unterabteilungen verschärfen sich die Machtkämpfe in den einzelnen Ministerien erheblich.

Eine weitere negative Folge des sich vergrößernden Apparates dürfte in der zunehmenden Regelungsdichte durch Verwaltungsverordnung, Erlaß und Dienstanweisung zu sehen sein. Diese nimmt den Bildungseinrichtungen die Möglichkeit eigener Entscheidung und kann außerdem die Zuständigkeit der Parlamente aushöhlen. Das Bundesverfassungsgericht ist mit seinem sogenannten „Sexualkundeurteil" vom 21.12.1977 dieser Entwicklung mit der Verdeutlichung begegnet, daß „wesentliche Entscheidungen" „der Gesetzgeber selbst treffen muß" und daß er sie nicht auf Schulbehörden delegieren kann.

Organisation der Ministerien. Die Organisation der Ministerien ist in den Ländern nicht deckungsgleich. Als Beispiel für einen Organisationsplan, der in den meisten Ländern mindestens teilweise Entsprechung findet, sei der des Kultusministeriums von Nordrhein-Westfalen vorgeführt: Minister und Staatssekretär haben mit persönlichem Referenten, Pressereferenten, Verbindungsreferenten und Bürokräften einen persönlichen Apparat. Das Haus ist in sechs Abteilungen mit je zwei oder drei Unterabteilungen (Gruppen) gegliedert: Abteilung Z: Haushalt, Bauten, Beamten- und Tarifrecht, Personal, Organisation; Abteilung 1: Bildungsplanung, Schulgesetzgebung; Abteilung 2: Vorschulische Erziehung, Grund-, Haupt-, Sonder- und Realschulen, Gesamtschulen; Abteilung 3: Gymnasien, Berufliche Schulen, Lehrerausbildung und -fortbildung; Abteilung 4: Kunst, Kulturpflege, Kirchen, Weiterbildung, Medien; Abteilung 5: Sport.

ABELEIN, M. (Hg.): Deutsche Kulturpolitik. Dokumente, Düsseldorf 1970. DEUTSCHER BILDUNGSRAT (Hg.): Bericht der Bildungskommission zur Reform von Organisation und Verwaltung: Fragen einer ziel- und programmorientierten Schulverwaltung unter besonderer Berücksichtigung des Ministerialbereichs, Bonn 1974. FROESE, L. (Hg.): Bildungspolitik und Bildungsreform. Amtliche Texte und Dokumente, München 1969. FÜHR, CH.: Das Bildungswesen in der Bundesrepublik Deutschland, Weinheim/Basel 1979. HECKEL, H. (unter Mitarbeit von P. Seipp): Schulrechtskunde, Neuwied/Darmstadt ^{5}1976. KMK: Das Bildungswesen in der Bundesrepublik Deutschland. Kompetenzen - Strukturen - Bildungswege, Neuwied ^{2}1979. MAX-PLANCK-INSTITUT FÜR BILDUNGSFORSCHUNG, PROJEKTGRUPPE BILDUNGSBERICHT (Hg.): Bildung in der Bundesrepublik Deutschland. Daten und Analysen, 2 Bde., Reinbek 1980. RICHTER, I.: Bildungsverfassungsrecht, Stuttgart 1973. SCHARFENBERG, G. (Hg.): Dokumente zur Bildungspolitik der Parteien in der BRD 1945-1975, 3 Bde., Berlin 1976.

Werner E. Spies

Kultusministerkonferenz

Aufgabe und Organisationsform. Die „Ständige Konferenz der Kultusminister der Länder in der Bundesrepublik Deutschland" (KMK) behandelt gemäß ihrer Geschäftsordnung „Angelegenheiten der Kulturpolitik von überregionaler Bedeutung mit dem Ziel einer gemeinsamen Willensbildung und der Vertretung gemeinsamer Anliegen" (KMK 1981, S. 1). Ihre Organe sind das Plenum (die Versammlung der Minister oder Senatoren für Kultus beziehungsweise Schule/Wissenschaft/Kultur der Länder einschließlich Berlin), das Präsidium (der für ein Jahr gewählte Präsident, ein erster und ein zweiter Vizepräsident), der Präsident. Sein Amtsnachfolger ist der jeweilige erste Vizepräsident. Die Länder stellen den Präsidenten in geregelter Reihenfolge - es handelt sich bei der Wahl also nicht um die politische Zustimmung der Minister zu einer Person oder einer Richtung. Neben den Ministern treffen sich die Staatssekretäre regelmäßig in der Amtschefkonferenz, die koordinierende und beschlußvorbereitende Funktion hat sowie Routineangelegenheiten erledigt.

Die Beschlüsse des Plenums werden durch Ausschüsse vorbereitet, die mit Beamten der Ministerien besetzt sind. Der in der Geschichte der Konferenz wichtigste Ausschuß ist der Schulausschuß, der größte Teil bedeutsamer Beschlüsse wurde von diesem Gremium vorbereitet. Daneben arbeiten Ausschüsse für das Hochschulwesen, für Kunst und Erwachsenenbildung, für das Aus-

landsschulwesen, die Ständigen Kommissionen für Statistik, Prognosen und Bildungsökonomie (Datenkommission), für Sport, für Verwaltung und für internationale Angelegenheiten. Außerdem gibt es eine Reihe teils ständiger, teils ad hoc gegründeter Unterausschüsse und Arbeitsgruppen, die zum Teil erhebliches Gewicht gewannen (wie der dem Schulausschuß zuarbeitende Berufsbildungs-Unterausschuß), teilweise aber auch schnell wieder verschwanden.
Die Sitzungen des Plenums und der Ausschüsse werden vom Sekretariat in Bonn vorbereitet. Dieser Beamtenapparat von beträchtlicher Größe wird vom Generalsekretär geleitet, der vom Plenum gewählt wird. Er ist verantwortlich für die Erledigung aller laufenden Angelegenheiten. Dabei ist er an Weisungen des Präsidenten gebunden.
Bei Abstimmungen im Plenum hat jedes Bundesland ohne Rücksicht auf seine Bevölkerungszahl eine Stimme. Für Beschlüsse ist Einstimmigkeit der Länder erforderlich – lediglich bei Wahlen und Entscheidungen in Personalfragen genügt eine Zwei-Drittel-Mehrheit. Eine Majorisierung eines Landes ist also ausgeschlossen. Die Beschlüsse der Konferenz sind Empfehlungen an die Länder, also nicht unmittelbar gültiges Recht, da die verfassungs- und verwaltungsrechtliche Zuständigkeit der Länder unberührt bleibt. Beschlüsse müssen daher in den Ländern in Kraft gesetzt werden, was bis zum „Sexualkundeurteil" des Bundesverfassungsgerichtes 1977 (mit der Entscheidung, daß „wesentliche" Regelungen im Bildungswesen gesetzesförmig zu sein haben) meist durch Verwaltungsanweisung geschah, seitdem zunehmend durch Aufnahme der Inhalte in Gesetze oder Rechtverordnungen.
Diese Skizzierung zeigt, daß die KMK ein schwerfälliges Gremium ist. Dennoch muß der Einfluß der KMK auf die Entwicklung des gesamten Bildungswesens in der Bundesrepublik als erheblich bezeichnet werden. An Hand der Beschlüsse der KMK können alle wichtigen kultur-, schul- und wissenschaftspolitischen Entwicklungen der Bundesrepublik verfolgt werden.

Geschichte und Arbeitsschwerpunkte. Die erste Plenarsitzung fand am 19./20. Februar 1948 in Stuttgart statt. Sie bezeichnete sich als „Konferenz der deutschen Erziehungsminister". An dieser ersten Konferenz nahmen auch die Minister der sowjetischen Besatzungszone zusammen mit ihren Kollegen aus den drei Westzonen teil. Schon bei der zweiten Sitzung (2.7.1948), in der die Konferenz sich als ständige Einrichtung etablierte, fehlten die Minister der Ostzone – Währungsreform und Berliner Blockade hatten die politische Landschaft gründlich verändert.
In den ersten Jahren bemühte sich die KMK, materielle Kriegsfolgen zu beseitigen und das deutsche Bildungswesen wenigstens im Gebiet der Bundesrepublik in einer einigermaßen gemeinsamen Ordnung zu rekonstruieren. Eine Reihe von KMK-Empfehlungen führten 1955 zum „Abkommen zwischen den Ländern der Bundesrepublik zur Vereinheitlichung auf dem Gebiet des Schulwesens". Dieser Vertrag konnte zwar erhebliche regionale Differenzen im Schulwesen der Länder nicht verhindern, regelte aber (und zwar einheitlich bis heute; Neufassung des Abkommens am 28.10.1964) so zentrale Fragen wie Beginn und Ende des Schuljahrs, Feriendauer, einheitliche Bezeichnung der Schulformen, die Grundmuster der Organisationsformen der Schulen, die Anerkennung von Prüfungen und die Bezeichnung der Notenstufen.
Bestrebungen zu tiefgreifender Reform des Bildungswesens ist die KMK nur zögernd gefolgt. Sie gab zwar dem ersten Beratungsgremium, dem Deutschen Ausschuß für das Erziehungs- und Bildungswesen, die Satzung (26.2.1954), es kam jedoch kaum zu fruchtbarer Zusam-

menarbeit. Auch das Verhältnis zum Deutschen Bildungsrat, den die Regierungschefs von Bund und Ländern auf Veranlassung einer KMK-Empfehlung 1965 einsetzten, blieb spannungsreich. Eine relativ reibungslose Kooperation erfolgte dagegen mit dem 1957 gegründeten Wissenschaftsrat. Erst ab 1969 schloß sich die KMK den Tendenzen zu einer Reform des Bildungswesens an. Dabei dürfte die Furcht, durch die politische Entwicklung in der Bundesrepublik Deutschland ihren Einfluß zu verlieren oder erheblich geschmälert zu sehen, eine Rolle gespielt haben. Denn nachdem am 12.5.1969 durch Grundgesetzänderung ein Zusammenwirken von Bund und Ländern bei der Bildungsplanung ermöglicht wurde, schienen die Koordinationskompetenzen zunächst in die neugegründete Bund-Länder-Kommission für Bildungsplanung und Forschungsförderung (BLK) abzuwandern. Die Erfahrungen bei der Vorbereitung des Bildungsgesamtplans ließen diese Befürchtungen aber gegenstandslos werden. Insbesondere realisierte sich die Erwartung nicht, daß die Bundesregierung auch im Schulwesen Einfluß gewinnen würde.

Die wichtigsten Grundlagen zu einer praktisch wirksamen Reform des Schulwesens wurden daher trotz mehrjähriger politischer Unsicherheit des Gremiums nach 1969 und ziemlich unbeeinflußt von den BLK-Bemühungen um den Bildungsgesamtplan von der KMK beschlossen. Aus der langen Reihe von Beschlüssen, die verändernd in die Schularbeit eingriffen, können beispielsweise genannt werden die Saarbrücker Rahmenvereinbarung zur Ordnung des Unterrichts auf der Oberstufe der Gymnasien (vgl. KMK 1963), die Richtlinien zur Ordnung des Unterrichts in den Klassen 5 bis 11 der Gymnasien (vgl. KMK 1967a), die Empfehlungen zur Sexualkunde (vgl. KMK 1969), die Rahmenvereinbarung über die Fachoberschule (vgl. KMK 1983) und die Vereinbarung zur Reform der gymnasialen Oberstufe (vgl. KMK 1972a). Für die Hochschule ist besonders zu nennen der Staatsvertrag über die Vergabe von Studienplätzen (vgl. KMK 1972b). Die Titel deuten an, daß die KMK sich der Reformbewegung nicht verschlossen hat – sie legte aber Wert auf Behutsamkeit, auf schrittweise Veränderung. So führte sie mit ihrer „Vereinbarung zur Neugestaltung der gymnasialen Oberstufe in der Sekundarstufe II" (1972) Grundgedanken weiter, die sich schon in der Saarbrücker Rahmenvereinbarung fanden, nahm aber zugleich Anregungen der Westdeutschen Rektorenkonferenz (WRK) und des Bildungsrats (Individualisierung des Curriculums, Kern-Kurs-System) auf. Sie versuchte eine Verbindung von allgemeiner Hochschulreife (basierend auf einem gemeinsamen Kanon für alle) und einem Ansatz zur Spezialisierung.

Unter dem Druck der Numerus-clausus-Problematik befaßte sich die KMK (vgl. 1975) mit der Vergleichbarkeit der Abiturprüfungen. Das Bemühen, die Anforderungen in allen Fächern durch die „Normenbücher" festzulegen, stieß auf massive fachliche, pädagogische und politische Kritik (vgl. FLITNER/LENZEN 1977). Die KMK faßte einen Beschluß zu Prinzipien der Abiturdurchführung (17./18.11.78) und verabschiedete „Empfehlungen zur Arbeit in der gymnasialen Oberstufe" (2.12.1977). Der Staatsvertrag über die Vergabe von Studienplätzen wurde 1978 erneuert und den Normen des Hochschulrahmengesetzes angepaßt.

Die KMK hat sich bemüht, Abschnitte ihrer Tätigkeit durch besondere Erklärungen zu markieren. Anläßlich der 175. Sitzung (8./9.4.1976) verdeutlichte sie ihr Verständnis der gewandelten Aufgaben in der zweiten Hälfte der 80er Jahre. Als „vorrangig" wurde festgelegt, daß „die Orientierungsmöglichkeiten für den einzelnen […] an den Gelenkstellen unseres Bildungswesens […] verbessert werden" müssen, „um Ausbildungs- und Beschäftigungsmöglichkeiten noch stärker aufeinander abzustimmen" (KMK 1976, S. 2). Man will ein Beratungssystem aufbauen und Ausbildungs- und Beschäftigungsmöglichkeiten als Alternative für ein Hochschulstudium entwickeln. Die berufliche Bildung soll „attraktive Alternative" zum Hochschulstudium werden. In den Hochschulen sollen Steigerung der Effizienz und Durchführung der Hochschulreformen miteinander verbunden werden.

Der Bericht der Bundesregierung über die strukturellen Probleme des förderativen Bildungssystems führte 1978 die KMK zu energischer Verteidigung ihrer bisherigen Tätigkeit und zu deutlicher Abwehr von Versuchen des Bundes, seine Kompetenz im Kultusbereich zu erweitern. Die KMK nahm ihr 30jähriges Bestehen zum Anlaß eines Rechenschaftsberichts und einer Stellungnahme zum sogenannten „Mängelbericht" der Bundesregierung (21.4.1978) (vgl. KMK 1982). Darin werden zwar Schwierigkeiten des föderativen Systems eingeräumt, vor allem aber wird darauf hingewiesen, daß kein vergleichbarer Bundesstaat ein solch hohes Maß an Einheitlichkeit im Bildungswesen habe wie die Bundesrepublik. Die Position der KMK als einziges wirksam im Schulwesen der Bundesrepublik koordinierendes Gremium ist durch den Mängelbericht nicht erschüttert worden.

BUNDESMINISTER für BILDUNG und WISSENSCHAFT (Hg.): Bericht der Bundesregierung über die strukturellen Probleme des förderativen Bildungssystems. Schriftenreihe Bildung und Wissenschaft 13, Bonn 1978. FLITNER, A./LENZEN, D. (Hg.): Abitur-Normen gefährden die Schule, München 1977. FREY, K.: Konstruktiver Förderalismus. Gesammelte Kulturpolitische Beiträge 1948–1975, hg. v. Ch. Führ, Weinheim/Basel 1976. KROLLMANN, H.: Chancen und Grenzen des Bildungsförderalismus. In: B. u. E. 31 (1978), S. 282 ff. HAHN, W.: Chancen und Grenzen des Bildungsförderalismus. In: B. u. E. 31 (1978), S. 274 ff. KMK: Sammlung der Beschlüsse der Ständigen Konferenz der Kultusminister der Länder in der BRD, Loseblattsammlung, Neuwied 1963 ff. KMK: Kulturpolitik der Länder (zweijährig erscheinender Bericht über die KMK-Arbeit mit Länderberichten), ab 1960, München 1961 f., Köln/Opladen 1963 f., Bonn 1965 ff. KMK: Saarbrücker Rahmenvereinbarung zur Ordnung des Unterrichts auf der Oberstufe der Gymnasien (1961), Köln 1963. KMK: Dokumentation, Bonn 1961 ff. KMK: Richtlinien und Empfehlungen zur Ordnung des Unterrichts in den Klassen 5 bis 11 der Gymnasien. Beschluß vom 14./15.6.1966, Neuwied 1967a. KMK: Bericht der Länder über den Stand der Maßnahmen auf dem Gebiet der Bildungsplanung. Bundestagsdrucksache 5/2166 vom 13.10.1967, Bonn 1967b. KMK: Handbuch für die Kultusministerkonferenz, Bonn 1968. KMK: Empfehlungen zur Sexualerziehung in den Schulen. Beschluß vom 3.10. 1968, Neuwied 1969. KMK: Vereinbarung zur Neugestaltung der gymnasialen Oberstufe in der Sekundarstufe II, Beschluß vom 7.7.1972, Neuwied 1972a. KMK: Staatsvertrag über die Vergabe von Studienplätzen (1972), Bonn 1972b. KMK: Vereinbarung über die Verwendung einheitlicher Prüfungsanforderungen in der neugestalteten gymnasialen Oberstufe. Beschluß vom 6.2.1975, Neuwied 1975. KMK: Einheitliche Prüfungsanforderungen in der Abiturprüfung (sog. Normenbücher), Beschlüsse der Kultusministerkonferenz, Neuwied 1975 ff. KMK: Erklärung der KMK anläßlich ihrer 175. Plenarsitzung am 8./9. April 1976 in München, Pressemitteilung, Anlage, Bonn 1976. KMK: Beschluß zu Prinzipien der Abiturdurchführung (17./18.11.78), Bonn 1978. KMK: Empfehlungen zur Arbeit in der gymnasialen Oberstufe gemäß Vereinbarung zur Neugestaltung der gymnasialen Oberstufe in der Sekundarstufe II. Beschluß vom 2.12.1977, Neuwied 1978. KMK: Geschäftsordnung der Ständigen Konferenz der Kultusminister der Länder in der Bundesrepublik Deutschland. Beschluß der Kultusministerkonferenz vom 2.12.1949 in der Fassung vom 8.2.1974, Neuwied 1981. KMK: Stellungnahmen der Kultusministerkonferenz zum Bericht der Bundesregierung über die strukturellen Probleme des förderativen Bildungssystems (Strukturbericht). Beschluß vom 20./21.4.1978, Neuwied 1982. KMK: Rahmenvereinbarung über die Fachoberschule. Beschluß vom 6.2.1969 in der Fassung vom 26.2.1982, Neuwied 1983.

Werner E. Spies

Lehrerfortbildung

Begriff. In der Bundesrepublik Deutschland wird zwischen Lehrerfortbildung und Lehrerweiterbildung unterschieden, ohne daß diese Unterscheidung allerdings systematisch durchgehalten würde. Zwar handelt es sich bei der Fort- und Weiterbildung um Aktivitäten und Prozesse mit zum Teil divergierenden Zielbestimmungen, doch bestehen inhaltlich kaum Diskrepanzen. Versuche zur Überwindung der begrifflichen Trennung konnten sich bislang nicht durchsetzen (vgl. DEUTSCHER BILDUNGSRAT 1970, HOCHWALD u.a. 1974, PREUSS-KIPPENBERG 1980).

Nach den Vorstellungen des Strukturplans des Deutschen Bildungsrates dienen Lehrerfortbildung und Lehrerweiterbildung der *berufsbezogenen Weiterqualifikation*. Berufsbezogene Weiterqualifikation ist die „Fortsetzung oder Wiederaufnahme organisierten Lernens nach Abschluß einer unterschiedlich ausgedehnten ersten Bildungsphase"; sie findet in der Regel nach dem „Eintritt in die volle Erwerbstätigkeit" statt (DEUTSCHER BILDUNGSRAT 1970, S. 197).

Während Lehrerfortbildung in diesem Verständnis der Erhaltung, Vertiefung und Weiterentwicklung der beruflichen Kompetenzen dienen soll, bezeichnet der Begriff der Lehrerweiterbildung individuelle Initiativen und Aktivitäten, die auf die Erweiterung vorhandener und/oder den Erwerb zusätzlicher fachlicher Qualifikationen abzielen. Lehrerfortbildungsmaßnahmen werden demgemäß nicht mit Prüfungen, Examina oder ähnlichem abgeschlossen oder durch Zeugnisse attestiert. Im Gegensatz dazu wird die erfolgreiche Teilnahme an Lehrerweiterbildungsaktivitäten durch Zertifikate bescheinigt, die dazu berechtigen, ein zusätzliches Fach beziehungsweise mehrere zusätzliche Fächer in der gleichen oder auch in einer „weiterführenden" Schulart/-stufe zu unterrichten. Im zweiten Fall wird gleichzeitig der Anspruch auf ein höheres Gehalt erworben. Lehrerfortbildung wird in der Bundesrepublik weitgehend in staatlichen Fortbildungsinstitutionen durchgeführt. Die Weiterbildung findet dagegen hauptsächlich an den Hochschulen statt.

Organisation. *Staatliche Lehrerfortbildungsinstitutionen* gibt es inzwischen in allen Bundesländern. Sie unterstehen generell der Aufsicht und finanziellen Trägerschaft der jeweils zuständigen Kultusministerien, denen sie, wie zum Beispiel in Rheinland-Pfalz und Bremen, auch als „Referate" unmittelbar eingegliedert sein können. In einigen Bundesländern wird die Lehrerfortbildung von vorrangig zu diesem Zweck gegründeten Landesinstituten übernommen – so zum Beispiel durch das Landesinstitut Schleswig-Holstein für Praxis und Theorie der Schule (IPTS), das Hessische Institut für Lehrerfortbildung (HILF) und in Nordrhein-Westfalen durch das Landesinstitut für Schule und Weiterbildung (LSW) (zum vollständigen Überblick vgl. KRÖLL 1980, 229 f.).

Lehrerfortbildungsveranstaltungen werden darüber hinaus auch von den beiden großen Konfessionen, den Lehrergewerkschaften und anderen, sogenannten *freien Trägern* (zum Beispiel Lehrervereinigungen, wissenschaftlichen Gesellschaften) angeboten. Dabei handelt es sich zumeist um überregional organisierte Veranstaltungen, die in eigens dafür ausgestatteten Instituten stattfinden, oder aber um themenspezifische und entsprechend lokal begrenzte Angebote. Organisationsformen und inhaltliche Schwerpunkte dieser Veranstaltungen unterscheiden sich allenfalls geringfügig vom Angebot staatlicher Lehrerfortbildungsinstitutionen.

Lehrerfortbildung in *kommunaler Trägerschaft* gibt es in den Städten Bochum, Bottrop, Düsseldorf, Köln, München, Nürnberg und Sigmaringen. Ein kleiner Stab hauptamtlicher Mitarbeiter organisiert dort unter anderem Besichtigungen, Exkursionen und Vorträge, die überwiegend in der unterrichtsfreien Zeit stattfinden. Zusätzlich wird, ähnlich wie von einigen staatlich getragenen Institutionen der Lehrerfortbildung (so in den Stadtstaaten Bremen und Hamburg, die zugleich Bundesländer und Kommunen sind), ein mit technischen Medien und praxisorientierten Bibliotheken umfassend ausgestatteter Beratungsdienst auf- und ausgebaut, der in seiner endgültigen Form die Aufgaben eines „Zentrums für Lehrerbildung" wahrnehmen soll.

Einige pädagogische Hochschulen und Universitäten bieten Lehrerfortbildung zum Beispiel in Form von *Kontakt-Studiengängen* an (vgl. KRÖLL 1980, S. 232). Neben diesen relativ kontinuierlichen, zum Teil im Rahmen von Modellversuchen (etwa an den Universitäten Bremen und Oldenburg) institutionalisierten Aktivitäten werden Lehrerfortbildungsveranstaltungen aber auch an anderen Hochschulen beziehungsweise von einzelnen Hochschullehrern in Zusammenarbeit mit den zuständigen Kultusministerien durchgeführt (vgl. KUNTZ-BRUNNER /SCHNEIDER 1974).

Das Deutsche Institut für Fernstudien (DIFF) an der Universität Tübingen bietet bereits seit längerer Zeit *Fernstudienlehrgänge* zur Lehrerfortbildung an, die zum Teil in Zusammenarbeit mit den Rundfunkanstalten weite Verbreitung fanden. Diese Lehrgänge haben mittlerweile insofern zusätzliche Bedeutung erlangt, als sich einige staatliche Institutionen und „freie" Organisationen an der Betreuung der Teilnehmer beteiligten.

Im Hinblick auf ihr Innovationspotential wohl wichtigste Organisationsform der Lehrerfortbildung sind die verschiedenen Modellversuche. Modellversuche sind Reformprojekte im Bildungsbereich, die von Bund und Land beziehungsweise Ländern anteilig gefördert werden. Die Modellversuche zur Lehrerfortbildung waren und sind insofern besonders bemerkenswert, als mit ihnen Tendenzen zukünftiger Entwicklung vorweggenommen werden sollen. Ihre Ergebnisse und Produkte, ihr Erfolg oder ihr Scheitern liefern Anhaltspunkte und Kriterien für die Errichtung dauerhafter Institutionalisierungsformen der Lehrerfortbildung. Gerade in diesen Projekten wird versucht, Lehrerfortbildung und Curriculumentwicklung schon vom Ansatz her miteinander zu verbinden. Erste vorläufige Zusammenfassungen und Übersichten liegen vor (vgl. LAURENZE/RADTKE 1980).

Während die genannten Organisationsformen der Lehrerfortbildung im Hinblick auf ihren Institutionalisierungsgrad nahezu gleichrangig nebeneinander stehen, ergeben sich nicht unerhebliche Differenzen, wenn darüber hinaus weitere Vergleichsaspekte einbezogen werden. Das unterschiedliche Innovationspotential wurde bereits angesprochen. Ein anderer Vergleichsaspekt ist die Quantität des Angebotes. Nach HOCHWALD u.a. (1974, S. 52ff.) werden zirka 42% der Kurse von staatlich getragenen Institutionen angeboten, konfessionelle Träger bestreiten zirka 18% des Angebotes, zirka 20% der Veranstaltungen werden in kommunaler Trägerschaft durchgeführt und den verbleibenden Rest teilen sich die übrigen Anbieter.

Diese Angaben beziehen sich auf den Zeitraum 1973/1974. Sie können daher nicht mehr sein als ein Hinweis auf gewisse Positionsdifferenzen zwischen den oben aufgelisteten Lehrerfortbildungsinstitutionen und Trägern. Einer der Mitautoren der zitierten Studie, KRÖLL, ergänzt dazu an anderer Stelle: „Schon 1972 waren bei den etwa 25 staatlichen, freien und städtischen Lehrerfortbildungseinrichtungen zwei Drittel der gesamten Lehrerfortbildung in der Bundesrepublik konzentriert; dieser Prozeß hat sich bis heute noch bedeutend verstärkt" (KRÖLL 1977, S. 50).

Lehrerfortbildung

Ziele und Inhalte. Die grundlegenden Ziele der Lehrerfortbildung in der Bundesrepublik Deutschland sind oben bereits genannt worden: angestrebt wird die Erhaltung, Vertiefung und Weiterentwicklung vorhandener beruflicher Kompetenzen sowie darüber hinaus die Vermittlung aktuellen Wissens zur Bewältigung veränderter berufsfeldspezifischer Anforderungen.

Im Sinne zumindest der offiziellen Verlautbarungen von Ministerien beziehungsweise staatlichen Lehrerfortbildungsinstitutionen hat institutionalisierte Fortbildung als *Professionalisierungsmedium* die gesamte Berufskarriere des Lehrers in kontinuierlicher Weise abzudecken (vgl. EDELHOFF 1980, HESSISCHES INSTITUT FÜR LEHRERFORTBILDUNG o.J., MAIER 1971, SCHMIDT 1980). Die Entwicklungstendenzen lassen daher nicht nur einen steigenden internen Institutionalisierungs- und Professionalisierungsgrad vor allem der staatlich organisierten Lehrerfortbildung erkennen (vgl. BLOCH u.a. 1981a), sondern darüber hinaus auch den Versuch, insgesamt ein *System der Lehrerausbildung* zu verwirklichen, das von der vorberuflichen Ausbildung an den Hochschulen (erste Phase) über die praxisnahe, bereits eigene Unterrichtstätigkeit einschließende Seminarausbildung (zweite Phase) bis hin zu berufsbegleitenden Fortbildungsveranstaltungen (dritte Phase) reicht.

Es ist von daher nur folgerichtig, wenn im Zuge der Verwirklichung der genannten Rahmenziele Inhalte, die in der vorberuflichen Ausbildung relevant sind, im Rahmen der eigentlichen „Fort"bildung – wenn auch mit unterschiedlicher zeitlicher Gewichtung – wieder aufgegriffen werden.

Im Hinblick auf die Anteile und Gewichtung der Inhalte soll Lehrerfortbildung „auch ein Forum darstellen, das die praxisorientierte Kommunikation ermöglicht, also die fachdidaktische Ausbildung der 1. Phase und die schulpraktische Ausbildung der 2. Phase fortsetzt" (MAIER 1971, S. 2).

Zusammenfassend ist zu sagen, daß das Angebot in der Lehrerfortbildung in alle Bereiche der Lehrerbildung hineinreicht. Der Schwerpunkt liegt auf unterrichtspraktischen und methodischen Inhalten sowie schulfachspezifisch auf der fachwissenschaftlichen Unterweisung. Eine *„fortbildungsdidaktische Struktur"*, die die Vielfalt der Angebote („Warenhausangebote" – HAHN 1974, S. 79) unter einer allgemein akzeptierten didaktischen Idee ordnet, ist zur Zeit nicht erkennbar.

Zentralisierung oder Dezentralisierung. Organisationsformen der Lehrerfortbildung sind als Rahmenbedingungen in doppeltem Sinne zu verstehen: Gemeint ist zum einen die zeitliche Planung und Durchführung von Lehrerfortbildungsveranstaltungen, zum anderen das übergreifende Modell oder Konzept, auf dessen Grundlage Lehrerfortbildungsmaßnahmen innerhalb eines Bundeslandes oder einer bestimmten Region angeboten werden.

Dabei wird nicht zufällig in erster Linie auf die Einheit „Bundesland" abgestellt: Lehrerfortbildungsmaßnahmen werden zum überwiegenden Teil von staatlichen Institutionen getragen und organisiert. Aufgrund der kulturellen Autonomie der Länder bedeutet staatliche Institutionalisierung in der Bundesrepublik Deutschland jedoch gleichsam automatisch Institutionalisierung auf Landesebene mit allen Folgen positiver (sichere Finanzierung, dienstrechtliche Absicherung), aber auch negativer Art (eingeschränkte Autonomie der Mitarbeiter, Planungsvorgaben – vgl. EDELHOFF 1976, S. 19).

Dies verweist bereits auf die konzeptionelle Ebene der Organisation von Lehrerfortbildung, nämlich auf die Frage nach „Zentralisierung" oder „Dezentralisierung" (beziehungsweise „Regionalisierung").

Das Fortbildungssystem in den einzelnen Bundesländern ist in den letzten Jahrzehnten systematisch ausgebaut worden. In einer internationalen Vergleichsstudie, „Innovation in In-Service Education and Training of Teachers (INSET)", von neun Ländern der Organization for Economic Co-operation and Development (OECD) wurde die Bundesrepublik Deutschland mit am besten eingeschätzt (vgl. BOLAM 1977). Ihr wird – neben Schweden und Japan – ein weit differenziertes System mit Funktionszuordnungen zu den einzelnen Einrichtungen bescheinigt (vgl. BÜNDER/NENTWIG 1978).

Der Ausbau des jeweiligen Systems ist in den meisten Fällen begleitet von der Entwicklung zentraler Fortbildungsstrukturen. In der Bundesrepublik fiel ihre Aufbauphase vielfach mit der Durchführung von Modellversuchen zur Lehrerfort- und -weiterbildung zusammen. Diese Versuche waren in den überwiegenden Fällen an Konzeptionen der Verknüpfung von Lehrerfortbildung und Curriculumentwicklung gebunden, also an Organisationsformen mit lokal orientierten Lehrerarbeitskreisen (vgl. BONN 1974, 1977; vgl. HALLER/WOLF 1973, HEYMANN 1979). Die Diskussion über Funktionen von zentralen und dezentralen Einrichtungen waren aufgrund dieser Konstellation zum Teil recht heftig. Abgesehen von dieser Auseinandersetzung lassen sich aber durchaus Zuordnungen zu zentralen und dezentralen Einrichtungen aufstellen, die, obwohl nicht durch eine allgemeine Theorie der Fortbildungsdidaktik abgesichert, breitere Übereinstimmung finden. Zentral organisierte Veranstaltungen umfassen in der Regel einen längern Zeitraum (von drei Tagen bis zu einer Woche), finden in zentral gelegenen Fortbildungseinrichtungen statt und können unter anderem folgende Aufgaben haben:

Probleme der allgemeinen Entwicklung des Schulwesens in Zusammenarbeit mit Wissenschaft und Bildungsadministration zu bearbeiten und Formen der Umsetzung von Lösungen zu entwickeln; curriculare Grundsatzfragen (Rahmenrichtlinien oder Fördermaßnahmen zur Bewältigung sprachlicher und kulturell bedingter Integrationsprobleme von Emigrantenkindern) gründlich zu erörtern; spezielle Bedürfnisse einzelner Lehrer beziehungsweise Lehrergruppen im Hinblick auf die Weiterentwicklung des Fortbildungsangebots aufzugreifen. An diesem Aufgabenkatalog wird deutlich, daß derart zentral organisierte Lehrerfortbildung vor allem an „Multiplikatoren" adressiert ist, um dann über informelle Kommunikationsstrukturen die Kollegien der Schulen zu erreichen. Durchaus im Sinne der Intentionen von Bildungspolitik und -verwaltung wird über die zentral organisierte Veranstaltung gleichzeitig die informell „kollegiale" Unterstützung der Einführung und Durchsetzung curricularer Reformen abgesichert.

Regional organisierte Veranstaltungen decken demgegenüber einen weitaus höheren Anteil des Gesamtangebotes ab, sind zeitlich variabler gestaltet und finden entweder in den Schulen selbst oder in deren unmittelbarer Nähe statt. Sie sollen, auf die spezifischen regionalen Bedürfnisse ausgerichtete Informationen vermitteln, regional wichtige Themen ansprechen und Grundlagen für eine längerfristige kontinuierliche Zusammenarbeit von Lehrern und anderen mittelbar oder unmittelbar an curricularen Veränderungen beteiligten Personen bereitstellen.

Dezentrale Einrichtungen sollen danach sehr viel individueller und bedürfnisorientierter auf aktuelle Probleme des Lehrers eingehen. Die Arbeit bezieht sich dabei unmittelbar auf die Veränderungen des Unterrichtsgeschehens.

Lehrerfortbildung

BLOCH, J. A. u. a.: Institutionalisierte Lehrerfortbildung im naturwissenschaftlichen Bereich. Auszüge aus einer Studie zur Lehrerfortbildung in der Bundesrepublik Deutschland. In: Uw. 9 (1981), S. 32 ff. (1981 a). BLOCH, J. A. u. a.: Charakteristiken der Lehrerfortbildung im naturwissenschaftlichen Bereich in der Bundesrepublik Deutschland. Institut für die Pädagogik der Naturwissenschaften: IPN-Arbeitsberichte 46, Kiel 1981 b. BOLAM, R. (Hg.): Innovation in the In-Service Education and Training of Teachers. Towards a Conceptual Framework. OECD/ CERI: TE 77.06, Paris 1977. BONN, P.: Entstehung und Konzeption des Modellversuches zur Konkretisierung der Rahmenrichtlinien an Gesamtschulen in Hessen (1972/1973), Frankfurt/M. 1974. BONN, P.: Curriculumentwicklung an Gesamtschulen und kooperative Lehrerfortbildung – Werkstattbericht über den Modellversuch ,, Konkretisierung der Rahmenrichtlinien an Gesamtschulen" (KORAG) in Hessen (1973–1976), Frankfurt/M. 1977. BÜNDER, W./NENTWIG, P. (in Zusammenarbeit mit J. A. Bloch u. a.): Modelle zur Lehrerfortbildung aus neun OECD-Mitgliedsländern. Auswertung der OECD-Berichte „Innovation in In-Service-Education and Training of Teachers" (INSET). Institut für die Pädagogik der Naturwissenschaften: IPN-Arbeitsberichte 34, Kiel 1978. DEUTSCHER BILDUNGSRAT: Strukturplan für das Bildungswesen. Empfehlungen der Bildungskommission, Stuttgart 1970. EDELHOFF, CH.: Zur Didaktik und Methodik der Lehrerfortbildung. In: BÖWER-FRANKE, CH. u. a. (Hg.): Zur Didaktik und Methodik der Lehrerfortbildung, Essen 1976, S. 18 ff. EDELHOFF, CH.: Thesen zur Lehrerfortbildung. In: Deutscher Verein zur Förderung der Lehrerfortbildung und Lehrerweiterbildung, Informationsblatt (1980), 2, S. 7 ff. HAHN, H.: Nachdenken über Lehrerbildung. In: IPTS-Schr. (1974), 4, S. 79 ff. HALLER, I./WOLF, H.: Die Neuorganisation der Lehrerfortbildung als Teilstück schulnaher Curriculumentwicklung. In: Curr. konkret 1 (1973), 1, S. 1 ff. HESSISCHES INSTITUT für LEHRERFORTBILDUNG (Hg.): Programm, o. O. o. J. HEYMANN, K.-D.: Pädagogische Begleitforschung im Prokrustesbett der Politik: Innovations- und Evaluationsverläufe von Modellversuchen zur Lehrerfortbildung und schulnahen Curriculumentwicklung in Hessen von 1972–1977. In: MITTER, W./WEISHAUPT, H. (Hg.): Strategien und Organisationsformen der Begleitforschung. Vier Fallstudien, Weinheim/Basel 1979, S. 67 ff. HOCHWALD, K. H. u. a.: Thesen und Materialien zur Situation der Lehrerweiterbildung in der Bundesrepublik Deutschland, Münster 1974. KRÖLL, U.: Geschichte, Entwicklungen, offene Fragen. Institutionalisierte Lehrerfortbildung. In: betr. e. 10 (1977) 1, S. 48 ff. KRÖLL, U.: Institutionalisierte Lehrerfortbildung. Konzepte, Modelle und ihre Praxis, Weinheim 1980. KUNTZ-BRUNNER, R./SCHNEIDER, W.: Kontaktstudium an den wissenschaftlichen Hochschulen der Bundesrepublik, Hamburg 1974. LAURENZE, A./RADTKE, F.-O.: Schulnahe Curriculum-Entwicklung. Was nun? In: D. Dt.S. 72 (1980), S. 416 ff. MAIER, H.: Die Fortbildung der Lehrer. In: srep. (1971) 4, S. 1 f. PREUSS-KIPPENBERG, J.: Umfrage zur Lehrerfort- und -weiterbildung im Lande Bremen, Mimeo, Bremen 1980. SCHMIDT, A.: Thesen zur Lehrerfortbildung – Zur Diskussion gestellt. In: Deutscher Verein zur Förderung der Lehrerfortbildung und Lehrerweiterbildung, Informationsblatt (1980), 1, S. 5.

Henning Haft/Wolfgang Bünder

Ökologie (Schule)

Begriff. Seit Beginn der 70er Jahre gewinnen in den Sozialwissenschaften einige perspektivisch neue Fragestellungen an Bedeutung, die bei aller Differenz eine Gemeinsamkeit aufweisen: Die Thematisierung konkreter Alltagsumwelten als Bedingung und Kontext menschlichen Erlebens und Handelns. Diesen neuen Forschungsstrategien ist der ökologische Ansatz zuzurechnen, dessen Terminologie, Definitionen und Erkenntnisinteressen allerdings je nach wissenschaftstheoretischer Position und konkreter Gegenstandsakzentuierung stark variieren. Der Begriff „Ökologie" selbst verweist dabei auf eine über hundertjährige Tradition in der Biologie und eine über fünfzigjährige Geschichte in der Soziologie.

Entscheidende Impulse für die sozialwissenschaftliche Ökologiedebatte brachte die *soziologische Großstadtforschung,* die ausgehend von ersten Untersuchungen der Chicagoer Schule zum Verhältnis von Konkurrenz und sozialer Kontrolle (vgl. PARK u. a. 1925) sich theoretisch und methodisch weiterentwickelte über die Sozialraumanalyse (vgl. SHEVKY/BELL 1955) und die Faktorialökologie (vgl. HUNTER 1972) hin zur Untersuchung von Ökosystemen beziehungsweise ökologischen Komplexen (vgl. DUNCAN 1961). Im Zentrum dieser Ansätze steht das Bemühen, Strukturen und Prozesse der sozialen und räumlichen Organisation von Gesellschaft unter Aspekten wie Disparität der Lebensbedingungen, Segregation, Dichte oder Heterogenität zu verfolgen. Als Ausgangspunkt der *psychologisch akzentuierten Ökologiediskussion* kann die Unterscheidung HELLPACHS (vgl. 1928) zwischen natürlicher, sozialer und kultureller Umwelt angesehen werden. Eine wesentliche Weiterführung dieser Überlegungen stellt Lewins dynamische Konzeption der Interdependenz von Umweltfaktoren und sozialkulturellen Verhaltensmustern mit der Differenzierung zwischen einem subjektiv bedeutsamen Lebensraum *(life space)* und der objektiven Umwelt *(ecological environment)* dar (vgl. LEWIN 1935, 1963). Neben dieser von BARKER (1968) und seinen Mitarbeitern weiterentwickelten „psychological ecology" finden sich in den USA beispielsweise Bezeichnungen wie „ecobehavioral science" (vgl. BARKER 1969) „environmental psychology" (CRAIK 1973, vgl. ITTELSON u. a. 1977) oder allgemein „man environment systems" (so eine gleichnamige Zeitschrift). In der Bundesrepublik Deutschland setzte sich im Zuge der Rezeption angloamerikanischer Forschung neben psychologisch orientierten Begriffen wie „Umweltpsychologie" (KAMINSKI 1976) oder „ökologische Psychologie" (vgl. BOESCH 1971) vor allem der Terminus „Sozio-" beziehungsweise „Sozialökologie" (vgl. WALTER 1975) durch. Häufig werden diese Ansätze in Abgrenzung zur biologischen Ausgangsdisziplin und im Hinblick auf ihr interdisziplinäres Vorgehen dem Oberbegriff *Humanökologie* subsumiert (vgl. FRIEDRICHS 1977).

Als gemeinsames heuristisches Prinzip liegt der ökologischen Sichtweise die Position zugrunde, daß Einstellung, Erleben und Handeln grundsätzlich umgebungsspezifisch sind, daß umgekehrt Umgebungen durch typische Handlungsmuster strukturiert sind und daß sich das Verhältnis von Umgebung und menschlichem Handeln durch ein Relationsmodell charakterisieren läßt. Eine Ökologie des Bildungswesens hat folglich die Aufgabe, Einzelfaktoren und Variablenkomplexe zu untersuchen, die das Erreichen der Ziele organisierter Lernprozesse fördern oder verhindern. Zu diesen Bedingungen zählen beispielsweise die Schularchitektur, finanzielle und organisatorische Ausstattung von Schulen, regionale Rekrutierungsstrategien von Schülern und Lehrern, spezifische Entscheidungs- und Kommunikationsstrukturen an Schulen, Ausstat-

Ökologie (Schule)

tung von Klassenräumen oder Elemente der Schulatmosphäre.

Konzeptionelle Probleme. Gegenstand ökologischer Forschung ist die Untersuchung der wechselseitigen Anpassung des menschlichen Organismus und seiner Umwelt (vgl. BRONFENBRENNER 1976). Ihr Ziel ist eine – noch als Desiderat einzustufende – Theoriebildung, die erstens Umweltbedingungen, zweitens individuelle und kollektive Verhaltensdispositionen und drittens deren wechselseitige Beeinflussung gleichermaßen detailliert dimensioniert. Zu den Voraussetzungen einer Theoriefindung gehören einerseits eine Präzisierung und stärkere Ausdifferenzierung des Umweltbegriffs und andererseits eine kategoriale Beschreibung und Regelfindung der Anpassungsmechanismen zwischen Umwelt und menschlichem Verhalten. Obwohl die Begriffe „Situation" und „Umwelt" heute gerne als Bezugsrahmen theoretischer Forschungskonzepte und praxisbezogener Evaluationsverfahren gewählt werden, steht angesichts des hochkomplexen multidimensionalen Bedingungsgefüges eine fundierte Kategorisierung und Klassifizierung von Umweltvariablen noch aus. Eine detaillierte Umwelterfassung müßte jeweils unter zwei Aspekten erfolgen: erstens als vielschichtige Erfassung der sozialen und räumlichen Nahumwelt und zweitens als Verlängerung dieser Nahumwelt in Richtung des jeweils nächst größeren regionalen, kulturellen und gesellschaftlichen Kontextes, in den sie eingebettet ist (vgl. WALTER 1975, S. XIX).

Neben der Frage nach der Spezifizierung und Hierarchisierung von Umweltvariablen liegt ein weiteres Schlüsselproblem der sozialwissenschaftlichen Ökologiedebatte darin, daß bislang kein überzeugendes und theoretisch hinreichend ausgewiesenes Konzept der *Übersetzungsmechanismen* von Umweltfaktoren in Interaktionsstrukturen vorliegt.

Gegenwärtig lassen sich in der sozialökologischen Diskussion eher *phänomenologisch* (vgl. FEND 1977, SCHREINER 1973) und eher *objektivistisch* (vgl. BARKER 1968, GEIPEL 1965, PEISERT 1967) akzentuierte Ansätze unterscheiden, die jeweils spezifische Schwächen aufweisen: Der phänomenologische Ansatz beschreibt die Art und Weise, in der Umweltausschnitte als individuell bedeutsam wahrgenommen und kognitiv repräsentiert werden. Die objektive Umgebung wird dabei nur als Ausgangspunkt für die das Handeln steuernde subjektive Wahrnehmung begriffen, Struktur und Organisation der objektiven Umwelt selbst werden vernachlässigt. Der objektivistische Ansatz untersucht die Wirkung objektiver Bedingungen auf menschliches Handeln; er vernachlässigt dabei die Bedeutung von Einstellungen und Normen, mit denen Individuen das Umfeld strukturieren und häufig auch die historisch-gesellschaftliche Genese der vorfindlichen Umwelten.

Für die folgende exemplarische Darstellung von Forschungsergebnissen zur Ökologie des Bildungswesens wird heuristisch zwischen mikro- und makroökologischen Ansätzen unterschieden, wobei erstere die Institution Schule oder einzelne ihrer Elemente als Umwelteinheit definieren, um deren Wirkung auf einzelne Schüler oder Schülergruppen zu untersuchen, während letztere regionale und soziale Rekrutierungsfaktoren verschiedener Bildungseinrichtungen analysieren.

Ergebnisse mikroökologischer Ansätze. Als bekannter Vertreter des objektivistischen Ansatzes im angloamerikanischen Raum sei BARKER (vgl. 1968) erwähnt, der die objektive Umwelt in natürliche, räumlich und zeitlich begrenzte Einheiten, sogenannte *behavior settings* (Verhaltensumfelder) untergliedert. Jedes „behavior setting" (beispielsweise eine Schulstunde, ein Fußballplatz, eine Lehrerkonferenz), das als sich selbst regulierendes System begriffen wird, weist ein oder mehrere, von personalen Elementen unabhängige Standardverhaltensmuster auf. Die Annahme einer Synomorphie zwischen der materiellen Struktur des „settings" und den konsistenten Handlungsmustern führt zu der Vorstellung, Ziel dieses Systems sei es, keine Diskrepanzen zwischen dem aktuell ablaufenden und dem Standard-Verhaltensmuster entstehen zu lassen: So wie die Sitzordnung auf das Lehrerpult hin ausgerichtet ist, so orientieren sich die Schüler zum Lehrer.

Da Barker zufolge die programmkonforme Aktualisierung der Standard-Verhaltensmuster eine optimale Anzahl von Personen erfordert, ergibt sich als für das Bildungswesen bedeutsames Ergebnis seiner Studien die Relevanz der Schulgröße für die Förderung der Schüler (vgl. BARKER/GUMP 1964). So zeichnen sich Schüler kleinerer amerikanischer Oberschulen gegenüber Schülern größerer Schulen durch mehr Toleranz gegenüber abweichendem Verhalten, stärkeres Verantwortungsgefühl gegenüber schulischen Belangen und höheres Engagement in Gruppenaktivitäten aus, verspüren aber auch stärkeren sozialen Druck und größere Unsicherheit bezüglich ihrer Fähigkeiten. Bei der Beurteilung dieser Untersuchungsergebnisse muß berücksichtigt werden, daß der Konzeption Barkers offenbar ein deterministisches Mensch-Umwelt-Modell zugrunde liegt. Denn das als quasi naturgegebene Einheit angesehene „behavior setting" schreibt dem Individuum sein Verhalten vor. Gesellschaftliche Genese und Zweck dieser Umwelteinheit werden nicht reflektiert.

Im Gegensatz zu diesem Modell liegt den verschiedenen Ansätzen zur Erforschung des *Schulklimas* eine eher phänomenologische Betrachtungsweise zugrunde. Ausgangspunkt der Überlegungen ist die Annahme, daß die subjektive Wahrnehmung der Merkmalstrukturen einer Schule durch Lehrer und Schüler verhaltensrelevant ist. Das Verhältnis Mensch – Umwelt ist dabei als wechselseitige Beeinflussungsstruktur erfaßt. Zu dieser Forschungsrichtung zählen einmal angloamerikanische Ansätze wie der von COLEMAN (vgl. 1961), der darauf verweist, daß subkulturelle Interessen, Einstellungen und Werthaltungen jugendlicher Schüler den Erwartungen und Zielvorstellungen von Eltern und Schule oft antagonistisch gegenüberstehen, zum anderen sind Studien zur kollektiven Wahrnehmung zu nennen (vgl. ASTIN 1968, PACE 1963, STERN 1963), die Aufforderungs- und Normqualitäten der innerschulischen Umwelt zu erfassen suchen. FEND (vgl. 1977) bezeichnet als Schulklima fächerübergreifende Merkmale schulischer und unterrichtlicher Kommunikation und analysiert insbesondere die Nutzung vorhandener Handlungsspielräume im alltäglichen Umgang zwischen Lehrern und Schülern unter vorgegebenen institutionellen Rahmenbedingungen.

SCHREINER (vgl. 1973) untersucht unter dem gleichen Stichwort, ob und wie sich eine Oberstufenreform mit Wahldifferenzierung und schuldemokratischen Einrichtungen auf die Wahrnehmung dieser Schule als sozialer Erfahrungsraum durch die Schüler auswirkt. Dabei werden die globalen Merkmale von und „demokratisch-partnerschaftliches Verhältnis") mit Hilfe einer „Ökomatrix" operationalisiert. Sie stammt aus einer amerikanischen College-Untersuchung und wurde hier modifiziert. Die Fallstudie bestätigt mit Einschränkungen die Individualisierungshypothese, daß bei wahldifferenziertem Unterricht im Vergleich zum Jahrgangsklassenunterricht unter den Schülern weniger Zusammenarbeit und Zusammenhalt festzustellen sind. Partiell wird auch die Demokratisierungshypothese bestätigt, daß nämlich Primaner mit erweiterten Mitwirkungsmöglichkeiten ein stärker ausgeprägtes demokratisch-partnerschaftliches Verhältnis zu ihren Lehrern haben als die Mittelstufenschüler der gleichen Schule.

Schließlich liegen zahlreiche Forschungsergebnisse über die Auswirkungen *räumlicher und sachlicher Umweltfaktoren* auf den Unterrichtsprozeß vor. Hierzu gehören die Untersuchung von ADAMS (vgl. 1970) über den Einfluß eines bestimmten Sitzplatzes auf die Kommunikationschancen, weiterhin Studien über den Einfluß von Schulbauten, insbesondere von Großraumklassen, auf Lehr- und Lernprozesse (vgl. FARMER/WEINSTOCK 1969, KÖNIG/SCHMITTMANN 1976).

Ergebnisse makroökologischer Analysen. Eine Variante sozialökologischer Untersuchungen läßt sich als differenzierende Weiterentwicklung der Bildungsforschung in der Bundesrepublik Deutschland beschreiben, die sich zunächst vornehmlich der quantitativen Bilanzierung von Aufwand und Erfolg des Bildungssystems widmete. Ergebnisse wie die Benachteiligung von Arbeiter- und Landkindern sowie Mädchen (vgl. HUSÉN 1977, LOCHMANN 1974), das schlechte Abschneiden des bundesrepublikanischen Bildungssystems im internationalen Vergleich (vgl. PICHT 1964) provozierten die Suche nach Erklärungen und Begründungen der geringen Repräsentation bestimmter Bevölkerungsgruppen im weiterführenden Schulwesen. Bewirkt wurde dadurch gerade in der Bundesrepublik ein Trend, Erfahrungen und Lernmöglichkeiten sozial und räumlich zu differenzieren. So wurden etwa die Auswirkung von Bildungsdichte oder Wirtschafts- und Sozialstruktur auf die Bildungsbeteiligung oder die Bedeutung spezifischer schulischer Umgebungen für das Schulverhalten untersucht: PEISERT (1967) klassifiziert in seiner Arbeit über „Soziale Lage und Bildungschancen in Deutschland" Umwelten mit geringer Bildungsdichte auf der Grundlage amtlicher Statistiken mit Hilfe demographischer, ökonomischer und sozialkultureller Faktoren. Dabei wird als ein Indikator für die geringe Beteiligung von Landwirts- und Arbeiterkindern an weiterführenden Schulen das Fehlen entsprechender Schulangebote in den jeweiligen Regionen ermittelt. Er kommt hier bereits zu der inzwischen stärker diskutierten Annahme, daß die typisierten Umwelten sich zwar mittels einer Vielzahl sozialökologischer Merkmale beschreiben lassen, daß aber bereits eine begrenzte Anzahl von „Indikator"-Variablen zur Kategorisierung hinreicht. Konzeptionell und methodisch vergleichbare Untersuchungen liegen für fast alle Bereiche des Bildungssystems vor (vgl. GEIPEL 1965, GEISSLER 1965; vgl. ROTHE 1968, 1972). Eine methodische Verfeinerung dieses raumstrukturanalytischen Modells bringt die Untersuchung von KUTHE u. a. (vgl. 1979) über das regionale Umfeld von Gesamtschulen, die erstmalig für die Bundesrepublik eine Typisierung städtischer Teilgebiete vornimmt. Ebenfalls unter methodischen Gesichtspunkten hervorzuheben ist die Studie von BARGEL u. a. (vgl. 1973) zum Elementarbereich des Bildungswesens, die auf der Grundlage sozialstatistischer Daten das Modell einer Umwelttaxonomie erarbeitet, um typische sozialökologische Umwelten zu ermitteln, die hinsichtlich sozialer Strukturen, Lebensbedingungen und Anregungsgehalt differieren. Deren Kenntnis ermöglicht, die Entwicklung und die soziale Evaluation von Curricula unter Berücksichtigung benachteiligter Adressatengruppen zu verbessern.

Die zuvor genannten Untersuchungen arbeiten überwiegend eindimensional mit statistischen Aggregatdaten, sie konzentrieren sich auf Erklärungsfaktoren wie „Transportwiderstand", „Verkehrserschließung" oder „schulischer Erschließungsgrad der Region" und schließen in methodisch problematischer Weise von den auf ganze Areale bezogenen

Daten auf individuelles Verhalten. Zahlreiche amerikanische Untersuchungen gehen den umgekehrten Weg, indem sie Individualerhebungen über die regionale Differenzierung der Bildungsaspiration von Eltern im Hinblick auf ihre Kinder beziehungsweise der College-Pläne von Schülern durchführen. Die jeweilige Einseitigkeit dieser Untersuchungen versucht EIRMBTER (vgl. 1977) durch einen Mehrebenenansatz zu überwinden, indem er Individualdaten wie Berufswünsche der Schüler oder ihre soziale Herkunft in Abhängigkeit von überindividuellen Merkmalen (Regional- und Wirtschaftsstruktur, schichtspezifische Bevölkerungszusammensetzung) ermittelt. Diesem Ansatz liegt die Annahme zugrunde, daß überindividuelle soziale Strukturen – durch ökologische Faktoren charakterisiert und räumlich abgegrenzt – ein „ökologisches Milieu" bewirken: Eine bestimmte Umweltkonstellation beeinflußt die Einstellungen und Verhaltensweisen von Individuen, sie wird von verschiedenen Personengruppen subjektiv unterschiedlich wahrgenommen und gewinnt dementsprechend auch objektiv unterschiedliche Relevanz. Das Ergebnis der Analyse von EIRMBTER (vgl. 1977), daß der Studierwunsch kontinuierlich mit der Größe und Dichte der Städte steigt, daß dieser Zusammenhang aber in besonderem Maße für Kinder der Unterschichten gilt, bestätigt seine Ausgangshypothese. Belegt wird die besondere Abhängigkeit der Unterschicht von Verhaltensweisen der Umwelt und die stärkere Ausrichtung ihres Aspirationsniveaus an der Regionalstruktur.

Fazit. Als gemeinsames Interesse der an Bedeutung in der erziehungswissenschaftlichen Diskussion gewinnenden sozialökologischen Ansätze kann die Absicht festgehalten werden, Lern- und Bildungsprozesse im sozialen und räumlichen Kontext ihres Umfeldes zu untersuchen. Im Rahmen dieser Gegenstandsbeschreibung existieren gegenwärtig vielfältige Untersuchungsthemen, Konzeptualisierungsversuche sowie empirische Umsetzungsstrategien nebeneinander. Da sich die Erörterung des Umweltbegriffs als hochkomplex erwiesen hat und eine befriedigende Theorie der wechselseitigen Mensch-Umwelt-Adaption vorerst nicht in Sicht ist, erscheint es angemessen, die ökologische Vorgehensweise stärker als eine spezifische Perspektive denn als Theorie oder eigenständige wissenschaftliche Disziplin auszuweisen.

Der konzeptionelle Anspruch erfordert in jedem Falle ein im Vergleich zur traditionellen sozialwissenschaftlichen Forschung erheblich erweitertes Methodenrepertoire. So bemühen sich verschiedene sozialökologische Konzepte um Forschungsstrategien, die eine größere Nähe zur Alltagspraxis ermöglichen und die Erlebnisrepräsentanz und Situationsangemessenheit individuellen Handelns stärker berücksichtigen. Außerdem kann nicht mehr nur die isolierte Wirkung einzelner Variablen erfaßt werden, vielmehr müssen die spezifischen Wechselwirkungsprozesse verschiedener Einflußfaktoren auf mehreren kategorialen Ebenen überprüft werden. Forschungsmethodologisch ist versucht worden, diesen Schwierigkeiten etwa mit Verfahren der Pfad-, Varianz- und Mehrebenenanalyse (vgl. WELZ 1984) gerecht zu werden, die jedoch einen enorm hohen Forschungsaufwand erfordern. Angesichts der Vielfalt von Variablen und der Komplexität vermuteter Einflußgrößen, deren separate Bedeutsamkeit im einzelnen schwer nachzuweisen ist, zeichnet sich die verstärkte Notwendigkeit ab, hinreichend aussagekräftige Merkmale herauszufiltern und so zusammenzufassen, daß relevante Zusammenhänge zwischen Umweltbedingungen und individuellen oder kollektiven Handlungsvollzügen deutlicher sichtbar werden. Zu bemängeln ist an zahlreichen vorliegenden Untersuchungen in diesem Zusammenhang das häufig einseitige Interesse an dem Ausmaß aufgeklärter statistischer Varianz gegenüber komplexeren Erklärungszusammenhängen. Insbesondere der stark psychologisch ausgerichteten amerikanischen Ökologieforschung haftet häufig ein Defizit an gesellschaftskritischer Reflexion an. Sollen die ökologischen Untersuchungen auch innovative Funktionen für praktisches Handeln hervorbringen, so wird in Zukunft stärker darauf zu achten sein, daß Umwelt in Forschungsentwürfen nicht als quasi konstante Dimension eingeht, sondern die Dynamik und Veränderbarkeit von Umweltfaktoren und die Variabilität sozialer Wirklichkeitskonstruktionen hinreichend berücksichtigt werden.

Vom konzeptionellen Anspruch her kann die ökologische Perspektive einen Beitrag dazu leisten, Verkürzungen der traditionellen soziologischen und psychologischen Erklärungsmuster für Lern- und Bildungsprozesse zu reduzieren und damit einerseits der Komplexität sozialer Realität gerechter zu werden und andererseits erste Schritte im Hinblick auf die Systematisierung der Transfermechanismen sozialer Strukturen in psychische Dispositionen zu leisten. Sozialökologisch motivierte Analysen von Bildungsprozessen stoßen allerdings dort an ihre Grenze, wo sie nicht eingebunden werden in eine Theorie der Schule und des Bildungswesens als gesellschaftlichem Teilbereich; denn erst dieser theoretische Bezugspunkt ermöglicht eine begründete Auswahl der für Erziehungs- und Bildungsprozesse relevanten Ausschnitte und Sichtweisen von Umwelt.

ADAMS, R.S.: Interaction in Classroom. In: CAMBELL, W.J. (Hg.): Scholars in Context. The Effect of Environment on Learning, New York/Sidney 1970, S. 284 ff. ASTIN, A.W.: The College Environment, Washington 1968. BARGEL, T. u. a.: Bildungschancen und Umwelt I, Teil I: Eine Studie zur sozialen Evaluation im Elementarbereich. Deutscher Bildungsrat: Materialien zur Bildungsplanung, Heft 3, Braunschweig 1973. BARKER, R. G.: Ecological Psychology. Concepts and Methods for Studying the Evironment of Human Behavior, Stanford 1968. BARKER, R. G.: Wanted: An Ecobehavioral Science. In: WILLEMS, E. P./RAUSH, H. L. (Hg.): Naturalistic Viewpoints in Psychological Research, New York 1969, S. 31 ff. BARKER, R. G./GUMP, P.V.: Big School, Small School: High School Size and Student Behavior, Stanford 1964. BOESCH, E.: Zwischen zwei Wirklichkeiten: Prolegomena zu einer ökologischen Psychologie, Bern/Stuttgart/Wien 1971. BRONFENBRENNER, U.: Ökologische Sozialisationsforschung, Stuttgart 1976. COLEMAN, J.S.: The Adolescent Society. The Social Life of the Teen-ager and its Impact on Education, New York 1961. CRAIK, K. H.: Environmental Psychology. In: Ann. Rev. of Psych. 24 (1973), S. 403 ff. DUNCAN, O. D.: From Social System to Ecosystem. In: Sociol. Inquiry 31 (1961), S. 140 ff. EIRMBTER, W.: Ökologische und strukturelle Aspekte der Bildungsbeteiligung, Weinheim/Basel 1977. FARMER, M./WEINSTOCK, R.: Schulen ohne Wände, Frankfurt/M. 1969. FEND, H.: Schulklima: Soziale Einflußprozesse in der Schule. Soziologie der Schule III, 1, Weinheim/Basel 1977. FRIEDRICHS, J.: Stadtanalyse, Reinbek 1977. GEIPEL, R.: Sozialräumliche Strukturen des Bildungswesens. Studien zur Bildungsökonomie und zur Frage der gymnasialen Standorte in Hessen, Frankfurt/M. 1965. GEISSLER, C.: Hochschulstandorte und Hochschulbesuch, 2 Bde., Hannover 1965. HAWLEY, A. H.: Theorie und Forschung in der Sozialökologie. In: KÖNIG, R. (Hg.): Handbuch der empirischen Sozialforschung, Bd. 4, Stuttgart ³1974, S. 51 ff. HELLPACH, W.: Psychologie der Umwelt. In: ABDERHALDEN, E. (Hg.): Handbuch der biologischen Arbeitsmethoden, Abteilung 6: Methoden der experimentellen Psychologie, Teil C/1, Bd. 1: Methoden der angewandten Psychologie, Berlin/Wien 1928, S. 109 ff. HUNTER, A.: Factorial Ecology: A Critique and Some Suggestions. In: Demography 9 (1972), S. 107 ff. HUSÉN, T.: Soziale Umwelt und Schulerfolg, Frankfurt/M. 1977. ITTELSON, W. H. u. a.: Einführung in die Umweltpsychologie, Stuttgart 1977. KAMINSKI, G. (Hg.): Umweltpsychologie, Stuttgart 1976. KÖNIG, H./SCHMITTMANN, R.: Zur Ökologie der Schule. Eine öko-psychologische Untersuchung zum Einfluß von Schulbauten auf Lehr- und

Lernprozesse, München 1976. KUTHE, M. u. a.: Siedlungsstruktur und Schulstandort. Sozialräumliche Gliederung der Städte mit Gesamtschulen in Nordrhein-Westfalen, Paderborn/München/Wien 1979. LEWIN, K.: A Dynamic Theory of Personality, New York 1935. LEWIN, K.: Feldtheorie in den Sozialwissenschaften, Bern 1963. LOCHMANN, R.: Soziale Lage, Geschlechtsrolle und Schullaufbahn von Arbeitertöchtern, Weinheim/Basel 1974. PACE, C. R.: College and University Environement Scales, Princeton (N.J.) 1963. PARK, R. E. u. a.: The City, Chicago 1925. PEISERT, H.: Soziale Lage und Bildungschancen in Deutschland, München 1967. PICHT, G.: Die deutsche Bildungskatastrophe, Olten/Freiburg 1964. ROTHE, G.: Berufliche Bildung in Stufen. Modellstudie zur Neuordnung der Berufsschulen in Baden-Württemberg dargestellt am Raum Schwarzwald-Baar-Heuberg, Villingen 1968. ROTHE, G.: Materialien zum Schulentwicklungsplan II für das berufliche Schulwesen, Villingen 1972. SHEVKY, E./BELL, W.: Social Area Analysis, Standford 1955. SCHREINER, G.: Schule als sozialer Erfahrungsraum, Frankfurt/M. 1973. STERN, G. G.: Scoring Instructions and College Norms: Activities Index, College Characteristic Index, Syracuse (N.Y.) 1963. WALTER, H.: Zu diesem Band. In: WALTER, H. (Hg.): Sozialisationsforschung, Bd. 3: Sozialökologie – neue Wege in der Sozialisationsforschung, Stuttgart/Bad Cannstatt 1975, S. XIII ff. WELZ, R.: Statistik (Mehrebenenanalyse). In: Enzyklopädie Erziehungswissenschaft, Bd. 2, Stuttgart 1984, S. 565 ff.

Christiane Schiersmann

Ordnungsrecht

Begriff. Zur Aufrechterhaltung der „Schulordnung" im weitesten Sinne werden traditionell verschiedene Maßnahmen ergriffen, die sich nach Anlaß und Bedeutung der Ordnungsverletzung in vier große Maßnahmegruppen unterscheiden lassen:
- Verstöße gegen die Schulbesuchspflicht,
- Maßnahmen der Gefahrenabwehr in einem quasi „polizeilichen" Sinne (Aufrechterhaltung der schulöffentlichen Sicherheit),
- pädagogische Disziplinarmaßnahmen zur Aufrechterhaltung der innerschulischen Ordnung bei der Erfüllung des schulischen Bildungsauftrages,
- Reaktionen auf Leistungsverweigerungen.

Abgesehen von den schon länger gesetzlich geregelten Sanktionen gegen Verletzungen der Schulpflicht (vgl. PERSCHEL 1984a) wurden die Ordnungsmaßnahmen, solange das Schulverhältnis als besonderes Gewaltverhältnis aufgefaßt wurde, nicht als gesetzlich regelungsbedürftig angesehen und konnten auch nur in Ausnahmefällen (Ausschluß vom Schulbesuch) gerichtlich angefochten werden (vgl. PERSCHEL 1984b, c). Erst mit der sogenannten Wesentlichkeitstheorie und der auf ihr aufbauenden Rechtsprechung des Bundesverfassungsgerichts (BVerfG) zum Parlamentsvorbehalt für grundrechtsrelevante Maßnahmen im Schulwesen (vgl. die Entscheidungen des Bundesverfassungsgerichts – BVerfGE –, Bd. 41, S. 251 ff. [260 f.] – Ausschluß von einer schulähnlichen Einrichtung des zweiten Bildungsweges: „Speyer-Kolleg") kann der Bereich der Ordnungsmaßnahmen als Ordnungs*recht* bezeichnet werden; die Umsetzung bisheriger Verwaltungsvorschriften in Normen von Rechtssatzqualität (Gesetze, Rechtsverordnungen) ist allerdings zu Beginn der 80er Jahre erst teilweise vollzogen. Die Verwaltungsgerichte nehmen mit dem Bundesverfassungsgericht an, daß der bisherige Zustand (Ordnungsmaßnahmen aufgrund bloßer Verwaltungsvorschriften oder nicht hinreichend bestimmter gesetzlicher Blankettnormen) für eine begrenzte Übergangszeit hinzunehmen ist, soweit die Funktionsfähigkeit des Schulbetriebes dies zwingend erfordert. Hieran werden strenge Voraussetzungen geknüpft, etwa Nichtschulausschluß wegen fortgesetzter Unterrichtsversäumnis, wohl aber wegen fortwährender schwerer Unterrichtsstörungen. Das

Ordnungsrecht

Bundesverfassungsgericht (Speyer-Entscheidung) und der Deutsche Juristentag haben bereits 1976 das rechtsstaatliche Defizit in diesem Bereich festgestellt. Die Schulrechtskommission des Deutschen Juristentages hat 1981 detaillierte Vorschläge zur Überwindung dieses Zustandes vorgelegt (vgl. SCHULE IM RECHTSSTAAT 1981).

Der Begriff Ordnungsrecht ist besonders durch hochschulpolitische Auseinandersetzungen bekannt geworden und dort infolge mißverständlicher Auffassung des rechtsstaatlichen Grundproblems teilweise diskreditiert. Die Frage nach der Notwendigkeit eines besonderen studentischen Ordnungsrechts ist aber insofern anders akzentuiert, als hier (unter erwachsenen Staatsbürgern) nach überwiegender (allerdings bestrittener) Auffassung das allgemeine Polizeirecht zur Aufrechterhaltung der Sicherheit und Ordnung im Hochschulbereich ausreicht, einer der Schulbesuchspflicht entsprechende Pflicht im Hochschulbereich nicht besteht und im übrigen Studien- und Prüfungsordnungen ein Instrumentarium bieten, um Leistungsverweigerungen angemessen zu begegnen.

Ordnungsrecht im hier verstandenen Sinne wäre die Gesamtheit aller Rechtsnormen, die Ordnungsmaßnahmen zur Sicherung und Durchführung des schulischen Bildungsauftrages vorsehen und die den Anforderungen rechtsstaatlicher Normenhervorbringung genügen.

Grundprobleme. Die Herstellung von „Ordnung" in der Schule ist kein Selbstzweck, sondern dient dem Bildungsauftrag der Schule. Ordnungsmaßnahmen dürfen deshalb nur zur Bildung und Erziehung der Schüler getroffen werden – dazu gehört auch die Gefahrenabwehr zugunsten anderer Schüler – nicht nur zur Vergeltung begangenen Unrechts. Insofern geht der frühere Ausdruck „Schulstrafen" fehl; ebensowenig handelt es sich aber nur um eine Art schulpolizeilicher Gefahrenabwehr. Es gibt Zwischenbereiche, wo die schulische Reaktion auf begangenes „Unrecht" Erziehungscharakter im Sinne von Spezial- oder Generalprävention hat und damit gewisse Parallelen zu den Strafzwecken eines erzieherisch-resozialisierenden Strafrechts aufweist.

Jedenfalls gewinnen alle Ordnungsmaßnahmen ihren Sinn nur aus den *pädagogischen* Zwecken. Einen Konflikt zwischen Ordnungszwecken und pädagogischen Zwecken kann es nicht geben; es geht vielmehr stets um die *rechtliche* Relevanz *pädagogischer* Maßnahmen. Damit gehört das Ordnungsrecht zu den exemplarischen Problemfeldern zwischen Recht und Pädagogik. Die rechtliche Relevanz ist – wie bei anderen Fragen der „Wesentlichkeit" (vgl. PERSCHEL 1984b) – vor allem im Grundrechtsbereich auszumachen. Gesetzlicher Regelung bedürfen also vor allem solche Maßnahmen, die auf einen Schulausschluß hinauslaufen (Art. 2, Abs. 1, Art. 12, Abs. 1 des Grundgesetzes – GG; vgl. BVerfGE 40, S. 261), darüber hinaus auch solche Maßnahmen, die in Persönlichkeit oder Freiheit des Schülers nachhaltig eingreifen können (etwa förmliche Rügen, Überweisung in eine andere Klasse, Arrest). Für die Anwendung solcher förmlicher Ordnungsmaßnahmen sind vor allem der Rechtsgrundsatz der *Verhältnismäßigkeit* und das *Übermaßverbot* zu beachten.

Die unmittelbare Geltung schulischen Ordnungsrechts ist auf den räumlichen und zeitlichen *Bereich der Schule* beschränkt; mittelbare Auswirkungen sind vor allem auf den Schulweg und den Hausaufgabenbereich möglich. Eine umfassende Erstreckung schulischer Disziplinargewalt auf den gesamten außerschulischen Bereich ist mit der Begrenzung der Schulzwecke, der Anerkennung eigenständiger Erziehungsbereiche der Eltern und der außerschulischen Persönlichkeitsentfaltung der Schüler nicht zu vereinbaren.

Das *Verfahren* bei der Verhängung von Ordnungsmaßnahmen muß rechtsstaatlichen Grundsätzen um so mehr entsprechen, je intensiver der Grundrechtseingriff ist. Vor allem kommt es hierbei auf eine unvoreingenommene Sachverhaltsanalyse sowie die Anhörung des betroffenen Schülers und – bei Minderjährigen – seiner Eltern an. Auch müssen die Kompetenzen (mit-)entscheidender Organe beachtet werden (je nach innerer Schulverfassung verschiedene Konferenzebenen, Schulleitung, Schüler- und Elternvertretungen).

Einzelne Ordnungsmaßnahmen. Die meisten neueren Schulgesetze oder Schulordnungen enthalten inzwischen einen gestuften *Katalog förmlicher Maßnahmen;* die Voraussetzungen der jeweiligen Maßnahmen sind hingegen bisher kaum im einzelnen gesetzlich geregelt. Häufig begegnet etwa folgende Stufenfolge:
- schriftlicher Verweis durch den Lehrer,
- Ausschluß vom Unterricht,
- Überweisung in eine Parallelklasse,
- Ausschluß von der besuchten Schule und
- Ausschluß von allen Schulen einer Schulart des Landes.

Die Androhung des Ausschlusses („consilium abeundi") (vom Unterricht, von der besuchten Schule, von allen Schulen des Landes) tritt gelegentlich noch als je selbständige Ordnungsmaßnahme dazu. Arrest („Nachsitzen") und Strafarbeiten sind Ordnungsmaßnahmen älteren Typs, die teilweise schon seit Jahrzehnten von den Unterrichtsverwaltungen untersagt oder modifiziert worden sind („Übungsarbeiten" statt „Strafarbeiten"; Begrenzung des Nachsitzens auf zwei Stunden nach vorheriger Benachrichtigung der Eltern). Die endgültige Einziehung von Gegenständen wäre als Eigentumsverletzung unzulässig.

Bei allen Formen des *Unterrichtsausschlusses* ergibt sich das Problem, ob hierdurch nicht das *Recht auf Bildung* (vgl. PERSCHEL 1984d) verletzt wird. Unter dem Aspekt eines schulischen Sühnestrafrechts wären solche Maßnahmen heute ausnahmslos unzulässig; unter dem Gesichtspunkt der Gefahrenabwehr und der Sicherung des Bildungsauftrages zugunsten von Mitschülern können sie aber in schweren Fällen unvermeidlich sein. Der Gemeinschaftsvorbehalt aller Grundrechte rechtfertigt in solchen Fällen Eingriffe in das Individualrecht auf Bildung, doch sind hier die Belange des einzelnen und der Gesamtheit aller Schüler sorgfältig und differenziert abzuwägen (Grundsatz der Verhältnismäßigkeit; Prinzip praktischer Konkordanz aller Verfassungsnormen; nicht einfach „Gemeinnutz geht vor Eigennutz").

Ein eigenartiges Sonderproblem des Ordnungsrechts bietet die *körperliche Züchtigung,* die gerade aus rechtsstaatlichen Gründen ein überraschend zähes Leben fristet. Sie ist teilweise schon in den ersten Nachkriegsjahren von den Unterrichtsverwaltungen verboten worden. Diese Verbote konnten aber, wenn Lehrer dagegen verstießen, nur disziplinarrechtliche Konsequenzen haben. Durch Verbote auf der Ebene von Verwaltungsvorschriften ließ sich die Praxis der Prügelpädagogik zwar erheblich zurückdrängen, aber nicht völlig ausmerzen; hierzu hätte es formell-gesetzlicher Vorschriften bedurft, an denen es immer noch fehlt. So kam es, daß prügelnde Lehrer, wurden sie wegen Körperverletzung im Amt strafrechtlich verfolgt, sich erfolgreich auf einen gewohnheitsrechtlichen Rechtfertigungsgrund berufen konnten.

Der Bundesgerichtshof hat in zwei grundlegenden Entscheidungen von 1954 und 1957 – denen die Instanzgerichte teilweise noch bis in die jüngste Zeit gefolgt sind – eine gewohnheitsrechtliche Züchtigungsbefugnis für Lehrer angenommen, die allerdings dreifach begrenzt ist. Die Züchtigung muß danach

- „aus hinreichendem Anlaß" (nicht etwa zur Abschreckung),
- „in der Absicht richtig verstandener Erziehung" (keine brutal-perversen Abhärtungskonzepte) und
- „maßvoll" (nicht etwa durch Zufügung blutender Wunden) vorgenommen werden (vgl. Bundesgerichtshof, Entscheidungen in Strafsachen, Amtliche Sammlung - BGHSt - Bd. 6, S. 263; 11, S. 241).

Diese Rechtsprechung wird inzwischen allgemein als veraltet angesehen; das Rechtsbewußtsein von Schülern und Eltern und auch das Selbstverständnis der Lehrer empfindet heute die körperliche Züchtigung in der Schule durchweg als unzulässig (was sie auf beamten-disziplinarrechtlicher Ebene auch ist).

Doch gibt es immer wieder noch atavistische Reste, teilweise sogar von Eltern ausgehend, die (zu Unrecht) annehmen, sie könnten ihr (höchstpersönliches und selbst insoweit zunehmend bestrittenes) Züchtigungsrecht auf die Schule übertragen. Bis in die jüngere Zeit - so beispielsweise in einem Urteil des Bayerischen Obersten Landesgerichts vom 4. 12. 1978 (vgl. N. Jur. Woschr. 1979, S. 1371) - sind auch andere Strafgerichte der Rechtsprechung des Bundesgerichtshofs noch gefolgt.

Eine eindeutige, das frühere Gewohnheitsrecht zweifelsfrei beseitigende Regelung läßt sich nur durch formelle Gesetze, etwa durch neue Landesschulgesetze, schaffen.

Maßnahmen gegen Schulpflichtverletzungen. Der Schulgesetzentwurf der Schulrechtskommission des Deutschen Juristentages (vgl. SCHULE IM RECHTSSTAAT 1981, S. 96 f.) hebt förmliche Ordnungsmaßnahmen von „anderen pädagogischen Maßnahmen" ab (zum Beispiel Behandlung des Sachverhalts im Unterricht, persönliche Beratung, Gruppengespräche mit Schülern und Eltern, Übertragung von Aufgaben, zeitweilige Wegnahme von Gegenständen, in besonderen Fällen auch zeitweiliger Ausschluß von einer Unterrichtsstunde). Diese „anderen pädagogischen Aufgaben" sollen keinen rechtsfreien Raum schaffen, auch sie können rechtlich relevant sein und, soweit sie mit Grundrechtsverletzungen verbunden sind, gerichtlich überprüft werden. Doch soll die Abstufung einerseits eine unterschiedliche Regelungsdichte ermöglichen (offene Generalklausel für „andere pädagogische Maßnahmen" - SCHULE IM RECHTSSTAAT 1981, S. 290 - statt eines geschlossenen und detaillierten Maßnahmekataloges bei förmlichen Ordnungsmaßnahmen), andererseits die Priorität pädagogischer Überlegungen vor und bei der Anwendung förmlicher Disziplinarmaßnahmen betonen. Neben dem ausdrücklichen Verbot körperlicher Züchtigung enthält der Entwurf auch ein Verbot „anderer herabsetzender Maßnahmen" (SCHULE IM RECHTSSTAAT 1981, S. 97), wie sie in der Schulpraxis nicht selten anzutreffen sind.

HENNECKE, F.: Ordnungsrecht und Schülerstreik. In: NEVERMANN, K./RICHTER, I. (Hg.): Rechte der Lehrer, Rechte der Schüler, Rechte der Eltern, München 1977, S. 123 ff. JUNG, H.: Das Züchtigungsrecht des Lehrers, Berlin 1977. NIEHUES, N.: Schul- und Prüfungsrecht, München ²1983. PERSCHEL, W.: Schulpflicht. In: Enzyklopädie Erziehungswissenschaft, Bd. 5, Stuttgart 1984, S. 591 ff. (1984a). PERSCHEL, W.: Gesetzesvorbehalt. In: Enzyklopädie Erziehungswissenschaft, Bd. 5, Stuttgart 1984, S. 497 ff. (1984b). PERSCHEL, W.: Rechtsschutz, verwaltungsgerichtlicher. In: Enzyklopädie Erziehungswissenschaft, Bd. 5, Stuttgart 1984, S. 553 ff. (1984c). PERSCHEL, W.: Recht auf Bildung. In: Enzyklopädie Erziehungswissenschaft, Bd. 5, Stuttgart 1984, S. 549 ff. (1984d). SCHULE IM RECHTSSTAAT, Bd. 1: Entwurf für ein Landesschulgesetz. Bericht der Kommission Schulrecht des Deutschen Juritentages, München 1981.

Wolfgang Perschel

Personalvertretung

Dienststelle und Personalvertretung. Durch die Personalvertretungsgesetze des Bundes (BPersVG) vom 5.8.1955 in der Fassung vom 15.3.1974 und der Länder werden Organe der Personalvertretung (Personalräte, Personalversammlungen) geschaffen, die der Wahrnehmung der Rechte und Interessen aller Beschäftigten in einer Dienststelle (Behörde) dienen sollen. Während das Betriebsrätegesetz von 1920, in dem sich noch Spuren der rätedemokratischen Bewegung vom November 1918 erkennen lassen, eine gemeinsame Regelung der Interessenvertretung der Arbeitnehmer in allen Zweigen des Beschäftigungssystems (öffentlichen und privaten) enthielt, wurde dies in den 50er Jahren unterschiedlich geregelt: durch das Betriebsverfassungsgesetz von 1952 für die private Wirtschaft und durch das (Bundes-)Personalvertretungsgesetz von 1955 (und die entsprechenden Landespersonalvertretungsgesetze) für den öffentlichen Dienst. Noch stärker als in den Betriebsverfassungsgesetzen ist in den Personalvertretungsgesetzen der Gesichtspunkt einer Interessenvertretung der Arbeitnehmer verwoben mit dem Gesichtspunkt optimaler Kooperation. So sollen mindestens einmal im Monat Besprechungen zwischen dem Dienststellenleiter und der Personalvertretung stattfinden. „In ihnen soll auch die Gestaltung des Dienstbetriebes behandelt werden, insbesondere alle Vorgänge, die die Beschäftigten wesentlich berühren. Sie haben über strittige Fragen mit dem ernsten Willen zur Einigung zu verhandeln und Vorschläge für die Beilegung von Meinungsverschiedenheiten zu machen" (§ 66, Abs. 1 BPersVG). „Dienststelle und Personalvertretung haben alles zu unterlassen, was geeignet ist, die Arbeit und den Frieden der Dienststelle zu beeinträchtigen. Insbesondere dürfen Dienststelle und Personalvertretung keine Maßnahmen des Arbeitskampfes gegeneinander durchführen" (§ 66, Abs. 2, Satz 1 BPersVG). „Außenstehende Stellen dürfen erst angerufen werden, wenn eine Einigung in der Dienststelle nicht erzielt worden ist" (§ 66, Abs. 3 BPersVG). „Dienststelle und Personalvertretung haben darüber zu wachen, daß alle Angehörigen der Dienststelle nach Recht und Billigkeit behandelt werden, insbesondere, daß jede unterschiedliche Behandlung von Personen wegen ihrer Abstammung, Religion, Nationalität oder Einstellung oder wegen ihres Geschlechts unterbleibt. Dabei müssen sie sich so verhalten, daß das Vertrauen der Verwaltungsangehörigen in die Objektivität und Neutralität ihrer Amtsführung nicht beeinträchtigt wird. Der Leiter der Dienststelle und die Personalvertretung haben jede parteipolitische Betätigung in der Dienststelle zu unterlassen; die Behandlung von Tarif-, Besoldungs- und Sozialangelegenheiten wird hierdurch nicht berührt" (§ 67, Abs. 1 BPersVG). Ähnliche Formulierungen finden sich in allen Landespersonalvertretungsgesetzen.

Aufgaben und Rechte. Als allgemeine Aufgaben der Personalvertretung werden genannt: Maßnahmen zu beantragen, die der Dienststelle und ihren Angehörigen dienen; darüber zu wachen, daß die zugunsten der Beschäftigten geltenden Gesetze, Verordnungen, Tarifverträge, Dienstvereinbarungen und Verwaltungsanordnungen durchgeführt werden; Anregungen und Beschwerden von Beschäftigten entgegenzunehmen und, falls sie berechtigt erscheinen, durch Verhandlung mit dem Leiter der Dienststelle auf ihre Erledigung hinzuwirken; die Eingliederung und berufliche Entwicklung Schwerbeschädigter und sonstiger Schutzbedürftiger, insbesondere älterer Personen zu fördern; Maßnahmen zur beruflichen Förderung Schwerbeschädigter zu beantragen; die Eingliederung ausländischer Beschäftigter in die Dienststelle und das Verständnis zwischen ihnen und den deutschen Beschäftigten zu fördern; mit der Jugendvertretung zur Förderung der Belange der jugendlichen Beschäftigten eng zusammenzuarbeiten. Zur Durchführung dieser Aufgaben ist die Personalvertretung umfassend zu unterrichten; ihr sind die erforderlichen Unterlagen vorzulegen, wobei die Vorlage der Personalakten allerdings der Zustimmung des Beschäftigten bedarf. Dies sind die allgemeinen Antrags- und Informationsrechte der Personalvertretung gemäß §68 BPersVG.

Wesentlich wichtiger für die Personalvertretung – und in den einzelnen Bundesländern unterschiedlich geregelt – ist die Frage, in welchen Fragen der Personalrat ein *Mitbestimmungs*- oder *Mitwirkungs*recht besitzt (vgl. HAGE 1981; vgl. HECKEL 1976, S. 206 ff.). Von einem Mitbestimmungsrecht wird nur dann gesprochen, wenn eine Angelegenheit nur mit Zustimmung des Personalrats geregelt werden kann. Kommt eine Einigung nicht zustande, so ist zunächst die übergeordnete Dienststelle anzurufen. Ergibt sich auch auf dieser Ebene ein Dissens zwischen Dienstbehörde und Personalvertretung, so entscheidet eine Einigungsstelle (vgl. § 69 BPersVG), die aus je drei Beisitzern besteht, die von der obersten Dienstbehörde und dem entsprechenden Personalrat bestellt werden, und einem unparteiischen Vorsitzenden, auf dessen Person sich beide Seiten einigen (vgl. §71 BPersVG). Demgegenüber ist die Mitwirkung eine schwächere Form der Beteiligung, bei der die Personalvertretung lediglich angehört werden muß. Allerdings gilt auch hierfür, daß die Anhörung mit dem Ziele einer Verständigung rechtszeitig und eingehend" (§72 BPersVG) zu geschehen habe". Für die Rechte der Personalvertretung ist nun entscheidend, welche Angelegenheiten der Mitbestimmung und welche lediglich der Mitwirkung unterliegen. Die mitbestimmungsfreundlichste Regelung ist im Bremer Personalvertretungsgesetz (brem. PersVG) enthalten. Gemäß §52 brem. PersVG hat der Personalrat das Recht, ,, in allen sozialen, personellen und organisatorischen Angelegenheiten gleichberechtigt" (§58 brem. PersVG) mitzubestimmen. Nur in dringenden Fällen hat der Dienststellenleiter ein Eilentscheidungsrecht. In den §§63-67 werden dann ,, Beispiele für Mitbestimmung" in sozialen, personellen, organisatorischen Angelegenheiten und bei der Aufstellung von Haushaltsplänen und Personalprogrammen detailliert beschrieben. Da dies lediglich Beispiele für die globale Mitbestimmungskompetenz sind, verfügt die Bremer Personalvertretung über eine ungewöhnlich umfassende Zuständigkeit. Das andere Extrem in dieser Frage ist im bayerischen Personalvertretungsgesetz (bay. PersVG) geregelt. Hier ist der Personalrat nur in folgenden Fällen mitbestimmungsberechtigt: bei der Vorbereitung von innerdienstlichen Verwaltungsanordnungen; Maßnahmen zur Hebung der Arbeitsleistung und zur Erleichterung des Arbeitsablaufs bei der Gestaltung der Arbeitsplätze; Regelung der Ordnung in der Dienststelle; Erlaß von Disziplinarverfügungen; Geltendmachung von Ersatzansprüchen gegen einen Beschäftigten; Entlassung von Beamten auf Probe oder auf Widerruf; vorzeitige Versetzung in den Ruhestand; allgemeine Fragen der Fortbildung der Beschäftigten; Einführung grundlegend neuer Arbeitsmethoden; Auflösung, Einschränkung, Verlegung oder Zusammenlegung von Dienststellen oder wesentlicher Teile von ihnen; Einführung und Anwendung von technischen Einrichtungen, die dazu bestimmt sind, das Verhalten oder die Leistung der Beschäftigten zu überwachen; Erlaß von Richtlinien über die personelle Auswahl bei Einstellungen, Versetzungen, Umgruppierungen und Kündigungen; Aufstellung von Grundsätzen der Personalbedarfsrechnung (vgl. Art. 76 bay.

PersVG). Bei der ordentlichen Kündigung ist ein Mitwirkungsrecht nur vorgesehen, wenn besondere Voraussetzungen vorliegen (vgl. Art. 77 bay. PersVG). Zwischen diesen beiden extremen Polen gibt es eine Reihe von Ländern, in denen, wie etwa in Nordrhein-Westfalen, unter anderem folgende Mitbestimmungsrechte vorgesehen sind: Bei Einstellungen, Verlängerung der Probezeit, Anstellungen, Beförderungen (bis einschließlich Besoldungsgruppe – BesGr. B II), Versetzungen, ordentlichen Kündigungen, bei der Versagung oder dem Widerruf einer Nebentätigkeitsgenehmigung sowie der Ablehnung von Teilzeitbeschäftigung und einer aus familiären Gründen beantragten Beurlaubung; hinzu kommen bestimmte soziale Angelegenheiten sowie Richtlinien für die personelle Auswahl bei Einstellungen, Versetzungen, Umgruppierungen und Kündigungen, in Fragen der Gestaltung des Dienstes, von Beurteilungsrichtlinien und der Fortbildung. Dieser mittleren Linie folgt im wesentlichen auch das BPersVG in der Neufassung von 1974.

Vertretungsorgane im Schulbereich. Unterschiedlich sind nicht nur die Kompetenzen der Personalvertretung, sondern auch der Aufbau der Vertretungsorgane im Schulbereich (vgl. SZYMANEK 1979). Entscheidende Frage ist hier, was als Dienststelle anzusehen ist, der ein Personalrat zuzuordnen ist. In Rheinland-Pfalz hat jede Schule ihren eigenen Personalrat; in Hessen hat jede Schule mit mindestens 20 Lehrern einen eigenen Personalrat; in Niedersachsen, Bayern, dem Saarland und in Schleswig-Holstein haben Gymnasien, Gesamtschulen, berufsbildende Schulen und Fachschulen je ihren eigenen Personalrat, während im Bereich der Grund-, Haupt-, Real- und Sonderschulen Personalräte auf der Ebene der Schulaufsichtsbehörde installiert sind; in Berlin gibt es nicht in den einzelnen Schulen, sondern nur auf der Ebene des einzelnen Bezirksamts einen Personalrat; in Bremen und Hamburg gibt es nur einen Personalrat auf der Ebene der Landesregierung. In Nordrhein-Westfalen beginnt die Personalvertretung erst auf der Ebene der Regierungspräsidien für den nichtgymnasialen und auf der Ebene der Schulkollegien für den gymnasialen Bereich. In Baden-Württemberg werden die Personalräte bei den Schulämtern (für den nicht-gymnasialen Bereich) und bei den Oberschulämtern für den gymnasialen Bereich gebildet. Während Niedersachsen, Bayern, Rheinland-Pfalz und Hessen oberhalb der Ebene der Schulen und Schulaufsichtsbehörden noch einen Bezirkspersonalrat kennen, gibt es dies im Saarland nicht; in Schleswig-Holstein ist dieser Bezirkspersonalrat dem Kreisschulamt zugeordnet. Es gibt also Personalräte auf schulischer, auf schulaufsichtlicher, auf bezirklicher und auf Landesebene (Hauptpersonalrat).

Die Bedeutung der Personalvertretung für den Alltag der Schule variiert entsprechend den Kompetenzen, über die die Personalvertretungen verfügen. In den Ländern mit besonders ausgebauter Personalvertretung, insbesondere in Bremen, aber auch in einer Reihe anderer Länder, ist die Bedeutung der Personalvertretung wohl kaum zu unterschätzen. Insbesondere die Personalverwaltung in den Dienstaufsichtsbehörden unterliegt in vielen Details der Zustimmung des Personalrats oder doch zumindest einer intensiven Erörterung mit ihm. In einem gewissen Spannungsverhältnis befindet sich im übrigen das Personalvertretungsrecht mit dem neueren Schulverfassungsrecht: Da an der Schulverfassung Lehrer, Schüler und Eltern beteiligt sind, geht man davon aus, daß alle Fragen aus Unterricht und Erziehung zu den Kompetenzen der Gremien der Schulverfassung gehören, während die Personalvertretungen die Personalverwaltungsangelegenheiten regeln.

HAGE, K.-H.: Personalvertretungsrecht: Pflichtstoff für Schulleiter. In s. managem. 12 (1981), 1, S. 27 ff. HECKEL, H. (unter Mitarbeit von P. SEIPP): Schulrechtskunde, Neuwied/Darmstadt ⁵1976. SZYMANEK, P.: Personalvertretung und Schulleitung. In: SCHULLEITER-HANDBUCH, Bd. 11, Braunschweig 1979, S. 77 ff.

Knut Nevermann

Privatschulrecht

Nach Art. 7, Abs. 1 des Grundgesetzes (GG) ist das gesamte Schulwesen in der Bundesrepublik Deutschland öffentlich, und zwar in dem Sinne, daß Qualifikation und Sozialisation wegen ihrer gesamtgesellschaftlichen Bedeutung nicht nach dem Modell einer freien Marktwirtschaft privatrechtlich organisiert, sondern verfassungsrechtlich als öffentliche Aufgaben bestimmt werden. Die substantielle Öffentlichkeit des Schulwesens schließt eine private Schulträgerschaft jedoch nicht aus; ganz im Gegenteil: Art. 7 GG gewährleistet sie als Grundrecht. Privatschulen sind aber - trotz der Usurpation des Begriffs durch interessierte Kreise - nicht „freie Schulen", sondern Schulen, die aufgrund von Art. 7, Abs. 4 und 5 GG in die Gesamtheit des öffentlichen Schulwesens integriert sind und die aufgrund ihrer privaten Trägerschaft innerhalb dieses Schulwesens auch einen ganz bestimmten verfassungsrechtlich gesicherten Freiheitsraum erhalten haben.

Rechtliche Regelung. Private Schulen im Sinne von Art. 7 GG sind aufgrund der deutschen schulrechtlichen Tradition alle Schulen, die nicht vom Staat oder sonstigen öffentlich-rechtlichen Gebietskörperschaften getragen werden, das heißt, daß auch die kirchlichen Schulen „private Schulen" im verfassungsrechtlichen Sinne sind.

Das Recht zur Errichtung privater Schulen, das in Art. 7, Abs. 4, Ziff. 1 GG als Grundrecht grundsätzlich gewährleistet ist, wird durch die Verfassung selber für die verschiedenen Stufen des Schulwesens in unterschiedlicher Weise eingeschränkt, wenn es sich um Schulen handelt, die auch vom Staat angeboten werden (Ersatzschulen), und das sind heute fast alle. Private Grundschulen zur Vorbereitung auf das öffentliche höhere Schulwesen, „Vorschulen" nach einer heute veralteten und mißverständlichen Terminologie, sind nach Art. 7, Abs. 6 GG unzulässig. Im übrigen steht die Genehmigung privater Grund- und Hauptschulen nach Art. 7, Abs. 5 GG im Ermessen der Schulverwaltung, es sei denn, daß es sich um religiöse „Alternativschulen" handelt, deren Errichtung neben in dieser Hinsicht besonders geprägten öffentlichen Grund- und Hauptschulen vorbehaltlos gewährleistet ist (Grund- und Hauptschulen treten heute an die Stelle der in Art. 7, Abs. 5 GG genannten Volksschulen). Alle übrigen Ersatzschulen, also insbesondere die Gymnasien, Realschulen und Berufsschulen, können unter den Voraussetzungen des Art. 7, Abs. 4, Ziff. 2-4 GG errichtet werden. Diese Voraussetzungen bedürfen einer näheren gesetzlichen Regelung (vgl. AVENARIUS 1980; vgl. MÜLLER 1980, S. 134 f.); die Landesgesetze, die diese Regelung zumeist durch den Begriff der „Gleichwertigkeit" zu treffen meinten, genügen den heutigen Anforderungen an die rechtliche Regelung nicht mehr (vgl. SCHULE IM RECHTSSTAAT 1981, S. 387 ff.). Wenn diese Privatschulen in ihren Lernzielen und Einrichtungen sowie in der wissenschaftlichen Ausbildung ihrer Lehrkräfte nicht hinter den sonstigen öffentlichen Schulen zurückstehen dürfen, so heißt das nicht, daß sie dieselben Lehrpläne anwenden und dieselben Berechtigungen der Lehrer verlangen müßten, sondern sie können auf anderen Wegen ihre besonderen pädagogischen Konzeptionen verwirklichen, solange sie nur die allgemeinen, für das ganze Schulwesen geltenden Bildungs- und Erziehungsziele beachten (vgl. SCHULE IM RECHTSSTAAT 1981, S. 393 ff.). Privatschulen dürfen eine „Sonderung der Schüler nach den Besitzverhältnissen der Eltern" nicht fördern, wie es im Wortlaut des Art. 7, Abs. 4, Satz 3 GG heißt, und die rechtliche und wirtschaftliche Stellung der Lehrkräfte muß genügend gesichert sein. Zur Erfüllung dieser beiden verfassungsrechtlichen Genehmigungsvoraussetzungen genügt es nun einerseits nicht, wenn die Landesgesetze von den Privatschulen die Gewährung von Stipendien für minderbemittelte Schüler verlangen und wenn die Rechtsstellung der Lehrer vertraglich abgesichert wird; andererseits wird man diesen Anforderungen solange nicht nachkommen können, solange der Privatschulbesuch teurer ist als der Besuch der anderen Schulen und solange die Lehrer nicht dieselben Statusrechte erhalten haben wie die Beamten – es sei denn, daß der Staat die Finanzierung der Privatschulen übernimmt. Dies ist nun in der Tat in den Gesetzen aller Länder – wenn auch in unterschiedlicher Höhe (vgl. VOGEL u. a. 1979, S. 131 ff.) – geschehen, und das Bundesverwaltungsgericht hat aus Art. 7 GG sogar eine verfassungsrechtliche Pflicht zur staatlichen Privatschulsubventionierung abgeleitet (vgl. BVerwGE 23, S. 347; 27, S. 360).

Das Recht zur Errichtung privater Schulen umfaßt auch das Recht zum Betrieb dieser Schulen in den Grenzen des Art. 7, Abs. 4 und 5 GG und das heißt insbesondere das Recht zur freien Schüler- und Lehrerwahl. Dieses Recht schließt freilich eine willkürliche Benachteiligung oder Bevorzugung einzelner, zum Beispiel sozialer oder nationaler Gruppen nicht ein. Auf Privatschulen kann man auch die Schulpflicht erfüllen, und Privatschulen dürfen dieselben Prüfungen abnehmen und dieselben Berechtigungen verleihen wie die staatlichen Schulen, wenn ihnen diese Fähigkeit vom Staat übertragen worden ist. Dies steht freilich im Ermessen der Schulverwaltung, und die Privatschulen haben kein Recht darauf (vgl. BVerfGE 27, S. 195). Die Schulverwaltung kann die Voraussetzungen für diese „Anerkennung" der Privatschulen laufend überprüfen und besitzt aus diesem Grunde eine weitgehende Kontrollmöglichkeit. Bei Schulen, die einer solchen weitgehenden staatlichen Kontrolle aufgrund der „Anerkennung" nicht unterworfen sind, beschränkt sich die staatliche Aufsicht dagegen darauf, daß die Schule die Genehmigungsbedingungen fortlaufend erfüllt. Anderenfalls kann die Genehmigung widerrufen werden.

Traditionen, Probleme, Entwicklungen. Schon die Statistik zeigt deutlich, daß die Privatschulfreiheit heute in erster Linie die Interessen der Kirchen im Schulwesen absichert. Neben den dominierenden kirchlichen Privatschulen (1975 gingen rund 85% der Schüler von Privatschulen auf kirchliche Privatschulen) spielen die so häufig genannten Landerziehungsheime (rund 1%), Waldorfschulen (rund 6%) sowie die überwiegend kommerziell geführten sonstigen Privatschulen (rund 8%) quantitativ kaum eine Rolle (vgl. MATTERN 1979, S. 197 f.). Diese Dominanz der kirchlichen Privatschulen hat Tradition; die Privatschulfreiheit wurde von jeher als Ergänzung beziehungsweise als Ersatz für die konfessionelle Prägung des staatlichen Schulwesens angesehen. Mit der Aufhebung der Bekenntnisschulen in den meisten Ländern der Bundesrepublik erhielt die Privatschulfreiheit die Funktion einer Gewährleistung der kirchlichen Interessen am Schulwesen – besonders deutlich in Württemberg-Hohenzollern, wo im Jahre 1967 die Abschaffung der Bekenntnisschulen mit der Möglichkeit verbunden wurde, dieselben in „staatlich geförderte private Volksschulen desselben Bekenntnisses" umzuwandeln (Art. 15 Landesverfassung). Neben der kirchlichen Tradition hat jedoch stets auch die Reformfunktion des Privatschulwesens bei der Begründung der Privatschulfreiheit eine Rolle gespielt, und zwar sowohl bei der Gründung der Weimarer Republik als auch bei der Schaffung des Grundgesetzes. Privatschulen übernehmen diejenigen Aufgaben, die das staatliche Schulwesen nur unzureichend erfüllt, in der historischen Entwicklung insbesondere in der Mädchenbildung und der Berufsausbildung, und sie vermitteln dem staatlichen Schulwesen aufgrund ihrer besonderen Erfahrungen Impulse für die weitere Entwicklung. Wenn es sich auch nicht leugnen läßt, daß von den Landerziehungsheimen, den Waldorfschulen, den Montessori-Schulen und vereinzelt auch von kirchlichen Privatschulen Reforminitiativen ausgegangen sind, die auch das staatliche Schulwesen bereichert und weiterentwickelt haben, so handelte es sich insgesamt doch eher um marginale Phänomene, um Einzelinitiativen, die zwar förderungswürdig, aber kaum verallgemeinerungsfähig waren. Neben der kirchlichen Tradition dominiert deshalb im Privatschulwesen eher eine Tradition, in der sich die pädagogischen Konzeptionen der Jugendbewegung mit liberalen und bürgerlichen Interessen verbanden. Demgegenüber tritt – insbesondere angesichts starker Restriktionen – das kommerzielle Interesse im Privatschulwesen deutlich in den Hintergrund; es spielt allenfalls im Berufsschulwesen eine gewisse Rolle.

Die verfassungsrechtliche Rechtsstellung des Privatschulwesens wird durch einen grundlegenden Widerspruch beherrscht: Den Privatschulen wird durch die Verfassung einerseits ein Freiraum innerhalb des öffentlichen Schulwesens gewährt, in dem sie sich frei entfalten können, innerhalb dessen sie Alternativen zum staatlichen Schulwesen entwickeln können (zu den Rechtsproblemen dieser Alternativität vgl. RICHTER 1979, S. 63 ff.); andererseits legt die Verfassung restriktive und zum Teil unerfüllbare Voraussetzungen für die Genehmigung von Privatschulen fest und gestattet – jedenfalls nach der Rechtsprechung – eine Gesetzgebung, die durch Anerkennung und Finanzierung die freie Entfaltung hemmt und Alternativität faktisch ausschließt (kritisch hierzu: vgl. BECKER 1962, HECKEL 1955, MÜLLER 1980). Eine Privatschule, die die Genehmigungsvoraussetzungen nach Art. 7, Abs. 4, Ziff. 2–4 GG erfüllen will, wird nach der staatlichen Anerkennung und Finanzierung streben müssen. Diese wiederum werden nur gewährt werden, wenn sich die Privatschule den Anforderungen des staatlichen Schulwesens beugt. Aus diesem „Teufelskreis" auszubrechen, ist bisher nur wenigen Schulen gelungen (vgl. ARBEITSGEMEINSCHAFT FREIER SCHULEN 1972, 1976; vgl. GOLDSCHMIDT/ROEDER 1979). Dennoch läßt sich insbesondere in jüngster Zeit eine ausgesprochen privatschulfreundliche Entwicklung feststellen. Elterninitiativen gründen eigene (freie) Schulen als „Alternativschulen", weil sie das staatliche Schulwesen in seiner derzeitigen Form ablehnen (beispielsweise die Freie Schule Frankfurt oder die Freie Schule Essen); Eltern schicken ihre Kinder vermehrt auf Waldorfschulen (Verdoppelung der Schülerzahl in 15 Jahren), weil sie die pädagogischen Bedingungen im staatlichen Schulwesen kritisieren; Eltern melden aber auch ihre Kinder in kirchlichen Privatschulen an, weil sie die Säkularisierung des staatlichen Schulwesens ablehnen oder weil ihnen die Reformen im staatlichen Schulwesen zu weit gehen. Die privatschulfreundliche Entwicklung der jüngsten Zeit mag also durchaus auf unterschiedlichen Gründen beruhen. Sie hat in der Schulrechtlichen Literatur Berücksichtigung gefunden (vgl. SCHULE IM RECHTSSTAAT 1981,

S. 387 ff.; MÜLLER 1980), und es stellt sich die Frage, ob die Rechtsprechung in absehbarer Zeit dieser Tendenz zum Durchbruch verhelfen wird.

ARBEITSGEMEINSCHAFT FREIER SCHULEN (Hg.): Freie Schulen, 2 Bde., Stuttgart ²1976, 1972 (Bd. 1: Soziale Funktion der freien Schulen in der BRD ²1976; Bd. 2: Öffentliche Verantwortung und freie Initiative 1972). AVENARIUS, H.: Gesetzesvorbehalt und Privatschulrecht. In: SCHULE IM RECHTSSTAAT, Bd. 2: Gutachten für die Kommission Schulrecht des Deutschen Juristentages, München 1980, S. 153 ff. BECKER, H.: Quantität und Qualität. Grundfragen der Bildungspolitik, Freiburg 1962. GOLDSCHMIDT, D./ROEDER, P. M. (Hg.): Alternative Schulen? Gestalt und Funktion nichtstaatlicher Schulen im Rahmen öffentlicher Bildungssysteme, Stuttgart 1979. HECKEL, H.: Deutsches Privatschulrecht, Berlin/Köln 1955. MATTERN, C.: Zur Situation der in Verbänden organisierten privaten Schulen. In: GOLDSCHMIDT, D./ROEDER, P. M.: Alternative Schulen? Stuttgart 1979, S. 197 ff. MÜLLER, F.: Das Recht der Freien Schule nach dem Grundgesetz als Maßstab für Gesetzgebung und Exekutivpraxis der Länder. Staatskirchenrechtliche Abhandlungen, Bd. 12, Berlin 1980. RICHTER, I.: Versuch macht klug. In: GOLDSCHMIDT, D./ROEDER, P. M.: Alternative Schulen? Stuttgart 1979, S. 63 ff. SCHULE IM RECHTSSTAAT, Bd. 2: Gutachten für die Kommission Schulrecht des Deutschen Juristentages, München 1980. SCHULE IM RECHTSSTAAT, Bd. 1: Entwurf für ein Landesschulgesetz. Bericht der Kommission Schulrecht des Deutschen Juristentages, München 1981. VOGEL, J. P. u. a.: Goldener Käfig oder Förderung freier Initiativen? In: GOLDSCHMIDT, D./ROEDER, P. M.: Alternative Schulen? Stuttgart 1979, S. 131 ff.

Ingo Richter

Qualifikationsstruktur

Begriff. „Qualifikation" ist erst seit den Auseinandersetzungen der 60er Jahre um Bildungsreform und Bildungsexpansion zu einer zentralen Kategorie der bildungstheoretischen Diskussion geworden. Der Begriff hat mittlerweile nicht nur in bildungstheoretischer und -politischer Perspektive, sondern auch für Fragestellungen der arbeitswissenschaftlichen, der industriesoziologischen und der psychologischen Forschung eine erhebliche Bedeutung erlangt. Obwohl kaum je explizit begrifflich-theoretisch konzeptualisiert, hat sich mittlerweile ein Sprachgebrauch herausgebildet, wonach mit Qualifikation gemeinhin jene Fähigkeiten, Fertigkeiten und Kenntnisse gemeint sind, die es dem Individuum erlauben, eine bestimmte Arbeit zu verrichten beziehungsweise einen bestimmten Beruf auszuüben. Kennzeichnend für den Begriff der Qualifikation ist damit der Bezug auf gesellschaftliche Arbeit; dieser bringt ihn in die Nähe zu Begriffen wie dem des Humankapitals oder dem des Arbeitsvermögens, wie ihn Marx verwandte.

In dieser Bindung an Arbeit, unter den gegebenen historischen Bedingungen an *Erwerbsarbeit*, hebt er sich in doppelter Hinsicht vom klassischen, in den philosophischen Traditionen des Neuhumanismus verwurzelten Bildungsbegriff ab, für den ein *Persönlichkeitsideal* konstitutiv ist: Zum einen ist mit der Qualifikation eines Individuums nur ein Teil, nämlich der auf Arbeit bezogene Teil des gesamten individuell verfügbaren Erlebens- und Handlungsrepertoires benannt, nicht die ganze, komplexe Persönlichkeit. Zum anderen zielt Bildung auf eine ideale Vorstellung vom Menschen, Qualifikation aber auf die Bewältigung realer Anforderungen und Zumutungen, denen sich die Individuen bei der Arbeit ausgesetzt sehen. Nicht von ungefähr ist der Qualifikationsbegriff daher in die bildungstheoretische Diskussion als realistisches Korrektiv des klassischen Bildungsbegriffs eingeführt worden.

Ein Begriff von Qualifikation allerdings, der sich auf jene Fähigkeiten, Fertigkeiten und Kenntnisse beschränkte, die im Arbeitsprozeß konkret abgerufen werden und dort unmittelbar zu beobachten sind, griffe zu kurz. ASENDORF-KRINGS u.a. (vgl. 1976) haben darauf aufmerksam gemacht, daß mit dem Bezug auf gesellschaftliche Arbeit auch jene Momente in den Qualifikationsbegriff eingehen, die sich aus den Erfordernissen der Reproduktion der Arbeitskraft ergeben. Der Arbeitende muß, um seine Existenzgrundlage, seine Arbeitskraft, für die gesamte Erwerbsphase zu sichern, aktiv dafür Sorge tragen, daß seine Arbeitskraft die adäquate Form erhält und behält, in der sie auch langfristig verkäuflich bleibt. Er muß, allgemein gesprochen, nicht nur über ein im jeweiligen Arbeitsprozeß abrufbares *Arbeitsvermögen*, sondern auch über *Reproduktionsvermögen* verfügen – also vor allem über langfristig orientierte Handlungsstrategien, die sich beispielsweise in individuellen und kollektiven Formen von Verweigerung und Widerstand am Arbeitsplatz, aber auch in der Auseinandersetzung um die Sicherung der gesellschaftlichen Rahmenbedingungen der individuellen Reproduktion manifestieren. – Noch einen weiteren Grund gibt es, die Verkürzung des Qualifikationsbegriffs ausschließlich auf konkrete, im Arbeitsprozeß beobachtbare Qualifikationen abzulehnen: Wenn, wie dies in der alltäglichen Rede von Qualifikationen üblich ist, aber auch in der Qualifikationsforschung lange Zeit gängiges Verfahren war, als Qualifikation die Bewältigung bestimmter Arbeitsaufgaben definiert wird, etwa in der Weise, daß „Geschicklichkeit", „technisches Können", „Kenntnisse in Hydraulik" und ähnliches mehr als Qualifikationsanforderungen aufgeführt beziehungsweise die Bewältigung dieser

Anforderungen in einer Art „Vermögenspsychologie" als Vorhandensein der entsprechenden Qualifikation interpretiert werden, so wird damit zunächst nur ein – mehr oder weniger direkt – beobachtbares Verhalten benannt. Intrapsychisch ist dieses jedoch möglicherweise höchst komplex bedingt, und es käme darauf an, über die bloß tautologische Benennung hinaus gerade diese „inneren" psychischen Strukturen zu erfassen, beispielsweise als Mechanismen der Handlungsregulation, wie dies in der neueren, handlungstheoretisch fundierten Arbeitspsychologie geschieht (vgl. VOLPERT u.a. 1983). Damit ließe sich auch bei der empirischen Untersuchung von Qualifikationen und Qualifizierungsprozessen die Unterscheidung von Performanz und Kompetenz sinnvoll einführen, die sich in anderen Bereichen der Entwicklungspsychologie und Sozialisationstheorie als außerordentlich fruchtbar erwiesen hat.

Die These einer Polarisierung der Qualifikationen und ihre Kritik. In der industriesoziologischen Forschung der Bundesrepublik Deutschland nahm die Frage nach der Entwicklung und Struktur des gesellschaftlich verfügbaren Qualifikationspotentials zeitweise beherrschenden Raum ein. Bestimmend für die Diskussion wurde die zuerst von KERN/SCHUMANN (vgl. 1970), dann auch von BAETHGE u.a. (vgl. 1975) vorgetragene These einer Polarisierung der Qualifikationen. Die *Polarisierungsthese* besagt, kurz zusammengefaßt, folgendes: Unter dem Zwange des Rentabilitätsprinzips bei kapitalistischer Produktionsweise wird technischer Fortschritt so eingesetzt, daß technologische Innovationen jeweils für die Mehrzahl der Arbeitsplätze deutlich verringerte Qualifikationsanforderungen nach sich ziehen; diese Arbeitsplätze können daher mit billigen Arbeitskräften besetzt werden. Demgegenüber verbleiben oder entstehen nur wenige Arbeitsplätze mit hohen Anforderungen an Qualifikation und Verantwortung und entsprechend höheren Dispositionsspielräumen; nur für diese wenigen Arbeitsplätze sind gut ausgebildete, relativ teure Arbeitskräfte vonnöten. Bei der gegebenen Struktur des Qualifikationspotentials in der Bundesrepublik bedeutet das insbesondere die Zerschlagung der Facharbeitertätigkeiten als der traditionellen Form qualifizierter industrieller Arbeit, während die „Jedermannstätigkeiten" erheblich zunehmen und, wenn auch in geringem Ausmaß, komplexere, oft eine akademische Ausbildung voraussetzende Tätigkeiten erhalten bleiben oder neu entstehen.

Die Polarisierungsthese mit ihrem pessimistischen Grundton hat weit über die sozialwissenschaftliche Diskussion hinaus, so vor allem unter Gewerkschaftern und in der bildungspolitisch interessierten Öffentlichkeit, Resonanz gefunden (zur Rezeption der Polarisierungsthese vgl. HOPF 1978). Dazu mögen ihre gesellschaftspolitischen Implikationen nicht unwesentlich beigetragen haben, nicht zuletzt aber auch der Umstand, daß sich mit der These der Qualifikationspolarisierung die durchaus heterogenen Ergebnisse der industriesoziologischen Qualifikationsforschung – die ja dem disparaten, widersprüchlichen Alltagsbewußtsein von der Entwicklung der Industriearbeit korrespondieren – gewissermaßen auf einen Nenner bringen lassen. In der fachinternen Diskussion dagegen ist die Polarisierungsthese mehr und mehr zum Gegenstand der Kritik geworden (vgl. GENSIOR/KRAIS 1974, PROJEKTGRUPPE AUTOMATION UND QUALIFIKATION 1978). Ansatzpunkte dieser Kritik sind vor allem die methodische Anlage der empirischen Studien, die als Beleg für die Gültigkeit der Polarisierungsthese herangezogen werden, ihre begrifflich-theoretische Unschärfe und ihre Prämissen zum technischen Fortschritt. Auf den letzten Punkt soll an dieser Stelle etwas ausführlicher eingegangen werden, da das Verständnis von technischem Fortschritt in der Industriesoziologie weit über die Polarisierungsthese hinaus von Bedeutung ist.

Technischer Fortschritt ist in der Industriesoziologie lange Zeit vor allem als ein Prozeß der technischen Entwicklung der Produktionsmittel wahrgenommen worden, wenn es auch immer Konzeptionen gegeben hat, die technischen Fortschritt vom intendierten gesellschaftlichen Effekt her, der Steigerung der Produktivität menschlicher Arbeit, zu begreifen suchten (vgl. LUTZ 1969). KERN/SCHUMANN (1970a, S.55) beispielsweise, die als profilierte Vertreter eines technischen Verständnisses vom technischen Fortschritt gelten können, definieren diesen als einen Prozeß, „der durch zunehmende Ausweitung der Eigenfähigkeiten der technischen Apparatur mehr und mehr die Notwendigkeit menschlicher Eingriffe in den Produktionsablauf beseitigt". Die Entwicklung eines Klassifikationsschemas zur Erfassung der technischen Merkmale der Produktionsmittel ist bei dieser Konzeption von zentraler Bedeutung. Gelingt es nun, vorfindliche Produktionsanlagen anhand eines solchen Schemas nach ihrem technischen Entwicklungsniveau anzuordnen – an der Sinnfälligkeit einer solchen Vorgehensweise sind wegen der notwendig sehr allgemeinen Definition der Entwicklungsstufen Zweifel geäußert worden (vgl. KLAUDER u. a. 1969) –, dann ist damit auch das Problem der Verallgemeinerbarkeit von Einzelbefunden beziehungsweise der Repräsentativität von Fallstudien gelöst: Anhand einiger weniger „typischer" Beispiele lassen sich die für jedes Stadium technischer Entwicklung charakteristischen Auswirkungen auf die Arbeit ermitteln, oder man kann, wie dies KERN/SCHUMANN (vgl. 1970) für ihre Untersuchung postulieren, indem man die modernsten, „technisch fortgeschrittensten" Produktionsanlagen untersucht, Entwicklungen in den Arbeitsformen und in den Qualifikationen aufzeigen, die über kurz oder lang allgemein verbreitet sein werden. Nur auf dem Hintergrund solcher Annahmen ist es erklärlich, daß die Frage der Verallgemeinerbarkeit von Einzelbefunden so selten gestellt wurde und viele Autoren aufgrund einiger weniger Beobachtungsfälle Aussagen mit universellem Gültigkeitsanspruch über die Qualifikationsentwicklung unter technischem Fortschritt formulieren konnten. Mehr noch: Nur bei dem skizzierten Verständnis von technischem Fortschritt lassen sich überhaupt sinnvoll Fragen stellen wie die, ob Automation generell eine Erhöhung oder eine Senkung der Qualifikationsanforderungen bewirkt.

In dem Maße, in dem die industriesoziologische Forschung von der expliziten oder impliziten Annahme eines technologischen Determinismus abrückte und stärker auf die gesellschaftliche Formbestimmtheit der Arbeit abstellte, setzte sich auch die Einsicht durch, daß eindimensionale Fragestellungen wie die nach der Dequalifizierung oder Höherqualifizierung bei zunehmender Mechanisierung und Automatisierung der Arbeitsprozesse an der realen Entwicklung der Arbeit und der Qualifikation der Arbeitenden vorbeigehen. Denn selbst die Vervielfachung empirischer Untersuchungen zur Frage der Qualifikationsentwicklung seit dem Ende der 60er Jahre hatte nicht zu eindeutigen Antworten geführt: Je nach der untersuchten Branche, nach Betrieben oder Arbeitsbereichen, aber auch je nach theoretischem Ansatz und Methode der Untersuchung ließen sich einmal eher Tendenzen der Höherqualifizierung und der Aufwertung von Arbeitsplätzen nachweisen, ein anderes Mal eher Tendenzen der Dequalifizierung oder Polarisierung. Mehr und mehr ist daher in der industriesoziologischen Forschung eine *Verschiebung der Fragestellung hin zur Untersuchung der be-*

triebsinternen und -externen Einflußgrößen festzustellen, die die jeweiligen Qualifikationsanforderungen oder die jeweils vorfindliche Struktur des betrieblichen Gesamtarbeiters zu erklären vermögen.

Einflußgrößen auf die Entwicklung der Qualifikationsstruktur. Als außerordentlich fruchtbar hat sich in diesem Zusammenhang die Unterscheidung von *Technisierung und Organisierung des Produktionsprozesses* erwiesen. Erst diese Unterscheidung eröffnet einen systematischen Zugang zu betriebsspezifischen Bedingungen des Einsatzes von Arbeitskraft, da die in vielen Untersuchungen beobachtete unterschiedliche Bündelung von Tätigkeiten zu Arbeitsplätzen bei gleicher Technologie, das heißt aber die unterschiedliche arbeitsorganisatorische Gestaltung des Produktionsprozesses, nicht mehr lediglich als Resultat gewisser nicht weiter zu erklärender „Spielräume" der Technologie erscheint. Die Bedeutung der arbeitsorganisatorischen Lösungen bei technischen Innovationen ist neuerdings besonders im Bereich der Angestelltentätigkeiten und der Rationalisierung in Büro und Verwaltung deutlich geworden, wo der Einsatz neuer Technologien zu tiefgreifenden Veränderungen der Arbeitsprozesse geführt hat. Entscheidend für die inhaltliche Komplexität der Arbeitsaufgaben, für die Anforderungen an die Qualifikation der betroffenen Angestellten ist gleichwohl die Art der Arbeitsteilung, das heißt konkret die Zusammenfassung verschiedenartiger Tätigkeiten zu Mischarbeitsplätzen oder aber die ausschließliche Zuweisung gleichartiger Detailfunktionen zu jeweils einem Arbeitsplatz (vgl. BAETHGE u. a. 1983).

Unter den betrieblichen Bedingungen, die entweder über die Art der Arbeitsorganisation oder auch schon über die spezifische Ausgestaltung der Produktions-/Organisationstechnologie die Struktur des Einsatzes von Arbeitskraft prägen, hat besonders das *Angebot an Arbeitskräften* Aufmerksamkeit gefunden. Die These, die Verfügbarkeit von Arbeitskräften bestimmter Qualifikationen auf dem betriebsinternen oder externen Arbeitsmarkt sei eine wesentliche Bestimmungsgröße der arbeitsorganisatorischen Gestaltung von Produktionsprozessen, ist vor allem von Autoren des Münchener Instituts für Sozialforschung (ISF) vorgetragen worden. Eine Reihe von empirischen Untersuchungen aus diesem Institut zur Entwicklung der Facharbeit in der Industrie (vgl. ASENDORF-KRINGS 1979, WELTZ u. a. 1974), aber auch über den Einsatz von Ingenieuren unter unterschiedlichen Angebotslagen (vgl. KAMMERER u. a. 1973, LUTZ/KAMMERER 1975) geht vorrangig diesem Zusammenhang nach; er ist aber auch Gegenstand einer vergleichenden Studie über betriebliche Arbeitskräftestrukturen in Deutschland und Frankreich (vgl. LUTZ 1976). Für den Bereich der mittleren Angestelltentätigkeiten haben neuerdings BAETHGE u. a. (vgl. 1983) explizit nach der Wirkung veränderter Mengenrelationen im Angebot von Absolventen unterschiedlichen Bildungsniveaus auf betriebliche Beschäftigungsstrukturen gefragt.

Im vergleichsweise engeren Rahmen fertigungsstruktureller und -politischer Vorgaben verbleibt MICKLER (vgl. 1981), der der Frage der Auflösung industrieller Facharbeit gerade im Zuge betrieblicher Rationalisierungsprozesse nachgeht. Mickler unterscheidet - branchenübergreifend - vier *Strukturtypen industrieller Produktion,* in denen heute (noch) Facharbeit eine wesentliche Rolle spielt. Diese vier Typen industrieller Produktionsprozesse bedingen unterschiedliche Formen und damit auch unterschiedliche Entwicklungen der Facharbeit, so daß Mickler zu dem Schluß kommt, die Entwicklung steuere weder auf das nahe Ende der Facharbeit zu noch expandiere sie in gleicher Intensität in den verschiedenen Bereichen. Es scheint inzwischen, im Unterschied zur Diskussion zu Beginn der 70er Jahre, weitgehend Konsens darüber zu bestehen, daß die Entwicklung der Facharbeit, die als ein zentrales Strukturelement der deutschen Industrie zu sehen ist, durch Tendenzen der Auflösung oder Erosion *nicht* hinreichend beschrieben ist. Zum einen zeigt sich, etwa bei MICKLER (vgl. 1981) oder bei ASENDORF-KRINGS (vgl. 1979), daß in den sekundären Arbeitsprozessen Facharbeitertätigkeiten ihre Bedeutung behalten, auch wenn diese Bereiche weitgehender Rationalisierung unterworfen werden. Zum anderen ist auch in verschiedenen Bereichen der industriellen Fertigung ein verstärkter Einsatz von Facharbeitern beobachtet worden, so daß bereits von einer „Renaissance" des Facharbeiters gesprochen wird (vgl. SORGE u. a. 1982). Insbesondere bei hochmechanisierten oder weitgehend automatisierten Produktionsprozessen mit niedriger Personaldichte oder auch bei Produktionsprozessen, bei denen es vor allem auf Flexibilität der Fertigungsstruktur ankommt, scheint es Bedingungen zu geben, unter denen Betriebe bevorzugt auf die Facharbeiterqualifikation zurückgreifen (vgl. DREXEL 1982, DREXEL/NUBER 1979, MICKLER u.a. 1976). Da dieser Rückgriff auf die Facharbeiterqualifikation typischerweise bei fortgeschrittener Technologie und zum Teil bei angespannter Marktsituation erfolgt, läßt sich das Weiterbestehen von Facharbeitertätigkeiten in der industriellen Produktion auch nicht mehr sinnvoll als „Nischen"-Phänomen interpretieren. Die Entwicklungslinie der Facharbeiter ist vielmehr, wenn man die verschiedenen empirischen Studien zu dieser Frage zusammen sieht, angemessener als Differenzierung der Aufgabenstruktur mit prozeßbereichsspezifischen und betriebsspezifischen Determinanten beschrieben (vgl. GENSIOR 1982).

Verschiedene Autoren haben bei dem Versuch, betriebsspezifische Qualifikationsstrukturen zu erklären, neuerdings die Aufmerksamkeit auf einen Komplex gesellschaftlicher Einflußgrößen gelenkt, der in der angelsächsischen Soziologie unter dem Terminus „industrial relations" bekannt ist, das heißt die Beziehungen zwischen Kapital und Arbeit thematisiert. Die Beschäftigung mit den „industrial relations" und ihrer Institutionalisierung in Tarifsystemen, Lohnstrukturen, arbeitsrechtlichen Regelungen, ja selbst in Berufszugangsregeln und Erwerbsverlaufsmustern hat zwar in der Industriesoziologie eine lange Tradition, in die Qualifikationsforschung hat dieser Gegenstandsbereich jedoch erst spät Einzug gefunden. Am weitesten fortgeschritten in der systematischen Verknüpfung der beiden Komplexe, auch in der Umsetzung in empirische Untersuchungen, sind gegenwärtig die Arbeiten von DREXEL (vgl. 1982) und ASENDORF-KRINGS (vgl. 1979), die von einer Konzeption betrieblicher Strategien her das Ineinandergreifen von Arbeitsmarktsituation, spezifischen fertigungsstrukturellen Problemlagen und Mustern der Nutzung und Verwertung von Qualifikationen aufzeigen. Doch greifen auch andere Autoren, etwa MICKLER (vgl. 1981) in seiner Analyse betrieblicher Rationalisierungsprozesse, Faktoren wie die beschäftigungspolitische Situation und die Formen kollektiver Absicherung von Qualifikation, Status und Einkommen auf, um vorfindliche Muster betrieblicher Arbeitsorganisation zu erklären. Diese Erweiterung des Bezugsrahmens der industriesoziologischen Qualifikationsforschung, so tentativ sie auch noch sein mag, geht in ihrer Bedeutung weit über die bloße Erhöhung der analytischen Komplexität hinaus: Was die Industriesoziologie lange Zeit global unter „technischem Fortschritt" erfaßt hat, wird auf diese Weise zurückgeholt in den Kontext sozialen Handelns und gesellschaftlicher Interessenkonflikte, wird erklärbar auch als Resultat spezifischer Machtverhältnisse und konkreter Auseinandersetzungen zwischen benennbaren sozialen Akteuren.

Zur Rolle des Taylorismus. Der veränderte theoretische Bezugsrahmen, aber auch neuere Ergebnisse der industriesoziologischen Qualifikationsforschung haben schließlich dazu geführt, daß in der lange kontrovers diskutierten Frage der Bedeutung des *Taylorismus* für die Entwicklung der Arbeit heute weitgehend Konsens herrscht. Die Beobachtungen flexibler Arbeitsorganisation und flexibler Fertigungssysteme bei technisch hoch entwickelten Maschinen und Produktionsanlagen, auch die allenthalben festgestellten unterschiedlichen Formen der Bürorationalisierung stützen die These, daß es sich bei der tayloristischen Form der Arbeitsteilung mit ihrer extremen und dequalifizierenden Aufsplitterung der Arbeitsaufgaben um eine historische Form der Subsumtion der Arbeit unter das Kapital handelt, die nur unter bestimmten ökonomischen und gesellschaftlichen Bedingungen als ökonomisch zweckmäßig gelten kann. Zu diesen gesellschaftlichen Bedingungen gehören, worauf beispielsweise BLAU (vgl. 1974) und CORIAT (vgl. 1984) in ihren historischen Analysen zur Durchsetzung des Taylorismus oder „Fordismus" hingewiesen haben, die Verfügbarkeit eines großen Potentials an ungelernten Arbeitskräften, aber auch spezifische Arbeitsmarkt-Segmentierungen und bestimmte Konstellationen in den „industrial relations".

Damit werden auch Polarisierungserscheinungen, die ja eng gebunden sind an tayloristische Formen der Arbeitsteilung, in ihrer Bedeutung relativiert. Weit davon entfernt, als allgemeine Tendenz der Entwicklung der Qualifikationen bei kapitalistischer Produktionsweise gelten zu können, werden sie, wo sie tatsächlich festgestellt werden können, erklärbar als Resultat eines komplexeren ökonomischen und sozialen Bedingungsgefüges – ebenso wie stark durch qualifizierte Arbeit geprägte Strukturen des betrieblichen Gesamtarbeiters anderswo. Die von F. W. Taylor mit seinen „Prinzipien der wissenschaftlichen Betriebsführung" propagierten Ziele können dagegen nach wie vor nicht als überholt gelten: Diese richten sich weniger auf die Qualifikation der Arbeitenden als vielmehr auf die Kontrolle über den Produktionsprozeß. Zentraler Ansatzpunkt, diese Kontrolle der Verfügung der Arbeitenden zu entziehen, ist die Trennung von Hand- und Kopfarbeit, das heißt aber die Trennung von ausführender und disponierender Arbeit, und zwar grundsätzlich auf allen Qualifikationsebenen. Mit dieser unmittelbar auf die Entfremdung der Individuen von ihrer Arbeit zielenden Stoßrichtung bleibt die Organisation der Arbeit nach tayloristischen Prinzipien auch dann ein Problem, wenn sie unter spezifischen gesellschaftlichen, aber auch betrieblichen Bedingungen nicht mehr in der extremen Zergliederung der Arbeit mit ihren verheerenden Folgen für Qualifikation und Belastung der Arbeitenden resultiert, unter der der Taylorismus bekannt wurde.

ASENDORF-KRINGS, I.: Facharbeiter und Rationalisierung – das Beispiel der großbetrieblichen Instandhaltung, Frankfurt/München 1979. ASENDORF-KRINGS, I. u. a.: Reproduktionsvermögen und die Interessen von Kapital und Arbeit. Ein Beitrag zur theoretischen Bestimmung von Qualifikation. In: MENDIUS, H.-G. u. a.: Betrieb – Arbeitsmarkt – Qualifikation I. Arbeiten des Instituts für Sozialwissenschaftliche Forschung (ISF) München, Frankfurt/M. 1976, S. 207 ff. BAETHGE, M. u. a.: Produktion und Qualifikation. Eine Vorstudie zur Untersuchung von Planungsprozessen im System der beruflichen Bildung, Hannover 1975. BAETHGE, M. u. a.: Bildungsexpansion und Rationalisierung – Ergebnisse einer umfassenden Fallstudienreihe, hg.

Qualifikationsstruktur

vom Bundesminister für Bildung und Wissenschaft, Werkstattbericht Nr. 14, Bonn 1983. BLAU, P. M.: Presidential Address: Parameters of Social Structure. In: Am. Sociol. Rev. 39 (1974), S. 615 ff. CORIAT, B.: Differenzierung und Segmentierung des Gesamtarbeiters in der Serienindustrie – Der Fordismus der Massenarbeiter und die „Aufwertung der manuellen Arbeit". In: DÜLL, K. (Hg.): Industriearbeit in Frankreich – Krisen und Entwicklungstendenzen, Frankfurt/M. 1984, S. 39 ff. DREXEL, I.: Belegschaftsstrukturen zwischen Veränderungsdruck und Beharrung, Frankfurt/M. 1982. DREXEL, I./NUBER, C.: Qualifizierung für Industriearbeit im Umbruch, Frankfurt/New York 1979. FRANZKE, R.: Qualifikation – Qualifikationsforschung. In: Enzyklopädie Erziehungswissenschaft, Bd. 9.2, Stuttgart 1983, S. 453 ff. GENSIOR, S.: Zum aktuellen Stand der Mikroelektronik-Anwendung und ihrer Bedeutung für die Qualifikationen. Literaturbericht, Berlin 1982. GENSIOR, S./KRAIS, B.: Arbeitsmarkt und Qualifikationsstruktur. In: Soz. Welt 25 (1974), S. 294 ff. HOPF, W.: Senkung und Polarisierung von Qualifikationsanforderungen als Bedingungen des Bildungssystems. In: Z.f.P. 24 (1978), S. 51 ff. KAMMERER, G. u. a.: Ingenieure im Produktionsprozeß. Zum Einfluß von Angebot und Bedarf auf Arbeitsteilung und Arbeitseinsatz am Beispiel des Maschinenbaus, Frankfurt/M. 1973. KERN, H./SCHUMANN, M.: Industriearbeit und Arbeiterbewußtsein. Eine empirische Untersuchung über den Einfluß der aktuellen technischen Entwicklung auf die industrielle Arbeit und das Arbeiterbewußtsein, 2 Bde., Frankfurt/M. 1970 (Bd. 1: 1970 a; Bd. 2: 1970 b). KLAUDER, W. u. a.: Ansätze zur Prognose des spezifischen Arbeitskräftebedarfs. In: Beitr. z. Arbmarkt.- u. Berfo. 1 (2) (1969), S. 175 ff. LUTZ, B.: Produktionsprozeß und Berufsqualifikation. In: ADORNO, TH. W. (Hg.): Spätkapitalismus oder Industriegesellschaft? Verhandlungen des 16. Deutschen Soziologentages vom 8. bis 11. April 1968 in Frankfurt/M., Stuttgart 1969, S. 227 ff. LUTZ, B.: Bildungssystem und Beschäftigungsstruktur in Deutschland und Frankreich. In: MENDIUS, H.-G. u. a.: Betrieb – Arbeitsmarkt – Qualifikation I. Arbeiten des INSTITUTS FÜR SOZIALWISSENSCHAFTLICHE FORSCHUNG (ISF) München, Frankfurt/M. 1976, S. 83 ff. LUTZ, B./KAMMERER, G.: Das Ende des graduierten Ingenieurs? Eine empirische Analyse unerwarteter Nebenfolgen der Bildungsexpansion, Frankfurt/Köln 1975. MICKLER, O.: Facharbeit im Wandel. Rationalisierung im industriellen Produktionsprozeß, Frankfurt/New York 1981. MICKLER, O. u. a.: Technik, Arbeitsorganisation und Arbeit. Eine empirische Untersuchung in der automatisierten Produktion, Frankfurt/M. 1976. PROJEKTGRUPPE AUTOMATION UND QUALIFIKATION: Band 3: Theorien über Automationsarbeit. Argument Sonderbände AS 31, Berlin 1978. SORGE, A. u. a.: Mikroelektronik und Arbeit in der Industrie. Erfahrungen beim Einsatz von CNC-Maschinen in Großbritannien und der Bundesrepublik Deutschland, Mimeo, Frankfurt/M. 1982. VOLPERT, W. u. a.: Verfahren zur Ermittlung von Regulationserfordernissen in der Arbeitstätigkeit (VERA), Köln 1983. WELTZ, F. u. a.: Facharbeiter im Industriebetrieb. Eine Untersuchung in metallverarbeitenden Betrieben, Frankfurt/M. 1974.

Beate Krais

Rahmenrichtlinien

Aufgaben. Die Entwicklung und Fixierung von Rahmenrichtlinien beginnt in den 70er Jahren als Gegenbewegung zu der aus den USA übernommenen Lernzieltheorie und ihrer epigonalen Weiterführung im deutschsprachigen Raum (vgl. MÖLLER 1973). Administrationen, Richtlinienkommissionen und Curriculumentwickler begannen, Unterricht bis ins Detail zu planen und damit den Entscheidungsraum des Lehrers übermäßig einzuengen und das Unterrichtsgeschehen unlebendig werden zu lassen. Diese Gefahr war noch in den 60er Jahren kaum gegeben, da sich amtliche Richtlinien meist damit begnügten, Stoffpläne anzugeben zusammen mit einigen Prinzipien für die Arbeit im Fach. Rahmenrichtlinien sollten die Entscheidungsfreiheit des Lehrers sichern. Andererseits aber gewann zur gleichen Zeit die Bemühung um „Demokratisierung" der Schule in den Mitwirkungsgesetzen der Bundesländer rechtliche Form und Absicherung. Um die verstärkte Selbständigkeit der einzelnen Schulen nicht zu einem Auseinanderfallen des Bildungswesens führen zu lassen, benötigte man Rahmenrichtlinien als Instrument der Vereinheitlichung.

Der Deutsche Bildungsrat beschrieb diese doppelte Aufgabe von Rahmenrichtlinien in seinen 1973 verfaßten Empfehlungen „Verstärkte Selbständigkeit der Schule und Partizipation der Lehrer, Schüler und Eltern" und „Zur Förderung praxisnaher Curriculumentwicklung". „Rahmenrichtlinien sollen [...] die Ziele ebenso wie die Grundsätze und Mindestanforderungen festlegen, die verbindlich vorgegeben werden können und müssen, um das Prinzip der öffentlichen Verantwortung für das Bildungswesen zu verwirklichen. Festzulegen sind fachübergreifende sowie fach- und stufenbezogene Lernziele, die in der Regel auch inhaltliche Bestimmungen enthalten. Sie sind in so offener Form anzugeben, daß ihnen je nach den Voraussetzungen und der Situation der Lerngruppe unterschiedliche Themen oder Inhalte zugeordnet werden können" (DEUTSCHER BILDUNGSRAT 1973a, S. 25). Rahmenrichtlinien sollten Fächer oder Fachbereiche angeben, Richtgrößen für Stundenzahlen und Grundsätze für Differenzierung, Arbeits- und Lernformen enthalten. Diese Festsetzungen sollten Einheitlichkeit garantieren, ohne die Gestaltungsfreiheit der Schulen und Lehrer übermäßig einzuengen. Detailliertere Empfehlungen sollten den Schulen nur als Vorschläge, als Materialsammlungen zukommen, nicht als bindende Vorschrift. Durch eine Experimentierklausel sollten Versuchsschulen die Möglichkeit haben, in ihrem Unterricht auch diesen Rahmen mindestens stellenweise zu überschreiten.

Erarbeitung von Rahmenrichtlinien. Für die Bildungskommission des Deutschen Bildungsrates stellten Rahmenrichtlinien ein Instrument der Innovation dar. Der Deutsche Bildungsrat wollte daher bei der Entwicklung der Richtlinien die Beteiligung der Betroffenen absichern. Das Bürokratiemodell der Erstellung wurde ebenso wie das Modell technischer Entwicklung (research-development – dissemination) als unzureichend abgelehnt, statt dessen wurde ein System von Kommissionen vorgeschlagen, die aus Verwaltungsbeamten, Wissenschaftlern und Lehrern bestehen sollten. Zwischen Entwurferarbeitung und Entscheidung über den Erlaß sollte eine breitgestreute Erörterung mit möglichst vielen Betroffenen stattfinden. In besonderen Institutionen, den regionalen pädagogischen Zentren, sollten dafür und für die konkrete Umsetzung der Rahmenrichtlinien in Curricula Diskussionskreise gebildet werden – ein Vorschlag, der nicht verwirklicht wurde (vorgeschlagen waren 60 regionale pädagogische Zentren, gegründet wurden lediglich zwei, in Aurich und Bad Kreuznach, vorwiegend zu Fortbildungszwecken, wobei das Zentrum in Aurich inzwischen aufgelöst worden ist).

„Allen Modellen der Erarbeitung staatlicher Vorgaben (Lehrpläne, Rahmenrichtlinien) für die Curriculumreform ist gemeinsam, daß sie ein wie auch immer im einzelnen organisiertes Kooperationsverhältnis zwischen Politik und Wissenschaft bzw. zwischen Administration und Wissenschaft vorsehen" (NEVERMANN 1975, S. 119). Problematisch blieb jedoch, wie dieses Verhältnis so einzurichten sei, daß einerseits politisch-parlamentarische Verantwortung für die Vorgaben gewährleistet bleibt, andererseits Wissenschaft nicht lediglich zur Legitimationsbeschaffung benutzt wird. Die Harmonisierung dieser Interessen wurde von seiten der Wissenschaft zumeist in der Legitimation durch Verfahren gesucht: Die Erstellungsprozedur von Rahmenrichtlinien sollte gesetzlich fixiert werden, denn darin verwirkliche sich staatliche Verantwortlichkeit, nicht in nachträglicher Produktlegalisierung (vgl. DEUTSCHER BILDUNGSRAT 1973a, S.271; vgl. HALLER/WOLF 1975, S.332). Von seiten der Administration und Politik wurde demgegenüber immer wieder die Verantwortung für das Produkt betont. Die Wissenschaft bemühte sich um die Entwicklung von Kriterien für die Kompetenz der Entscheidungsträger und die Legitimation und Struktur der Entscheidungsfindung (vgl. FLECHSIG/HALLER 1973). Bedeutende Gruppen in Wissenschaft und Schulpraxis erwarteten von der Administration eine weitgehende Zurücknahme ihrer Entscheidungsgewalt über Unterrichtsinhalte. Einige Bundesländer (beispielsweise Hessen bei Errichtung der „Großen Hessischen Curriculumkommission" 1968, Nordrhein-Westfalen bei Erstellung der Richtlinien für Gesamtschulen und für die Politische Bildung ab 1967 - vgl. HALLER/WOLF 1975, SPIES 1975) folgten zunächst dieser Erwartung. Nach der heftigen bundesweiten Diskussion über die Hessischen Richtlinien für Deutsch und Geschichte und die Nordrhein-Westfälischen Richtlinien für Politik und für Gesamtschulen, denen einseitig links indoktrinierende Tendenzen vorgeworfen wurden, neigten auch die von SPD und F.D.P. geführten Regierungen und Parlamente dazu, von ihrer Möglichkeit zum Richtlinienerlaß wieder stärker Gebrauch zu machen. Der Einfluß der Wissenschaftler ging in politisch relevanten Fächern (wie Deutsch, Geschichte, Politik) erheblich zurück.

Gesetzliche Normierung. Erstellungsverfahren und Anlageprinzipien von Lehrplänen und Richtlinien sind in den Verfassungen von Bund und Ländern nicht normiert. Die landesrechtlichen Vorschriften fassen ausdrücklich (etwa in Rheinland-Pfalz §§ 32 und 84 des Schulgesetzes) oder stillschweigend (wie in Nordrhein-Westfalen) die Kompetenz zum Richtlinienerlaß als originäre Regelungskompetenz der Kultusadministration. Bis zum sogenannten Sexualkundeurteil des Bundesverfassungsgerichts ergingen daher Richtlinien durchweg als Verwaltungsvorschriften, danach vorwiegend als Rechtsverordnung, da die Rahmenrichtlinien als „wesentliche" Entscheidungen angesehen wurden. Einige Schulgesetze der Bundesländer normierten zum Richtlinieninhalt vor allem, daß sie Bildungs- und Lernziele zu enthalten haben (beispielsweise § 12 der Allgemeinen Schulordnung von Bayern, § 2 des Schulverwaltungsgesetzes von Hessen).

Die Schulrechtskommission des Deutschen Juristentages griff in ihrem Mustergesetzentwurf (vgl. SCHULE IM RECHTSSTAAT 1981) den Vorschlag des Deutschen Bildungsrates wieder auf, die Erstellung von Rahmenrichtlinien gesetzlich zu fixieren: „Durch ein ‚Gesetz über das Verfahren der Entwicklung von Rahmenrichtlinien' könnte sich das

Parlament in der ihm vorbehaltenen Weise in die Bildungs- und Schulpolitik einschalten, zur Lösung der Legitimationsprobleme beitragen und den Erlaß von Rahmenrichtlinien kontrollieren" (DEUTSCHER BILDUNGSRAT 1973a, S. 27). Nach Vorstellung der Schulrechtskommission soll das Verfahren der Lehrplanerstellung durch Gesetz geregelt und die Lehrpläne selbst als Rechtsverordnungen erlassen werden. Der Musterentwurf sieht vor, daß bei der Erarbeitung von Richtlinien fachlich und schulpraktisch kompetente Kommissionen gebildet werden, deren Ergebnisse durch Anhörungs- und Auslegungsverfahren in die öffentliche Diskussion gegeben werden. Die Möglichkeit des Kultusministers, die Erstellung von Richtlinien zu beeinflussen, soll dadurch gesichert werden, daß er die personelle Besetzung der Kommission bestimmt, den Lehrplänen die endgültige Fassung gibt und die Letztverantwortung für sie trägt. Die Schulrechtskommission hat ebenfalls die Vorstellung des Deutschen Bildungsrats von einem „offenen" Curriculum so weit übernommen, als nach ihrem Vorschlag die Unterrichtsinhalte und Lehrmethoden nicht vollständig und abschließend in den Rahmenrichtlinien enthalten sein sollen.

DEUTSCHER BILDUNGSRAT: Zur Förderung praxisnaher Curriculumentwicklung, Stuttgart 1973a. DEUTSCHER BILDUNGSRAT: Zur Reform von Organisation und Verwaltung im Bildungswesen, Teil 1. Empfehlungen der Bildungskommission, Stuttgart 1973b. EVERS, H. U.: Die Befugnisse des Staates zur Festlegung von Erziehungszielen in der pluralistischen Gesellschaft, Berlin 1979. FLECHSIG, K.H./HALLER, H.-D.: Entscheidungsprozesse in der Curriculumentwicklung, Stuttgart 1973. HALLER, I./WOLF, H.: Hessische Rahmenrichtlinien: Ausgewählte Aspekte zur Organisation zentraler Curriculumentwicklung und ihrer Konkretisierung in Schulnähe. In: FREY, K. u.a.: Curriculum-Handbuch, Bd. 1, München 1975, S. 330ff. KOGON, E. (Hg.): Rahmenrichtlinien Gesellschaftslehre, Hessenforum, Frankfurt/M. 1974. MÖLLER, CH.: Technik der Lernplanung, Weinheim [4]1973. NEVERMANN, K.: Curriculumreform als Gegenstand staatlicher Bildungspolitik. In: FREY, K. u.a.: Curriculum-Handbuch, Bd. 1, München 1975, S. 113ff. SCHULE IM RECHTSSTAAT, Bd. 1: Entwurf für ein Landesschulgesetz. Bericht der Kommission Schulrecht des Deutschen Juristentages, München 1981. SPIES, W. E.: Staatliche Curriculumreform in Nordrhein-Westfalen. In: FREY, K. u.a.: Curriculum-Handbuch, Bd. 1, München 1975, S. 315ff.

Werner E. Spies

Recht auf Bildung

Geschichte. Seit der Entwicklung eines staatlichen Schulwesens im Absolutismus wurde den Kindern durch normierte Bildungsziele im Rahmen von Unterrichtszwang und Schulpflicht in allmählich steigendem Maße ein Minimum an Bildung oktroyiert. Dieses System bewirkte zwar allmählich – im Einklang mit den steigenden Bildungsbedürfnissen in einer sich stärker arbeitsteilig differenzierenden Gesellschaft – einen gewissen (zunächst noch sehr unvollkommenen) Schutz gegen Analphabetismus und gegen frühe Ausbeutung kindlicher Arbeitskraft, gestand dem einzelnen aber kein subjektives Recht auf Bildung (Bildungsanspruch) zu. Erst im Gefolge der Französischen Revolution wurde aus der Erziehungsbedürftigkeit des Menschen ein Menschenrecht auf Erziehung und Unterricht hergeleitet und inhaltlich auf die Entfaltung der individuellen Anlagen bezogen. Condorcet proklamierte 1792 als erstes Ziel eines nationalen Unterrichtswesens, „jedem die Möglichkeit zu sichern, [...] den ganzen Umfang seiner Talente, die er von der Natur empfangen hat, zu entfalten"; Art. 22 der französischen Verfassung von 1793 erklärte es zur Aufgabe der Gesellschaft, „den Unterricht allen Bürgern zugänglich zu machen"; Hegel sprach 1821 in §174 seiner Rechtsphilosophie den Kindern ein Recht auf Ernährung und Erziehung gegen ihre Eltern zu; im Rotteck-Welckerschen Staatslexikon bezeichnete G. v. Struve 1847 „das Recht auf Leben, das Recht auf Bildung und das Recht auf freie Entwicklung der uns von der Natur gegebenen und durch die äußeren Verhältnisse herangebildeten Kräfte" als die „drei ewigen und unveräußerlichen Menschenrechte".

Diese und ähnliche menschenrechtlich begründeten Proklamationen fanden im positiven Recht aber keine handhabbare Ausformung. In Deutschland und in vielen vergleichbaren Staaten blieb es bei der indirekten Garantie eines Minimums an Bildung durch ein öffentliches Schulwesen mit bestimmten Bildungszielen, durch Schulpflicht und korrespondierende Elternpflichten (vgl. §155 der Paulskirchen-Verfassung; Art. 120, 145–148 der Weimarer Reichsverfassung). Das Reichsjugendwohlfahrtsgesetz von 1922 sprach zwar jedem deutschen Kind „ein Recht auf Erziehung zur leiblichen, seelischen und gesellschaftlichen Tüchtigkeit" zu, doch wurde (und wird in §1 des bestehenden Jugendwohlfahrtsgesetzes) dieses „Recht" wegen mangelnder Konkretisierung in Kommentarliteratur und Rechtsprechung nicht als subjektives öffentliches Recht (einklagbarer Anspruch), sondern nur als Programmsatz gedeutet.

Internationale Deklarationen und Konventionen. Das klassische Völkerrecht kennt nur Staaten als Rechtssubjekte, nicht aber Individuen. Erst nach dem Ende des Zweiten Weltkriegs führten menschenrechtliche Neuansätze im Völkerrecht (vor allem im Rahmen der UNO und im europäischen Rahmen) zu neuartigen Versuchen, ein Recht auf Bildung wenigstens teilweise international zu garantieren.

Art. 26 der UN-Menschenrechtsdeklaration (1948) proklamiert ein „right to education" mit Elementen von Bildung/Erziehung/Unterricht/Ausbildung. Die UN-Charta der Rechte des Kindes (Declaration of the Rights of the Child, 1959) ergänzt dieses universale Recht auf Bildung durch zehn Grundsätze für verschiedene Bildungsbereiche, Kinderschutz und soziale Sicherheit. Sowohl die Menschenrechtsdeklaration wie die Charta der Rechte des Kindes sind nur *Deklarationen,* das heißt, sie schaffen nicht bindendes Völkerrecht, sondern sind letztlich unverbindlich (aber als Standard internationaler Moral und mögliches Vorstadium keimenden neuen Völkerrechts keineswegs bedeutungslos). Zu den inhaltlichen Mindeststandards, die in beiden Texten genannt werden, gehören: unentgeltlicher und obligatorischer Elementarschulunterricht, allgemein zugänglicher fachlicher und beruflicher Unterricht, gleicher Zugang zu höheren Studien nach Maßgabe persönlicher Fähigkeiten und Leistungen. Die Charta der Rechte des Kindes fordert zusätzlich: Erziehung und Fürsorge für behinderte Kinder; soziale Sicherheit und Familienschutz sowie die Verhinderung von Kinderarbeit.

Diese Deklarationen sind durch *Konventionen* ergänzt worden, die für die Unterzeichnerstaaten verbindlich sind: Der internationale Pakt über wirtschaftliche, soziale und kulturelle Rechte (1966) umschreibt in Art. 13 ein umfassendes Recht auf Bildung mit detaillierten Gewährleistungspflichten der Mitgliedsstaaten. Die Europäische Sozialcharta (1961) normiert positive Leistungspflichten der Mitgliedsstaaten im Bereich der beruflichen Ausbildung. Dazu treten spezielle Gleichbehandlungsgebote und Diskriminierungsverbote im UNESCO-Übereinkommen gegen Diskriminierung im Unterrichtswesen (1960) und im zweiten Zusatzprotokoll zur Europäischen Menschenrechtskonvention (1952). Alle diese Konventionen sind durch Ratifizierung in das innerstaatliche Recht der Bundesrepublik Deutschland transformiert worden und gelten hier als einfaches Gesetzesrecht (das UNESCO-Übereinkommen als Länderrecht, die drei übrigen Konventionen als Bundesrecht); sie haben keinen Verfassungsrang, können also nicht mit der Verfassungsbeschwerde vor dem Bundesverfassungsgericht geltend gemacht werden. Für den Bereich der Europäischen Menschenrechtskonvention gibt es ein besonderes Rechtsschutzverfahren, nämlich die Individualbeschwerde zum europäischen Menschenrechtsgerichtshof in Straßburg. Im übrigen gibt es nur die Möglichkeit der Staatenbeschwerde oder einen indirekten Rechtsschutz durch das Berichtverfahren (regelmäßige Vorlage von Berichten durch die Unterzeichnerstaaten über die Verwirklichung der Menschenrechte in ihrem Bereich).

Rechtslage in der Bundesrepublik Deutschland. Das *Grundgesetz* (GG) enthält kein ausdrücklich formuliertes Recht auf Bildung als Grundrecht. Einzelelemente sind in Art. 2, Abs. 1 GG (Recht auf die freie Entfaltung der Persönlichkeit) und Art. 12, Abs. 1 GG (freie Wahl von Beruf und Ausbildungsstätte) sowie in Art. 3, Abs. 1 und 3 GG (Gleichheitssatz, Diskriminierungsverbote) angelegt. Das Bundesverwaltungsgericht sieht Art. 2 Abs. 1 GG ohne weiteres als Grundlage eines Rechts auf Bildung (vgl. Entscheidungen des Bundesverwaltungsgerichts - BVerwGE - Bd. 47, S. 201 ff. [S. 204 ff]); das Bundesverfassungsgericht hat diese Frage bisher ausdrücklich offengelassen (vgl. Entscheidungen des Bundesverfassungsgerichts - BVerfGE - Bd. 45, S. 400 ff. [S. 417]); in den Entscheidungen zum Numerus clausus, zur Förderstufe und zur Sexualkunde (vgl. BVerfGE 33, S. 303 ff. [S. 329 ff.]; 43, S. 291 ff. [S. 313 ff.]; 34, S. 165 ff. [S. 182-184]; 47, S. 46 ff. [S. 73]) hat das Bundesverfassungsgericht allerdings gewisse Konkretisierungen in dieser Richtung vorgenommen, ohne daraus ein generelles Recht auf Bildung abzuleiten. Auf der Ebene des einfachen Gesetzesrechts hat § 8 des Sozialgesetzbuches (1975) ein Recht auf Erziehung in etwas knapperer Diktion als § 1 des Jugendwohlfahrtsgesetzes (JWG) umschrieben, für die Verwirklichung dieses Rechtes aber auf die allgemeine Jugendförderung und die subsidiäre öffentliche Erziehung verwiesen und Anspruchsrechte daran geknüpft, daß die Anspruchsvoraussetzungen einzeln normiert sind (so zum Beispiel bei der Freiwilligen Erziehungshilfe - vgl. § 62 JWG).

Einzelne Bundesländer normieren in ihren *Landesverfassungen* ein Recht auf Bildung beziehungsweise auf Erziehung und Ausbildung mit unterschiedlicher Akzentuierung, meist unter Hinweis auf die Begabung oder die erkennbaren Fähigkeiten (vgl. die Landesverfassungen von: Baden-Württemberg Art. 11, Bayern Art. 28, Bremen Art. 27, Rheinland-Pfalz Art. 31; in Bremen unter gleichzeitiger Betonung des Gleichheitsprinzips) oder nur allgemein (so Nordrhein-Westfalen Art. 8). Andere Landesverfassungen halten sich an das traditionelle Muster der indirekten Umschreibung eines Erziehungsrechts in Zusammenhang mit den Rechten und Pflichten der Eltern (so Hessen Art. 55; Rheinland-Pfalz Art. 25; Saarland Art. 24 in Anlehnung an Art. 120 der Weimarer Reichsverfassung). Neuere Schulgesetze enthalten ebenfalls Vorschriften über einen Bildungsanspruch (so die Schulgesetze von Bremen 1975, Hamburg 1977, Niedersachsen 1975/1978). Allen diesen Vorschriften ist gemeinsam, daß sie das „Recht auf Bildung" nur als Grundsatz aussprechen und teilweise einige wenige Elemente hervorheben (etwa den Maßstab der individuellen Begabung oder das Gleichheitsprinzip), während konkrete Einzelfragen nicht geregelt werden und insbesondere das Problem der Rechtsqualität (einklagbarer Anspruch des einzelnen oder allgemeiner Programmsatz) weitgehend offenbleibt.

Probleme, Reformvorschläge. Für die Bildungsreformbewegung der 60er und 70er Jahre wurde das „Recht auf Bildung" zum Schlüsselbegriff (vgl. CLEVINGHAUS 1974, HEYMANN/STEIN 1972, STEIN 1967). Die unterschiedliche Qualität bildungspolitischer Forderungen („Bildung ist Bürgerrecht" – DAHRENDORF 1966) und positiv-rechtlicher Ansprüche wurde dabei gelegentlich verwechselt (vgl. OPPERMANN 1976, REUTER 1975). Dies ist freilich im Grundrechtsbereich nicht untypisch und für die allgemeine Grundrechtsgeschichte geradezu normal: Erst aus politischen Proklamationen haben sich konkrete Grundrechtskataloge ergeben. Für ein entwickeltes Grundrechtssystem ist aber die Präzisierung und Justitiabilität das entscheidende Problem. Ein Recht auf Bildung kann nur dann zum einklagbaren Anspruch werden, wenn die Anspruchsvoraussetzungen klar definiert werden. Dies ist schwierig genug beim Gleichheitsproblem (Ergänzung der formalen Gleichbehandlung und der Diskriminierungsverbote durch Gewährleistung sozialer Gleichheit als Chancengleichheit), aber kaum ansatzweise gelöst bei der konkreten Feststellung individueller Begabung und den daraus abzuleitenden staatlichen Leistungspflichten. Nur für Teilbereiche haben Schulgesetzgebung und Rechtsprechung hier Konkretisierungen vorgenommen (beispielsweise bei der Förderung Behinderter durch Hausunterricht und Verlängerung der Schulbesuchszeit oder bei der Schulorganisation durch Einrichtung von Parallelklassen und Bestand eines gegliederten flächendeckenden Schulsystems). Die meisten dieser Fragen betreffen Organisationsakte oder Statusentscheidungen (vgl. PERSCHEL 1984). Ungelöst sind vor allem die inhaltlichen Fragen, zum Beispiel Fächerangebot, Unterrichtsqualität, Lernziele und Gegenstandsbereiche des Unterrichts.

Die Schulrechtskommission des Deutschen Juristentages schlägt in ihrem Entwurf eines Landesschulgesetzes (vgl. SCHULE IM RECHTSSTAAT 1981) ein an das Sozialgesetzbuch angelehntes System vor: Gewährleistung eines „Rechtes auf schulische Bildung" nach dem Maß gesetzlich formulierten Bildungsauftrages der Schule und gesetzlich formulierter Bildungs- und Erziehungsziele durch ein öffentliches Schulwesen; Konkretisierungen im Sinne individueller Ansprüche nur in ausdrücklich genannten Fällen wie:
- Aufnahme in öffentliche Schulen,
- Haus- und Krankenunterricht,
- Verlängerung der Schulbesuchsdauer für Behinderte,
- Informationsrechte,
- Wahl des Bildungsganges,
- Lernmittelfreiheit,
- Schülerbeförderung.

Ein „Recht auf unverkürzten Unterricht" als Teilaspekt eines einklagbaren Rechtes hat die Kommission zwar erwogen, aber aus Gründen mangelnder Praktikabilität nicht vorgeschlagen. Hier wie auch bei vielen anderen Einzelfragen eines „Rechtes auf Bildung" hängt die Verwirklichung von den jeweiligen Haushaltsentscheidungen der Parlamente ab. Auch in Zukunft werden deshalb dieser und andere Aspekte des Rechts auf Bildung weiterhin nur im objektiv-rechtlichen System möglich sein. In Weiterentwicklung der schon bisher praktizierten Ansätze in der Rechtsprechung wäre hieraus subjektiv-rechtlich jedenfalls ein schärfer konturiertes Recht auf Teilhabe an den öffentlichen Bildungseinrichtungen abzuleiten.

CLEVINGHAUS, B.: Das Recht auf Bildung. Grundlagen und Inhalt, Diss., Bremen 1974. DAHRENDORF, R.: Bildung ist Bürgerrecht. Plädoyer für eine aktive Bildungspolitik, Hamburg ²1966. HEYMANN, K.-D./STEIN, E.: Das Recht auf Bildung, dargestellt am Beispiel der Schulbildung. In: Arch. d. öffentl. R. 97 (1972), S.185ff. OPPERMANN, TH.: Nach welchen rechtlichen Grundsätzen sind das öffentliche Schulwesen und die Stellung der an ihm Beteiligten zu ordnen? In: STÄNDIGE DEPUTATION DES DEUTSCHEN JURISTENTAGES (Hg.): Verhandlungen des 51. Deutschen Juristentages Stuttgart 1971, Bd.1 (Gutachten), Teil C, München 1976, S.C5ff. PERSCHEL, W.: Rechtsschutz, verwaltungsgerichtlicher. In: Enzyklopädie Erziehungswissenschaft, Bd.5, Stuttgart 1984, S.553ff. REUTER, L.-R.: Das Recht auf chancengleiche Bildung. Ein Beitrag zur sozial ungleichen Bildungspartizipation und zu den Aufgaben und Grenzen der Rechtswissenschaft bei der Verwirklichung eines sozialen Grundrechts auf chancengleiche Bildung, Ratingen/Kastellaun/Düsseldorf 1975. SCHULE IM RECHTSSTAAT, Bd.1: Entwurf für ein Landesschulgesetz. Bericht der Kommission Schulrecht des Deutschen Juristentages, München 1981. STEIN, E.: Das Recht des Kindes auf Selbstentfaltung in der Schule. Verfassungsrechtliche Überlegungen zur freiheitlichen Ordnung des Schulwesens, Neuwied/Berlin 1967.

Wolfgang Perschel

Rechtsschutz, verwaltungsgerichtlicher

Entwicklung des Verwaltungsrechtsschutzes im Schulwesen. Rechtsschutz durch unabhängige Gerichte gehört zu den elementaren Rechtsstaatsprinzipien der Bundesrepublik Deutschland. Nach Art. 19 Abs. 4 des Grundgesetzes (GG) besteht eine Rechtsweggarantie gegen jede Rechtsverletzung durch die öffentliche Gewalt. Die öffentliche Schule als Teil der öffentlichen Verwaltung ist hiervon nicht ausgenommen: Soweit ihre Maßnahmen in Rechte von Schülern oder Eltern eingreifen, können sie von den Verwaltungsgerichten überprüft werden. Daneben stehen Zuständigkeiten der ordentlichen Gerichte, die hier außer Betracht bleiben können (wie Strafprozesse bei Körperverletzungen durch Lehrer, Zivilprozesse bei Schadensersatzforderungen). Akte anerkannter Privatschulen (Ersatzschulen) können vor den Verwaltungsgerichten angefochten werden, wenn sie mit Berechtigungen verbunden sind (Prüfungs- und Versetzungsentscheidungen), im übrigen sind für Streitigkeiten mit Privatschulen die Zivilgerichte zuständig.

Die verwaltungsgerichtliche Überprüfung schulischer Rechtsakte war früher nicht möglich und stößt auch heute noch zuweilen auf pädagogische Bedenken. Bis zum Ende des Zweiten Weltkrieges galt ein Enumerationssystem, das verwaltungsgerichtlichen Rechtsschutz nur für ausdrücklich aufgezählte Fallgruppen gewährte; Schulentscheidungen gehörten nicht dazu. Nach dem Zweiten Weltkrieg führten die westlichen Besatzungsmächte die sogenannte verwaltungsgerichtliche Generalklausel ein; danach waren für alle öffentlich-rechtlichen Streitigkeiten nicht verfassungsrechtlicher Art die Verwaltungsgerichte zuständig, waren alle „Verwaltungsakte" gerichtlich nachprüfbar. Dieses System ist von der Verwaltungsgerichtsordnung (VwGO) vom 21.1.1960 übernommen worden. Trotzdem blieb für schulische Entscheidungen lange umstritten, ob und vor allem in welchem Umfang sie vor den Verwaltungsgerichten angefochten werden konnten. Von pädagogischer Seite trug hierzu die These von der „Eigenständigkeit der Pädagogik" bei, die eine Gleichsetzung pädagogischer Maßnahmen mit Verwaltungsakten zu verbieten schien. Juristisch wurde dies durch die Theorie vom „besonderen Gewaltverhältnis" gestützt, die davon ausging, daß im Schulverhältnis (wie auch in anderen „besonderen Gewaltverhältnissen" oder „Anstaltsverhältnissen", zum Beispiel Beamtenverhältnis, Strafvollzugsverhältnis) keine „Rechte" bestünden, die verletzt werden könnten. Eine spätere Modifikation dieser Theorie schied das besondere Gewaltverhältnis in ein „Grundverhältnis" (vor allem für alle statusbegründenden Akte wie Eintritt, Austritt, Versetzungen) und ein „Betriebsverhältnis" (vgl. ULE 1957). Akte im „Grundverhältnis" wurden als Verwaltungsakte angesehen und waren demgemäß gerichtlich nachprüfbar; im „Betriebsverhältnis" (allen schulalltäglichen Maßnahmen einschließlich der Ordnungsmaßnahmen) konnte es keine „Rechtsverletzungen" geben, weil der Schüler in den Schulbetrieb eingegliedert war. Mit der Aufgabe der Figur des besonderen Gewaltverhältnisses (vgl. Entscheidungen des Bundesverfassungsgerichts – BVerfGE – Bd. 33, S. 1 ff. – Strafvollzugsentscheidung 1972; 41, S. 251 ff. – Kollegiatenentscheidung 1976 – andere Entscheidungen des Bundesverfassungsgerichts und der Verwaltungsgerichte – vgl. PERSCHEL 1984 a) war der Weg zu einer Ausgestaltung des Schulverhältnisses als Rechtsverhältnis bereitet. Die Schulgesetzgebung entspricht dieser Prämisse noch nicht in allen Fällen. Das wirkt sich auch im gerichtlichen Rechtsschutz aus, dessen Voraussetzungen von der Rechtsprechung in einer differenzierten Kasuistik fortentwickelt worden sind. Hier können nur die wichtigsten Grundlinien angedeutet werden.

Rechtsschutzinteresse und Klageberechtigung. Voraussetzung jeder gerichtlichen Rechtsverfolgung ist die sogenannte *Aktivlegitimation* (Klagebefugnis): Der Kläger muß in eigenen Rechten betroffen sein und ein Interesse an gerichtlichem Rechtsschutz hic et nunc dartun. Ein allgemeines bildungspolitisches Interesse reicht zur Klagebefugnis in schulrechtlichen Fragen nicht aus. Klagebefugt können entweder Schüler sein (bei Minderjährigkeit zwar prozessual durch die Eltern vertreten, aber aus eigenem Recht klagend) oder auch Eltern unmittelbar aus ihrem verfassungsmäßigen Elternrecht. Dieser Unterschied kann prozessual bedeutsam werden, wenn die Eltern sich nicht einig sind: Das Kind kann nur von beiden gemeinsam vertreten werden, eine Elternrechtsverletzung kann auch ein Elternteil allein geltend machen.

Klageziel, Klagearten. Die Verwaltungsgerichtsordnung (VwGO) kennt Anfechtungsklagen, Verpflichtungsklagen und Feststellungsklagen. Die ersten beiden Typen sind die praktisch weitaus wichtigsten; die *Feststellungsklage* ist überhaupt nur zulässig, wenn eine Gestaltungs- oder Leistungsklage (Anfechtungs- oder Verpflichtungsklage) nicht möglich ist und der Kläger ausnahmsweise ein rechtliches Interesse an alsbaldiger Feststellung des Bestehens oder Nichtbestehens eines Rechtsverhältnisses hat (vgl. §43 VwGO). Mit der *Anfechtungsklage* wird die Aufhebung eines Verwaltungsaktes, mit der *Verpflichtungsklage* der Erlaß eines abgelehnten oder unterlassenen Verwaltungsaktes begehrt (vgl. §42 VwGO).

Verwaltungsakte im Schulverhältnis. Die Rechtsfigur des „Verwaltungsaktes" ist demnach entscheidend für die Möglichkeit verwaltungsgerichtlicher Klagen. §35 des Verwaltungsverfahrensgesetzes vom 25.5.1976 definiert einen Verwaltungsakt (in Anlehnung an frühere Formulierungen aus der Zeit der Einführung der verwaltungsgerichtlichen Generalklausel) als „jede Verfügung, Entscheidung oder andere hoheitliche Maßnahme, die eine Behörde zur Regelung eines Einzelfalles auf dem Gebiet des öffentlichen Rechts trifft und die auf unmittelbare Rechtswirkung nach außen gerichtet ist". Die Frage der *Außenwirkung* und der unmittelbaren Einzelfallregelung war unter der Geltung des besonderen Gewaltverhältnisses mit der Unterscheidung von Grund-

und Betriebsverhältnis beantwortet worden: Nur im Grundverhältnis wurden Außenwirkungen angenommen. Auch nach Aufgabe dieser Rechtsfigur kann schon aus praktischen Gründen nicht jede beliebige pädagogische Maßnahme nunmehr zum anfechtbaren Verwaltungsakt hochstilisiert werden und braucht dies aus rechtsstaatlichen Gründen auch nicht. Bei der notwendig gewordenen Neuabgrenzung stellt die Rechtsprechung vor allem auf die *Grundrechtsrelevanz* schulischer Maßnahmen ab.

Streitigkeiten um *Unterrichtsinhalte* und *Unterrichtsgestaltung* sind danach jedenfalls dann grundrechtsrelevant und verwaltungsgerichtlich nachprüfbar, wenn es sich um gewichtige Entscheidungen im Bereich der freien Entfaltung der Persönlichkeit (vgl. Art. 2, Abs. 1 GG), der Glaubens-, Gewissens- und Meinungsfreiheit (vgl. Art. 4 und 5 GG) handelt. So sind Fragen des Schulgebets, des Sexualkundeunterrichts, des Plakettentragens als Meinungsäußerung, des Vertriebs von Schülerzeitungen und andere verwandte Fragen von den Verwaltungsgerichten – teilweise schließlich auch vom Bundesverfassungsgericht – entschieden worden (vgl. beispielsweise BVerfGE 52, S. 223 ff. – Schulgebet; 47, S. 46 ff. – Sexualerziehung).

Maßnahmen im Bereich der *Schulpflicht* sind stets verwaltungsgerichtlich nachprüfbar: so die Zurückstellung wegen mangelnder Schulreife, die Verweigerung beantragter vorzeitiger Einschulung, die Verweigerung beantragter Beurlaubung oder Befreiung von der Schulpflicht, die Zuweisung zu einer bestimmten Schule oder die Überweisung in eine Sonderschule.

Ordnungsmaßnahmen sind unstreitig dann verwaltungsgerichtlich nachprüfbar, wenn sie zur zwangsweisen Beendigung des Schulverhältnisses oder gar zum Ausschluß von allen Schulen einer Schulart führen. Auch die förmliche Androhung gehört dazu. Umstritten ist die Abgrenzung bei Erziehungs- und Ordnungsmaßnahmen unterhalb dieser Schwelle. Nach früherer Auffassung gehörten sie durchweg zum Betriebsverhältnis und galten als nicht anfechtbar. Richtig ist, daß nicht jede pädagogisch motivierte Anregung oder kritische Handlungsbewertung als Hoheitsakt und damit als anfechtbarer Verwaltungsakt angesehen werden kann – sonst müßte jedem Lehrer ständig ein Verwaltungsrichter zugeordnet werden, der gewissermaßen wie ein im Feld mitlaufender Schiedsrichter ständig den Unterricht begleiten müßte. Jede förmliche Ordnungsmaßnahme wie schriftlicher Verweis, förmliche Rüge mit Eintragung ins Klassenbuch, zeitweiser Ausschluß vom Unterricht oder Überweisung in eine Parallelklasse greift aber bereits in die grundrechtlich geschützte Persönlichkeitssphäre (vgl. Art. 2, Abs. 1 GG) ein, bedarf gesetzlicher Regelung (Gesetzesvorbehalt – vgl. PERSCHEL 1984a) und ist demgemäß verwaltungsgerichtlich nachprüfbar.

Bei *Organisationsakten* kommt es besonders auf die Klagebefugnis an, das heißt, der Kläger muß in eigenen konkreten Rechten betroffen und nicht nur allgemein interessiert sein. So können zum Beispiel Eltern gegen die Schließung einer Schule oder gegen die Umwandlung in eine andere Schulart klagen, dies aber nur dann, wenn es um ihre eigenen Kinder geht, die die Schule bereits besuchen, nicht etwa prophylaktisch für erwartete oder noch nicht schulpflichtige Kinder. Kommunen können gegen die Nichtgenehmigung einer Schulerrichtung oder gegen die Verpflichtung zur Einrichtung weiterer Klassenzüge Verwaltungsklage erheben.

Aus naheliegenden Gründen ist kaum ein Problemfeld seit Einführung der verwaltungsgerichtlichen Generalklausel so häufig von der Rechtsprechung bearbeitet worden wie das der *Prüfungs-* und *Versetzungsentscheidungen*. Dabei haben sich in ständiger Rechtsprechung feste Grundsätze herausgebildet, die inzwischen als Gewohnheitsrecht gelten können. Insbesondere laufen sie darauf hinaus, die gerichtliche Kontrolldichte im Bereich wissenschaftlich-pädagogischer Wertungen auf ein praktisch tolerables Maß zu reduzieren: Die Gerichte sollen nicht zu „Superprüfungsausschüssen" oder „Superversetzungsbehörden" werden, die ihren Sachverstand an die Stelle des Sachverstandes der Prüfer beziehungsweise der Fachlehrer setzen; andererseits soll aber Willkürentscheidungen vorgebeugt und insofern ein effektiver Rechtsschutz gewährleistet werden. Dabei sind die indirekten Rechtsschutzwirkungen (Bewußtsein von Lehrern und Prüfern, daß ihre Entscheidungen grundsätzlich gerichtlich überprüft werden können) nicht zu unterschätzen. Nach diesen Grundsätzen steht Lehrern und Prüfern ein fachlich-pädagogischer Beurteilungsspielraum zu; der Beurteilungs- beziehungsweise Prüfungsvorgang gilt in seiner Konstellation als höchstpersönlich und so nicht wiederholbar, deshalb kann kein anderer nachprüfend den Prüfer/Beurteiler vertreten (sogenannte Unvertretbarkeit bei fachlich-pädagogischen Wertungen, - vgl. PERSCHEL 1984b). Dies hängt auch mit der Beweislage zusammen: Es ist unmöglich, eine konkrete Prüfungssituation mit allen Imponderabilien zu rekonstruieren oder zu wiederholen. Die gerichtliche Kontrolle beschränkt sich darauf, zu prüfen, ob

- das Verfahren nicht ordnungsgemäß durchgeführt worden ist,
- die Prüfer von falschen Tatsachen ausgegangen sind,
- die Prüfer allgemein anerkannte Bewertungsmaßstäbe nicht beachtet haben,
- die Prüfer sich von sachfremden Erwägungen haben leiten lassen,
- die Bewertung unter keinem erdenklichen wissenschaftlichen oder pädagogischen Gesichtspunkt gerechtfertigt sein kann und daher willkürlich ist.

Regelmäßig kann sich die Klage bestenfalls darauf richten, daß das Gericht eine Prüfung für bestanden erklärt oder eine Versetzung ausspricht; dies ist aber nur möglich, wenn nach dem Ergebnis der Beweisaufnahme gar keine andere Entscheidung denkbar ist. Sehr häufig endet das Verfahren mit einer Aufhebung der ergangenen Sachentscheidung und der Verpflichtung, den Kläger unter Beachtung der Rechtsauffassung des Gerichts neu zu bescheiden (sogenanntes Bescheidungsurteil, - vgl. § 113, Abs. 4 VwGO), das heißt, das Verfahren in bestimmten Punkten anders zu gestalten, bestimmte Tatsachen (nicht) zugrundezulegen, bestimmte Erwägungen (nicht) einzubringen und mit diesen Auflagen wiederum fachlich pädagogisch zu werten; das kann durchaus in einer anders begründeten abermaligen Nichtbestehens- oder Nichtversetzungsentscheidung enden. Die Verbesserung einzelner *Noten* kann nur in Ausnahmefällen erstrebt werden, wenn von einer bestimmten Einzelnote konkrete Rechtsfolgen abhängen (so etwa bei der Studienzulassung oder bei erstrebter Einstellung in den öffentlichen Dienst). Einzelheiten dieses kontroversen Problemfeldes können hier nicht dargestellt werden.

Vorverfahren. Vor Anrufung der Verwaltungsgerichte muß – soweit es um die Anfechtung eines belastenden oder die Verpflichtung zum Erlaß eines begünstigenden Verwaltungsaktes geht – ein Vorverfahren (vgl. §§ 68 ff. VwGO) durchlaufen werden, das der Selbstkontrolle der Verwaltung dient: Bei der Schule oder der Schulaufsichtsbehörde ist *Widerspruch* einzulegen (Frist: ein Monat, soweit der Bescheid mit Rechtsmittelbelehrung versehen war; sonst ein Jahr). Im Widerspruchsverfahren prüft die Schule oder die Schulaufsichtsbehörde nicht nur – wie das Verwaltungsgericht – die Rechtmäßigkeit, sondern auch die Zweckmäßigkeit. Dies ist sowohl für den betroffenen Bürger (Schüler/Eltern) wie auch für die Verwaltung sehr bedeutsam. Viele Streitfälle lassen sich bereits auf dieser Stufe erledigen; der rechtssuchende Bürger kommt schnell und relativ informell zum erstrebten Erfolg, die Schule oder Schulbehörde kann unzweckmäßige Entscheidungen ohne Kostenfolge korrigieren, den Gerichten bleibt überflüssige Arbeit erspart. Der Widerspruch hat im Regelfall *aufschiebende Wirkung* (so kann beispielsweise die angeordnete Entlassung eines Schülers nicht vollzogen werden); ausnahmsweise kann im öffentlichen Interesse die *sofortige Vollziehung* angeordnet werden, diese Entscheidung ist in einem Eilverfahren gesondert anfechtbar (zu Einzelheiten vgl. § 80 VwGO).

Vorläufiger Rechtsschutz. Verwaltungsgerichtliche Verfahren dauern oft mehrere Jahre, besonders wenn alle Instanzen durchlaufen werden (zu der regelmäßigen Berufungsmöglichkeit an das Oberverwaltungsgericht beziehungsweise den Verwaltungsgerichtshof kommt häufig noch die Revisionsmöglichkeit zum Bundesverwaltungsgericht). In der Zwischenzeit kann sich – gerade in Schulsachen – die Streitfrage durch Zeitablauf erledigen. Damit hierdurch nicht Rechtschutzmöglichkeiten effektiv verlorengehen, gibt es die Möglichkeit vorläufigen Rechtsschutzes im Verfahren der *einstweiligen Anordnung* (vgl. § 123 VwGO). Das Verfahren ist im Interesse der Beschleunigung summarisch ausgestaltet. Zwar ist ein Vorgriff auf das Hauptverfahren unzulässig, de facto aber kaum zu vermeiden. So kann einem nichtversetzten Schüler im Wege der einstweiligen Anordnung gastweise der Besuch der nächsthöheren Klasse gestattet werden, was möglicherweise dazu führt, daß er den Anschluß findet und weiterversetzt wird – damit hätte sich der Streit um die Hauptsache (die ursprüngliche Nichtversetzung) erledigt.

GUHL, P.: Prüfungen im Rechtsstaat. Rechtsstaatliche Anforderungen an Prüfungsverfahren, Bad Honnef 1978. HUMMEL, H.: Gerichtsschutz gegen Prüfungsbewertungen. Rechtsweggarantie – rechtliches Gehör – Beurteilungsspielraum. Schriften zum Öffentlichen Recht, Bd. 105, Berlin 1969. NIEHUES, N.: Rechtsschutz im Schulwesen. In: NEVERMANN, K./RICHTER, I. (Hg.): Rechte der Lehrer, Rechte der Schüler, Rechte der Eltern, München 1977, S. 196 ff. NIEHUES, N.: Schul- und Prüfungsrecht, München ²1983. PERSCHEL, W.: Gesetzesvorbehalt. In: Enzyklopädie Erziehungswissenschaft, Bd. 5, Stuttgart 1984, S. 497 ff. (1984 a). PERSCHEL, W.: Freiheit, pädagogische. In: Enzyklopädie Erziehungswissenschaft, Bd. 5, Stuttgart 1984, S. 494 ff. (1984 b). REDEKER, K.: Fragen der Kontrolldichte verwaltungsgerichtlicher Rechtsprechung. In: D. öffentl. Verw. 14 (1971), S. 757 ff. SCHULRECHT. Ergänzbare Sammlung schul- und prüfungsrechtlicher Entscheidungen, hg. v. H. KNUDSEN/P. SEIPP (Stand 1984), Neuwied/Darmstadt o.J. STÜER, B.: Die gerichtliche Kontrolle von Prüfungsentscheidungen. In: D. öffentl. Verw. 27 (1974), S. 257 ff. TILCH, H.: Der Rechtsschutz gegen Verwaltungsakte im Schulverhältnis, Diss., München 1961. ULE, C.H.: Das besondere Gewaltverhältnis. Probleme verwaltungsgerichtlichen Rechtsschutzes im besonderen Gewaltverhältnis. In: Veröff. d. Verein. d. Dt. Staatsrlr. 15 (1957), S. 133 ff.

Wolfgang Perschel

Schulaufsicht

Staatlichkeit der Schulaufsicht. Wenn es in Art. 7, Abs. 1 des Grundgesetzes (GG) heißt: „Das gesamte Schulwesen steht unter der Aufsicht des Staates", so wird hiermit ein traditionsreiches Prinzip der deutschen Schulgeschichte verfassungsrechtlich institutionalisiert: die Staatlichkeit des Schulwesens (zur Geschichte der Schulverfassung vgl. NEVERMANN 1984). Die Schule ist Teil des staatlichen Bereichs und unterliegt einem staatlichen Bestimmungsrecht, in dem unterschiedliche Verwaltungsfunktionen zusammengefaßt sind. Schulaufsicht wird definiert als „Inbegriff der staatlichen Herrschaftsrechte über die Schule, nämlich die Gesamtheit der staatlichen Befugnisse zur Organisation, Planung, Leitung und Beaufsichtigung des Schulwesens" (Entscheidungen des Bundesverwaltungsgerichts - BVerwGE - Bd. 6, S. 104; vgl. Entscheidungen des Bundesverfassungsgerichts - BVerfGE - Bd. 34, S. 165 ff. [S. 182]; 47, S. 46 ff. [S. 80]). Die Staatlichkeit der Schulaufsicht steht in einem Spannungsverhältnis mit anderen gesellschaftlichen Mächten, die Einfluß auf die Schule haben wollen und die sich ebenfalls auf das Grundgesetz berufen können: die Kirchen, die Gemeinden und die Eltern.

Schulaufsicht und Rechtsstellung der Kirchen, Gemeinden und Eltern. Das Verhältnis von Staat und Kirche im Schulwesen wurde erst in dem Maße prekär, in dem sich - seit Mitte des 19. Jahrhunderts - die (staatskirchliche) Verwaltung in eine staatliche und eine kirchliche Verwaltung ausdifferenzierte und die Kirchen eine gewisse Selbständigkeit gegenüber der staatlichen Verwaltung erlangten und versuchten, die Schule mit in diese Selbständigkeit zu nehmen. Zwar blieb das Prinzip der Konfessionsschule, die konfessionelle Lehrerbildung und die Schulaufsicht durch Geistliche noch bis 1919 im wesentlichen unumstritten; aber der Staat stellte in dieser Zeit klar, daß er es ist, der die Geistlichen mit der Schulaufsicht beauftragte. Schon in der Weimarer Zeit und verstärkt nach dem Inkrafttreten des Grundgesetzes wurde der Einfluß der Kirchen auf das Schulwesen zurückgedrängt. 1919 wurde in Preußen die Ortsschulaufsicht aufgehoben und die Schulaufsicht auf die Ebene des Bezirks reduziert, auf der lediglich pädagogische Fachleute tätig waren. Das Prinzip der Konfessionsschule, das in Preußen noch während der gesamten Weimarer Republik bestand, wurde verfassungsrechtlich erst vom Grundgesetz und faktisch in einigen Ländern erst in den 50er und 60er Jahren beseitigt. Seither sind die Kirchen, die eigene Schulen oder Konfessionsschulen wünschen, meist auf den Privatschulbereich verwiesen (vgl. RICHTER 1984). Verfassungsrechtlich ist ihnen nur noch der Religionsunterricht garantiert: „Der Religionsunterricht ist in den öffentlichen Schulen mit Ausnahme der bekenntnisfreien Schulen ordentliches Lehrfach. Unbeschadet des staatlichen Aufsichtsrechtes wird der Religionsunterricht in Übereinstimmung mit den Grundsätzen der Religionsgemeinschaften erteilt" (Art. 7, Abs. 3, Ziff. 1 und 2 GG).

Demgegenüber muß den Gemeinden nach dem Grundgesetz das Recht gewährleistet bleiben, „alle Angelegenheiten der örtlichen Gemeinschaft im Rahmen der Gesetze in eigener Verantwortung zu regeln" (Art. 28, Abs. 2 GG). Von alters her gehörte auch die Schule zu den Angelegenheiten der örtlichen Gemeinschaft, die die Gemeinden selbstverantwortlich verwalten durften. Dieses Spannungsverhältnis zwischen kommunaler Selbstverwaltung einerseits und staatlicher Schulaufsicht andererseits hat zu einer komplizierten (und in den Bundesländern unterschiedlichen) Kompetenz- und Lastenverteilung geführt, die auf einer Trennung von inneren und äußeren Schulangelegenheiten beruht. Fragen des Unterrichts – der Ziele, Inhalte, Organisation – werden von Fragen der Finanzierung und Ausstattung getrennt. Dementsprechend ist die staatliche Schulbehörde für den inneren Schulbetrieb (Lehrpläne, Stundentafeln, Lehrerzuweisungen) zuständig, während die kommunalen Behörden für die Grundstücke, Gebäude und Sachausstattung der Schule sowie für das Verwaltungspersonal sorgen (vgl. STAUPE 1980). Aber die weitergehenden Versuche der Gemeinden, auch Einfluß auf die inneren Angelegenheiten der Schulverwaltung zu erlangen, sind letztlich gescheitert (vgl. KLEMM/TILLMANN 1984).

Was die Eltern angeht, so können sie sich gegenüber der staatlichen Schulaufsicht auf Art. 6, Abs. 2, Ziff. 1 GG berufen: „Pflege und Erziehung der Kinder sind das natürliche Recht der Eltern und die zuvörderst ihnen obliegende Pflicht." Hiernach steht das Recht der Erziehung in der Familie grundsätzlich den Eltern zu. Da auch die schulische Erziehung, die dem Prinzip der staatlichen Schulaufsicht unterworfen bleibt, in die familiäre Erziehung einzugreifen geeignet ist, entsteht ein Bereich, wo sich familiäre und schulische Erziehung überlagern und die Rechte der Eltern und die Rechte der Schulaufsicht miteinander in Konflikt geraten können. Deshalb spricht das Bundesverfassungsgericht von der gemeinsamen Erziehungsaufgabe von Eltern und Schule, welche die Bildung der einen Persönlichkeit des Kindes zum Ziel hat und ein sinnvoll aufeinander bezogenes Zusammenwirken erfordert (vgl. BVerfGE 34, S. 165 ff. [S. 183]). Für die staatliche Schulaufsicht bedeutet dies, daß sie die Schule in einem pluralen, freiheitlichen, sozialen und partizipatorischen Sinn zu organisieren hat, um dem familiären Erziehungsrecht der Eltern zu genügen. Der Kern des Elternrechts bezieht sich auf das Auswahlrecht bei der Wahl weiterführender Bildungsgänge (sei es im gegliederten Schulsystem, sei es innerhalb eines Gesamtschulsystems). Aber weder auf die Lehrpläne noch auf die Organisation des Schulwesens haben Eltern einen verfassungsrechtlich legitimierten Mitspracheanspruch.

Schulaufsicht als Rechtsbegriff. Der historisch entstandene Sammelbegriff „Schulaufsicht", in dem die Gesamtheit der staatlichen Befugnisse zur Organisation, Planung, Leitung und Beaufsichtigung des Schulwesens zusammengefaßt wird, bezieht sich also auch auf das allgemeine Recht des Staates, das Schulwesen zu gestalten und zu normieren. Man hat versucht, diese allgemeinen Zuständigkeiten von Regierung und Verwaltung als „Schulhoheit" zu bezeichnen (HECKEL 1976, S. 158). Dann könnten die steuernden und kontrollierenden Aufsichtsrechte, die von den Beamten der Schulaufsichtsbehörden gegenüber den Schulen und ihren Leitern und Lehrern wahrgenommen werden, als „Schulaufsicht im Wortsinne" oder „im engeren Sinne" bezeichnet werden. Bei dieser Schulaufsicht im engeren Sinne lassen sich begrifflich nun drei Dimensionen unterteilen, die sich allerdings in der Wirklichkeit häufig überschneiden (vgl. HOPF u.a. 1980, S. 44 ff.): die Fachaufsicht, die Rechtsaufsicht und die Dienstaufsicht.

Im Rahmen der *Fachaufsicht* wird die Tätigkeit der Lehrer und Schulleiter bei der Planung und Gestaltung des Unterrichts in curricularer, personeller und organisatorischer Hinsicht angeleitet und kontrolliert; diese Fachaufsicht bezieht sich also auf die Unterrichts- und Erziehungsarbeit in der Schule und ihre administrativen Voraussetzungen. „Sie äußert sich in der pädagogischen Betreuung und Förderung der Schularbeit durch die Schulaufsichtsbeamten, die darüber wachen, daß die allgemeinen Normen und Ordnungen eingehalten werden und daß Unterricht und Erziehung fachlich und methodisch in Ordnung bleiben und möglichst noch verbessert werden" (HECKEL 1976, S. 164). Diese Mischung aus beratender und kontrollierender Tätigkeit, die unter anderem in Unterrichts- und Schulbesuchen verwirklicht wird, ist rechtlich der Kern der Schulaufsicht im engeren Sinne. Hierbei kann der einzelne Schulaufsichtsbeamte von seinen im Prinzip rechtlich unbegrenzten Befugnissen Gebrauch machen, dem Lehrer und/oder Schulleiter fachliche Weisungen zu erteilen oder in den Unterrichtsverlauf anordnend einzugreifen.

Im Unterschied zur Fachaufsicht ist der Begriff *Rechtsaufsicht* einerseits enger: Er ermächtigt nämlich zum Erlaß von Weisungen nur dann, wenn geltende Rechtsvorschriften verletzt werden. Erst der Verstoß gegen geltendes Recht – und nicht schon die einfache Unzweckmäßigkeit einer Entscheidung oder Handlung – berechtigt die Aufsichtsbehörde, eine Entscheidung aufzuheben oder eine Handlung zu verbieten. Andererseits ist der Begriff der Rechtsaufsicht aber auch weiter als der Begriff der Fachaufsicht, weil er sich auch auf Maßnahmen bezieht, die sich an den Schulträger wenden: Die Aufsicht der Schulaufsichtsbehörden gegenüber der Selbstverwaltungstätigkeit der kommunalen Schulträger ist ihrem Wesen nach eine Rechtsaufsicht, weil ihre Ausübung in aller Regel an die Verletzung geltenden Rechts durch die Schulträger gebunden ist.

Da die Lehrer überdies in der Regel Beamte des jeweiligen Landes sind, unterliegen sie nicht nur der Rechts- und Fachaufsicht der Schulaufsichtsbehörden, sondern auch der personalrechtlichen *Dienstaufsicht,* in deren Rahmen das dienstliche Verhalten der Lehrer zu beaufsichtigen ist. Hier geht es um Entscheidungen über die persönlichen Angelegenheiten des Lehrers im Rahmen des öffentlichen Dienstrechts. Wird beispielsweise die Vernachlässigung der Dienstpflichterfüllung eines Lehrers beanstandet, so kann das zu disziplinarischen Maßnahmen oder zu einer entsprechenden dienstlichen Beurteilung führen.

Insbesondere die Unterscheidung zwischen Fachaufsicht und Rechtsaufsicht hat in einigen neueren Gesetzen dazu geführt, die Weisungsmöglichkeiten der Schulaufsichtsbeamten gesetzlich dadurch zu begrenzen, daß das umfangreiche fachaufsichtliche Weisungsrecht auf eine Rechtsaufsicht reduziert wurde. So heißt es im Entwurf für ein Landesschulgesetz der Schulrechtskommission des Deutschen Juristentages: „In Unterricht und Erziehung dürfen die Schulbehörden nur im Einzelfall und nur dann eingreifen, wenn der Lehrer gegen Rechtsvorschriften verstoßen hat" (SCHULE IM RECHTSSTAAT 1981, § 73). Zwar wird dieser Vorschlag von den meisten Kultusministerien zurückgewiesen, weil er zu einer Rücknahme des Einflusses der Schulaufsichtsbehörden auf den Alltag in der Schule führen würde. Aber dies wäre lediglich eine Frage des politisch Wünschbaren. Verfassungsrechtlich gibt es keine Bedenken, die eine derartige Reduktion der Schulaufsicht im Sinne einer Rechtsaufsicht grundsätzlich verbieten würden.

Organisation der Schulaufsicht. Die Schulaufsichtsbehörden sind in den einzelnen Bundesländern unterschiedlich organisiert. Unterschiede gibt es erstens bei der Frage, ob die Schulaufsichtsbehörden eine, zwei oder drei Stufen besitzen: So hat beispielsweise Hamburg nur eine Instanz (den Senator), Berlin hat zwei (den Senator und die bezirklichen Schulräte in den Bezirksämtern) und Baden-Württemberg hat im Grund-, Haupt- und Realschulbereich drei Stufen (Kultusministerium, Oberschulamt und Schulamt).
Die zweite Frage ist, ob die Schulaufsicht Teil der allgemeinen Verwaltung (so ist sie in Berlin Teil der Bezirksverwaltung) oder Sonderverwaltung ist (so nur in Baden-Württemberg), und die

Abbildung 1: Die Organisation der Schulaufsicht in den Bundesländern (1984)

Land	Behörden der Schulaufsicht	Besonderheiten für Gymnasien
Baden-Württemberg	1. Ministerium für Kultus und Sport 2. Oberschulamt (Sonderbehörde) 3. Staatliches Schulamt (Sonderbehörde)	Für Gymnasien nur zwei Stufen (Ministerium und Oberschulamt)
Bayern	1. Staatsministerium für Unterricht und Kultus 2. Schulabteilung der Regierung 3. Staatliches Schulamt (angegliedert)	Für Gymnasien, Realschulen u. ä. nur eine Stufe (Ministerium mit Ministerialbeauftragten)
Berlin	1. Senator für Schulwesen, Jugend und Sport 2. Schulamt im Bezirksamt	
Bremen	1. Senator für Bildung, Wissenschaft und Kunst	
Hamburg	1. Behörde für Schule und Berufsbildung	
Hessen	1. Der Hessische Kultusminister 2. Schulabteilung des Regierungspräsidenten 3. Staatliches Schulamt	
Niedersachsen	1. Der Niedersächsische Kultusminister 2. Schulabteilung der Bezirksregierung 3. Schulaufsichtsamt	Für Gymnasien nur zwei Stufen (Ministerium und Schulabteilung)
Nordrhein-Westfalen	1. Der Kultusminister des Landes NRW 2. Schulkollegium 3. Schulabteilung des Regierungspräsidenten (eingegliedert) 4. Schulamt (angegliedert)	Gymnasien nur zweistufig (Minister und Schulkollegium); auch Realschulen und Gesamtschulen nur zweistufig (Ministerium und Schulabteilung)
Rheinland-Pfalz	1. Kultusministerium 2. Schulabteilung der Bezirksregierung	
Saarland	1. Der Minister für Kultus, Bildung und Sport 2. Schulamt	Für Gymnasien (Realschulen, Berufsschulen, Gesamtschulen) nur eine Stufe (Ministerium)
Schleswig-Holstein	1. Der Kultusminister des Landes Schleswig-Holstein 2. Schulamt	Für Gymnasien nur eine Stufe (Minister)

dritte Frage ist schließlich, ob die Schulaufsicht nach Schularten unterschiedlich organisiert ist (so ist etwa in Baden-Württemberg das Schulamt nicht für die Gymnasien zuständig). Abb.1 (S.561) mag dies verdeutlichen.

Fragt man nach der tatsächlichen Tätigkeit der Schulaufsichtsbehörden, so läßt sich aus den vorliegenden empirischen Untersuchungen (vgl. HOPF u.a. 1980, POSCHARDT 1978) erkennen, daß für einen Schulrat die Tätigkeit im Rahmen der Personalverwaltung der Lehrer vorherrschend ist. Hierzu gehören insbesondere die Einstellung der Lehrer nach dem zweiten Examen, ihre Zuweisung zu bestimmten Schulen sowie ihre Beförderung. Ein zweiter wichtiger Bereich der Tätigkeit ist die Durchführung von Unterrichtsbesuchen, die allerdings überwiegend wiederum mit Personalverwaltungsentscheidungen zusammenhängen. Ein dritter Komplex der Tätigkeit hängt mit den Gremien der Schulverfassung und dem Kontakt zur Öffentlichkeit zusammen. Schließlich ist ein Schulrat mit Fragen der Schulorganisation, der Schulentwicklung und des Schulbaues in enger Kooperation mit dem Schulträger tätig.

ARBEITSGRUPPE AM MAX-PLANCK-INSTITUT FÜR BILDUNGSFORSCHUNG (BAUMERT, J. u.a.): Das Bildungswesen in der Bundesrepublik Deutschland, Reinbek 1984. HECKEL, H. (unter Mitarbeit von P. Seipp): Schulrechtskunde (1957) Neuwied/Darmstadt ⁵1976. HOPF, CH. u.a.: Schulaufsicht und Schule, Stuttgart 1980. KLEMM, K./TILLMANN, K.-J.: Schule im kommunalen Kontext. In: Enzyklopädie Erziehungswissenschaft, Bd.5, Stuttgart 1984, S.280ff. NEVERMANN, K.: Ausdifferenzierung der Schulverfassung am Beispiel Preußens. In: Enzyklopädie Erziehungswissenschaft, Bd.5, Stuttgart 1984, S.172ff. POSCHARDT, D.: Die Berufsrolle des Schulrats. Pädagoge oder Verwaltungsbeamter? Hannover 1978. RICHTER, I.: Bekenntnisschulen. In: Enzyklopädie Erziehungswissenschaft, Bd.5, Stuttgart 1984, S.436ff. SCHULE IM RECHTSSTAAT, Bd.1: Entwurf für ein Landesschulgesetz. Bericht der Kommission Schulrecht des Deutschen Juristentags, München 1981. STAUPE, J.: Schulträgerschaft und Schulfinanzierung. In: MAX-PLANCK-INSTITUT FÜR BILDUNGSFORSCHUNG, Projektgruppe Bildungsbericht (Hg.): Bildung in der Bundesrepublik Deutschland, Bd.2, Reinbek 1980, S.867ff.

Knut Nevermann

Schulbau

Bedeutung. Der Neubau von Schulen war in der Bundesrepublik Deutschland aufgrund der Entwicklung der Schülerzahlen (durch steigende Geburtenzahlen bis 1964) in Zusammenhang mit einer breiten Diskussion der Reform des Bildungswesens von Mitte der 60er Jahre noch bis Anfang der 80er Jahre von herausragender kommunalpolitischer Bedeutung. Dabei hat sich der Schwerpunkt der Neubautätigkeit vom Grundschulbereich über den Sekundarbereich I (Mittelstufe) seit Ende der 70er Jahre auf den Sekundarbereich II (gymnasiale Oberstufe und berufsbildende Schulen) verlagert.

Der Neubauboom der 70er Jahre wird zunehmend abgelöst von Ersatzbau und Umbau sowie Modernisierung der vorhandenen Schulbausubstanz (vgl. EDDING 1977, S.8ff.). So ist der Schulbau – wenngleich mit wechselnden Schwerpunkten – eine ständige Aufgabe der öffentlichen Hand, die auf verschiedenen Verwaltungsebenen zuständig ist und im wesentlichen die Rahmenbedingungen für die Schulplanung vorgibt. Die Ausgaben für Bau, Ausstattung und Unterhaltung von Schulen lagen in der Bundesrepublik im Jahr 1980 weiterhin bei mehr als sieben Milliarden DM (vgl. STATISTISCHES BUNDESAMT 1982, S. 72 ff.).

Allgemeine Rahmenbedingungen. Die Rahmenbedingungen für den Schulbau in der Bundesrepublik Deutschland sind keineswegs einheitlich geregelt. Schulbau ist zwar überall vorrangig eine kommunale Aufgabe, unterliegt aber in unterschiedlichem Maße auch den jeweiligen Vorgaben der Landesbehörden. So sind die Rahmenbedingungen gekennzeichnet durch eine breite Streuung der Zuständigkeiten, eine Vielfalt von programmatischen Vorgaben und Richtlinien sowie durch eine Fülle bautechnischer Vorschriften. Überschneidungen sind nicht selten. Während bei der Schulentwicklungsplanung die jeweiligen bildungspolitischen Zielvorstellungen ausdrücklich genannt werden, tritt die bildungspolitische Zielsetzung bei den Vorgaben zur Raumprogrammplanung meist in den Hintergrund. Technische Aspekte werden dagegen betont.

Zuständigkeiten. Aufgrund der föderalistischen Struktur der Bundesrepublik gehören Schul- und Baurecht in den Zuständigkeitsbereich der Länder. Die Richtlinienkompetenz für den Schulbau liegt bei den Landesbehörden, wobei die Kultusbehörden als oberste Schulbehörden in der Regel zwar federführend sind, allerdings oft nur im Einvernehmen mit den Innen-, Finanz- und Bauministerien tätig werden.

Neben der indirekten Einflußnahme auf den Schulbau durch ihre Richtlinienkompetenz üben die obersten Schulbehörden auch direkten Einfluß auf konkrete Schulbaumaßnahmen aus, indem sie sich die Genehmigung der standortbezogenen Raumprogramme zumindest für einige Schularten vorbehalten (insbesondere Gymnasien und berufsbildende Schulen). Die Prüfung und Genehmigung von Schulbauten im Grundschul- und Sekundarbereich I ist dagegen überwiegend an die oberen Schulbehörden delegiert. Je nach Land sind dies Regierungspräsidenten, Bezirksregierungen oder Oberschulämter.

In Abhängigkeit von den Schularten und regionalen Besonderheiten können das jeweilige Land, Landkreise, Städte, Gemeinden und Gemeindeverbände öffentliche Schulträger beziehungsweise Schulaufwandsträger sein. Der Schulträger meldet den Baubedarf bei der zuständigen Genehmigungsbehörde an, ist Bauherr und trägt die Hauptlast der Finanzierung der Baumaßnahme. Dabei ist die örtliche Schulbehörde für die Aufstellung des standortbezogenen Raumprogramms zuständig, während die örtliche Baubehörde für den Entwurf des Gebäudes und die Durchführung und Überwachung der Baumaßnahme verantwortlich ist, sofern diese Leistungen nicht an freie Architekten vergeben werden.

Soweit es erforderlich war, eine größere Anzahl von Schulneubauten nahezu gleichzeitig fertigzustellen, haben einige Länder in der Vergangenheit spezielle Schulbauprogramme durchgeführt. Unter Berufung auf eine größere Wirtschaftlichkeit sind die Einzelbaumaßnahmen landesweit zentral koordiniert worden. Dabei sind von der koordinierenden Landesbehörde dann häufig auch einzelne Bauherrenfunktionen – wie die Beauftragung von Architekten oder die Vergabe von Bauleistungen – übernommen worden.

Zur Beratung der obersten Schulbehörden und nicht zuletzt, um den Informations- und Erfahrungsaustausch unter den elf Kultusverwaltungen der Länder im Bereich des Schulbaus institutionell zu verbessern, hat die Ständige Konferenz der Kultusminister der Länder (KMK) 1962 das Schulbauinstitut der Länder (SBL) gegründet. Neben den Kultusbehörden sind in den Gremien des Instituts die kommunalen Spitzenverbände als Dachorganisation der Schulträger sowie die obersten Baubehörden vertreten. Außer für Beratung, Information und Dokumentation ist das Schulbauinstitut zuständig für die Bereitstellung praktischer Arbeitshilfen zu aktuellen Aufgabenstellungen des Schulbaus. Anfang der 80er Jahre waren dies schwerpunktmäßig Arbeitshilfen zur Berufsschulplanung, zur Umnutzung und Modernisierung bestehender Schulen, zur Sonderschulplanung sowie zur Kostenplanung. Als einzige zentrale Stelle, über die die Kultusverwaltungen gemeinsam auf überregionale Regelungen, wie etwa die DIN-Normen, wirksam Einfluß nehmen können, ist diese Institution in ihrer Bedeutung unabhängig von der Entwicklung der Schulneubautätigkeit zu sehen (vgl. SCHAEDE 1982, S. 4 ff.).

Programmatische Vorgaben. Erlasse der Landesbehörden, wie zum Beispiel Schulbaurichtlinien, haben vor allem in den Flächenstaaten den Zweck, einen einheitlichen Qualitätsstandard bei Schulneubauten zu sichern, zur Kostenbegrenzung beizutragen und ein einheitliches Verfahren zur Bezuschussung von Schulbauinvestitionen der Kommunen durch Landesmittel zu ermöglichen. Schulbaurichtlinien, die über technische und bauaufsichtliche Anforderungen hinaus auch programmatische Vorgaben zu Standort, funktioneller Gliederung des Schulgebäudes sowie Anforderungen an Räume und Ausstattung enthalten, liegen nur für die Länder Baden-Württemberg, Bayern, Niedersachsen und Rheinland-Pfalz in vergleichbarer Form vor. In den übrigen Ländern wird entweder auf derartige Richtlinien ganz verzichtet (Berlin, Bremen) oder einzelne für regelungsbedürftig erachtete Aspekte der Schulplanung werden wie in Nordrhein-Westfalen als Einzelvorschriften erlassen (vgl. ESSER 1976, S. 28 ff.). Schulbaurichtlinien oder vergleichbare Planungsinstrumente standen bis Ende der 70er Jahre fast ausschließlich für das allgemeinbildende Schulwesen zur Verfügung. Lediglich Baden-Württemberg hat mit seiner „sechsten Änderung der Allgemeinen Schulbaurichtlinien" bereits 1974 den besonderen Anforderungen berufsbildender Schulen Rechnung getragen. Insbesondere die Einführung des raum- und ausstattungsaufwendigen Berufsgrundbildungsjahres hat bei den Länderbehörden zu einer vorsichtigen Behandlung der Einführung verbindlicher Schulbaurichtlinien für das berufliche Schulwesen geführt. So wird die Genehmigung von Raumprogrammen für den Bau von Schulanlagen für berufliche Schulen in Bayern ab 1977 auf der Basis unveröffentlichter vorläufiger Rahmenrichtlinien vollzogen. Die 1980 vom Niedersächsischen Kultusminister erlassenen Schulbaurichtlinien für berufsbildende Schulen wurden bereits 1983 fortgeschrieben.

Nahezu alle Länder waren um 1983 damit befaßt, ihre Richtlinien zum Bau von allgemeinbildenden und berufsbildenden Schulen zum Teil grundsätzlich zu überarbeiten. Gründe dafür waren im wesentlichen der starke Rückgang der Schülerzahlen im allgemeinbildenden Schulwesen, der zu einer grundlegend veränderten Aufgabenstellung geführt hat. Während Schulbaurichtlinien bis dahin ausschließlich bei der Planung von Neubauten Anwendung fanden, wurde nun der von EDDING (vgl. 1977) bereits 1977 beschriebenen Situation Rechnung getragen, daß sich die Aufgabenstellung im Schulbau schwerpunktmäßig auf die Umnutzung und Modernisierung älterer Schulen verlagert hat.

Als Anhang zu den Schulbaurichtlinien oder als eigenständige Empfehlung existieren in den meisten Ländern (Ausnahme: Berlin, Bremen, Saarland) sogenannte Muster- oder Modellraumprogramme. Diese Raumprogramme geben für bestimmte Planungsfälle – beispielsweise ein sechszügiges Schulzentrum im Sekundarbereich I – vor, welche Raumarten in welcher Anzahl und Größe für erforderlich gehalten werden und damit genehmigungsfähig sind. Der Schulträger hat dann aus diesen Musterraumprogrammen das für ihn zutreffende auszuwählen und an die spezifische Standortsituation anzupassen. Gliederung und Darstellungsform der Raumprogramme unterscheiden sich in den Ländern erheblich (vgl. SCHOLZ 1977, S. 33 ff.). Für welche Planungsfälle Musterraumprogramme vorgegeben werden und mit welchem Flächenanteil dabei die verschiedenen Bereiche wie allgemeiner Unterricht, Naturwissenschaften, musisch-technischer Bereich ausgestattet werden, verdeutlichen auch die bildungspolitischen Schwerpunkte des jeweiligen Landes. Beim Vergleich der Musterraumprogramme ist festzustellen, daß auch der Flächenwert insgesamt (m^2/Schüler, das heißt die dem Schüler zur Verfügung stehende Unterrichtsfläche) in den Ländern unterschiedlich groß ist. Für den Berufsschulbau existieren derartige Musterraumprogramme nicht, da die regional unterschiedlichen Angebote der verschiedenen Schularten des beruflichen Schulwesens eine sinnvolle Raumprogrammtypisierung nicht zulassen. Dafür werden in einzelnen Ländern die in berufsbildenden Schulen häufig vorkommenden Fachräume (Werkstätten und Labors) typisiert. Die Vorgabe von Raumtypen ermöglicht in Verbindung mit speziellen Berechnungsverfahren die Aufstellung eines standortspezifischen Raumprogramms, dessen Angemessenheit bezogen auf die Landesvorgaben dann ebenfalls nachprüfbar ist.

Da die Genehmigung des Raumprogramms durch die zuständige Schulbehörde Voraussetzung jeweils auch für eine finanzielle Förderung mit Landesmitteln ist, hat der örtliche Schulträger nur im Bereich der Entwurfsplanung die Chance, eigene Vorschläge durchzusetzen.

Bereits bei der Aufstellung der Musterraumprogramme durch die Landesbehörden hat der Gesichtspunkt der Wirtschaftlichkeit einen besonderen Stellenwert, da sich mit einer knappen Bemessung der Flächen und Räume, ihrer hohen Auslastung und einer sparsamen Ausstattung bei weitem der höchste Einsparungseffekt erzielen läßt. Um den Architekten auch bei der Entwurfs- und Ausführungsplanung auf Wirtschaftlichkeit zu verpflichten, hat die Mehrzahl der Länder Kostenrichtwerte vorgegeben. Deren Einhaltung ist eine weitere Voraussetzung für eine finanzielle Förderung aus dem Landeshaushalt. Die meisten Länder differenzieren diese Kostenrichtwerte nach Schularten beziehungsweise Schulstufen, andere nach Flächenarten (zum Beispiel normal ausgestattet oder installationsintensiv). Aufgrund der unterschiedlichen Verfahren ist ein Vergleich der Kostenrichtwerte zwischen den Ländern nicht ohne Detailkenntnisse möglich (vgl. SCHÜRMANN 1977, S. 36 ff.).

Bautechnische und baurechtliche Vorgaben. Über Schulbaurichtlinien, Musterraumprogramme und Kostenrichtwerte hinaus gibt es eine Fülle bautechnischer und baurechtlicher Vorschriften, die den Schulbau ebenfalls nicht unerheblich beeinflussen. Dazu zählen insbesondere die Bauaufsichtlichen Richtlinien für Schulen (BASchulR) und die Auflagen der Gemeindeunfallversicherung (GUV) sowie eine Reihe von DIN-Normen. Hier zu nennen sind vor allem die erst 1980 veröffentlichte DIN 58 125 „Schulbau", die als verbindliche Grundlage für bauliche Maßnahmen zur Verhütung von Unfällen in Schulen dienen soll, und die 1983 zurückgezogene DIN 18 031 „Hygiene im Schulbau". Die letztgenannte Norm hat über zwei Jahrzehnte hinweg insbesondere den Ländern ohne eigene Schulbaurichtlinien als Grundlage der Schulplanung gedient. Das Ergebnis einer neunjährigen Überarbeitungszeit dieser Norm ist 1983 unter dem Titel „Umgebungsbedingungen in Schulräumen" vom Deutschen Institut für Normung (DIN) als Fachbericht herausgegeben worden. Eine Gegenüberstellung der in Schulen vorkommenden Tätigkeiten und Nutzungsfälle mit den entsprechenden baulichen Anforderungen unterstreicht ihren Charakter als unverbindliche Arbeitshilfe. Mit dem Verzicht auf eine bindende Norm wird eine Tendenz spürbar, die dem sonst üblichen Mangel an Planungsspielraum entgegenwirkt. Denn nach wie vor gilt, daß sich die gegenwärtig praktizierte Schulplanung in der Bundesrepublik Deutschland „an einem dichten Geflecht von Gesetzen, Richtlinien und Verordnungen zu orientieren hat und alternative Vorgehensweisen weitgehend ausschließt" (KREIDT u. a. 1974, S. 214).

EDDING, F.: Der Bedarf an Schulbauten. In: s. managem. 8 (1977), 1, S. 8ff. ESSER, F.: Kommunaler Schulbau in Nordrhein-Westfalen, Köln 1976. KREIDT, H. u. a.: Schulbau, München 1974. SCHAEDE, K.: Vorwort. In: SCHULBAUINSTITUT DER LÄNDER (Hg.): Jahresbericht 1981, Berlin 1982. SCHOLZ, M.: Flächenanteile der Funktionsbereiche. In: SCHULBAUINSTITUT DER LÄNDER (Hg.): Kurzinformation 11, Berlin 1977, S. 33 ff. SCHÜRMANN, W.: Kostenrichtwerte der Länder. In: SCHULBAUINSTITUT DER LÄNDER (Hg.): Kurzinformation 11, Berlin 1977, S. 35 ff. STATISTISCHES BUNDESAMT (Hg.): Rechnungsergebnisse der öffentlichen Haushalte für Bildung, Wissenschaft und Kultur 1980. Fachserie 14, Reihe 3.4., Stuttgart/Mainz 1982.

Manfred Scholz

Schulbesuch, relativer

Begriff und Berechnungsmethoden. Der relative Schulbesuch ist ein Indikator zur Kennzeichnung der Bildungsbeteiligung einer Bevölkerung. Es werden hierbei die Schülerzahlen auf die entsprechenden Bevölkerungszahlen bezogen, um insbesondere bei zeitlichen und regionalen Vergleichen der Bildungsbeteiligung einen Maßstab zu erhalten, bei dem demographisch bedingte Veränderungen oder Unterschiede ausgeblendet sind. Beispielsweise wäre es für die Beurteilung der Bildungsbeteiligung nicht sinnvoll, die absoluten Schülerzahlen der USA mit denen der Schweiz zu vergleichen. Ebenso ist die Entwicklung der Schülerzahl im Zeitablauf allein kein zuverlässiges Maß für die Veränderung der Bildungsbeteiligung, denn sie kann bei größeren Veränderungen der Stärke der Geburtenjahrgänge, wie zum Beispiel in der Bundesrepublik Deutschland, ebenso durch andere demographische Faktoren beeinflußt sein. Aus diesem Grunde berechnet man üblicherweise den altersspezifischen relativen Schulbesuch, indem man die Zahl der Schüler oder Studenten eines Alters- oder Geburtsjahres auf die Gesamtzahl der Bevölkerung dieses Alters- oder Geburtsjahres bezieht:

$$r_{i,k,j} = \frac{S_{i,k,j} \cdot 100}{P_{i,j}},$$

wobei r = relativer Schulbesuch
S = Schüler
P = Bevölkerung
i = Geburtsjahr
k = Schulart
j = Kalenderjahr
bedeuten.

Wenn so für einen bestimmten Zeitpunkt Angaben über Schüler in den verschiedenen Bildungseinrichtungen, nach einzelnen Alters- oder Geburtsjahren gegliedert, auf Zahlen für die gleichaltrige Bevölkerung bezogen werden, läßt sich ablesen, welcher Teil der Personen eines Geburts- oder Altersjahrgangs die einzelnen Bildungseinrichtungen besucht. Die auf diese Weise von demographischen Einflüssen bereinigte Bildungsbeteiligung in der Bundesrepublik ist in Tabelle 1 zusammengestellt.

Schulbesuch, relativer

Tabelle 1: Relativer Schul- und Hochschulbesuch in der Bundesrepublik Deutschland, 1980

Alter am Jahresende (von ... bis unter ... Jahre)	Relativer Schul- beziehungsweise Hochschulbesuch (in Prozent der altersgleichen Wohnbevölkerung)												
	Grund- und Haupt- schulen	Sonder- schulen	Real- schulen	Gymna- sien	Gesamt- schulen	Abend- schulen, Kollegs	Allgemein- bildende Schulen zusammen	Berufs- aufbau- schulen	Berufs- schulen	Berufs- fach- schulen	Fach- ober- schulen Fach- gymnasien	Fach- schulen	Hoch- schulen	Berufs- bildende Schulen und Hoch- schulen zusammen	Ins- ge- samt
---	---	---	---	---	---	---	---	---	---	---	---	---	---	---	---
6–7	47,9a	0,4a	–	–	0,2a	–	48,5a	–	–	–	–	–	–	–	48,5
7–8	95,7	1,4	–	–	0,5	–	97,6	–	–	–	–	–	–	–	97,6
8–9	95,6	2,3	–	–	0,5	–	98,4	–	–	–	–	–	–	–	98,4
9–10	95,9	3,0	–	–	0,5	–	99,4	–	–	–	–	–	–	–	99,4
10–11	76,3	3,8	6,7a	13,1a	1,1	–	101,0	–	–	–	–	–	–	–	101,0
11–12	56,0	4,3	13,6	23,8	2,2	–	99,9	–	–	–	–	–	–	–	99,9
12–13	45,7	4,6	20,6	26,4	3,0	–	100,3	–	–	–	–	–	–	–	100,3
13–14	39,2	4,9	25,4	26,7	3,8	–	100,0	–	–	–	–	–	–	–	100,0
14–15	40,1	5,2	25,2	24,4	3,8	–	98,7	–	–	0,2a	–	–	–	0,3a	99,0
15–16	25,2	4,4	23,9	22,7	3,3	–	79,5	–	–	4,9	–	–	–	18,4	97,9
16–17	7,7	2,0	13,8	21,9	1,8	–	47,2	0,1a	13,5	10,4	1,2a	1,0a	–	49,3a	96,5
17–18	0,5b	1,5b	3,8	21,2	0,8	–	27,8b	0,3	37,6	8,2	2,5	2,4	–	63,4a	91,2
18–19	–	–	0,5b	18,1	0,5	–	19,1b	0,3	51,4	4,1	2,6	3,4	0,3a	51,3a	70,4
19–20	–	–	–	9,0	0,2	0,3a	9,5b	0,4	41,6	2,3	2,3	2,9	3,8	36,0	45,5
20–21	–	–	–	2,2	0,1b	0,3	2,6b	0,3	23,8	1,4	1,7	1,8	8,7	25,0	27,6
21–22	–	–	–	0,5b	–	0,5	1,0b	0,2	10,0	0,6	1,1b	1,4	11,7	21,2b	22,2
22–23	–	–	–	–	–	0,5	0,5	0,2	5,8	0,8	0,7b	1,3	13,1	18,0b	18,5
23–24	–	–	–	–	–	0,5	0,5	0,1	1,8	0,3b	0,3b	1,1	13,3	17,3b	17,8
24–25	–	–	–	–	–	0,5	0,5	0,2b	2,0b	–	0,2	0,9	12,4	13,9b	14,4
25–26	–	–	–	–	–	0,4	0,4	–	–	–	0,2b	0,7	10,8	11,9b	12,3
26–27	–	–	–	–	–	0,3	0,3	–	–	–	0,2b	0,9b	8,7	9,6b	9,9
27–28	–	–	–	–	–	0,3	0,3	–	–	–	–	0,5b	6,8	7,7b	8,0
28–29	–	–	–	–	–	0,2	0,2	–	–	–	–	1,2b	5,2	5,7b	5,9
29–30	–	–	–	–	–	0,2	0,2	–	–	–	–	–	4,0	5,2b	5,4

a Einschließlich jüngerer Schüler oder Studenten. b Einschließlich älterer Schüler oder Studenten.

(Quelle: Eigene Berechnungen nach STATISTISCHES BUNDESAMT 1981a, 1981b, 1982a, 1982b)

Schulbesuch, relativer

Oft findet man Angaben über den relativen Schulbesuch, bei denen die Schülerzahlen auf die für den Besuch der Bildungseinrichtungen jeweils alterstypische Bevölkerung bezogen werden. So werden zum Beispiel die Schüler der Sekundarstufe I zu der 10- bis unter 16jährigen Bevölkerung in Beziehung gesetzt. Die Schüler gehören allerdings in der Regel nicht alle derselben Altersgruppe an, sondern die Verteilung nach dem Alter streut mehr oder weniger stark. Die Qualität dieses Indikators hängt damit stark von der Auswahl der Altersgruppe ab, die als typisch für den Besuch der jeweiligen Bildungseinrichtung angesehen wird. Der Vorteil dieser Beziehungszahl gegenüber dem eingangs beschriebenen, differenzierteren Verfahren liegt darin, daß hier die jeweilige Bildungsbeteiligung mit einer einzigen Kennzahl verdeutlicht wird und sich damit einfacher zeitlich und regional vergleichen läßt. Insbesondere bei internationalen Vergleichen ist diese gröbere Berechnung oft unumgänglich, weil für viele Länder keine Daten in der Gliederung nach einzelnen Alters- und Geburtsjahren vorliegen.

Auswertungsmöglichkeiten. Die Daten über den relativen Schulbesuch bieten eine Reihe von interessanten Auswertungsmöglichkeiten. So kann man die Bildungsbeteiligung für einzelne Geburtsjahrkohorten im Zeitablauf darstellen und erhält damit in aggregierter Form ex post ein Bild von dem Durchlauf der Personen dieses Jahrgangs durch das gesamte Bildungssystem. Für den Geburtsjahrgang 1946 ergibt sich zum Beispiel das in Tabelle 2 (vgl. S. 569) zusammengestellte Bild.

Wie bei jeder Verlaufsstatistik erhält man allerdings vollständige Angaben über den Verlauf erst, nachdem der gesamte Geburtsjahrgang die betreffenden Einrichtungen passiert hat, so daß aktuelle Informationen aus diesen Berechnungen nicht zu gewinnen sind. Interessieren kurzfristige Veränderungen der Bildungsbeteiligung zwischen einzelnen Jahrgängen, so wird man einzelne charakteristische Altersabschnitte herausgreifen und beispielsweise überprüfen, ob für den Geburtsjahrgang 1965 der relative Schulbesuch der 13jährigen an Gymnasien (im Jahre 1978) höher war als für den Geburtsjahrgang 1962 (der im Jahr 1975 das 13. Lebensjahr erreichte).

Zur Analyse der *zeitlichen Entwicklung* der Bildungsbeteiligung ist es aufschlußreich, den relativen Schulbesuch auf einer bestimmten Altersstufe im Zeitablauf zu verfolgen. Dabei ist es zunächst zweckmäßig, einen Altersjahrgang zu wählen, dessen Angehörige sich weitgehend in dem beobachteten System befinden. Für die Analyse des Besuchs der Sekundarstufe I empfiehlt es sich zum Beispiel, den relativen Schulbesuch der 13jährigen zu verwenden. In diesem Alter haben bereits nahezu alle Schüler die Grundschule hinter sich, und es dürften noch keine Schüler in die Sekundarstufe II übergegangen sein. Zugleich ist in diesem Alter die Verteilung auf die einzelnen weiterführenden Schulen nach der Grundschule weitgehend abgeschlossen, so daß dieser Indikator geeignet erscheint, Veränderungen der Verteilung der Schüler nach den einzelnen Schularten darzustellen (vgl. Abb. 1, S. 570).

Während 1952 noch knapp 80% der 13jährigen die Hauptschule besuchten, waren es im Jahre 1980 weniger als 40%. Entsprechend hat sich der Schulbesuch an Realschulen und Gymnasien von etwa 18% auf rund 52% erhöht. Verlauf und Zeitpunkt der Expansion des Besuchs sogenannter weiterführender Schulen verdeutlichen, daß ungefähr Mitte der 50er Jahre, Anfang der 60er Jahre und Ende der 60er Jahre Änderungen im Schulwahlverhalten für die 10- bis 11jährigen anzusetzen sind, die mit entsprechender zeitlicher Verzögerung die skizzierte Entwicklung des

Tabelle 2: Relativer Schul- und Hochschulbesuch des Geburtenjahrgangs 1955 in der Bundesrepublik Deutschland nach Schularten und Hochschularten, 1961 bis 1980

Jahr	Alter am Jahresende (von ... bis unter ... Jahre)	Relativer Schul- beziehungsweise Hochschulbesuch (in Prozent der altersgleichen Wohnbevölkerung)									
		Grund-, Haupt- und Sonderschulen	Real-schulen	Gymnasien[a]	Abend-schulen, Kollegs	Berufs-schulen	Berufs-fach-schulen	Berufs-aufbau-schulen	Fach-ober-schulen, Fachgymnasien	Fach-schulen	Fach-hoch-schulen	Wissen-schaftliche und Kunst-hoch-schulen	Zu-sammen
1961	6–7	30,5	–	–	–	–	–	–	–	–	–	–	30,5
1962	7–8	96,4	–	–	–	–	–	–	–	–	–	–	96,4
1963	8–9	99,5	–	–	–	–	–	–	–	–	–	–	99,5
1964	9–10	99,6	–	–	–	–	–	–	–	–	–	–	99,6
1965	10–11	93,9	1,6	4,2	–	–	–	–	–	–	–	–	99,7
1966	11–12	72,0	9,6	17,9	–	–	–	–	–	–	–	–	99,5
1967	12–13	64,1	15,6	19,7	–	–	–	–	–	–	–	–	99,4
1968	13–14	61,1	17,8	19,5	–	0,1	0,7	–	–	–	–	–	99,2
1969	14–15	52,1	18,0	18,8	–	6,4	3,3	–	–	–	–	–	98,6
1970	15–16	16,7	16,1	17,8	–	38,5	8,1	0,2	0,3	–	–	–	97,7
1971	16–17	2,1	8,4	16,9[a]	–	56,2	7,5	0,7	1,6	–	–	–	93,4
1972	17–18	0,5	2,2	15,8[a]	–	54,9	4,2	0,8	2,6	2,1	–	–	83,1
1973	18–19	0,1	0,3	13,4[a]	0,2	31,3	1,7	0,7	2,9	3,6	0,5	1,0	55,7
1974	19–20	–	–	6,4[a]	0,3	12,0	0,8	0,7	2,4	3,6	0,8	4,6	31,6
1975	20–21	–	–	–	0,4	4,1	0,8	0,4	1,7	2,4	1,7	7,5	19,0
1976	21–22	–	–	–	0,5	1,9	0,5	0,2	1,0	1,4	2,5	9,6	17,6
1977	22–23	–	–	–	0,5	2,3	0,9	0,2	0,6	1,2	3,2	11,1	20,0
1978	23–24	–	–	–	0,5	1,6	0,2	0,1	0,3	0,5	3,2	10,8	17,2
1979	24–25	–	–	–	0,4	–	–	–	0,2	1,0	2,8	10,2	14,6
1980	25–26	–	–	–	0,4	–	–	–	0,2	0,9	2,1	8,7	12,3

[a] Einschließlich Gesamtschulen.

(Quelle: Eigene Berechnungen nach STATISTISCHES BUNDESAMT 1981a, 1981b, 1982a, 1982b sowie entsprechenden Veröffentlichungen für frühere Jahre)

Schulbesuch, relativer

Abbildung 1: Relativer Schulbesuch der 13jährigen, 1952–1980

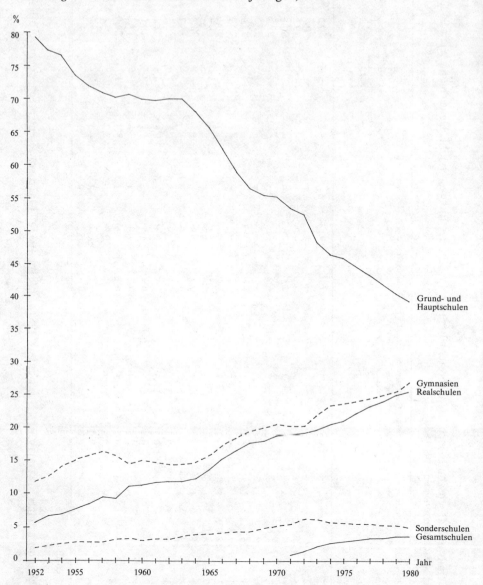

Schulbesuchs der 13jährigen hervorgebracht haben. Mitte der 50er Jahre – zu einer Zeit wirtschaftlichen Aufschwungs und günstiger Arbeitsmarktchancen – war der Übergang zum Gymnasium rückläufig oder stagnierte. Ab 1964/1965 erhöhte sich aber der Schulbesuch an Realschulen und Gymnasien bereits wieder, ohne daß man diese Trendumkehr schon auf bildungspolitische Einflüsse zurückführen könnte: Die hier zugrunde liegende Verände-

Abbildung 2: Entwicklung der Schülerzahl an Realschulen und Erwartungswerte bei konstantem relativen Schulbesuch, 1960 bis 1980

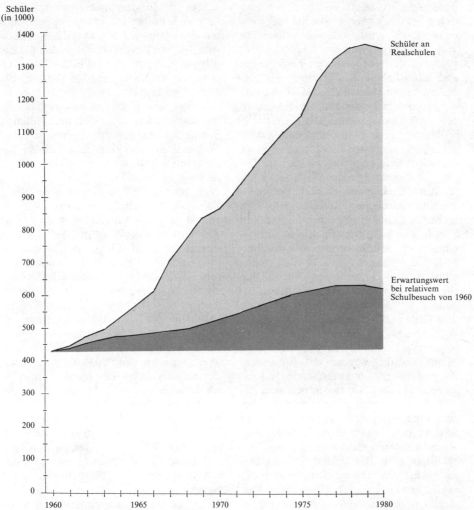

rung des Übergangsverhaltens muß auf die Jahre 1961/1962 datiert werden, das heißt auf einen Zeitpunkt, zu dem die entscheidenden Anstöße zu einer aktiven Bildungspolitik sich noch nicht ausgewirkt haben konnten. Die Diskussion des „‚ Bildungsnotstands" und auch die Bildungswerbung dürften die weitere Erhöhung des Besuchs von Realschulen und Gymnasien etwa ab 1968/1969 beeinflußt haben. Interessant ist auch, daß sich die Veränderung der wirtschaftlichen und bildungspolitischen Situation seit 1973 jedenfalls bis 1980 keineswegs in einer Umkehr oder deutlichen Abflachung dieses Trends auswirkt. Dies ist um so bemerkenswerter, als inzwischen die ausländischen Kinder – die zu einem deutlich geringeren Teil auf Realschulen und Gymnasien übergehen – bei den 13jährigen 1980 schon knapp 7% der Gesamtpopulation ausmachen.

Ein Aspekt bei der Betrachtung solcher Strukturveränderungen ist die Auslastung der Kapazität vorhandener Einrichtungen. Zunächst konnte die Expansion des gymnasialen Schulbesuchs und des Realschulbesuchs ab 1964/1965 mit den vorhandenen personellen und räumlichen Kapazitäten einigermaßen verkraftet werden, weil die eintretenden Schülerjahrgänge nicht besonders stark besetzt waren. Die Kapazitätsprobleme, die sich mit dem Zugang ständig stärker besetzter Jahrgänge ab Ende der 60er Jahre ergaben, wurden in Zeiten günstiger bildungspolitischer Konjunktur durch einen starken personellen und räumlichen Ausbau gemildert. In Zeiten rückläufiger Jahrgangsstärken könnte der Schulbesuch durch Sogwirkungen beeinflußt werden, die dadurch zustande kommen, daß es den Realschulen und Gymnasien vermutlich eher gelingt als den Hauptschulen, genügend Schüler zu rekrutieren, wenn sie ihre Kapazität aufrechterhalten wollen. Wurde hier als Beispiel der relative Schulbesuch der 13jährigen diskutiert, so muß erwähnt werden, daß für andere Fragestellungen entsprechende Indikatoren für andere Altersgruppen sinnvoll sind. So spiegeln sich Entwicklungen bei der Einschulungspraxis im relativen Schulbesuch der sechsjährigen an Grundschulen wider. Für die Bildungsbeteiligung in der gymnasialen Oberstufe wäre der relative Schulbesuch der 18jährigen ein möglicher Indikator. Vergleicht man diesen Wert mit dem relativen gymnasialen Schulbesuch der 13jährigen fünf Jahre zuvor, so erhält man grobe Hinweise für die Einschätzung des „vorzeitigen" Abgangs. Zur Analyse von Entwicklungen im Berufsschulbereich wird man die Bildungsbeteiligung etwa in den Altersjahrgängen der 16- bis 18jährigen zugrunde legen.

Das Konzept des relativen Schulbesuchs ist darauf angelegt, die direkten Auswirkungen demographischer Einflüsse von den Wirkungen wie auch immer zustande gekommener Verhaltensänderungen zu trennen. Wenn man daher die Prozentzahlen für den altersspezifischen relativen Schulbesuch in einem bestimmten Basisjahr auf die jeweiligen altersspezifischen Bevölkerungszahlen für die folgenden Jahre anwendet, so läßt sich eine fiktive Schülerzahl ermitteln, die sich ergeben hätte, wenn sich allein demographische Faktoren ausgewirkt hätten. Die Differenz zu den tatsächlichen Schülerzahlen gibt dann an, welcher Teil der Entwicklung nicht direkt demographisch bedingt gewesen ist (vgl. Abbildung 2, S. 571).

Von 1960 bis 1980 hat zum Beispiel die Zahl der Realschüler von rund 430 000 auf etwa 1 350 000 zugenommen. Der Zuwachs von rund 920 000 Schülern ist nur zu 20% auf die Auswirkungen demographischer Faktoren zurückzuführen; hätte sich der relative Schulbesuch an Realschulen seit 1960 nicht verändert, so wäre für 1980 mit einer Schülerzahl von etwa 620 000 zu rechnen gewesen. Es sind Änderungen der Schulwahl beziehungsweise des Übergangsverhaltens, die rund 80% der Expansion der Schülerzahlen bewirkt haben, während die in den 60er Jahren sukzessive stärker werdende Besetzung der Geburtenjahrgänge für die Erhöhung der Schülerzahlen nur eine geringe Rolle gespielt hat. Wären nur demographische Faktoren wirksam geworden, so wäre die Schülerzahl seit 1978 rückläufig gewesen.

Diese Berechnungen zum Schulbesuch lassen sich auch für Teile der jeweiligen Schülerpopulation durchführen, sofern nach Geburtsjahren gegliederte Daten aus der Bildungsstatistik und der Bevölkerungsstatistik vorliegen. So ist es für bestimmte Fragestellungen sinnvoll, *geschlechtsspezifische Indikatoren* der Bildungsbeteiligung zu verwenden.

Wenn zum Beispiel abgeschätzt werden soll, welche Bedeutung der verstärkte Schulbesuch der Mädchen an Gymnasien für die Entwicklung der Schülerzahl an dieser Schulart hat, so kann man die unten beschriebene Trennung von demographisch bedingten und nicht demographisch bedingten Einflüssen für die weiblichen Schüler an Gymnasien durchführen und damit die durch Verhaltensänderungen bedingten Entwicklungen weiter aufteilen (vgl. Abbildung 3). Danach war die Erhöhung der Schülerzahl an Gymnasien von 1960 bis 1980 um etwa 1,3 Millionen zu 25 % auf demographische Veränderungen, also die stärkere Besetzung der Geburtenjahrgänge bedingt. Rund 28 % der Zunahme kam durch den verstärkten Schulbesuch der Jungen zustande, etwa 47 % der Expansion aber wurde durch den verstärkten Schulbesuch der Mädchen bewirkt.

Abbildung 3: Die Entwicklung der Schülerzahl an Gymnasien und Komponenten ihrer Veränderung, 1960 bis 1980

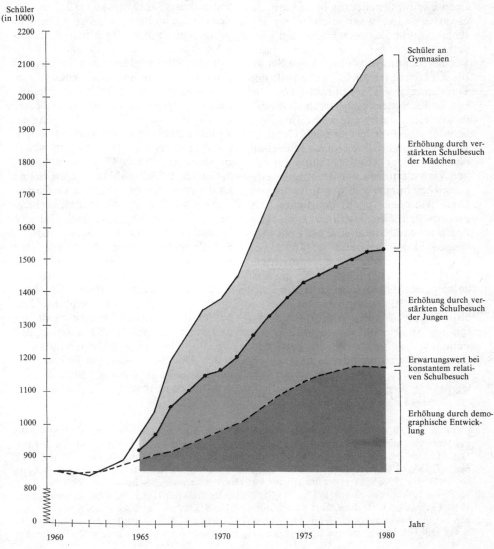

Um die Auswirkungen demographischer Einflüsse auf die *künftige Entwicklung* der Schülerzahlen zu quantifizieren, müssen die Ergebnisse einer altersspezifischen Bevölkerungsprognose für jedes Vorausschätzungsjahr mit den gegenwärtigen Werten für den altersspezifischen relativen Schulbesuch multipliziert werden. Wenn man dann über alle beteiligten Geburtsjahrgänge summiert, so ergibt sich die Schülerzahl, die unter Beibehaltung der gegenwärtig beobachteten Bildungsbeteiligung in Zukunft zu erwarten wäre, wenn sich allein demographische Faktoren auswirken würden.

Die Berechnungen zum relativen Schulbesuch lassen sich auch für die Teile der Population gesondert durchführen, die neu in das System eingetreten sind oder (erfolgreich) austreten, wenn für diese Schüler eine Gliederung nach Geburtsjahren vorliegt. Diese altersspezifischen Anfänger- oder Absolventenquoten zeigen Veränderungen der Bildungsbeteiligung beziehungsweise des Erwerbs von Qualifikationen noch deutlicher, als dies in den Gesamtzahlen zum Ausdruck kommt. Um altersspezifische Anfänger- beziehungsweise Abgängerquoten zu einer Kennzahl zu verdichten, bildet man aus den Quoten für die einzelnen Geburtsjahrgänge zu einem Zeitpunkt die Quotensumme. Damit wird zum Beispiel aus den Abiturientenquoten der einzelnen Geburtsjahre in einem Jahr gewissermaßen ein gewichteter Durchschnitt gebildet:

$$Q_{k,j} = \sum_{i=1}^{n} \frac{A_{i,k,j}}{P_{i,j}} \cdot 100,$$

wobei

Q = Quotensumme
A = Absolventen/Anfänger
P = Bevölkerung
i = Geburtsjahr
k = Schulart
j = Kalenderjahr

bedeuten.

Dieser Indikator zeigt an, welcher Teil eines gedachten Geburtsjahrgangs das Abitur ablegen würde, wenn sich die Personen dieses Jahrgangs so verhalten würden wie die im Jahr j beteiligten Geburtsjahrgänge in den einzelnen Altersabschnitten.

Für die Schulabgänger mit Hochschulreife (Abiturienten) sind nach dieser Methode vom Statistischen Bundesamt Berechnungen durchgeführt worden, die für 1970 bis 1978 eine Erhöhung der Abiturientenquote von rund 10% auf etwa 18% ergeben (vgl. STATISTISCHES BUNDESAMT 1981c, S. 435). Die dabei als „relativer Schulabschluß" bezeichneten Quotensummen je Abgangsjahr lassen sich auch für andere Abschlüsse ausrechnen, sofern die Abgänger nach Geburtsjahren erfaßt sind. Wie beim relativen Schulbesuch läßt sich auch hier ex post ermitteln, welcher Teil eines Geburtsjahrgangs im Laufe der Zeit einen bestimmten Abschluß erreicht hat. Man summiert dabei die relativen Abschlußquoten je Jahrgang im Zeitablauf auf und kann beispielsweise feststellen, daß die Abiturientenquote des Geburtsjahrgangs 1952 bei etwa 11% gelegen hat, die des Geburtsjahrgangs 1955 aber bereits bei rund 14%.

CARNAP, R. V./EDDING, F.: Der relative Schulbesuch in den Ländern der Bundesrepublik 1952 bis 1960. Hochschule für internationale Pädagogische Forschung, Frankfurt/M. 1962. KÖHLER, H.: Der relative Schul- und Hochschulbesuch in der Bundesrepublik Deutschland 1952 bis 1975. Max-Planck-Institut für Bildungsforschung: Materialien aus der Bildungsforschung Nr. 13, Berlin 1978. STATISTISCHES BUNDESAMT (Hg.): Allgemeines Schulwesen 1980. Fachserie 11, Reihe 1, Stuttgart/Mainz 1981 a. STATISTISCHES BUNDESAMT (Hg.): Berufliches Schulwesen 1980. Fachserie 11, Reihe 2, Stuttgart/Mainz 1981 b. STATISTISCHES BUNDESAMT: Schulabgänger aus der Sekundarstufe II mit Hochschulreife 1970 bis 1979. In: Wirtsch. u. Stat. (1981), S. 435 (1981 c). STATISTISCHES BUNDESAMT (Hg.): Studenten an Hochschulen Wintersemester

1980/81. Fachserie 11, Reihe 4.1, Stuttgart/Mainz 1982a. STATISTISCHES BUNDESAMT (Hg.): Statistisches Jahrbuch für die Bundesrepublik Deutschland 1982, Stuttgart/Mainz 1982b. WEISS, F.J.: Entwicklungen im Besuch berufsbildender Schulen der Bundesrepublik Deutschland. Max-Planck-Institut für Bildungsforschung: Materialien aus der Bildungsforschung Nr. 2, Berlin 1965. WISSENSCHAFTSRAT (Hg.): Empfehlungen zur Struktur und zum Ausbau des Bildungswesens im Hochschulbereich nach 1970, Bd. 3: Statistische Unterlagen, Bonn 1970.

Helmut Köhler

Schülerrechte

Recht auf Bildung und Erziehung. Die Mehrheit der Landesverfassungen gewährt jedem Schüler einen Anspruch auf begabungsgemäße Schulbildung. Nach Art. 2 des Zusatzprotokolls zur Konvention zum Schutze der Menschenrechte und Grundfreiheiten vom 20.3.1952 darf „das Recht auf Bildung niemanden verwehrt" werden. Der Bildungsanspruch ist nicht nach Art. 12, Abs. 1 des Grundgesetzes (GG) für den Bereich der weiterführenden Schulen gegeben: Dies legt das Bundesverfassungsgericht (vgl. Entscheidungen des Bundesverfassungsgerichts – BVerfGE – Bd. 59, S. 360 ff.) jedenfalls nahe; die gesetzliche und organisatorische Konkretisierung ist wegen des föderalen Aufbaus der Bundesrepublik Deutschland Sache der Länder. (Im berufsbildenden Ausbildungsbereich gibt es keinen Anspruch auf eine bestimmte Ausbildung, es gilt die Privatautonomie, das heißt die Freiheit des Ausbildungsbetriebs, auszubilden, wen er will.) Im Rahmen des vom Staat zur Verfügung gestellten Schulwesens wirkt sich das Bildungsrecht als Anspruch auf Teilhabe an der staatlichen Leistung aus. Es hat wegen der erheblichen Erhöhung der Leistungsstärke des Schulwesens seit 1965 an Bedeutung gewonnen, doch gilt immer noch das Prinzip: Auslese geht vor Förderung. Dieser Anspruch kann allerdings entgegen dem Wortlaut des Zusatzprotokolls (und deshalb nur rechtswidrigerweise) aufgrund der Schulpflichtgesetze der Länder für extrem behinderte Kinder ausgeschlossen werden. Der Staat hat lediglich das Recht, Schüler, die den Anforderungen einer bestimmten Schule nicht entsprechen, auf eine geeignete Schule zu überweisen *(negative Auslese)*. Ansonsten steht es den Eltern (Erziehungsberechtigten) zu, über den schulischen Bildungsweg zu entscheiden. Sie haben sich aber am Wohl des Kindes zu orientieren. In Zweifelsfällen kann daher ihre Auffassung vom Vormundschaftsgericht korrigiert werden. Allerdings ist inzwischen nahezu allen Eltern zu bescheinigen, daß sie jenen schulischen Bildungsweg bevorzugen, dessen Abschlüsse den höchsten Berechtigungswert haben.

Eine „Bewirtschaftung von Begabungsreserven" und die Einführung des *Numerus clausus*, der sich an Kapazitätsgesichtspunkten orientiert, ist rechtlich unstatthaft, doch wird bisweilen dieses Problem durch die Schaffung bestimmter Eingangsvoraussetzungen an den Nahtstellen des weiterführenden Schulsystems, also vor Beginn der Sekundarstufe I und II und am Ende der Orientierungsstufe (so jedoch nicht in Bremen, Niedersachsen, Hessen), unterlaufen.

Notengerechtigkeit, Disziplinarmaßnahmen, Schülereigentum. Jeder Schüler hat Anspruch darauf, daß sich der Lehrer im Rahmen seines Beurteilungsspielraums bei der Notenvergabe an die geltenden Rechts- und Verwaltungs- sowie Verfahrensvorschriften hält, alle entscheidungserheblichen Tatsachen zugrunde legt, den Gleichheitssatz beachtet und nach anerkannten pädagogischen Grundsätzen entscheidet; die No-

tenfestsetzung muß ferner frei von sachfremden Erwägungen (etwa Disziplinierung des Schülers) und von Willkür sein. Versetzungsentscheidungen müssen auch unter pädagogischen Prognosegesichtspunkten gesehen werden.
Bei Ordnungs- und Erziehungsmaßnahmen haben sich Lehrer und Schule an jene zu halten, die pädagogisch erforderlich, rechtlich zulässig sind und sich als unbedingt notwendig, dann aber auch als verhältnismäßig im Hinblick auf den Anlaß wie den angestrebten Erziehungszweck erweisen; bei mehreren in Frage kommenden Mitteln ist jenes zu wählen, das sich aus der Sicht des Schülers als das schonendste darstellt. Die körperliche Züchtigung ist schulrechtlich verboten. Sie hat mindestens disziplinarrechtliche Konsequenzen. Nach der höchstrichterlichen Rechtsprechung wird dem Lehrer an Grund- und Hauptschulen immer noch ein gewohnheitsmäßiges Züchtigungsrecht (so das Bayerische Oberste Landesgericht – vgl. Bayerisches Verwaltungsblatt 1979, S. 121; auch in: N. Jur. Woschr. 1979, S. 1371) zugebilligt, doch ist kaum damit zu rechnen, daß sich zumindest Amtsgerichte der herrschenden Rechtslehre anschließen werden, die tätliche Handlungen von Lehrern für Körperverletzungen im Amt hält.
Ein Schulausschluß kommt nur bei schwersten Vergehen gegen die Schulordnung in Betracht, und zwar nur dann, wenn mit Rücksicht auf die Schulordnung oder die Entwicklung der Mitschüler eine solche Entscheidung unabweislich ist. Sie hat daher stets letztes Mittel zu sein.
Nach § 950, Abs. 1 des Bürgerlichen Gesetzbuchs (BGB) erwirbt der Schüler an seinen Arbeiten auch dann Eigentum, wenn das Werkmaterial von der Schule gestellt wurde. Allerdings ist der Schüler verpflichtet, sie zum Zwecke einer möglichen pädagogischen Auswertung der Schule auf angemessene Zeit zu überlassen.

Status des Schülers. Nach der im 19. Jahrhundert entwickelten Lehre vom „besonderen Gewaltverhältnis", an der in modifizierter Form teilweise noch heute festgehalten wird, konnte sich der Schüler als *„Gewaltunterworfener"* im Schulverhältnis nicht auf seine Grundrechte berufen. Infolge der Rechtswegegarantie des Grundgesetzes (vgl. Art. 19, Abs. 4 GG) unterschied die herrschende Lehre dann zwischen Grund- und Betriebsverhältnis; wurde der Rechtsstatus des Schülers durch eine schulische Maßnahme (beispielsweise eine Versetzungsentscheidung) betroffen, war der Rechtsweg eröffnet, ansonsten nicht. Aus Art. 7, Abs. 1 GG („Die Schule steht unter der Aufsicht des Staates") wurde ferner das Recht der Exekutive hergeleitet, grundrechtsbeschränkende Maßnahmen gesetzesvertretend zu treffen. Seit etwa 1975 ist auch in der höchstrichterlichen Rechtsprechung anerkannt, daß Regelungen im Grundrechtsbereich einer gesetzlichen Grundlage bedürfen, wobei der Grundrechtseingriff nach Inhalt, Zweck und Ausmaß vorab gesetzlich bestimmt oder aufgrund des Gesetzes bestimmbar sein muß. Dies schließt eine weite Gestaltungsfreiheit zugunsten von Schulverwaltung und Schule nicht aus, weil das Erfordernis gesetzlicher Regelung nur insoweit gilt, als die Norm „für die Entfaltung der Grundrechte" (BVerfGE 47, S. 46 ff. [S. 83] – Sexualkunde) *wesentlich* ist. So bedarf ein Sexualkundeunterricht, der nur auf Information und Aufklärung ausgerichtet ist, weder einer besonderen gesetzlichen Grundlage noch einer Mitbestimmung seitens der Erziehungsberechtigten. Die ethischen Ziele, denen eine Sexualerziehung verpflichtet sein soll, müssen aber im Gesetz selbst genannt sein. Vom Bundesverwaltungsgericht (BVerwG) wurde bei Prüfungs- und Versetzungsordnungen als gesetzliches Minimum gefordert, die einer Versetzungsentscheidung zugrundezulegenden Leistungskriterien wie die Bestimmung des beurteilenden Gremiums seien durch das Gesetz selbst zu benennen (vgl. BVerwGE 56, S. 155 ff.). Nach Ansicht des Bundesverfassungsgerichts (vgl. BVerfGE 59, S. 260 ff.) reicht eine Globalermächtigung aus.

Schulzweck als Grundrechtsschranke. Die Organisation des Schulwesens wie die Ordnung der Schule bringen es mit sich, daß jeder am Schulleben Beteiligte sich so verhalten muß, wie es dem Schulzweck entspricht. Da in den Ländern wie unter den Beteiligten bei der konkreten Gestaltung des Schullebens große Auffassungsunterschiede über den Schulzweck erkennbar werden, führt dies zu weitaus mehr Restriktionen als zwingend erforderlich wären. Daher ist darauf hinzuweisen, daß nach der sogenannten Wechselwirkungstheorie des Bundesverfassungsgerichts (vgl. BVerfGE 7, S. 198 ff.) stets freiheitsbeschränkende Normen (und insoweit auch die Auslegung der Schulordnung) eng, freiheitsgewährende Normen hingegen weit auszulegen sind. Auf einer zweiten Prüfungsstufe ist ferner zu beachten, daß der Sinngehalt und die Interpretationsfähigkeit der freiheitsbeschränkenden Norm stets im Lichte des Grundrechts zu sehen ist und daher bei der konkreten Anwendung nochmals restriktiv anzuwenden ist (sogenanntes In-dubio-pro-libertate-Prinzip).

Informationsanspruch des Schülers/Lernpflicht. Welche Inhalte in welchen Fächern vermittelt werden, ist Sache des Staates. Im Rahmen des Gebotenen hat der Schüler einen Anspruch darauf, so umfassend und sachgerecht informiert zu werden, daß er die verschiedenartigen Auffassungen kennenlernt und es ihm ermöglicht wird, sich eine eigene Überzeugung zu bilden (sogenanntes Indoktrinationsverbot). Die Schule hat ferner dafür Sorge zu tragen, daß die Schüler zu wechselseitiger Rücksichtnahme und Toleranz erzogen werden, was einschließt, daß ihr die Pflicht auferlegt ist, sich gegenüber den Schülern tolerant zu verhalten. Jeder Schüler hat Anspruch auf persönliche Zuwendung; dies insbesondere dann, wenn Lern- und Verhaltensschwierigkeiten auftreten. Vom Lehrer ist daher mehr gefordert als nur die ordnungsgemäße Durchführung des Unterrichts. Als Äquivalent hat der Schüler die Pflicht, sich so zu verhalten, wie es der Schulzweck erfordert; er ist verpflichtet, im Rahmen seiner Fähigkeiten die ihm auferlegten Lernpflichten zu erbringen und aktiv am Unterricht mitzuarbeiten. Seine Vorschläge zur Gestaltung des Unterrichts und des Schullebens müssen wohlwollend geprüft werden.

Zur Entfaltung von Grundrechten innerhalb der Schule. Zu den Erziehungsaufgaben der Schule gehört, den Schülern die Entfaltung ihrer freiheitlichen Grundrechte zu ermöglichen und ihre Wahrnehmung auch innerhalb der Schule zu fördern (vgl. FRANKE 1974).
Die *weltanschauliche Neutralität* des Staates verpflichtet ihn zum gleichen Abstand gegenüber allen Glaubensüberzeugungen; deshalb liegt die Verantwortung für den Religionsunterricht als einem ordentlichen Lehrfach bei den Religionsgemeinschaften. Die Teilnahme an religiösen Demonstrationen (Schulgebeten und Andachten) darf nicht verpflichtend sein; bei der Durchführung haben nicht- oder andersgläubige Schüler einen Anspruch darauf, daß die religiösen Veranstaltungen in einer Weise ablaufen, die verhindert, daß sie sich diskriminiert fühlen könnten. (Dies wäre der Fall, wenn der Schüler während des Gebets den Klassenraum verlassen müßte.)
Abgesehen von der Rücksichtnahme auf einen ordnungsgemäßen Schul- und Unterrichtsablauf darf die *Freiheit der Meinungsäußerung* mit Ausnahme der in Art. 5, Abs. 2 GG genannten gesetzlichen Schranken nicht behindert wer-

den. Etwaige Sanktionen (Strafen, Notenverschlechterung) sind unzulässig. Allerdings dürfte die Mehrheit der Schüler in Erfahrung gebracht haben, daß sich die meisten Schulleiter und Lehrer hieran oft nicht halten – ein wesentlicher Grund dafür, weshalb immer mehr nachdenkliche wie selbstdenkende Schüler an der demokratischen Verfassungswirklichkeit der Schule noch ihre Zweifel haben.
Bis auf das bayerische beziehen sich die Landespressegesetze auch auf die Schülerzeitungen, die im Unterschied zu den Schulzeitungen, welche in der Verantwortung der Schulleitung herausgegeben werden, von ihnen selbst gestaltet werden. Es ist der Schule verboten, über vorzensurähnliche Maßnahmen auf die Gestaltung wie den Inhalt der Schülerzeitung Einfluß zu nehmen. Tatsächlich sehen aber die Bestimmungen einzelner Länder (insbesondere in Bayern und Rheinland-Pfalz) Einwirkungsmöglichkeiten der Schule vor. Beratungslehrer der Schülerzeitungen müssen auf freiwilliger Basis von den Redakteuren gewählt werden. Nach der Auffassung des Verwaltungsgerichts Koblenz (vgl. R. d. Jug. u. d. Bwes. 1980, S. 377 ff.) und des Oberverwaltungsgerichts Koblenz (vgl. Dt. Verwbl. 1981, S. 1015 ff.) sollen sie sogar dann für den Inhalt der Schülerzeitung zur Verantwortung gezogen werden können, wenn dieser sich innerhalb der Grenzen von Art. 5, Abs. 2 GG bewegt. Doch erstreckt sich ihre Beratungspflicht nicht auf die Verhinderung strafrechtlich relevanter Meinungen, geschweige denn einseitiger oder „geschmackloser" Artikel, sondern nur darauf, daß sie die Schüler auf etwaige rechtliche Konsequenzen hinweisen (vgl. DIETZE 1984).
Die Schüler haben das Recht, ihre Zeitung auf dem Schulgelände zu vertreiben und sind verpflichtet, ein Exemplar beim Schulleiter zu hinterlegen und eine Vertriebsgenehmigung einzuholen. Die Mißachtung dieser Pflicht rechtfertigt allerdings kein Vertriebsverbot, sondern allenfalls der strafrechtlich, jugendschutzrechtlich bedeutsame und schulzweckwidrige Inhalt einer Zeitung. Hier ist zu beachten, daß ein solches Vertriebsverbot als ultima ratio grundsätzlich nur dann ausgesprochen werden darf, wenn andere, schonendere und pädagogisch verantwortungsvollere Mittel der Einwirkung oder der schulöffentlichen Auseinandersetzung vorher versagt haben (vgl. HOFMANN-GÖTTIG 1982). Genannt seien: schulöffentliche und kritische Stellungnahmen von Schulleitern und Lehrern mit einzelnen Artikeln, Leserbriefe, Anregung eines Meinungsbildungsprozesses in der Schülerschaft, Ermutigung zur Gründung einer Gegenzeitschrift. Dies erheischt einerseits die pädagogische Aufgabenstellung der Schulleitung, andererseits der verfassungskräftige Grundsatz der Verhältnismäßigkeit in bezug auf Anlaß, Zweck und Mittel einer so scharfen Maßnahme, wie sie ein Vertriebsverbot darstellt (das meist einen Anzeigenentzug zur Folge hat und damit die Schülerzeitungsredakteure in den außerschulischen Bereich der meinungsgebundenen Jugendpresse abdrängt, wo sie erst recht um die Verwirklichung ihrer Meinungsäußerungsfreiheit gebracht werden). Die Untersuchung von RENDTEL (vgl. 1979, S. 288 ff.) hat ergeben, daß zwar 80% der Schülerzeitungsredakteure ihr Verhältnis zur Schulleitung als freundschaftlich-kritisch umschreiben. Doch rührt dieses Ergebnis daher, daß die meisten Schülerzeitungen von Redakteuren verfaßt werden, die der Sekundarstufe I angehören und daher viele Reizthemen (Sexualität, Kriegsdienstverweigerung, Radikalenerlaß, Energiepolitik, Staatssicherheitsfragen, Demonstrationsverbote, Grundfragen der Arbeits- und Wirtschaftspolitik, Drogenprobleme, Wohnungsmarktmisere und Hausbesetzungen, Zensurenerteilung für Lehrer- und Schulleiterverhalten) aussparen oder so abhandeln, wie dies schuloffi-

ziell erwünscht ist. Der Schwerpunkt des tolerierten Meinungsspektrums liegt deutlich rechts von der Mitte. Für die tatsächliche Lage ist daher viel bezeichnender, daß nahezu jede zweite Schülerzeitung an Berufsschulen über massive Einschüchterungsversuche und Maßregelungen der Redakteure, Vertriebsverbote und von Schulleitern veranlaßte Absprünge von Anzeigenkunden zu berichten weiß. (Die Schüler wissen *nicht*, daß sie dann gegebenenfalls den Schulleiter nach § 823 BGB und anderen Normen des bürgerlichen Rechts regreßpflichtig machen können.) Beschwerden bei der Schulaufsichtsbehörde bleiben entweder wirkungslos, weil diese die Auffassung der Schulleiter teilt oder sie nicht gegenüber den Schülerredakteuren bloßzustellen wagt oder durch saumselige Beantwortung erreicht, daß sich die verantwortlichen Redakteure alleingelassen fühlen und resignieren. So wird die bemerkenswerte Liberalität des in der nordrhein-westfälischen Allgemeinen Schulordnung von 1978 niedergelegten Schülerpresserechts von Lehrern und Schulleitern regelmäßig folgenlos mißachtet.

Während die Bildung unpolitischer Schülergruppen innerhalb der Schule meist wohlwollend geduldet, oft auch ausdrücklich unterstützt wird, haben es politische Gruppierungen aus den genannten Gründen weitaus schwerer. Wenn überhaupt, so ist sie in den meisten Ländern an bestimmte Voraussetzungen (etwa ein Mindestalter von 14 Jahren oder die Zugehörigkeit zur 8. Jahrgangsklasse, Einreichen einer Satzung und Genehmigung der Betätigung – auf letztere besteht dann allerdings Rechtsanspruch) gebunden. Doch wird beispielsweise in Bayern unter Berufung auf die parteipolitische Neutralität der Schule gerade noch Meinungsfreiheit erlaubt, politische „Werbung" (Art. 61, Abs. 2 des Bayerischen Gesetzes über das Erziehungs- und Unterrichtswesen) verboten. Dabei wird verkannt, daß sich das Neutralitätsgebot an den Staat und die Staatsschule richtet und diese verpflichtet, nicht aber die Schüler als Grundrechtsträger.

Der Beschluß der Ständigen Konferenz der Kultusminister der Länder in der Bundesrepublik Deutschland (KMK) vom Mai 1973 zur Stellung des Schülers in der Schule und dementsprechende Bestimmungen der Länder untersagen Schülern die Teilnahme an Demonstrationen während der Unterrichtszeit beziehungsweise erklären sogenannte *kollektive Unterrichtsverweigerungen* (Schülerstreiks) für mit der Schulbesuchspflicht nicht vereinbar und daher verboten (vgl. KMK 1973). Bei Zuwiderhandlungen kommen Ordnungs- oder Schulstrafen in Betracht (einschließlich des Schulausschlusses). Die Anwendung disziplinarischer Maßnahmen hängt tatsächlich aber davon ab, wieviele Schüler sich an der Demonstration beteiligen. Im Hinblick auf einen unerwünschten Mobilisierungs- und Solidarisierungseffekt unterbleibt dann der Vollzug der (oft) angedrohten Sanktion. Die herrschende Meinung der Rechtslehre hält den KMK-Beschluß sowie dessen länderrechtliche Umsetzung für verbindlich. Nach anderer Auffassung ist der Demonstrationsstreik grundrechtsmündiger Schüler so zu behandeln wie der Elternstreik (vgl. DIETZE 1984.)

BERKEMANN, J.: Die „politischen Rechte" des Schülers. In: NEVERMANN, K./RICHTER, I. (Hg.): Rechte der Lehrer – Rechte der Schüler – Rechte der Eltern, München 1977, S. 102 ff. CZYMEK, H.: Die Schülerzeitschrift. In: R. d. Jug. u. d. Bwes. 19 (1971), S. 10 ff. DIETZE, L.: Zur rechtlichen Zulässigkeit von Schülerstreiks. In: R. d. Jug. u. d. Bwes. 18 (1970), S. 336 ff. DIETZE, L.: Unzensierte Schülerzeitung als Haftungsrisiko. In: Krit. Justiz 14 (1981), S. 286 ff. DIETZE, L.: Schülervertretung. In: Enzyklopädische Erziehungswissenschaft, Stuttgart 1984, S. 580 ff.

FRANKE, M.: Grundrechte des Schülers und Schulverhältnis, Neuwied 1974. GRUPP, K.: „Schülerstreik" und Schulbesuchspflicht. In: D. öffentl. Verw. 27 (1974), S. 661 ff. HECKEL, H. (unter Mitarbeit von P. Seipp): Schulrechtskunde, Neuwied/Darmstadt ⁵1976. HENNECKE, F.: Ordnungsrecht und Schülerstreik. In: NEVERMANN, K./RICHTER, I. (Hg.): Rechte der Lehrer – Rechte der Schüler – Rechte der Eltern, München 1977, S. 123 ff. HEYMANN, K.-D./STEIN, E.: Das Recht auf Bildung. In: NEVERMANN, K./RICHTER, I. (Hg.): Verfassung und Verwaltung der Schule, Stuttgart 1979, S. 391 ff. HOFMANN-GÖTTIG, J.: Politik und Schülerpresse, München 1982. JARASS, H. D.: Rechtliche Grundlagen der Schülerpresse und der Schulpresse. In: D. öffentl. Verw. 36 (1983), S. 609 ff. KMK: Zur Stellung des Schülers in der Schule, Bonn 1973. OSSENBÜHL, F.: Rechtliche Grundfragen der Erteilung von Zeugnissen, Berlin 1978. PERSCHEL, W.: Die Meinungsfreiheit des Schülers, Neuwied/Berlin 1962. PERSCHEL, W.: Demonstrationsrecht und Schulbesuchspflicht. In: R. d. Jug. u. d. Bwes. 16 (1968), S. 289 ff. PIETZCKER, J.: Verfassungsrechtliche Anforderungen an die Ausgestaltung staatlicher Prüfungen, Berlin 1975. RENDTEL, F.: Politische Bildung durch die Schülerpresse, München 1979. RICHTER, I.: Bildungsverfassungsrecht, Stuttgart 1973. ROST, F.: Mitbestimmung – Mitwirkung. In: Enzyklopädie Erziehungswissenschaft, Bd. 8, Stuttgart 1983, S. 505 ff. SCHNEIDER, P./DIETZE, L.: Pressefreiheit und Erziehungsauftrag der Schule. Gutachten für den Politischen Arbeitskreis Schulen (PAS), Bonn, zur Frage der Zulässigkeit des Schulausschlusses eines politisch engagierten Redakteurs einer Schülerzeitung. Gewerkschaft Erziehung und Wissenschaft: Material und Nachrichten-Dienst Frankfurt/M. 1972. SCHULE IM RECHTSSTAAT, Bd. 1: Entwurf für ein Landesschulgesetz. Bericht der Kommission Schulrecht des Deutschen Juristentages, München 1981. STEIN, E.: Das Recht des Kindes auf Selbstentfaltung in der Schule, Neuwied/Berlin 1967.

Lutz Dietze

Schülervertretung

Aufgaben. Die Aufgaben der Schülervertretung (SV) liegen im wesentlichen darin, die schulischen, sozialen und kulturellen Interessen der Schülerschaft zu vertreten und fördern. Ihr Arbeitsgebiet umfaßt zwei Schwerpunkte. Einmal geht es um die Wahrnehmung von Einflußrechten auf allen Ebenen innerschulischer Gremien und Organe, teilweise auch gegenüber Schulträgern und gegenüber den Unter- und Mittelinstanzen der Schulaufsichtsbehörden sowie gegenüber den Kultusministern (in den Stadtstaaten den Senatoren für Bildung). Ihre Funktion besteht ferner darin, den Meinungs- und Willensbildungsprozeß innerhalb der Schülerschaft anzuregen und die Arbeitsschwerpunkte danach selbst zu bestimmen.
Hinsichtlich beider Funktionen gibt es in den Ländern der Bundesrepublik Deutschland und in West-Berlin weitreichende Unterschiede. Art und Reichweite ihrer Mitwirkungs- und Mitbestimmungsrechte hängen davon ab, wie groß der den Schulen gesetzlich zugebilligte Selbstverwaltungsraum ist und welche speziellen Beteiligungsrechte den Schülern innerhalb der schulischen Gremien zugebilligt werden beziehungsweise mit welcher Stimmzahl sie vertreten sind. Demnach spielt für die Schulen der Länder Bayern, Baden-Württemberg und Rheinland-Pfalz die Einflußnahme der Schülervertretung auf die innerschulische Willensbildung vergleichsweise keine bedeutende Rolle.
Unterschiedlich ist auch ihr Rechtsstatus definiert. In manchen Ländern sind sie der pädagogischen Aufsicht der Schulleiter unterstellt. Diese dürfen in Bayern und Schleswig-Holstein die an die Schülervertretung adressierte Post öffnen und erst aushändigen, wenn sie sich davon überzeugt haben, daß der Inhalt mit den Aufgaben der Schülervertretung (das heißt faktisch in dem von den Schulleitern verstandenen Sinn) zu vereinbaren ist. Eine dazu konträre Rechtsauffassung vertritt die Kommission

Schulrecht des Deutschen Juristentages (vgl. SCHULE IM RECHTSSTAAT 1981). Die Gliederung des Schulwesens und die Zielsetzung der Schulen bringt es mit sich, daß die Schülervertretung in integrierten Gesamtschulen und Gymnasien weitaus aktiver in Erscheinung tritt als etwa in den meisten Sonder-, Haupt- und Berufsschulen. Die risikolose Hinwendung zu politischen Reizthemen ist einmal hiervon, zum anderen vom jeweiligen Alter der Schüler abhängig. Während die Schülervertretungen der gymnasialen Oberstufe ihr Verhältnis zur Schulleitung häufig als konstruktiv-kritisch bezeichnen, klagen sehr viele Schülervertretungen an Berufsschulen über Arbeitsbehinderungen und Repressionen (vgl. DIETZE 1984).

Im Zusammenhang mit dem Numerus-clausus-Problem und der Entliberalisierung des öffentlichen Meinungsklimas seit Mitte der 70er Jahre schwindet zunehmend das Interesse der Schüler, sich in der Schülervertretung zu engagieren, weil befürchtet wird, die persönlichen Nachteile (Notenverschlechterung, Strafen und anderes) stünden in keinem angemessenen Verhältnis zum Zeit- und Arbeitsaufwand. Allerdings ist seit Ende der 70er Jahre zu beobachten, daß an einzelnen Schulen die Schülervertretung in Kooperation mit der Elternvertretung, Teilen der Lehrerschaft und bisweilen auch Schulleitern sich mit Erfolg für die Durchsetzung innerschulischer Interessen einzusetzen vermag und damit jener Isolation entgeht, in die viele einseitig hochpolitisierte Schülervertretungen geraten sind.

Geschichte. Schon immer war es üblich, einzelne Schüler zur Mitgestaltung des Unterrichts und des Schullebens heranzuziehen. Doch erst mit der Blüte der Reformpädagogik (1890–1930) brach sich der Gedanke Bahn, die Schüler institutionell zu beteiligen; die Auswahl der Mitwirkenden wurde meist den Schülern selbst überlassen, die Wahlentscheidungen bedurften der Billigung des Lehrers oder Schulleiters. So entstanden insbesondere in Landschulheimen Schülerräte und Schülergerichte. Zu Beginn der Weimarer Republik wurden durch Erlasse der Kultusminister in einzelnen, insbesondere sozialdemokratisch geführten Ländern Schülervertretungen geschaffen, denen auch die Aufgabe zugestanden wurde, eigenverantwortlich staatsbürgerliche Bildungsarbeit zu leisten. Das führte unter den Bedingungen der jungen Republik dazu, daß sich pädagogisch interessierte Kreise wie die politischen Parteien um die Gewinnung der aktiven Schülerschaft bemühten und damit auch innerschulisch parteipolitische Richtungskämpfe auslösten, bis das Naziregime die Schülervertretungen auflöste und Teile ihrer Kader in die Hitler-Jugend (vgl. SCHOLTZ 1983) übernahm.

In der Not der ersten Nachkriegsjahre war Schulleitern und Kultusministern die informelle Anteilnahme verantwortungsbereiter Schüler an den Verwaltungs- und Gestaltungsaufgaben der Schule sehr erwünscht. Als sich die Schulen konsolidiert hatten, wurde auf der Grundlage von Erlassen in allen Ländern der Bundesrepublik die Schülermitverwaltung oder Schülermitverantwortung (SMV) ins Leben gerufen. Die Namensgebung folgte einem Rückgriff auf die reformpädagogische Terminologie. Der Aufgabenschwerpunkt der Schülermitverantwortung lag im Bereich der Einzelschule. Es wurden Klassen- und Schulsprecher gewählt. Sie durften Anregungen und Wünsche vortragen, wurden an der Pausenüberwachung beteiligt und durften Schulfeste organisieren. Bei unliebsamem Verhalten konnten sie von den Schulleitern abgesetzt werden.

Im Zusammenhang mit der Studentenbewegung gab es Mitte der 60er Jahre viele politisch interessierte Schüler, „die machten nicht mehr mit". Sie verhöhnten die formaldemokratischen und sachlich belanglosen Rechte der „Schülermilchverwaltung", forderten die Anerkennung als Interessenvertretung der Schülerschaft, kurzum: „Mitbestimmung" (vgl. AUERNHEIMER/DOEHLMANN 1971).

Die Ständige Konferenz der Kultusminister der Länder in der Bundesrepublik Deutschland (KMK) reagierte 1968 mit einem zaghaften Beschluß (vgl. KMK 1968) und hielt am Gedanken der Schülermitverantwortung zunächst fest. Allerdings hatten einzelne aufgeschlossene Kultusminister etwa zu gleicher Zeit das Recht der Schüler, Interessenvertretungen zu bilden, anerkannt. Diese Funktion wird heute den Schülervertretern auch in jenen Ländern zugestanden, die am alten Schülermitverantwortungsbegriff festhalten (Bayern, Rheinland-Pfalz).

Seit Ende der 60er Jahre wurde in allen Ländern über die Demokratisierung der Schulverfassung diskutiert. Das führte bis 1978 zu neuen Schul-, Schulverwaltungs- und Schulmitwirkungsgesetzen oder Rechtsverordnungen. Sie gewährleisten meist (bei altersmäßiger Abstufung) den Schülervertretungen Anhör-, Informations- und Beratungsrechte sowie in den Zentralkonferenzen auch Mitbestimmungsrechte. Der Beschluß der KMK von 1973 „Zur Stellung des Schülers in der Schule" verzichtet nicht auf eine Anknüpfung an den 1968er Beschluß; er dokumentiert aber doch auch eine minimale Einmütigkeit darüber, daß den Schülern über die Schülervertretung die Möglichkeit eingeräumt werden muß, selbstverantwortlich und demokratisch zu handeln.

Aufbau. In der Regel werden ab Klasse 5, zum Teil auch in Grundschulen, Klassensprecher gewählt, die ihrerseits die Schülervertretung der Schule mit dem Schulsprecher wählen. Die Schulsprecher bilden die Schülervertretung der Gemeinde oder des Landkreises und wählen ihrerseits Delegierte, die die Landesschülervertretung bestimmen. Doch gibt es hiervon Abweichungen. Schülervertreter können nicht mehr abgesetzt, sondern nur von ihren Wählern abgewählt werden. Ab der 7. oder 8. Klasse haben Schülervertreter das Zugangsrecht zur pluralistisch zusammengesetzten Zentralkonferenz, meist Schulkonferenz genannt, zum Teil auch zu Klassenkonferenzen (so in Nordrhein-Westfalen und Saarland), zu Zeugnis- und Versetzungskonferenzen (etwa in Bremen, Niedersachsen), zu Fachkonferenzen (Niedersachsen, Nordrhein-Westfalen, Saarland). In Hessen gibt es an den Sekundarstufen II besondere Lehrer-Schüler-Ausschüsse; in Bayern sind Schüler mit einem Drittel der Stimmen an dem sogenannten Schulforum, einem Beratungsgremium des Schulleiters ohne Mitbestimmungsbefugnis, beteiligt. Landesschülervertretungen gibt es in allen Bundesländern, doch werden sie in Bayern und Baden-Württemberg nicht anerkannt.

Rechte in der Schulverfassung. In den meisten Bundesländern wird der Schülervertretung ein Kontingent an Verfügungsstunden zugebilligt, während derer sie beraten können. Überdies haben sie Anspruch auf Förderung durch Zurverfügungstellung von Sach- und Finanzmitteln. Die Schülervertretung wählt Lehrer ihres Vertrauens, die sie in allen Belangen beraten und unterstützen sollen und die deshalb häufig Schwierigkeiten mit Kollegen oder der Schulleitung bekommen, wenn sie in Interessenkonflikte geraten (in denen sie sich erfahrungsgemäß meist auf die Seite der Schüler stellen). Deshalb schlägt die Kommission Schulrecht (vgl. SCHULE IM RECHTSSTAAT 1981, S. 306) vor, das Aussageverweigerungsrecht gegenüber Vorgesetzten zu stärken.

Schülervertretungsveranstaltungen sind Schulveranstaltungen. Deren Teilnehmer sind damit unfallversichert. In der Regel müssen solche Veranstaltungen beim Schulleiter angemeldet, in manchen Ländern sogar genehmigt werden; das hängt davon ab, ob sie nur in rechtlicher oder auch in pädagogischer Hinsicht unter Aufsicht stehen. Doch besteht Anspruch auf Genehmigung, wenn sachliche Gründe nicht entgegenstehen. Dies wirkt sich auch auf das Befugnis der Schülervertretung aus, im Satzungswege andere demokratische Willensbildungsformen zu finden als oben angedeutet. So praktizieren eine Reihe von Schülervertretungen ein sogenanntes Listenwahlsystem – dies vor allem dann, wenn mehrere politische Gruppierungen gegeneinander konkurrieren. Anfängliche Versuche in den 70er Jahren, nach dem Räteprinzip zu verfahren, waren überwiegend nicht erfolgreich. Auch die Einberufung von Vollversammlungen wird in den meisten Bundesländern erschwert, teilweise auch verboten.

Da in Hessen und Nordrhein-Westfalen bereits in den 50er und 60er Jahren die Bildung von Landesschülervertretungen besonders (auch in finanzieller Hinsicht) gefördert wurde, kommt diesen Landesschülervertretungen wegen ihrer langen Tradition und der Fortbildung sowie dem Gewicht ihrer bildungspolitischen Beiträge auch heute noch größere Bedeutung zu als in den anderen Bundesländern.

Politische Bildungsfunktion und politisches Mandat. Sinkendes Interesse der Schüler und erhöhte Fluktuation in der Schülervertretung haben es mit sich gebracht, daß sich politische Minderheiten relativ leicht durchsetzen können. Das wiederum hat zu Konfrontationen mit Lehrerschaft, Schulleitungen und Kultusministern geführt. Es wurde kritisiert, daß Schülervertreter nicht das Recht hätten, sich im Namen der Schülerschaft in allgemeinpolitischen Dingen zu äußern; ähnlich wie schon den Studentenschaften wurde ihnen ein politisches Mandat abgesprochen. Ein schulpolitisches Mandat enthalten hingegen die meisten Schulgesetze; es wird bundesweit anerkannt. Trotzdem soll es beispielsweise nicht berechtigen, daß sich die Schülervertretung mit politisch umstrittenen Themen befaßt (Radikalenerlaß, Staatssicherheit, Aufrüstung, Sexualität, Ökonomie und Ökologie, Friedenserziehung). Diese Auffassung ist problematisch, denn wenn die Schule im Rahmen ihres Erziehungsauftrags über solche und ähnliche Themen zu informieren hat, dann kann gleiches der Schülervertretung mit Rechtsgründen nicht verwehrt werden (vgl. DIETZE 1984).

Nachdem die Schulverfassungsreform in allen Bundesländern derzeit abgeschlossen ist, ist nicht damit zu rechnen, daß in den nächsten Jahren die Rechte der Schülervertretungen nennenswert erweitert werden. So bildet die Schülervertretung auch weiterhin einen wesentlichen Prüfstein, an dem sich für die Schüler einsichtig machen läßt, ob und inwieweit Lehrer, Eltern, Schulleiter und Kultusminister ihre eigenverantwortliche Gestaltungsarbeit im Interesse der Erhaltung einer freiheitlichen Demokratie anerkennen und fördern – oder eben auch nicht.

AUERNHEIMER, G./DOEHLMANN, M.: Mitbestimmung in der Schule, München 1971. BUNDESZENTRALE FÜR POLITISCHE BILDUNG (Hg.): Demokratisierung der Schule. Die Stellung des Schülers in der Schule und die Rolle der Schülermitverantwortung, Bonn 1969. CZYMEK, H.: Schülermitverwaltung oder Schülermitverantwortung? In: R. d. Jug. u. d. Bwes. 16 (1968), S. 72 ff. DIETZE, L. (Hg.): Modell einer demokratischen Schulverfassung, Mainz 1970. DIETZE, L.: Von der Schulanstalt zur Lehrerschule, Braunschweig 1976. DIETZE, L.: Schülerrechte. In: Enzyklopädie Erziehungswissenschaft, Bd. 5, Stuttgart 1984, S. 575 ff. DIETZE, L. u. a.: Rechtslexikon für Schüler, Lehrer, Eltern, Baden-Baden 1974/1975. HECKEL, H. (unter Mitarbeit von P. Seipp):

Schulrechtskunde, Neuwied/Darmstadt ⁵1976. Hess, K.: Das Recht der hessischen Schülervertretung, Wiesbaden ³1978. KMK: Schülermitverantwortung: Beschluß vom 3.10.1968, Bonn 1968. KMK: „Zur Stellung des Schülers in der Schule", Beschluß vom 25.5.1973, Bonn 1973. Lenhart, V. (Hg.): Demokratisierung der Schule, Frankfurt/M. 1972. Perschel, W.: Die Rechtslage der Schülermitverwaltung, Neuwied 1966. Rausch, A.: Schülervereine. Erfahrungen und Grundsätze, Halle 1904. Scheibe, W. u.a.: Schülermitverantwortung, Neuwied 1966. Scholtz, H.: Staatsjugendorganisationen (HJ - FDJ). In: Enzyklopädie Erziehungswissenschaft, Bd. 8, Stuttgart 1983, S. 576 ff. Schule im Rechtsstaat, Bd. 1: Entwurf für ein Landesschulgesetz. Bericht der Kommission Schulrecht des Deutschen Juristentages, München 1981.

Lutz Dietze

Schuletat

Begriff und Struktur. Unter dem Begriff „Schuletat" wird der Teil eines öffentlichen Haushalts, beispielsweise eines Landes oder einer Gemeinde, verstanden, der die Ausgaben und Einnahmen entweder für das gesamte Schulwesen oder für eine einzelne Schule enthält. Je nach Zahl und Bedeutung der einzelnen Schulen werden diese in den Haushalten einzeln oder zusammengefaßt veranschlagt. Die „Kompetenz- und Lastenverteilung im Schulsystem" (Boehm/ Rudolph 1971) bewirkt, daß - in vertikaler Betrachtung - mehrere politische Ebenen Ausgaben für Schulen getrennt in den jeweiligen Etats veranschlagen müssen. Die einzelnen Etats sind nach institutionellen Gesichtspunkten in Einzelpläne für Ressorts beziehungsweise Ämter gegliedert. Dies erleichtert die Haushaltsfunktionen der Handlungsorientierung im Haushaltsvollzug und der späteren Kontrolle. Nicht alle Ausgaben für das Schulwesen sind beim Kultusressort des Landes oder beim Schulamt der Gemeinde veranschlagt; so finden sich zum Beispiel Ausgaben für Landwirtschaftsschulen im Etat des Landwirtschaftsministeriums. Bund und Länder fassen die Ausgaben und Einnahmen für zusammenhängende Aufgabengebiete unabhängig von der institutionellen Zuordnung und deren Veränderungen (etwa Aufteilung der ursprünglichen Kultusministerien in ein Schul- und ein Hochschulministerium) nach einem gemeinsamen „Funktionenplan" in Übersichten zusammen. So lassen sich Ausgaben verschiedener Gebietskörperschaften leichter vergleichen oder statistisch zusammenfassen.

Zwei Beispiele. Im folgenden werden zwei Schuletats kurz dargestellt. Dabei ist zu berücksichtigen, daß die Etats anderer Länder und Gemeinden und für andere Haushaltsjahre in den quantitativen Relationen erhebliche Abweichungen zeigen können.
Der Staatshaushaltsplan für Baden-Württemberg für 1980 enthält im Einzelplan 04 Ausgaben und Einnahmen des Ministeriums für Kultus und Sport (vgl. Abb. 1). Diese sind in Kapitel, Titelgruppen und Titel unterteilt. Jeder einzelne Titel enthält nicht nur die Funktionskennziffer, die seine funktionale Zuordnung ermöglicht, sondern auch eine Kennzahl, die seine Zugehörigkeit zu einer bestimmten ökonomischen Ausgaben- und Einnahmenkategorie kennzeichnet, die im „Gruppierungsplan" festgelegt ist. Abbildung 1 enthält eine Übersicht über die Einnahmen und Ausgaben nach großen Ausgabenkategorien für den Gesamthaushalt, den Einzelplan 04 und die Funktionskennzahl 12 „Schulen und vorschulische Bildung". Der Einzelplan 04 enthält - verglichen mit der Funktionskennzahl 12 - zusätzliche Ausgaben, beispielsweise für Verwaltung (Funktionskennzahl 11) und Bildungsförderung (Funktionskennzahl 14). Er enthält geringere Ausgaben, da auch andere Ressorts Ausgaben für

Schuletat

Abbildung 1: Schuletat Baden-Württemberg 1980

	Gesamthaushalt		Einzelplan 04			Funktion 12 „Schulen und vorschulische Bildung"		
	in Mio DM	in % der Ausg.	in Mio DM	in % der Ausg.	in % von (1)	in Mio DM	in % der Ausg.	in % von (1)
	(1)	(2)	(3)	(4)	(5)	(6)	(7)	(8)
Einnahmen	30 794,5	100,0	36,7	0,7	0,1	28,1	0,6	0,1
Ausgaben	30 794,5	100,0	5 443,6	100,0	17,7	4 950,3	100,0	16,1
Personalausgaben	12 173,4	39,5	4 355,2	80,0	35,8	4 143,4	83,7	34,0
Sächliche Verwaltungsausgaben, Schuldendienst	4 111,5	13,4	48,7	0,9	1,2	32,7	0,7	0,8
Zuweisungen und Zuschüsse (ohne Investitionen)	9 407,3	30,5	531,3	9,8	5,6	434,8	8,8	4,6
Ausgaben für Investitionen	5 345,5	17,4	508,3	9,3	9,5	339,4	6,9	6,3
besondere Finanzierungsausgaben	−243,2	−0,8	0,1	0,0		0,0	0,0	

(Quelle: STAATSHAUSHALTSPLAN VON BADEN-WÜRTTEMBERG FÜR 1980 o.J., S. 8f., S. 63, S. 66f.)

Schuletat

die Funktionskennzahl 12 leisten. Leider fehlt im Haushaltsplan eine Übersicht, die Einzelpläne und Funktionsgliederung kombiniert. Vom Etatvolumen (30 794,5 Mio. DM) machen die Ausgaben im Einzelplan 04 (5 443,6 Mio. DM) 17,7 % aus, die Ausgaben für Schulen (4 950,3 Mio. DM) 16,1 %. Die spezifischen Einnahmen sind unerheblich. Die gesamten Ausgaben sind aus den allgemeinen Staatseinnahmen zu decken. Bei den Ausgaben für Schulen dominieren die Personalausgaben mit 83,7 %, es folgen Zuweisungen und Zuschüsse mit 8,8 % und Ausgaben für Investitionen mit 6,9 %. Der Anteil der Personalausgaben an den Gesamtausgaben ist mehr als doppelt so hoch wie im Gesamthaushalt (39,5 %). Die Zuweisungen und Zuschüsse enthalten als großen Posten die Erstattungen für Privatschulen, die Ausgaben für Investitionen enthalten die Zuweisungen an Gemeinden für Schulbau- und sonstige Investitionen.

Abbildung 2: Schuletat Konstanz 1979

	alle Einzelpläne		Einzelplan 2		
	in 1 000 DM	in % d. Ausg.	in 1 000 DM	in % d. Ausg.	in % von (1)
	(1)	(2)	(3)	(4)	(5)
Verwaltungshaushalt					
Einnahmen	117 406,0	74,2	3 336,7	31,7	2,8
Ausgaben	117 406,0	74,2	6 164,8	58,5	5,3
Personalausgaben	39 733,9	25,1	2 702,4	25,7	6,8
sächlicher Verwaltungs- und Betriebsaufwand	29 113,3	18,4	3 462,4	32,9	11,9
Zuweisungen und Zuschüsse	2 963,5	1,9	0,0	0,0	0,0
sonstige Finanzausgaben	45 595,3	28,8	0,0	0,0	0,0
Vermögenshaushalt					
Einnahmen	40 810,4	25,8	2 991,0	28,4	7,3
Ausgaben	40 810,4	25,8	4 369,6	41,5	10,7
Baumaßnahmen	32 201,1	20,4	3 549,0	33,7	11,0
sonstige Investitionsausgaben	8 609,3	5,4	820,6	7,8	9,5
Gesamthaushalt					
Einnahmen	158 216,4	100,0	6 327,7	60,1	4,0
Ausgaben	158 216,4	100,0	10 533,8	100,0	6,7

(Quelle: STADT KONSTANZ. HAUSHALTSPLAN, RECHNUNGSJAHR 1979 o. J.)

Der Haushaltsplan der Stadt Konstanz für 1979 gliedert sich einerseits in einen Verwaltungshaushalt für laufende Transaktionen und einen Vermögenshaushalt, andererseits in Einzelpläne. Schulausgaben sind im Einzelplan 2 zusammengefaßt. Eine Unterscheidung zwischen institutioneller und funktionaler Gliederung wie beim Staatshaushalt fehlt. Abbildung 2 stellt Einnahmen und Ausgaben (nach Ausgabenkategorien) für Gesamthaushalt und Einzelplan 2 nebeneinander. Vom Etatvolumen (158,2 Mio. DM) machen die Schulausgaben (10,5 Mio. DM) nur 6,7% aus. Verglichen mit dem Gesamtetat (25,8%) ist der Anteil des Vermögenshaushalts am Schuletat relativ hoch (bei den Ausgaben 41,5%). Die Einnahmen des Schuletat bestehen fast ausschließlich aus Zuweisungen des Landes: im Verwaltungshaushalt sind es sogenannte Sachkostenbeiträge pro Schüler aus dem kommunalen Finanzausgleich, im Vermögenshaushalt sind es Zuweisungen für Baumaßnahmen und für den Erwerb von beweglichen Sachen. Diese Einnahmen decken 60,1% der Schulausgaben. Verglichen mit dem Land ist der Anteil der Personalausgaben (25,7%) niedriger, der der sächlichen Verwaltungsausgaben (32,9%), der Ausgaben für Baumaßnahmen (33,7%) und der sonstigen Investitionsausgaben (7,8%) höher.

Ausblick. Die Unterscheidung des Schulverwaltungsrechts in „äußere" und „innere Angelegenheiten" des Schulwesens und die Aufteilung dieser Kompetenzen auf Gemeinde und Land schlägt sich in den Schuletats beider Ebenen nieder. Doch besitzen die Gemeinden heute im engen Netz von Gesetzen und Erlassen, Schulentwicklungsplänen und Zweckzuweisungen kaum mehr eine nennenswerte Handlungsfreiheit in der Schulfinanzierung. Gegen die staatliche Organisationsgewalt, mit der beispielsweise Mindestzügigkeit und Mindestklassenfrequenzen festgesetzt werden, vermag sich – gerade zu Zeiten sinkender Schülerzahlen – der Wunsch eines Gemeinderats nach Fortbestand einer örtlichen Schule oft nicht zu behaupten: der Ausgabenbereitschaft fehlt dann die Ausgabemöglichkeit. Umgekehrt wurden die Gemeinden gerade in den letzten zehn Jahren in den meisten Bundesländern durch die gesetzlichen Regelungen der Lernmittelfreiheit und des Schülertransports mit oft erheblichen zusätzlichen Ausgaben belastet.

Reformüberlegungen richten sich nicht nur auf eine Entflechtung und Dezentralisierung im Verhältnis zwischen Land und Gemeinde und damit eine Rückgewinnung kommunaler Autonomie, sondern von Wissenschaftlern sind auch zwei weitere Vorschläge vorgetragen worden: Wegen des an Zahlungsvorgängen ansetzenden kameralistischen Rechnungswesens der öffentlichen Haushalte ist die Aussagefähigkeit der Schuletats für bildungsökonomische Fragestellungen begrenzt. Gefordert wird ein Instrumentarium, das die Umwandlung der Schulausgaben in volks- und betriebswirtschaftlich definierte Bildungskosten erlaubt (vgl. KAHLERT/DÖRING 1973, SIEWERT 1976).

Dies ist eine Voraussetzung für eine effektive und effiziente Führung der „Bildungsbetriebe" wie für eine rationale Planung und Entscheidungsfindung der Gebietskörperschaften und ihrer Gremien. Die bessere Nutzung der knappen Mittel würde Ressourcen freimachen für eine verbesserte Bildungsversorgung. Insofern kann Rationalisierung, die nicht mit Sparsamkeit am falschen Platze verwechselt wird, zur Voraussetzung von Innovation werden.

Im Rahmen seines Konzepts einer „verselbständigten und partizipatorischen Schule" hat der Deutsche Bildungsrat 1973 auch eine größere Autonomie der Schule bei Finanzentscheidungen vorgeschlagen. Seine Vorstellungen lassen sich wie folgt zusammenfassen: Durch die Festlegung von Standards sollte eine gleichmäßige Regelausstattung aller Schulen eines Landes gesichert werden, neben der eine Zusatzfinanzierung für den „inneren Schulbetrieb" der einzelnen Schulen Spielraum für besondere pädagogische Aktivitäten eröffnet. In größeren Schulen sollte auch die Mittelbewirtschaftung bei den Schulen liegen. Die Anteile der Mittelaufbringung sollten dabei zwischen Land und Schulträger nicht verschoben werden. Der Bildungsrat sieht zwar die Gefahren neuer innerschulischer Konflikte und eines administrativen Mehraufwands der Entscheidungsdezentralisierung; er betont aber, daß ohne diesen finanziellen Entscheidungsspielraum seinem Modell einer praxisnahen Curriculumentwicklung und Unterrichtsreform auf der Ebene der Schule die erforderliche Flexibilität fehle (vgl. DEUTSCHER BILDUNGSRAT 1973). In der schulpolitischen Praxis der Bundesländer hat dieser Vorschlag bisher keine nennenswerten Veränderungen bewirkt. Daher „wird eine Reform der Bildungsverwaltung deshalb nicht zuletzt eine Budgetreform umfassen müssen, die im besonderen Maße Aufstellung und Kontrolle, aber auch Vollzug des Haushalts der Bildungseinrichtungen einer Neuordnung unterzieht, um so sicherzustellen, daß bildungspolitische Zielsetzungen und pädagogische Intentionen nicht durch überkommene budgettechnische Hemmnisse blockiert werden" (KAHLERT/DÖRING 1973, S. 75).

BOEHM, U./RUDOLPH, H.: Kompetenz- und Lastenverteilung im Schulsystem. Analyse und Ansätze zur Reform, Stuttgart 1971. DEUTSCHER BILDUNGSRAT: Zur Reform von Organisation und Verwaltung im Bildungswesen, Teil I: Verstärkte Selbständigkeit der Schule und Partizipation der Lehrer, Schüler und Eltern. Empfehlungen der Bildungskommission, Stuttgart 1973. KAHLERT, H./DÖRING, P. A.: Schulausgaben und Bildungskosten. Bildungsökonomische Analysen eines kameralistischen Budgets, dargestellt am Beispiel der Fachhochschule Furtwangen/Schwarzwald, Weinheim 1973. SIEWERT, P.: Kostenrechnung für Schulen in öffentlicher Trägerschaft. Fragen und Ansätze, Berlin 1976. STAATSHAUSHALTSPLAN VON BADEN-WÜRTTEMBERG für 1980, o. O. o. J. STADT KONSTANZ. HAUSHALTSPLAN, RECHNUNGSJAHR 1979, o. O. o. J.

Heinrich Mäding

Schulleitung

Kompetenzstruktur. Die Leitungsfunktion einer Schule ist in einen dreifachen Einfluß- und Verantwortungszusammenhang eingebunden: seitens der innerschulischen Willensbildung, seitens der Schulaufsicht und seitens des Schulträgers. Dem entspricht eine komplizierte und konfliktreiche Kompetenzabgrenzung der Schulleitung gegenüber dem Kollegium (sowie den Schülern und Eltern), gegenüber den (staatlichen) Schulaufsichtsbehörden und gegenüber den (meist kommunalen) Schulträgern. Diese kompetenzmäßige Zuordnung ist in unterschiedlichen juristischen Regelungszusammenhängen normiert, aus denen sich die Rechte und Pflichten eines Schulleiters im einzelnen ergeben:
- Dem Kollegium gegenüber ist der Schulleiter einerseits Kollege und andererseits unmittelbarer Vorgesetzter; er ist Mitglied und (meist) Vorsitzender der Konferenzen. Sein Verhältnis zu den Schülern und Eltern läßt sich als ein wechselseitiges Zusammenwirken bezeichnen. Dieses Spannungsverhältnis von Kollegialität und Vorgesetztenfunktion wird in einem Rechtsgebiet geregelt, das man neuerdings Schulverfassungsrecht (Mitwirkungsrecht, Konferenzrecht) nennt.
- Der Schulaufsicht gegenüber ist der Schulleiter in erster Linie ein weisungsabhängiger Beamter, der die Vorschriften und Anordnungen der zuständigen Behörde zu befolgen hat; aber zugleich ist er Repräsentant einer innerschulischen Willensbildung, die über ein gewisses Maß an Selbständigkeit (Autonomie, Selbstverwaltung) verfügt. Für dieses Verhältnis von Schulaufsicht und Schulleitung ist das gesamte Schulrecht und das beamtenrechtliche Über- und Unterord-

nungsverhältnis von Bedeutung.
- Dem Schulträger gegenüber ist der Schulleiter insbesondere Leiter der (rechtlich unselbständigen) Anstalt; die sich hieraus ergebenden Rechte und Pflichten (beispielsweise Hausrecht, Bewirtschaftung der Haushaltsmittel, Verwaltung der Schulanlagen, Vertretung der Schule gegenüber der Öffentlichkeit) sind Teil eines Rechtsgebietes, das im Anstaltsrecht und im Kommunalrecht nur unvollständig geregelt ist.

Daß die Möglichkeiten, sich in einem derart komplexen Geflecht von Einflüssen und Verantwortlichkeiten erfolgreich zu behaupten, nicht nur von der formalrechtlichen Ausgestaltung dieses Amtes abhängen, sondern auch von dem politischen Geschick und der Persönlichkeit des Schulleiters, bedarf wohl keiner langen Begründung. Für das, was man das Klima einer Schule, ihren Geist, ihr Ansehen, ihre besondere Prägung nennen könnte, ist die Funktion der Schulleitung und die Person des Schulleiters von einer Bedeutung, die kaum überschätzt werden kann (vgl. ROLFF 1983).

Schulleitung und Schulverfassung. Für die Aufgaben und die Rechtsstellung des Schulleiters im Rahmen der Schulverfassung sind vor allem folgende Fragen entscheidend (vgl. NEVERMANN 1982, S. 240 ff.; zur Geschichte der Schulverfassung vgl. NEVERMANN 1984a; zur heutigen Regelung vgl. NEVERMANN 1984b):
- Ob und in welcher Weise das Kollegium (oder die Konferenz) an der (Aus-)Wahl des Schulleiters beteiligt ist;
- ob der Schulleiter auf Lebenszeit oder auf Zeit ernannt wird;
- ob der Schulleiter ein umfassendes oder ein auf Verwaltungsfragen reduziertes Weisungsrecht gegenüber den Lehrern hat;
- ob der Schulleiter ein umfassendes oder ein im Sinne der Rechtsaufsicht begrenztes Beanstandungsrecht gegenüber Konferenzbeschlüssen hat;
- ob der Schulleiter an (rechtmäßige) Konferenzbeschlüsse gebunden ist;
- ob der Schulleiter als Vorgesetzter ein Unterrichtsbesuchsrecht hat, das auch zu Weisungen berechtigt oder nur zur Information;
- ob der Schulleiter auch Funktionen eines Dienstvorgesetzten (etwa dienstliche Beurteilungen) besitzt.

Je nachdem wie diese Fragen im einzelnen geregelt werden, kann man von einem eher kollegialen oder eher autoritativen (direktorialen) Modell der Schulverwaltung sprechen.

Schulleitung und Schulaufsicht. Aus der Sicht der Schulaufsichtsbehörde ist der Schulleiter nicht nur Vorgesetzter seiner Lehrer und ihnen gegenüber (beschränkt oder unbeschränkt) weisungsberechtigt, sondern er ist Teil eines hierarchischen Behördenaufbaues und gegenüber der Schulaufsichtsbehörde weisungsgebunden. Vorgesetzter des Schulleiters ist der Schulaufsichtsbeamte (Schulrat), der ihm für seine dienstlichen Tätigkeiten Anordnungen erteilen kann. Die für die Stellung des Schulleiters entscheidende Frage ist, ob dieses Weisungsrecht des Schulaufsichtsbeamten rechtlich unbegrenzt ist oder nicht. Historisch betrachtet umfaßt der Begriff der Schulaufsicht die Gesamtheit der Rechte und Pflichten des Staates zur Organisation, Planung, Leitung und Beaufsichtigung des Schulwesens. Soweit es um die Beratung und Kontrolle der Unterrichtstätigkeit in den Schulen geht, ist das Recht der Schulaufsicht zunächst einmal rechtlich nicht begrenzt: Schulräte können alle Angelegenheiten regeln, die für den Alltag in der Schule wichtig sind, und sie können als vorgesetzte Behörde den Schulleitern und Lehrern entsprechende Weisungen erteilen. Dabei bezieht sich die Fachaufsicht auf die Kontrolle der Schule und der Lehrer bei der Planung und Gestaltung des Unterrrichts und die Rechtsaufsicht auf die Kontrolle der Rechtmäßigkeit des Verhaltens von Schule und Lehrern. Während die Rechtsaufsicht nur zu Weisungen ermächtigt, wenn rechtswidrig, das heißt unter Verletzung geltender Rechtsvorschriften, gehandelt wird, berechtigt die Fachaufsicht zu Weisungen schon dann, wenn ein Tun oder Unterlassen eines Lehrers oder eines Schulleiters der Schulaufsichtsbehörde als unzweckmäßig erscheint.

Trotz dieser zunächst unbegrenzten Weisungsabhängigkeit des Schulleiters ergeben sich vor allem unter drei Aspekten Entscheidungsspielräume, die auch rechtlich abgesichert sein können. Erstens ist in einigen Schulverfassungsgesetzen geregelt, daß die Schulaufsichtsbehörde nicht mehr über eine umfassende Fachaufsicht verfügt, sondern lediglich rechtsaufsichtlich tätig werden soll: Nur dann, wenn Schulen und Lehrer geltendes Recht verletzen, soll die Schulbehörde eingreifen. Erscheint ein Verhalten oder eine Entscheidung lediglich als unzweckmäßig, so soll ein schulaufsichtlicher Eingriff nicht zulässig sein (vgl. NEVERMANN 1984b). Zweitens kann sich eine Eingrenzung des Weisungsrechts der Schulaufsicht daraus ergeben, daß die Lehrer (und damit auch der Schulleiter) sich auf den Grundsatz der „pädagogischen Freiheit" (vgl. PERSCHEL 1984) berufen können. Die pädagogische Freiheit verschafft den Lehrern (und damit auch den Schulleitern) einen rechtlichen Sonderstatus, der das Weisungsrecht der Schulaufsichtsbehörde tendenziell im Sinne der Formel begrenzt: Weisungen so wenig wie (rechtlich) nötig, pädagogische Freiheit so viel wie (rechtlich) möglich. Für den Handlungsspielraum des Schulleiters kommt (drittens) hinzu, daß in allen Bundesländern Konferenzen geschaffen worden sind, die über eine Reihe von Kompetenzen verfügen. Zum Teil sind nicht nur Lehrer Mitglieder dieser Konferenzen, sondern auch Schüler- und Elternvertreter. Inzwischen ist anerkannt, daß diese Konferenzen gegen die Schulaufsichtsbehörde klagen können, wenn sie bei der Wahrnehmung ihrer Rechte behindert werden (vgl. STAUPE 1978). Die in den Gesetzen geregelte Zuständigkeitsverteilung ist also nicht nur eine formale, sondern zugleich eine materiale, insofern sie zu einer Verlagerung von Entscheidungskompetenzen an die Schulverfassungsgremien geführt hat. An diese gesetzliche Dezentralisierung ist auch die Schulaufsicht gebunden.

Schulleitung und Anstaltsleitung. Eine Schule ist eine nicht-rechtsfähige Anstalt des öffentlichen Rechts, und der Schulleiter ist der Anstaltsleiter. Von einer Körperschaft des öffentlichen Rechts (beispielsweise einer Universität) unterscheidet sich die Anstalt dadurch, daß diese nicht wie jene von einer Vielzahl von Mitgliedern getragen wird, also nicht ein Personenverband ist. In den Begriffen des Verwaltungsrechts sind Schüler und Eltern nicht als Mitglieder einer Körperschaft zu bezeichnen, sondern als Benutzer einer Anstalt.

Als Leiter einer Anstalt verhandelt der Schulleiter mit ihren Benutzern und seiner Umwelt. Er vertritt die Schule gegenüber dem Schulträger und der Schulaufsicht; ihm obliegt, wie es im baden-württembergischen Schulgesetz heißt:
- „Die Aufnahme und Entlassung der Schüler, die Sorge für die Erfüllung der Schulpflicht, die Verteilung der Lehraufträge sowie die Aufstellung der Stunden- und Aufsichtspläne, die Anordnung von Vertretungen;
- die Vertretung der Schule nach außen und Pflege ihrer Beziehungen zu Elternhaus, Kirchen, Berufsausbildungsstätte, Einrichtungen der Jugendhilfe und Öffentlichkeit;
- die Aufsicht über die Schulanlagen und das Schulgebäude, die Ausübung

des Hausrechts und die Verwaltung und Pflege der der Schule überlassenen Gegenstände" (§ 41, Abs. 1 des baden-württembergischen Schulgesetzes vom 23. 5. 1976).
Rechtlich problematisch sind vor allem Umfang und Grenzen des Hausrechts und die praktisch wichtige Frage, unter welchen Voraussetzungen ein Schulfremder aus der Schule gewiesen beziehungsweise mit einem Hausverbot belegt werden kann (beispielsweise wegen kommerzieller Werbung oder politischer Betätigung). Fraglich ist dabei schon, ob sich das Hausrecht aus der (öffentlich-rechtlichen) Anstaltsgewalt ergibt (und damit an den speziellen Zweck der Schulanstalt gebunden wäre) oder aus dem (privatrechtlichen) Eigentum des Schulträgers oder aus einem besonderen (öffentlich-rechtlichen) Eigentum an öffentlichen Sachen wie dem Schulgebäude. Nach der Rechtsprechung ist danach zu differenzieren, ob der Bewerber in der Absicht kommt, entweder eine öffentlich-rechtliche Angelegenheit (etwa Anmeldung seines Kindes als Schüler) oder eine privatrechtliche Angelegenheit zu regeln (beispielsweise Verkauf von Waren); dementsprechend wäre es entweder ein öffentlich-rechtliches oder ein privatrechtliches Hausverbot, das der Schulleiter wegen einer Störung des Schulbetriebes erlassen würde. Und der Betroffene müßte sich entweder vor dem Verwaltungsgericht oder dem Zivilgericht dagegen zur Wehr setzen. In jedem Fall bleibt die Ausübung des Hausrechts aber an die Grundrechte gebunden, das heißt, er wird – im Unterschied zu einem privaten Hausbesitzer – stets gefragt, ob ein Hausverbot unter Beachtung der Grundrechte des Betroffenen wirklich erforderlich gewesen ist.

Zu unterscheiden von diesem Hausrecht ist im übrigen das Ordnungsrecht, auf das sich der Schulleiter gegenüber Schülern und Eltern berufen kann. Das Hausrecht richtet sich nach außen, gegen Störungen von schulfremden Personen. Demgegenüber richtet sich das Ordnungsrecht gegen Störungen, die von Schulbenutzern ausgehen. Gegenüber Schülern kann sich also ein Schulleiter nicht auf das Hausrecht, sondern lediglich auf das Ordnungsrecht berufen, das in den einzelnen Schulgesetzen gesondert geregelt ist (vgl. STAUPE 1981).

NEVERMANN, K.: Der Schulleiter. Juristische und historische Aspekte zum Verhältnis von Bürokratie und Pädagogik, Stuttgart 1982. NEVERMANN, K.: Ausdifferenzierung der Schulverfassung am Beispiel Preußens. In: Enzyklopädie Erziehungswissenschaft, Bd. 5, Stuttgart 1984, S. 172 ff. (1984 a). NEVERMANN, K.: Schule und Schulverfassung in der Bundesrepublik Deutschland. In: Enzyklopädie Erziehungswissenschaft, Bd. 5, Stuttgart 1984, S. 393 ff. (1984 b). PERSCHEL, W.: Freiheit, pädagogische. In: Enzyklopädie Erziehungswissenschaft, Bd. 5, Stuttgart 1984, S. 494 ff. ROLFF, H.-G.: Schulleitung und Schulklima. In: s. managem. 14 (1983), 3, S. 28 ff. STAUPE, J.: Klagebefugnis von Schulgremien im Schulverfassungsstreit. In: R. d. Jug. u. d. Bwes. 26 (1978), S. 188 ff. STAUPE, J.: Schulnutzung und Hausrecht. In: s. managem. 12 (1981), 1, S. 20 ff.

Knut Nevermann

Schulpflicht

Geschichte. Nachdem im nachreformatorischen Deutschland allmählich und in wachsendem Umfang Schulen als „Veranstaltungen des Staates" (§ 1 II 12 des preußischen Allgemeinen Landrechts – pr. ALR – von 1794) eingeführt worden waren – in der Erkenntnis, daß ein Minimum an Bildung für alle Einwohner unentbehrlich für die Funktion und das wirtschaftliche Wachstum eines modernen Staates sei –, war die Konstituierung eines *Schul-* oder *Unterrichts-*

zwanges der nächste konsequente Schritt: Er erstreckte sich nur auf solche Kinder, deren Eltern weder Zeit noch Mittel hatten, ihren Kindern anderweitigen Unterricht zu geben, war also zwar subsidiär, betraf aber die Masse des Volkes. In Preußen – die Entwicklung in anderen deutschen Ländern verlief einigermaßen ähnlich – führte diese Entwicklung (nach Anfängen in Ostpreußen 1717 und 1736) im General-Landschul-Reglement von 1763 zum Schulzwang für alle Kinder vom 5. bis zum 13. oder 14. Jahr, „bis sie nicht nur das Nöthigste vom Christenthum gefasset haben und fertig lesen und schreiben, sondern auch von demjenigen Red und Antwort geben können, was ihnen nach den von Unseren Consistoriis verordneten und approbirten Lehrbüchern beygebracht werden soll"; sie kulminierte im Unterrichtszwang nach § 43 II 12 pr. ALR: „Jeder Einwohner, welcher den nöthigen Unterricht für seine Kinder in seinem Hause nicht besorgen kann oder will, ist schuldig, dieselben nach zurückgelegtem fünften Jahr zur Schule zu schicken".

Erst die Weimarer Reichsverfassung (vgl. Art. 145) schuf eine *allgemeine Schulpflicht* für die achtjährige Volksschule und die anschließende Fortbildungsschule. Die Konkretisierung in Schulpflichtgesetzen der Länder geschah – auch infolge der Auseinandersetzungen um die allgemeine Volksschule und des Schulkompromisses 1920 – nur zögernd (erstes einheitliches Schulpflichtgesetz für ganz Preußen erst 1927). Das Reichsschulpflichtgesetz von 1938 schuf auf dieser Basis eine reichseinheitliche Regelung. Dieses Gesetz galt in den Ländern der Bundesrepublik Deutschland nach 1949 noch unterschiedlich lange fort. Inzwischen haben alle Bundesländer eigene Schulpflichtgesetze oder umfassende Schulgesetze unter Einbeziehung der Schulpflichtregelungen erlassen; mehrere Länder haben die Schulpflicht in unterschiedlicher Weise in der Landesverfassung verankert (Bayern, Baden-Württemberg, Bremen, Hessen, Nordrhein-Westfalen, Schleswig-Holstein).

Die allgemeine Schulpflicht ist heute einer der wichtigsten Garantien eines Rechts auf Bildung (vgl. PERSCHEL 1984a). Internationale Deklarationen und Übereinkommen fordern als Mindeststandard eine Pflicht zum Elementarschulbesuch (vgl. Art. 26 UNO-Menschenrechtsdeklaration von 1948; Art. 7 der UNO-Erklärung der Rechte des Kindes von 1959; Art. 13 des Internationalen Paktes über wirtschaftliche, soziale und kulturelle Rechte von 1966).

Grundzüge des geltenden Schulpflichtsystems. Infolge der Vorformung durch das Reichsschulpflichtgesetz von 1938 und durch Rahmenabkommen (Hamburger Abkommen von 1964/1971) weichen die Schulpflichtregelungen der Länder weniger voneinander ab als andere Teilbereiche des Schulrechts. Dennoch gibt es zahlreiche Unterschiede. Hier können nur die wichtigsten gemeinsamen Grundzüge dargestellt werden:

Die Schulpflicht gliedert sich in eine meist neunjährige (zum Teil zehnjährige) *Vollzeitschulpflicht* und eine *Berufsschulpflicht* unterschiedlicher Länge (meist drei Jahre; Ende grundsätzlich mit Vollendung des 18. Lebensjahres, häufig aber länger, beispielsweise bis zum Ende des Ausbildungsverhältnisses oder des laufenden Schuljahres; zum Teil auch kürzer infolge kürzerer Ausbildung; Berufsschulpflicht besteht aber auch für Jugendliche ohne Berufsausbildung). Die Berufsschulpflicht wird in der Regel durch Teilzeitschulbesuch erfüllt, das heißt durch Schulbesuch an ein oder zwei Tagen der Woche neben einer betrieblichen oder überbetrieblichen Ausbildung an den übrigen Werktagen („duales Ausbildungssystem"), teilweise aber auch durch Vollzeitunterricht in zusammenhängenden Ausbildungsabschnitten in zentralen Fachklassen oder Berufsfachschulen. Beim Besuch weiterführender Schulen ruht die Berufsschulpflicht, lebt aber wieder auf, sobald die allgemeine Schule vor Ende der Berufsschulpflicht (also vor Ende des 18. Lebensjahres) ohne entsprechenden Abschluß verlassen wird. Hierin liegt eine indirekte Ausdehnung der allgemeinen Vollzeitschulpflicht auf weiterführende Schulen: Das Ruhen der Berufsschulpflicht kann nur durch den Besuch einer allgemeinen weiterführenden Schule erwirkt werden.

Die Vollzeitschulpflicht beginnt mit dem auf einen Stichtag (30. Juni) nach Vollendung des 6. Lebensjahres folgenden Schuljahr. Im Regelfall liegt dadurch das Einschulungsalter – anders als in vielen europäischen Ländern – deutlich über sechs Lebensjahren. Nur in Ausnahmefällen – nämlich sofern sie *schulreif* sind – können auch Kinder eingeschult werden, die zwischen dem 1. 7. und dem 31. 12. das 6. Lebensjahr vollenden. Andererseits ist auch die Zurückstellung schulunreifer Kinder möglich (bis zu zwei Jahren). In anderen Ausnahmebestimmungen sind Möglichkeiten für Verlängerungen oder Verkürzungen der Schulbesuchsdauer vorgesehen. *Sonderschulbedürftige* Kinder können bei frühzeitig feststellbaren Sinnesbehinderungen schon nach dem 4. Lebensjahr in eine Sonderschule aufgenommen werden. Im übrigen werden sonderschulbedürftige Kinder in einem besonderen Überprüfungs- und Überweisungsverfahren auf eine geeignete Sonderschule umgeschult und sind dann dort schulpflichtig.

Die Eltern haben bei Zurückstellung und Sonderschuleinweisung mindestens Anhörungsrechte; Früheinschulungen bedürfen eines Antrages der Erziehungsberechtigten; die Entscheidungen werden vom Schulleiter oder von der unteren Schulaufsichtsbehörde getroffen. Alle Entscheidungen über Schul(un)reife, Zurückstellung und Sonderschuleinweisung sind anfechtbare Verwaltungsakte (vgl. PERSCHEL 1984b).

Für Grundschulen, Hauptschulen und die Sonderschulen für Lernbehinderte gilt eine Schulsprengelregelung, das heißt im Regelfall muß eine bestimmte örtlich zuständige Schule besucht werden (Ausnahmegenehmigung möglich). Ein Ausweichen ohne Ausnahmegenehmigung ist nur durch Besuch einer privaten Ersatzschule möglich.

Die Schulpflicht gilt für alle Kinder, Jugendliche und Heranwachsende, die in dem jeweiligen Bundesland ihren Wohnsitz oder gewöhnlichen Aufenthalt oder (im Falle der Berufsschulpflicht) ihre Ausbildungs- oder Arbeitsstätte haben; Ausnahmen bestehen für Diplomatenkinder und die Kinder der in der Bundesrepublik Deutschland stationierten ausländischen Militärangehörigen. Insbesondere gilt sie damit auch für die Kinder ausländischer Gastarbeiter und Asylanten. Diese Frage war mangels ausdrücklicher Regelung noch in der Weimarer Zeit strittig, zum Teil aber auch ausdrücklich anders geregelt (wie etwa die Beschränkung auf reichsangehörige Kinder im preußischen Schulpflichtgesetz von 1927, Erstreckung auf österreichische Kinder durch besonderes Abkommen). Aus den zum Teil erheblichen Anteilen ausländischer Kinder und Jugendlicher im Pflichtschulbereich ergeben sich gegenwärtig zahlreiche Probleme, die bisher nur ansatzweise systematisch gelöst und durchweg unterhalb der Gesetzesebene geregelt sind.

Die Schulpflicht ist ursprünglich *Schulbesuchspflicht,* das heißt Pflicht zur Teilnahme am Unterricht, soweit keine ausdrückliche Befreiung erteilt oder (im Falle des Religionsunterrichts) der Schüler vom Religionsunterricht ordnungsgemäß abgemeldet ist (vgl. Art. 4, Abs. 1 und 2, Art. 7 GG; §5 des Gesetzes über religiöse Kindererziehung von 1921: Selbstabmeldung des über 14jährigen Schülers mit bloßer Benachrichtigung

Schulpflicht

der Eltern; ob die in Bayern geltende Sonderregelung einer 18-Jahresgrenze – Art. 137 der bayerischen Verfassung von 1946 – dies ändern kann, ist umstritten, wird angesichts Art. 31, Art. 123 GG aber meist verneinend beantwortet).

Die Schulbesuchspflicht wird durch Verhaltenspflichten ergänzt, die im früheren Schulrechtssystem eine Art rudimentären Ersatz für die nicht vorhandenen gesetzlichen Regelungen des inneren Schulrechts darstellten (vgl. PERSCHEL 1984b). Eine Pflicht, „sich der Schulordnung zu fügen" (so heute noch mehrere Schulpflichtgesetze), wird in künftigen Schulgesetzen eher im Zusammenhang mit dem Schulverhältnis zu regeln sein, also unabhängig von der Schulpflicht und dann in rechtsstaatlicher Weise.

Die Erfüllung der Schulpflicht wird durch unterstützende Elternpflichten gesichert: An- und Abmeldung, angemessene Ausstattung, Überwachung der Teilnahme am Schulunterricht, Mitwirkung bei der Schulgesundheitspflege. Ähnliche Pflichten haben auch Ausbildende und Arbeitgeber bei berufsschulpflichtigen Jugendlichen: An- und Abmeldung, Gewährung der zum Schulbesuch erforderlichen Zeit, Anhalten zum Schulbesuch.

Bei *Schulpflichtverletzungen* sind verschiedene Sanktionen möglich:
- *Zwangsweise Zuführung* durch Ordnungsbehörden oder Polizei („Schulzwang" in einem engeren Sinne), eine kostenintensive und gerade bei Kindern aus Problemfamilien eher als Attraktion empfundene Maßnahme, die deshalb nur in Ausnahmefällen praktikabel ist;
- Verfolgung als *Ordnungswidrigkeit* (Geldbußen), möglich gegen Erziehungsberechtigte, Arbeitgeber/Ausbildende, in den meisten Ländern auch gegen (ältere) Schulpflichtige;
- Verfolgung als *Straftat* (Freiheitsstrafe bis zu sechs Monaten oder entsprechende Geldstrafe) bei dauernder oder hartnäckig wiederholter Schulpflichtentziehung. Diese aus dem Reichsschulpflichtgesetz von 1938 übernommene Möglichkeit ist nur noch in einigen Ländern vorgesehen und zwar in Berlin, Bremen, Hamburg, Hessen und dem Saarland; gegen die Schulpflichtigen selbst ist ein Strafverfahren nur noch in Bremen, Hessen und im Saarland möglich. Die strafrechtliche Verfolgung der Schulpflichtigen wird in der neueren Diskussion überwiegend als pädagogisch sehr problematisch beurteilt, da sie zur Stigmatisierung und Kriminalisierung von Jugendlichen führt, die sich durch Schulpflichtverletzungen ohnehin selbst schädigen und eher sozialpädagogischer Hilfen bedürften.

Reformprobleme. Insgesamt gehört das Schulpflichtrecht zu den weniger problematischen Rechtsgebieten. Reformen des geltenden Systems werden vor allem in folgenden Punkten diskutiert:
- Entlastung der Schulpflichtregelungen von Elementen anderer Sachgebiete (Übergänge, Versetzungen, Abschlüsse, Schulaufbau, Verlängerung und Verkürzung des Schulbesuchs);
- Überwindung der Trennung von Vollzeit- und Berufsschulpflicht durch ein einheitliches Schulpflichtsystem, das an die Stufengliederung des Schulwesens anknüpft;
- Beseitigung der problematischen Strafvorschriften, statt dessen engere Anbindung an das sozialpädagogische Instrumentarium im Zusammenhang mit einer Reform der Jugendhilfe;
- sachgemäße Lösungen für das Problem der Ausländerpädagogik (einschließlich einer Effektuierung des tatsächlichen Schulbesuchs).

NIEHUES, N.: Schul- und Prüfungsrecht, München ²1983. PERSCHEL, W.: Recht auf Bildung. In: Enzyklopädie Erziehungswissenschaft, Bd. 5, Stuttgart 1984, S. 549 ff. (1984a). PERSCHEL, W.: Rechtsschutz, verwaltungsgerichtlicher. In: Enzyklopädie Erziehungswissenschaft, Bd. 5, Stuttgart 1984, S. 553 ff. (1984b). PERSCHEL, W.: Gesetzesvorbehalt. In: Enzyklopädie Erziehungswissenschaft, Bd. 5, Stuttgart 1984, S. 497 ff. (1984c). SCHULE IM RECHTSSTAAT, Bd. 1: Entwurf für ein Landesschulgesetz. Bericht der Kommission Schulrecht des Deutschen Juristentages, München 1981.

Wolfgang Perschel

Schulversuch

Begriff und Abgrenzung. Bei einem Schulversuch handelt es sich um eine innerhalb des Regelschulwesens entwickelte, aber hiervon abweichende, normativ bedeutsame Alternative im Hinblick auf den Aufbau und die Struktur der Bildungsgänge, der Unterrichtsziele und der Didaktik; verfassungsrechtlich ist er legitimiert durch das Leistungsprinzip, das den Staat verpflichtet, laufend die Leistungsfähigkeit des Bildungswesens zu überprüfen und gegebenenfalls zu korrigieren. Gelingt dies durch einen Schulversuch nicht, ist der Versuch zu modifizieren oder abzubrechen. Allerdings stimmt in bezug auf die Bezeichnung von Versuchen kaum ein Bundesland mit dem anderen überein. Versucht man eine Generalisierung, so läßt sich unterscheiden: Schulversuch ist der Oberbegriff nach normativen Gesichtspunkten.

Der Ausdruck *Versuchsschule* meint insbesondere die Institution Schule und besagt, daß sie nach bestimmten inhaltlichen Kriterien eine Alternative zu den Schulen des Regelsystems ist. Der Sache nach handelt es sich hierbei um Schulen, die erst ihre Leistungsfähigkeit unter Beweis stellen müssen. Sie haben einen Sonderstatus und unterliegen anderen Voraussetzungen bei der Errichtung, Beaufsichtigung und Schließung als die Regelschule; über die gesetzlichen Mindesterfordernisse hinaus werden meist in einem Gründungs- oder Organisationserlaß des Kultusministers die wesentlichen Ziele des Versuchs näher umschrieben. Es sind dies Abweichungen bei der Bildungslaufbahn und den erreichbaren Abschlüssen, sowie bei Abweichungen im Notenfindungsverfahren oder bei Fragen der Schulverfassung.

Einzelne Länder, die die schrittweise Einführung eines integrierten Gesamtschulsystems in der Sekundarstufe I befürworten, sprechen von *Modellschulen*, womit der Schulverwaltung das Recht vorbehalten bleibt, geringfügigere Änderungen gegenüber den bestehenden Modellschulen bei der Umwandlung von Regelschulen wirksam werden zu lassen. Die integrierten hessischen Gesamtschulen waren von 1969 bis 1978 Prototypen und sind durch eine Gesetzesnovelle in den Status von Versuchsschulen zurückgeführt worden, womit die Freiwilligkeit des Schulbesuches gesichert ist.

Gesetzliche Voraussetzungen. Die Veränderung wesentlicher Schullaufbahnkriterien ist für die Verwirklichung des Rechts auf Bildung und des Elternrechts als dem Recht, die Schullaufbahn des Kindes zu bestimmen, von Bedeutung; aus rechtsstaatlichen Gründen muß dies überdies vorhersehbar sein, ob man von einem Schulversuch betroffen sein wird oder nicht. Die wesentlichen Merkmale einer Versuchsschule müssen daher im Gesetz selbst bestimmt werden oder aufgrund des Gesetzes bestimmbar sein. Ferner kann niemand gezwungen werden, sein Kind in eine Versuchsschule zu schicken, noch hat man einen Anspruch hierauf. Die versuchsfreundlicheren Bundesländer können die fehlende Initiative des kommunalen Schulträgers dadurch ersetzen, daß das Land selbst Schulträger wird.

Einzelfälle. Kein Schulversuch war die gesetzliche Einführung der Förderstufe für die Klassen 5 und 6 in Hessen (vgl. Entscheidungen des Bundesverfassungsgerichts - BVerfGE -, Bd. 34, S. 165 ff.), da die gemeinsame Unterrichtung aller Schüler dieser Jahrgangsstufen durch vierzehnjährige Versuchsvorläufe als hinreichend abgesichert galten und die Änderung der Schulstrukturen wie Bildungswege politische Gestaltungsaufgabe des Staates ist.

Keine Verletzung des Elternrechts war der Abbruch des Gerlinger Schulversuchs, eine zunächst durch Privatinitiative begründete, originelle Abweichung vom Grundschulsystem, weil es - so der Verwaltungsgerichtshof Mannheim in einem Urteil von 1975 - Sache des Staates ist festzustellen, ob und inwieweit ein Versuch erfolgreich verläuft (vgl. Dt. Verwbl., 1975, S. 438 ff.). Gleiches gilt für den Fall einer Düsseldorfer integrierten Gesamtschule, für die die zunächst vorgesehene Weiterführung in der Sekundarstufe II unterblieb (zu den rechtsstaatlichen Bedenken hiergegen: vgl. RICHTER 1978).

Der Hessische Staatsgerichtshof hat trotz der entgegenstehenden Entscheidungen des Bundesverfassungsgerichts (vgl. BVerfGE 45, S. 400 ff.; 53, S. 185 ff.) unter selbstgeschaffener Auslegung eines hessischen Elternrechts die einem KMK-Beschluß von 1972 folgende Oberstufenreform in wesentlichen Punkten für verfassungswidrig erklärt (vgl. N. Jur. Woschr. 1982, S. 1381 ff.). Dieses Urteil ist im Schrifttum einhellig abgelehnt worden. Nach der bis 1978 in Hessen geltenden Rechtslage konnten die Eltern einen Anspruch geltend machen, ihr Kind im Gymnasium zu belassen. Die Überweisung in eine integrierte Gesamtschule (die nota bene das Erreichen von vergleichbaren wie gleichwertigen Abschlüssen ermöglicht) war nach Auffassung des Verwaltungsgerichtshofs rechtswidrig (kritisch hierzu: vgl. DIETZE 1976a).

Die Kommission Schulrecht des Deutschen Juristentages ist in ihrem Entwurf für ein Landesschulgesetz der Auffassung (vgl. SCHULE IM RECHTSSTAAT 1981, S. 220), daß die Einführung integrierter Gesamtschulen als Regelschule eine politische Entscheidung des Gesetzgebers und daher verfassungsrechtlich unbedenklich sei, vorausgesetzt, das Recht der Eltern auf Bestimmung über den Bildungsweg ihres Kindes innerhalb des integrierten Systems werde respektiert. In diesem Sinne hat sich auch das Bundesverfassungsgericht (vgl. N. Z. f. Verwr. 1982, S. 89) - ohne damit abschließend die Rechtsproblematik integrierter Gesamtschulen gewürdigt zu haben - zu der Ansicht bekannt, das Elternrecht sei nicht verletzt, wenn an auslaufenden Gymnasien keine Eingangsklassen alter Art mehr eingerichtet würden, es reiche aus, wenn Schüler ihre Schulbildung an einer anderen Schule der gewählten Art „in zumutbarer Weise" fortsetzen könnten. Der Verfassungsgerichtshof für das Land Nordrhein-Westfalen (vgl. VerfGH 22/82 vom 23. 12. 1983) hat die Verfassungsmäßigkeit integrierter Gesamtschulen in Nordrhein-Westfalen festgestellt. Wenn trotzdem der Ausbau integrierter Gesamtschulen künftig nur sehr schleppend fortgesetzt werden wird, so liegt dies eher an der finanzpolitischen Zwangslage der Landesregierungen.

Unter den Schulversuchen (im hier verwendeten normativen Sinn des Wortes) waren lediglich die Hessischen Rahmenrichtlinien Gesellschaftslehre für die Sekundarstufe I in der Fassung von 1973 umstritten; doch waren sie entgegen der herrschenden Meinung im Schrifttum mit ihrer Orientierung an obersten Lernzielen wie Selbst- und Mitbestimmung verfassungskonform und damit für eine Erprobung geeignet (so der Hessische Verwaltungsgerichtshof, Kostenentscheidung vom 14.6.1976, V IN 9/72; vgl. SCHULRECHT O. J., I A VII, S. 81 ff.; vgl. DIETZE 1976b). Der Hessische Kultusminister konnte jedoch wegen der Veränderung der allgemeinen bildungspolitischen Lage seinen Prozeßgewinn nicht nutzen. Die inzwischen in Kraft getretenen neuen Rahmenrichtlinien verzichten auf die Hervorhebung einzelner Erziehungsziele und sind in ihrem Text allgemeiner gehalten, was ihnen die Brisanz wie die Konturen genommen hat. Ähnliches trifft auf die überarbeiteten Richtlinien für den politischen Unterricht in Nordrhein-Westfalen zu.

Voraussetzungen für die Einführung von Schulversuchen. Sofern sie von der Schulaufsichtsbehörde angeordnet werden, unterliegen Schulversuche gewissen Zustimmungserfordernissen der Mitbestimmungsgremien (Schulkonferenz, in Hessen des Schulelternbeirats). Sie können aber auch auf Vorschlag der Schulen genehmigt werden. Ziel, Gegenstand, Umfang und Verlauf sind darzulegen; die Notwendigkeit oder Nützlichkeit des Versuchs ist – soweit möglich – wissenschaftlich zu begründen. Geht die Initiative von einzelnen Lehrern aus, so sind zunächst die innerschulischen Instanzen (Fachkonferenz, zentrale Gremien), gegebenenfalls die Schulleitung zu beteiligen; auch wird ein Votum der Personalvertretung einzuholen sein. Einsprüche der genannten Instanzen können letztlich nicht verhindern, daß der Versuch stattfindet, wenn die Schulaufsichtsbehörde zustimmt. Die an einem Schulversuch beteiligten Lehrer können gegebenenfalls eine Ermäßigung bei der Unterrichtsverpflichtung erhalten. Doch hat die von allen Standesorganisationen der Lehrerschaft geführte Kampagne für die Arbeitszeitverkürzung der Lehrer praktisch dazu geführt, die Reformbereitschaft zu verringern.
Da Versuche dieser Art nach Zielen, Gegenständen und Dauer begrenzt sind, geht die Kommission Schulrecht des Deutschen Juristentages davon aus, daß die damit verbundenen Grundrechtseingriffe aller Wahrscheinlichkeit nach nicht so wesentlich sind, daß die Voraussetzungen für den Schulversuch gesetzlich geklärt werden müssen (vgl. SCHULE IM RECHTSSTAAT 1981, S. 220 ff.). Es handelt sich demnach um eine klassische Gestaltungsaufgabe der Kultusverwaltung, der Schulen wie der Lehrer.

Offene Rechtsfragen. Die verbindliche und flächendeckende Einführung von Versuchsschulen läßt versuchsunwilligen Schülern und Eltern nur noch die Möglichkeit, auf Privatschulen oder Schulen anderen Typs jenseits der Versuchs- und Landesgrenze auszuweichen; doch kann die Notwendigkeit, solche flächendeckende Versuche durchzuführen, nicht von vornherein von der Hand gewiesen werden. Die Kommission Schulrecht des Deutschen Juristentages hält daher eine solche Entscheidung für so weitreichend, daß hier der Gesetzgeber die Grundlagen regeln muß (vgl. SCHULE IM RECHTSSTAAT 1981, S. 220 ff.). Doch dürfte eher damit zu rechnen sein, daß – wenn überhaupt solche flächendeckenden Versuche gemacht werden – man gleich dazu schreiten würde, ein solches Schulsystem an die Stelle des alten zu setzen.
Ungeklärt sind daher eher Rechtsfragen bei lokal begrenzten Schulversuchen. Die Einführung der Mengenlehre, die Lehrplanreform der Grundschulen, die Verordnung der sogenannten Normenbücher für die neue gymnasiale Oberstufe und die Lehrplanreform in der Sekundarstufe I erfolgen nicht kraft überzeugender Versuchsvorläufe, sondern kraft bildungspolitischer Willenssetzung; die Ablehnung mißliebiger neuer Schulbücher oder Lehrgänge, zum Beispiel für das Fach Arbeitslehre (vgl. DIETZE 1976c, TEWES 1979) wurde bislang nur unter dem rechtlichen Spannungsverhältnis von Autoren- und Verlegerfreiheit einerseits, Exekutivmacht

Selbstverwaltung

und Prüfungskompetenz der Kultusverwaltung andererseits gesehen, nicht hingegen unter dem Blickwinkel des Informationsanspruchs der Schüler.
Die umfängliche und zeitweilig sehr aufwendige wissenschaftliche Begleitforschung bei Schulversuchen und in Versuchsschulen ist nur insoweit folgenreich geblieben, daß hier Wissenschaft als „Rationalitätsreserve" im bildungspolitischen Meinungskampf eingesetzt wurde (vgl. GSTETTNER/SEIDL 1975)

und nur dann zu einer bildungspolitischen Initialzündung geführt hat, wenn das Ergebnis in die bildungspolitische Landschaft paßte. Wegen der zunehmenden Reformskepsis der Eltern, ihrem höheren bildungspolitischen Engagement und ihrer erstarkten Mitwirkungsbefugnisse in der Schule werden sich künftig die Reformchancen von Lehrern wie Schulen danach bemessen, inwieweit es gelingt, Eltern zu interessieren.

CLEMENS, TH.: Grenzen staatlicher Maßnahmen im Schulbereich. In: N. Z. f. Verwr. 3 (1984), S. 65 ff. DIETZE, L.: Zum Recht am eingerichteten und ausgeübten Schulbetrieb. In: R. d. Jug. u. d. Bwes. 24 (1976), S. 38 ff. (1976a). DIETZE, L.: Die Reform der Lehrinhalte als Verfassungsproblem, Frankfurt 1976b. DIETZE, L.: Staatliches Neutralitätsgebot und Pluralismus als Problem der Arbeitslehre. In: R. d. Jug. u. d. Bwes. 24 (1976), S. 349 ff. (1976c). DIETZE, L.: Ist die Gesamtschule verfassungswidrig? s.managem. 8 (1977), S. 415 ff. DIETZE, L.: Zur Reform der Schulstrukturen im Lichte der Rechtsprechung: Ende der Streitigkeiten in Sicht? In: N. Z. f. Verwr. 3 (1984), S. 72 ff. GSTETTNER, P./SEIDL, P.: Sozialwissenschaft und Bildungsreform, Köln 1975. RICHTER, I.: Schulversuche vor Gericht. In: Jurztg. 33 (1978), S. 553 ff. SCHULE IM RECHTSSTAAT, Bd. 1: Entwurf für ein Landesschulgesetz. Bericht der Kommission Schulrecht des Deutschen Juristentages, München 1981. SCHULRECHT. Ergänzbare Sammlung schul- und prüfungsrechtlicher Entscheidungen, hg. v. H. Knudsen/P. Seipp (Stand 1984), Neuwied/Darmstadt o. J. TEWES, B. (Hg.): Schulbuch und Politik, Paderborn/München/Wien/Zürich 1979.

Lutz Dietze

Selbstverwaltung

Begriff. Im Unterschied zur unmittelbaren Staatsverwaltung bezeichnet man als Selbstverwaltung die dezentralisierte Wahrnehmung eigener Verwaltungsangelegenheiten durch nichtstaatliche Einrichtungen. Verwaltungsjuristisch formuliert ist Selbstverwaltung „die selbständige, fachweisungsfreie Wahrnehmung enumerativ oder global überlassener oder zugewiesener eigener öffentlicher Angelegenheiten durch unterstaatliche Träger oder Subjekte öffentlicher Verwaltung in eigenem Namen" (WOLFF/BACHOF 1976, S. 180).
Die Idee der Selbstverwaltung fand im 19. Jahrhundert insbesondere in der kommunalen Selbstverwaltung eine starke Beachtung. Nach der Preußischen Städteordnung von 1808 sollte die Gemeindeverwaltung nicht staatliche Verwaltung, sondern gesellschaftliche Verwaltung sein, die in der Hand des Bürgertums liegt. Ursprünglich wurde hierbei an eine ehrenamtliche Teilnahme der Staatsbürger an der Führung der Verwaltung gedacht; seit Mitte des 19. Jahrhunderts wurde dies aber auf die Wahrnehmung von Aufgaben durch rechtsfähige Verbände erstreckt. Selbstverwaltung bezieht sich seither nicht nur auf den kommunalen Bereich, sondern ist als eine allgemeine Form der Verwaltungsorganisation anzusehen. Neben dem Kommunalrecht spielt sie bei der Sozialversicherung, den Handwerkerverbänden, den Industrie- und Handelskammern, den Universitäten und den Rundfunkanstalten eine zentrale Rolle. Funktional betrachtet bedeutet Selbstverwaltung zum einen „eine vertikale

Teilung der Staatsgewalt" und zum anderen eine stärkere „Volks-, Orts- und Sachnähe der Verwaltung in sachlicher und persönlicher Hinsicht" (WOLFF/ BACHOF 1976, S. 181). Leibholz hat darauf hingewiesen, daß das Leitbild der Selbstverwaltung für die heutige, freiheitliche Demokratie von großer Bedeutung ist: „Je größer die Zahl der öffentlichen Angelegenheiten ist, die zentral und im Wege demokratischer Mehrheitsentscheidung geregelt werden, desto größer wird zwangsläufig die Zahl der ‚überstimmten' Minderheiten. Deshalb wird eine Demokratie liberaler Prägung bestrebt sein, den Freiheitsraum dadurch zu vergrößern, daß sie Materien, die nicht zwingend Angelegenheiten des Volkes sind, demjenigen Teil der Bevölkerung zur eigenverantwortlichen Entscheidung überträgt, der in erster Linie von ihnen betroffen wird. Der Häufung der Macht auf einer zentralen Stelle soll begegnet und der Freiheitsraum nach Möglichkeit erweitert werden" (LEIBHOLZ 1973, S. 715).

Funktionsproblematik. Diesem liberaldemokratischen Leitbild der Selbstverwaltung ist aber unter soziologischen Gesichtspunkten die Problematik hinzuzufügen, daß die Funktionsweise einer konkreten Selbstverwaltungseinrichtung von einer Fülle soziokultureller Faktoren abhängig ist und deshalb Selbstverwaltung per se einen durchaus ambivalenten Charakter hat. Das gilt zunächst – im 19. Jahrhundert – für die Frage, welche Bevölkerungskreise an der Selbstverwaltung (der Stadtbürger) partizipieren – und welche dementsprechend hiervon ausgeschlossen sind (Zensus-, Dreiklassenwahlrecht). Auch bei formaler Gleichberechtigung der Teilnahme bleibt die Frage, welche und wessen Interessen in der Form der Selbstverwaltung institutionalisiert werden und sich dadurch eine zusätzliche liberal-demokratische Legitimation verschaffen können – eine Frage, die etwa im Hinblick auf die Industrie-, Handels- und Handwerkskammern und deren Zuständigkeiten im Berufsbildungssystem von besonderer Bedeutung ist: In diesen Fällen hat Selbstverwaltung mit basisdemokratischen Ideen in der gleichberechtigten Teilnahme gleicher Bürger wenig zu tun. Hinzu kommt die Frage nach der internen Struktur der Selbstverwaltungseinrichtungen, die es wiederum einigen Interessen und Interessenrepräsentanten erleichtert (oder erschwert), politischen Druck zu erzeugen und sich durchsetzen zu können, und zwar unter anderem aufgrund der hierfür erforderlichen Fähigkeiten und Erfahrungen, die ihrerseits oft schichtenspezifisch verteilt sind und die Ober- und Mittelschichten prinzipiell privilegieren. Schließlich gibt es das Problem, das von Konservativen mit dem Begriff „Subsidiarität" bezeichnet wird und zu einer administrativen Funktionalisierung von Selbstverwaltungseinrichtungen geführt hat, nämlich jene politischen Versuche, angesichts der Grenzen des Sozialstaates den Staat vor Ansprüchen seiner Bürger zu schützen und von sozialen Aufgaben zu entlasten, die Selbsthilfepflicht des einzelnen zu betonen und sozialstaatliche Schutzpflichten zu verringern. Hierfür werden auch Selbstverwaltungs- und Selbsthilfeeinrichtungen durch (relativ geringe) finanzielle und organisatorische Unterstützungen funktionalisiert. Diese kritischen Hinweise auf den ambivalenten Charakter sollen nun nicht in Frage stellen, daß die Selbstverwaltung nicht nur historisch eine demokratische Errungenschaft darstellt; sie sollen nur daran erinnern, daß über die Wirkungsweise einer Selbstverwaltungseinrichtung erst entschieden werden kann, wenn die sozialkulturellen Bedingungen beachtet werden, in denen sie tätig ist.

Selbstverwaltung der Schulen. Die Diskussion der Frage, ob auch den Schulen in diesem Sinne ein Recht auf Selbstverwaltung eingeräumt werden solle, hat eine lange Tradition – insbesondere in der Pädagogik. Zwar hatte schon v. Humboldt auf die Eigenständigkeit des pädagogischen Prozesses hingewiesen: „Was nicht von dem Menschen selbst gewählt, worin er auch nur eingeschränkt und geleitet wird, das geht nicht in sein Wesen über, das bleibt ihm ewig fremd, das verrichtet er nicht eigentlich mit menschlicher Kraft, sondern mit mechanischer Fertigkeit" (v. HUMBOLDT 1960, S. 77). Deshalb erscheine „öffentliche, d.i. vom Staat angeordnete oder geleitete Erziehung wenigstens von vielen Seiten bedenklich" (v. HUMBOLDT 1960, S. 105). Aber für die Ära der preußischen Reformen zu Beginn des 19. Jahrhunderts war die Überzeugung ganz dominant, daß es die Aufgabe des Staates sei, ein aufklärerisches Erziehungssystem zu entwickeln. Erst gegen Ende des 19. Jahrhunderts mehrten sich die Stimmen, die von einem prinzipiellen Gegensatz von staatlicher Verwaltung einerseits und pädagogischer Tätigkeit andererseits ausgingen. Insbesondere im Rahmen der Reformpädagogik wurde die staatliche Schulverwaltung prinzipiell kritisiert und ein pädagogisches Selbstverwaltungsrecht gefordert (vgl. RICHTER 1973, S. 232 ff., vgl. STOCK 1971, S. 106 ff.). In der Diskussion um das Landerziehungsheim, das als „Schulstaat" und als „Stätte autonomer Pädagogik" (NOHL 1933, S. 343) bezeichnet wurde, fand diese Tendenz ihren klarsten Ausdruck. Aber die Forderung nach Autonomie wurde für alle Schulen gestellt. In der relativ gemäßigten Fassung formulierte Spranger, daß Erziehung, die bis an den Kern der persönlichen Wesensform (bis zur freien inneren Gewissenszustimmung zu Wertforderungen) vordringe, durch ein Eigengesetz charakterisiert sei: Erziehung „erfolgt durch sittlich selbständige Personen und hat die Entfaltung sittlich selbständiger Personen zum Eigenziel. Ihr eigentümlicher Sinn ist also da verletzt, wo nur von außen aufgenötigt und angebildet wird, wo dressiert wird statt gebildet, gezüchtet statt erzogen, wo der Gesinnungsdruck statt der Gesinnungsechtheit herrscht" (SPRANGER 1963, S. 47). Unter organisatorischen Gesichtspunkten bedeutet dies: „Je deutlicher man einsieht, daß der Sinn der Erziehung [...] autonom ist, um so mehr wird man die Staatsschule nicht nur auf der Hochschulstufe, sondern auf allen Stufen mit Selbstverwaltungsformen ausstatten, die die Erziehung auch gegenüber dem einseitigen Gesinnungsdruck staatlicher Machtträger sichern" (SPRANGER 1963, S. 53). Nur durch Gewährung größerer Freiheit für die Schule lasse sich im Staat der Widerspruch zwischen dem Status eines Staatsbeamten und der erforderlichen pädagogischen Autonomie des Erziehers lösen.

An diese Tradition, die allerdings auch in der Weimarer Zeit – insbesondere von LITT (vgl. 1926) – heftig kritisiert wurde, wurde auch nach 1945 häufig wieder angeknüpft. Das gilt zum Beispiel für BECKER (vgl. 1962), der zur Rettung der weitgehend nur noch „verwalteten Schule" eine Stärkung ihrer Selbstverwaltung und der pädagogischen Freiheit des Lehrers forderte. Dies gilt ebenso für den organisationssoziologisch argumentierenden Beitrag von FÜRSTENAU (vgl. 1967), der davon ausgeht, daß die Schulverwaltung dem klassischen Bürokratiemodell verhaftet bleibe, obwohl die Schule – in den Begriffen moderner Bürokratieforschung – als eine professionelle Dienstleistungsorganisation anzusehen sei und eine angemessene Verwaltungsstruktur erfordere: nämlich Professionalisierung der Lehrer, Dezentralisierung der Entscheidungskompetenzen, Ausbau horizontaler Kritik- und Kontrollstrukturen, Wandel der Funktion der Schulaufsicht, ... In diesen Zusammenhang gehört schließlich die Empfehlung der Bildungskommission des Deutschen Bildungsrates „Zur verstärkten Selbständigkeit der Schule und Partizipation der Lehrer, Schüler und Eltern" (DEUTSCHER BILDUNGSRAT 1973), in der die Argumente für eine stärkere Autonomie der einzelnen Schule noch einmal zusammengetragen werden. Unter juristischen Gesichtspunkten wird man eine Selbstverwaltung der Schule in diesem Sinne annehmen können, wenn die kontrollierende und anordnende Befugnis der Schulaufsicht im Sinne einer Rechtsaufsicht reduziert werden würde. Wenn die Schulaufsicht zu Weisungen nur noch berechtigt ist, wenn Rechtsverletzungen vorliegen, und nicht schon dann, wenn eine Handlung oder Entscheidung für unzweckmäßig gehalten wird, könnte man von einem Selbstverwaltungsrecht der Schule sprechen. Genau in diese Richtung gehen auch die Vorschläge der Kommission Schulrecht des Deutschen Juristentages, in denen eine Reduktion der Schulaufsicht von der Fachaufsicht auf Rechtsaufsicht vorgeschlagen wird (vgl. NEVERMANN 1984).

Begrenzung der Schulaufsicht. Fragt man nach der Garantie der schulischen Selbstverwaltung in den heute geltenden Gesetzen der Bundesländer, so ist zunächst auf die Regelungen in Hessen und Bremen zu verweisen, in denen eine Reduktion der Schulaufsicht tendenziell formuliert wird. Die Bremer Regelung wird ergänzt durch eine besonders ausführliche und explizite Beschreibung des Selbstverwaltungsrechts der einzelnen Schule (§ 17 Bremisches Schulverwaltungsgesetz von 1978). Während auch die Gesetze in Berlin und im Saarland eine zumindest tendenzielle Reduktion der staatlichen Aufsichtsbefugnisse kennen, gibt es in den Gesetzen von Rheinland-Pfalz und Hamburg eine explizite Verwendung des Begriffs „Selbstverwaltung der Schule". Allerdings bleibt in diesen Gesetzen das Schulaufsichtsrecht unbegrenzt. In den übrigen Gesetzen (Nordrhein-Westfalen, Baden-Württemberg, Schleswig-Holstein und Bayern) finden sich weder Beschränkungen der Schulaufsicht noch Garantien der schulischen Selbstverwaltung. Insgesamt gibt es also vier Regelungsmodelle für die Garantie der schulischen Selbstverwaltung:
- das Modell einer verbindlichen Reduktion der Fachaufsicht auf Rechtsaufsicht in Bremen und Hessen;
- das Modell einer Reduktionsempfehlung in Berlin und im Saarland;
- die (die Schulaufsicht unberührt lassende) Betonung der schulischen Selbstverwaltung (in Niedersachsen, Hamburg und Rheinland-Pfalz) beziehungsweise der pädagogischen Selbstverantwortung (in Nordrhein-Westfalen);
- jene Regelungen, die in Baden-Württemberg, Bayern und Schleswig-Holstein die umfassende Kompetenz der Schulaufsicht lediglich kodifiziert haben (vgl. NEVERMANN 1982, S. 240 ff.).

Allerdings ist auch für jene Bundesländer, in denen ein Selbstverwaltungsrecht (oder eine Reduktion der Schulaufsicht) nicht gesetzlich garantiert ist, zu beachten, daß es einige rechtliche Gesichtspunkte gibt, die für eine relative Selbständigkeit der einzelnen Schule sprechen. Hierzu gehört erstens die Garantie der pädagogischen Freiheit des Lehrers, die in allen Landesgesetzen explizit oder implizit garantiert wird; insofern die Wahrnehmung dieser pädagogischen Freiheit auch kollektive Handlungsspielräume der Schule insgesamt notwendigerweise beinhaltet, würden auch diese Handlungsspielräume mitgarantiert sein. Hinzu kommt, daß in den Schulverfassungsgesetzen der Bundesländer in die Konferenzen zum Teil umfangreiche Zuständigkeiten delegiert wurden. Da an diesen Konferenzen meist auch Schüler oder Eltern (zumindest beratend) teilnehmen, erhalten diese Konferenzen durch die Kompetenzkataloge eigene Zuständigkeiten und Rechte übertragen, die sie notfalls auch vor Gericht geltend machen können. Gegenüber diesen Konferenzzuständigkeiten muß auch das Weisungsrecht der Schulaufsicht solange zurücktreten, wie die Konferenzen geltendes Recht nicht verletzen. Durch die gesetzliche Ausgestaltung des Konferenzrechts ist hier eine Dezentralisierung (durch das Parlament) vorgenommen worden, an die auch die Schulaufsichtsbehörden gebunden sind.

BECKER, H.: Die verwaltete Schule (1954). In: BECKER, H.: Quantität und Qualität, Freiburg 1962, S. 147ff. DEUTSCHER BILDUNGSRAT: Zur Reform von Organisation und Verwaltung im Bildungswesen. Teil I: Verstärkte Selbständigkeit der Schule und Partizipation der Lehrer, Schüler und Eltern. Empfehlungen der Bildungskommission. Stuttgart 1973. FÜRSTENAU, P.: Neuere Entwicklungen der Bürokratieforschung und das Schulwesen. In: N. Samml. 7 (1967), S. 511ff. HUMBOLDT, W.v.: Ideen zu einem Versuch, die Grenzen der Wirksamkeit des Staates zu bestimmen (1792). Werke in 5 Bänden, hg. v. A. Flitner/K. Giel, Bd. 1, Darmstadt 1960, S. 56ff. LEIBHOLZ, G.: Das Prinzip der Selbstverwaltung und der Art. 28 Abs. 2 GG. In: Dt. Verwbl. 88 (1973), S. 715ff. LITT, TH.: Möglichkeiten und Grenzen der Pädagogik, Leipzig/Berlin 1926. NEVERMANN, K.: Der Schulleiter. Juristische und historische Aspekte zum Verhältnis von Bürokratie und Pädagogik, Stuttgart 1982. NEVERMANN, K.: Schulaufsicht. In: Enzyklopädie Erziehungswissenschaft, Bd. 5, Stuttgart 1984, S. 558ff. NOHL, H.: Die pädagogische Bewegung in Deutschland. In: NOHL, H./PALLAT, L. (Hg.): Handbuch der Pädagogik, Bd. 1, Langensalza 1933, S. 302ff. RICHTER, I.: Bildungsverfassungsrecht, Stuttgart 1973. SPRANGER, E.: Die wissenschaftlichen Grundlagen der Schulverfassungslehre und Schulpolitik (1927), Bad Heilbrunn 1963. STOCK, M.: Pädagogische Freiheit und politischer Auftrag der Schule. Heidelberg 1971. WOLFF, H.J./BACHOF, O.: Verwaltungsrecht II, München 1976.

Knut Nevermann

Selektivität (Schulstruktur)

Begriff. Alle Bildungssysteme in entwickelten Gesellschaften sind in dem Sinne selektiv organisiert, als sie nicht an *alle* Schüler eine einzige, *universelle* Qualifikation oder eine *beliebige,* sich dauernd verändernde Zusammensetzung einzelner Fähigkeiten vermitteln, sondern die Schülerschaft nach unterschiedlichen Lernanforderungsniveaus und Lerninhalten (vertikale und horizontale Differenzierung) organisieren und in zunehmend differenzierten Teilgruppen aufsplittern. Die hierin zum Ausdruck kommende Arbeitsteilung von Lernprozessen ist nicht allein (ja vielleicht nicht einmal vorrangig) ein Ergebnis der größeren Effektivität spezialisierten Lernens, sondern auch das Resultat von politisch-herrschaftlichen Interessen an der Verbreiterung oder Einschränkung von Kenntnissen und Fähigkeiten (vgl. BECK u.a. 1976). Von Selektivität der *Struktur* soll hier in dem Sinn die Rede sein, als durch eine formale, rechtlich normierte, gleiche Organisation konkreter Bildungsinstitutionen Lernanforderungsniveaus und Lerninhalte arbeitsteilig definiert sind. Damit bleiben sowohl informelle Strukturen ausgeschlossen wie auch Strukturmerkmale von Bildungsinstitutionen, die zwar ebenfalls stabil und verfestigt sind (wie etwa eine bestimmte ökonomische Ausstattung, die soziale Rekrutierung und Qualifikation der Lehrerschaft), die sich jedoch nicht unmittelbar auf die Organisation der Lernprozesse beziehen. Die „Struktur" von Bildungssystemen in diesem eingeschränkten, nicht mit der Selektivität der Struktur politischer Institutionen vergleichbaren Sinn (vgl. OFFE 1972, S. 65ff.) regelt:

– in *sachlicher* Hinsicht ein bestimmtes Lernanforderungsniveau, das in einer vertikalen Differenzierung von Bil-

dungsgängen nach Dauer, Schwierigkeit und Knappheit der Lerngelegenheiten zum Ausdruck kommt, und eine horizontale Aufteilung von Lerninhalten nach „allgemeiner"/„beruflicher" Bildung, Fächern, Schulzweigen, Fakultäten, ...;
- in *personaler* Hinsicht die institutionsinterne Bildung von Lerngruppen, auf die sich die vertikal und horizontal differenzierten Lernanforderungen beziehen;
- in *zeitlicher* Hinsicht den Verlauf von „Schulkarrieren", die sich daraus ergeben, daß Bildungsinstitutionen die vertikal und horizontal differenzierten Lernanforderungen in einen Prozeß umwandeln müssen.

Der Unterschied dieser drei Dimensionen ist analytisch zu verstehen; im Einzelfall treten typische Kombinationen – beispielsweise Dominanz „allgemeiner" Bildungsinhalte/relativ lange, starre Bildungsgänge hohen Schwierigkeitsgrades/hohes Abschlußniveau – auf. Die formale Organisation des Lernens in sachlicher, personaler und zeitlicher Hinsicht stellt nicht nur eine verschieden differenzierte Auswahl der kulturell insgesamt möglichen Lernprozesse dar, sondern sie bewirkt zugleich eine *soziale Selektion* der Schüler (vgl. HOPF 1984), etwa nach zugeschriebenen Merkmalen der sozialen Herkunft, der Geschlechtszugehörigkeit, der ethnischen und religiösen Zugehörigkeit.

Typisierung, Integration und soziale Selektion. Die formale Organisation von Lernprozessen in sachlicher Hinsicht – das heißt die Differenzierung der gesamtgesellschaftlichen Lernanforderungen – kann in typisierter oder integrierter Form erfolgen. Bei *typisierten* Bildungssystemen (Bildungssystemen, die sich aus einzelnen, voneinander organisatorisch abgegrenzten Schul- und Hochschultypen zusammensetzen) ist die einzelne Institution Grundlage der Differenzierung. Ihr Ziel ist es, vom Anforderungsniveau und von den Inhalten her in sich möglichst homogene Organisationseinheiten zu bilden, die – gekoppelt mit der Regulierung der personalen Basis des Lernens und der zeitlichen Umsetzung der Lernanforderungen in Karrieren – das System unter mehrfache Zwänge setzen: Da die Erhaltung der organisationstypischen Homogenität (die in der Regel auch eine soziale Homogenität der Lehrerschaft und der Klientel einschließt) das beherrschende Prinzip darstellt, werden schulspezifische, unterschiedlich hohe durchschnittliche Leistungsniveaus definiert, die den Unterricht in allen Jahrgangsstufen und in allen Fächern prägen. Diese stellen nur eine relativ kleine Auswahl aus möglichen Fachinhalten dar und werden als relativ starre, langfristig konstante Bildungsgänge in die zeitliche Abfolge des Lernens umgesetzt. Stimmen die individuellen Leistungsvoraussetzungen und Lernwünsche der Schüler nicht mit den schultypischen Angeboten überein, so werden sie zu Beginn der Bildungslaufbahn durch lebensgeschichtlich hoch bedeutsame punktuelle Auswahlprozesse und während der Bildungskarriere durch Überweisung der Schüler auf andere Schultypen („Durchlässigkeit" zwischen den Typen) bearbeitet. Da das Leistungsanforderungsniveau des Schultyps sich im Durchschnitt auf alle Fächer bezieht und die Jahrgangsklasse als Bezugseinheit definiert wird, können partielle Leistungsschwächen nur über den Weg des allgemeinen Abstoppens von Lernfortschritten („Sitzenbleiben") und des Abgangs von der Schule reguliert werden. Der Schüler trägt im typisierten Bildungssystem das volle Risiko, wenn seine Leistungsvoraussetzungen und Lernwünsche nicht mit dem Lernangebot übereinstimmen. Ein solches System funktioniert nur unter zwei Annahmen, die sich beide als unhaltbar erwiesen haben: Konstanz der individuellen Lernfähigkeiten („Begabung") und Treffsicherheit

Selektivität (Schulstruktur)

der Entscheidung von Schule und Eltern beim Herausfinden der typenspezifischen „Begabung".

In einem *integrierten* System dagegen, wie etwa der integrierten Gesamtschule, ist nicht mehr die Institution die Basiseinheit der gesamtgesellschaftlichen vertikalen und horizontalen Differenzierung von Lernanforderungen, sondern der einzelne Bildungsgang nach Fach und Niveau, der innerhalb der heterogen werdenden Institution mit anderen Bildungsgängen unterschiedlichen Niveaus kombinierbar wird (Gruppierung nach Fachleistung und Fächerwunsch auf der Basis von Jahrgangsstufen statt alleiniger Gruppierung nach Jahrgangsklassen). Die gesamtgesellschaftliche Differenzierung der Lernanforderungen wird gewissermaßen in die einzelne Institution, die sich typenmäßig nicht mehr von anderen Institutionen unterscheidet, „hereingeholt", wobei indes neue Formen der Differenzierung entstehen (vgl. KEIM 1977). Das „Sozialisationsideal" des integrierten Schulsystems ist gekennzeichnet durch heterogene, der fachspezifischen Leistungs- und Interessendifferenzierung angepaßte, tendenziell diskontinuierliche und mehr Wahlmöglichkeiten eröffnende Lernanforderungen, durch die nicht ein von der Institution *geprägter* Schülertyp („der Gymnasiast"), sondern ein sich innerhalb der Institution entwickelnder Schüler mit unterschiedlich profilierten Einzelqualifikationen angestrebt wird.

Daß integrierte Schulsysteme im Hinblick auf die soziale Herkunft weniger selektiv wirken als typisierte Schulsysteme, ist häufig empirisch nachgewiesen worden (vgl. FEND u. a. 1976, HAENISCH/LUKESCH 1980). Warum integrierte Systeme Schüler aus unteren Schichten weniger stark diskriminieren, kann vorerst nur thesenhaft plausibel gemacht werden:

- Typisierte Schulsysteme erhöhen den Effekt der *sozialräumlichen* Verteilung der Schüler aus unterschiedlichen Schichten, integrierte Systeme schwächen ihn ab: So konzentrieren sich beispielsweise Gymnasien in bürgerlichen Wohnvierteln, wodurch eine schichtspezifische Rekrutierung der Schülerschaft verstärkt wird (vgl. PEISERT 1967; für regionale Unterschiede vgl. EIRMBTER 1977). Ein als Fächerangebot gleichermaßen zugängliches Angebot von integrierten, in sich differenzierten Schulen dagegen schwächt diesen Zusammenhang ab.
- Typisierte Schulsysteme verstärken den sozialselektiven Effekt eines bestimmten *Curriculum,* integrierte Systeme mindern ihn. Durch die Homogenisierung von Inhalten auf gleich hohem Niveau, die in typisierten Systemen möglich ist, können schichtspezifische kulturelle Vorteile relativ leicht in schulische Leistungsvorteile umgewandelt werden. Bei inhaltlich variabler kombinierbaren Bildungsgängen, die insbesondere manuelle und soziale Qualifikationen einbeziehen, dürfte sich dieser Vorteil reduzieren.
- Typisierte Systeme, die eine frühzeitige Festlegung der Bildungslaufbahn einschließen, verstärken den schulleistungsunabhängigen Effekt von *Elternerwartungen,* die schichtspezifisch unterschiedlich sind; integrierte Systeme schwächen ihn ab (vgl. DREHER u. a. 1979, S. 36 ff.).
- Indem integrierte Systeme leistungsspezifische Gruppierungen in einzelnen Fächern mit Möglichkeiten des Wechsels der Gruppierung einräumen, sind sie flexibler gegenüber Entwicklungsunterschieden der Schüler und erlauben sie *pädagogische* Interventionen, die das typisierte System eher vernachlässigt.
- Insofern typisierte Systeme ebenfalls typisierte, nach Niveau getrennte Formen der Lehrerausbildung und des Lehrereinsatzes nach sich ziehen, dürften Effekte der *sozialen Rekrutie-*

rung der Lehrerschaft in derartigen Systemen ausgeprägter sein als in integrierten Systemen.

Aus diesen Überlegungen kann der Schluß gezogen werden, daß die Form der vertikalen und horizontalen Differenzierung der Lernanforderungen nicht allein sozial selektiv wirkt, sondern daß erst das Zusammentreffen von Merkmalen der formalen Organisation mit inhaltlichen Strukturmerkmalen zu diesem Ergebnis führt. Schulleistungsvergleiche zwischen dem herkömmlichen typisierten System und integrierten Gesamtschulen in der Bundesrepublik Deutschland ergeben, daß die Effekte der *zwischen* den Schulen vorhandenen Unterschiede der formalen Organisation in der Regel kleiner sind als die Wirkung schul*interner* Faktoren (vgl. HAENISCH/LUKESCH 1980, S. 44 f.). Auch Erfahrungen im Ausland (vgl. RUTTER u. a. 1980) betonten die Bedeutsamkeit schulinterner, situativer Bedingungen wie etwa das „pädagogische Ethos" des Kollegiums und die Formen der Einhaltung schulischer Normen. Dies kann aber keineswegs heißen, daß man auf die Beseitigung unerwünschter Folgen der Struktur von Bildungssystemen verzichten sollte, weil innerinstitutionelle Unterschiede ein besonderes Gewicht haben.

BECK, U. u. a.: Bildungsreform und Berufsreform. Zur Problematik der berufsorientierten Gliederung des Bildungswesens. In: Mitt. a. d. Arbmarkt.- u. Berfo. 9 (1976), S. 496 ff. DREHER, E. u.a.: Chancengleichheit und Schullaufbahnveränderung in unterschiedlichen Schulsystemen. In: LUKESCH, H. u. a.: Gesamtschule und dreigliedriges Schulsystem in Nordrhein-Westfalen – Chancengleichheit und Offenheit der Bildungswege, Paderborn/München/Wien/Zürich 1979, S. 1 ff. EIRMBTER, W. H.: Ökologische und strukturelle Aspekte der Bildungsbeteiligung, Weinheim/Basel 1977. FEND, H. u.a.: Gesamtschule und dreigliedriges Schulsystem. Eine Vergleichsstudie über Chancengleichheit und Durchlässigkeit, Stuttgart 1976. FLOUD, J.: Review Symposium: Jencks and Inequality. In: Comp. E. Rev. 18 (1974), S. 435 ff. HAENISCH, H./LUKESCH, H.: Ist die Gesamtschule besser? Gesamtschulen und Schulen des gegliederten Schulsystems im Leistungsvergleich, München/Wien/Baltimore 1980. HOPF, W.: Selektivität (Sozialstruktur). In: Enzyklopädie Erziehungswissenschaft, Bd. 5, Stuttgart 1984, S. 605 ff. JENCKS, CH. u. a.: Chancengleichheit, Reinbek 1973. KEIM, W.: Schulische Differenzierung, Köln 1977. OFFE, C.: Strukturprobleme des kapitalistischen Staates, Frankfurt/M. 1972. PEISERT, H.: Soziale Lage und Bildungschancen in Deutschland, München 1967. RUTTER, M. u. a.: Fünfzehntausend Stunden. Schulen und ihre Wirkung auf die Kinder, Weinheim/Basel 1980.

Wulf Hopf

Selektivität (Sozialstruktur)

Begriff. Der Begriff der Selektion entstammt der biologischen Evolutionstheorie, die die Differenzierung der Arten als Ergebnis der „natürlichen Auslese" begreift, durch welche die an die Umwelt angepaßten Lebewesen überleben und fehlangepaßte Arten aussterben. In der vergröberten Form des Sozialdarwinismus hat diese Theorie immer wieder der ideologischen Rechtfertigung sozialer Prozesse als „natürlicher" gedient (beispielsweise Konflikt und Konkurrenz als „Kampf ums Überleben") und letztlich – wie in der nationalsozialistischen Rassentheorie – der Barbarei Vorschub geleistet. Wenn sich trotz dieser unheilvollen Vorgeschichte des Begriffs „Selektion" dieser bis heute zur Analyse schulischer Verhältnisse erhalten hat, so liegt das einerseits daran, daß er deskriptiv an die fortdauernde Alltagspraxis der Auslese in Bildungsinstitutionen anknüpft, zum andern aber einen interessegeleiteten, symbolisch vermittelten sozialen Prozeß – und keine Anpassung oder Nichtanpassung an die äußere Natur – kennzeichnet. Selektion durch Bildungsinstitutionen bezeichnet demnach die während der gesamten Bildungslaufbahn wirkenden Prozesse der Gewährung und Versagung knapper, zeitlich und inhaltlich privilegierter Lernchancen. In diesem Sinn laufen auch während des Unterrichtsalltags dauernd *informelle* Selektionsprozesse ab (etwa indem ein Lehrer intensiver auf bestimmte – und nicht andere – Schüleräußerungen eingeht); in der öffentlichen und wissenschaftlichen Diskussion nimmt jedoch die *formalisierte* Selektion, die mit dem Ausschluß von oder dem Zugang zu „weiterführenden" Bildungsinstitutionen oder dem Abdrängen in unterprivilegierte Bildungsgänge verbunden ist, den breitesten Raum ein. Dies hängt zum einen damit zusammen, daß die formalisierte Selektion – indem sie die Mitgliedschaft zu Bildungsinstitutionen regelt – über ganze Abschnitte der Bildungsbiographie entscheidet, die nicht beliebig wiederholbar sind. Zum andern stellen Abschlüsse am Ende organisierter Bildungsgänge häufig eine wichtige Voraussetzung für den Eintritt in weitere Bildungsinstitutionen oder in Berufe („Berechtigungswesen") dar. Die formalisierte Selektion in einem hierarchisch aufgebauten, das Weiterlernen systematisch verknappenden Bildungssystem ist damit nur ein Teil eines umfassenden Zuweisungsprozesses, durch den sich eine ungleiche Sozialstruktur reproduziert (vgl. HOPF 1984). Inbegriff der Selektion sind zeitlich ausdifferenzierte, besondere Kontroll- und Entscheidungsverfahren: Zugangs- und Abschlußprüfungen, die dramatisierte Formen einer kontinuierlichen Leistungsbeurteilung darstellen (vgl. LUHMANN/SCHORR 1979, S. 283 ff.). Diese dient nicht nur der Auslese durch die Institution – vielmehr signalisiert sie den betroffenen Schülern und Eltern Lernstärken und -schwächen und beeinflußt damit die *Selbstselektion* der Schüler, die gerade in Wahlsituationen (beispielsweise Entscheidung für oder gegen die Fortsetzung der Pflichtschulzeit) zum Zuge kommt. Die aktive Auslese durch die Institution und die Selbstselektion stehen in enger Wechselwirkung (vgl. BOURDIEU/PASSERON 1971); durch die Selbstselektion der Schüler kann das Bildungssystem von dem Druck auszuwählen, partiell entlastet werden.

Von *sozialer Selektion* wird dann gesprochen, wenn die Gewährung oder Versagung knapper, privilegierter Lernchancen an die unterschiedliche Ausprägung sozial zugeschriebener, nicht erworbener Merkmale geknüpft ist (beispielsweise Geschlechtszugehörigkeit, Alter, religiöse und ethnische Zugehörigkeit, soziale und regionale Herkunft). Die darin zum Ausdruck kommende Diskriminierung sozialer Gruppen kann offen und intentional oder verdeckt erfolgen. Bei offenen Formen der sozialen Selektion ist der Ausschluß bestimmter Gruppen das bewußte, in den Auswahlregeln offengelegte Ziel der Auslese (beispielsweise das Verbot des Frauenstudiums in Preußen bis 1908 oder der Ausschluß ärmerer Bevölkerungsschichten durch Erheben eines hohen Schulgeldes). Seitdem jedoch in den bürgerlichen Revolutionen Ende des 18. Jahrhunderts Freiheit und Gleichheit aller Bürger verfassungsmäßig verankert und das Leistungsprinzip als dominante Norm der Teilhabe am gesellschaftlichen Reichtum etabliert wurde, sind offen diskriminierende Formen der sozialen Selektion gegenüber den Forderungen nach universeller „Leistungsgerechtigkeit" und „Chancengleichheit" historisch auf dem Rückzug. Unter dem Druck der verschiedenen Emanzipationsbewegungen ist – von nationalen Unterschieden abgesehen – ein einheitliches, alle Schüler formal, das heißt rechtlich gleich behandelndes Bildungssystem entstanden, das Bildungsprivilegien im Prinzip nach der individuellen

Leistung vergibt, soweit sie schulischen Leistungskriterien entspricht.

Auch ein solches System nimmt eine soziale Auslese vor – wenn dies auch den erklärten Absichten widerspricht. So hat die empirische Bildungsforschung nach dem Zweiten Weltkrieg in verschiedenen Ländern immer wieder zeigen können: Kinder aus höheren Schichten bekommen – selbst bei gleichem Leistungsvermögen – eine anspruchsvollere Ausbildung als Kinder aus unteren Schichten; Jungen sind häufig gegenüber Mädchen privilegiert; ethnische und rassische Minderheiten erhalten eine schlechtere Ausbildung als die übrige Bevölkerung; Bewohner ökonomisch unterentwickelter Regionen haben schlechtere Bildungschancen als Bewohner von Industriezentren (vgl. HUSÉN 1977). Im Einzelfall können diese Nachteile kumulieren (vgl. LOCHMANN 1974), so daß die sozialen Zuschreibungen das Bildungsschicksal geradezu determinieren. Auf der einen Seite verbirgt die schulische Auslese nach individueller Leistung die *inner*schulisch faktisch wirksamen, aber nicht mehr offen sichtbaren sozialen Zuschreibungen, die mit der Herkunft der Schüler verbunden sind, so daß die „Zuschreibung der Fähigkeiten zur Erbringung bestimmter Leistungen" (MÜLLER 1975, S. 152) erst durch empirische Forschung aufgedeckt werden kann. Auf der anderen Seite – im Hinblick auf die Zukunft der Schüler und die sozialen Positionen, die sie einnehmen werden – bestärkt die Leistungsauslese, vermittelt über das Berechtigungswesen, den Glauben an die Legitimität *gesellschaftlicher* Ungleichheit als durch Bildungsunterschiede (oder gar genetische Unterschiede) bedingt. Die schulische Leistungsauslese wirkt also nicht nur faktisch sozial selektiv – indem sie dies verbirgt, leistet sie ihren Beitrag zur allgemeinen, ideologischen Rechtfertigung sozialer Ungleichheit (vgl. BOURDIEU/PASSERON 1971, BOWLES/GINTIS 1978).

Mechanismen sozialer Selektion. Auch in einem vorrangig nach individueller Leistung auswählenden Bildungssystem spielen verschiedene nicht-leistungsmäßige Mechanismen der sozialen Selektion noch eine beträchtliche Rolle: Obwohl das Bildungssystem formal allen Bevölkerungsgruppen offensteht, ist der Zugang zu weiterführenden Bildungsanstalten aufgrund ihrer *sozialräumlichen Verteilung* (Stadt-Land-Gefälle; innerstädtische Wohnquartiere) faktisch ungleich (vgl. HUSÉN 1977, S. 134 ff.). Die Gründe hierfür sind in politischen und ökonomischen Machtverhältnissen zu suchen, die Ungleichheiten der Versorgung mit und Ausstattung von Schulen bewirken. – Gemäß leistungsunabhängiger *Selbstbilder* und *Aspirationen* wird gerade in der Unterschicht trotz vorhandener Leistungsvoraussetzungen häufig auf Bildungsmöglichkeiten verzichtet, wohingegen andere Bevölkerungsgruppen weiterführende Bildung unabhängig von Leistungsfeststellungen der Schule anstreben (vgl. KÄMPFE u. a. 1977, S. 107 ff.). – Im Kontext aktiver Auslese durch die Institution Schule ist schließlich häufiger auf leistungsunabhängige *soziale Vorurteile* von mehrheitlich mittleren Schichten entstammenden Lehrern gegenüber Schülern aus unteren Schichten verwiesen worden (so bei der Zensurengebung und beim „Eignungsurteil des Grundschullehrers" – vgl. PREUSS 1970).

Betreffen nicht-leistungsmäßige Mechanismen sozialer Selektion eher Randbedingungen schulischen Lernens, so sind die leistungsmäßigen Mechanismen untrennbar mit ihm verbunden. Indem Bildungsinstitutionen inhaltlich bestimmte Leistungsanforderungen stellen, Prüfungsverfahren installieren, das Lernen in bestimmten Sozialformen organisieren und methodisch gestalten, schaffen sie ein Lernmilieu, das den außerschulisch geprägten Lernressourcen und -orientierungen der Schüler je nach sozialer Lage verschieden gut entspricht und damit sozial selektiv wirkt. Der *Mittelklassencharakter der Schule* ist dann das vereinte Ergebnis eines Curriculum, das mittelschichtspezifische Werte, Erfahrungen und sprachliche Ausdrucksformen akzentuiert; eines Prüfungs- und Beurteilungsverfahrens, das Konkurrenz und individuellen Aufstieg belohnt; einer Schulorganisation, die in der Wahl weiterführender Bildung frühzeitig die selbstselektiven Tendenzen der Elternschaft unterstützt und einer bürokratischen Organisation der Schullaufbahn, die kontinuierliche, langfristig nur sich auszahlende Lernmotivation voraussetzt (vgl. ROLFF 1980). Soziale Selektion ist damit stets ein *Systemresultat* – sie ist das Ergebnis des Zusammenwirkens außerschulischer, sozioökonomisch bestimmter Qualifikationen im weitesten Sinn und sozial bestimmter schulischer Leistungsanforderungen. Kann so nahezu jedes Strukturmerkmal des Bildungssystems als eine Ursache sozialer Selektion in Betracht kommen, so bedeutet dies, daß die Schule in allen Merkmalen politisierbar beziehungsweise veränderungsbedürftig erscheint.

Abbau sozialer Selektion: Maßnahmen, Ergebnisse, Dilemmata. Die vertiefte Einsicht in den Systemcharakter sozialer Selektion hat die auf mehr Chancengleichheit gerichtete Bildungspolitik verändert: Die Versuche haben zugenommen, die Determinanten und Mechanismen sozialer Selektion zu beeinflussen, statt sich auf die Beseitigung rechtlicher und finanzieller Hindernisse zu beschränken. Das in westlichen Gesellschaften dominante „politische Modell" zum Abbau sozialer Selektion verzichtet auf direkte Eingriffe in die sie erzeugenden Strukturen von Familie, Subkultur und sozialer Klasse. Stattdessen erhofft es sich eine Egalisierung sozialer und beruflicher Positionen durch Expansion weiterführender Bildung und Egalisierung der Bildungschancen. Diese wiederum soll im Primarbereich des Bildungswesens durch kompensatorische Programme erreicht werden, die familienspezifische Qualifikationsmängel ausgleichen, während im Sekundarbereich durch eine zunehmende Meritokratisierung („Objektivierung" der Leistungsbeurteilung; Erhöhung der Durchlässigkeit von Schultypen bis hin zur Integration; Verstetigung der Selektionsentscheidungen und Verlagerung auf einen späteren Zeitpunkt) die nichtleistungsmäßigen Selektionsmechanismen zurückgedrängt werden sollen.

Trotz der in allen Industriegesellschaften nach dem Zweiten Weltkrieg beobachtbaren außerordentlichen Erweiterung der Bildungsbeteiligung hat sich das Ziel, durch eine Angleichung der Bildungschancen die ungleiche *Berufs- und Einkommensstruktur* zu verändern, vorerst nicht verwirklichen lassen (vgl. JENCKS u. a. 1973). Das Beschäftigungssystem hat auf die Tendenzen zum Ausgleich sozial bedingter Bildungschancen und zur Expansion höherer Abschlüsse mit einer Anhebung der Zugangskriterien für nach wie vor hierarchisch angeordnete Berufe reagiert. Daraus sollte indes nicht der illusorische Schluß einer „Entkoppelung" von Bildungs- und Beschäftigungssystem gezogen, sondern die von Veränderungen des Bildungssystems unabhängige Angleichung der Berufs- und Sozialstruktur gefordert werden.

Unverkennbar ist indes, daß die sozial bedingte Ungleichheit der *Ausbildung* (etwa innerhalb der Pflichtschulzeit, aber auch darüber hinaus) abgenommen hat. In der Bundesrepublik Deutschland sind geschlechts- und religionsspezifische Unterschiede des Schulerfolgs nahezu verschwunden; Differenzen der sozialen Herkunft haben sich in den Jahrzehnten der Bildungsexpansion und -reformen seit 1960 geringfügig abgeschwächt, während sich regionale Unterschiede der Bildungsbeteiligung weitgehend erhalten haben (vgl. EIGLER u. a.

1980). Diese unterschiedlichen Entwicklungen belegen nicht nur, daß sich ungleiche Sozialstrukturen außerhalb der Bildungsinstitutionen mit unterschiedlicher Geschwindigkeit verändern – sie verweisen auch auf ein Dilemma, vor dem eine auf Abbau sozialer Selektivität gerichtete Politik innerhalb eines meritokratischen Systems steht: die „Zuschreibung durch Leistung" verbietet es, kompensatorische Maßnahmen den sozialen Gruppen vorzubehalten, die sie vor allem benötigen; denn das würde die Integrationswirkung des Leistungsprinzips in Frage stellen. Aus demselben Grunde verbietet sich eine offene Diskussion der sozialen Grundlagen der Inhalte des Leistungsprinzips. Auch die Maßnahmen zum Abbau sozialer Selektion müssen sich der Logik des Systems beugen: sie bleiben ungezielt, ohne *sozialen* Adressaten; und es bleibt der Konkurrenz unterschiedlicher unterprivilegierter Gruppen überlassen, welchen Nutzen sie aus Expansion und Meritokratisierung ziehen.

BOURDIEU, P./PASSERON, J.-C.: Die Illusion der Chancengleichheit, Stuttgart 1971. BOWLES, S./GINTIS, H.: Pädagogik und die Widersprüche der Ökonomie. Das Beispiel USA, Frankfurt/ M. 1978. EIGLER, H. u.a.: Quantitative Entwicklungen: Wem hat die Bildungsexpansion genützt? In: ROLFF, H.-G. u.a. (Hg.): Jahrbuch der Schulentwicklung, Bd.1, Weinheim 1980, S.45ff. HOPF, W.: Bildung und Reproduktion der Sozialstruktur. In: Enzyklopädie Erziehungswissenschaft, Bd.5, Stuttgart 1984, S.189ff. HUSÉN, T.: Soziale Umwelt und Schulerfolg, Frankfurt/M. 1977. JENCKS, CH. u.a.: Chancengleichheit, Reinbek 1973. KÄMPFE, N. u.a.: Schulbesuch und Bildungsreform 1960–1972, Stuttgart 1977. LOCHMANN, R.: Soziale Lage, Geschlechtsrolle und Schullaufbahn von Arbeitertöchtern, Weinheim/Basel 1974. LUHMANN, N./SCHORR, K.-E.: Reflexionsprobleme im Erziehungssystem, Stuttgart 1979. MÜLLER, W.: Familie – Schule – Beruf, Opladen 1975. PREUSS, O.: Soziale Herkunft und die Ungleichheit der Bildungschancen, Weinheim 1970. ROLFF, H.-G.: Sozialisation und Auslese durch die Schule, Heidelberg ⁹1980. TITZE, H.: Selektion. In: Enzyklopädie Erziehungswissenschaft, Bd.1, Stuttgart 1983, S.534ff.

Wulf Hopf

Wissenschaftsrat

Konstruktion und Aufgabenstellung. Der Wissenschaftsrat (WR) wurde nach längeren Vorverhandlungen durch Verwaltungsabkommen zwischen dem Bundeskanzler und den Ministerpräsidenten der elf Bundesländer vom 5. September 1957 gegründet. Motiv für die Gründung war vor allem die Absicht, die Forschungsförderung zu ordnen und zu koordinieren, denn in einer „Fülle von Änderungen, Anfragen und Beschlüssen" war besonders 1956 in der Bundesrepublik Besorgnis „über die mangelnde Koordinierung der Förderungsmaßnahmen speziell zwischen Bund und Ländern und über den Mangel an technischem Nachwuchs" geäußert worden (Hess 1968, S. 6). Das Verwaltungsabkommen legte daher in Artikel 2 als Aufgabe des Wissenschaftsrates fest:

„-1. auf der Grundlage der von Bund und Ländern im Rahmen ihrer Zuständigkeit aufgestellten Pläne einen Gesamtplan für die Förderung der Wissenschaften zu erarbeiten und hierbei die Pläne des Bundes und der Länder aufeinander abzustimmen. Hierbei sind die Schwerpunkte und Dringlichkeitsstufen zu bezeichnen,
- 2. jährlich ein Dringlichkeitsprogramm aufzustellen,
- 3. Empfehlungen für die Verwendung derjenigen Mittel zu geben, die in den Haushaltsplänen des Bundes und der Länder für die Förderung der Wissenschaften verfügbar sind."

Im Verwaltungsabkommen verpflichteten sich Bund und Länder, die Empfehlungen des Wissenschaftsrates bei Aufstellung der Haushaltspläne zu „berücksichtigen" und ihm in seiner Arbeit durch laufende Unterrichtung und durch Auskünfte zu „unterstützen" (vgl. Art. 3 des Verwaltungsabkommens).

Aus dem Verwaltungsabkommen ergab sich also für den Wissenschaftsrat die Aufgabe, Empfehlungen zur inhaltlichen und strukturellen Entwicklung von Wissenschaft, Forschung und Hochschulen zusammen mit Überlegungen zu den quantitativen und finanziellen Auswirkungen und zur Verwirklichung der Pläne zu erarbeiten. Zusätzliche Kompetenzen erhielt der Wissenschaftsrat durch besondere Vorschriften. Besonders zu nennen sind die durch das Hochschulbauförderungsgesetz (HBFG) übertragenen Aufgaben, nämlich die Stellungnahme zur Aufnahme weiterer Hochschulen in das Hochschulverzeichnis nach dem HBFG sowie die jährliche Empfehlung zum Rahmenplan für den Hochschulbau.

Der Wissenschaftsrat hat 39 Mitglieder, Wissenschaftler oder „anerkannte Persönlichkeiten des öffentlichen Lebens" (vgl. Art. 4 des Verwaltungsabkommens). 22 davon beruft der Bundespräsident, 16 davon auf gemeinsamen Vorschlag der Deutschen Forschungsgemeinschaft, der Max-Planck-Gesellschaft und der Westdeutschen Rektorenkonferenz, sechs auf gemeinsamen Vorschlag der Bundesregierung, jede Landesregierung je ein Mitglied. Die Berufung gilt für drei Jahre mit der Möglichkeit der Wiederberufung.

Die Mitglieder, die vom Bundespräsidenten berufen wurden, bilden die *Wissenschaftliche Kommission,* die von den Regierungen entsandten Mitglieder die *Verwaltungskommission.* Unter Vorsitz des von allen Mitgliedern gewählten Vorsitzenden des Wissenschaftsrates treten beide Kommissionen als Vollversammlung zusammen. Beschlüsse in der Vollversammlung und den Kommissionen werden mit Zweidrittelmehrheit gefaßt, Beschlußfähigkeit ist bei Anwesenheit der Mehrheit der Mitglieder gegeben. Die von der Bundesregierung entsandten Mitglieder führen dabei elf Stimmen, im übrigen hat jedes Mitglied eine Stimme.

Die Kosten des Wissenschaftsrates werden je zur Hälfte von Bund und Ländern getragen, wobei sich der Beitrag des einzelnen Landes zu zwei Dritteln nach dem Verhältnis der Steuereinnahmen, zu einem Drittel nach dem Verhältnis der Bevölkerungszahl richtet. Eine eigene Geschäftsstelle bereitet die Arbeiten des Wissenschaftsrates vor.

Die Konstruktion und Aufgabenstellung des Wissenschaftsrates wurde rechtlich vor allem ermöglicht durch Art. 74, Ziff. 13 des Grundgesetzes, der die Förderung wissenschaftlicher Forschung als Gegenstand konkurrierender Gesetzgebung nennt. Die Beschlüsse des Wissenschaftsrates präjudizieren nicht die Budgetentscheidungen der Parlamente, aber es wurde mit dem Wissenschaftsrat ein Gremium geschaffen, das die Interessen der Wissenschaft einerseits und der Regierungen von Bund und Ländern andererseits gegeneinander abklären beziehungsweise miteinander in Einklang bringen kann und das „eine verantwortliche Selbstverwaltungs-Körperschaft für die Wissenschaft" darstellt (PFUHL 1968, S. 21).

Die Empfehlungen in der Expansionsphase. Die Arbeit des Wissenschaftsrates galt zunächst der Lenkung und Koordination der zu Beginn der 60er Jahre einsetzenden schnellen Expansion der wissenschaftlichen Einrichtungen. Dabei gelang die Erstellung eines Gesamtplans nicht. Es wurden Teilpläne ausgearbeitet: 1960 die Empfehlungen zum Ausbau der wissenschaftlichen Hochschulen, 1964 gefolgt von Empfehlungen für die wissenschaftlichen Bibliotheken und 1965 für die wissenschaftlichen Einrichtungen außerhalb der Hochschule. Diese grundlegenden Pläne wurden gleichsam instrumentiert durch Empfehlungen zu wichtigen Einzelfragen (beispielsweise Anregungen zur Gestalt neuer Hochschulen 1962, Empfehlungen zur Aufstellung von Raumprogrammen für Bauvorhaben der wissenschaftlichen Hochschulen 1963, zur Neugliederung des Lehrkörpers 1964, zur Ausbildung in Fächern wie Pharmazie 1964) und fundiert mit Berechnungen (etwa Abiturienten und Studenten, Entwicklung und Vorausschätzung der Zahlen 1950–1980, 1964). Das Arbeitsfeld des Wissenschaftsrates reichte vom Bemühen, das Studium an wissenschaftlichen Hochschulen neu zu ordnen (Empfehlung 1966), also von für alle Hochschulen bedeutsamen Problemen, bis hin zu mannigfachen Detailfragen (beispielsweise Empfehlung zur Errichtung einer internationalen Sternwarte in Südafrika 1958, Stellungnahme zur Errichtung eines Hochmagnetfeld-Laboratoriums 1967). Insgesamt versuchte der Wissenschaftsrat, sowohl den quantitativen als auch den qualitativen Ausbau der Hochschulen voranzutreiben und die gewaltige Wissenschaftsexpansion zwischen 1960 und etwa 1974 in geordnete Formen zu bringen.

Kritik. In der ersten Arbeitsphase blieb dem Wissenschaftsrat scharfe Kritik an seiner Arbeit nicht erspart. Ein Schwerpunkt dieser Kritik, die von reformorientierten Gruppen vorgetragen wurde, richtete sich gegen das in der Mehrheit seiner Empfehlungen eher pragmatische Vorgehen des Wissenschaftsrates. So attackierte etwa die Bundes-Assistenten-Konferenz (BAK) 1970 den angeblichen „Etikettenschwindel" mit der Gesamthochschule, weil diese nach Vorstellungen des Wissenschaftsrates in drei Studentengruppen gegliedert bleiben sollte (bis dahin hatte die Untergliederung in Studenten der Universitäten, der pädagogischen Hochschulen sowie der Fachhochschulen bestanden). Gleichzeitig wurden angeblich zu niedrige Zahlenansätze angegriffen. Am 23. 4. 1970 forderte der BAK-Vorsitzende in einer Pressekonferenz sogar die Abschaffung des Wissenschaftsrates. Eine andere Kritik richtete sich gegen die Arbeitsweise des Wissenschaftsrates; er habe „keine der wichtigen Aufgaben, die im Verwaltungsabkommen niedergelegt sind, vollständig erfüllt und die mit seiner Errichtung angestrebten Ziele nur sehr unvollkommen erreicht", „das Verfahren zur Besetzung und Arbeitsweise [...] sind undurchsichtig", die Arbeitsweise „unwissenschaftlich", es gebe eine unlegitimierte „Verschiebung der politischen Verantwortung von der für die politischen Entscheidungen verantwortlichen Exekutive auf den Wissenschaftsrat, der politisch nicht zur Rechenschaft gezogen werden kann" (BERGER 1974, S. 173). Solche Kritik blieb jedoch schon deswegen unwirksam, weil die Entwicklung der folgenden Jahre die Reformeuphorie dämpfte und den Kritikern die Zustimmung entzog.

Die Empfehlungen der Nach-Reform-Phase. Der Wissenschaftsrat stellte zwar noch in seiner Empfehlung „Zur Neuordnung des Studiums an den Wissenschaftlichen Hochschulen" 1972 fest, daß Bildung auf allen Stufen ein Grundrecht aller sei, kein Privileg einer kleinen Schicht, und daß der Bedarf an Personen mit wissenschaftlicher Ausbildung wachse; andererseits wurde aber die Grenze der Hochschulexpansion gegenüber immer mehr steigenden Studienbewerberzahlen verdeutlicht. So wies der Wissenschaftsrat auch auf die Probleme hin, die eine Streckung des Hochschulausbaus mit sich bringen würde: der Bildungsgesamtplan der Bund-Länder-Kommission sah einen Anteil von 22 bis 24% eines Geburtsjahrgangs als Studienanfänger vor, eine Quote, die bereits 1976 erreicht und 1978 mit etwa 27% wesentlich überschritten wurde (vgl. BUND-LÄNDER-KOMMISSION 1973, S. 28 ff.; vgl. BAHRO 1974, GRIESBACH u. a. 1983; vgl. HAUCK 1983, S. 599 f.), das Numerus-clausus-Problem setzte ein. Andererseits empfahl der Wissenschaftsrat aber in seinem 4. Rahmenplan für den Hochschulausbau eine Beschränkung des Ausbaus der pädagogischen Hochschulen angesichts des sich abzeichnenden Lehrerüberschusses. Der Wissenschaftsrat wies außerdem darauf hin, daß ausbildungsadäquate Arbeitsplätze nicht mehr für alle verfügbar seien und empfahl Mobilität und Flexibilität als Leitlinie für Ausbildung an den Hochschulen (vgl. die Erklärung des Wissenschaftsrats-Präsidenten Heidhues bei Vorlage des 4. Rahmenplans 1974). Im 4. und 5. Rahmenplan für den Hochschulausbau befaßte sich der Wissenschaftsrat mit Maßnahmen zur Steigerung der Nutzungsintensität der Hochschulen (vgl. WISSENSCHAFTSRAT 1975, 1976). Insgesamt lassen sich die Empfehlungen des Wissenschaftsrates von 1970 bis 1980 unter folgenden Leitgedanken zusammenfassen:
- Fortsetzung des Hochschulausbaus, bei gleichzeitiger (vor allem seit dem 5. Rahmenplan 1975) Berücksichtigung des mittelfristig voraussehbaren Rückgang der Studentenzahlen,
- Bewältigung des Studentenbergs durch intensive Nutzung der Einrichtungen und temporäre Überlastungsquoten,
- Vorbereitung der Studenten auf sinkende Chancen auf dem Arbeitsmarkt.

Ab 1975 richtete der Wissenschaftsrat seine Aufmerksamkeit auch auf die Konsequenzen des rapiden Anstiegs der Zahlen von Professoren und Dozenten an den Hochschulen (durchschnittliche Zunahme des Stellenbestandes zwischen 1960 und 1972 jährlich 12%), den Rückgang des Durchschnittsalters und der langfristigen Blockierung der Stellen. Im 5. Rahmenplan wurde eine langfristige Planung der Stellen und Berufungspolitik empfohlen, ein allerdings zu später Rat. Wichtiger sind Überlegungen, welche von der veränderten Arbeitsmarktsituation für akademische Berufsanfänger ausgehen. Die Empfehlungen zur Differenzierung des Studienangebots in den Fächern englische Philologie, Romanistik, Germanistik, Geschichte, den Wirtschaftswissenschaften und den Fächern der pädagogischen

Hochschulen legen auf multifunktionale Fähigkeiten, allgemein-qualifizierende Elemente des Studiums Nachdruck, wollen die berufliche Flexibilität sicherstellen und raten den pädagogischen Hochschulen, aus vorhandenen Lehr- und Forschungskapazitäten neue Studienangebote zu entwickeln, die sich flexibel mit Bausteinen bisherigen Lehrerstudiums individuell verbinden lassen.

Der Wissenschaftsrat hat sich auf veränderte Situationen eingestellt und in der Mehrheit seiner Empfehlungen pragmatischen Rat erteilt. Die Verlockungen gesellschaftsverwandelnder Utopie blieben ihm weitgehend fremd. Darin dürfte der Grund zu sehen sein, weswegen er die Phase der staatlichen „Bereinigung" der Bildungsgremien 1974/1975 überstand. Der Deutsche Bildungsrat, der seine Gutachten stärker auf Fortführung und Intensivierung der Reform abstellte, fiel dieser „Bereinigung" zum Opfer. Der Wissenschaftsrat dagegen konnte nach einigen Wochen der Unsicherheit über den Fortbestand, bei schon erfolgter vorsorglicher Kündigung des Abkommens durch die Bundesregierung seine Tätigkeit gemäß Beschluß der Regierungschefs vom 25.4.1975 fortsetzen. Der 9. Rahmenplan (1979) verdeutlicht, daß zu einer resignativen Haltung kein Anlaß besteht. Weiterhin tritt der Wissenschaftsrat für langfristig geplanten Hochschulausbau ein. Daß das 1976 beschlossene Ausbauziel von 850000 Studienplätzen bis Mitte der 80er Jahre erreicht wird, daß der Numerus clausus nur in wenigen Fächern bleibt und die Versorgung der Studienbewerber in fast allen Studiengängen sichergestellt ist, sieht der Wissenschaftsrat als Bestätigung der prinzipiellen Richtigkeit seiner Arbeit.

Bahro, H. u.a.: Abschied vom Abitur? Zürich 1974. Berger, R.: Zur Stellung des Wissenschaftsrats bei der wissenschaftspolitischen Beratung von Bund und Ländern, Baden-Baden 1974. Bund-Länder-Kommission für Bildungsplanung: Bildungsgesamtplan. Kurzfassung, Bonn 1973. Griesbach, H. u.a.: Studenten, Studiensituation und Studienverhalten. In: Enzyklopädie Erziehungswissenschaft, Bd. 10, Stuttgart 1983, S. 219 ff. Haugg, W.: Der Wissenschaftsrat. Mitteilungen der Landesregierung NW, Nr. 7, Düsseldorf 1958. Hauck, P.: Hochschulzugang (Recht). In: Enzyklopädie Erziehungswissenschaft, Bd. 10, Stuttgart 1983, S. 599 ff. Hess, G.: Zur Vorgeschichte des Wissenschaftsrates. In: Wissenschaftsrat: Wissenschaftsrat 1957-1967, Tübingen 1968, S. 5 ff. Leussink, H.: Ansprache des Vorsitzenden und Bericht über die Arbeit des Wissenschaftsrates von 1957-1967. In: Wissenschaftsrat: Wissenschaftsrat 1957-1967, Tübingen 1968, S. 23 ff. Lohmar, U.: Wissenschaftsförderung und Politikberatung, Gütersloh 1967. Pfuhl, K.: Der Wissenschaftsrat. In: Wissenschaftsrat: Wissenschaftsrat 1957-1967. Tübingen 1968, S. 11 ff. Stoltenberg, G.: Hochschule, Wissenschaft, Politik, Berlin 1968. Wissenschaftsrat: Empfehlungen zum vierten Rahmenplan für den Hochschulbau 1975-1978 (verabschiedet am 10. Mai 1974). In: Wissenschaftsrat: Empfehlungen und Stellungnahmen des Wissenschaftsrates 1974, Köln 1975, S. 53 ff. Wissenschaftsrat: Empfehlungen zum fünften Rahmenplan für den Hochschulbau 1976-1979 (verabschiedet am 16. Mai 1975). In: Wissenschaftsrat: Empfehlungen und Stellungnahmen des Wissenschaftsrates 1975, Köln 1976, S. 41 ff.

Werner E. Spies

Zeugnisse – Zertifikate

Staatliche Schulzeugnisse sind rechtswirksame Urkunden, in denen Lehrer die von ihnen wahrgenommenen Lernleistungen von Schülern im Rahmen ihrer dienstlichen Verpflichtung zur Beurteilung, staatlich autorisiert und extern verbindlich, beurteilen. Sie dienen erstens der Selektion durch die zusammenfassende Feststellung der Eignung von Schülern gegenüber Dritten (schulintern, Bildungssystem, Beschäftigungssystem); als Darstellung der Ergebnisse der Leistungskontrollen sollen sie zweitens Schülern und Eltern Orientierungshilfen geben, Schüler motivieren wie auch gegebenenfalls disziplinieren. Sie enthalten in der Regel Angaben über die Schule, den Schüler, die unterrichteten Fächer, die erreichten Noten und gegebenenfalls Berechtigungen, ferner urkundliche Unterschriften der Lehrer und des Schulleiters. Während Halbjahreszeugnisse überwiegend Informationszwecken dienen, sind die meisten anderen Zeugnisarten (Schuljahreszeugnisse, Übergangszeugnisse beim Wechsel zwischen Schulstufen, Abgangs- und Abschlußzeugnisse) mit der Vergabe oder Verweigerung von Berechtigungen verknüpft:

- Das Schuljahreszeugnis gibt oder verweigert das Recht, die nächsthöhere Klassenstufe zu besuchen.
- Das Übergangszeugnis der Grundschule oder der Förder-/Orientierungsstufe gibt oder verweigert – mit gewissen Einschränkungen zugunsten der Eltern – das Recht, zwischen verschiedenen Schulformen des Sekundarbereichs I zu wählen.
- Das Abgangszeugnis – soweit es nicht ein mobilitätsbedingtes Übergangszeugnis ist – verweigert in der Regel den innerhalb der Schulpflichtzeit erfolglosen Schülern das Recht auf weiteren Schulbesuch innerhalb des öffentlichen allgemeinbildenden Schulwesens – es bestätigt lediglich das Absolvieren der Pflichtschulzeit, gibt aber keine weiteren Berechtigungen.
- Das Abschlußzeugnis gibt je nach Schultyp, Schulstufe und Qualität gestufte Rechte auf weitere Bildungs-/Ausbildungsgänge. Hier handelt es sich um *Zertifikate,* die mit *externen* Berechtigungen verknüpft sind.

Zeugniserteilung und Zertifizierung unterliegen als Schulverwaltungsakte formalen bürokratischen Regeln und Kontrollen, was ihren Charakter als staatliche Hoheitsakte mit rechtsverbindlicher Qualität verdeutlicht. Die Entwicklung der Zeugnisse zum Ausdruck staatlich-administrativer Steuerungs- und Kontrollbedürfnisse geht historisch mit dem Ausbau des Schulwesens einher: Im höheren Schulwesen dienten Zeugnisse der staatlich-utilitaristischen Bildungssteuerung bei der Auslese für den staatlichen und gesellschaftlichen „Führungskräfte"-Nachwuchs; im Elementarschulwesen hatten sie als Hauptzweck, die Erfüllung der Schulpflicht zu kontrollieren. Nicht pädagogische, sondern politisch-administrative, soziale und organisatorische Motive begründen die Entwicklung, die zum heutigen staatlichen Schulzeugnis geführt hat (vgl. DOHSE 1967, S. 39 ff.).

Die rechtlichen Regelungen sind im einzelnen von Bundesland zu Bundesland höchst unterschiedlich. Sie haben nur in Ausnahmefällen Gesetzescharakter, überwiegend handelt es sich um Verwaltungsverordnungen, Erlasse oder Bekanntmachungen, also kultus-*administrative* Regelungen (vgl. KEIM 1978a). So können *formal* gleichwertige Zertifikate auf *inhaltlich* höchst unterschiedliche Weise erworben werden – die Berechtigungen selbst sagen über den Lernweg, seine Bedingungen und das tatsächliche Qualifikationsprofil nichts aus. Daraus folgen erhebliche Probleme der wechselseitigen Anerkennung von Schulabschlüssen zwischen den Bundesländern. KEIM (1978b, S. 215) kommt nach ausführlicher Untersuchung und

Darstellung der Rechtslage und ihrer sozialen und pädagogischen Folgen zu folgendem Resümee: „Für das System der bestehenden Abschlüsse gilt [...] insgesamt, daß sie erstens unüberschaubar, zweitens kaum vergleichbar und drittens rein formale Nachweise über die Schuldauer und Schulform, teilweise noch über allgemeine Notendurchschnitte sind."

Im folgenden werden Zeugnisse/Zertifikate unter zwei Aspekten behandelt:
- Funktion und Kritik von Zeugnissen/Zertifikaten im Lernprozeß: der pädagogische Aspekt,
- Funktion und Kritik des Berechtigungswesens im gesellschaftlichen Reproduktionszusammenhang: der politisch-soziale Aspekt.

Der pädagogische Aspekt. Zeugnisse sollen für den Lernprozeß die Funktion haben, dem Schüler und seinen Eltern beziehungsweise Erziehungsberechtigten den Grad des Erreichens von Leistungsanforderungen in einzelnen Schulfächern oder Kursen rückzumelden und damit Hinweise auf Defizite und Erfolge zu geben. Sie vermitteln damit halbjährlich ein Gesamtbild des Leistungsstandes von Schülern, wie er von den unterrichtenden und beurteilenden Lehrern wahrgenommen und mit Zensuren bewertet wird, stellen also eine *Diagnose* dar. Sie dient gleichzeitig als *Prognose* auf die erwartete künftige Leistungsfähigkeit des Schülers – die Versetzung beispielsweise ist Ausdruck der Annahme, daß der Schüler die Leistungsanforderungen des höheren Schuljahres bewältigen kann.

Allerdings ist der objektive diagnostische und prognostische Gehalt der Zensurenaussage minimal, wie die entsprechende Forschung hinreichend nachgewiesen hat (vgl. INGENKAMP 1976, SCHAUB 1979). Abgesehen von unlösbaren Bewertungsproblemen schriftlicher und mündlicher Leistungen genügt die Zensurierung nicht einmal minimalen Diagnosekriterien: weder sagt die Zensur etwas über die situativen, institutionellen, sozialen und curricularen Umstände des Lernens, noch gibt sie Auskunft über die Bewertungskriterien und den Prozeß oder die Verfahren der Bewertung. Von Objektivität im Sinne intersubjektiver Kontrollierbarkeit und Überprüfbarkeit der jeweiligen Bewertung kann keine Rede sein.

Während die wissenschaftliche Kritik an der mangelnden Objektivität der Zensurengebung Allgemeingut der Erziehungswissenschaften ist, äußert sich etwa ab Mitte der 70er Jahre eine grundsätzlichere pädagogische Kritik, die sich unter Gesichtspunkten förderungs- und schülerorientierter Pädagogik gegen das System der quantitativen Leistungsmessung und Zensurengebung richtet und versucht, qualitative kommunikative Verfahren einer förderungsorientierten Lerndiagnostik zu entwickeln (vgl. BRANDT/LIEBAU 1978, HERRLITZ 1979, SCHECKENHOFER 1975). Diese Kritik richtet sich vor allem auch gegen die der Praxis der Zensuren- und Zeugniserteilung zugrundeliegende Normalverteilungsannahme, die besagt, daß nach Kriterien statistischer Repräsentativität Schülerleistungen im Durchschnitt so streuen, daß es immer relativ wenige extreme (gute oder schlechte), aber relativ breite mittlere Leistungen gäbe. Diese Annahme wird kritisiert, weil es im Rahmen gezielter Lehr- und Lernprozesse gerade um die bewußte und gezielte Einwirkung auf das Leistungsvermögen geht, wobei förderungsorientierte Pädagogik möglichst allen Schülern zum Lernerfolg verhelfen soll (vgl. CARROLL 1972). Die Normalverteilungsannahme erklärt dieses Ziel von vornherein für unerreichbar – unabhängig davon, was an tatsächlichen Lernerfolgen erzielt worden sein mag. Sie hat zur Folge, daß es immer und in jeder Klassenstufe wieder auch erfolglose – schwache – Schüler geben *muß,* also die Folge funktionierender Selektion anhand einer grup-

penbezogenen Maßstabsbildung (vgl. SCHAUB 1979).
Auch die weiteren der Zensurierung und Zeugnisvergabe zugrundeliegenden Prinzipien sind in der Erziehungswissenschaft scharf kritisiert worden:
- Das individualistische Leistungsprinzip mit der Folge der Konkurrenz zwischen den Schülern widerspricht dem Bildungs- und Förderungsauftrag der Schule und widerlegt tagtäglich alle gutgemeinten Bemühungen um kooperatives und soziales Lernen;
- Lernkontrollen richten sich in der Regel nur auf – mehr oder minder – leicht abprüfbare *kognitive* Lernleistungen in vorgegebenen Lernbereichen; personale und soziale Bildungsziele und -prozesse bleiben aus der Bewertung ebenso ausgeschlossen wie kooperative Lernprozesse, etwa die Lösung gemeinsamer Aufgaben in Gruppen;
- für die Veränderung und Verbesserung von Unterricht oder schulischen Lernbedingungen sind Zensuren sowie Zeugnisse völlig untauglich, weil sie keine Aussagen über Lehr-/Lernprozesse, Lernerfolge und Lernschwierigkeiten zulassen, die Veränderungsansätze an den Bedingungen des Lernens zur Folge haben könnten.

Es ist erstaunlich, wie resistent die Schulpraxis der Zensuren- und Zeugniserteilung gegenüber dieser wohlfundierten wissenschaftlichen Kritik geblieben ist und noch immer bleibt. Das psychosoziale Elend insbesondere der Verlierer – der Zurückgestellten, Sitzenbleiber, Schulabgänger, der drop-outs, der Haupt- und Sonderschüler, der Ausländerkinder – ist inzwischen vielfach beschrieben: Die sozialen Kosten der Selektion sind unendlich hoch und widerlegen alle politischen Beteuerungen der positiven Qualität des Schulsystems.

Der politisch-soziale Aspekt. Zielt die pädagogische Kritik primär auf die negativen Binnenwirkungen von Zensuren und Zeugnissen, so richtet sich die politisch-soziale Kritik gegen die externen Effekte: Durch Zeugnisse, insbesondere durch Zertifikate werden Qualifikationszuschreibungen rechtswirksam; sie öffnen oder schließen den Zugang zu Ausbildungen und Berufen. Sie haben so eine unmittelbar statuswirksame Funktion, weil sie innerhalb des Systems gesellschaftlicher Ungleichheit die Chancen auf bildungs- und berufsbezogene soziale Teilhabe nach Maßgabe der Berechtigungen ungleich verteilen. Daß das Zertifikatswesen überwiegend nur administrativ geregelt ist, obwohl hier Grundrechte tangiert werden, wird auch von juristischer Seite zunehmend kritisiert (vgl. OPPERMANN 1976). Damit trägt das Berechtigungswesen als Ausdruck der Selektionsfunktion der Schule zur Reproduktion gesellschaftlicher Ungleichheit bei und überformt den pädagogischen Bildungs- und Förderungsauftrag der Schule.

Ist Ungleichheit schon für das auch in der Schule institutionalisierte liberale Leistungs- und Konkurrenzprinzip (vgl. OFFE 1972) konstitutiv, so zeigt sich doch die gesellschaftliche Bedeutung erst bei der Analyse der Folgen: Die Chancen auf den Erwerb von Berechtigungen sind von vornherein je nach den Voraussetzungen der sozialen Herkunft unterschiedlich. Herkunftsspezifische Selektion funktioniert trotz Ausbau des Bildungswesens und trotz aller – wenn auch ohnehin nur gebremsten – Chancengleichheitsbemühungen nahezu unverändert, wenn sich auch insgesamt der Anteil der Unterschichtkinder an weiterführenden Schulen und höheren Abschlüssen leicht erhöht hat und die geschlechtsspezifische Selektion nahezu verschwunden ist (vgl. EIGLER u. a. 1980); die Aufsteiger kommen aber im wesentlichen aus den mittleren und unteren Mittelschichten, nicht aus den unteren Schichten (vgl. KEMMLER 1976).
Damit erweist sich das Berechtigungswesen auch als Instrument gesellschaft-

licher Herrschaft: Die Schule als vorwiegend mittelschichtgeprägte Institution reproduziert in der Vergabe von Berechtigungen im wesentlichen die gesellschaftliche Hierarchie; die Dominanz von Mittelschichteinflüssen in der Definition der Leistungsanforderungen und Verkehrsformen privilegiert die entsprechend sozialisierten Kinder von vornherein. Die im Leistungs- und Konkurrenzprinzip enthaltene Gleichheits- und Gerechtigkeitsvorstellung erweist sich real als Ideologie. Gerade durch die abstrakten, für alle Kinder idealiter gleichen Leistungsmaßstäbe wird die konkrete Unterschiedlichkeit der Voraussetzungen negiert – die abstrakte Gleichheit führt bei konkret unterschiedlichen Motivationslagen, psychischen Stabilitätsbedingungen, Erfahrungs- und Verkehrsformen notwendig zu den unterschiedlichen Lernergebnissen, die der Lehrer als Leistungsbeurteiler zu registrieren hat (vgl. BRANDT/LIEBAU 1978, S. 64): Das Ergebnis ist die herkunftspezifische Selektion. Daß dies keineswegs nur eine Errungenschaft des deutschen Schulwesens ist, sondern eine allgemeine Folge bürokratischer Schulstrukturen in Industrieländern, sei ausdrücklich vermerkt: Die Selektionsfunktion der Schule scheint eine grundlegende Struktureigenschaft industrieller Gesellschaften zu sein, wie immer unterschiedlich das Schulwesen auch ausgeprägt sein mag.

Eine wesentliche Folge dieser Form der Selektion liegt in der Internalisierung des Leistungs- und Konkurrenzprinzips durch die Schüler. Die Verlierer des Konkurrenzkampfes müssen sich den Mißerfolg als *selbstverursacht* zuschreiben, weil sie an den gleichen, auch für die Gewinner geltenden Anforderungen gescheitert zu sein scheinen – und auch die Gewinner müssen sich ihren Erfolg als eigenen bestätigen; Mißerfolg oder Erfolg werden so als objektiv gerechtfertigt erlebt, ohne daß in den Blick kommt, daß das Ergebnis im Durchschnitt von vornherein programmiert war (vgl. ARBEITSGRUPPE SCHULFORSCHUNG 1980). Unterschiedlicher Erfolg und gesellschaftliche Hierarchie erfahren hier eine individuell äußerst wirksame, scheinbare Rechtfertigung; beide scheinen durch individuelle Unterschiede des Leistungsvermögens begründet (vgl. SCHLÖMERKEMPER 1976). Institutionelle Zuschreibung von Leistungsvermögen und Selbstattribution treffen sich so im Legitimationsmuster: ein Beitrag des Berechtigungswesens zur Stabilisierung gesellschaftlicher Ungleichheitsstrukturen.

Zusammenfassend läßt sich sagen, daß sich im Beurteilungs- und Berechtigungswesen dominierende gesellschaftliche Interessen ausdrücken:

- Interessen des Beschäftigungssystems an der flexiblen Reproduktion der Qualifikationspyramide und der Aufrechterhaltung hierarchischer Strukturen der Arbeitsteilung;
- Interessen des Staates an der Loyalisierung der Staatsbürger durch die Herstellung formaler Gleichheit und Gerechtigkeit bei faktischer gesellschaftlicher Ungleichheit und Herrschaft;
- Interessen der Schule als staatlicher Institution an der Loyalisierung und Disziplinierung der Schüler;
- Interessen der Mittelschichten an der Aufrechterhaltung des erworbenen familialen Status oder Aufstiegs und der kulturellen Dominanz;
- schließlich auch Interessen des privilegierten Teils der Lehrerschaft an der Aufrechterhaltung der Statusdiskrepanz zwischen den verschiedenen Lehrergruppen.

Damit sind auch die wesentlichen Nutznießer des Berechtigungswesens angegeben. Den Schaden haben demgegenüber:

- alle Schüler, weil sie gezwungen sind, unter Bedingungen des Leistungs- und Konkurrenzprinzips zu lernen, insbesondere aber die von vornherein

unterlegenen Kinder aus den unteren Sozialschichten und natürlich deren Eltern;
- alle Lehrer (wenn auch in unterschiedlichem Ausmaß und widersprüchlichen Formen), weil sie ihre genuine pädagogische Bildungs- und Förderungsaufgabe immer nur untergeordnet erfüllen dürfen;
- in einem weiteren Sinne schließlich all jene, die aufgrund ihrer sozialen Lage oder ihrer Einsicht und Entscheidung ein Interesse am Abbau gesellschaftlicher Ungleichheit haben und das ist die große Mehrheit der Bevölkerung.

Perspektiven. Die hier dargestellte Kritik des Zeugnis-, Zertifikats- und Berechtigungswesens darf nicht so mißverstanden werden, daß es eine realistische Perspektive der schlichten Abschaffung von Berechtigungen geben könnte. Eher geht es darum, pädagogische und politische Bemühungen um die Durchsetzung des Bildungs- und Förderungsauftrags der Schule gegenüber ihrer Selektionsfunktion zu verstärken. Pädagogische Bedingungen liegen beispielsweise in der Erforschung, Entwicklung und Durchsetzung kommunikativer, förderungsorientierter Lerndiagnostik in Verbindung mit schülerorientierter pädagogischer Organisation und Unterricht (vgl. HERRLITZ 1979); politische Bedingungen sind zuallererst in der rechtlichen Vereinheitlichung des Übergangs- und Abschlußwesens bei gleichzeitiger Verstärkung und rechtlicher Sicherung der pädagogischen Selbständigkeit der einzelnen Schulen zu suchen (vgl. KEIM 1978a, b). Daß diese Bemühungen freilich im größeren gesellschaftlichen Rahmen der sozialen und politischen Kräfteverteilung stehen und ihr Erfolg oder Mißerfolg letztlich auf den Hauptfeldern der gesellschaftlichen Auseinandersetzungen entschieden wird, darf allerdings nicht vergessen werden.

ARBEITSGRUPPE SCHULFORSCHUNG: Leistung und Versagen. Alltagstheorien von Schülern und Lehrern, München 1980. BRANDT, H./LIEBAU, E.: Das Team-Kleingruppen-Modell. Ein Ansatz zur Pädagogisierung der Schule, München 1978. CARROLL, J.B.: Lernerfolg für alle. In: Westerm. P. Beitr. 24 (1972), S. 7ff. DOHSE, W.: Das Schulzeugnis. Sein Wesen und seine Problematik, Weinheim/Berlin ²1967. EIGLER, H. u.a.: Quantitative Entwicklungen: Wem hat die Bildungsexpansion genutzt? In: ROLFF, H.-G. u.a. (Hg.): Jahrbuch für Schulentwicklung, Bd. 1, Weinheim 1980, S. 45 ff. HERRLITZ, H.-G. (Hg.): Die Praxis der Lerndiagnose und Lernförderung im Team-Kleingruppen-Modell, Mimeo, Göttingen 1979. INGENKAMP, K. (Hg.): Die Fragwürdigkeit der Zensurengebung, Weinheim ⁶1976. INGENKAMP, K.: Leistungsbeurteilung - Leistungsversagen. In: Enzyklopädie Erziehungswissenschaft, Bd. 8, Stuttgart 1983, S. 495 ff. KEIM, W.: Abschlüsse und Abschlußsysteme im Sekundarbereich I. In: BUNDESMINISTER FÜR BILDUNG UND WISSENSCHAFT (Hg.): Bericht der Bundesregierung über die strukturellen Probleme des föderativen Bildungssystems, Bonn 1978, S. 168 ff. (1978a). KEIM, W.: Der Sekundarstufen-I-Abschluß im Spannungsfeld bildungsökonomischer, gesellschaftspolitischer und pädagogischer Intentionen. In: KEIM, W. (Hg.): Sekundarstufe I. Modelle, Probleme, Perspektiven, Königstein, 1978, S. 214 ff. (1978b). KEMMLER, L.: Schulerfolg und Schulversagen, Göttingen 1976. OFFE, C.: Leistungsprinzip und industrielle Arbeit. Mechanismen der Statusverteilung in Arbeitsorganisationen der industriellen „Leistungsgesellschaft", Frankfurt/M. ²1972. OPPERMANN, TH.: Nach welchen rechtlichen Grundsätzen sind das öffentliche Schulwesen und die Stellung der an ihm Beteiligten zu ordnen? In: STÄNDIGE DEPUTATION DES DEUTSCHEN JURISTENTAGES (Hg.): Verhandlungen des 51. Deutschen Juristentages Stuttgart 1976, Bd. 1 (Gutachten), Teil C, München 1976, S. C 5 ff. SCHAUB, H.: Das Problem der Lerndiagnose und der Lernförderung in der erziehungswissenschaftlichen Diskussion. In: HERRLITZ, H.-G. (Hg.): Die Praxis der Lerndiagnose und Lernförderung im Team-Kleingruppen-Modell, Göttingen 1979, S. 5 ff. SCHECKENHOFER, H.: Objektivierte Selektion oder Pädagogische Diagnostik? In: Z. f. P. 21 (1975), S. 929 ff. SCHLÖMERKEMPER, J.: Konfliktquellen im reformierten Schulsystem. Der Schüler im Widerspruch zwischen Entfremdung und Emanzipation. In: TILLMANN, K.-J. (Hg.): Sozialpädagogik in der Schule. Neue Ansätze und Modelle, München 1976, S. 70 ff.

Eckart Liebau

Abkürzungsverzeichnis der zitierten Zeitschriften

a) deutschsprachige Zeitschriften

Arch. d. öffentl. R.	– Archiv des öffentlichen Rechts
Ästh. u. Komm.	– Ästhetik und Kommunikation
Bayer. Bwes.	– Bayerisches Bildungswesen (Nichtamtliches Beiblatt zum Amtsblatt des bayerischen Staatsministeriums für Unterricht und Kultur)
Bayer. Lrztg.	– Bayerische Lehrerzeitung
Beitr. z. Arbmarkt.- u. Berfo.	– Beiträge zur Arbeitsmarkt- und Berufsforschung
betr. e.	– betrifft: erziehung
BGBl.	– Bundesgesetzblatt
B. u. E.	– Bildung und Erziehung
Curr. konkret	– Curriculum konkret
D. Arg.	– Das Argument
D. Dt. Ber.- u. Fachs.	– Die Deutsche Berufs- und Fachschule
D. Dt. S.	– Die Deutsche Schule
D. E.	– Die Erziehung
Dem. E.	– Demokratische Erziehung
D. Kiarzt.	– Der Kinderarzt
D. öffentl. Verw.	– Die öffentliche Verwaltung
D. Staat	– Der Staat
Dt. Verwbl.	– Deutsches Verwaltungsblatt
Freiheit d. W.	– Freiheit der Wissenschaft
Gesch. u. Gesellsch.	– Geschichte und Gesellschaft
Gesellsch. u. S.	– Gesellschaft und Schule
Hist. Z.	– Historische Zeitschrift
Info. z. B.- u. Efo.	– Informationen zur Bildungs- und Erziehungsforschung
Int. Z. f. Ew.	– Internationale Zeitschrift für Erziehungswissenschaft
Int. Arch. f. Sozgesch. d. dt. Lit.	– Internationales Archiv für Sozialgeschichte der deutschen Literatur
IPTS-Schr.	– IPTS-Schriften (Landesinstitut Schleswig-Holstein für Praxis und Theorie der Schule)
Jurztg.	– Juristenzeitung
Köln. Z. f. Soziol. u. Sozpsych.	– Kölner Zeitschrift für Soziologie und Sozialpsychologie
Kriminol. J.	– Kriminologisches Journal
Krit. Justiz	– Kritische Justiz
Mitt. a. d. Arbmarkt.- u. Berfo.	– Mitteilungen aus der Arbeitsmarkt- und Berufsforschung
n. dt. s.	– neue deutsche schule
N. Jur. Woschr.	– Neue Juristische Wochenschrift
N. Prax.	– Neue Praxis

N. Rot. For.	– Neues Rotes Forum
N. Samml.	– Neue Sammlung
N. Z. f. Verwr.	– Neue Zeitschrift für Verwaltungsrecht
P. Reform	– Pädagogische Reform
P. Rsch.	– Pädagogische Rundschau
Prax. d. Kipsych. u. Kipsychiat.	– Praxis der Kinderpsychologie und Kinderpsychiatrie
Probl. d. Klassenkampfs	– Probleme des Klassenkampfes
R. d. Jug. u. d. Bwes.	– Recht der Jugend und des Bildungswesens
s. managem.	– schul management
srep.	– schulreport
Soz. Welt	– Soziale Welt
Sozialist. Pol.	– Sozialistische Politik
Th. u. Prax.	– Theorie und Praxis
Th. u. Prax. d. soz. Arb.	– Theorie und Praxis der sozialen Arbeit
Uw.	– Unterrichtswissenschaft
Veröff. d. Verein. d. Dt. Staaatsrlr.	– Veröffentlichung der Vereinigung der Deutschen Staatsrechtslehrer
Versichr.	– Versicherungsrecht
Vjhefte f. Zeitgesch.	– Vierteljahreshefte für Zeitgeschichte
Westerm. P. Beitr.	– Westermanns Pädagogische Beiträge
Wirtsch. u. Stat.	– Wirtschaft und Statistik
Z. f. bayer. Ldgesch.	– Zeitschrift für bayerische Landesgeschichte
Z. f. d. ges. Staatsw.	– Zeitschrift für die gesamte Staatswissenschaft
Z. f. Gesch. d. E. u. d. U.	– Zeitschrift für Geschichte der Erziehung und des Unterrichts
Z. f. Kultaust.	– Zeitschrift für Kulturaustausch
Z. f. P.	– Zeitschrift für Pädagogik
Z. f. Sozhilfe. u. Sozgesetzbuch.	– Zeitschrift für Sozialhilfe und Sozialgesetzbuch
Z. f. Wirtsch.- u. Sozw.	– Zeitschrift für Wirtschafts- und Sozialwissenschaften
Zentrbl. f. Jugr. u. Jugwohlf.	– Zentralblatt für Jugendrecht und Jugendwohlfahrt
Zentrbl. f. Vormundschwes., Jugger. u. Fürse.	– Zentralblatt für Vormundschaftswesen, Jugendgerichte und Fürsorgeerziehung

b) englischsprachige Zeitschriften

Admin. Sc. Quart.	– Administrative Science Quarterly
Am. Sociol. Rev.	– American Sociological Review
Ann. Rev. of Psych.	– Annual Review of Psychology
Comp. E. Rev.	– Comparative Education Review
Harv. E. Rev.	– Harvard Educational Review
J. of Pol. Ec.	– Journal of Political Economy
Nation. Tax. J.	– National Tax Journal
Rev. of E. Res.	– Review of Educational Research
S. rev.	– School review
Soc. sc. info./Info. sur les sc.	– Social science information/Information sur les

soc.	sciences sociales
Sociol. Inquiry	– Sociological Inquiry
Sociol. of E.	– Sociology of Education
The Am. Econ. Rev.	– The American Economic Review
The Am. J. of Sociol.	– The American Journal of Sociology
The Brit. J. of Sociol.	– The British Journal of Sociology
The J. of Cont. Hist.	– The Journal of Contemporary History
The Publ. Inter.	– The Public Interest
The Quart. J. of Ec.	– The Quarterly Journal of Economics

c) französischsprachige Zeitschriften

L'or. scol. et profess.   – L'orientation scolaire et professionelle

Register

Namenregister

Das Namenregister enthält alle in diesem Doppelband genannten Namen von Personen und Institutionen, wie Berufsvereinigungen, Fachverbände, nationale und internationale Kooperationen, Kommissionen und weitere Zusammenschlüsse im Bildungsbereich. Es ist grundsätzlich jede Seite aufgenommen worden, wo der Name **genannt** wird.

Bei einem Namen, dem kursive Seitenzahlen folgen, handelt es sich um den Namen eines Autors dieses Doppelbandes. Die kursiven Seitenzahlen verweisen auf seinen Beitrag.

Ein → findet sich hinter der Abkürzung von Institutionennamen. Er verweist auf die vollständigen Namen der Institution, unter dem sich die Seitenangaben befinden.

Sachregister

Das Sachregister enthält Verweise auf die Titel der Lexikonbeiträge und auf alle Textstellen sowohl des Handbuch- als auch des Lexikonteils, die Auskünfte über das betreffende Stichwort enthalten.

Auf lexikalische Artikel, die ein Stichwort gesondert behandeln, wird durch Fettdruck des Stichwortes und kusiv gesetzte Seitenangaben besonders hingewiesen.

Institutionen, wie Berufvereinigungen, Fachverbände, nationale und internationale Kooperationen, Kommissionen und weitere Zusammenschlüsse im Bildungsbereich enthält das Namenregister.

Ein ↗ verweist auf verwandte Begriffe, die in einem inhaltlichen Zusammenhang mit dem bereits genannten Terminus stehen.

Ein → bedeutet, daß die gesuchte Information nicht unter diesem, sondern unter einem anderen Stichwort gegeben wird.

Namenregister

ABB → Arbeitsstelle für betriebliche Berufsausbildung
Abderhalden, E. 528
Abel, H. 116, 133
Abel, W. 77, 92
Abelein, M. 514
Abels, H. 76f., 92
Abraham, K. 128, 133
Adams, R.S. 526, 528
Adl-Amini, B. 163, 169
Adler-Karlsson, G. 331
Adorno, Th.W. 25, 45, 49, 546
Agger, E.E. 445
Agnew, S. 489
Albers, W. 278, 450
Albert, W. 267, 278
Albrow, M. 453, 458
Alexander, K.L. 197, 199, 203f.
Allgemeiner Deutscher Lehrerverein 166, 469, 473
Allgemeiner Deutscher Realschulmännerverein 161
Alt, R. 57, 70
Alten, G.v. 71
Althusser, L. 27
Altvater, E. 21, 23, 30, 49f., 224, 299, 316f., 371
Angstmann, A. 469, 473
Anschütz, G. 173f., 178, 185
Arbeiterwohlfahrt 144, 506f.
Arbeitsausschuß für Berufsausbildung 125
Arbeitsgemeinschaft freier Schulen 538f.
Arbeitsgruppe Schulforschung 374, 376ff., 383f., 391, 617f.
Arbeitsgruppe Vorschulerziehung 136, 151
Arbeitsstelle für betriebliche Berufsausbildung (ABB) 127
Ariès, Ph. 138, 151
Armanski, G. 299, 316
Armbruster, W. 213f., 224
Arndt, H. 279
Arnhold, W. 465, 467
Arnold, E. 409, 422
Arrow, K.J. 221, 224
Asendorf-Krings, I. 540, 543ff.
Astin, A.W. 525, 528
Aubin, H. 92f., 95
Auernheimer, G. 582f.
Aumüller, U. 30, 49, 304, 316
Aurin, K. 482
Auswärtiges Amt 430ff.
Avenarius, H. 236, 242, 536, 539

Bach, W. 465, 467
Bachof, O. 598f., 602
Backhaus, H.-G. 316
Bader, V.M. 191, 203
Badura, B. 360, 371
Baethge, M. *21–51*, 133, *206–225*, 290, 297, 541, 543, 545
Bahro, H. 612f.
BAK → Bundes-Assistenten-Konferenz
Bammé, A. 49, 224
Bane, M.J. 199, 204
Barabas, F. 148, 151, 504, 510
Bargel, T. 283, 287f., 292f., 297, 526, 528
Barker, R.G. 523ff., 528
Bärmann, F. 482, 489
Baron, R. 151
Barr, R.D. 488f.
Barthel, O. 80, 92
Bass, G.V. 487ff.
Baudelot, Ch. 23, 39, 45, 49
Bauer, K.-O. 291, 297
Bauer, R. 506, 510
Bäuerle, W. 137, 151
Bäumer, G. 87, 92
Baumert, J. 91f., 283, 297, 323, 331, 356, 362ff., 367, 370, 427f., 562
Baumgart, P. 94, 169f.
Bayer, W. 444
Bayerisches Oberstes Landesgericht 576
BDA → Bundesvereinigung der Deutschen Arbeitgeberverbände
BDI → Bundesverband der Deutschen Industrie
Beck, E. 240, 242
Beck, E.M. 203
Beck, U. 50, 122, 133, 154, 169, 195, 199, 203, 224, 331, 602, 605
Beckedorff, L. 94
Becker, E. 49
Becker, G.S. 200, 203, 210, 441, 444
Becker, H. 258, 356, 370, 462, 538f., 600, 602
Beckmann, H.-K. 92, 162f., 168f.
Beer, B. 75, 92
Behnken, I. 293, 297
Behörde für öffentliche Jugendfürsorge, Hamburg 141
Behrendt, R. 388, 391
Bell, J. 314, 318
Bell, R. 331
Bell, W. 523, 529
Bendele, U. 85, 92
Benner, H. 126, 133
Benson, Ch.S. 440, 444
Berg, Ch. 83, 85, 92, 173, 178f., 185, 316, 485, 489

627

Namenregister

Bergmann, S. 391
Berkemann, J. 579
Berlak, A. 331
Berlak, H. 331
Berndt, J. 353
Bernfeld, S. 28, 49, 66, 70, 357, 370, 378, 391
Bernstein, B. 353
Berufsverband Deutscher Psychologen 467
Bettermann, K.A. 242, 313, 316, 439, 477
Betzen, K. 372
Bevan, P. 195, 204
Beyme, K.v. 407f., 422
Bismarck, O.v. 176, 437, 478
Blandow, J. 137, 146, 151, 503, 510
Blasius, D. 79, 93
Blättner, F. 316
Blau, P.M. 195, 203, 545f.
Blaug, M. 440, 444
Blessing, W.K. 76f., 83, 93, 164, 169
BLK → Bund-Länder-Kommission für Bildungsplanung und Forschungsförderung
Bloch, J.A. 520, 522
Bloth, H.G. 78, 93
Blumenthal, V.v. 24, 49, 325, 328f., 331, *405-423*
BMAS → Bundesministerium für Arbeit und Sozialordnung
BMBW → Bundesministerium für Bildung und Wissenschaft
Berg, I. 23, 49
Berger, R. 612f.
Berger, W. 322, 325, 331
BMJFG → Bundesministerium für Jugend, Familie und Gesundheit
Böckh, A. 158
Bode, H.F. 326, 331
Bodenhöfer, H.-J. 278
Boehm, U. 278, 584, 588
Boelitz, O. 89, 93
Boesch, E. 523, 528
Bog, I. 318
Bohnenkamp, H. 438
Böhnisch, L. 375, 391
Bois-Reymond, M.du 361, 370, 469, 473
Bolam, R. 521f.
Bolder, A. 199, 204
Bölling, R. 82, 84, 93, 166f., 169, 182, 185, 299, 301, 303f., 307f., 311, 316
Bolte, K.M. 194, 204
Bombach, G. 210
Bonn, P. 521f.
Borchardt, K. 79, 93, 303f., 307, 316
Borchert, M. 483, 489
Bormann, M. 313
Borscheid, P. 85, 93

Bothe, M. 406, 414f., 422
Bourdieu, P. 21, 23, 26, 37ff., 45, 48ff., 192, 202, 204, 224, 327, 331, 606f., 609
Böwer-Franke, Ch. 522
Bowles, S. 21, 23, 33ff., 49, 192, 196f., 200ff., 204, 221, 224, 607, 609
Bowman, M.J. 210, 440, 444
Boyd, W.L. 484, 489
BpB → Bundeszentrale für politische Bildung
Brandenburg, H.-C. 143, 151
Brandt, H. 64, 70, 428, 615, 617f.
Brandt, W. 451
Brater, M. 169
Brauchitsch, M.v. 186
Bräuer, G. 170
Braun, H. 258
Braun, M. 332
Braunmühl, E.v. 483, 489
Bremen, E.v. 77, 82f., 86, 93, 96
Breyvogel, W. 164, 169, *298-319*
Brezinka, W. 169
Brinkmann, W. 316
Brockstedt, J. 317
Bronfenbrenner, U. 524, 528
Brück, H. 357, 370
Bruder, K.-J. 371
Brühl, D. 469, 473, 482
Brumlik, M. 168f.
Brunner, O. 134, 137, 151
Brusten, M. 381, 391
Bücher, K. 121, 133
Büchner, P. 287ff., 297, 361, 368, 370, 469, 473
Bühler, Ch. 381, 389, 391
Bülow, B. Fürst v. 304
Bumstead, R.A. 419, 422
Bünder, W. *518-522*
Bundesanstalt für Arbeit (BA) 260, 270
Bundesarbeitsgemeinschaft der freien Wohlfahrtspflege 506
Bundesarbeitsgemeinschaft Jugendaufbauwerk 136, 151, 509f.
Bundes-Assistenten-Konferenz (BAK) 611
Bundeselternrat 481
Bundesgerichtshof 531f.
Bundesministerium des Inneren 151
Bundesministerium für Arbeit und Sozialordnung (BMAS) 132
Bundesministerium für Bildung und Wissenschaft (BMBW) 251, 255, 258, 267f., 270, 278, 315f., 354, 422, 448ff., 452f., 492ff., 517, 546, 618
Bundesministerium für Jugend, Familie und Gesundheit (BMJFG) 148, 150f., 509f.

Bundesministerium für Wissenschaftliche Forschung 249, 258
Bundesrat 238, 277
Bundesverband der Deutschen Industrie (BDI) 127
Bundesvereinigung der Deutschen Arbeitgeberverbände (BDA) 127
Bundesverfassungsgericht (BVerfG) 228f., 234, 238, 277, 400, 436ff., 474, 477f., 491, 497f., 500, 507, 513, 515, 529f., 548, 551, 554f., 558, 575, 596
Bundesverwaltungsamt 432, 435
Bundesverwaltungsgericht (BVerwG) 228, 236, 537, 551, 557
Bundeszentrale für Gesundheitliche Aufklärung 504, 510
Bundeszentrale für politische Bildung (BpB) 583
Bund-Länder-Kommission für Bildungsplanung und Forschungsförderung (BLK) 106, 112, 251f., 254, 256, 258, 269, 275, 278, 448, 450ff., 461f., 516, 612f.
Bungardt, K. 299, 316
Burnham, J. 456, 458
Burt, C. 462
Busch, A. 316
Busch, D.W. 353
Buttgereit, M. 222, 224
Buttlar, A. *405-423*
Büttner, C. 354
Byrne, D. 200, 204

Cambell, W.J. 528
Campenhausen, A.v. 236, 242, 438
Caritas-Verband 144f., 506f.
Carnap, R.v. 574
Carnoy, M. 204
Carroll, J. 615, 618
Caselmann, C. 357, 370
Cazzola, F. 407f., 422
CDU → Christlich Demokratische Union Deutschlands
CENSIS → Centro studi investimenti Sociali
Centre for Educational Research and Innovation (CERI) 332
Centro studi investimenti Sociali (CENSIS) 328, 331, 421f.
CERI → Centre for Educational Research and Innovation
Christlich Demokratische Union Deutschlands (CDU) 249, 274, 277ff., 289, 452, 461, 507, 510
Christlich Soziale Union Deutschlands (CSU) 249, 274, 277f., 452, 510

Clarke, J. 391
Clausnitzer, L. 82, 93
Clemens, Th. 598
Clement, W. 269, 271, 273, 278
Clevinghaus, B. 231, 242, 552f.
Cloer, E. 85, 93, 166, 169, 299, 316
Cloetta, B. 357, 370
Codignola, T. 411, 422
Cohen, S. 331
Cohn, E. 442, 444
Coiro, G. 409, 422
Coleman, J.S. 192, 204, 525, 528
Collins, R. 201, 204, 224
Combe, A. 356, 370
Comenius, J.A. 61
Condorcet, M. 549
Connors, E.T. 420, 422
Conze, W. 79, 93, 97
Coriat, B. 545f.
Craik, K.H. 523, 528
CSU → Christlich Soziale Union Deutschlands
Czymek, H. 579, 583

Dahrendorf, R. 432, 552f.
Dalla, L. 407, 422
Damm, D. 137, 151
Daniele, N. 410, 422
DATSCH → Deutscher Ausschuß für Technisches Schulwesen
Dauber, H. 331
Deal, T.E. 488f.
Dei, M. 331
De Mause, L. 342, 353
Denison, E.F. 210, 440, 444
Dennison, G. 471, 473
Department of Education and Science 331
Derbolav, J. 169
Derichs-Kunstmann, K. 483, 489
Desai, A.V. 303f., 307, 316
DeSimone, S. 409, 422
Deutsche Forschungsgemeinschaft (DFG) 610
Deutsche Gesellschaft für Erziehungswissenschaft (DGfE) 163, 169, 378
Deutsche Gesellschaft für Gewerbliches Bildungswesen 133
Deutscher Ausschuß für das Erziehungs- und Bildungswesen 91, 93, 125, 246, 250, 258, 438, 459, 462, 515
Deutscher Ausschuß für Technisches Schulwesen (DATSCH) 125f., 133
Deutscher Bildungsrat 50, 64, 70f., 106, 112, 133, 149, 151, 229, 239, 242, 244, 250,

Namenregister

252, 256, 258, 276, 278, 297, 371, 395, 397, 403, 445, 450, 459ff., 468, 473, 514, 516, 518, 522, 528, 547ff., 587f., 601f., 613
Deutscher Bundestag 432, 435
Deutscher Gewerkschaftsbund (DGB) 132, 167
Deutscher Industrie- und Handelstag (DIHT) 127
Deutscher Juristentag 229f., 242f., 257f., 284f., 297, 396f., 399, 478, 482, 496, 498f., 530, 532, 539, 548, 552f., 560, 562, 580f., 596f., 601, 618
Deutscher Lehrerverein 85, 166, 169, 181ff., 185
Deutscher Paritätischer Wohlfahrtsverband (DPWV) 507
Deutscher Paritätischer Wohlfahrtsverband (DPWVL) 144
Deutscher Philologenverband 317
Deutscher Verein für Armenpflege und Wohltätigkeit 142
Deutscher Verein zur Förderung der Lehrerfortbildung und Lehrerweiterbildung 522
Deutsche Schule Kopenhagen 429
Deutsches Institut für Fernstudien (DIFF) 519
Deutsches Institut für Normung (DIN) 566
Deutsches Jugendinstitut 293
Deutsches Rotes Kreuz (DRK) 506
Deutschmann, M. 26, 49
DFG → Deutsche Forschungsgemeinschaft
DGB → Deutscher Gewerkschaftsbund
DGfE → Deutsche Gesellschaft für Erziehungswissenschaft
Diakonisches Werk 144f., 506f.
Dick, L. van 470, 473, 483, 486, 489
Diesterweg, A. 82, 97, 155, 165
Dietrich, Th. 74, 85, 93
Dietze, L. 228, 242, 401, 403, 406, 422, 476f., *478-482, 575-580, 580-584, 595-598*
DIFF → Deutsches Institut für Fernstudien
DIHT → Deutscher Industrie- und Handelstag
Döbert, R. 116, 133
Doehlmann, M. 582f.
Dohse, W. 614, 618
Doormann, L. 470f., 473, 482
Dore, R. 219, 224
Döring, K.W. 357, 370
Döring, P.A. 587f.
Dörpfeld, F.W. 82, 478, 482
DPWV → Deutscher Paritätischer Wohlfahrtsverband
Dreeben, R. 66, 70, 340, 353
Dreher, E. 604f.

Dreitzel, H.P. 116, 133
Drexel, I. 544, 546
DRK → Deutsches Rotes Kreuz
Drury, R.L. 416, 422
Duke, D.L. 486, 488f.
Düll, K. 546
Duncan, O.D. 195, 203, 523, 528
Düwell, K. 435

Eckardt, A. 86, 93
Eckhardt, K. 95
Eckland, B.K. 197, 203
Edding, F. 128, 133, 210, 224, 260f., 278, *439-445*, 462, 562, 564, 566, 574
Edelhoff, Ch. 520, 522
Eigel, Ch. 386f., 389f., 392
Eigler, H. 608f., 616, 618
Eirmbter, W. 527f., 604f.
Ellwein, Th. 356, 370
Emerson, Th.I. 415, 422
Engel, G.V. 457f.
Engelhardt, M.v. *355-372, 427ff.*
Engelhardt, U. 96, 316
Engels, F. 151
Engelsing, R. 302f., 316
Erger, J. 299, 316
Erichsen, H.-U. 476f.
Erlinghagen, K. 290, 297
Ermer, R.G. 385, 389, 391
Esser, F. 564, 566
Establet, R. 23, 39, 45, 49
Etzioni, A. 456, 458
Europarat 330
Evers, H. 222, 224
Evers, H.U. 549
Eyferth, H. 510

Fadiga Zanatta, A.L. 331
Falk, A. 84, 94, 170, 306
Farmer, M. 526, 528
Faulstich, P. 28, 49
F.D.P → Freie Demokratische Partei Deutschlands
Featherman, D.L. 195, 197ff., 204
Fehnemann, U. 234, 242, 478, 482
Felbiger, I.v. 76, 78, 97
Felisch, P. 142, 151
Fend, H. 23, 50, 70, 191, 202, 204, 291, 295, 297, 360, 370, 524f., 528, 604f.
Ferber, Ch.v. 316, 371
Fernuniversität Hagen 96
Fertig, L. 74, 82, 93, 186
Feuerbach, L. 302

Fichte, J.G. 57, 70, 281
Firestone, W.A. 488f.
Fischer, A. 86f., 93
Fischer, K. 164, 169, 174, 185, 305f., 316
Fischer, K.G. 407, 422
Fischer, L.H. 85, 93
Fischer, W. 79f., 93, 155, 161, 169, 316, 490
Flanders, N.A. 357, 370
Flechsig, K.-H. 548f.
Fleig, P. 476f.
Fleßner, H. 469, 473, 482
Flitner, A. 64, 70, 170, 317, 378, 391, 453, 482, 489, 516f., 602
Flitner, W. 74, 88, 92f.
Flora, P. 70
Floud, J. 605
Flügel, O. 467
Flygare, T.J. 417f., 420, 422
Fooken, E. 76, 93, 174, 176, 185
Framheim, G. 258
Francke, A.H. 78
Franke, M. 577, 580
Franz, U. 374, 391
Franzke, R. 546
Freeman, R.B. 224
Freie Demokratische Partei Deutschlands (F.D.P.) 274, 277f., 452, 510, 548
Freie Schule Essen 489, 538
Freie Schule Frankfurt 470, 489, 538
Freie Universität Berlin 11
Frey, K. 517, 549
Friauf, K.H. 132f.
Friedeburg, L.v. 47, 50, *244-258*, 371
Friedman, M. 442, 445
Friedrich, D. 50f., 71, 133, 224f., 371, 445
Friedrichs, J. 523, 528
Fritzsch, Th. 489
Froese, L. 75ff., 93, 514
Fröhlich, D. 50
Frost, S.E. 415ff., 419, 422
Fuchs, G. 273, 279
Fuchs, W. 382, 391
Führ, Ch. 87, 89, 93, 514, 517
Fürstenau, P. 347, 349, 352ff., 356f., 362, 366f., 371f., 429, 600, 602

Gafert, B. 316
Gaiser, W. 293ff., 297
Gamerdinger, D. 270, 278
Gamm, H.J. 50
Garbe, R. 131, 133
Garz, D. 169f.
Gaßen, H. 168f.
Gebele, J. 77, 79ff., 93f.

Gebhardt, B. 79, 94
Gedike, F. 156f.
Gehlen, A. 133, 456, 458
Geiger, H. 151
Geiger, Th. 308, 316
Geiger, W. 476f.
Geipel, R. 291, 297, 524, 526, 528
Geissler, C. 526, 528
Geißler, R. 190, 199, 204
Gensior, S. 541, 544, 546
Georg, W. 133, 209, 224
Gerlicher, K. 354
Gerth, H.H. 302, 316
Gesellschaft für Sozialreform 134
Geulen, D. 358, 371
GEW → Gewerkschaft Erziehung und Wissenschaft
Gewerkschaft Erziehung und Wissenschaft (GEW) 167, 316, 580
Giel, K. 317, 602
Giese, D. 137, 151
Giesecke, H. 137, 151, 168f.
Gilgenmann, K. 33, 50
Gillis, J.R. 316
Gimmler, W. 117, 133
Gintis, H. 21, 23, 33ff., 49f., 196f., 200ff., 204, 221, 224, 486, 489, 607, 609
Giovannini, E. 408, 422
Gläser, J. 485, 489
Gliger, Th. 316
Glöckel, H. 162, 169
Glocksee-Schule Hannover 470, 489
Glombowski, J. 40, 50
Glowka, D. 331f.
Goebel, K. 82, 94
Goessl, M. 313, 316
Goethe, J.W.v. 281
Goffman, E. 351, 354
Goldschmidt, D. 490, 538f.
Goldstein, B.L. 415f., 423
Goldthorpe, J.H. 195, 204
Gorz, A. 33ff., 45, 50
Gottschalch, H. 490
Götz, B. 354
Grace, G.R. 357, 361, 371
Gramsci, A. 27, 50
Grant, N. 331
Greinert, W.-D. 120, 134
Griesbach, H. 612f.
Griffin, L.J. 197, 199, 204
Grochla, E. 445
Groddeck, N. 484, 486, 489
Gröll, J. 50
Groothoff, H.H. 168f.
Grösch, D. 388, 391

Namenregister

Gross, P. 360, 371
Großkurth, P. 225
Grove, B. 422
Grüner, G. 134
Grüner, J. 76, 94
Grupp, K. 580
Gstettner, P. 598
Guhl, P. 230, 242, 557
Gump, P.V. 525, 528
Gürge, F. 389, 391

Haberkorn, R. 136, 151
Habermas, J. 26, 28, 42ff., 47, 50, 168f.
Haenisch, H. 604f.
Haft, H. *518-522*
Hage, K.-H. 534, 536
Hagener, C. 487, 489
Hagener, D. 299, 316
Hahn, H. 520, 522
Hahn, W. 517
Haller, A.O. 197, 204
Haller, H.-D. 169f., 462, 549
Haller, I. 521f., 548f.
Haller, M. 331
Halmos, P. 154, 169
Halsey, A.H. 196ff., 204
Hamburger, F. 160, 169, 299, 316
Hamm-Brücher, H. *429-435*
Hammersley, W. 391
Hänsel, D. 356, 359f., 371
Hardach, G. 303, 306, 317
Hardenberg, K.A.v. 95
Harkort, F. 82
Harney, K. 119f., 134
Hartmann, H. 142, 151, 154, 169
Hartmann, K. 49, 71, 316, 319
Hartnacke, W. 87, 94
Hartung, D. 224
Hasenclever, Ch. 141f., 151
Hassio, B. 389, 391
Hauck, P. 612f.
Haug, M.R. 168f.
Haugg, W. 613
Hauser, R.M. 195, 197ff., 204f.
Hawley, A.H. 528
Heald, J.E. 416ff., 422
Heckel, H. 229, 235f., 241f., 360, 363, 367, 371, 396, 400, 403, 500, 502, 514, 534, 536, 538f., 559f., 562, 580, 583
Hecker, J.J. 78, 93
Hegel, G.W.F. 116, 134, 550
Hegelheimer, A. 221f., 224, 276, 278
Heid, H. 316
Heidenreich, K. 68, 71

Heim, D. 361, 371, 469, 473
Heimann, P. 91, 94
Hein, R. 329, 332
Heinemann, M. 75, 84, 86, 93f., 96, 162, 166, 169f., 174, 185, 316ff.
Heinsohn, G. 359, 371
Heintz, P. 371
Heinze, Th. 351, 354
Helberger, Ch. 442, 445
Hellbrügge, T. 352, 354
Heller, K. 465, 467
Hellpach, W. 523, 528
Hennecke, F. 229, 242, 532, 580
Henning, H. 307, 309f., 317
Hentig, H.v. 484, 489
Heppe, H. 75, 77ff., 82, 94
Herbart, J.F. 88, 467, 485, 489
Hermann, G. 158
Herrlitz, H.-G. *55-71*, 74, 94, 138, 151, 173, 185, 283, 297, 299, 301, 304, 317, 473, 615, 618
Herrmann, U. 75, 77, 92, 94f., 97, 170f., 297, 318f.
Herzog, K. 444f.
Hess, G. 610, 613
Hess, K. 500, 502, 584
Hesse, K. 491, 493f.
Hessischer Staatsgerichtshof 596
Hessischer Verwaltungsgerichtshof 596
Hessisches Institut für Lehrerfortbildung (HILF) 518, 520, 522
Hetzer, H. 467
Heymann, K.-D. 231, 242, 521f., 552f., 580
Heyse, H. 465, 467
Hildebrandt, L. 82, 86, 94
HILF → Hessisches Institut für Lehrerfortbildung
Hilger, D. 79, 94, 119, 134
Hinrichs, E. 96
Hinsch, R. 357, 371
Hintze, O. 76, 94, 317
Hitler, A. 184
Hitpass, J. 356, 371
Hitze, F. 134
Hochschulinformationsdienst GmbH 444
Hochwald, K.H. 518f., 522
Hodes, F. 234, 242
Hoernle, E. 50
Hoernle, F. 28
Hoff, E. 209, 224
Hoffmann, J. 462
Hoffmann, J.G. 80, 94
Hoffmann, M. 391
Hoffmann, V. 299, 317
Hoffmann, W. 258

Hofmann-Göttig, J. 578, 580
Höhn, K.-R. 471, 473
Höhne, E. 453
Hohorst, G. 84, 94, 303f., 307, 317
Hollerbach, A. 437f.
Holstein, G. 476f.
Holzer, G. 118, 134
Homburger, A. 352, 354
Hopf, A. 357, 371
Hopf, Ch. 317, 356, 362, 364, 371, 403f., 559, 562
Hopf, W. *55-71*, *189-205*, 317, 326, 332, 541, 546, *602-605*, *605-609*
Horan, P.M. 195, 204
Horkheimer, M. 49
Horn, H. 315, 317
Hornschuh, H. 389, 391
Hornstein, W. 137, 151, 375, 391, 505, 510
Huber, E.R. 174f., 178, 185
Hübner-Funk, S. 293, 297
Huerkamp, C. 307, 317
Hüffell, A. 386, 391
Hüfner, G. 473
Hüfner, K. 133, 210, 224, 258, 441, 445, 462
Huisken, F. 21, 30, 49f., 224, 299, 315ff., 356, 371
Hülster, M. 471, 473
Humboldt, W.v. 79, 317, 600, 602
Hummel, H. 230, 242, 557
Hunter, A. 523, 528
Huppertz, N. 469, 473
Hurrelmann, K. 50, 71, 190, 204f., 295, 297, 359f., 371, 381, 391
Husén, T. 216f., 224, 332, 526, 528, 607, 609
Hüttenberger, P. 313, 317
Hylla, E. 87f., 94, 96

IAB → Institut für Arbeitsmarkt- und Berufsforschung der Bundesanstalt für Arbeit
Illich, I. 70f., 352, 354, 483f., 486f., 489
Ingenkamp, K. 465, 467, 615, 618
Institut für Arbeitsmarkt- und Berufsforschung der Bundesanstalt für Arbeit (IAB) 49, 69f., 224
Institut für Auslandsbeziehungen 435
Institut für Berufserziehung im Handwerk an der Universität Köln 127
Institut für die Pädagogik der Naturwissenschaften an der Universität Kiel (IPN) 522
Institut für Sozialwissenschaftliche Forschung (ISF) 50, 204, 543, 545f.
Internationaler Arbeitskreis Sonnenberg 435
Intitiativgruppe Solingen 392

Inzerillo, G. 410, 422
Iodice, F. 409, 422
Iperti, A. 414, 422
IPN → Institut für die Pädagogik der Naturwissenschaften an der Universität Kiel
Ipsen, H.P. 239, 242
IPTS → Landesinstitut Schleswig-Holstein für Praxis und Theorie der Schule
Irmer, B. 302, 317
Isensee, J. 507, 510
ISFOL → Istituto per lo sviluppo della formazione professionale dei lavoratori
Istituto per lo sviluppo della formazione professionale dei lavoratori (ISFOL) 408, 422
Ittelson, W.H. 523, 528

Jacquemin, A. 328, 332
Jäger, G. 170
Janossy, F. 50
Jantke, C. 79, 94
Jarass, H.D. 580
Jarausch, K. 317
Jeismann, K.-E. 82, 94, 100, 112, 155, 170, 174, 186, 317
Jencks, Ch. 23, 48, 50, 69, 71, 197, 199, 204, 211, 224, 332, 605, 608f.
Jochimsen, R. 278
Johns, R.L. 444f.
Jordan, E. 136f., 140, 151, 506, 510
Judith, I. 471, 473
Jung, H. 532
Jungblut, G. 49
Jüttner, E. 324, 332
Jutzi, S. 435

Kaelble, H. 190, 204, 317
Kagerer, H. 299, 317, 389ff.
Kahlert, H. 440, 445, 587f.
Kallmeyer, G. 482
Kaltschmid, J. 354
Kaminski, G. 523, 528
Kammerer, G. 543, 546
Kämpfe, N. 198, 204, 607, 609
Kanitz, O.F. 28, 50
Karabel, J. 204
Karcher, W. 501f.
Karras, H. 50
Kaufmann, F.-X. 371
Keck, R. 469, 473
Kehr, E. 317
Kehrbach, K. 467
Keim, W. 332, 604f., 614, 618
Kellermann, P. 36, 50, 222, 224

Namenregister

Kemmet, C. 222, 224
Kemmler, L. 616, 618
Kern, H. 541f., 546
Kern, H.-A. 509f.
Kern, P. 84, 90, 94
Kerschensteiner, G. 67, 85f., 94f., 163, 170
Kievenheim, Ch. 299, 315, 317, 356, 371
Kippert, K. 71, 354
Kirchoff, W. 463, 467
Kisker, G. 492, 494
Kißler, L. 209, 224
Kittel, H. 87, 94, 161, 170
Klauder, W. 542, 546
Klein, E. 348, 354
Klemm, K. *280-297*, 287, 297, 559, 562
Klewitz, M. *72-97*, 84, 94
Klink, J.-G. 74, 86, 93f., 299, 317
Klönne, A. 143, 151
Klussmann, R. 503, 510
Kluxen, K. 318
KMK → Ständige Konferenz der Kultusminister der Länder in der Bundesrepublik Deutschland
Knake, H. 469, 473
Knauer, A. 442, 445
Knerr, G. 469, 473
Knieper, B.M.C. 359, 371
Knight-Wegenstein AG 356, 365, 367, 371, 444f.
Knilli, M. 470, 473
Knoll, A. 134
Knudsen, H. 557, 598
Kob, J. 50, 71, 354, 357, 371, 469, 473
Koch, J.-J. 357, 371
Koch, R. 136, 151, 506, 510
Kocka, J. 85, 94
Köckeis-Stangl, E. 327, 332
Koester, U. 354
Kofler, L. 50
Kogon, E. 549
Kohlbach, G. 87f., 95
Köhler, H. 91, 94, 112, 279, *445-450*, *566-575*
Köllmann, W. 79, 95, 317
Kölner Wirtschaftspädagogischer Kreis 132
Kommunistische Partei Deutschlands (KPD) 228
Koneffke, G. 77, 95
Konetzky, S 87, 94f.
König, H. 528
König, R. 115, 134, 204, 526, 528
Königliches Statistisches Bureau 84, 95
Kopitzsch, F. 78, 95, 317
Koppenhöfer, P. 300, 310, 317
Kornhauser, W. 456, 458
Koselleck, R. 82, 95, 174, 186, 301, 316f.

Kostede, N. 299, 317
Köttgen, A. 239f., 242
Kozol, J. 471, 473
KPD → Kommunistische Partei Deutschlands
Kraft, A. 213, 224
Kraft, P. 356, 371
Kraimer, K. 169f.
Krais, B. 37, 39f., 50, 210f., 224, *540-546*
Kramer, D. 143, 151
Krappmann, L. 205
Kratzsch, E.H. 356, 371
Kraul, M. 112, 302, 317
Krauss, H. 299, 317
Krawietz, W. 75ff., 93
Kreckel, R. 49f., 224f.
Kreft, D. 136, 151f., 510
Kreidt, H. 566
Krelle, W. 273, 278
Krichbaum, S. 477
Kriedte, P. 77, 95
Krienke, G. 80, 95
Krings, H. 462
Kröll, U. 518f., 522
Krollmann, H. 517
Kruck, A. 309, 317
Krueger, B. 82, 95
Krüger, H. 228, 242
Krüger, M. 299, 317
Kübler, H. 160, 170, 317
Kuczynski, J. 79, 95, 138, 151
Kudritzki, G. 93
Kuhlmann, C. 162, 170
Kuhlmann, H. 299, 317, 389, 391
Kühn, E. 152
Kullmer, H. 450
Kümmel, K. 120, 127, 134
Kuntz-Brunner, R. 519, 522
Kunze, A. 133
Kunze, J. 272, 278
Kupffer, H. 483, 489
Küppers, H. 299, 317
Kurfeß, F. 88, 95
Kurzeja, D. 144, 151
Kuthe, M. 526, 529
Kutscha, G. 134

Laaser, A. 400, 404
Lämmermann, H. 463
Landé, W. 174, 186, 234, 242
Landesinstitut für Schule und Weiterbildung (LSW) 518
Landesinstitut Schleswig-Holstein für Praxis und Theorie der Schule (IPTS) 518

Namenregister

Landsberg, G.v. 222, 224
Landwehr, R. 143, 151
Lange-Garritsen, H. 296f., 356f., 361, 371
Lappe, L. 209
Lasson, G. 134
Laubach, H.-Ch. 317
Laurenze, A. 519, 522
LaVopa, A.J. 164, 170
Legrand, L. 332
Lehmann, B. 317
Lehmann, R. 186
Lehmann, Th. 483, 489
Lehrergruppe Laborschule Bielefeld 71
Leibholz, G. 599, 602
Leisewitz, A. 317
Lemberg, E. 163, 170
Lempert, W. 209
Lenhardt, G. 36, 50, 201, 204, 222, 224, 374, 391
Lenhart, V. 584
Lenzen, D. 11, 357, 371, 388, 391, 462, 516f.
Lerner, D. 70f.
Lerner, M. 419, 422
Leschinsky, A. 23, 50, 63, 71, *72-97*, 173, 176, 178, 186, 282, 297, 304, 317, 360, 371, 396, 404, *482-490*
Lessing, H. 137, 151
Lettieri, A. 50
Leussink, H. 452, 613
Levine, D.M. 199, 204
Lewin, H. 80, 82, 84, 95
Lewin, K. 523, 529
Lexis, W. 84ff., 95, 305, 317
Lichtenstein, E. 74, 95
Liebau, E. 64, 70, 428, *614-619*
Liebel, M. 137, 151, *373-392*
Lietz, H. 281, 297
Lipsmeier, A. 134
Litt, Th. 600, 602
Litwak, E. 362, 371
Lochmann, R. 526, 529, 607, 609
Löffler, E. 90, 95
Lohmann, Ch. 356, 371
Lohmann, T. 313, 316
Lohmar, U. 613
Löhning, B. 229, 242
Lotze, R. 318
Löwenstein, K. 491, 494
LSW → Landesinstitut für Schule und Weiterbildung
Luckmann, Th. 169f.
Ludz, P.Ch. 70
Luhmann, N. 65, 71, 154, 168ff., 368, 371, 606, 609
Lukacz, G. 39, 50

Lukesch, H. 604f.
Lumsden, K.G. 224
Lundgreen, P. 61, 71, 74, 85, 95, *98-113*, 155, 169, 173, 186, 299, 314, 318
Luther, G. 407f., 422
Lutz, B. 23, 50, 202, 204, 208, 214f., 224, 542f., 546

Mächler, A. 164, 170
Mackscheidt, K. 261, 277f.
Mäding, H. 258, *259-279*, *584-588*
Mager, K. 485, 490
Maier, H. 139, 151, 217, 225, 520, 522
Maier, K.E. 74ff., 83, 95
Malthus, Th.R. 440
Mann, J.F. 332
Manz, W. 354
Marklund, S. 332
Martinez, G. 409, 422
Marx, K. 26, 29, 32f., 38, 42ff., 50, 138, 151, 203, 299, 540
Marxistische Gruppe Erlangen-Nürnberg 30, 50
Maskus, R. 106, 113
Masuch, M. 29f., 50, 225
Mattern, C. 261, 264, 278, 537, 539
Matthes, J. 50, 224
Maunz, Th. 237, 242
Mautino, F. 409, 422
Max-Planck-Gesellschaft 610
Max-Planck-Institut für Bildungsforschung 69f., 92, 95, 113, 186, 205, 214, 243, 258, 278, 297, 332, 370, 404, 428, 450, 494, 514, 562, 574f.
Mayer, K.U. 190, 196f., 199, 204, 318
Mayntz, R. 362, 371, 458
Mayr, G. 81, 95
Mayr-Kleffel, V. 469, 473
Medicus, F. 70
Meillassoux, C. 42, 50
Melzer, D. 137, 151
Mendius, H.-G. 50, 204, 224, 545f.
Menschenrechtsgerichtshof 551
Mertens, D. 225
Merz, J. 356, 371
Metternich, K.W.N.L. Fürst v. 176
Meumann, E. 467
Meyer, A.H.G. 80, 95
Meyer, F. 63, 71, 82, 95, 169f., 318
Meyer, H. 463
Meyer, J.W. 190, 193, 204, 485, 490
Meyer, R. 282, 297, 318
Michael, B. 105, 113, 473
Mickler, O. 23, 50, 213f., 225, 543f., 546

Namenregister

Midwinter, E. 471, 473
Mielenz, I. 136, 151, 509f.
Milberg, H. 469, 473
Mill, J.St. 440
Millack, Ch. 314, 318
Miller, A. 345, 354
Miller, S.M. 200f., 205
Ministerium der geistlichen, Unterrichts- und Medicinal-Angelegenheiten 174
Ministero della pubblica istruzione 409
Minot, J. 332
Miraglia, G. 410, 422
Mistretta, P. 410, 422
Mitter, W. 323, 332, 522
Mok, A.L. 154, 170, 457f.
Mollenhauer, K. 137, 152, 168, 170, 357f., 361, 371
Möller, Ch. 547, 549
Mommsen, W.J. 318
Moore II, S.A. 416ff., 422
Morell, R. 299, 318
Moro, G. 87f., 95
Morphet, E.L. 444f.
Most, O. 318
Müller, C. 84, 86, 95
Müller, C.W. 137, 141, 152
Müller, D.K. 62, 71, 85, 95, 100, 111, 113, 203f., 299, 318
Müller, F. 236, 242, 536, 538f.
Müller, H.-U. 293, 297
Müller, J. 450
Müller, J.P. 435
Müller, S.F. *153-171*, 174, 186
Müller, W. 190, 194ff., 204, 318, 484, 490, 607, 609
Müller-Fohrbrodt, G. 296f., 357, 371
Müller-Limmroth, W. 356, 365, 371
Müllges, U. 134
Münchmeier, R. 168, 170
Münder, J. *135-152*, 475, 477, *503-511*
Mundt, J.W. 292f., 297
Mushkin, S.J. 261, 278

Nagel, H. 470, 473
Naht, A. 299, 312f., 318
Nationaler Rat für das Unterrichtswesen, Italien 412
Nationalsozialistische Deutsche Arbeiterpartei (NSDAP) 313f., 318
Nationalsozialistischer Lehrerbund (NSLB) 312
Natorp, L. 74, 82, 95
Naumann, J. 133, 258, 443, 445, 462
Nave, K.-H. 64, 71

Nave-Herz, R. 357, 360f., 371
Negt, O. 137, 152
Neigebaur, J.F. 80, 95
Nentwig, P. 521f.
Neumann, F.L. 242, 313, 318
Nevermann, K. 16, 76, 83, 95, 164, 170, *172-186*, 239, 242, 356, 360ff., 364, 368f., 371f., *393-404*, 427f., *453-458*, 475, 477, 482, 496, *500ff.*, 532, *533-536*, 548f., 557, *558-562*, 579f., *588-591*, *598-602*
Niehues, N. 229f., 242, 400, 404, 496, 499, 532, 557, 595
Nieser, B. *320-333*
Niethammer, F.I. 79, 84
Nipkow, K.E. 372
Nipperdey, Th. 79f., 95, 305, 318
Nohl, H. 186, 600, 602
Nolan, R.R. 488f.
Norden, W. 74, 95f.
Notbohm, H. 74, 96
NSDAP → Nationalsozialistische Deutsche Arbeiterpartei
NSLB → Nationalsozialistischer Lehrerbund
Nuber, C. 544, 546
Nunner-Winkler, G. 116, 133, 193, 204
Nyssen, E. 205, 296f.
Nyssen, F. 28, 50, 63, 71

Oberbeck, H. 214, 224
Oberhauser, A. 261, 278
Obermayer, K. 437f.
Oberverwaltungsgericht Koblenz 578
Oblassa, H. 444
O'Boyle, L. 300, 318
Oddie, G. 445
OECD → Organization for Economic Co-operation and Development
Oehler, Ch. *244-258*, 267, 278, 371
Oelkers, J. 163, 169, 483, 489
Oevermann, U. 154, 168, 170, 192, 204
Offe, C. 23, 31, 50, 66, 71, 134, 225, 276, 278, 360, 371, 602, 605, 616, 618
Opp, K.-D. 194, 204
Oppermann, Th. 164, 170, 227ff., 231, 242, 482, 499, 552f., 616, 618
Organization for Economic Co-operation and Development (OECD) 69, 71, 249, 266, 270, 279, 330f., 440, 459, 521, 522
Ortner, G.E. 444f.
Ossenbühl, F. 234, 242, 580
Osthelder, L. 84, 96
Otto, B. 367, 371
Otto, H.U. 146f., 152
Ottweiler, O. 87, 96, 313, 318

Namenregister

Pace, C.R. 525, 529
Pallat, L. 186, 602
Palm, G. 267, 278
Park, R.E. 523, 529
Parlamentarischer Rat 436
Passeron, J.-C. 23, 37f., 45, 49, 192, 202, 204, 224, 327, 331, 606f., 609
Passow, A.H. 487, 490
Pätzold, G. *114-134*, 138, 152
Paulsen, F. 76, 86, 96, 174, 186, 300, 318
Paulsen, W. 484, 490
Peacock, A. 262f., 278
Peisert, H. 258, 291, 297, 432, 524, 526, 529, 604f.
Perle, L.E. 415f., 423
Perlwitz, E. *462-467*
Perrone, L. 195, 205
Perry, Ch. 488f.
Perschel, W. 240, 242, 363, 371, 400, *404*, *494ff.*, *497ff.*, *529-532*, *549-553*, *553-557*, 580, 584, 590, *591-595*
Pestalozzi, J.H. 78
Peters, H. 236, 242, 437f., 476f.
Petersilie, A. 83, 96
Petrat, G. 75f., 78, 83, 96
Petty, W. 440
Peukert, D. 316
Pfaff, M. 273, 279
Pfahls, L.-H. 77, 96
Pfuhl, K. 611, 613
Philologenverband Nordrhein-Westfalen 61, 71
Picht, G. 144, 152, 249, 258, 459, 462, 526, 529
Pietzcker, J. 580
Plake, K. 360, 364, 372
Platon 281
Pleiß, U. 443, 445
Poeppelt, K.S. 253, 258, 453
Popper, S.H. 332
Portele, G. 223, 225
Portes, A. 204
Portes, H. 197
Poschardt, D. 364, 372, 562
Pretzel, C.L.A. 88, 96
Preuss, O. 607, 609
Preuß, U.K. 43, 51
Preußischer Provinzialverein 161
Preußisches Landesgewerbeamt 129
Preußisches Ministerium für Wissenschaft, Kunst und Volksbildung 96
Preußisches Statistisches Landesamt 84, 96
Preuss-Kippenberg, J. 518, 522
Projektgruppe Automation und Qualifikation 541, 546
Projektgruppe Elternarbeit 469, 471ff.
Projektgruppe Jugendbüro 378ff., 389, 391
Projektgruppe Jugendbüro und Hauptschülerarbeit 378ff., 391
Prose, F. 356, 371
Psacharopoulos, G. 197, 204, 442, 445
Puritz, U. 391
Pütter, E. 140, 152

Quandt, S. 80, 96
Quehl, W. 86, 94

Rademacher, B. 175, 186
Radtke, F.-O. 519, 522
Raith, W. 50
Ramseger, J. 483, 490
Rang, A. 77, 96, 484, 486, 490
Rang, B. 352, 354
Rang, M. 484, 490
Rang-Dudzik, B. 77, 96, 484, 486, 490
Raschert, J. 256, 258, 331, 460, 462, 491, 494
Rausch, A. 584
Raush, H.L. 528
Ray, K.C. 416, 422
Raywid, M.A. 488, 490
Reble, A. 74ff., 78, 83ff., 90, 96, 113, 163, 170
Rebmann, K. 475, 478
Reck, Ph.v.d. 94
Recker, H. 194, 204
Redeker, K. 557
Redl, F. 349, 354
Rehberg, R.A. 197, 201, 205
Reichsinstitut für Berufsausbildung in Handel und Gewerbe 126
Reichsministerium für Wirtschaft 126f.
Reichsstelle für Schulwesen 92, 96
Reichs- und Preußisches Ministerium für Wissenschaft, Erziehung und Volksbildung 129
Reimer, E. 352, 354, 483, 490
Rein, W. 86, 96f.
Reinert, G.-B. 392
Reinhardt, S. 360, 372
Rendtel, F. 578, 580
Rendtorff, T. 507, 510
Renggli, F. 342, 354
Repgen, K. 319
Reulecke, J. 316
Reuter, L.-R. 552f.
Ricardo, D. 440
Richter, H.-E. 354
Richter, I. 132, 134, *226-243*, 360ff., 368, 371f., *436-439*, *473-478*, 482, *491-494*,

Namenregister

496, 502, 514, 532, *536-539*, 557f., 562, 579f., 596, 598, 600, 602
Riebesell, P. 142, 152
Riese, H. 213, 225
Ringer, F. 318
Robinsohn, S.B. 68, 71
Robinson, E.A.G. 278
Rocholl, G. 136, 151, 506, 510
Rochow, F.E.v. 78, 95
Roeber, E.C. 465, 467
Roeder, P.M. 23, 50, 63, 71, 74ff., 78, 80ff., 87, 91, 95f., 173, 176, 178, 186, 282, 297, 304, 317, 360, 371, 396, 404, 486, 490, 538f.
Roessler, W. 78, 96
Rolff, H.-G. 193, 205, 258, 285, 291, 297, 327, 332, 360, 372, 589, 591, 608f., 618
Roloff, O. 279
Roman, O. 409, 422
Romano Ferraresi, F. 410, 423
Rombach, H. 297
Romberg, H. 174, 176, 186
Ronge, V. 275, 279
Rönne, L.v. 62, 71, 80, 96, 174, 179, 186
Rosenbaum, H. 138, 152
Rosenberg, H. 310, 318
Rosenthal, E. 197, 201, 205
Rosin, H. 82, 93
Rösner, E. 293, 297
Rossi, M. 331
Rost, F. 478, 482, 580
Roth, H. 50f., 71, 91, 96, 133, 163, 170, 225, 371, 445
Roth, H.G. 462
Rothe, G. 526, 529
Rousseau, J.-J. 281, 484f., 490
Rudolph, H. 278, 584, 588
Rühle, O. 140, 152
Rumpf, H. 356, 372, 389, 391
Rüsseler, H. 367, 372
Rust, B. 185
Rüter, W. 75, 94
Rutter, M. 351, 354, 605

Saalfeld, D. 318
Sacco, P. 409, 423
Sacher, W. 82, 96, 167, 170
Sachs, W. 60, 71
Sachse, A. 184, 186
Sachße, Ch. 80, 96, 137f., 148, 151f.
Sachverständigenkommission Kosten und Finanzierung der beruflichen Bildung 276, 279
Säcker, F.-J. 475, 478

Salazar, M. 409, 422
Sarfatti Larson, M. 203, 205
Sauer, D. 43, 51
Sauerschnig, R. 269, 271, 273, 278
SBL → Schulbauinstitut der Länder
Schaede, K. 564, 566
Scharfenberg, G. 514
Scharpf, F.W. 256, 493f.
Scharrelmann, H. 68
Schaub, H. 615f., 618
Scheckenhofer, H. 615, 618
Schefer, G. 167, 170, 296f., 357, 367, 372
Schefold, W. 375, 391
Scheibe, W. 68, 71, 74, 90, 96, 584
Schelsky, H. 115, 134, 192, 205
Schemm, H. 314
Schepp, H.-H. 105, 113, 473
Scherer, F. 210, 225
Scherpner, H. 137f., 152
Schiersmann, Ch. *468-473*, *523-529*
Schindler, E. 131f., 134
Schlaffke, W. 217, 225
Schleicher, K. 482
Schleiermacher, F.D.E. 78, 96
Schlink, B. 231, 243
Schlömerkemper, J. 617, 619
Schluchter, W. 403f., 454ff., 458
Schlüter, A. 134
Schmid, J.R. 484, 490
Schmidt, A. 520, 522
Schmidt, F. 435
Schmidt, M. 318
Schmidt, M.G. 274, 279
Schmidt, P. 194, 204
Schmieg, G. 275, 279
Schmierer, J. 299, 318
Schmitt, H. 76, 96
Schmitt-Glaeser, W. 476ff.
Schmittmann, R. 526, 528
Schmitz, E. 330, 332
Schmoller, G. 121, 318
Schneider, Ch.W. 435
Schneider, F. 169
Schneider, H. 144, 152
Schneider, K. 77, 82f., 96
Schneider, M. 509f.
Schneider, P. 580
Schneider, W. 519, 522
Schnuit, E. 471, 473
Scholtz, H. 87, 96, 162, 170, 313, 318, 581, 584
Scholz, G. 391, 501f.
Scholz, M. *562-566*
Schomerus, H. 85, 96
Schön, B. 299, 317, 357, 372, 378, 388, 391

Namenregister

Schorr, K.-E. 65, 71, 154, 168, 170, 606, 609
Schreiner, G. 524f., 529
Schremmer, E. 74, 97
Schründer, A. 378, 391
Schuh, E. 356, 372
Schulbauinstitut der Länder (SBL) 563, 566
Schultz, D. 387, 391
Schultz, Th.W. 210, 440, 445
Schultze, H. 486, 489
Schulz, E. 85
Schulz, G. 97
Schulz, H. 469, 473
Schulze, Th. 96, 343, 352, 354
Schumann, I. 374, 391
Schumann, M. 546
Schumann, U. 541f.
Schupp, J.B. 56, 71
Schürmann, W. 565f.
Schwab, D. 503, 510
Schwartz, P. 302, 318
Schwarzer, Ch. 351, 354
Scott, W.R. 456, 458
Sedatis, H. 117, 134
Seefeld, H.v. 123, 128, 134
Seemann, H.R. 163, 170
Seibert, U. 147, 152
Seidl, P. 327, 332, 598
Seidlmayer, M. 407, 423
Seifert, M. 470, 473
Seipp, P. 147, 152, 242, 371, 404, 502, 514, 536, 557, 562, 580, 583, 598
Senator für Familie, Jugend und Sport, Berlin 136, 152
Sengling, D. 136f., 140, 151, 506, 510
Seubert, R. 134
Sewell, W.H. 197, 205
Seyfarth, C. 154, 170
Seyfert, R. 88, 97
Shell, K. 277, 279
Shevky, E. 523, 529
Sienknecht, H. 85, 97
Siewert, P. 279, 444f., 587f.
Silbergleit, H. 85, 97
Silver, H. 332
Simitis, S. 503, 510
Simon, H. 142, 152
Simon, O. 118, 134
Simonis, U. 278
Singer, K. 347, 349, 354
Skalweit, S. 319
Skinner, B.F. 489
Smith, A. 440
SOFI → Soziologisches Forschungsinstitut an der Georg-August-Universität Göttingen

Solo, R. A. 445
Sommerhoff, B. 11
Sonnenberger, F. 77, 97
Sorge, A. 544, 546
Sozialdemokratische Partei Deutschlands (SPD) 132, 274, 279, 282, 289, 452, 461, 510, 548
Sozialpädagogisches Institut, Berlin (SPI) 503, 509ff.
Soziologisches Forschungsinstitut an der Georg-August-Universität Göttingen (SOFI) 23, 214
SPD → Sozialdemokratische Partei Deutschlands
Specht, F. *337-354*
SPI → Sozialpädagogisches Institut, Berlin
Spies, W.E. 248, 250ff., 258, *450-453, 459-462, 512ff., 514-517, 547ff., 610-613*
Spindler, M. 96
Spock, B. 489
Spranger, E. 74, 88, 96f., 163, 170, 484, 490, 600, 602
Sprey, Th. 471, 473
Sprondel, W.M. 167, 169f.
Staatsministerium für Unterricht und Kultus, Bayern 88, 97
Stachowiak, H. 258
Staff, I. 240, 243, 400, 404
Ständige Konferenz der Europäischen Erziehungsminister 330
Ständige Konferenz der Kultusminister der Länder in der Bundesrepublik Deutschland (KMK) 246, 248ff., 252f., 255f., 258, 430, 434, 447ff., 451f., 459ff., 464, 513ff., 563, 579f., 582, 584, 596
Stanzel, J. 76ff., 97
Stark, G. 463, 465, 467
State Board of Education 415
Statistisches Bundesamt 89, 97, 109, 113, 130, 136, 147, 152, 267, 314, 318, 446f., 449f., 507f., 511, 563, 566f., 569, 574f.
Statistisches Reichsamt 89f., 97
Staupe, J. 174, 186, 238, 243, 284, 297, 396, 404, 559, 562, 590f.
Stein, E. 61, 228, 231, 233, 242f., 476, 478, 482, 496, 552f., 580
Steinkamp, G. 193, 205
Stempel, W.-D. 317
Stephany, H. 284, 297
Stern, G.G. 525, 529
Stiehl, A.W.F. 63, 71, 80, 82f., 94f., 173, 178
Stock, M. 240, 243, 363, 372, 400, 404, 496, 600, 602
Stöhr, W. 167, 170, 299, 318
Stoltenberg, G. 613

639

Namenregister

Stopinstein, S. 11
Stranz, E. 162, 170
Stratmann, K. *114-134*, 138, 152
Strehler, A. 88f., 97
Stresemann, G. 430
Struve, G.v. 550
Stubenrauch, H. 482, 490
Stübig, H. 326, 328f., 332
Study Group into the Economics of Education 440
Stüer, B. 557
Stupperich, R. 93
Stürmer, M. 77, 97
Stütz, G. 120, 134
Suchan, M. 78f., 84, 88, 97
Süssmuth, R. 332
Susteck, H. 357, 372
Süvern, J.W. 79, 469, 473, 478
Swatek, D. 279
Swidler, A. 488, 490
Széll, G. 50
Szymanek, P. 535f.

Tausch, A.-M. 357, 372
Tausch, R. 357, 372
Taylor, F.W. 545
Teichler, M. 24, 198
Teichler, U. 51, 205, *206-225*
Tenfelde, K. 85, 97, 306, 318
Tennstedt, F. 80, 96, 137f., 152
Tenorth, H.-E. *153-171*, 299, 316
Terhart, E. 357, 372
Tessaring, M. 225
Teuteberg, H.J. 134
Tewes, B. 597f.
Tews, J. 84f., 87, 97
Thiele, G. 74f., 78f., 82, 97, 155, 171, 469, 473
Thieme, W. 239, 243
Thien, H.-G. 299, 319, 356, 372
Thiersch, H. 96, 147, 152
Thomas, H. 323, 327, 332
Thomas, L. 391
Thomas, M.D. 418f., 423
Thompson, E.P. 27, 51
Thurow, L.C. 198, 205
Thyssen, S. 120, 124, 134
Tiedt, S.W. 415, 423
Tilch, H. 557
Tillmann, K.-J. *280-297*, 356, 360, 372, 509, 511, 559, 562, 619
Tilly, Ch. 169, 171
Titze, H. 27, 51, *55-71*, 64, 79, 97, 160, 164, 171, 192, 205, 208, 219, 225, 299, 304, 317, 319, 609

Tobias, W. 359, 372
Tohidipur, M. 50f., 225
Trommer, L. 450
Trommer-Krug, L. 193, 205
Tütken, A. 96
Twardowski, F.v. 435
Twellmann, W. 50, 371, 404, 490
Tyree, A. 203

Ule, C.H. 554, 557
Ulich, D. 205, 357, 372
UNESCO → United Nations Educational, Scientific and Cultural Organization
United Nations Educational, Scientific, and Cultural Organization (UNESCO) 330, 444, 459, 550f.
United Nations Organization (UNO) 550, 592
Universität Bremen 519
Universität Oldenburg 519
Universität Regensburg 49
UNO → United Nations Organization
U.S. Department of Health, Education and Welfare 415, 423
Useem, M. 200f., 205
Ussel, J. van 374, 391
Utermann, K. 146f., 152

Vaizey, J.E. 278, 440, 442, 445
Varrentrapp, F. 482
VBE → Verband Bildung und Erziehung
Verband akademisch gebildeter Lehrer Deutschlands 161
Verband Bildung und Erziehung (VBE) 166
Verein Deutscher Ingenieure (VDI) 125
Verein Deutscher Maschinenbauanstalten (VDMA) 125
Verein für Socialpolitik 121, 134
Verein für wissenschaftliche Pädagogik 161
Verfassungsgerichtshof für das Land Nordrhein-Westfalen 596
Verwaltungsgericht Koblenz 578
Verwaltungsgerichtshof Mannheim 596
Vogel, J.P. 537, 539
Vogel, M.R. 51
Vogel, P. 356, 372, 484f., 490
Voigt, R. 499
Vollmar, K. 500, 502
Vollmer, F. 74, 97
Vollmer, I. 78
Volpert, W. 209, 225, 541, 546
Vormbaum, R. 74, 97

Namenregister

Wacker, K. 82, 97
Wagenführ, R. 450
Wagner, R. 123
Wagner-Winterhager, L. 184, 186, 470, 473, 482
Walsh, J.R. 440, 445
Walter, H. 291, 297, 523f., 529
Walther, H. 136, 151, 482
Wander, K.F.W. 177, 186
Wattenberg, W.W. 349, 354
Weber, M. 170, 201, 300, 319, 356, 362, 372, 403, 453ff.
Weber, R. 161, 171
Webler, H. 143, 152
Wehler, H. 319
Weiler, H. 400, 404
Weinstock, R. 526, 528
Weis, E. 76, 97
Weishaupt, H. 522
Weiss, F.J. 575
Weizsäcker, C.C.v. 273, 277, 279
Wellendorf, F. 347, 349f., 354, 366, 368, 372, 391, 428f.
Weltz, F. 543, 546
Welz, R. 527, 529
Weniger, E. 96
Wenzel, F. 319
Werder, L.v. 391
Werkschule Berlin 489
Wesemann, M. 306ff., 319
Westdeutsche Rektorenkonferenz (WRK) 516, 610
Westhoff, P. 242
Wetterling, H. 141, 152
Wibera-Projektgruppe 444f.
Widmaier, H.P. 279
Wiese, H. 463, 467
Wiese, L. 175, 182, 186, 302, 319
Wilberg, J.F. 94
Wilhelmi, H.-H. 264f., 274, 279
Willems, E.P. 528
Willis, P. 375, 377, 382ff., 387f., 391f.
Willmann, B. *320-333*, 489
Wilson, B.R. 357, 361, 372
Wimmer, W. 299, 319, 385, 389f., 392
Winckelmann, J. 372, 458
Winkel, R. 483, 490

Winterhager, W.-D. 276, 279
Wissenschaftsrat (WR) 244, 248, 252, 254, 258, 448, 450, 460, 516, 575, *610-613*
Witt, P.-Ch. 312, 319
Wittmann, W. 445
Wöhe, K. 164, 171, 173, 179, 186
Woldt, U. 391
Wolf, F.A. 156f.
Wolf, H. 521f., 548f.
Wolff, H.J. 598f., 602
Wolff, R. 391
Wolgast, H. 453, 458
Wolsing, T. 127, 134
Woodhead, M. 322, 333
WR → Wissenschaftsrat
Wright, A.R. 418, 423
Wright, E.O. 195, 205
WRK → Westdeutsche Rektorenkonferenz
Wulf, Ch. 297
Wunder, B. 61, 71, 203, 205
Wünsche, K. 299, 319, 385, 389f., 392

Young, M. 219, 225

Zapf, W. 71
Zeidler, K. 88, 97
Zeiher, H. 357, 372
Zentralarbeitsgemeinschaft der industriellen und gewerblichen Arbeitgeber und -nehmer 132
Zentralkomitee der deutschen Katholiken 477
Zentralstelle für das Auslandsschulwesen 430, 432, 435
Zentralwohlfahrtsstelle der Juden in Deutschland 506
Zenz, G. 503, 511
Ziertmann, P. 134
Zimmer, G. 354
Zimmermann, U. 386f., 389f., 392
Zinnecker, J. 293, 297, 374, 391f.
Zöller, M. 217, 225
Zorn, W. 92f., 95, 319
Zubke, F. 361, 368, 372, 469, 473, 482
Zymek, B. 299, 319

Sachregister

Abgangszeugnis 614
Abiturberechtigung 100
Abiturient 110
Abschlußzeugnis 614 ↗ Ausbildungsabschluß
Abteilungselternbeirat 479
Akademie, pädagogische 87, 162f.
Akkumulationstheorie 29, 31
Allokationsfunktion 339 ↗ Statusdistribution ↗ Statuszuweisung
Alltagstheorien (der Schüler) 380
Alternativschule 486ff.
Amtsautorität 455f.
Anlernberuf 126f.
Anstaltserhebung 448
Anstaltsvormundschaft 140
Arbeit 210
Arbeit – Bildung 26, 43, 214f.
Arbeitsbereich, pädagogischer 365
Arbeitskraft 44
Arbeitskräftebedarfsansatz 443
Arbeitskräftebedarfs-Prognose 212
Arbeitskräftestruktur 212
Arbeitskraftmobilität 44
Arbeitsteilung, gesellschaftliche 21-51
Arbeitsteilung (Schule) *427-429*
Arbeitsunfall 500
Armenamt 140f.
Armenfürsorge 138f.
Armenvormundschaft 140
Arrest 531
Aufbauschule 102
Aufgabe, pädagogische 428
Aufsicht → **Haftung – Aufsicht** → Schulaufsicht
Aufsichtspflicht 501f.
Ausbildung 114ff., 206ff., 439ff., 540ff.
  ↗ Berufsausbildung ↗ Bildung ↗ Lehrerausbildung ↗ Lehrlingsausbildung ↗ Präparandenausbildung ↗ Schulmännerausbildung ↗ Stufenausbildung ↗ Volksschullehrerausbildung
Ausbildungsabschluß 129 ↗ Abschlußzeugnis ↗ Bildungsabschluß – Berufsposition
Ausbildungsberuf 127f.
Ausbildungsfinanzierung 277
Ausbildungssystem 29
Ausbildungswesen, industrielles 128
Ausbildung, wiederkehrende 330
Ausgabenanalyse 266
Ausgabenplanung 269

Ausgabenprognose 269
Ausgabenvergleich 266
Auslandsschulen *429-435*
Auslese 606f. ↗ Berechtigung ↗ Leistungsauslese, schulische ↗ Prüfungsentscheidungen ↗ Selektion
Ausleseentscheidung 219
Autorität 456

BBiG → Berufsbildungsgesetz
Beamtenstatus 360
Beanstandungsrecht 185, 398f.
Befähigungsnachweis, großer 119
Befähigungsnachweis, kleiner 117
Begegnungsschule 433
behavior setting 524
Bekenntnisklasse 437
Bekenntnisschulen *436-439*
Beratung → Bildungsberatung → Erziehungsberatung
Berechtigung 614, 618 ↗ Auslese
Berechtigungswesen 617
Beruf 122 ↗ Anlernberuf ↗ Ausbildungsberuf ↗ Bildung, berufliche ↗ Facharbeiterberufe ↗ Lehrberuf ↗ Schule, berufliche
Berufsabgrenzung 125
Berufsausbildung 128, 132, 237, 324
Berufsausbildung, industrielle 125
Berufsausbildung, schulische 325
Berufsausbildungsrecht 132
Berufsbild 127
Berufsbildung 114-134
Berufsbildung, handwerkliche 124
Berufsbildungsgesetz (BBiG) 131ff.
Berufchance 329
Berufserziehung, handwerkliche 130
Berufsgruppe 125
Berufsordnungsarbeit 127
Berufsorganisation 161
Berufsposition → Bildungsabschluß – Berufsposition
Berufsschule 119, 123f., 128
Berufsschulpflicht 120, 127, 592
Berufsschulunterricht 127
Berufsverständnis, lokaltypisches 295
Berufsvormundschaft 140
Berufswissen 158
Beschäftigungssystem → Bildungssystem – Beschäftigungssystem
Besoldung 307, 311
Besserungsanstalt 140
Bildung 25, 29, 37, 194, 210 ↗ Ausbildung ↗ Berufsbildung ↗ Integration (von all-

Sachregister

gemeiner und beruflicher Bildung)
↗ Jugendbildung, außerschulische
↗ Lehrerbildung
Bildung – Arbeit 26, 43, 214f.
Bildung – Produktion 41, 45
Bildung – Sozialstruktur 190
Bildung, berufliche 131, 276
Bildung (Funktion) 192
Bildung (Gesellschaftstheorie) 25
Bildung (Grundrecht) 231
Bildung, höhere 61f.
Bildung, institutionalisierte 21-51, 320-333
Bildung (materialistische Theorie) 28
Bildungsabschluß – Berufsposition 222
↗ Ausbildungsabschluß
Bildungsausgaben 266f., 270, 274f.
Bildungsberatung 463
Bildungsbeteiligung 566, 568, 572
Bildungschance 608
Bildungschancengleichheit 199
Bildungseinnahmen 270
Bildungsentwicklung 29, 31
Bildungsexpansion 23f., 218, 220
Bildungsfinanzierung 260f., 264
Bildungsgesamtplan 252, 269
Bildungsinteresse 47f.
Bildungsinvestition – Wirtschaftswachstum 210
Bildungskapital 37
Bildungsmeritokratie 221f. ↗ Leistungsauslese, schulische ↗ Selektivität (Schulstruktur)
Bildungsmotivation 223
Bildungsökonomie 210, *439-445* ↗ Akkumulationstheorie ↗ Arbeitskräftebedarfs-Prognose ↗ Ausbildung ↗ Bildung, berufliche ↗ Bildungsinvestition – Wirtschaftswachstum ↗ Bildungsplanung, staatliche ↗ Ertragsraten-Konzept ↗ Finanzierung (Bildungswesen) ↗ Humankapital-Konzept ↗ Kapitalverwertungstheorie ↗ Manpower-Approach
Bildungsökonomik 260
Bildungsplanung, staatliche 244-258 ↗ Bildungsgesamtplan ↗ Bildungsökonomie ↗ **Bund-Länder-Kommission für Bildungsplanung** ↗ **Deutscher Bildungsrat** ↗ Düsseldorfer Abkommen ↗ Finanzierung (Bildungswesen) ↗ **Föderalismus** ↗ Hamburger Abkommen ↗ Kulturhoheit ↗ **Kultusministerien** ↗ **Kultusministerkonferenz** ↗ Rahmenrichtlinien ↗ Recht ↗ Saarbrücker Rahmenvereinbarung ↗ Schulentwicklungsplanung ↗ Schulreform ↗ Wissenschaftsrat

Bildungsreform 35, 327
Bildungsstatistik *445-450*
Bildungsstrukturentwicklung 31
Bildungssystem – Beschäftigungssystem 206-225, 329 ↗ Polarisierungsthese
Bildungstheorie, materialistische 27
Bildungsverfassungsrecht 227
Bildungsverwaltung 492 ↗ Organisation (des Schulwesens)
Bildungswesen – Beschäftigungssystem 329
Bildungswesen, amerikanisches 414
Bildungswesen (Finanzierung) 259-279
↗ Ausbildungsfinanzierung ↗ Privatschulfinanzierung ↗ Schulbau ↗ **Schuletat**
Bildungswesen, föderales 493
Bildungswesen, italienisches 408
Bildungswesen (verfassungsrechtliche Grundlagen) 226-243
Bildung und Statuszuteilung 216
Budget 264
Bund-Länder-Kommission für Bildungsplanung *450-453*
Bürgerschule 100
Bürokratisierung *453-458*

Deutsche Oberschule 102
Deutscher Bildungsrat *459-462*
Dienstaufsicht 397, 560
Dienst, schulpsychologischer *462-467*
Dienststelle 533
Differenzierung 323
Direktor 181f.
Dissoziation 46
Disziplinarrecht 413, 420
Dreigliedrigkeit (Schulwesen) 101
Düsseldorfer Abkommen 103

Eigenverantwortung, pädagogische 494f.
Einjährig-Freiwilligen-Privileg 101
Eisenacher Programm 282
Elementarlehrer 161
Elementarschule 73, 75f., 86
Elementarschulwesen 63
Elternarbeit *468-473*
Elternbeirat 184
Elternbildung 468
Elternmitwirkung 479
Elternrat 184
Elternrecht 234, *473-478*, 559
Elternrecht, familienbezogenes 235
Elternrecht, schulbezogenes 235
Elternstreik 480

643

Sachregister

Elternvertretung *478-482*
Elternvertretungsrecht 479
Entfaltungsrecht 232
Entschulung 70, *482-490*
Ersatzschule 235f., 536
Ertragsratenansatz 443
Ertragsratenkonzept 210
Erziehung → Ausbildung → Berufserziehung, handwerkliche → Bildung → Fürsorgeerziehung → Jugenderziehung, außerschulische → Lernen → Standeserziehung → Unterricht
Erziehung, institutionalisierte 320-333
Erziehung (Menschenrecht) 549
Erziehung, öffentliche 136, 138
Erziehungsanstalt 140
Erziehungsaufgabe 86
Erziehungsbeistandschaft 503
Erziehungsberatung 505
Erziehungsgesetz 142
Erziehungshilfe, freiwillige 503
Erziehungsmaßnahme 576
Erziehungsrecht 474
Etat 264
Europäische Schule 433
Examen pro facultate docendi 157
Expertenschule 433

Fabrik 119
Facharbeiterberufe 126
Facharbeiterprüfung 126
Facharbeiterprüfung, industrielle 129
Facharbeiterqualifikation 544
Fachaufsicht 397, 495, 559, 589
Fachprinzip 427f.
Familie – Schule 344
Familienrecht 503
Finanzausgleich 271
Finanzierung (Bildungswesen) 259-279
  ↗ Ausbildungsfinanzierung ↗ **Bildungsökonomie** ↗ Privatschulfinanzierung ↗ Schulbau ↗ **Schuletat**
Finanzierung des Schulwesens 285
Finanzplan 266
Firmenschule 434f.
Föderalismus *491-494*, 492
Föderalismus, kooperativer 492f.
Fondsfinanzierung 276
Fortbildungsschule 122f.
Fortschritt, technischer 542
Frauenschule 104
Freiheit, pädagogische 240f., 363, 399, *494ff.*
Funktionsgerechtigkeit 221
Funktion (von Bildung) 192

Fürsorgeerziehung 140, 503

Gegen-Schulkultur 383
Gehorsamspflicht 495
Gelehrtenschule 100
Gemeinde 281
Gemeinschaftsschule 436f.
Gesamthochschule 325
Gesamtschule 323
Gesamtschule, integrierte 323
Geselle 118
Gesellenprüfung 118, 124, 129
Gesellenstück 118
Gesellschaftstheorie (von Bildung) 25
Gesetzesvorbehalt 229, *497ff.*
Gewaltverhältnis, besonderes 498, 554
Gewerbe 122
Gewerbebetrieb, handwerksmäßiger 119
Gewerbeordnung 118f., 121, 130
Gewerbeordnung, preußische 117
Gewerberat 118
Gewerberecht 116
Großstadtforschung 523
Grundrecht (auf Bildung) 231
Grundschulbestimmungen 87
Grundschule 73
Grundschule, private 236
Gymnasiallehrer 300f.
Gymnasiallehrer (Besoldung) 301
Gymnasiast 376, 385
Gymnasium, altsprachliches 102, 107
Gymnasium, preußisches 62f.

Haftung – Aufsicht *500ff.*
Halbtagsschule 90
Hamburger Abkommen 103
Handwerk 119
Handwerkerbewegung 117
Handwerkerschutzgesetz 131
Handwerksmäßigkeit 119
Handwerksordnung 130
Hauptlehrer 179f.
Hauptschule 73, 91, 294
Hauptschüler 376, 385, 387
Hauptschullehrer 294, 389
Hauptschulreform 91
Haushalt, öffentlicher 264
Haushaltsplan 264f.
Haushaltsrechnung 264
Hausrecht 591
Hausverbot 591
Heimkind 140
Herrschaft, bürokratische 456

Sachregister

Hochschule 325 ↗ Privathochschule
Hochschule, private 237
Hochschule (Selbstverwaltungsrecht) 239
Hochschulfinanzierung 277f.
Hochschulstatistik 447f.
Hochschulzugang 326
Humankapital 209, 441f.
Humankapital-Konzept 210, 212
Humanökologie 523

Ideologisierung 27
Individualerhebung 448
Indoktrinationsverbot 577
Innung 120, 123
Institutionalisierung (Berufsbildung) 114-134
Institutionalisierung (Bildung) 21-51, 126, 320-333, 338
Institutionalisierung (der Berufe) 125
Institutionalisierung (Elementarschulwesen) 63
Institutionalisierung (Erziehung) 320-333
Institutionalisierung (höheres Schulwesen) 61, 98-113
Institutionalisierung (Jugendhilfe) 135-152
Institutionalisierung (Lernen) 57, 65, 67 ↗ Lernen, institutionalisiertes
Institutionalisierung (öffentliches Schulsystem) 51-71 ↗ Organisation (des Schulwesens)
Institutionalisierung (Volksschulwesen) 72-97
Integration (berufsbildende Züge in der Sekundarstufe II) 324
Integration (von allgemeiner und beruflicher Bildung) 325
Interessensoziologie 28

Jugendamt 141
Jugendamtsgesetz 142
Jugendarbeit 136, 238, 506
Jugendbehörde 142
Jugendbildung, außerschulische 136
Jugenderziehung, außerschulische 136
Jugendforschung 378
Jugendfürsorge 141, 145
Jugendgerichtsgesetz 504
Jugendgesetz 142
Jugendhilfe 135-152, *503-511*
Jugendhilfe, freie 506
Jugendhilfe (NSV) 143
Jugendhilferecht 476
Jugendpflege 136, 141
Jugendrecht 142

Jugendwohlfahrtsgesetz (JWG) 144
JWG → Jugendwohlfahrtsgesetz

Kapital 37f.
Kapital, kulturelles 37
Kapital, soziales 38
Kapitalverwertungstheorie 29
Klassenelternbeirat 479
Klassenelternschaft 479
Klassenfrequenz 81
Knabenschule, höhere 100
Konferenz 182, 185, 398, 590 ↗ Beanstandungsrecht
Konferenzbeschluß 183, 185
Konferenzrecht 182, 184, 588
Kulturhoheit 245, 264, 491
Kulturpolitik, auswärtige 432ff.
Kultusministerien 512f.
Kultusministerkonferenz *514-517*

Lage, soziale 300
Landeselternbeirat 480
Landesschulbeirat 480
Landschulreform 91
Lateinschule 100
Lehrabschluß 118
Lehramt, höheres 62
Lehrbefugnis 123
Lehrberuf 122, 126f.
Lehrberuf, handwerklicher 130
Lehre 118, 122
Lehren 239
Lehrer 182, 239, 300, 311, 427f. ↗ Aufgabe, pädagogische ↗ Aufsichtspflicht ↗ Dienstaufsicht ↗ Eigenverantwortung, pädagogische ↗ Elementarlehrer ↗ Fachaufsicht ↗ **Freiheit, pädagogische** ↗ Gymnasiallehrer ↗ **Haftung – Aufsicht** ↗ Hauptlehrer ↗ Hauptschullehrer ↗ Indoktrinationsverbot ↗ Lehramt, höheres ↗ Lehrberuf ↗ Oberlehrer ↗ **Ordnungsrecht** ↗ Professionalisierung (der Lehrer) ↗ **Rechtsschutz, verwaltungsgerichtlicher** ↗ Studienrat ↗ Volksschullehrer ↗ Weisungsrecht
Lehrer (an höheren Schulen) 62f.
Lehrerarbeit 355
Lehrer (Arbeitssituation) 355-372
Lehrerausbildung 82f. ↗ Akademie, pädagogische ↗ Philologe (Ausbildung) ↗ Präparandenausbildung ↗ Präparandenunterricht ↗ Schulmännerausbildung ↗ Schulmännerseminar ↗ Seminarausbildung ↗ Volksschullehrerausbildung

645

Sachregister

Lehrerberuf 155, 165
Lehrer (Berufsbewußtsein) 298-319
Lehrer (Berufsgeschichte) 157
Lehrerbesoldung 314
Lehrerbewegung 164
Lehrerbildung 162
Lehrerbildung (Verwissenschaftlichung) 162
Lehrerfortbildung *518-522*
Lehrerkonferenz 182
Lehrer (materielle Situation) 306
Lehrerrolle 59
Lehrerseminar 84
Lehrer (soziale Lage) 298-319
Lehrertätigkeit 153-171, 358f.
Lehrerverein 166f.
Lehrerweiterbildung 518
Lehrfreiheit 240f.
Lehrling 117f., 120
Lehrlingsausbildung 130f.
Lehrlingserziehung 119
Lehrling, weiblicher 129
Lehrmeister 123
Lehrplan 85, 87, 95
Lehrplanentwicklung 83
Lehrplanerstellung 549
Lehrverhältnis 121
Lehrvertrag 121, 123, 126
Lehrzeit 120, 124
Leistungsauslese, schulische 607 ↗ Bildungsmeritokratie ↗ Prüfungsentscheidungen
Leistungsgerechtigkeit 221
Leistungsprinzip 115f., 191
Lektionsplan 182
Lernen 58 → Erziehung → Unterricht
Lernen, institutionalisiertes 64f.
Lernen, lebenslanges 330
Lernen, schulisches 57f., 60, 66, 68
Lernen, symbolisch vermitteltes 58, 67
Lernen, unmittelbares 57
Lokalschulaufsicht 179, 181
Lokalschulinspektion 177, 179
Lyzeum 104f.

Mädchenschule, höhere 103, 105
Mandat, schulpolitisches 583
Manpower-Approach 209, 212f.
Manpower-Bedarfsanalyse 213
Materialismus, historischer 26 ↗ Bildung (materialistische Theorie) ↗ Theorie, materialistische
Meisterprüfung 119
Menschenrecht (auf Erziehung und Unterricht) 549
Meritokratie → Bildungsmeritokratie

Milieu, ökologisches 527
Mitbestimmung 406f., 413, 418, 534
↗ **Elternvertretung** ↗ **Schülervertretung**
Mitbestimmungsorgan 411f.
Mitbestimmungsrecht 232, 534f.
Mitbestimmungsregelung 410f.
Mittelschule 99, 105
Mitwirkung 401, 406, 534
Mitwirkungsrecht 535, 588
Modellraumprogramm 564
Modellschule 595
Modell, technisch-meritokratisches 200
Modellversuch 519
Musterraumprogramm 565
Musterraumprogramme 565

Neugestaltung (der gymnasialen Oberstufe) 103
Nonaffektionsprinzip 265
Normalverteilungsannahme 615
Notenvergabe 575

Oberlehrer 156, 160f.
Oberlehrer (Berufsausbildung) 158
Oberlehrerstand 159, 161
Oberlehrertätigkeit 156
Oberlyzeum 104
Oberschule (Jungen) 102
Oberschule (Mädchen) 105
Oberstufe, gymnasiale (Neugestaltung) 103
Ökologie 523
Ökologie (Schule) *523-529*
Ökonomie 21ff. ↗ Arbeit – Bildung ↗ Beruf ↗ Bildung – Produktion ↗ Bildungsinvestition – Wirtschaftswachstum ↗ Bildungssystem – Beschäftigungssystem ↗ Fabrik ↗ Fortschritt, technischer ↗ Gewerbe ↗ Handwerk ↗ Kapital ↗ Produktion, materielle ↗ Taylorismus
Ökonomie (des Bildungswesens) → **Bildungsökonomie**
Ordnungsmaßnahmen 529f., 576
Ordnungsrecht *529-532*, 591
Ordnungsrecht, studentisches 530
Organisation (des Schulwesens) 235 ↗ Bildungsverwaltung ↗ **Bürokratisierung** ↗ Dienstaufsicht ↗ Direktor ↗ Disziplinarrecht ↗ **Elternvertretung** ↗ Fachaufsicht ↗ Föderalismus ↗ Institutionalisierung ↗ Konferenz ↗ Lehrer ↗ Lokalschulaufsicht ↗ Lokalschulinspektion ↗ Mitbestimmung ↗ **Ordnungsrecht** ↗ Ortsschulaufsicht ↗ **Personalvertretung**

Sachregister

↗ Rechtsaufsicht ↗ Rektor ↗ Schulaufsicht ↗ **Schülerrechte** ↗ **Schulleiter** ↗ Schulordnung ↗ Schulorganisationsstruktur ↗ Schulrat ↗ Schulträger ↗ Schulverfassung ↗ **Selbstverwaltung** ↗ Trägerschaft ↗ Typengliederung (der Bildungsinstitutionen) ↗ Verrechtlichung ↗ Weisungsrecht
Ortsschulaufsicht 558

Personalrat 534f.
Personalvertretung *533-536*
Pfarrer 178
Pflegekind 140
Pflegekinderschutz 503
Pflegschaftsmodell 479
Philologe (Ausbildung) 156
Pluralitätsprinzip 233
Polarisierungsthese 541
Präparandenausbildung 156
Präparandenunterricht 84
Präparandenzeit 155
Primarschule 321
Primarstufe 322
Privathochschule 237
Privatschulanerkennung 236
Privatschulaufsicht 237
Privatschule 236, 396, 536ff.
Privatschule, kirchliche 436f.
Privatschulfinanzierung 236
Privatschulfreiheit 537
Privatschulrecht *536-539*
Produktion, materielle 21-51 ↗ Bildung – Produktion
Profession 154
Professionalisierung 146, 153-171, 239, 455, 457
Professionalisierungsprozeß 457
Proletarisierung (der Lehrer) 315
Provinzialschulrat 412
Prüfungsentscheidung 555 ↗ Auslese ↗ Leistungsauslese, schulische ↗ **Zeugnisse – Zertifikate**

Qualifikation 31, 218, 540
Qualifikationsanforderung 219
Qualifikationsentwicklung 542
Qualifikationsforschung 209
Qualifikationsfunktion 339
Qualifikationsstruktur *540-546*
Qualifikationsstrukturentwicklung 214
Qualifikationsstudie, arbeitssoziologische 214f.

Qualifikationsstudie, industriesoziologische 214f.
Qualifizierung – Statusdistribution 218, 220

Rahmenrichtlinien *547ff.*
Realgymnasium 107
Realien 85
Realienunterricht 83
Realschule 106
Recht 221ff. ↗ Beanstandungsrecht ↗ Berufsausbildungsrecht ↗ Bildungsverfassungsrecht ↗ Bildungswesen (verfassungsrechtliche Grundlagen) ↗ Disziplinarrecht ↗ **Elternrecht** ↗ Elternvertretungsrecht ↗ Entfaltungsrecht ↗ Erziehungsrecht ↗ Familienrecht ↗ **Freiheit, pädagogische** ↗ **Gesetzesvorbehalt** ↗ Gewerberecht ↗ Jugendrecht ↗ Konferenzrecht ↗ Lehrfreiheit ↗ Mitbestimmungsrecht ↗ **Ordnungsrecht** ↗ **Privatschulrecht** ↗ **Schülerrechte** ↗ Schulrecht ↗ Schulverfassungsrecht ↗ Selbstverwaltungsrecht ↗ Sorgerecht ↗ Unterrichtsbesuchsrecht ↗ Vergesetzlichung ↗ Verrechtlichung ↗ Weisungsrecht ↗ Wissenschaftsfreiheit
Recht auf Bildung 231, *549-553*
Recht (der elterlichen Sorge) 474
Rechtsaufsicht 397, 496, 560, 590
Rechtsschutz 230
Rechtsschutz, verwaltungsgerichtlicher *553-557*
Rechtsschutz, vorläufiger 557
Rechtsstatus (des Schülers) 576
recurrent education 330
Reformgymnasium 101
Reformrealgymnasien 102
Reformschule 288
Regelung, statusbegründende 230
Reichsbesoldungsgesetz 311
Reichsjugendgerichtsgesetz 143
Reichsjugendwohlfahrtsgesetz (RJWG) 143f., 507
Reife, mittlere 106
Reifezeugnis 100
Rektor 180ff., 185
Rektorat 181
Rektorenprüfung 180, 183
Religionsunterricht → Unterricht (Religion)
Reproduktion (der Sozialstruktur) 189-205, 326, 328 ↗ Selektivität (Sozialstruktur) ↗ Statusdistribution
Reproduktion, soziale 326 ↗ Selektivität (Sozialstruktur)

647

Sachregister

Richtlinien 548
RJWG → Reichsjugendwohlfahrtsgesetz

Saarbrücker Rahmenvereinbarung 103
Sachautorität 455f.
Säkularisation (des Schulwesens) 437
Sammelvormundschaft 140
School Board 416, 418
Schulangelegenheit, äußere 284, 287
Schulangelegenheit, innere 283
Schulaufsicht 178, 181, 396, 427, 437, 496, 512, *558-562*, 589f., 601
Schulaufsicht, geistliche 176ff., 183, 395
Schulaufsicht, landesherrliche 76
Schulaufsichtsbehörde 396, 560
Schulaufsichtsgesetz 83
Schulaufsicht, staatliche 396
Schulausschluß 576
Schulbau *562-566*
Schulbaurichtlinien 564
Schulbesuch 107
Schulbesuch, kontinuierlicher 80
Schulbesuch, relativer 108, 566
Schulbesuchspflicht 593
Schuldeputation 174f.
Schule 34ff., 39, 56, 66, 175f., 179, 281, 362, 374, 483, 590 ↗ Alternativschule ↗ **Arbeitsteilung (Schule)** ↗ Aufbauschule ↗ **Auslandsschulen** ↗ **Bekenntnisschulen** ↗ Bürgerschule ↗ Deutsche Oberschule ↗ Elementarschule ↗ **Entschulung** ↗ Familie – Schule ↗ Fortbildungsschule ↗ Frauenschule ↗ Gelehrtenschule ↗ Gemeinschaftsschule ↗ Gesamtschule ↗ Grundschule ↗ Gymnasium ↗ Halbtagsschule ↗ Hauptschule ↗ Hochschule ↗ Lateinschule ↗ Lernen, schulisches ↗ Lyzeum ↗ Modellschule ↗ Oberlyzeum ↗ Oberschule ↗ **Ökologie (Schule)** ↗ Primarschule ↗ Realgymnasium ↗ Reformgymnasium ↗ Reformrealgymnasium ↗ Reformschule ↗ Simultanschule ↗ Unterricht ↗ Versuchsschule ↗ Volksschule ↗ Vorschule
Schule – Gemeinde 283
Schule – Schülerleben 373-392
Schule – Sozialisation 337-354
Schule, berufliche 119f. ↗ Berufsschule
Schule, höhere 99, 101, 103f., 175
Schule (im kommunalen Kontext) 280-297
Schulelternbeirat 479f.
Schule, mittlere 99 ↗ Mittelschule ↗ Realschule
Schulentwicklung 281, 283, 286, 291

Schulentwicklung, kommunale 288
Schulentwicklungsplanung 285
Schule, private 536 ↗ Privatschule
Schüler 374, 376, 382, 387 ↗ Abiturient ↗ Gymnasiast ↗ Hauptschüler
Schüleralltag 378
Schülerclique 383
Schülerleben – Schule 373-392
Schülermitverantwortung 581
Schülermitverwaltung 581
Schülerorganisationsstruktur ↗ Dreigliedrigkeit (Schulwesen)
Schülerrat 184
Schülerrechte *575-580*
Schüler (Rechtsstatus) 576
Schülerrekrutierung 107
Schülerselbstverwaltung 184
Schülerstreik 579
Schülerunfall 500
Schüler (Unfallversicherung) 500
Schülervertreter 582
Schülervertretung 184, *580-584*
Schülerzeitung 578f.
Schuletat *584-588*
Schulforschung 378
Schulforschung, lokalpolitische 290
Schulforschung, sozialökologische 294f.
Schulforum 480
Schulgemeinde 184
Schulhoheit 559
Schulklasse 179
Schulklima 525
Schulkonferenz 183
Schulkritik 484f.
Schulleiter 181ff., 185, 394f., 398f., 417, 588, 590
Schulleiterwahl 399
Schulleitung 180f., 394f., 399, 410, 427, *588-591*
Schulleitung – Kollegium 398
Schulleitung, autoritative 184
Schulleitung, kollegiale 182f.
Schulleitung, monokratische 182
Schulmännerausbildung 157
Schulmännerseminare 158
Schulordnung 413, 420, 529 ↗ Ordnungsrecht
Schulorganisationsstruktur 64 ↗ Organisation (des Schulwesens) ↗ Typengliederung (des höheren Schulwesens)
Schulpflicht 60, 79f., 91, 282, *591-595*
Schulpflicht, allgemeine 30, 592
Schulpflichtverletzung 594
Schulpflichtzeit 90
Schulpolitik 287

Sachregister

Schulpolitik, kommunale 287
Schulpolitik, landesherrliche 76
Schulpolitik, lokale 290
Schulpsychologie 463ff.
Schulrat 562, 589 ↗ Provinzialschulrat
Schulrecht 436, 498f.
Schulreform 328
Schulreife 593
Schulsprecher 582
Schulstatistik 447
Schulstrafe 530
Schulsystem 458
Schulsystem, integriertes 64, 604
Schulsystem, öffentliches 55-71
Schulträger 283ff.
Schulträgerschaft 238
Schultype 100
Schulunreife 593
Schulverfassung 172-187, 393-404, 407
Schulverfassung, autoritative 181
Schulverfassung, direktoriale 395
Schulverfassungen, alternative 405-423
Schulverfassungsrecht 588
Schulversagen 380f.
Schulversorgung 74
Schulversuch *595-598*
Schulverwaltung 174f., 178, 413, 512, 589
Schulverwaltung, äußere 174f.
Schulverwaltung, direktoriale 589
Schulverwaltung, kirchliche 178
Schulverwaltung, kollegiale 589
Schulverwaltungsakt 614
Schulverwaltung, staatliche 178
Schulvorstand 175
Schulwesen, amerikanisches 416
Schulwesen, höheres 98-113, 181
Schulwesen, italienisches 410, 413
Schulwesen (Säkularisation) 437
Schulzeugnis 614
Schulzwang 592
Schulzweck 577
Sekundarstufe I 323
Sekundarstufe II 324
Selbstselektion 606
Selbstverwaltung *598-602*
Selbstverwaltung (der Kammern) 239
Selbstverwaltungsrecht 238
Selbstverwaltungsrecht (Hochschule) 239
Selektion 605, 616f. ↗ Auslese ↗ Selbstselektion ↗ **Selektivität (Schulstruktur)** ↗ **Selektivität (Sozialstruktur)**
Selektion, formalisierte 606
Selektion, informelle 606
Selektionsfunktion 339

Selektion, soziale 603, 606
Selektivität 602
Selektivität (Schulstruktur) *602-605* ↗ Bildungsmeritokratie
Selektivität (Sozialstruktur) *605-609*
Seminar 309
Seminarausbildung 161
Seminarbestimmungen, preußische 84
Simultanschule 438
Sonderschuleinweisung 593
Sorgerecht 476f.
Sozialdarwinismus 605
Sozialisation 227, 338
Sozialisation – Schule 337-354
Sozialisation, institutionalisierte 227, 230
Sozialisationsforschung, sozialökologische 291f.
Sozialisation, vorschulische 149
Sozialstruktur 189-205 ↗ Bildung – Sozialstruktur ↗ Reproduktion (der Sozialstruktur) ↗ **Selektivität (Sozialstruktur)**
Soziotop 292
Sprachgruppenschule 434
Stadt-Land-Differenz 90
Standeserziehung 78
State Board 416
Statistik 445
Statusdistribution 197, 199, 217f., 220 ↗ Allokationsfunktion ↗ Qualifizierung – Statusdistribution ↗ Regelung, statusbegründete ↗ Reproduktion (der Sozialstruktur)
Statuszuteilung ↗ Bildung – Statuszuteilung
Statuszuweisung 194, 200, 221 ↗ Allokationsfunktion ↗ Bildung – Statuszuteilung
Stellendotation 306
Stichprobenerhebungen 448
Stiehlsche Regulative 63
Strafarbeit 531
Studienanstalt 104
Studienrat 157
Stufenausbildung 127
Subkultur 382f.
Subsidiarität 599
System, duales 133

Taylorismus 545
Theorie, materialistische 27
Totalerhebung 448
Trägerschaft (der Bildungsinstitutionen) 238
Trägerschaft, private 235
Typengliederung (höheres Schulwesen) 103

Sachregister

Übergangszeugnis 614
Überqualifikation 220
Umwelt 527
Umwelttaxonomie 526
UN-Charta der Rechte des Kindes 550
Unfallversicherung 500
Ungleichheit, berufliche 199
Ungleichheit, soziale 23, 220
Universität 325
Unterbringung, formlose 505
Unterricht → Berufsschulunterricht → Lernen → Präparandenunterricht → Realienunterricht
Unterricht (Menschenrecht) 549
Unterricht (Religion) 83, 558
Unterrichtsausschluß 531
Unterrichtsbesuchsrecht 183, 401
Unterrichtsverweigerung, kollektive 579
Unterrichtszwang 592

Verdienstgerechtigkeit 221
Vergesetzlichung 499
Verrechtlichung 147, 403, 498f.
Versetzungsentscheidungen 555
Versuchsschule 595, 597
Verwaltung 229
Verwaltung, bürokratische 454
Verwaltungsabkommen 610
Verwaltungsakt 554
Verwissenschaftlichung (von Lehrerbildung) 162
Volksschule 73, 75, 81, 86, 88, 99
Volksschule, ländliche 90
Volksschule, mehrklassige 83
Volksschule, städtische 90

Volksschulgeschichte 73
Volksschulkosten 84
Volksschullehrer 63, 86, 162, 176, 304f., 307, 310, 313
Volksschullehrer (Ausbildung) 84
Volksschullehrer-Besoldungsgesetz 307
Volksschullehrer-Diensteinkommensgesetz 307
Volksschullehrer (Selbstverständnis) 308
Volksschullehrer (soziale Herkunft) 308
Volksschullehrer (soziale Lage) 304
Volksschuloberstufe 73, 91
Volksschulrektorat 181
Volksschulwesen 72-97
Vollzeitschulpflicht 592f.
Vorschule 321

Weisungsrecht 400, 589f.
Weltanschauungsschule 436
Werkschule 125
Werttheorie 32f.
Wissenschaftsfreiheit 240f.
Wissenschaftsrat *610-613*

Zeitreihenanalyse 267
Zensur 615f.
Zeugnisse – Zertifikate *614-619* ↗ Notenvergabe ↗ Prüfungsentscheidungen ↗ Reifezeugnis
Züchtigung, körperliche 532, 576
Zugangsrecht 232
Zunftzwang 117
Zurückstellung 593

Autorenverzeichnis

Die mit (H) gekennzeichneten Beiträge sind Artikel des Handbuchteils.

Baethge, Martin; Prof. Dr.; Universität Göttingen, Soziologisches Forschungsinstitut an der Universität Göttingen: (SOFI) *Materielle Produktion, gesellschaftliche Arbeitsteilung und die Institutionalisierung von Bildung* (H); *Bildungssystem und Beschäftigungssystem* (mit Teichler) (H).

v. Blumenthal, Viktor; Dr.; Forschungsstelle für Vergleichende Erziehungswissenschaft an der Universität Marburg: *Alternative Schulverfassungen in ausgewählten Industrieländern* (mit Buttlar) (H).

Breyvogel, Wilfried; Dr.; Universität-Gesamthochschule Essen: *Soziale Lage und Berufsbewußtsein von Lehrern* (H).

Bünder, Wolfgang; Dr.; Institut für die Pädagogik der Naturwissenschaften an der Universität Kiel: *Lehrerfortbildung* (mit Haft).

Buttlar, Annemarie; Dr.; Forschungsstelle für Vergleichende Erziehungswissenschaft an der Universität Marburg: *Alternative Schulverfassungen in ausgewählten Industrieländern* (mit v. Blumenthal) (H).

Dietze, Lutz; Prof. Dr. Dr.; Universität Bremen: *Elternvertretung, Schülerrechte, Schülervertretung, Schulversuch.*

Edding, Friedrich; em. Prof. Dr. Dr.; Technische Universität Berlin: *Bildungsökonomie.*

v. Engelhardt, Michael; Prof. Dr.; Universität Erlangen-Nürnberg: *Schule und Arbeitssituation des Lehrers* (H), *Arbeitsteilung (Schule).*

v. Friedeburg, Ludwig; Prof. Dr.; Institut für Sozialforschung – Frankfurt: *Staatliche Bildungsplanung* (mit Oehler) (H).

Haft, Henning; Prof. Dr.; Pädagogische Hochschule Kiel, Institut für die Pädagogik der Naturwissenschaften an der Universität Kiel: *Lehrerfortbildung* (mit Bünder).

Hamm-Brücher, Hildegard; Dr. Dr., MdB; vormals Auswärtiges Amt: *Auslandsschulen*

Herrlitz, Hans-Georg; Prof. Dr.; Universität Göttingen: *Institutionalisierung des öffentlichen Schulsystems* (mit Hopf und Titze) (H).

Hopf, Wulf; Dr.; Universität Göttingen: *Institutionalisierung des öffentlichen Schulsystems* (mit Herrlitz und Titze) (H), *Bildung und Reproduktion der Sozialstruktur* (H), *Selektivität (Schulstruktur), Selektivität (Sozialstruktur).*

Klemm, Klaus; Prof. Dr.; Universität-Gesamthochschule Essen: *Schule im kommunalen Kontext* (mit Tillmann) (H).

Klewitz, Marion; Prof. Dr.; Freie Universität Berlin: *Instutionalisierung des Volksschulwesens* (mit Leschinsky) (H).

Köhler, Helmut; Dr.; Max-Planck-Institut für Bildungsforschung, Berlin: *Bildungsstatistik; Schulbesuch, relativer.*

Krais, Beate; Dr.; Max-Planck-Institut für Bildungsforschung – Berlin: *Qualifikationsstruktur.*

Leschinsky, Achim; Priv.Doz. Dr.; Max- Planck-Institut für Bildungsforschung, Berlin: *Institutionalisierung des Volksschulwesens* (mit Klewitz) (H), *Entschulung.*

Liebau, Eckart; Dr.; Universität Tübingen: *Zeugnisse - Zertifikate.*

Liebel, Manfred; Prof. Dr.; Technische Universität Berlin: *Schule und Schülerleben* (H).

Lundgreen, Peter; Prof. Dr.; Universität Bielefeld: *Institutionalisierung des höheren Schulwesens* (H).
Mäding, Hinrich; Prof. Dr.; Universität Konstanz: *Finanzierung des Bildungswesens* (H), *Schuletat.*
Müller, Sebastian, F.; Dr.; Hochschule Hildesheim: *Professionalisierung der Lehrertätigkeit* (mit Tenorth) (H).
Münder, Johannes; Prof. Dr.; Technische Universität Berlin: *Institutionalisierung der Jugendhilfe* (H), *Jugendhilfe.*
Nevermann, Knut; Dr.; Max-Planck-Institut für Bildungsforschung, Berlin: *Ausdifferenzierung der Schulverfassung am Beispiel Preußens* (H), *Schule und Schulverfassung in der Bundesrepublik Deutschland* (H), *Bürokratisierung, Haftung – Aufsicht, Personalvertretung, Schulaufsicht, Schulleitung, Selbstverwaltung.*
Nieser, Bruno; Dr.; Forschungsstelle für Vergleichende Erziehungswissenschaft an der Universität Marburg: *Alternativen institutionalisierter Bildung und Erziehung in ausgewählten Industrieländern* (mit Willmann) (H).
Oehler, Christoph; Prof. Dr.: Gesamthochschule Kassel, Universität Frankfurt: *Staatliche Bildungsplanung* (mit v. Friedeburg) (H).
Pätzold, Günter; Prof. Dr.; Universität Dortmund: *Institutionalisierung der Berufsbildung* (mit Stratmann) (H).
Perlwitz, Erich; Prof. Dr.; Freie Universität Berlin: *Dienst, schulpsychologischer.*
Perschel, Wolfgang; Prof. Dr.; Universität Siegen: *Freiheit, pädagogische; Gesetzesvorbehalt, Ordnungsrecht, Recht auf Bildung; Rechtsschutz, verwaltungsgerichtlicher; Schulpflicht.*
Richter, Ingo; Prof. Dr.; Universität Hamburg: *Verfassungsrechtliche Grundlagen des Bildungswesens (H) Bekenntnisschulen, Elternrecht, Förderalismus, Privatschulrecht.*
Schiersmann, Christiane; Dr.; Universität Münster: *Elternarbeit, Ökologie (Schule).*
Scholtz, Manfred; Dipl. Ing., Architekt; Schulbauinstitut der Länder, Berlin: *Schulbau.*
Specht, Friedrich; Prof. Dr.; Universität Göttingen: *Schule und Sozialisation* (H).
Spies, Werner E.; Prof. Dr.; Universität Dortmund: *Bund-Länder-Kommission für Bildungsplanung, Deutscher Bildungsrat, Kultusministerien, Kultusministerkonferenz, Rahmenrichtlinien, Wissenschaftsrat.*
Stratmann, Karlwilhelm; Prof. Dr.; Universität Bochum: *Institutionalisierung der Berufsbildung* (mit Pätzold) (H).
Teichler, Ulrich; Prof. Dr.; Gesamthochschule Kassel: *Bildungssystem und Beschäftigungssystem* (mit Baethge) (H).
Tenorth, Heinz-Elmar; Prof. Dr.; Universität Frankfurt: *Professionalisierung der Lehrertätigkeit* (mit Müller) (H).
Tillmann, Klaus-Jürgen; Prof. Dr.; Universität Hamburg: *Schule im kommunalen Kontext* (mit Klemm) (H).
Titze, Hartmut; Dr.; Universität Göttingen: *Institutionalisierung des öffentlichen Schulsystems* (mit Herrlitz und Hopf) (H).
Willmann, Bodo; Forschungsstelle für Vergleichende Erziehungswissenschaft an der Universität Marburg: *Alternativen institutionalisierter Bildung und Erziehung in ausgewählten Industrieländern* (mit Nieser) (H).